四朝高僧传

高僧传

第一册

〔南朝·梁〕慧皎 撰

中国书店

图书在版编目（CIP）数据

高僧传 /（南朝 · 梁）慧皎撰 .— 北京：中国书店，2018.5（2022.4重印）

（四朝高僧传）

ISBN 978-7-5149-1776-5

Ⅰ.①高… Ⅱ.①慧… Ⅲ.①僧侣－列传－中国－古代 Ⅳ.①B949.92

中国版本图书馆CIP数据核字（2017）第113016号

责任编辑　孔　玉

策　　划　万文社

四朝高僧传　高僧传〔南朝·梁〕慧　皎　撰

出　　版　中国书店

地　　址　北京市西城区琉璃厂东街115号

邮　　编　100050

发　　行　全国新华书店经销

印　　刷　北京飞帆印刷有限公司

开　　本　680毫米 ×980毫米　1/16

印　　张　15

字　　数　220千字

版　　次　2018年5月第1版

印　　次　2022年4月第3次印刷

书　　号　ISBN 978-7-5149-1776-5

定　　价　368.00元（全5册）

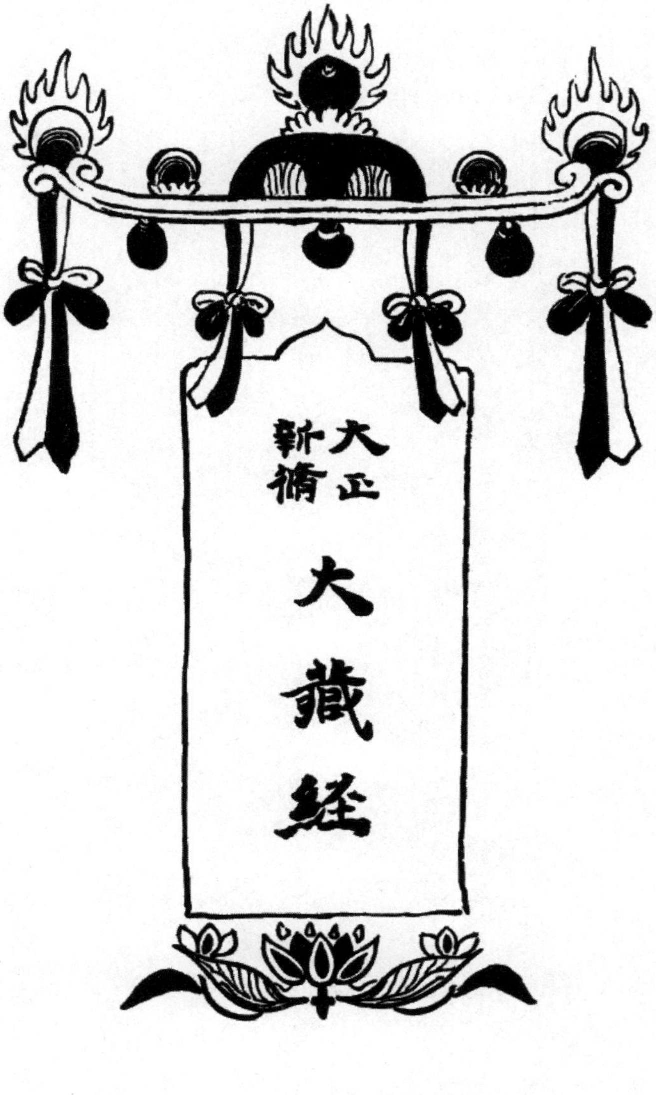

《大正新修大藏经》扉页书影

出版说明

佛教于汉代传入中国，两千年以来，它在华夏大地已有了广泛的传播，在政治、社会、文化、信仰上产生了深远的影响。这个过程，实有赖于历代僧人所做的卓越贡献，而记述高僧大德生平事迹的传记著作亦层出不穷。在中国佛教史上，有四部高僧传最为重要。它们是:

①《高僧传》,〔南朝梁〕慧皎撰，十四卷。全书分译经、义解、神异、习禅等十门，所载僧人从东汉至南朝梁共二百余人，附见二百余人。书中各传记多有论赞，阐明了佛法的主旨和源流，评价并表彰了重要的人物，集中反映了该时期佛教发展的情况。作者写作态度严肃，剪裁编排缜密，对人物事迹的叙述栩栩如生。

②《续高僧传》,〔唐〕道宣撰，三十卷。体例仿《高僧传》亦分为十门，所载僧人从北魏至唐麟德年间近五百人，附见二百余人。此书对佛教各宗派重要人物做出的贡献及佛教著作的撰述、学说的演进等都有着准确的记述。本书因撰写于国家统一之时，还较好地弥补了《高僧传》因分裂而偏重南方的不足。

③《宋高僧传》,〔宋〕赞宁撰，三十卷。作者与弟子奉宋太宗诏令编修此书，后来又经过修订。本书所载僧人从唐至宋初，并增补刘宋至隋各前传中遗漏的人物，正传五百余人，附见一百余人。全书行文重视史籍体例，叙述质朴得体，翔实明畅，与前两部《高僧传》的风格不尽相同，但也别有特色。

④《大明高僧传》,〔明〕如惺撰，八卷。作者住浙江天台慈云寺时，随手札录材料，撰得南宋至明代一百余僧人之传记，附见六十余人。全书

体例似未完备，所记僧人以南方为多，然亦可略窥明代之前数百年间佛教流传概况。

这四部高僧传由于体裁相近、内容连贯，被合称为《四朝高僧传》。

《四朝高僧传》中所收入的均是有德之高僧，不取徒具虚名之辈。《高僧传》卷十四序录对此曾解释道：“自前代所撰，多曰名僧。然名者本实之宾也。若实行潜光，则高而不名；寡德适时，则名而不高。名而不高，本非所纪；高而不名，则备今录。故省‘名’音，代以‘高’字。”通过阅读高僧大德的事迹，想必对读者的道德意识会有助益。

《四朝高僧传》通过记述僧人事迹，还翔实记载了佛教在中土传播的实际情况，具有较高的佛学价值和史学价值。它不仅有助于佛教爱好者掌握佛教发展源流，也可供一般读者了解佛教知识、学习传统文化之用。

《四朝高僧传》向无合订本。本次我们选取权威的日本《大正新修大藏经》所收《高僧传》《续高僧传》《宋高僧传》《大明高僧传》为底本，合为一套整理出版，以飨读者。整理过程中，我们将原书断句改为现行新式标点，繁体竖排改为简体横排，酌改了原书中个别明显有误的错字，最大可能地保留了原版的风貌。

另外需要说明的是，各传由于流传日久，存在若干窜乱问题。例如，《续高僧传》底本的部分卷次标注存在窜乱：第二十、二十一卷之间窜入第二十五、二十六卷，第二十二、二十三卷之间窜入第二十八卷，第二十五、二十六卷之间窜入第三十五卷，因而第二十五、二十六、二十八卷的卷次重复出现，但正文的内容接续无缺。这种现象，是由于《大正新修大藏经》出版时赵城金藏、碛砂藏等版本尚未披露，大正藏本《续高僧传》是以三十卷本高丽藏本插入四十卷本相关章节整理而造成的。今为尊重底本原貌，对这类问题仅出注说明，不予妄改，敬请读者鉴之。

为了方便读者快速查找《四朝高僧传》中的僧名，我们还编制了《〈四朝高僧传〉僧名索引》，置于本书第五册卷末，敬请读者查看。

目录

高僧传

高僧传

高僧传卷第一

梁会稽嘉祥寺沙门释慧皎撰

译经上

摄摩腾一

摄摩腾，本中天竺人。善风仪，解大、小乘经，常游化为任。昔经往天竺附庸小国，讲金光明经。会敌国侵境，腾惟曰：“经云：‘能说此经法，为地神所护，使所居安乐。’今锋镝方始，曾是为益乎？”乃誓以忘身，躬往和劝，遂二国交欢，由是显达。

汉永平中，明皇帝夜梦金人飞空而至。乃大集群臣以占所梦。通人傅毅奉答：“臣闻西域有神，其名曰‘佛’，陛下所梦将必是乎。”帝以为然，即遣郎中蔡愔、博士弟子秦景等，使往天竺，寻访佛法。愔等于彼遇见摩腾，乃要还汉地。腾誓志弘通，不惮疲苦，冒涉流沙，至乎洛邑。明帝甚加赏接，于城西门外立精舍以处之，汉地有沙门之始也。但大法初传，未有归信，故蕴其深解，无所宣述，后少时卒于洛阳。有记云：腾译四十二章经一卷，初缄在兰台石室第十四间中。腾所住处，今洛阳城西雍门外白马寺是也。相传云：外国国王尝毁破诸寺，唯招提寺未及毁坏。夜有一白马绕塔悲鸣，即以启王，王即停坏诸寺。因改“招提”以为“白马”。故诸寺立名多取则焉。

竺法兰二

竺法兰，亦中天竺人，自言诵经论数万章，为天竺学者之师。时蔡愔既至彼国，兰与摩腾共契游化，遂相随而来。会彼学徒留碍，兰乃间行而至。既达洛阳，与腾同止，少时便善汉言。

愔于西域获经，即为翻译十地断结、佛本生、法海藏、佛本行、四十二章等五部。移都寇乱，四部失本，不传江左，唯四十二章经今见在，可二千余言。汉地见存诸经，唯此为始也。愔又于西域得画释迦倚像，是优田王栴檀像师第四作也。既至洛阳，明帝即令画工图写，置清凉台中及显节陵上。旧像今不复存焉。

又昔汉武穿昆明池底得黑灰，以问东方朔，朔云：“不委，可问西域人。”后法兰既至，众人追以问之，兰云：“世界终尽，劫火洞烧。此灰是也。”朔言有征，信者甚众。兰后卒于洛阳，春秋六十余矣。

安清三

安清，字世高，安息国王正后之太子也。幼以孝行见称，加又志业聪敏，克意好学，外国典籍及七曜五行医方异术，乃至鸟兽之声，无不综达。尝行见群燕，忽谓伴曰："燕云应有送食者。"顷之果有致焉。众咸奇之。故俊异之声，早被西域。高虽在居家，而奉戒精峻，王薨便嗣大位。乃深惟苦空，厌离形器，行服既毕，遂让国与叔，出家修道。博晓经藏，尤精阿毗昙学，讽持禅经，略尽其妙。既而游方弘化，遍历诸国，以汉桓之初，始到中夏。才悟机敏，一闻能达，至止未久，即通习华言。于是宣译众经，改胡为汉，出安般守意，阴持入，大、小十二门及百六十品。初外国三藏众护撰述经要为二十七章，高乃剖析护所集七章，译为汉文，即道地经是也。其先后所出经论，凡三十九部。义理明析，文字允正，辩而不华，质而不野，凡在读者，皆亹亹而不倦焉。高穷理尽性，自识缘业，多有神迹，世莫能量。初高自称先身已经出家，有一同学多瞋，分卫值施主不称，每辄怼恨。高屡加诃谏，终不悛改。如此二十余年，乃与同学辞诀云："我当往广州，毕宿世之对。卿明经精勤，不在吾后，而性多瞋怒，命过当受恶形。我若得道，必当相度。"既而遂适广州。值寇贼大乱，行路逢一少年，唾手拔刃曰："真得汝矣。"高笑曰："我宿命负卿，故远来相偿，卿之忿怒，故是前世时意也。"遂申颈受刃，容无惧色，贼遂杀之。观者填陌，莫不骇其奇异。既而神识还为安息王太子，即今时世高身是也。

高游化中国，宣经事毕，值灵帝之末，关洛扰乱，乃振锡江南。云："我当过庐山，度昔同学。"行达鄡亭湖庙。此庙旧有灵威，商旅祈祷，乃分风上下，各无留滞。尝有乞神竹者，未许辄取，舫即覆没，竹还本处。自是舟人敬惮，莫不慑影。高同旅三十余船，奉牲请福，神乃降祝曰："船有沙门，可便呼上。"客咸惊愕，请高入庙。神告高曰："吾昔外国与子俱出家学道，好行布施，而性多瞋怒，今为鄡亭庙神，周回千里，并吾所治，以布施故，珍玩甚丰，以瞋恚故，堕此神报。今见同学，悲欣可言。寿尽旦夕，而丑形长大，若于此舍命，秽污江湖，当度山西泽中。此身灭后，恐堕地狱，吾有绢千匹，并杂宝物，可为立法营塔，使生善处也。"

高曰：“故来相度，何不出形？”神曰：“形甚丑异，众人必惧。”高曰：“但出，众人不怪也。”神从床后出头，乃是大蟒，不知尾之长短，至高膝边，高向之梵语数番，赞呗数契。蟒悲泪如雨，须臾还隐，高即取绢物，辞别而去。舟侣扬帆，蟒复出身，登山而望，众人举手，然后乃灭。倏忽之顷，便达豫章，即以庙物造东寺。高去后，神即命过。暮有一少年上船，长跪高前，受其咒愿，忽然不见。高谓船人曰：“向之少年，即郏亭庙神，得离恶形矣。”于是庙神歇末，无复灵验。后人于山西泽中，见一死蟒，头尾数里，今浔阳郡蛇村是也。高后复到广州，寻其前世害己少年，时少年尚在，高经至其家，说昔日偿对之事，并叙宿缘，欢喜相向，云：“吾犹有余报，今当往会稽毕对。”广州客悟高非凡，豁然意解，追悔前愆，厚相资供，随高东游，遂达会稽。至便入市，正值市中有乱相打者，误著高头，应时陨命。广州客频验二报，遂精勤佛法，具说事缘，远近闻知，莫不悲恸，明三世之有征也。高既王种，西域宾旅皆呼为安侯，至今犹为号焉。天竺国自称书为天书，语为天语，音训诡蹇，与汉殊异，先后传译，多致谬滥，唯高所出，为群译之首。安公以为若及面禀，不异见圣，列代明德，咸赞而思焉。余访寻众录，纪载高公，互有出没。将以权迹隐显，应废多端？或由传者纰缪，致成乖角？辄备列众异，庶或可论。

案释道安经录云：“安世高以汉桓帝建和二年至灵帝建宁中二十余年，译出三十余部经。”又别传云：“晋太康末，有安侯道人来至桑垣，出经竟，封一函于寺云：‘后四年可开之。’吴末行至杨州，使人货一箱物，以买一奴，名福善，云：‘是我善知识。’仍将奴适豫章，度郏亭庙神。为立寺竟，福善以刀刺安侯胁，于是而终。桑垣人乃发其所封函，财理自成字云：‘尊吾道者，居士陈慧；传禅经者，比丘僧会。’是日正四年也。”又庾仲雍荆州记云：“晋初有沙门安世高度郏亭庙神，得财物立白马寺于荆城东南隅。”宋临川康王宣验记云：“蟒死于吴末。”昙宗塔寺记云：“丹阳瓦官寺，晋哀帝时沙门慧力所立。后有沙门安世高，以郏亭庙余物治之。”然道安法师既校阅群经，诠录传译，必不应谬。从汉桓建和二年至晋太康末，凡经一百四十余年，若高公长寿，或能如此。而事不应然。何者？案如康僧会注安般守意经序云：“此经世高所出，久之沈翳。会有南阳韩林、颖川文业、会稽陈慧，此三贤者，信道笃密，会共请受，乃陈慧义，余助斟酌。”寻僧会以晋太康元年乃死，而已云：“此经出后，久之沈翳。”又世高封函之字云：“尊吾道者，居士陈慧；传禅经者，比丘僧会。”然安般所明，盛说禅业，是知封函之记，信非虚作。既云二人方传吾道，岂容与共同世？且别传自云：“传禅经者，比丘僧会。”会已太康初死，何容太康之末方有安侯道人？首尾之言，自为矛盾。正当随有一书谬指晋初，于是后诸作者，或道太康，或言吴末，雷同奔竞，无以校焉。既晋初之说，尚已难安，而昙宗记云晋哀帝时，世高方复治寺，其为谬说过乃悬矣。

支楼迦谶四

支楼迦谶，亦直云支谶，本月支人。操行纯深，性度开敏，禀持法戒，以精勤著称。讽诵群经，志存宣法。汉灵帝时游于洛阳，以光和中平之间，传译梵文，出般若道行、般舟、首楞严等三经，又有阿阇世王、宝积等十余部经，岁久无录。安公校定古今，精寻文体，云：“似谶所出，凡此诸经，皆审得本旨，了不加饰，可谓善宣法要弘道之士也。”后不知所终。时有天竺沙门竺佛朔，亦以汉灵之时，赍道行经来适洛阳，即转梵为汉。译人时滞，虽有失旨，然弃文存质，深得经意。朔又以光和二年于洛阳出般舟三昧，谶为传言，河南洛阳孟福张莲笔受。时又有优婆塞安玄，安息国人，性贞白，深沈有理致，博诵群经，多所通习，亦以汉灵之末游贾洛阳，以功号曰骑都尉，性虚靖温恭，常以法事为己任，渐解汉言，志宣经典，常与沙门讲论道义，世所谓都尉者也。玄与沙门严佛调共出法镜经，玄口译梵文，佛调笔受，理得音正，尽经微旨，郢匠之美，见述后代。调本临淮人，绮年颖悟，敏而好学。世称安侯、都尉、佛调三人传译，号为难继。调又撰十慧，亦传于世。安公称佛调出经，省而不烦，全本巧妙。又有沙门支曜、康巨、康孟详等，并以汉灵、献之间，有慧学之誉，驰于京洛。曜译成具定意、小本起等，巨译问地狱事经，并言直理旨，不加润饰，孟详译中本起及修行本起。先是沙门昙果于迦维罗卫国得梵本，孟详共竺大力译为汉文。安公云：“孟详所出，奕奕流便，足腾玄趣也。”

昙柯迦罗五

昙柯迦罗，此云法时，本中天竺人，家世大富，常修梵福。迦罗幼而才悟质像过人，读书一览皆文义通畅。善学四围陀论，风云星宿图谶运变，莫不该综。自言天下文理毕己心腹。至年二十五，入一僧坊，看遇见法胜毗昙，聊取览之，茫然不解，殷懃重省，更增昏漠，乃叹曰:“吾积学多年，浪志坟典，游刃经籍，义不再思，文无重览。今睹佛书，顿出情外，必当理致钩深，别有精要。”于是赍卷入房，请一比丘略为解释，遂深悟因果，妙达三世，始知佛教宏旷，俗书所不能及。乃弃舍世荣，出家精苦，诵大、小乘经及诸部毗尼。常贵游化，不乐专守，以魏嘉平中，来至洛阳。于时魏境虽有佛法，而道风讹替，亦有众僧未禀归戒，正以剪落殊俗耳。设复斋忏，事法祠祀。迦罗既至，大行佛法。时有诸僧共请迦罗译出戒律，迦罗以律部曲制，文言繁广，佛教未昌，必不承用，乃译出僧祇戒心，止备朝夕。更请梵僧立羯磨法受戒。中夏戒律，始自于此。迦罗后不知所终。时又有外国沙门康僧铠者，亦以嘉平之末来至洛阳，译出郁伽长者等四部经。又有安息国沙门昙帝，亦善律学，魏正元之中，来游洛阳，出昙无德羯磨。又有沙门帛延，不知何人，亦才明有深解，以魏甘露中，译出无量清净平等觉经等，凡六部经。后不知所终焉。

康僧会六

康僧会，其先康居人，世居天竺，其父因商贾，移于交趾。会年十余岁，二亲并终，至孝服毕出家。励行甚峻，为人弘雅，有识量，笃至好学。明解三藏，博览六经，天文图纬多所综涉。辩于枢机，颇属文翰。时孙权已制江左，而佛教未行。先有优婆塞支谦，字恭明，一名越，本月支人，来游汉境。初汉桓灵之世，有支谶译出众经。有支亮字纪明，资学于谶，谦又受业于亮。博览经籍，莫不精究，世间伎艺，多所综习，遍学异书，通六国语。其为人细长黑瘦，眼多白而睛黄，时人为之语曰:“支郎眼中黄，形躯虽细是智囊。”

汉献末乱，避地于吴。孙权闻其才慧，召见悦之，拜为博士，使辅导东宫，与韦曜诸人共尽匡益。但生自外域，故吴志不载。谦以大教虽行，而经多梵文，未尽翻译，已妙善方言，乃收集众本，译为汉语。从吴黄武元年至建兴中，所出维摩、大般泥洹、法句、瑞应本起等四十九经，曲得圣义，辞旨文雅。又依无量寿、中本起制菩提连句梵呗三契，并注了本生死经等，皆行于世。时吴地初染大法，风化未全，僧会欲使道振江左，兴立图寺，乃杖锡东游，以吴赤乌十年初达建邺，营立茅茨，设像行道。时吴国以初见沙门，睹形未及其道，疑为矫异。有司奏曰："有胡人入境，自称沙门，容服非恒，事应检察。"权曰："昔汉明帝梦神，号称为佛，彼之所事，岂非其遗风耶？"即召会诘问，有何灵验。会曰："如来迁迹，忽逾千载，遗骨舍利，神曜无方。昔阿育王起塔，乃八万四千。夫塔寺之兴，以表遗化也。"权以为夸诞，乃谓会曰："若能得舍利，当为造塔，如其虚妄，国有常刑。"会请期七日，乃谓其属曰："法之兴废，在此一举，今不至诚，后将何及。"乃共洁斋静室，以铜瓶加几，烧香礼请。七日期毕，寂然无应，求申二七，亦复如之。权曰："此实欺诳。"将欲加罪，会更请三七，权又特听。会谓法属曰："宣尼有言曰：'文王既没，文不在兹乎。'法灵应降，而吾等无感，何假王宪，当以誓死为期耳。"三七日暮，犹无所见，莫不震惧。既入五更，忽闻瓶中鎗然有声，会自往视，果获舍利。明旦呈权，举朝集观，五色光炎，照耀瓶上。权自手执瓶，泻于铜盘，舍利所冲，盘即破碎。权大肃然，惊起而曰："希有之瑞也。"会进而言曰："舍利威神，岂直光相而已，乃劫烧之火不能焚，金刚之杵不能碎。"权命令试之。会更誓曰："法云方被，苍生仰泽，愿更垂神迹，以广示威灵。"乃置舍利于铁砧碓上，使力者击之，于是砧碓俱陷，舍利无损。权大叹服，即为建塔，以始有佛寺，故号建初寺，因名其地为佛陀里。由是江左大法遂兴。

至孙皓即政，法令苛虐，废弃淫祀，乃及佛寺，并欲毁坏。皓曰："此由何而兴，若其教真正，与圣典相应者，当奉其道，如其无实，皆悉焚之。"诸臣佥曰："佛之威力，不同余神，康会感瑞，大皇创寺，今若轻毁，恐贻后悔。"皓遣张昱诣寺诘会。昱雅有才辩，难问纵横，会应机骋词，文理锋出，自旦之夕，昱不能屈。既退，会送于门，时寺侧有淫祀者，昱曰："玄化既孚，此辈何故近而不革？"会曰："雷霆破山，聋者不闻，非音之细。苟在理通，则万里悬应，如其阻塞，则肝胆楚越。”昱还，叹:“会才明，非臣所测，愿天鉴察之。”皓大集朝贤，以马车迎会。会既坐，皓问曰:“佛教所明善恶报应，何者是耶?”会对曰:“夫明主以孝慈训世，则赤乌翔而老人见；仁德育物，则醴泉涌而嘉苗出。善既有瑞，恶亦如之。故为恶于隐，鬼得而诛之；为恶于显，人得而诛之。易称:‘积善余庆。’诗咏:‘求福不回。’虽儒典之格言，即佛教之明训。”皓曰:“若然，则周孔已明，何用佛教。”会曰:“周孔所言，略示近迹，至于释教，则备极幽微。故行恶则有地狱长苦，修善则有天宫永乐。举兹以明劝沮，不亦大哉。”皓当时无以折其言。

皓虽闻正法，而昏暴之性不胜其虐，后使宿卫兵入后宫治园，于地得一金像，高数尺，呈皓，皓使著不净处，以秽汁灌之，共诸群臣笑以为乐。俄尔之间，举身大肿，阴处尤痛，叫呼彻天。太史占言，犯大神所为，即祈诸庙，永不差愈。婇女先有奉法者，因问讯云:“陛下就佛寺中求福不?”皓举头问曰:“佛神大耶?”婇女云:“佛为大神。”皓心遂悟具语意，故婇女即迎像置殿上，香汤洗数十过，烧香忏悔，皓叩头于枕，自陈罪状，有顷痛间，遣使至寺问讯道人，请会说法，会即随入。皓具问罪福之由，会为敷析，辞甚精要。皓先有才解，欣然大悦，因求看沙门戒。会以戒文禁秘，不可轻宣，乃取本业百三十五愿，分作二百五十事，行住坐卧，皆愿众生。皓见慈愿广普，益增善意，即就会受五戒。旬日疾瘳，乃于会所住更加修饰，宣示宗室，莫不必奉。会在吴朝，亟说正法，以皓性凶麁，不及妙义，唯叙报应近事，以开其心。

会于建初寺译出众经，所谓阿难念弥、镜面王、察微王、梵皇经等，又出小品及六度集、杂譬喻等，并妙得经体，文义允正。又传泥洹呗声，清靡哀亮，一代模式。又注安般守意、法镜、道树等三经，并制经序，辞趣雅便，义旨微密，并见于世。至吴天纪四年四月皓降晋，九月会遘疾而终，是岁晋武太康元年也。至晋成咸和中，苏峻作乱，焚会所建塔，司空何充复更修造。平西将军赵诱，世不奉法，傲慢三宝，入此寺，谓诸道人曰:“久闻此塔屡放光明，虚诞不经，所未能信。若必自睹，所不论耳。”言竟，塔即出五色光，照曜堂刹，诱肃然毛竖，由此信敬。于寺东更立小塔，远由大圣神感，近亦康会之力，故图写厥像，传之于今。孙绰为之赞曰:

会公箫瑟，实惟令质。

心无近累，情有余逸。

属此幽夜，振彼尤黜。

超然远诣，卓矣高出。

有记云，孙皓打试舍利，谓非其权时。余案，皓将坏寺，诸臣咸答："康会感瑞，大皇创寺。"是知初感舍利，必也权时。故数家传记咸言孙权感舍利于吴宫，其后更试神验，或将皓也。

维祇难七

维祇难，本天竺人。世奉异道，以火祠为正。时有天竺沙门习学小乘，多行道术，经远行逼暮，欲寄难家宿。难家既事异道，猜忌释子，乃处之门外，露地而宿。沙门夜密加咒术，令难家所事之火，欻然变灭，于是举家共出，稽请沙门入室供养。沙门还以咒术，变火令生。难既睹沙门神力胜己，即于佛法大生信乐，乃舍本所事，出家为道，依此沙门以为和上。受学三藏妙善四含，游化诸国，莫不皆奉。以吴黄武三年，与同伴竺律炎来至武昌，赍昙钵经梵本。昙钵者，即法句经也。时吴士共请出经，难既未善国语，乃共其伴律炎译为汉文。炎亦未善汉言，颇有不尽，志存义本，辞近朴质。至晋惠之末，有沙门法立，更译为五卷。沙门法巨著笔，其辞小华也。立又别出小经近四许首，值永嘉末乱，多不复存。

竺昙摩罗刹八

竺昙摩罗刹，此云法护，其先月支人，本姓支氏，世居敦煌郡。年八岁出家，事外国沙门竺高座为师，诵经日万言，过目则能。天性纯懿，操行精苦，笃志好学，万里寻师。是以博览六经，游心七籍。虽世务毁誉，未尝介抱。是时晋武之世，寺庙图像，虽崇京邑，而方等深经，蕴在葱外。护乃慨然发愤，志弘大道。遂随师至西域，游历诸国，外国异言三十六种，书亦如之，护皆遍学，贯综诂训，音义字体，无不备识。遂大赍梵经，还归中夏。自敦煌至长安，沿路传译，写为晋文。所获览即、正法华、光赞等一百六十五部。孜孜所务，唯以弘通为业。终身写译，劳不告倦。经法所以广流中华者，护之力也。护以晋武之末，隐居深山，山有清涧，恒取澡漱。后有采薪者，秽其水侧，俄顷而燥。护乃徘徊叹曰："人之无德，遂使清泉辍流，水若永竭，真无以自给，正当移去耳。"言讫而泉涌满涧，其幽诚所感如此。故支遁为之像赞云："护公澄寂，道德渊美，微吟穷谷，枯泉漱水。邈矣护公，天挺弘懿，濯足流沙，领拔玄致。"后立寺于长安青门外，精勤行道。于是德化遐布，声盖四远，僧徒数千，咸所宗事。及晋惠西奔，关中扰乱，百姓流移，护与门徒避地东下，至渑池，遘疾而卒，春秋七十有八。后孙绰制道贤论，以天竺七僧，方竹林七贤，以护匹山巨源。

论云："护公德居物宗，巨源位登论道。二公风德高远，足为流辈矣。"其见美后代如此。时有清信士聂承远，明解有才，笃志务法。护公出经，多参正文句。超日明经初译，颇多烦重，承远删正，得今行二卷。其所详定，类皆如此。承远有子道真，亦善梵学。此君父子，比辞雅便，无累于古。又有竺法首、陈士伦、孙伯虎、虞世雅等，皆共承护旨，执笔详校。安公云："护公所出，若审得此公手目，纲领必正，凡所译经，虽不辩妙婉显，而宏达欣畅，特善无生，依慧不文，朴则近本。"其见称若此。护世居敦煌，而化道周给，时人咸谓敦煌菩萨也。

帛远九

帛远，字法祖，本姓万氏，河内人。父威达以儒雅知名，州府辟命皆不赴。祖少发道心，启父出家，辞理切至，父不能夺，遂改服从道。祖才思俊彻，敏朗绝伦，诵经日八九千言，研味方等，妙入幽微。世俗坟素，多所该贯。乃于长安造筑精舍，以讲习为业，白黑宗禀，几且千人。晋惠之末，太宰河间王颙镇关中，虚心敬重，待以师友之敬，每至闲辰靖夜，辄谈讲道德。于时西府初建，后又甚盛，能言之士，咸服其远达。

祖见群雄交争，干戈方始，志欲潜遁陇右，以保雅操。会张辅为秦州刺史，镇陇上，祖与之俱行。辅以祖名德显著，众望所归，欲令反服，为己僚佐。祖固志不移，由是结憾。先有州人管蕃，与祖论议，屡屈于祖，蕃深衔耻恨，每加谗构。祖行至汧县，忽语道人及弟子云："我数日对当至。"便辞别，作素书，分布经像及资财都讫。明晨诣辅共语，忽忤辅意，辅使收之行罚，众咸怪惋，祖曰："我来此毕对，此宿命久结，非今事也。"乃呼："十方佛，祖前身罪缘，欢喜毕对，愿从此以后，与辅为善知识，无令受杀人之罪。"遂便鞭之五十，奄然命终。辅后具闻其事，方大惋恨。初祖道化之声，被于关陇，崤函之右，奉之若神，戎晋嗟恸，行路流涕。陇上羌胡，率精骑五千，将欲迎祖西归，中路闻其遇害，悲恨不及，众咸愤激，欲复祖之仇，辅遣军上陇，羌胡率轻骑逆战，时天水故涱下督富整，遂因忿斩辅，群胡既雪怨耻，称善而还，共分祖尸，各起塔庙。

辅字世伟，南阳人，张衡之后。虽有才解，而酷不以理，横杀天水太守封尚，百姓疑骇，因乱而斩焉。管蕃亦卒以倾险致败。后少时有一人，姓李名通，死而更苏云："见祖法师在阎罗王处，为王讲首楞严经，云：'讲竟，应往忉利天。'又见祭酒王浮，一云道士基公，次被锁械，求祖忏悔。"昔祖平素之日，与浮每争邪正，浮屡屈，既瞋不自忍，乃作老子化胡经，以诬谤佛法，殃有所归，故死方思悔。孙绰道贤论以法祖匹嵇康，论云："帛祖衅起于管蕃，中散祸作于钟会，二贤并以俊迈之气，昧其图身之虑，栖心事外，经世招患，殆不异也。"其见称如此。祖既博涉多闲，善通梵汉之语，尝译惟逮、弟子本、五部僧等三部经。又注首楞严经。又有别译数部小经，值乱零失不知其名。祖弟法祚，亦少有令誉，被博士征，不就。年二十五出家，深洞佛理，关陇知名。时梁州刺史张光，以祚兄不肯反服，辅之所杀，光又逼祚令罢道，祚执志坚贞，以死为誓，遂为光所害，春秋五十有七。注放光般若经。及著显宗论等。光字景武，江夏人，后为武都在杨难敌所围，发愤而死。时晋惠之世，又有优婆塞卫士度，译出道行般若经二卷。士度本司州汲郡人，陆沈寒门，安贫乐道，常以佛法为心。当其亡日，清净澡漱，诵经千余言，然后引衣尸卧，奄然而卒。

帛尸梨密十

帛尸梨密多罗，此云吉友，西域人，时人呼为高座。传云：国王之子，当承继世，而以国让弟，暗轨太伯。既而悟心天启，遂为沙门。密天姿高朗，风神超迈，直尔对之，便卓出于物。

晋永嘉中，始到中国，值乱，仍过江，止建初寺。丞相王导一见而奇之：“以为吾之徒也。”由是名显。太尉庾元规、光禄周伯仁、太常谢幼与、廷尉桓茂伦，皆一代名士，见之，终日累叹，披衿致契。导尝诣密，密解带偃伏，悟言神解。时尚书令卞望之，亦与密致善，须臾望之至，密乃敛衿饰容，端坐对之。有问其故，密曰：“王公风道期人，卞令轨度格物，故其然耳。”诸公于是叹其精神洒厉，皆得其所。桓廷尉尝欲为密作目，久之未得，有云尸梨密可谓卓朗，于是桓乃咨嗟绝叹，以为标题之极。太将军王处仲在南夏，闻王周诸公皆器重密，疑以为失，及见密，乃欣振奔至，一面尽虔。周顗为仆射，领选，临入，过造密，乃叹曰：“若使太平之世，尽得选此贤，真令人无恨也。”俄而顗遇害，密往省其孤，对坐作胡呗三契，梵响凌云；次诵咒数千言，声音高畅，颜容不变，既而挥涕收泪，神气自若。其哀乐废兴，皆此类也。王公尝谓密曰：“外国有君，一人而已。”密笑曰：“若使我如诸君，今日岂得在此。”当时为佳言。密性高简，不学晋语，诸公与之语言，密虽因传译，而神领意得，顿尽言前，莫不叹其自然天拔，悟得非常。

密善持咒术，所向皆验。初江东未有咒法，密译出孔雀王经，明诸神咒，又授弟子觅历，高声梵呗，传响于今。晋咸康中卒，春秋八十余。诸公闻之，痛惜流涕。桓宣武每云少见高座，称其精神著出当年。琅琊王珉师事于密，乃为之序曰：“春秋吴楚称子，传者以为先中国而后四夷，岂不以三代之胤，行乎殊俗之礼，以戎狄贪婪，无仁让之性乎？然而卓世之秀，时生于彼，逸群之才，或侔乎兹，故知天授英伟，岂俟于华戒。自此以来，唯汉世有金日磾，然日磾之贤，尽于仁孝忠诚，德信纯至，非为明达足论。高座心造峰极，交俊以神，风领朗越，过之远矣。”

密常在石子冈东行头陀，既卒，因葬于此。成帝怀其风，为树刹冢所。后有关右沙门来游京师，乃于冢处起寺，陈郡谢琨赞成其业，追旌往事，仍曰高座寺也。

僧伽跋澄十一

僧伽跋澄，此云众现，罽宾人。毅然有渊懿之量，历寻名师，备习三藏，博览众典，特善数经，暗诵阿毗昙毗婆沙，贯其妙旨。常浪志游方，观风弘化。符坚建元十七年，来入关中。先是大乘之典未广，禅数之学甚盛，既至长安，咸称法匠焉。符坚秘书郎赵正，崇仰大法，尝闻外国宗习阿毗昙毗婆沙，而跋澄讽诵，乃四事礼供，请译梵文，遂共名德法师释道安等，集僧宣译。跋证口诵经本，外国沙门昙摩难提笔受为梵文，佛图罗刹宣译，秦沙门敏智笔受为晋本，以伪秦建元十九年译出，自孟夏至仲秋方讫。初跋澄又赍婆须蜜梵本自随，明年赵正复请出之，跋澄乃与昙摩难提及僧伽提婆三人共执梵本，秦沙门佛念宣译，慧嵩笔受，安公、法和对共校定，故二经流布传学迄今。跋澄戒德整峻，虚靖离俗，关中僧众则而象之，后不知所终。佛图罗刹不知何国人，德业纯粹，该览经典。久游中土，善闲汉言，其宣译梵文见重符世。

昙摩难提十二

昙摩难提，此云法喜，兜佉勒人。龆年离俗，聪慧夙成，研讽经典，以专精致业。遍观三藏，暗诵增一阿含经，博识洽闻，靡所不综，是以国内远近，咸共推服。少而观方，遍历诸国，常谓弘法之体，宜宣布未闻，故远冒流沙，怀宝东入，以符氏建元中至于长安。

难提学业既优，道声甚盛，符坚深见礼接。先是中土群经，未有四含，坚臣武威太守赵正，欲请出经。时慕容冲已叛，起兵击坚。关中扰动，正慕法情深，忘身为道，乃请安公等，于长安城中，集义学僧。请难提译出中、增一二阿含，并先无所出毗昙心、三法度等，凡一百六卷。佛念传译，慧嵩笔受，自夏迄春，绵涉两载，文字方具。及姚苌寇逼关内，人情危阻，难提乃辞还西域，不知所终。

其时也，符坚初败，群锋互起，戎妖纵暴，民流四出，而犹得传译大部，盖由赵正之力。正字文业，洛阳清水人，或曰济阴人。年十八为伪秦著作郎，后迁至黄门郎，武威太守。为人无须而瘦，有妻妾而无儿，时人谓阉。然而情度敏达，学兼内外，性好讥谏，无所回避。符坚末年，宠惑鲜卑，隳于治政。正因歌谏曰：“昔闻孟津河，千里作一曲，此水本自清，是谁搅令浊？”坚动容曰：“是朕也。”又歌曰：“北园有一枣，布叶垂重阴，外虽饶棘刺，内实有赤心。”坚笑曰：“将非赵文业耶。”其调戏机捷，皆此类也。后因关中佛法之盛，乃愿欲出家，坚惜而未许，及坚死后，方遂其志，更名道整。因作颂曰：“佛生何以晚，泥洹一何早，归命释迦文，今来投大道。”后遁迹商洛山，专精经律。晋雍州刺史郗恢，钦其风尚，逼共同游，终于襄阳，春秋六十余矣。

僧伽提婆十三

僧伽提婆，此言众天。或云提和，音讹故也。本姓瞿昙氏，罽宾人。入道修学，远求明师，学通三藏，尤善阿毗昙心，洞其纤旨。常诵三法度论，昼夜嗟味，以为入道之府也。为人俊朗有深鉴，而仪止温恭，务在诲人，恂恂不怠。符氏建元中，来入长安，宣流法化。

初僧伽跋澄出婆须蜜，及昙摩难提所出二阿含、毗昙、广说、三法度等，凡百余万言。属慕容之难，戎敌纷扰，兼译人造次，未善详悉，义旨句味，往往不尽。俄而安公弃世，未及改正。后山东清平，提婆乃与冀州沙门法和俱适洛阳。四五年间，研讲前经，居华稍积，博明汉语，方知先所出经，多有乖失。法和慨叹未定，乃更令提婆出阿毗昙及广说众经。顷之，姚兴王秦，法事甚盛，于是法和入关，提婆渡江。先是庐山慧远法师翘勤妙典，广集经藏，虚心侧席，延望远宾，闻其至止，即请入庐岳。以晋太元中，请出阿毗昙心及三法度等。提婆乃于般若台手执梵文，口宣晋语，去华存实，务尽义本，今之所传，盖其文也。

至隆安元年来游京师，晋朝王公及风流名士，莫不造席致敬。时卫军东亭侯琅琊王珣，渊懿有深信，荷持正法，建立精舍，广招学众。提婆既至，珣即延请，仍于其舍讲阿毗昙，名僧毕集。提婆宗致既精，词旨明析，振发义理，众咸悦悟。时王弥亦在座听，后于别屋自讲，珣问法纲道人：“阿弥所得云何？”答曰：“大略全是，小未精核耳。”其敷析之明，易启人心如此。其冬，珣集京都义学沙门释慧持等四十余人，更请提婆重译中阿含等，罽宾沙门僧伽罗叉执梵本，提婆翻为晋言，至来夏方讫。其在江洛左右所出众经百余万言，历游华戎，备悉风俗，从容机警，善于谈笑。其道化声誉，莫不闻焉。后不知所终。

竺佛念十四

竺佛念，凉州人。弱年出家，志业清坚，外和内朗，有通敏之鉴。讽习众经，粗涉外典，其苍雅诂训，尤所明达。少好游方，备观风俗，家世西河，洞晓方语，华戎音义，莫不兼解，故义学之誉虽阙，洽闻之声甚著。符氏建元中，有僧伽跋澄、昙摩难提等入长安，赵正请出诸经，当时名德莫能传译，众咸推念，于是澄执梵文，念译为晋。质断疑义，音字方正。至建元二十年五月，复请昙摩难提出增一阿含及中阿含，于长安城内，集义学沙门，请念为译，敷析研核，二载乃竟。二含之显，念宣译之功也。自世高、支谦以后，莫逾于念，在符姚二代，为译人之宗，故关中僧众，咸共嘉焉。后续出菩萨璎珞、十住断结及出曜、胎经、中阴经等，始就治定，意多未尽。遂尔遘疾，卒于长安，达近白黑，莫不叹惜。

昙摩耶舍十五

昙摩耶舍，此云法明，罽宾人。少而好学，年十四为弗若多罗所知。长而气干高爽，雅有神慧，该览经律，明悟出群。陶思八禅，游心七觉，时人方之浮头婆驮。孤行山泽，不避豺虎，独处思念，动移宵日，尝于树下每自克责:“年将三十，尚未得果，何其懈哉！”于是累日不寝不食，专精苦到，以悔先罪。乃梦见博叉天王语之曰:“沙门当观方弘化，旷济为怀，何守小节独善而已。道假众缘，复须时熟，非分强求，死而无证。”觉自思惟，欲游方授道，既而逾历名邦，履践郡国。

以晋隆安中，初达广州，住白沙寺，耶舍善诵毗婆沙律，人咸号为大毗婆沙，时年已八十五，徒众八十五人。时有清信女张普明，咨受佛法，耶舍为说佛生缘起，并为译出差摩经一卷。至义熙中，来入长安。时姚兴僭号，甚崇佛法，耶舍既至，深加礼异。会有天竺沙门昙摩掘多，来入关中，同气相求，宛然若旧。因共耶舍译舍利弗阿毗昙，以伪秦弘始九年初书梵书文，至十六年翻译方竟。凡二十二卷，伪太子姚泓亲管理味，沙门道标为之作序。

耶舍后南游江陵，止于辛寺，大弘禅法，其有味靖之宾披榛而至者，三百余人。凡士庶造者，虽先无信心，见皆敬悦。自说有一师一弟子修业，并得罗汉，传者失其名。又尝于外门闭户坐禅，忽有五六沙门来入其室。又时见沙门飞来树端者，往往非一，常交接神明，而俯同蒙俗，虽道迹未彰，时人咸谓已阶圣果。至宋元嘉中，辞还西域，不知所终。耶舍有弟子法度，善梵汉之言，常为译语。度本竺婆勒子，勒久停广州，往来求利，中途于南康生男，仍名南康，长名金迦，入道名法度。度初为耶舍弟子，承受经法。耶舍既还外国，度便独执矫异，规以摄物，乃言专学小乘，禁读方等。唯礼释迦，无十方佛，食用铜钵，无别应器。又令诸尼相捉而行，悔罪之日，但伏地相向。唯宋故丹阳尹颜瑗女法弘尼、交州刺史张牧女普明尼，初受其法。今都下宣业、弘光诸尼，习其遗风，东土尼众，亦时传其法。

高僧传卷第一

高僧传卷第二

梁会稽嘉祥寺沙门释慧皎撰

译经中

鸠摩罗什一

鸠摩罗什，此云童寿，天竺人也，家世国相。什祖父达多，倜傥不群，名重于国。父鸠摩炎，聪明有懿节，将嗣相位，乃辞避出家，东度葱岭。龟兹王闻其弃荣，甚敬慕之，自出郊迎，请为国师。王有妹，年始二十，识悟明敏，过目则能，一闻则诵。且体有赤黡，法生智子，诸国娉之，并不肯行。及见摩炎，心欲当之，乃逼以妻焉，既而怀什。什在胎时，其母自觉神悟超解，有倍常日。闻雀梨大寺名德既多，又有得道之僧，即与王族贵女、德行诸尼，弥日设供，请斋听法。什母忽自通天竺语，难问之辞，必穷渊致，众咸叹之。有罗汉达摩瞿沙曰："此必怀智子。"为说舍利弗在胎之证。

及什生之后，还忘前言。顷之，什母乐欲出家，夫未之许，遂更产一男，名弗沙提婆。后因出城游观，见冢间枯骨异处纵横，于是深惟苦本，定誓出家，若不落发，不咽饮食。至六日夜，气力绵乏，疑不达旦，夫乃惧而许焉。以未剃发故，犹不尝进。即敕人除发，乃下饮食。次旦受戒，仍乐禅法，专精匪懈，学得初果。什年七岁，亦俱出家，从师受经，日诵千偈，偈有三十二字，凡三万二千言。诵毗昙既过，师授其义，即自通达，无幽不畅。时龟兹国人，以其母王妹，利养甚多，乃携什避之。什年九岁，随母渡辛头河，至罽宾，遇名德法师盘头达多，即罽宾王之从弟也。渊粹有大量，才明博识，独步当时，三藏九部，莫不该练。从旦至中，手写千偈，从中至暮，亦诵千偈。名播诸国，远近师之。什至，即崇以师礼，从受杂藏，中、长二含，凡四百万言。达多每称什神俊，遂声彻于王，王即请入宫，集外道论师，共相攻难。言气始交，外道轻其年幼，言颇不逊。什乘隙而挫之，外道折伏，愧惋无言。王益敬异，日给鹅腊一双，粳米面各三斗，酥六升。此外国之上供也。所住寺僧乃差大僧五人，沙弥十人，营视扫洒，有若弟子，其见尊崇如此。

至年十二，其母携还龟兹，诸国皆聘以重爵，什并不顾。时什母将什至月氏北山，有一罗汉见而异之，谓其母曰："常当守护此沙弥，若至三十五不破戒者，当大兴佛法，度无数人，与优波掘多无异。若戒不全，无能为也，正可才明携诣法师而已。"什进到沙勒国，顶戴佛钵，心自念言："钵形甚大，何其轻耶？"即重不可胜，失声下之。母问其故，答云："儿心有分别，故钵有轻重耳。"遂停沙勒一年。其冬诵阿毗昙，于十门、修智诸品，无所咨受，而备达其妙；又于六足诸问，无所滞碍。沙勒国有三藏沙门名喜见，谓其王曰："此沙弥不可轻，王宜请令初开法门。凡有二益：一国内沙门耻其不逮，必见勉强；二龟兹王必谓什出我国，而彼尊之，是尊我也，必来交好。"王许焉，即设大会，请什升座，说转法轮经，龟兹王果遣重使酬其亲好。什以说法之暇，乃寻访外道经书，善学围陀含多论，多明文辞制作问答等事，又博览四围陀典及五明诸论，阴阳星算，莫不必尽，妙达吉凶，言若符契。为性率达，不厉小检，修行者颇共疑之，然什自得于心，未尝介意。

时有莎车王子、参军王子兄弟二人，委国请从而为沙门。兄字须利耶跋陀，弟字须利耶苏摩。苏摩才伎绝伦，专以大乘为化，其兄及诸学者，皆共师焉，什亦宗而奉之，亲好弥至。苏摩后为什说阿耨达经，什闻阴界诸入皆空无相，怪而问曰："此经更有何义，而皆破坏诸法。"答曰："眼等诸法非真实有。"什既执有眼根，彼据因成无实，于是研核大小，往复移时。什方知理有所归，遂专务方等。乃叹曰："吾昔学小乘，如人不识金，以鍮石为妙。"因广求义要，受诵中、百二论及十二门等。

顷之，随母进到温宿国，即龟兹之北界。时温宿有一道士，神辩英秀，振名诸国，手击王鼓，而自誓言："论胜我者，斩首谢之。"什既至，以二义相检，即迷闷自失，稽首归依，于是声满葱左，誉宣河外。龟兹王躬往温宿，迎什还国，广说诸经，四远宗仰，莫之能抗。时王子为尼，字阿竭耶末帝，博览群经，特深禅要，云已证二果。闻法喜踊，乃更设大集，请开方等经奥。什为推辩"诸法皆空无我"，分别"阴界假名非实"。时会听者莫不悲感追悼，恨悟之晚矣。至年二十，受戒于王宫，从卑摩罗叉学十诵律。有顷，什母辞往天竺，谓龟兹王白纯曰："汝国寻衰，吾其去矣。"行至天竺，进登三果。什母临去谓什曰："方等深教，应大阐真丹，传之东土，唯尔之力，但于自身无利，其可如何。"什曰："大士之道，利彼忘躯。若必使大化流传，能洗悟蒙俗，虽复身当炉镬，苦而无恨。"于是留住龟兹，止于新寺。后于寺侧故宫中，初得放光经，始就披读。魔来蔽文，唯见空牒，什知魔所为，誓心逾固，魔去字显，仍习诵之。复闻空中声曰："汝是智人，何用读此。"什曰："汝是小魔，宜时速去，我心如地，不可转也。"停住二年，广诵大乘经论，洞其秘奥。龟兹王为造金师子座，以大秦锦褥铺之，令什升而说法。什曰："家师犹未悟大乘，欲躬往仰化。不得停此。"俄而大师盘头达多不远而至。王曰："大师何能远顾。"达多曰："一闻弟子所悟非常，二闻大王弘赞佛道，故冒涉艰危，远奔神国。"什得师至，欣遂本怀。为说德女问经，多明因缘空假，昔与师俱所不信，故先说也。师谓什曰："汝于大乘见何异相，而欲尚之。"什曰："大乘深净，明'有法皆空'，小乘偏局，多诸漏失。"师曰："汝说一切皆空，甚可畏也，安舍有法而爱空乎？如昔狂人，令绩师绩线，极令细好，绩师加意，细若微尘，狂人犹恨其麁，绩师大怒，乃指空示曰：'此是细缕。'狂人曰：'何以不见。'师曰：'此缕极细，我工之良匠，犹且不见，况他人耶。'狂人大喜，以付织师，师亦效焉。皆蒙上赏，而实无物，汝之空法，亦由此也。”什乃连类而陈之，往复苦至，经一月余日，方乃信服。师叹曰：“师不能达，反启其志，验于今矣。”于是礼什为师，言：“和上是我大乘师，我是和上小乘师矣。”西域诸国，咸伏什神俊，每年讲说，诸王皆长跪座侧，令什践而登焉，其见重如此。

什既道流西域，名被东川。时符坚僭号关中，有外国前部王及龟兹王弟并来朝坚，坚引见，二王说坚，云西域多产珍奇，请兵往定，以求内附。至符坚建元十三年岁次丁丑正月，太史奏云：“有星见于外国分野，当有大德智人，入辅中国。”坚曰：“朕闻西域有鸠摩罗什，襄阳有沙门释道安，将非此耶。”即遣使求之。至十七年二月，善善王、前部王等又说坚，请兵西伐。十八年九月，坚遣骁骑将军吕光、陵江将军姜飞，将前部王及车师王等，率兵七万，西伐龟兹及乌耆诸国。临发，坚饯光于建章宫，谓光曰：“夫帝王应天而治，以子爱苍生为本，岂贪其地而伐之乎，正以怀道之人故也。朕闻西国有鸠摩罗什，深解法相，善闲阴阳，为后学之宗，朕甚思之。贤哲者，国之大宝，若克龟兹，即驰驿送什。”光军未至，什谓龟兹王白纯曰：“国运衰矣，当有勍敌，日下人从东方来，宜恭承之，勿抗其锋。”纯不从而战，光遂破龟兹，杀纯，立纯弟震为主。光既获什，未测其智量，见年齿尚少，乃凡人戏之，强妻以龟兹王女，什距而不受，辞甚苦到。光曰：“道士之操，不逾先父，何可固辞。”乃饮以醇酒，同闭密室。什被逼既至，遂亏其节。或令骑牛及乘恶马，欲使堕落。什常怀忍辱，曾无异色，光惭愧而止。光还中路，置军于山下，将士已休，什曰：“不可在此，必见狼狈，宜徙军陇上。”光不纳。至夜果大雨，洪潦暴起，水深数丈，死者数千，光始密而异之。什谓光曰：“此凶亡之地，不宜淹留。推运揆数，应速言归，中路必有福地可居。”光从之，至凉州，闻符坚已为姚苌所害，光三军缟素，大临城南，于是窃号关外，称年太安。

太安元年正月，姑臧大风，什曰：“不祥之风，当有奸叛，然不劳自定也。”俄而梁谦、彭晃相系而叛，寻皆殄灭。至光龙飞二年，张掖临松卢水胡沮渠男成及从弟蒙逊反，推建康太守段业为主，光遣庶子秦州刺史太原公纂率众五万讨之。时论谓业等乌合，纂有威声，势必全克。光以访什，什曰：“观察此行，未见其利。”既而纂败绩于合梨。俄又郭馨作乱，纂委大军轻还，复为馨所败，仅以身免。光中书监张资，文翰温雅，光甚器之，资病，光博营救疗。有外国道人罗叉，云能差资疾，光喜，给赐甚重。什知叉诳诈，告资曰："叉不能为益，徒烦费耳，冥运虽隐，可以事试也。"乃以五色系作绳结之，烧为灰末，投水中，灰若出水还成绳者，病不可愈，须臾，灰聚浮出，复绳本形。既而又治无效，少日资亡。顷之，光又卒。子绍袭位。数日，光庶子纂杀绍自立，称元咸宁。

咸宁二年，有猪生子，一身三头，龙出东厢井中，到殿前蟠卧，比旦失之，纂以为美瑞，号大殿为龙翔殿。俄而有黑龙升于当阳九宫门，纂改九宫门为龙兴门。什奏曰："皆潜龙出游，豕妖表异。龙者阴类，出入有时，而今屡见，则为灾眚，必有下人谋上之变，宜克棋修德，以答天戒。"纂不纳，与什博戏，杀棋曰："斫胡奴头。"什曰："不能斫胡奴头，胡奴将斫人头。"此言有旨，而纂终不悟。光弟保有子名超，超小字胡奴，后果杀纂斩首，立其兄隆为主，时人方验什之言也。什停凉积年，吕光父子既不弘道，故蕴其深解，无所宣化，符坚已亡，竟不相见。及姚苌僭有关中，亦挹其高名，虚心要请，诸吕以什智计多解，恐为姚谋，不许东入。及苌卒，子兴袭位，复遣敦请。兴弘始三年三月，有树连理，生于广庭，逍遥园葱变为茝，以为美瑞，谓智人应入。至五月，兴遣陇西公硕德西伐吕隆，隆军大破。至九月，隆上表归降，方得迎什入关，以其年十二月二十日至于长安。兴待以国师之礼，甚见优宠。晤言相对，则淹留终日，研微造尽，则穷年忘倦。自大法东被，始于汉明，涉历魏晋，经论渐多，而支竺所出，多滞文格义。兴少达崇三宝，锐志讲集。什既至止，仍请入西明阁及逍遥园，译出众经。什既率多谙诵，无不究尽，转能汉言，音译流便。既览旧经，义多纰僻，皆由先度失旨，不与梵本相应，于是兴使沙门增䂮、僧迁、法钦、道流、道恒、道标、僧睿、僧肇等八百余人，咨受什旨，更令出大品。什持梵本，兴执旧经，以相雠校，其新文异旧者，义皆圆通，众心惬伏，莫不欣赞。兴以佛道冲邃，其行唯善，信为出苦之良津，御世之洪则，故托意九经，游心十二，乃著通三世论，以勖示因果，王公已下，并钦赞厥风。大将军常山公显，左军将军安城侯嵩，并笃信缘业，屡请什于长安大寺讲说新经，续出小品、金刚波若、十住、法华、维摩、思益、首楞严、持世、佛藏、菩萨藏、遗教、菩提、无行、呵欲、自在王、因缘观、小无量寿、新贤劫、禅经、禅法要、禅要解、弥勒成佛、弥勒下生、十诵律、十诵戒本、菩萨戒本，释论、成实、十住、中、百、十二门论，凡三百余卷。并畅显神源，挥发幽致。于时，四方义士，万里必集，盛业久大，于今咸仰。龙光释道生慧解入微，玄构文外，每恐言舛，入关请决。庐山释慧远学贯群经，栋梁遗化，而时去圣久远，疑义莫决，乃封以咨什，语见远传。初沙门僧睿，才识高明，常随什传写。什每为睿论西方辞体，商略同异，云："天竺国俗，甚重文制，其宫商体韵，以入弦为善。凡觐国王，必有赞德，见佛之仪，以歌叹为贵，经中偈颂，皆其式也。但改梵为秦，失其藻蔚，虽得大意，殊隔文体。有似嚼饭与人，非徒失味，乃令呕哕也。"什尝作颂赠沙门法和云："心山育明德，流熏万由延。哀鸾孤桐上。清音彻九天。"凡为十偈，辞喻皆尔。什雅好大乘，志存敷广，常叹曰："吾若著笔作大乘阿毗昙，非迦旃延子比也。今在秦地，深识者寡，折翮于此，将何所论。"乃凄然而止。唯为姚兴著实相论二卷，并注维摩。出言成章，无所删改，辞喻婉约，莫非玄奥。什为人神情朗彻，傲岸出群，应机领会，鲜有伦匹者。笃性仁厚，泛爱为心，虚己善诱，终日无倦。姚主常谓什曰："大师聪明超悟，天下莫二，若一旦后世，何可使法种无嗣。"遂以妓女十人，逼令受之。自尔以来，不住僧坊，别立廨舍，供给丰盈。每至讲说，常先自说譬，喻如臭泥，中生莲花，但采莲花，勿取臭泥也。

初什在龟兹，从卑摩罗叉律师受律，卑摩后入关中，什闻至欣然，师敬尽礼。卑摩未知被逼之事，因问什曰："汝于汉地，大有重缘，受法弟子，可有几人。"什答云："汉境经律未备，新经及诸论等，多是什所传出，三千徒众，皆从什受法，但什累业障深，故不受师教耳。"又杯渡比丘在彭城，闻什在长安，乃叹曰："吾与此子戏别三百余年，杳然未期，迟有遇于来生耳。"什未终日，少觉四大不愈，乃口出三番神咒，令外国弟子诵之以自救，未及致力，转觉危殆。于是力疾与众僧告别曰："因法相遇，殊未尽伊心，方复后世，恻怆何言。自以暗昧，谬充传译，凡所出经论三百余卷，唯十诵一部，未及删烦，存其本旨，必无差失。愿凡所宣译，传流后世，咸共弘通。今于众前发诚实誓，若所传无谬者，当使焚身之后，舌不燋烂。"以伪秦弘始十一年八月二十日卒于长安，是岁晋义熙五年也。即于逍遥园，依外国法，以火焚尸，薪灭形碎，唯舌不灰。后外国沙门来云："罗什所谙，十不出一。”初什一名鸠摩罗耆婆，外国制名，多以父母为本，什父鸠摩炎，母字耆婆，故兼取为名。然什死年月，诸记不同，或云弘始七年，或云八年，或云十一年。寻七与十一，字或讹误，而译经录传中，犹有一年者，恐雷同三家，无以正焉。

弗若多罗二

弗若多罗，此云功德华，罽宾人也。少出家，以戒节见称，备通三藏，而专精十诵律部，为外国师宗，时人咸谓已阶圣果。以伪秦弘始中，振锡入关。秦上姚兴待以上宾之礼。罗什亦挹其戒范，厚相宗敬。先是经法虽传，律藏未阐，闻多罗既善斯部，咸共思慕。以伪秦弘始六年十月十七日集义学僧数百余人，于长安中寺，延请多罗诵出十诵梵本，罗什译为晋文，三分获二。多罗构疾，庵然弃世。众以大业未就，而匠人殂往，悲恨之深，有逾常痛。

昙摩流支三

昙摩流支，此云法乐，西域人也。弃家入道，偏以律藏驰名，以弘始七年秋，达自关中。初弗若多罗诵出十诵，未竟而亡。庐山释慧远闻支既善毗尼，希得究竟律部，乃遣书通好曰：“佛教之兴，先行上国，自分流以来，四百余年，至于沙门德式，所阙尤多。顷西域道士弗若多罗，是罽宾人，甚讽十诵梵本。有罗什法师，通才博见，为之传译。十诵之中，文始过半，多罗早丧，中途而寝，不得究竟大业，慨恨良深。传闻仁者赍此经自随，甚欣所遇，冥运之来，岂人事而已耶。想弘道为物，感时而动，叩之有人，必情无所悋。若能为律学之徒，毕此经本，开示梵行，洗其耳目，使始涉之流，不失无上之津，参怀胜业者，日月弥朗。此则慧深德厚，人神同感矣，幸愿垂怀，不乖往意。一二悉诸道人所具。”流支既得远书，及姚兴敦请，乃与什共译十诵都毕。研详考核，条制审定，而什犹恨文烦未善。既而什化，不获删治。流支住长安大寺，慧观欲请下京师，支曰：“彼土有人有法，足以利世，吾当更行无律教处。”于是游化余方，不知所卒。或云终于凉土，未详。

卑摩罗叉四

卑摩罗叉，此云无垢眼，罽宾人。沈靖有志力，出家履道，苦节成务。先在龟兹，弘阐律藏，四方学者，竞往师之，鸠摩罗什时亦预焉。及龟兹陷没，乃避地焉。顷之，闻什在长安大弘经藏，又欲使毗尼胜品，复洽东国，于是杖锡流沙，冒险东入。以伪秦弘始八年达自关中，什以师礼敬待，叉亦以远遇欣然。及罗什弃世，叉乃出游关左，逗于寿春，止石涧寺，律众云聚，盛阐毗尼。罗什所译十诵本，五十八卷，最后一诵，谓明受戒法，及诸成善法事，逐其义要，名为善诵。叉后赍往石涧，开为六十一卷，最后一诵，改为毗尼诵，故犹二名存焉。顷之，南适江陵，于辛寺夏坐，开讲十诵。既通汉言，善相领纳，无作妙本，大阐当时，析文求理者，其聚如林，明条知禁者，数亦殷矣，律藏大弘，叉之力也。道场慧观深括宗旨，记其所制内禁轻重，撰为二卷，送还京师，僧尼披习，竞相传写，时闻者谚曰："卑罗鄙语，慧观才录，都人缮写，纸贵如玉。"今犹行于世，为后生法矣。叉养德好闲，弃喧离俗，其年冬，复还寿春石涧，卒于寺焉，春秋七十有七。叉为人眼青，时人亦号为青眼律师。

佛陀耶舍五

佛陀耶舍，此云觉明，罽宾人也，婆罗门种，世事外道。有一沙门，从其家乞，其父怒，使人打之，父遂手脚挛癖，不能行止。乃问于巫师，对曰："坐犯贤人，鬼神使然也。"即请此沙门，竭诚忏悔，数日便瘳，因令耶舍出家，为其弟子，时年十三。常随师远行，于旷野逢虎，师欲走避，耶舍曰："此虎已饱，必不侵人。"俄而虎去，前行果见余残，师密异之。至年十五，诵经日得二三万言。所住寺，常于外分卫，废于诵习，有一罗汉重其聪敏，恒乞食供之。至年十九，诵大小乘经数百万言。然性度简傲，颇以知见自处，谓少堪己师者，故不为诸僧所重。但美仪止，善谈笑，见者忘其深恨。年及进戒，莫为临坛，所以向立之岁，犹为沙弥。乃从其舅学五明诸论。世间法术，多所练习，年二十七，方受具戒。恒以读诵为务，手不释牒。每端坐思义，尚云不觉虚过于时，其专精如此。

后至沙勒国，国王不悆，请三千僧会，耶舍预其一焉。时太子达摩弗多，此言法子，见耶舍容服端雅，问所从来，耶舍酬对清辩，太子悦之，仍请留宫内供养，待遇隆厚。罗什后至，复从舍受学，甚相尊敬。什既随母还龟兹，耶舍留止。顷之，王薨。太子即位，时符坚遣吕光西伐龟兹，龟兹王急，求救于沙勒，沙勒王自率兵赴之，使耶舍留辅太子，委以后事。救军未至，而龟兹已败，王归，具说罗什为光所执，舍乃叹曰："我与罗什相遇虽久，未尽怀抱，其忽羁虏，相见何期？"停十余年，乃东适龟兹，法化甚盛。时什在姑臧遣信要之，裹粮欲去，国人留之，复停岁许。后语弟子云："吾欲寻罗什，可密装夜发，勿使人知。"弟子曰："恐明日追至，不免复还耳。"耶舍乃取清水一钵，以药投中，咒数十言，与弟子洗足。即便夜发，比旦，行数百里，问弟子曰："何所觉耶？"答曰："唯闻疾风之响，眼中泪出耳。"耶舍又与咒水洗足，住息。明旦，国人追之，已差数百里，不及。

行达姑臧，而什已入长安，闻姚兴逼以妾媵，劝为非法，乃叹曰："罗什如好绵，何可使入棘林中。"什闻其至姑臧，劝姚兴迎之，兴未纳。顷之，兴命什译出经藏，什曰："夫弘宣法教，宜令文义圆通，贫道虽诵其文，未善其理，唯佛陀耶舍深达幽致，今在姑臧，愿下诏征之，一言三详，然后著笔，使微言不坠，取信千载也。"兴从之，即遣使招迎，厚加赠遗，悉不受，乃笑曰："明旨既降，便应载驰，檀越待士既厚，脱如罗什见处，则未敢闻命。"使还具说之，兴叹其几慎，重信敦喻，方至长安。兴自出候问，别立新省于逍遥园中，四事供养，并不受，时至分卫，一食而已。于时罗什出十住经，一月余日，疑难犹豫，尚未操笔。耶舍既至，共相征决，辞理方定，道俗三千余人，皆叹其当要。舍为人赤髭，善解毗婆沙，时人号曰赤髭毗婆沙。既为罗什之师，亦称大毗婆沙。四事供养，衣钵卧具，满三间屋，不以关心，姚兴为货之，于城南造寺。耶舍先诵昙无德律，伪司隶校尉姚爽请令出之，兴疑其遗谬，乃请耶舍，令诵羌籍药方可五万言。经二日，乃执文覆之，不误一字，众服其强记。即以弘始十二年译出四分律，凡四十四卷，并长阿含等。凉州沙门竺佛念译为秦言，道含笔受。至十五年解座，兴傡耶舍布绢万匹，悉不受；道含、佛念布绢各千匹，名德沙门五百人，皆重傡施。耶舍后辞还外国，至罽宾得虚空藏经一卷，寄贾客，传与凉州诸僧，后不知所终。

佛驮跋陀罗六

佛驮跋陀罗，此云觉贤，本姓释氏，迦维罗卫人，甘露饭王之苗裔也。祖父达摩提婆，此云法天，尝商旅于北天竺，因而居焉。父达摩修耶利，此云法日，少亡。贤三岁孤，与母居，五岁复丧母，为外氏所养。从祖鸠婆利，闻其聪敏，兼悼其孤露，乃迎还，度为沙弥。至年十七，与同学数人，俱以习诵为业，众皆一月，贤一日诵毕，其师叹曰："贤一日，敌三十夫也。"及受具戒，修业精勤，博学群经，多所通达。少以禅律驰名，常与同学僧伽达多，共游罽宾，同处积载，达多虽伏其才明，而未测其人也。后于密室闭户坐禅，忽见贤来，惊问："何来。"答云："暂至兜率，致敬弥勒。"言讫便隐，达多知是圣人，未测深浅。后屡见贤神变，乃敬心祈问，方知得不还果。常欲游方弘化，备观风俗，会有秦沙门智严西至罽宾，睹法众清胜，乃慨然东顾曰："我诸同辈，斯有道志，而不遇真匠，发悟莫由。"即咨讯国众，孰能流化东土，佥云："有佛驮跋陀者，出生天竺那呵利城，族姓相承，世遵道学，其童龀出家，已通解经论，少受业于大禅师佛大先。"先时亦在罽宾，乃谓严曰："可以振维僧徒，宣授禅法者，佛驮跋陀其人也。"

严既要请苦至，贤遂愍而许焉，于是舍众辞师，裹粮东逝。步骤三载，绵历寒暑，既度葱岭，路经六国，国主矜其远化，并倾心资奉。至交趾，乃附舶循海而行，经一岛下，贤以手指山曰："可止于此。"舶主曰："客行惜日，调风难遇，不可停也。"行二百余里，忽风转吹，舶还向岛下，众人方悟其神，咸师事之，听其进止。后遇便风，同侣皆发，贤曰："不可动。"舶主乃止，既而有先发者，一时覆败。后于暗夜之中，忽令众舶俱发，无肯从者，贤自起收缆，一舶独发，俄尔贼至，留者悉被抄害。顷之，至青州东莱郡，闻鸠摩罗什在长安，即往从之，什大欣悦，共论法相，振发玄微，多所悟益。因谓什曰："君所释，不出人意，而致高名，何耶？"什曰："吾年老故尔，何必能称美谈。"什每有疑义，必共咨决。时秦太子泓，欲闻贤说法，乃要命群僧，集论东宫。罗什与贤数番往复，什问曰："法云何空。”答曰:“众微成色,色无自性,故虽色常空。”又问。既以极微破色空,复云何破微。”答曰:“群师或破析一微,我意谓不尔。”又问:“微是常耶。”答曰:“以一微故众微空,以众微故一微空。”时宝云译出此语,不解其意,道俗咸谓贤之所计,微尘是常。余日长安学僧复请更释,贤曰:“夫法不自生,缘会故生。缘一微故有众微,微无自性,则为空矣。宁可言不破一微,常而不空乎。”此是问答之大意也。秦主姚兴专志佛法,供养三千余僧,并往来宫阙,盛修人事,唯贤守静,不与众同。后语弟子云:“我昨见本乡有五舶俱发。”既而弟子传告外人,关中旧僧,咸以为显异惑众。

又贤在长安,大弘禅业,四方乐靖者,并闻风而至。但染学有浅深,得法有浓淡,浇伪之徒,因而诡滑。有一弟子因少观行,自言得阿那含果,贤未即检问,遂致流言,大被谤读,将有不测之祸。于是徒众,或藏名潜去,或逾墙夜走,半日之中,众散殆尽,贤乃夷然不以介意。时旧僧僧䂮、道恒等谓贤曰:“佛尚不听说已所得法,先言五舶将至,虚而无实,又门徒诳惑,互起同异,既于律有违,理不同止,宜可时去,勿得停留。”贤曰:“我身若流萍,去留甚易,但恨怀抱未申,以为慨然耳。”于是与弟子慧观等四十余人俱发,神志从容,初无异色,识真之众,咸共欢惜,白黑送者千有余人。姚兴闻去怅恨,乃谓道恒曰:“佛贤沙门,协道来游,欲宣遗教,缄言未吐,良用深慨,岂可以一言之咎,令万夫无导?”因敕令追之。贤报使曰:“诚知恩旨,无预闻命?”于是率侣宵征,南指庐岳。

沙门释慧远,久服风名,闻至欣喜若旧。远以贤之被摈,过由门人,若悬记五舶,止说在同意,亦于律无犯。乃遣弟子昙邕,致书姚主及关中众僧,解其摈事,远乃请出禅数诸经。贤志在游化,居无求安,停止岁许,复西适江陵。遇外国舶至,既而讯访,果是天竺五舶,先所见者也。倾境士庶,竞来礼事,其有奉遗,悉皆不受,持钵分卫,不问豪贱。时陈郡袁豹,为宋武帝太尉长史,宋武南讨刘毅,随府届于江陵。贤将弟子慧观诣豹乞食,豹素不敬信,待之甚薄,未饱辞退,豹曰:“似未足,且复小留。”贤曰:“檀越施心有限,故令所设已罄。”豹即呼左右益饭,饭果尽,豹大惭愧。既而问慧观曰:“此沙门何如人。”观曰:“德量高邈,非凡所测。”豹深叹异,以启太尉。太尉请与相见,甚崇敬之,资供备至。俄而,太尉还都,便请俱归,安止道场寺。贤仪范率素,不同华俗,而志韵清远,雅有渊致。京师法师僧弼与沙门宝林书曰："斗场禅师，甚有大心，便是天竺王、何风流人也。"其见称如此。

先是沙门支法领，于于阗得华严前分三万六千偈，未有宣译。至义熙十四年吴郡内史孟顗、右卫将军褚叔度，即请贤为译匠。乃手执梵文，共沙门法业、慧严等百有余人，于道场译出。诠定文旨，会通华戎，妙得经意，故道场寺犹有华严堂焉。又沙门法显于西域所得僧祇律梵本，复请贤译为晋文，语在显传。其先后所出观佛三昧海六卷、泥洹及修行方便论等，凡一十五部，一百十有七卷，为究其幽旨，妙尽文意。贤以元嘉六年卒，春秋七十有一矣。

昙无谶第七

昙无谶，或云昙摩忏，或云昙无忏，盖取梵音不同也。其本中天竺人，六岁遭父丧，随母佣织毾㲪为业。见沙门达摩耶舍，此云法明，道俗所崇，丰于利养，其母美之，故以谶为其弟子。十岁同学数人读咒，聪敏出群，诵经日得万余言。初学小乘，兼览五明诸论，讲说精辩，莫能酬抗。后遇白头禅师，共谶论议，习业既异，交诤十旬。谶虽攻难锋起，而禅师终不肯屈，谶伏其精理，乃谓禅师曰："颇有经典，可得见不。"禅师即授以树皮涅槃经本。谶寻读惊悟，方自惭恨，以为坎井之识，久迷大方，于是集众悔过，遂专大乘。至年二十，诵大小乘经二百余万言。谶从兄善能调象，骑杀王所乘白耳大象，王怒诛之，令曰："敢有视者，夷三族。"亲属莫敢往者。谶哭而葬之，王怒欲诛谶，谶曰："王以法故杀之，我以亲而葬之，并不违大义，何为见怒。"傍人为之寒心，其神色自若，王奇其志气，遂留供养之。谶明解咒术，所向皆验，西域号为大咒师。后随王入山，王渴须水不能得，谶乃密咒，石出水，因赞曰："大王惠泽所感，遂使枯石生泉。"邻国闻者皆叹王德。于时雨泽甚调，百姓歌咏，王悦其道术，深加优宠。顷之，王意稍歇，待之渐薄，谶以久处致厌，乃辞往罽宾。赍大涅槃前分十卷，并菩萨戒经、菩萨戒本等。彼国多学小乘，不信涅槃，乃东适龟兹。顷之，复进到姑臧，止于传舍。虑失经本，枕之而寝。有人牵之在地，谶惊觉，谓是盗者。如此三夕，闻空中语曰："此如来解脱之藏，何以枕之。”谶乃惭悟，别置高处，夜有盗之者，数过提举，竟不能胜，明且谶将经去，不以为重，盗者见之，谓是圣人，悉来拜谢。

河西王沮渠蒙逊僭据凉土，自称为王，闻谶名，呼与相见，接待甚厚。蒙逊素奉大法，志在弘通，欲请出经本，谶以未参土言，又无传译，恐言舛于理，不许即翻，于是学语三年，方译写初分十卷。时沙门慧嵩、道朗，独步河西，值其宣出经藏，深相推重，转易梵文，嵩公笔受。道俗数百人，疑难纵横，谶临机释滞，清辩若流。兼富于文藻，辞制华密，嵩、朗等更请广出诸经，次译大集、大云、悲华、地持、优婆塞戒、金光明、海龙王、菩萨戒本等，六十余万言。谶以涅槃经本，品数未足，还外国究寻，值其母亡，遂留岁余。后于于阗，更得经本中分，复还姑臧译之。后又遣使于阗，寻得后分，于是续译为三十三卷。以伪玄始三年初就翻译，至玄始十年十月二十三日三帙方竟，即宋武永初二年也。谶云：“此经梵本，本三万五千偈，于此方减百万言，今所出者止一万余偈。”谶尝告蒙逊云：“有鬼入聚落，必多灾疫。”逊不信，欲躬见为验，谶即以术加逊，逊见而骇怖，谶曰：“宜洁诚斋戒，神咒驱之。”乃读咒三日，谓逊曰：“鬼已去矣。”时境首有见鬼者云：“见数百疫鬼奔骤而逝。”境内获安，谶之力也，逊益加敬事。

至逊伪承玄二年，蒙逊济河伐乞伏暮末于抱罕，以世子兴国为前驱，为末军所败，兴国擒焉。后乞伏失守，暮末与兴国俱获于赫连定定，后为吐谷浑所破，兴国遂为乱兵所杀。逊大怒，谓事佛无应，即遣斥沙门，五十已下皆令罢道。蒙逊先为母造丈六石像，像遂泣涕流泪，谶又格言致谏，逊乃改心而悔焉。

时魏虏托跋焘闻谶有道术，遣使迎请，且告逊曰：“若不遣谶，便即加兵。”逊既事谶日久，未忍听去。后又遣伪太常高平公李顺，策拜蒙逊为使持节侍中，都督凉州、西域诸军事，太傅骠骑大将军、凉州牧、凉王，加九锡之礼。又命逊曰：“闻彼有昙摩谶法师，博通多识，罗什之流，秘咒神验，澄公之匹，朕思欲讲道，可驰驿送之。”逊与李顺燕于新乐门上，逊谓顺曰：“西蕃老臣蒙逊，奉事朝廷，不敢违失，而天子信纳佞言，苟见蹙迫，前遣表求留昙无谶，而今便来征索，此是门师，当与之俱死，实不惜残年，人生一死，讵觉几时。”顺曰：“王款诚先著，遣爱子入侍，朝廷钦王忠绩，故显加殊礼。而王以此一胡道人，亏山岳之功，不忍一朝之忿，损由来之美，岂朝廷相待之厚，窃为大王不取，主上虚襟之至，弘文所知。”弘文者，逊所遣聘魏使也。逊曰：“太常口美如苏秦，恐情不副辞耳。”逊既吝谶不遣，又迫魏之强。至逊义和三年三月，谶固请西行，更寻涅槃后分，逊忿其欲去，乃密图害谶，伪以资粮发遣，厚赠宝货。临发之日，谶乃流涕告众曰：“谶业对将至，众圣不能救矣。”以本有心誓，义不容停。比发，逊果遣刺客于路害之，春秋四十九，是岁宋元嘉十年也。黑白远近，咸共惜焉。既而逊左右常白日见鬼神以剑击逊，至四月，逊寝疾而亡。

初谶在姑臧，有张掖沙门道进，欲从谶受菩萨戒，谶云：“且悔过。”乃竭诚七日七夜，至第八日，诣谶求受，谶忽大怒，进更思惟：“但是我业障未消耳。”乃勠力三年，且禅且忏，进即于定中，见释迦文佛与诸大士授己戒法，其夕同止十余人，皆感梦如进所见。进欲诣谶说之，未及至数十步，谶惊起唱言：“善哉，善哉，已感戒矣，吾当更为汝作证。”次第于佛像前为说戒相。时沙门道朗，振誉关西，当进感戒之夕，朗亦通梦。乃自卑戒腊，求为法弟，于是从进受者千有余人，传授此法，迄至于今，皆谶之余则。有别记云，菩萨地持经，应是伊波勒菩萨传来此土，后果是谶所传译，疑谶或非凡也。蒙逊有从弟沮渠安阳侯者，为人强志疏通，涉猎书记。因谶入河西，弘阐佛法，安阳乃阅意内典，奉持五禁，所读众经，即能讽诵，常以为务学多闻，大士之盛业。少时，求法度流沙，至于阗，于瞿摩帝大寺遇天竺法师佛驮斯那，咨问道义。斯那本学大乘，天才秀发，诵半亿偈，明了禅法，故西方诸国号为人中师子。安阳从受禅秘要治病经，因其梵本，口诵通利。既而东归，向邑于高昌得观世音，弥勒二观经各一卷。及还河西，即译出禅要，转为晋文。及伪魏吞并西凉，乃南奔于宋。晦志卑身，不交人世，常游塔寺，以居士身毕世。初出弥勒、观音二观经，丹阳尹孟顗，见而善之，深加赏接。后竹园寺慧浚尼，复请出禅经，安阳既通习积久，临笔无滞，旬有七日，出为五卷。顷之，又于钟山定林寺出佛父般泥洹经一卷。安阳居绝妻孥，无欲荣利，从容法侣，宣通正法，是以黑白咸敬而嘉焉，后遘疾而终。

谶所出诸经，至元嘉中方传建业。道场慧观法师，志欲重寻涅槃后分，乃启宋太祖资给，遣沙门道普，将书吏十人，西行寻经。至长广郡，舶破伤足，因疾而卒。普临终叹曰："涅槃后分与宋地无缘矣。"普本高昌人，经游西域，遍历诸国，供养尊影，顶戴佛钵，四塔道树，足迹形像，无不瞻觌。善梵书，备诸国语，游履异域，别有大传。时高昌复有沙门法盛，亦经往外国，立传凡有四卷。又有竺法维、释僧表，并经往佛国云云。

高僧传卷第二

高僧传卷第三

梁会稽嘉祥寺沙门释慧皎撰

译经下

释法显一

释法显，姓龚，平阳武阳人，有三兄，并髫龀而亡，父恐祸及显，三岁便度为沙弥。居家数年，病笃欲死，因以送还寺，信宿便差。不肯复归，其母欲见之不能得，后为立小屋于门外，以拟去来。十岁遭父忧，叔父以其母寡独不立，逼使还俗，显曰：“本不以有父而出家也。正欲远尘离俗，故入道耳。”叔父善其言，乃止。顷之，母丧，至性过人，葬事毕，仍即还寺。尝与同学数十人，于田中刈稻，时有饥贼欲夺其谷，诸沙弥悉奔走，唯显独留，语贼曰：“若欲须谷，随意所取，但君等昔不布施，故致饥贫，今复夺人，恐来世弥甚，贫道预为君忧耳。”言讫即还，贼弃谷而去，众僧数百人，莫不叹服。及受大戒，志行明敏，仪轨整肃，常慨经律舛阙，誓志寻求。

以晋隆安三年，与同学慧景、道整、慧应、慧嵬等，发自长安。西渡流沙，上无飞鸟，下无走兽，四顾茫茫，莫测所之。唯视日以准东西，望人骨以标行路耳，屡有热风恶鬼，遇之必死，显任缘委命，直过险难。有顷，至葱岭。岭冬夏积雪，有恶龙吐毒，风雨沙砾，山路艰危，壁立千仞。昔有人凿石通路，傍施梯道，凡度七百余所。又蹑悬絙过河，数十余处，皆汉之张骞、甘英所不至也。次度小雪山，遇寒风暴起，慧景噤战不能前，语显曰：“吾其死矣，卿可前去，勿得俱殒。”言绝而卒，显抚之泣曰：“本图不果，命也奈何。”复自力孤行，遂过山险，凡所经历三十余国。

将至天竺，去王舍城三十余里，有一寺，逼冥过之。显明旦欲诣耆阇崛山，寺僧谏曰：“路甚艰阻，且多黑师子，亟经啖人，何由可至？”显曰：“远涉数万，誓到灵鹫，身命不期，出息非保，岂可使积年之诚，既至而废耶？虽有险难，吾不惧也。”众莫能止，乃遣两僧送之。显既至山，日将曛夕，欲遂停宿，两僧危惧，舍之而还。显独留山中，烧香礼拜，翘感旧迹，如睹圣仪。至夜有三黑师子，来蹲显前，舐唇摇尾，显诵经不辍，一心念佛。师子乃低头下尾，伏显足前，显以手摩之，咒曰：“若欲相害，待我诵竟，若见试者，可便退矣。”师子良久乃去。明晨还返，路穷幽梗，止有一径通行，未至里余，忽逢一道人，年可九十，容服麄素，而神气俊远。显虽觉其韵高，而不悟是神人。后又逢一少僧，显问曰：“向耆年是谁耶。”答云：“头陀迦叶大弟子也。”显方大惋恨。更追至山所，有横石塞于室口，遂不得入，显流涕而去。进至迦施国，国有白耳龙，每与众僧约，令国内丰熟，皆有信效。沙门为起龙舍，并设福食，每至夏坐讫，龙辄化作一小蛇，两耳悉白，众咸识是龙，以铜盂盛酪，置龙于中，从上座至下行之遍，乃化去，年辄一出，显亦亲见。后至中天竺，于摩竭提邑波连弗阿育王塔南天王寺，得摩诃僧祇律，又得萨婆多律抄、杂阿毗昙心、綖经、方等泥洹经等。显留三年，学梵语梵书，方躬自书写，于是持经像，寄附商客，到师子国。显同旅十余，或留或亡，顾影唯己，常怀悲慨。忽于玉像前，见商人以晋地一白团绢扇供养，不觉凄然下泪。停二年，复得弥沙塞律、长杂二含及杂藏本，并汉土所无。既而附商人舶，循海而还。舶有二百许人，值暴风水入，众皆惶懅，即取杂物弃之。显恐弃其经像，唯一心念观世音，及归命汉土众僧，舶任风而去，得无伤坏。经十余日，达耶婆提国，停五月，复随他商，东适广州。举帆二十余日，夜忽大风，合舶震惧，众咸议曰："坐载此沙门，使我等狼狈，不可以一人故，令一众俱亡。"共欲推之，法显檀越厉声呵商人曰："汝若下此沙门，亦应下我，不尔，便当见杀。汉地帝王奉佛敬僧，我至彼告王，必当罪汝。"商人相视失色，僶俛而止。既水尽粮竭，唯任风随流，忽至岸，见藜藿菜依然，知是汉地，但未测何方，即乘船入浦寻村。见猎者二人，显问："此是何地耶？"猎人曰："此是青州长广郡牢山南岸。"猎人还，以告太守李嶷，嶷素敬信，忽闻沙门远至，躬自迎劳。显持经像随还。顷之，欲南归，青州刺史请留过冬，显曰："贫道投身于不反之地，志在弘通，所期未果，不得久停。"遂南造京师，就外国禅师佛驮跋陀，于道场寺译出摩诃僧祇律、方等泥洹经、杂阿毗昙心，垂百余万言。显既出大泥洹经，流布教化，咸使见闻。有一家失其姓名，居近朱雀门，世奉正化，自写一部，读诵供养，无别经室，与杂书共屋。后风火忽起，延及其家，资物皆尽，唯泥洹经俨然具存，煨烬不侵，卷色无改，京师共传，咸叹神妙。其余经律未译。后至荆州，卒于辛寺，春秋八十有六，众咸恸惜。其游履诸国，别有大传焉。

释昙无竭二

释昙无竭，此云法勇，姓李，幽州黄龙人也。幼为沙弥，便修苦行，持戒诵经，为师僧所重。尝闻法显等躬践佛国，乃慨然有忘身之誓。遂以宋永初元年，招集同志沙门僧猛、昙朗之徒二十五人，共赍幡盖供养之具，发迹北土，远适西方。初至河南国，仍出海西郡，进入流沙，到高昌郡。经历龟兹、沙勒诸国。登葱岭，度雪山，障气千重，层冰万里，下有大江，流急若箭。于东西两山之胁，系索为桥。十人一过，到彼岸已，举烟为帜，后人见烟，知前已度，方得更进。若久不见烟，则知暴风吹索，人堕江中。行经三日，复过大雪山，悬崖壁立，无安足处，石壁皆有故杙孔，处处相对，人各执四杙，先拔下杙，手攀上杙，展转相攀，经日方过及到平地相待，料检同侣，失十二人。进至罽宾国，礼拜佛钵。停岁余，学梵书梵语，求得观世音受记经梵文一部，复西行至辛头那提河，汉言师子口，缘河西入月氏国，礼拜佛肉髻骨，及睹自沸木舫。后至檀特山南石留寺，住僧三百余人，杂三乘学，无竭停此寺受大戒。天竺禅师佛驮多罗，此云觉救，彼土咸云已证果，无竭请为和上，汉沙门志定为阿阇梨，停夏坐三月日，复行向中天竺界。路既空旷，唯赍石蜜为粮，同侣尚有十三人，八人于路并化，余五人同行。无竭虽屡经危棘，而系念所赍观世音经未尝暂废。将至舍卫国，野中逢山象一群，无竭称名归命，即有师子从林中出，象惊惶奔走。后渡恒河，复值野牛一群，鸣吼而来，将欲害人，无竭归命如初，寻有大鹫飞来，野牛惊散，遂得免之。其诚心所感，在险克济，皆此类也。后于南天竺随舶泛海达广州，所历事迹，别有记传。其所译出观世音受记经，今传于京师。后不知所终。

佛驮什三

佛驮什，此云觉寿，罽宾人，少受业于弥沙塞部僧，专精律品，兼达禅要，以宋景平元年七月届于扬州。先沙门法显，于师子国得弥沙塞律梵本，未被翻译，而法显迁化，京邑诸僧闻什既善此学，于是请令出焉。以其年冬十一月集于龙光寺，译为三十四卷，称为五分律。什执梵文，于阗沙门智胜为译，龙光道生、东安慧严共执笔参正，宋侍中琅琊王练为檀越，至明年四月方竟。仍于大部抄出戒心，及羯磨文等，并行于世。什后不知所终。

浮陀跋摩四

浮陀跋摩，此云觉铠，西域人也。幼而履操明直，聪悟出群，习学三藏，偏善毗婆沙论，常诵持此部以为心要。宋元嘉之中达于西凉。先有沙门道泰，志用强果，少游葱右，遍历诸国。得毗婆沙梵本十有万偈，还至姑臧，侧席虚衿，企待明匠，闻跋摩游心此论，请为翻译。时蒙逊已死，子茂虔袭位，以虔承和五年岁次丁丑四月八日，即宋元嘉十四年于凉州城内闲豫宫中，请跋摩译焉。泰即笔受，沙门慧嵩、道朗与义学僧三百余人，考正文义，再周方讫，凡一百卷，沙门道挺为之作序。有顷，魏虏托跋寿西伐姑臧，凉土崩乱，经书什物，皆被焚荡，遂失四十卷，今唯有六十存焉，跋摩避乱西反，不知所终。

释智严五

释智严，西凉州人，弱冠出家，便以精勤著名。纳衣宴坐，蔬食永岁，每以本域丘墟，志欲博事名师，广求经诰。遂周流西国，进到罽宾，入摩天陀罗精舍，从佛驮先比丘咨受禅法。渐深三年，功逾十载。佛驮先见其禅思有绪，特深器异，彼诸道俗闻而叹曰："秦地乃有求道沙门矣。"始不轻秦类，敬接远人。时有佛驮跋陀罗比丘，亦是彼国禅匠，严乃要请东归，欲传法中土，跋陀嘉其恳至，遂共东行。于是逾沙越险，达自关中。常依随跋陀，止长安大寺。顷之，跋陀横为秦僧所摈，严亦分散，憩于山东精舍，坐禅诵经，力精修学。晋义熙十三年，宋武帝西伐长安，克捷旋旆，涂出山东。时始兴公王恢从驾游观山川，至严精舍，见其同止三僧，各坐绳床，禅思湛然，恢至，良久不觉，于是弹指，三人开眼，俄而还闭，问不与言。恢心敬其奇，访诸耆老，皆云："此三僧隐居求志，高洁法师也。"恢即启宋武帝延请还都，莫肯行者。既屡请恳至，二人推严随行。恢怀道素笃，礼事甚殷，还都，即住始兴寺。严性爱虚靖，志避喧尘，恢乃为于东郊之际，更起精舍，即枳园寺也。严前于西域所得梵本众经，未及译写，到元嘉四年乃共沙门宝云译出普曜、广博严净、四天王等。严在寺，不受别请，常分卫自资，道化所被，幽显咸服。有见鬼者云，见西州太社间鬼相语："严公至，当避易。"此人未之解。俄而，严至，聊问姓字，果称智严，默而识之，密加礼异。仪同兰陵萧思话妇刘氏疾病，恒见鬼来，吁可骇畏，时迎严说法，严始到外堂，刘氏便见群鬼迸散，严既进，为夫人说经，疾以之瘳，因禀五戒，一门宗奉。严清素寡欲，随受随施，少而游方，无所滞著。禀性冲退，不自陈叙，故虽多美行，世无得而尽传。严昔未出家时，尝受五戒，有所亏犯，后入道受具足，常疑不得戒，每以为惧。积年禅观而不能自了，遂更泛海，重到天竺，咨诸明达。值罗汉比丘，具以事问，罗汉不敢判决，乃为严入定，往兜率宫咨弥勒，弥勒答云："得戒。"严大喜，于是步归。至罽宾，无疾而化，时年七十八。彼国法：凡、圣烧身各处。严虽戒操高明，而实行未办，始移尸向凡僧墓地，而尸重不起。改向圣墓，则飘然自轻。严弟子智羽、智远，故从西来报此征瑞，俱还外国。以此推严，信是得道人也，但未知果向中间若深浅耳。

释宝云六

释宝云，未详氏族，传云凉州人。少出家，精勤有学行，志韵刚洁，不偶于世，故少以方直纯素为名，而求法恳恻，亡身殉道，志欲躬睹灵迹，广寻经要。遂以晋隆安之初，远适西域，与法显、智严先后相随。涉履流沙、登逾雪岭，勤苦艰危不以为难。遂历于阗、天竺诸国，备睹灵异。乃经罗刹之野，闻天鼓之音，释迦影迹多所瞻礼。云在外域，遍学梵书，天竺诸国音字诂训，悉皆备解。后还长安，随禅师佛驮跋陀业禅进道。俄而，禅师横为秦僧所摈，徒众悉同其咎，云亦奔散。会庐山释慧远解其摈事，共归京师，安止道场寺。众僧以云志力坚猛，弘道绝域，莫不披衿咨问，敬而爱焉。云译出新无量寿，晚出诸经，多云所治定。华戎兼通，音训允正，云之所定，众咸信服。初关中沙门竺佛念善于宣译，于符姚二代，显出众经。江左译梵，莫逾于云，故于晋宋之际，弘通法藏，沙门慧观等，咸友而善之。云性好幽居，以保闲寂，遂适六合山寺，译出佛本行赞经。山多荒民，俗好草窃，云说法教诱，多有改更，礼事供养，十室而八。顷之，道场慧观临亡，请云还都，总理寺任，云不得已而还。居道场岁许，复更还六合，以元嘉二十六年，终于山寺，春秋七十有四。其游履外国别有记传。

求那跋摩七

求那跋摩，此云功德铠，本刹利种，累世为王，治在罽宾国。祖父呵梨跋陀，此言师子贤，以刚直被徙。父僧伽阿难，此言众喜，因潜隐山泽。跋摩年十四，便机见俊达，深有远度，仁爱泛博，崇德务善。其母尝须野肉，令跋摩办之，跋摩启曰："有命之类，莫不贪生，夭彼之命，非仁人矣。"母怒曰："设令得罪，吾当代汝。"跋摩他日煮油，误浇其指，因谓母曰："代儿忍痛。"母曰："痛在汝身，吾何能代？"跋摩曰："眼前之苦，尚不能代，况三途耶！"母乃悔悟，终身断杀。至年十八，相公见而谓曰："君年三十，当抚临大国，南面称尊。若不乐世荣，当获圣果。"至年二十，出家受戒，洞明九部，博晓四含，诵经百余万言，深达律品，妙入禅要，时号曰三藏法师。至年三十，罽宾王薨，绝无绍嗣，众咸议曰："跋摩帝室之胤，又才明德重，可请令还俗，以绍国位。"群臣数百，再三固请，跋摩不纳。乃辞师违众，林栖谷饮，孤行山野，遁迹人世。

后到师子国，观风弘教，识真之众，咸谓已得初果。仪形感物，见者发心。后至阇婆国，初未至一日，阇婆王母夜梦见一道士飞舶入国，明旦果是跋摩来至，王母敬以圣礼，从受五戒。母因劝王曰："宿世因缘，得为母子，我已受戒，而汝不信，恐后生之因，永绝今果。"王迫以母勅，即奉命受戒，渐染既久，专精稍笃。顷之，邻兵犯境，王谓跋摩曰："外贼恃力，欲见侵侮，若与斗战，伤杀必多；如其不拒，危亡将至。今唯归命师尊，不知何计？"跋摩曰："暴寇相攻，宜须御捍，但当起慈悲心，勿兴害念耳。"王自领兵拟之，旗鼓始交，贼便退散。王遇流矢伤脚，跋摩为咒水洗之，信宿平复。王恭信稍殷，乃欲出家修道，因告群臣曰："吾欲躬栖法门，卿等可更择明主。"群臣皆拜伏劝请曰："王若舍国，则子民无依。且敌国凶强，恃险相对，如失恩覆，则黔首奚处？大王天慈，宁不愍念？敢以死请，申其悃愊。"王不忍固违，乃就群臣请三愿，若许者，当留治国。一愿凡所王境，同奉和上；二愿尽所治内，一切断杀；三愿所有储财，赈给贫病。群臣欢喜，佥然敬诺。于是一国皆从受戒。王后为跋摩立精舍，躬自引材，伤王脚指。跋摩又为咒治，有顷平复，导化之声播于遐迩。邻国闻风，皆遣使要请。

时京师名德沙门慧观、慧聪等，远挹风猷，思欲餐禀，以元嘉元年九月，面启文帝，求迎请跋摩，帝即敕交州刺史，令泛舶延致。观等又遣沙门法长、道冲、道俊等，往彼祈请，并致书于跋摩及阇婆王婆多加等，必希顾临宋境，流行道教。跋摩以圣化宜广，不惮游方。先已随商人竺难提舶，欲向一小国，会值便风，遂至广州，故其遗文云："业行风所吹，遂至于宋境。"此之谓也。文帝知跋摩已至南海，于是复敕州郡，令资发下京。路由始兴，经停岁许，始兴有虎市山，仪形耸孤，峰岭高绝，跋摩谓其仿佛耆阇，乃改名灵鹫。于山寺之外，别立禅室，室去寺数里，磬音不闻，每至鸣椎，跋摩已至，或冒雨不沾，或履泥不湿，时众道俗，莫不肃然增敬。寺有宝月殿，跋摩于殿北壁，手自画作罗云像，及定光儒童布发之形，像成之后，每夕放光，久之乃歇。始兴太守蔡茂之，深加敬仰，后茂之将死，跋摩躬自往视，说法安慰，后家人梦见茂之在寺中，与众僧讲法，实由跋摩化导之力也。此山本多虎灾，自跋摩居之，昼行夜往，或时值虎，以杖按头，弄之而去，于是山旅水宾，去来无梗，感德归化者，十有七八焉。跋摩尝于别室入禅，累日不出，寺僧遣沙弥往候之，见一白师子缘柱而上，亘空弥漫生青莲华，沙弥惊恐大呼，往逐师子，豁无所见，其灵异无方，类多如此。

后文帝重敕观等复更敦请，乃泛舟下都，以元嘉八年正月达于建邺。文帝引见，劳问殷勤，因又言曰："弟子常欲持斋不杀，迫以身殉物，不获从志。法师既不远万里，来化此国，将何以教之？"跋摩曰："夫道在心，不在事，法由己，非由人。且帝王与匹夫所修各异，匹夫身贱名劣，言令不威，若不克己苦躬，将何为用？帝王以四海为家，万民为子，出一嘉言，则士女咸悦，布一善政，则人神以和。刑不夭命，役无劳力，则使风雨适时，寒暖应节，百谷滋繁，桑麻郁茂。如此持斋，斋亦大矣；如此不杀，德亦众矣。宁在阙半日之餐，全一禽之命，然后方为弘济耶？"帝乃抚机叹曰："夫俗人迷于远理，沙门滞于近教。迷远理者谓至道虚说；滞近教者，则拘恋篇章。至如法师所言，真谓开悟明达，可与言天人之际矣。"乃敕住祇洹寺，供给隆厚，公王英彦，莫不宗奉。俄而于寺开讲法华及十地，法席之日，轩盖盈衢，观瞩往还，肩随踵接。跋摩神府自然，妙辩天绝，或时假译人，而往复悬悟。

后祇洹慧义请出菩萨善戒，始得二十八品，后弟子代出二品，成三十品，未及缮写，失序品及戒品，故今犹有两本，或称菩萨戒地。初元嘉三年徐州刺史王仲德，于彭城请外国伊叶波罗译出杂心，至择品而缘碍，遂辍。至是更请跋摩译出后品，足成十三卷，并先所出四分羯磨、优婆塞五戒略论、优婆塞二十二戒等，凡二十六卷，并文义详允，梵汉弗差。

时影福寺尼慧果、净音等，共请跋摩云："去六年，有师子国八尼至京，云宋地先未经有尼，那得二众受戒，恐戒品不全。"跋摩云："戒法本在大僧众发，设不本事，无妨得戒，如爱道之缘。"诸尼又恐年月不满，苦欲更受，跋摩称云："善哉，苟欲增明，甚助随喜。"但西国尼年腊未登，又十人不满，且令学宋语，别因西域居士，更请外国尼来足满十数。其年夏，在定林下寺安居。时有信者，采华布席，唯跋摩所坐，华彩更鲜，众咸崇以圣礼，夏竟还祇洹。其年九月二十八日，中食未毕，先起还阁，其弟子后至，奄然已终，春秋六十有五。未终之前，预造遗文偈颂三十六行，自说因缘，云已证二果。手自封缄，付弟子阿沙罗云："我终后，可以此文还示天竺僧，亦可示此境僧也。"既终之后，即扶坐绳床，颜貌不异，似若入定。道俗赴者，千有余人，并闻香气芬烈，咸见一物，状若龙蛇，可长一匹许，起于尸侧，直上冲天，莫能諮者。即于南林戒坛前，依外国法阇毗之。四部鳞集，香薪成积，灌之香油，以烧遗阴，五色焰起，氛氲丽空。是时天景澄朗，道俗哀叹，仍于其处起立白塔。欲重受戒诸尼，悲泣望断，不能自胜。

初跋摩至京，文帝欲从受菩萨戒，会虏寇侵强，未及咨禀，奄而迁化。以本意不遂，伤恨弥深，乃令众僧译出其遗文云：

前顶礼三宝，　　净戒诸上座。
浊世多谄曲，　　虚伪无诚信。
愚惑不识真，　　怀嫉轻有德。
是以诸贤圣，　　现世晦其迹。
我求那跋摩，　　命行尽时至。
所获善功德，　　今当如实说。

不以谄曲心，　　希望求名利。
为劝众懈怠，　　增长诸佛法。
大法力如是，　　仁者咸谛听。
我昔旷野中，　　初观于死尸。
膖胀虫烂坏，　　臭秽脓血流。
系心缘彼处，　　此身性如是。
常见此身相，　　贪蛾不畏火。
如是无量种，　　修习死尸观。
放舍余闻思，　　依止林树间。
是夜专精进，　　正观常不忘。
境界恒在前，　　犹如对明镜。
如彼我亦然，　　由是心寂靖。
轻身极明净，　　清凉心是乐。
增长大欢喜，　　则生无著心。
变成骨锁相，　　白骨现在前。
朽坏肢节离，　　白骨悉磨灭。
无垢智炽然，　　调伏思法相。
我时得如是，　　身安极柔软。
如是方便修，　　胜进转增长。
微尘念念灭，　　坏色正念法。
是则身究竟，　　何缘起贪欲。
知因诸受生，　　如鱼贪钩饵。
彼受无量坏，　　念念观磨灭。
知彼所依处，　　从心猿猴起。
业及业果报，　　依缘念念灭。
心所知种种，　　是名别相法。
是则思慧念，　　次第满足修。
观种种法相，　　其心转明了。
我于尔焰中，　　明见四念处。
律行从是竟，　　摄心缘中住。

苦如炽然剑，　斯由渴爱转。
爱尽般涅槃，　普见彼三界。
死焰所炽然，　形体极消瘦。
喜息乐方便，　身还渐充满。
胜妙众生相，　顶忍亦如是。
是于我心起，　真实正方便。
渐渐略境界，　寂灭乐增长。
得世第一法，　一念缘真谛。
次第法忍生，　是谓无漏道。
妄想及诸境，　名字悉远离。
境界真谛义，　除恼获清凉。
成就三昧果，　离垢清凉缘。
不涌亦不没，　净慧如明月。
湛然正安住，　纯一寂灭相。
非我所宣说，　唯佛能证知。
那波阿毗昙，　说五因缘果。
实义知修行，　名者莫能见。
诸论各异端，　修行理无二。
偏执有是非，　达者无违诤。
修行众妙相，　今我不宣说。
惧人起妄想，　诳惑诸世间。
于彼修利相，　我已说少分。
若彼明智者，　善知此缘起。
摩罗婆国界，　始得初圣果。
阿兰若山寺，　道迹修远离。
后于师子国，　村名劫波利。
进修得二果，　是名斯陀含。
从是多留难，　障修离欲道。
见我修远离，　知是处空闲。
咸生希有心，　利养竞来集。

我见如火毒，　　心生大厌离。
避乱浮于海，　　阇婆及林邑。
业行风所飘，　　随缘之宋境。
于是诸国中，　　随力兴佛法。
无问所应问，　　谛实真实观。
今此身灭尽，　　寂若灯火灭。

僧伽跋摩八

僧伽跋摩，此云众铠，天竺人也。少而弃俗，清峻有戒德，善解三藏，尤精杂心。以宋元嘉十年，出自流沙，至于京邑。器宇宏肃，道俗敬异，咸宗事之，号曰三藏法师。初景平元年，平陆令许桑，舍宅建刹，因名平陆寺。后道场慧观，以跋摩道行纯备，请住此寺，崇其供养，以表厥德。跋摩共观加塔三层，今之奉诚是也。跋摩行道讽诵，日夜不辍，僧众归集，道化流布。初三藏法师明于戒品，将为影福寺尼慧果等重受具戒，是时二众未备，而三藏迁化。俄而，师子国比丘尼铁萨罗等至都，众乃共请跋摩为师，继轨三藏。祇洹慧义擅步京邑，谓为矫异，执志不同。亲与跋摩拒论翻覆。跋摩标宗显法，理证明允，既德有所归，义遂回刚，靡然推服，令弟子慧基等服膺供事，僧尼受者数百许人。宋彭城王义康，崇其戒范，广设斋供，四众殷盛，倾于京邑。慧观等以跋摩妙解杂心，讽诵通利，先三藏虽译，未及缮写，即以其年九月，于长干寺招集学士，更请出焉。宝云译语，观自笔受，考核研校，一周乃讫。续出摩得勒伽、分别业报略、劝发诸王要偈及请圣僧浴文等。跋摩游化为志，不滞一方，既传经事讫，辞还本国，众咸祈止，莫之能留，元嘉十九年，随西域贾人舶还外国，不详其终。

昙摩密多九

昙摩密多，此云法秀，罽宾人也。年至七岁，神明澄正，每见法事，辄自然欣跃，其亲爱而异之，遂令出家。罽宾多出圣达，屡值明师，博贯群经，特深禅法，所得门户，极甚微奥。为人沈邃有慧解，仪轨详正，生而连眉，故世号连眉禅师。少好游方，誓志宣化，周历诸国，遂适龟兹。未至一日，王梦神告王曰："有大福德人，明当入国，汝应供养。"明旦，即敕外司，若有异人入境，必驰奏闻。俄而，蜜多果至。王自出郊迎，延请入宫，遂从禀戒，尽四事之礼。蜜多安而能迁，不拘利养。居数载，密有去心。神又降梦曰："福德人舍王去矣。"王惕然惊觉，既而君臣固留，莫之能止。遂度流沙，进到敦煌，于闲旷之地，建立精舍。植㮈千株，开园百亩，房阁池沼，极为严净。顷之，复适凉州，仍于公府旧事，更葺堂宇，学徒济济，禅业甚盛。

常以江左王畿，志欲传法，以宋元嘉元年展转至蜀，俄而出峡，止荆州，于长沙寺造立禅阁，翘诚恳恻，祈请舍利。旬有余日，遂感一枚，冲器出声，放光满室，门徒道俗，莫不更增勇猛，人百其心。顷之，沿流东下，至于京师。初止中兴寺，晚憩祇洹。密多道声素著，化洽连邦，至京甫尔，倾都礼讯。自宋文哀皇后及皇太子、公主，莫不设斋桂宫，请戒椒掖，参候之使，旬日相望。即于祇洹寺译出禅经、禅法要、普贤观、虚空藏观等。常以禅道教授，或千里咨受，四辈远近，皆号大禅师焉。会稽太守平昌孟顗，深信正法，以三宝为己任，素好禅味，敬心殷重，及临浙右，请与同游，乃于鄮县之山，建立塔寺。东境旧俗，多趣巫祝，及妙化所移，比屋归正，自西徂东，无思不服。元嘉十年还都，止钟山定林下寺。密多天性凝靖，雅爱山水，以为钟山镇岳，埒美嵩华，常叹下寺基构，临涧低侧。于是乘高相地，揆卜山势，以元嘉十二年斩石刊木，营建上寺。士庶钦风，献奉稠迭，禅房殿宇，蔚尔层构。于是息心之众，万里来集，讽诵肃邕，望风成化。定林达禅师，即神足弟子，弘其风教，声震道俗，故能净化久而莫渝，胜业崇而弗替，盖密多之遗烈也。爰自西域，至于南土，凡所游履，靡不兴造檀会，敷陈教法。

初密多之发罽宾也，有迦毗罗神王卫送，遂至龟兹，于中路欲反，乃现形告辞密多曰："汝神力通变，自在游处，将不相随共往南方。"语毕，即收影不现。遂远从至都，即于上寺图像著壁，迄至于今，犹有声影之验，洁诚祈福，莫不享愿。以元嘉十九年七月六日卒于上寺，春秋八十有七。道俗四众，行哭相趋，仍葬于钟山宋熙寺前。

释智猛十

释智猛，雍州京兆新丰人。禀性端明，励行清白，少袭法服，修业专至，讽诵之声，以夜续日。每闻外国道人说天竺国土有释迦遗迹及方等众经，常慨然有感，驰心遐外，以为万里咫尺，千载可追也。

遂以伪秦弘始六年甲辰之岁，招结同志沙门十有五人，发迹长安，渡河跨谷三十六所，至凉州城。出自阳关，西入流沙。凌危履险，有过前传。遂历鄯鄯、龟兹、于阗诸国，备瞩风化。从于阗西南行二千里，始登葱岭，而九人退还，猛与余伴进行千七百里，至波伦国。同侣竺道嵩又复无常，将欲阇毗，忽失尸所在。猛悲叹惊异，于是自力而前。与余四人共度雪山，渡辛头河，至罽宾国。国有五百罗汉，常往返阿耨达池，有大德罗汉，见猛至欢喜。猛咨问方土，为说四天子事，具在猛传。猛于奇沙国，见佛文石唾壶，又于此国见佛钵，光色紫绀，四际尽然。猛香华供养，顶戴发愿："钵若有应，能轻能重。"既而转重，力遂不堪，及下案时，复不觉重，其道心所应如此。复西南行千三百里，至迦维罗卫国，见佛发佛牙，及肉髻骨，佛影迹，炳然具存。又睹泥洹坚固之林，降魔菩提之树，猛喜心内充，设供一日，兼以宝盖大衣覆降魔像。其所游践，究观灵变，天梯龙池之事，不可胜数。后至华氏国阿育王旧都，有大智婆罗门，名罗阅家，举族弘法，王所钦重，造纯银塔高三丈。既见猛至，乃问："秦地有大乘学不？"猛答："悉大乘学。"罗阅惊叹曰："希有希有，将非菩萨往化耶？"猛于其家得大泥洹梵本一部，又得僧祇律一部，及余经梵本，誓愿流通，于是便反。

以甲子岁发天竺，同行三伴，于路无常，唯猛与昙纂俱还。于凉州出泥洹本，得二十卷。以元嘉十四年入蜀，十六年七月造传，记所游历。元嘉末，卒于成都。余历寻游方沙门，记列道路，时或不同，佛钵顶骨，处亦乖爽，将知游往天竺，非止一路，顶钵灵迁，时届异土，故传述见闻，难以例也。

畺良耶舍十一

畺良耶舍，此云时称，西域人。性刚直，寡嗜欲，善诵阿毗昙，博涉律部，其余诸经，多所该综，虽三藏兼明，而以禅门专业。每一游观，或七日不起。常以三昧正受，传化诸国。以元嘉之初，远冒沙河，萃于京邑，太祖文皇深加叹异。初止钟山道林精舍，沙门宝志崇其禅法，沙门僧含请译药王药上观及无量寿观，含即笔受。以此二经是转障之秘术，净土之洪因，故沈吟嗟味，流通宋国。平昌孟𫖮，承风钦敬，资给丰厚，𫖮出守会稽，固请不去，后移憩江陵。元嘉十九年，西游岷蜀，处处弘道，禅学成群，后还卒于江陵，春秋六十矣。时又有天竺沙门僧伽达多、僧伽罗多等，并禅学深明，来游宋境。达多尝在山中坐禅，日时将迫，念欲虚斋，乃有群鸟衔果飞来授之。达多思惟："猕猴奉蜜，佛亦受而食之，今飞鸟授食，何为不可？"于是受而进之。元嘉十八年夏，受临川康王请，于广陵结居，后终于建业。僧伽罗多，此云众济，以宋景平之末，来至京师。乞食人间，宴坐林下，养素幽闲，不涉当世。以元嘉十年，卜居钟阜之阳，剪棘开榛，造立精舍，即宋熙寺是也。

求那跋陀罗十二

求那跋陀罗，此云功德贤，中天竺人，以大乘学，故世号摩诃衍，本婆罗门种。幼学五明诸论，天文书算，医方咒术，靡不该博。后遇见阿毗昙杂心，寻读惊悟，乃深崇佛法焉。其家世外道，禁绝沙门，乃舍家潜遁，远求师友，即投簪落彩，专精志学，及受具足，博通三藏。为人慈和恭恪，事师尽礼，顷之，辞小乘师，进学大乘。大乘师试令探取经匣，即得大品、华严，师嘉而叹曰："汝于大乘有重缘矣。"于是读诵讲宣，莫能酬抗，进受菩萨戒法。乃奉书父母，劝归正法，曰："若专守外道，则虽还无益；若归信三宝，则长相见。"其父感其言至，遂弃邪从正。

跋陀前到师子诸国，皆传送资供，既有缘东方，乃随舶泛海。中途风止，淡水复竭，举舶忧惶，跋陀曰："可同心并力念十方佛，称观世音，何往不感？"乃密诵咒经，恳到礼忏。俄而，信风暴至，密云降雨，一舶蒙济，其诚感如此。元嘉十二年至广州，刺史车朗表闻，宋太祖遣信迎接。既至京都，敕名僧慧严、慧观于新亭郊劳，见其神情朗彻，莫不虔仰，虽因译交言，而欣若倾盖。初住祇洹寺，俄而，太祖延请，深加崇敬。琅琊颜延之通才硕学，束带造门，于是京师远近，冠盖相望，大将军彭城王义康、丞相南谯王义宣，并师事焉。顷之，众僧共请出经，于祇洹寺集义学诸僧，译出杂阿含经，东安寺出法鼓经，后于丹阳郡译出胜鬘、楞伽经，徒众七百余人，宝云传译，慧观执笔，往复咨析，妙得本旨。后谯王镇荆州，请与俱行，安止辛寺，更创房殿。即于辛寺出无忧王、过去现在因果及一卷、无量寿一卷、泥洹、央掘魔罗、相续解脱波罗蜜了义、现在佛名经三卷、第一义五相略、八吉祥等诸经，并前所出凡百余卷，常令弟子法勇传译度语。谯王欲请讲华严等经，而跋陀自忖未善宋言，有怀愧叹，即旦夕礼忏，请观世音，乞求冥应。遂梦有人白服持剑，擎一人首来至其前，曰："何故忧耶？"跋陀具以事对，答曰："无所多忧。"即以剑易首，更安新头。语令回转，曰："得无痛耶？"答曰："不痛。"豁然便觉，心神悦怿。旦起，道义皆备领宋言，于是就讲。

元嘉将末，谯王屡有怪梦，跋陀答云："京都将有祸乱。"未及一年，元凶构逆。及孝建之初，谯王阴谋逆节，跋陀颜容忧惨，未及发言，谯王问其故，跋陀谏争恳切，乃流涕而出曰："必无所冀，贫道不容扈从。"谯王以其物情所信，乃逼与俱下。梁山之败，大舰转迫，去岸悬远，判无全济，唯一心称观世音，手捉邛竹杖，投身江中，水齐至膝，以杖刺水，水流深驶，见一童子寻后而至，以手牵之，顾谓童子："汝小儿何能度我？"恍忽之间，觉行十余步，仍得上岸，即脱纳衣欲偿童子，顾觅不见，举身毛竖，方知神力焉。时王玄谟督军梁山，世祖敕军中得摩诃衍，善加料理，驿信送台。俄而寻得，令舸送都。世祖即时引见，顾问委曲，曰："企望日久，今始相遇。"跋陀曰："既染衅戾，分当灰粉，今得接见，重荷生造。"敕问并谁为贼，答曰："出家之人，不预戎事，然张畅、宋灵秀等，并见驱逼。贫道所明，但不图宿缘，乃逢此事。"帝曰："无所惧也。"是日敕住后堂供施衣物，给以人乘。

初跋陀在荆十载，每与谯王书疏，无不记录。及军败检简，无片言及军事者。世祖明其纯谨，益加礼遇。后因闲谈，聊戏问曰："念承相不？”答曰：“受供十年，何可忘德？今从陛下乞愿，愿为丞相三年烧香。”帝凄然惨容，义而许焉。及中兴寺成，敕令移住，为开三间房。后于东府燕会，王公毕集，敕见跋陀，时未及净发，白首皓然，世祖遥望，顾谓尚书谢庄曰：“摩诃衍聪明机解，但老期已至，朕试问之，其必悟人意也。”跋陀上阶，因迎谓之曰：“摩诃衍不负远来之意，但唯有一在。”即应声答曰：“贫道远归帝京，垂三十载，天子恩遇，衔愧罔极，但七十老病，唯一死在。”帝嘉其机辩，敕近御而坐，举朝属目。

后于秣陵界凤皇楼西起寺，每至夜半，辄有推户而唤，视之无人，众屡厌梦，跋陀烧香咒愿曰：“汝宿缘在此，我今起寺，行道礼忏，常为汝等。若住者，为护寺善神；若不能住，各随所安。”既而道俗十余人，同夕梦见鬼神千数，皆荷担移去，寺众遂安。今陶后渚白塔寺，即其处也。

大明六年，天下亢旱，祷祈山川，累月无验。世祖请令祈雨，必使有感，如其无获，不须相见，跋陀曰：“仰凭三宝，陛下天威，冀必降泽。如其不获，不复重见。”即往北湖钓台烧香祈请，不复饮食，默而诵经，密加秘咒。明日晡时，西北云起如盖，日在桑榆，风震云合，连日降雨。明旦，公卿入贺，敕见慰劳，傣施相续。

跋陀自幼以来，蔬食终身，常执持香炉，未尝辍手。每食竟，辙分食飞鸟，乃集手取食。至太宗之世，礼供弥隆。到秦始四年正月，觉体不悆，便与太宗及公卿等告别。临终之日，延伫而望之，见天华圣像，禺中遂卒，春秋七十有五。太宗深加痛惜，慰赙甚厚，公卿会葬，荣哀备焉。

时又有沙门宝意，梵言阿那摩低，本姓康，康居人，世居天竺。以宋孝建中，来止京师瓦官禅房，恒于寺中树下坐禅，又晓经律，时人亦号三藏。常转侧数百贝子，立知凶吉，善能神咒，以香涂掌，亦见人往事。宋世祖施其一铜唾壶，高二尺许，常在床前，忽有人窃之。意以席一领，空卷之，咒上数通，经于三夕，唾壶还在席中，莫测其然。于是四远道俗，咸敬而异焉。齐文惠、文宣及梁太祖，并敬以师礼焉。永明末年，终于所住。

求那毗地十三

求那毗地，此言安进，本中天竺人。弱年从道，师事天竺大乘法师僧伽斯，聪慧强记，勤于讽诵，谙究大小乘，将二十万言。兼学外典，明解阴阳，占时验事，征兆非一。齐建元初，来至京师，止毗耶离寺。执锡从徒，威仪端肃，王公贵胜，迭相供请。初僧伽斯于天竺国，抄修多罗藏中要切譬喻，撰为一部，凡有百事，教授新学。毗地悉皆通，兼明义旨，以永明十年秋，译为齐文，凡有十卷，谓百喻经。复出十二因缘及须达长者经各一卷。自大明已后，译经殆绝，及其宣流，世咸称美。毗地为人弘厚，故万里归集，南海商人咸宗事之，供献皆受，悉为营法。于建邺淮侧，造正观寺居之，重阁层门，殿堂整饰。以中兴二年冬，终于所住。

梁初有僧伽婆罗者，亦外国学僧，仪貌谨洁，善于谈对。至京师，亦止正观寺，今上甚加礼遇，敕于正观寺及寿光殿占云馆中，译出大育王经、解脱道论等，释宝唱、袁昙允等笔受。

论曰：传译之功尚矣，固无得而称焉。昔如来灭后，长老迦叶、阿难，末田地等，并具足住持八万法藏，弘道济人，功用弥博，圣慧日光，余晖未隐。是后迦旃延子、达磨多罗、达摩尸利帝等，并博寻异论，各著言说，而皆祖述四含，宗轨三藏。至若龙树、马鸣、婆薮盘豆，则于方等深经，领括枢要。源发般若，流贯双林，虽曰化洽洼隆，而亦俱得其性。故令三宝载传，法轮未绝，是以五百年中，犹称正法在世。夫神化所接，远近斯届，一声一光，辄震他土；一台一盖，动覆恒国。振丹之与迦维，虽路绝葱河，里逾数万，若以圣之神力，譬犹武步之间，而令闻见限隔，岂非时也。及其缘运将感，名教潜洽，或称为浮图之主，或号为西域大神。故汉明帝诏楚王英云："王诵黄老之微言，尚浮图之仁祀。"及通梦金人，遣使西域，乃有摄摩腾、竺法兰怀道来化。协策孤征，艰苦必达，傍峻壁而临深，蹑飞絙而渡险。遗身为物，处难能夷，传法宣经，初化东土，后学而闻，盖其力也。爰至安清、支谶、康会、竺护等，并异世一时，继踵弘赞。然夷夏不同，音韵殊隔，自非精括诂训，领会良难。属有支谦、聂承远、竺佛念、释宝云、竺叔兰、无罗叉等，并妙善梵汉之音，故能尽翻译之致。一言三复，词旨分明，然后更用此土宫商，饰以成制。论云："随方俗语，能示正义，于正义中，置随义语。"盖斯谓也。其后鸠摩罗什，硕学钩深，神鉴奥远，历游中土，备悉方言。复恨支、竺所译，文制古质，未尽善美，乃更临梵本，重为宣译，故致今古二经，言殊义一。时有生、融、影、睿、严、观、恒、肇，皆领悟言前，词润珠玉，执笔承旨，任在伊人，故长安所译，郁为称首。是时姚兴窃号，跨有皇畿，崇爱三宝，城堑遗法。使夫慕道来仪，遐迩烟萃，三藏法门，有缘必睹，自像运东迁，在兹为盛。其佛贤比丘，江东所译华严大部，昙无谶河西所翻涅槃妙教，及诸师所出四含、五部、犍度、婆沙等，并皆言符法本，理惬三印。而童寿有别室之愆，佛贤有摈黜之迹，考之实录，未易详究。或以时运浇薄，道丧人离；故所感见，爰至于此。若以近迹而求，盖亦珪璋之一玷也。又世高、无谶、法祖、法祚等，并理思淹通，仁泽成雾，而皆不得其死，将由业有传感，义无违避，故罗汉虽诸漏已尽，尚贻贯脑之厄，比干虽忠謇竭诚，犹招赐剑之祸，匪其然乎。间有竺法度者，自言专执小乘，而与三藏乖越，食用铜钵，本非律仪所许，伏地相向，又是忏法所无。且法度生本南康，不游天竺，晚值昙摩耶舍，又非专小之师，直欲溪壑其身，故为矫异。然而达量君子，未曾回适，尼众易从，初禀其化。夫女人理教难惬，事迹易翻，闻因果则悠然扈背，见变术则奔波倾饮，随堕之义即斯谓也。窃惟正法渊广，数盈八亿，传译所得，卷止千余。皆由逾越沙阻，履跨危绝，或望烟渡险，或附杙前身，及相会推求，莫不十遗八九。是以法显、智猛、智严、法勇等，发趾则结旅成群，还至则顾影唯一，实足伤哉。当知一经达此，岂非更赐寿命，而顷世学徒，唯慕钻求一典，谓言广读多惑，斯盖堕学之辞，匪曰通方之训。何者？夫欲考寻理味，决正法门，岂可断以胸衿而不博寻众典。遂使空劳传写，永翳箱匣，甘露正说，竟莫披寻，无上宝珠，隐而弗用，岂不惜哉？若能贯采禅律，融治经论，虽复祇树息荫，玄风尚扇，娑罗变叶，佛性犹彰。远报能仁之恩，近称传译之德，傥获身命，宁不勖欤！

赞曰：频婆掩唱，迭教攸陈，五乘竞转，八万弥纶。周星曜魄，汉梦通神。腾、兰、谶、什，殉道来臻，慈云徙荫，慧水传津，俾夫季末，方树洪因。

高僧传卷第三

高僧传卷第四

梁会稽嘉祥寺沙门释慧皎撰

义解一

朱士行一
支孝龙二
康僧渊三
竺法雅四
康法朗五
竺法乘六
竺潜深七
支道林八
于法兰九
于法开十
于道邃十一
竺法崇十二
竺法义十三
竺僧度十四

朱士行一

朱士行，颍川人，志业方直，劝沮不能移其操。少怀远悟，脱落尘俗，出家已后，专务经典。昔汉灵之时，竺佛朔译出道行经，即小品之旧本也，文句简略，意义未周。士行尝于洛阳讲道行经，觉文章隐质，诸未尽善，每叹曰：“此经大乘之要，而译理不尽！”誓志捐身，远求大本。遂以魏甘露五年，发迹雍州，西渡流沙。既至于阗，果得梵书正本，凡九十章。遣弟子不如檀，此言法饶，送经梵本还归洛阳。未发之顷，于阗诸小乘学众，遂以白王云：“汉地沙门欲以婆罗门书，惑乱正典。王为地主，若不禁之，将断大法，聋盲汉地，王之咎也。”王即不听赍经。士行深怀痛心，乃求烧经为证，王即许焉。于是积薪殿前，以火焚之。士行临火誓曰：“若大法应流汉地，经当不然，如其无护，命也如何。”言已，投经火中，火即为灭，不损一字，皮牒如本。大众骇服，咸称其神感，遂得送至陈留仓恒水南寺。时河南居士竺叔兰，本天竺人，父世避难，居于河南。兰少好游猎，后经暂死，备见业果。因改励专精，深崇正法，博究众音，善于梵汉之语。又有无罗叉比丘，西域道士，稽古多学，乃手执梵本，叔兰译为晋文，称为放光波若，皮牒故本今在豫章。至太安二年，支孝龙就叔兰一时写五部，校为定本。时未有品目，旧本十四匹缣，令写为二十卷。士行遂终于于阗，春秋八十。依西方法阇维之，薪尽火灭，尸犹能全，众咸惊异，乃咒曰：“若真得道，法当毁败。”应声碎散，因敛骨起塔焉。后弟子法益，从彼国来，亲传此事，故孙绰正像论云：“士行散形于于阗。”此之谓也。

支孝龙二

支孝龙，淮阳人。少以风姿见重，加复神彩卓荦，高论适时。常披味小品，以为心要。陈留阮瞻、颖川庾凯，并结知音之交，世人呼为八达。时或嘲之曰：“大晋龙兴，天下为家，沙门何不全发肤，去袈裟，释胡服，被绫罗？”龙曰：“抱一以逍遥，唯寂以致诚。剪发毁容，改服变形，彼谓我辱，我弃彼荣。故无心于贵而愈贵，无心于足而愈足矣。”其机辩适时，皆此类也。时竺叔兰初译放光经，龙既素乐无相，得即披阅，旬有余日，便就开讲。后不知所终矣。孙绰为之赞曰：“小方易拟，大器难像，桓桓孝龙，克迈高广。物竞宗归，人思效仰，云泉弥漫，兰风肸向。”

康僧渊三

康僧渊，本西域人，生于长安。貌虽梵人，语实中国。容止详正，志业弘深，诵放光、道行二波若，即大小品也，晋成之世，与康法畅、支敏度等俱过江。畅亦有才思，善为往复，著人物、始义论等。畅常执麈尾行，每值名宾，辄清谈尽日。庾元规谓畅曰:“此麈尾何以常在？”畅曰:“廉者不取，贪者不与，故得常在也。”敏度亦聪哲有誉，著译经录，今行于世。渊虽德愈畅、度，而别以清约自处，常乞丐自资，人未之识。后因分卫之次，遇陈郡殷浩，浩始问佛经深远之理，却辩俗书性情之义，自昼之曛，浩不能屈，由是改观。琅琊王茂弘以鼻高眼深戏之，渊曰:“鼻者面之山，眼者面之渊，山不高则不灵，渊不深则不清。”时人以为名答。后于豫章山立寺，去邑数十里。带江傍岭，林竹郁茂，名僧胜达，响附成群。以常持心梵经，空理幽远，故偏加讲说。尚学之徒，往还填委，后卒于寺焉。

竺法雅四

法雅，河间人，凝正有器度，少善外学，长通佛义，衣冠士子，咸附咨禀。时依门徒，并世典有功，未善佛理。雅乃与康法朗等，以经中事数，拟配外书，为生解之例，谓之格义。乃毗浮、相昙等，亦辩格义，以训门徒。雅风采洒落，善于枢机。外典佛经，递互讲说。与道安、法汰每披释凑疑，共尽经要。后立寺于高邑，僧众百余，训诱无懈。雅弟子昙习，祖述先师，善于言论，为伪赵太子石宣所敬云。

康法朗五

康法朗，中山人，少出家，善戒节。尝读经，见双树鹿苑之处，郁而叹曰:“吾已不值圣人，宁可不睹圣处！”于是誓往迦夷，仰瞻遗迹。乃共同学四人，发迹张掖，西过流沙。行经三日，路绝人踪，忽见道傍有一故寺，草木没人，中有败屋两间，间中各有一人，一人诵经，一人患痢，两人比房，不相料理，屎尿纵横，举房臭秽。朗谓其属曰:“出家同道，以法为亲，不见则已，岂可见而舍耶?”朗乃停六日，为洗浣供养。至第七日，见此房中皆是香华，乃悟其神人。因语朗云:“比房是我和上，已得无学，可往问讯。”朗往问讯，因语朗云:“君等诚契，皆当入道，不须远游诸国，于事无益，唯当自力行道，勿令失时。但朗功业尚小未纯，未得所愿，当还真丹国作大法师。”于是四人不复西行，仍留此专精业道。唯朗更游诸国，研寻经论。后还中山，门徒数百，讲法相系。后不知所终。孙绰为之赞曰:“人亦有言，瑜瑕弗藏，朗公冏冏，能韬其光。敬终慎始，研微辩章，何以取证?冰坚履霜。”

朗弟子令韶，其先雁门人，姓吕，少游猎，后发心出家，事朗为师。思学有功，特善禅数，每入定，或数日不起。后移柳泉山，凿穴宴坐。朗终后刻木为像，朝夕礼事。孙绰正像论云:“吕韶凝神于中山。”即其人也。

竺法乘六

竺法乘，未详何人。幼而神悟超绝，悬鉴过人，依竺法护为沙弥，清真有志气，护甚嘉焉。护既道被关中，且资财殷富。时长安有甲族，欲奉大法，试护道德，伪往告急，求钱二十万。护未答。乘年十三，侍在师侧，即语曰:“和上意已相许矣。”客退后，乘曰:“观此人神色，非实求钱，将以观和上道德何如耳。”护曰:“吾亦以为然。”明日此客率其一宗百余口，诣护请受戒具，谢求钱之意，于是师资名布遐迩。乘后西到敦煌，立寺延学，忘身为道，诲而不倦。使夫豺狼革心，戎狄知礼，大化西行，乘之力也。后终于所住。孙绰道贤论以乘比王浚冲，论云:“法乘、安丰少有机悟之鉴，虽道俗殊操，阡陌可以相准。”高士季颙为之赞传。乘同学竺法行、竺法存，并山栖履操，知名当世矣。

竺潜深七

竺潜，字法深，姓王，琅琊人，晋丞相武昌郡公敦之弟也。年十八出家，事中州刘元真为师。元真早有才解之誉，故孙绰赞曰:“索索虚衿，翳翳闲冲，谁其体之？在我刘公。谈能雕饰，照足开蒙，怀抱之内，豁尔每融。”潜伏膺已后，剪削浮华，崇本务学，微言兴化，誉洽西朝，风姿容貌，堂堂如也。至年二十四，讲法华、大品，既蕴深解，复能善说。故观风味道者，常数盈五百。晋永嘉初，避乱过江。中宗元皇及肃祖明帝、丞相王茂弘、大尉庾元规，并钦其风德，友而敬焉。建武太宁中，潜恒著屐至殿内，时人咸谓方外之士，以德重故也。中宗肃祖升遐，王庾又薨，乃隐迹剡山，以避当世，追踪问道者，已复结旅山门。潜优游讲席三十余载，或畅方等，或释老庄。投身北面者，莫不内外兼洽。至哀帝好重佛法，频遣两使殷勤征请，潜以诏旨之重，暂游宫阙，即于御筵开讲大品，上及朝士并称善焉。于时简文作相，朝野以为至德，以潜是道俗标领，又先朝友敬，尊重挹服，顶戴兼常，迄乎龙飞，虔礼弥笃。潜尝于简文处，遇沛国刘惔，惔嘲之曰：“道士何以游朱门？”潜曰：“君自睹其朱门，贫道见为蓬户。”司空何次道，懿德纯素，笃信经典，每加祇崇，遵以师资之敬，数相招请，屡兴法祀。潜虽复从运东西，而素怀不乐，乃启还剡之仰山，遂其先志，于是逍遥林阜，以毕余年。支遁遣使求买仰山之侧沃洲小岭，欲为幽栖之处，潜答云：“欲来辄给，岂闻巢、由买山而隐。”遁后与高丽道人书云：“上座竺法深，中州刘公之弟子。体德贞峙，道俗纶综。往在京邑，维持法网，内外具瞻，弘道之匠也。顷以道业靖济，不耐尘俗，考室山泽，修德就闲。今在剡县之仰山，率合同游，论道说义，高栖皓然，遐迩有咏。”以晋宁康二年卒于山馆，春秋八十有九。烈宗孝武诏曰：“深法师理悟虚远，风鉴清贞，弃宰相之荣，袭染衣之素。山居人外，笃勤匪懈，方赖宣道，以济苍生，奄然迁化，用痛于怀，可赙钱十万，星驰驿送。”孙绰以深比刘伯伦，论云：“深公道素渊重，有远大之量；刘伶肆意放荡，以宇宙为小。虽高栖之业，刘所不及，而旷大之体同焉。”

时仰山复有竺法友，志业强正，博通众典，尝从深受阿毗昙，一宿便诵。深曰：“经目则讽，见称昔人，若能仁更兴大晋者，必取汝为五百之一也。”年二十四便能讲说。后立剡县城南台寺焉。竺法蕴悟解入玄，尤善放光波若。康法识，亦有义学之功，而以草隶知名。尝遇康昕，昕自谓笔道过识，识共昕各作右军草，傍人窃以为货，莫之能别。又写众经，甚见重之。竺法济幼有才藻，作高逸沙门传。凡此诸人，皆潜之神足，孙绰并为之赞，不复具抄。

支道林八

支遁，字道林，本姓关氏，陈留人，或云河东林虑人。幼有神理，聪明秀彻。初至京师，太原王蒙甚重之，曰："造微之功，不减辅嗣。"陈郡殷融尝与卫玠交，谓其神情俊彻，后进莫有继之者。及见遁，叹息以为重见若人。家世事佛，早悟非常之理。隐居余杭山，深思道行之品，委曲慧印之经。卓焉独拔，得自天心。年二十五出家，每至讲肆，善标宗会，而章句或有所遗，时为守文者所陋。谢安闻而善之，曰："此乃九方堙之相马也，略其玄黄，而取其骏逸。"王洽、刘恢、殷浩、许询、郗超、孙绰、桓彦表、王敬仁、何次道、王文度、谢长遐、袁彦伯等，并一代名流，皆著尘外之狎。

遁尝在白马寺与刘系之等谈庄子逍遥篇，云："各适性以为逍遥。"遁曰："不然，夫桀跖以残害为性，若适性为得者，从亦逍遥矣。"于是退而注逍遥篇。群儒旧学，莫不叹服。后还吴，立支山寺，晚欲入剡。谢安为吴兴，与遁书曰："思君日积，计辰倾迟，知欲还剡自治，甚以怅然。人生如寄耳，顷风流得意之事，殆为都尽。终日戚戚，触事惆怅，唯迟君来，以晤言消之，一日当千载耳。此多山县，闲静，差可养疾，事不异剡，而医药不同。必思此缘，副其积想也。"王羲之时在会稽，素闻遁名，未之信，谓人曰："一往之气，何足言。"后遁既还剡，经由于郡，王故诣遁，观其风力。既至，王谓遁曰："逍遥篇可得闻乎？"遁乃作数千言，标揭新理，才藻惊绝。王遂披衿解带，流连不能已。仍请住灵嘉寺，意存相近。

俄又投迹剡山，于沃洲小岭立寺行道，僧众百余，常随禀学。时或有堕者，遁乃著座右铭以勖之。曰："勤之勤之，至道非弥。奚为淹滞，弱丧神奇。茫茫三界，眇眇长羁。烦劳外凑，冥心内驰。殉赴钦渴，缅邈忘疲。人生一世，涓若露垂。我身非我，云云谁施。达人怀德，知安必危。寂寥清举，濯累禅池。谨守明禁，雅玩玄规。绥心神道，抗志无为。寮朗三蔽，融冶六疵。空同五阴，豁虚四支。非指喻指，绝而莫离。妙觉既陈，又玄其知。婉转平任，与物推移。过此以往，勿思勿议。敦之觉父，志在婴儿。”时论以遁才堪经赞，而洁己拔俗，有违兼济之道，遁乃作释蒙论。晚移石城山，又立栖光寺。宴坐山门，游心禅苑，木喰涧饮，浪志无生。乃注安般、四禅诸经及即色游玄论、圣不辩知论、道行旨归、学道诫等。追踪马鸣，蹑影龙树，义应法本，不违实相。晚出山阴，讲维摩经，遁为法师，许询为都讲，遁通一义，众人咸谓询无以厝难，询设一难，亦谓遁不复能通，如此至竟两家不竭。凡在听者，咸谓审得遁旨，回令自说，得两三反便乱。

至晋哀帝即位，频遣两使，征请出都，止东安寺，讲道行波若，白黑钦崇，朝野悦服。太原王蒙，宿构精理，撰其才词，往诣遁，作数百语，自谓遁莫能抗。遁乃徐曰：“贫道与君别来多年，君语了不长进。”蒙惭而退焉。乃叹曰：“实缁钵之王何也。”郄超问谢安：“林公谈何如嵇中散？”安曰：“嵇努力裁得去耳。”又问：“何如殷浩？”安曰：“亹亹论辩，恐殷制支，超拔直上渊源，浩实有惭德。”郄超后与亲友书云：“林法师神理所通，玄拔独悟。实数百年来，绍明大法，令真理不绝，一人而已。”遁淹留京师，涉将三载，乃还东山。上书告辞曰：“遁顿首言，敢以不才，希风世表。未能鞭后，用愆灵化。盖沙门之义，法出佛圣，雕纯反朴，绝欲归宗。游虚玄之肆，守内圣之则，佩五戒之贞，毗外王之化。谐无声之乐，以自得为和；笃慈爱之孝，蠕动无伤。衔抚恤之哀，永悼不仁；秉未兆之顺，远防宿命；挹无位之节，履亢不悔。是以哲王御南面之重，莫不钦其风尚，安其逸轨，探其顺心，略其形敬，故令历代弥新矣。陛下天钟圣德，雅尚不倦。道游灵模，日昃忘御，可谓钟鼓晨极，声振天下。清风既邵，莫不幸甚。上愿陛下，齐龄二仪，弘敷至化。去陈信之妖诬，寻丘祷之弘议，绝小涂之致泥，奋宏辔于夷路。若然者，太山不淫季氏之旅，得一以成灵；王者非圆丘而不禋，得一以永贞。若使贞灵各一，人神相忘，君君而下无亲举，神神而咒不加灵，玄德交被，民荷冥佑。恢恢六合，成吉祥之宅；洋洋大晋，为元亨之宇。常无为而万物归宗，执大象而天下自往，国典刑杀，则有司存焉。若生而非惠，则赏者自得；戮而非怒，则罚者自刑。弘公器以厌神意，提铨衡以极冥量。所谓天何言哉，四时行焉。贫道野逸东山，与世异荣，菜蔬长阜，漱流清壑，褴褛毕世，绝窥皇阶。不悟干光曲曜，猥被蓬荜，频奉明诏，使诣上京，进退惟谷，不知所厝。

自到天道，屡蒙引见，优以宾礼，策以微言。每愧才不拔滞，理无拘新，不足对扬玄模，允塞视听，踧踖侍人，流汗位席。曩四翁赴汉，于木蕃魏，皆出处有时，默语适会。今德非昔人，动静乖哀，游魂禁省，鼓言帝侧，将困非据，何能有为！且岁月僶俛，感若斯之叹，况复同志索居，综习辽落，延首东顾，孰能无怀。上愿陛下，时蒙放遣，归之林薄，以鸟养鸟，所荷为优。谨露板以闻，申其愚管，裹粮望路，伏待慈诏。”诏即许焉，资给发遣，事事丰厚，一时名流，并饯离于征虏。蔡子叔前至，近遁而坐，谢万石后至，值蔡暂起，谢便移就其处。蔡还，合褥举谢掷地，谢不以介意。其为时贤所慕如此。既而收迹剡山，毕命林泽。人尝有遗遁马者，遁爱而养之，时或有讥之者，遁曰："爱其神骏，聊复畜耳。"后有饷鹤者，遁谓鹤曰："尔冲天之物，宁为耳目之玩乎？"遂放之。遁幼时，尝与师共论物类，谓鸡卵生用，未足为杀，师不能屈。师寻亡，忽见形，投卵于地，鷇破雏行，顷之俱灭，遁乃感悟，由是蔬食终身。遁先经余姚坞山中住，至于名辰犹还坞中。或问其意，答云："谢安在昔数来见，辄移旬日，今触情举目，莫不兴想。"后病甚，移还坞中，以晋太和元年闰四月四日终于所住，春秋五十有三。即窆于坞中，厥冢存焉。或云终剡，未详。郄超为之序传，袁宏为之铭赞，周昙宝为之作诔。孙绰道贤论以遁方向子期，论云："支遁、向秀雅尚庄老。二子异时，风好玄同矣。"又喻道论云："支道林者，识清体顺，而不对于物。玄道冲济，与神情同任。此远流之所以归宗，悠悠者所以未悟也。"后高士戴逵行经遁墓，乃叹曰："德音未远，而拱木已繁，冀神理绵绵，不与气运俱尽耳。"遁有同学法虔精理入神，先遁亡，遁叹曰："昔匠石废斤于郢人，牙生辍弦于钟子，推己求人，良不虚矣。宝契既潜，发言莫赏，中心蕴结，余其亡矣。"乃著切悟章，临亡成之，落笔而卒。凡遁所著文翰，集有十卷，盛行于世。时东土复有竺法仰者，慧解致闻，为王坦之所重。亡后犹见形诣王，勖以行业焉。

于法兰九

于法兰，高阳人。少有异操，十五出家，便以精勤为业。研讽经典，以日兼夜，求法问道，必在众先。迄在冠年，风神秀逸，道振三河，名流四远。性好山泉，多处岩壑。尝于冬月在山，冰雪甚厉，时有一虎来入兰房，兰神色无忤，虎亦甚驯，至明旦雪止乃去。山中神祇，常来受法。其德被精灵，皆此类也。后闻江东山水，剡县称奇，乃徐步东瓯，远瞩嵔嵘，居于石城山足，今之元华寺是也。时人以其风力比庾元规，孙绰道贤论以比阮嗣宗，论云："兰公遗身，高尚妙迹，殆至人之流。阮步兵傲独不群，亦兰之俦也。"居剡少时，欻然叹曰："大法虽兴，经道多阙，若一闻圆教，夕死可也。"乃远适西域，欲求异闻，至交州遇疾，终于象林。沙门支遁追立像赞曰："于氏超世，综体玄旨，嘉遁山泽，驯洽虎兕。"别传云："兰亦感枯泉漱水，事与竺法护同。"未详。又有竺法兴、支法渊、于法道与兰同时比德，兴以洽见知名，渊以才华著称，道以义解驰声矣。

于法开十

于法开，不知何许人。事兰公为弟子，深思孤发，独见言表。善放光及法华，又祖述耆婆，妙通医法。尝乞食投主人家，值妇人在草危急，众治不验，举家遑扰，开曰："此易治耳。"主人正宰羊，欲为淫祀，开令先取少肉为羹，进竟，因气针之，须臾羊膜里儿而出。升平五年孝宗有疾，开视脉，知不起，不肯复入，康献后令曰："帝小不佳，咋呼于公视脉，亘到门不前，种种辞惮，宜收付廷尉。"俄而帝崩，获免。还剡石城，续修元华寺，后移白山灵鹫寺。每与支道林争即色空义，庐江何默申明开难，高平郄超宣述林解，并传于世。开有弟子法威，清悟有枢辩，故孙绰为之赞曰："易曰翰白，诗美苹藻。斑如在场，芬若停潦。于威明发，介然遐讨。有洁其名，无愧怀抱。"开尝使威出都，经过山阴，支遁正讲小品。开语威言，道林讲，比汝至，当至某品中。示语攻难数十番，云："此中旧难通。"威既至郡，正值遁讲，果如开言，往复多番，遁遂屈，因厉声曰："君何足复受人寄载来耶？"故东山喭云："深量，开思，林谈，识记。"至哀帝时，累被诏征，乃出京讲放光经，凡旧学抱疑，莫不因之披释，讲竟，辞还东山。帝恋德殷勤，傣钱绢及步舆，并冬夏之服，谢安、王文度悉皆友善。或问，法师高明刚简，何以医术经怀？"答曰："明六度以除四魔之病，调九候以疗风寒之疾，自利利人，不亦可乎。”年六十卒于山寺，孙绰为之目曰：“才辩纵横，以数术弘教，其在开公乎。”

于道邃十一

于道邃，敦煌人，少而失荫，叔亲养之，邃孝敬竭诚，若奉其母。至年十六出家，事兰公为弟子。学业高明，内外该览，善方药，美书札，洞谙殊俗，尤巧谈论。护公常称邃高简雅素，有古人之风，若不无方，为大法梁栋矣。后与简公俱过江，谢庆绪大相推重。性好山泽，在东多游履名山。为人不屑毁誉，未尝以尘近经抱。后随兰适西域，于交趾遇疾而终，春秋三十有一矣。郗超图写其形，支遁著铭赞曰：“英英上人，识通理清。朗质玉莹，德音兰馨。”孙绰以邃比阮咸，或曰：“咸有累骑之讥，邃有清冷之誉，何得为匹？”孙绰曰：“虽迹有洼隆，高风一也。”喻道论云：“近洛中有竺法行，谈者以方乐令，江南有于道邃，识者以对胜流。皆当时共所见闻，非同志之私誉也。”

竺法崇十二

竺法崇，未详何人。少入道以戒节见称，加又敏而好学，笃志经记，而尤长法华一教。尝游湘州麓山，山精化为夫人，诣崇请戒，舍所住山以为寺，崇居之，少时，化洽湘土。后还剡之葛岘山，茅庵涧饮，取欣禅慧，东瓯学者，竞往凑焉。与隐士鲁国孔淳之相遇，每盘游极日，辄信宿妄归，披衿顿契，自以为得意之交也。崇乃叹曰：“缅想人外，三十余年，倾盖于兹，不觉老之将至。”后淳之别游，崇咏曰：“皓然之气，犹在心目，山林之士，往而不反，其若人之谓乎。”崇后卒于山中，著法华义疏四卷云。时剡东仰山，复有释道宝者。本姓王，琅琊人，晋丞相道之弟。弱年信悟，避世辞荣，亲旧谏止，莫之能制。香汤澡浴，将就下发，乃咏曰：“安知万里水，初发滥觞时。”后以学行显焉。

竺法义十三

竺法义，未详何许人。年十三，遇深公，便问："仁利是君子所行，孔丘何故罕言。"深曰："物鲜能行，是故罕言。"深见其幼而颖悟，劝令出家。于是栖志法门，从深受学。游刃众典，尤善法华。后辞深出京，复大开讲席，王导、孔敷并承风敬友。至晋兴宁中，更还江左，憩于始宁之保山，受业弟子常有百余。至咸安二年，忽感心气疾病。常存念观音，乃梦见一人，破腹洗肠，觉便病愈。傅亮每云："吾先君与义公游处，每闻说观音神异，莫不大小肃然。"晋宁康三年，孝武皇帝遣使征请出都讲说，晋太元五年卒于都，春秋七十有四矣。帝以钱十万，买新亭岗为墓，起塔三级，义弟子昙爽于墓所立寺，因名新亭精舍。后宋孝武南下伐凶，銮旆至止，式宫此寺。及登禅，复幸禅堂，因为开拓，改曰中兴。故元嘉末童谣云："钱唐出天子。"乃禅堂之谓。故中兴禅房，犹有龙飞殿焉，今之天安是也。

竺僧度十四

竺僧度，姓王名晞，字玄宗，东莞人也。虽少出孔微，而天姿秀发。至年十六，神情爽拔，卓尔异人，性度温和，乡邻所羡。时独与母居，孝事尽礼，求同郡杨德慎女，亦乃衣冠家人。女字苕华，容貌端正，又善坟籍，与度同年，求婚之日，即相许焉。未及成礼，苕华母亡，顷之，苕华父又亡，庶母亦卒。度遂睹世代无常，忽然感悟，乃舍俗出家，改名僧度。迹抗尘表，避地游学。苕华服毕，自惟三从之义，无独立之道，乃与度书谓："发肤不可伤毁，宗祀不可顿废。"令其顾世教，改远志，曜翘烁之姿，于盛明之世，远休祖考之灵，近慰人神之愿。并赠诗五首，其一篇曰："大道自无穷，天地长且久。巨石故叵消，芥子亦难数。人生一世间，飘忽若过牖。荣华岂不茂，日夕就雕朽。川上有余吟，日斜思鼓缶。清音可娱耳，滋味可适口。罗纨可饰躯，华冠可曜首。安事自剪削，耽空以害有。不道妾区区，但令君恤后。"度答书曰："夫事君以治一国，未若弘道以济万邦；安亲以成一家，未若弘道以济三界。发肤不毁，俗中之近言耳。

但吾德不及远，未能兼被，以此为愧。然积篑成山，亦冀从微之著也。且披袈裟，振锡杖，饮清流，咏波若。虽公王之服，八珍之膳，铿锵之声，晖晔之色，不与易也。若能悬契，则同期于泥洹矣。且人心各异，有若其面，卿之不乐道，犹我之不慕俗矣。杨氏，长别离矣，万世因缘，于今绝矣。岁聿云暮，时不我与，学道者当以日损为志，处世者当以及时为务。卿年德并茂，宜速有所慕，莫以道士经心，而坐失盛年也。”又报诗五篇，其一首曰：“机运无停住，倏忽岁时过。巨石会当竭，芥子岂云多。良由去不息，故令川上嗟。不闻荣启期，皓首发清歌。布衣可暖身，谁论饰绫罗？今世虽云乐，当奈后生何。罪福良由己，宁云己恤他。”度既志怀匪石，不可回转，苕华感悟，亦起深信。度于是专精佛法，披味群经，著毗昙旨归，亦行于世，后不知所终。时河内又有竺慧超者，亦行解兼著，与高士雁门周续之友善，注胜鬘经焉。

高僧传卷第四

高僧传卷第五

梁会稽嘉祥寺沙门释慧皎撰

义解二

释道安一

释道安，姓卫氏，常山扶柳人也。家世英儒，早失覆荫，为外兄孔氏所养。年七岁读书，再览能诵，乡邻嗟异。至年十二出家。神智聪敏，而形貌甚陋，不为师之所重。驱役田舍，至于三年，执勤就劳，曾无怨色，笃性精进，斋戒无阙。数岁之后，方启师求经，师与辩意经一卷，可五千言。安赍经入田，因息就览，暮归，以经还师，更求余者，师曰："昨经未读，今复求耶？"答曰："即已暗诵。"师虽异之，而未信也。复与成具光明经一卷，减一万言，赍之如初，暮复还师。师执经覆之，不差一字，师大惊嗟而异之。后为受具戒，恣其游学。至邺入中寺，遇佛图澄，澄见而嗟叹，与语终日。众见形貌不称，咸共轻怪，澄曰："此人远识，非尔俦也。"因事澄为师。澄讲，安每覆述，众未之惬，咸言："须待后次，当难杀昆仑子。"即安后更覆讲，疑难锋起，安挫锐解纷，行有余力，时人语曰："漆道人，惊四邻。"于时学者多守闻见，安乃叹曰："宗匠虽邈，玄旨可寻，应穷究幽远，探微奥，令无生之理宣扬季末，使流遁之徒归向有本。"于是游方问道，备访经律。

后避难潜于濩泽。太阳竺法济、并州支昙讲阴持入经，安后从之受业。顷之，与同学竺法汰俱憩飞龙山，沙门僧先、道护已在彼山，相见欣然，乃共披文属思，妙出神情。安后于太行恒山创立寺塔，改服从化者中分河北。时武邑太守卢歆，闻安清秀，使沙门敏见苦要之。安辞不获免，乃受请开讲，名实既符，道俗欣慕。

至年四十五，复还冀部，住受都寺，徒众数百，常宣法化。时石虎死，彭城王石遵墓袭嗣立，遣中使竺昌蒲请安入华林园，广修房舍。安以石氏之末，国运将危，乃西适牵口山。迄冉闵之乱，人情萧素，安乃谓其众曰："今天灾旱蝗，寇贼纵横，聚则不立，散则不可。"遂复率众入王屋、女休山。顷之，复渡河依陆浑，山木食修学。俄而慕容俊逼陆浑，遂南投襄阳，行至新野，谓徒众曰："今遭凶年，不依国主，则法事难立，又教化之体，宜令广布。"咸曰："随法师教。"乃令法汰诣杨州，曰："彼多君子，好尚风流。"法和入蜀，山水可以修闲。安与弟子慧远等四百余人渡河，夜行值雷雨，乘电光而进。前行得人家，见门里有二马棉，棉间悬一马篼，可容一斛，安便呼林百升。主人惊出，果姓林，名百升，谓是神人，厚相接待。既而弟子问何以知其姓字，安曰："两木为林，篼容百升也。"既达襄阳，复宣佛法。初经出已久，而旧译时谬，致使深藏隐没未通，每至讲说，唯叙大意转读而已。安穷览经典，钩深致远，其所注般若道行、密迹、安般诸经，并寻文比句，为起尽之义，乃析疑甄解，凡二十二卷。序致渊富，妙尽深旨，条贯既叙，文理会通，经义克明，自安始也。自汉魏迄晋，经来稍多，而传经之人，名字弗说，后人追寻，莫测年代。安乃总集名目，表其时人，诠品新旧，撰为经录，众经有据，实由其功。四方学士，竞往师之。时征西将军桓朗子镇江陵，要安暂往，朱序西镇，复请还襄阳，深相结纳。序每叹曰："安法师道学之津梁，澄治之垆肆矣。"安以白马寺狭，乃更立寺，名曰檀溪，即清河张殷宅也。大富长者，并加赞助，建塔五层，起房四百。凉州刺史杨弘忠送铜万斤，拟为承露盘，安曰："露盘已讫汰公营造，欲回此铜铸像，事可然乎。"忠欣而敬诺。于是众共抽舍，助成佛像，光相丈六，神好明著，每夕放光，彻照堂殿。像后又自行至万山，举邑皆往瞻礼，迁以还寺。安既大愿果成，谓言："夕死可矣。"

符坚遣使送外国金箔倚像，高七尺，又金坐像、结珠弥勒像、金缕绣像、织成像，各一张。每讲会法聚，辄罗列尊像，布置幢幡，珠佩迭晖，烟华乱发。使夫升阶履阃者，莫不肃焉尽敬矣。有一外国铜像，形制古异，时众不甚恭重。安曰："像形相致佳，但髻形未称。"令弟子炉治其髻，既而光焰焕炳，耀满一堂。详视髻中，见一舍利，众咸愧服。安曰："像既灵异，不烦复治。"乃止。识者咸谓安知有舍利，故出以示众。

时襄阳习凿齿锋辩天逸，笼罩当时。其先闻安高名，早已致书通好，曰："承应真履正，明白内融，慈训兼照，道俗齐荫。自大教东流四百余年，虽蕃王居士时有奉者，而真丹宿训，先行上世，道运时迁，俗未佥悟。自顷道业之隆，咸无以匹。所谓月光将出，灵钵应降。法师任当洪范，化洽幽深，此方诸僧，咸有思慕。若庆云东徂，摩尼回曜，一蹑七宝之座，暂现明哲之灯。雨甘露于丰草，植栴檀于江湄。则如来之教，复崇于今日;玄波溢漾，重荡于一代矣。"文多不悉载。及闻安至止，即往修造。既坐，称言："四海习鉴齿。"安曰："弥天释道安。"时人以为名答。齿后饷梨十枚，正值众食，便手自剖分，梨尽人遍，无参差者。高平郄超遣使遗米千斛，修书累纸，深致殷勤。安答书云："捐米弥觉有待之为烦。"习凿齿与谢安书云："来此见释道安，故是远胜，非常道士，师徒数百，斋讲不倦。无变化伎术，可以惑常人之耳目；无重威大势，可以整群小之参差。而师徒肃肃，自相尊敬，洋洋济济，乃是吾由来所未见。其人理怀简衷，多所博涉，内外群书，略皆遍睹，阴阳算数，亦皆能通，佛经妙义，故所游刃。作义乃似法兰、法道。恨足下不同日而见，其亦每言思得一叙。”其为时贤所重，类皆然也。

安在樊沔十五载，每岁常再讲放光波若，未尝废阙。晋孝武皇帝，承风钦德，遣使通问，并有诏曰：“安法师器识伦通，风韵标朗，居道训俗，徽绩兼著。岂直规济当今，方乃陶津来世。俸给一同王公，物出所在。”时符坚素闻安名，每云：“襄阳有释道安，是神器，方欲致之，以辅朕躬。”后遣符丕南攻襄阳，安与朱序俱获于坚，坚谓仆射权翼曰：“朕以十万之师取襄阳，唯得一人半。”翼曰：“谁耶！”坚曰：“安公一人，习凿齿半人也。”既至，住长安五重寺，僧众数千，大弘法化。初魏晋沙门依师为姓，故姓各不同，安以为大师之本，莫尊释迦，乃以释命氏。后获增一阿含，果称四河入海，无复河名，四姓为沙门，皆称释种。既悬与经符，遂为永式。

安外涉群书，善为文章。长安中，衣冠子弟为诗赋者，皆依附致誉。时蓝田县得一大鼎，容二十七斛。边有篆铭，人莫能识，乃以示安，安云：“此古篆书，云鲁襄公所铸。”乃写为隶文。又有人持一铜斛于市卖之，其形正圆，下向为斗，横梁昂者为斗，低者为合，梁一头为籥，籥同钟，容半合，边有篆铭。坚以问安，安云：“此王莽自言出自舜，皇龙集戊辰，改正即真，以同律量，布之四方，欲小大器钧，令天下取平焉。”其多闻广识如此。坚敕学士内外有疑，皆师于安。故京兆为之语曰：“学不师安，义不中难。”

初坚承石氏之乱，至是民户殷富，四方略定，东极沧海，西并龟兹，南苞襄阳，北尽沙漠，唯建业一隅，未能抗伏。坚每与侍臣谈话，未尝不欲平一江左，以晋帝为仆射，谢安为侍中。坚弟平阳公融及朝臣石越、原绍等，并切谏，终不能回。众以安为坚所信敬，乃共请曰：“主上将有事东南，公何不能为苍生致一言耶。”会坚出东苑，命安升辇同载，仆射权翼谏曰：“臣闻天子法驾，侍中陪乘，道安毁形，宁可参厕。”坚勃然作色曰：“安公道德可尊，朕以天下不易，舆辇之荣，未称其德。”即敕仆射扶安登辇。俄而顾谓安曰："朕将与公南游吴越，整六师而巡狩，涉会稽以观沧海，不亦乐乎。"安对曰："陛下应天御世，有八州之贡富，居中土而制四海，宜栖神无为，与尧舜比隆。今欲以百万之师，求厥田下下之土，且东南区地，地卑气厉，昔舜禹游而不反，秦皇适而不归，以贫道观之，非愚心所同也。平阳公懿戚，石越重臣，并谓不可，犹尚见拒，贫道轻浅，言必不允，既荷厚遇，故尽丹诚耳。"坚曰："非为地不广，民不足治也，将简天心，明大运所在耳。顺时巡狩，亦著前典，若如来言，则帝王无省方之文乎。"安曰："若銮驾必动，可先幸洛阳，枕威蓄锐，传檄江南，如其不服，伐之未晚。"坚不从，遣平阳公融等精锐二十五万为前锋，坚躬率步骑六十万。到项，晋遣征虏将军谢石、徐州刺史谢玄拒之。坚前军大溃于八公西，晋军逐北三十余里，死者相枕。融马倒殒首，坚单骑而遁，如所谏焉。

安常注诸经，恐不合理，乃誓曰："若所说不堪远理，愿见瑞相。"乃梦见胡道人，头白眉毛长，语安云："君所注经，殊合道理。我不得入泥洹，住在西域，当相助弘通，可时时设食。"后十诵律至，远公乃知和上所梦宾头卢也。于是立座饭之，处处成则。安既德为物宗，学兼三藏，所制僧尼轨范、佛法宪章，条为三例：一曰行香、定座、上讲经、上讲之法；二曰常日六时行道、饮食、唱时法；三曰布萨、差使悔过等法。天下寺舍，遂则而从之。

安每与弟子法遇等，于弥勒前立誓，愿生兜率。后至秦建元二十一年正月二十七日，忽有异僧，形甚庸陋，来寺寄宿。寺房既迮，处之讲堂。时维那直殿，夜见此僧从窗隙出入，遽以白安，安惊起礼讯，问其来意，答云："相为而来。"安曰："自惟罪深，讵可度脱？"彼答云："甚可度耳，然须臾浴圣僧，情愿必果。"具示浴法。安请问来生所往处，彼乃以手虚拨天之西北，即见云开，备睹兜率妙胜之报，尔夕，大众数十人悉皆同见。安后营浴具，见有非常小儿，伴侣数十，来入寺戏。须臾就浴，果是圣应也。至其年二月八日，忽告众曰："吾当去矣。"是日斋毕，无疾而卒，葬城内五级寺中。是岁晋太元十年也，年七十二。

未终之前，隐士王嘉往候安，安曰："世事如此，行将及人，相与去乎？"嘉曰："诚如所言，师并前往，仆有小债未了，不得俱去。"及姚苌之得长安也，嘉时故在城内，苌与符登相持甚久，苌乃问嘉："朕当得登不？"答曰："略得。"苌怒曰："得当言得，何略之有？"遂斩之，此嘉所谓负债者也。苌死后，其子兴方杀登。兴字子略，即嘉所谓略得者也。嘉字子年，洛阳人也，形貌鄙陋，似若不足。本滑稽，好语笑，然不食五谷，清虚服气，人咸宗而事之。往问善恶，嘉随而应答，语则可笑，状如调戏，辞似谶记，不可领解，事过多验。初养徒于加眉谷中，符坚遣大鸿胪征，不就。及坚将欲南征，遣问休否，嘉无所言，乃乘使者马，佯向东行数百步，因落靴帽，解弃衣服，奔马而还，以示坚寿春之败。其先见如此。及姚苌害嘉之日，有人于垄上见之，乃遗书于苌。安之潜契神人，皆此类也。安先闻罗什在西国，思共讲析，每劝坚取之。什亦远闻安风，谓是东方圣人，恒遥而礼之。初安生而便左臂有一皮，广寸许著臂，捋可得上下之，唯不得出手。又肘外有方肉，上有通文，时人谓之为印手菩萨。安终后十六年，什公方至，什恨不相见，悲恨无极。

安既笃好经典，志在宣法，所请外国沙门僧伽提婆、昙摩难提及僧伽跋澄等，译出众经百余万言。常与沙门法和诠定音字，详核文旨，新出众经，于是获正。孙绰为名德沙门论，自云："释道安博物多才，通经名理。"又为之赞曰："物有广赡，人固多宰，渊渊释安，专能兼倍，飞声汧陇，驰名淮海。形虽草化，犹若常在。"

有别记云：河北别有竺道安，与释道安齐名，谓习凿齿致书于竺道安。道安本随师姓竺，后改为释。世见其二姓，因谓为两人，谬矣。

释法和二

释法和，荥阳人也。少与安公同学，以恭让知名。善能标明论纲，解悟疑滞。因石氏之乱，率徒入蜀，巴汉之士，慕德成群。闻襄阳陷没，自蜀入关，住阳平寺。后于金舆谷设会，与安公共登山岭，极目周睇，既而悲曰："此山高耸，游望者多。一从此化，竟测何之。"安曰："法师持心有在，何惧后生。若慧心不萌，斯可悲矣。"后与安公详定新经，参正文义。顷之，伪晋王姚绪请住蒲坂讲说。其后少时敕语弟子："俗内烦恼，苦累非一。"乃正衣服，绕佛礼拜，还坐本处，以衣蒙头，奄然而卒，时年八十矣。

竺僧朗三

竺僧朗，京兆人也。少而游方问道，长还关中，专当讲说。尝与数人同共赴请，行至中途，忽告同辈曰："君等寺中衣物，似有窃者。"如言即反，果有盗焉，由其相语，故得无失。朗常蔬食布衣，志耽人外。以伪秦符健皇始元年移卜泰山，与隐士张忠为林下之契，每共游处。忠后为符坚所征，行至华阴山而卒。朗乃于金舆谷昆仑山中别立精舍，犹是泰山西北之一岩也。峰岫高险，水石宏壮。朗创筑房室，制穷山美，内外屋宇数十余区，闻风而造者百有余人，朗孜孜训诱，劳不告倦。秦主符坚钦其德素，遣使征请，朗同辞老疾乃止，于是月月修书倸遗。坚后沙汰众僧，乃别诏曰："朗法师戒德冰霜，学徒清秀，昆仑一山，不在搜例。"及后秦姚兴亦佳叹重。燕主慕容德钦朗名行，假号东齐王，给以二县租税，朗让王而取租税，为兴福业。晋孝武致书遗，魏主拓跋珪亦送书致物。其为时人所敬如此。此谷中旧多虎灾，常执仗结群而行，及朗居之，猛兽归伏，晨行夜往，道俗无滞，百姓咨嗟，称善无极，故奉高人至今犹呼金舆谷为朗公谷也。凡有来诣朗者，人数多少，未至一日，辄以逆知。使弟子为具饮食，必如言果至，莫不叹其有预见之明矣。后卒于山中，春秋八十有五。时泰山复有支僧敦者，本冀州人，少游汧陇，长历荆雍。妙通大乘，兼善数论，著人物始义论，亦行于世矣。

竺法汰四

竺法汰，东莞人。少与道安同学，虽才辩不逮，而姿貌过之。与道安避难行至新野，安分张徒众，命汰下京。临别谓安曰："法师仪轨西北，下座弘教东南，江湖道术，此焉相望矣。至于高会净因，当期之岁寒耳。"于是分手，泣涕而别。乃与弟子昙一、昙二等四十余人，沿江东下，遇疾停阳口。时桓温镇荆州，遣使要过，供事汤药，安公又遣弟子慧远下荆问疾。汰病小愈诣温，温欲共汰久语，先对诸宾，未及前汰，汰既疾势未歇，不堪久坐，乃乘舆历厢回出。相闻与温曰："风痰忽发，不堪久语，比当更造。"温匆匆起出，接与归焉。汰形长八尺，风姿可观，含吐蕴藉，词若兰芳。时沙门道恒颇有才力，常执心无义，大行荆土。汰曰："此是邪说，应须破之。"乃大集名僧，令弟子昙一难之。据经引理，析驳纷纭。恒仗其口辩，不肯受屈，日色既暮，明旦更集。慧远就席，设难数番，关责锋起。恒自觉义途差异，神色微动，麈尾扣案，未即有答。远曰："不疾而速，杼轴何为。"座者皆笑矣。心无之义，于此而息。

汰下都止瓦官寺，晋太宗简文皇帝深相敬重，请讲放光经。开题大会，帝亲临幸，王侯公卿，莫不毕集。汰形解过人，流名四远，开讲之日，黑白观听，士女成群。及咨禀门徒，以次骈席，三吴负帙至者千数。瓦官寺本是河内山玩公墓为陶处，晋兴宁中，沙门慧力启乞为寺，止有堂塔而已。及汰居之，更拓房宇，修立众业，又起重门，以可地势。汝南世子司马综第去寺近，遂侵掘寺侧，重门沦陷，汰不介怀。综乃感悟，躬往悔谢，汰卧与相见，傍若无人。领军王洽、东亭王珣、太傅谢安，并钦敬无极。临亡数日，忽觉不悆，乃语弟子："吾将去矣。"以晋太元十二年卒，春秋六十有八。烈宗孝武诏曰："汰法师道播八方，泽流后裔，奄尔丧逝，痛贯于怀。可赙钱十万，丧事所须，随由备办。"孙绰为之赞曰："凄风拂林，鸣弦映壑。爽爽法汰，校德无怍。"汰弟子昙一、昙二，并博练经义，又善老易，风流趣好，与慧远齐名。昙二少卒，汰哭之恸曰："天丧回也。"汰所著义疏，并与郄超书论本无义，皆行于世。或有言曰汰是安公弟子，非也。

释僧先五

释僧先，冀州人，常山渊公弟子。性纯素，有贞操。为沙弥时，与道安相遇于逆旅，安时亦未受具戒，因共披陈志慕，神气慷慨。临别相谓曰："若俱长大，勿忘同游。"先受戒已后，励行精苦，学通经论。值石氏之乱，隐于飞龙山，游想岩壑，得志禅慧。道安后复从之，相会欣喜，谓昔誓始从，因共披文属思，新悟尤多。安曰："先旧格义，于理多违。"先曰："且当分折逍遥，何容是非先达。"安曰："弘赞理教，宜令允惬，法鼓竞鸣，何先何后。"先乃与汰等南游晋平，讲道弘化。后还襄阳，遇疾而卒。又有沙门道护，亦冀州人，贞节有慧解，亦隐飞龙山。

与安等相遇，乃共言曰:“居靖离俗，每欲匡正大法，岂可独步山门，使法轮辍轸。宜各随力所被，以报佛恩。”众佥曰善，遂各行化，后不知所终。

竺僧辅六

竺僧辅，邺人也。少持戒行，执志贞苦，学通诸论，兼善经法，道振伊洛，一都宗事。值西晋饥乱，辅与释道安等隐于濩泽，研精辩析，洞尽幽微。后憩荆州上明寺，单蔬自节，礼忏翘勤，誓生兜率，仰瞻慈氏。时琅琊王忱为荆州刺史，藉辅贞素，请为戒师，一门宗奉。后未亡二日，忽云:“明日当去。”至于临终，妙香满室，梵响相系，道俗奔波，来者万数。是日后分，无疾而化，春秋六十，因葬寺中，僧为起塔。

竺僧敷七

竺僧敷，未详氏族。学通众经，尤善放光及道行波若。西晋末乱，移居江左，止京师瓦官寺，盛开讲席，建邺旧僧莫不推服。时同寺沙门道嵩，亦才解相次，与道安书云:“敷公研微秀发，非吾等所及也。”时异学之徒，咸谓心神有形，但妙于万物，随其能言，互相摧压。敷乃著神无形论，以有形便有数，有数则有尽，神既无尽，故知无形矣。时仗辩之徒，纷纭交诤，既理有所归，惬然信服。后又著放光、道行等义疏。后终于寺中，春秋七十余矣。竺法汰与道安书云:“每忆敷上人周旋如昨，逝殁奄复多年，与其清谈之日，未尝不相忆。思得与君共覆疏其美，岂图一旦永为异世。痛恨之深，何能忘情。其义理所得，披寻之功，信难可图矣。”汰与安书，数述敷义，今推寻失其文制，湮没可悲。

释昙翼八

释昙翼，姓姚，羌人也，或云冀州人。年十六出家，事安公为师。少以律行见称，学通三藏，为门人所推。经游蜀郡，刺史毛璩深重之，为设中食，躬自瞻奉。见翼于饭中得一粒谷，先取食之，璩密以敬异，知必不孤信施。得后饷米千斛，翼受而分施。翼尝随安在檀溪寺，晋长沙太守腾含，于江陵舍宅为寺。告安求一僧为纲领，安谓翼曰："荆楚士庶，始欲师宗，成其化者，非尔而谁！"翼遂杖锡南征，缔构寺宇，即长沙寺是也。后氐贼越逸，侵掠汉南，江陵阖境，避难上明，翼又于彼立寺。群寇既荡，复还江陵，修复长沙寺。丹诚祈请，遂感舍利，盛以金瓶，置于斋座。翼乃顶礼立誓曰："若必是金刚余荫，愿放光明。"至乎中夜，有五色光彩从瓶渐出，照满一堂。举众惊嗟，莫不以翼神感。当于尔时，虽复富兰等见，亦回伪归真也。后入巴陵君山伐木，山海经所谓洞庭山也。山上有穴，通吴之苞山。山既灵异，人甚惮之，翼率人入山，路值白蛇数十，卧遮行辙，翼退还所住，遥请山灵为其礼忏。乃谓神曰："吾造寺伐材，幸愿共为功德。"夜即梦见神人告翼曰："法师既为三宝须用，特相随喜，但莫令余人妄有所伐。"明日更往，路甚清夷，于是伐木，沿流而下，其中伐人不免私窃。还至寺上，翼材已毕，余人所私之者，悉为官所取。其诚感如此。翼常叹寺立僧足，而形像尚少。阿育王所造容仪，神瑞皆多，布在诸方，何其无感，不能招致。乃专精恳恻，请求诚应。以晋太元十九年甲午之岁二月八日，忽有一像现于城北，光相冲天，时白马寺僧众，先往迎接，不能令动。翼乃往祇礼，谓众人曰："当是阿育王像，降我长沙寺焉。"即令弟子三人捧接，飘然而起，迎还本寺，道俗奔赴，车马轰填。后罽宾禅师僧伽难陀从蜀下，入寺礼拜，见像光上有梵字，便曰："是阿育王像，何时来此？"时人闻者方知翼之不谬。年八十二而终，终日像圆光奄然灵化，莫知所之，道俗咸谓翼之通感焉。

时长沙寺复有僧卫沙门，学业甚著，为殷仲堪所重，尤善十住，乃为之注解。

释法遇九

释法遇，不知何人。弱年好学，笃志坟素，而任性夸诞，谓傍若无人。后与安公相值，忽然信伏，遂投簪许道，事安为师。既沐玄化，悟解非常，折挫本心，谦虚成德。义阳太守阮保，闻风钦慕，遥结善友，修书通好，施遗相接。后襄阳被寇，遇乃避地东下，止江陵长沙寺。讲说众经，受业者四百余人。时一僧饮酒，废夕烧香，遇止罚而不遣，安公遥闻之，以竹筒盛一荆子，手自缄封，题以寄遇，遇开封见杖，即曰："此由饮酒僧也，我训领不勤，远贻忧赐。"即命维那鸣槌集众，以杖筒置香橙上，行香毕，遇乃起，出众前向筒致敬。于是伏地，命维那行杖三下，内杖筒中，垂泪自责。时境内道俗莫不叹息，因之励业者甚众。既而与慧远书曰："吾人微暗短，不能率众，和上虽隔在异域，犹远垂忧念，吾罪深矣。"后卒于江陵，春秋六十矣。

释昙徽十

释昙徽，河内人。年十二，投道安出家，安尚其神彩，且令读书，二三年中，学兼经史，十六方许剃发。于是专务佛理，镜测幽凝，未及立年，便能讲说。虽志业高素，而以恭推见重。后随安在襄阳，符丕寇境，乃东下荆州，止上明寺。每法轮一转，则黑白奔波。常顾解有所从，乃图写安形，存念礼拜。于是江陵士女，咸西向致敬印手菩萨。或问："法师道化，何如和上。"徽曰："和上内行深浅，未易可测。外缘所被，多诸应验，在吾一渧，宁比江海耶。"晋太元二十年卒。临亡之日，体无余患，上堂同众中食，因而告别，食竟还房，右胁而化，春秋七十三矣。著立本论九篇、六识旨归十二首，并行于世。

释道立十一

释道立，不知何许人。少出家，事安公为师，善放光经。又以庄老三玄，微应佛理，颇亦属意焉。性澄靖，不涉当世。后随安入关，隐覆舟山，岩居独处，不受供养。每潜思入禅，辄七日不起，如此者数矣。后夏初忽出山，鸠集众僧，自为讲大品。或问其故，答云："我止可至秋，为欲令所怀粗讫耳。"自恣后数日，果无疾而终，时人谓知命者矣。

释昙戒十二

释昙戒，一名慧精，姓卓，南阳人，晋外兵部棘阳令潜之弟也。居贫务学，游心坟典。后闻于法道讲放光经，乃借衣一听，遂深悟佛理，废俗从道，伏事安公为师。博通三藏，诵经五十余万言，常日礼五百拜佛，晋临川王甚知重。后笃疾，常诵弥勒佛名不辍口，弟子智生侍疾，问何不愿生安养，诫曰:“吾与和上等八人，同愿生兜率。和上及道愿等皆已往生，吾未得去，是故有愿耳。”言毕，即有光照于身，容貌更悦，遂奄尔迁化，春秋七十，仍葬安公墓右。

竺法旷十三

竺法旷，姓睪，下邳人，寓居吴兴，早失二亲，事后母以孝闻。家贫无蓄，常躬耕垄畔，以供色养。及母亡，行丧尽礼，服阕出家，事沙门竺昙印为师。印明睿有道行，旷师事竭诚，迄受具戒。栖风立操，卓尔殊群，履素安业，志行渊深。印尝疾病危笃，旷乃七日七夜祈诚礼忏，至第七日，忽见五色光明照印房户，印如觉有人以手按之，所苦遂愈。后辞师远游，广寻经要，还止於潜青山石室。每以法华为会三之旨，无量寿为净土之因，常吟咏二部，有众则讲，独处则诵。谢安为吴兴，故往展敬，而山栖幽阻，车不通辙，于是解驾山椒，陵峰步往。晋简文皇帝遣堂邑太守曲安远诏问起居，并咨以妖星，请旷为力。旷答诏曰:“昔宋景修福，妖星移次，陛下光辅以来，政刑允辑，天下任重，万机事殷，失之毫厘，差以千里。唯当勤修德政，以赛天谴，贫道必当尽诚上答，正恐有心无力耳。”乃与弟子斋忏，有顷灾灭。晋兴宁中，东游禹穴，观瞩山水。始投若耶之孤潭，欲依岩傍岭，栖闲养志，郄超、谢庆绪并结居尘外。时东土多遇疫疾，旷既少习慈悲，兼善神咒，遂游行村里，拯救危急，乃出邑止昌原寺，百姓疾者，多祈之致效。有见鬼者，言旷之行住，常有鬼神数十，卫其前后。时沙门竺道邻，造无量寿像，旷乃率其有缘，起立大殿。相传云，伐木遇旱，旷咒令至水。晋孝武帝钦承风闻，要请出京，事以师礼，止于长干寺。元兴元年卒，春秋七十有六，散骑常侍顾恺之为作赞传云。

释道壹十四

竺道壹，姓陆，吴人也。少出家，贞正有学业，而晦迹隐智，人莫能知，与之久处，方悟其神出，琅琊王珣兄弟深加敬事。晋太和中出都，止瓦官寺，从汰公受学，数年之中，思彻渊深，讲倾都邑。汰有弟子昙一，亦雅有风操，时人呼昙一为大一，道一为小壹，名德相继，为时论所宗，晋简文皇帝深所知重。及帝崩汰死，壹乃还东，止虎丘山。学徒苦留不止，乃令丹阳尹移壹还都，壹答移曰："盖闻大道之行，嘉遁得肆其志。唐虞之盛，逸民不夺其性。弘方由于有外，致远待而不践。大晋光熙，德被无外，崇礼佛法，弘长弥大。是以殊域之人，不远万里，被褐振锡，洋溢天邑。皆割爱弃欲，洗心清玄。遐期旷世，故道深常隐；志存慈救，故游不滞方。自东徂西，唯道是务，虽万物惑其日计，而识者悟其岁功。今若责其属籍，同役编户，恐游方之士，望崖于圣世，轻举之徒，长往而不反，亏盛明之风，谬主相之旨。且荒服之宾，无关天台，幽薮之人，不书王府。幸以时审翔，而后集也。"壹于是闲居幽阜，晦影穷谷。

时若耶山有帛道猷者，本姓冯，山阴人，少以篇牍著称。性率素，好丘壑，一吟一咏，有濠上之风。与道壹经有讲筵之遇，后与壹书云："始得优游山林之下，纵心孔释之书，触兴为诗，陵峰采药，服饵蠲疴，乐有余也。但不与足下同日，以此为恨耳。因有诗曰：连峰数千里，修林带平津。云过远山翳，风至梗荒榛。茅茨隐不见，鸡鸣知有人。闲步践其径，处处见遗薪。始知百代下，故有上皇民。"壹既得书，有契心抱，乃东适耶溪，与道猷相会，定于林下。于是纵情尘外，以经书自娱。顷之，郡守琅琊王荟于邑西起嘉祥寺，以壹之风德高远，请居僧首。壹乃抽六物遗于寺，造金牒千像。壹既博通内外，又律行清严，故四远僧尼，咸依附咨禀，时人号曰九州都维那。后暂往吴之虎丘山，以晋隆安中遇疾而卒，即葬于山南，春秋七十有一矣。孙绰为之赞曰："驰词说言，因缘不虚，惟兹壹公，绰然有余。譬若春圃，载芬载誉，条被猗蔚，枝干森疏。"

壹弟子道宝，姓张，亦吴人。聪慧夙成，尤善席上。张彭祖、王秀琰皆见推重，并著莫逆之交焉。

释慧虔十五

释慧虔，姓皇甫，北地人也。少出家，奉持戒行，志操确然，憩庐山中十有余年。道俗有业志胜途者，莫不属慕风彩。罗什新出诸经，虔志存敷显，宣扬德教。以远公在山，足纽振玄风，虔乃东游吴越，嘱地弘通。以晋义熙之初，投山阴嘉祥寺。克己导物，苦身率众，凡诸新经，皆书写讲说。涉将五载，忽然得病，寝疾少时，自知必尽，乃属想安养，祈诚观世音。山阴比寺有净严尼，宿德有戒行，夜梦见观世音从西郭门入，清晖妙状，光映日月，幢幡华盖，皆以七宝庄严。见便作礼，问曰：“不审大士今何所之。”答云：“往嘉祥寺迎虔公。”因尔无常。当时疾虽绵笃，而神色平平，有如恒日。侍者咸闻异香，久之乃歇。虔既自审必终，又睹瑞相，道俗闻见，咸生叹羡焉。

高僧传卷第五

高僧传卷第六

梁会稽嘉祥寺沙门释慧皎撰

义解三

释慧远一

释慧远，本姓贾氏，雁门娄烦人也。弱而好书，珪璋秀发，年十三随舅令狐氏游学许洛。故少为诸生，博综六经，尤善庄老。性度弘博，风鉴朗拔，虽宿儒英达，莫不服其深致。年二十一，欲渡江东，就范宣子共契嘉遁。值石虎已死，中原寇乱，南路阻塞，志不获从。时沙门释道安立寺于太行恒山，弘赞像法，声甚著闻，远遂往归之。一面尽敬，以为真吾师也。后闻安讲波若经，豁然而悟，乃叹曰："儒道九流，皆糠粃耳。"便与弟慧持，投簪落彩，委命受业。既入乎道，厉然不群，常欲总摄纲维，以大法为己任。精思讽持，以夜续昼，贫旅无资，缊纩常阙，而昆弟恪恭，终始不懈。有沙门昙翼，每给以灯烛之费，安公闻而喜曰："道士诚知人矣。"远藉慧解于前因，发胜心于旷劫，故能神明英越，机鉴遐深。安公常叹曰："使道流东国，其在远乎！"年二十四，便就讲说。尝有客听讲，难实相义，往复移时，弥增疑昧。远乃引庄子义为连类，于是惑者晓然，是后安公特听慧远不废俗书。

安有弟子法遇、昙徽，皆风才照灼，志业清敏，并推伏焉。后随安公南游樊河。伪秦建元九年，秦将符丕寇斥襄阳，道安为朱序所拘，不能得去，乃分张徒众，各随所之。临路，诸长德皆被诲约，远不蒙一言，远乃跪曰："独无训勖，惧非人例。"安曰："如公者岂复相忧。"远于是与弟子数十人，南适荆州，住上明寺。后欲往罗浮山，及届浔阳，见庐峰清静，足以息心，始住龙泉精舍。此处去水大远，远乃以杖扣地曰："若此中可得栖立，当使朽壤抽泉。"言毕清流涌出，后卒成溪。其后少时浔阳亢旱，远诣池侧读海龙王经，忽有巨蛇从池上空，须臾大雨。岁以有年，因号精舍为龙泉寺焉。时有沙门慧永，居在西林，与远同门旧好，遂要远同止。永谓刺史桓伊曰："远公方当弘道，今徒属已广，而来者方多。贫道所栖褊狭，不足相处，如何？"桓乃为远复于山东更立房殿，即东林是也。远创造精舍，洞尽山美，却负香炉之峰，傍带瀑布之壑，仍石垒基，即松栽构，清泉环阶，白云满室。复于寺内别置禅林，森树烟凝，石筵苔合。凡在瞻履，皆神清而气肃焉。

远闻天竺有佛影，是佛昔化毒龙所留之影，在北天竺月氏国那竭呵城南古仙人石室中，经道取流沙西一万五千八百五十里，每欣感交怀，志欲瞻睹。会有西域道士叙其光相，远乃背山临流，营筑龛室，妙算画工，淡彩图写，色疑积空，望似烟雾，晖相炳煥，若隐而显，远乃著铭曰："廓矣大像，理玄无名。体神入化，落影离形。回晖层岩，凝映虚亭。在阴不昧，处暗逾明。婉步蝉蜕，朝宗百灵。应不同方，迹绝杳冥（其一）。茫茫荒宇，靡劝靡奖。淡虚写容，拂空传像。相具体微，冲姿自朗。白毫吐曜，昏夜中爽。感彻乃应，扣诚发响。留音停岫，津悟冥赏。抚之有会，功弗由曩（其二）。旋踵忘敬，罔虑罔识。三光掩晖，万像一色。庭宇幽蔼，归途莫测。悟之以靖，开之以力。慧风虽遐，维尘攸息。匪圣玄览，孰扇其极（其三）。希音远流，乃眷东顾。欣风慕道，仰规玄度。妙尽毫端，运微轻素。托彩虚凝，殆映霄雾。迹以像真，理深其趣。奇兴开衿，祥风引路。清气回轩，昏交未曙。髣髴神容，依稀钦遇（其四）。铭之图之，曷营曷求。神之听之，鉴尔所修。庶兹尘轨，映彼玄流。漱情灵沼，饮和至柔。照虚应简，智落乃周。深怀冥托，宵想神游。毕命一对，长谢百忧（其五）。”又昔浔阳陶侃经镇广州，有渔人于海中见神光，每夕艶发，经旬弥盛。怪以白侃，侃往详视，乃是阿育王像，即接归，以送武昌寒溪寺。寺主僧珍尝往夏口，夜梦寺遭火，而此像屋独有龙神围绕。珍觉驰还寺，寺既焚尽，唯像屋存焉。侃后移镇，以像有威灵，遣使迎接，数十人举之至水，及上船，船又覆没，使者惧而反之，竟不能获。侃幼出雄武，素薄信情，故荆楚之间为之谣曰："陶惟剑雄，像以神标。云翔泥宿，邈何遥遥。可以诚致，难以力招。"及远创寺既成，祈心奉请，乃飘然自轻，往还无梗。方知远之神感，证在风谚矣。于是率众行道，昏晓不绝，释迦余化，于斯复兴。既而谨律息心之士，绝尘清信之宾，并不期而至，望风遥集。

彭城刘遗民，豫章雷次宗，雁门周续之，新蔡毕颖之，南阳宗炳、张莱民、张季硕等，并弃世遗荣，依远游止。远乃于精舍无量寿像前，建斋立誓，共期西方。乃令刘遗民著其文曰："惟岁在摄提格，七月戊辰朔，二十八日乙未。法师释慧远，贞感幽奥，宿怀特发。乃延命同志息心贞信之士，百有二十三人，集于庐山之阴，般若台精舍阿弥陀像前，率以香华敬廌而誓焉。惟斯一会之众。夫缘化之理既明，则三世之传显矣；迁感之数既符，则善恶之报必矣。推交臂之潜沦，悟无常之期切；审三报之相催，知险趣之难拔。此其同志诸贤，所以夕惕宵勤，仰思攸济者也。盖神者可以感涉，而不可以迹求。必感之有物，则幽路咫尺；苟求之无主，则眇茫河津。今幸以不谋而佥心西境，叩篇开信，亮情天发，乃机象通于寝梦，欣欢百于子来。于是云图表晖，影侔神造，功由理谐，事非人运。

兹实天启其诚，冥运来萃者矣，可不克心重精迭思以凝其虑哉。然其景绩参差，功德不一，虽晨祈云同，夕归攸隔。即我师友之眷，良可悲矣，是以慨焉。胥命整衿法堂，等施一心，亭怀幽极。誓兹同人，俱游绝域。其有惊出绝伦，首登神界，则无独善于云峤，忘兼全于幽谷，先进之与后升，勉思策征之道。然复妙觌大仪，启心贞照，识以悟新，形由化革。藉芙蓉于中流，荫琼柯以咏言。飘云衣于八极，泛香风以穷年。体忘安而弥穆，心超乐以自怡。临三涂而缅谢，傲天宫而长辞。绍众灵以继轨，指太息以为期。究兹道也，岂不弘哉。"

远神韵严肃，容止方棱，凡预瞻睹，莫不心形战栗。曾有沙门持竹如意，欲以奉献，入山信宿，竟不敢陈，窃留席隅，默然而去。有慧义法师，强正少惮，将欲造山，谓远弟子慧宝曰："诸君庸才，望风推服，今试观我如何。"至山，值远讲法华，每欲难问，辄心悸汗流，竟不敢语。出谓慧宝曰："此公定可讶。"其伏物盖众如此。殷仲堪之荆州，过山展敬，与远共临北涧论易体，移景不倦。见而叹曰："识信深明，实难为庶。"司徒王谧、护军王默等，并钦慕风德，遥致师敬。谧修书曰："年始四十，而衰同耳顺。"远答曰："古人不爱尺璧，而重寸阴，观其所存，似不在长年耳。檀越既履顺而游性，乘佛理以御心，因此而推，复何羡于遐龄，聊想斯理，久已得之，为复酬来信耳。"卢循初下据江州城，入山诣远。远少与循父嘏同为书生，及见循欢然道旧，因朝夕音问。僧有谏远者曰："循为国寇，与之交厚，得不疑乎？"远曰："我佛法中情无取舍，岂不为识者所察？此不足惧。"及宋武追讨卢循设帐桑尾，左右曰："远公素王庐山，与循交厚。"宋武曰："远公世表之人，必无彼此。"乃遣使赍书致敬，并遗钱米，于是远近方服其明见。

初经流江东，多有未备，禅法无闻，律藏残阙。远慨其道缺，乃令弟子法净、法领等，远寻众经。逾越沙雪，旷岁方反，皆获梵本，得以传译。昔安法师在关，请昙摩难提出阿毗昙心，其人未善晋言，颇多疑滞。后有罽宾沙门僧伽提婆，博识众典，以晋太元十六年，来至浔阳。远请重译阿毗昙心及三法度论，于是二学乃兴，并制序标宗，贻于学者，孜孜为道，务在弘法。每逢西域一宾，辄恳恻咨访，闻罗什入关，即遣书通好曰："释慧远顿首。去岁得姚左军书，具承德问。仁者曩绝殊域，越自外境，于时音译未交，闻风而悦，但江湖难冥，以形乖为叹耳。顷知承否通之会，怀宝来游，至止有问，则一日九驰，徒情欣雅味，而无由造尽，寓目望途，固已增其劳伫。每欣大法宣流，三方同遇，虽运钟其末，而趣均在昔。诚未能扣津妙门，感彻遗灵。至于虚衿遗契，亦无日不怀。夫旃檀移植，则异物同熏；摩尼吐曜，则众珍自积。是惟教合之道，犹虚往实归，况宗一无像，而应不以情者乎。是故负荷大法者，必以无报为心；会友以仁者，使功不自己。若令法轮不停轸于八正之路，三宝不辍音于将尽之期，则满愿不专美于绝代，龙树岂独善于前踪。今往比量衣裁，愿登高座为著之，并天漉之器，此既法物，聊以示怀。"什答书曰："鸠摩罗耆婆和南。既未言面，又文辞殊隔，导心之路不通，得意之缘圮绝。传驿来况，粗承风德，比复如何，必备闻一途，可以蔽百。经言，末后东方当有护法菩萨，勖哉仁者，善弘其事。夫财有五备，福、戒、博闻、辩才、深智，兼之者道隆，未具者疑滞，仁者备之矣，所以寄心通好，因译传意，岂其能尽，粗酬来意耳。损所致比量衣裁，欲令登法座时著，当如来意，但人不称物，以为愧耳。今往常所用鍮石双口澡灌，可备法物之数也，并遗偈一章曰：'既已舍染乐，心得善摄不？若得不驰散，深入实相不？毕竟空相中，其心无所乐。若悦禅智慧，是法性无照。虚诳等无实，亦非停心处。仁者所得法，幸愿示其要。'"远重与什书曰："日有凉气，比复何如？去月法识道人至，闻君欲还本国，情以怅然。先闻君方当大出诸经，故来欲便相咨求，若此传不虚，众恨可言。今辄略问数十条事，冀有余暇一二为释，此虽非经中之大难，欲取决于君耳。并报偈一章曰：'本端竟何从，起灭有无际。一微涉动境，成此颓山势。惑想更相乘，触理自生滞。因缘虽无主，开途非一世。时无悟宗匠，谁将握玄契？来问尚悠悠，相与期暮岁。'"后有弗若多罗来适关中，诵出十诵梵本，罗什译为晋文，三分始二，而多罗弃世，远常慨其未备。及闻昙摩流支入秦，复善诵此部，乃遣弟子昙邕致书祈请，令于关中更出余分，故十诵一部具足无阙，晋地获本，相传至今。葱外妙典，关中胜说，所以来集兹土者，远之力也。外国众僧，咸称汉地有大乘道士，每至烧香礼拜，辄东向稽首，献心庐岳。其神理之迹，故未可测也。先是中土未有泥洹常住之说，但言寿命长远而已。远乃叹曰："佛是至极，至极则无变，无变之理，岂有穷耶。"因著法性论曰：“至极以不变为性，得性以体极为宗。”罗什见论而叹曰：“边国人未有经，便暗与理合，岂不妙哉。”

秦主姚兴钦德风名，叹其才思，致书殷勤，信饷连接，赠以龟兹国细缕杂变像，以申欵心，又令姚嵩献其珠像。释论新出，兴送论并遗书曰：“大智论新译讫，此既龙树所作，又是方等旨归，宜为一序，以申作者之意。然此诸道士，咸相推谢，无敢动手，法师可为作序，以贻后之学者。”远答书云：“欲令作大智论序，以申作者之意。贫道闻，怀大非小褚所容，汲深非短绠所测。披省之日，有愧高命，又体羸多疾，触事有废，不复属意已来，其日亦久，缘来告之重，辄粗缀所怀。至于研究之美，当复期诸明德。”其名高远固如此。远常谓大智论文句繁广，初学难寻，乃抄其要文，撰为二十卷。序致渊雅，使夫学者息过半之功矣。

后桓玄征殷仲堪军经庐山，要远出虎溪，远称疾不堪，玄自入山。左右谓玄曰：“昔殷仲堪入山礼远，愿公勿敬之。”玄答：“何有此理？仲堪本死人耳。”及至见远，不觉致敬。玄问：“不敢毁伤，何以剪削？”远答云：“立身行道。”玄称善。所怀问难，不敢复言，乃说征讨之意，远不答。玄又问：“何以见愿？”远云：“愿檀越安稳，使彼亦无他。”玄出山谓左右曰：“实乃生所未见。”玄后以震主之威，苦相延致，乃贻书骋说，劝令登仕。远答辞坚正，确乎不拔，志逾丹石，终莫能回。俄而玄欲沙汰众僧，教僚属曰：“沙门有能申述经诰，畅说义理，或禁行修整，足以宣寄大化，其有违于此者，悉皆罢遣。唯庐山道德所居，不在搜简之例。”远与玄书曰：“佛教凌迟，秽杂日久，每一寻至，慨愤盈怀。常恐运出非意，沦湑将及。窃见清澄诸道人教，实应其本心。夫泾以渭分，则清浊殊势；枉以直正，则不仁自远。此命既行，必一理斯得，然后令饰伪者绝假通之路，怀真者无负俗之嫌。道世交兴，三宝复隆矣。”因广立条制，玄从之。昔成帝幼冲，庾冰辅正，以为沙门应敬王者，尚书令何充、仆射褚昱、诸葛恢等，奏不应敬礼，官议悉同充等，门下承冰旨为驳，同异纷然，竟莫能定。及玄在姑熟，欲令尽敬，乃与远书曰：“沙门不敬王者，既是情所未了，于理又是所未喻，一代大事，不可令其体不允。近八座书，今以呈君，君可述所以不敬意也。此便当行之事一二，令详尽想，必有以释其所疑耳。”远答书曰：“夫称沙门者何耶？谓能发蒙俗之幽昏，启化表之玄路，方将以兼忘之道，与天下同往。使希高者挹其遗风，漱流者味其余津。若然，虽大业未就，观其超步之迹，所悟固已弘矣。又袈裟非朝宗之服，钵盂非廊庙之器，沙门尘外之人，不应致敬王者。”玄虽苟执先志，耻即外从，而睹远辞旨，趑趄未决。有顷玄篡位，即下书曰：“佛法宏大，所不能测，推奉主之情，故兴其敬。今事既在己，宜尽谦光，诸道人勿复致礼也。”远乃著沙门不敬王者论，凡有五篇：一曰在家。谓在家奉法，则是顺化之民，情未变俗，迹同方内，故有天属之爱，奉主之礼，礼敬有本，遂因之以成教。二曰出家。谓出家者能遁世以求其志，变俗以达其道。变俗则服章不得与世典同礼，遁世则宜高尚其迹。大德故能拯溺俗于沈流，拔玄根于重劫。远通三乘之津，近开人天之路。如令一夫全德，则道洽六亲，泽流天下。虽不处王侯之位，固已协契皇极，在宥生民矣。是故内乖天属之重，而不逆其孝；外阙奉主之恭，而不失其敬也。三曰求宗不顺化。谓反本求宗者，不以生累其神，超落尘封者，不以情累其生。不以情累其生，则其生可灭；不以生累其神，则其神可冥。冥神绝境，故谓之泥洹。故沙门虽抗礼万乘，高尚其事，不爵王侯，而沾其惠者也。四曰体极不兼应。谓如来之与周孔，发致虽殊，潜相影响；出处咸异，终期必同。故虽曰道殊，所归一也。不兼应者，物不能兼受也。五曰形尽神不灭。谓识神驰骛，随行东西也。此是论之大意。自是沙门得全方外之迹矣。

及桓玄西奔，晋安帝自江陵旋于京师，辅国何无忌劝远候觐，远称疾不行。帝遣使劳问，远修书曰：“释慧远顿首。阳月和暖，愿御膳顺宜。贫道先婴重疾，年衰益甚，猥蒙慈诏，曲垂光慰，感惧之深，实百于怀。幸遇庆会，而形不自运，此情此慨，良无以喻。”诏答：“阳中感怀，知所患未佳，其情耿耿。去月发江陵，在道多诸恶情，迟兼常，本冀经过相见。法师既养素山林，又所患未痊，邈无复因，增其叹恨。”陈郡谢灵运负才傲俗，少所推崇，及一相见，肃然心服。远内通佛理，外善群书，夫预学徒，莫不依拟。时远讲丧服经，雷次宗、宗炳等，并执卷承旨。次宗后别著义疏，首称雷氏，宗炳因寄书嘲之曰：“昔与足下共于释和上间，面受此义，今便题卷首称雷氏乎？”其化兼道俗，斯类非一。

自远卜居庐阜三十余年，影不出山，迹不入俗。每送客游履，常以虎溪为界焉。以晋义熙十二年八月初动散，至六日困笃，大德耆年，皆稽颡请饮豉酒，不许，又请饮米汁，不许，又请以蜜和水为浆。乃命律师，令披卷寻文，得饮与不，卷未半而终，春秋八十三矣。门徒号恸，若丧考妣，道俗奔赴，毂继肩随。远以凡夫之情难割，乃制七日展哀，遗命使露骸松下，既而弟子收葬。浔阳太守阮保，于山西岭凿圹开隧，谢灵运为造碑文，铭其遗德，南阳宗炳又立碑寺门。初远善属文章，辞气清雅，席上谈吐，精义简要，加以容仪端整，风彩洒落，故图像于寺，遐迩式瞻。所著论序铭赞诗书集为十卷，五十余篇，见重于世。

释慧持二

释慧持者，慧远之弟也。冲默有远量，年十四学读书，一日所得，当他一旬。善文史，巧才制。年十八出家，与兄共伏事道安法师。遍学众经，游刃三藏，及安在襄阳遣远东下，持亦俱行，初憩荆州上明寺，后适庐山，皆随远共止。持形长八尺，风神俊爽，常蹑革屣，纳衣半胫，庐山徒属，莫匪英秀，往反三千，皆以持为称首。持有姑为尼，名道仪，住在江夏，仪闻京师盛于佛法，欲下观化，持乃送姑至都，止于东安寺。晋卫军琅琊王珣，深相器重。时有西域沙门僧伽罗叉，善诵四含，珣请出中阿含经，持乃校阅文言，搜括详定，后还山。少时，豫章太守范宁，请讲法华、毗昙，于是四方云聚，千里遥集。王珣与范宁书云："远公、持公孰愈？"范答书云："诚为贤兄弟也。"王重书曰："但令如兄诚未易有，况复弟贤耶。"兖州刺史琅琊王恭，致书于沙门僧检曰："远、持兄弟至德何如。"检答曰："远、持兄弟也，绰绰焉信有道风矣。"罗什在关，遥相钦敬，致书通好，结为善友。持后闻成都地沃民丰，志往传化，兼欲观瞩峨嵋，振锡岷岫，乃以晋隆安三年辞远入蜀。远苦留不止，远叹曰："人生爱聚，汝乃乐离，如何？"持亦悲曰："若滞情爱聚者，本不应出家，今既割欲求道，正以西方为期耳。"于是兄弟收泪，悯默而别。行达荆州，刺史殷仲堪礼遇欣重。时桓玄亦在彼，玄虽涉学功疏，而一往神出，见持有邻几独绝，尤叹是今古无比，大欲结欢。持既疑其为人，遂弃而不纳，殷、桓二人苦欲留之，持益无停意，临去与玄书曰："本欲栖病峨嵋之岫，观化流沙之表，不能负其发足之怀，便束装首路。"玄得书惆怅，知其不可止。

遂乃到蜀，止龙渊精舍，大弘佛法，井络四方，慕德成侣，刺史毛璩雅相崇挹。时有沙门慧岩、僧恭，先在岷蜀，人情倾盖，及持至止，皆望风推服。有升持堂者，皆号登龙门。恭公幼有才思，为蜀郡僧正，岩公内外多解，素为毛璩所重。后蜀人谯纵，因锋镝之机，攻杀毛璩，割据蜀土，自号成都王，乃集僧设会，逼请岩公，岩不得已而赴。璩既宿昔檀越，一旦伤破，睹事增悲，痛形颜色，遂为谯纵所忌，因而被害，举邑纷扰，白黑危惧。持避难憩郫县中寺。纵有从子道福，凶悖尤甚，将兵往郫，有所讨戮，还过入寺，人马浴血，众僧大怖，一时惊走。持在房前盥洗，神色无忤，道福直至持边，持弹指漉水，淡然自若，福愧悔流汗，出寺门谓左右曰："大人故与众异。"后境内清怙，还止龙渊寺，讲说斋忏，老而愈笃。以晋义熙八年卒于寺中，春秋七十有六。临终遗命，务勖律仪，谓弟子曰："经言，戒如平地，众善由生。汝行住坐卧，宜其谨哉。"以东间经籍，付弟子道泓，在西间法典，嘱弟子昙兰。泓业行清敏，兰神悟天发，并系轨师踪焉。

释慧永三

释慧永，姓潘，河内人也。年十二出家，伏事沙门竺昙现为师，后又伏膺道安法师。素与远共期，欲结宇罗浮之岫，远既为道安所留，永乃欲先逾五岭。行经浔阳，郡人陶范苦相要留，于是且停庐山之西林寺，既门徒稍盛，又慧远同筑，遂有意终焉。永贞素自然，清心克己，言常含笑，语不伤物，耽好经典，善于讲说，蔬食布衣，率以终岁。又别立一茅室于岭上，每欲禅思，辄往居焉，时有至房者，并闻殊香之气。永屋中常有一虎，人或畏者，辄驱令上山，人去后，还复驯伏。永尝出邑，薄晚还山，至乌桥，乌桥营主醉，骑马当道，遮永不听去。日时向晚，永以杖遥指马，马即惊走，营主倒地，永捧慰还营，因尔致疾。明晨往寺，向永悔过，永曰："非贫道本意，恐戒神所为耳。"白黑闻知，归心者众矣。后镇南将军何无忌作镇浔阳，陶爰集虎溪，请永及慧远，远既久持名望，亦雅足才力，从者百余，皆端整有风序，及高言华论，举动可观。永怙然独往，率尔后至，纳衣草屣，执杖提钵，而神气自若，清散无矜，众咸重其贞素，翻更多之。远少所推先，而挹永高行，身执卑恭，以希冥福。永厉行精苦，愿生西方，以晋义熙十年遇疾绵笃。而专谨戒律，执志愈勤，虽枕疴怀苦，颜色怡悦。未尽少时，忽敛衣合掌，求屣欲起，如有所见，众咸惊问，答云佛来，言终而卒，春秋八十有三。道俗在山，咸闻异香，七日乃歇。时庐山又有释僧融，亦苦节通灵，能降伏鬼物云。

释僧济四

释僧济，未详何许人。晋太元中来入庐山，从远公受学，大小诸经及世典书数，皆游炼心抱，贯其深要。年始过立，便出邑开讲，历当元匠，远每谓曰:“共吾弘佛法者，尔其人乎。”后停山少时，忽感笃疾，于是要诚西国，想象弥陀，远遗济一烛曰:“汝可以建心安养，竞诸漏刻。”济执烛凭机，停想无乱，又请众僧夜集，为转无量寿经。至五更中，济以烛授同学，令于僧中行之，于是暂卧，因梦见自秉一烛，乘虚而行，睹无量寿佛，接置于掌，遍至十方，不觉欻然而觉，具为侍疾者说之，且悲且慰，自省四大了无疾苦。至于明夕，忽索履起立，目逆虚空，如有所见。须臾还卧，颜色更悦，因谓傍人云:“吾其去矣。”于是转身右胁，言气俱尽，春秋四十有五矣。

释法安五

释法安，一名慈钦，未详何许人，远公之弟子也。善戒行，讲说众经，兼习禅业，善能开化愚曚，拔邪归正。晋义熙中，新阳县虎灾，县有大社树，下筑神庙，左右居民以百数，遭虎死者夕有一两。安尝游其县，暮逗此村，民以畏虎，早闭闾，安径之树下，通夜坐禅。向晓闻虎负人而至，投之树北，见安如喜如惊，跳伏安前，安为说法授戒，虎踞地不动，有顷而去。旦村人追虎至树下，见安大惊，谓是神人，遂传之一县，士庶宗奉，虎灾由此而息，因改神庙，留安立寺，左右田园皆舍为众业。后欲作画像，须铜青，困不能得，夜梦见一人，迂其床前云:“此下有铜钟。”

觉即掘之，果得二口，因以青成像。后以铜助远公铸佛，余一，武昌太守熊无患借视，遂留之。安后不知所终。

释昙邕六

释昙邕，姓杨，关中人，少仕伪秦至卫将军，形长八尺，雄武过人。太元八年，从符坚南征，为晋军所败，还至长安，因从安公出家。安公既往，乃南投庐山，事远公为师。内外经书，多所综涉，志尚弘法，不惮疲苦。后为远入关，致书罗什，凡为使命，十有余年，鼓击风流，摇动峰岫，强捍果敢，专对不辱。京师道场僧鉴挹其德解，请还杨州，邕以远年高，遂不果行。然远神足高抗者其类不少，恐后不相推谢，因以小缘托摈邕出，邕奉命出山，容无怨忤，乃于山之西南营立茅宇，与弟子昙果澄思禅门。尝于一时，果梦见山神求受五戒，果曰："家师在此，可往咨受。"后少时，邕见一人著单衣帽，风姿端雅，从者二十许人，请受五戒。邕以果先梦，知是山神，乃为说法授戒。神傺以外国匕筋，礼拜辞别，倏忽不见。至远临亡之日，奔赴号踊，痛深天属。后往荆州，卒于竹林寺。

释道祖七

释道祖，吴国人也，少出家，为台寺支法齐弟子。幼有才思，精勤务学。后与同志僧迁、道流等，共入庐山七年，并山中受戒，各随所习，日有其新。远公每谓祖等易悟，尽如此辈，不复忧后生矣。迁、流等并年二十八而卒，远叹曰："此子并才义英茂，清悟日新，怀此长往，一何痛哉。"道流撰诸经目未就，祖为成之，今行于世。祖后还京师瓦官寺讲说，桓玄每往观听，乃谓人曰："道祖后发，愈于远公，但儒博不逮耳。"及玄辅正，欲使沙门敬王，祖乃辞还吴之台寺。有顷，玄纂位，敕郡送祖出京，祖称疾不行，于是绝迹人事，讲道终日，以晋元熙元年卒，春秋七十二矣。远有弟子慧要，亦解经律而尤长巧思，山中无刻漏，乃于泉水中立十二叶芙蓉，因流波转，以定十二时，晷景无差焉。亦尝作木鸢，飞数百步。远又有弟子昙顺、昙诜，并义学致誉。顺本黄龙人，少受业什公，后还师远，蔬食有德行。南蛮校尉刘遵，于江陵立竹林寺，请经始。远遣徙焉。诜亦清雅有风则，注维摩及著穷通论等。又有法幽、道恒、道授等百有余人，或义解深明，或匡拯众事，或戒行清高，或禅思深入，并振名当世，传业于今。

释僧䂮八

释僧䂮，姓傅氏，北地泥阳人，晋河间郎中令遐之元子也。少出家，止长安大寺，为弘觉法师弟子，觉亦一时法匠，䂮初从受业，后游青司、樊、沔之间。通六经及三藏，律行清谨，能匡振佛法。姚苌、姚兴早挹风名，素所知重，及僭有关中，深相顶敬。兴既崇信三宝，盛弘大化，建会设斋，烟盖重迭，使夫慕道舍俗者，十室其半。自童寿入关，远僧复集，僧尼既多，或有愆漏，兴曰："凡未学僧，未阶苦忍，安得无过？过而不翻，过遂多矣，宜立僧主，以清大望。"因下书曰："大法东迁，于今为盛，僧尼已多，应须纲领，宣授远规，以济颓绪。僧䂮法师，学优早年，德芳暮齿，可为国内僧主。僧迁法师，禅慧兼修，即为悦众。法钦、慧斌共掌僧录。"给车舆吏力。䂮资侍中秩，传诏羊车各二人，迁等并有厚给。共事纯俭，允惬时望，五众肃清，六时无怠。至弘始七年，敕加亲信伏身白从各三十人。僧正之兴，䂮之始也。䂮躬自步行，车舆以给老疾，所获供恤，常充众用，虽年在秋方，而讲说经律，勖众无倦。以弘始之末，卒于长安大寺，春秋七十矣。

释道融九

释道融，汲郡林虑人。十二出家，厥师爱其神彩，先令外学，往村借论语，竟不赍归，于彼已诵，师更借本覆之，不遗一字，既嗟而异之，于是恣其游学。迄至立年，才解英绝，内外经书，暗游心府。闻罗什在关，故往咨禀，什见而奇之，谓姚兴曰："昨见融公，复是奇特聪明释子。"兴引见叹重，敕入逍遥园，参正详译。因请什出菩萨戒本，今行于世。后译中论，始得两卷，融便就讲，剖折文言，预贯终始。什又命融令讲新法华，什自听之，乃叹曰："佛法之兴，融其人也。"俄而师子国有一婆罗门，聪辩多学，西土俗书，罕不披诵，为彼国外道之宗。闻什在关大行佛法，乃谓其徒曰："宁可使释氏之风独传震旦，而吾等正化不洽东国？"遂乘驼负书来入长安。姚兴见其口眼便僻，颇亦惑之。婆罗门乃启兴曰："至道无方，各尊其事，今请与秦僧捔其辩力，随有优者，即传其化。"兴即许焉。时关中僧众，相视缺然，莫敢当者。什谓融曰："此外道聪明殊人，捔言必胜，使无上大道，在吾徒而屈，良可悲矣。若使外道得志，则法轮摧轴，岂可然乎。如吾所睹，在君一人。"融自顾才力不减，而外道经书未尽披读，乃密令人写婆罗门所读经目，一披即诵。后克日论义，姚兴自出，公卿皆会阙下，关中僧众四远必集。融与婆罗门拟相酬抗，锋辩飞玄，彼所不及。婆罗门自知辞理已屈，犹以广读为夸，融乃列其所读书，并秦地经史名目卷部，三倍多之。什因嘲之曰："君不闻大秦广学，那忽轻尔远来。"婆罗门心愧悔伏，顶礼融足，数日之中，无何而去。像运再兴，融有力也。融后还彭城，常讲说相续，问道至者千有余人，依随门徒数盈三百。性不狎喧，常登楼披玩，殷勤善诱，毕命弘法，后卒于彭城，春秋七十四矣。所著法华、大品、金光明、十地、维摩等义疏，并行于世矣。

释昙影十

释昙影，或云北人，不知何许郡县。性虚靖，不甚交游，而安贫志学，举止详审，过似淹迟，而神气骏捷，志与形反。能讲正法华经及光赞波若，每法轮一转，辄道俗千数。后入关中，姚兴大加礼接，及什至长安，影往从之，什谓兴曰："昨见影公，亦是此国风流标望之僧也。"兴敕住逍遥园，助什译经，初出成实论，凡诤论问答，皆次第往反。影恨其支离，乃结为五番，竟以呈什，什曰："大善。深得吾意。"什后出妙法华经，影既旧所命宗，特加深思，乃著法华义疏四卷，并注中论。后山栖隐处，守节尘外，修功立善，愈老愈笃。以晋义熙中卒，春秋七十矣。

释僧叡十一

释僧叡，魏郡长乐人也。少乐出家，至年十八，始获从志，依投僧贤法师为弟子，谦虚内敏，学与时竞。至年二十二，博通经论，尝听僧朗法师讲放光经，屡有机难。朗与贤有濠上之契，谓贤曰："叡比格难，吾累思不能通，可谓贤贤弟子也。"至年二十四游历名邦，处处讲说，知音之士，负帙成群。常叹曰："经法虽少，足识因果，禅法未传，厝心无地。"什后至关，因请出禅法要三卷。始是鸠摩罗陀所制，末是马鸣所说，中间是外国诸圣共造，亦称菩萨禅。叡既获之，日夜修习，遂精炼五门，善入六净，伪司徒公姚嵩深相礼贵。姚兴问嵩："叡公何如？"嵩答："实邺卫之松柏。"兴敕见之，公卿皆集，欲观其才器，叡风韵洼隆，含吐彬蔚，兴大赏悦，即敕给俸恤吏力人舆。兴后谓嵩曰："乃四海标领，何独邺卫之松柏。"于是美声遐布，远近归德。什所翻经，叡并参正。昔竺法护出正法华经，受决品云："天见人，人见天。"什译经至此，乃言："此语与西域义同，但在言过质。"叡曰："将非人天交接，两得相见。"什喜曰："实然。"其领悟标出，皆此类也。后出成实论，令叡讲之。什谓叡曰："此诤论中，有七变处文破毗昙，而在言小隐，若能不问而解，可谓英才。"至叡启发幽微，果不咨什，而契然悬会。什叹曰："吾传译经论，得与子相值，真无所恨矣。"著大智论、十二门论、中论等诸序，并著大小品、法华、维摩、思益、自在王禅经等序，皆传于世。初叡善摄威仪，弘赞经法，常回此诸业，愿生安养，每行住坐卧，不敢正背西方。后自知命尽，忽集僧告别，乃谓众曰："平生誓愿，愿生西方，如叡所见，或当得往，未知定免，狐疑成不。但身口意业，或相违犯，愿施以大慈，为永劫法朋也。"于是入房洗浴，烧香礼拜，还床向西方合掌而卒。是日同寺咸见五色香烟，从叡房出，春秋六十七矣。时又有沙门僧楷，与叡公同学，亦有高名云。

释道恒十二

释道恒，蓝田人。年九岁戏于路，隐士张忠见而嗟曰："此小儿有出人之相，在俗必有辅政之功，处道必能光显佛法，恨吾老矣，不得见之。"

恒少失二亲，事后母以孝闻，家贫无蓄，常手自画缋，以供赡奉，而笃好经典，学兼宵夜。至年二十，后母又亡，行丧尽礼，服毕出家。游刃佛理，多所兼通，学该内外，才思清敏。罗什入关，即往修造，什大嘉之，及译出众经，并助详定。时恒有同学道标，亦雅有才力，当时擅名，与恒相次。秦主姚兴，以恒、标二人神气俊朗、有经国之量，乃敕伪尚书令姚显，令敦逼恒、标罢道，助振王业。又下书恒、标等曰:“卿等皎然之操，实在可嘉，但君临四海，治急须才，今敕尚书令显，令夺卿等法服，助翼赞时世。苟心存道味，宁系白黑？望体此怀，不以守节为辞也。”恒、标等答曰:“奉去月二十日诏，令夺恒、标等法服，承命悲怀，五情失守。恒等才质暗短，染法未深，缁服之下，誓毕身命，并习佛法，不闲世事，徒废非常之业，终无殊异之功。昔光武尚能纵严陵之心，魏文容管宁之操，抑至尊之高心，遂匹夫之微志。况陛下以道御物，兼弘三宝，愿鉴元元之情，垂旷通物之理也。”兴又致书于什、辔二法师曰:“别已数旬，每有倾想，渐暖，比休泰耳。小虏远举，更无处分，正有愦然耳。顷万事之殷，须才以理之，近诏恒、标二人，令释罗汉之服，寻大士之踪，然道无不在，愿法师等勖以喻之。”什、辔等答曰:“盖闻太上以道养民，而物自是，其复有德而治天下，是以古之明主，审违性之难御，悟任物之多因。故尧放许由于箕山，文轼干木于魏国，高祖纵四皓于终南，叔度辞蒲轮于汉岳，盖以适贤之性为得贤也。今恒、标等德非圆达，分在守节，少习玄化，伏膺佛道。至于敷折妙典，研究幽微，足以启悟童稚，助化功德。愿陛下施既往之恩，纵其微志也。”兴后频复下书，阖境救之，殆而得勉。恒乃叹曰:“古人有言，益我货者损我神，生我名者杀我身。”于是窜影岩壑，毕命幽薮，蔬食味禅，缅迹人外。晋义熙十三年卒于山舍，春秋七十二。恒著释驳论及百行箴，标作舍利弗毗昙序，并吊王乔文，并行于世矣。

释僧肇十三

释僧肇，京兆人。家贫以佣书为业，遂因缮写乃历观经史，备尽坟籍。爱好玄微，每以庄老为心要。尝读老子德章，乃叹曰:“美则美矣，然期神冥累之方，犹未尽善也。”后见旧维摩经，欢喜顶受，披寻玩味，乃言始知所归矣。因此出家学善方等，兼通三藏。及在冠年，而名振关辅，时竞誉之徒，莫不猜其早达，或千里趍负，入关抗辩。肇既才思幽玄，又善谈说，承机挫锐，曾不流滞。时京兆宿儒，及关外英彦，莫不挹其锋辩，负气摧衄。后罗什至姑臧，肇自远从之，什嗟赏无极。及什适长安，肇亦随返。姚兴命肇与僧叡等入逍遥园，助详定经论。肇以去圣久远，文义多杂，先旧所解，时有乖谬，及见什咨禀，所悟更多。因出大品之后，肇便著波若无知论，凡二千余言，竟以呈什，什读之称善。乃谓肇曰："吾解不谢子，辞当相挹。"时庐山隐士刘遗民见肇此论，乃叹曰："不意方袍复有平叔。"因以呈远公，远乃抚机叹曰："未常有也。"因共披寻玩味，更存往复。遗民乃致书肇曰："顷飡徽问，有怀遥仰，岁末寒严，体中何如？音寄壅隔，增用悒蕴。弟子沈疴草泽，常有弊瘁，愿彼大众康和，外国法师休悆不。去年夏末，见上人波若无知论，才运清俊，旨中沈允。推步圣文，婉然有归，披味殷勤，不能释手，真可谓浴心方等之渊，悟怀绝冥之肆，穷尽精巧，无所间然。但暗者难晓，犹有余疑，今辄条之如左，愿从容之暇，粗为释之。"肇答书曰："不面在昔，伫想用劳。得前疏并问，披寻反复，欣若暂对，凉风戒节，顷常何如，贫道劳疾每不佳，即此大众寻常，什师休胜。秦主道性自然，天机迈俗，城堑三宝，弘道是务。由使异典胜僧，自远而至，灵鹫之风，萃乎兹土，领公远举，乃是千载之津梁。于西域还得方等新经二百余部。什师于大寺出新至诸经，法藏渊旷，日有异闻。禅师于瓦官寺教习禅道，门徒数百，日夜匪懈，邕邕肃肃，致自欣乐。三藏法师于中寺出律部，本末精悉，若睹初制。毗婆沙法师于石羊寺出舍利弗毗昙梵本，虽未及译，时问中事，发言新奇。贫道一生猥参嘉运，遇兹盛化，自恨不睹释迦泥洹之集，余复何恨，但恨不得与道胜君子同斯法集耳。称咏既深，聊复委及，然来问婉切，难为郢人。贫道思不关微，兼拙于华语，且至趣无言，言则乖旨，云云不已，竟何所辩？聊以狂言，示酬来旨也。"

肇后又著不真空论、物不迁论等，并注维摩及制诸经论序，并传于世。及什之亡后，追悼永往，翘思弥厉，乃著涅槃无名论。其辞曰："经称有余无余涅槃。涅槃秦言无为，亦名灭度。无为者，取乎虚无寂寞，妙绝于有为。灭度者，言乎大患永灭，超度四流。斯盖镜像之所归，绝称之幽宅也。

而曰有余无余者，盖是出处之异号，应物之假名。余尝试言之，夫涅槃之为道也，寂寥虚旷，不可以形名得；微妙无相，不可以有心知。超群有以幽升，量太虚而永久，随之弗得其踪，迎之罔眺其首，六趣不能摄其生，力负无以化其体，眇漭惚恍，若存若往。五目莫睹其容，二听不闻其响，窈窈冥冥，谁见谁晓。弥伦靡所不在，而独曳于有无之表。然则言之者失其真，知之者返其愚，有之者乖其性，无之者伤其躯。所以释迦掩室于摩竭，净名杜口于毗耶。须菩提唱无说以显道，释梵乃绝听而雨花，斯皆理为神御，故口为之缄默。岂曰无辩，辩所不能言也。经曰：'真解脱者，离于言数。寂灭永安，无终无始。不晦不明，不寒不暑。湛若虚空，无名无证。'论曰：'涅槃非有，亦复非无。言语路绝，心行处灭。'寻夫经论之作也，岂虚构哉！果有其所以不有，故不可得而有，有其所以不无，故不可得而无耳。何者？本之有境，则五阴永灭，推之无乡，则幽灵不竭。幽灵不竭，则抱一湛然，五阴永灭，则万累都捐。万累都捐，故与道通同，抱一湛然，故神而无功。神而无功，故至功常在，与道通同，故冲而不改。冲而不改，不可为有，至功常在，不可为无。然则有无绝于内，称谓沦于外，视听之所不暨，四空之所昏昧。恬兮而夷，泊焉而泰，九流于是乎交归，众圣于此乎冥会。斯乃希夷之境，太玄之乡。而欲以有无题榜其方域，而语神道者，不亦邈哉！”其后十演九折，凡数千言，文多不载。论成之后，上表于姚兴曰：“肇闻天得一以清，地得一以宁，君王得一以治天下。伏惟陛下睿哲钦明，道与神会，妙契环中，理无不晓，故能游刃万机，弘道终日，依被苍生，垂文作范。所以域中有四大，王居一焉。涅槃之道，盖是三乘之所归，方等之渊府。眇茫希夷，绝视听之域；幽致虚玄，非群情之所测。肇以微躯，猥蒙国恩，得闲居学肆，在付公门下十有余年。虽众经殊趣，胜致非一，涅槃一义，常为听习先。但肇才识暗短，虽屡蒙诲喻，犹怀漠漠，为竭愚不已。亦如似有解，然未经高胜先唱，不敢自决。不幸什公去世，咨参无所，以为永恨。而陛下圣德不孤，独与什公神契，目击道存，决其方寸，故能振彼玄风，以启末俗。一日遇蒙答安成侯嵩问无为宗极，颇涉涅槃无名之义。今辄作涅槃无名论，有十演九折，博采众经，托证成喻，以仰述陛下无名之致，岂曰开诣神心，穷究远当，聊以拟议玄门，班喻学徒耳。若少参圣旨，愿敕存记，如其有差，伏承旨授。”兴答旨殷勤，备加赞述。即敕令缮写，班诸子侄，其为时所重如此。晋义熙十年卒于长安，春秋三十有一矣。

高僧传卷第六

高僧传卷第七

梁会稽嘉祥寺沙门释慧皎撰

义解四

释法愍二十
释道亮二十一
释梵敏二十二
释道温二十三
释昙斌二十四
释慧亮二十五
释僧镜二十六
释僧瑾二十七
释道猛二十八
释超进二十九
释法珍三十
释道猷三十一
释慧通三十二

竺道生一

竺道生，本姓魏，巨鹿人，寓居彭城。家世仕族，父为广戚令，乡里称为善人。生幼而颖悟，聪哲若神，其父知非凡器，爱而异之。后值沙门竺法汰，遂改俗归依，伏膺受业。既践法门，俊思奇拔，研味句义，即自开解。故年在志学，便登讲座，吐纳问辩，辞清珠玉。虽宿望学僧，当世名士，皆虑挫词穷，莫敢酬抗。年至具戒，器鉴日深。性度机警，神气清穆。初入庐山，幽栖七年，以求其志。常以入道之要，慧解为本。故钻仰群经，斟酌杂论，万里随法，不惮疲苦。后与慧叡、慧严同游长安，从什公受业。关中僧众，咸谓神悟。后还都止青园寺。寺是晋恭思皇后褚氏所立，本种青处，因以为名。生既当时法匠，请以居焉，宋太祖文皇深加叹重。后太祖设会，帝亲同众御于地筵，下食良久，众咸疑日晚，帝曰："始可中耳。"生曰："白日丽天，天言始中，何得非中？"遂取钵便食，于是一众从之，莫不叹其枢机得衷。王弘、范泰、颜延之，并挹敬风猷，从之问道。生既潜思日久，彻悟言外，乃喟然叹曰："夫象以尽意，得意则象忘；言以诠理，入理则言息。自经典东流，译人重阻，多守滞文，鲜见圆义。若忘筌取鱼，始可与言道矣。”于是校阅真俗，研思因果。乃立善不受报，顿悟成佛。又著二谛论、佛性当有论、法身无色论、佛无净土论、应有缘论等。笼罩旧说，妙有渊旨。而守文之徒，多生嫌嫉，与夺之声，纷然竞起。又六卷泥洹先至京师，生剖析经理，洞入幽微，乃说阿阐提人皆得成佛。于时大本未传，孤明先发，独见忤众。于是旧学以为邪说，讥愤滋甚，遂显大众，摈而遣之。生于大众中正容誓曰：“若我所说反于经义者，请于现身即表厉疾；若与实相不相违背者，愿舍寿之时，据师子座。”言竟拂衣而游。初投吴之虎丘山，旬日之中，学徒数百。其年夏，雷震青园佛殿，龙升于天，光影西壁，因改寺名号曰龙光。时人叹曰：“龙既已去，生必行矣。”俄而投迹庐山，销影岩岫，山中僧众咸共敬服。后涅槃大本至于南京，果称阐提悉有佛性，与前所说合若符契。生既获斯经，寻即讲说，以宋元嘉十一年冬十一月庚子，于庐山精舍升于法座。神色开朗，德音俊发，论议数番，穷理尽妙，观听之众，莫不悟悦。法席将毕，忽见麈尾纷然而坠，端坐正容，隐几而卒。颜色不异，似若入定，道俗嗟骇，远近悲泣。于是京邑诸僧内惭自疚，追而信服。其神鉴之至征瑞如此。仍葬庐山之阜。初生与叡公及严、观同学齐名，故时人评曰：“生、叡发天真，严、观洼流得，慧义彭亨进，寇渊于默塞。”生及叡公独标天真之目，故以秀出群士矣。初关中僧肇始注维摩，世咸玩味。生乃更发深旨，显畅新异，及诸经义疏，世皆宝焉。王微以生比郭林宗，乃为之立传，旌其遗德。时人以生推阐提得佛，此语有据。顿悟不受报等，时亦为宪章。宋太祖尝述生顿悟义，沙门僧弼等皆设巨难，帝曰：“若使逝者可兴，岂为诸君所屈。”后龙光又有沙门宝林，初经长安受学，后祖述生公诸义，时人号曰游玄生。著涅槃记及注异宗论、檄魔文等。

林弟子法宝，亦学兼内外，著金刚后心论等，亦祖述生义焉。近代又有释慧生者，亦止龙光寺。蔬食，善众经，兼工草隶，时人以同寺相继，号曰‘大小二生’。

释慧叡二

释慧叡，冀州人，少出家，执节精峻。常游方而学，经行蜀之西界，为人所抄掠。常使牧羊，有商客信敬者，见而异之，疑是沙门，请问经义，无不综达，商人即以金赎之。既还袭染衣，笃学弥至。游历诸国，乃至南天竺界，音译诂训，殊方异义，无不必晓。后还憩庐山，俄又入关从什公咨禀。后适京师，止乌衣寺。讲说众经，皆思彻言表，理契环中。宋大将军彭城王义康请以为师，再三乃许。王请入第受戒，叡曰："礼闻来学，不闻往教。"康大以为愧，乃入寺虔礼。祇奉戒法，后以貂裘奉叡，叡不著，常坐之，王密令左右求买，酬三十万，叡曰："虽非所服，既大王所施，聊为从用耳。"陈郡谢灵运笃好佛理，殊俗之音，多所达解。乃咨叡以经中诸字，并众音异旨，于是著十四音训叙。条列梵汉，昭然可了，使文字有据焉。叡以宋元嘉中卒，春秋八十有五矣。

释慧严三

释慧严，姓范，豫州人。年十二为诸生，博晓诗书，十六出家，又精炼佛理。迄甫立年，学洞群籍，风声四远，化洽殊邦。闻什公在关，复从受学，访正音义，多所异闻。后还京师，止东安寺。宋高祖素所知重。高祖后伐长安，要与同行，严曰："檀越此行，虽伐罪吊民，贫道事外之人，不敢闻命。"帝苦要之，遂行。及文帝在位，情好尤密，每见弘赞问佛法。先是帝未甚崇信，至元嘉十二年，京尹萧摹之上启，请制起寺及铸像。帝乃与侍中何尚之、吏部郎中羊玄保等议之，谓尚之曰："朕少来读经不多，比日弥复无暇，三世因果未辩厝怀，而复不敢立异者，正以卿辈时秀，率所敬信故也。范泰、谢灵运常言六经典文，本在济俗为治，必求灵性真奥，岂得不以佛经为指南耶？近见颜迎之推达性论、宗炳难白黑论，明佛汪汪，尤为名理，并足开奖人意。若使率土之滨，皆敦此化，则朕坐致太平，夫复何事。近萧摹之请制，未全经通，即以相示，委卿增损。必有以遏戒浮淫，无伤弘奖者，乃当著令耳。"尚之对曰："悠悠之徒，多不信法，以臣庸蔽，独秉愚勤，惧以阙薄，贻点大教。今乃更荷褒拂，非所敢当。至如前代群英，则不负明诏矣。中朝已远，难复尽知。度江以来，则王导、周颉、庾亮、王蒙、谢尚、郄超、王坦、王恭、王谧、郭文、谢敷、戴逵、许询，及亡高祖兄弟、王元琳昆季、范汪、孙绰、张玄、殷颉，或宰辅之冠盖，或人伦之羽仪，或置情天人之际，或抗迹烟霞之表，并禀志归依，厝心崇信。其间比对，则兰、护、开、潜、渊、遁、崇、邃，皆亚迹黄中，或不测人也。近世道俗，敷谈便尔，若当备举夷夏，爰逮汉魏，奇才异德，胡可胜言。慧远法师尝云：'释氏之化，无所不可。适道固自教源，济俗亦为要务。'窃寻此说，有契理奥。何者？若使家家持戒，则一国息刑。故佛澄适赵，二石减暴；灵塔放光，符健损虐。故神道助教，有自来矣。而萧摹所启，亦不谓全非。但伤蠹道俗者，本在无行僧尼，而情貌难分，祛取未易。金铜土木，虽縻费滋深，必福业所寄，复难得顿绝。臣比思为斟酌，进退难安，今日亲奉德音，实亦深用夷泰。"羊玄保进曰："此谈盖天人之际，岂臣所宜预。窃恐秦楚论强兵之术，孙吴尽吞并之计，将无取于此耶。"帝曰："此非战国之具，良如卿言。"尚之曰："夫礼隐逸则战士怠，贵仁德则兵气衰。若以孙吴为志，苟在吞噬，亦无取尧舜之道，岂唯释教而已耶。"帝悦曰："释门有卿，亦犹孔氏之有季路，所谓恶言不入于耳。"帝自是信心乃立，始致意佛经。及见严观诸僧，辄论道义理。时颜延之著离识观及论检，帝命严辩其同异，往复终日，帝笑曰："公等今日，无愧支许。"严后著无生灭论及老子略注等。东海何承天以博物著名，乃问严佛国将用何历，严云："天竺夏至之日，方中无影，所谓天中，于五行土德，色尚黄，数尚五，八寸为一尺，十两当此土十二两，建辰之月为岁首。"及讨核分至，推校薄蚀，顾步光影，其法甚详，宿度年纪，咸有条例，承天无所厝难。后婆利国人来，果同严说，帝敕任豫受焉。大涅槃经初至宋土，文言致善，而品数疏简，初学难以措怀。严乃共慧观、谢灵运等依泥洹本加之品目。文有过质，颇亦治改，始有数本流行。严乃梦见一人，形状极伟，厉声谓严曰："涅槃尊经，何以轻加斟酌。"严觉已惕然，乃更集僧，欲收前本。时识者咸云："此盖欲诫厉后人耳，若必不应者，何容即时方梦。"严以为然。顷之，又梦神人告曰："君以弘经之力，必当见佛也。"严以宋元嘉二十年卒于东安寺，春秋八十有一矣。帝诏曰："严法师器识渊远，学道之匠，奄尔迁神，痛悼于怀。可给钱五万，布五十匹。"

严弟子法智幼有神理，年二十四往江陵，值雅公讲，便论议数番，雅厝通无地。雅顾眄四众曰："小子斐然成章。"智笑曰："乃变风变雅作矣。"于是声布楚郢，誉洽京吴。善成实及大小品。

释慧观四

释慧观，姓崔，清河人。十岁便以博见驰名，弱年出家，游方受业，晚适庐山，又咨禀慧远。闻什公入关，乃自南徂北，访核异同，详辩新旧，风神秀雅，思入玄微。时人称之曰："通情则生、融上首。精难则观、肇第一。"乃著法华宗要序以简什，什曰："善男子所论甚快，君小却当南游江汉之间，善以弘通为务。"什亡后，乃南适荆州。州将司马休之甚相敬重，于彼立高悝寺，使夫荆楚之民回邪归正者，十有其半。宋武南伐休之，至江陵与观相遇，倾心待接，依然若旧。因敕与西中郎游，即文帝也。俄而还京，止道场寺。观既妙善佛理，探究老庄，又精通十诵，博采诸部，故求法问道者，日不空筵。元嘉初三月上巳，车驾临曲水燕会，命观与朝士赋诗。观即坐先献，文旨清婉，事适当时。琅琊王僧达、庐江何尚之，并以清言致款，结赏尘外。宋元嘉中卒，春秋七十有一。著辩宗论、论顿悟渐悟义及十喻序赞诸经序等，皆传于世。时道场寺又有僧馥者，本澧泉人。专精义学，注胜鬘经。又有法业，本长安人，善大小品及杂心。蔬食节己，故晋陵公主为起南林寺，后遂居焉。

释慧义五

释慧义，姓梁，北地人，少出家。风格秀举，志业强正。初游学于彭、宋之间，备通经义。后出京师，乃说云，冀州有法称道人，临终语弟子普严云："嵩高灵神云，江东有刘将军，应受天命，吾以三十二璧、镇金一鉼为信。"遂彻宋王，宋王谓义曰："非常之瑞，亦须非常之人，然后致之。若非法师自行，恐无以获也。"义遂行。以晋义熙十三年七月往嵩高山，寻觅未得。便至心烧香行道，至七日夜，梦见一长须老公，拄杖将义往璧处指示云："是此石下。"义明便周行山中，见一处炳然如梦所见，即于庙所石坛下，果得璧大小三十二枚，黄金一鉼。此瑞详之宋史。义后还京师，宋武加接尤重，迄乎践祚，礼遇弥深。宋永初元年，车骑范泰立祇洹寺，以义德为物宗，固请经始。义以泰清信之至，因为指授仪则，时人以义方身子，泰比须达。故祇洹之称，厥号存焉。后西域名僧多投止此寺，或传译经典，或训授禅法。宋元嘉初，徐羡之、檀道济等，专权朝政，泰有不平之色，尝肆言骂之，羡等深憾。闻者皆忧泰在不测，泰亦虑及于祸，乃问义安身之术，义曰："忠顺不失，以事其上，故上下能相亲也，何虑之足忧。"因劝泰以果竹园六十亩施寺，以为幽冥之佑，泰从之，终享其福。及泰薨，第三子晏谓义昔承厥父之险，说求园地，追以为憾，遂夺而不与。义秉泰遗疏，纷纠纭纭，彰于视听，义乃移止乌衣，与慧叡同住。宋元嘉二十一年终于乌衣寺，春秋七十三矣。晏后少时而卒。晏弟晔后染孔熙先谋逆，厥宗同溃。后祇洹寺又有释僧叡，善三论，为宋文所重。

释道渊六

释道渊，姓寇，不知何许人，出家止京师东安寺。少持律捡，长习义宗，众经数论，靡不通达，而潜光隐德，世莫之知。后于东安寺开讲，剖析玄微，洞尽幽赜，使终古积滞，涣然冰解。于是学徒改观，翕然附德。后移止彭城寺。宋文帝以渊行为物轨，敕居寺住。后卒于所住，春秋七十有八。渊弟子慧琳，本姓刘，秦郡人。善诸经及庄老，排谐好语笑，长于制作，故集有十卷。而为性傲诞，颇自矜伐。渊尝诣傅亮，琳先在坐，及渊至，琳不为致礼，渊怒之彰色，亮遂罚琳杖二十。宋世祖雅重琳，引见常升独榻，颜延之每以致讥，帝辄不悦。后著白黑论，乖于佛理。衡阳太守何承天，与琳比狎，雅相击扬，著达性论，并拘滞一方，诋呵释教。颜延之及宗炳捡驳二论各万余言。琳既自毁其法，被斥交州。世云渊公见麻星者，即其人也。

释僧弼七

释僧弼，本吴人。性度虚简，仪止方直。少与龙光县干同游长安，从什受学。爱日惜力，靖有深思，什加赏特深，使颁预参译。后游历名邦，备瞻风化。时有请弼为寺主，弼曰："至道不弘，淳风日缅，自非定慧兼足，无以镇立风猷。且当随缘致益，何得独善一寺？"后南居楚郢，十有余年。训诱经戒，大化江表。河西王沮渠蒙逊远挹风名，遣使通敬，倈遗相续。后下都止彭城寺。文皇器重，每延讲说。宋元嘉十九年卒，春秋七十有八。

释慧静八

释慧静，姓王，东阿人。少游学伊洛之间，晚历徐兖。容貌甚黑，而识悟清远。时洛中有沙门道经，亦解迈当世，与静齐名，而耳甚长大，故时人语曰："洛下大长耳，东阿黑如墨。有问无不酬，有酬无不塞。"静至性虚通，澄审有思力，每法轮一转，辄负帙千人，海内学宾，无不必集。诵法华、小品，注维摩、思益，著涅槃略记、大品旨归，及达命论，并诸法师诔。多流传北土，不甚过江。宋元嘉中卒，春秋六十余矣。

释僧苞九

释僧苞，京兆人，少在关受学什公。宋永初中游北徐，入黄山精舍。复造静、定二师进业，仍于彼建三七普贤斋忏。至第七日，有白鹄飞来，集普贤座前，至中行香毕乃去。至二十一日将暮，又有黄衣四人，绕塔数匝，忽然不见。苞少有志节，加复祥感，故匪懈之情，因之弥厉。日诵万余言经，常礼数百拜佛。后东下京师，正值祇洹寺发讲，法徒云聚，士庶骈席。苞既初至，人未有识者，乃乘驴往看。衣服垢弊，貌有风尘，堂内既迮，坐驴鞯于户外。高座出题适竟，苞始欲厝言，法师便问："客僧何名？"答云："名苞。"又问："尽何所苞？"答曰："高座之人，亦可苞耳。"乃致问数番，皆是先达思力所不逮，高座无以抗其辞，遂逊退而止。时王弘、范泰闻苞论议，叹其才思，请与交言，仍屈住祇洹寺，开讲众经，法化相续。陈郡谢灵运闻风而造焉，及见苞神气，弥深叹伏，或问曰："谢公何如？"苞曰："灵运才有余，而识不足，抑不免其身矣。"苞尝于路行，见六劫被录，苞为说法，劝念观世音，群劫以临危之际，念念恳切。俄而送吏饮酒洪醉，劫解枷得免焉。宋元嘉中卒。时瓦官又有释法和者，亦精通数论，致誉当时，为宋高祖所重，敕为僧主焉。

释僧诠十

释僧诠，姓张，辽西海阳人。少游燕齐，遍学外典，弱冠方出家。复精炼三藏，为北土学者之宗。后过江止京师，铺筵大讲，化洽江南。吴郡张恭请还吴讲说，姑苏之士，并慕德归心。初止闲居寺，晚憩虎丘山。诠先于黄龙国造丈六金像，入吴又造人中金像，置于虎丘山之东寺。诠性好檀施，周赡贫乏，清确自守，居无兼币。后平昌孟颛，于余杭立方显寺，请诠居之。率众翘勤，禅礼无辍，看寻苦至，遂乃失明，而策厉弥精，讲授不废。吴国张畅、张敷，谯国戴颙、戴勃，并慕德结交，崇以师礼。诠后暂游临安县，投董功曹家，功曹者，清信弟子也。诠投止少时，便遇疾甚笃，而常见所造之像，来在西壁，又见诸天童子皆来侍病。弟子法朗，梦见一台，数人捧之，问何所去，答云迎诠法师，明旦果卒。县令阮尚之，使葬白土山郭文举之冢右，以拟梁鸿之附要离也。特进王裕及高士戴颙，至诠墓所，刻石立碑，唐思贤造文，张敷作诔。

释昙鉴十一

释昙鉴，姓赵，冀州人。少出家，事竺道祖为师。蔬食布衣，律行精苦，学究群经，兼善数论。闻什公在关，杖策从学，什常谓鉴为一闻持人。后游方宣化，达自荆州，止江陵辛寺。年登耳顺，励行弥洁。常愿生安养，瞻觐弥陀。后弟子僧济，辞往上明，鉴云：“汝去乃佳，恐不复相见。”因委曲疏受付嘱。至夜与诸耆老共叙无常，言甚切至，既夜各各还房，鉴独留步廊下。至三更，沙弥僧愿请还房，鉴曰：“汝但眠，不须复来。”至明旦，弟子慧严依常问讯，见合掌平坐，而口不言，迫就察之，实乃已卒。身体柔软，香洁倍常，因申而殓焉。春秋七十。吴郡张辩作传并赞，赞曰：“披荔逞芬，握瑾表洁。浑浑法师，弗淄弗涅。晻晔初辰，条蔚暮节。神游智往，岂伊实诀。”时江陵又有释道海、北州释慧龛、东州释慧恭、淮南释昙泓、东辕山释道广、弘农释道光等，并愿生安养，临终祥瑞焉。

释慧安十二

释慧安，未详是何人。蔬食精苦，学通经义，兼能善说，又以专戒见称。诵经四十余万言。止庐山陵云寺，学徒云聚，千里从风。常捉一杖，云是西域僧所施。杖光色灼彻，亦颇有香气。上有梵书，人莫能识。后入关诣罗什，捉杖自随。什见杖惊曰："此杖乃在此间耶？"因译其字云："本生天竺娑罗林，南方丧乱草付兴，后得罗什道教隆。"安后以杖傣外国僧波沙那，那赍还西域。安以宋元嘉中卒于山寺。

释昙无成十三

释昙无成，姓马，扶风人。家世避难，移居黄龙，年十三出家。履业清正，神悟绝伦，未及具戒，便精往复。闻什公在关，负笈从之。既至见什，什问："沙弥何能远来？"答曰："闻道而至。"什大善之。于是经停务学，慧业愈深。姚兴谓成曰："马季长硕学高明，素骄当世，法师故当不尔。"答曰："以道伏心，为除此过。"兴甚异之，供事殷厚。姚祚将亡，关中危扰，成乃憩于淮南中寺。涅槃、大品常更互讲说，受业二百余人。与颜延之、何尚之共论实相，往复弥晨。成乃著实相论，又著明渐论。宋元嘉中卒，春秋六十有四。时中寺复有昙冏者，与成同学齐名，为宋临川康王义庆所重。

释僧含十四

释僧含，不知何许人。幼而好学，笃志经史及天文算术。长通佛义，数论兼明，尤善大涅槃，常讲说不辍。元嘉七年，新兴太守陶仲祖，立灵味寺，钦含风轨，请以居之。含勖众清谨，三业无亏。后西游历阳，弘赞正法，江左道俗，响附如林。时任城彭丞著无三世论，含乃作神不灭论以抗之。使夫见闻之者，莫不将坠而更兴矣。又著圣智圆鉴论、无生论、法身论、业报论，及法华宗论等，皆传于世。顷之，南游九江，大阐经法。琅琊颜峻时为南中郎记室参军，随镇浔阳，与含深相器重，造必终日。含尝密谓峻曰：“如令谶纬不虚者，京师寻有祸乱。真人应符，属在殿下，檀越善以缄之。”俄而元凶构逆，世祖龙飞，果如其言也。后平康无疾，忽告众辞别。至乎明晨，奄然已化，时人谓之知命。时又有释道含者，亦学解有功，著释异十论云。

释僧彻十五

释僧彻，姓王，本太原晋阳人。少孤，兄弟二人寓居襄阳。彻年十六入庐山造远公，远见而异之，问曰：“宁有出家意耶。”对曰：“远尘离俗，固其本心。绳墨镕钧，更唯匠者。”远曰：“君能入道，当得无畏法门。”于是投簪委质，从远受业。遍学众经，尤精波若。又以问道之暇，亦厝怀篇牍，至若一赋一咏，辄落笔成章。尝至山南攀松而啸，于是清风远集，众鸟和鸣，超然有胜气。退还咨远：“律制管弦，戒绝歌舞。一吟一啸，可得为乎？”远曰：“以散乱言之，皆为违法。”由是乃止。至年二十四，远令讲小品，时辈未之许，及登座，词旨明析，听者无以折其锋。远谓之曰：“向者勍敌，并无遗力，汝城隍严固，攻者丧师。反轸能尔，良为未易。”由是门人推服焉。远亡后，南游荆州，止江陵城内五层寺，晚移琵琶寺。彭城王义康、仪同萧思话等，并从受戒法。筵请设斋，穷自下馔。宋元嘉二十九年卒，春秋七十。刺史南谯王刘义宣为造坟圹。时荆州上明有释僧庄者，亦善涅槃及数论，宋孝武初，被敕下都，称疾不赴。

释昙谛十六

释昙谛，姓康，其先康居人。汉灵帝时移附中国，献帝末乱移止吴兴。谛父肜，尝为冀州别驾。母黄氏昼寝，梦见一僧呼黄为母，寄一麈尾，并铁镂书镇二枚，眠觉见两物具存，因而怀孕生谛。谛年五岁，母以麈尾等示之，谛曰：“秦王所饷。”母曰：“汝置何处？”答云：“不忆。”至年十岁出家，学不从师，悟自天发。后随父之樊邓，遇见关中僧䂮道人，忽唤䂮名，䂮曰：“童子何以呼宿老名？”谛曰：“向者忽言阿上，是谛沙弥，为众僧采菜，被野猪所伤，不觉失声耳。”䂮经为弘觉法师弟子，为僧采菜，被野猪所伤。碧初不忆此，乃诣谛父，谛父具说本末，并示书镇麈尾等，碧乃悟而泣曰："即先师弘觉法师也。师经为姚苌讲法华，贫道为都讲，姚苌饷师二物，今遂在此。"追计弘觉舍命，正是寄物之日。复忆采菜之事，弥深悲仰。谛后游览经籍，遇目斯记。晚入吴虎丘寺，讲礼、易、春秋各七遍，法华、大品、维摩各十五遍。又善属文翰，集有六卷，亦行于世。性爱林泉，后还吴兴，入故章昆仑山，闲居涧饮二十余载。以宋元嘉末卒于山舍，春秋六十余。

释僧导十七

释僧导，京兆人。十岁出家，从师受业，师以观世音经授之，读竟咨师："此经有几卷。"师欲试之，乃言："止有此耳。"导曰："初云尔时无尽意，故知尔前已应有事。"师大悦之，授以法华一部。于是昼夜看寻，粗解文义。贫无油烛，常采薪自照。至年十八，博读转多。气干雄勇，神机秀发，形止方雅，举动无忤。僧叡见而奇之，问曰："君于佛法且欲何愿。"导曰："且愿为法师作都讲。"叡曰："君方当为万人法主，岂肯对扬小师乎。"迄受具戒，识洽愈深，禅律经论，达自心抱。姚兴钦其德业，友而爱焉。入寺相造，乃同辇还宫，及什公译出经论，并参议详定。导既素有风神，又值关中盛集，于是谋猷众典，博采真俗，乃著成实、三论义疏，及空有二谛论等。后宋高祖西伐长安，擒获伪主，荡清关内，既素籍导名，乃要与相见，谓导曰："相望久矣，何其流滞殊俗。"答云："明公荡一九有，鸣銮河洛。此时相见，不亦善乎。"高祖旋旆东归，留子桂阳公义真镇关中，临别谓导曰："儿年小留镇，愿法师时能顾怀。"义真后为西虏勃勃赫连所逼，出自关南。中途扰败，丑虏乘凶，追骑将及，导率弟子数百人遏于中路，谓追骑曰："刘公以此子见托，贫道今当以死送之，会不可得，不烦相追。"群寇骇其神气，遂回锋而反。义真走窜于草，会其中兵段宏，卒以获免，盖由导之力也。高祖感之，因令子侄内外师焉。后立寺于寿春，即东山寺也。常讲说经论，受业千有余人。会虏俄灭佛法，沙门避难投之者数百，悉给衣食。其有死于虏者，皆设会行香，为之流涕哀恸。至孝武帝升位，遣使征请，导翻然应诏，止于京师中兴寺，銮舆降跸，躬出候迎。导以孝建之初，三纲更始，感事怀惜，悲不自胜。帝亦哽咽良久，即敕于瓦官寺开讲维摩，帝亲临幸，公卿必集。导登高座曰：“昔王宫托生，双树现灭。自尔以来，岁逾千载，淳源永谢，浇风不追。给苑丘墟，鹿园芜秽。九十五种，以趣下为升高；三界群生，以火宅为净国。岂知上圣流涕，大士栖惶者哉。”因潸然泫泪，四众为之改容。又谓帝曰：“护法弘道，莫先帝王。陛下若能运四等心，矜危劝善，则此沙石瓦砾，便为自在天宫。”帝称善久之，坐者咸悦。后辞还寿春，卒于石硎，春秋九十有六。

时有沙门僧因，亦当世名匠，与导相次。或问因云：“法师与导公孰愈？”答云：“吾与僧导同师什公，准之孔门，则导公入室，吾可升堂。”导有弟子僧威、僧音等，并善成实。

释道汪十八

释道汪，姓潘，长乐人。幼随叔在京，年十三投庐山远公出家。研综经律，雅善涅槃，蔬食数十余年。尝行梁州，道为羌贼所围，垂失衣钵，汪与弟子数人，誓心共念观世音。有顷，觉如云务者覆汪等身。群盗推索不见，于是获免。后闻河间玄高法师禅慧深广，欲往从之。中路值吐谷浑之难，遂不果行，于是旋于成都。征士费文渊初从受业，乃立寺于州城西北，名曰祇洹。化行巴蜀，誉洽朝野。梁州刺史申坦与汪有旧，坦后致故，汪将往省之，仍欲停彼。费文渊乃上书刺史张悦曰：“道汪法师，识行清白，风霜弥峻，卓尔不群，确焉难拔。近闻梁州遣迎，承教旨许去，阖境之论，佥曰非宜。鄙州边荒，僧尼出万，禅戒所资，一焉是赖。岂可水失其珠，山亡其玉！愿鉴九俗之诚，令四辈有凭也。”悦即敦留，遂不果行。悦还都，具向宋孝武述汪德行，帝即敕令迎接为中兴寺主。汪乃因悦固辞以疾，遂获免。于是谢病下帷，绝窥人世。后刘思考临州，大设法祀，请汪讲说，乃应请。或问法师常誓守靖，何以亏节？答曰：“刘公笃信，方欲大法凭之，何辞小劳耶？”先是峡中人，每于石岸之侧，见神光夜发。思考以大明之中，请汪于光处起寺。即崖镌像，因险立室，行途瞻仰，咸发净心。后王景茂请居武担寺为僧主，勖众清谨，白黑归依。以宋泰始元年卒于所住，顾命令阇维之。刘思考为起塔于武担寺门之右。景和元年，萧慧开西镇成都，承汪高誉思共讲道。行至中途，闻汪已逝，乃叹曰：“惜也吾不及其人。文举之追康成，曾何足道。”其为时贤所惜如此。时蜀江阳寺释普明、长乐寺释道闾，并戒德高。明蔬食诵经，苦节通感。闾学兼内外，尤善谈吐，吴国张裕请为戒师云。

释慧静十九

释慧静，姓邵，吴兴余杭人。居贫履操，厉行精苦，风姿秀整，容止可观。始游学庐山，晚还上都进业。解兼内外，偏善涅槃。初止治城寺，颜延之、何尚之并钦慕风德，颜延之每叹曰：“荆山之玉，唯静是焉。”及子竣出镇东州，携与同行，因栖于天柱山寺。及大明之中，又迁居剡之法华台。后憩东仰山，处处般游，并以弘法为务。年过知命，志节弥坚。宋太始中卒，春秋五十有八。所著文翰，集为十卷。

释法愍二十

释法愍，北人。弱年慕道，笃志经籍。十八出家，便游践州国，观风味道。波若、数论，及诸经律，皆所游刃。后憩江夏郡五层寺，时沙门僧昌，于江陵城内立塔，刺史谢晦欲坏之，愍闻故往谏晦，晦意不止，愍于是隐迹于长沙麓山，终身不出。晦乃率仪至寺，厚赐酒肉，严鼓振威，斩斫形像。俄而云雾暗天，风尘四起，晦惊惧而走，后以叛逆诛灭。队人丁法成、史僧双见身癞病，余多犯法而死。愍乃著显验论，以明因果，并注大道地经。后卒于山中，春秋八十有三，弟子僧道立碑颂德。时始兴郡灵化寺有比丘僧宗，亦博涉经论。著法性、觉性二论云。

释道亮二十一

释道亮，不知何许人，住京师北多宝寺。神悟超绝，容止可观，而性刚忤物，遂显于众。元嘉之末，被徙南越，时人或讥其不能保身，亮曰：

"业理所之，特非人事。"于是命侣宵征，南适广州。弟子智林等十二人随之。停南六载，讲说导众，化陶岭外。至大明中，还止京兆，盛开法席。著成实论义疏八卷。宋太始中卒，春秋六十有九。时多宝寺复有静林、慧隆。林善大涅槃经，为宋孝武所器敬。隆亦善众经及数论，又苦节通灵。隆患心气积时，夜有非人送汤，云秣陵令所送。授器已，奄然不见，隆取一服，所苦即瘳。

释梵敏二十二

释梵敏，姓李，河东人。少游学关垄，长历彭泗，内外经书，皆暗游心曲。晚憩丹阳，频建讲说。谢庄、张永、刘虬、吕道慧皆承风欣悦，雅相叹重。数讲法华、成实，又序要义百科，略标纲纲，故文止一卷。属辞省诣，见重当时。后卒于丹阳，春秋七十余矣。时又有释僧籥者，本上党人，善涅槃经，为张畅所重。

释道温二十三

释道温，姓皇甫，安定朝那人，高士谧之后也。少好琴书，事亲以孝闻。年十六入庐山，依远公受学。后游长安，复师童寿。元嘉中还止襄阳檀溪寺。善大乘经，兼明数论，樊邓学徒并师之。时吴国张邵镇襄阳，子敷随之，敷听温讲还，邵问温何如，敷曰："义解足以析微，道心未易可测。"邵躬往候之，方挹其神俊。后从容谓曰："法师傥能还俗，当以别驾相处。"温曰："檀越乃以桎梏诱人。"即日辞往江陵，邵追之不及，叹恨。孝建初被敕下都，止中兴寺。大明中，敕为都邑僧主。路昭皇太后大明四年十月八日，造普贤像成，于中兴禅房设斋，所请凡二百僧，列名同集，人数已定。于时寺既新构，严卫甚肃。忽有一僧晚来就座，风容都雅，举堂嘱目。与斋主共语百余许言，忽不复见。检问防门，咸言不见出入，众乃悟其神人。温时既为僧主，乃列言秣陵白："皇太后睿鉴冲明，圣符幽洽，涤思净场，研衿至境。固以声藻宸内，事虚梵表。乃创思镕斫，栖写神华。摸造普贤，来仪盛像。宝倾宙珍，妙尽天饰。所设斋讲，讫今月八日。傒会有限，名簿素定。引次就席，数无盈减。转经明半，景及昆吾。忽睹异僧，预于座内。容止端严，气貌秀发。举众惊嗟，莫有识者。斋主问曰：‘上人何名？’答曰：‘名慧明。’‘住何寺？’答云：‘来自天安。’言对之间，倏然不见。阖席悚愧，遍筵肃虑。以为明祥所贲，幽应攸阐。紫山可觌，华台不远。盖闻至诚所感，还景移纬。澄心所殉，发石开泉。况帝德涵运，皇功懋洽。仁洞干遐，理畅冥外。故上王盛士，克表大明之朝；劝发妙身，躬见龙飞之室。适若因陛下慧烛海隅，明华日月，故以慧明为人名。继天兴祚，式垂无疆，故以天安为寺称。神基弥远，道政方凝。九服咸太，万寓齐悦。谨列言属县，以显天休。”县即言郡。时京兆尹孔灵符以事表闻，诏仍改禅房为天安寺，以旌瑞焉。温后累当讲任。禀味之宾，填委相属，精勤导物，数感神异。帝悦之，赐钱五十万。时人为之语曰：“帝主倾财，温公率则。上天怀感，神灵降德。”宋太始初卒，春秋六十有九。时中兴寺复有僧庆、慧定、僧嵩，并以义学显誉。庆善三论，为时学所宗。定善涅槃及毗昙，亦数当元匠。嵩亦兼明数论，末年僻执，谓佛不应常住，临终之日，舌本先烂焉。

释昙斌二十四

释昙斌，姓苏，南阳人。十岁出家，事道祎为师。始住江陵新寺，听经论，学禅道，覃思深至，而情未尽达。夜梦神人谓斌曰：“汝所疑义，游方自决。”于是振锡挟衣，殊邦问道。初下京师，仍往吴郡。值僧业讲十诵，飡听少时，悟解深入。后还都从静林法师，咨受涅槃。又就吴兴小山法珍，研访泥洹、胜鬘。晚从南林法业，受华严、杂心。既遍历众师，备闻异释，乃潜思积时，以穷其妙。融冶百家，陶贯诸部。于是还止樊邓，开筵讲说，四远名宾，负帙皆至。及孝建之初，敕王玄谟资发出京。初止新安寺，讲小品、十地，并申顿悟渐悟之旨。时心竞之徒，苦相雠校，斌既辞惬理诣，终莫能屈。陈郡袁粲令望当时，而嘉斌行解，尝令中书舍人巢尚介意欲试之，斌不为屈，粲乃躬自往候。粲每劝斌数觐天子，斌曰：“贫道方外之人，岂宜与天子同趣。”粲益以高之，后请为母师。宋建平王景素亦咨其戒范。宋元徽中，卒于庄严寺，春秋六十有七。时庄严复有昙济、昙宗，并以学业才力见重一时。济述七宗论。宗著经目及数林。

释慧亮二十五

释慧亮，姓姜，先名显亮，为东阿靖公弟子。少有清誉，时人呼靖为大师，亮为小师。虽年望未逮，而风轨继之。后立寺于临淄，讲法华、大小品、十地等，学徒云聚，千里命驾。后过江止何园寺，颜延之、张绪眷德留连，每叹曰："安、汰吐珠玉于前，斌、亮振金声于后，清言妙绪，将绝复兴。"太始之初，庄严寺大集，简阅义士上首千人，敕亮与斌递为法主，当时宗匠无与竞焉。宋元徽中卒，春秋六十三矣。著玄通论，今行于世。

释僧镜二十六

释僧镜，姓焦，本陇西人，迁居吴地。至孝过人，轻财好施。家贫母亡，太守赐钱五千，苦辞不受。乃身自负土，种植松柏，庐于墓所，泣血三年。服毕出家，住吴县华山。后入关陇，寻师受法，累载方还。停止京师，大阐经论，司空东海徐湛之，重其风素，请为一门之师。后东反姑苏，复专当法匠。台寺沙门道流，请停岁许。又东适上虞徐山，学徒随往百有余人。化洽三吴，声驰上国。陈郡谢灵运，以德音致款。宋世祖藉其风素，敕出京师，止定林下寺。频建法聚，德众云集。著法华、维摩、泥洹义疏，并毗昙玄论。区别义类，有条贯焉。宋元徽中卒，春秋六十有七。上虞徐山，先有昙隆道人。少善席上，晚忽苦节过人，亦为谢灵运所重，常共游嶀嵊。亡后，运乃诔焉。

释僧瑾二十七

释僧瑾，姓朱，沛国人。隐士建之第四子。少善庄、老及诗、礼。后行至广陵，见昙因法师，遂稽首一面，伏膺为道。游学内典，博涉三藏。后至京师值龙光道生，复依凭受业，初憩治城寺。宋孝武敕为湘东王师，苦辞以疾，遂不获免。王从请五戒，甚加优礼。先是智斌沙门，初代昙岳为僧正，斌亦德为物宗，善三论及维摩、思益、毛诗、庄老等。后义嘉构衅，时人谗斌云为义嘉行道，遂被摈交州。时湘东践祚，是为明帝。仍敕瑾使为天下僧主，给法伎一部，亲信二十人，月给钱三万，冬夏四时赐，并车舆吏力。凡诸外镇，皆敕与瑾辞。四方献奉，并问僧正得未。其见重如此。瑾性不蓄金，皆充福业，起灵根、灵基二寺，以为禅慧栖止。及明帝末年，颇多忌讳，故涅槃灭度之翻，于此暂息。凡诸死亡凶祸衰白等语，皆不得以对，因之犯忤而致戮者，十有七八。瑾每以匡谏，恩礼遂薄。时汝南周颙入侍帷幄，瑾尝谓颙曰："陛下比日所行，殊非人君举动。俗事讽谏，无所复益，妙理深谈，弥为奢缓。唯三世苦报，最切近情。檀越傥因机候，正当陈此而已。"帝后风疾，数加针灸，痛恼无聊，辄召颙及殷洪等，说鬼神杂事，以散胸怀。颙乃习读法句、贤愚二经，每见谈说，辄为言先。帝往往惊曰："报应真当如此，亦宁可不畏。"因此犯忤之徒，屡被全宥。盖瑾之所因，为得人也。瑾以宋元徽中卒，春秋七十有九。

复有沙门昙度，续为僧主。度本琅琊人，善三藏及春秋、庄老、易。宋世祖、太宗并加钦赏。及少帝乖礼，度亦行藏得所，举动无忤。止于新安寺。同寺又有释玄运者，亦精通大小乘，张永、张融并升堂问道。

释道猛二十八

释道猛，本西凉州人。少而游历燕赵，备瞩风化。后停止寿春，力精勤学。三藏九部，大小数论，皆思入渊微，无不镜彻。而成实一部，最为独步。于是大化江西，学人成列。至元嘉二十六年，东游京师，止于东安寺，复续开讲席。宋太宗为湘东王时，深相崇荐，及登祚，倍加礼接，赐钱三十万，以供资待。太始之初，帝创寺于建阳门外，敕猛为纲领。帝曰："夫人能弘道，道藉人弘。今得法师，非直道益苍生，亦有光于世望，可目寺为兴皇。"由是成号。及创造功毕，敕猛于寺开讲成实。序题之日，帝亲临幸，公卿皆集，四远学宾，负帙齐至。猛神韵无忤，吐纳详审，帝称善久之，因有诏曰："猛法师风道多济，朕素宾友。可月给钱三万，令吏四人，白簿吏二十人，车及步舆各一乘。乘舆至客省。"猛随有所获，皆赈施贫乏，营造寺庙。以宋元徽三年卒于东安寺，春秋六十有五。后有道坚、慧鸾、慧敷、僧训、导明，并止兴皇寺。义学之誉，抑亦次焉。

释超进二十九

释超进，本姓颛项氏，长安人。笃志精勤，幼而敦学，大小诸经，并加综采。神性和敏，戒行严洁。故年在未立，而振誉关中。及西虏勃勃赫连寇陷长安，人情危扰，法事罢废。进避地东下，止于京师，更精寻文旨，开畅讲说。顷之进适姑苏，复弘佛法。时平昌孟颤，守在会稽，藉甚风猷，乃遣使迎接，安置山阴灵嘉寺。于是停止浙东，讲论相续。邑野僧尼及清信男女，并结菩萨因缘，伏膺戒范。至宋太始中，被征出都，讲大法鼓经。俄而旋于会稽，还绍法化。以大涅槃是穷理之教，每留思踟蹰，累加讲说。凡结斋会者，无不必请，若值他许，则为移日。后年衰脚疾，不堪外赴，并送食于房，以希冥益。进为性笃好经典，看寻苦至。及年老失明，犹使弟子唱涅槃经，旬中一遍，其耽好若此。以宋元徽中卒，春秋九十有四。时有昙机法师，本姓赵氏，亦长安人。值关中寇乱，避地东下，游观山水，至于稽邑。善法华、毗昙。时世宗奉，与进相次。郡守琅琊王琨请居邑西嘉祥寺，寺本琨祖荟所创也。时又有释道凭者，亦是当世法匠，而执性刚忤，论者少之。

释法瑶三十

释法瑶，姓杨，河东人。少而好学，寻问万里。宋景平中，来游兖豫。贯极众经，傍通异部。后听东阿静公讲，众屡请覆述，静叹曰："吾不及也。"元嘉中过江，吴兴沈演之特深器重，请还吴兴武康小山寺，首尾十有九年。自非祈请法事，未尝出门。居于武康，每岁开讲，三吴学者负笈盈衢。乃著涅槃、法华、大品、胜鬘等义疏。大明六年敕吴兴郡致礼上京，与道猷同止新安寺。使顿渐二悟，义各有宗，至便就讲，銮舆降跸，百辟陪筵。瑶年虽栖暮，而蔬苦弗改。戒节清白，道俗归焉。宋元徽中卒，春秋七十有六。时宋熙有昙瑶者，善净名、十住及庄老，又工草隶，为宋建平宣简王宏所重也。

释道猷三十一

释道猷，吴人。初为生公弟子，随师之庐山，师亡后隐临川郡山，乃见新出胜鬘经，披卷而叹曰：“先师昔义，暗与经同。但岁不待人，经集义后，良可悲哉。”因注胜鬘以翌宣遗训，凡有五卷，文频不行。宋文问慧观：“顿悟之义，谁复习之？”答云：“生公弟子道猷。”即敕临川郡发遣出京。既至，即延入宫内，大集义僧，令猷申述顿悟。时竞辩之徒，关责互起。猷既积思参玄，又宗源有本，乘机挫锐，往必摧锋，帝乃抚机称快。及孝武升位，尤相叹重，乃敕住新安，为镇寺法主。帝每称曰：“生公孤情绝照，猷公直辔独上，可谓克明师匠，无忝徽音。”宋元徽中卒，春秋七十有一。后有豫州沙门道慈，善维摩、法华。祖述猷义，删其所注胜鬘以为两卷，今行于世。时比多宝慧整、长乐觉世，并齐名比德。整特精三论，为学者所宗。世善于大品及涅槃经，立不空假名义。

释慧通三十二

释慧通，姓刘，沛国人。少而神情爽发，俊气虚玄，止于治城寺。每麈尾一振，辄轩盖盈衢。东海徐湛之、陈郡袁粲，敬以师友之礼。孝武皇帝厚加宠秩，敕与海陵、小建平二王为友。袁粲著蘧颜论示通，通难诘往反，著文于世。又制大品、胜鬘、杂心、毗昙等义疏，并驳夷夏论、显证论、法性论及爻象记等、皆传于世。宋升明中卒，春秋六十三矣。

高僧传卷第七

高僧传卷第八

梁会稽嘉祥寺沙门释慧皎撰

义解五

释智秀二十

释慧球二十一

释僧盛二十二

释智顺二十三

释宝亮二十四

释法通二十五

释慧集二十六

释昙斐二十七

释僧渊一

释僧渊，本姓赵，颍川人，魏司空俨之后也。少好读书。进戒之后，专攻佛义。初游徐邦，止白塔寺，从僧嵩受成实论、毗昙。学未三年，功逾十载，慧解之声，驰于遐迩。渊风姿宏伟，腰带十围，神气清远，含吐洒落。隐士刘因之舍所住山，给为精舍。昙度、慧记、道登并从渊受业。慧记兼通数论，道登善涅槃、法华，并为魏主元宏所重，驰名魏国。渊以伪太和五年卒，春秋六十有八，即齐建元三年也。

释昙度二

释昙度，本姓蔡，江陵人。少而敬慎威仪，素以戒范致称。神情敏悟，鉴彻过人。后游学京师，备贯众典，涅槃、法华、维摩、大品，并探索微隐、思发言外。因以脚疾西游，乃造徐州，从僧渊法师更受成实论，遂精通此部，独步当时。魏主元宏闻风餐挹，遣使征请。既达平城，大开讲席，宏致敬下筵，亲管理味。于是停止魏都，法化相续，学徒自远而至，千有余人。以伪太和十三年卒于魏国，即齐永明六年也。撰成实论大义疏八卷，盛传北土。

释道慧三

释道慧，姓王，余姚人，寓居建邺。十一出家，为僧远弟子。止灵曜寺。至年十四，读庐山慧远集，乃慨然叹息，恨有生之晚，遂与友人智顺泝流千里，观远遗迹，于是憩庐山西寺。涉历三年，更还京邑。时王或辩三相义，大聚学僧。慧时年十七，便发问数番，言语玄微，诠牒有次，众咸奇之。后受业于猛、斌二法师。猛尝讲成实，张融构难重迭，猛称疾不堪多领，乃命慧令答之。融以慧年少，颇协轻心，慧乘机挫锐，言必诣理，酬酢往还，绰有余裕。善大乘，明数论，讲说相续，学徒甚盛。区别义类，始为章段焉。褚澄、谢超宗名重当时，并见推礼。慧以母年老，欲存资奉，乃移憩庄严寺，母怜其志，复出家为道，舍宅为福，建远精舍。慧以齐建元三年卒，春秋三十有一。临终呼取麈尾授友人智顺，顺恸曰："如此之人，年不至四十，惜矣。"因以麈尾内棺中而敛焉。葬于钟山之阳。陈郡谢超宗为造碑文。时庄严复有玄趣、僧达，并以学解见称。趣博通众经，并精内外，而尤善席上，风轨可欣。达少而头白，时人号曰白头达。亦博解众典，尤精往复。而性刚忤物，被摈长沙。

释僧锺四

释僧锺，姓孙，鲁郡人。十六出家，居贫履道。尝至寿春，导公见而奇之。谯郡王郸重其志操，供以四事。后请讲百论，导往听之，乃谓人曰："后生可畏，真不虚矣。"锺妙善成实、三论、涅槃、十地等。后南游京邑，止于中兴寺。永明初，魏使李道固来聘，会于寺内。帝以锺有德声，敕令酬对，往复移时，言无失厝。日影小晚，锺不食，固曰："何以不食？"锺曰："古佛道法，过中不飡。"固曰："何为声闻耶？"锺曰："应以声闻得度者，故现声闻。"时人以为名答。尔后盘桓讲说，禀听成群。齐文惠太子、竟陵文宣王数请南面。齐永明七年卒，春秋六十。时与锺齐名比德者，昙纤、昙迁、僧表、僧最、敏达、僧宝等，并各善经论，悉为文宣所敬，迭兴讲席矣。

释道盛五

释道盛，姓朱，沛国人。幼而出家务学，善涅槃、维摩，兼通周易。

始住湘州，宋明承风，敕令下京，止彭城寺。谢超宗一遇，遂敬以师礼。乃著述交论及生死本无源论等。后憩天保寺，齐高帝敕代昙度为僧主。丹阳尹沈文季素奉黄老，排嫉能仁。乃建义符僧局，责僧属籍，欲沙简僧尼，由盛纲领有功，事得宁寝。后文季故于天保设会，令陆修静与盛论议。盛既理有所长，又词气俊发，嘲谑往还，言无暂扰。静意不获申，恧焉而退。盛以齐永明中卒，春秋六十余矣。

释弘充六

释弘充，凉州人。少有志力，通庄老，解经律。大明末过江，初止多宝寺。善能问难，先达多为所屈。后自开法筵，锋镝互起。充既思入玄微，口辩天逸，通疑释滞，无所间然，每讲法华、十地，听者盈堂，宋太宰江夏文献王义恭雅重之。明帝践祚，起湘宫寺，请充为纲领，于是移居焉。于时湘宫又有法鲜比丘，亦聪哲有思力，与充齐名。充以齐永明中卒，春秋七十有二。注文殊问菩提经及注首楞严经。

释智林七

释智林，高昌人，初出家为亮公弟子。幼而崇理好学，负帙长安。振锡江豫，博采群典，特善杂心。及亮公被摈，弟子十二人皆随之岭外。林乃憩踵番禺，化清海曲。至宋明之初，敕在所资给，发遣下京，止灵基寺。讲说相续，禀服成群，申明二谛义，有三宗不同。时汝南周颙又作三宗论，既与林意相符，深所欣迟，乃致书于颙曰："近闻檀越叙二谛之新意，陈三宗之取舍，声殊恒律，虽进物不速。如贫道鄙怀，谓天下之理，唯此为得焉，不如此非理也。是以相劝，速著纸笔。比见往来者，闻作论已成，随喜充遍，特非常重。又承檀越恐立异常时，干犯学众，制论虽成，定不必出，闻之惧然，不觉兴卧。此义旨趣，似非初开，妙音中绝，六十七载，理高常韵，莫有能传。贫道年二十时，便忝得此义，常谓藉此微悟，可以得道，窃每欢喜，无与共之。年少见长安耆老，多云关中高胜，乃旧有此义。当法集盛时，能深得斯趣者，本无多人。既犯越常情，后进听受，便自甚寡。传过江东，略无其人。贫道捉麈尾以来，四十余年。东西讲说，谬重一时，其余义统，颇见宗录，唯有此途，白黑无一人得者。贫道积年，乃为之发病。既痾衰末命，加复旦夕西旋，顾惟此道从今永绝。不言檀越机发无绪，独创方外，非意此音，猥来入耳。且欣且慰，实无以况。建明斯义，使法灯有终，始是真实行道，第一功德。虽复国城妻子，施佛及僧，其为福利，无以相过。既幸以诠述想，便宜广宣，使赏音者见也。论明法理，当仁不让，岂得顾惜众心，以夭奇趣耶。若此论已成，遂复中寝，恐檀越方来或以此为巨障。往言悬然，非戏论矣。想便写一本，为惠贫道，赍以还西，使处处弘通也。比小可牵，故入山取叙，深企付之。"颙因出论焉。故三宗之旨，传述至今。林形长八尺，天姿瑰雅，登座震吼，谈吐若流。后辞还高昌。齐永明五年卒，春秋七十有九。著二谛论及毗昙杂心记，并注十二门论、中论等。

释法瑗八

释法瑗，姓辛，陇西人，辛毗之后。长兄源明，仕伪魏为大尚书。第二兄法爱，亦为沙门。解经论兼数术，为芮芮国师，俸以三千户。瑗幼而阔达，倜傥殊群，路见贫寒，辄脱衣为惠。初出家，事梁州沙门竺慧开。开懿德通神，时人谓得初果。开谓瑗曰："汝情悟若此，必能纲总末化，宜竞力博闻，无得独善。"于是辞开游学，经涉燕赵，去来邺洛。值胡寇纵横，关陇鼎沸，瑗冒险履危，学业无怠。元嘉十五年还梁州，因进成都，后东适建邺，依道场慧观为师。笃志大乘，傍寻数论。外典坟素，颇亦披览。后入庐山守静味禅，澄思五门，游心三观。顷之，刺史庾登之请出山讲说。后文帝访觅述生公顿悟义者，乃敕下都，使顿悟之旨，重申宋代。何尚之闻而叹曰："常谓生公殁后，微言永绝。今日复闻象外之谈，可谓天未丧斯文也。"帝敕为南平穆王铄五戒师。及孝武即位，敕为西阳王子尚友。辞疾不堪，久之获免。因庐于方山，注胜鬘及微密持经。论议之隙，时谈孝经、丧服。后天保改构，请瑗居之，因辞山出邑，纲维寺网。刺史王景文往侯，正值讲丧服，问论数番，称善而退。及明帝造湘宫新成，大开讲肆，妙选英僧，敕请瑗充当法主。帝乃降跸法筵，公卿会座，一时之盛，观者荣之。后齐文惠又请居灵根，因移彼寺。太尉王俭，门无杂交，唯待瑗若师，书语尽敬。以齐永明七年卒，春秋八十一矣。时灵根寺又有法常、智兴，并博通经论，数当讲说。常乃尤能剧谈，为时匠所惮，而性甚刚梗，不偶人俗。

释玄畅九

释玄畅，姓赵，河西金城人。少时家门为胡虏所灭，祸将及畅，虏帅见畅而止之曰："此儿目光外射，非凡童也。"遂获免，仍往凉州出家。本名慧智，后遇玄高，事为弟子，高每奇之，事必共议，因改名玄畅，以表付嘱之旨。其后虐虏剪灭佛法，害诸沙门，唯畅得走。以元嘉二十二年闰五月十七日发自平城，路由岱郡上谷，东跨太行，路经幽冀南转，将至孟津，唯手把一束杨枝，一扼葱叶。虏骑追逐，将欲及之，乃以杨枝击沙，沙起天暗，人马不能得前。有顷沙息，骑已复至，于是投身河中，唯以葱叶内鼻孔中通气度水，以八月一日达于扬州。洞晓经律，深入禅要，占记吉凶，靡不诚验。坟典子氏，多所该涉。至于世伎杂能，罕不必备。初华严大部，文旨浩博，终古以来，未有宣释。畅乃竭思研寻，提章比句。传讲迄今，畅其始也。又善于三论，为学者之宗。宋文帝深加叹重，请为太子师，再三固让，弟子谓之曰："法师之欲弘道济物，广宣名教，今帝主虚己相延，皇储蓄礼思敬，若道扬圣君，则四海归德，今矫然高让，将非声闻耶？"畅曰："此可与智者说，难与俗人言也。"及太初事故，方知先觉。自尔迁憩荆州，止长沙寺。时沙门功德直出念佛三昧经等，畅刊正文字，辞旨婉切。又舒手出香，掌中流水，莫之测也。

迄宋之季年，乃飞舟远举，西适成都。初止大石寺，乃手画作金刚密迹等十六神像。至升明三年，又游西界，观矚岷岭，乃于岷山郡北部广阳县界，见齐后山，遂有终焉之志。仍倚岩傍谷，结草为庵。弟子法期见神人乘马，著青单衣，绕山一匝，还示造塔之处。以齐建元元年四月二十三日建刹立寺，名曰齐兴。正是齐太祖受锡命之辰，天时人事，万里悬合。时傅琰西镇成都，钦畅风轨，待以师敬。畅立寺之后，乃致书于琰曰："贫道栖荆累稔，年衰疹积，厌毒人喧。所以远托岷界，卜居斯阜。在广阳之东，去城千步。逶迤长亘，连迭岭关四洞，亘列五峰，抱郭怀邑，回望三方，负峦背岳，远瞩九流，以去年四月二十三日创功覆篑。前冬至此，访承尔日，正是陛下龙飞之辰。盖闻道配太极者嘉瑞自显，德同二仪者神应必彰，所以河洛晒有周之兆，灵石表大晋之征。伏谓兹山之符验；岂非齐帝之灵应耶？檀越奉国情深，至使运属时征，不能忘心，岂能遗事？辄疏山赞一篇，以露愚抱。赞曰：峨峨齐山，诞自幽冥。潜瑞几昔，帝号仍明。岑载圣宇，兆祚休名。峦根云坦，峯岳霞平。规岩拟刹，度岭缔经。创工之日，龙飞紫庭。道侔二仪，四海均清。终天之祚，岳德表灵。”琰即具以表闻，敕蠲百户以充俸给。齐骠骑豫章王嶷作镇荆、峡，遣使征请。河南吐谷浑主，遥心敬慕，乃驰骑数百，迎于齐山。值已东赴，遂不相及。至齐武升位，司徒文宣王启自江陵，旋于京师。文惠太子又遣征迎，既敕令重迭，辞不获免。于是泛舟东下，中途动疾，带患至京，倾众阻望，止住灵根，少时而卒，春秋六十有九。是岁齐永明二年十一月十六日，即窆于钟阜独龙山前。临川献王立碑，汝南周颙制文。

释僧远十

释僧远，姓皇，勃海重合人。其先北地皇甫氏，避难海隅，故去“甫”存“皇”焉。远幼而乐道，年十六欲出家，父母不许。因蔬食忏诵，晓夜不辍，年十八方获入道。时有沙门道慧，高才秀德，声盖海岱，远从受学，通明数论，贯大小乘。宋大明中度江，住彭城寺。升明中，于小丹阳牛落山立精舍，名曰龙渊。远年三十一，始于青州孙泰寺南面讲说。言论清畅，风容秀整，坐者四百余人，莫不悦服。琅琊王僧达才贵当世，藉甚远风素，延止众造寺。远赒贫济乏，身无留财。有玄绍比丘，每给以金贝，远让而弗受。尝一时行青园，闻里中得时气病者，悯而造之。见骈尸侣病者数人，人莫敢近，远深加痛惋，留止不忍去。因为告乞，敛死抚生，恩加骨肉。宋新安孝敬王子鸾，为亡所生母殷贵妃造新安寺，敕选三州招延英哲。远与小山法瑶、南涧显亮，俱被征召，皆推远为元举之首。大明六年九月，有司奏曰：“臣闻邃拱凝居，非期宏峻，拳跪盘伏，岂止敬恭？将欲昭张四维，缔制八宇，故虽儒法枝派，名墨条流。至于崇亲严上，厥繇靡爽，唯浮图为教，逷自龙裔。宗旨缅邈，微言沦远，拘文蔽道，在末弥扇。遂乃凌越典度，偃居尊戚。失随方之妙迹，迷制化之渊美。夫佛法以谦俭自牧，惠虔为道，不轻比丘，遭人必拜。目连桑门，遇长则礼。宁有屈膝四辈，而间礼二亲；稽颡耆腊，而直骸万乘者哉？故咸康创议，元兴载述，而事屈偏党，道挫余分。今鸿源遥洗，群流仰镜，九仙贶宝，百神从职。而畿辇之内，含弗臣之氓；阶席之间，延抗礼之客。惧非所以澄一风范，详示景则者也。臣等参议，以为沙门接见，皆当尽虔礼敬之容。依其本俗，则朝徽有序，乘方兼远矣。”帝虽颇信法，而久自骄纵，故奏上之日，诏即可焉。远时叹曰：“我剃头沙门，本出家求道，何关于帝王？”即日谢病，仍隐迹上定林山。及景和之中，此制又寝，还遵旧章。

宋明践祚，请远为师，竟不能致。其后山居逸迹之宾，傲世陵云之士，莫不崇踵山门，展敬禅室。庐山何点、汝南周颙、齐郡明僧绍、濮阳吴苞、吴国张融，皆投身接足，咨其戒范。后宋建平王景素，谓栖玄寺是先王经始，既等是人外，欲请远居之。殷勤再三，遂不下山。齐太祖将升位，入山寻远，远固辞老疾，足不垂床。太祖躬自降礼，咨访委悉。及登禅，复銮驾临幸，将诣远房，房阁狭小，不容舆盖。太祖欲见远，远持操不动。太祖遣问卧起，然后转跸而去，远曾不屑焉。至于寝疾，文惠、文宣伏膺师礼，数往参候，时贵卿士，往还不绝。远蔬食五十余年，涧饮二十余载。游心法苑，缅想人外，高步山门，萧然物表。以齐永明二年正月，卒于定林上寺，春秋七十有一。帝以致书于沙门法献曰：“承远上无常，弟子夜中已自知之。远上此去，甚得好处，诸佳非一，不复增悲也。一二迟见法师，方可叙瑞梦耳。今正为作功德，所须可具疏来也。”竟陵文宣王又书曰：“远法师一代名德，志节清高。潜山树美，四海餐风。弟子暗昧，谬蒙师范。方欲仰禀仁化，用洗烦虑，不谓比疾，奄成异世。悲痛之心，特不可忍。远上即业行圆通，旷劫希有，弟子意不欲遗形影迹，杂处众僧墓中，得别卜余地，是所愿也。方应树刹表奇，刻石铭德矣。”即为营坟于山南，立碑颂德，太尉琅琊王俭制文。时定林上寺又有法令、慧泰，并善经论，继誉于远焉。

释僧慧十一

释僧慧，姓皇甫，本安定朝那人。高士谧之苗裔，先人避难寓居襄阳，世为冠族。慧少出家，止荆州竹林寺，事昙顺为师。顺庐山慧远弟子，素有高誉，慧伏膺以后，专心义学。至年二十五，能讲涅槃、法华、十住、净名、杂心等。性强记，不烦都讲，而文句辩折，宣畅如流。又善庄老，为西学所师，与高士南阳宗炳、刘虬等，并皆友善。炳每叹曰："西夏法轮不绝者，其在慧公乎。"吴国张畅经游西土，乃造慧而请交焉。齐初敕为荆州僧主。风韵秀然，协道匡世，补益之功，有誉遐迩。年衰常乘舆赴讲，观者号为秃头官家。与玄畅同时，时谓"黑衣二杰"。齐永明四年卒，春秋七十有九。后有释慧敞者，亦志素贞正。代慧为僧主，续有功效焉。慧弟子僧岫，亦以学显。力精致血疾而终。

释僧柔十二

释僧柔，姓陶，丹阳人。少而耿洁，便有出尘之操。年九岁，随叔游学。家世贫过，藜藿不充，而笃志弥坚，履穷无改。后出家为弘称弟子，称姓吕，洛阳临渭人，学通经论，声誉早彰。柔伏膺已后，便精勤戒品，委曲禅慧。方等众经，大小诸部，皆彻鉴玄源，洞尽宗要。年过弱冠，便登讲席。一代名宾，并投身北面。后东游禹穴，值慧基法师招停城傍，一夏讲论。后入剡白山灵鹫寺。未至之夜，沙门僧绪梦见神人，朱旗素甲，满山而出。绪问其故，答云："法师当入，故出奉迎。"明旦待人，果是柔至。既而扫饰山门，有终焉之志。敷经遵学，有士如林。齐太祖创业之始，及世祖袭图之日，皆建立招提，傍求义士。以柔耆素有闻，故征书岁及。文宣诸王再三招请，乃更出京师，止于定林寺。躬为元匠，四远钦服，人神赞美，文慧、文宣并伏膺入室。柔秉德居宗，当之弗让。常誓生安养国，每至悬车西次，辄嚬容合掌。至临亡之日，体无余患，唯语弟子云："吾应去矣。"仍铺席于地，西向虔礼，奄然而卒。是岁延兴元年，春秋六十有四，即葬于山南。沙门释僧佑与柔少长山栖，同止岁久。亟挹道心，预闻法味，为立碑墓所，东莞刘勰制文。柔有弟子僧绍，亦贞正有学业。时钟山山茨精舍，又有僧拔、慧熙，皆弱年英迈，幼著高名。并美业未就，而相继早卒。拔撰七玄论，今行于世。

释慧基十三

释慧基，姓偶，吴国钱塘人。幼而神情俊逸，机悟过人。初依随祇洹慧义法师。至年十五，义嘉其神彩，为启宋文帝求度出家，文帝引见顾问允怙，即敕于祇洹寺为设会出家。舆驾亲幸，公卿必集。基既栖志法门，厉行精苦，学兼昏晓，解洞群经。后有西域法师僧伽跋摩弘赞禅律，来游宋境，义乃令基入室供事。年满二十，度蔡州受戒。跋摩谓基曰："汝当道王江东，不须久留京邑。"于是四五年中，游历讲肆，备访众师。善小品、法华、思益、维摩、金刚波若、胜鬘等经。皆思探玄赜，鉴勧幽凝。提章比句，丽溢终古。基师慧义既德居物宗，道王荆土，士庶归依，利养纷集。以基懿德可称，乃携共同活。及义之亡后，资生杂物，近盈百万。基法应获半，悉舍以为福，唯取麄故衣钵，协以东归，还止钱塘显明寺。顷之，进适会稽，仍止山阴法华寺。尚学之徒，追踪问道。于是遍历三吴，讲宣经教，学徒至者千有余人。宋太宗遣使迎请，称疾不行。元徽中，复被征诏。始行过浙水，复动疾而还，乃于会邑龟山立宝林精舍。手迭砖石，躬自指麾，架悬乘险，制极山状。初立三层，匠人小拙，后天震毁坏，更加修饰，遂穷其丽美。基尝梦见普贤，因请为和上。及寺成之后，造普贤并六牙白象之形，即于宝林设三七斋忏，士庶鳞集，献奉相仍。后周颙莅剡，请基讲说。颙既素有学功，特深佛理，及见基访核，日有新异。刘瓛、张融并申以师礼，崇其义训。司徒文宣王钦风慕德，致书殷勤，访以法华宗旨，基乃著法华义疏，凡有三卷。及制门训义序三十三科，并略申方便旨趣，会通空有二言，及注遗教等，并行于世。基既德被三吴，声驰海内，乃敕为僧主，掌任十城，盖东土僧正之始也。于是从容讲道，训厉禅慧，四远从风，五众归伏。基性烈而能温，气清而且穆，故预在门人，莫不兢战。以齐建武三年冬十一月卒于城傍寺，春秋八十有五。初基寝疾，弟子梦见梵僧数人，皆踞砌坐，问所从来，答云："从大乘国来，奉迎基和上。"后数日而亡，因窆于法华山南。特进庐江何胤为造碑文于宝林寺，铭其遗德。基弟子德行、慧旭、道恢并学业优深，次第敷讲，各领门徒，继轨前辙。后有沙门慧谅接掌僧任。谅亡，次沙门慧永。永风姿瑰雅，德行清严，亦游刃众经，时当讲说。永后次沙门慧深，亦基之弟子。深与同学法洪，并以戒洁见重。深后次沙门昙与，亦沈审有器局。

释慧次十四

释慧次，姓尹，冀州人。初出家为志钦弟子，后遇徐州释法迁，解贯当世，钦乃以次付嘱。仍随迁南至京口，止竹林寺。至年十五，随迁还彭城。虽复年在息慈，而志学无倦。清鉴伦通，超然孤拔。至年十八，解通经论，名贯徐土。迄禀具戒，业操弥深。频讲成实及三论。大明中出都，止于谢寺。迄宋季齐初，归德稍广，每讲席一铺，辄道俗奔赴。沙门智藏、僧旻、法云等，皆幼年俊朗，慧悟天发，并就次请业焉。文慧、文宣悉敬以师礼，四事供给。永明八年讲百论至破尘品，忽然从化，春秋五十七矣。时谢寺又有僧宝、僧智，长乐寺法珍、僧向、僧猛、法宝、慧渊，并一代英哲，为时论所宗。

释慧隆十五

释慧隆，姓成，阳平人。少而居贫，学无师友，卓然自悟，年二十三方出家。十余年中，凝心佛法，贯通众典。宋太始中出都，止何园寺。隆既思彻诠表，善于清论，乘机抗拟，往必折关。宋明帝请于湘宫开讲成实，负帙问道，八百余人。其后王侯贵胜，屡招讲说。凡先旧诸义盘滞之处，隆更显发开张，使昭然可了，乃立实法断结义等。汝南周颙目之曰："隆公萧散森疏，若霜下之松竹。"以永明八年卒，春秋六十有二。时江西有释智诞，亦善于经论，与隆比德齐时，各驰名两岸。时何园复有僧辩、僧贤、道慧、法度，并研精经论，功业可称。

释僧宗十六

释僧宗，姓严，本雍州凭翌人。晋氏丧乱，其先四世祖移居秦郡。年九岁，为瑗公弟子，咨承慧业。晚又受道于斌、济二法师。善大涅槃及胜鬘、维摩等，每至讲说，听者将近千余。妙辩不穷，应变无尽，而任性放荡，亟越仪法。得意便行，不以为碍，守检专节者，咸有是非之论。文惠太子将欲以罪摈徒遂，通梦有感，于是改意归焉。魏主元宏遥挹风德，屡致书并请开讲，齐太祖不许外出。宗讲涅槃、维摩、胜鬘等，近盈百遍。以从来信施造太昌寺以居之。建武三年卒于所住，春秋五十有九。先是北土法师昙准，闻宗特善涅槃，乃南游观听。既南北情异，思不相参。准乃别更讲说，多为北士所师。准后居湘宫寺，与同寺法身、法真并为当时匠者。时有安乐寺慧令、法仙、法最，中兴寺僧敬、道文，天竺寺僧贤，并善数论，振名上国云。

释法安十七

释法安，姓毕，东平人。魏司隶校尉轨之后也。七岁出家，事白马寺慧光为师。光幼而爽拔，博通内外，多所参知。安年在息慈，便精神秀出。时张永请斌公讲，并屈召名学，永问斌云："京下复有卓越年少否？"斌答："有沙弥道慧、法安、僧拔、慧熙。"永即要请。令道慧覆涅槃，法安述佛性，神色自若，序泻无遗。永问并年几，慧答十九，安答十八，永叹曰："昔扶风朱勃年十二能读书咏诗，时人号才童。今日二道，可曰义少也。"于是显誉京朝，流名四远。迄至立年，专当法匠。王僧虔出镇湘州，携共同行。后南适番禺，正值攸公讲涅槃，安问论数番，攸心愧让席。停彼两周，法事相继。永明中还都，止中寺，讲涅槃、维摩、十地、成实论，相继不绝。司徒文宣王及张融、何胤、刘绘、刘瓛等，并禀服文义，共为法友。永泰元年卒于中寺，春秋四十有五。著净名、十地义疏，并僧传五卷。时有灵基寺敬遗、光赞、慧韬，瓦官寺道宗，亦皆当时名流，为学者所慕。

释僧印十八

释僧印，姓朱，寿春人。少而神思沈审，安苦务学。初游彭城，从昙度受三论。度既擅步一时，四远依集，印禀味钻研，穷其幽奥。后进往庐山，从慧龙咨受法华。龙亦当世著名，播于法华宗旨，印偏功构彻，独表新异。于是东适京师，止中兴寺，复陶思涅槃及余经典。宋大明中，征君何点招僧大集，请印为法匠，听者七百余人。司徒文宣王、东海徐孝嗣，并挹敬风猷，屡请讲说。印戒行清严，禀性和穆，含恕安忍，悫愠不彰。时仗气之徒，问论中间，或厝以嘲谑，印神彩夷然，曾无外意。虽学涉众典，而偏以法华著名，讲法华凡二百五十二遍。以齐永元元年卒，春秋六十有五矣。

释法度十九

释法度，黄龙人。少出家，游学北土，备综众经，而专以苦节成务。宋末游于京师，高士齐郡明僧绍，抗迹人外，隐居琅瑘之嶓山。挹度清徽，待以师友之敬。及亡，舍所居山为栖霞精舍，请度居之。先有道士欲以寺地为馆，住者辄死，及后为寺，犹多恐动。自度居之，群妖皆息。住经岁许，忽闻人马鼓角之声，俄见一人持名纸通度曰靳尚。度前之，尚形甚都雅，羽卫亦严，致敬已，乃言："弟子王有此山七百余年，神道有法，物不得干。前诸栖托，或非真正，故死病继之，亦其命也。法师道德所归，谨舍以奉给，并愿受五戒，永结来缘。"度曰："人神道殊，无容相屈。且檀越血食世祀，此最五戒所禁。"尚曰："若备门徒，辄先去杀。"于是辞去。明旦，度见一人送钱一万，香烛刀子，疏云："弟子靳尚奉供。"至月十五日，度为设会，尚又来，同众礼拜，行道受戒而去。嶓山庙巫梦神告曰："吾已受戒于度法师，祠祀勿得杀戮。"由是庙用荐止菜脯而已。度尝动散寝于地，见尚从外而来，以手摩头足而去。顷之复来，持一琉璃瓯，瓯中如水以奉度，味甘而冷，度所苦即间，其征感若此。时有沙门法绍，业行清苦，誉齐于度，而学解优之，故时人号曰"北山二圣"。绍本巴西人，汝南周颙去成都，招共同下，止于山茨精舍。度与绍并为齐竟陵王子良、始安王遥光恭以师礼，资给四事。度常愿生安养，故偏讲无量寿经，积有遍数。齐永元二年卒于山中，春秋六十有四矣。度有弟子僧朗，继踵先师，复纲山寺。朗本辽东人，为性广学，思力该普。凡厥经律，皆能讲说，华严、三论最所命家。今上深见器重，敕诸义士受业于山。时有彭城寺慧开，幼而神气高朗，志学渊深。故早彰令誉，立年便讲。又余杭县法开者，亦清爽俊发，善为谈论。出京，止禅冈寺，与同寺僧绍有闻当时。

释智秀二十

释智秀，本姓裘，京兆人，寓居建业。幼而颖悟，早有出家之心，二亲爱而不许，密为求婚，将克娶日，秀乃间行避走，投蒋山灵耀寺剃发出家。及年满具戒，业操逾坚，禀访众师，搜检新异。于是大小兼明，数论精熟，尤善大、小涅槃，净名，波若。及讲筵一建，辄王侯接驾，负帙肩随。为人神彩细密，思入玄微。其文句幽隐，并见披释。以天监之初，卒于治城寺，春秋六十有三。会葬之日，黑白奔赴，街巷填阗，士庶含酸，荣哀以备。时治城又有僧若、道乘。乘当时令问，若与兄僧璇并善诸经及外书。若诵法华，工草隶，后为吴国僧正。乘亦志业明敏，而特善毗昙。

释慧球二十一

释慧球，本姓马氏，扶风郡人，世为冠族。年十六出家，住荆州竹林寺，事道馨为师，禀承戒训，履行清洁。后入湘州麓山寺，专业禅道。顷之，与同学慧度俱适京师，咨访经典。后又之彭城，从僧渊受成实论。至年三十二，方还荆土，专当法匠。讲集相继，学侣成群，荆楚之间，终古称最。使西夏义僧得与京邑抗衡者，球之力也。中兴元年敕为荆土僧主。训勖之功，有誉当世。天鉴三年卒，春秋七十有四。遗命露骸松下，弟子不忍行也。

释僧盛二十二

释僧盛，本姓何，建邺人。少而神情聪敏，加又志学翘勤，遂大明数论，兼善众经，讲说为当时元匠。又特精外典，为群儒所惮。故学馆诸生，常以盛公相胁。天鉴中，卒于灵曜寺，春秋五十余。时有宋熙寺法欣，延贤寺智敞、法冏，建元寺僧护、僧韶，皆比德同誉。欣、敞并善经论，法冏兼精律部，韶、护以毗昙著名。

释智顺二十三

释智顺，本姓徐，琅琊临沂人。年十五出家，事钟山延贤寺智度为师。少而聪颖，笃志过人。虽年在息慈，而学功已积。及受具戒，秉禁无疵。陶练众经，而独步于涅槃、成实。讲说徒众，常数百余人。尝以事生非虑，颇致坎折，而贞素确然，其徽无点。齐竟陵文宣王特深礼异，为修治城寺以居之。司空徐孝嗣亦崇其行解，奉以师敬。及东昏失德，孝嗣被诛，子绲逃窜避祸，顺身自营护，卒以见免。绲后重加资俸，一无所受。尝有夜盗顺者，净人追而擒之，顺留盗宿于房内，明旦遗以钱绢，喻而遣之，其仁洽笃恕如此。后东游禹穴，止于云门精舍。法轮之盛，复见江左。顺为人谦虚恭恪，形器若神，风轨严厉，动无失厝。故士庶瞻礼，常有惧焉。以天鉴六年卒于山寺，春秋六十一。初顺之疾甚，不食多日，一时中竟，忽索斋饮。弟子昙和以顺绝谷日久，密以半合米杂煮以进顺，顺咽而还吐，索水洒漱。语和云："汝永出云门，不得还住。"其执节清苦皆此之类。临终之日，房内颇闻异香，亦有见天盖者。遗命露骸空地，以施虫鸟，门人不忍行之，乃窆于寺侧。弟子等立碑颂德，陈郡袁昂制文，法华寺释慧举又为之墓志。顺所著法事赞及受戒、弘法等记，皆行于世。

释宝亮二十四

释宝亮，本姓徐氏，其先东莞胄族，晋败，避地于东莱弦县。亮年十二出家，师青州道明法师。明亦义学之僧，名高当世。亮就业专精，一闻无失。及具戒之后，便欲观方弘化。每惟训育有本，未能远绝缘累。明谓曰:“沙门去俗，以宣通为理，岂可拘此爱网，使吾道不东乎？”亮感悟，因此客游。年二十一至京师，居中兴寺，袁粲一见而异之。粲后与明书曰:“频见亮公，非常人也。比日闻所未闻，不觉岁之将暮。珠生合浦，魏人取以照车；璧在邯郸，秦王请以华国。天下之宝，当与天下共之，非复上人之贵州所宜专也。”自是学名稍盛。及本亲丧亡，路阻不得还北，因屏居禅思，杜讲说，绝人事。齐竟陵文宣王躬自到居，请为法匠，亮不得已而赴。文宣接足恭礼，结菩提四部因缘。后移憩灵味寺，于是续讲众经，盛于京邑。讲大涅槃凡八十四遍，成实论十四遍，胜鬘四十二遍，维摩二十遍，其大小品十遍。法华、十地、优婆塞戒、无量寿、首楞严、遗教、弥勒下生等，亦皆近十遍。黑白弟子三千余人，咨禀门徒常盈数百。

亮为人神情爽岸，俊气雄逸，及开章命句，锋辩纵横。其有问论者，或豫蕴重关，及亮之披解，便觉宗旨涣然，忘其素蓄。今上龙兴，尊崇正道，以亮德居时望，亟延谈说。亮任率性直，每言辄称贫道，上虽意有间然，而挹其神出。天监八年初敕亮撰涅槃义疏十余万言，上为之序曰:“非言无以寄言，言即无言之累，累言则可以息言，言息则诸见竞起。所以如来乘本愿以托生，现慈力以应化，离文字以设教，忘心相以通道，欲使珉玉异价，泾渭分流。制六师而止四倒，反八邪而归一味。折世智之角，杜异人之口，导求珠之心，开观象之目。救焚灼于火宅，拯沈溺于浪海。故法雨降而燋种受荣，慧日升而长夜蒙晓。发迦叶之悱愤，吐真实之诚言。虽复二施等于前，五大陈于后，三十四问，参差异辩，方便劝引，各随意答，举要论经，不出两途。佛性开其本有之源，涅槃明其归极之宗。非因非果，不起不作，义高万善，事绝百非。空空不能测其真际，玄玄不能穷其妙门。自非德均平等，心合无生，金墙玉室，岂易入哉！有青州沙门释宝亮者，气调爽拔，神用俊举，少贞苦节，长安法忍，耆年愈笃，倪齿不衰，流通先觉，孜孜如也。后进晚生，莫不依仰。以天监八年五月八日乃敕亮撰大涅槃义疏，以九月二十日讫。光表微言，赞扬正道。连环既解，疑网云除。条流明悉，可得略言。朕从容暇日，将欲览焉。聊书数行，以为记莂云尔。”

亮福德招感，供施累积，性不蓄金，皆敬营福业，身殁之后，房无留财。以天监八年十月四日卒于灵味寺，春秋六十有六。葬钟山之南，立碑墓所。陈郡周兴嗣、广陵高爽，并为制文，刻于两面，弟子法云等又立碑寺内，文宣图其形像于普弘寺焉。时高座寺僧成、旷野寺僧宝，亦并齐代法匠。宝又善三玄，为贵游所重。

释法通二十五

释法通，本姓褚氏，河南阳翟人，晋安东将军扬州都督䂮之八世孙也。家世衣冠，礼义相袭。通幼而岐颖，聪悟绝伦。年十一出家，游学三藏，专精方等，大品、法华尤所研审。年未登立，便为讲匠，学徒云聚，千里必萃。后践迹京师，初止庄严，后憩定林上寺。栖闲隐素，履道唯勤，希风影附者，复盈山室。齐竟陵文宣王、丞相文献王，皆纡贵慕德，亲承顶礼。陈郡谢举、吴国陆杲、浔阳张孝秀，并策步山门，禀其戒法，白黑弟子七千余人。晦迹钟阜三十余载，坐禅诵念，礼忏精苦。至天监十一年六月十日便觉不悆，语弟子云:“我正可至九月二十日间耳。”到九月十四日，见两居士皆报白拂，来向床前，便次第出。至十七日忽漫语云:“檀越不相识，何处来耶？”弟子昙智问意故，答曰:“有一人著朱衣戴帻，擎木箱底在床前。”至二十日见佛像作两行来，通合掌良久，侍疾者但闻异香，竟不测其意，通乃密向同意慧弥说之。至二十一日索香汤洗浴竟，仍作礼还卧，叉手当胸，正中时卒，春秋七十，仍葬于寺南。弟子静深等立碑墓侧，陈郡谢举、兰陵萧子云，并为制文，刻于两面。时定林上寺复有沙弥智进，本阉人。清信笃至，遂出家苦节。尝头陀至东山，宿于树下，有虎来摩其头，见进端坐无扰，跪之而去。后每独行独坐，常见青马一匹，卫其左右。

释慧集二十六

释慧集，本姓钱，吴兴於潜人。年十八，于会稽乐林山出家，仍随慧基法师受业。为性悫实，言无华绮，而学勤昏晓，未尝懈息。后出京，止招提寺。复遍历众师，融冶异说，三藏、方等，并皆综达，广访大毗婆沙及杂心、揵度等，以相辩校。故于毗昙一部，擅步当时，凡硕难坚疑，并为披释。海内学宾，无不必至，每一开讲，负帙千人。沙门僧旻、法云，并名高一代，亦执卷请益，今上深相赏接。以天监十四年还至乌程，遘疾而卒，春秋六十。著毗昙大义疏十余万言，盛行于世。

释昙斐二十七

释昙斐，本姓王，会稽剡人。少出家，受业于慧基法师。性聪敏，素著领牒之称。其方等深经，皆所综达，老庄儒墨颇亦披览。后东西禀访，备穷经论之旨。居于乡邑法华台寺，讲说相仍，学徒成列。斐神情爽发，志用清玄，故于小品、净名尤成独步。加又谈吐蕴藉，辞辩高华，席上之风，见重当代。梁衡阳孝王元简及隐士庐江何胤，皆远挹徽猷，招延讲说。吴国张融、汝南周颙、颙子舍等，并结知音之狎焉。以天监十七年卒于寺，春秋七十有六。其制作文辞，亦颇见于世。初斐有誉江东，被敕为十城僧主，符旨适行，未拜便化。厥土僧尼，倍怀恋德。斐同县南岩寺有沙门法藏，亦以戒素见称，憙放救生命，兴立图像。时余姚县有明庆比丘，与斐同时致誉。庆本姓郑氏，戒行严洁，学业清美。本师事炎公，又弘实弟子，师资三叶，并见重东南焉。

论曰：夫至理无言，玄致幽寂。幽寂故心行处断，无言故言语路绝。言语路绝，则有言伤其旨；心行处断，则作意失其真。所以净名杜口于方丈，释迦缄默于双树。将知理致渊寂，故圣为无言。但悠悠梦境，去理殊隔；蠢蠢之徒，非教孰启。是以圣人资灵妙以应物，体冥寂以通神，借微言以津道，托形传真。故曰：兵者不祥之器，不获已而用之；言者不真之物，不获已而陈之。故始自鹿苑，以四谛为言初；终至鹄林，以三点为圆极。其间散说流文，数过八亿。象驮负而弗穷，龙宫溢而未尽，将令乘蹄以得兔，藉指以知月。知月则废指，得兔则忘蹄。经云："依义莫依语。"此之谓也。而滞教者谓至道极于篇章，存形者谓法身定于丈六。故须穷达幽旨，妙得言外，四辩庄严，为人广说，示教利憙，其在法师乎！故士行寻经于于阗，誓志而灭火，终令般若盛于东川，忘想传乎季末。爰次竺潜、支遁、于兰、法开等，并气韵高华，风道清裕，传化之美，功亦亚焉。中有释道安者，资学于圣师竺佛图澄，安又授业于弟子慧远。惟此三叶，世不乏贤。并戒节严明，智宝炳盛。使夫慧日余晖，重光千载之下；香土遗芬，再馥阎浮之地。涌泉犹注，实赖伊人。远公既限以虎溪，安师乃更同辇舆。夫高尚之道，如有惑焉。然而语默动静，所适唯时。四翁赴汉，用之则行也；三闾辞楚，舍之则藏也。经云："若欲建立正法，则听亲近国王及持仗者。"安虽一时同辇，乃为百民致谏，故能终感应真，开云显报。其后荆陕著名，则以翼、遇为言初；庐山清素，则以持、永为上首。融、恒、影、肇，德重关中；生、叡、畅、远，领宗建业；昙度、僧渊，独擅江西之宝；超进、慧基，乃扬浙东之盛。虽复人世迭隆，而皆道术悬会。故使像运余兴，岁将五百。功效之美，良足美焉。赞曰：

遗风眇漫，　　法浪遭回。
匪伊释哲，　　孰振将颓。
潜安比玉，　　远叡联瑰。
镭斧曲戾，　　弹沐斜埃。
素丝既染，　　承变方来。

高僧传卷第八

高僧传卷第九

梁会稽嘉祥寺沙门释慧皎撰

神异上

竺佛图澄一

单道开二

竺佛调三

耆域四

竺佛图澄一

竺佛图澄者，西域人也，本姓帛氏。少出家，清真务学，诵经数百万言，善解文义。虽未读此土儒史，而与诸学士论辩疑滞，皆暗若符契，无能屈者。自云：再到罽宾，受诲名师，西域咸称得道。以晋怀帝永嘉四年来适洛阳，志弘大法。善诵神咒，能役使鬼物，以麻油杂胭脂涂掌，千里外事，皆彻见掌中，如对面焉，亦能令洁斋者见。又听铃音以言事，无不效验。欲于洛阳立寺，值刘曜寇斥洛台，帝京扰乱，澄立寺之志遂不果。乃潜泽草野，以观世变。

时石勒屯兵葛陂，专以杀戮为威，沙门遇害者甚众。澄悯念苍生，欲以道化勒，于是杖策到军门。勒大将军郭黑略素奉法，澄即投止略家，略从受五戒，崇弟子之礼。略后从勒征伐，辄预克胜负。勒疑而问曰：“孤不觉卿有出众智谋，而每知行军吉凶，何也！”略曰：“将军天挺神武，幽灵所助。有一沙门术智非常，云将军当略有区夏，已应为师。臣前后所白，皆其言也。”勒喜曰：“天赐也。”召澄问曰：“佛道有何灵验？”澄知勒不达深理，正可以道术为征，因而言曰：“至道虽远，亦可以近事为证。”即取应器盛水，烧香咒之。须臾生青莲花，光色曜目，勒由此信服。澄因而谏曰：“夫王者德化洽于宇内，则四灵表瑞。政弊道消，则彗孛见于上。恒象著见，休咎随行。斯乃古今之常征，天人之明诫。”勒甚悦之。凡应被诛余残，蒙其益者十有八九，于是中州胡、晋略皆奉佛。时有痼疾世莫能治者，澄为医疗，应时瘳损，阴施默益者，不可胜记。

勒自葛陂还河北，过坊头。坊头人夜欲斫营，澄语黑略曰：“须臾贼至，可令公知。”果如其言，有备故不败。勒欲试澄，夜冠胄衣甲，执刀而坐，遣人告澄云：“夜来不知大将军所在。”使人始至，未及有言，澄逆问曰：“平居无寇，何故夜严？”勒益敬之。勒后因忿欲害诸道士，并欲苦澄。澄乃避至黑略舍，告弟子曰：“若将军信至问吾所在者，报云不知所之。”信人寻至，觅澄不得。使还报勒，勒惊曰：“吾有恶意向圣人，圣人舍我去矣。”通夜不寝，思欲见澄。澄知勒意悔，明旦造勒，勒曰：“昨夜何行？”澄曰：“公有怒心，昨故权避。公今改意，是以敢来。”勒大笑曰：“道人谬耳。”

襄国城堑水源在城西北五里团丸祀下，其水暴竭，勒问澄何以致水，澄曰：“今当敕龙。”勒字世龙，谓澄嘲己，答曰：“正以龙不能致水，故相问耳。”澄曰：“此诚言，非戏也，水泉之源，必有神龙居之。今往敕语，水必可得。”乃与弟子法首等数人至泉源上。其源故处，久已干燥，坼如车辙，从者心疑，恐水难得。澄坐绳床，烧安息香，咒愿数百言，如此三日，水泫然微流。有一小龙长五六寸许，随水来出。诸道士见竞往视之，澄曰：“龙有毒，勿临其上。”有顷，水大至，隍堑皆满。

澄闲坐叹曰：“后二日当有一小人惊动此下。”既而襄国人薛合有二子，既小且骄，轻弄鲜卑奴，奴忿，抽刃刺杀其弟，执兄于室，以刀拟心。若人入屋，便欲加手。谓合曰：“送我还国，我活汝儿，不然，共死于此。”内外惊愕，莫不往观。勒乃自往视之，谓薛合曰：“送奴以全卿子，诚为善事。此法一开，方为后害。卿且宽情，国有常宪。”命人取奴，奴遂杀儿而死。鲜卑段波攻勒，其众甚盛。勒惧问澄，澄曰：“昨寺铃鸣云：明旦食时，当擒段波。”勒登城望波军，不见前后。失色曰：“军行地倾，波岂可获？是公安我辞耳。”更遣夔安问澄，澄曰：“已获波矣。”时城北伏兵出，遇波，执之。澄劝勒宥波，遣还本国，勒从之，卒获其用。时刘载已死，载从弟曜篡袭伪位，称元光初。光初八年，曜遣从弟伪中山王岳，将兵攻勒，勒遣石虎率步骑拒之。大战洛西，岳败保石梁坞，虎坚栅守之。澄与弟子自官寺至中寺，始入寺门，叹曰：“刘岳可悯。”弟子法祚问其故，澄曰：“昨日亥时岳已被执。”果如所言。至光初十一年，曜自率兵攻洛阳，勒欲自往拒曜，内外僚佐，无不必谏。勒以访澄，澄曰：“相轮铃音云：‘秀支替戾冈，仆谷劬秃当。’此羯语也。秀支，军也；替戾冈，出也；仆谷，刘曜胡位也；劬秃当，捉也。此言军出捉得曜也。”时徐光闻澄此旨，苦劝勒行。勒乃留长子石弘，共澄以镇襄国，自率中军步骑，直指洛城。两阵才交，曜军大溃。曜马没水中，石堪生擒之送勒。澄时以物涂掌观之，见有大众，众中缚一人，朱丝约项，其时因以告弘。当尔之时，正生擒曜也。曜平之后，勒乃僭称赵天王，行皇帝事，改元建平。是岁东晋成帝咸和五年也。勒登位已后，事澄弥笃。时石葱将叛，其年澄诫勒曰：“今年葱中有虫，食必害人，可令百姓无食葱也。”勒班告境内，慎无食葱。到八月，石葱果走。勒益加尊重，有事必咨而后行，号大和上。石虎有子名斌，后勒爱之甚重，忽暴病而亡。已涉二日，勒曰：“朕闻虢太子死，扁鹊能生。大和上，国之神人，可急往告，必能致福。”澄乃取杨枝咒之，须臾能起，有顷平复。由是勒诸稚子，多在佛寺中养之。每至四月八日，勒躬自诣寺灌佛，为儿发愿。

至建平四年四月，天静无风，而塔上一铃独鸣。澄谓众曰：“铃音云：‘国有大丧，不出今年矣。’”是岁七月勒死，子弘袭位。少时，虎废弘自立，迁都于邺，称元建武。虎倾心事澄，有重于勒。乃下书曰：“和上国之大宝，荣爵不加，高禄不受，荣禄匪及，何以旌德？从此已往，宜衣以绫锦，乘以雕辇。朝会之日，和上升殿，常侍以下，悉助举舆。太子诸公，扶翼而上。主者唱大和上至，众坐皆起，以彰其尊。”又敕伪司空李农：“旦夕亲问，太子诸公五日一朝，表朕敬焉。”

澄时止邺城内中寺，遣弟子法常北至襄国。弟子法佐从襄国还，相遇在梁基城下共宿，对车夜谈，言及和上，比旦各去。法佐至，始入觐澄，澄逆笑曰：“昨夜尔与法常交车共说汝师耶？先民有言：不曰敬乎，幽而不改；不曰慎乎，独而不怠。幽独者敬慎之本，尔不识乎！”佐愕然愧忏。于是国人每共相语：“莫起恶心，和上知汝。”及澄之所在，无敢向其方面涕唾便利者。时太子石邃有二子在襄国，澄语邃曰：“小阿弥比当得疾，可往迎之。”邃即驰信往视，果已得病。大医殷腾及外国道士自言能治，澄告弟子法雅曰：“正使圣人复出，不愈此病，况此等乎？”后三日果死。石邃荒酒，将图为逆，谓内竖曰：“和上神通，傥发吾谋。明日来者，当先除之。”澄月望将入觐虎，谓弟子僧慧曰：“昨夜天神呼我曰：‘明日若入，还勿过人。’我傥有所过，汝当止我。”澄常入必过邃。邃知澄入，要候甚苦。澄将上南台，僧慧引衣，澄曰：“事不得止。”坐未安便起，邃固留不住，所谋遂差。还寺叹曰：“太子作乱，其形将成。欲言难言，欲忍难忍。”乃因事从容箴虎，虎终不解。俄而事发，方悟澄言。

后郭黑略将兵征长安北山羌，堕羌伏中，时澄在堂上坐，弟子法常在侧，澄惨然改容曰：“郭公今厄。”唱云众僧咒愿，澄又自咒愿。须臾更曰：“若东南出者活，余向则困。”复更咒愿。有顷曰：“脱矣。”后月余日黑略还，自说堕羌围中，东南走马之际，正遇帐下人推马与之，曰：“公乘此马，小人乘公马。济与不济，任命也。”略得其马，故获免。推检日时，正是澄咒愿时也。

伪大司马燕公石斌，虎以为幽州牧镇蓟，群凶凑聚，因以肆暴。澄诫虎曰：“天神昨夜言，疾收马还，至秋齐当痈烂。”虎不解此语，即敕诸处收马送还。其秋有人谮斌于虎，虎召斌鞭之三百，杀其所生齐氏。虎弯弓捻矢，自视斌行罚轻，虎乃手杀五百。澄谏曰：“心不可纵，死不可生，礼不亲杀，以伤恩也。何有天子手行罚乎。”虎乃止。

后晋军出淮泗，陇比凡城皆被侵逼，三方告急，人情危扰。虎乃瞋曰：“吾之奉佛供僧，而更致外寇，佛无神矣。”澄明旦早入，虎以事问澄，澄因谏虎曰：“王过去世经为大商主。至罽宾寺，尝供大会。中有六十罗汉，吾此微身亦预斯会。时得道人谓吾曰：‘此主人命尽当受鸡身，后王晋地。’今王为王，岂非福耶。疆场军寇，国之常耳，何为怨谤三宝，夜兴毒念乎？”虎乃信悟，跪而谢焉。

虎常问澄：“佛法云何？”澄曰：“佛法不杀。”“朕为天下之主，非刑杀无以肃清海内。既违戒杀生，虽复事佛，讵获福耶？”澄曰：“帝王之事佛，当在心，体恭心顺，显畅三宝，不为暴虐，不害无辜。至于凶愚无赖，非化所迁，有罪不得不杀，有恶不得不刑，但当杀可杀，刑可刑耳，若暴虐恣意杀害非罪，虽复倾财事法，无解殃祸。愿陛下省欲兴慈，广及一切，则佛教永隆，福祚方远。”虎虽不能尽从，而为益不少。虎尚书张离、张良家富事佛，各起大塔。澄谓曰：“事佛在于清靖无欲，慈矜为心。檀越虽仪奉大法，而贪恪未已，游猎无度，积聚不穷，方受现世之罪，何福报之可悕耶？”离等后并被戮灭。时又久旱，自正月至六月，虎遣太子诣临漳西釜口祈雨，久而不降，虎令澄自行，即有白龙二头降于祠所，其日大雨，方数千里，其年大收。戎貊之徒，先不识法，闻澄神验，皆遥向礼拜，并不言而化焉。澄常遣弟子向西域市香，既行，澄告余弟子曰：“掌中见买香弟子，在某处初被劫垂死。”因烧香咒愿，遥救护之。弟子后还云：某月某日某处为贼所劫，垂当见杀，忽闻香气，贼无故自惊曰：“救兵已至。”弃之而走。虎于临漳修治旧塔，少承露盘。澄曰：“临淄城内有古阿育王塔，地中有承露盘及佛像，其上林木茂盛，可掘取之。”即画图与使，依言掘取，果得盘像。虎每欲伐燕，澄谏曰：“燕国运未终，卒难可克。”虎屡伐败绩，方信澄诫。

澄道化既行，民多奉佛，皆营造寺庙，相竞出家，真伪混淆，多生愆过。虎下书问中书曰：“佛号世尊，国家所奉，里闾小人无爵秩者，为应得事佛与不？又沙门皆应高洁贞正，行能精进，然后可为道士。今沙门甚众，或有奸宄避役，多非其人，可料简详议。”伪中书著作郎王度奏曰：“夫王者郊祀天地，祭奉百神，载在祀典，礼有尝飨。佛出西域，外国之神，功不施民，非天子诸华所应祠奉。往汉明感梦，初传其道。唯听西域人得立寺都邑，以奉其神，其汉人皆不得出家。魏承汉制，亦修前轨。今大赵受命，率由旧章，华戎制异，人神流别。外不同内，飨祭殊礼，华夏服祀，不宜杂错。国家可断赵人悉不听诣寺烧香礼拜，以遵典礼。其百辟卿士，下逮众隶，例皆禁之。其有犯者，与淫祀同罪。其赵人为沙门者，还从四民之服。”伪中书令王波同度所奏。虎下书曰：“度议云：佛是外国之神，非天子诸华所可宜奉。朕生自边壤，忝当期运，君临诸夏。至于飨祀，应兼从本俗。佛是戎神，正所应奉。夫制由上行，永世作则，苟事无亏，何拘前代。其夷赵百蛮有舍其淫祀，乐事佛者，悉听为道。”于是慢戒之徒，因之以厉。黄河中旧不生鼋，忽得一，以献虎。澄见而叹曰：“桓温其入河不久。”温字元子，后果如言也。

时魏县有一流民，莫识氏族，恒著麻襦布裳，在魏县中乞丐，时人谓之麻襦。言语卓越，状如狂病，乞得米谷不食，辄散置大路，云饴天马。超兴太守籍拔收送诣虎，先是澄谓虎曰：“国东二百里，某月某日当送一非常人，勿杀之也。”如期果至。虎与共语，了无异言。唯言：“陛下当终一柱殿下。”虎不解此语，令送以诣澄。麻襦谓澄曰：“昔在光和中会，奄至今日。酉戌受玄命，绝历终有期。金离消于壤，边荒不能遵。驱除灵期迹，莫已已之懿。裔苗叶繁，其来方积。休期于何期，永以叹之。”澄曰：“天回运极，否将不支。九木水为难，无可以术宁。玄哲虽存世，莫能基必颓。久游阎浮利，扰扰多此患。行登陵云宇，会于灵游间。”澄与麻襦讲语终日，人莫能解。有窃听者唯得此数言，推计似如论数百年事。虎遣驿马送还本县，既出城外，辞能步行。云：“我当有所过，未便得发。至合口桥，可留见待。”使如言驰去。未至合口，而麻襦已在桥上，考其行步，有若飞也。

澄有弟子道进，学通内外，为虎所重，尝言及隐士事。虎谓进曰：“有杨轲者，朕之民也。征之十余年，不恭王命，故往省视，傲然而卧。朕虽不德，君临万邦，乘舆所向，天沸地涌。虽不能令木石屈膝，何匹夫而长傲耶？昔太公之齐，先诛华士。太公贤哲，岂其谬乎。”进对曰：“昔舜优蒲衣，禹造伯成，魏轼干木，汉美周党。管宁不应曹氏，皇甫不屈晋世。二圣四君，共加其节，将欲激厉贪竞，以峻清风。愿陛下遵舜禹之德，勿效太公用刑。君举必书，岂可令赵史遂无隐遁之传乎？”虎悦其言，即遣轲还其所止，差十家供给之。进还，具以白澄，澄晥然笑曰：“汝言善也，但轲命有所悬矣。”后秦州兵乱，轲弟子以牛负轲西奔。戎军追擒，并为所害。虎尝昼寝，梦见群羊负鱼从东北来。寤以访澄，澄曰：“不祥也，鲜卑其有中原乎？”慕容氏后果都之。澄又尝与虎共升中堂，澄忽惊曰：“变变幽州当火灾。”仍取酒洒之。久而笑曰：“救已得矣。”虎遣验，幽州云：“尔日火从四门起，西南有黑云来，骤雨灭之，雨亦颇有酒气。”至虎建武十四年七月，石宣、石韬将图相杀。宣时到寺与澄同坐，浮图一铃独鸣。澄谓宣曰：“解铃音乎？铃云胡子落度。”宣变色曰：“是何言欤？”

澄谬曰:“老胡为道，不能山居无言。重茵美服，岂非落度乎？石韬后至，澄熟视良久。韬惧而问澄，澄曰:“怪公血臭，故相视耳。”至八月澄使弟子十人斋于别室，澄时暂入东合。虎与后杜氏问讯澄，澄曰:“胁下有贼，不出十日自佛图以西，此殿以东，当有流血，慎勿东行也。”杜后曰:“和上耄耶，何处有贼？”澄即易语云:“六情所受，皆悉是贼。老自应耄，但使少者不悖。”遂便寓言，不复彰的。后二日，宣果遣人害韬于佛寺中，欲因虎临丧，仍行大逆。虎以澄先诫，故获免。及宣事发被收，澄谏虎曰:“既是陛下之子，何为重祸耶？陛下若含怒加慈者，尚有六十余岁。如必诛之，宣当为彗星下扫邺宫也。”虎不从，以铁锁穿宣颔，牵上薪积而焚之。收其官属三百余人，皆轘裂支解，投之漳河。澄乃敕弟子罢别室斋也。

后月余日，有一妖马，髦尾皆有烧状，入中阳门，出显阳门。东首东宫，皆不得入，走向东北，俄尔不见。澄闻而叹曰:“灾其及矣。”至十一月，虎大飨群臣于太武前殿。澄吟曰:“殿乎殿乎，棘子成林，将坏人衣。”虎令发殿石下视之，有棘生焉。澄还寺视佛像曰:“怅恨不得庄严。”独语曰:“得三年乎？”自答:“不得不得。”又曰:“得二年、一年、百日、一月乎？”自答:“不得。”乃无复言。还房谓弟子法祚曰:“戊申岁祸乱渐萌，已酉石氏当灭。吾及其未乱，先从化矣。”即遣人与虎辞曰:“物理必迁，身命非保。贫道焰幻之躯，化期已及。既荷恩殊重，故逆以仰闻。”虎怆然曰:“不闻和上有疾，乃忽尔告终。”即自出宫，诣寺而慰喻焉。澄谓虎曰:“出生入死，道之常也。修短分定，非人能延。道重行全，德贵无怠。苟业操无亏，虽亡若在。违而获延，非其所愿。今意未尽者，以国家心存佛理，奉法无吝。兴起寺庙，崇显壮丽，称斯德也，宜享休祉。而布政猛烈，淫刑酷滥，显违圣典，幽背法诫，不自惩革，终无福佑。若降心易虑，惠此下民，则国祚延长，道俗庆赖，毕命就尽，没无遗恨。”虎悲恸呜咽，知其必逝，即为凿圹营坟。至十二月八日卒于邺宫寺，是岁晋穆帝永和四年也。士庶悲哀，号赴倾国，春秋一百一十七矣。仍窆于临漳西紫陌，即虎所创冢也。

俄而梁犊作乱，明年虎死，冉闵篡杀，石种都尽。闵小字棘奴，澄先所谓棘子成林者也。澄左乳傍先有一孔，围四五寸，通彻腹内。有时肠从中出，或以絮塞孔。夜欲读书，辄拔絮，则一室洞明。又斋日辄至水边，引肠洗之，还复内中。澄身长八尺，风姿详雅。妙解深经，傍通世论。讲说之日，止标宗致，使始末文言，昭然可了。加复慈洽苍生，拯救危苦。二石凶强，虐害非道，若不与澄同日，孰可言哉？但百姓蒙益，日用而不知耳。佛调、须菩提等数十名僧，皆出自天竺、康居。不远数万之路，足涉流沙，诣澄受训。樊巧释道安、中山竺法雅并跨越关河，听澄讲说。皆妙达精理，研测幽微。澄自说生处去邺九万余里，弃家入道一百九年。酒不逾齿，过中不食，非戒不履，无欲无求。受业追游，常有数百，前后门徒，几且一万。所历州郡，兴立佛寺八百九十三所，弘法之盛，莫与先矣。初虎殓澄，以生时锡杖及钵内棺中。后冉闵篡位，开棺唯得钵杖，不复见尸。或言澄死之月，有人见在流沙，虎疑不死，开棺不见尸。后慕容俊都邺，处石虎宫中，每梦见虎啮其臂，意谓石虎为祟。乃募觅虎尸，于东明馆掘得之，尸僵不毁，俊蹋之骂曰："死胡，敢怖生天子。汝作宫殿成，而为汝儿所图，况复他耶。"鞭挞毁辱，投之漳河，尸倚桥柱不移。秦将王猛乃收而葬之，麻襦所谓一柱殿也。后符坚征邺，俊子暐为坚大将郭神虎所执，实先梦之验也。田融赵记云："澄未亡数年，自营冢圹。"澄既知冢必开，又尸不在中，何容预作？恐融之谬矣。澄或言佛图磴，或言佛图橙，或言佛图澄，皆取梵音之不同耳。

单道开二

单道开，姓孟，敦煌人。少怀栖隐，诵经四十余万言。绝谷饵柏实，柏实难得，复服松脂，后服细石子。一吞数枚，数日一服，或时多少啖姜椒，如此七年。后不畏寒暑，冬温夏凉，昼夜不卧。与同学十人共契服食，十年之外，或死或退，唯开全志。阜陵太守遣马迎开，开辞能步行，三百里路，一日早至。山树神或现异形试之，初无惧色。以石虎建武十二年从西平来，一日行七百里，至南安。度一童子为沙弥，年十四，禀受教法，行能及开。时太史奏虎云："有仙人星见，当有高士入境。"虎普敕州郡，有异人令启闻。其年冬十一月，秦州刺史上表送开。初止邺城西法绑祠中，后徙临漳昭德寺。于房内造重阁，高八九尺许。于上编营为禅室，如十斛篓大，常坐其中。虎资给甚厚，开皆以惠施。时乐仙者多来咨问，开都不答，乃为说偈云："我矜一切苦，出家为利世。利世须学明，学明能断恶。山远粮粒难，作斯断食计。非是求仙侣，幸勿相传说。"开能救眼疾，时秦公石韬就开治目，著药小痛，韬甚惮之，而终得其效。佛图澄曰："此道士观国兴衰，若去者，当有大灾。"至石虎太宁元年，开与弟子南度许昌。虎子侄相杀，邺都大乱。至晋升平三年来之建业，俄而至南海，后入罗浮山。独处茅茨，萧然物外。春秋百余岁，卒于山舍。敕弟子以尸置石穴中，弟子乃移之石室。有康泓者，昔在北间，闻开弟子叙开昔在山中，每有神仙去来，乃遥心敬挹。及后从役南海，亲与相见。侧席钻仰，禀闻备至，乃为之传赞曰：

萧哉若人，　　飘然绝尘。
外轨小乘，　　内畅空身。
玄象晖曜，　　高步是臻。
飡茹芝英，　　流浪岩津。

晋兴宁元年，陈郡袁宏为南海太守，与弟颖叔及沙门支法防，共登罗浮山。至石室口，见开形骸及香火瓦器犹存。宏曰："法师业行殊群，正当如蝉蜕耳。"乃为赞曰：

物俊招奇，　　德不孤立。
辽辽幽人，　　望岩凯入。
飘飘灵仙，　　兹焉游集。
遗屣在林，　　千载一袭。

沙门僧景、道渐并欲登罗浮，竟不至顶。

竺佛调三

竺佛调者，未详氏族，或云天竺人。事佛图澄为师，住常山寺积年。业尚纯朴，不表饰言，时咸以此高之。常山有奉法者，兄弟二人，居去寺百里。兄妇疾笃，载至寺侧，以近医药。兄既奉调为师，朝昼常在寺中咨询行道。异日调忽往其家，弟具问嫂所苦，并审兄安否。调曰："病者粗可，卿兄如常。”调去后，弟亦策马继往。言及调旦来，兄惊曰：“和上旦初不出寺，汝何容见？”兄弟争以问调，调笑而不答，咸共异焉。调或独入山一年半岁，赍干饭数升，还恒有余。有人尝随调山行数十里，天暮大雪，调入石穴虎窟中宿，虎还共卧窟前，调谓虎曰：“我夺汝处，有愧如何？”虎乃弭耳下山，从者骇惧。调后自克亡日，远近皆至，悉与语曰：“天地长久，尚有崩坏，岂况人物，而求永存。若能荡除三垢，专心真净，形数虽乖，而必同契。”众咸流涕固请，调曰：“死生命也，其可请乎！”调乃还房端坐，以衣蒙头，奄然而卒。后数年，调白衣弟子八人入西山伐木，忽见调在高岩上，衣服鲜明，姿仪畅悦，皆惊喜作礼：“和上尚在耶。”调曰：“吾常在耳。”具问知旧可否，良久乃去。八人便舍事还家，向诸同法者说，众无以验之，共发冢开棺，不复见尸，唯衣履在焉。有记云：此竺佛调，译出法镜经及十慧等。案释道安经录云：汉灵帝光和中，有沙门严佛调，共安玄都尉译出法镜经及十慧等，语在译经传。而此中佛调乃东晋中代时人，见名字是同，便谓为一，谬矣。

耆域四

耆域者，天竺人也。周流华戎，靡有常所，而倜傥神奇，任性忽俗。迹行不恒，时人莫之能测。自发天竺，至于扶南，经诸海滨，爰及交广，并有灵异。既达襄阳，欲寄载过江，船人见梵沙门衣服弊陋，轻而不载，船达北岸，域亦已度。前行见两虎，虎弭耳掉尾，域以手摩其头，虎下道而去，两岸见者随从成群。以晋惠之末，至于洛阳，诸道人悉为作礼，域胡跪晏然，不动容色。时或告人以前身所更，谓支法渊从牛中来，竺法兴从人中来。又讥诸众僧，谓衣服华丽，不应素法。见洛阳宫城云：“仿佛似忉利天宫，但自然之与人事不同耳。”域谓沙门耆阇蜜曰：“匠此宫者从忉利天来，成便还天上矣。屋脊瓦下，应有千五百作器。”时咸云，昔闻此匠实以作器著瓦下。又云，宫成之后，寻被害焉。时衡阳太守南阳滕永文在洛，寄住满水寺。得病经年不差，两脚挛屈，不能起行。域往看之，曰：“君欲得病疾差不？”因取净水一杯，杨柳一枝，便以杨柳拂水，举手向永文而咒，如此者三。因以手搦永文两膝令起，即起行步如故。此寺中有思惟树数十株枯死，域问永文:“此树死来几时？”永文曰:“积年矣。”域即向树咒，如咒永文法，树寻荑发，扶疏荣茂。尚方暑中有一人病症将死，域以应器著病者腹上，白布通覆之。咒愿数千言，即有臭气熏彻一屋，病者曰:“我活矣。”域令人举布，应器中有若垽淤泥者数升，臭不可近，病者遂活。洛阳兵乱，辞还天竺。洛中沙门竺法行者，高足僧也。时人方之乐令，因请域曰:“上人既得道之僧，愿留一言，以为永诫。”域曰:“可普会众人也。”众既集，域升高座曰:“守口摄身意，慎莫犯众恶。修行一切善，如是得度世。”言讫便禅默。行重请曰:“愿上人当授所未闻，如斯偈义，八岁童子亦已谙诵，非所望于得道人也。”域笑曰:“八岁虽诵，百岁不行，诵之何益？人皆知敬得道者，不知行之自得道。吾言虽少，行者益多也。”于是辞去。数百人各请域中食，域皆许往。明旦五百舍皆有一域，始谓独过，后相雠问，方知分身降焉。既发，诸道人送至河南城。域徐行，追者不及。域乃以杖画地曰:“于斯别矣。”其日有从长安来者，见域在彼寺中。又贾客胡湿登者，即于是日将暮，逢域于流沙，计已行九千余里。既还西域，不知所终。

高僧传卷第九

高僧传卷第十

梁会稽嘉祥寺沙门释慧皎撰

神异下

揵陀勒一

揵陀勒者，本西域人，来至洛阳积年。众虽敬其风操，而终莫能测。后谓众僧曰：“洛东南有盘鸦山，山有古寺庙处，基墌犹存，可共修立。”众未之信，试逐检视。入山到一处，四面平坦，勒示云：“此即寺基也。”即掘之，果得寺下石基。后示讲堂僧房处，如言皆验，众咸惊叹，因共修立，以勒为寺主。寺去洛城一百余里，朝朝至洛阳诸寺赴中，暮辄乞油一钵，还寺然灯。以此为常，未曾违失。有人健行，欲随勒观其迟疾，奔驰流汗，恒苦不及。勒令执袈裟角，唯闻厉风之响，不复觉倦，须臾至寺。勒后不知所终。

诃罗竭二

诃罗竭者，本樊阳人。少出家，诵经二百万言。性虚玄，守戒节，善举厝，美容色。多行头陀，独宿山野。晋武帝太康九年暂至洛阳，时疫疾甚流，死者相继，竭为咒治，十差八九。至晋惠帝元康元年，乃西入，止娄至山石室中坐禅。此室去水既远，时人欲为开涧，竭曰：“不假相劳。”乃自起以左脚蹑室西石壁，壁陷没指，既拔足，水从中出。清香软美，四时不绝，来饮者皆止饥渴，除疾病。至元康八年端坐从化，弟子依西国法阇维之。焚燎累日，而尸犹坐火中，永不灰烬，乃移还石室内。后西域人竺定，字安世，晋咸和中往其国，亲自观视，尸俨然平坐，已三十余年。定后至京，传之道俗。

竺法慧三

竺法慧，本关中人，方直有戒行。入嵩高山，事浮图密为师。晋康帝建元元年至襄阳，止羊叔子寺。不受别请，每乞食，辄赍绳床自随，于闲旷之路，则施之而坐。时或遇雨，以油帔自覆，雨止，唯见绳床，不知慧所在，讯问未息，慧已在床。每语弟子法照曰：“汝过去时折一鸡脚，其殃寻至。”俄而照为人所掷，脚遂永疾。后语弟子云：“新野有一老公当命过，吾欲度之。”仍行于畦畔之间。果见一公，将牛耕田，慧从公乞牛，公不与，慧前自捉牛鼻，公惧其异，遂以施之。慧牵牛咒愿，七步而反，以牛还公，公少日而亡。后征西庾稚恭镇襄阳，既素不奉法，闻慧有非常之迹，甚嫉之。慧预告弟子曰：“吾宿对寻至，诫劝眷属令勤修福善。”尔后二日，果收而刑之，春秋五十八矣。临死语众人云：“吾死后三日，天当暴雨。”至期果洪注，城门水深一丈，居民漂没，多有死者。时有范材者，巴西阆中人，初为沙门，卖卜于河东市。徒跣弊衣，冬夏一服，言事亦颇时有验。后遂退道染俗，习张陵之教云。

安慧则四

安慧则，未详氏族。少无恒性，卓越异人，而工正书，善谈吐。晋永嘉中，天下疫病，则昼夜祈诚，愿天神降药以愈万民。一日出寺门，见两石形如瓮，则疑是异物，取看之，果有神水在内。病者饮服，莫不皆愈。后止洛阳大市寺，手自细书黄缣，写大品经一部，合为一卷。字如小豆，而分明可识，凡十余本。以一本与汝南周仲智妻胡母氏供养，胡母过江赍经自随，后为灾火所延，仓卒不暇取经，悲泣懊恼，火息后，乃于灰中得之。首轴颜色，一无亏损。于时同见闻者，莫不回邪改信。此经今在京师简靖寺首尼处。时洛阳又有康慧持者，亦神异通灵云。

涉公五

涉公者，西域人也。虚靖服气，不食五谷，日能行五百里。言未然之事，验若指掌。以苻坚建元十二年至长安。能以秘咒，咒下神龙，每旱，坚常请之咒龙，俄而龙下钵中，天辄大雨。坚及群臣亲就钵中观之，咸叹其异。坚奉为国神，士庶皆投身接足，自是无复炎旱之忧。至十六年十二月无疾而化，坚哭之甚恸。卒后七日，坚以其神异，试开棺视之，不见尸骸所在，唯有殓被存焉。至十七年，自正月不雨，至于六月。坚减膳撤悬，以迎和气，至七月降雨。坚谓中书朱彤曰：“涉公若在，朕岂燋心于云汉若是哉？此公其大圣乎！”彤曰：“斯术幽远，实亦旷古之奇也。”

释昙霍六

释昙霍者，未详何许人。蔬食苦行，常居冢间树下，专以神力化物。

时河西鲜卑偷发利鹿孤忿据西平，自称为王，号年建和。建和二年十一月，霍从河南来，至自西平，持一锡杖，令人跪之，云："此是波若眼，奉之可以得道。"人遗其衣物，受而辄投诸地，或放之河中。有顷，衣自还本主，一无所污。行疾如风，力者追之，恒困不及。言人死生贵贱，毫厘无爽。人或藏其锡杖，霍闭目少时，立知其处，并奇其神异，终莫能测。然因之事佛者甚众。鹿孤有弟耨檀，假署车骑，权倾伪国。性猜忌，多所贼害。霍每谓檀曰："当修善行道，为后世桥梁。"檀曰："仆先世以来，恭事天地名山大川。今一旦奉佛，恐违先人之旨。公若能七日不食，颜色如常，是为佛道神明，仆当奉之。"乃使人幽守七日，而霍无饥渴之色。檀遣沙门智行密持饼遗霍，霍曰："吾尝谁欺，欺国王耶？"檀深奇之，厚加敬仰。因此改信，节杀兴慈。国人既蒙其佑，咸称曰大师，出入街巷，百姓并迎为之礼。檀有女，病甚笃，请霍救命，霍曰："死生有命，圣不能转，吾岂能延寿？正可知早晚耳。"檀固请之，时宫后门闭，霍曰："急开后门，及开则生，不及则死。"檀命开之，不及而卒。至晋义熙三年，耨檀为勃勃所破，凉土兵乱，不知所之。

史宗七

史宗者，不知何许人。常著麻衣，或重之为纳，故世号麻衣道士。身多疮疥，性调不恒。常在广陵白土埭，赁埭讴唱，引筰以自欣畅，得直随以施人。栖憩无定所，或隐或显。时高平檀祇为江都令，闻而召来，应对机捷，无所拘滞，博达稽古，辩说玄儒。乃赋诗一首曰："有欲苦不足，无欲亦无忧。未若清虚者，带索被玄裘。浮游一世间，泛若不系舟。方当毕尘累，栖志且山丘。"檀祇知非常人，遣还所在。遗布三十匹，悉以乞人。后有一道人，不知姓名，常赍一杖一箱自随。尝逼暮来，诣海盐令云："欲数日行，暂倩一人，可见给不？"令曰："随意取之。"乃选取守鹅鸭小儿形服最丑者将去。倏忽之间，至一山上。山上有屋，屋中有三道人，相见欣然共语，小儿不解。至中困，道人为小儿就主人索食，得一小瓯食，状如熟艾，食之饥止。向冥，道人辞欲还去。闻屋中人问云："君知史宗所在不？其谪何当竟？"道人云："在徐州江北广陵白土埭上，计其谪亦竟也。"

屋中人便作书曰："因君与之。"道人以书付小儿。比晓，便至县，与令相见云："欲少日停此。"令曰："大善。"问箱中有何等，答云："书疏耳。"道人常在厅事上眠，以箱杖著床头，令使持时人夜偷取欲看之，道人已知，暮辄高悬箱杖，当下而卧，永不可得。后与令辞曰："吾欲小停，而君恒欲偷人，正尔便去耳。"令呼先小儿，问近所经。小儿云："道人令其捉杖，飘然而去，或闻足下波浪耳。"并说山中人寄书犹在小儿衣带，令开看，都不解。乃写取，封其本书，令人送此小儿至白土埭，送与史宗。宗开书大惊云："汝那得蓬莱道人书耶？"宗后南游吴会，尝过渔梁，见渔人大捕，宗乃上流洗浴，群鱼皆散，其潜拯物类如此。后憩上虞龙山大寺。善谈庄老，究明论孝，而韬光隐迹，世莫之知。会稽谢邵、魏迈之、放之等，并笃论渊博，皆师受焉。后同止沙门，夜闻宗共语者，颇说蓬莱上事，晓便不知宗所之。陶渊明记白土埭遇三异法师，此其一也。或云有商人海行，于孤洲上见一沙门，求寄书与史宗。置书于船中，同侣欲看书，书著船不脱；及至白土埭，书飞起就宗，宗接而将去。

杯度八

杯度者，不知姓名。常乘木杯度水，因而为目。初见在冀州。不修细行，神力卓越，世莫测其由来。尝于北方寄宿一家，家有一金像，度窃而将去，家主觉而追之，见度徐行，走马逐而不及。至孟津河浮木杯于水，凭之度河，无假风棹，轻疾如飞。俄而度岸，达于京师。见时可年四十许，带索褴褛，殆不蔽身。言语出没，喜怒不均。或严水扣冻而洒浴，或著屐上床，或徒行入市。唯荷一芦圌子，更无余物。乍往延贤寺法意道人处，意以别房待之。后欲往延步江，于江侧就航，人告度，不肯载之。复累足杯中，顾眄吟咏，杯自然流，直度北岸，行向广陵。

遇村舍有李家八关斋，先不相识，乃直入斋堂而坐，置芦圌于中庭。众以其形陋，无恭敬心。李见芦圌当道，欲移置墙边，数人举不能动。度食竟，提之而去，笑曰："四天王李家。"于时有一竖子，窥其圌中，见四小儿并长数寸，面目端正，衣裳鲜洁，于是追觅，不知所在。后三日，乃见在西界蒙笼树下坐，李跪拜请还家，月日供养。度不甚持斋，饮酒啖肉，至于辛鲙，与俗不殊。百姓奉上，或受不受。沛国刘兴伯为兖州刺史，遣使要之，负圌而来。兴伯使人举视，十余人不胜。伯自看，唯见一败纳及一木杯。后还李家，复得三十余日。清旦忽云："欲得一袈裟，中时令办。"李即经营，至中未成。度云暂出，至冥不反。合境闻有异香，疑之为怪。处处觅度，乃见在北岩下，铺败袈裟于地，卧之而死。头前脚后，皆生莲华，华极鲜香，一夕而萎，邑人共殡葬之。后数日有人从北来，云见度负芦圌行向彭城。乃共开棺，唯见靴履。既至彭城，遇有白衣黄欣，深信佛法，见度礼拜，请还家。其家至贫，但有麦饭而已，度甘之怡然。止得半年，忽语欣云："可觅芦圌三十六枚，吾须用之。"答云："此间正可有十枚，贫无以买，恐不尽办。"度曰："汝但检觅，宅中应有。"欣即穷检，果得三十六枚，列之庭中。虽有其数，亦多破败。比欣次第熟视，皆已新完。度密封之，因语欣令开，乃见钱帛皆满，可堪百许万。识者谓是杯度分身他土，所得儭施，回以施欣，欣受之皆为功德。经一年许，度辞去，欣为办粮食，明晨见粮食具存，不知度所在。

经一月许，复至京师。时潮沟有朱文殊者，少奉法，度多来其家。文殊谓度云："弟子脱舍身没苦，愿见救济。脱在好处，愿为法侣。"度不答。文殊喜曰："佛法默然，已为许矣。"后东游入吴郡。路见钓鱼师，因就乞鱼，鱼师施一喂者。度手弄反复，还投水中，游泳而去。又见鱼网师，更从乞鱼。网师瞋骂不与，度乃捻取两石子掷水中，俄而有两水牛斗其网中，网既碎败，不复见牛，度亦已隐。行至松江，乃仰盖于水中，乘而度岸。经涉会稽、剡县，登天台山，数月而反京师。时有外国道人，名僧佉吒，寄都下长干寺住。有客僧僧悟者，与吒同房宿。于窗隙中，见吒取寺刹捧之入云，然后将下。悟不敢言，但深加敬仰。时有一人，姓张名奴，不知何许人。不甚见食，而常自肥悦，冬夏常著单布衣。佉吒在路行，见张奴欣然而笑。佉吒曰："吾东见蔡豚，南讯马生，北遇王年，今欲就杯度，乃与子相见耶？"张奴乃题槐树而歌曰："蒙蒙大象内，照曜实显彰。何事迷昏子？纵惑自招殃。乐所少人往，苦道若翻囊。不有松柏操，何用拟风霜？闲预紫烟表，长歌出昊苍。澄灵无色外，应见有缘乡。岁曜毗汉后，辰丽辅殷王。伊余非二仙，晦迹于九方。亦见流俗子，触眼致酸伤。略谣观有念，宁曰尽矜章。"佉吒曰："前见先生禅思幽岫，一坐百龄。大悲熏心，靖念枯骨。”亦题颂曰：“悠悠世事，或滋损益。使欲尘神，横生悦怿。惟此哲人，渊觉先见。思形浮沫，瞩影遄电。累踬声华，蔑丑章弁。视色悟空，玩物伤变。舍纷绝有，断习除恋。青条曲荫，白茅以荐。依畦啜麻，邻崖饮洊。慧定计照，妙真曰眷。慈悲有增，深想无倦。”言竟各去。尔后月日，不复见此二人。传者云，将僧悟共之南岳不及。张奴与杯度相见，甚有所叙，人所不解。度犹停都少时，游止无定，请召，或往不往。时南州有陈家，颇有衣食，度往其家，甚见料理。闻都下复有一杯度，陈家父子五人，咸不信，故下都看之，果如其家杯度，形相一种。陈为设一合蜜姜，及刀子、熏陆香、手巾等，度即食蜜姜都尽，余物宛在膝前。其父子五人，恐是其家杯度，即留二弟停都守视，余三人还家，家中杯度如旧，膝前亦有香、刀子等，但不啖蜜姜为异。乃语陈云：“刀子钝，可为磨之。”二弟都还，云彼度已移灵鹫寺。其家度忽求黄纸两幅作书，书不成字，合同其背。陈问：“上人作何券书？”度不答，竟莫测其然。

时吴郡民朱灵期使高骊还，值风舶飘，经九日至一洲边。洲上有山，山甚高大，入山采薪。见有人路，灵期乃将数人随路告乞，行十余里，闻磬声香烟，于是共称佛礼拜。须臾，见一寺甚光丽，多是七宝庄严，见有十余僧，皆是石人，不动不摇，乃共礼拜，还反行。步少许，闻唱导声，还往更看，犹是石人。灵期等相谓：“此是圣僧，吾等罪人不能得见。”因共竭诚忏悔。更往，乃见真人，为期等设食。食味是菜，而香美不同世。食竟，共叩头礼拜，乞速还至乡。有一僧云：“此间去都，乃二十余万里。但令至心，不忧不速也。”因问期云：“识杯度道人不？”答言：“甚识。”因指北壁，有一囊挂锡杖及钵，云：“此是杯度许，今因君以钵与之。”并作书著函中。别有一青竹杖，语言：“但掷此杖置舫前水中，闭船静坐，不假劳力，必令速至。”于是辞别，令一沙弥送至门上，语言：“此道去，行七里便至舫，不须从先路也。”如言西转，行七里许至舫，即具如所示。唯闻舫从山顶树木上过，都不见水。经三日，至石头淮而住，亦不复见竹杖所在。舫入淮至朱雀门，乃见杯度骑大船栏，以杖捶之，曰：“马，马，何不行？”观者甚多。灵期等在舫遥礼之，度乃自下舫取书并钵，开书视之，字无人识者。度大笑曰：“使我还耶。”取钵掷云中，还接之，云：“我不见此钵四千年矣。”度多在延贤寺法意处。时世以此钵异物，竞往观之。

一说云：灵期舫漂至一穷山，遇见一僧来云："是度上弟子，昔持师钵而死治城寺，今因君以钵还师，但令一人擎钵舫前，一人正拖，自安隐至也。"期如所教，果获全济。时南州杯度当其骑栏之日，尔日早出，至晚不还。陈氏明旦见门扇上有青书六字云："福德门，灵人降。"字劣可识，其家杯度遂绝迹矣。都下杯度犹去来山邑，多行神咒。时庾常婢偷物而叛，四追不擒，乃问度，度云："已死在金城江边空冢中。"往看，果如所言。孔宁子时为黄门侍郎，在廨患痢，遣信请度。度咒竟云："难差。见有四鬼，皆被伤截。"宁子泣曰："昔孙恩作乱，家为军人所破，二亲及叔，皆被痛酷。"宁子果死。又有齐谐妻胡母氏病，众治不愈，后请僧设斋，斋坐有僧聪道人，劝迎杯度。度既至，一咒病者即愈，齐谐伏事为师，因为作传，记其从来神异，大略与上同也。至元嘉三年九月，辞谐入京，留一万钱物寄谐，倩为营斋，于是别去。行至赤山湖，患痢而死。谐即为营斋，并接尸还葬建业之覆舟山。至四年，有吴兴邵信者，甚奉法，遇伤寒病，无人敢看，乃悲泣念观音。忽见一僧来，云是杯度弟子，语云："莫忧，家师寻来相看。"答云："度师已死，何容得来？"道人云："来复何难？"便衣带头出一合许散与服之，病即差。又有杜僧哀者，住在南冈下，昔经伏事杯度。儿病甚笃，乃思念恨不得度练神咒。明日忽见度来，言语如常，即为咒，病者便愈。

至五年三月八日，度复来齐谐家，吕道慧、闻人怛之、杜天期、水丘熙等并共见，皆大惊，即起礼拜。度语众人言："年当大凶，可勤修福业。法意道人甚有德，可往就其修立故寺，以禳灾祸也。"须臾闻上有一僧唤度，度便辞去，云："贫道当向交广之间，不复来也。"齐谐等拜送殷勤，于是绝迹。顷世亦言时有见者，既未的其事，故无可传也。

释昙始九

释昙始，关中人。自出家以后，多有异迹。晋孝武大元之末，赍经律数十部，往辽东宣化，显授三乘，立以归戒，盖高句骊闻道之始也。义熙初，复还关中，开导三辅。始足白于面，虽跣涉泥水，未尝沾湿，天下咸称白足和上。时长安人王胡，其叔死数年，忽见形还，将胡遍游地狱，示诸果报。胡辞还，叔谓胡曰：“既已知因果，但当奉事白足阿练。”胡遍访众僧，唯见始足白于面，因而事之。晋末，朔方凶奴赫连勃勃破獲关中，斩戮无数。时始亦遇害，而刀不能伤，勃勃嗟之，普赦沙门，悉皆不杀。始于是潜遁山泽，修头陀之行。后拓跋焘复克长安，擅威关洛。时有博陵崔皓，少习左道，猜嫉释教。既位居伪辅，焘所仗信，乃与天师寇氏说焘以佛教无益，有伤民利，劝令废之。焘既惑其言，以伪太平七年，遂毁灭佛法。分遣军兵，烧掠寺舍，统内僧尼，悉令罢道。其有窜逸者，皆遣人追捕，得必枭斩。一境之内，无复沙门。始唯闭绝幽深，军兵所不能至。至太平之末，始知焘化时将及，以元会之日，忽杖锡到宫门。有司奏云：“有一道人足白于面，从门而入。”焘令依军法，屡斩不伤。遽以白焘，焘大怒，自以所佩剑斫之，体无余异，唯剑所著处有痕如布线焉。时北园养虎于槛，焘令以始喂之，虎皆潜伏，终不敢近。试以天师近槛，虎辄鸣吼。焘始知佛化尊高，黄老所不能及。即延始上殿，顶礼足下，悔其愆失。始为说法，明辩因果。焘大生愧惧，遂感疠疾。崔、寇二人次发恶病，焘以过由于彼，于是诛剪二家，门族都尽。宣下国中，兴复正教。俄而焘卒，孙濬袭位，方大弘佛法，盛迄于今。始后不知所终。

释法朗十

释法朗，高昌人。幼而执行精苦，多诸征瑞，韬光蕴德，人莫测其所阶。朗师释法进亦高行沙门，进尝闭户独坐，忽见朗在前，问从何处来，答云：“从户钥中入。”云：“与远僧俱至，日既将中，愿为设食。”进即为设食，唯闻匕钵之声，竟不见人。昔庐山慧远尝以一袈裟遗进，进即以为傺。朗云：“众僧已去，别日当取之。”后见执爨者就进取衣，进即与之。访常执爨者，皆云不取，方知是先圣人权迹取也。至魏虏毁灭佛法，朗西适龟兹。龟兹王与彼国大禅师结约：“若有得道者至，当为我说，我当供养。”及朗至，乃以白王，王待以圣礼。后终于龟兹，焚尸之日，两眉涌泉直上于天，众叹希有，收骨起塔。后西域人来北土具传此事。时凉州复有沙门智整，亦贞苦有异行，为么主杨难当所事，后入寒峡山石穴中不返。

邵硕十一

邵硕者，本姓邵名硕，始康人。居无常所，恍忽如狂，为人大口，眉目丑拙。小儿好追而弄之，或入酒肆同人酣饮。而性好佛法，每见形像，无不礼拜赞叹，悲感流泪。硕本有三男二女，大男惠生者亦出家。硕以宋初亦出家入道，自称硕公。出入行往，不择昼夜。游历益部诸县，及往蛮中，皆因事言谑，协以劝善。至人家眠地者，人家必有死，就人乞细席，必有小儿亡，时人咸以此为谶。至四月八日，成都行像，硕于众中匍匐作师子形。尔日郡县亦言见硕作师子形，乃悟其分身也。刺史萧惠开及刘孟明等，并挹事之。孟明以男子衣衣二妾，试硕云："以此二人给公为左右，可乎？"硕为人好韵语，乃谓明曰："宁自乞酒以渍咽，不能与阿夫竟残年。"后一朝忽著布帽诣孟明，少时明卒。先是孟明长史沈仲玉，改鞭杖之格，严重常科。硕谓玉曰："天地嗷嗷从此起，若除鞭格得刺史。"玉信而除之。及孟明卒，仲玉果行州事。以宋元徽元年九月一日卒岷山通云寺。临亡，语道人法进云："可露吾骸，急系履著脚。"既而依之，出尸置寺。后经二日，不见所在。俄而有人从郫县来，过进云："昨见硕公在市中，一脚著履，漫语云：'小子无宜适，失我履一只。'"进惊而检问沙弥，沙弥答云："近送尸出时怖惧，右脚一履不得好系，遂失之。"其迹诡异，莫可测也。后竟不知所终。

释慧安十二

释慧安，未详何许人。少经被虏，属荆州人为奴，执役勤紧，主甚爱之。年十八，听出家，止江陵琵琶寺。风貌庸率，颇共轻之。时为沙弥，众僧列坐，辄使行水。安恒执空瓶从上至下，水常不竭，时咸以异焉。及受具戒，稍显灵迹。尝月晦夕，共同学慧济上堂布萨，堂户未开，安乃绾济指从壁隙而入，出亦如之。济甚骇惧，不敢发言。后乃与济共坐塔下，便语济云："吾当远行，今与君别。"顷之，便见天人伎乐香花，布满空中。济唯惊惧，竟不得语。安又谓曰："吾前后事迹，慎勿妄说，说必有咎。唯西南有一白衣，是新发意菩萨，可具为说之。"于是辞去，便附商人入湘川。中路患痢极笃，谓船主曰："贫道命必应尽，但出置岸边，不须器木。气绝之后，即施虫鸟。"商人依其言，出卧岸侧。夜见火炎从身而出，商人怪惧，就往观之，已气绝矣。商人行至湘东，见安亦已先至，俄又不知所之。济后至陟屺寺，诣隐士南阳刘虬，具言其事。虬即起遥礼之，谓济曰："此得道之人，入火光三昧也。"时蜀中又有僧览、法卫，并有异迹，时人亦疑得圣果也。

释法匮十三

释法匮，本姓阮，吴兴於潜人。少出家，为京师枳园寺法楷弟子。楷素有学功，特精经史，琅琊王奂、王肃并共师焉。匮为性恭然，少语言，朴然自守，不涉人事。诵法华经一部。寺有上座尘胜法师老病，匮从为依止，营护甚至。及胜亡，殡葬如法。每斋会得直，聚以造栴檀像，像成，自设大会。其本家侨居京师大市，是旦还家，又至定林，复还枳园。后三处考覆，皆见匮来中食，实是一时而三处赴焉。尔日晚还房卧，奄然而卒。尸甚香软，手屈二指，众咸悟其得二果。时犹为沙弥，而灵迹殊异，遂闻于武帝，帝亲临幸，为会僧设供。文惠、文宣并到房顶礼，为营理葬殓。百姓云赴，傢施重迭。仍以所得利养，起枳园寺塔。是岁齐永明七年也。

释僧慧十四

释僧慧，姓刘，不知何许人。在荆州数十年。南阳刘虬立陟屺寺，请以居之。时人见之已五六十年，终亦不老。举止趋尔，无甚威仪。往至病人家，若瞋者必死，喜者必差，时咸以此为谶。凡未相识者，并悉其亲表存亡。慧尝至江边，告津吏求度，吏迫以舟小，未及过之。须臾，已见慧在彼，两岸诸人，咸叹神异。中山甄恬、南平车昙同日请慧，慧皆赴之。后两家检覆，方知分身。齐永明中，文慧要下京，行过保誌，誌抚背曰："赤龙子。"他无所言。慧后还荆，遇见镇西长史刘景蕤，忽泣恸而投之，数日蕤果为刺史所害。后至湘州城南，忽云地中有碑，众人试掘，果得二枚。慧后不知所终，或云永元中卒于江陵。时江陵长沙寺又有释慧远者，本沙门慧印之苍头也。印见其有信，因为出家，仍行般舟之业。数岁勤苦，遂有神异，能分身赴请及预记兴亡等。

释慧通十五

释慧通，不知何许人也。宋元嘉中，见在寿春。衣服趋尔，寝宿无定，游历村里，饮燕食啖，不异恒人。常自称郑散骑，言未然之事，颇时有验。江陵边有僧归者，游贾寿春。将应反乡，路值慧通，称欲寄物。僧归时自负重担，固以致辞，遂强置担上，而了不觉重。行数里，便别去，谓僧归曰："我有姊在江陵作尼，名惠绪，住三层寺，君可为我相闻，道寻欲往。"言讫忽然不见，顾视担上所寄物亦失。僧归既至，寻得慧绪，具说其意。绪既无此弟，亦不知何以而然。乃自往来寿春寻之，竟不相见。通后自往江陵，而慧绪已死。入其房中，讯问委悉，因留江陵少时。路由人家坟墓，无不悉其氏族死亡年月，传以相问，并如其言。或时悬指偷劫，道其罪状。于是群盗遥见通者，辄间行避走。又于江津路值一人，忽以杖打之，语云："可驶归去，看汝家若为。"此人至家，果为延火所及，舍物荡尽。齐永元初，忽就相识人任漾求酒甚急，云："今应远行，不复相见。为谢诸知识，并宜精勤修善为先。"饮酒毕，至墙边卧地，就看已死。后数十日，复有人于市中见之。追及共语，久之乃失。

释保誌十六

释保誌，本姓朱，金城人。少出家，止京师道林寺，师事沙门僧俭为和上，修习禅业。至宋太始初，忽如僻异。居止无定，饮食无时，发长数寸，常跣行街巷，执一锡杖，杖头挂剪刀及镜，或挂一两匹帛。齐建元中，稍见异迹，数日不食，亦无饥容。与人言语，始若难晓，后皆效验。时或赋诗，言如谶记。京土士庶，皆共事之。齐武帝谓其惑众，收驻建康。明旦人见其入市，还检狱中，誌犹在焉。誌语狱吏："门外有两舆食来，金钵盛饭，汝可取之。"既而齐文慧太子、竟陵王子良，并送食饷誌，果如其言。建康令吕文显以事闻武帝，帝即迎入，居之后堂。一时屏除内宴，誌亦随众出。既而景阳山上，犹有一誌，与七僧俱，帝怒遣推检，失所在。阁吏启云：“誌久出在省，方以墨涂其身。”时僧正法献，欲以一衣遗志，遣使于龙光、罽宾二寺求之，并云：“昨宿旦去。”又至其常所造厉侯伯家寻之，伯云：“誌昨在此行道，旦眠未觉。”使还以告献，方知其分身三处宿焉。常盛冬袒行。沙门宝亮欲以衲衣遗之，未及发言，誌忽来引纳而去。又时就人求生鱼鲙，人为办觅，致饱乃去。还视盆中，鱼游活如故。誌后假武帝神力，见高帝于地下，常受锥刀之苦，帝自是永废锥刀。齐卫尉胡谐病，请誌，誌往疏云：“明屈。”明日竟不往。是日谐亡，载尸还宅。誌云“明屈”者，明日尸出也。齐太尉司马殷齐之随陈显达镇江州，辞誌，誌画纸作一树，树上有乌，语云：“急时可登此。”后显达逆，即留齐之镇州。及败，齐之叛入庐山，追骑将及，齐之见林中有一树，树上有乌，如誌所画，悟而登之，乌竟不飞，追者见乌，谓无人而反，卒以见免。齐屯骑桑偃将欲谋反，往诣誌，誌遥见而走，大呼云：“围台城，欲反逆，斫头破腹。”后未旬事发，偃叛往朱方，为人所得，果斫头破腹。梁鄱阳忠烈王，尝屈誌来第会，忽令觅荆子甚急，既得，安之门上，莫测所以。少时王便出为荆州刺史，其预鉴之明，此类非一。

誌多去来兴皇、净名两寺。及今上龙兴，甚见崇礼。先是齐时多禁誌出入，今上即位，下诏曰：“誌公迹拘尘垢，神游冥寂。水火不能燋濡，蛇虎不能侵惧。语其佛理，则声闻以上，谈其隐伦，则遁仙高者。岂得以俗士常情空相拘制？何其鄙狭一至于此！自今行道来往，随意出入，勿得复禁。”誌自是多出入禁内。天监五年冬旱，雩祭备至，而未降雨。誌忽上启云：“誌病不差，就官乞治。若不启百，官应得鞭杖，愿于华光殿讲胜鬘请雨。”上即使沙门法云讲胜鬘，讲竟，夜便大雪。誌又云：“须一盆水，加刀其上。”俄而雨大降，高下皆足。上尝问誌云：“弟子烦惑未除，何以治之？”答云：“十二。”识者以为十二因缘治惑药也。又问十二之旨，答云：“旨在书字时节刻漏中。”识者以为书之在十二时中。又问：“弟子何时得静心修习。”答云：“安乐禁。”识者以为禁者止也，至安乐时乃止耳。后法云于华林寺讲法华，至假使黑风。誌忽问风之有无，答云：“世谛故有，第一义则无也。”誌往复三四番，便笑云：“若体是假有，此亦不可解，难可解。”其辞旨隐没，类皆如此。有陈御虏者，举家事志甚笃。誌尝为其现真形，光相如菩萨像焉。誌知名显奇四十余载，士女恭事者数不可称。至天监十三年冬，于台后堂谓人曰：“菩萨将去。”未及旬日，无疾而终。尸骸香软，形貌熙悦。临亡然一烛，以付后阁舍人吴庆，庆即启闻，上叹曰：“大师不复留矣，烛者将以后事属我乎？”因厚加殡送，葬于钟山独龙之阜，仍于墓所立开善精舍。敕陆倕制铭辞于冢内，王筠勒碑文于寺门。传其遗像，处处存焉。初誌显迹之始，年可五六十许，而终亦不老，人咸莫测其年。有徐捷道者，居于京师九日台北。自言是誌外舅弟，小誌四年，计誌亡时应年九十七矣。时梁初蜀中又有道香、僧朗，亦并有神力云。

论曰：神道之为化也，盖以抑夸强，摧侮慢，挫凶锐，解尘纷。至若飞轮御宝，则善信归降，竦石参烟，则力士潜伏。当知至治无心，刚柔在化。自晋惠失政，怀愍播迁，中州寇荡，群羯乱交，渊、曜篡虐于前，勒、虎潜凶于后。郡国分崩，民遭屠炭。澄公悯锋镝之方始，痛刑害之未央。遂彰神化于葛陂，骋悬记于襄、邺。藉秘咒而济将尽，拟香气而拔临危。瞻铃映掌，坐定吉凶。终令二石稽首，荒裔子来，泽润苍萠，固无以校也。其后佛调、耆域、涉公、杯度等，或韬光晦影，俯同迷俗，或显现神奇，遥记方兆，或死而更生，或窆后空壥，灵迹怪诡，莫测其然。但典章不同，袪取亦异。至如刘安、李脱，书史则以为谋僭妖荡，仙录则以为羽化云翔。夫理之所贵者合道也，事之所贵者济物也。故权者反常而合道，利用以成务。然前传所纪，其详莫究。或由法身应感，或是遁仙高逸。但使一介兼人，便足矣。至如慧则之感香瓮，能致痼疾消疗；史宗之过渔梁，乃令潜鳞得命。白足临刃不伤，遗法为之更始。保誌分身圆户，帝王以之加信。光虽和而弗污其体，尘虽同而弗渝其真。故先代文纪，并见宗录。若其夸衒方伎，左道乱时，因神药而高飞，藉芳芝而寿考，与夫鸡鸣云中，狗吠天上，蛇鹄不死，龟灵千年，曾是为异乎？

赞曰：土资水泽，金由火煎。强梁扈化，假见威权。澄照襄土，开导蓄川。惠兹两叶，绥彼四边。如不繄赖，民命何全！

高僧传卷第十

高僧传卷第十一

梁会稽嘉祥寺沙门释慧皎撰

习禅（二十一人）

竺僧显一
帛僧光二
竺昙猷三
释慧嵬四
释贤护五
释支昙兰六
释法绪七
释玄高八
释僧周九
释慧通十
释净度十一
释僧从十二
释法成十三
释慧览十四
释法期十五
释道法十六
释普恒十七
释法晤十八
释僧审十九

释昙超二十

释慧明二十一

竺僧显一

竺僧显，本姓傅氏，北地人。贞苦善戒节，蔬食诵经，业禅为务。常独处山林，头陀人外。或时数日入禅，亦无饥色。时刘曜寇荡西京，朝野崩乱。显以晋太兴之末，南逗江左。复历名山，修己恒业。后遇疾绵笃，乃属想西方，心甚苦至。见无量寿佛，降以真容，光照其身，所苦都愈。是夕便起澡浴，为同住及侍疾者说己所见，并陈诫因果，辞甚精析。至明清晨，平坐而化。室内有殊香，旬余乃歇。

帛僧光二

帛僧光，或云昙光，未详何许人。少习禅业。晋永和初，游于江东，投剡之石城山。山民咸云：此中旧有猛兽之灾，及山神纵暴，人踪久绝。光了无惧色，雇人开剪，负杖而前。行入数里，忽大风雨，群虎号鸣。光于山南见一石室，仍止其中，安禅合掌，以为栖神之处。至明旦雨息，乃入村乞食，夕复还中。经三日，乃梦见山神，或作虎形，或作蛇身，竞来怖光，光一皆不恐。经三日，又梦见山神，自言移往章安县寒石山住，推室以相奉。尔后薪采通流，道俗宗事。乐禅来学者，起茅茨于室侧，渐成寺舍，因名隐岳。光每入定，辄七日不起。处山五十三载，春秋一百一十岁。晋太元之末，以衣蒙头，安坐而卒。众僧咸谓依常入定，过七日后，怪其不起，乃共看之，颜色如常，唯鼻中无气。神迁虽久，而形骸不朽。至宋孝建二年，郭鸿任剡，入山礼拜，试以如意拨胸，飒然风起。衣服销散，唯白骨在焉。鸿大愧惧，收之于室，以砖叠其外而泥之，画其形像，于今尚存。

竺昙猷三

竺昙猷，或云法猷，敦煌人。少苦行，习禅定。后游江左，止剡之石城山，乞食坐禅。尝行到一行蛊家乞食，猷咒愿竟，忽有蜈蚣从食中跳出，猷快食无他。后移始丰赤城山石室坐禅。有猛虎数十，蹲在猷前。猷诵经如故。一虎独睡，猷以如意扣虎头，问何不听经？俄而群虎皆去。有顷，壮蛇竞出，大十余围，循环往复，举头向猷，经半日复去。后一日神现形诣猷曰："法师威德既重，来止此山，弟子辄推室以相奉。"猷曰："贫道寻山，愿得相值，何不共住。"神曰："弟子无为不尔，但部属未洽法化，卒难制语。远人来往，或相侵触。人神道异，是以去耳。"猷曰："本是何神？居之久近，欲移何处去耶？"神曰："弟子夏帝之子，居此山二千余年。寒石山是家舅所治，当往彼住。"寻还山阴庙。临别执手，赠猷香三奁，于是鸣鞭吹角，陵云而去。赤城山山有孤岩独立，秀出千云。猷抟石作梯，升岩宴坐，接竹传水，以供常用，禅学造者十有余人。王羲之闻而故往，仰峰高挹，致敬而反。赤城岩与天台瀑布、灵溪四明并相连属。而天台悬崖峻峙，峰岭切天，古老相传云：上有佳精舍，得道者居之。虽有石桥跨涧，而横石断人，且莓苔青滑，自终古以来，无得至者。猷行至桥所，闻空中声曰："知君诚笃，今未得度。却后十年，自当来也。"猷心怅然，夕留中宿，闻行道唱萨之声。旦复欲前，见一人须眉皓白，问猷所之，猷具答意。公曰："君生死身，何可得去？吾是山神，故相告耳。"猷乃退还。道经一石室，过中憩息。俄而云雾晦合，室中尽鸣，猷神色无扰。明旦见人著单衣夾来，曰："此乃仆之所居，昨行不在家中，遂致搔动，大深愧怍。"猷曰："若是君室，请以相还。"神曰："仆家室已移，请留令住。"猷停少时。猷每恨不得度石桥，后洁斋累日，复欲更往，见横石洞开。度桥少许，睹精舍神僧，果如前所说。因共烧香中食，食毕，神僧谓猷曰："却后十年，自当来此，今未得住。"于是而返。顾看横石，还合如初。晋太元中，有妖星，帝普下诸国有德沙门，令斋忏悔攘灾，猷乃祈诚冥感。至六日旦，见青衣小儿来悔过云："横劳法师。"是夕星退。别说云攘星是帛僧光，未详。猷以太元之末，卒于山室。尸犹平坐，而举体绿色。晋义熙末，隐士神世标入山登岩，故见猷尸不朽。其后欲往观者辄云雾所惑，无得窥也。时又有慧开、慧真等，亦善禅业。入余姚灵秘山，各造方丈禅龛，于今尚在。

释慧嵬四

释慧嵬，不知何许人。止长安大寺。戒行澄洁，多栖处山谷，修禅定之业。有一无头鬼来，嵬神色无变，乃谓鬼曰：“汝既无头，便无头痛之患，一何快哉。”鬼便隐形。复作无腹鬼来，但有手足，嵬又曰：“汝既无腹，便无五藏之忧，一何乐哉。”须臾复作异形，嵬皆随言遣之。后又时天甚寒雪，有一女子来求寄宿。形貌端正，衣服鲜明，姿媚柔雅，自称天女：“以上人有德，天遣我来，以相慰喻。”谈说欲言，劝动其意。嵬执志贞确，一心无扰，乃谓女曰：“吾心若死灰，无以革囊见试。”女遂陵云而逝。顾而叹曰：“海水可竭，须弥可倾，彼上人者，秉志坚贞。”后以晋隆安三年，与法显俱游西域，不知所终。

释贤护五

释贤护，姓孙，凉州人。来止广汉阎兴寺，常习禅定为业，又善于律行，纤毫无犯。以晋隆安五年卒，临亡，口出五色光明，照满寺内。遗言使烧身，弟子行之。既而支节都尽，唯一指不然，因埋之塔下。

支昙兰六

支昙兰，青州人。蔬食乐禅，诵经三十万言。晋太元中游剡，后憩始丰赤城山，见一处林泉清旷而居之。经于数日，忽见一人长大，数呵兰令去，又见诸异形禽兽数以恐兰，见兰恬然自得，乃屈膝礼拜云：“珠欺王是家舅，今往韦卿山就之，推此处以相奉。”尔后三年，忽闻车骑隐隐，从者弥峰。俄而有人著帻，称珠欺王通，既前，从其妻子男女等二十三人，并形貌端整，有逾于世。既至兰所，暄凉讫，兰问住在何处，答云：“乐安县韦卿山。久服风问，今与家累仰投，乞受归戒。”兰即授之，受法竟，倈钱一万，蜜二器，辞别而去。便闻鸣笳动吹，响振山谷。兰禅众十余，共所闻见。晋元熙中卒于山，春秋八十有三矣。

释法绪七

释法绪，姓混，高昌人。德行清谨，蔬食修禅。后入蜀，于刘师冢间头陀山谷，虎兕不伤。诵法华、维摩、金光明。常处石室中，且禅且诵。盛夏于室中舍命，七日不臭。尸左侧有香，经旬乃歇，每夕放光，照彻数里。村人即于尸上为起冢塔焉。

释玄高八

释玄高，姓魏，本名灵育，冯翊万年人也。母寇氏，本信外道。始适魏氏，首孕一女，即高之长姊。生便信佛，乃为母祈愿，愿门无异见，得奉大法。母以伪秦弘始三年，梦见梵僧散华满室，觉便怀胎，至四年二月八日生男。家内忽有异香，及光明照壁，迄旦乃息。母以儿生瑞兆，因名灵育。时人重之，复称世高。年十二辞亲入山，久之未许。异日有一书生寓高家宿，云欲入中常山隐，父母即以高凭之。是夕咸见村人共相祖送，明旦村人尽来候高。父母云："昨已相送，今复觅耶？"村人云："都不知行，岂容已送？"父母方悟昨之迎送乃神人也。高初到山，便欲出家，山僧未许，云："父母不听，法不得度。"高于是暂还家，启求入道，经涉两旬，方卒先志。既背俗乖世，改名玄高。聪敏生知，学不加思。

至年十五，已为山僧说法。受戒已后，专精禅律。闻关中有浮驮跋陀禅师在石羊寺弘法，高往师之。旬日之中，妙通禅法。跋陀叹曰："善哉佛子，乃能深悟如此。"于是卑颜推逊，不受师礼。高乃杖策西秦，隐居麦积山。山学百余人，崇其义训，禀其禅道。时有长安沙门释昙弘，秦地高僧，隐在此山，与高相会，以同业友善。时乞佛炽槃跨有陇西，西接凉土。有外国禅师昙无毗来入其国，领徒立众，训以禅道。然三昧正受，既深且妙，陇右之僧禀承盖寡。高乃欲以己率众，即从毗受法。旬日之中，毗乃反启其志。时河南有二僧，虽形为沙门，而权侔伪相。恣情乖律，颇忌学僧。昙无毗既西返舍夷，二僧乃向河南王世子曼谗构玄高，云蓄聚徒众，将为国灾。曼信谗便欲加害，其父不许，乃摈高往河北林阳堂山。山古老相传云，是群仙所宅。

高徒众三百，往居山舍。神情自若，禅慧弥新，忠诚冥感，多有灵异。磬既不击而鸣，香亦自然有气。应真仙士，往往来游。猛兽驯伏，蝗毒除害。高学徒之中，游刃六门者，百有余人。有玄绍者，秦州陇西人。学究诸禅，神力自在。手指出水，供高洗漱，其水香净，倍异于常。每得非世华香，以献三宝。灵异如绍者，又十一人。绍后入堂术山蝉蜕而逝。

昔长安昙弘法师，迁流岷蜀，道洽成都。河南王藉其高名，遣使迎接。弘既闻高被摈，誓欲申其清白，乃不顾栈道之难，冒险从命。既达河南，宾主仪毕，便谓王曰："既深鉴远识，何以信谗弃贤？贫道所以不远数千里，正欲献此一白。"王及太子赧然愧悔，即遣使诣高，卑辞逊谢，请高还邑。高既广济为怀，忘忿赴命。始欲出山，山中草木摧折，崩石塞路。高咒愿曰："吾誓志弘道，岂得滞方。"乃风息路开，渐还到国。王及臣民，近道候迎。内外敬奉，崇为国师。

河南化毕，进游凉土。沮渠蒙逊深相敬事，集会英宾，发高胜解。时西海有樊僧印，亦从高受学。志狭量褊，得少为足，便谓已得罗汉，顿尽禅门。高乃密以神力，令印于定中，备见十方无极世界，诸佛所说法门不同。印于一夏寻其所见，永不能尽，方知定水无底，大生愧惧。

时魏虏拓跋焘僭据平城，军侵凉境，焘舅阳平王社超，请高同还伪都。既达平城，大流禅化。伪太子拓跋晃事高为师，晃一时被谗，为父所疑，乃告高曰："空罗枉苦，何由得脱？"高令作金光明斋，七日恳忏。焘乃梦见其祖及父，皆执剑烈威，问："汝何故信谗言，枉疑太子？"焘惊觉，大集群臣，告以所梦。诸臣咸言，太子无过，实如皇灵降诰。焘于太子无复疑焉，盖高诚感之力也。焘因下书曰："朕承祖宗重光之绪，思阐洪基，恢隆万代。武功虽昭，而文教未畅，非所以崇太平之治也。今者域内安逸，百姓富昌，宜定制度，为万世之法。夫阴阳有往复，四时有代序。授子任贤，安全相付，所以休息疲劳，式固长久，古今不易之令典也。朕诸功臣，勤劳日久。当致仕归第，雍容高爵，颐神养寿，论道陈谟而已。不须复亲有司苦剧之职。其令皇太子副理万机，总统百揆，更举良贤，以备列职。择人授任，而黜陟之。故孔子曰："后生可畏。焉知来者之不如今。"于是朝士庶民皆称臣于太子。上书如表，以白纸为别。

时崔皓、寇天师先得宠于焘，恐晃篡承之日夺其威柄，乃谮云："太子前事，实有谋心。但结高公道术，故令先帝降梦。如此物论，事迹稍形，若不诛除，必为巨害。”焘遂纳之，勃然大怒，即敕收高。高先时尝密语弟子云：“佛法应衰，吾与崇公首当其祸乎？”于时闻者莫不慨然。时有凉州沙门释慧崇，是伪魏尚书韩万德之门师。既德次于高，亦被疑阻。至伪太平五年九月，高与崇公俱被幽絷。其月十五日就祸，卒于平城之东隅，春秋四十有三。是岁宋元嘉二十一年也。当尔之夕，门人莫知。是夜三更，忽见光绕高先所住处塔三匝，还入禅窟中。因闻光中有声云：“吾已逝矣。”诸弟子方知已化，哀号痛绝。既而迎尸于城南旷野，沐浴迁殡。兼营理崇公，别在异处。一都道俗，无不嗟骇。

弟子玄畅时在云中，去魏都六百里，旦忽见一人告云以变，仍给六百里马。于是扬鞭而返，晚间至都，见师已亡，悲恸断绝。因与同学共泣曰：“法今既灭，颇复兴不？如脱更兴，请和上起坐。和上德匪常人，必当照之矣。”言毕，高两眼稍开，光色还悦。体通汗出，其汗香甚。须臾起坐，谓弟子曰：“大法应化，随缘盛衰。盛衰在迹，理恒湛然。但念汝等不久复应如我耳，唯有玄畅当得南度。汝等死后，法当更兴。善自修心，无令中悔。”言已便卧而绝也。明日迁柩，欲阇维之，国制不许，于是营坟即窆。道俗悲哀，号泣望断。有沙门法达，为伪国僧正，钦高日久，未获受业。忽闻怛化，因而哭曰：“圣人去世，当复何依？”累日不食，常呼：“高上圣人自在，何能不一现！”应声见高飞空而至，达顶礼求哀，愿见救护。高曰：“君业重难救，当可如何。自今以后，依方等苦悔，当得轻受。”达曰：“脱得苦报，愿见矜救。”高曰：“不忘一切，宁独在君。”达又曰：“法师与崇公并生何处？”高曰：“吾愿生恶世，救护众生，即已还生阎浮。崇公常祈安养，已果心矣。”达又问：“不审法师已阶何地？”高曰：“我诸弟子自有知者。”言讫奄然不见。达密访高诸弟子，咸云是得忍菩萨。至伪太平七年，拓跋焘果毁灭佛法，悉如高言。时河西国沮渠茂虔。时有沙门昙曜，亦以禅业见称，伪太傅张潭伏膺师礼。

释僧周九

释僧周，不知何人。性高烈，有奇志操。而韬光晦迹，人莫能知。常在嵩高山头陀坐禅。魏虏将灭佛法，周谓门人曰：“大难将至。”乃与眷属数十人，共入寒山，山在长安西南四百里。溪谷险阻，非军兵所至，遂卜居焉。俄而魏虏肆暴，停者悉毙。其后寻悔，诛灭崔氏，更兴佛法。伪永昌王镇长安，奉旨将更修立，访求沙门。时有说寒山有僧，德业非凡，王即遣使征请。周辞以老疾，令弟子僧亮应命出山。周后将殂，告弟子曰：“吾将去矣。”其夕见火从绳床后出烧身，经三日方尽。烟焰涨天，而房不烬。弟子收遗灰，架以砖塔。弟子僧亮，姓李，长安人，受业于僧周。初永昌王请僧，无敢应者，咸以言佛法初兴，疑有不测之虑。亮曰：“像运寄人，正在今日。若被诛剪，自身当之；如其获全，则道有更振之期。”又僧周加劝，于是随使至长安。未至之顷，王及民人，扫洒街巷，比室候迎。王亲自扛道，接足致敬。亮为陈诫祸福，训示因果。言约理诣，和而且切。听者悲憙，各不自胜。于是修复故寺，延请沙门。关中大法更兴，亮之力也。

释慧通十

释慧通，关中人。少止长安太后寺，蔬食持咒，诵增一阿含经。初从凉州禅师慧诏咨受禅业。法门观行，多所游刃。常祈心安养，而欲栖神彼国。微疾，乃于禅中见一人来，形甚端严，语通言：“良时至矣。”须臾见无量寿佛光相晖然。通因觉禅，具告同学所见，言讫便化。异香在房，三日乃歇，春秋五十九矣。

释净度十一

释净度，吴兴余杭人。少爱游猎，尝射孕鹿堕胎，鹿母衔痛，犹就地舐子。度乃心悟，因摧弓折矢，出家蔬食。诵经三十余万言。常独处山泽，坐禅习诵。若邑中有斋集，辄身然九灯，端然达曙，以为供养，如此者累年。后忽告弟子云，令办香汤洗浴，说法数千章，诫以生死因果，言讫奄然而化，箫鼓香烟自空而至。同时眷属数十人，皆所闻见。

释僧从十二

释僧从，未详何人。禀性虚静，隐居始丰瀑布山。学兼内外，精修五门，不服五谷，唯饵枣栗。年垂百岁，而气力休强，礼诵无辍。与隐士褚伯玉为林下之交。每论道说义，辄留连信宿。后终于山中。

释法成十三

释法成，凉州人。十六出家，学通经律。不饵五谷，唯食松脂，隐居岩穴，习禅为务。元嘉中，东海王怀素出守巴西，闻风遣迎，会于涪城。夏坐讲律，事竟辞反。因停广汉，复弘禅法。后小疾便告众云。成常诵宝积经，于是自力诵之，始得半卷，气劣不堪，乃令人读之一遍，才竟合掌而卒。侍疾十余人，咸见空中绀马背负金棺，升空而逝。

释慧览十四

释慧览，姓成，酒泉人。少与玄高俱以寂观见称。览曾游西域，顶戴佛钵，仍于罽宾从达摩比丘咨受禅要。达摩曾入定往兜率天，从弥勒受菩萨戒。后以戒法授览，览还至于填，复以戒法授彼方诸僧，后乃归。路由河南。河南吐谷浑慕延世子琼等，敬览德问，遣使并资财，令于蜀立左军寺，览即居之。后移罗天宫寺。宋文请下都，止钟山定林寺。孝武起中兴寺，复敕令移住。京邑禅僧皆随踵受业。吴兴沈演、平昌孟颛并钦慕道德，为造禅室于寺。宋大明中卒，春秋六十余矣。

释法期十五

释法期，姓向，蜀都陴人。早丧二亲，事兄如父。十四出家，从智猛咨受禅业，与灵期寺法林同共习观。猛所谙知，皆已证得。后遇玄畅，复从进业。及畅下江陵，期亦随从。十住观门，所得已九。有师子奋迅三昧，唯此未尽。畅叹曰：“吾自西至流沙，北履幽漠，东探禹穴，南尽衡罗。唯见此一子，特有禅分。”后卒于长沙寺，春秋六十有二。神光映尸，体更香洁。时属龙华寺又有释道果者，亦以禅业显焉。

释道法十六

释道法，姓曹，敦煌人。弃家入道，专精禅业，亦时行神咒。后游成都，至王休之、费铿之，请为兴乐、香积二寺主。训众有法，常行分卫，不受别请及僧食。乞食所得，常减其分以施虫鸟。每夕辄脱衣露坐，以饴蚊虻，如此者累年。后入定，见弥勒放齐中光，照三途果报。于是深加笃励，常坐不卧。元徽二年于定中灭度。平坐绳床，貌悦恒日。

释普恒十七

释普恒，姓郭，蜀郡成都人也。为儿童时，常于日光中见圣僧在空中说法，向家人叙之，并未之信。后苦求出家，止治下安乐寺。独处一房，不立眷属，习靖业禅，善入出住。与蜀韬律师为同意。自说入火光三昧，光从眉直下，至金刚际，于光中见诸色像。先身业报，颇亦明了。宋升明三年卒，春秋七十有八。未亡月日，忽与亲知告别，竟无戚颜，时人谓是戏言。将终之日，微有病相。唯俗家一奴看之，明旦平坐而卒。奴不解，强取卧之，尸竟不申。众僧来见，便令坐之。手屈三指，其余皆申。众僧试取捋之，亦随手即申，申已复更屈。生时体黑，死更洁白。于是依得道法阇维之，薪积始然，便有五色烟起，殊香芬馥。州将王玄载乃为之赞曰：“大觉眇无像，悬应贵忘靖。一念会道场，空过万劫永。信心虚东想，遇圣藻西影。妙趣澄三界，传神四禅境。俗物故参差，真性理恒炳。韬光寄浮世，遗德方化迥。”

释法晤十八

释法晤，齐人。家以田桑为业，有男六人，普皆成长。晤年五十丧妻，举家郁然慕道，父子七人，悉共出家。南至武昌，履行山水，见樊山之阳，可为幽栖之处，本隐士郭长翔所止，于是有意终焉。时武昌太守陈留阮晦闻而奇之，因为剪径开山，造立房室。晤不食粳米，常资麦饭，日一食而已。诵大小品、法华。常六时行道，头陀山泽，不避虎兕。有时在树下坐禅，或经日不起。以齐永明七年卒于山中，春秋七十有九。后有沙门道济，踵其高业。今武昌谓其所住为头陀寺焉。

释僧审十九

释僧审，姓王，太原祁人。晋骑骠沈之后也，祖世寓居谯郡。审少出家，止寿春石涧寺，诵法华、首楞严。常谓非禅不智，于是专志禅那。闻昙摩蜜多道王京邑，乃拂衣过江，止于灵曜寺。精勤咨受，曲尽深奥。时群劫入山，审端坐不动，贼乃脱衣以施之。又说法训勖，劫贼惭愧流汗，作礼而去。灵鹫寺慧高从之受禅业，乃请审还寺，别立禅房。清河张振，后又请居栖玄寺。文惠、文宣并加敬事，傅琰、萧赤斧皆咨戒训。王敬则入房觅审，正见入禅，因弹指而出曰“圣道人”。即奉米千斛，请受三归。永明八年卒，春秋七十有五。有僧谦、超志、法达、慧胜并业禅，亦各有异迹。

释昙超二十

释昙超，姓张，清河人。形长八尺，容止可观。蔬食布衣，一中而已。初止上都龙华寺。元嘉末，南游始兴，遍观山水，独宿树下，虎兕不伤。大明中还都。至齐太祖即位，被敕往辽东，弘赞禅道。停彼二年，大行法化。建元末还京，俄又适钱塘之灵苑山。每一入禅，累日不起。后时忽闻风雷之声，俄见一人秉笏而进，称严镇东通。须臾有一人至，形甚端正，羽卫连翩，下席礼敬，自称:“弟子居在七里，任周此地。承法师至，故来展礼。富阳县人故冬凿麓山下为砖，侵壤龙室。群龙共忿，作三百日不雨。今已一百余日，井池枯涸，田种永罢。法师既道德通神，欲仰屈前行，必能感致。润泽苍生，功有归也。”超曰:“兴云降雨，本是檀越之力，贫道何所能乎！”神曰:“弟子部曲，止能兴云，不能降雨，是故相请耳。”遂许之。神倏忽而去，超乃南行。经五日，至赤亭山，遥为龙咒愿说法。至夜，群龙悉化作人，来诣超礼拜。超更说法，因乞三归，自称是龙，超请其降雨，乃相看无言。其夜又与超梦云：“本因忿立誓，法师既导之以善，辄不敢违命，明日晡时当降雨。”超明旦即往临泉寺，遣人告县令，办船于江中，转海龙王经。县令即请僧浮船石首。转经裁竟，遂降大雨。高下皆足，岁以获收。超以永明十卒年，春秋七十有四。

释慧明二十一

释慧明，姓康，康居人。祖世避地于东吴。明少出家，止章安东寺。齐建元中，与沙门共登赤城山石室，见猷公尸骸不朽，而禅室荒芜，高踪不继，乃雇人开剪，更立堂室，造卧佛并猷公像。于是栖心禅诵，毕命枯槁。后于定中见一女神，自称吕姥，云常加护卫。或时有白猿、白鹿、白蛇、白虎，游戏阶前，驯伏宛转，不令人畏。齐竟陵文宣王闻风祇挹，频遣三使，殷勤敦请，乃暂出京师。到第，文宣敬以师礼。少时辞还山，苦留不止，于是资给发遣。以建武之末，卒于山中，春秋七十矣。

论曰：禅也者，妙万物而为言。故能无法不缘，无境不察。然缘法察境，唯寂乃明。其犹渊池息浪，则彻见鱼石；心水既澄，则凝照无隐。老子云：重为轻根，静为躁君。故轻必以重为本，躁必以静为基。大智论云：譬如服药将身，权息家务。气力平健，则还修家业。如是以禅定力，服智慧药。得其力已，还化众生。是以四等六通，由禅而起；八除十入，藉定方成。故知禅定为用大矣哉。自遗教东移，禅道亦授。先是世高、法护译出禅经，僧先、昙猷等，并依教修心，终成胜业。故能内逾喜乐，外折妖祥。摈鬼魅于重岩，睹神僧于绝石。及沙门智严躬履西域，请罽宾禅师佛驮跋陀更传业东土，玄高、玄绍等，亦并亲受仪则，出入尽于数随，往返穷乎还净。其后僧周、净度、法期、慧明等，亦雁行其次。然禅用为显，属在神通。故使三千宅乎毛孔，四海结为凝稣。过石壁而无壅，擎大众而弗遗。及夫悠悠世道，碌碌仙术，尚能停波止雨，咒火烧国，正复玄高逝而更起，道法坐而从化，焉足异哉。若如郁头蓝弗，竟为禽兽所恼，独角仙人，终为扇陀所乱，皆由心道虽摄，而与爱见相应，比夫萤爝之于日月，曾是为匹乎。

赞曰：禅那杳寂，正受渊深。假夫辍虑，方备幽寻。五门弃恶，九次丛林。枯铄山海，聚散升沈。兹德裕矣，如不励心。

明律（十三人）

释慧猷一
释僧业二
释慧询三
释僧璩四
释道俨五
释僧隐六
释道房七
释道营八
释志道九
释法颖十
释法琳十一
释智称十二
释僧祐十三

释慧猷一

释慧猷，江左人。少出家，止江陵辛寺。幼而蔬食履操，至性方直。及具戒已后，专精律禁。时有西国律师卑摩罗叉来适江陵，大弘律藏，猷从之受业。沈思积时，乃大明十诵，讲说相续，陕西律师莫不宗之。后卒于江陵。著十诵义疏八卷。

释僧业二

释僧业，姓王，河内人。幼而聪悟，博涉众典。后游长安，从什公受业。见新出十诵，遂专功此部，俊发天然，洞尽深奥。什叹曰："后世之优波离也。"值关中多难，避地京师。吴国张邵挹其贞素，乃请还姑苏，为造闲居寺。地势清旷，环带长川。业居宗秉化，训诱无辍，三吴学士，辐凑肩联。又以讲导余隙，属意禅门。每一端坐，辄有异香充塞房内。近业坐者，咸所共闻，莫不嗟其神异。昔什公在关，未出十诵，乃先译戒本。及流支入秦，方传大部。故戒心之与大本，今之传诵，二本并行。业以元嘉十八年卒于吴中，春秋七十有五。业弟子慧光，袭业风轨，亦数当讲说。

释慧询三

释慧询，姓赵，赵郡人。少而蔬食苦行。经游长安，受学什公。研精经论，尤善十诵、僧祇。乃更制条章，义贯终古。宋永初中，还止广陵，大开律席。元嘉中至京止道场寺。寺僧慧观，亦精于十诵。以询德为物范，乃令更振他寺。于是移止长乐寺。大明二年卒于所住，春秋八十有四矣。

释僧璩四

释僧璩，姓朱，吴国人。出家为僧业弟子。总锐众经，尤明十诵，兼善史籍，颇制文藻。始住吴虎丘山，宋孝武钦其风闻，敕出京师为僧正悦众，止于中兴寺。时有沙门僧定，自称得不还果。璩集僧详断，令现神足。定云:“恐犯戒，故不现。”璩案律文，有四因缘得现神足:一断疑网，二破邪见，三除憍慢，四成功德。定既虚诳事暴，即日明摈。璩仍著诫众论，以示来业。璩既学兼内外，又律行无疵，道俗归依，车轨相接。少帝准从受五戒，豫章王子尚崇为法友，袁粲、张敷并一遇倾盖。后移止庄严，卒于所住，春秋五十有八。述胜鬘文旨，并撰僧尼要事两卷，今行于世。时又有道表律师，率真有高行。宋明帝敕晋熙王燮从请戒焉。

释道俨五

释道俨，雍丘小黄人。少有戒行。善于毗尼，精研四部，融会众家。

又以律部东传，梵汉异音，文颇左右，恐后人咨访无所，乃会其旨归，名曰决正四部毗尼论。后游于彭城，弘通律藏，遂卒于彼，春秋七十有五。时栖玄寺又有释慧曜者，亦善十诵。

释僧隐六

释僧隐，姓李，秦州陇西人。家世正信。隐年八岁出家，便能长斋。至十二蔬食。及受具戒，执操弥坚。常游心律苑，妙通十诵，诵法华、维摩。闻西凉州有玄高法师禅慧兼举，乃负笈从之。于是学尽禅门，深解律要。高公化后，复西游巴蜀，专任弘通。顷之东下，止江陵琵琶寺，咨业于慧彻。彻名重当时，道扇方外。隐研访少时，备穷经律，禅慧之风，被于荆楚。州将山阳王刘休佑及长史张岱，并咨禀戒法。后刺史巴陵王休若及建平王景素，皆税驾禅房，屈膝恭礼。后卧疾少时，问侍者："日中未？"答云："已中。"乃索水漱口，颜貌怡然，忽尔从化，春秋八十矣。时江陵上明寺复有成具律师，亦善十诵及杂心、毗昙等。

释道房七

释道房，姓张，广汉五城人。道行清贞。少善律学，止广汉长乐寺。每礼佛烧香，香烟直入佛顶。又勤诲门人，改恶行善，其不改者，乃为之流泣。后卒于所住，春秋一百二十岁矣。

释道营八

释道营，未详何人。始住灵曜寺习禅，晚依观、询二律师咨受毗尼，偏善僧祇一部，诵法华、金光明，蔬素守节。庄严道慧、治城智秀，皆师其戒范。张永请还吴郡，蔡兴宗复要住上虞。永后于京师娄胡苑立闲心寺，复请还居。讲席频仍，学徒甚盛。升明二年卒，春秋八十有三矣。时有释慧祐者，本丹徒人，年三十出家。厉身苦节，精寻律教。齐初入东山，讲摩诃僧祇部。齐竟陵王子良遣迎出都，仍止闲心寺焉。

释志道九

释志道，姓任，河内人。性温谨。十七出家，止灵曜寺。蔬素少欲，六物之外，略无兼畜。学通三藏，尤长律品。何尚之钦德致礼，请居所造法轮寺。先时魏虏灭佛法，后世嗣兴，而戒授多阙。道既誓志弘通，不惮艰苦，乃携同契十有余人，往至虎牢。集洛、秦、雍、淮、豫五州道士，会于引水寺。讲律明戒，更申受法。伪国僧禁获全，道之力也。后还京邑，王奂出镇湘州，携与同游。以永明二年卒于湘土，春秋七十有三。时京师瓦官寺又有超度者，亦善十诵及四分，著律例七卷云。

释法颖十

释法颖，姓索，敦煌人。十三出家，为法香弟子，住凉州公府寺。与同学法力，俱以律藏知名。颖伏膺已后，学无再请，记在一闻。研精律部，博涉经论。元嘉末，下都，止新亭寺。孝武南下，改治此寺，以颖学业兼明，敕为都邑僧正。后辞任，还多宝寺。常习定闲房，亦时开律席。及齐高即位，复敕为僧主，资给事事，有倍常科。颖以从来信施，造经像及药藏，镇于长干。齐建元四年卒，春秋六十有七。撰十诵戒本并羯磨等。时天宝寺又有慧文律师，亦善诸部毗尼，为琅琊王奂所事云。

释法琳十一

释法琳，姓乐，晋原临邛人。少出家，止蜀郡裴寺。专好戒品，研心十诵，常恨蜀中无好师宗。俄而隐公至蜀，琳乃克己握锥，以日兼夜。及隐还陕西，复随从数载。诸部毗尼，洞尽心曲。后还蜀，止灵建寺。益部僧尼，无不宗奉。常祈心安养。每诵无量寿及观经，辄见一沙门，形甚姝大，常在琳前。至齐建武二年，寝疾不愈。注念西方，礼忏不息。见诸贤圣皆集目前，乃向弟子述其所见，令死后焚身，言讫合掌而卒。即于新繁路口积木燔尸，烟焰冲天，三日乃尽。收敛遗骨，即于其处而起塔焉。

释智称十二

释智称，姓裴，本河东闻憙人。魏冀州刺史徽之后也。祖世避难，寓居京口。称幼而慷慨，颇好弓马。年十七，随王玄谟、申坦北讨猃狁。每至交兵血刃，未尝不心怀恻怛，痛深诸己。却乃叹曰："害人自济，非仁人之志也。"事宁解甲。遇读瑞应经，乃深生感悟。知百年不期，国城非重。乃投南涧禅房宗公，请受五戒。宋孝武时迎益州仰禅师下都供养，称便束意归依，仰亦厚相将接。及仰反汶江，因扈游而上，于蜀裴寺出家，仰为之师，时年三十有六。乃专精律部，大明十诵，又诵小品一部。后东下江陵，从隐、具二师更受禅律。值义嘉遘乱，乃移卜居京师，遇颖公于兴皇讲律。称咨决隐远，发言中诣，一时之席，莫不惊嗟。定林法献于讲席相值，闻其往复清玄，仍携止山寺。于是温诵小品，研构毗尼。后余杭宝安寺释僧志请称还乡，开讲十诵。云栖寺复屈为寺主，称乃受任。少时举其纲目，示以宪章。顷之反都，文宣请于普弘讲律，僧众数百，皆执卷承旨。称辞家入道，务遣繁累，常绝庆吊，杜人事。每有凶故，秉戒节哀。唯行道加勤，以终期功之制。末方沙门慧始请称还乡讲说，亲里知旧皆来问讯，悉殷勤训勖，示以孝慈。临别涕泣，固留不止。还京憩安乐寺。法轮常转，讲大本三十余遍。齐永元二年卒，春秋七十有二。著十诵义记八卷，盛行于世。弟子僧辩等，树碑于安乐寺。称弟子聪、超二人，最善毗尼，为门徒所挹。

释僧祐十三

释僧祐，本姓俞氏，其先彭城下邳人，父世居于建业。祐年数岁，入建初寺礼拜。因踊跃乐道，不肯还家。父母怜其志，且许入道，师事僧范道人。年十四，家人密为访婚，祐知而避至定林，投法达法师。达亦戒德精严，为法门梁栋，祐师奉竭诚。及年满具戒，执操坚明。初受业于沙门法颖，颖既一时名匠，为律学所宗。祐乃竭思钻求，无懈昏晓。遂大精律部，有励先哲。齐竟陵文宣王每请讲律，听众常七八百人。永明中，敕入吴，试简五众，并宣讲十诵，更申受戒之法。凡获信施，悉以治定林、建初及修缮诸寺，并建无遮大集舍身斋等，及造立经藏，搜校卷轴。使夫寺庙开广，法言无坠，咸其力也。祐为性巧思，能目准心计，及匠人依标，尺寸无爽。故光宅、摄山大像，剡县石佛等，并请祐经始，准画仪则。今上深相礼遇，凡僧事硕疑，皆敕就审决。年衰脚疾，敕听乘舆入内殿，为六宫受戒，其见重如此。开善智藏、法音慧廓，皆崇其德，素请事师礼。梁临川王宏、南平王伟、仪同陈郡袁昂、永康定公主、贵嫔丁氏，并崇其戒范，尽师资之敬。凡白黑门徒，一万一千余人。以天监十七年五月二十六日卒于建初寺，春秋七十有四。因窆于开善路西，定林之旧墓也。弟子正度立碑颂德，东莞刘勰制文。初祐集经藏既成，使人抄撰要事，为三藏记、法苑记、世界记、释迦谱及弘明集等，皆行于世。

论曰：礼者出乎忠信之薄，律亦起自防非。是故随有犯缘，乃制篇目。迄乎双树，在迹为周。自金河灭影，迦叶嗣兴，因命持律尊者优波离比丘，使出律藏。波离乃手执象牙之扇，口诵调御之言。满八十反，其文乃讫。于是题之树叶，号曰八十诵律。是后迦叶、阿难、末田地、舍那波斯、优波掘多，此五罗汉，次第住持。至掘多之世，有阿育王者，王在波吒梨弗多城。因以往昔见佛，遂为铁轮御世，而猜忌不忍，在政苛虐，焚荡经书，害诸得道。其后易心归信，追悔前失，远会应真，更集三藏。于是互执见闻，各引师说。依据不同，遂成五部。而所制轻重，时或不同，开遮废立，不无小异。皆由如来往昔，善应物机；或随人随根，随时随国；或此处应开，余方则制；或此人应制，余者则开。五师虽同取佛律，而各据一边，故篇聚或时轻重，罪目不无优降。依之修学，并能得道。故如来在世，有梦叠因缘，已悬记经律应为五部。大集经云：我灭度后，遗法分为五部。颠倒解义，隐覆法藏，名昙无毱多，即昙无德也。读诵外书，受有三世，善能问难，说一切姓皆得受戒，名萨婆，若帝婆，即萨婆多也。说无有我，转诸烦恼，名迦叶毗。说有我不说空，名婆蹉富罗。以广博遍览五部，名摩诃僧祇。善男子，如是五部，虽各别异，而皆不妨诸佛法界及大涅槃。又文殊师利问经云：我涅槃后百年当有二部起。一摩诃僧祇，二大众。老少同会共出律也。从此部流散，更生七部。二者体毗履部，纯老宿共会出律也。从此部流散，更生十一部。故彼经偈云：十八及二本，悉从大乘出。无是亦无非，我说未来起。又执见不同，传中亦有十八部，而名字小异，故以五部为根本。从萨婆多部生四部，弥沙塞生一部，迦叶毗生二部。并是佛泥洹后二百年内，僧祇生六部，流传至四百年中，昙无德所生也。经中或时止道五师者，举其领袖而言。或时十八二十，则通列异论也。自大教东传，五部皆度。始弗若多罗诵出十诵梵本，罗什译为晋文未竟，多罗化焉。后昙摩流支又诵出所余，什译都竟。昙无德部，佛陀耶舍所翻，即四分律也。摩诃僧祇部，及弥沙塞部，并法显得梵本。佛驮跋陀罗译出僧祇律。佛驮什译出弥沙塞部，即五分律也。迦叶毗部，或言梵本已度，未彼翻译，其善见、摩得勒伽、戒因缘等，亦律之枝属也。虽复诸部皆传，而十诵一本最盛东国。以昔卑摩罗叉律师，本西土元匠，来入关中，及往荆陕，皆宣通十诵，盛见宋录。昙猷亲承音旨，僧业继踵弘化。其间璩、俨、隐、荣等并祖述猷业，列奇宋代。而皆依文作解，未甚钻研。其后智称律师，竭有深思。凡所披释，并开拓门户，更立科目。齐梁之间，号称命世，学徒传记，于今尚焉。夫慧资于定，定资于戒，故戒、定、慧、品义次第。故当知入道即以戒律为本，居俗则以礼义为先。礼记云：道德仁义，非礼不成。教训正俗，非礼不备。经云：戒为平地，众善由生。三世佛道，藉戒方住。故律解五法，制使先知。斩草三相，不可不识。然后定慧法门，以次修学。而谬执之徒，互生异论。偏于律者，则言戒律为指事，数论虚诞。薄知篇聚名目，便言解及波离，止能漉水翻囊，已谓行齐罗汉，唯我曰僧，余皆目想，此则自赞毁他，功不赎过。我慢矜高，盖斯谓也。偏于数论者，则言律部为偏分，数论为通方。于是扈背毗尼，专重阴入，得意便行，曾莫拘碍，谓言地狱不烧智人，镬汤不煮般若，此皆操之失柄，还以自伤。相鼠看羊，岂非斯谓？

赞曰：盘杅设戒，几杖施铭。人如不勖，奚用克成？纳衣既补，篇聚由生。缄持口意，枯槁心形。怡戚两镜，欣忧二瓶。

高僧传卷第十一

高僧传卷第十二

梁会稽嘉祥寺沙门释慧皎撰

亡身（十一人）

释僧群一

释僧群，未详何许人。清贫守节，蔬食诵经。后迁居罗江县之霍山，构立茅室。山孤在海中，上有石盂，径数丈许，水深六七尺，常有清流。古老相传云，是群仙所宅。群仙饮水不饥，因绝粒。后晋守太守陶夔，闻而索之。群以水遗夔，出山辄臭，如此三四。夔躬自越海，天甚晴霁，及至山，风雨晦暝，停数日竟不得至，乃叹曰："俗内凡夫，遂为贤圣所隔。"

慨恨而返。群庵舍与盂隔一小涧，常以一木为梁，由之汲水。后时忽有一折翅鸭，舒翼当梁头，就唼群。群欲举锡杖拨之，恐畏伤损，因此回还，绝水不饮，数日而终，春秋一百四十矣。临终向人说，年少时，经折一鸭翅，验此以为现报。

释昙称二

释昙称，河北人。少而仁爱，惠及昆虫。晋末至彭城，见有老人，年八十，夫妻穷悴。乃舍戒为奴，累年执役。而内修道德，未尝有废，乡邻嗟之。及二老卒，佣赁获直，悉为二老福用。拟以自赎，事毕欲还入道，法物未备。宋初彭城驾山下虎灾，村人遇害，日有一两。称乃谓村人曰："虎若食我，灾必当消。"村人苦谏不从，即于是夜，独坐草中，咒愿曰："以我此身，充汝饥渴，令汝从今息怨害意，未来当得无上法食。"村人知其意正，各泣拜而还。至四更中，闻虎取称，村人逐至南山，啖身都尽，唯有头在，因葬而起塔，尔后虎灾遂息。

释法进三

释法进，或曰道进，或曰法迎，姓唐，凉州张掖人。幼而精苦习诵，有超迈之德，为沮渠蒙逊所重。逊卒，子景环为胡寇所破，问进曰："今欲转略高昌，为可克不？"进曰："必捷，但忧灾饿耳。"回军即定。后三年景环卒，弟安周续立。是岁饥荒，死者无限。周既事进，进屡从求乞，以赈贫饿，国蓄稍竭，进不复求。乃净洗浴，取刀盐，至深穷窟饿人所聚之处，次第授以三归。便挂衣钵著树，投身饿者前云："施汝共食。"众虽饥困，犹义不忍受。进即自割肉，和盐以啖之。两股肉尽，心闷不能自割，因语饿人云："汝取我皮肉，犹足数日，若王使来，必当将去，但取藏之。"饿者悲悼，无能取者。须臾弟子来至，王人复看。举国奔赴，号叫相属，因舆之还宫。周敕以三百斛麦以施饿者，别发仓廪以赈贫民。至明晨乃绝，出城北阇维之。烟炎冲天，七日乃歇。尸骸都尽，唯舌不烂。即于其处起塔三层，树碑于右。进弟子僧遵，姓赵，高昌人。善十诵律，蔬食节行，诵法华、胜鬘、金刚波若。又笃厉门人，常忏悔为业。

释僧富四

释僧富，姓山，高阳人。父霸为蓝田令。富少孤居贫，而笃学无厌，采薪为烛，以照读书。及至冠年，备尽经史。美姿容，善谈论。后遇伪秦卫将军杨邕，资其衣粮，习凿齿携共志学。及听安公讲放光经，遂有心乐道，于是剃发，依安受业。安亡后，还魏郡廷尉寺，下帷潜思，绝事人间。时村中有劫，劫得一小儿，欲取心肝以解神。富逍遥路口，遇见劫，具问其意，因脱衣以易小儿，群劫不许。富曰："大人五藏亦可用不？"劫谓富不能亡身，妄言亦好。富乃念曰："我幻炎之躯，会有一死，以死济人，虽死犹生。"即自取劫刀划胸至脐，群劫更相咎责，四散奔走，即送小儿还家。路口时行路一人，见富如此，因问其故，富虽复顿闷，口犹能言，乃具答以事。此人悲悼伤心，还家取针，缝其腹皮，涂以验药。舆还寺将息，少时而差。后不知所终。

释法羽五

释法羽，冀州人。十五出家，为慧始弟子。始立行精苦，修头陀之业。羽操心勇猛，深达其道。常欲仰轨药王，烧身供养。时伪晋王姚绪镇蒲坂，羽以事白绪，绪曰："入道多方，何必烧身？不敢固违，幸愿三思。"羽誓志既重，即服香屑，以布缠体，诵舍身品竟，以火自燎。道俗观视，莫不悲慕焉。时年四十有五。

释慧绍六

释慧绍，不知氏族。小儿时，母哺鱼肉辄吐，咽菜不疑，于是便蔬食。至八岁出家，为僧要弟子。精勤懔励，苦行标节。后随要止临川招提寺，乃密有烧身之意。常雇人斫薪，积于东山石室，高数丈，中央开一龛，足容己身。乃还寺辞要，要苦谏不从。即于焚身之日，于东山设大众八关，并告别知识。其日阖境奔波，车马人众及赍金宝者，不可称数。至初夜行道，绍自行香，行香既竟，执烛然薪，入中而坐，诵药王本事品。众既不见绍，悟其已去，礼拜未毕，悉至薪所，積已恫然，诵声未息。火至额，闻唱一心，言已奄绝。大众咸见有一星，其大如斗，直下烟中，俄而上天。时见者咸谓天宫迎绍。经三日，薪聚乃尽。绍临终谓同学曰："吾烧身处，当生梧桐，慎莫伐之。"其后三日，果生焉。绍焚身是元嘉二十八年，年二十八。绍师僧要亦清谨有懿德，年一百六十终于寺矣。

释僧瑜七

释僧瑜，姓周，吴兴余杭人。弱冠出家，业素纯粹。元嘉十五年，与同学昙温、慧光等，于庐山南岭，共建精舍，名曰招隐。瑜常以为结累三涂，情形故也，情将尽矣，形亦宜损。药王之辙，独何云远？于是屡发言誓，始契烧身。以宋孝建二年六月三日，集薪为龛，并请僧设斋，告众辞别。是日云雾晦合，密雨交零。瑜乃誓曰："若我所志克明，天当清朗，如其无感，便当滂注。使此四辈知神应之无昧也。"言已，云景明霁。至初夜竟，便入薪龛中，合掌平坐，诵药王品，火焰交至，犹合掌不散。道俗知者，奔赴弥山，并稽首作礼，愿结因缘。咸见紫气腾空，久之乃歇。时年四十四。其后旬有四日，瑜房中生双梧桐，根枝丰茂，巨细相如，贯壤直耸，遂成连树理，识者以为娑罗宝树。克炳泥洹，瑜之庶几，故现斯证，因号为双桐沙门。吴郡张辩为平南长史，亲睹其事，具为传赞。赞曰："悠悠玄机，茫茫至道。出生入死，孰为妙宝（其一）？自昔药王，殊化绝伦。往闻其说，今睹斯人（其二）。英英沙门，慧定心固。凝神紫气，表迹双树（其三）。其德可乐，其操可贵。文之作矣，式飘仿佛（其四）。

释慧益八

释慧益，广陵人。少出家，随师止寿春。宋孝建中出都，憩竹林寺。

精勤苦行，誓欲烧身，众人闻者，或毁或赞。至大明四年，始就却粒，唯饵麻麦。到六年又绝麦等，但食苏油。有顷又断苏油，唯服香丸。虽四大绵微，而神情警正。孝武深加敬异，致问殷勤，遣太宰江夏王义恭，诣寺谏益，益誓志无改。至大明七年四月八日，将就焚烧，乃于钟山之南，置镬办油。其日朝乘牛车，而以人牵，自寺之山。以帝王是兆民所凭，又三宝所寄，乃自力入台。至云龙门，不能步下，令人启闻：慧益道人今舍身，诣门奉辞，深以佛法仰累。帝闻改容，即躬出云龙门。益既见帝，重以佛法凭嘱，于是辞去。帝亦续至，诸王妃后，道俗士庶，填满山谷，投衣弃宝，不可胜计。益乃入镬，据一小床，以衣具自缠，上加一长帽，以油灌之，将就著火。帝令太宰至镬所请喻曰："道行多方，何必殒命？幸愿三思，更就异途。"益雅志确然，曾无悔念。乃答曰："微躯贱命，何足上留。天心圣慈罔已者，愿度二十人出家。"降敕即许，益乃手自执烛以然帽。帽然，乃弃烛合掌，诵药王品。火至眉，诵声犹分明，及眼乃昧。贵贱哀嗟，响振幽谷，莫不弹指称佛，惆怅泪下。火至明旦乃尽。帝于时，闻空中笳管，异香芬苾。帝尽日方还宫，夜梦见益振锡而至，更嘱以佛法。明日帝为设会度人，令斋主唱白，具序征祥。烧身之处，谓药王寺，以拟本事也。

释僧庆九

释僧庆，姓陈，巴西安汉人。家世事五斗米道。庆生而独悟，十三出家，止义兴寺。净修梵行，愿求见佛，先舍三指，末誓烧身，渐绝粮粒，唯服香油。到大明三年二月八日，于蜀城武担寺西，对其所造净名像前，焚身供养。刺史张悦躬出临视，道俗侨旧，观者倾邑。行云为结，苦雨悲零。俄而晴景开明，天色澄净，见一物如龙，从積升天。时年二十三。天水太守裴方明，为收灰起塔。

释法光十

释法光，秦州陇西人，少而有信。至二十九方出家，苦行头陀。不服绵纩，绝五谷，唯饵松叶。后誓志烧身，乃服松膏及饮油，经于半年。至齐永明五年十月二十日，于陇西记城寺内，集薪焚身，以满先志。火来至目，诵声犹记。至鼻乃昧，奄然而绝，春秋四十有一。时永明末，始丰县有比丘法存，亦烧身供养。郡守萧缅，遣沙门慧深，为起灰塔。

释昙弘十一

释昙弘，黄龙人。少修戒行，专精律部。宋永初中，南游番禺，止台寺。晚又适交趾之仙山寺。诵无量寿及观经，誓心安养。以孝建二年于山上聚薪，密往積中，以火自烧。弟子追及，抱持将还，半身已烂，经月少差。后近村设会，举寺皆赴。弘于是日，复入谷烧身，村人追求，命已绝矣。于是益薪进火，明日乃尽。尔日村居民，咸见弘身黄金色，乘一金鹿，西行甚急，不暇暄凉。道俗方悟其神异，共收灰骨，以起塔焉。

论曰：夫有形之所贵者身也，情识之所珍者命也。是故飡脂饮血，乘肥衣轻，欲其怡怿也。饵术含丹，防生养性，欲其寿考也。至如析一毛以利天下，则悋而弗为，彻一飡以续余命，则惜而不与。此其弊过矣。自有宏知达见，遗己瞻人。体三界为长夜之宅，悟四生为梦幻之境。精神逸乎蜚羽，形骸滞于瓶谷。是故摩顶至足，曾不介心；国城妻子，舍若草芥。今之所论，盖其人也。僧群心为一鸭，而绝水以亡身。僧富止救一童，而划腹以全命。法进割肉以啖人。昙称自喂于灾虎。斯皆尚乎兼济之道，忘我利物者也。昔王子投身，功逾九劫；刳肌贸鸟，骇震三千。惟夫若人，固以超迈高绝矣。爰次法羽，至于昙弘，皆灰烬形骸，弃舍珍爱。或以情祈安养，或以愿生知足。故双梧表于房里，一馆显自空中。符瑞彪炳，与时间出。然圣教不同，开遮亦异。若是大权为物，适时而动，利现万端，非教所制。故经云：能然手足一指，乃胜国城布施。若是出家凡僧，本以威仪摄物。而今残毁形骸，坏福田相。考而为谈，有得有失。得在忘身，失在违戒。故龙树云：新行菩萨，不能一时备行诸度。或满檀而乖孝，如王子投虎；或满慧而乖慈，如检他断食等。皆由行未全美，不无盈缺。又佛说身有八万户虫，与人同气。人命既尽，虫亦俱逝。是故罗汉死后，佛许烧身。而今未死便烧，或于虫命有失说者。或言罗汉尚入火光，夫复何怪？有言入火光者，先已舍命。用神智力，后乃自烧。然性地菩萨，亦未免报躯。或时投形火聚，或时裂骸分人。当知杀虫之论，其究竟详焉。夫三毒四倒，乃生死之根栽；七觉八道，实涅槃之要路。岂必燔炙形骸，然后离苦。若其位邻得忍，俯迹同凡，或时为物舍身，此非言论所及。至如凡夫之徒，鉴察无广，竟不知尽寿行道，何如弃舍身命？或欲邀誉一时，或欲流名万代。及临火就薪，悔怖交切。彰言既广，耻夺其操。于是僶俛从事，空婴万苦。若然，非所谓也。赞曰：若人挺志，金石非英。铄兹所重，祈彼宝城。芬梧蓊蔚，紫馆浮轻。腾烟曜彩，吐瑞含祯。千秋尚美，万代传馨。

诵经（二十一人）

释昙邃一

释法相二

竺法纯三

释僧生四

释法宗五

释道冏六

释慧庆七

释普明八

释法庄九

释慧果十

释法恭十一

释僧覆十二

释慧进十三

释弘明十四

释慧豫十五

释道嵩十六

释超辩十七

释法慧十八
释僧侯十九
释慧弥二十
释道琳二十一

释昙邃一

释昙邃，未详何许人。少出家，止河阴白马寺。蔬食布衣，诵正法华经，常一日一遍。又精达经旨，亦为人解说。尝于夜中忽闻扣户，云欲请法师九旬说法，邃不许，固请乃赴之，而犹是眠中。比觉，己身在白马坞神祠中，并一弟子。自尔日日密往，余无知者。后寺僧经祠前过，见有两高座，邃在北，弟子在南，如有讲说声，又闻有奇香之气，于是道俗共传，咸云神异。至夏竟，神施以白马一匹，白羊五头，绢九十匹。咒愿毕，于是各绝。邃后不知所终。

释法相二

释法相，姓梁，不测何人。常山居精苦，诵经十余万言。鸟兽集其左右，皆驯若家禽。太山祠有大石函，贮财宝。相时山行，宿于庙侧，忽见一人玄衣武冠，令相开函，言绝不见。其函石盖，重过千钧，相试提之，飘然而起，于是取其财以施贫民。后度江南止越城寺。忽游纵放荡，优俳滑稽，或时裸袒，干冒朝贵。晋镇北将军司马恬，恶其不节，招而鸩之。频倾三钟，神气清夷，淡然无扰，恬大异之。至晋元兴末卒，春秋八十。时有竺昙盖、竺僧法，并苦行通感。盖能神咒请雨，为杨州刺史司马元显所敬。法亦善神咒，晋丞相会稽王司马道子为起治城寺焉。

竺法纯三

竺法纯，未详何许人。少出家，止山阴显义寺。苦行有德，善诵古维摩经。晋元兴中，为寺上兰渚买故屋。暮还，于湖中遇风而船小。纯唯一心凭观世音，口诵不辍，俄见一大流船，乘之获免。至岸，访船无主，须臾不见，道俗咸叹神感。后不知所终。

释僧生四

释僧生，姓袁，蜀郡郫人。少出家，以苦行致称。成都宋丰等，请为三贤寺主。诵法华，习禅定。常于山中诵经，有虎来蹲其前，诵竟乃去。后每至讽咏，辄见左右四人为侍卫。年虽衰老，而翘勤弥厉。后微疾，便语侍者云:“吾将去矣。死后可为烧身。”弟子依遗命。

释法宗五

释法宗，临海人。少好游猎。尝于剡遇射孕鹿母堕胎，鹿母衔箭，犹就地舐子。宗乃悔悟，知贪生爱子，是有识所同。于是摧弓折矢，出家业道。常分卫自资，受一食法，蔬苦六时，以悔先罪。诵法华、维摩。常升台讽咏，响闻四远。士庶禀其归戒者三千余人，遂开拓所住，以为精舍，因诵为目，号曰法华台也。宗后不测所终。

释道冏六

释道冏，姓马，扶风人。初出家，为道懿弟子。懿病，尝遣冏等四人，至河南霍山采钟乳。入穴数里，跨木渡水，三人溺死，炬火又亡，冏判无济理。冏素诵法华，唯凭诚此业，又存念观音。有顷，见一光如萤火，追之不及，遂得出穴。于是进修禅业，节行弥新。频作数过普贤斋，并有瑞应。或见梵僧入坐，或见骑马人至，并未及暄凉，倏忽不见。后与同学四人，南游上京，观瞩风化。夜乘冰度河，中道冰破，三人没死。冏又归诚观音，乃觉脚下如有一物自戴，复见赤光在前，乘光至岸。达都，止南涧寺，常以般舟为业。尝中夜入禅，忽见四人御车至房，呼令上乘。冏欻不自觉，已见身在郡后沈桥。见一人在路坐胡床，侍者数百人，见冏惊起，曰:“坐禅人耳。”彼人因谓左右曰:“向止令知处而已，何忽劳屈法师？”于是礼拜执别，令人送冏还寺。扣门良久方开，入寺见房犹闭，众咸莫测其然。宋元嘉二十年，临川康王义庆携往广陵，终于彼矣。

释慧庆七

释慧庆，广陵人，出家止庐山寺。学通经律，清洁有戒行。诵法华、十地、思益、维摩。每夜吟讽，常闻暗中有弹指赞叹之声。尝于小雷遇风波，船将覆没，庆唯诵经不辍，觉船在浪中，如有人牵之，倏忽至岸，于是笃厉弥勤。宋元嘉末卒，春秋六十有二。

释普明八

释普明，姓张，临淄人。少出家。禀性清纯，蔬食布衣，以忏诵为业。诵法华、维摩二经。及诵之时，有别衣别座，未尝秽杂。每诵至劝发品，辄见普贤乘象，立在其前。诵维摩经，亦闻空中唱乐。又善神咒，所救皆愈。有乡人王道真妻病，请明来咒，明入门，妇便闷绝。俄见一物如狸，长数尺许，从狗窦出，因此而愈。明尝行水傍祠，巫觋自云：“神见之皆奔走。”以宋孝建中卒，春秋八十有五。

释法庄九

释法庄，姓申，淮南人。十岁出家，为庐山慧远弟子。少以苦节标名。晚游关中，从叡公禀学。元嘉初出都，止道场寺。性率素，止一中而已。诵大涅槃、法华、净名。每后夜讽诵，比房常闻庄户前有如兵仗羽卫之响，实天神来听也。宋大明初卒于寺，春秋七十有六。

释慧果十

释慧果，豫州人，少以蔬苦自业。宋初游京师，止瓦官寺，诵法华、十地。尝于圊厕见一鬼，致敬于果云：“昔为众僧作维那，小不如法，堕在啖粪鬼中。法师德素高明，又慈悲为意，愿助以拔济之方也。”又云：“昔有钱三千，埋在柿树根下，愿取以为福。”果即告众掘取，果得三千，为造法华一部，并设会。后梦见此鬼云：“已得改生，大胜昔日。”果以宋太始六年卒，春秋七十有六。

释法恭十一

释法恭，姓关，雍州人。初出家，止江陵安养寺。后出京师，住东安寺。少而苦行殊伦，服布衣，饵菽麦。诵经三十余万言。每夜讽咏，辄有殊香异气，入恭房者，咸共闻之。又以弊纳聚蚤虱，常披以饴之。宋武、文、明三帝及衡阳文王义秀等，并崇其德素。所获信施，常分给贫病，未尝私蓄。宋太始中还西，卒于彼，春秋八十。时乌衣复有僧恭者，德业高明，纲总寺任。亦不食粳粮，唯饵豆麦。

释僧覆十二

释僧覆，未详何人。少孤，为下人所养。七岁出家，为昙亮弟子。学通诸经，蔬食持咒。诵大品、法华。宋明帝深加器重，敕为彭城寺主，率众有功。宋太始末卒，春秋六十有六。

释慧进十三

释慧进，姓姚，吴兴人。少而雄勇，任性游侠。年四十忽悟心自启，遂尔离俗，止京师高座寺。蔬食素衣，誓诵法华。用心劳苦，执卷辄病。乃发愿，愿造法华百部，以悔先障。始聚得钱一千六百，时有劫来，问进有物不，答云：“唯有造经钱在佛处。”群劫闻之，赧然而去。于是聚集信施，得以成经，满足百部。经成之后，病亦小差。诵法华一部得过，情愿既满，厉操愈坚。常回诸福业，愿生安养。未亡少时，忽闻空中声曰：“汝所愿已足，必得生西方也。”至齐永明三年无病而卒，春秋八十有五。时京师龙华寺复有释僧念，诵法华、金光明，蔬食避世。

释弘明十四

释弘明，本姓嬴，会稽山阴人。少出家，贞苦有戒节，止山阴云门寺。诵法华，习禅定。精勤礼忏，六时不辍。每旦则水瓶自满，实诸天童子以为给使也。明尝于云门坐禅，虎来入明室内，伏于床前，见明端然不动，久久乃去。又时见一小儿来，听明诵经。明曰："汝是何人？"答云："昔是此寺沙弥，盗帐下食，今堕圊中。闻上人道业，故来听诵经，愿助方便，使免斯累也。"明即说法劝化，领解方隐。后于永兴石姥岩入定，又有山精来恼明，明捉得以腰绳系之。鬼逊谢求脱云："后不敢复来。"及解放，于是绝迹。元嘉中，郡守平昌孟颛重其真素，要出，安止道树精舍。后济阳江于永兴邑立昭玄寺，复请明往住。大明末，陶里董氏又为明于村立柏林寺，要明还止。训勖禅戒，门人成列。以齐永明四年卒于柏林寺，春秋八十有四。

释慧豫十五

释慧豫，黄龙人。来游京师，止灵根寺。少而务学，遍访众师。善谈论，美风则，每闻臧否人物，辄塞耳不听，或时以异言间止，瓶衣率素，日以一中自毕。精勤标节，以救苦为先。诵大涅槃、法华、十地。又习禅业，精于五门。尝寝见有三人来扣户，并衣冠鲜洁，执持华盖。豫问："觅谁？"答云："法师应死，故来奉迎。"豫曰："小事未了，可申一年不？"答云："可尔。"至明年满一周而卒。是岁齐永明七年，春秋五十有七。豫同寺有沙门法音，亦素行诵经。

释道嵩十六

释道嵩，姓夏，高密人。年十岁出家，少而沈隐有志用。及具戒之后，专好律学，诵经三十万言。交接上下，未尝有喜愠之色。性好檀舍，随获利养，皆以施人。瓶衣之外，略无兼物。宋元徽中来京师，止钟山定林寺。守靖闲房，忏诵无辍。人有造者，辄为其说法训奖，以代馔焉，从之请戒者甚众。后卒于山中，春秋四十有九。

释超辩十七

释超辩，姓张，敦煌人。幼而神悟孤发，履操深沈。诵法华、金刚波若。闻京师盛于佛法，乃越自西河，路由巴楚，达于建业。顷之东适吴越，观瞩山水，停山阴城傍寺少时。后还都，止定林上寺，闲居养素，毕命山门。诵法华日限一遍，心敏口从，恒有余力。礼千佛，凡一百五十余万拜，足不出门三十余载。以齐永明十年终于山寺，春秋七十有三。葬于寺南，沙门僧佑为造碑墓所，东莞刘勰制文。时有灵根释法明、祇洹释僧志、益州释法定，并诵经十余万言，蔬苦有至德。

释法慧十八

释法慧，本姓夏侯氏。少而秉志精苦，律行冰严。以宋大明之末，东游禹穴，隐于天柱山寺，诵法华一部。蔬食布衣，志耽人外，居阁不下三十余年。王侯税驾，止拜房而反。唯汝南周颙，以信解兼深，特与相接。时有慕德希礼，或因颙介意，时一见者。以齐建武二年卒于山寺，春秋八十有五。时若耶悬溜山有姓昙游者，亦蔬食诵经，苦节为业。

释僧侯十九

释僧侯，姓龚，西凉州人。年十八，便蔬食礼忏。及具戒之后，游方观化。宋孝建初，来至京师。诵法华、维摩、金光明，常二日一遍，如此六十余年。萧惠开入蜀，请共同游。后惠开协同义嘉，负罪归阙，侯乃还都，于后岗创立石室，以为安禅之所。自息慈以来，至于舍命，鱼肉荤辛，未尝近齿。脚影小蹉，辄虚斋而过。齐永明二年微觉不愈，至中不能食，乃索水漱口，合掌而卒，春秋八十有九。时普弘有释慧温，亦诵法华经、维摩、首楞严。蔬苦并有高节。

释慧弥二十

释慧弥，姓杨氏，弘农华阴人，汉太尉震之后裔也。年十六出家。及具戒之后，志修远离，乃入长安终南山。岩谷险绝，轨迹莫至，弥负锡独前，猛虎肃兕无扰。少诵大品，又精修三昧，于是剪茅结宇，以为栖神之宅。时至则持钵入村，食竟则还室禅诵，如此者八年。后闻江东有法之盛，乃观化京师，止于钟山定林寺，习业如先。为人温恭冲让，喜愠无色，戒范精明，奖化忘倦，咨贤求善，恒若未足。凡黑白造山礼拜者，皆为说法提诱，以代肴馔。爰自出家，至于衰老，荤醪鲜豢，一皆永绝，足不出户三十余年。晓夜习定，常诵波若，六时礼忏，必为众先。以梁天监十七年闰八月十五日终于山舍，春秋七十有九。葬于寺南，立碑颂德。时定林又有沙门法仙，亦诵经有素行。后还吴为僧正，卒于彼。

释道琳二十一

释道琳，本会稽山阴人。少出家，有戒行。善涅槃、法华，诵净名经，吴国张绪礼事之。后居富阳县泉林寺，寺常有鬼怪，自琳居之则消。琳弟子慧韶，为屋所压，头陷入肩，琳为祈请。韶夜见两梵道人拔出其头，旦起遂平复。琳于是设圣僧斋，铺新帛于床上，斋毕，见帛上有人迹，皆长三尺余，众咸服其征感，富阳人始家家立圣僧坐以饭之。至梁初，琳出居齐熙寺。天监十八年卒，春秋七十有三。

论曰：讽诵之利大矣，而成其功者希焉。良由总持难得，惛忘易生。如经所说，止复一句一偈，亦是圣所称美。是以昙邃通神于石坞，僧生感卫于空中，道冏临危而获济，慧庆将没而蒙全。斯皆实德内充，故使征应外启。经云："六牙降室，四王卫座。"岂粤虚哉？若乃凝寒靖夜，朗月长宵，独处闲房，吟讽经典，音吐遒亮，文字分明，足使幽灵忻踊，精神畅悦。所谓歌咏诵法言，以此为音乐者也。

赞曰：法身既远，所寄者辞。沈吟反复，惠利难思。无怠三业，有竞六时。化人乃卫，变众来比。此焉实德，谁与较之。

高僧传卷第十二

高僧传卷第十三

梁会稽嘉祥寺沙门释慧皎撰

兴福（十四人）

释慧达一

释慧达，姓刘，本名萨河，并州西河离石人。少好田猎。年三十一，忽如暂死，经日还苏，备见地狱苦报，见一道人云是其前世师，为其说法训诲，令出家，往丹阳、会稽、吴郡觅阿育王塔像，礼拜悔过，以忏先罪。既醒，即出家学道，改名慧达。精勤福业，唯以礼忏为先。晋宁康中，至京师。先是，简文皇帝于长干寺造三层塔，塔成之后，每夕放光。达上越城顾望，见此刹杪独有异色，便往拜敬，晨夕恳到。夜见刹下时有光出，乃告人共掘，掘入丈许，得三石碑。中央碑覆中，有一铁函，函中又有银函，银函里金函，金函里有三舍利。又有一爪甲及一发，发申长数尺，卷则成螺，光色炫耀。乃周敬王时阿育王起八万四千塔，此其一也。既道俗叹异，乃于旧塔之西，更竖一刹，施安舍利。晋太元十六年，孝武更加为三层。又昔晋咸和中，丹阳尹高悝，于张侯桥浦里，掘得一金像，无有光趺，而制作甚工。前有梵书云是育王第四女所造。悝载像还至长干巷口，牛不复行，非人力所御，乃任牛所之，径趣长干寺。尔后年许，有临海渔人张系世，于海口得铜莲华趺，浮在水上，即取送县。县表上上台，敕使安像足下，契然相应。后有西域五僧诣悝云，昔于天竺得阿育王像，至邺遭乱，藏置河边。王路既通，寻觅失所。近得梦云，像已出江东，为高悝所得，故远涉山海，欲一见礼拜耳。悝即引至长干，五人见像，歔欷涕泣，像即放光，照于堂内。五人云，本有圆光，今在远处，亦寻当至。晋咸安元年，交州合浦县采珠人董宗之，于海底得一佛光。刺史表上，晋简文帝敕施此像。孔穴悬同，光色一重。凡四十余年，东西祥感，光趺方具。

达以刹像灵异，倍加翘励。后东游吴县，礼拜石像。以像于西晋将末，建兴元年癸酉之岁，浮在吴松江沪渎口。渔人疑为海神，延巫祝以迎之，于是风涛俱盛，骇惧而还。时有奉黄老者，谓是天师之神，复共往接，飘浪如初。后有奉佛居士吴县民朱应，闻而叹曰："将非大觉之垂应乎？"乃洁斋共东云寺帛尼及信者数人，到沪渎口，稽首尽虔，歌呗至德，即风潮调静。遥见二人浮江而至，乃是石像，背有铭志，一名惟卫，二名迦叶，即接还安置通玄寺。吴中士庶嗟其灵异，归心者众矣。达停止通玄寺，首尾三年，昼夜虔礼，未尝暂废。顷之，进适会稽，礼拜鄮塔。此塔亦是育王所造，岁久荒芜，示存基跖。达翘心束想，乃见神光焰发，因是修立龛砌，群鸟无敢栖集。凡近寺侧畋渔者，必无所获，道俗传感，莫不移信。后郡守孟𫖮复加开拓。达东西觐礼，屡表征验，精勤笃励，终年无改。后不知所之。

释慧元二

释慧元，河北人。为人性善，喜愠无色。常习禅诵经，劝化福事，以为恒业。晋太元初，于武陵平山立寺，有二十余僧，飧蔬幽遁，永绝人途。以太元十四年卒。卒后有人入武当山下见之，神色甚畅，寄语寺僧，勿使寺业有废。自是寺内常闻空中应时有磬声，依而集众，未尝差失。沙门竺慧直居之。直精苦有戒节，后绝粒，唯饵松柏。因登山蝉蜕焉。

释慧力三

释慧力，未知何人。晋永和中，来游京师。常乞食蔬、苦头陀修福。至晋兴宁中，启乞陶处以为瓦官寺。初标塔基，是今塔之西。每夕标辄东移十余步，旦取还，已复随徙，潜共伺之，见一人著朱衣武冠，拔标置东方，仍于其处起塔，今之塔处是也。记者云：寺立后三十年，当为天火所烧。至晋孝武太元二十一年七月夜，自然火起。寺僧数十，都无知者，明旦见塔已成灰聚。帝曰："此国不祥之相也。"即敕杨法尚、李绪等，速令修复。至九月帝崩。有戴安道所制五像，及戴颙所治丈六金像。昔铸像初成，而面首殊瘦，诸工无如之何，乃迎颙看之。颙曰："非面瘦也，乃臂胛肥耳。"既鑢减臂胛，而面相自满，诸工无不叹息。又有师子国四尺二寸玉像，并皆在焉。昔师子国王闻晋孝武精于奉法，故遣沙门昙摩抑远献此佛。在道十余年，至义熙中，乃达晋。司徒王谧尝入台，见东掖门口有寺人掷樗戏。樗所著处，辄有光出，怪令掘之，得一金像，合光趺长七尺二寸。谧即启闻，宋高祖迎入台供养，宋景平末送出瓦官寺，今移龙光寺。

释慧受四

释慧受，安乐人。晋兴宁中，来游京师。蔬食苦行，常修福业。尝行过王坦之园，夜辄梦于园中立寺，如此数过。受欲就王乞立一间屋处，未敢发言，且向守园客松期说之。期云："王家之园，恐非所图也。"受曰："若令诚感，何忧不得？"即诣王陈之，王大喜，即以许焉。初立一小屋，每夕复梦见一青龙从南方来，化为刹柱。受将沙弥试至新亭江寻觅，乃见一长木随流来下。受曰："必是吾所见者也。"于是雇人牵上，竖立为刹，架以一层。道俗竞集，咸叹神异。坦之即舍园为寺，以受本乡为名，号曰安乐寺。东有丹阳尹王雅宅，西有东燕太守刘斗宅，南有豫章太守范宁宅，并施以成寺。后有沙门道靖、道敬等，更加修饰，于今崇丽焉。

释僧慧五

释僧慧，未知何人。少来好修福业。晋义熙中，共长安人行长生，立寺于京师破坞村中。始迁域其处，起草屋数间，便集僧设斋。至中夜，堂内两灯忽自然行，进前数十步，油纂如故，无所倾覆。大众惊嗟，访诸耆老，咸言灯所移处，是昔时外国道人起塔之基，于是就共修立。以灯移表瑞，因号崇明寺焉。

释僧翼六

释僧翼，本吴兴余杭人。少而信悟，早有绝尘之操。初出家，止庐山寺，依慧远修学。蔬素苦节，见重门人。晚适关中，复师罗什，经律数论，并皆参涉，又诵法华一部。以晋义熙十三年，与同志昙学沙门，俱游会稽，履访山水。至秦望西北，见五岫骈峰，有耆阇之状，乃结草成庵，称曰法华精舍。太守孟颢、富人陈载，并倾心挹德，赞助成功。翼蔬食涧饮三十余年，以宋元嘉二十七年卒，春秋七十。立碑山寺，旌其遗德。会稽孔逭制文。翼同游昙学沙门，后移卜秦望之北，号曰乐林精舍。有韶相灌蒨，并东岳望僧，咸共憩焉。时有释道敬者，本琅琊胄族，晋右将军王羲之曾孙。避世出家，情爱丘壑。栖于若耶山，立悬溜精舍。敬后为供养众僧，乃舍具足，专精十戒云。

释僧洪七

释僧洪，豫州人，止于京师瓦官寺。少而修身整洁。后率化有缘，造丈六金像，镕铸始毕，未及开模。时晋末铜禁甚严，犯者必死。宋武于时为相国，洪坐罪系于相府，唯诵观世音经，一心归命佛像。夜梦所铸像来，手摩洪头，问怖不，洪言自念必死，像曰无忧。见像胸方尺许，铜色燋沸。会当行刑，府参军监杀，而牛奔车壤，因更克日。续有令从彭城来云，未杀僧洪者可原，遂获免。还开模，见像胸前果有燋沸。洪后以苦行卒矣。

释僧亮八

释僧亮，未知何人。少以戒行著名。欲造丈六金像，用铜不少，非细乞能办。闻湘州界铜溪伍子胥庙多有铜器，而庙甚威严，无人敢近，亮闻而造焉。告刺史张邵，借健人百头，大船十艘。邵曰："庙既灵验，犯者必毙。且有蛮人守护，讵可得耶？"亮曰："若果福德，与檀越共。如其有咎，躬自当之。"邵即给人船，三日三夜行至庙所。亮与手力一时俱进，未至庙屋二十许步，有两铜镬，容百余斛，中有巨蛇长十余丈，出遮行路。亮乃正仪执锡，咒愿数十言，蛇忽然而隐。俄见一人秉竹笏而出云："闻法师道业非凡，营福事重，今特相随喜。"于是令人辇取。庙铜既多，十不取一，而舫已满。唯神床头有一唾壶，中有一蝘蜓，长二尺许，乍出乍入。议者咸云神最爱此物，亮遂不取，于是而去，遇风水甚利。比群蛮相报，追逐不复能及。还都，铸像既成，唯焰光未备。宋文帝为造金薄圆光，安置彭城寺。至宋太始中，明帝移像湘宫寺，今犹在焉。

释法意九

释法意，江左人。好营福业，起五十三寺。晋义熙中，钟山祭酒朱应子。先是，孙恩建义之党窜居此山。分其外地少许，与意为寺，号曰延贤寺。后杯度去来此寺，云："此处寻有诸变，后时当好。地对天堂，易为福业。”俄为野火所烧。后齐谐及张寅等，藉杯度之旨，语在度传。乃与意共行山地，更欲修立，而无水，不可住。意惟杯度之言，乃竭诚礼忏，乞西方池水。经于三日，恳恻弥至。忽闻空中有声，扑然著地。意恐是金帛，试令人掘入二尺许，泫然清流，遂成涧不绝。于是立寺。意后不知所终。

释慧敬十

释慧敬，南海人。少游学荆楚，亦博通经论，而常以福业为务，故义学不得全功。凡所之造，皆兴立塔像，助成众业。后还乡，复修理云峰、永安诸寺。敬既精于戒节，而志操严明，故岭外僧尼，咸附咨禀。后被敕为僧主，训领有功。敬有一奴子及沙弥，忽为鬼所打，后山精见形诣敬，具谢愆失，云:“部属不解，横挠法师眷属。”有顷悉皆平复。凡兴造福业，皆回向西方。临终之日，室有奇香，经久乃歇。

释法献十一

释法献，广州人。始居北寺，寺岁久雕衰，献率化有缘，更加治葺，改曰延祥。后入藏薇山创寺，寺成后，有两童子携手来歌云:“藏薇有道德，欢乐方未央。”言终，忽然不见。举寺惊嗟，咸叹神异。献后入禅，忽见一人来云:“磬绳欲断，何不治？”献惊起往视，垂将委地，由其手接，得无折损。献出家以来，常劝化福事，而栖心禅戒，未尝亏节。后不知所终。

释法献十二

释法献，姓徐，西海延水人。先随舅至梁州，乃出家。至元嘉十六年，方下京师，止定林上寺。博通经律，志业强捍。善能匡拯众许，修葺寺宇。先闻猛公西游，备瞩灵异，乃誓欲忘身，往观圣迹。以宋元徽三年，发踵金陵，西游巴蜀，路出河南，道经芮芮。既到于阗，欲度葱岭，值栈道断绝，遂于于阗而反。获佛牙一枚，舍利十五身，并观世音灭罪咒及调达品，又得龟兹国金锤鍱像，于是而还。其经途危阻，见其别记。佛牙本在乌缠国，自乌缠来芮芮，自芮芮来梁土，献赍牙还京十有五载。密自礼事，余无知者，至文宣感梦，方传道俗。献律行精纯，德为物范。琅琊王肃、王融，吴国张融、张绻，沙门慧令、智藏等，并投身接足，崇其诫训。献以永明之中，被敕与长干玄畅同为僧主，分任南北两岸。畅本秦州人，亦律禁清白，文惠太子奉为戒师。献后被敕三吴，使妙简二众，畅亦东行，重申受戒之法。时畅与献二僧皆少习律检，不竞当世，与武帝共语，每称名而不坐。后中兴僧锺于乾和殿见帝，帝问锺如宜，锺答贫道比苦气。帝嫌之，乃问尚书王俭："先辈沙门与帝王共语何所称，正殿坐不？"俭答："汉魏佛法未兴，不见其记传。自伪国稍盛，皆称贫道，亦预坐，及晋初亦然。中代有庾冰、桓玄等，皆欲使沙门尽敬，朝议纷纭，事皆休寝。宋之中朝，亦颇令致礼，而寻竟不行。自尔迄今，多预坐，而称贫道。"帝曰："畅、献二僧，道业如此，尚自称名，况复余者。挹拜则太甚，称名亦无嫌。"自尔沙门皆称名于帝王，自畅、献始也。畅以建武初亡，春秋七十有五。献以建武末年卒，与畅同窆于钟山之阳。献弟子僧祐为造碑墓侧，丹阳尹吴兴沈约制文。献于西域所得佛牙及像，皆在上定林寺。牙以普通三年正月，忽有数人并执仗，初夜扣门，称临川殿下奴叛，有人告云在佛牙阁上，请开阁检视，寺司即随语开阁。主师至佛牙座前，开函取牙，作礼三拜，以锦手巾盛牙，绕山东而去。至今竟不测所在。

释僧护十三

释僧护，本会稽剡人也。少出家，便克意常苦节，戒行严净。后居石城山隐岳寺。寺北有青壁，直上数十余丈，当中央有如佛焰光之形。上有丛树，曲干垂阴。护每经行至壁所，辄见光明焕炳，闻弦管歌赞之声。于是擎炉发誓，愿博山镌造十丈石佛，以敬拟弥勒千尺之容，使凡厥有缘，同睹三会。以北齐建武中，招结道俗，初就雕剪。疏凿移年，仅成面朴。顷之，护遘疾而亡。临终誓曰："吾之所造，本不期一生成办。第二身中，其愿克果。"后有沙门僧淑，纂袭遗功，而资力莫由，未获成遂。至梁天监六年，有始丰令吴郡陆咸罢邑还国，夜宿剡溪，值风雨晦冥，咸危惧假寐，忽梦见三道人来告云：“君识信坚正，自然安隐。有建安殿下感患未瘳，若能治剡县僧护所造石像得成就者，必获平豫。冥理非虚，宜相开发也。”咸还都经年，稍忘前梦。后出门乃见一僧云，听讲寄宿，因言：“去岁剡溪所嘱建安王事，犹忆此不？”咸当时惧然，答云：“不忆。”道人笑曰：“宜更思之。”仍即辞去。咸悟其非凡，乃倒屣咨访，追及百步，忽然不见。咸豁尔意解，具忆前梦，乃剡溪所见第三僧也。咸即驰启建安王，王即以上闻，敕遣僧祐律师专任像事。王乃深信益加，喜踊充遍，抽舍金贝，誓取成毕。初僧祐未至一日，寺僧慧逞梦见黑衣大神，翼从甚壮，立于龛所，商略分数，至明旦而祐律师至，其神应若此。初僧护所创，凿龛过浅，乃铲入五丈，更施顶髻，及身相克成，莹磨将毕。夜中忽当“万”字处，色赤而隆起。今像胸“万”字处，犹不施金镈，而赤色在焉。像以天监十二年春就功，至十五年春竟。坐躯高五丈，立形十丈，龛前架三层台，又造门阁殿堂，并立众基业，以充供养。其四远士庶，并提挟香华，万里来集。供施往还，轨迹填委。自像成之后，建安王所苦稍瘳，本卒已康复。王后改封，今之南平王是也。

释法悦十四

释法悦者，戒素沙门也。齐末敕为僧主，止京师正觉寺。敦修福业，四部所归。悦尝闻彭城宋王寺有丈八金像，乃宋车骑徐州刺史王仲德所造，光相之工，江左称最。州境或应有灾祟，及僧尼横延衅戾，像则流汗。汗之多少，则祸患之浓淡也。宋泰始初，彭城北属，群虏共欲迁像。引至万夫，竟不能致。齐初，兖州数郡欲起义南附，亦驱逼众僧，助守营堑。时虏帅兰陵公攻陷此营，获诸沙门。于是尽执二州道人，幽系围里。遣表伪台，诬以助乱，像时流汗，举殿皆湿。时伪梁王谅镇在彭城，亦多小信向，亲往像所，使人拭之，随出，终莫能止。王乃烧香礼拜，至心誓曰：“众僧无罪，弟子自当营护，不使罹祸。若幽诚有感，愿拭汗即止。”于是自手拭之，随拭即燥。王具表其事，诸僧皆见原免。悦既欣睹灵异，誓愿瞻礼。而关禁阻隔，莫由克遂。又昔宋明皇帝经造丈八金像，四铸不成，于是改为丈四。悦乃与白马寺沙门智靖率合同缘，欲改造丈八无量寿像，以申厥志。始鸠集金铜，属齐末，世道陵迟，复致推斥。至梁初，方以事启闻，降敕听许，并助造光趺。材官工巧，随用资给。以梁天监八年五月三日于小庄严寺营铸。匠本量佛身四万斤铜，融泻已竭，尚未至胸。百姓送铜不可称计，投诸炉治随铸，而模内不满，犹自如先。又驰启闻，敕给功德铜三千斤，台内始就量送，而像处已见羊车传诏，载铜炉侧。于是飞鞴消融，一铸便满。甫尔之间，人车俱失。比台内铜出，方知向之所送，信实灵感。工匠喜踊，道俗称赞。及至开模量度，乃踊成丈九，而光相不差。又有大钱二枚，犹见在衣条，竟不销铄，并莫测其然。寻昔量铜四万，准用有余。后益三千，计阙未满。而祥瑞冥密，出自心图。故知神理幽通，殆非人事。初像素既成，比丘道昭常夜中礼忏。忽见素所，晃然洞明。祥视久之，乃知神光之异。铸后三日，未及开模。有禅师道度，高洁僧也，舍其七条袈裟，助费开顶。俄而遥见二僧，跪开像髻，逼就观之，倏然不见。时悦、靖二僧，相次迁化。敕以像事委定林僧祐。其年九月二十六日移像光宅寺。是月不雨，颇有埃尘。及明将迁像，夜有轻云遍上，微雨沾泽。僧祐经行像所，系念天气。遥见像边有光焰上下，如灯如烛，并闻槌忏礼拜之声。入户详视，掩然俱灭，防寺蒋孝孙亦所同见。是夜淮中贾客，并闻大航舶下，催督治桥，有如数百人声。将知灵器之重，岂人致焉。其后更铸光趺，并有风香之瑞。自葱河以左，金像之最，唯此一耳。

论曰：昔忧填初刻栴檀，波斯始铸金质。皆现写真容，工图妙相。故能流光动瑞，避席施虔。爰至发爪两塔，衣影二台，皆是如来在世，已见成轨。自收迹河边，阇维林外，八王请分，还国起塔。及瓶灰二所，于是十刹兴焉。其生处得道，说法涅槃，肉髻顶骨，四牙双迹，钵杖唾壶，泥洹僧等，皆树塔勒铭，标揭神异。尔后百有余年，阿育王遣使浮海，坏撤诸塔，分取舍利。还值风潮，颇有遗落。故今海族之中，时或遇者。是后八万四千，因之而起。育王诸女，亦次发净心，并镌石镕金，图写神状。至能浮江泛海，影化东川。虽复灵迹潜通，而未彰视听。及蔡愔、秦景自西域还至，始傅画氎释迦。于是凉台寿陵，并图其相。自兹厥后，形像塔庙，与时竞列。洎于大梁，遗光粤盛。夫法身无像，因感故形，感见有参差，故形应有殊别。若乃心路苍茫，则真仪隔化，情志慊切，则木石开心。故刘殷至孝诚感，釜庾为之生铭；丁兰温凊竭诚，木母以之变色；鲁阳回戈而日转，杞妇下泪而城崩。斯皆隐恻入其性情，故使征祥照乎耳目。至如慧达招光于刹抄，慧力感瑞于塔基，慧受申诚于浮木，僧慧显证于移灯，洪、亮并忘形于铸像，意、献皆尽命于伽蓝。法献专志于牙骨，竟陵为之通感；僧护蓄抱于石城，南平以之获应。近有光宅丈九，显曜京畿。宋帝四铄而不成，梁皇一冶而形备。妙相踊而无亏，瑞铜少而更足。故知道藉人弘，神由物感，岂曰虚哉！是以祭神如神在，则神道交矣；敬佛像如佛身，则法身应矣。故入道必以智慧为本，智慧必以福德为基。譬犹鸟备二翼，倏举千寻；车足两轮，一驰千里。岂不勤哉，岂不勖哉！

赞曰：真仪掩曜，金石传晖。爰有塔像，怀恋者依。现奇表极，显瑞旍威。岩藏地踊，水泛空飞。笃矣心路，必契无违。

经师

帛法桥一

支昙籥二

释法平三

释僧饶四

释道慧五

释智宗六

释昙迁七

释昙智八

释僧辩九

释昙凭十

释慧忍十一

帛法桥一

帛法桥，中山人。少乐转读而乏声，每以不畅为慨。于是绝粒忏悔七日七夕，稽首观音，以祈现报。同学苦谏，誓而不改。至第七日，觉喉内豁然，即索水洗漱云：“吾有应矣。”于是作三契，经声彻里许，远近惊嗟，悉来观听。尔后诵经数十万言，昼夜讽咏，哀婉通神。至年九十，声犹不变。以晋穆帝永和中，卒于河北。即石虎末也。有弟子僧扶，亦戒行清高。

支昙籥二

支昙籥，本月支人，寓居建业。少出家，清苦蔬食，憩吴虎丘山。晋孝武初，敕请出都，止建初寺。孝武从受五戒，敬以师礼。籥特禀妙声，善于转读。尝梦天神授其声法，觉因裁制新声。梵向清靡，四飞却转。反折还喉叠哢。虽复东阿先变，康会后造，始终循环，未有如籥之妙。后进传写，莫匪其法。所制六言梵呗，传响于今。后终于所住，年八十一。

释法平三

释法平，姓康，康居人，寓居建业。与弟法等俱出家，止白马寺，为昙籥弟子，共传师业。响韵清雅，运转无方。后兄弟同移祇洹，弟貌小丑，而声逾于兄。宋大将军于东府设斋，一往以貌轻之。及闻披卷三契，便扼腕神服，乃叹曰：“以貌取人，失之子羽，信矣。”后东安严公发讲，等作三契经竟，严徐动麈尾曰：“如此读经，亦不减发讲。”遂散席。明更开题，议者以为相成之道也。兄弟并以元嘉末卒。

释僧饶四

释僧饶，建康人。出家，止白马寺。善尺牍及杂技，而偏以音声著称，擅名于宋武、文之世。响调优游，和雅哀亮，与道综齐肩。综善三本起及大拿。每清梵一举，辄道俗倾心。寺有般若台，饶常绕台梵转，以拟供养。行路闻者，莫不息驾踟蹰，弹指称佛。宋大明二年卒，年八十六。时同寺复有超明、明慧，少俱为梵呗。长斋时转读，亦有名当世。

释道慧五

释道慧，姓张，寻阳柴桑人。年二十四出家，止庐山寺。素行清贞，博涉经典。特禀自然之声，故偏好转读。发响含奇，制无定准，条章折句，绮丽分明。后出都，止安乐寺。转读之名，大盛京邑。晚移朱方竹林寺，诵经数万言。每夕讽咏，辄闻暗中有弹指唱萨之声。宋大明二年卒，年五十一。

释智宗六

释智宗，姓周，建康人。出家止谢寺。博学多闻，尤长转读，声至清而爽快。若乃八关长夕，中宵之后，四众低昂，睡蛇交至。宗则升座一转，梵响干云，莫不开神畅体，豁然醒悟。大明三年卒，年三十一。时有慧宝、道诠，虽非同时，作法相似。甚丰声而高调，制用无取焉。宋明忽赏道诠，议者谓逢时也。

释昙迁七

释昙迁，姓支，本月支人。寓居建康。笃好玄儒，游心佛义，善谈庄老，并注十地。又工正书，常布施题经。巧于转读，有无穷声韵，梵制新奇，特拔终古。彭城王义康、范晔、王昙首，并皆游狎。迁初止祇洹寺，后移乌依寺。及范晔被诛，门有十二丧，无敢近者。迁抽货衣物，悉营葬送。孝武闻而叹赏，谓徐爰曰："卿著宋书，勿遗此士。"王僧虔为湘州及三吴，并携共同游。齐建元四年卒，年九十九。时有道场寺释法畅、瓦官寺释道琰并富声哀婉。虽不竞迁等，抑亦次之。

释昙智八

释昙智，姓王，建康人。出家止东安寺。性风流，善举止，能谈庄老。经论书史，多所综涉。既有高亮之声，雅好转读。虽依拟前宗，而独拔新异，高调清彻，写送有余。宋孝武、萧思话、王僧虔等，并深加识重。僧虔临湘州，携与同行。萧守吴，复招同人。齐永明五年卒于吴国，年七十九。时有道朗、法忍、智欣、慧光，并无余解，薄能转读。道朗捉调小缓，法忍好存击切，智欣善能侧调，慧光喜骋飞声。

释僧辩九

释僧辩，姓吴，建康人。出家止安乐寺。少好读经，受业于迁、畅二师。初虽祖述其风，晚更措意斟酌。哀婉折衷，独步齐初。尝在新亭刘绍宅斋，辩初夜读经，始得一契，忽有群鹤下集阶前，及辩度卷，一时飞去。由是声振天下，远近知名。后来学者，莫不宗事。永明七年二月十九日，司徒竟陵文宣王梦于佛前咏维摩一契。同声发而觉，即起至佛堂中，还如梦中法，更咏古维摩一契。便觉韵声流好，著工恒日。明旦即集京师善声沙门龙光普智、新安道兴、多宝慧忍、天保超胜，及僧辩等，集第作声。辩传古维摩一契、瑞应七言偈一契，最是命家之作。后人时有传者，并讹漏失其大体。辩以齐永明十一年卒。中兴有释僧恭，当时与辩齐名，后遂退道。

释昙凭十

释昙凭，姓杨，揵为南安人。少游京师，学转读，止白马寺。音调甚工，而过旦自任，时人未之推也。于是专精规矩，更加研习，晚遂出群，翕然改观。诵三本起经，尤善其声。后还蜀，止龙渊寺。巴汉怀音者，皆崇其声范。每梵音一吐，辄鸟马悲鸣，行途住足。因制造铜钟，愿于未来常有八音四辩。庸蜀有铜钟，始于此也。后终于所住。时蜀中有僧令道光，亦微善转读。

释慧忍十一

释慧忍，姓蒉，建康人。少出家，住北多宝寺。无余行解，止是爱好音声。初受业于安乐辩公，备得其法。而哀婉细妙，特欲过之。齐文宣感梦之后，集诸经师。乃共忍斟酌旧声，诠品新异。制瑞应四十二契，忍所得最长妙。于是令慧满、僧业、僧尚、超朗、僧期、超猷、慧旭、法律、昙慧、僧胤、慧象、法慈等四十余人，皆就忍受学，遂传法于今。忍以隆昌元年卒，年四十余。

释法邻（平调牒句，殊有宫商）
释昙辩（一往无奇，弥久弥胜）
释慧念（少气调，殊有细美）
释昙干（爽快碎磕，传写有法）
释昙进（亦八能流，编善还国品）
释慧超（善于三契，后不能称）
释道首（怯于一往，长道可观）
释昙调（写送清雅，恨功夫未足）

凡此诸人，并齐代知名。其浙左、江西、荆陕、庸蜀亦颇有转读。然止是当时咏歌，乃无高誉，故不足而传也。

论曰：夫篇章之作，盖欲申畅怀抱，褒述情志。咏歌之作，欲使言味流靡，辞韵相属。故诗序云：情动于中，而形于言。言之不足，故咏歌之也。然东国之歌也，则结咏以成咏；西方之赞也，则作偈以和声。虽复歌赞为殊，而并以协谐钟律，符靡宫商，方乃奥妙。故奏歌于金石，则谓之以为乐；设赞于管弦，则称之以为呗。夫圣人制乐，其德四焉：感天地，通神明，安万民，成性类。如听呗，亦其利有五：身体不疲，不忘所忆，心不懈倦，音声不坏，诸天欢喜。是以般遮弦歌于石室，请开甘露之初门，净居舞颂于双林，奉报一化之恩德。其间随时赞咏，亦在处成音。至如亿耳细声于宵夜，提婆扬响于梵宫。或令无相之旨，奏于篪笛之上；或使本行之音，宣乎琴瑟之下。并皆抑扬通感，佛所称赞。故咸池韶武无以匹其工，激楚梁尘无以较其妙。自大教东流，乃译文者众，而传声盖寡。良由梵音重复，汉语单奇。若用梵音以咏汉语，则声繁而偈迫；若用汉曲以咏梵文，则韵短而辞长。是故金言有译，梵响无授。始有魏陈思王曹植，深爱声律，属意经音。既通般遮之瑞响，又感鱼山之神制。于是删治瑞应本起，以为学者之宗。传声则三千有余，在契则四十有二。其后帛桥、支籥亦云祖述陈思，而爱好通灵，别感神制，裁变古声，所存止一十而已。至石勒建平中，有天神降于安邑厅事，讽咏经音，七日乃绝。时有传者，并皆讹废。逮宋齐之间，有昙迁、僧辩、太傅、文宣等，并殷勤嗟咏，曲意音律，撰集异同，斟酌科例。存仿旧法，正可三百余声。自兹厥后，声多散落。人人致意，补缀不同。所以师师异法，家家各制。皆由昧乎声旨，莫以裁正。夫音乐感动，自古而然。是以玄师梵唱，赤雁爱而不移；比丘流响，青鸟悦而忘翥。昙凭动韵，犹令鸟马蜷局；僧辩折调，尚使鸿鹤停飞。量人虽复深浅，筹感抑亦次焉。故夔击石拊石，则百兽率舞；箫韶九成，则凤凰来仪。鸟献且犹致感，况乃人神者哉。但转读之为懿，贵在声文两得。若唯声而不文，则道心无以得生；若唯文而不声，则俗情无以得入。故经言，以微妙音歌叹佛德，斯之谓也。而顷世学者，裁得首尾余声，便言擅名当世。经文起尽，曾不措怀。或破句以合声，或分文以足韵。岂唯声之不足，亦乃文不成诠。听者唯增恍忽，闻之但益睡眠。使夫八真明珠，未掩而藏曜；百味淳乳，不浇而自薄。哀哉！若能精达经旨，洞晓音律。三位七声，次而无乱；五言四句，契而莫爽。其间起掷荡举，平折放杀，游飞却转，反叠娇弄。动韵则流靡弗穷，张喉则变态无尽。故能炳发八音，光扬七善。壮而不猛，凝而不滞；弱而不野，刚而不锐；清而不扰，浊而不蔽。谅足以起畅微言，怡养神性。故听声可以娱耳，聆语可以开襟。若然，可谓梵音深妙，令人乐闻者也。然天竺方俗，凡是歌咏法言，皆称为呗。至于此土，咏经则称为转读，歌赞则号为梵呗。昔诸天赞呗，皆以韵入弦绾。五众既与俗违，故宜以声曲为妙。原夫梵呗之起，亦兆自陈思。始著太子颂及睒颂等，因为之制声。吐纳抑扬，并法神授。今之皇皇顾惟，盖其风烈也。其后居士支谦，亦传梵呗三契，皆湮没而不存。世有共议一章，恐或谦之余则也。唯康僧会所造泥洹梵呗，于今尚传。即敬谒一契，文出双卷泥洹，故曰泥洹呗也。爰至晋世，有高座法师初传觅历。今之行地印文，即其法也。籥公所造六言，即大慈哀愍一契，于今时有作者。近有西凉州呗，源出关右，而流于晋阳，今之面如满月是也。凡此诸曲，并制出名师。后人继作，多所讹漏。或时沙弥小儿，互相传授。畴昔成规，殆无遗一，惜哉。此既同是声例，故备之论末。

唱导

释道照一

释道照，姓曲，平西人。少善尺牍，兼博经史。十八出家，止京师祇洹寺。披览群典，以宣唱为业。音吐寥亮，洗悟尘心，指事适时，言不孤发，独步于宋代之初。宋武帝尝于内殿斋，照初夜略叙百年迅速，迁灭俄顷。苦乐参差，必由因召。如来慈应六道，陛下抚矜一切。帝言善。久之斋竟，别倮三万。临川王道规从受五戒，奉为门师。宋元嘉三十年卒，年六十六。照弟子慧明，姓焦，魏郡人。神情俊迈，祖习师风，亦有名当世。

释昙颖二

释昙颖，会稽人。少出家，谨于戒行，诵经十余万言，止长干寺。性恭俭，唯以善诱为先。故属意宣唱，天然独绝。凡要请者，皆贵贱均赴，贫富一揆。张畅闻而叹曰:“辞吐流便，足腾远理。”颖尝患癣疮，积治不除，房内恒供养一观世音像，晨夕礼拜，求差此疾。异时忽见一蛇从像后缘壁上屋，须臾有一鼠子从屋脱地，涎涶沐身，状如已死。颖候之，犹似可活，即取竹刮除涎涶。又闻蛇所吞鼠，能疗疮疾，即刮取涎涶，以傅癣上。所傅既遍，鼠亦还活。信宿之间，疮痍顿尽。方悟蛇之与鼠，皆是祈请所致。于是精勤化导，励节弥坚。宋太宰江夏王义恭最所知重。后卒于所住，年八十一。

释慧璩三

释慧璩，丹阳人。出家止瓦官寺。读览经论，涉猎书史。众技多闲，而尤善唱导。出语成章，动辞制作，临时采博，罄无不妙诣。宋太祖文皇帝、车骑臧质，并提携友善，雅相崇爱。谯王镇荆，要与同行。后逆节还朝，于梁山设会。顷之，谯王败，璩还京。后宋孝武设斋，璩唱导，帝问璩曰："今日之集，何如梁山？"璩曰："天道助顺，况复为逆。"帝悦之。明旦，别傪一万。后敕为京邑都维那。大明末，终于寺，年七十二。

释昙宗四

释昙宗，姓虢，秣陵人。出家止灵味寺。少而好学，博通众典。唱说之功，独步当世。辩口适时，应变无尽。尝为孝武唱导，行菩萨五法礼竟，帝乃笑谓宗曰："朕有何罪？而为忏悔。"宗曰："昔虞舜至圣，犹云予违尔弼。汤武亦云万姓有罪，在予一人。圣王引咎，盖以轨世。陛下德迈往代，齐圣虞殷，履道思冲，宁得独异？"帝大悦。后殷淑仪薨，三七设会，悉请宗。宗始叹世道浮伪，恩爱必离。嗟殷氏淑德，荣幸未畅，而灭实当年，收芳今日，发言凄至。帝泫怆良久，赏异弥深。后终于所住，著京师塔寺记二卷。时灵味寺复有释僧意者，亦善唱说。制睒经新声，哀亮有序。

释昙光五

释昙光，会稽人。随师止江陵长沙寺。性意嗜五经诗赋，及算数卜筵，无不贯解。年将三十，喟然叹曰：“吾从来所习，皆是俗事。佛法深理，未染一毫，岂剪落所宜耶？”乃屏旧业，听诸经论。识悟过人，一闻便达。宋衡阳文王义季镇荆州，求觅意理沙门，共谈佛法，声境推光以当鸿任。光固辞，王自诣房敦请，遂从命焉。给车服人力，月供一万。每设斋会，无有导师。王谓光曰：“奖导群生，唯德之本，上人何得为辞？愿必自力。”光乃回心习唱，制造忏文。每执炉处众，辄道俗倾仰。后还都止灵味寺。义阳王旭出镇北徐，携光同行。及景和失德，义阳起事，以光预见。乃赍七曜以决光，光杜口无言，故事宁获免。宋明帝于湘宫设会，闻光唱导，帝称善，即敕赐三衣瓶钵。后卒于寺中，年六十五。

释慧芬六

释慧芬，姓李，豫州人。幼有殊操，十二出家，住谷熟县常山寺。学业优深，苦行精峻。每赴斋会，常为大众说法。梁楚之间，悉奉其化。及魏虏毁灭佛法，乃南归京师。至乌江，追骑将及而渚次无航，芬一心念佛，俄见流船忽至，乘之获免。至都，止白马寺。时御史中丞袁愍孙常谓道人偏执，未足与议，乃命左右，令候觅沙门，试欲语之。会得芬至，袁先问三乘四谛之理，却辩老庄儒墨之要。芬既素善经书，又音吐流便。自旦之夕，袁不能穷。于是敬以为师，令子弟悉从受戒。芬又善神咒，所治必验。后病笃，服丸，人劝之以酒。芬曰：“积时持戒，宁以将死亏节。”乃语弟子云：“吾其去矣。”以齐永明三年卒于兴福寺，年七十九。临终有训诫遗文云云。

释道儒七

释道儒，姓石，渤海人。寓居广陵。少怀清信，慕乐出家。遇宋临川王义庆镇南兖，儒以事闻之。王赞成厥志，为启度出家。出家之后，蔬食读诵，凡所之造，皆劝人改恶修善，远近宗奉，遂成导师。言无预撰，发向成制。元嘉末出都，止建初寺。长沙王请为戒师，庐承相、伯仲孙等共买张敬儿故庙，为儒立寺，今齐福寺是也。儒以齐永明八年卒，年八十一。时闲心寺有释僧喜亦善唱说，振誉于宋末齐初。

释慧重八

释慧重，姓闵，鲁国人。侨居金陵。早怀信悟，有志从道，愿言未遂，已长斋菜食。每率众斋会，常自为唱导，如此累时，乃上闻于宋孝武。大明六年敕为新安寺出家，于是专当唱说。禀性清敏，识悟深沈。言不经营，应时若泻。凡预闻者，皆留连信宿，增其恳诣。后移止瓦官禅房。永明五年卒，年七十三。时瓦官复有释法觉，又敦慧重之业，亦擅名齐代。

释法愿九

释法愿，本姓锺，名武厉，先颍川长社人。祖世避难，移居吴兴长城。愿常为梅根冶监，有施慎民来代之。先时文书未校，慎民遂偏当其负，愿乃诉求分罪。有旨免慎民死，除愿为新道令。家本事神，身习鼓舞。世间杂技，及耆父占相，皆备尽其妙。尝以镜照面云："我不久当见天子。"于是出都住沈桥，以庸相自业。宗殻、沈庆微时，经请愿相，愿曰："宗君应为三州刺史。沈君当位极三公。"如是历相众人，记其近事，所验非一。遂有闻于宋太祖，太祖见之，取东冶囚及一奴美颜色者，饰以衣冠，令愿相之。愿指囚曰："君多危难，下阶便应著锁。"谓奴曰："君是下贱人，乃暂得免耶。"帝异之，即敕住后堂，知阴阳秘术。后少时，启求出家，三启方遂，为上定林远公弟子。及孝武龙飞，宗殻出镇广州，携愿同往，奉为五戒之师。会谯王构逆，羽檄岭南。殻以咨愿，愿曰："随君来，误杀人。今太白犯南斗，法应杀大臣。宜速改计，必得大勋。"果如愿言。殻迁豫州刺史，复携同行。及竟陵王诞举事，愿陈谏亦然。愿后与刺史共欲减众僧床脚，令依八指之制。时沙门僧导独步江西，谓愿滥匡其士，颇有不平之色，遂致闻孝武，即敕愿还都。帝问愿何诈菜食，愿答："菜食已来十余年。"帝敕直阁沈攸之强逼以肉，遂折前两齿，不回其操。帝大怒，敕罢道。作广武将军，直华林佛殿。愿虽形同俗人，而栖心禅戒，未尝亏节。有顷帝崩，昭太后令听还道。太始六年，佼长生舍宅为寺，名曰正胜，请愿居之。齐高亲事幼主，恒有不测之忧，每以咨愿，愿曰:“后七月当定。”果如其言。及高帝即位，事以师礼。武帝嗣兴，亦尽师敬。永明二年愿遭兄丧，启乞还乡。至乡少时，敕旨重叠。愿后出，憩在湘宫。銮驾自幸，降寺省慰。愿云脚疾未消，不堪相见，帝乃转跸而去。文惠太子尝往寺问讯，愿既不命令坐，文惠作礼而立，乃谓愿曰:“葆吹清铙，以为供养，其福云何？”愿曰:“昔菩萨八万伎乐供养佛，尚不如至心。今吹竹管子，打死牛皮，此何足道？”其秉德迈时，皆此之类。其王侯妃主及四远士庶，并从受戒，悉遵师礼。愿往必直前，无有通白。感致随喜，日盈万计。愿随以修福，未尝蓄聚。或雇人礼佛，或借人持斋。或收籴米谷，散饴鱼鸟；或贸易饮食，账给囚徒。兴功立德，数不可纪。愿又善唱导，及依经说法，率自心抱，无事宫商，言语讹杂，唯以适机为要。可谓其智可及，其愚不可及也。后入定三日不食，忽语弟子云:“汝等失饭箩矣。”俄而寝疾。时寺侧遭烧，寺在下风，烟焰必及。弟子欲舆愿出寺，愿曰:“佛若被烧，我何用活？”即苦心归命。于是三面皆焚，唯寺不烬。齐永元二年，年八十七卒。

释法镜十

释法镜，姓张，吴兴乌程人。幼而乐道，事未获从。值慧益烧身，启帝度二十人，镜即预其一也。事法愿为师。既得入道，履操冰霜。仁施为怀，旷拔成务。于是研习唱导，有迈终古。齐竟陵文宣王厚相礼待，镜誓心弘道，不拘贵贱，有请必行，无避寒暑。财不蓄私，常兴福业。建武初，以其信施立齐隆寺以居之。镜为性敦美，赏接为务，故道俗交知，莫不爱悦。虽义学功浅，而领悟自然。造次嘲难，必有酬酢。齐永元二年卒，年六十四。其后瓦官道亲、彭城宝兴、耆阇、道登并皆祖述宣唱，高韵华言，非忝前例。倾众动物，论者后之。今上为长沙宣武王治镜所住寺，因改曰宣武也。

论曰：唱导者，盖以宣唱法理，开导众心也。昔佛法初传，于时齐集，止宣唱佛名，依文致礼。至中宵疲极，事资启悟，乃别请宿德，升座说法。或杂序因缘，或傍引譬喻。其后庐山释慧远，道业贞华，风才秀发。每至斋集，辄自升高座，躬为导首。先明三世因果，却辩一斋大意。后代传受，遂成永则。故道照、昙颖等十有余人，并骈次相师，各擅名当世。夫唱导所贵，其事四焉：谓声辩才博。非声则无以警众，非辩则无以适时，非才则言无可采，非博则语无依据。至若响韵钟鼓，则四众惊心，声之为用也。辞吐后发，适会无差，辩之为用也。绮制雕华，文藻横逸，才之为用也。商権经论，采撮书史，博之为用也。若能善兹四事，而适以人时。如为出家五众，则须切语无常，苦陈忏悔。若为君王长者，则须兼引俗典，绮综成辞。若为悠悠凡庶，则须指事造形，直谈闻见。若为山民野处，则须近局言辞，陈斥罪目。凡此变态，与事而兴。可谓知时知众，又能善说。虽然故以恳切感人，倾诚动物，此其上也。昔草创高僧，本以八科成传。却寻经，导二技，虽于道为末，而悟俗可崇。故加此二条，足成十数。何者？至如八关初，夕旋绕行周，烟盖停氛，灯惟靖耀，四众专心，叉指缄默。尔时导师则擎炉慷慨，含吐抑扬，辩出不穷，言应无尽。谈无常，则令心形战栗；语地狱，则使怖泪交零。征昔因，则如见往业；核当果，则已示来报。谈怡乐，则情抱畅悦；叙哀戚，则洒泪含酸。于是阖众倾心，举堂恻怆。五体输席，碎首陈哀。各各弹指，人人唱佛。爰及中宵后夜，钟漏将罢。则言星河易转，胜集难留。又使人迫怀抱，载盈恋慕。当尔之时，导师之为用也。其间经师转读，事见前章。皆以赏悟适时，拔邪立信。其有一分可称，故编高僧之末。若夫综习未广，谙究不长，既无临时捷辩，必应遵用旧本。然才非已出，制自他成，吐纳宫商，动见纰谬。其中传写讹误，亦皆依而唱习。致使鱼鲁淆乱，鼠璞相疑。或时礼拜中间，忏疏忽至。既无宿蓄，耻欲屈头，临时抽造，謇棘难辩。意虑荒忙，心口乖越，前言既久，后语未就。抽衣謦咳，示延时节，列席寒心，观途启齿。施主失应时之福，众僧乖古佛之教。既绝生善之萌，只增戏论之惑。始获滥吹之讥，终致代匠之咎。若然，岂高僧之谓耶？

高僧传卷第十三

高僧传序录卷第十四

梁会稽嘉祥寺沙门释慧皎撰

原夫至道冲漠，假蹄筌而后彰；玄致幽凝，藉师保以成用。是由圣迹迭兴，贤能异托。辩忠烈孝慈，以定君敬之道；明诗书礼乐，以成风俗之训。或忘功遗事，尚彼虚冲；或体任荣枯，重兹达命。而皆教但域中，功存近益。斯盖渐染之方，未奥尽其神性。至若能仁之为训也，考业果幽微，则循复三世；言至理高妙，则贯绝百灵。若夫启十地以辩慧宗，显二谛以诠智府，穷神尽性之旨，管一枢极之致，余教方之，犹群流之归巨壑，众星之共北辰，悠哉邈矣。信难得以言尚。至乃教满三千，形遍六道，皆所以接引幽昏，为大利益。而以净秽异闻，升坠殊见。故秋方先音形之本，东国后见闻之益。云龙表于夜明，风虎彰乎宵梦。鸿风既扇，大化斯融。自尔西域名僧往往而至，或传度经法，或教授禅道，或以异迹化人，或以神力救物。自汉之梁，纪历弥远。世涉六代，年将五百。此土桑门，含章秀起，群英间出，迭有其人。众家记录，叙载各异。沙门法济，偏叙高逸一迹。沙门法安，但列志节一行。沙门僧宝，止命游方一科。沙门法进，乃通撰传论。而辞事阙略，并皆互有繁简，出没成异。考之行事，未见其归。宋临川康王义庆宣验记及幽明录、大原王琰冥祥记、彭城刘俊益部寺记、沙门昙宗京师寺记、太原王延秀感应传、朱君台征应传、陶渊明搜神录，并傍出诸僧，叙其风素，而皆是附见，亟多疏阙。齐竟陵文宣王三宝记传，或称佛史，或号僧录。既三宝共叙，辞旨相关，混滥难求，更为芜昧。琅琊王巾所撰僧史，意似该综，而文体未足。沙门僧佑撰三藏记，止有三十余僧，所无甚众。中书郎郄景兴东山僧传、治中张孝秀庐山僧传、中书陆明霞沙门传，各竞举一方，不通今古；务存一善，不及余行。逮乎即时，亦继有作者。然或褒赞之下，过相揄扬；或叙事之中，空列辞费。求之实理，无的可称。或复嫌以繁广，删减其事，而抗迹之奇，多所遗削，谓出家之士，处国宾王，不应励然自远，高蹈独绝。寻辞荣弃爱，本以异俗为贤。若此而不论，竟何所纪？尝以暇日，遇览群作。辄搜捡杂录数十余家，及晋、宋、齐、梁春秋书史，秦、赵、燕、凉荒朝伪历，地理杂篇，孤文片记。并博咨古老，广访先达，校其有无，取其同异。始于汉明帝永平十年，终至梁天监十八年，凡四百五十三载，二百五十七人，又傍出附见者二百余人。开其德业，大为十例：一曰译经，二曰义解，三曰神异，四曰习禅，五曰明律，六曰遗身，七曰诵经，八曰兴福，九曰经师，十曰唱导。然法流东土，盖由传译之勋。或逾越沙险，或泛漾洪波。皆忘形殉道，委命弘法。震旦开明，一焉是赖。兹德可崇，故列之篇首。至若慧解开神，则道兼万亿；通感适化，则强暴以绥；靖念安禅，则功德森茂；弘赞毗尼，则禁行清洁；忘形遗体，则矜吝革心；歌诵法言，则幽显含庆；树兴福善，则遗像可传。凡此八科，并以轨迹不同，化洽殊异，而皆德效四依，功在三业，故为群经之所称美，众圣之所褒述。及夫讨核源流，商榷取舍，皆列诸赞论，备之后文。而论所著辞，微异恒体，始标大意，类犹前序。未辩时人，事同后议。若间施前后，如谓烦杂。故总布一科之末，通称为论。其转读宣唱，虽源出非远，然而应机悟俗，实有偏功。故齐、宋杂记，咸条列秀者。今之所取，必其制用超绝，及有一分通感，乃编之传末。如或异者，非所存焉。凡十科所叙，皆散在众记。今止删聚一处，故述而无作。俾夫披览于一本之内，可兼诸要。其有繁辞虚赞，或德不及称者，一皆省略。故述六代贤异，止为十三卷，并序录合十四轴，号曰高僧传。自前代所撰，多曰名僧。然名者，本实之宾也。若实行潜光，则高而不名；寡德适时，则名而不高。名而不高，本非所纪；高而不名，则备今录。故省名音，代以高字。其间草创，或有遗逸。今此一十四卷，备赞论者意以为定。如未隐括，览者详焉。

汉洛阳安清
汉洛阳支楼迦谶（竺佛朔　安玄　严佛调　支曜　康巨　康孟详）
魏洛阳昙柯迦罗（康僧铠　昙帝　帛延）
魏吴建业建初寺康僧会
魏吴武昌维祇难（法立　法巨）
晋长安竺昙摩罗刹（聂承远　聂道真）
晋长安帛远（帛法祚　卫士度）
晋建康建初寺帛尸梨蜜
晋长安僧伽跋澄（佛图罗刹）
晋长安昙摩难提（赵政）
晋庐山僧伽提婆（僧伽罗叉）
晋长安竺佛念
晋江陵辛寺昙摩耶舍（竺法度）

高僧传第二卷（译经中　七人）
晋长安鸠摩罗什
晋长安弗若多罗
晋长安昙摩流支
晋寿春石磵寺卑摩罗叉
晋长安佛陀耶舍
晋京师道场寺佛驮跋陀罗
晋河西昙无谶（安阳侯　道普　法盛　法维　僧表）

高僧传第三卷（译经下　十三人）
宋江陵辛寺释法显
宋黄龙释昙无竭
宋建康龙光寺佛驮什
宋河西浮陀跋摩
宋京师枳园寺释智严
宋六合山释宝云

晋荆州上明竺僧辅

晋京师瓦官寺竺僧敷

晋荆州长沙寺释昙翼（僧卫）

晋荆州长沙寺释法遇

晋荆州上明释昙徽

晋长安覆舟山释道立（僧常　法浚）

晋长沙寺释昙诫

晋于替青山竺法旷

晋吴虎丘东寺竺道壹（帛道猷　道宝　道施）

晋山阴嘉祥寺释慧虔（昙诫　智明）

高僧传第六卷（义解三　十三人）

晋庐山释慧远

晋蜀龙渊寺释慧持（慧岩　僧恭　道泓　昙兰）

晋庐山释慧永（僧融）

晋庐山释僧济

晋新阳释法安

晋庐山释昙邕

晋吴台寺释道祖（慧要　昙顺　昙说　法幽　道恒　道授）

晋长安大寺释僧䂮（弘觉）

晋彭城郡释道融

晋长安释昙影

晋长安释僧叡（僧揩）

晋长安释道恒（道标）

晋长安释僧肇

高僧传第七卷（义解四　三十二人）

宋京师龙光寺竺道生（宝林　法宝　慧生）

宋京师乌衣寺释慧叡

宋京师东安寺释慧严（法智）

宋京师道场寺释慧观（僧馥　法业）

宋京师祇洹寺释慧义（僧叡）

宋京师彭城寺释道渊（慧琳）

宋京师彭城寺释僧弼

宋东阿释慧静

宋京师祇洹寺释僧苞（法和）

宋余杭方显寺释僧诠

宋江陵辛寺释昙鉴（道海　慧龛　慧恭　昙泓　道广）

宋庐山凌云寺释慧安

宋淮南中寺释昙无成（昙冏）

宋京师灵味寺释僧含（道含）

宋江陵琵琶寺释僧彻（僧庄）

宋吴虎丘山释昙谛

宋寿春石磵寺释僧导（僧因　僧音　僧成）

宋蜀武担寺释道汪（普明　道闇）

宋山阴天柱山释慧静

宋长沙麓山释法愍（僧宗）

宋京师北多宝寺释道亮（静林　慧隆）

宋丹阳释梵敏（僧籥）

宋京师中兴寺释道温（僧庆　慧定　慧嵩）

宋京师中兴寺释昙斌（昙济　昙宗）

宋京师何园寺释慧亮

宋下定林寺释僧镜（昙隆）

宋京师灵根寺释僧瑾（昙度　玄运）

宋京师兴皇寺释道猛（道坚　慧鸾　慧敷　慧训　道明）

宋山阴灵嘉寺释超进（昙机　道凭）

宋吴兴小山释法瑶（昙瑶）

宋京师新安寺释道猷（道慈　慧整　觉世）

宋京师冶城寺释慧通

高僧传第八卷（义解五　二十七人）
齐伪魏济州释僧渊（慧记　道登）
齐伪魏释昙度
齐京师庄严寺释道慧（玄趣　僧达）
齐京师中兴寺释僧锺（昙纤　昙迁　僧表　僧最　敏达　僧宝）
齐京师天保寺释僧盛
齐京师湘官寺释弘充（法鲜）
齐高昌郡释智林
齐京师灵根寺释法瑗（法爱　法常　智兴）
齐蜀齐后山释玄畅
齐上定林寺释僧远（道凭　法令　慧泰）
齐荆州竹林寺释僧慧（昙慎　慧敞　僧岫）
齐上定林寺释僧柔（弘称　僧拔　慧熙）
齐山阴法华山释慧基（曾行　慧恢　道旭　慧求　慧深　法洪）
齐京师谢寺释慧次（僧宝　僧智　法珍　僧向　僧猛　法宝　慧调）
齐京师何园寺释慧隆（智诞　僧辩　僧贤　通慧　法度）
齐京师太昌寺释僧宗（昙准　法身　法真　慧令　僧贤　法仙　法最　僧敬　道文）
齐京师中兴寺释法安（慧光　敬遗　光赞　慧福　道宗）
齐京师中兴寺释僧印（慧龙）
齐琅琊嵎山释法度（法绍　僧朗　慧开　法开　僧绍）
梁京师治城寺释智秀（法整　僧若　僧璇　道乘）
梁荆州释慧琳
梁京师灵曜寺释僧盛（法欣　智敞　法冏　僧护　僧韶）
梁山阴云门山寺释智顺
梁京师灵味寺释宝亮（道明　僧成　僧宝）
梁上定林寺释法通（圣进）
梁京师招提寺释慧集
梁剡法华台释昙斐（法藏　明度）

晋广汉阎兴寺释贤护
晋始丰赤城山支昙兰
晋蜀石室山释法绪
晋伪魏平城释玄高（慧崇）
宋长安寒山释僧周（僧亮）
宋长安太后寺释慧通
宋余杭释净度
宋始丰瀑布山释僧从
宋广汉释法成
宋京师中兴寺释慧览
宋荆州长沙寺释法期（道果）
宋成都释道法
宋蜀安乐寺释普恒
齐京师灵鹫寺释僧审（僧谦　法隐　超志　法达　慧胜）
齐武昌樊山释法悟（道济）
齐钱塘灵苑山释昙超
齐始丰赤城山释慧明
明律（十三人）
宋江陵释慧猷
宋吴闲居寺释僧业（慧光）
宋京师长乐寺释慧询
宋京师庄严寺释僧璩（道远）
宋彭城郡释道俨（慧曜）
宋江陵释僧隐（成具）
宋广汉释道房
宋京师闲心寺释道营（慧祐）
齐钟山灵曜寺释志道（超度）
齐京师多宝寺释法颖（慧文）
齐蜀灵建寺释法琳
齐京师安乐寺释智称（聪超）

齐京师灵根寺释慧豫（法音）
齐上定林寺释道崇
齐上定林寺释超辩（法明　僧志　法定）
齐山阴天柱山释法慧（昙游）
齐京师后冈释僧侯（慧温）
梁上定林寺释慧弥（法仙）
梁富阳齐坚寺释道琳

高僧传第十三卷（兴福　经师　导师）
兴福（十四人）
晋并州竺慧达
晋武陵平山释慧元（竺慧直）
晋京师瓦官寺释慧力
晋京师安乐寺释慧受
宋京师崇明寺释僧慧
宋山阴法华山释僧翼
宋豫州释僧洪
宋京师释僧亮
宋京师延贤寺释法意
齐南海云峰寺释慧敬
齐南海藏薇山释法献
齐上定林寺释法献（玄畅）
梁剡石城山释僧护
梁京师正觉寺释法悦
经师（十一人）
晋中山帛法桥
晋京师建初寺支昙籥
宋京师祇洹寺释法平
宋京师白马寺释僧饶
宋安乐寺释道慧

宋谢寺释智宗

齐乌衣寺释昙迁

齐东安寺释昙智

齐安乐寺释僧辩

齐白马寺释昙凭

齐北多宝寺释慧忍

唱导（十人）

宋京师祇洹寺释道照

宋长干寺释昙颖

宋瓦官寺释慧璩

宋灵味寺释昙宗

宋中寺释昙光

齐兴福寺释慧芬

齐兴福寺释道儒

齐瓦官寺释慧重

齐正胜寺释法愿

齐济隆寺释法镜

右十三卷十科凡二百五十七人。

弟子孤子曼颖顿首和南。一日蒙示所撰高僧传，并使其掎摭。力寻始竟，但见伟才。纸弊墨渝，迄未能罢。若乃至法既被，名德已兴。年几五百，时经六代。自摩腾、法兰发轸西域，安侯、支谶荷锡东都，虽迹标出没，行实深浅。咸作舟梁，大为利益。固宜缁素传美，铅椠定辞，照示后昆，揄扬往秀。而道安、罗什间表秦书，佛澄、道进杂闻赵删。晋史见舍，恨局当时；宋典所存，颇因其会。兼且挽出君台之记，糅在元亮之说。感应或所商榷，幽明不无梗概。泛显傍文，未足光阐。间有诸传，又非隐括。景兴偶采居山之人，僧宝偏缀游方之士，法济唯张高逸之例，法安止命志节之科。康泓专纪单开，王秀但称高座，僧瑜卓尔独载，玄畅超然孤录。唯释法进所造，王巾有著，意存该综，可擅一家。然进名博而未广，巾体立而不就。梁来作者，亦有病诸。僧佑成兰，既同法济之责；孝秀染毫，复获景兴之诮。其唱公纂集，最实近之，求其鄙意，更恨烦冗。法师此制，始所谓不刊之鸿笔也。绵亘古今，包括内外，属辞比事，不文不质，谓繁难省，云约岂加？以高为名，既使弗逮者耻；开例成广，足使有善者劝。向之二三诸子前后撰述，岂得挈长量短，同年共日而语之哉！信门徒竟无一言可豫，市肆空设千金之赏。方入篮龙函，上登麟阁，出内琼笈，卷舒王笥。弟子虽实不敏，少尝好学，顷日尫余，触途多昧。且获披来帙，斯文在斯，钻仰弗暇，讨论何所。诚非子通见元则之论，良愧处道知休奕之书。徒深谢安慕竺旷风流，殷浩惮支遁才俊耳。不见旬日，穷情已劳。扶力此白，以伐诉尽。弟子孤子王曼颖顿首和南。

君白：一日以所撰高僧传相简，意存箴艾，而来告累纸，更加拂拭。顾惟道藉人弘，理由教显。而弘道释教，莫尚高僧。故渐染以来，昭明遗法，殊功异行，列代而兴。敦厉后生，理宜综缀。贫道少乏怀书抱策自课之勤，长慕铅墨涂青扬善之美。故于听览余闲，厝心传录。每见一分可称，辄有怀三省。但历寻众记，繁约不同，或编列参差。或行事出没，已详别序，兼具来告。所以不量寸管，辄树十科。商榷条流，意言略举。而笔路苍茫，辞语陋拙。本以自备疏遗，岂宜滥入高听。檀越既学兼孔释，解贯玄儒，抽入缀藻，内外淹劭，披览余暇，脱助详阅。故忘鄙俚，用简龙门。然事高辞野，久怀多愧，来告吹嘘，更增愧懼。今以所著赞论十科，重以相简。如有纰谬，请备斟酌。释君白。

此传是会稽嘉祥寺慧皎法师所撰。法师学通内外，善讲经律。著涅槃疏十卷、梵网戒等义疏，并为世轨。又著此高僧传十三卷。梁末承圣二年太岁癸酉避侯景难，来至湓城，少时讲说。甲戌年二月舍化，时年五十有八。江州僧正慧恭经始，葬庐山禅阁寺墓。龙光寺僧果同避难在山，遇见时事，聊记之云尔。

高僧传序录卷第十四

四朝高僧传

第二册

续高僧传 上

［唐］道宣 撰

中国书店

图书在版编目（CIP）数据

续高僧传．上 /（唐）道宣撰．— 北京：中国书店，2018.5（2022.4重印）
（四朝高僧传）
ISBN 978-7-5149-1776-5

Ⅰ．①续… Ⅱ．①道… Ⅲ．①僧侣 – 列传 – 中国 – 古代 Ⅳ．① B949.92

中国版本图书馆 CIP 数据核字（2017）第 113038 号

责任编辑　田　野
策　　划　万文社

四朝高僧传　续高僧传　上　〔唐〕道　宣　撰

出　　版　中国书店
地　　址　北京市西城区琉璃厂东街 115 号
邮　　编　100050
发　　行　全国新华书店经销
印　　刷　北京飞帆印刷有限公司
开　　本　680 毫米 ×980 毫米　1/16
印　　张　19
字　　数　282 千字
版　　次　2018 年 5 月第 1 版
印　　次　2022 年 4 月第 3 次印刷
书　　号　ISBN 978-7-5149-1776-5
定　　价　368.00 元（全 5 册）

续高僧传序

大唐西明寺沙门释道宣撰

原夫至道无言，非言何以范世；言惟引行，即行而成立言。是以布五位以擢圣贤，表四依以承人法。龙图成太易之渐，龟章启彝伦之用。逮于素王继辙，前修举其四科；班生着词，后进弘其九等。皆所谓化道之恒规，言行之权致者也。惟夫大觉之照临也，化敷西壤，迹绍东川，逾中古而弥新，历诸华而转盛。虽复应移存没，法被浇淳，斯乃利见之康庄，缺有之弘略。故使体道钦风之士，激扬影响之宾。会正解而树言，扣玄机而即号。并德充宇宙，神冠幽明。象设焕乎丹青，智则光乎油素。固以详诸经部，诚未缵其科条。窃以葱河界于剡洲，风俗分于唐梵。华胥撰列，非圣不据其篇，则二十四依，付法之传是也；神州所纪，贤愚杂其题引，则六代所详，群录是也。然则统斯大抵，精会所归，莫不振发蒙心，网罗正理。俾夫骀足九达，贵踪望而可寻；徇目四驰，高山委而仰止。昔梁沙门金陵释宝唱撰名僧传，会稽释惠皎撰高僧传，创发异部，品藻恒流，详核可观，华质有据。而缉裒吴越，叙略魏燕。良以博观未周，故得随闻成采。加以有梁之盛，明德云繁，薄传三五数非通敏。斯则同世相侮，事积由来，中原隐括，未传简录，时无雅赡，谁为谱之？致使历代高风，飒焉终古。余青襟之岁，有顾斯文，祖习乃存，经纶攸阙，是用凭诸名器，伫对杀青。而情计栖遑，各师偏竞，逖听成简，载纪相寻。而物忌先鸣，藏舟遽往，徒悬积抱，终掷光阴。敢以不才，辄陈笔记，引疏闻见，即事编韦，谅得列代因之，更为冠冕。自汉明梦日之后，梁武光有已前，代别释门，咸流传史。考酌资其故实，删定节其先闻，遂得类缵前驱，昌言大宝。季世情縈，量重声华，至于鸠聚风猷，略无继绪。惟隋初沙门魏郡释灵裕，仪表缀述，有意弘方，撰十德记一卷，偏叙昭玄师保，未奥广嗣通宗。余则孤起支文，薄言行状，终亦未驰高观，可为长太息矣！故沾预染毫之客，莫不望崖而戾止，固其然乎？今余所撰，恐坠接前绪，故不获已而陈。或博咨先达，或取讯行人，或即目舒之，或讨雠集传。南北国史附见徽音，郊郭碑碣旌其懿德，皆撮其志行，举其器略。言约繁简，事通野素，足使绍胤前良，允师后听。始岠梁之初运，终唐贞观十有九年，一百四十四载，包括岳渎，历访华夷，正传三百三十一人，附见一百六十人。序而申之，大为十例：一曰译经，二曰解义，三曰习禅，四曰明律，五曰护法，六曰感通，七曰遗身，八曰读诵，九曰兴福，十曰杂科。凡此十条，世罕兼美，今就其尤最者随篇拟伦。自前传所叙，通例已颁，回互抑扬，实遵弘捡。且夫经道两术，掩映于嘉苗，护法一科，纲维于正网，必附诸传述，知何绩而非功，取其拔滞开元，固可标于等级。余则随善立目，不竞时须。布教摄于物情，为要解纷静节，总归于末第，区别世务者也。至于韬光崇岳，朝宗百灵，秀气逸于山河，贞概销于林薄，致有声喧玄谷，神游紫烟，高谢于松乔，俯眄于穷辙，斯皆具诸别纪，抑可言乎？或复匿迹城阓，陆沉浮俗，盛业可列，而吹嘘罕遇。故集见绩风素，且树十科，结成三帙，号曰续高僧传。若夫搜擢源派，剖析宪章，组织词令，琢磨行业，则备于后论更议而引之，必事接恒篇，终成词费，则削同前传。犹恨逮于末法，世挺知名之僧，未觌嘉猷，有沦典籍。庶将来同好，又尘斯意焉。

目录

续高僧传上

续高僧传卷第一

译经篇初　本传六人　附见二十七人

梁扬都正观寺扶南沙门僧伽婆罗传一（曼陀罗　木道贤　僧法　道命）

僧伽婆罗，梁言僧养，亦云僧铠，扶南国人也。幼而颖悟，早附法津，学年出家，偏业阿毗昙论，声荣之盛，有誉海南。具足已后，广习律藏，勇意观方，乐崇开化。闻齐国弘法，随舶至都，住正观寺，为天竺沙门求那跋陀之弟子也。复从跋陀研精方等，未盈炎燠，博涉多通，乃解数国书语。值齐历亡坠，道教凌夷，婆罗静洁身心，外绝交故，拥室栖闲，养素资业。大梁御宇，搜访术能，以天监五年被敕征召，于杨都寿光殿、华林园、正观寺、占云馆、扶南馆等五处传译，讫十七年，都合一十一部四十八卷，即大育王经、解脱道论等是也。初翻经日，于寿光殿，武帝躬临法座，笔受其文，然后乃付译人尽其经本。敕沙门宝唱、慧超、僧智、法云及袁昙允等相对疏出，华质有序，不坠译宗。天子礼接甚厚，引为家僧，所司资给，道俗改观。婆罗不畜私财，以为傣施成立住寺。太尉临川王宏接遇隆重。普通五年，因疾卒于正观，春秋六十有五。梁初又有扶南沙门曼陀罗者，梁言弘弱，大赍梵本，远来贡献。敕与婆罗共译宝云，法界体性、文殊般若经，三部合一十一卷。虽事传译，未善梁言，故所出经，文多隐质。时有居士木道贤，以天监十五年献优娄频经一卷，文既鲜具，不辨来由。又有太学博士江泌女僧法者，小年出家，有时静坐闭目，诵出净土、妙庄严等经。始从八岁，终于十六，总出三十五卷。天监年中，在华光殿亲对武帝诵出异经。杨都道俗，咸称神授。若验佛经，斯唯宿习，未可余谈。窃寻外典：生知者圣，学知者次。此则局谈今身，昧于过往耳。若不然者，何以辨内外贤圣浅深之通塞哉？如前传昙谛之忆书镇，近俗崔子之念金环，代有斯踪，定非外托。逮太清中，湘东王记室虞孝敬者，学周内外，撰内典传要三十卷，该罗经论，条贯释门，诸有要事，备皆收录，颇同皇览、类苑之流。渚宫陷没，便袭染衣，更名道命，流离关辅，亦有著述云。

梁扬都庄严寺金陵沙门释宝唱传二（梁武帝　僧朗　梁简文　僧昭）

释宝唱，姓岑氏，吴郡人，即有吴建国之旧壤也。少怀恢敏，清贞自蓄，顾惟只立，勤田为业。资养所费，终于十亩，至于傍求，佣书取济。寓目流略，便能强识，文采铺赡，义理有闻。年十八，投僧佑津师而出家焉。佑，江表僧望，多所制述，具如前传纪之。唱既始陶津，经律咨禀，承风建德，有声宗嗣。住庄严寺，博采群言，酌其精理。又惟开悟士俗，要以通济为先，乃从处士顾道旷、吕僧智等习听经、史、庄、易，略通大义。时以其游涉世务，谓有俗志，为访家室，执固不回。将及三十，天荫既崩，丧事云毕，建武二年摆拨常习，出都专听。涉历五载，又中风疾。会齐氏云季，遭乱入东，远至闽、越。讨论旧业。天监四年，便还都下，乃敕为新安寺主。帝以时会云雷，远近清晏，风雨调畅，百谷年登，岂非上资三宝，中赖四天，下借神龙幽灵叶赞，方乃福被黔黎，歆兹厚德。

但文散群部，难可备寻，下敕令唱总撰集录，以拟时要。或建福禳灾，或礼忏除障，或飨接神鬼，或祭祀龙王，部类区分，近将百卷。八部神名，以为三卷。包括幽奥，详略古今。故诸所祈求，帝必亲览，指事祠祷，多感威灵。所以五十许年，江表无事，兆民荷赖，缘斯力也。天监七年，帝以法海浩汗，浅识难寻，敕庄严僧旻于定林上寺缵众经要抄八十八卷。又敕开善智藏缵众经理义，号曰义林，八十卷。又敕建元僧朗注大般涅槃经七十二卷。并唱奉别敕，兼赞其功，纶综终始，缉成部帙。及简文之在春坊，尤耽内教，撰法宝联璧二百余卷，别令宝唱缀纰区别，其类遍略之流。帝以佛法冲奥，近识难通，自非才学，无由造极，又敕唱自大教东流，道门俗士有叙佛理，著作弘义，并通鸠聚，号曰续法轮论，合七十余卷。使夫迷悟之宾见便归信，深助道法，无以加焉。又撰法集一百四十卷。并唱独断专虑，缵结成部。既上亲览，流通内外。十四年，敕安乐寺僧绍撰华林佛殿经目，虽复勒成，未惬帝旨。又敕唱重撰，乃因绍前录，注述合离，甚有科据，一帙四卷，雅惬时望。遂敕掌华林园宝云经藏，搜求遗逸，皆令具足，备造三本，以用供上。缘是又敕撰经律异相五十五卷、饭圣僧法五卷，帝又注大品经五十卷。于时佛教隆盛，无得称焉，道俗才笔，互陈文理。

自武帝膺运，时三十有七，在位四十九载，深以庭瘵早倾，常怀哀感，每叹曰："虽有四海之尊，无由得申罔极。"故留心释典，以八部般若为心，良是诸佛由生，又即除灾涤累。故收采众经，躬述注解，亲临法座，讲读敷弘，用此善因，崇津灵识。频代二皇舍身为僧给使，洗濯烦秽，仰资冥福。每一舍时，地为之震，相继斋讲，不断法轮。为太祖文皇于钟山北涧建大爱敬寺，纠纷协日，临睨百丈，翠微峻极，流泉灌注。钟鲸遍岭，饫凤乘空。创塔包岩壑之奇，宴坐尽林泉之邃。结构伽蓝，同尊园寝；经营雕丽，奄若天宫。中院之去大门，延袤七里，廊庑相架，檐溜临属。旁置三十六院，皆设池台，周宇环绕。千有余僧，四事供给。中院正殿有栴檀像，举高丈八。匠人约量，晨作夕停，每夜恒闻作声，旦视辄觉功大。及终成后，乃高二丈有二，相好端严，色相超挺，殆由神造，屡感征迹。帝又于寺中龙渊别殿造金铜像，举高丈八，躬伸供养，每入顶礼，嘘唏哽噎，不能自胜。预从左右，无不下泣。又为献太后于青溪西岸建阳城门路东起大智度寺。京师甲里，爽垲通博，朝市之中途，川陆之显要，殿堂宏敞，宝塔七层，房廊周接，华果间发。正殿亦造丈八金像，以申追福，五百诸尼，四时讲诵。寺成之日，帝顾谓群后曰："建斯两寺，奉福二皇，用表罔极之情，以达追远之思，而不能遣蓼莪之哀。"复于中宫起至敬殿、景阳台。立七庙室，崇宇严肃，郁若卿云，粉壁珠柱，交映相耀。设二皇座，具备诸礼，冠蕴奁箧，举目兴慕，晨昏如在，衣服轻暖，随时代易，新奇芳旨，应时日荐。帝又曰："虽竭工匠之巧，殚世俗之奇，水石周流，华树杂沓，限以国务，不获朝夕侍食。惟有朔望亲奉馈奠，而无所瞻仰，内心崩溃，如焚如灼。"又作联珠五十首，以明孝道。又制孝思赋，广统孝本。至于安上治民，移风易俗，度越终古，无德而称。故元帝云："伏寻我皇之为孝也，四运推移，不以荣枯迁贸；五德更用，不以贵贱革心。临朝端默，过隙之思弥轸；垂拱岩廊，风树之悲逾切。洁斋宗廊，虔事郊禋。言未发而涕零，容不改而伤恸。所谓终身之忧者是也。"盖虞舜、夏禹、周文、梁帝。万载论孝，四人而已，广如绎所撰金楼子述之。又以大通元年，于台城北开大通门，立同泰寺，楼阁台殿，拟则宸宫，九级浮图，回张云表，山树园池，沃荡烦积。其年三月六日，帝亲临幸，礼忏敬接，以为常准，即舍身之地也。虽亿兆务殷，而卷不辍手，披阅内外经论典坟，恒以达曙为则。自礼记、古文周书、左传、庄老诸子、论语、孝经。往哲所未详悉，皆为训释。又以国学员限，隔于贵贱，乃更置五馆，招引寒俊。故使孔、释二门，荣茂峙列。帝前后集百有余卷，着通史、书苑数千卷。唱当斯盛世，频奉玺书，预参翻译，具如别传。

初，唱天监九年先疾复动，便发二愿：遍寻经论，使无遗失；搜括列代僧录，创区别之，撰为部帙，号曰名僧传三十一卷，至十三年始就条列。其序略云："夫深求寂灭者，在于视听之表；考乎心行者，谅须丹青之工。是万象森罗，立言之不可以已者也。大梁之有天下也，威加赤县，功济苍生。皇上化范九畴，神游八正，顶戴法桥，伏膺甘露。窃以外典鸿文，布在方册；九品六艺，尺寸罔遗。而沙门净行，独亡纪述，玄宗敏德，名绝终古。拥叹长怀，靡兹永岁。律师释僧佑，道心贞固，高行超邈，著述集记，振发宏要。宝唱不敏，预班二落，礼诵余日，捃拾遗漏。"文广不载。初以脚气连发，入东治疗，去后敕追，因此抵罪，谪配越州，寻令依律，以法处断。僧正慧超，任情乖旨，摈徙广州。先忏京师大僧寺遍，方徙岭表，永弃荒裔，遂令鸠集，为役多阙。昼则伏忏，夜便缵录。加又官私催逼，惟日弗暇，中甄条流，文词坠落。将发之日，遂以奏闻，有敕停摈，令住翻译。而此僧史，方将刊定，改前宿繁，更加芟定。故其传后自序云:“岂敢谓僧之董狐，庶无曲笔耳。”然唱之所撰，文胜其质，后人凭据，揣而用之，故数陈赏要，为时所列。不测其终。

魏北台石窟寺恒安沙门释昙曜传三（昙靖）

释昙曜，未详何许人也。少出家，摄行坚贞，风鉴闲约。以元魏和平年任北台昭玄统，绥緝僧众，妙得其心。住恒安石窟通乐寺，即魏帝之所造也。去恒安西北三十里，武周山谷北面石崖，就而镌之，建立佛寺，名曰灵岩。龛之大者，举高二十余丈，可受三千许人。面别镌像，穷诸巧丽。龛别异状，骇动人神。栉比相连，三十余里。东头僧寺，恒共千人，碑碣见存，未卒陈委。先是，太武皇帝太平真君七年，司徒崔皓邪佞谀词，令帝崇重道士寇谦之，拜为天师，弥敬老氏，虔刘释种，焚毁寺塔。至庚寅年大武感致疠疾，方始开悟。兼有白足禅师来相启发，帝既心悔，诛夷崔氏，事列诸传。至壬辰年太武云崩，子文成立，即起塔寺，搜访经典。毁法七载，三宝还兴。曜慨前凌废，欣今重复，故于北台石窟集诸德僧，对天竺沙门，译付法藏传并净度经，流通后贤，意存无绝。时又有沙门昙靖者，以创开佛日，旧译诸经，并从焚荡，人间诱道，凭准无因，乃出提谓波利经二卷，意在通悟，而言多妄习。故其文云:“东方泰山，汉言代岳，阴阳交代故。”谓代岳出于魏世，乃曰汉言，不辨时代，斯一妄也。太山即此方言，乃以代岳译之。两语相翻，不识梵、魏。斯二妄也。其例甚众。具在经文，寻之可领。旧录别有提谓经一卷，与诸经语同。但靖加五方五行，用石糅金，疑成伪耳。并不测其终。隋初开皇关壤，往往民间犹习提谓，邑义各持衣钵，月再兴斋，仪范正律，递相鉴检，甚具翔集云。

魏南台永宁寺北天竺沙门菩提流支传四（常景　李廓　宝意　觉定　法场　智希　杨衒之　昙显　智贤　法希　藏称）

菩提流支，魏言道希，北天竺人也。遍通三藏，妙入总持，志在弘法广流视听，遂挟道宵征，远莅葱左，以魏永平之初来游东夏。宣武皇帝下敕引劳，供拟殷华，处之永宁大寺，四事将给，七百梵僧，敕以留支为译经之元匠也。其寺本孝明皇帝熙平元年灵太后胡氏所立，在宫前阊阖门南御道之东。中有九层浮图，架木为之，举高九十余丈，上有金刹，复高十丈，出地千尺。去台百里，已遥见之，初营基日，掘至黄泉，获金像三十二躯，太后以为嘉瑞，奉信法之征也。是以饰制瑰奇，穷世华美。刹表置金宝瓶，容二十五斛。承露金盘一十一重，铁锁角张。盘及锁上皆有金铎，如一石瓮。九级诸角皆悬大铎，上下凡有一百三十枚。其塔四面九间，六窗三户，皆朱漆扉扇，垂诸金铃，层有五千四百枚。复施金铎铺首。佛事精妙，殚土木之工。绣柱金铺，惊骇心目。高风永夜，铃铎和鸣，铿锵之音，闻十余里。北有正殿，形拟太极。中诸像设，金玉绣作，工巧绮丽，冠绝当世。僧房周接，千有余间，台观星罗，参差间出，雕饰朱紫，缋以丹青。栝柏桢松，异草丛集。院墙周匝，皆施椽瓦。正南三门楼，开三道三重，去地二百余尺，状若天门，赫奕华丽。夹门列四力士、四师子，饰以金玉，庄严焕烂。东西两门，例皆如此，所可异者，唯楼两重。北门通道，但路而置。其四门外，树以青槐，亘以渌水，京师行旅，多庇其下。路断飞尘，不由渰云之润；清风送凉，岂借合欢之发。乃诏中书舍人常景制寺碑。景，河内人，敏学博通，知名海内。太和十九年，高祖擢为修律博士，有诏令刊定律格，永成通式。景乃商攉今古，条贯科猷，即魏律二十篇是也。历官中书舍人、黄门侍郎、秘书监、幽州刺史。居室贫俭，事若农家，惟有经史盈车，所著文集百余篇，给事中封暐伯作序行世。寺既初成，明帝及太后共登浮图，视宫中如掌内，下临云雨，上天清朗。以见宫内事故，禁人不听登之。自西夏、东华、游历诸国者。皆曰："如此塔庙，阎浮所无。"孝昌二年，大风拔屋拔树，刹上宝瓶随风而堕，入地丈余；复命工人更安新者。至永熙三年二月。为天所震。帝登凌云台望火，遣南阳王宝炬、录尚书长孙稚将羽林一千来救。于斯时也，雷雨晦冥，霰雪交注，第八级中平旦火起，有二道人不忍焚烬，投火而死，其焰相续，经余三月，入地刹柱乃至周年犹有烟气。其年五月，有人从东莱郡至。云见浮图在于海中，光明俨然，同睹非一，俄而云雾乱起，失其所在。至七月，平阳王为侍中斛斯椿所挟西奔长安，至十月而洛京迁于漳邺。先时流支奉敕创翻十地，宣武皇帝命章一日，亲对笔受，然后方付沙门僧辩等讫尽论文。佛法隆盛，英俊蔚然，相从传授，孜孜如也。帝又敕清信士李廓撰众经录。廓学通玄素，条贯经论，雅有标拟。故其录云：“三藏流支自洛及邺，爰至天平，二十余年凡所出经三十九部一百二十七卷。”即佛名、楞伽、法集、深密等经，胜思惟、大宝积、法华、涅槃等论是也，并沙门僧朗、道湛及侍中崔光等笔受，具列唐贞观内典录。廓又云：“三藏法师流支房内，经论梵本可有万甲。所翻新文，笔受稿本，满一间屋。然其慧解，与勒那相亚；而神悟聪敏，洞善方言，兼工咒术，则无抗衡矣。尝坐井口，澡罐内空，弟子未来，无人汲水。流支乃操柳枝，聊㧑井中，密加诵咒，才始数遍，泉水上涌，平及井栏，即以钵酌，用之盥洗。傍僧具见，莫测其神，咸共嘉叹：‘大圣人也！’流支曰：‘勿妄褒赏，斯乃术法。’外国共行，此方不习，谓为圣耳。惧惑世人，遂秘不传。”于时又有中天竺僧勒那摩提，魏云宝意，博瞻之富，理事兼通。诵一亿偈，偈有三十二字。尤明禅法，意存游化。以正始五年初届洛邑，译十地、宝积论等大部二十四卷。又有北天竺僧佛陀扇多，魏言觉定，从正光元年至元象二年。于洛阳白马寺及邺都金华寺译出金刚上味等经十部。当翻经日，于洛阳内殿，流支传本，余僧参助。其后三德乃徇流言，各传师习，不相询访。帝以弘法之盛，略叙曲烦，敕三处各翻，讫乃参校。其间隐没，互有不同，致有文旨时兼异缀，后人合之，共成通部。见宝唱等录。初，宝意沙门神理标异，领牒魏词，偏尽隅隩。帝每令讲华严经，披释开悟，精义每发。一日正处高座，忽有持笏执名者形如大官，云：“奉天帝命，来请法师讲华严经。”意曰：“今此法席尚未停止，待讫经文，当从来命。虽然，法事所资，独不能建，都讲、香火、维那、梵呗，咸亦须之，可请令定。”使者即如所请见讲诸僧。既而法事将了，又见前使云：“奉天帝命，故来下迎。”意乃含笑熙怡，告众辞诀，奄然卒于法座。都讲等僧亦同时殒。魏境闻见，无不嗟美。时又有沙门法场，于洛阳译辩意长者问经一卷，虽阙传对，而是正文，见法上录。

又，熙平元年，有南天竺波罗柰城婆罗门，姓瞿昙氏，名般若流支，魏言智希，从元年至兴和末，于邺城译正法念、圣善住、回诤、唯识等经论凡一十四部八十五卷。沙门昙林、僧昉等笔受。当时有沙门菩提流支与般若流支前后出经，而众录传写率多轻略，各去上字，但云“流支”，而不知是何流支。讫今群录译目相涉，难得详定。又，期城郡守杨衒之撰洛阳伽蓝记五卷。故其序略云：三坟五典之说，九流百氏之言，并理在人区，而义非天外。至如一乘二谛之言，六通三达之旨，西域备详，东土靡记。若夫顼日感梦，满月流光，阳门饰毫眉之象，夜台图绀发之形，尔来奔竞，其风遂广。至如晋室永嘉，寺惟有四十二，皇魏受图嵩洛，京寺出余千数，皆帝王士庶笃信经营，名僧异瑞，纷纶间起。今采摘祥异者，具以注之。文多不载。时西魏文帝大统中，丞相宇文黑泰兴隆释教，崇重大乘，虽摄总万机，而恒扬三宝。第内常供百法师，寻讨经论，讲摩诃衍。又令沙门昙显等依大乘经撰菩萨藏众经要及百二十法门，始从佛性，终尽融门。每日开讲，即恒宣述，以代先旧。五时教迹，迄今流行。香火梵音，礼拜唱导，咸承其则。虽山东、江表乃称学海，仪表有归，未能逾矣。至周文帝二年，有波头摩国律师攘那跋陀罗，周言智贤，共耶舍崛多等译五明论，谓声医工术及符印等，并沙门智仙笔受。建武帝天和年，有摩勒国沙门达摩流支，周言法希，奉敕为大冢宰晋阳公宇文护译婆罗门天文二十卷。又令摩伽陀国禅师阇那耶舍，周言藏称，共弟子阇那崛多等，于长安故域四天王寺译定意天子问经六部，沙门圆明、道辩及城阳公萧吉等笔受。

陈南海郡西天竺沙门拘那罗陀传五（高空　德贤　善吉）

拘那罗陀，陈言亲依，或云波罗末陀，译云真谛，并梵文之名字也，本西天竺优禅尼国人焉。景行澄明，器宇清肃，风神爽拔，悠然自远。群藏广部，罔不厝怀，艺术异能，偏素谙练。虽遵融佛理，而以通道知名。远涉艰关，无惮夷险，历游诸国，随机利见。梁武皇帝德加四域，盛唱三宝，大同中敕直后张泛等送扶南献使返国，仍请名德三藏、大乘诸论、杂华经等。真谛远闻，行化仪，轨圣贤，搜选名匠，惠益民品；彼国乃屈真谛，并赍经论，恭膺帝旨。既素蓄在心，涣然闻命，以大同十二年八月十五日达于南海。沿路所经，乃停两载，以太清二年闰八月始届京邑。武皇面申顶礼，于宝云殿竭诚供养。谛欲传翻经教，不羡秦时，更出新文，有逾齐日。属道销梁季，寇羯凭陵，法为时崩，不果宣述，乃步入东土。又往富春，令陆元哲创奉问津，将事传译，招延英秀沙门宝琼等二十余人，翻十七地论，适得五卷，而国难未静，侧附通传。至太保三年，为侯景请还，在台供养。于斯时也，兵饥相接，法几颓焉。会元帝启祚，承圣清夷，乃止于金陵正观寺，与愿禅师等二十余人翻金光明经。三年二月还返豫章，又往新吴、始兴，后隋萧太保度岭至于南康，并随方翻译，栖遑靡托。逮陈武永定二年七月，还返豫章，又止临川、晋安诸郡。真谛虽传经论，道缺情离，本意不申，更观机壤，遂欲泛舶往楞伽修国。道俗虔请，结誓留之，不免物议，遂停南越，便与前梁旧齿重复所翻，其有文旨乖竞者，皆镕冶成范，始末伦通。至文帝天嘉四年，扬都建元寺沙门僧宗、法准、僧忍律师等，并建业标领，钦闻新教，故使远浮江表，亲承劳问。谛欣其来意，乃为翻摄大乘等论，首尾两载，覆疏宗旨。而飘寓投委，无心宁寄，又泛小舶至梁安郡，更装大舶，欲返西国。学徒追逐，相续留连。太守王方奢述众元情，重申邀请。谛又且修人事，权止海隅，伺旅束装，未思安堵。至三年九月，发自梁安，泛舶西引，业风赋命，飘还广州，十二月中，上南海岸。刺史欧阳穆公頠，延住制旨寺，请翻新文。谛顾此业缘，西还无措，乃对沙门慧恺等，翻广义法门经及唯识论等。后穆公薨没，世子纥重为檀越，开传经论，时又许焉。而神思幽通，量非情测，尝居别所，四绝水洲，纥往造之，岭峻涛涌，未敢凌犯。谛乃铺舒坐具在于水上，加坐其内，如乘舟焉，浮波达岸，既登接对，而坐具不湿，依常敷置。有时或以荷叶拓水，乘之而度。如斯神异，其例甚众。至光太二年六月，谛厌世浮杂，情弊形骸，未若佩理资神，早生胜壤，遂入南海北山，将捐身命。时智恺正讲俱舍，闻告驰往。道俗奔赴，相继山川。刺史又遣使人伺卫防遏，躬自稽颡，致留三日，方纡本情，因尔迎还，止于王园寺。时宗、恺诸僧欲延还建业，会杨辇硕望恐夺时荣，乃奏曰："岭表所译众部，多明无尘唯识，言乖治术，有蔽国风，不隶诸华，可流荒服。"帝然之，故南海新文，有藏陈世。以太建元年遘疾少时，遗诀严正，勖示因果，书传累纸，其文付弟子智休。至正月十一日午时迁化，时年七十有一。明日于潮亭焚身起塔。十三日，僧宗、法准等各赍经论，还返匡山。

自谛来东夏，虽广出众经，偏宗摄论。故讨寻教旨者通览所译，则彼此相发，绮缋辅显。故随处翻传，亲注疏解，依心胜相。后疏并是僧宗所陈，躬对本师，重为释旨，增减或异，大义无亏。宗公别着行状，广行于世。且谛之梁，时逢丧乱，感竭运终，道津静济，流离弘化，随方卷行，至于部帙或分，译人时别。今总历二代，共通数之，故始梁武之末，至陈宣即位，凡二十三载，所出经论记传六十四部，合二百七十八卷，微附华饰，盛显隋唐。见曹毗别历及唐贞观内典录。余有未译梵本书，并多罗树叶，凡有二百四十甲，若依陈纸翻之，则列二万余卷。今见译讫，止是数甲之文，并在广州制旨、王园两寺，是知法宝弘博，定在中天，识量玼琐，诚归东夏。何以明之？见译藏经减三千卷，生便弃掷，习学全希，用此量情，情可知矣。初，谛传度摄论，宗、恺归心。穷括教源，铨题义旨。游心既久，怀敞相承，谛又面对阐扬，情理无伏，一日气属严冬，衣服单疏，忍噤通霄，门人侧席。恺等终夜静立，奉侍咨询，言久情喧，有时眠寐。恺密以衣被覆之，谛潜觉知，便曳之于地，其节俭知足如此。恺如先奉侍，逾久逾亲。谛以他日便喟然愤气，冲口者三。恺问其故，答曰："君等款诚正法，实副参传，但恨弘法非时，有阻来意耳。"恺闻之，如噎良久，声泪俱发，跪而启曰："大法绝尘，远通赤县，群生无感，可遂埋耶！"谛以手指西北曰："此方有大国，非近非远，吾等没后，当盛弘之。但不睹其兴，以为太息耳。"即验往隔，今统敷扬有宗，传者以为神用不同，妄生异执，惟识不识其识，不无慨然。时有中天竺优禅尼国王子月婆首那，陈言高空，游化东魏。生知俊朗，体悟幽微。专学佛经，尤精义理。洞晓音韵，兼善方言。译僧伽吒经等三部七卷，以魏元象年中于邺城司徒公孙腾第出，沙门僧昉笔受。属齐受魏禅，蕃客任情，那请还乡，事流博观。承金陵弘法，道声远肃，以梁武大同年辞齐南度。既达彼国，仍被留住，因译大乘顶王经一部。有敕令那总监外国往还使命。至太清二年，忽遇于阗僧求那跋陀，陈言德贤，赍胜天王般若梵本，那因期请乞愿弘通。嘉其雅操，豁然授与。那得保持，用为希遇。属侯景作乱，未暇翻传，携负东西，讽持供养。至陈天嘉乙酉之岁，始于江州兴业寺译之，沙门智昕笔受陈文。凡六十日，覆疏陶练，勘阅俱了。江州刺史黄法氉为檀越，僧正释惠恭等监掌，具经后序。那后不知所终。时又有扶南国僧须菩提，陈言善吉，于扬都城内至敬寺，为陈主译大乘宝云经八卷，与梁世曼陀罗所出七卷者同，少有差耳。并见隋代三宝录。

陈扬都金陵沙门释法泰传六（智恺　曹毗　智敫　道尼）

释法泰，不知何人，学达释宗，跨轹淮海，住杨都大寺。与慧恺、僧宗、法忍等知名梁代，并义声高邈，宗匠当时。有天竺沙门真谛，挟道孤游，远化东鄙。会虏冠勍殄，侨寓流离，一十余年，全无陈译。将旋旧国，途出岭南，为广州刺史欧阳𬱟固留，因欲传授，周访义侣，拟阅新文。泰遂与宗、恺等不惮艰辛，远寻三藏，于广州制旨寺笔受文义，垂二十年。前后所出五十余部，并述义记，皆此土所无者。泰虽博通教旨，偏重行猷，至于律仪所及，性无违越。谛又与泰译明了论，释律二十二大义，并疏五卷，勒于座右，遵奉行之。至陈太建三年，泰还建业，并赍新翻经论，创开义旨，惊异当时。其诸部中有摄大乘、俱舍论，文词该富，理义凝玄，思越恒情，鲜能其趣。先是，梁武宗崇大论，兼玩成实，学人声望，从风归靡；陈武好异前朝，广流大品，尤敦三论。故泰虽屡演，道俗无受，使夫法座绝嗣，阒尔无闻。会彭城沙门静嵩避地金陵，学声早被，独拔千载，希斯正理，昼谈恒讲，夜请新宗，因循荏苒，乃经凉燠。泰振发玄门，明衷弘诣，核其疑义，每凑玄极，皆随机按旨，披释无遗。事出嵩传。泰博咨真谛，传业嵩公，知我者希，浮谚斯及，不测其终。智恺，俗姓曹氏，住杨都寺。初与法泰等前后异发，同往岭表，奉祈真谛。恺素积道风，词力殷赡，乃对翻摄论，躬受其文。七月之中，文疏并了，都合二十五卷。后更对翻俱舍论，十月便了，文疏合数八十三卷。谛云："吾早值子，缀缉经论，絓是前翻，不应缺少。今译两论，词理圆备，吾无恨矣。"恺后延谛还广州显明寺，住本房中，请谛重讲俱舍，才得一遍。至陈光大中，僧宗、法准、慧忍等度岭就谛求学，以未闻摄论，更为讲之。起四月初，至腊月八日，方讫一遍。明年，宗等又请恺于智慧寺讲俱舍论，成名学士七十余人，同钦咨谒。讲至业品疏第九卷，文犹未尽，以八月二十日遘疾，自省不救，索纸题诗曰："千秋本难满，三时理易倾。石火无恒焰，电光非久明。遗文空满笥，徒然昧后生。泉路方幽噎，寒陇向凄清。一朝随露尽，惟有夜松声。"因放笔，与诸名德握手语别，端坐俨思，奄然而卒，春秋五十有一，即光大二年也。葬于广州西阴寺南岗。自余论文，真谛续讲，至惑品第三卷，因尔乖豫，便废法事。明年肇春，三藏又化。谛有菩萨戒弟子曹毗者，恺之叔子，明敏深沉，雅有远度。少携至南，受学摄论，咨承诸部，皆着功绩。太建三年，毗请建兴寺僧正明勇法师续讲摄论，成学名僧五十余人。晚住江都，综习前业，常于白塔等寺开演诸论。冠屦裙襦，服同贤士。登座谈吐，每发深致。席端学士，并是名宾。禅定僧荣、日严法侃等，皆资其学。时有循州平等寺沙门智敫者，弱年听延祚寺道、缘二师成实，并往北土沙门法明听金刚般若论，又往希、坚二德听婆沙、中论，皆洞涉精至，研核宗旨，必得本师临听，言无浮杂、义得明畅者，方始离之。余例准此。及翻摄论，乃为广州刺史、安南将军、阳山公颇请宅安居，不获专习；后翻俱舍，方预其席。及恺讲此论，敫与道尼等二十人，并掇拾文疏，于堂听受。及恺之云亡，谛抚膺哀恸，遂来法准房中，率尼、响、敫等十有二人共传香火，令弘摄、舍两论，誓无断绝。皆共奉旨，仰无坠失。至三藏崩后，法侣雕散，宗嗣将亏。太建九年，敫相续敷弘，最多联类，同听谛席，未有高者。太建十一年二月，有跋摩利三藏弟子慧哿者，本住中原，值周武灭法，避地归陈。晚随使刘璋至南海，获涅槃论。敫曾讲斯经，欣其本习，伏膺请求，便为开说。止得序分、种性分前十三章玄义。后返豫章鹤岭山，敫又与玑法师随从，因复为说第三分，具得十海十道。及进余文，哿因遘疾，不任传授，乃令敫下都觅海潮法师，当穷论旨。以十四年至于建业，所寻不值，乃遇栖玄寺晓禅师，赐与昙林解涅槃疏释经后分，文兼论意，而不整足，便还故寺。常讲新文十三章义，近二十遍。开皇十二年，王仲宣起逆，焚烧州境，及敫寺房，文疏并尽。其年授敫令任广、循二州僧任，经停五载，废阙法事。后解僧任，方于本州道场寺偏讲摄论十有余遍，坐中达解二十五人。玑、山瞰等，并堪领匠。仁寿元年遘疾，终于本寺。敫撰谛之翻译历，始末指订，并卷部、时节、人世详备，广有成叙。道尼住本九江，寻宗谛旨，兴讲摄论，腾誉京师。开皇十年下敕追入，既达雍辇，开悟弘多。自是南中无复讲主，虽云敷说，盖无取矣。

续高僧传卷第一

续高僧传卷第二

大唐西明寺沙门释道宣撰

译经篇二　本传四人　附见八人

隋西京大兴善寺北天竺沙门那连耶舍传一（万天懿）

那连提黎耶舍，隋言尊称，北天竺乌场国人。正音应云邬荼。荼音持耶反。其王与佛同氏，亦姓释迦，刹帝利种，隋云“土田主”也。由劫初之时先为分地主，因即号焉，今所谓国王者是也。舍年十七，发意出家，寻值名师，备闻正教。二十有一，得受具篇。闻诸宿老叹佛景迹，或云某国有钵，某国有衣，顶骨牙齿，神变非一，遂即起心，愿得瞻奉。以戒初受，须知律相，既满五夏，发足游方，所以天梯、石台之迹，龙庙、宝塔之方，广周诸国，并亲顶礼，仅无遗逸。曾竹园寺一住十年，通履僧坊，多值明德。有一尊者深识人机，见，语舍云：“若能静修，应获圣果。恐汝游涉，终无所成。尔日虽闻，情无领悟，晚来却想，悔将何及！”耶舍北背雪山，南穷师子，历览圣迹，仍旋旧壤。乃睹乌场国主真大士焉，自所经见，罕俦其类。试略述之。安民以理，民爱若亲。后夜五更，先礼三宝，香花伎乐，竭诚供养。日出升殿，方览万机，次到辰时，香水浴像。宫中常设，日百僧斋。王及夫人，手自行食。斋后消食，习诸武艺。日景将昳，写十行经，与诸德僧，共谈法义，复与群臣，量议治政。暝入佛堂，自奉灯烛，礼拜读诵，各有恒调，了其常业，乃还退静。三十余年，斯功不替。王有百子，诚孝居怀，释种余风，胤流此国。但以寺接山阜，野火所焚，各相差遣，四远投告。六人为伴，行化雪山之北，至于峻顶，见有人鬼二路，人道荒险，鬼道利通。行客心迷，多寻鬼道，渐入其境，便遭杀害。昔有圣王，于其路首作毗沙门天王石像，手指人路。同伴一僧，错入鬼道，耶舍觉已，口诵观音神咒，百步追及，已被鬼害。自以咒力，得免斯厄。因复前行，又逢山贼，专念前咒，便蒙灵卫，贼来相突，对目不见。循路东指，到芮芮国，值突厥乱，西路不通。反乡意绝，乃随流转，北至泥海之旁，南岠突厥七千余里。彼既不安，远投齐境，天保七年届于京邺。文宣皇帝极见殊礼，偏异恒伦。耶舍时年四十，骨梗雄雅，物议惮之，缘是文宣礼遇隆重，安置天平寺中，请为翻经三藏。殿内梵本千有余夹，委舍翻之，敕送于寺，处以上房。为建道场，供穷珍妙，别立厨库，以表尊崇，又须兼助，乃敕昭玄大统沙门法上等二十余人监掌翻译，沙门法智、居士万天懿传语。懿元鲜卑，姓万俟氏，少出家，师婆罗门，而聪慧有志力，善梵书语，工咒符术，由是故名，预参传焉。初翻众经五十余卷，大兴正法，弘畅众心。宣帝重法殊异，躬礼梵本，顾群臣曰："此乃三宝洪基，故我偏敬。"其奉信推诚为如此也。耶舍每于宣译之暇，时陈神咒，冥救显助，立功多矣。未几授昭玄都，俄转为统，所获供禄，不专自资，好起慈惠，乐兴福业。设供饭僧，施诸贫乏，狱囚系畜，咸将济之。市廛闹所，多造义井，亲自漉水，津给众生。又于汲郡西山建立三寺，依泉旁谷，制极山美。又收养厉疾，男女别坊，四事供承，务令周给。又往突厥客馆，劝持六斋，羊料放生，受行素食。又曾遇病，百日不起，天子皇后，躬问起居。耶舍叹曰："我本外客，德行未隆，乘舆今降。重法故尔。内抚其心，惭惧交集。"健德之季，周武克齐，佛教与国，一时平殄。耶舍外假俗服，内袭三衣，避地东西，不遑宁息。五众凋窘，投厝无所，俭饿沟壑者，减食施之，老病扶力者随缘济益，虽事力匮薄，拒谏行之，而神志休强，说导无倦。屯负留难，便历四年。有隋御寓，重隆三宝，开皇之始，梵经遥应，爰降玺书，请来弘译。二年七月，弟子道密等侍送入京，住大兴善寺。其年季冬，草创翻译，敕昭玄统沙门昙延等三十余人，令对翻传，主上礼问殷繁，供奉隆渥。年虽朽迈，行转精勤。曾依舍利弗陀罗尼，具依修业，梦得境界，自身作佛。如此灵祥杂沓，其例非一。后移住广济寺，为外国僧主，存抚羁客，妙得物心。忽一旦告弟子曰："吾年老力微，不久去世，及今明了，诫尔门徒，佛法难逢，宜勤修学。人身难获，慎勿空过。"言讫就枕，奄尔而化，时满百岁，即开皇九年八月二十九日也。初，耶舍先逢善相者云："年必至百，亦合登仙。"中寿果终，其言验矣；登仙冥理，犹难测之。然其面首形伟，特异常伦，顶起肉髻，耸若云峰，目正处中，上下量等，耳高且长，轮埵成具。见人荣相，未比于斯，固是传法之硕德也。法主既倾，哀惊道俗，昭隆之事，将渐坠焉。凡前后所译经论一十五部八十余卷。即菩萨见实、月藏、日藏、法胜、毗昙等是也，并沙门僧琛、明芬、给事李道宝等度语笔受，昭玄统沙门昙延、昭玄都沙门灵藏等二十余僧监护始末。至五年冬，勘练俱了，并沙门彦琮制序，具见齐、周、隋三代经录。寻耶舍游涉四十余年，国五十余。里十五万，瑞景灵迹，胜寺高僧，驶水深林，山神海狩，无非奉敬，并预惩降。事既广周，未遑陈叙。沙门彦琮为之本传，具流于世。时又有同国沙门毗尼多流支，隋言灭喜，不远五百由旬，来观盛化。开皇二年，于大兴善。译象头精舍、大乘总持经二部。给事李道宝传语，沙门法纂笔受，沙门彦琮制序。

隋西京大兴善寺北贤豆沙门阇那崛多传二（僧就　法智）

阇那崛多，隋言德志，北贤豆（贤豆，本音因陀罗婆陀那，此云主处，谓天帝所护故也。贤豆之音，彼国之讹略耳，身毒、天竺，此方之讹称也。而彼国人。总言"贤豆"而已，乃之以为五方也）。揵陀啰国人也，隋言香行国焉。居富留沙富罗城，云丈夫宫也。刹帝利种，姓金（俱凡反）步，此云项也，谓如孔雀之项，彼国以为贵姓。父名跋阇逻婆啰，此云金刚坚也，少怀远量，长乘清范，位居宰辅，燮理国政。崛多昆季五人，身居最小，宿殖德本，早发道心。适在髫髫，便愿出家，二亲深识其度，不违其请。本国有寺，名曰大林，遂往归投，因蒙度脱。其郁波弟耶，此云常近受持者，今所谓和上，此乃于阗之讹略也，名曰嗜那耶舍，此云胜名，专修宴坐，妙穷定业。其阿遮利耶，此云传授，或云正行，即所谓阿阇梨也，亦近国之讹略耳，名曰阇若那跋达啰，此云智贤，遍通三学，偏明律藏。崛多自出家后，孝敬专诚，教诲积年，指归通观。然以贤豆圣境，灵迹尚存，便随本师，具得瞻奉。时年二十有七，受戒三夏。师徒结志，游方弘法。初有十人，同契出境，路由迦臂施国，淹留岁序。国王敦请其师，奉为法主，益利颇周，将事巡历，便踰大雪山西足，固是天险之峻极也，至厌怛国。既初至止，野旷民希，所须食饮，无人营造。崛多遂舍具戒，竭力供待，数经时艰，冥灵所佑，幸免灾横。又经渴啰盘陀及于阗等国，屡遭夏雨寒雪，暂时停住。既无弘演，栖寓非久。又达吐谷浑国，便至鄯州，于时即西魏大统元年也。虽历艰危，心逾猛励。发踪跋涉，三载于兹，十人之中，过半亡没，所余四人，仅存至此。以周明帝武成年初届长安，止草堂寺。师徒游化，已果来心，更登净坛，再受具足，精诚从道，尤甚由来。稍参京辇，渐通华语。寻从本师胜名，被明帝诏，延入后园，共论佛法，殊礼别供，充诸禁中。思欲通法，无由自展，具情上启，即蒙别敕，为造四天王寺，听在居住。自兹已后，乃翻新经，既非弘泰，羁縻而已，所以接先阙本，传度梵文，即十一面观音、金仙问经等是也。会谯王宇文俭镇蜀，复请同行，于彼三年，恒任益州僧主，住龙渊寺，又翻观音偈、佛语经。建德隳运，像教不弘，五众一期，同斯俗服。武帝下敕，追入京辇，重加爵禄，逼从儒礼。秉操铿然，守死无惧。帝愍其贞亮，哀而放归。路出甘州，北由突厥，阇梨智贤，还西灭度。崛多及以和上，乃为突厥所留，未久之间，和上迁化，只影孤寄，莫知所安，赖以北狄君民颇弘福利，因斯飘寓，随方利物。有齐僧宝暹、道邃、僧昙等十人，以武平六年相结同行，采经西域，往返七载，将事东归，凡获梵本二百六十部，行至突厥，俄属齐亡，亦投彼国，因与同处，讲道相娱。所赍新经，请翻名题，勘旧录目，转觉巧便，有异前人。暹等内诚，各私庆幸获宝，遇匠德，无虚行，同誓焚香，共契宣布。大隋受禅，佛法即兴，暹等赍经，先来应运，开皇元年季冬，届止京邑。敕付所司，访人令译。二年仲春，便就传述。夏中诏曰:“殷之五迁，恐民尽死，是则居吉凶之土，制短长之命，谋新去故，如农望秋，龙首之山，川原秀丽，卉木滋阜，宜建都邑，定鼎之基永固，无穷之业，在兹可域。”城曰大兴城，殿曰大兴殿，门曰大兴门，县曰大兴县，园花池沼，其号并同。寺曰大兴善也，于此寺中传度法本。时崛多仍住北狄。至开皇五年，大兴善寺沙门昙延等三十余人，以躬当翻译，音义乖越，承崛多在北，乃奏请还，帝乃别敕追延。崛多西归已绝，流滞十年，深思明世重遇三宝，忽蒙远访，欣愿交并，即与使乎同来入国。于时文帝巡幸洛阳，于彼奉谒，天子大悦，赐问频仍。未还京阙，寻敕敷译。新至梵本，众部弥多，或经或书，且内且外，诸有翻传，必以崛多为主。佥以崛多言识异方，字晓殊俗，故得宣辩自运，不劳传度，理会义门，句圆词体，文意粗定，铨本便成，笔受之徒，不费其力，试比先达，抑亦继之，尔时耶舍已亡，专当元匠，于大兴善更召婆罗门僧达摩笈多，并敕居士高天奴、高和仁兄弟等同传梵语。又置十大德沙门僧休、法粲、法经、慧藏、洪遵、慧远、法纂、僧晖、明穆、昙迁等监掌翻事，铨定宗旨；沙门明穆、彦琮重对梵本，再审覆勘，整理文义。昔支昙、罗什等所出大集，卷轴多以三十成部。及耶舍高齐之世出月藏经一十二卷，隋初后出日藏分一十五卷，既是大集广本，而前后译分，遂便支离，部帙羁散，开皇六年，有招提寺沙门僧就合之为六十卷。就少出家，专宝坊学，虽加宣导，恨文相未融，乃例括相从附入大部，至于词旨惬当，未善精穷。比有大兴善寺沙门洪庆者，识度明达，为国监写藏经，更厘改就所合者，名题前后，甚得理致。且今见翻诸经，有多是大集余品，略而会之，应满百卷。若依梵本，此经凡十万偈，据以隋文，可三百卷。崛多曾传于阗东南二千余里，有遮拘迦国，彼王纯信，敬重大乘。宫中自有摩诃般若、大集、华严三部，王躬受持，亲执锁钥，转读则开，香华供养。或以诸饼果诱引小王，令其礼拜。此国东南可二十余里，山甚岩险，有深净窟，置大集、华严、方等、宝积、楞伽、方广、舍利弗、花聚二陀罗尼、都萨罗藏、摩诃般若、八部般若、大云经等凡十二部，减十万偈。国法相传，防卫守护。又有入灭定罗汉三人窟中禅寂，每至月半，诸僧就山为其净发。此则人法住持，有生之所凭赖。崛多道性纯厚，神志刚正，爱德无厌，求法不懈，博闻三藏，远究真宗，遍学五明，兼闲世论，经行得道场之趣，总持通神咒之理，三衣一食，终固其诚，仁济弘诱，非关劝请，勤诵佛经，老而弥笃，强识先古，久而逾诣。士庶钦重，道俗崇敬。隋滕王遵仰戒范，奉以为师。因事尘染，流摈东越，又在瓯闽，道声载路，身心两救，为益极多。至开皇二十年，便从物故，春秋七十有八。自从西服来至东华，循历翻译，合三十七部一百七十六卷，即佛本行集、法炬、威德、护念、贤护等经是也并详括陶冶，理教圆通，文明义结，具流于世。见费长房三宝录。初，隋高祖又敕崛多共西域沙门若那竭多、开府高恭、恭息都督天奴、和仁及婆罗门毗舍达等，于内史内省翻梵古书及干文。至开皇十二年，书度翻讫，合二百余卷，奏闻进内，见唐贞观内典录。时又有优婆塞姓瞿昙氏，名达磨般若，隋言法智，父名般若流支，备详余传。智本中天国人，流滞东川，遂向华俗，而门世相传，祖习传译。高齐之季，为昭玄都。齐国既平，佛法同毁，智因僧职转任俗官，再授洋州洋川郡守。隋氏受禅，梵牒即来，有敕召还，使掌翻译。法智妙善方言，执本自传，不劳度语，译业报差别经等。成都沙门释智铉，笔受文词，铨序义体；日严寺沙门彦琮制序。见隋代经录。

隋东都洛滨上林园翻经馆南贤豆沙门达摩笈多传三（侯君素　徐同卿　刘凭　费长房）

达摩笈多，隋言法密，本南贤豆罗啰（力加反）。国人也，刹帝利种，姓弊耶伽啰，此云虎氏。有弟四人，身居长子，父母留恋，不听出家。然以笃爱法门，深愿离俗。年二十三，往中贤豆界鞬拿究拨阇城，此云耳出于究牟地，谓黄色花，因园以得名也。僧伽啰磨，此云众园，旧云僧伽蓝者，讹略也。笈多于此寺中方得落发，改名法密，年二十五方受具戒。其郁波弟耶佛驮笈多，此云学密，阿遮利夜名旧拿达多，此云德施，又一阿遮利夜名为普照，通大小乘经论，咸能诵说行宾荼夜法，谓行乞食者，旧名为分卫，入第耶那，此云念修，旧为禅那取持诃那，并讹僻也，恒入此观，以为常业。笈多受具之后，仍住三年，就师学问，师之所得，略窥户牖。后以普照师为吒迦国王所请，从师至彼，经停一载。师还本国，笈多更留四年，住于提婆鼻何啰，此云天游也。天谓国王，游谓僧处，其所王立，故名天游。旧以寺代之，寺乃此土公院之名，所谓司也、廷也。又云招提者，亦讹略也，世依字解，招谓招引，提谓提携，并浪语也。此乃西言耳，正音云招斗提奢，此云四方，谓处所为四方众僧之所依住也。于是历诸大小乘国及以僧寺，闻见倍多。北路商人颇至于彼，远传东域有大支那国焉，旧名真丹、振旦者，并非正音，无义可译，惟知是此神州之总名也。初虽传述，不甚明信，未作来心。但以志在游方，情无所系，遂往迦臂施国。六人为伴，仍留此国，停住王寺。笈多遂将四伴，于国城中二年停止，遍历诸寺，备观所学，远游之心，尚未宁处。其国乃是北路之会，雪山北阴商侣咸凑其境，于商客所又闻支那大国三宝兴盛，同侣一心属意来此，非惟观其风化，愿在利物弘经。便踰雪山西足薄佉罗国、波多叉拿国、达摩悉鬓多国，此诸国中并不久住，足知风土诸寺仪式。又至渴罗盘陀国，留停一年，未多开导。又至沙勒国，同伴一人复还本邑，余有三人停在王寺，谓沙勒王之所造也。经住两载，仍为彼僧讲说破论，有二千偈，旨明三印，多破外道。又为讲如实论，亦二千偈，约其文理，乃是世间论义之法。又至龟兹国，亦停王寺，又住二年，仍为彼僧讲释前论。其王笃好大乘，多所开悟，留引之心，旦夕相造。笈多系心东夏，无志潜停，密将一僧间行至乌耆国，在阿烂拿寺讲通前论，又经二年，渐至高昌，客游诸寺，其国僧侣多学汉言，虽停二年，无所宣述，又至伊吾，便停一载。值难避地西南，路纯砂碛，水草俱乏，同侣相顾，性命莫投，乃以所赍经论权置道旁，越山求水，冀以存济，求既不遂，劳弊转增，专诵观世音咒，夜雨忽降，身心充悦。寻还本途，四顾茫然，方道迷失，踟蹰进退，乃任前行，遂达于瓜州，方知曲取北路之道也。笈多远慕大国，跋涉积年，初契同徒，或留或殁，独顾单影，届斯胜地，静言思之，悲喜交集。寻蒙帝旨，延入京城，处之名寺，供给丰渥，即开皇十年冬十月也。至止未淹，华言略悉，又奉别敕，令就翻经，移住兴善，执本对译，允正实繁。所诵大小乘论，并是深要，至于宣解，大弘微旨，此方旧学，频遣积疑。然而慈恕立身，柔和成性，心非道外，行在言前，戒地夷而静，智水幽而洁，经洞字源，论穷声意；加以威容详正，勤节高猛，诵响继晨宵，法言通内外；又性好端居，简绝情务，寡薄嗜欲，息杜希求，无倦诲人，有逾利己，曾不怍颜于贱品，轻心于微类。遂使未睹者倾风，暂谒者钦敬。自居译人之首，惟存传授，所有覆疏，务存纲领。炀帝定鼎东都，敬重隆厚。至于佛法，弥增崇树，乃下敕于洛水南滨上林园内置翻经馆，搜举翘秀，永镇传法。登即下征笈多并诸学士并预集焉，四事供承，复恒常度，致使译人不坠其绪，成简无替于时。及隋纲云颓，郊垒烟构，梵本新经，一时斯断，笈多蕴其深解，遂阙陈弘。始于开皇中岁，终于大业末年，二十八载，所翻经论七部，合三十二卷，即起世、缘生、药师本愿、摄大乘、菩提资粮等是也，并文义澄洁，华质显畅，具唐贞观内典录。至武德二年，终于洛汭。初，笈多翻普乐经一十五卷，未及练覆，值伪郑沦废，不暇重修。今卷部在京，多明八相等事。有沙门彦琮，内外通照，华、梵并闻，预参传译，偏承提诱。以笈多游履，具历名邦，见闻陈述，事逾前传，因着大隋西国传一部，凡十篇。本传一方物，二时候，三居处，四国政，五学教，六礼仪，七饮食，八服章，九宝货，十盛列山河、国邑、人物，斯即五天之良史，亦乃三圣之宏图。故后汉西域传云灵圣之所降集、贤懿之所挺生者是也，词极纶综，广如所述。初，开皇十三年，广州有僧行塔忏法，以皮作帖子二枚书为“善”“恶”两字，令人掷之，得善者吉；又行自扑法，以为灭罪。而男女合杂，妄承密行。青州居士接响同行，官司检察，谓是妖异，其云：“此塔忏法，依占察经；自扑忏法，依诸经中五体投地如大山崩。”时以奏闻，乃敕内史侍郎李元操就大兴善问诸大德。有沙门法经、彦琮等对云：“占察经见有两卷，首题菩提登在外国译，文似近代所出。众藏亦有写而传者。检勘群录，并无正名及译人时处。塔忏与众经复异，不可依行。”敕因断之。时有秀才儒林郎侯白，奉敕撰旌异传一部二十卷，多叙感应，即事亟涉弘演释门者。白，字君素，本相郸人也，识敏机对，损崇台省。帝以多闻前古，爰引宾王，观国程器，终于此职。又有晋府祭酒徐同卿，撰通命论两卷。卿以文学之富，镜达玄儒等教，亦明三世因果。但文言隐密，先贤之所未辩，故引经史正文，会通运命，归于因果。意在显发儒宗，助佛宣教，导达群品，咸奔一趣。盖卿博识有据，故能洞此幽求。又有翻经学士泾阳刘冯，撰内外旁通比校数法一卷。冯学通玄素，偏工数术，每以前代翻度，至于数法比例，颇涉不同，故演斯致。其序略云：“世之道艺，有浅有深。人之禀学，有疏有密。故寻算之用也，则兼该大衍，其不思也，则致惑三隅。然东夏数法，自有三等之差，西天所陈，何无两端之例？然则先译诸经，并以大千称为百亿，言一由旬为四十里。依诸算计，悉不相符。窃疑翻传之日，彼此异意，指㧑之际，于斯取失。故众经算数之法，与东夏相参，十十变之，旁通对衍，庶拟翻译之次，执而辩惑。既参隶经诰，故即而叙之。”至开皇十五年，文皇下敕，令翻经诸僧撰众经法式。时有沙门彦琮等准的前录，结而成之，一部十卷，奏呈入内。并见隋代费氏诸录。时有翻经学士成都费长房，本预细衣，周朝从废，因俗传通，妙精玄理。开皇之译，即预搜扬，敕召入京，从例修缉。以列代经录散落难收，佛法肇兴，年载芜没，乃撰三宝录一十五卷，始于周庄之初，上编甲子，下舒年号，并诸代所翻经部卷目，轴别陈叙，函多条例。然而瓦玉杂糅，真伪难分，得在通行，阙于甄异。录成陈奏，下敕行之，所在流传，最为该富矣。

隋东都上林园翻经馆沙门释彦琮传四（行矩）

释彦琮，俗缘李氏，赵郡柏人人也。世号衣冠，门称甲族。少而聪敏，才藻清新，识洞幽微，情符水镜，遇物斯览，事罕再详。初投信都僧边法师，因试令诵须大拿经，减七千言，一日便了。更诵大方等经，数日亦度。边异之也，至于十岁，方许出家，改名道江，以慧声洋溢如江河之望也。听十地论，荣誉流振，州邑所推。十二在巏嵍山诵法华经，不久寻究，便游邺下，因循讲席，乃返乡寺，讲无量寿经。时太原王邵任赵郡佐，寓居寺宇，听而仰之，友敬弥至。齐武平之初，年十有四，西入晋阳，且讲且听。当尔道张汾朔，名布道儒，尚书敬长瑜及朝秀卢思道、元行恭、邢恕等，并高齐荣望，钦揖风猷，同为建斋，讲大智论，亲受披导，叹所未闻。及齐后西幸晋阳，延入宣德殿讲仁王经，国统僧都，用为承奉，听徒二百，并是英髦。帝亲临御筵，文武咸侍，皇太后及以六宫同升法会。敕侍中高元海扶琮升坐，接侍上下，而神气坚朗，希世惊嗟，析理开神，咸遵景仰。十六遭父忧，厌辞名闻，游历篇章，爰逮子史，颇存通阅。右仆射阳休之与立林馆诸贤交共款狎，性爱恬静，延而方造。及初进具，日次晡时，戒本万言诵试兼了，自尔专习律检，进讨行科。及周武平齐，寻蒙延入，共谈玄藉，深会帝心。敕预通道观学士，时年二十有一。与宇文恺等周代朝贤，以大易、老、庄陪侍讲论。江便外假俗衣，内持法服，更名彦琮。武帝自缵道书，号无上秘要，于时预沾纶综，特蒙收采。至宣帝在位，每醮必累日通宵，谈论之际，因润以正法。时渐融泰，颇怀嘉赏，授礼部等官，并不就。与朝士王邵、辛德源、陆开明、唐怡等情同琴瑟，号为文外玄友。大象二年，隋文作相，佛法稍兴，便为诸贤讲释般若。大定元年正月，沙门昙延等同举奏度，方蒙落发，时年二十有五。至其年二月十三日，高祖受禅，改号开皇，即位讲筵，四时相续，长安道俗，咸拜其尘，因即通会佛理邪正，沾濡沐道者万计。又与陆彦师、薛道衡、刘善经、孙万寿等一代文宗，着内典文会集。又为诸沙门撰唱导法，皆改正旧体，繁简相半，即现传习，祖而行之。开皇三年，隋高祖幸道坛，见画老子化胡象，大生怪异，敕集诸沙门、道士共论其本，又敕朝秀苏威、杨素、何妥、张宾等，有参玄理者，详计奏闻。时琮预在此筵，当掌言务，试举大纲，未及指核，道士自伏，陈其矫诈。因作辩教论，明道教妖妄者有二十五条，词理援据，宰辅褒赏。其年西域经至，即敕翻译，既副生愿，欣至泰然。从驾东巡，旋途并部，时炀帝在蕃，任总河北，承风请谒，延入高第，亲论往还，允惬悬伫，即令住内堂，讲金光明、胜鬘、般若等经。又奉别教撰修文疏，契旨卓陈，足为称首。又教住大兴国寺。尔后王之新咏旧叙，恒令和之。又遣箫懿、诸葛颍等群贤迭往参问，谈对名理，宗师有归。隋秦王后作镇太原，又蒙延入，安居内第，叙问殷笃。琮别夜寐，梦见黄色大人，身长三丈，手执颇梨碗授云：“碗内是酒。”琮于梦中跪受之，曰：“蒙赐宝器，非常荷恩。但以酒本律禁，未敢辄饮。”寤已，莫知其由。及后王躬造观音画像，张设内第，身量所执，宛同前梦，于是私慰素抱，悲庆交并。至十二年，敕召入京，复掌翻译，住大兴善，厚供频仍。时文帝御寓，盛弘三宝，每设大斋，皆陈忏悔。帝亲执香炉，琮为宣导，畅引国情，恢张皇览。御必动容竦顾，欣其曲尽深衷，其言诚感达，如此类也。炀帝时为晋王，于京师曲池营第林，造日严寺，降礼延请，永使住之。由是朝贵贤明，数增临谒。披会玄旨，屡发信心。然而东夏所贵，文颂为先，中天师表，梵音为本。琮乃专寻教典，日诵万言，故大品、法华、维摩、楞伽、摄论、十地等，皆亲传梵书，受持诵读，每日暗阅，要周乃止。仁寿初年，敕令送舍利于并州，时汉王谅于所治城隔内造寺，仍置宝塔，今所谓开义寺是也。琮初至塔所，累日云雾晦合，及至下晨，时正当午，云开日耀，天地清朗，便下舍利，瘗而藏之，又感瑞云夹日，五色相间。仁寿末岁，又敕送舍利于复州方乐寺，今名龙盖寺也。本基荒毁，南齐初立，周废颓灭，才有余址，而处所显敞，堪置灵塔。令人治剪，忽觉头上痒闷，因检发中，获舍利一粒，形如黍米，光色鲜发，两斧试之，上下俱陷，而舍利不损，频更椎打，光色逾盛。掘深七尺，又获砖藏铜银诸合，香泥宛然，但见清水满合，其底踪迹，似有舍利，寻觅不见，方知发中所获，乃是银合所盛。末又觅石造函，遍求不获，乃于竟陵县界感得一石，磨治既了，忽变为玉，五色光润内彻，照见旁人，又于石中现众色象。引石向塔，又感一鹅飞至函所，自然驯狎，随石去住，初无相离，虽见同群，了无顾眄，逐去还来，首尾十日，恒在舆所。有人将至余处，便即鸣叫飞翔，逾院而入，及至埋讫，便独守塔绕旋而已。又感塔所前池有诸鱼鳖，并举头出水，北望舍利，琮便为说法，竟日方隐。又感塔所井水，十五日间自然涌溢，埋后乃止。四月八日，云满上空，正午将下，收云并尽，惟余塔上，团圆如盖，五色间错，映发日轮，至藏舍利，其云乃散。琮欣感嘉瑞，以状奏闻，帝大悦，录以为记，藏诸秘阁。仁寿二年下敕，更令撰众经目录，乃分为五例，谓单译、重翻、别生、疑、伪，随卷有位，帝世盛行。寻又下敕，令撰西域传，素所暗练，周镜目前，分异讹错，深有征举。故京壤名达，多寻正焉。有王舍城沙门远来谒帝，事如后传，将还本国，请舍利瑞图经及国家祥瑞录，敕又令琮翻隋为梵，合成十卷，赐诸西域。琮以洽闻博达，素所关心，文章腾翥，京辇推尚。凡所新译诸经，及见讲解大智释论等，并为之序引，又着沙门名义论别集五卷，并词理清简，后学师钦。大业二年，东都新治，与诸沙门诣阙朝贺，特被召入内禁，叙故累宵，谈述治体，呈示文颂，其为时主见知如此。因即下敕，于洛阳上林园立翻经馆以处之，供给事隆，倍逾关辅。新平林邑，所获佛经合五百六十四夹，一千三百五十余部，并昆仑书多梨树叶。有敕送馆，付琮披览，并使编叙目录，以次渐翻。乃撰为五卷，分为七例，所谓经、律、赞、论、方字、杂书七也；必用隋言以译之，则成二千二百余卷。敕又令裴矩共琮修缵天竺记，文义详洽，条贯有仪。凡前后译经，合二十三部一百许卷，制序述事，备于经首。素患虚冷，发痢无时，因卒于馆，春秋五十有四，即大业六年七月二十四日也。俗缘哀悼，归葬柏人。初，大渐之晨，形羸神爽，问弟子曰:“斋时至未？”对曰:“未也。”还，瞑目而卧。如此再三，乃回身引颈，向门视日，曰:“斋时已至，吾其去矣！”索水盥手，焚香，迎弥勒画像，合掌谛观，开目闭目，乃经三四，如入禅定，奄尔而终。持纩属之，方知已绝。且琮神慧夙成，彰于孩稚，奉信贞恪，松梓其心。本师五台山沙门道最，最亦风采标映，故琮不坠其门。凡所游习，淡然独静，虽经物忤，曾无言及。抑道从俗，敕附文馆，屡逢光价，能无会情。斯乃立操虚宗，游情靡测。讲诵相沿，初未休舍。会梦入地狱，颇见苦缘，由念经佛等名，蒙得解脱，送往山楼之上。寻又历观诸狱，备睹同讲名僧，五苦加之，具言其状，为说十善，良久方觉。至后数年，更梦前事，由称佛菩萨名，又蒙放免。高祖具闻，敕琮录出，赐诸道俗，永为警诫。自尔专思罪累，屏绝人事，息意言筌，行方等忏，供给贫病。晚以所诵梵经四千余偈十三万言，七日一遍，用为常业。然琮久参传译，妙体梵文，此土群师，皆宗鸟迹，至于音字诂训，罕得相符，乃着辩正论，以垂翻译之式。其词曰：弥天释道安每称:“译胡为秦，有五失本、三不易也。一者胡言尽倒，而使从秦，一失本也。二者胡经尚质，秦人好文，传可众心，非文不合，二失本也。三者胡经委悉，至于叹咏，丁宁反复，或三或四，不嫌其繁，而今裁斥，三失本也。四者胡有义说，正似乱词，寻检向语，文无以异，或一千或五百，今并刈而不存，四失本也。五者事以合成，将更旁及，反腾前词，已乃后说，而悉除此，五失本也。然智经，三达之心，覆面所演，圣必因时，时俗有易，而删雅古，以适今时，一不易也，愚智天隔，圣人叵阶，乃欲以千载之上微言，传使合百王之下末俗，二不易也。阿难出经，去佛未久，尊大迦叶令五百六通迭察迭书。今虽千年，而以近意量裁，彼阿罗汉乃兢兢若此，此生死人平平若是，岂将不以知法者猛乎？斯三不易也。涉兹五失经、三不易，译胡为秦，讵可不慎乎？正当以不关异言，传令知会通耳，何复嫌于得失乎！是乃未所敢知也。”余观道安法师，独禀神慧，高振天才，领袖先贤，开通后学，修经录则法藏逾阐，理众仪则僧宝弥盛，称印手菩萨，岂虚也哉！详梵典难易，诠译人之得失，可谓洞入幽微，能究深隐。至于天竺字体，悉昙声例，寻其雅论，亦似闲明。旧唤彼方，总名胡国，安虽远识，未变常语。胡本杂戎之胤，梵惟真圣之苗，根既悬殊，理无相滥。不善谙悉，多致雷同，见有胡貌，即云梵种，实是梵人，漫云胡族，莫分真伪，良可哀哉！语梵虽讹，比胡犹别，改为梵学，知非胡者。窃以佛典之兴，本来西域，译经之起，原自东京，历代转昌，迄兹无坠。久云流变，稍疑亏动，竞逐浇波，鲜能回觉，讨其故事，失在昔人。至如五欲顺情，信是难弃，三衣苦节，定非易忍。割遗体之爱，入道要门；舍天性之亲，出家恒务。俗有可反之致，忽然已反；梵有可学之理，何因不学？又且发蒙草创，伏膺章简，同鹦鹉之言，仿邯郸之步，经营一字，为力至多，历览数年，其道方博，乃能包括今古，网罗天地，业似山丘，文类渊海。彼之梵法，大圣规摹，略得章本，通知体式，研若有功，解便无滞。匹于此域，固不为难，难尚须求，况其易也！或以内执人我，外惭咨问，枉令秘术，旷隔神州，静言思之，愍而流涕。向使法兰归汉，僧会适吴，士行、佛念之俦，智严、宝云之末，才去俗衣，寻教梵字，亦沾僧数，先披叶典，则应五天正语，充布阎浮，三转妙音，普流震旦，人人共解，省翻译之劳，代代咸明，除疑网之失。于是舌根恒净，心镜弥朗，借此闻思，永为种性。安之所述，大启玄门，其间曲细，犹或未尽，更凭正文，助光遗迹。粗开要例，则有十条，字声一，句韵二，问答三，名义四经论五，歌颂六，咒功七，品题八，专业九，异本十，各疏其相，广文如论。安公又云："前人出经，支谶、世高，审得胡本难继者也；罗叉、支越，斫凿之巧者也。"窃以得本开质，斫巧由文，旧以为凿，今固非审。握管之暇，试复论之。先觉诸贤，高名参圣，慧解深发，功业弘启，创发玄路，早入空门，辩不虚起，义应雅合。但佛教初流，方音鲜会，以斯译彼，仍恐难明。无废后生，已承前哲，梵书渐播，真宗稍演，其所宣出，穷谓分明。聊因此言，辄铨古译。汉纵守本，犹敢遥议；魏虽在昔，终欲悬讨。或繁或简，理容未适，时野时华，例颇不定，晋、宋尚于谈说，争坏其淳；秦、梁重于文才，尤从其质。非无四五高德，缉之以道；八九大经，录之以正。自兹以后，迭相祖述，旧典成法，且可宪章，展转同见，因循共写，莫问是非，谁穷始末。"僧鬘"惟对面之物，乃作"华鬘"；"安禅"本合掌之名，例为"禅定"。如斯等类，固亦众矣。留支洛邑，义少加新；真谛陈时，语多饰异。若令梵师独断，则微言罕革；笔人参制，则余辞必混。意者宁贵扑而近理，不用巧而背源，傥见淳质，请勿嫌烦。昔日仰对尊颜，瞻尚不等，亲承妙吼，听之犹别。诤论起迷，豫呐涅槃之记；部党兴执，悬着文殊之典。虽二边之义，佛亦许可，而两间之道，比丘未允。其致双林早潜，一味初损，千圣同志，九旬共集，杂碎之条，寻讹本诫，水鹄之颂，俄舛昔经。一圣才亡，法门即减；千年已远，人心转伪。既乏写水之闻，复寡悬河之说，欲求冥会，讵可得乎？且儒学古文，变犹纰缪，世人今语，传尚参差，况凡圣殊伦，东西隔域，难之又难，论莫能尽。必殷勤于三覆，靡造次于一言，岁校则利有余，日计则功不足，开大明而布范，烛长夜而成务，宣译之业，未可加也。经不容易，理借名贤，常思品藻，终惭水镜。兼而取之，所备者八。诚心爱法，志愿益人，不惮久时，其备一也。将践觉场，先牢戒足，不染讥恶，其备二也。筌晓三藏，义贯两乘，不苦暗滞，其备三也。旁涉坟史，工缀典词，不过鲁拙，其备四也。襟抱平恕，器量虚融，不好专执，其备五也。沉于道术，淡于名利，不欲高衒。其备六也。要识梵言，乃闲正译，不坠彼学，其备七也。薄阅苍、雅，粗谙篆隶，不昧此文，其备八也。八者备矣，方是得人，三业必长，其风靡绝。若复精搜十步，应见香草，微收一用，时遇良材。虽往者而难俦，庶来者而能继，法桥未断，夫复何言！则延、铠之徒，不回隆于魏室；护、显之辈，岂偏盛于晋朝！或曰：一音遥说，四生各解，普被大慈，咸蒙远悟。至若开源白马，则语逐洛阳；发序赤乌，则言随建业。未应强移此韵，始符极旨；要工披读，乃究玄宗。遇本即依，真为笃信，案常无改，世称仰述。诚在一心，非关四辩，必令存梵，讵是通方？对曰：谈而不经，旁惭博识，学而无友，退愧寡闻。独执管锥，未该穹壤，理绝名想，弥难穿凿。在昔圆音之下，神力冥加，满字之间，利根回契。然今地殊王舍，人异金口，即令悬解，定知难会。经音若圆，雅怀应合，直餐梵响，何待译言！本尚亏圆，译岂纯实，等非圆实，不无疏近。本固守音，译疑变意，一向能守，十例可明。缘情判义，诚所未敢。若夫孝始孝终，治家治国，足宣至德，堪弘要道；况复净名之劝发心，善生之归妙觉，奚假落发剪须，苦违俗训，持衣捧钵，顿改世仪？坐受僧号，详谓是理，遥学梵章，宁容非法！崇佛为主，羞讨佛字之源；绍释为宗，耻寻释语之趣。空睹经叶，弗兴敬仰，总见梵僧，例生侮慢，退本追末，吁可笑乎！象运将穷，斯法见续，用兹绍继，诚可悲夫！文多不载。琮师尚宗据，深究教源，故章抄疏记，诸无所及，述制书论，不叙丘坟。著福田论、僧官论、慈悲论、默语论、鬼神录、通极论、辩圣论、通学论、善知识录等，并赋词弘瞻，精理通显。初，所著通极者，破世术诸儒不信因果，执于教迹，好生异端，此论所宗，佛理为极。言辩圣者，明释教宣真，孔教弘俗，论老子教不异俗儒，灵宝等经则非儒摄。言通学者，劝引儒流遍师孔、释，令知内外，备识俗真。言善知识者，是大因缘，登圣越凡，不因善友，无人达也。门人行矩者，即琮兄之子，为立行记，流之于世。矩少随琮学，咨训叶经，东西两馆，并参翻译。为性颇属文翰，通览坟索。夙为左仆射房玄龄所知，深见礼厚，贞观初奏敕追入。既达京室，将事翻传，遂疾而终，不果开演。乡族流恸，接柩赵州。所译众经，具在余录。

续高僧传卷第二

续高僧传卷第三

大唐西明寺沙门释道宣撰

译经篇三　本传三人

唐京师胜光寺中天竺沙门波颇传一

波罗颇迦罗蜜多罗，唐言作明知识，或一云波颇，此云光智，中天竺人也。本刹利王种，姓刹利帝。十岁出家，随师习学，诵一洛叉大乘经，可十万偈。受具已后，便学律藏，博通戒网，心乐禅思。又随胜德修习定业，因修不舍，经十二年。末复南游摩伽陀国那烂陀寺，值戒贤论师盛弘十七地论，因复听采，以此论中兼明小教，又诵一洛叉偈、小乘诸论。波颇识度通敏，器宇冲邃，博通内外，研精大小，传灯教授，同侣所推。承化门人般若、因陀罗跋摩等，学功树绩，深达义纲，今见领徒本国匡化，为彼王臣之所钦重。但以出家释子不滞一方，六月一移，任缘靡定，承北狄贪勇，未识义方，法藉人弘，敢欲传化，乃与道俗十人展转北行，达西面可汗叶护衙所。以法训勖，曾未浃旬，特为戎主深所信伏，日给二十人料，旦夕祇奉。同侣道俗，咸被珍遇，生福增敬，日倍于前。武德九年，高平王出使入蕃，因与相见。承此风化，将事东归，而叶护君臣留恋不许。王即奏闻，下敕征入，乃与高平同来谒帝，以其年十二月达京，敕住兴善寺。释门英达，莫不修造。自古教传词旨有所未踰者，皆委其宗绪，括其同异，内计外执，指掌释然，征问相雠，披解无滞。乃上简闻，蒙引内见，躬传法理，无爽对扬。赐彩四十段，并宫禁新纳一领，所将五僧，加料供给，重频慰问，劳接殊伦。至三年三月，上以诸有非乐，物我皆空，眷言真要，无过释典，流通之极，岂尚翻传！下诏所司搜扬硕德备经三教者一十九人，于大兴善创开传译，沙门慧乘等证义，沙门玄谟等译语，沙门慧赜、慧净、慧明、法琳等缀文。又敕上柱国尚书左仆射房玄龄、散骑常侍太子詹事杜正伦参助勘定，光禄大夫太府卿萧璟总知监护。百司供送，四事丰华。初译宝星经，后移胜光，又译般若灯、大庄严论，合三部三十五卷。至六年冬，勘阅既周，缮写云毕，所司详读，乃上闻奏。下敕各写十部，散流海内，仍赐颇物百段，余承译僧，有差束帛。又敕太子庶子李百药制序，具如论首。波颇意在传法，情望若弦。而当世盛德，自私诸己。有人云颇侥幸时誉，取驰于后，故聚名达，废讲经论，斯未是弘通者。时有沙门灵佳，卓荦拔群，妙通机会，对监护使具述事理云："颇远投东夏，情乖名利，欲使道流千载，声振上古。昔苻、姚两代，翻经学士乃有三千，今大唐译人不过二十。意在明德同证，信非徒说，后代昭奉，无疑于今耳。"识者佥议攸同，后遂不行。时为太子染患，众治无效，下敕迎颇入内，一百余日，亲问承对，不亏帝旨。疾既渐降，辞出本寺，赐绫帛等六十段，并及时服十具。颇誓传法化，不惮艰危，远度葱河，来归震旦，经途所亘，四万有余，躬赍梵本，望并翻尽。不言英彦，有坠纶言，本志颓然，雅怀莫诉。因而构疾。自知不救，分散衣资，造诸净业，端坐观佛，遗表施身，下敕特听。寻尔而卒于胜光寺，春秋六十有九。东宫下令，给二十人，舆尸坐送，至于山所。阇维既了，沙门玄谟收拾余骸，为之起塔于胜光寺，在乘师塔东，即贞观七年四月六日也。有识同嗟，法轮辍轸。四年之译，三帙献功，掩抑慧灯，望照惑累，用兹弘道，未敢有闻。既而人丧法崩，归愆斯及，伊我东鄙，匪咎西贤。悲夫！

唐京师清禅寺沙门释慧赜传二

释慧赜，俗姓李，荆州江陵人。早悟非常，神思锋逸。九岁投本邑隐法师出家，隐体其精爽异伦，即度为沙弥，讲授之暇，诲以幽奥。赜领牒玄理，曾不再思，执卷诵文，纸盈四十。荆楚秀望，钦而美之。初从隐听涅槃、法华，后别听三论，皆剖析新奇，抗拟摽会。开皇中年，江陵寺大兴法席，群师云赴。道俗以赜嘉绩夙成，咸欲观其器略，共请为法主，顾惟披导有旨，因而践焉。甫年十二，创开涅槃，比事吐词，义高常伯，论难相继，辩答冷然。少长莫不缄心，颂声载路。荆州刺史宜龙公元寿，闻其幼誉惊挺，亲驾谒焉，素倍前闻，大相褒赏，以事奏闻，云："希世卓秀者也。"登即有诏，令本州备礼，所在恭送。既达京辇，殊蒙慰引，赐纳僧伽梨并衣一袭，仍令住清禅寺。从容法侣，敦悦玄儒，才藻屡扬，汲引无竭。预有衣冠士族，皆来展造门庭，莫不赞其洽闻博达、机捷之谓也。末厌烦梗，思济清神，乃从应禅师禀资心学。掩关两载，情蹈诸门，遂语默于贤圣之间，谈授于经纬之理。值隋氏云丧，法事沦亡，道阕当年，情欣栖静，以大业末岁移卜终南之高冠岭，因岩构室，疏素形心。会唐运勃兴，苍生攸济，赜不滞物我，来从帝城，讲诲暂扬，倾都请道。武德年内，释侣云繁，屡建法筵，皆程气宇。时延兴寺百座讲仁王经，王公卿士并从盛集。沙门吉藏爰竖论宗，声辩天临贵贱倾目。赜才施锐责，言清理诣，思动几神彩惊四部，骇心百辟。藏顾而叹曰："非惟论辩难继，抑亦银钩罕踪。"今上在蕃，亲观论府，深相结纳，拟为师友，六使来召，令赴别第。赜以生名，杀身之累，由来有人，退让余词，一不闻命。及贞观开译，诏简名僧，众以文笔知名，兼又统详论旨，乃任为翻论之笔。译讫奏闻，有敕赐帛百匹、衣服一具。赜又着论序，曰：般若灯论者，一名中论，本有五百偈。借"灯"为名者，无分别智，有寂照之功也。举"中"标目者，鉴亡缘观，等离二边也。然则灯本无心，智也亡照，法性平等，中义在斯，故寄论以明之也。若夫寻论滞旨，执俗迷真，颠倒断常之间，造次有无之内，守名丧实，攀叶亡根者，岂欲尔哉？盖有由矣。请试陈之。若乃构分别之因，招虚妄之果，惑累熏其内识，恶友结其外缘，致使慢耸崇山，见深沧海，恚火难触，词锋罕当，闻说有而快心，听谈空而起谤，六种偏执各谓非偏，五百论师诤陈异论。或将邪乱正，或以伪齐真，识似悟而翻迷，教虽通而更壅。可谓捐珠玩石，弃宝负薪，观画怖龙，寻迹怯象。爱好如此，良可悲夫！龙树菩萨救世挺生，呵嗜欲而发心，阅深经而自鄙，蒙独尊之悬记，然法炬于阎浮。且其地越初依，功超伏位，既穷一实，且究二能，佩两印而定百家，混三空而齐万物，点尘劫数，历试诸难，悼彼群迷，故作斯论。文玄旨妙，破巧申工，被之钝根，多生怯退。有分别明菩萨者，大乘法将，体道居衷，遐览真言，为其释论，开秘密藏，赐如意珠，略广相成，师资互显。至如自乘异执，郁起千端，外道殊计，纷然万绪，驴乘竞驰于驾驷，萤火争耀于龙烛，莫不标其品类，显厥师宗，玉石既分，玄黄也判。西域染翰，乃有数家，考实析微，此为精诣。若含通本末，有六千偈，梵文如此，翻则减之。我皇帝神道迈于羲皇，陶铸侔于造化，崇本息末，无为太平，守母存子，不言而治。以为圣教东流，年淹数百，而亿象所负，阙者犹多，希见未闻，劳于寤寐。中天竺国三藏法师波颇蜜多罗，学兼半满，博综群诠，丧我怡神，搜玄养性，游方在念，利物为怀。故能附弋传身，举烟命伴，冒冰霜而越葱岭，犯风热而度沙河，时积五年，途经四万，以大唐贞观元年顶戴梵文，至止京辇。昔秦征童寿，苦用戎兵，汉请摩腾，远劳蕃使；讵可方兹感应，道契冥符，家国休祥，德人爰降！有司奏见，殊悦帝心，敕住兴善、胜光，即传新经之始。仍召义学沙门及王公宰辅对翻此论，研核幽旨，去华存实。目击则欣其会理，函杖则究其是非。文虽定而覆详，义乃明而重审。岁在寿星，检勘云毕。其为论也，观明中道而存中失观，空显第一而得一乖空。然司南之车本示迷者，照胆之镜为鉴邪人，无邪则镜无所施，不迷则车不为用。斯论破申，其犹此矣。虽复斥内遮外，尽妄穷真，而存乎妙存，破如可破。荡荡焉，恢恢焉，迎之靡测其源，顺之罔知其末，信是崟心神之砥砺，越溟海之舟舆，骇昏识之雷霆，照幽途之日月者矣。此土先有中论四卷，本偈大同，宾头卢伽为之注解，晦其部执，学者昧焉。此论既兴，可为龟镜，庶明达君子详而味之。序成未即闻上。帝敕秘书监虞世南作序，见赜之所制，叹咽无以加焉，因奏闻上，仍以序列于卷首，所在传写，缄于经藏。以贞观十年四月六日终于所住，春秋五十有七。葬于京郊之东，列隧立碑，颂其芳德，太常博士褚亮为文。自赜之知道，伦等崇其辩机，时俗以拟慧乘，固为笃论。词注难穷，无施不遂。讲华严、大品、涅槃、大智度、摄大乘及中、百诸论，皆筌释章部，决滞有闻。又诵涅槃、法华，音文淳美，时为众述，清啭动神。又抽减什物，用写藏经，寻阅才止，便修虔奉。又善导达众首，舒畅物情，为诸文雄之所称叙。特明古迹，偏晓书画，京华士子屡陈真伪，皆资其口实定其人世。文章词体，颇预能流，草隶笔功，名疏台府。每有官供胜集，必召而处其中，公卿执纸，请书填赴。赜随纸赋笔，飞骤如风，藻蔚雄态，绮华当世。故在所流咏，耽玩极多，悬诸屏障，或铭座右。著集八卷行世。

唐京师纪国寺沙门释慧净传三

释慧净，俗姓房氏，常山真定人也。家世儒宗，乡邦称美。净即隋朝国子博士徽远之犹子也。生知天挺，雅怀篇什，风格标峻，器宇冲邈。年在弱岁，早习丘坟，便晓文颂，荣冠闾里。十四出家，志业弘远，日颂八千余言，总持词义，罕有其比。游听讲肆，咨质硕疑，征究幽微，每臻玄极。听大智度及余经部，神采孤拔，见闻惊异。有志念论师驰名东夏，时号穷小乘之岩穴也。乃从听习杂心、婆沙。学周两遍，大义精通，根叶搜求，务括清致。由是嘉声远布，学徒钦属。开皇之末，来仪帝城，屡折重关，更驰名誉。大业初岁，因寻古迹至于槐里，遇始平令杨宏集诸道俗于智藏寺，欲令道士先开道经。于时法侣虽殷，无敢抗者。净闻而谓曰:“明府盛结四部，铨衡两教，窃有未喻，请咨所疑。何者？宾主之礼，自有常伦，其犹冠履不可颠倒。岂于佛寺而令道士先为主乎？明府教义有序，请不坠绩。”令曰:“有旨哉！几误诸后。”即令僧居先坐，得无辱矣。有道士于永通颇挟时誉，令怀所重，次立义曰:“有物混成，先天地生。吾不知其名，字之曰道。”令即命言申论，仍曰:“法师必须词理切对，不得犯平头、上尾。”于时令冠平帽，净因戏曰:“贫道既不冠帽，宁犯平头？”令曰:“若不犯平头，当犯上尾。”净曰:“贫道脱屣升床，自可上而无尾。明府解巾冠帽，可谓平而无头。”令有腼容。净因问通曰:“有物混成，为体一故混，为体异故混？若体一故混，正混之时已自成一，则一非道生。若体异故混，未混之时已自成二，则二非一起。先生道冠余列，请为稽疑。”于是通遂茫然，忸怩无对。净曰:“先生既能开关延敌，正当鼓怒余勇。安得事如桃李，更生荆棘？”仍顾令曰:“明府既为道助，何以救之？”令遂赧然。尔后频有援救，皆应机偃仆，罔非覆轨。自尔大小双玩，研味逾深，注述之余，寻绎无暇。却扫闲室，统略旧宗，缵述杂心玄文为三十卷，包括群典，笼罩古今，四远英猷，皆参沉隐。末又以俱舍所译，词旨宏富，虽有陈迹，未尽研求，乃无师独悟，思择名理，为之文疏三十余卷，遂使经部妙义，接纽明时，罽宾正宗，传芳季绪。学士颍川庾初孙请注金刚般若，乃为释文举义，郁为盛作，穷真俗之教原，尽大乘之秘要，遐迩流布书写诵持。文学词林，传诸心口，声绩相美，接肩恒闻。太常博士褚亮英藻清拔，名誉早闻，钦此芳猷，为之序引。其词曰：若夫大块均形，役智从物，情因习改，性与虑迁。然则达鉴穷览，皎乎先觉，炳慧炬以出重昏，拔爱河而升彼岸，与夫轮转万劫，盖染六尘，流遁以徇无涯，踳驳而趋捷径，不同日而言也，颍川庾初孙早弘笃信，以为般若所明，归于正道，显大乘之名相，标不住之宗极，出乎心虑之表，绝于言像之外。是以结发受持，多历年所，虽妙音演说，成诵不亏。'而灵源邃湛，或有未悟，嗟迷方之弗远，睠砥途而太息。属有慧净法师，博通奥义，辩同炙輠，理究连环。庾生入室研畿，伏膺善诱，乘此誓愿，仍求注述。法师悬镜忘疲，衢樽自满，上凭神应之道，傍尽心机之用，敷畅微言，宣扬至理。曩日旧疑，涣焉冰释；今兹妙义，朗若霞开。为像法之梁栋，变群生之耳目。辞峰秀上，映鹫岳而相高；言泉激壮，赴龙宫而竞远。且夫释教西兴，道源东注，世阅贤智，才兼优洽，精该睿旨，罕见其人。今则沙门重阐，藉甚当世，想此玄宗，郁为称首。岁惟阉茂，始创怀油；月躔仲吕，爰兹绝笔。缁俗攸仰，轩盖成阴，扣钟随其大小，鸣剑发其光采。一时学侣，专门受业，同涉波澜，递相传授。方且顾蔑林、远，俯视安、生，独步高衢，对扬正法。辽东真本，望悬金而不刊；指南所寄，藏群玉而无朽。岂不盛哉，岂不盛哉！武德初岁，时为三府，官寮上下，咸集延兴，京城大德，竞陈言论。有清禅法师立破空义，声色奋发，厉逸当时。相府记室王敬业启上曰："登座法师，义锋难对，非纪国慧净，无以挫其锐者。"即令对论。净曰："今在英雄之侧，厕龙象之间，奉对上人，难为高论。虽然，敢借敛秋霜之威，布春雨之泽，使慧净咨质小疑，令法师揄扬大慧，岂非佛法之盛哉？"因问曰："未审破空，空有何破？"答曰："以空破空，非以有破。"难曰："执空为病，还以空破，是则执有为病，还以有除。"覆却往还，遂无以解。贞观二年，新经既至，将事传译，下敕所司搜选名德。净当斯集，笔受大庄严论，词旨深妙，曲尽梵言。宗本既成，并缵文疏为三十卷，义冠古今，英声藉甚。三藏法师对仆射房玄龄、鸿胪唐俭、庶子杜正伦、于志宁，抚净背而叹曰："此乃东方菩萨也。"自非精爽天拔，何以致斯言之极哉？其为异域见钦如此。至贞观十年，本寺开讲，王公宰辅才辩有声者，莫不毕集，时以为荣望也。京辅停轮，盛言陈抗，皆称机判委，绰有余逸。黄巾蔡子晃、成世英，道门之秀，才申论击，因遂征求，自覆义端，失其宗绪。净乃安词调引，晃等饮气而旋。合坐解颐，贵识同美。尔后专当法匠，结众敷弘，标放明穆，声懋台府。梁国公房玄龄求为法友，义结俗兄，晨夕参谒，躬尽虔敬，四事供给，备展翘诚。净体斯荣问，忘身为法，又撰法华经缵述十卷，胜鬘、仁王、般若、温室、盂兰盆、上、下生、各出要缵，盛行于世，并文义绮密，高彦推之。故其每有弘通，光扬佛日，缁素云踊，庆所洽闻。于时大法广弘，充溢天壤，颇亦净之功也。然末代所学，庸浅者多，若不关外，则言无所厝，如能摧伏异道，必以此学为初。每以一分之功，游心文史，赞引成务，兼济其神。而性慕风流，情寄仁厚，泛爱为心，忘己接物，舒写言晤，终日无疲。故使远近闻风，参请填委，皆应变接叙，神悦而归。或笔赋缘情，触兴斯举，留连旬日，动成文会。和琳法师初春法集之作曰："鹫岭光前选，祇园表昔恭。哲人崇踵武，弘道会群龙。高座登莲叶，麈尾振霜松。尘飞扬雅梵，风度引疏钟。静言澄义海，发论上词锋。心虚道易合，迹广席难重。和风动淑气，丽日启时雍。高才掞雅什，顾己滥朋从。因兹仰积善，灵华庶可逢。"又与英才言聚，赋得升天行诗，曰："驭风过阆苑，控鹤下瀛洲。欲采三芝秀，先从千仞游。驾凤吟虚管，乘槎泛浅流。颓龄一已驻，方验大椿秋。"又和卢赞府游纪国道场诗曰："日光通汉室，星彩晦周朝。法城从此构，香阁本岧峣。珠盘仰承露，刹凤俯摩宵。落照侵虚牖，长虹拖跨桥。高才暂骋目，云藻遂飘摇。欲追千里骥，终是谢连镳。"又于冬日普光寺卧疾，值雪简诸旧游诗曰："卧疴苦留滞，辟户望遥天。寒云舒复卷，落雪断还连。凝华照书阁，飞素婉琴弦。回飘洛神赋，皓映齐纨篇。萦阶如鹤舞，拂树似花鲜。从赏丰年瑞，沉忧终自怜。"于是帝朝宰贵赵公、燕公以下名臣和系将百许首。中书舍人李义府，文苑之英秀者也，美之不已，为诗序云："由斯声唱更高，玄儒属目，翰林文士推承冠绝，竞述新制，请擿瑕累。”净以人之作者，差非奇挺，乃搜采近代藻锐者，撰诗英华一帙十卷，识者怀铅，探其冠冕。吴王咨议刘孝孙，文才翘拔，为之序曰：释教之为义也，大矣哉！智识所不能名言，视听所不得闻见。马鸣，龙树弘圣旨于前，慧远、道安阐微言于后。至于绍高踪而孤引，踵逸轨以遐征，谁之谓欤？慧净法师即其人矣。法师淳和禀气，川岳降精，神解内融，心几外朗。髫年对日，丱岁参玄。擢本森稍，干云阶乎尺木；长澜渺漫，浴日道乎蒙泉。而慧炬夙明，禅枝早茂。临阅川而轸虑，睠定水以怡神。慨彼劳生，悟兹常乐。三乘奥义，焕矣冰消；二谛法门，怡然理顺。俄而发轫东夏，杖锡西秦。至于讲肆法筵，聆嘉声而响赴；剖疑析滞，服高义而景从。明镜屡照而不疲，鸿钟待扣而斯应。穷涯盈量，虚往实归。诚佛法之栋梁，实僧徒之领袖者也。余昔游京辇，得申景慕。寥寥净域，披云而见光景；落落闲居，入室而生虚白。法师导余以实际，诱余以真如，挹海不知其浅深，学山徒仰其峻极。尝以法师敷演之暇，商确翰林，若乃“园柳”“天榆”之篇，“阿阁”“绮窗”之咏，魏王“北山”，陈思“南国”，嗣宗之赋明月，彭泽之摛微雨，逮乎颜、谢掞藻，任、沈遒文，足以理会八音，言谐四始，咸递相祖述，郁为龟镜，岂独光于曩代而无继轨者乎？近世文人，才华间出。周武帝振彼雄图，削平漳滏。隋高祖韫兹英略，戡定江淮，混一车书，大开学校。温、邢誉高于东夏，徐、庾价重于南荆。王司空孤秀一时，沈恭子标奇绝代。凡此英彦，安可阙如？自参墟启祚，重光景曜，大弘文德，道冠前王。蔼轴之士风趣，林壑之宾云集。故能抑扬汉彻，孕育曹丕，文雅郁兴，于兹为盛。余虽不敏，窃有志焉。既而舟壑潜移，悼陵谷而迁贸；居诸易晚，恻人世之难常。固请法师，暂回清鉴，采摭词什，耘剪蘩芜。盖君子不常矜庄，删诗未为斯玷，自刘廷尉所撰诗苑之后，纂而续焉。颍川庾初孙，学该坟素，行齐颜闵。京兆韦山甫，耿介有奇节，弋猎综群言。与法师周旋，情逾胶漆，睹斯盛事，咸共赞成。生也有涯，庾侯长逝，永言怛化，不觉流襟。顷观其遗文，久为陈迹，今亦次乎污简，贻诸后昆。法师式遵旧章，纂斯鸿烈。余聊因暇日，敬述芳猷，俾郢唱楚谣，同管弦而播响；春华秋实，与天地而长存。遂使七贵挹其嘉猷，五众欣其慧识，凡预能流，家藏一本。自尔国家盛集，必预前驱，每入王宫，频登上席，简在帝心，群宫攸敬。皇储久餐德素，乃以贞观十三年集诸官臣及三教学士于弘文殿，延净开阐法华。道士蔡晃讲论好，独秀玄宗，下令遣与抗论。晃即整容问曰："经称序品第一，未审序第何分。"净曰："如来入定，征瑞放光，现奇动地，雨花假远开近，为破二之洪基，作明一之由渐。故为序也，第者为居，一者为始，序最居先，故称第一。"晃曰："第者弟也，为第则不得称一，言一则不得称第。两字牟盾，何以会通？"净曰："向不云乎，'第者为居，一者为始'。先生既不领前宗，而谬陈后难，便是自难，何成难人！"晃曰："言不领者，请为重释。"净启令曰："昔有二人，一名蛇奴，道帚忘扫，一名身子，一闻千解。然则蛇奴再闻不悟，身子一唱便领。此非授道不明，但是纳法非俊。"晃曰："法师言不出唇，何所可领？"净曰："菩萨说法，声振十方，道士在坐，如迷如醉。岂直形体聋瞽，其智抑亦有之。"晃曰："野干说法，何由可闻？"净曰："天宫严卫，理绝狩踪。道士魂迷，谓人为畜。"时有国子祭酒孔颖达，心存道党，潜扇蝇言，曰："佛家无诤，法师何以构斯？"净启令曰："如来在日，已有斯事。佛破外道，外道不通，反谓佛曰：'汝常自言平等，今既以难破我，即是不平，何谓平等？'佛为通曰：'以我不平，破汝不平，汝若得平，即我平也。'而今亦尔。以净之诤，破彼之诤，彼得无诤，即净无诤也。"于时皇储语祭酒曰："君既剿说，真为道党。"净启令曰："慧净常闻"君子不党"，其知祭酒亦党乎！"皇储怡然大笑，合坐欢踊，令曰："不徒法乐，已至于斯！"故净之枢机，三教发悟，一斯类也。频入宫闱，与道抗论，谈柄暂执，四坐惊耆。蔡晃等既是道门锋领，屡逢屈挫，心声俱靡。皇储目属净之神锐难加也，乃请为普光寺任，下令曰："纪国寺上座慧净法师，名称高远，行业着闻，纲纪伽蓝，必有弘益，请知寺任。"净以弘宣为务，乐于寂止，虽蒙荣告，情所未安，乃委固辞，不蒙允许，慨斯恩迫，致启谢曰："伏奉恩令，以慧净为普光寺主，仍知本寺上座事。奉旨惊惶，罔知攸措。但慧净不揆庸短，少专经论，用心过分，因构沈疴。暨犬马齿隆，衰弊日甚，赖全生纳养，仅时敷说，磨钝策蹇，滥被吹嘘。至于提顿纲维，由来未悟，整齐僧众，素所不闲。恩遣曳此庸衰，总彼殷务，窃悲鱼鹿易处，失燥湿之宜，方圆改质，乖任物之性。既情不逮事，实迫于心，抚躬惊惕，不遑启处。然恩旨隆渥，罔敢辞让，谨以谢闻，伏增战悚。"令答曰："忽辱来书，甚以倾慰，三覆之后，自觉欣然。窃闻如来虽迹起人间，而道笼天外，神功妙力，不可思议。寂尔无为，则言语道断；湛然常住，则心行处灭。但为众生烦恼，漂没爱河，得不大拯横流，令登彼岸！故出入三界，升降六天，经营十方，良为于此。若夫鹿园福地，鹫岭灵山，洒甘露于禅林，转法轮于净域，付嘱菩萨济拔黔黎，然后放光面门，灭影双树。宝船虽没，遗教犹存，即是如来法身无有异也。然人能弘道，非道弘人。远有弥勒、文殊亲承音旨，近则图澄、罗什发明经教。五百一贤，信非徒说；千里一遇，差匪虚言。法师昔在俗缘，门称通德，飞缨东序，鸣玉上庠，故得垂裕后昆，传芳犹子，当以诗称三百，不离于苦空，曲礼三千，未免于生灭，故发弘誓愿，回向菩提，落彼两髦，披兹三服。至如大乘小乘之偈，广说略说之文，十诵僧祇，八部波若，天亲、无着之论，法门，句义之谈，皆剖判胸怀，激扬清浊。至于光临讲座，开置法筵，释义入神，随类俱解。写悬河之辩，动连环之辞。碧鸡誉于汉臣，白马称于傲吏。以今方古，彼复何人？所以仰请法师为普光寺主，兼知纪国寺上座事。又闻若独善之心有限，则济物之理不弘；彼我之意未忘，则他自之情不坦。且普光、纪国，俱是道场，旧住新居，有何差别？法师来状云'鱼鹿易处，失燥湿之宜'，斯乃意在谦虚，假称珍怪。昔闻流水长者，遂能救十千之鱼；旷野猎师，岂得害三归之鹿。但使筌蹄不用，则言象自忘。"净又谢曰："重蒙令旨，恩渥载隆，追深悚怍。但慧净学惭照雪，解愧传灯，滥叨荣幸，坐致非望。复蒙垂兹神翰，播斯弘诱，文丽辰象，调谐金石。加以恩兼道俗，泽总存亡，奖进高深，譬超山海。循环百遍，悲憙交怀，徒知铭感，岂陈萤露。频烦曲降，顾己多惭，谨以谢闻，用增怵惕。"登又下令与普光寺众曰：盖闻正法没于西域，像教被于东华，古往今来，多历年所。而难陀、迦叶、马鸣、龙树，既同瓶泻，有若灯传，故得妙旨微言，垂文见意。是以三十二相，遍满人天；十二部经，敷扬刹土。由其路者，则高骋四衢之上；迷其涂者，则轮回六趣之中。理窟法门，玄宗秘藏，非天下之至赜，孰能与于此乎？皇帝以神道设教，利益群生，故普建仁祠，绍隆正觉，卜兹胜地，立此伽蓝，请赤县之名僧，征帝城之上首。山林之士，拥锡来游；朝廷之宾，抠衣趋座。义筵济济，法侣诜诜，实聚落之福田，黔黎之寿域。加以丛楹迭栱，宝塔华台，洪钟扣而弗喧，清梵唱而逾静。若夫卢舍那佛坐普光法堂，灵相葳蕤，神变肹响，以今方古，暗与冥符，名器之间，岂容虚立！然僧徒结集，须有纲纪，询诸大众，罕值其人。积日搜扬，颇有佥议，咸云纪国寺上座慧净，自性清净，本来有之，风神秀彻，非适今也。至于龙宫宝藏，象力尊经，皆挺自生知，无师独悟，岂止四谛一乘之说，七处八会之谈，要其指归，得其真趣而已。固亦涤除玄览，老氏之至言，洁静精微，宣尼之妙义，莫不穷理尽性，寻根讨源。其德行也如彼，其学业也如此，今请为普光寺主，仍知本寺。法师比者逡巡静退，不肯降重，殷勤苦请，方始克从。但菩萨之家，体尚和合，若得无诤三昧，自然永离十缠。亦愿合寺诸师，共弘此意。其迎请之礼，任依僧法。又令所司建讲设斋，并请法师广开义理。净以僚采大集，光荣一旦，非夫经力，何以致斯？乃创开法华，末陈大论，英达高胜，拥萃门筵。故能接诱玄素，抚承学识，传祠驰论，大响嘉猷，纵达清言，光前绝后。太子中舍辛谞，学该文史，傲诞自矜，题章着翰，莫敢当拟。预有杀青，谓必裂之于地，谓僧中之无人也。净愤斯轻侮，乃裁论拟之，文云：纪国寺释慧净敬酬东宫辛中舍曰：披览高论，博究精微，旨赡文华，惊心眩目，辩超炙輠，理跨连环。幽难勃以纵横，掞藻纷其骆驿。映云霞而比烂，叶金石以相谐。绚矣文章，冲乎探赜！非夫哲士，谁其溢心；瞻彼上人，固难与对。轻持不敏，敢述朝闻，岂曰稽疑，宁酬客难也。来论云："一音演说，各随类解，蠕动众生，皆有佛性。然则佛陀之与先觉，语从俗异；智慧之与般若，义本玄同。习智觉若非胜因，念佛慧岂登妙果？"答曰：大矣哉，斯举也！深固幽远，杳冥难测，吾子为信乎，为疑乎？其信也岂不然乎哉，其疑也岂不深乎哉？然则下士不笑，不足以为道；浅智不谤。不足以为深。仰度高明，固无笑谤矣。但其言濩落，理涉嫌疑，今当为子略陈梗概。若乃问同答异，文郁郁于孔书；名一义乖，理堂堂于释教。若名同不许义异，则问一不得答殊。此例既升，彼并自没，如其未喻，更为提撕。夫以住无所住，万善所以兼修；为无不为，一音所以齐应。岂止绝圣弃智，抱一守雌，冷然独善，义无兼济，较言优劣，其可伦乎？二宗既辩，百难斯滞。来论云："必谓彼此名言，遂可分别，一音各解，乃玩空谈。"答曰："诚如来旨，亦须分别。窃以逍遥一也，鹏、鷃不可齐乎九万；荣枯同也，椿、菌不可齐乎八千。而况爝火之侔日月，浸灌之方时雨，宁以分同明润，而遂均其曜泽哉？至若山、毫一其小大，彭、殇均其寿夭，莛楹乱其横竖，施、厉混其妍蚩，斯由相待不定，相夺可忘，庄生所以绝其有封，非谓未始无物。斯则以余分别，攻子分别，子忘分别，即余忘分别矣。君子剧谈幸无谑论，一言易失，驷马难追，斯文诫矣，深可慎哉！”来论云：“诸行无常，触类缘起，复心有待，资气涉求。然则我净受于熏修，慧定成于缮刻。”答曰：“无常者。故吾去也，缘起者新吾来也。故吾去矣，吾岂常乎？新吾来矣，吾岂断乎？新故相传，假熏修以成净；美恶更代，非缮刻而难功，是则生灭破于断常，因果显乎中观。郁乎宗也，谈乎妙也！斯实庄、释玄同，东西理会。而吾子去彼取此，得无谬乎？”来论云：“续凫截鹤，庸讵真如；草化蜂飞，何居弱丧？”答曰：夫自然者报分也，熏修者业理也。报分已定，二鸟无羡于短长；业理资缘，两虫有待而飞化。然则事像易疑，沉冥难晓，幽求之士，沦惑罔息。至若道圆四果，尚昧衣珠；位隆十地，犹昏罗縠。圣贤固其若此，而况庸庸者乎！自非鉴镜三明，雄飞七辩，安能妙契玄极，敷究幽微。贫道借以受业家门，朋从是寄，悕能择善，敢进刍荛。如或铿然，愿详金牒矣。于是廊庙贵达，重仰高风，人藏一本，缄诸怀袖，同聚谈宴，以为言先。辛侯由兹顶戴。顿祛邪网，帝里荣胜，望日披云，各撤金帛，树兴来福。沙门法琳包括经史，摛掞昔闻，承破邪疑，乃致书曰：近览所报辛中舍析疑论，词义包举，比喻超绝，璀璨眩离朱之目，铿锵骇师旷之耳。固以妙尽环中，事殚辩囿，譬玉衡之齐七政，犹溟海之统百川。焕焕乎，巍巍乎！言过视听之外，理出思议之表，足可杜诸见之门，开得意之路者也。至如“住无所住”，兼修之义在焉；“为无不为”，齐应之功弘矣。将令“守雌”颜厚，“独善”腼容。乃理异之显哉，岂玄同之可得！夫立像以表意，得意则象忘，若忘其所忘，则彼此之情斯泯，非忘其不忘。小大之殊有异，是知日月既出，无用爝火之光；时雨既降，何烦浸灌之泽。故云彼此可忘，非无此也。故吾去也，因故去而辩无常；新吾来也，借新来以谈缘起。非新非故，熏修之义莫成；无缮无克，美恶之功孰着？盖以生灭破彼断常之迷，寄因果示其中观之路。断常见息，则弱丧同归；中观理融，则真如自显。或谈业理以明熏习，乍开报分以释自然，意出情端，旨超文外。报分有在，凫鹤自忘其短长；业理相因，草蜂各任其飞化。可谓于无名相中假名相说，体真会俗，岂不然欤？辛中舍天挺之才，未等若人尽理之说。子期可惭于丧偶，颜生有愧其坐忘。可以息去取之两端，泯颠沛之一致，楚既得之，齐亦未为失也。法师博物不群，智思无限，当今独步，即日梁栋，既为众所知识，实亦名称普闻。加以累谒金门，频登上席，扇玄风于鹤钥，振法鼓于龙楼。七贵挹其波澜，五师推其神俊。既耸垂天之翼，又纵横海之鳞。支遁之匹王、何，宁堪并驾；帛祖之方嵇、阮，未足连衡。用古俦今，君有之矣。琳谢病南山，栖心幽谷。非出非处，荡虑于风云；无见无闻，寄情于泉石。遇观名作，实遣繁忧；乍览琼章，用祛痼疾。徘徊吟讽，循环卷舒，奉蕴怀袖之中，不觉纸劳字故。略申片意，谨此白书。其所著述赋词为诸道贤称美如此。及贞观十九年更崇翻译，所司简约，又无联类，下召追赴，谢病乃止。今春秋六十有八，声问转高，心疾时动，或停法雨，暂有登临，云屯学馆，义侣则掇其冠冕，文句则定其短长，词采则揭其菁华，音韵则响其谐调。神气高爽，足引儒夫；墙宇崇深，弥开廉士。斯并目叙而即笔，故不尽其纤隐云。

续高僧传卷第三

续高僧传卷第四

大唐西明寺沙门释道宣撰

译经篇四　本传二人

京大慈恩寺释玄奘传一
京大慈恩寺梵僧那提传二

京大慈恩寺释玄奘传一

释玄奘，本名祎，姓陈氏，汉太丘仲弓后也，子孙徙于河南，故今为洛州缑氏人焉。祖康，北齐国子博士。父慧，早通经术，长八尺，明眉目，拜江陵令，解缨而退，即大业末年，识者以为克终隐沦之候故也。兄素出家，即长捷法师也，容貌堂堂，仪局瑰秀，讲释经义，联班群伍，住东都净土寺。以奘少罹穷酷，携以将之，日授精理，旁兼巧论。年十一，诵维摩、法华，东都恒度，便预其次。自尔卓然梗正，不偶朋流，口诵目缘，略无闲缺。睹诸沙弥剧谈掉戏，奘曰:“经不云乎，夫出家者为无为法。岂复恒为儿戏，可谓徒丧百年。”且思齐之怀，尚鄙而不取，拔萃出类，故复形在言前耳。时东都慧日盛弘法席，涅槃、摄论，轮驰相系，每恒听受，昏明思择。僧徒异其欣奉，美其风素，爱敬之至，师友参荣。大众重其学功，弘开役务。时年十五，与兄住净土寺，由是专门受业，声望逾远。大业余历，兵饥交贸，法食两缘，投庇无所。承沙门道基化开井络，法俗钦仰，乃与兄从之，行达长安，住庄严寺。又非本望，西逾剑阁，既达蜀都，即而听受阿毗昙论。一闻不忘，见称昔人，随言镜理，又高伦等。至于婆沙广论，杂心玄义，莫不凿穷岩穴，条疏本干。然此论东被，弘唱极繁，章钞异同，计逾数十，皆蕴结胸府，闻持自然，至于得丧筌旨，而能引用无滞。时皆讶其忆念之力，终古罕类也。基每顾而叹曰："余少游讲肆多矣，未见少年神悟若斯人也。"席中听侣，佥号英雄，四方多难，总归绵益，相与称赞，逸口传声。又僧景摄论，道振迦延。世号难加，人推精覆，皆师承宗据，隅隩明铨。昔来摄论，十二住义，中表销释，十有二家，讲次诵持，率多昏漠。而奘初闻记录，片无差舛，登座叙引，曾不再缘，须便为述，状逾宿构。如斯甚众，不可殚言。武德五年，二十有一，为诸学府雄伯沙门讲扬心论，不窥文相，而诵注无穷。时曰神人，不神何能此也！晚与兄俱住益南空慧寺，私自惟曰："学贵经远，义重疏通，钻仰一方，未成探赜。"有沙门道深，体悟成实，学称包富，控权敷化，振网赵邦。愤发内心，将捐巴蜀，捷深知其远量也，情顾勤勤，每劝勉之。而正意已行，誓无返面，遂乃假缘告别，间行江硖。经途所及荆、杨等州，访逮道邻，莫知归诣。便北达深所，委参勇铠，素袭嘉问，纵洽无遗，终始十月，资承略尽。时燕赵学侣，相顾逢秋，后发前至，抑斯人也。沙门慧休，道声高邈，行解相富，夸罩古今，独据邺中，昌言传授，词锋所指，海内高尚；又往从焉，不面生来，相逢若旧，去师资礼，事等法朋。偏为独讲杂心、摄论，指擿纤隐，曲示纲猷，相续八月，领酬无厌。休又惊异绝叹，抚掌而嗟曰："希世若人，尔其是也。"沙门道岳，宗师俱舍，阐弘有部，包笼领袖，吞纳喉襟，扬业帝城，来仪群学，乃又从焉。创迹京都，诠途义苑，沙门法常，一时之最，经论教悟，其从如林。奘乃一举十问，皆陈幽奥。坐中杞梓，拔思未闻，由是驰誉道流，擅声日下。沙门僧辩，法轮论士，机慧是长，命来连坐，吾之徒也。但为俱舍一论，昔所未闻，因尔伏膺，晓夕谘请。岳审其殷至，慧悟霞明，乐说不穷，任其索隐，覃思研采，晬周究竟。沙门玄会，匠剖涅槃，删补旧疏，更张琴瑟，承斯令问，亲位席端，咨质迟疑，焕然祛滞。仆射宋公萧瑀敬其脱颖，奏住庄严，然非本志，情栖物表。乃又惟曰："余周流吴、蜀，爰逮赵、魏，末及周秦，预有讲筵，率皆登践。已布之言令，虽蕴胸襟；未吐之词宗，解签无地。若不轻生殉命，誓往华胥，何能具觌成言，用通神解，一睹明法，了义真文。要返东华，传扬圣化，则先贤高胜，岂决疑于弥勒；后进锋颖，宁辍想于瑜伽耶？”时年二十九也。遂厉然独举，诣阙陈表，有司不为通引，顿迹京皋，广就诸蕃遍学书语，行坐寻授，数日便通。侧席面西，思闻机候。会贞观三年，时遭霜俭，下敕道俗逐丰四出。幸因斯际，径往姑臧。渐至敦煌，路由天塞，裹粮吊影，前望悠然，但见平沙，绝无人径。回遑委命，任业而前，展转因循，达高昌境。初、奘在凉州讲扬经论，华夷士庶，盛集归崇，商客通传，预闻蕃域。高昌王曲文泰特信佛经，复承奘告将游西鄙，恒置邮驲，境次相迎，忽闻行达，通夕立候。王母妃属，执炬殿前，见奘苦辛，备言意故，合宫下泪，惊异希有。延留夏坐，长请开弘。王命为弟，母命为子，殊礼厚供，日时恒致。乃为讲仁王等经及诸机教，道俗系恋，并愿长留。奘曰：“本欲通开大化，远被家国，不辞贱命，忍死西奔。若如来语，一滞此方，非唯自亏发足，亦恐都为法障。”乃不食三日。佥见极意，无敢措言。王母曰：“今与法师一遇，并是往业因缘。脱得果心东返，愿重垂诫诰。”遂与奘手传香信，誓为母子。曲氏流泪，执足而别，仍敕殿中侍郎赍绫帛五百匹、书二十四封，并给从骑六十人，送至突厥叶护牙所，以大雪山北六十余国皆其部统，故重遗达奘，开前路也。初至牙所，信物倍多，异于恒度，谓是亲弟，具以情告，终所不信。可汗重其贿赂，遣骑前告所部诸国，但有名僧胜地，必令奘到。”于是连骑数十，盛若皇华，中途经国，道次参候，供给顿具，倍胜于初。自高昌至于铁门，凡经一十六国，人物优劣，奉信淳疏，具诸图传。其铁门也即铁门关，汉之西屏，入山五百，旁无异路，一道南出，险绝人物，左右石壁，竦立千仞，色相如铁，故因号焉。见汉门扇，一竖一卧，外铁里木，加悬诸铃，必掩此关，实惟天固。南出斯门，土田温沃，花果荣茂，地名睹货罗也。纵千余里，广三千余，东拒葱岭，西接波斯，南大雪山，北据铁门，缚刍大河，中境西流，即经所谓博叉河也。其境自分为二十七国，各有君长，信重佛教。僧以十二月十六日安居，坐其春分，以斯时温热雨多故也。又前经国，凡度十三，至缚喝国，土地华博，时俗号为小王舍城，国近叶护南牙也。突厥常法，夏居北野，花草繁茂，放牧为胜，冬处山中，用遮寒厉，故有两牙。王都城外，西南寺中有佛澡罐，可容斗许，及佛扫帚并以佛牙，守护庄严，殆难瞻睹。奘为国使，躬事顶戴。西北不远有提谓、波利两城，建塔凌虚，即爰初道成，献麨长者之本邑发爪塔也。又东南行大雪山中，七百余里至梵衍国，僧有数千，学出世部。王城北山有立石像，高百五十尺，城东卧佛长千余尺，并精舍重接，金宝庄校，晃曜人目，见者称叹。又有佛齿舍利，劫初缘觉齿长五寸许，金轮王齿长三寸许，并商那和修钵及九条衣绛色犹存。又东山行至迦毕试国，奉信弥胜。僧有六千，多大乘学。其王岁造银像，举高丈八，延请遐迩，广树名坛。国有如来为菩萨时齿，长可寸余，又有其发，引长尺余，放还螺旋。自斯地北，民杂胡戎，制服威仪，不参大夏，名为边国蜜利车类，唐言译之，垢浊种也。又东南七百，至滥波国，即印度之北境矣。言印度者，即天竺之正名，犹身毒、贤豆之讹号耳。论其境也，北背雪山，三陲大海，地形南狭，如月上弦，川平广衍，周九万里。七十余国，依止其中。时或乖分，略地为国，今则尽三海际，同一王命。又东雪山至那伽罗曷国，即布发掩泥之故地也。详诸经相，意有疑焉。何则？讨寻本事，乃在贤劫已前，莲花、定光，名殊三佛，既非同劫，频被火灾，何得故处今犹泥湿？若以为虚，佛非妄语。如彼诸师，各陈异解。有论者言，此实本地，佛非妄也，虽经劫坏，本空之处，愿力庄严，如因事也，并是如来流化，斯迹常在，不足怪矣。故其胜地，左则标树诸窣睹波，即灵塔之正名，犹偷婆、斗薮婆之讹号耳。阿育王者，此号无忧，恨不睹佛，兴诸感恋，絓是圣迹，皆起铭记，故于此处为建石塔，高三十余丈。又有石壁佛影，蹈迹众相，皆竖标记，并如前也。

城南不远，酰罗城中，有佛顶骨，周尺二寸，其相仰平，形如天盖。佛髑髅盖如荷叶盘，佛眼圆睛，状如奈许，澄净皎然。有佛大衣，其色黄赤。佛之锡杖，以铁为环，紫檀为笴。此五圣迹，同在一城，固守之务，如传国宝。北近突厥，昔经侵夺，虽至所在，还潜本处，斯则赴缘隐显，未在兵威。奘奉觐灵相，悲泪横流，手拨末香，亲看体状，倍增欣悦。即以和香，印其顶骨，睹有嘉瑞，又增悲庆。近有北狄大月支王，欲知来报，以香取相，乃示马形。甚非所望，加诸布施，积功忏悔，又以香取，现师子形。虽位狩王，终为畜类，情倍归依，又加施戒，乃现人、天方还本国。故其俗法，见五相者相一金钱，取其相者酬七金钱。俗利其宝，用充福物，既非僧掌，固守弥崇，无论道俗，必先酬价。奘被王命，观视具周，旁国诸僧承斯荣望，同来礼谒。又东山行，至健驮逻国，佛寺千余，民皆杂信。城中素有钵庙，众事庄严。昔如来钵经于此庙，乃数百年，今移波斯王宫供养。城东有迦腻王大塔，基周里半，佛骨舍利，一斛在中，举高五百余尺，相轮上下二十五重。天火三灾，今正营构，即世中所谓雀离浮图是也。元魏灵太后胡氏奉信情深，遣沙门道生等赍大幡长七百余尺往彼挂之，脚才及地，即斯塔也。亦不测“雀离”名生所由。左侧诸迹，其相极多。近则世亲、如意造论之地，远则舍于千眼，睒奉二亲。檀特名山，达拿本迹，仙为女乱，佛化鬼母，并在其境。皆无忧王为建石塔，高者数百余尺，立标记焉。自北山行，达乌长那国，即世中所谓北天竺乌长国也。其境周围五千余里，果实充备，为诸国所重，传云即昔轮王之苑囿也。僧有万余，兼大乘学。王都四周，多诸古迹。忍仙佛跖，半偈避雠，折骨书经，割肉代鸽，蛇药护命，血饮夜叉，如斯等相，备列其境。各具瞻奉，情倍欣欣。城之东北减三百里，大山龙泉名阿波逻，即信度河之本源，西南而流，经中所谓辛头河也。王都东南，越山逆河，铁桥栈道，路极悬险，千有余里，至极大川，即古乌仗之王都也。中有木慈氏像，高百余尺，即末田地罗汉将诸工人三返上天方得成者，身相端严，特难陈说。还返乌仗，南至呾叉始罗国，具见伊罗钵龙所住之池，月光决目之地，育王标塔，举高十丈。北有石门，殊极高大，崇竦重山，道由中过，斯又萨埵舍身处也。自此东南，山行险阻，经一小国，度数铁桥，减二千里，至迦湿弥罗国，即此俗常传罽宾是也。莫委“罽宾”由何而生，观其图域，同罽宾耳。本是龙海罗汉取之引众而住通三藏也。故其国境四面负山，周七千余里，门径狭迮。僧徒五千，多学小乘。国有大德名僧胜匠，奘就学俱舍、顺正理、因明、声明及大毗婆沙。王愍远至，给书手十人，供给写之。有佛牙长可寸余，光白如雪。自滥波至此，绕山诸国，形体鄙薄，俗习胡蕃，虽预五方，非印度之正境也，以住居山谷，风杂诸边。自此南下，通望无山，将及千里，至磔迦国。土据平川，周万余里，两河分注，卉木繁荣。于时徒伴二十余人，行至大林中，遇贼劫掠，才获命全，入村告乞，乃达东境。大林有婆罗门年七百岁，貌如三十，明中、百论及外道书，云是龙猛弟子，乃停一月学之。又东至那仆底国，就调伏光法师学对法、显宗、理门等论。又东诣那伽罗寺，就月胄论师学众事分婆沙。又东至禄勒那国，就阇那崛多大德学经部婆沙；又就蜜多犀那论师学萨婆多部辩真论。渐次东南，路经六国，多有遗迹。育王标塔高二十丈者，其数不少。中有末菟罗国，最饶踪绪。城东六里有一山寺，昔乌波毱多，唐言近护，即五师之一也，是其本住所建。北岩石室高二十余丈，广三十步，其侧不远，复有猕猴堕坑处、四佛经行处、贤圣依住处，灵相众矣。又东南行，经于七国，至劫比他国，俗事大自在天。其精舍者高百余尺，中有天貌，形极伟大，谓诸有趣由之而生，王民同敬，不为鄙耻。诸国天祠，率置此形，大都异道，乃有百数，中所高者，自在为多。有一大寺，五百僧徒，净人、仆隶，乃有数万，皆宅其寺侧。中有三道阶，南北而列，即佛为母，忉利安居，夏竟下天，帝释之所作也。宝阶本基，沦没并尽，后王仿之，在其故地，犹高七十余尺。育王为建石柱，高七丈余，光净明照，随人罪福，影现其中。旁有贤劫四佛经行石基，长五十许步，高于七尺，足蹈所及，皆有莲华文生焉。国西北不远，二百许里，至羯若鞠阇国，唐言曲女城也。王都临殑伽河，即洹河之正名矣，源从北来，出大雪山。其土邪正杂敬，僧徒盈万，多诸圣迹：四佛行坐处、七日说法处、佛牙发爪等塔，精舍千余。名寺异相，多临河北。奘于此国学佛使、日胄二毗婆沙于毗耶犀那三藏所，经于三月。王号戒日，正法治世将五十载。言戒日者，谥法之名，此方薨后量德以赠，彼土初登即先荐号，以灭后美之，徒虚名耳。今犹御世，统五印度。初治边陲，为小国也。先有室商佉王，威行海内，酷虐无道，刘残释种，拔菩提树，绝其根苗，选简名德三百余人留之，余者并充奴隶。戒日深知树于祸始也，与诸官属至菩提坑立大誓曰："若我有福统临海内，必能崇建佛法，愿菩提树从地而生。"言已寻视，见菩提萌坑中上踊，遂回兵马往商佉所，威福力故，当即除灭。所以抱信诚笃，倍发由来。还统五方，象兵八万，军威所及，并藉其力。素不血食，化境有羊，皆赎施僧，用供乳酪。五年一施，倾其帑藏，藏尽还蓄，时至复行，用此为常。有犯王法乃至叛逆罪应死者，远斥边裔，余者惩罚，盖不足言。故诸国中多行盗窃，非假伴援，不可妄进。又东南行，二千余里，经于四国。顺殑伽河侧，忽被秋贼，须人祭天。同舟八十许人悉被执缚，唯选奘公，堪充天食。因结坛河上，置奘坛中，初便生飨，将加鼎镬。当斯时也，取救无缘，注想慈尊弥勒如来，及东夏住持三宝，私发誓曰："余运未绝，会蒙放免。必其无遇，命也如何？"同舟一时悲啼号哭。忽恶风四起，贼船而覆没，飞沙折木，咸怀恐怖。诸人又告贼曰："此人可愍，不辞危难，专心为法，利益边陲。君若杀之，罪莫大也。宁杀我等，不得损他。"众贼闻之，投刃礼愧，受戒悔失，放随所往。达憍偿弥，外道殷盛。王都城中有佛精舍，高六十尺，中有檀像，即昔优田大王造之，仿在天之影也。其侧龙窟，圣迹多矣。又东北千余里，至室罗伐悉底国，即舍卫舍婆提之正名也。周睇荒毁，才有故基，斯匿治宫，须达故宅，趾墌存焉。城南五里有逝多林，即祇陀园也，胜军王臣善施所造。全寺颓灭，尚有石柱，举高七丈。育王标树边有砖室一区，中安如来为母说法像。自余院宇湮没荡尽，但有佛洗病比丘处、目连举身子衣处、佛僧常汲故井处、外道阴谤杀淫女处、佛异论处、身子捔处、琉璃没处、得眼林处、迦叶波佛本生地，诸如上处，皆建石塔，并无忧王之所造也。寺东不远，三大深坑，即调达、瞿波、战遮女人所没之处。坑极深邃，临望无底，自古及今，大雨洪注，终无溢满。又东将七百里，至劫毗罗伐窣堵国，即迦毗罗卫，净饭王所治之都也。空城十余，无人栖住。故宫砖城，周十五里。荒寺千余，惟宫中一所在焉。王寝殿基上有铭塔，即如来降神之处也。彼有说云五月八日神来降者，上座部云十五日者，与此方述微复不同。岂有异耶？至如东夏所尚，素王为圣，将定年算，前达尚迷；况复历有三代，述时纪号，犹自差舛。顾惟理越情求，赴机应感，皆乘权道，适变为先，岂以常人之耳目，用通于至极也！城之南北有过去二佛生地诸塔，育王石柱铭记甚多。都城西北数百千塔，并是流璃所诛诸释，既是圣者，后人为造。当斯时也，有四释子忿其见逼，不思犯戒，出外拒军，琉璃遂退。后还本国，城中不受，告曰："吾为法种，誓不行师。汝退彼军，非吾族也。"既被放斥，远投诸国，本是圣胤，竞宗树之。今乌仗、梵衍等王，并其后也。城东百里，即是如来生地之林，今尚存焉。或有说者三月八日，上座部云十五日也，此土诸经咸云四月八日，斯非感见之机，异计多耳。又东七百里方至拘尸，中途诸异，略不复纪。创达此城，不觉五情失守，崩踊躄地。顷之顾眄，但见荒城颓褫，纯陀宅基，有标志耳。西北四里，河之西岸，即娑罗大林，周匝轮径，四十余里，中央高竦，即涅槃地。有一砖室，卧像北首。旁施塔柱，具书铭记，而诸说混淆，通列其上，有云二月十五日入涅槃者，或云九月八日入涅槃者，或云自彼至今过千五百年者，或云过九百年者。城北渡河，即焚身地，方二里余，深三丈许，土尚黄黑，状同焦炭。诸国有病，服其土者，无不除愈，故其焚处致有坑耳。其侧复有现足分身雉鹿诸塔，并具瞻已。又西南行大深林中，七百余里，达婆罗痆斯国，即常所谓波罗柰也。城临殑伽，外道殷盛，乃出万计。天寺百余，多遵自在。僧徒三千，并小乘正量部也。王都东北波罗奈河之西，塔柱双建，育王所立，影现佛像，睹者兴敬。度河十里即鹿野寺也，周间重阁望若仙宫。僧减二千，皆同前部。佛事高胜，诸国最矣。中有转法轮像，状如言说。旁树石柱，高七十余尺，内影外现，众相备矣。斯即如来初转法处。其侧复有五百独觉塔、三佛行坐处。寺中铭塔圣迹极多，乃有数百。又有佛所浴池，浣衣洗器之水，皆有龙护。曝衣方石，鹿王迎佛之地，并建石塔，动高三百余尺，相甚弘伟，故略陈耳。顺河东下，减于千里，达吠舍厘，即毗舍离也，露形异术，偏所丰足。国城旧基，周七十里，人物寡鲜，但为名地。其中说净名经处，宝积、净名诸故宅处，身子证果处，姨母灭度处，七百结集处，阿难分身处，此之五处，各建胜塔标示后代。自斯东北，二千余里，入大雪山，至尼波罗国。纯信于佛，僧有二千，大小兼学。城东有池，中有天金，光浮水上。古老传云：弥勒下生，用为首饰。或有利其宝者，夜往盗之，但见火聚腾焰，都不可近。今则沉深，叵穷其底，水又极热，难得措足。唐国使者试火投之，焰便踊起，因用煮米，便得成饭。其境北界即东女国，与吐蕃接境，比来国命往还，率由此地，约指为语。唐、梵相去一万余里，自古回邅，致途远阻。又从梵吠舍南济殑伽河，达摩揭陀国，即摩竭提之正号也。其国所居，是为中印度矣。今王祖胤，继接无忧，无忧即频毗娑罗之曾孙也，王即戒日之女婿矣。今所治城，非古所筑。殑伽南岸有波咤厘城，周七十里，即经所谓华氏城也，王宫多花，故因名焉。昔阿育王自离王舍，迁都于此。左侧圣所，其量弥繁。城之西南四百余里，度尼连禅河至伽耶城，人物希少，可千余家。又行六里，有伽耶山，自古诸王所登封也，故此一山，世称名地，如来应俗，就斯成道。顶有石塔，高百余尺，即宝云等经所说之处，周回四十里内，圣迹充满。山之西南即道成处，有金刚座，周百余步，其地则今所谓菩提寺是也。寺南有菩提树，高五丈许，绕树周垣，垒砖为之，轮回五百许步。东门对河，北门通寺，院中灵塔，相状多矣。如来得道之日，互说不同，或云三月八日及十五日者。垣北门外大菩提寺，六院三层，墙高四丈，皆砖为之。师子国王买取此处，兴造斯寺，僧徒仅千，大乘上座部所住持也。有骨舍利，状人指节，肉舍利者，大如真珠。彼土十二月三十日，当此方正月十五日，世称大神变月。若至其夕，必放光瑞，天雨香花，充满树院。奘初到此，不觉闷绝，良久苏醒，历睹灵相。昔闻经说，今宛目前，恨居边鄙，生在末世，不见真容，倍复闷绝。旁有梵僧，就地接抚相与悲慰。虽备礼谒，恨无光瑞，停止安居，迄于解坐。彼土常法，至于此时，道俗千万，七日七夜，竞伸供养。凡有两意，谓睹光相及希树叶。每年树叶，恰至夏末，一时飞下，通夕新抽，与故齐等。时有大乘居士，为奘开释瑜伽师地，尔夜对讲，忽失灯明，又观所佩珠珰璎珞不见光采，但有通明晃朗，内外洞然，而不测其由也。怪斯所以，共出草庐，望菩提树，乃见有僧，手擎舍利，大如人指，在树基上遍示大众，所放光明，照烛天地。于时众闹，但得遥礼，虽目睹瑞，心疑其火，合掌虔跪，乃至明晨，心渐萎顿，光亦歇灭。居士问曰："既睹灵瑞，心无疑耶？"奘具陈意，居士曰："余之昔疑，还同此也，其瑞既现，疑自通耳。"余见菩提树叶，如此白杨，具以问之。奘曰："相状略同，而扶疏茂盛，少有异也。"于此寺东望屈屈咤播陀山，即经所谓鸡足山也，直上三峰，状如鸡足，因取号焉。去菩提寺一百余里，顶树大塔，夜放神炬，光明通照，即大迦叶波寂定所也。路极梗涩，多诸林竹，师子、虎、象，纵横腾倚。每思登践，取进无由，奘乃告王，请诸防援，蒙给兵三百余人，各备锋刃，斩竹通道，日行十里。尔时彼国闻奘往山，士女大小，数盈十万，奔随继至，共往鸡足。既达山阿，壁立无路，乃缚竹为梯，相连而上。达山顶者三千余人，四睇欣然，转增喜踊，具睹石罅，散花供养。自山东北，百有余里，至佛陀代那山，有大石室。佛曾游此，天帝就石涂香，以供行至，其处今犹郁烈。不远山室，可受千人，如来三月于中坐夏。垒石为道，广二十步，长五里许，即频毗娑罗修觐上山之所由也。又东六十里，便至矩奢揭罗补罗古城，唐言茅城，多出香茅，故因名也。其城即摩揭陀之正中，经本所谓王舍城者是矣。崇山四周，为其外郭，上如陴堄，皆砖为之。西通小径，北辟山门。广长从狭，周轮百五十里，其中宫城周三十余里，内诸古迹，其量复多。宫之东北可十五里，有姞栗陀罗矩咤山，即经所谓耆阇崛山者是也，唐言鹫峰之台，于诸山中最高，显映夺接，山之阳，佛多居住。从下至顶，编石为阶，广十余步，长六里许，佛常往来于斯道也。历观崖岫，备诸古迹，不可胜纪，广如图传。山城北门强一里许，即迦兰陀竹园，精舍石基，东户砖室，今仍现在。自园西南行六里许，南山之阴大竹林中有石室焉，即大迦叶波与千无学结集经教所托之地。又西二十余里，即大众部结集处也。山城之北可五里许，至曷罗阇姞利呬城，唐言新王舍也，余传所称者是矣。又北三十余里，至那烂陀寺，唐言施无厌也，赡部洲中寺之最者，勿高此矣，五王共造，供给倍隆。故因名焉。其寺都有五院，同一大门，周闾四重，高八丈许，并用砖垒。其最上壁，犹厚六尺，外郭三重，墙亦砖垒，高五丈许。中间水绕，极深池堑，备有花畜，严丽可观。自置已来，防卫清肃。女人非滥，未曾容隐。常住僧众四千余人，外容道俗，通及邪正，乃出万数，皆周给衣食，无有穷竭，故复号寺为施无厌也。中有佛院，备诸圣迹。精舍高者二十余丈，佛昔于中四月说法。又有精舍高三十余丈，中诸变态，不可名悉。置立铜像，高八丈余，六层阁盛，庄严绮饰，即戒日之兄满胄王造也。又有鍮石精舍，高可八丈，戒日亲造，雕装未备，日役千功。彼国常法，钦敬德望，有诸论师智识清远，王给封户，乃至十城，渐降量赏，不减三城。其寺现在受封大德三百余人，通经已上，不掌僧役，重爱学问，咨访异法。故乌耆已西，被于海内，诸出家者皆多义学，任国往返，都无隔碍。王虽守国，不敢遮障，故彼学徒，博闻该赡。奘历诸国，风声久达，将造其寺，众差大德四十人至庄迎宿，庄即目连之本村也。明日食后，僧二百余、俗人千余，擎舆幢盖香花来迎，引入都会，与众相慰问讫，唱令住寺，一切共同。又差二十人引至正法藏所，即戒贤论师也，年百六岁，众所仰重，故号“正法藏”。博闻强识，内外大小一切经书，无不通达，即昔室商佉王所坑之者，为贼擎出，潜沦草莽，后兴法显，道俗所推。戒日增邑十城，科税以入，贤以税物，成立寺庙。奘礼赞讫，并命令坐，问从何来，答“从支那国来，欲学瑜伽等论”。闻已啼泣，召弟子觉贤说己旧事。贤曰：“和上三年前患困如刀刺，欲不食而死，梦金色人曰：‘汝勿厌身！往作国王，多害物命，当自悔责，何得自尽！有支那僧来此学问，已在道中，三年应至。以法惠彼，彼复流通，汝罪自灭。吾是曼殊室利，故来相劝。’和上今损。”正法藏问：“在路几时？”奘曰：“出三年矣。”既与梦同，悲喜交集。礼谢讫。寺素立法，通三藏者员置十人，由来阙一。以奘风问，便处其位，日给上馔二十盘，大人米一斗，槟榔、豆蔻、龙脑香、乳酥蜜等，净人四，婆罗一，行乘象舆，三十人从。大人米者粳米也，大如乌豆，饭香百步，惟此国有，王及知法者预焉。故此寺通三藏者给二十盘，即二十日，渐减，通一经者犹给五盘、五日，过此已后，便依僧位。便请戒贤讲瑜伽论，听者数千人，十有五月方得一遍；重为再讲，九月方了。自余顺理、显扬、对法等，并得咨禀，然于瑜伽，偏所钻仰。经于五年，晨夕无辍，将事博议，未忍东旋。贤诫曰：“吾老矣！见子殉命求法，经途十年方至，今日不辞朽老，力为伸明。法贵流通，岂期独善，更参他部，恐失时缘。智无涯也，惟佛乃穷。人命如露，非旦则夕，即可还也。”便为装行调，付给经论。奘曰：“敢闻命矣。”意欲南巡诸国，还途北指，以高昌昔言，不得违也。便尔东行大山林中，至伊烂拿国。见佛坐迹，入石寸许，长五尺二寸，广二尺一寸。旁有瓶迹，没石寸许，八出花文，都似新置。有佛立迹，长尺八寸，阔强六寸。又东南行，路经五国，将四千里，至三摩呾咤国，滨斥大海，四佛曾游，见青玉像，举高八尺。自斯东北，山海之中，凡有六国，即达林邑，道阻且长，兼多瘴疠，故不游践。又从西行，将至二千里，达揭罗拿国，邪正兼事，别有三寺，不食乳酪，调达部也。又西南行，七百余里，至乌荼国，东境临海，有发行城，多有商侣停于海次。南大海中有僧伽罗国，谓执师子也。相去约指二万余里，每夜南望，见彼国中佛牙塔上宝珠光明，腾焰晖赫，见于天际。又西南行，具经诸国，并有异迹。可五千里，至憍萨国，即南印度之正境也，崇信佛法，僧徒万许。其土宽广，林野相次。王都西南三百余里有黑蜂山，昔古大王为龙猛菩萨造立斯寺，即龙树也。其寺上下五重，凿石为之，引水旋注，多诸变异，沿波方达，令净人固守，罕有登者。龛中石像，形极伟大。寺成之日，龙猛就山，以药涂之，变成紫金，世无等者。又有经藏，夹缚无数，古老相传，尽初结集，并现存在。虽外佛法，屡遭诛殄，而此一山，住持无改。近有僧来，于彼夏坐，但得读诵，不许持出，具陈此事。但路幽阻，难可寻问。又复南行，七千余里，路经五国，并有灵迹，至秣罗矩咤国，即赡部最南滨海境也。山出龙脑香焉。旁有岩顶，清流绕旋，二十许匝，南注大海。中有天宫，观自在菩萨常所住处，即观世音之正名也。临海有城，古师子国，今入海中，可三千余里，非结大伴则不可至，故不行也。自此西北，四千余里，中途经国，具诸神异，达摩诃刺他国。其王果勇，威英自在，未宾戒日。寺有百余，僧徒五千，大小兼学。东境山寺，罗汉所造，有大精舍，高百余尺，中安石像，长八丈许，上施石盖，凡有七重，虚悬空中，相去各三尺许。礼谒见者，无不叹讶斯神也。自此因循，广寻圣迹。至钵伐多国，有数名德，学业可遵，又停二年，学正量部根本论、摄正法论、成实论等。便东南还那烂陀，参戒贤已，往杖林山胜军论师居士所。其人刹利种，学通内外五明数术，依林养徒，讲佛经义。道俗归者，日数百人。诸国王等亦来观礼，洗足供养，封赏城邑。奘从学唯识决择论、意义论、成无畏论等，首尾二年。夜梦寺内及外林邑，火烧成灰，见一金人告曰：“却后十年，戒日王崩，印度便乱，当如火荡。”觉已，向胜军说之。奘意方决，严具东还。及永徽之末，戒日果崩，今并饥荒，如所梦矣。初，那烂陀寺大德师子光等。立中、百论宗，破瑜伽等义。奘曰：“圣人作论，终不相违，但学者有向背耳。”因造会宗论三千颂，以呈戒贤诸师，咸称善。先有南印度王灌顶师，名般若毱多，明正量部，造破大乘论七百颂。时戒日王讨伐至乌荼国，诸小乘师保重此论，以用上王，请与大乘师决胜。王作书与那烂陀寺，可差四僧善大小内外者诣行宫在所，拟有论义。戒贤乃差海慧、智光、师子光及奘为四，应命将往。未发间，有顺世外道来求论难，书四十条义悬于寺门，若有屈者，斩首相谢。彼计四大为人物因，旨理沉密，最难征核，如此阴阳，谁穷其数。此道执计，必求捔决。彼土常法，论有负者，先令乘驴，屎瓶浇顶，公于众中，形心折伏，然后依投，永为皂隶。诸僧同疑，恐有殿负，默不陈对。奘停既久，究达论道，告众请对，何得同耻！各立旁证，往复数番，通解无路，神理俱丧，溘然潜伏。预是释门，一时腾踊。彼既屈已，请依先约，奘曰：“我法弘恕，不在刑科。禀受我法，如奴事主。”因将向房，遵正法要。彼乌荼论，又别访得，寻择其中，便有谬滥，谓所伏外道曰：“汝闻乌荼所立义不？”曰：“彼义曾闻，特解其趣。”即令说之，备通其要，便指纤芥，申大乘义破之，名制恶见论千六百颂，以呈戒贤等师，咸曰："斯论穷天下之勍寇也，何敌当之！"

奘意欲流通教本，乃放任开正法，遂往东印度境迦摩缕多国。以彼风俗并信异道，故其部众乃有数万，佛法虽弘，未至其土。王事天神，爱重教义，但闻智人，不问邪正，皆一奉敬其人。创染佛法，将事弘阐，故往开化。既达于彼王，叹奘胜度，神思清远。童子王闻，欣得面款，遣使来请，再三乃往。既至相见，宛若旧游，言议接对，又经晦朔。于时异术云聚，请王决论，言辩才交，邪徒草靡。王加崇重，初开信门，请问"诸佛何所功德？"奘赞如来三身利物，因造三身论三百颂以赠之。王曰："未曾有也。"顶戴归依。此国东境接蜀、西蛮，闻其途路，两月应达。于时戒日王臣告曰："东蕃童子王所有支那大乘天者，道德弘被，彼王所重。请往致之。"其"大乘天"者，即印度诸僧美奘之目也。王曰："我已频请，辞而不来，何因在彼？"即使语拘摩罗王，可送支那法师来，共会祇罗国。童子王命象军二万、船三万。与奘溯殑伽河以赴戒日。戒日与诸官属百余万众顺河东下，同集羯朱祇罗国。初见顶礼，呜足尽敬，散花设颂，无量供已，曰："弟子先请，何为不来？"答以"听法未了，故此延命"。又曰："彼支那国有秦王破阵乐歌舞曲，秦王何人，致此歌咏？"奘曰："即今正国之天子也，是大圣人，拨乱反正，恩沾六合，故有斯咏。"王曰："故天纵之为物主也。"乃延入行宫，陈诸供养。乃述制恶见论，顾谓门师曰："日光既出，荧烛夺明。师所宝者，他皆破讫。"试救取看，小乘诸僧无敢言者。王曰："此论虽好，然未广闻。欲于曲女城大会，命五印度能言之士，对众显之，使邪从正，舍小就大，不亦可乎？"是日发敕，普告天下，总集沙门、婆罗门、一切异道会曲女城。自冬初泝流，腊月方到。尔时四方翕集乃有万数能论义者数千人，各擅雄辩，咸称克敌。先立行殿，各容千人，安像陈供香花音乐。请奘升座，即标举论宗，命众征核，竟十八日无敢问者。王大嗟赏，施银钱三万、金钱一万、上氎一百具；仍令大臣执奘袈裟巡众唱言，支那法师论胜，十八日来无敢问者，并宜知之。"于时僧众大悦，曰："佛法重兴，乃令边人权智若此！"便辞东归，王重请住，观七十五日大施场相。事讫辞还，王敕所部递送出境，并施青象、金银钱各数万。戒日、拘摩罗等十八大国王流泪执别，奘便辞而不受，以象形大，日常料草四十余围，饼食所须又三斛许。戒日又敕令诸属国随到供给。诸僧劝受象施，皆曰："斯胜相也，佛灭度来，王虽崇敬，种种布施，未闻以象用及释门。象为国宝，今既见惠，信之极矣。"因即纳象，而反钱宝。然其象也，其形圆大，高可丈三，长二丈许，上容八人，并诸什物、经象等具，并在其上，状如重堵，相似空行，虽逢奔逸而安隐不坠，瓶水不侧。

缘国北旋出印度境，戒日威被，咸蒙供侍。入卑利国，山川相半，沃壤丰熟，僧徒数万，并学大乘。东北山行，过诸城邑，上大雪山，及至其顶，诸山并下。又上三日，达最高岭，南北通望，但见横山，各有九重。过斯已往，皆是平地，虽有小山，孤断不续，唯斯一岭，曼延高远。约略为言，赡部一洲，山丛斯地。何以知耶？至如西境波斯，平川眇漫，东寻嵬嵦，莫有穷踪，北则横野萧条，南则印度皋衍，即经所谓香山者也。达池幽邃，未可寻源，四河所从，皆由斯出。尔雅所谓昆仑之墟，岂非斯耶？案诸禹贡，河出碛石，盖局谈其潜出处耳。张骞寻之，乃游大夏，固是超步所经，犹不言其发源之始，斯可知矣。奘引从前后，自勒行众，沿岭而下，三日至地，达睹货罗诸故都邑。山行八百，路极艰险，寒风切骨，到于活国。中途所经，皆属北狄，而此王者，突厥之胤，统管诸胡，总御铁门以南诸小国也。自此境东，方入葱岭。岭据赡部洲中，南接雪山，北至热海，东渐乌铩，西极波斯，纵广结固，各数千里。冬夏积雪，冰岩崖险，过半已下，多出山葱，故因名焉。昔人云葱岭停雪，即雪山也，今亲目验，则知其非。雪山乃居葱岭已南，东西亘海，南望平野，北达丛山，方名葱岭。又东山行，经于十国，二千余里，至达摩悉铁帝国。境在山间，东西千六百里，南北极广。不逾四五里许，临缚刍河，从南而来，不测其本。僧寺十余。有一石像，上施金铜圆盖，人有旋绕，盖亦随转。岂由机巧？莫测其然。又东山行，近有千里，达商弥国。东至大川，广千余里，南北百余里，绝无人住。川有龙池，东西三百，南北五十。其池正在大葱岭内，赡部洲中最高地也。何以明之？池出二河，其西流者至达摩悉铁国，与缚刍河合，自此以西，水皆西流。其东流者至佉沙西界，与徙多河合，自此已，东水皆东流。故分二河，各注西海，故知高也。河出大鸟，卵如斗许。案：条支国大卵如瓮，岂非斯耶？又东五百至朅盘陀国。北背徙多河，即经所谓悉陀河也。东入盐泽，潜于地中，涌于积石，为东夏河矣。其国崇信佛法。城之东南三百余里，大崖两室，各一罗汉，现入灭定七百余年，须发渐长。互近诸僧，年别为剃。又东千余里，方出葱岭，至乌铩国。城临徙多，西有大山，崖自崩坠。中有僧焉，瞑目而坐，形甚奇伟，须发下垂，至于肩面。问其委曲，乃迦叶佛时人矣，近重崩崖，没于山内。奘至斯国，与象别行，先度雪河，象晚方至。水渐泛涨，不悉山道，寻岭直下，牙冲岸树。象性凶犷，反拔却顿，因即致死，怅恨所经。已越山险，将达平壤，不果祈愿，东过疏勒，乃至沮渠，可千余里。同伴五百，皆共推奘为大商主，处位中营，四面防守。且自沮渠一国，素来常镇十部大经，各十万偈，如前所传，国宝护之，不许分散，今属突厥。南有大山，现三罗汉入灭尽定。东行八百，达于遁国。地惟沙壤，寺有百余，僧徒五千，并大乘学。城西山寺，佛曾游践，有大石室，罗汉入定，石门封掩。

初，奘既度葱岭，先遣侍人赍表陈露达国化也。下敕流问，令早相见。行达于遁，以象致死，所赍经像交无运致，又上表请，寻下别敕，令于遁王给其鞍乘。既奉严敕，驼马相连，至于沙洲。又蒙别敕计其行程酬雇价直，自尔乘传二十许乘，以贞观十九年正月二十四日届于京郊之西。道俗相趋，屯赴阛闼，数十万众如值下生。将欲入都，人物喧拥，取进不前，遂停别馆，通夕禁卫，候备遮断，停驻道旁。从故城之西南至京师朱雀街之都亭驿，二十余里，列众礼谒，动不得旋。于时驾幸洛阳，奘乃留诸经像送弘福寺，京邑僧众竞列幢帐，助运庄严，四部喧哗，又倍初至。当斯时也，复感瑞云现于日北，团圆如盖，红白相映，当于像上，显发轮光，既非绕日，同共嗟仰从午至晡，豫入弘福，方始歇灭。致使京都五日，四民废业，七众归承，当此一期，倾仰之高，终古罕类也。奘虽逢荣问，独守馆宇，坐镇清闲，恐陷物议，故不临对。及至洛滨，特蒙慰问，并献诸国异物，以马驮之。别敕引入深宫之内殿，面奉天颜，谈叙真俗，无爽帝旨，从卯至酉，不觉时延，迄于闭鼓。上即事戎旃，问罪辽左，明旦将发，下敕同行。固辞疾苦，兼陈翻译。不违其请，乃敕京师留守梁国公房玄龄专知监护，资备所须，一从天府。初，奘在印度，声畅五天，称述支那人物为盛。戒日大王并菩提寺僧思闻此国，为日久矣，但无信使，未可依凭。彼土常传，赡部一洲，四王所治：东谓脂那主人王也，西谓波斯主，宝王也，南谓印度主，象王也，北谓猃狁主，马王也。皆谓四国藉斯以治，即因为言。奘既安达，恰述符同。戒日及僧，各遣中使，赍诸经宝，远献东夏。是则天竺信命，自奘而通，宣述皇猷之所致也。使既西返，又敕王玄策等二十余人随往大夏，并赠绫帛千有余段。王及僧等，数各有差。并就菩提寺僧召石蜜匠，乃遣匠二人僧八人俱到东夏，寻敕往越州，就甘蔗造之，皆得成就。先是，菩提寺僧三人送经初至，下敕普请京城设斋，仍于弘福译大严等经。不久之间，奘信又至，乃敕且停，待到方译。主上虚心企仰，频下明敕，令奘速至。但为事故留连，不早程达。既见洛宫，深沃虚想，即陈翻译，搜擢贤明。上曰："法师唐、梵具赡，词理通敏。将恐徒扬仄陋，终亏圣典。"奘曰："昔者二秦之译，门位三千，虽复翻传，犹恐后代无闻，怀疑乖信。若不搜举，同奉玄规，岂以褊能，妄参朝委。"频又固请，乃蒙降许。帝曰："自法师行后，造弘福寺，其处虽小，禅院虚静，可为翻译。所须人物吏力，并与玄龄商量，务令优给。"既承明命，返迹京师，遂召沙门慧明、灵闰等以为证义，沙门行友、玄赜等以为缀缉，沙门智证、辩机等以为录文，沙门玄模以证梵语，沙门玄应以定字伪。其年五月，创开翻译大菩萨藏经二十卷，余为执笔，并删缀词理。其经广解六度、四摄、十力、四畏，三十七品，诸菩萨行合十二品，将四百纸。又复旁翻显扬圣教论二十卷，智证等更迭录文，沙门行友详理文句，奘公于论重加陶练。次又翻大乘对法论一十五卷，沙门玄赜笔受。微有余隙，又出西域传一十二卷，沙门辩机亲受。时事连纰，前后兼出佛地、六门、神咒等经，都合八十许卷。自前代已来，所译经教，初从梵语，倒写本文，次乃回之，顺同此俗，然后笔人乱理文句，中间增损，多坠全言。今所翻传，都由奘旨，意思独断，出语成章，词人随写，即可披玩。尚贤吴、魏所译诸文，但为西梵所重，贵于文句钩锁，联类重沓，布在唐文，颇居繁复，故使缀工专司此位，所以贯通词义，加度节之，铨本勒成，秘书缮写。于时驾返西京，奘乃表上，并请序题。寻降手敕曰："法师夙标高行，早出尘表，泛宝舟而登彼岸，搜妙道而辟法门，弘阐大猷，荡涤众累。是以慈云欲卷，舒之荫四空；慧日将昏，朗之照八极。舒朗之者，其惟法师乎！朕学浅心拙，在物犹迷，况佛教幽微，岂敢仰测？请为经题，非已所闻，其新撰西域传者，当自披览。"及西使再返，又敕二十余人随往印度。前来国命，通议中书，敕以异域方言，务取符会，若非伊人，将论声教，故诸信命，并资于奘，乃为转唐言，依彼西梵文词轻重，令彼读者尊崇东夏。寻又下敕，令翻老子五千文为梵言，以遗西域。奘乃召诸黄巾，述其玄奥，领迭词旨，方为翻述。道士蔡晃、成英等，竞引释论中、百玄意，用通道经。奘曰："佛道两教，其致天殊，安用佛言，用通道义？穷核言疏，本出无从。"晃归情曰："自昔相传，祖凭佛教，至于三论，晃所师遵，准义幽通，不无同会，故引解也。如僧肇著论，盛引老、庄，犹自申明，不相为怪。佛言似道，何爽纶言？"奘曰："佛教初开，深文尚拥；老谈玄理，微附佛言。肇论所传，引为联类，岂以喻词，而成通极？今经论繁富，各有司南。老但五千，论无文解，自余千卷，多是医方。至如此土贤明何晏、王弼、周颙、萧绎、顾欢之徒，动数十家，注解老子，何不引用？乃复旁通释氏，不乃推步逸踪乎？"既依翻了，将欲封勒，道士成英曰："老经幽邃，非夫序引，何以相通？请为翻之。"奘曰："观老治身治国之文，文词具矣。叩齿咽液之序，其言鄙陋，将恐西闻异国，有愧乡邦。"英等以事闻诸宰辅，奘又陈露其情，中书马周曰："西域有道如老庄不？"奘曰："九十六道并欲超生，师承有滞，致沦诸有。至如顺世四大之术，冥初六谛之宗，东夏所未言也。若翻老序，则恐彼以为笑林。"遂不译之。奘以弘赞之极，匆尚帝王，开化流布，自古为重，又重表曰："伏奉墨敕，猥垂奖喻，祇奉纶言，精守振越。玄奘业尚空疏，谬参法侣，幸属九瀛有截，四表无虞，凭皇灵以远征，恃国威而访道。穷遐冒险，虽励愚诚，纂异怀荒，实资朝化。所获经论，奉敕翻译，见成卷轴，未有诠序。伏惟陛下睿思云敷，天华景烂，理包系象，调逸咸英，跨千古以飞声，掩百王而腾实。窃以神力无方，非神思不足诠其理；圣教玄远，非圣藻何以序其源！故乃冒犯威严，敢希题目。宸眷冲邈，不垂矜许；抚躬累息，相顾失图。玄奘闻日月丽天，既分晖于户牖；江河纪地，亦流润于岩涯。云和广乐，不秘响于聋昧；金璧奇珍，岂韬彩于愚瞽？敢缘斯理，重以干祈。伏乞雷雨曲垂，天文俯照，配两仪而同久，与二耀而俱悬。然则鹫岭微言，假神笔而弘远；鸡园奥义，托英词而宣畅。岂止区区梵众，独荷恩荣，亦使蠢蠢迷生，方超尘累而已。"表奏之日，敕遂许焉。谓驸马高履行曰："汝前请朕为汝父作碑，今气力不如昔，愿作功德，为法师作序，不能作碑。汝知之。”贞观二十二年，幸玉华宫，追奘至，问翻何经论，答：“正翻瑜伽。”上问：“何圣所作？明何等义？”具答已，令取论自披阅，遂下敕：“新翻经论写九本，颁与雍、洛、相、兖、荆、杨等九大州。”奘又请经题，上乃出之，名大唐三藏圣教序，于明月殿命弘文馆学士上官仪对群僚读之。其词曰：“盖闻二仪有象，显覆载以含生；四时无形，潜寒暑以化物。是以窥天鉴地，庸愚皆识其端；明阴洞阳，贤哲罕穷其数。然而天地包乎阴阳，而易识者以其有象也；阴阳处乎天地，而难穷者以其无形也。故知象显可征，虽愚不惑；形潜莫睹，在智犹迷。况乎佛道崇虚，乘幽控寂，弘济万品，典御十方。举威灵而无上，抑神力而无下。大之则弥于宇宙，细之则摄于毫厘。无灭无生，历千劫而不古；若隐若显，运百福而长今。妙道凝玄，遵之莫知其际；法流湛寂，挹之莫测其源。故知蠢蠢凡愚，区区庸鄙，投其旨趣，能无疑惑者哉？然则大教之兴，基乎西土，腾汉庭而皎梦，照东域而流慈。昔者分形分迹之时，言未驰而成化；当常现常之世，民仰德而知遵。及乎晦影归真，迁仪越世，金容掩色，不镜三千之光；丽象开图，空端四八之相。于是微言广被，拯含类于三途；遗训遐宣，导群生于十地。然而真教难仰，莫能一其指归；曲学易遵，邪正于焉纷纠。所以空有之论，或习俗而是非；大小之乘，乍沿时而隆替。有玄奘法师者，法门之领袖也。幼怀贞敏，早悟三空之心；长契神情，先包四忍之行。松风水月，未足比其清华；仙露明珠，讵能方其朗润。故以智通无累，神测未形，超六尘而迥出，夐千古而无对。凝心内境，悲正法之凌迟；栖虑玄门，慨深文之讹谬。思欲分条析理，广彼前闻；截伪续真，开兹后学。是以翘心净土，往游西域，乘危远迈，杖策孤征。积雪晨飞，途间失地；惊砂夕起，空外迷天。万里山川，拨烟霞而进影；百重寒暑，蹑霜雨而前踪。诚重劳轻，求深愿达，周游西宇，十有七年，穷历道邦，询求正教。双林八水，味道餐风；鹿苑鹫峰，瞻奇仰异。承至言于先圣，受真教于上贤，探赜妙门，精穷奥业。一乘五律之道，驰骤于心田；八藏三箧之文，波涛于口海。爰自所历之国，总将三藏要文，凡六百五十七部，译布中夏，宣扬胜业。引慈云于西极，注法雨于东垂。圣教缺而复全，苍生罪而还福。湿火宅之干焰，共拔迷途；朗爱水之昏波，同臻彼岸。是知恶因业坠，善以缘升，升坠之端，惟人所托。譬夫桂生高岭，云露方得泫其华；莲出渌波，飞尘不能污其叶。非莲性自洁而桂质本贞，良由所附者高则微物不能累，所凭者净则浊类不能沾。夫以卉木无知，犹资善而成善；况乎人伦有识，不缘庆而求庆。方冀兹经流施，将日月而无穷；斯福遐敷，与乾坤而永大。”百僚称庆。

奘表谢曰：“窃闻六爻探赜，局于生灭之场；百物正名，未涉真如之境。犹且远征羲册，睹奥不测其神；遐想轩图，历选并归其美。伏惟皇帝陛下玉毫降质。金轮御天，廓先王之九州，掩百千之日月，斥例代之区域，纳恒沙之法界。遂使给园精舍，并入堤封；贝叶灵文，咸归删府。玄奘往因振锡，聊谒崛山。经途万里，怙天威如咫步；匪乘千叶，诣双林如食顷。搜扬三藏，尽龙宫之所储；研究一乘，穷鹫岭之遗旨。并已载于白马，还献紫宸。寻蒙下诏，赐使翻译。玄奘识乖龙树，谬忝传灯之荣；才异马鸣，深愧写瓶之敏。所译经论，纰舛尤多，遂荷天恩，留神构序。文超象系之表，若聚日之放千光；理括众妙之门，同惠云之濡百草。一音演说，亿劫罕逢。忽以微生，亲承梵响，踊跃欢喜，如闻受记。”表奏之日，寻下敕曰：“朕才谢珪璋，言惭博达，至于内典，尤所未闲。昨制序文，深为鄙拙，惟恐秽翰墨于金简，标瓦砾于珠林。忽得来书，谬承褒赞，循躬省虑，弥益厚颜。善不足称，空劳致谢。”又重表谢。敕云：“朕性不读经，兼无才智，忽制论序，翻污经文。具览来言，枉见褒饰，愧逢虚美，唯益真惭。”自尔朝宰英达，咸申击赞，释宗弘盛，气接成阴。

皇太子述上所作三藏圣教序曰：“夫显扬正教，非智无以广其文；崇阐微言，非贤莫能定其旨。盖真如圣教者，诸法之玄宗，众经之轨躅也。综括宏远，奥旨遐深，极空有之精微，体生灭之机要。词茂道旷，寻之者不究其源；文显义幽，履之者莫测其际。故知圣慈所被，业无善而不臻；妙化所敷，缘无恶而不剪。开法网之纲纪，弘六度之正教；拯群有之涂炭，启三藏之秘扃。是以名无翼而长飞，道无根而永固。道名流庆，历遂古而镇常；赴感应身。经尘劫而不朽。晨钟夕梵，交二音于鹫峰；慧日法流，转双轮于鹿苑。排空宝盖，接翔云而共飞；庄野春林，与天花而合彩。伏惟皇帝陛下，上玄资福垂拱而治八荒；德被黔黎，敛衽而朝万国。恩加朽骨，石室归于贝叶之文，泽及昆虫，金匮流乎梵说之偈。遂使阿耨达水通神甸之八川，耆阇崛山接嵩华之翠岭。窃以法性凝寂，靡归心而不通；智地玄奥，感恳诚而遂显。岂谓重昏之夜，烛慧炬之光；火宅之朝，降法雨之泽。于是百川异流同会于海，万区分义总成乎实，岂与汤、武校其优劣，尧、舜比其圣德者哉？玄奘法师者，夙怀聪令，立志夷简，神清髫龀之年，体拔浮华之世。凝情定室，匿迹幽岩。栖息三禅，巡游十地。超六尘之境，独步迦维；会一乘之旨，随机化物。以中华之无质，寻印度之真文。远涉恒河，终期满字；频登雪岭，更获半珠。问道往还，十有七载，备通释典，利物为心。以贞观十九年二月六日，奉敕于弘福寺翻译圣教要文，凡六百五十七部。引大海之法流，洗尘劳而不竭；传智灯之长焰，皎幽暗而恒明。自非久植胜缘，何以显扬斯旨？所谓法相常住，齐三光之明；我皇福臻，同二仪之固。伏见御制众经论序，照古腾今，理含金石之声，文抱风云之润；治辄以轻尘足岳，坠露添流，略举大纲，以为斯记。”

自此常参内禁，扣问沉隐，翻译相续，不爽法机。敕赐云纳一领，妙绝古今。又敕天下，寺度五人，维持圣种，皆其力也。冬十月，随驾入京，于北阙造弘法院，镇恒在彼。初，于曲池为文德皇后造慈恩寺，追奘令住，度三百人。有令寺西北造翻经院，给新度弟子一十五人，弘福旧处仍给十人。今上嗣箓素所珍敬，追入优问，礼殊恒袟。永徽二年，请造梵本经台，蒙敕赐物，寻得成就。又追入内，于修文殿翻发智等论，降手诏飞白书慰问优洽。显庆元年正月，为皇太子于慈恩设大斋，朝采总至。黄门郎薛元超、中书郎李义府曰：“译经佛法之大，未知何德以光扬耶？”奘曰：“公此之问，常所怀矣。译经虽位在僧，光价终凭朝贵。至如姚秦鸠摩罗什，则安成侯姚嵩笔受；元魏菩提流支，则侍中崔光录文；贞观初波颇初译，则仆射萧瑀、太府萧璟、庶子杜正伦等监阅详定。今并无之，不足光远。又大慈恩寺，圣上切风树之哀，追造壮丽，腾实之美，勿过碑颂。若蒙二公为致，则不朽之迹自形于今古矣。”便许之。明旦遣给事宣敕云：“所须官人助翻者，已处分讫，其碑朕自作。”寻敕：“慈恩翻译，文义须精。宜令左仆射于志宁、中书令来济、礼部许敬宗、黄门郎薛元超、中书郎李义府等，有不安稳，随事润色。若须学士，任追三两人。”及碑成，请神翰自书，蒙特许。克日送寺，京寺咸造幢盖。又敕王公已下、太常九部及两县伎乐车徒千余乘，驻弘福寺。上居安福门，俯临将送。京邑士女列于道侧，自北之南二十余里，充牣衢街。光俗兴法，无与俦焉。又赐山纳，妙胜前者，并时服玩百有余件。显庆二年，驾幸洛阳，预从，安置东都积翠宫，召入大内丽日殿翻观所缘等论，又于明德宫翻大毗婆沙等论。奘少离桑梓，白首言归，访问亲故，零落殆尽，惟有一姊，迎与相见，访以坟陇，旋殡未迁，便卜胜地，旋茔改葬。其少室山西北，缑氏故县东北，游仙乡控鹤里凤凰谷，即奘之生地也，下近有少林寺，即魏孝文所立，是翻十地之所，意愿栖托，为国翻译。蒙手敕云："省表，知欲晦迹岩泉，追林、远而架往；托虑禅寂，轨澄、什以标今。仰挹风徽，实所钦尚！朕业空学寡，靡究高深，然以浅识薄闻，未见其可。法师津梁三界，汲引四生，智皎心灯，定凝意水，非情尘之所曀，岂识浪而能惊！然以道德可居，何必太华迭岭;空寂可舍，岂独少室重峦！幸戢来言，勿复陈请。"即市朝大隐，不独贵于昔贤；见闻弘益，更可珍于即代。遂因寝言。显庆三年，下敕为皇太子造西明寺成，令给上房僧十人以充侍者。有大般若者二十万偈，此土八部，咸在其中，不久下敕，令住玉华翻经，供给一准京寺，遂得托静，不爽译功。以显庆五年正月元日创翻大本，至龙朔三年十月末了，凡四处十六会说，总六百卷，般若空宗，此焉周尽。于间又翻成唯识论、辩中边论、唯识二十论、品类足论等。至十一月表上此经，请制经序，于蓬莱宫通事舍人冯义宣敕许之。奘生常以来，愿生弥勒，及游西域，又闻无着兄弟皆生彼天，又频祈请，咸有显证，怀此专至，益增翘励。后至玉华，但有隙次，无不发愿生睹史多天见弥勒佛。自般若翻了，惟自策勤，行道礼忏。麟德元年，告翻经僧及门人曰："有为之法，必归磨灭；泡幻形质，何得久停！行年六十五矣，必卒玉华。于经论有疑者，可速问。"闻者惊曰："年未耆耄，何出此言？"报曰："此事自知。"遂往辞佛，先造俱胝十亿像所，礼忏辞别。有门人外行者，皆报："好去，今与汝别，亦不须来，来亦不见。"至正月九日告寺僧曰："奘必当死。经云此身可恶，犹如死狗。奘既死已，勿近宫寺，山静处埋之。"因既卧疾，开目闭目，见大莲花鲜白而至。又见伟相，知生佛前。命僧读所翻经论名目已，总有七十三部一千三百三十卷，自怀欣悦，总召门人、有缘并集，云："无常将及，急来相见。"于嘉寿殿以香木树菩提像骨，对寺僧、门人辞诀，并遗表讫，便默念弥勒，令傍人称曰："南谟弥勒如来应正等觉，愿与含识速奉慈颜。南谟弥勒如来所居内众，愿舍命已必生其中。"至二月四日，右胁累足，右手支头，左手髀上，铿然不动。有问何相，报曰："勿问！妨吾正念。"至五日中夜，弟子问曰："和尚定生弥勒前不？"答曰："决定得生。"言已气绝，迄今两月，色貌如常。又有冥应，略故不述。又下敕，葬日听京城僧尼幢盖往送。"于是素盖素幢，浮空云合；哀笳哀梵，气遏人神。四俗以之悲凉，七众惜其沉没。乃葬于白鹿原，四十里中，皂素弥满。其茔与兄捷公相近，苕然白塔，近烛帝城。寻下别敕，令改葬樊川，与州县相知供给吏力。乃又出之，众咸叹异，经久埋瘗，色相如初，自非愿力所持，焉能致此？

余以暗昧，滥沾斯席，与之对晤，屡展炎凉。听言观行，名实相守。精厉晨昏，计时分业，虔虔不懈，专思法务。言无名利，行绝虚浮。曲识机缘，善通物性。不倨不谄，行藏适时，吐味幽深，辩开疑议。实季代之英贤，乃佛宗之法将矣！且其发蒙入法，特异常伦，听览经论，用为恒任。既周行东夏，挹酌诸师，披露肝胆，尽其精义。莫不倾倒林薮，更新学府，遂能不远数万，咨求胜法，誓舍形命，必会为期。发趾张掖，途次龙沙，中途艰险，身心仅绝。既达高昌，倍光来价，传国祖送，备阅灵仪。路出铁门、石门，躬乘沙岭、雪岭，历天险而志逾慷慨，遭凶贼而神弥厉勇。兼以归禀正教，师承戒贤，理遂言扬，义非再授，广开异论，包藏胸亿，致使梵侣倾心，不匮其法。又以起信一论，文出马鸣，彼土诸僧思承其本，奘乃译唐为梵，通布五天，斯则法化之缘，东西互举。又西华余论，深尚声明，奘乃卑心请决，随授随晓，致有七变其势，动发异踪，三循广论，恢张怀抱。故得施无厌寺三千学僧皆号智囊，护持城堑，及睹其唇吻，听其词义，皆弹指赞叹："何斯人也！"随其游历，塞外海东，百三十国，道俗邪正承其名者，莫不仰德归依，更崇开信。可以家国增荣，光宅惟远，献奉岁至，咸奘之功。若非天挺英灵，生知圣授，何能振斯鸿绪，导达遗踪？前后僧传往天竺者，首自法显、法勇，终于道邃、道生，相继中途，一十七返；取其通言华、梵，妙达文筌，扬导国风，开悟邪正，莫高于奘矣。恨其经部不翻，犹涉过半，年未迟暮，足得出之，无常奄及，惜哉！

京大慈恩寺梵僧那提传二

那提三藏，唐曰福生，具依梵言，则云布如乌代邪，以言烦多故，此但讹略而云那提也。本中印度人。少出家，名师开悟，志气雄远，弘道为怀。历游诸国，务在开物。而善达声明，通诸诂训，大夏召为文士，拟此土兰台著作者。性泛爱，好奇尚，闻有涉悟，不惮远夷，曾往执师子国，又东南上楞伽山，南海诸国，随缘达化。善解书语，至即敷演，度人立寺，所在扬扇。承脂那东国盛转大乘，佛法崇盛，赡洲称最，乃搜集大小乘经律论五百余夹，合一千五百余部，以永徽六年创达京师。有敕令于慈恩安置，所司供给。时玄奘法师当途翻译，声华腾蔚，无有克彰，掩抑萧条，般若是难。既不蒙引，返充给使，显庆元年敕往昆仑诸国采取异药。既至南海，诸王归敬，为别立寺，度人授法，弘化之广，又倍于前。以昔被敕往，理须返命，慈恩梵本，拟重寻研，龙朔三年还返旧寺。所赍诸经，并为奘将北出，意欲翻度，莫有依凭，惟译八曼荼罗、礼佛法、阿咤那智等三经，要约精最，可常行学。其年，南海真腊国为那提素所化者奉敬无已，思见其人，合国宗师假途远请，乃云:“国有好药，唯提识之，请自采取。”下敕听往，返亦未由。余自博访大夏行人，云:“那提三藏乃龙树之门人也，所解无相，与奘颇返。”西梵僧云:“大师隐后，斯人第一，深解实相，善达方便。”小乘五部毗尼，外道四韦陀论，莫不洞达源底，通明言义，词出珠联，理畅霞举。所著大乘集义论，可有四十余卷，将事译之，被遣遂阙。夫以抱麟之叹，代有斯踪，知人难哉，千龄罕遇。那提挟道远至。投俾北冥，既无所待，乃三被毒，载充南役，崎岖数万，频历瘴气，委命斯在。呜呼，惜哉！

论曰：观夫翻译之功，诚远大矣，前录所载，无德称焉。斯何故耶？谅以言传理诣，惑遣道清，有由寄也。所以列代贤圣，祖述弘导之风；奉信贤明，宪章翻译之意。宗师旧辙，颇见词人；埏埴既圆，稍功其趣。至如梵文天语，元开大夏之乡；鸟迹方韵，出自神州之俗。具如别传，曲尽规猷。遂有侥幸时誉，叨临传述，逐转铺词，返音列喻，繁略科断，比事拟伦，语迹虽同，校理诚异。自非明逾前圣，德迈往贤，方能隐括殊方，用通弘致。道安着论，五失易窥；彦琮属文，八例难涉。斯并古今通叙，岂妄登临？若夫九代所传，见存简录。汉魏守本，本固去华。晋宋传扬，时开义举，文质恢恢，讽味余逸。厥斯以降，轻靡一期，腾实未闻，讲悟盖寡。皆由词遂情转，义写情心，共激波澜，永成通式。充车溢藏，法宝住持，得在福流，失在讹竞。故勇猛陈请，词同世华，制本受行，不惟文绮。至圣殷鉴，深有其由，群籍所传，灭法故也，即事可委，况弘识乎？然而习俗生常，知过难改，虽欲徙辙，终陷前踪。粤自汉明，终于唐运，翻传梵本，多信译人，事语易明，义求罕见，厝情独断，惟任笔功，纵有覆疏，还遵旧绪。梵僧执叶，相等情乖，音语莫通，是非俱滥。至如三学盛典，唯诠行旨，八藏微言，宗开词义，前翻后出，靡坠风猷，古哲今贤，德殊恒律；岂非方言重阻，臆断是授，世转浇波，奄同浮俗？昔闻淳风雅畅，既在皇唐，绮饰讹杂，实钟季叶，不思本实，妄接词锋，竞掇刍荛，郑声难偃。原夫大觉希言，绝世特立，八音四辩，演畅无垠；安得凡怀，虚参圣虑，用为标拟，诚非立言。虽复乐说不穷，随类各解，理开情外，词逸寰中，固当斧藻标奇，文高金玉，方可声通天乐，韵过恒致。近者晋宋，颜谢之文，世尚企而无比，况乖于此，安可言乎？必踵斯踪，时俗变矣，其中芜乱，安足涉言？往者西凉法谶，世号通人，后秦童寿，时称僧杰，善披文意，妙显经心，会达言方，风骨流便，弘衍于世，不亏传述。宋有开士慧严、宝云，世系贤明，勃兴前作，传度广部，联辉绝踪；将非面奉华胥，亲承诂训，得使声流千载，故其然哉！余则事义相传，足开神府。宁得如瓶泻水，不妄叨流！薄乳之喻，复存今日，终亏受诵，足定浇淳。世有奘公，独高联类，往还振动，备尽观方。百有余国，君臣谒敬，言议接对，不待译人，披析幽旨，华戎胥悦。唐朝后译，不屑古人，执本陈勘，频开前失。既阙今乖，未遑厘正，辄略陈此，夫复何言！

续高僧传卷第四

续高僧传卷第五

大唐西明寺沙门释道宣撰

义解篇初　本传十二　附见一十九

梁杨都安乐寺沙门释法申传一（道达　慧命）
梁杨都建元寺沙门释僧韶传二（法朗　法亮）
梁杨都建元寺沙门释法护传三（智远　僧达）
梁钟山宋熙寺沙门释智欣传四
梁吴郡虎丘山沙门释僧若传五（僧令　法度　慧梵　慧朗）
梁杨都宣武寺沙门释法宠传六（智果　僧淑）
梁杨都灵根寺沙门释僧迁传七
梁杨都庄严寺沙门释僧旻传八（道超）
梁杨都光宅寺沙门释法云传九
梁南海随喜寺沙门释慧澄传十（慧朗　慧略　法生　慧武）
梁钟山上定林寺沙门释法令传十一（慧泰　慧纂）
梁钟山开善寺沙门释智藏传十二

梁杨都安乐寺沙门释法申传一（道达　慧命）

释法申，本姓吕，任城人也。祖世寓居青州。申幼出家，夙怀儒素，广学经论，妙思独远，弥历年祀，规空画有，日夜惆怅。隐士平原明昙聊嘲之曰：“三阳在节，明辰淑景，何不饮美酒、赋新诗？而终日竟岁瞪视四壁。百年俄顷，知得成儒素以不？”答曰：“盖是平生鄙好，何论得失！”

顷之而大明成论，誉美州乡。值宋太始之初，庄严寺法集，敕请度江，住安乐寺，累当师匠，道俗钦赏。建元之中，遭本亲远丧，道途回岨，有碍北归，因尔屏绝人事，杜塞讲说，逮齐竟陵王萧子良永明之中，请二十法师弘宣讲授，苦相征屈，辞不获免，当斯之盛，无与友者。兼又淳厚仁慧，不出厉言，安闲守素，不狎人世。以天监二年卒，春秋七十有四。时复有道达、慧命，并以勤学显名。达姓裴，河东闻喜人，住广陵永福精舍。少以孝行知名，拯济危险，道闰江渍。永明中为南兖州僧正，在职廉洁，雅有治才，罢任之日，唯有纸故五束。慧命，广陵人，住安乐寺，开济笃素，专以成实见知。

梁杨都建元寺沙门释僧韶传二（法朗　法亮）

释僧韶，姓王，齐国高安人。幼愿拔俗，弱年从志，敛服道俗，恭敬师宗。美姿制，善举止，情性温和，韵调清雅。好弘经教，名显州壤，专以毗昙擅业。元徽之初，始来皇邑，住建元寺。宽厚闲淡，不妄交游。宋季浇薄，体裁无准，物竞目前，荣枯俄顷，韶闲房自守，状若无人。及齐氏开泰，礼教夙被，白黑钻仰，讲说频仍，后学知宗，前修改观。毗昙一部，化流海内，咨听之徒，常有百数。齐文惠及竟陵王萧子良雅相钦礼，清河崔慧亲从北面，咨承余诲。以天监三年卒于住寺，春秋五十有八。时建元又有法朗，兼以慧学知名，本姓沈氏，吴兴武康人，家遭世祸，因住建业。大明七年，与兄法亮被敕绍继慧益出家，初住药王寺。亮履行高洁，经数修明。朗禀性疏率，不事威仪，声转有闻，义解传誉，集注涅槃，勒成部帙。而言谑调笑，不择交游，高人胜己，见必齿录。并卒于天监中。

梁杨都建元寺沙门释法护传三（智远　僧达）

释法护，姓张，东平人。初以廉直居性，不耐贪叨。年始十三，而善于草隶。其师道邕，亦有清风，抚其首曰："观汝意气，必能振发遗法。"及至受戒，仍遭父忧，居丧房内，经涉四载，不预法事，礼毕羸瘠，不堪随众。宋孝建中来都游观，住建元寺。雅好博古，多讲经论，常以毗昙命家。弗尚流俗，言去浮华，不求适会，趣通文理。从其学者，百有余人。齐竟陵王总校玄释，定其虚实，仍于法云寺建竖义斋，以护为标领。解释胶结，每无遗滞，物益怀之。远有旷度，不交荣俗，凡所游往，必皆名辈。齐侍中陈留阮韬、光禄阮晦、中书侍郎汝南周颙，并虚心礼待，未尝废也。自从天子至于侯伯，不与一人游狎，皎然独坐。勖励门徒无营苟利，惟以经数仁义存怀。以天监六年卒于住所，春秋六十有九。时新安寺智远、天保寺僧达，并以勤学有功。远幼怀清静，守志不竞，讲说大乘，好修福务。达平和开拓，颇自矜尚。

梁钟山宋熙寺沙门释智欣传四

释智欣，姓潘，丹阳建康人也。稚而聪警，禀怀变躁，率尔形仪，过无修整。年七八岁，世间近事，经耳不妄。曾入栖静寺，正值上讲，闻十二因缘义，云生死轮转，无有穷已，便慨然有离俗之志，他日即就栖静僧审禅师求出家焉。笃好博学，多集近事。师训之曰："观汝神明，人非率尔，所可习学，皆非奥远，何耶？"答曰："欲广其节目耳。"及具足后，从东安寺道猛听成实论，四遍虽周，未曾注记，结帙而反，亭然独悟，莫与为群。不交当世，无因得参其门者也。及至讲说，文义精悉，四众推服，听者八百余人。陈心序事，贵在可解，不务才华，有异流俗。客问未申，酬答已罢，皆美其丰赡。名重四海。齐永明末，太子数幸东田，携诸内侍，亟经住寺。欣因谢病钟山，居宋熙寺，确然自得，不与富贵游往。行不苟合，交不委亲，傒施之物，构改住寺。以天鉴五年卒，春秋六十一，葬于山墓。

梁吴郡虎丘山沙门释僧若传五（僧令　法度　慧梵　慧朗）

释僧若，庄严寺僧璩之兄子也。璩以律行清严，见之前传。若少而廉静，邑里推之。十五出家，住虎丘东山精舍，事师恭孝，与人友善，性好勤学。出都住治城寺二十余年，经数通达，道俗器赏。太常卿吴郡陆惠晓、左氏尚书陆澄深相待接。年三十二，志绝风尘末东返虎丘，栖身幽室，简出人世，披文玩古，自足云霞。虽复茹菜不充，单复不赡，随宜任运，罕复经怀。琅琊王斌守吴，每延法集，还都谓知己曰："在郡赖得若公言谑，大妄衰老。见其比岁放生为业，仁逮虫鱼，爱及飞走，讲说虽疏，津梁不绝，何必灭迹岩岫，方谓为道！但出处不失其机，弥觉其德高也。"天监八年，敕为彼郡僧正。亲当元师，犹肆意山内，故失匡救之美，致有贪慢之谤，未必加诸己，要亦有贬暮龄。以普通元年卒，春秋七十。复有僧令者，若之兄也，亦以硕学知名。少而俊警，长益廉退，经律通明，不永早世。复有法度者，住定林寺，沉审其性，言不卒暴，先行而后从焉。时庄严寺又有慧梵、慧朗，并以内外广学，一期标誉。梵本吴氏，剡人，刚决强断，不事形名，朗肌貌霜洁，时人目为白朗，屡讲众经，颇入能例。

梁杨都宣武寺沙门释法宠传六（智果　僧淑）

释法宠，姓冯氏，南阳冠军人。后遭世难，寓居海盐。少有绝俗之志，二亲爱而弗许，执志固请，乃曰："须待为汝婚竟，随意所欲。"十八纳妻，经始半年，舍家服道，住光兴寺，成办法式，习学威仪。其后出都住兴皇寺，又从道猛、昙济学成实论，二公雅相叹赏。日夜辛勤，不以寒暑动意。吴郡张融与周颙书曰："古人遗放，故留儿女。法宠法师绝尘如弃唾，若斯之志，大矣远矣。"又从长乐寺僧周学通杂心及法胜毗昙。又从庄严昙斌历听众经。探玄析奥，妙尽深极，高难所指，罕不倒戈，昔吐蕴藉，风神秀举。齐竟陵王子良甚加礼遇，尝于西邸义集，选诸名学，事委治城智秀，而竞者尤多。秀谓宠曰："当此应对，卿何如我？"答曰："先悦后拒，我不及卿。诠名定赏，卿不及我。"秀有惭色。年三十八，正胜寺法愿道人善通樊、许之术，谓宠曰："君年满四十当死，无可避处。唯有祈诚诸佛，忏悔先愆，越脱或可冀耳。"宠因引镜验之，见面有黑气，于是货卖衣钵资余，并市香供，飞舟东逝，直至海盐，居在光兴，闭房礼忏，杜绝人物，昼忘食息，夜不解衣。迄年四十，岁暮之夕，忽觉两耳肿痛，弥生怖惧。其夜忏礼已达四更，闻户外有人言曰："君死业已尽。"遽即开户，都无所见，明晨借问，佥言黑气都除，两耳乃是生骨，斯实忏荡之基，功不虚也。末又从东夏慧基，听其讲导，言论往复，旬日之间，文疑理滞，反启其志。又鼓棹西归，住道林寺，开宇临涧，敞轩映水，解帙寻经，每自惆怅而不能已。及东昏在位，多请游于北山，因而移寓天保寺。天监七年，齐隆寺法镜徂殁，僧正惠超启宠镇之。敕曰："法宠法师造次举动，不逾律仪，不侠性欲，不事形势，慈仁恺悌，雅有君子之风。匡政寺庙，信得其人矣。"上每义集，以礼致之，略其年腊，敕常居坐首，不呼其名，号为"上座法师"。请为家僧，敕施车牛、人力、衣服、饮食，四时不绝。寺本陕小，帝为宣武王修福，下敕王人缮改张饰，以待宠焉，因立名为宣武寺也。门徒敦厚，常百许人。普通四年，忽感风疾，不能执捉，舒经格上，昼夜不休，赴诸法事，坐舆讲说。未疾，礼佛常以百拜为限，后不能起居，犹于床上依时百过，俯仰虔敬，所忏所愿，与本无异。后疾甚，中使参候，相望于道。以普通五年三月十六日卒，春秋七十四。皇上伤悼，道俗悲恋。敕葬定林寺墓，一切凶事，天府供给，舍人主书，监视讫事。复有沙门智果，管氏，吴人，住海盐光兴寺。清直平简，善诸经术。又剡县公车寺沙门僧淑，捃采众师，并为己任，随问随答，思虑周广，虽有征核，而未尽其要妙也。

梁杨都灵根寺沙门释僧迁传七

释僧迁，姓乐氏，襄阳杜人。幼出家，进忠退俭，早协州乡。晚游都邑，住灵根寺，却扫一房，净若仙观，洁整衣服，尘水不染。从灵味寺宝亮咨学经论，文理通达，籍甚知名。性方棱不挠，高自崇遇，若非意得，罕所宾接。武帝以家僧引之。吴平侯萧昺亦遇之以礼。天监十六年夏，帝尝夜见沙门慧诩。他日因赴法会，迁问诩曰："御前夜何所道？"诩曰："卿何忽问此？"而言气甚厉。迁抗声曰："我与卿同出西州，俱为沙门。卿一时邀逢天接，便欲陵驾侪党。我惟事佛，视卿辈蔑如也。"众人满坐，诩有惭忒。其为梗正，皆类此也。以普通四年卒，春秋五十九矣。

梁杨都庄严寺沙门释僧旻传八（道超）

释僧旻，姓孙氏，家于吴郡之富春。有吴开国大皇帝，其先也。幼孤养，能言而乐道。七岁出家，住虎丘西山寺，为僧回弟子，从回受五经，一闻能记。精神洞出，标群独秀。每与同辈言谑，及诸典礼。未尝不慨慨然欲为己任。宋吏部郎吴郡张辩谓之曰："沙弥何姓，家在何处？"旻曰："贫道姓释，家于此山。"辩甚异之。特进张绪见而叹曰："松柏虽小，已有陵云之气。"由是显誉。年十三，随回出都住白马寺，寺僧多以转读唱导为业，旻风韵清远，了不厝意。年十六而回亡，哀容俯仰，率由自至。丧礼毕，移住庄严，师仰昙景。景久居寺任，雅有风轨，大小和从，寺给僧足。旻安贫好学，与同寺法云、禅岗、法开禀学柔、次、达、亮四公经论，夕则合帔而卧，昼则假衣而行，往返咨询，不避炎雪，其精力笃课如此。大明数论，究统经律，原始要终，望表知里。内鉴诸己，旁启同志，前疑往结，靡不冰泮。虽命世硕学有是非之辩，旻居中振发，曾无拥滞。光绪既着，风猷弘远。齐文惠帝、竟陵王子良，深相贵敬，请遗连接。尚书令王俭延请僧宗讲涅槃经，旻扣问联环，言皆摧敌。俭曰："昔竺道生入长安，姚兴于逍遥园见之，使难道融义，往复百翻，言无不切。众皆睹其风神，服其英秀。今此旻法师超悟天体，性极照穷，言必典诣，能使前无横阵，便是过之远矣。"文宣尝请柔、次二法师于普弘寺共讲成实，大致通胜，冠盖成阴。旻于末席论议，词旨清新，致言宏邈，往复神应，听者倾属。次公乃放麈尾而叹曰："老子受业于彭城，精思此之五聚，有十五番以为难窟，每恨不逢勍敌，必欲研尽。自至金陵累年，始见竭于今日矣。且试思之，晚讲当答。"及晚上讲，裁复数交，词义遂拥。次公动容，顾四坐曰："后生可畏，斯言信矣！"年二十六，永明十年，始于兴福寺讲成实论。先辈法师，高视当世，排竞下筵，其会如市。山栖邑寺，莫不掩扉毕集。衣冠士子，四衢辐凑，坐皆重膝，不谓为迮。言虽竟日，无起疲倦，皆仰之如日月矣。希风慕德者，不远万里相造。自晋宋相承，凡论议者多高谈大语，竞相夸罩。及旻为师范，棱落秀上，机变如神，言气典正，座无洪声之侣，重又性多谦让，未常以理胜加人，处众澄眸如入禅定。其为道俗所推如此。时人称曰："折剖盘隐，通古无例，条贯始终，受者易悟。庶方荡诸异论，大同正法矣。于是名振日下，听众千余，孜孜善诱，曾无告倦。晋安太守彭城刘业尝谓旻曰："法师经论通博，何以立义多儒？"答曰："宋世贵道生开顿悟以通经，齐时重僧柔影毗昙以讲论。贫道谨依经文，文玄则玄，文儒则儒耳。”时竟陵王世子萧照胄出守会稽，要旻共往。征虏别之，旻曰：“吾止讲席相识，未尝修诣。承其得郡，便狼狈远别，意所不欲。”众因是亦止。永元元年，敕僧局请三十僧入华林园夏讲。僧正拟旻为法主，旻止之，或曰何故，答曰：“此乃内润法师，不能外益学士，非谓讲者。”由是誉传遐迩，名动京师。琅琊王仲宝、吴人张思光，学冠当时，清贞独绝，并投分请交，申以缟带。年立之后，频事开解，蔚为宗匠。九部五时，若指诸掌，玄理伏难，坦然夷易。故缁素结辙，华俗邀延，往复屯萃矣。时有令闻夙成，负先来之风，耆年素望，怀新旧之耻，设伏者比肩，翘关者间出；旻随方领会，弘量有余，皆衔璧舆榇，响然风靡者，一人而已。值齐历横流，道属昏诐，时宠小人，世嫉君子，因避地徐部，仍受请入吴，法轮继转，胜幢屡建，皆随根获润，有声南北。皇梁膺运，乃翻然自远，言从帝则，以天监五年游于都辇。天下礼接下筵，亟深眷悦，敕僧正慧超衔诏至房，欲屈与法宠、法云、汝南周舍等，时入华林园讲论道义。自兹已后，优位日隆，六年，制注般若经以通大训，朝贵皆思弘厥典，又请京邑五大法师于五寺首讲。以旻道居其右，乃眷帝情，深见悦可，因请为家僧，四事供给。又敕于慧轮殿讲胜鬘经，帝自临听。仍选才学道俗释僧智、僧晃、临川王记室东莞刘勰等三十人，同集上定林寺抄一切经论，以类相从，凡八十卷，皆令取衷于旻。十一年春忽感风疾，后虽小间，心犹忘误，言语迟蹇。旻曰：“自登座讲说，已二十年，如见此病，例无平复。讲事尽矣。”乃修饰房内，隔立道场，日夜礼忏。后吴郡太守张充、吴兴太守谢览，各遣僚左至都，表上延请，有敕给船仗资粮发遣。二郡迎候，舟楫满川。京师学士云随雾合，中途守宰莫不郊迎。晋陵太守蔡撙出候门迎之，叹曰：“昔仲尼素王于周，今旻公又素王于梁矣。”天监末年，下敕于庄严寺建八座法轮，讲者五僧，以年腊相次，旻最处后，众徒弥盛。庄严讲堂，宋世祖所立，栾栌增映，延袤遐远。至于是日，不容听众，执事启闻；有敕听停讲五日，悉移窗户，四出檐溜，又进给床五十张，犹为迫迮，桄桯摧折，日有十数。得人之盛，皆此类焉。旻因舍什物傺施，拟立大堂，虑未周用，付库生长，传付后僧。又于简静寺讲十地经，堂宇先有五间，虑有迫迮，又于堂前权起五间，合而为一，及至就讲，寺内悉满。斯感化之来，殆非意矣。少与齐人张融、谢朓友善；天下才学通人，莫不致礼。虽居重名，不嘉荣势，闲处一室，简通豪右。众人多恨之。唯吴郡陆倕，博学自居，名位通显，早崇礼敬，旻亦密相器重。时为太子中庶，傧从到房，旻称疾不见，倕欣然曰："此诚弟子所望也。"人皆推倕之爱名德也，弥重旻之不趣于世。暨普通之后，先疾连发，弥怀退静，夜还虎丘，人无知者。时萧昂出守吴兴，欲过山展礼。山主智迁先知以告旻，旻曰："吾山薮病人，无事见贵二千石。昔戴颙隐居北岭，宋江夏王入山诣之，高卧牖下，不与相见。吾虽德薄，请附戴公之事矣。"及萧至，旻从后门而遁。其年，皇太子遣通事舍人何思澄衔命致礼，赠以几杖、炉奁、褥席、麈尾、拂扇等。五年，下敕延还，移住开善，使所在备礼发遣，不得循常，以稽天望。于路增剧，未堪止寺，权停庄严，因遂弥留，以至大渐。良医上药，备于寺内；中使参侯，相望驰道。以大通八年二月一日清旦卒于寺房，春秋六十一。天子悲惜，储君嗟惋。敕以其月六日窆于钟山之开善墓所，丧事大小，随由备办。隐士陈留阮孝绪为着墓志。弟子智学、慧庆等建立三碑。其二碑，皇太子、湘东王并为制文，树于墓侧；征士何胤著文，立于本寺。初，旻尝乐于禅默，乃依所立义试遍安心，旬日之间，遂得入定。问诸禅师，皆云："门户虽殊，造寂不异。"又尝于讲日谓众曰："昔弥天释道安每讲，于定坐后，常使都讲等为含灵转经三契。此事久废，既是前修胜业，欲屈大众各诵观世音经一遍。"于是合坐欣然，远近相习。尔后道俗舍物，乞讲前诵经，由此始也。时有灵根寺道超比丘，勤学自励，愿明解如旻。梦有人言："僧旻法师，毗婆尸佛已能讲说。君始修习，云何可等！但自加功，不患不达，随分得解。"后大领悟。旻尝造弥勒佛，并诸供具，朝夕礼谒，乃梦见弥勒佛遣化菩萨送菩提树与之。菩萨曰："菩提树者，梁言道场树也。"弟子颇宣其言，旻闻而勖之，曰："礼有六梦，正梦唯一，乃是好恶之先征，故周立占梦之官。后代废之，正以俗人浇薄，亟多假托。吾前所梦，乃心想耳，汝勿传之。"以庄严寺门及诸墙宇古制不工，又吴虎丘山西寺朽坏日久，并加缮改，事尽弘丽。旻所造经像，全不封附，须者便给，放生布施，未尝倦废。弟子咨曰："和上所修功德诚多，未始建大斋会，恐福事未圆。"旻曰："大斋乃有一时发起之益，吾寡乏人力，难得尽理。又且米菜酱酢，樵水汤灰，践逾浇炙，信伤害微虫，岂有数量，虑有此事，故不敢为也。始复求寄王官、官府、有势之家，使役虽多，弥难尽意。近识观之，借此开悟。智者窥人，有求名之诮。要请法俗侵星早到，若不专至，有乖素心，若现斯言，犹涉讥笑。故吾不为也。”旻美言笑，善举止，吐纳膏油自生，顾眄风飙满室。凡所施为，不为名利，勤注教勗，形于言晤。先人后己，常若不及。常有余师言弟子不恭者，旻呼与相见，为设饮食，方便诱喻，遂成善士。生无左道卜筮，不妄同惑凡人，又不假托奇怪，以诳近识。贵人君子，皆景慕焉。营居负贩者，亦望风而畏敬。闻其名者，伪夫正，鄙夫立，所著论疏、杂集、四声指归、诗谱决疑等，百有余卷流世。

梁杨都光宅寺沙门释法云传九

释法云，姓周氏，宜兴阳羡人，晋平西将军处之七世也。母吴氏，初产在草，见云气满室，因以名之。七岁出家，更名法云，从师住庄严寺，为僧成、玄趣、宝亮弟子，而俊朗英秀，卓绝时世。年十三始就受业，大昌僧宗、庄严僧达甚相称赞，宝亮每曰：“我之神明，殊不及也，方将必当栋梁大法矣。”齐永明中，僧柔东归，于道林寺发讲，云咨决累日，词旨激扬，众所叹异。年小坐远，声闻难叙，命置小床处之于前，共尽往复。由是显名，与同寺僧旻等年腊、齐名誉。历采众师，且经且论，四时游听，寒暑不辍。或讲前讲末，初夜后夜，覆述文义，间隙游习，于路思义，辄不自觉行过所造。其勤励专至，类皆如此。曾观长乐寺法调讲论，出而顾曰：“震旦天子之都，衣冠之富，动静威仪，勿易为也。前后法师，或有词无义，或有义无词，或俱有词义而过无威仪。今日法坐，俱已阙矣，皆由习学不优，未应讲也。”及年登三十，建武四年夏，初于妙音寺开法华、净名二经，序正条源，群分名类。学徒海凑，四众盈堂，佥谓理因言尽，纸卷空存。及至为宾，构击纵横，比类纷縆，机辩若疾风，应变如行雨，当其锋者罕不心务。宾主咨嗟，朋僚胥悦，时人呼为作幻法师矣。讲经之妙，独步当时。齐中书周颙、琅琊王融、彭城刘绘、东莞徐孝嗣等，一代名贵，并投莫逆之交。孝嗣每日见云公俊发，自顾缺然。而性灵诚孝，劳于色养，及居母忧，毁瘠过礼，累日不食，殆不胜丧。僧旻谓曰："圣人制礼，贤者俯就，不贤者企及。且毁不灭性，尚出儒宗；况佛有至言，欲报生恩，近则时奉颜仪，使物生悦，远则启发菩提，以道神识。又云恩爱重贼，不可宽放。宽放此者，及所亲爱，堕于恶道。唯有智者，以方便力，善能治制，则惠兼存没，入诸善趣矣。宜思远理，使有成津，何可恣情，同于细近耶？"云乃割裂哀情，微进饮粥。永元元年，曾受毗陵郡请。道俗倾家，异端必集，弘振风猷，道被京城，鼓舞知归，巾褐识反。及梁氏高临，甚相钦礼。天监二年，敕使长召出入诸殿，影响弘通之端，赞扬利益之渐。皇高亟延义集，未曾不敕令云先入。后下诏，令时诸名德各撰成实义疏。云乃经论合撰，有四十科，为四十二卷。俄寻究了，又敕于寺三遍敷讲，广请义学充诸堂宇，敕给传，诏车牛吏力皆备足焉。至七年制注大品，朝贵请云讲之，辞疾不赴。帝云："弟子既当今日之位，法师是后来名德，流通无寄，不可不自力为讲也。"因从之。寻又下诏，礼为家僧，资给优厚。敕为光宅寺主，创立僧制，雅为后则。皇太子留情内外，选请十僧入于玄圃，经于两夏，不止讲经，而亦悬谈文外。云居上首，偏加供施；自从王侯，逮于荣贵，莫不钦敬。至于吉凶庆吊，不避寒暑，时人颇谓之"游侠"，而动必弘法，不以此言关怀。中书郎顺阳范缜著神灭论，群僚未详其理，先以奏闻。有敕令云答之，以宣示臣下。云乃遍与朝士书论之，文采虽异，而理义伦通。又与少傅沈约书曰："主上令答神灭论，今遣相呈。夫神妙寂寥，可知而不可说。义经丘而未晓，理涉旦而犹昏。至人凝照有本，袭道赴机、垂审臣下，旨训周密。孝享之祀既彰，桀怀曾、史之慕；三世之言复阐，纣缀波仑之情。预非草木，谁不嘘唏？同挹风猷，共加弘赞也。"约答曰："神本不灭，深所伏膺；神灭之谈，良用骇惕！近约法师殿内，亦蒙敕答一本，欢受顶戴，寻览忘疲。岂徒伏斯外道，可以永离众魔，孔、释兼弘，于是乎在。实不刊之弘旨，百代之舟航。弟子亦即彼论，微厝疑核，比展具以呈也。"云以天监末年，欲报施主之恩，于秣陵县同下里中造寺一所。敕以法师建造，可仍以法师为名，即禅岗之西山也。郊郭内地，实为爽垲，结宇孤岩，北面城市，怀涧隐岭，穷人野之致，终日论谈，曾无休废。天监将末，扶南国献经三部，敕云译之，详决梁、梵，皆理明意显，状若亲承。帝抄诸方等经，撰受菩萨法，构等觉道场，请草堂寺慧约法师，以为智者，躬受大戒，以自庄严。自兹厥后，王侯朝士，法俗倾都，或有年腊过于智者，皆望风奄附，启受戒法。云曰：“戒终是一，先已同禀，今重受者，诚非所异，有若趣时。”于是固执。帝累劝奖，每加说喻，答曰：“当先发愿，若得相应，然后从受。”云欲发起中表菩提之心，舍己身外傺施之物，通启于华林园光华殿设千僧大会，分此诸物为五种功德。上帝随喜，警梵从时，锵金候旭，百和氤氲，众妓繁会，观者倾城，莫不称叹。普通六年，敕为大僧正，于同泰寺设千僧会，广集诸寺知事及学行名僧羯磨拜授，置位羽仪。众皆见所未闻，得未曾有。尔后虽遘疾时序，而讲说无废，及于扶接登座，弊剧乃止。至御幸同泰，开大涅槃，敕许乘舆上殿，凭几听讲。及遭父忧，由是疾笃，至于大渐，以大通三年三月二十七日初夜卒于住房，春秋六十有三。二宫悲惜，为之流恸。敕给东园秘器，凡百丧事，皆从王府。下敕令葬定林寺侧。太子中庶琅琊王筠为作铭志。弟子周长胤等有犹子之慕，创造二碑，立于墓所。湘东王萧绎各为制文。初，云年在息慈，雅尚经术，于妙法华研精累思，品酌理义，始末照览，乃往幽岩，独讲斯典，竖石为人，松叶为拂，自唱自导，兼通难解，所以垂名梁代，诚绩有闻。而文疏稠迭，前后繁映，致依讲诵，有阻恒功。尝于一寺讲散此经，忽感天华状如飞雪，满空而下，延于堂内，升空不坠，讫讲方去。有保志神僧，道超方外，罕有得其情者，与云互相敬爱，呼为大林法师。每来云所，辄停住信宿，尝言：“欲解师子吼，请法师为说。”即为剖析。志便弹指赞曰：“善哉，微妙微妙矣！”仪同陈郡袁昂云：“有常供养僧学云法华，日夜发愿，望得慧解等之。忽梦有异僧曰：‘云法师灯明佛时已讲此经，那可卒敌也。’”每于讲次，有送钱物乞诵经者，多获征应，及得善梦，如别记述。夷陵县渔人于网中得经一卷，是泥洹四法品，末题云“宋元徽二年王宝胜敬造，奉光宅寺法云法师”。以事勘校，时云年始十岁，名未远布，寺无光宅。而此品正则初云弘法，次断鱼肉，验今意行，颇用相符。其有机神变化，人莫敢竞其类者。云得此告，弥深弘演云尔。

梁南海随喜寺沙门释慧澄传十（慧朗　慧略　法生　慧武）

释慧澄，姓兰氏，番禺高要人。十四出家，依和上道达，住随喜寺。

而在性贞苦，立素斋戒，鱼肉荤辛，毕世未视。当齐氏之季，百工辍业，澄闭户礼诵，不修闻达。天监初建，开阐学校，白黑乐求，皆得其志。澄深怀愿望，以日为岁。世始廓清，南路犹梗，负笈踟蹰，欲前未进。亲旧谏曰:“何不就饶聚粮货，待路好通。为尔栖栖，横生忧苦！”澄曰:“荣华贿货，此何见关。日月如电，时不待人耳。”于是间行寄托，遂至京室，憩庄严寺。仍从僧旻，以伸北面，勤苦下帷，专攻一事，且经且律，或数或论，十余年中，钩深索隐，犹晦迹下筵，而名闻日远。桂阳王萧象闻风钦悦，延请入第，顶礼归依，求屈讲说，亲自餐服，遂使远近投集，闻者斐然。后桂阳出镇南岳，请与同行，潇湘道俗，重增归敬，法席继兴，善诱忘倦。澄以违亲岁久，誓暂定省，而番禺四众，向风钦德，迎请重迭，年年转倍。以普通四年随使南返，中途危阻，素情无惮，食值饥客，合盘施之，船人更办，不肯复受，又见单薄，解衣赈之。及至南海，复停随喜，七众屯结，其会如林，赞请法施，频仍累迹。理喻精微，浅深无隐，新旧学望，如草偃焉。于斯五载，法利无限。未及旋都，遇疾而卒，春秋五十有二，即大通元年也。时复有慧朗、慧略、法生、慧武等，皆从僧旻受学，虽复广综诸部，并以成实擅名。朗居贫好学，博达多通，久当师匠，巧于传述。略聪明俊警，宣讲有则，品别支条分籍，甚有嘉誉。生寻访异闻，博述经论，铨次秘奥，物益奇之。武振扬文义，省约不繁，宣流未广，兰摧中叶，年三十余卒。

梁钟山上定林寺沙门释法令传十一（慧泰　慧纂）

释法令，姓董氏，未详何人。家遭世祸，因寓建康。少出家，住定林上寺。立操贞坚，廉和寡欲，博览经论，多所通达。善涅槃大小品，尤精法华、阿毗昙心。登师子座、发无畏辩，先标纲要，却派条流，言约旨远，驰名京学。兼好禅寂，以息攀缘。但多疹瘵，亟为废替。自责先身执相分别，起诸违害，今受殃咎，因诵大品一部，用祛封滞。清净调和，随从梵行，足不下山，三十三载，荤辛不食，弊衣毕世。以天监五年卒，春秋六十有九。时寺复有慧泰、慧纂，并以学闻。泰克己修身，笃勤禅智，偏能谈授。纂心性清率，不务形骸，贞实抱素，雅有国士之器。

梁钟山开善寺沙门释智藏传十二

释智藏，姓顾氏，本名净藏，吴郡吴人，吴少傅曜之八世也。高祖彭年，司农卿。曾祖淳，钱唐令。祖瑶之，员外郎。父映，奉朝请，早亡。其母尝梦出绕吴城一匝，密云四布，而天中开朗，众星坠地，取而吞之，因而有娠焉。及生藏也，少而聪敏，常怀退让，果食衣服，爰及威仪，皆新华先让，而处下末。由此击誉乡间，敬而尚重。年十六，代宋明帝出家，以泰初六年敕住兴皇寺，事师上定林寺僧远、僧佑、天安寺弘宗。此诸名德，传如前述。藏禀依训范，敬义弘隆。尝遇师疾甚，不食多日，藏亦从之，待师进饮，藏还进饮，乃至平复，方从师好。自是戒德坚明，学业通奥，众所知识，超于夷等。当时柔、次二公，玄宗盖世，初从受学，挹酌经论，统辩精理，及其开关延敌，莫能涉其津者。藏洞晓若神，微言每吐，预有比踪，罔不折伏。于是二僧叹揖，自以弗及之也。齐太尉文宪王公深怀钦悦，爰请安居，常叹相知之晚。太宰文宣王建立正典，绍隆释教，将讲净名，选穷上首，乃招集精解二十余僧，探授符策，乃得于藏。年腊最小，独居末坐，敷述义理，罔或抗衡；道俗翕然，弥崇高誉。先是，会稽慎法师志欲宣通妙法，乃请文宣，方求讲匠，以藏名称普闻，允当佥属，遂流连会稽，多历年祀，伏膺鼓箧，实系有徒。但以律部未精，重游京辇，信同瓶喻，有似灯传。俄而十诵明了，诸部薄究，未还吴郡，道流生地，学人裹粮，随之不少。永元二年重游禹穴，居法华山，结众弘业。及齐德将谢，王室大骚，天地既闭，经籍道废，遂翻然高举，欲终焉禹穴。逮有梁革命，大弘正法，皇华继至，方游京辇。天子下礼承修，荣贵莫不竦敬。圣僧宝志迁神，窀穸于钟阜，于墓前建塔寺，名开善，敕藏居之。初藏未受具戒，遇志于定林上寺，遂推令居前，垂示崇敬之迹，识知德望有归，告之先见矣。时梁武崇信释门，宫阙恣其游践。主者以负扆南面，域中一人，议以御坐之法，唯天子所升，沙门一不沾预。藏闻之，勃然厉色，即入金门，上正殿，踞法座，抗声曰:“贫道昔为吴中顾郎，尚不惭御榻，况复乃祖定光金轮，释子也。檀越若杀贫道即杀，不虑无受生之处。若付在尚方狱中，不妨行道。”即拂衣而起。帝遂罢敕，任从前法。斯跨略天子，高岸释门，皆此类也。有野姥者，工相人也，为记吉凶，百不失一。谓藏曰："法师聪辩盖世，天下流名。但恨年命不长，可至三十一矣。"时年二十有九，闻斯促报，讲解顿息，竭精修道，发大誓愿，足不出门。遂探经藏，得金刚般若，受持读诵，毕命奉之。至所危暮年，香汤洗浴，净室诵经，以待死至。俄而闻空中声曰："善男子，汝往年三十一者，是报尽期。由般若经力，得倍寿矣。"藏后出山，试过前相者，乃大惊起，曰："何因尚在世也？前见短寿之相，今了一无。沙门诚不可相矣。"藏问："今得至几？"答云："色相骨法，年六十余。"藏曰："五十为命，已不为夭，况复过也。"乃以由缘告之，相者欣服。竟以毕年辞世，终如相言。于是江左道俗竞诵此经，多有征应，乃至于今，日有光大，感通屡结。逮梁大同中敬重三宝，利动昏心，浇波之俦肆情，下达僧正，宪网无施于过门。帝欲自御僧官，维任法侣，敕主书遍令，许者署名。于时盛哲无敢抗者，匿然投笔。后以疏闻藏，藏以笔横铄之，告曰："佛法大海，非俗人所知。"帝览之，不以介意。斯亦拒怀略万乘，季代一人而。帝意弥盛，事将施行于世，虽藏后未同，而敕已先被。晚于华光殿设会，众僧大集，后藏方至。帝曰："比见僧尼多未诵习，白衣僧正不解科条，俗法治之，伤于过重。弟子暇日欲自为白衣僧正，亦依律立法。此虽是法师之事，然佛亦复付嘱国王。向来与诸僧共论，咸言不异。法师意旨如何？"藏曰："陛下欲自临僧事，实光显正法。但僧尼多不如律，所愿垂慈矜恕，此事为后。"帝曰："弟子此意岂欲苦众僧耶？正谓俗愚过重，自可依律定之。法师乃令矜恕，此意何在？"答曰："陛下诚欲降重从轻，但末代众僧，难皆如律，故敢乞矜恕。"帝曰："请问诸僧犯罪，佛法应治之不？"答曰："窃以佛理深远，教有出没，意谓亦治不治。"帝曰："惟见付嘱国王治之，何处有不治之说？"答曰："调达亲是其事，如来置之不治。"帝曰："法师意谓调达何人？"答曰："调达乃诚不可测。夫示迹正欲显教，若不可不治，圣人何容示此？若一向治之，则众僧不立；一向不治，亦复不立。"帝动容，追停前敕。诸僧震惧，相率启请，帝曰："藏法师是大丈夫，心谓是则道是，言非则道非，致词宏大，不以形命相累。诸法师非大丈夫，意实不同，言则不异。弟子向与藏法师硕诤，而诸法师默然无见助者，岂非意在不同耳。"事遂获寝。藏出，告诸徒属曰："国王欲以佛法为己任，乃是大士用心。然衣冠一家，子弟十数，未必称意；况复众僧五方混杂，未易辩明，正须去其甚泰耳。且如来戒律，布在世间，若能遵用，足相纲理。僧正非但无益，为损弘多，常欲劝令罢之，岂容赞成此事。”或曰：“理极如此，当万乘之怒，何能夷然？”藏笑曰：“此实可畏！但吾年老，纵复荷旨附会，终不长生。然死本所不惜，故安之耳。”后法云谓众曰：“帝于义理之中未能相谢，一日之事，真可愧服。”不久，敕于彭城寺讲成实，听侣千余，皆一时翘秀，学观荣之。又敕于慧轮殿讲波若经，别敕大德三十人预座。藏开释发趣，各有清拔，皆着私记，拟后传习。天监末年春，舍身大忏，招集道俗，并自讲金刚般若，以为极悔，惟留衣钵，余者倾尽，一无遗余。陈郡谢几卿指挂衣竹戏曰：“犹留此物，尚有意耶？”藏曰：“身犹未灭，意何由尽！”而尚怀靖处，托意山林，还居开善，因不履世。时或敕会，乃上启辞曰：“夙昔顾省，心惑不调，欲依佛一语，于空闲自制，而从缘流，二十余载。在乎少壮，故可推斥；今既老病，身心俱减，若复退一毫，便不堪自课。故愿言静处，少自营卫，非敢傲世求名，非欲从闲自诞，是常人近情，惧前径之已迫耳。”帝手敕喻曰：“求空自闲，依空入慧，高蹈养神，实是胜乐，不违三乘，亦以随喜。惟别之际，能无怅然？岐路赠言，古人所重，犹劝法师行无碍心，大悲为首，方便利益，随时用舍，不宜顿杜，以隔碍心行菩萨道，无有是处。”敕往反频仍久之，然持操不改。帝将受菩萨戒，敕僧正牒老宿德望，时超正略牒法深、慧约、智藏三人，而帝意在于智者，仍取之矣。皇太子尤相敬接，将致北面之礼，肃恭虔往，朱轮徐动，鸣笳启路，降尊下礼，就而谒之，从遵戒范，永为师傅。又请于寺讲大涅槃，亲临幄坐，爰命咨质，朝贤时彦，道俗盈堂，法筵之盛，未之前闻。又于北阁更延谈论，皆叹曰：“陪预胜席，未曾有也。”藏任吹虚舟，真行平等，毁誉不动，荣利未干，宴坐空闲，毅然山立。虽神宇凝隔，风韵清高，其应物也，汲汲然如有不足，可谓望俨即温，君子之变者矣。自现处岩岫，晦形人世，又于寺外山曲别立头陀之舍六所，并是茅茨，容膝而已。皇太子闻而游览，各赋诗而返，其后章云：“非曰乐逸游，意欲识箕颍。”藏结心世表，常行忏悔，每于六时翘仰灵相，口云：“理味深玄，浅思斟酌，自抱疑碍，恐乖圣意多僻。”因而悬恻，词泪俱发。尝宿灵曜寺，夜行暂用心，见有金光照曜，一室洞明。人问其故，答曰："此中奇妙，未可得言。"是旦遘疾，至于大渐，帝及储君，中使相望，四部白黑，日夜参候。敕为建齐，手制愿文，并继以医药，而天子不整，唯增不降。临终词色详正，遗言唯在弘法，以普通三年九月十日卒于寺房，春秋六十有五。敕葬独龙之山，赴送盈道，同为建碑，坟所、寺内各一。新安太守萧机制文，湘东王绎制铭，太子中庶子陈郡殷钧为立墓志。初，藏常梦见金粟如来入室共谈，执二麈尾，其一宝装，其一者素，留素者与藏。又征士庐江何胤居吴郡虎丘，遇一神僧捉一函书，云："有人来寄语。"顷失之。及开函视，全不识其文词。后访魏僧，云是大庄严论中间两纸也，时人咸谓藏之所致。又彭城刘混之罪当从戮，藏时处后堂，为帝述四等义，外奏闻之。帝曰："今为国事，不得道四等义如何。"藏曰："言行乘机也，今机发而不中，失在何人？四等之举，义非徒设。"帝遂舍而不问，竟以获免，刘氏终亦不委斯由。其潜济益被，率多如此。凡讲大小品涅槃、般若、法华、十地、金光明、成实、百论、阿毗昙心等，各着义疏行世。

续高僧传卷第五

续高僧传卷第六

大唐西明寺沙门释道宣撰

义解篇二　正传二十一　附见一十六

梁大僧正南涧寺沙门释慧超传一
梁国师草堂寺智者释慧约传二
魏西河石壁谷玄中寺释昙鸾传三
梁蜀郡龙渊寺释慧韶传四
梁会稽嘉祥寺释慧皎传五
魏洛阳释道辩传六（昙永　亡名）
魏恒州报德寺释道登传七
梁杨都庄严寺释僧密传八
梁杨都湘宫寺释昙准传九（智深）
梁杨都灵基寺释道超传十（慧安）
梁杨都龙光寺释僧乔传十一（慧生　僧整　慧济）
梁杨都彭城寺释慧开传十二（昙俊）
梁杨都建初寺释明彻传十三
梁余杭西寺释法开传十四
梁杨都瓦官寺释道宗传十五（法敞）
魏洛下广德寺释法贞传十六（僧建　慧聪　道寂）
梁益州罗天宫寺释宝渊传十七（法文　法度　法护　本阙）
梁杨都治城寺释僧询传十八（道遂　道摽　本阙）
梁杨都灵根寺释慧超传十九（本阙）

齐邺中天平寺释真玉传二十

后梁荆州大僧正释僧迁传二十一

梁大僧正南涧寺沙门释慧超传一

释慧超，姓廉氏，赵郡阳平人。中原丧乱，避难于钟离之朝哥县焉。初生之夕，神光照室。幼而简静寡欲，已有成人之符也。八岁出家，从临番县建安寺沙门慧通。通素无业术，立行专朴；超直心祇顺，奉敬无怠。而外听诸讲，勤精学业，时遇风雨艰辛，泥路拥塞，不以为辞。尝寓，坐有胡僧，盖不测之人也，一见嗟异，曰："斯人若不为五众之杰，则为八州刺史。"兼叙神光之瑞，如符契焉。遂广采经部，及以数论，并尽其深义，朗若贯珠。名僧胜集，稠人广坐，纷纶飞伏，雍容摸揩，故早为皂白挹其高轨。后南游江左，住南涧寺，僧宗见而善之，受略盘等经。开柘条绪，略通幽致，历阅众师，多所参涉，偏以无量寿命家。吏部谢钥每称之曰："君子哉，若人也！"又善用俳谐，尤能草隶，兼习朱、许，又工占相。齐历告终，梁祚伊始，超现疾新林，情存拯溺，信次之间，声驰日下。寻有别敕，乃授僧正，戒德内修，威仪外洁，凡在缁侣，咸禀成训。天子给传，诏羊车局足健步、衣服等供。自声教所被，五部宪章，咸禀风则。帝以般若之义，真谛所宗，偏令化导，故咨质锋起，悬辩若流。又经聚徒都治，讲菩提心义。论谈之暇，夜分未寝，忽见大力善神，形甚都丽，既而言曰："当率集同缘，共来餐受。"不言姓字，于此告辞。及就讲之辰，倏然满坐，容貌瑰异，莫有识者，竟席便散。其感迹征异，为若此也。加以性好山水，亟果幽寻，而翼从之声闻于数里；山人怪视，唯见超身，射猎之徒莫不自息。天监年中，帝请为家僧，礼问殊积。初，戒典东流，人各传受，所见偏执，妙法犹漏。皇明御宇，掇采群经，圆坛更造，文义斯构，事类因果，于此载明。有诏令超受菩萨戒，恭惟顶礼，如法勤修。上复斋居宣室，梦其勤行戒品，面申赞悦，时共延美。而超鸣谦蹈礼，好静笃学，从之游处，未觌愠喜之仪。加以形过八尺，腰带十围，雍容高步，当时誉显。帝又请于惠轮殿讲净名经，上临听览。未启庄严寺园，接连南涧，因构起重房，若鳞相及，飞阁穹隆，高笼云雾。通碧池以养鱼莲，构青山以栖羽族。列植竹果，四面成阴。木禽石兽，交横入出。又罗列童侍，雅胜王侯，剖决众情，一时高望。在位二十余年，晚以陵谷互迁，世相难恃，因自解免，闭房养素。以普通七年五月十六日迁神于寺房，行路殒涕，学徒奔赴。凡厥丧事，出皆天府。门人追思德泽，乃为立碑，湘东王绎、陈郡谢几卿各为制文，俱镌墓所。

梁国师草堂寺智者释慧约传二

释慧约，字德素，姓娄，东阳乌场人也。祖世蝉联，东南冠族。有占其茔墓者云："后世当有苦行得道者，为帝王师焉。"母刘氏，梦长人擎金像令吞之，又见紫光绕身，因而有孕，便觉精神爽发，思理明悟。及载诞之日，光香充满，身白如雪，时俗因名为灵粲，故风鉴贞简，神志凝静。抚尘之岁，有异凡童，惟聚沙为佛塔，迭石为高座。七岁便求入学，即诵孝经、论语，乃至史传，披文见意。宅南有果园，邻童竞采，常以为患，乃舍己所得，空拳而返。乡土以蚕桑为业，常怀悲恻，由是不服缣纩。季父憙畋猎，化终不改。常叹曰："飞走之类，去人甚远，好生恶死，此情何别。"乃绝膻腥。叔父遂避于他里，恣行剿戮，梦赤衣使者手持矛戟谓曰："汝终日杀生，菩萨教化，又不能止，促来就死。"惊觉汗流，诘旦便毁诸猎具，深改前咎。约复至常所猎处，见麞鹿数十头腾倚随之，若有愧谢者。所居僻左，不尝见寺，世崇黄老，未闻佛法。而宿习冥感，心存离俗，忽值一僧，访以至教，彼乃举手东指云，剡中佛事甚盛。"因乃不见，方悟神人。至年十二，始游于剡，遍礼塔庙，肆意山川，远会素心，多究经典。故东境谣曰："少达妙理娄居士。"宋泰始四年，于上虞东山寺辞亲剪落，时年十七。事南林寺沙门慧静。静于宋代，僧望之首，律行总持，为特进颜延年、司空何尚之所重。又随静住剡之梵居寺，服勤就养，年逾一纪。及静之云亡，尽心丧之礼，服阕之后，却粒岩栖，饵以松术，蠲疾延华，深有成益。齐竟陵王作镇禹穴，闻约风德，雅相叹属。时有释智秀、昙纤、慧次等，并名重当锋，同集王坐。约既后至，年夏未隆，王便敛躬尽敬，众咸怀不悦之色。王曰："此上人方为释门领袖，岂今日而相待耶？"故其少为贵胜所崇也如此。齐中书郎汝南周颙为剡令，钦服道素，侧席加礼，于钟山雷次宗旧馆造草堂寺，亦号山茨，屈知寺任。此寺结宇山椒，疏壤幽岫，虽邑居非远，而萧条物外，既冥赏素诚，便有终焉之托。颙叹曰："山茨约主，清虚满世。"齐太宰文简公褚渊、太尉文宪公王俭，佐命一期，功高百代，钦风味道，共弘法教。渊尝请讲净名、胜鬘，俭亦请开法花、大品。渊遇疾昼寝，见胡僧云："菩萨当至，寻有道人来者是也。"俄而约造焉，遂豁然病愈，即请受五戒。齐给事中娄幼瑜，少有学术，约之族祖也，每见辄趣为礼。或问："此乃君族下班，何乃恭耶？"瑜曰："菩萨出世，方师于天下，岂老夫敬致而已？"时人未喻此旨，惟王文宪深以为然。且约孝通冥感，思归遄返，而二亲丧亡，并及临诀，孺慕婴号，不交人世，积时停乡，以开慈道。后还都，又住草堂。少傅沈约，隆昌中外，任携与同行。在郡惟以静漠自娱，禅诵为乐，异香入室，猛兽驯阶。常入金华山采桔，或停赤松涧游止，时逢宿火，乍属神光，程异不思，故略其事。有道士丁德静于馆暴亡，传云山精所弊，乃要大治祭酒居之，妖犹充斥。长山令徐伯超立议，请约移居，曾未浃旬，而神魅弭息。后昼卧，见二青衣女子从涧水出，礼悔云："夙障深重，堕此水精，昼夜烦恼。"即求授戒，自尔灾怪永绝。及沈侯罢郡，相携出都，还住本寺。恭事勤肃，礼敬弥隆，文章往复，相继晷漏。以沈词藻之盛，秀出当时，临官莅职，必同居府舍，率意往来，未尝以朱门蓬户为隔。齐建武中，谓沈曰："贫道昔为王、褚二公供养，遂居令、仆之省。檀越为之，当复入地矣。"天监元年，沈为尚书仆射，启敕请入省住。十一年临丹阳尹，无何而叹，有忧生之嗟；报曰："檀越福报已尽，贫道未得灭度。"词旨凄然。俄而沈殒。故其预契未然，皆此类也。既而留心方等，研精九部，皆蕴匮胸襟，陶鎣怀抱，显说弘通，当仁不让，劬劳汲引，隆益群品。皇帝斫雕文璞，信无为道，发菩提心，构重云殿。以戒业精微，功德渊广，既为万善之本，实亦众行所先，譬巨海百川之长，若须弥群山之最。三果四向，缘此以成；十力三明，因兹而立。帝乃博采经教，撰立戒品，条草毕举，仪式具陈，制造圆坛，用明果极，以为道资人弘，理无虚授，事藉躬亲，民信乃立。且帝皇师臣，大圣师友，遂古以来，斯道无坠，农、轩、周、孔、宪章仁义，况理越天人之外，义超名器之表。以约德高人世，道被幽冥，允膺阇梨之尊，属当"智者"之号。逡巡退让，情在固执，殷勤劝请，辞不获命。天监十一年，始敕引见，事协心期，道存目击，自尔去来禁省，礼供优给。至十八年己亥四月八日，天子发弘誓心，受菩萨戒，乃幸等觉殿，降雕玉辇，屈万乘之尊，申在三之敬，暂屏衮服，恭受田衣，宣度净仪，曲躬诚肃。于时日月贞华，天地融朗，大赦天下，率土同庆。自是入见，别施漆榻，上先作礼，然后就坐。皇储以下，爰至王姬，道俗士庶，咸希度脱。弟子着籍者凡四万八千人。尝授戒时，有一干鹊历阶而升，状若餐受，至说戒毕，然后飞腾。又尝述戒，有二孔雀驱斥不去，敕乃听上，徐行至坛，俯颈听法。上曰："此鸟必欲灭度，别受余果。"矜其至诚，更为说法，后数日，二鸟无何同化。又，初授戒夜，梦从草堂寺以绵罽席路，直至台门，自坐禅床，去地数丈，天人围绕，为众说法。以事而详，等黄帝之梦往华胥，同目连之神登兜率。至人行止，孰能议之？而爱悦闲静，祥华虚室，寺侧依栖，咸生慈道。故使麢麚群于兕虎，凫鹜狎于鹰鹯，飞走腾伏，自相驯扰。非夫仁泽潜化，孰能如此者乎？后静居闲室，忽有野媪赍书数卷置经案上，无言而出，并持异树自植于庭，云青庭树也。约曰："此书美也，不我俟看；如其恶也，亦不劳视。"经七日，又见一叟请书而退。此树叶绿花红，扶疏尚在。又感异鸟身赤尾长，形如翡翠，相随栖息，出入树间。中大通四年，梦见旧宅，白壁朱门，赫然壮丽，仍发愿造寺，诏乃号为"本生"焉。大同一年，又敕改所居竹山里为智者里，缙云旧壤，传芳图谍。山川灵异，擅奇函夏，福地仙乡，此焉攸立。而约饭饵松术，三十余年，布艾为衣，过七十载，鸣谦立操，擅望当时。乃以大同元年八月使人伐门外树枝，曰："舆驾当来，勿令妨路。"人未之测。至九月六日现疾，北首右胁而卧，神识恬愉，了无痛恼；谓弟子曰："我梦四部大众，幡花罗列空中，迎我凌云而去，福报当讫。"至十六日，敕遣舍人徐俨参疾，答云："今夜当去。"至五更二唱，异香满室，左右肃然，乃曰："夫生有死，自然恒数，勤修念慧，勿起乱想。"言毕合掌，便入涅槃，春秋八十有四，六十三夏。天子临诀悲恸，僚宰辍听览者二旬有一。其月二十九日，于独龙山宝志墓左殡之。初，约卧疾，见一老公执锡来入。及迁化日，诸僧咸卜寺之东岩，帝乃改葬独龙。抑其前见之叟，则志公相迎者乎？又，临终夜，所乘青牛忽然鸣吼，泪下交流，至葬日，敕使牵从部伍，发寺至山，吼泪不息。又，建塔之始，白鹤一双绕坟鸣泪，声其哀婉，葬后三日，欻然永逝。下敕竖碑墓左，诏王筠为文。

魏西河石壁谷玄中寺释昙峦传三

释昙鸾，或为峦，未详其氏，雁门人。家近五台山，神迹灵怪，逸于民听。时未志学，便往寻焉，备觌遗踪，心神欢悦，便即出家。内外经籍，具陶文理，而于四论佛性，弥所穷研。读大集经，恨其词义深密，难以开悟，因而注解。文言过半，便感气疾，权停笔功，周行医疗。行至汾川秦陵故墟，入城东门，上望青宵，忽见天门洞开，六欲阶位，上下重复，历然齐睹。由斯疾愈，欲继前作，顾而言曰："命惟危脆，不定其常，本草诸经，具明正治。长年神仙，往往间出，心愿所指，修习斯法。果克既已，方崇佛教，不亦善乎！"承江南陶隐居者，方术所归，广博弘赡，海内宗重，遂往从之。既达梁朝，时大通中也，乃通名云："北国虏僧昙鸾，故来奉谒。"时所司疑为细作，推勘无有异词，以事奏闻。帝曰："斯非觇国者，可引入重云殿，仍从千迷道。"帝先于殿隅却坐绳床，衣以袈裟，覆以纳帽。鸾至殿前，顾望无承对者，见有施张高座，上安几拂，正在殿中，傍无余座，径往升之，竖佛性义，三命帝曰："大檀越！佛性义深，略已标叙，有疑赐问。"帝却纳帽，便以数关往复，因曰："今日向晚，明须相见。"鸾从座下，仍前直出，诘曲重沓，二十余门，一无错误。帝极叹讶，曰："此千迷道，从来旧侍，往还疑阻，如何一度，遂乃无迷？"明旦引入太极殿，帝降阶礼接，问所由来。鸾曰："欲学佛法，限年命促减，故来远造陶隐居，求诸仙术。"帝曰："此傲世遁隐者，比屡征不就，任往造之。"鸾寻致书通问，陶乃答曰："去月耳闻音声，兹辰眼受文字。将由顶礼岁积，故使应真来仪。正尔整拂藤蒲，具陈花水，端襟敛思，伫聆警锡也。及届山所，接对欣然，便以仙经十卷用酬远意。还至浙江，有鲍郎子神者，一鼓涌浪，七日便止。正值波初，无由得度，鸾便往庙所，以情祈告。必如所请当为起庙。须臾神即见形，状如二十。来告鸾曰："若欲度者，明旦当得，愿不食言。"及至明晨，涛犹鼓怒，才入船里，帖然安静。依期达帝，具述由缘，有敕为江神更起灵庙。因即辞还魏境，欲往名山，依方修治。行至洛下，逢中国三藏菩提留支。鸾往启曰："佛法中颇有长生不死法，胜此土仙经者乎？"留支唾地曰："是何言欤！非相比也。此方何处有长生法？纵得长年，少时不死，终更轮回三有耳。"即以观经授之，曰："此大仙方，依之修行，当得解脱生死。"鸾寻顶受，所赍仙方，并火焚之，自行化他，流靡弘广。魏主重之，号为"神鸾"焉，下敕令住并州大寺。晚复移住汾州北山石壁玄中寺，时往介山之阴，聚徒蒸业，今号鸾公岩是也。以魏兴和四年，因疾卒于平遥山寺，春秋六十有七。临至终日，幡花幢盖，高映院宇，香气蓬勃，音声繁闹。预登寺者，并同瞩之。以事上闻，敕乃葬于汾西泰陵文谷，营建砖塔，并为立碑，今并存焉。然鸾神宇高远，机变无方，言晤不思，动与事会，调心练气，对病识缘，名满魏都，用为方轨。因出调气论，又，著作王邵随文注之，又撰礼净土十二偈，续龙树偈后，又撰安乐集两卷等，广流于世。仍自号为"有魏玄简大士"云。

梁蜀郡龙渊寺释慧韶传四

释慧韶，姓陈氏，本颍川太丘之后，避乱居于丹阳之田里焉。性恬虚，寡嗜欲，沉毅少言。童幼早孤，依兄而长，悌友之至，闻于闾阎。十二厌世出家，具戒便游京杨，听庄严旻公讲释成论，才得两遍，记注略尽。谓同学慧峰曰："吾沐道日少，便知旨趣。斯何故耶？将非所闻义浅，为是善教使然乎？"乃试听开善藏法师讲，遂觉理与言玄，便尽心钻仰。当夕感梦，往开善寺采得李子数斛，撮欲啖之，先得枝叶，觉而悟曰："吾正应从学，必践深极矣。"寻尔藏公迁化，有龙光寺绰公继踵传业，便回听焉。既阙论本，制不许住，惟有一帔，又属严冬，便撤之用充写论，忍寒连噤。方得预听，文义兼善，独见之明，卓高众表。辩灭谛为本有，用粗细而折心，时以为穿凿有神思也。梁武陵王出镇庸蜀，闻彼多参义学，必须硕解弘望，方可开宣。众议荐举，皆不合意。王曰："忆往年法集，有伧僧韶法师者，乃堪此选耳。若得同行，想能振起边服。"便邀之至蜀，于诸寺讲论开道如川流。当于龙渊寺披讲将讫，静坐房中，感见一神青衣帢服，致敬曰："愿法师常在此弘法，当相拥卫。"言讫而隐，遂接席数遍，清悟繁结。昔在杨都，尝苦气疾，缀虑恒动，及至蜀讲，众病皆除，识者以为寺神之所护矣。于时成都法席，恒并置三四，法鼓齐振，竞敞玄门，而韶听徒济济，莫斯为盛。又率诸听侣讽诵涅槃、大品，人各一卷，合而成部。年恒数集，伦次诵之，如有谬忘及讲听眠失者，皆代受罚，对众谢曰："斯则训导不明耳。"故身令奖物，其勤至若此。武陵布政于蜀，每述大乘及三藏等论。沙门宝彖、保该、智空等，并后进峰岫，参预撰集。勒卷既成，王赐钱十万，即于龙渊寺分赡学徒。频教令掌僧都，苦辞不受。性不乘骑，虽贵胜请讲，逢值泥雨，辄自策杖戴笠，履芒屩而赴会焉。少而斋洁，不涉珍羞。后遇时患，药杂猪脂，拒而不服，非时浆饮，故绝生常。候病者仰观，颜色怡悦，礼诵不替。当似微差，乃告曰："吾今无处不痛，如坏车行路，常欲摧折，但自强耳。恨所营尊像未就，吾将去矣。"遗属道俗，凭为庄严，便洗浴、剃发、剪爪、礼拜、嗽口，坐于龙渊寺摩诃堂中奄然而卒，春秋五十有四，即天监七年七月三日也。时成都民应始丰者，因病气绝，而心上温，五日方醒，云：被摄至阎王所，闻处分云迎韶法师。须臾便至。王下殿，合掌顶礼，更无言说，惟画文书作大政之字。韶便出外，坐于旷路树下。见一少童，以漆柳箕擎生袈裟，令韶着之。有数十僧来迎，丰惟识智、慈二禅师，幡花列道，腾飞而去。又当终夕，有安浦寺尼久病闷绝，及后醒云："送韶法师及五百僧登七宝梯到天宫殿讲堂中。其地如水精，床席华整，亦有麈尾几案，莲华满地。韶就座谈说，少时便起，送别者令归。"其生灭冥祥感见类此。

梁会稽嘉祥寺释慧皎传五

释慧皎，未详氏族，会稽上虞人。学通内外，博训经律，住嘉祥寺。春夏弘法，秋冬著述，撰涅槃义疏十卷及梵网经疏行世。又以唱公所撰名僧，颇多浮沈，因遂开例成广，著《高僧传》一十四卷。其序略云："前之作者，或嫌以繁广，删减其事，而抗迹之奇，多所遗削。谓出家之士，处国宾王，不应励然自远，高蹈独绝。寻辞荣弃爱，本以异俗为贤。若此而不论，竟何所纪？"又云："自前代所撰，多曰'名僧'。然名者，本实之宾也。若实行潜光，则高而不名；若寡德适时，则名而不高。名而不高，本非所纪，高而不名，则备今录。故省‘名’音，代以‘高’字。”传成，通国传之。实为龟镜，文义明约，即世崇重。后不知所终。江表多有裴子野高僧传一帙十卷。文极省约，未极通鉴，故其差少。

魏洛阳释道辩传六（昙永　亡名）

释道辩，姓田氏，范阳人。有别记云，着纳擎锡入于母胎，因而生焉。天性疏朗，才术高世。虽曰耳聋，及对孝文，不爽帝旨。由是荣观显美，远近钦兹。剖定邪正，开释封滞，是所长也。初住北台，后随南迁，道光河洛。魏国有经号大法尊王，八十余卷，盛行于世，辩执读知伪，集而焚之。将欲广注众经，用通释典，笔置听架，鸟遂衔飞，见此异征，便寝斯作。但注维摩、胜鬘、金刚般若，小乘义章六卷，大乘义五十章，及申玄照等行世。有弟子昙永、亡名二人。永潜遁自守，隐黄龙山，撰搜神论、隐士仪式。名文笔雄健，负才傲俗，辩杖之，而徙于黄龙，初无恨想，而晨夕遥礼云。

魏恒州报德寺释道登传七

释道登，姓芮，东莞人。聪警异伦，殊有信力。闻徐州有僧药者，雅明经论，挟策从之，研综涅槃、法花、胜鬘。后从僧渊学究成论。年造知命，誉动魏都，北土宗之，累信征请。登问同学法度曰：“此请可乎？”度曰：“此国道学如林，师匠百数，何世无行藏，何时无通塞？十方含灵，皆应度脱，何容尽期南国？相劝行矣！如慧远拂衣庐阜，昙谛绝迹昆山，彭城刘遗民辞事就闲，斯并自是一方。何必尽命，虚想岩穴，远追巢、许！纵复如此，终不离小乘之机，岂欲使人在我先、道不益世者哉？随方适化，为物津梁，不亦快乎！”登即受请，度亦随行。及到洛阳，君臣僧尼莫不宾礼。魏主邀登昆季，策授荣爵，以其本姓不华，改‘芮’为‘耐’。讲说之盛，四时不辍。未趣恒岳，以息浮竞，学侣追随，相仍山舍，不免谈授，遂终于报德寺焉，春秋八十有五，即魏景明年也。

梁杨都庄严寺释僧密传八

释僧密，未详氏族，乐安人。曾未胜衣，便从剪落，幼而易悟，情解过人。年至十六，学友如林，更相开导，有闻乡党。将欲广开视听，师弗之许也，因尔潜遁出寺，从道明沙门受业，一二年中，声华负海。秦始之初，济江住庄严寺。器望凝练，风仪峻雅，五众宗推，七贵敬异。深沉详正，不以利害婴心。虽复同居众内，未有测其量者。时人以方法汰，颇谓确言。累居南面，徒众甚盛。无经不讲，专以成实缮奇，负气高论，少所推下。下才在事，未能赏重，潜相谗构于竟陵王。密不叙浊清，任其书罪，乃启摈淮南，学士随者三十余人，相仍讲化。天监四年卒于江北，春秋七十三矣。

梁杨都湘宫寺释昙准传九（智深）

释昙准，姓弘，魏郡汤阴人。住昌乐王寺出家，从智诞法师受业，钻研之勤，众皆弗及。处静味道，无风尘之志，善涅槃、法华，闻诸伊洛。闲居游思，不交世务。承齐竟陵王广延胜道，盛兴讲说，遂南度，止湘宫寺。处处采听，随席谈论，虽逢途阻，未曾告劳。次公叹曰："此北道人，非直美容止，善言笑，烈亮恢廓，雅有器度，至于言论，深有情致。"齐临川王萧映、长沙王萧晃，厚相钦礼。庐江何点、彭城刘缯，并到房接足，伸其戒诰。讲扬相继，成其业者二百余人。以天监十四年卒，春秋七十有七。时寺复有智深比丘，聪慧博识，经论有功。天子王侯，多所宾接。性好直言，无所推屑，每商略捡洗，物不有平，由是坎壈，弘宣阻少。

梁杨都灵基寺释道超传十（慧安）

释道超，姓陆，吴郡吴人，吴丞相敬风之六世也。祖昭，尚书金部。父遵，散骑侍郎。超少以勤笃知名，与同县慧安早投莫逆，俱游上京，共契请业。时旻法师住灵基寺，值旻东讲，因共听沙门法珍成论。至灭谛，初闻三心灭无先后，超曰："斯之言悟，非吾师也？"见旻解冠一方，海内咨仰，辍寝忘味，以夜继昼。但性偏躁锐，不顾功少，愿望已多，每打髀叹曰："为尔漠漠，生、肇笑人。"又闻龙光寺僧整始就讲说，弥复勇，叹曰："乃可无七尺，何事在于人后？"惆怅疚心，累日废业。因自忏悔，求诸佛菩萨，乞加威神，令其慧悟如僧旻也，事在旻传。遂勤劬苦至，有顷洞澈，终日熙怡，独语独笑。每言"无价宝珠，我今已得"，雍容高步，负气陵俗，白黑改观，名架当时。及至讲说，解析疑伏，每无遗隐。若复为宾，雅伏意气，求相击杭，若遇机临，无不应蹑。同寺僧道贲，年齿小大，亦微向学方，而性多怠惰，未能克己，横相陵骂。超亦眄衡啸嗷，未之数也。他日贲曰："我之与卿，谁相优劣？"超曰："若论年腊，请以相寄。胸臆之量，未论先后。"时为直言。自超处独房，屏绝宾幸，内外坟典，常拥膝前，而手不释卷，加以尘埃满屋，蟋蟀鸣壁。中书郎吴郡张率谓曰："虫鸣聒耳，尘土埋膝，安能对此而无忤耶？"答曰："时闻此声，足代箫管，尘随风来，我未暇扫。致忤名宾，为愧多矣！"时人高其放达。年三十六，以天监初卒。有慧安道人住湘宫寺，探玄析奥，甚有精理，年三十二卒于住寺。时以盛年俱卒，杨辇同哀。

梁杨都龙光寺释僧乔传十一（慧生　僧整　慧济）

释僧乔，姓华氏，吴兴东迁人。出家住龙光寺，闻僧旻说前修立义有诸同异，则忘寝息，志欲禀受。又听其语论转捷，则抚掌累叹，思与偕也。隆昌之世，法筵转少，仍与同寺僧整、宝渊、慧济、慧绍等请旻移住。于是终晨竟夜，一心咨求，布被御冬，单蒋藉体，饘粥糊口，茹菜充饥，而未曾以贫寒变节。但自勤励，维日不足，研精奥粹，理悟深明，三四年间，经论通达。后旻还庄严，龙光慧生问曰："诸少相携，并得成器，其间胜负，可得闻耶？"旻曰："乔公儒雅清虚，履今用古，卷舒文义，优游教理，钩深致远，善能雠校，廉而未讲，莫与争先：此乃遗法之所寄也。整公精勤经论，博综有叙，同其业者，重其情性。渊公不无神明，而心性偏激，亟违礼度，久从异集，无以测其多少。济公神识清审，经素有功，论文未熟，由其体羸不堪辛苦故耳。且于义理足以明道，志行足以厉俗。绍公情性和理，笃有志行，贫而有累，学不得恒；向无妨碍，不患不成美器。”自乔学之成也，不修世务，不附名闻，闭门静处，坐无杂客，澄怀潜悟，独得而已。年三十六，天监初卒。生本任湘州，学明经数，频御法座，少秉高操，慕安、汰之风规，而弊衣蔬食，终身不改，美风姿，善草隶。整住襄阳，未游夏首，道化大行。济，番禺人，未还岭表。德被南越，文义风宣，有广被焉。并天监中卒。

梁杨都彭城寺释慧开传十二（昙俊）

释慧开，姓袁氏，吴郡海盐人。初出家，为宣武寺宠公弟子，仍从学阿毗昙及成实论。建武之中，游学上京，住道林寺，历听藏、旻二公经论。后移住彭城，学无时习，经耳不忘。多从酒谑，博弈自娱。而值造次之机，阙无对辩，人间席上，讷其词也。后忽割略前习，专攻名教，处众演散，咸庆新闻。及至解名析理，应变无穷，虽逢勍敌巧谈，罕有折其角者。讲席基连，学人影赴，遂使名称普闻，众所知识。陈郡谢惠雅相钦赏，出守豫章，迎请讲说，厚加倈遗，还未达都，分散已尽。彭城刘业出守晋安，知居处屡空，饷钱一万，即赡寒馁，不终一日。开立性虚荡，不畜赀财，皆此之类也。而情在疏率，不事形仪，衣裳尘滓，未曾举意洗濯；周旋有不耐者，皆代其解澣。寒则披絮待成，夏则隐席至燥。以天监六年卒，春秋三十有九。同寺有昙俊者，以游学显名，通贯众经，兼勤礼诵，风素一概，寒暑弥盛。侍中王慈昆季、司徒长史江革友于，并与之朋游焉。

梁杨都建初寺释明彻传十三

释明彻，姓夏，吴郡钱唐人。六岁丧父，仍愿出家，住上虞王园寺。学无师友，从心自断，每见胜事，未曾不留心谛视。遇客读释道安传云，闻安少孤，为外兄所养，便嘘唏呜咽，良久乃止。他日借传究寻，见安弘法之美，因抚膝叹曰：“人生居世，复那可不尔乎？”自是专务道学，功不弃日。尝与同学数辈住师后房，房本朽故，忽遭飘风吹屋，攲斜欲倒，师行不在，无物支持，众人皆走，彻习业如故。会稽孔广闻之，叹曰：“孺子风素殊佳，当成名器。”时伦因事推伏，驰名东越。齐永明十年，竟陵王请沙门僧佑三吴讲律，中途相遇，虽则年齿悬殊，情同莫逆。彻因从佑受学十诵，随出杨都，住建初寺。自谓律为绳墨，宪章仪体，仍遍研四部，校其兴废，当时律辩，莫有能折。建武之中，移业经论，历采众师，备尝深义。以旻法师标正经论，妙会机神，谭思通微，易钩深奥，乃从其成业。齐太傅萧颍深相钦属，及领荆州，携游七泽，请于内第开讲净名。每日：“诸经文句既是应机所说，或有委曲深微，或复但拘名字。先来英旧，人各厝情。谬当今日，望此玄宗，远无仿佛，深怀愧恻。”时咸重其谦退。及萧氏将薨，赠别麈尾软几；彻以遗命所留，凭抚以尽其寿。天监之初，始返都邑，又从旻受业。少长祈请，常为覆述，究博深文，洞明奥旨，盘根交结，了无遗滞。远树名闻，征屈重迭，乍经乍论，四时不辍。听受之众，不远云集。武帝钦待不次，长名进于内殿，家僧资给，岁序无爽。帝以律明万行，条章富博，愿撮取简要，以类相从，天监末年，敕入华林园，于宝云僧省专功抄撰；辞不获免。每侍御筵，对扬奥密；皇储赏接，特加恒礼。故使二宫周供，寒暑优洽。当时名辈，并蒙殊致，未有恩渥如此之隆。以其鸠聚将成，忽遘疾沉积，于寿光殿移还本寺。天子亲自怡色温言，躬临慰喻，知当不振，退而流涕。中使参候，晨宵不绝。彻自惟将卒，奉启告辞。皇心载轸于万寿殿，时内外枢揆，一时恸绝，以呈彻表故也。其文曰：“因果深明，倚伏何道？明彻虽复愚短，忝窥至籍，将谢之间，岂复遗吝？但知恩知庆，辄欲言之。明彻本出东荒，贱民而已，微有善识，得厕释门。契阔少年，绸缪玄觉，虽未能体道，微得善性。运来不辍，遇会昌时，遂亲奉御筵，提携法席，且仁且训，备沐恩奖。恒愿舒慕丹诚，奉扬慈化，岂意报穷，便归尘土，仰恋圣世，何可而言？特愿陛下永劫永住，益荫无涯，具足庄严道场，训物天垂，海外同为净土，胜果遐流，雍容远集。明彻以奉值之庆，论道之善，脱亿代还生，犹冀奉觐，惟生惟死，俱希济拔。临尽之间，忽忽如梦，虽欲申心，心何肯尽？不胜悲哀之诚，谨遣表以闻。”敕答：“省疏增其忧耿，人谁不病，何以遽终过甚。法师至性坚明，道行纯备，往来净土，去留安养。方除四魔，理无五畏，唯应正念诸佛，不舍大愿，与般若相应，直至种智，发菩提心，彼我相摄，方结来缘，敬如所及。菩萨行业，非千百年，善思至理，勿起乱想。览笔凄懑，不复多云。”帝因于寺为设三百僧会，令彻忏悔，自运神笔，制忏愿文。事竟，遂卒寺房，即普通三年十二月七日也，窆于定林寺之旧墓。敕给东园秘器，凶事所资，随由备办，主者监护，有崇敬焉。

梁余杭西寺释法开传十四

释法开，姓俞，吴兴余杭人。稚年出家，住北仓寺，为昙贞弟子。贞清素澄严，殊有解行。开少聪敏，家业贫窭，身服不充，食啖粗涩。同学僧流、昙诞，家有盈财，服玩奢丽，并从贞受业，屡有年劳，及钩深造微，未有逮开者也。而流诞、自恃优饶，甚相轻忽。开怀快然，遂负帙西游住禅冈寺，仍从柔、次二公学成实论。衣不蔽形，食趣支命，而不避寒风暑雨，以昼系夜。历业既优，精解无碍，终日游谈，未尝暂息。心性躁锐，无敌不攻，有时窃发潜登，以掩不备，当其锋者罕不结舌，由是显名。吏部尚书琅琊王峻、永嘉太守吴兴丘墀，皆揖敬推赏，愿永勖诫。后还余杭，止于西寺。先相陵驾之者，望风饮气，永相隐避，以至于死。开因尔讲筵相接，道俗叹服。沙门智藏后游禹穴，讲化成论，开往观之，鲠难累日，宾僚餐悦。藏曰：“开法师语论已多，自可去矣，吾欲入文。”开曰：“释迦说法，多宝踊现。法师指南命众而遣客，何耶？”藏有惭色。以普通四年卒，春秋六十五矣。

梁杨都瓦官寺释道宗传十五（法敞）

释道宗，未知氏族，荆州江陵人。早年离俗，住瓦官寺。情性真直，不务驰竞，耳不妄属，口不狂言，修身洁己，动静有度。历学经论，了无常师，终日寝处，卷轴而已，清谈高论，听者忘疲。衣裳粗弊，饮食疏俭。遭值年饥，入里不给，南游岭表，其道大行，以死自誓，诱化不息。年五十余，卒于彼土。复有法敞，住延贤寺。少研经数，长多讲说。齐末岁俭，固穷守操，清贫驰务，不竞贪积。天监初西游陆海，东归全楚，弘宣有功焉。

魏洛下广德寺释法贞传十六（僧建　慧聪　道寂）

释法贞，不测氏族，渤海东光人。九岁出家，俊秀之声，不齐凡类，住魏洛下之居广德寺，为沙门道记弟子。年十一，通诵法华，意所不解，随迷造问；记谓曰：“后来总持者，其在尔乎！”及至年长，善成实论，深得其趣，备讲之业，卓荦标奇。在于伊洛，无所推下。与僧建齐名，时人目建为“文句无前”，目贞为“入微独步”。贞乃与建为义会之友，道俗斯附，听众千人，随得倲施，造像千躯，分布供养。魏清河王元怿、汝南王元悦，并折腰顶礼，咨奉戒训，会魏德衰陵，女人居上，毁论日兴，猜忌逾积，嫉德过常，难免今世。贞谓建曰：“大梁正朝，礼义之国，又有菩萨应行风教，宣流道法，相与去乎？今年过六十，朝闻夕死，吾无恨矣。”建曰：“时不可失，亦先有此怀。”以梁普通二年相率南迈。贞为追骑所及，祸灭其身，春秋六十一矣。僧建，清河人。沙弥之时，慧俊出类，及长成人，好谈名理。与慧聪、道寂、法贞等同师道记，少长相携，穷研数论，遂明五聚，解冠一方。常日讲众，恒溢千人，硕学通方，悦其新致，造筵谈赏，以继昼夜。虽乃志诲成人，而入里施化。魏高阳王元邕亟相延请，累宵言散，用祛鄙吝。或清晨嘉会，一无逮者，辄云深恨不同其叙。故闻风倾渴者。遥服法味矣。后南游帝室，达于江阴，住何园寺。武帝好论义旨，敕集学僧于乐受殿以次立义。每于寺讲，成济后业，有逾于前。慧聪立心闲豫，解行远闻。道寂博习多通，雅传师业。并终于魏土。

梁益州罗天宫寺释宝渊传十七（法文　法度　法护　本阙）

释宝渊，姓陈，巴西阆中人也。年二十三，于成都出家，居罗天宫寺。欲学成实论，为弘通之主，州乡术浅，不惬凭怀。齐建武元年，下都住龙光寺，从僧旻法师禀受五聚，经涉数载，义颇染神。旻曰：“此君任性俊警，智虑过人，但恨迥忽不伦，动静险躁。若值通人优接，当成一世名士。若不遇时，不得其死，必当损辱大法矣。”渊酷好蒲扑，使酒挟气，终日狼犺，无所推下。旻累谏哓喻，返以为雠。因尔改途，复从智藏采听先业，自建讲筵，货财周赡，勇励辛勤，有倍恒日。每言：“大丈夫当使人侍我，何能久侍人！”乃广写义疏，贵市王征南尚书，缄封一簏，有意西归。同寺慧济谑之曰：“昔谢氏青箱不至，不得作文章；今卿白麈未来，判无讲理。”渊曰：“殊不然，此乃打狗杖耳。”因带挟西返，还住旧寺。标定义府，道俗怀钦。于是论筵频建，听众数百，自重名行，少宾知己。沙门智训游学京华，数论通敏，同还本壤，投分与交，渊弗许也。后寺库犯官，渊自恃名高一州，为物所让，以身代当，强悍不弭，至于事成，知当必败，因尔出郭，于路以刃自刎，时年六十一矣，即普通七年也。彭门尔时复有法文、法度、法护、道兴等，并以广学达名。文贞廉好尚，雅有风采。度通解大乘，方严有则。护刚直履信，不交世务。兴秉素怀正，好仁奉义。并下都住寺，不坠学宗，为诸雄辩所见推仰。

梁杨都治城寺释僧询传十八（道遂　道摽　本阙）

释僧询，姓明，太子中庶山宾之兄子也。年始入礼，尝听山宾共客谈论，追领往复，了无漏失。宾抚其首曰：“今使吾门不坠者，其在尔乎！”父奉伯，笃信大法，知其聪俊可期，神幽冥长，济爱海。年十二，敕令出家，为奉诚寺僧辩律师弟子。辩性廉直，戒品冰严，好仁履信，精进勇励，常讲十诵。询后住治城寺，持操高尚，勤辛好学。从光宅寺法云咨禀经论，散处伽蓝，不营杂事。当时名德，皆称善焉。历耳不忘，经目必忆，常能覆述，有如瓶泻。时人嘉其清辨，白黑重其无倦。凡所听闻，悉为注记，虽无大才，而弥纶深极，同学门友，莫不传写。以天监十六年卒，春秋三十有五。时复有道遂、道标，同海陵人，并从法云受业，经论洽闻，博综有序。

梁杨都灵根寺释慧超传十九（本阙）

释惠超，姓王，太原人。永嘉之乱，寓居襄阳。七岁出家，住檀溪寺，为惠景弟子。景清恒平简，雅有器局，普通之初，总州僧正，以节俭闻之。超幼而清悟，容止详美，进趣合度。事景一年，以众大喧杂，乞移禅房，依止僧崇禅师习学定业。年十二，又从同寺僧受学通三玄。永明中，竟陵王请智秀法师与诸学士随方讲授，西至樊、邓，超因冯受学，同时合席皆共服其领会。随秀还都，住灵根寺，仍从法常乞受具足。诵戒不盈二日，听律未周两遍，皆识文知义，镜其纤密，禀承师训，无相忝也。及师亡后，又从智藏采习经论。藏曰：“此子秀发，当成美器。”藏之出处，多与同游，备通诸部，名动京邑。后从慧集餐听毗尼，裁得数遍，集乃叹曰：“不谓始学，已冰寒于水矣。”后还乡定省，合境怀之，武帝敕还，为寿光学士。又敕与观寺僧伽婆罗传译阿育王经，使超笔受，以为十卷。而晦德进人，不专矜伐，故有要请，多推旧德。藏后使其代讲，让不肯当。或逢群贤博论，未曾不预辩通塞，及抗击前敌，知理将穷而必下，或遇机隙，便亦应蹑而默。然斯亦禀识同所不安，而超能谦降若此。衣食趣济，荣贵未邀，幞无资蓄。安成康王萧雅秀钦敬戒德，出蕃要请，相携于镇，讲发风被，远近服叹。康王薨后，吴平侯萧昺游夏口，复屈俱行，法筵又铺，学者称咏。还都续讲，听侣相趋，二百余僧，四时习业。于普通七年卒，时年五十有二。

齐邺中天平寺释真玉传二十

释真玉，姓董氏，青州益都人。生而无目，其母哀其及，年至七岁，教弹琵琶，以为穷乏之计。而天情俊悟，聆察若经，不盈旬日，便洞音曲。后乡邑大集，盛兴斋讲，母携玉赴会，一闻欣领，曰：“若恒预听，终作法师，不忧匮馁矣。”母闻之，欲成斯大业也，乃弃其家务，专将赴讲，无问风雨艰关，必期相续。玉包略词旨，气摄当锋，年将壮室，振名海岱。后遭母忧，舍法还家，庐于墓侧，哀毁过礼。茹菜奉斋，伏块持操，三年野宿，乡党重之。后服阕附道，修整前业，览卷便讲，无所疑滞。预闻徒侣，相次归焉。齐天保年中，文宣皇帝盛弘讲席，海内髦彦，咸聚天平。于时义学星罗，跨轹相架，玉独标称首。登座谈叙，罔不归宗，尽谛穷神，焕然开发。耆年前达，稽首崇仰。遂使道俗奔随，酌衢樽而不竭矣。一曾往复者别经十年，闻声即忆其名义，斯总持之功，莫与尚也。常徒学士，几百千人，耳对行往，了知心性，诫勖之勤，弥隆余哲。生来结誓，愿终安养，常令侍者读经，玉必跪坐，合掌而听。忽闻东方有净莲华佛国，庄严世界，与彼不殊，乃深惟曰："诸佛净土，岂限方隅？人并西奔，一无东慕，用此执心，难成回向。"便愿生莲华佛国，晓夕勤到，誓不久留。身无疹瘵，便行后事，授诸弟子衣服、几杖、麈尾、如意，分部遗诰，各有差降。众初不悟之也，并共惊之，玉曰："愿与运同，世非可乐。汝等助念莲华佛，令我得至彼岸也。"布萨之后，便卧疾于邺城北王家，神气无昧，声相如常，动京大德，并就问疾。午后忽见烟云相纠，从东而来，异香缠绕，充塞庭宇，空中出声，有如赞呗之响，清亮宛然。当尔之时，足渐向冷，口犹诵念，少时而卒。卒后十日，香气乃绝。大众哀仰，如临双树。玉氏昆季俱制缞绖，与诸门人收其尸而葬焉。

后梁荆大僧正释僧迁传二十一

释僧迁，姓严，吴郡吴人。孝敬夙彰，侍中玉锡见而异焉，一面定交。师事钟山灵曜道则法师，则亦权行外彰，深相推重。后游谈讲肆，纵辩天垂，曾难招提慧琰禅品义，精思间出，中座嗟扬，招提因改旧致，更新章句。梁高有敕善言殿义集，登即锐辩如流，帝有嘉之，仍降家僧之礼。帝制胜鬘义疏，班寿光殿，诸僧咸怀自惭，迁深穷理窟，特诏敷述。皇储、尚书令何敬容以并请论击，道俗欣洽，时论题之。中兴荆郢，正位僧端，职任基月，道风飙举，恂恂七众，不齐而成。昔晋氏始置僧司，迄兹四代，求之备业，罕有斯焉。自后探索幽求，经诰盘结，皆针盲起废，怡然从政。以天监十二年四月十七日移神大宝精舍，春秋七十有九，二十日葬于江陵之中华北山。初年少，孝禀自然，家贫亲老，珍养或阙，后名德既立，供倸腴旨，进馈益陈，及处艰忧，毁几致灭。年方弱冠，便诵法华，数溢六千，坐而若寐，亲见普贤，香光照烛，仍降摩顶，书而不传，大渐惟儿，方陈同志。凡讲涅槃、大品、十八部经各数十遍，皆制义疏，流于后学。等观，即梁明帝之法名也，自云："北面归依，时移三纪，权经问道，十有三年，终识苦空，功由善导。况乎福田五世，师资两叶，仁既厚矣，义实深焉。"遂刊碑坟陇，述德如左。

续高僧传卷第六

续高僧传卷第七

大唐西明寺沙门释道宣撰

义解篇三　正纪十　附见四

陈杨都宣武寺释洪偃传一

释洪偃，俗姓谢氏，会稽山阴人。祖茂，恭和凝慎，不交世俗。父藏，博综经史，善属文藻，梁衡阳王闻而器之，引为僚友。偃风神颖秀，弱龄悟道，昼读经论，夜讽诗书，良辰华景，未尝废学，自尔幼而聪敏，州里称焉。及长，游听京邑，遍闻数论。后值龙光寺绰法师，便委心受业，特加赏接，以为绝伦。由是学侣改观，转相推伏。二三年中，便尽幽奥，乃开筵聚众，阐扬成实，举厝闲雅，词吐抑扬。后学旧齿，稽疑了义，横经荷笈，虚往实归。由此仰膺法轮，总持诸部，勇气无前，任其披解。宿望弘量，因循旧章，偃属思云霄，曾无接对。见忤前达，不能降情，自是来学有隔，听者疏焉。遂闭志闲房，高尚其道，间以寻缃阅史，广求多见，秋水春台，清文迥出，壮思云飞，英词锦烂。又善草隶，见称时俗，纤过芝叶，媚极银钩。故貌、义、诗、书，号为四绝，当时英杰皆推赏之。梁太宗之在东朝，爱其俊秀，欲令还俗，引为学士，偃执志不回，故弗能致。会武帝发讲重云，延德肆问，而年非宿老，座第甚远，抗言高论，精理入神。帝赏叹久之，莫不瞩目，偃形止自若，神守如初，佥服其高亮也。及引进后堂，加优其礼。属戎羯陵践，兵饥相继，因避地于缙云，眷眄泉石。又寇斥山侣，遂越岭逃难，落泊驰滞，曾无安堵。梁长沙王韶镇郢，闻风叙造俄而渚宫陷覆，上流阻乱，便事东归，因怀自静，有顾林泉，乃杖策若耶云门精舍，历览山水，美其栖迟。登吴升平亭，赋诗曰："萧萧物候晚，肃肃天望清。旅人聊杖策，登高荡客情。川源多旧迹，墟里或新名。宿烟浮始旦，朝日照初晴。独游乏徒侣，徐步寡逢迎。信矣非吾托，赏心何易并。"遂泛浪岩峰，有终焉之志，葺修寺宇，结众砺业，逮陈武廓定，革命惟新，京辅旧僧，累相延请，乃顾山众曰："吾勤苦积学五十余年，事故流离，未遑敷说。今时来不遂，何谓为法亡身乎？"以天嘉之初出都，讲于宣武寺，学徒又聚，莫不肃焉。虽乐说不疲，而幽心恒结，每因讲隙游钟山之开善、定林，息心宴坐。时又引笔赋诗曰："杖策步前岭，褰裳出外扉。轻萝转蒙密，幽径复纡威。树高枝影细，山昼鸟声希。石苔时滑屐，虫网乍粘衣。涧旁紫芝晔，岩上白云霏。松子排烟去，常生寂不归。穷谷无还往，攀桂独依依。"会齐使通和，舟车相接，崔子武等擅出境之才，议其瞻对，众莫能举。世祖文皇以偃内外优敏，可与杭言，敕令统接宾礼。枢机温雅，容止方棱，敷述皇猷，光宣帝德，才词宏逸，辩论旁驰，润以真文，引之慈寄。子武等顶受诰命，衔佩北蕃。帝嗟赏厚惠，更倍恒度，皆推以还公，一无所纳。是岁旧疾连发，听者复疏，止于小室，许有咨问。怀不能已，情有斐然，乃着成论疏数十卷，剖发精理，构思深刷，疾转沈笃，功不克就。以天嘉五年九月二十一日至于大渐，神气不昧，命弟子曰："众生为贪心之所暗也，贪我则惜落一毛，贪他则永无厌足。至于身死之后，使高其坟、重其墎，必谓九泉之下还结四邻，一何可笑！而皇甫谧、杨王孙微得我意，虽知会归丘壤，而未知初度之心。今冥目之后，以此脯腊鄙形布施上飞下走一切众生。若前身相负，仍以相偿；如无相对，则生我檀善。此之微心，亦趣菩提，物莫不共矣。”言毕合掌，终于宣武寺焉，春秋六十有一。知与不知，咸怀恻怆。即以其月二十二日，尸陀于钟山开善寺之东岗焉。然偃始离俗，迄于迁化，唯学是务，俭节扫衣，弗事华广。每缘情触兴，辄叙其致，而文彩洒落，罕有嗣者。缀述篇章，随手散失，后人掇聚集之，成二十余卷，值乱零失，犹存八轴。陈太建年，学士何俊上之，封于秘阁。

陈杨都兴皇寺释法朗传二

释法朗，俗姓周氏，徐州沛郡沛人也。祖奉叔，齐给事黄门侍郎、青州刺史。父神归，梁员外散骑常侍、沛郡太守。朗托生之始，母曰刘氏，梦见神人乘楼殿入怀，梦中如言身与空等。既而觉寤，四体轻虚，有异恒日，五辛杂味，因此悉断。爰在齠齔，卓出凡童，孝敬纯备，志操贞立。家雄六郡，气盖三边，少习军旅，早经行阵，俭约治身，宠辱无能移也。俄而假节宁远将军徐子彦北伐，门设长戟，坐休大树，惟曰：“兵者凶器，身曰苦因，欲海邪林，安能觉者！”年二十一，以梁大通二年二月二日于青州入道。游学杨都，就大明寺宝志禅师受诸禅法，兼听此寺彖律师讲律本文。又受业南涧寺仙师成论、竹涧寺靖公毗昙。当时誉动京畿，神高学众，所以天口之侣，藏耳之宾，心计目览，莫不奔竞。但以鹫山妙法，群唱罕弘，龙树道风，宗师不辍。前传所纪，摄山朗公解玄测微，世所嘉尚，人代长往，嗣续犹存。乃于此山止观寺僧诠法师餐受智度、中、百、十二门论，并华严、大品等经，于即弥纶藏部，探赜幽微，义吐精新，词含华冠，专门强学，课笃形心。可谓师逸功倍，于斯为证。永定二年十一月，奉敕入京，住兴皇寺，镇讲相续。所以花严、大品、四论文言，往哲所未谈，后进所损略，朗皆指擿义理，征发词致，故能言气挺畅，清穆易晓。常众千余，福慧弥广，所以听侣云会，挥汗屈膝。法衣千领，积散恒结，每一上座，辄易一衣，阐前经论各二十余遍。二十五载，流润不绝。其间兴树四部，两宫法轮之华，当时莫偶。以太建十三年岁在辛丑九月二十五日中夜迁神寺坊，春秋七十有五，即以其月二十八日窆于江乘县罗落里摄山之西岭。初，摄山僧诠受业朗公，玄旨所明，惟存中观。自非心会析理，何能契此清言？而顿迹幽林，禅味相得。及后四公往赴，三业资承，爰初誓不涉言，及久乃为敷演。故诠公命曰："此法精妙，识者能行，无使出房辄有开示。故经云：'计我见者，莫说此经，深乐法者，不为多说。'良由药病有以，不可徒行。"朗等奉旨，无敢言厝。及诠化往，四公放言，各擅威容，俱禀神略。勇居禅众，辩住长干，朗在兴皇，布仍摄领，福门宏敞，慧声遐讨，皆莫高于朗焉。然辩公胜业清明，定慧两举，故其讲唱兼存禅众，抑亦诠公之笃厉也。然其义体时与朗违，故使兴皇座中排斥中假之诮。布、勇两公，见于别纪。昔梁天监十年六月七日，神僧宝志记兴皇寺云："此寺当有青衣开士广弘大乘。"及朗游学之时，初服青纳，及登元席，乃与符同。又，南阳居士杜法粲，年踰八十，颇识归心，昔梦寺内有幡花天伎，侧塞殿堂，缁素法众，充仞筵席，洎朗来仪，创会公私斋讲，又盛符焉。又，十二年五月七日，帐下净人解斋失晓，朗夜扣合催之，而洪钟自响，良久不绝。故其祯祥早着，其例此也。东朝于长春殿义集，副君亲摇玉柄，述朗所竖诸师假名义，以此荣称，岂惟释氏宗匠，抑亦天人仪表。故其所获檀傣，充造经像，修治寺塔，济给穷厄。所以房内畜养鹅鸭鸡犬，其类繁多，所行见者无不收养，至朗寝息之始，皆寂无声，游观之时，鸣吠喧乱，斯亦怀感之致矣。侍中领军庐陵王，声懋权衡，资承戒约，遂仰奏承华，为之铭颂。其墓志文，太子詹事济阳江总。故陈主叔宝时在春宫，为之颂曰："洪源远来，传芳馥蕙。君子哲人，英芬是继。朱旄既杖，青组仍曳。纫虎戎印，珥貂狄制。功可冠军，业非出世。揖彼声色，超此津济。津济伊何，裂断网罗。忍衣早记，乘楼夜过。航斯苦海，涸此爱河。非此智士，孰寄宣扬？法云广被，慧日舒光。既权衡橹，自辟金汤。梦齐鼓说，应异钟霜。识机知命，同彼现病。夙心栖遁，度脱难竟。化缘已矣，乃宅丘阱。智炬寂灭，颓岩辽敻！辽敻空岑，摇落远墅，弦余月暗，雾暖松深。香灭穷垄，幡横宿林。切切管清，遥遥鼓声。野烟四合，孤禽一鸣。风凄呗断，流急寒生。神之净土，形沉终古。勒此方坟，用旌兰杜。"

陈杨都不禅众寺释慧勇传三

释慧勇，厥姓桓氏，其先谯国龙亢人也。祖法式，尚书外兵、钱唐令，因此遁迹于虎丘山，后仍寓居吴郡吴县东乡桓里。父献，弱龄早世。母张氏尝梦身登佛塔，获二金菩萨，俄育二男，并幼而入道，长则慧聪，勇其次也。初出杨都，依止灵曜寺则法师为和上，锐志禅诵，治身蔬菲，随方受业，不事专门。岂非版金成宝，方资铣镂；瑄玉有美，必待刮摩？诚有由矣。年登具戒，从静众寺峰律师游学十诵。有龙光寺僧绰、建元寺法宠，并道秀域中，声高梵表；乃服膺坐右，禀宗成实。刻情砥砺，寝食忘疲，苦思沉沦，坑岸斯坠，弥历寒暑，博习大成，至年三十，法轮便转。自此远致学徒，盛开讲肆，高视上京，郁为翘采，专讲论文，将十许遍。俄而梁季倾覆，人百沸腾，每思遁世，莫知其所。于时摄山诠尚直辔一乘，横行山世，随机引悟，有愿遵焉。尝行报恩寺前，忽见人云从摄山来授竹如意，俄失。谓勇曰："寻当如意。"俄失踪迹。信宿之间，又有漆函盛三论一部，置房前窗上，寻究莫知来也。欣兹嘉瑞，锐勇难任。因此拂衣里闬，驾言泉石。期神窅冥，非企琴台之侣；修空习慧，实追林远之风。便停止观寺，朝夕侃侃如也。诠师忘以年期，义兼师友，抑亦宫羽相谐，冰蓝待益之志也。自此言刈章句，采撷希微，凡厥释经，莫不包举，大法获传，于焉是赖。天嘉五年，世祖文皇请讲于太极殿，百辟具陈，七众咸萃，景仰之辈观风继踵，游息之伍附影成群，自此声名籍甚矣。住大禅众寺十有八载，及造讲堂也，门人听侣，经营不日，接溜飞轩，制置弘敞，题曰般若之堂也。以至德元年五月二十八日遘疾少时，平旦神逝，春秋六十有九。然其大渐之时，神容不变，经宿顶暖，众皆异之。至六月六日，窆于摄山西岭。自始至终，讲华严、涅槃、方等、大集、大品各二十遍，智论、中、百、十二门论各三十五遍，余有法花、思益等数部不记。又，早舍亲爱，弱而贞苦，文章声辩，时所高之，爰至启手启足，不淄不涅，实象教之栋梁，精义之林薮。弟子等追深北面之礼，镌石碑之，其文侍中、尚书令济阳江总制。

陈杨都大彭城寺释宝琼传四（明解）

释宝琼，姓徐氏，本惟东莞，避难辞莒，后居毗陵曲阿县焉。祖邕，齐右军，父僧达，梁临川王咨议，并高器局，崇遵儒素。琼洁润山水，峰澜早被，身长七尺五寸，背胛龙文，口三十九齿，异相奇挺，故能疏秀风采，蕴藉威容。少鄙锦裳，便欣毳服，绮年出俗，师事沙门法通。通初见而嗟重，深为道器也，不使服勤。年过志学，欲禀光宅寺云法师义，但以经藏飙拔，声实沸腾，无碍奔涌，谈吐横逸，窃疑词富，兼骇唱高，及移听南涧仙师，研精数论，名解映彻，洞殚义窟。仙尝览琼私记，三复嗟赏，后于高座普劝写之，自尔门徒传写此疏。初受具年，已能覆述，未登五岁，便为法主，仍与仙公杭衡敷化。梁高祖三教妙旨，罔不疏通，选扬名德，分寄弘道。琼之高义，简在帝心，爰降纶绂，入寿光殿。言重茂林，更轻云阁，便辞还乡之建安寺。上黄侯哗分竹此邦，每深尊敬，情兼师友。彼郡一旦老少相喧，竞云“建安伽蓝，白龙出现”，奔排到寺，惟见琼讲，有识之士异而目之为白琼焉。素与简子周弘正早申莫逆，彼骤噫曰：“夫有希世之才，而不在京华开导，乘桴之叹，令人太息。”乃为学侣复请还都。发成实题，僧正慧令切难联环，琼乃徐拂麈尾，从容而对。令乃引远公旧责曰：“不疾而速，杼轴何为？”答曰：“不思造业，安得精固？”令闲举止，雅音调，宾主相悦，殊加称尝。梁祖年暮，惟事熏修，臣下偃风，情言扇俗，搢绅学者，必兼文义。所以屡开理教，维摩、涅槃，道被下筵，憓飞上席，解颐利齿，木舌锋牙，畯塞骈罗，烟随雾涌。亦有明王丰貂，纡青拖紫，车马溢于寺衢，衣簪满于法座。斯感物之盛，罕有如也。到茂灌民誉之重，任孝恭词笔之富，皆执卷稽疑，伏膺请业。恭息世谟，蔬菲好学，后进英华，随父共听。偏深玄义，遂讲涅槃，传瓶不失，于兹乃验。未仍入道，奄至无常，顶暖信宿，手屈三指，复与诸天飞下住宅，对父谈话，宛若平生，褒赞出家，称扬法利，俄将翼从，凌虚而没，留香在室，经日不消。故知彼此异人，躬为学众，诚难测其本量也。逮梁室版荡，有陈建业，武帝尊法，嗅味特深，数引金言，频开玉谍，降狎言笑，询访名理。永定三年夏，于重云殿阁正弘大品，梦朱衣神礼而谏曰：“波若多难，仰祈疾讲。”频尔数转，词逾恳到。至七月十日，乃白僧曰：“昨夜神人见催，经余一卷。”午前取讫，讲竟出宫殿，雷雹已响，还才至寺，骤雨便零，震动云雷，一时都尽。岂非胜人宣法，幽冥敬重？陈祖升遐，方知前告。文帝纂历，礼异弥深，郁下丝纶，为京邑大僧正，辞让虽切，敦喻更隆，乃顾当仁，俾膺范物，遂之斯任。然以金陵都会，朝宗所依，刹寺如林，义筵如市，五部六郡，果含苗杂，惟调水乳，罕和盐梅，多没象泥，终枯鸟树，乃镇之以清净，驭之以无为，篇禁不烦，遮罚每省。故僧尼仰之自肃，道俗称之益敬，七众日用而不知，四远钦风而不足。故得法位久司，疵谤无玷，屡陈表退，去而复升，始终惟令，于是乎在。自梁僧之于此任，熏灼威仪，翼卫亚于王公，服玩陈于郑楚，故使流水照于衢路，吏卒喧于堂庑。琼临已来，顿祛前政，自营灵寿，惟从息慈，坏色蔽身，尼坛容膝，萧然率尔，有位若无。朝野嘉其真素，同侣美其如法。海东诸国图像还蕃，顶礼遥敬。古人有言：“匪驰令誉，孰动殊方？”其见贤如此，以至德二年甲辰之岁二月二十三日，才觉不豫。建初寺宝琼法师，当时之偶对也，少而共学，声德齐扬。尔夕神人忽来报曰：“彭城僧正，今先无常，自梦上天有疏请讲。”暨三月二十日，正念告终，遗诫掩坎，不烦铭志，春秋八十一。有诏慰焉，丧事所须，随由资给，仍以天子卤簿仗，借为荣饰，终古所希幸也。以四月五日窆于钟山之阳名僧旧墓，尔时填逵咽陌，哀恸相奔，皂素惊嗟，郊垧失色。初琼入京，将临法席，既无人识，不许房居，乃求僧正慧超寄南涧住。超闻未许，见而骇曰：“此少俊当绍吾今位，法门所托，何虑无房。”即命寺纲忻然处置。及孝宣请讲，太子常迎，屡见神人，形甚长伟，密来翼从。末为大将军章照达讲，通感亦然，又非测也。然其厚德容众，鸣谦俭约，出处无忤，言行无择，克壮不休，孜孜讲道，吐音遥奕，发义昭彰，或遇勍手，时逢命的，薄麾象扇，灌已冰消，故实繁有徒，服而无斁。及晚僧望益重，居处逾轻，帷屏罔设，饰用不置，腊岁参谒，黑白磨肩，方便他行，避斯荣供。斯可谓狎人世而空闲，绾司存而无事也。又，圣人至理，开士微言，月落参横，清诵无逸。及烛然香馥，忏礼方宵，迹怠心勤，外和内秘。宣扬之暇，绰有余闲，兼采玄儒，每穷子史，雕虫虆隶，体物摛玄，并入性灵，悉能该洽。又可谓不挠大猷，无遗小道也。凡讲成实九十一遍，撰玄义二十卷；讲文二十遍，文疏十六卷；讲涅槃三十遍，制疏十七卷；讲大品五遍，制疏十三卷。余有大乘义十卷，法华、维摩等经并著文疏，故不备载，布在州邑。兄孙普光，承藉风训，立履贞确，思慕平昔，追攀日永，与同学道庄、明解树碑于金陵之旧墟。其文，慧日道场释法论。庄入室驰声，见于别纪。解升堂流誉，王领江都，隋末尚存，安危未测。

陈杨都白马寺释警韶传五

释警韶，姓颜氏，会稽上虞人。学年入道，事叔僧广，以为师范。广律行贞严，当时领袖。初，韶游都听讲，便能清论。年登冠肇，还乡受戒，护持奉信，如擎油钵。有沙门道林请留乡土，乃梦韶舌相广长，而欲将断，既寤，深惟留恋，斯成坠失，愧悔前请，便劝出都。于即大弘法化，传灯不绝，即庄严旻公之遗绪也。次禀龙光僧绰，乃是开善琼支末，又探习三藏，广综众家。年二十三讲大品经，味法当时，磨肩溢道。后还建元、晋陵等寺，敷演经论，解冠群宗。韶乃愿年四十，长就讲说，而学侣相顾，不胜钦尚。时年三十有九，为建元寺讲主临终遗令传法。韶遵崇余烈，即坐演之，受业之宾，有逾师保。梁简文、邵陵及岳阳等，大相钦重，归承训诲。从危难后，世改情浮，乃往豫章，将通道务。时逢豫州黄司空等，素情所仰，请为戒师。会外国三藏真谛法师解该大小，行摄自他，一遇欣然，与共谈论。谛叹曰："吾游国多矣，罕值斯人。"仍停豫都，为翻新金光明并唯识论及涅槃、中、百句、长解脱十四音等，朝授晚传，夜闻晨说，世谚"泻瓶重出，知十再生"者也。梁乐阳王于荆立位，遣信远迎楚都弘法，韶念报地之重，来敕遂乖。陈武定天，文皇嗣业，并弘尚正道，敕请还都，戒范承仰，优礼弥隆。天嘉四年，有会稽慧藻、同泰道伦等二百余人，连署请韶长讲于白马寺，广弘传化，十有余年。既登耳顺，便令慧藻续讲，躬往瓦官，宴坐少时。法门深妙，时沙门智顗，定慧难逾，人神颇测，静叹精利，事等夙成，共诸前学，频请重讲，留意绵久，以疾辞之。又为新安殿下、黄司空等共僧三请，不免勤注，又于王府略说维摩，龙光寺中广敷成实，亦得数年，成诸学肆。未辞朽老，归志山林，乃入幽岩自靖，十有余载。至德元年十月十一日中时，右胁而卧，神虑澄然，终于开善寺，春秋七十有六。其月十六日，窆于钟岭独龙之山。所讲成实论五十余遍，涅槃三十遍，大品四十遍，新金光明三十余遍，维摩、天王、仁玉等经遍数繁乱，不纪广叙。

陈钟山耆阇寺释安廪传六

释安廪，姓秦氏，晋中书令靖之第七世也，寓居江阴之利成县焉。考王，妙思滔玄，怡心屈寂，乃制入神书一首、洞历三卷，青乌之道，莫不传芳。廪幼而聪颖，独悟不群。十三偏艰，孝知远近，断水骨立，闻者涕零。古人有言："知子父也。"乃摄以典教，业遂多通。而性好老庄，早达经史，又善太一之能，并解孙吴之术，是以才艺有功，文武清播。仍欲披榛问隐，荜门珪窦，而虚怀机发，体悟真权。年二十五启敕出家，乃游方寻道，北诣魏国，于司州光融寺容公所采习经论。容律训严凝，肃成济器。并听嵩高少林寺光公十地，一闻领解，顿尽言前，深味名象，并毕中意，又受禅法，悉究玄门。请业之徒，屡申弘益。在魏十有二年，讲四分律近二十遍，大乘经论，并得相仍。梁泰清元年，始发彭沛，门人拥从，还届杨都。武帝敬供相接，敕住天安，讲花严经，标致宏纲，妙指机会。值梁运既终，法轮停转。洎大陈御寓，永定元年春，乃请入内殿，手传香火，接足尽虔，长承戒范。有敕住耆阇寺，给讲连续，既会夙心，遂欣久处。世祖文皇又请入昭德殿开讲大集，乐说不穷，重筵莫拟。孝宣御历，又于华林园内北面受道。阐化涉劳，因以遘疾，至德元年建寅之月迁化于房。皇心恻悼，赙赠有嘉。即以其月窆于开善之西山，春秋七十有七，门人痛其安放。士庶失其归依矣。

陈摄山栖霞寺释慧布传七（僧诠　玄辩）

释慧布，姓郝氏，广陵人也。少怀远操，性度虚梗。年十五，处于江阳，家门军将，时有戎役，因"愿领五千人为将，清平寇塞，岂不果耶"。众伟其言。十六遭兄亡，悟世非常，思解俗网，亲眷知有武略，咸不许之，二十有一，方从本愿。既蒙剃落，便入杨都，从建初寺琼法师学成实论，通假实之旨，物议所归。而布恨斯至理，未尽怀抱，承摄山止观寺僧诠法师大乘海岳，声誉远闻，乃往从之听闻三论。学徒数百，翘楚一期，至于洞达清玄、妙知论旨者，皆无与尚，时号之为“得意布”，或云“思玄布”也。故诠之解难，听者似解，而领悟犹迷，及依言领通，而构难疏略，致使谈论之际，每有客问必待布而为答。时人为之语曰：“诠公四友，所谓四句朗、领语辩、文章勇、得意布。”布称得意，最为高也。后于大品善达章中悟解大乘烦恼调顺，摄心奉律，威仪无玷。常乐坐禅，远离嚣扰；誓不讲说，护持为务。末游北邺，更涉未闻，于可禅师所暂通名见，便以言忤其意。可曰：“法师所述，可谓破我除见，莫过此也。”乃纵心诸席，备见宗领，周览文义，并具胸襟。又写章疏六驮，负还江表，并遣朗公，令其讲说。因有遗漏，重往齐国，广写所阙，赍还付朗，自无所畜，衣钵而已。专修念慧，独止松林，萧然世表，学者欣慕。尝造思禅师，与论大义，连彻日夜，不觉食息，理致弥密，言势不止。思以铁如意打案曰：“万里空矣，无此智者！”坐中千余人同声叹悦。又与邈禅师论义，即命公之师也，联绵往还，三日不绝，邈止之，叹其慧悟遐举，而卑身节行，不显其美。梁太清末，侯景作乱，荒馁累年，三日失食。至第四日，有人遗布饭，而微以猪肉覆之，虽腹如火然，结心不食。故得遭斯困厄，不履非滥。又曾患脚气，医令服薤，自此至终，常陈此罪。或见诸人乐生西方者，告云：“方土乃净，非吾愿也。如今所愿化度众生，如何在莲花中十劫受乐，未若三途处苦救济也。”陈至德中，邀引恭禅师建立摄山栖霞寺，结净练众，江表所推，名德远投，禀承论旨，时为开滞，理思幽微。不为僧师，不役下位，常自缝洗，六时无阙。才扣揵捶，已居众首，端坐如木，见者懔然，名闻光远，请谒如市。陈主诸王，并受其戒，奉之如佛。末以年暮，不参众食，敕给其乳牛，而布回充入众。茕茕谨摄，实高僧焉。年七十，与众别云，布命更至三五年在。但老困不能行道，住世何益？常愿生边地无三宝处，为作佛事去也。幸各好住，愿努其力。”于是绝谷不食。命将欲断，下敕令医诊之，缩臂不许。沈皇后欲传香信，又亦不许。临终遗诀曰：“长生不喜，夕死无忧，以生无所生、灭无所灭故也。诸有学士徒众，并委恭禅师，吾无虑矣。”以陈祯明元年十一月二十三日卒于栖霞。终后手屈三指，捋之虽伸还屈，乃至林中，一月犹尔。未终前大地连动，七日便卒，移尸就林，山地又动。太史奏云："得道人星灭矣。"时以当之。初将逝，告众前云："昨夜二菩萨见迎，一是生身，一是法身，吾已许之。寻有诸天又来迎接，以不愿生故，不许耳。"流光照于侃禅师户，侃怪光盛，出户见二人向布房中，不知是圣也。旦往述之，恰然符合。言已，端坐而化。有见鬼者，望见幡花满寺，光明腾焰，不测其故，入山视之，乃布公去世。

周渭滨沙门释亡名传八（僧琨）

释亡名，俗姓宗氏，南郡人。本名阙殆。世袭衣冠，称为望族。弱龄遁世，永绝妻孥，吟啸丘壑。任怀游处，凡所凭准。必映美阮嗣宗之为人也。长富才华，乡人驰举。事梁元帝，深见礼待，有制新文，帝多称述，而恭慎慈敬，谦静为心，每从容御筵，赐问优异。及梁历不绪，潜志玄门，远寄汶蜀，脱落尘累。初投兑禅师，兑亦定慧澄明，声流关、郢，名乃三业依凭，四仪恭仰，雕纯假于禅诵，兴虑着于篇什。预有学徒，问道无倦。会周氏跨有井络，少保蜀国公宇文俊镇之，往爱贤才，重其德素，礼供殊伦，声闻台省。后齐王续部，伏敬日增，任满还雍，遂勒归谒。帝劳遗既深，处为夏州三藏。朝省以名文翰可观，元非玄侣，而冥德没世，将征拔之。测其器宇，有经国之量，朝省总议，或以威恩加之，或以情异转之。然名雅亮卓然，曾无易节。天和二年五月，大冢宰宇文护遗书曰："言念钦属，未叙企积，道体休豫，无亏虑耶？盖能仁处世，志存匡救，非先轮回，独尚兹善。既道亚生知，才高七步，岂虚缁染，沈流当涂。但灵廓妙理，三业同臻，冀思莫二，皂白非感耳。怖解偏执，赞我时朝，匪惟真俗俱抽，亦是彼我一贯。故令往白，念报雅怀。"名答云，辱告深具怀抱！寒暑异域，苦乐殊心，辄略常谈，且陈事实。贫道禀质丑陋，恒婴疾恼，因伛成恭，惟道是务，不曾栖息，五十二年。自舍俗缘，十有五载，万人归国，皆停都邑，羸病一僧，独流荒裔。无罪可罚，无能可使，百虑九思，是所未喻。"文多不载，又列六不可、十叹息，援据事叙，纶贯始终。书略结云："沙门持戒，心口相应。所列六条若有一诳，生则苍天厌之，死则铁钳拔之，洋铜灌之。仰戴三光，行年六十，不欺暗室，况乃明世！且乡国殄丧，宗戚衰亡，贫道何人，独堪长久！诚得收迹岩中，摄心尘外，支养残命，敦修慧业，此本志也。寄骸精舍，乞食王城，任力行道，随缘化物，斯次愿也。如其不尔，独处丘壑。安能愦愦久住阎浮地乎？”护得书，体其难拔，乃与书迎还云：“法师秉心弥固，栖游世表。玄圭启运，不屈伯夷之节；苍精得历，岂捐嘉遁之志！今遣往迎。”名达咸阳，贵游奉谒，隆礼厚味，弥增常限。以称谓广流，藏景难伏，誓当栖玄后德，便闲放无累，乃着宝人铭，曰：“余十五而尚属文，三十而重势位。值京都丧乱，冠冕沦没，海内知识，零落殆尽，乃喟然叹曰：“夫以回天倒日之力，一旦早凋，岱山盘石之固，忽焉烬灭，定知世相无常，浮生虚伪，譬如朝露，其停几何？大丈夫生当降魔，死当饲虎，如其不尔，修禅足以养志，读经足以自娱。富贵名誉，徒劳人耳。”乃弃其簪弁，剃其须发，衣纳杖锡，听讲谈玄。战国未宁，安身无地，自厌形骸，甚于桎梏，思绝苦本，莫知其津。大乘经曰：“如说行者，乃名是圣，不但口之所言。”小乘偈曰：“能行说为正，不行何所说。若说不能行，不名为智者。”至于颜回好学，勤改前非，季路未修，惧闻后语，功劳智扰，役神伤命，为道日损，何用多知？誓欲枯木其形，死灰其虑，降此患累，以求虚寂。乃作绝学箴文，名息心赞，拟夫周庙，其铭曰：法界有如意宝人焉，九缄其身，铭其膺曰：古之摄心人也，诫之哉，诫之哉，无多虑，无多知。多智多事，不如息意；多虑多失，不如守一。虑多志散，知多心乱。心乱生恼，志散妨道。勿谓何伤，其苦悠长；勿言何畏，其祸鼎沸。滴水不停，四海将盈，纤尘不拂，五岳将成，防末在本，虽小不轻。关尔七窍，闭尔六情，莫视于色，莫听于声，闻声者聋，见色者盲。一文一艺，空中小蚋；一技一能，日下孤灯。英贤才艺，是为愚弊，舍弃淳朴，耽溺淫丽。识马易奔，心猿难制，神既劳役，形必损毙。邪经终迷，修涂永泥。莫贵才能，是曰惛懵，洿拙羡巧，其德不弘。名厚行薄，其高速崩，隆舒污卷，其用不恒。内怀憍伐，外致怨憎。或谈于口，或书于手，邀人令誉，亦孔之丑，凡谓之吉，圣以之咎。赏悦暂时，悲忧长久。畏影畏迹，逾走逾剧，端坐树阴，迹灭影沉。厌生患老，随思随造，心想若灭，生死长绝。不死不生，无相无名，一道虚寂，万物齐平。何胜何劣，何重何轻，何贱何辱，何贵何荣？澄天愧净，皦日惭明，安夫岱岭，固彼金城。敬诒贤哲，斯道利贞。又着至道论、淳德论、遣执论、去是非论、影喻论、修空论、不杀论等，并文多清素，语恒劝善，存质去华，不存粉墨。有集十卷，盛重于世。不知所终。有弟子僧琨，性沉审，善音调，为隋二十五众读经法主。搜括群籍，采摭贤圣所撰诸论，集为一部，称曰论场，有三十卷。披帙一阅，俱览百家，亦新学之宗匠者矣。后于曲池造静觉寺，每临水映竹，体物赋诗，有篇什云。

魏邺下沙门释道宠传九

释道宠，姓张，俗名为宾。高齐元魏之际，国学大儒雄安生者，连邦所重。时有李范、张宾，齐镳安席，才艺所指，莫不归宗，后俱任安下为副。年将壮室，领徒千余，至赵州元氏县堰角寺侧，即今所谓应觉是也，从寺索水，沙弥持与，问"具几尘"方可饮之，素不内涉，罔然无对，乃以水浇面。宾大惭，谓徒属曰:"非为以水辱我，直显佛法难思。吾今投心此道，宜各散矣。"即日于寺出家。寺法，入道三年历试，以宾聪明大博，不可拘于常制，即日便与具戒。遂入西山，广寻藏部，神用深拔，慨叹晚知。魏宣武帝崇尚佛法，天竺梵僧菩提留支初翻十地在紫极殿，勒那摩提在大极殿，各有禁卫，不许通言。校其所译，恐有浮滥，始于永平元年，至四年方讫。及勘雠之，惟云"有不二不尽"，那云"定不二不尽"，一字为异，通共惊美，若奉圣心。宠承斯问，便诣流支，访所深极，乃授十地，典教三冬，随闻出疏，即而开学，声唱高广，邺下荣推。时朝宰文雄魏收、邢子才、杨休之等，昔经宠席，官学由成，自遗世网，形名靡寄，相从来听，皆莫晓焉。宠默识之，乃曰:"公等诸贤既称荣国，颇曾受业有所来耶？"皆曰:"本资张氏，厌俗出家。"宠曰:"师资有由，今见若此。"乃曰:"罪极深矣。初聆声相，实等昔师，容仪顿改，致此无悟。"于是同敦三大，罄此一心，悲庆相循，遂以闻奏。以德溢时命，义在旌隆，日赐黄金三两，尽于身世。匠成学士堪可传道千有余人，其中高者，僧休、法继、诞礼、牢宜、儒果等是也。一说云，初，勒那三藏教示三人，房、定二士授其心法，慧光一人偏教法律。菩提三藏惟教于宠。宠在道北教牢宜四人，光在道南教凭范十人，故使洛下有南北二途，当现两说，自斯始也，四宗五宗，亦仍此起。今则阙矣，辄不繁云。

齐彭城沙门释慧嵩传十

释慧嵩，未详氏族，高昌国人。其国本沮渠凉王避地之所，故其宗族皆通华夏之文轨焉。嵩少出家，聪悟敏捷，开卷辄寻，便了中义，潜蕴玄肆，尤玩杂心，时为彼国所重。嵩兄为博士，王族推崇，雅重儒林，未钦佛理。睹嵩英鉴，劝令反俗，教以义方；嵩曰："腐儒小智，未足归赏，固当同诸糟粕，余何可论？"兄频遮碍，乃以易林秘隐问之；嵩初不读俗典，执卷开剖，挺出前闻。兄虽异之，殊不信佛法之博要也。嵩以毗昙一偈，化令解之，停滞两月，妄释纷纭，乃有其言全乖理义。嵩总非所述，聊为一开，泠然神悟，便大崇信佛法，博通玄奥，乃恣其游涉。于时元魏末龄，大演经教，高昌王欲使释门更辟，乃献嵩并弟，随使入朝，高氏作相，深相器重。时智游论师，世称英杰，嵩乃从之听毗昙、成实，领牒文旨，信重当时，而位处沙弥，更摇声略。及进具后，便登元座，开判经诰，雅会机缘，乃使锋锐勍敌，归依接足。既学成望远，本国请还，嵩曰："以吾之博达，义非边鄙之所资也。"旋环邺、洛，弘道为宗。后又重征，嵩固执如旧，高昌乃夷其三族。嵩闻之，告其属曰："经不云乎，三界无常，诸有非乐。况复三途八苦，由来所经，何足怪乎？"及高齐天保，革命惟新，上统荣望，见重宣帝。嵩以慧学腾誉，频以法义凌之，乃徙于徐州，为长年僧统。仍居彭沛，大阐宏猷，江表、河南、率遵声教，即隋初志念论师之祖承也。以天保年卒于徐部。

续高僧传卷第七

续高僧传卷第八

大唐西明寺沙门释道宣撰

义解篇四　正纪十四　附见二

齐邺东大觉寺释僧范传一
齐邺中释昙遵传二
齐邺下总持寺释慧顺传三
齐邺西宝山寺释道凭传四
齐并州僧统释灵询传五
齐大统合水寺释法上传六（法存）
齐邺下定国寺释道慎传七
周蒲州仁寿寺释僧妙传八
周长安崇华寺释慧善传九
周潼州光兴寺释宝彖传十
齐洺州沙门释昙衍传十一
陈杨都庄严寺释慧荣传十二
隋京师延兴寺释昙延传十三
隋京师净影寺释慧远传十四（僧猛）

齐邺东大觉寺释僧范传一

释僧范，姓李氏，平乡人也。幼游学群书，年二十三，备通流略，至于七曜、九章、天竺、咒术，咨无再悟。徒侣方千，指掌解颐，夸矜折角。时人语曰:“相州李洪范，解彻深义；邺下张宾生，领悟无遗。”斯言诚有旨矣。兼以年华色美，都无伉俪之心，思附法门，烧指而修供养。年二十九，栖迟下邑，闻讲涅槃，辄试一听，开悟神府，理思兼通，乃知佛经之秘极也，遂投邺城僧始而出家焉。初学涅槃经，顿尽其致。又栖心林虑，静其浮情。复向洛下，从献公听法华、华严，宗匠前修，是非衢术。后徙辙光师而受道焉，耽味虑宗，岁纪迁贸，既穷筌相，学志无杂。乃出游开化，利安齐魏，每法筵一举，听众千余。逮旋趾邺都，可谓当时明匠，遂使崔觐注易，咨之取长，宋景造历，求而舍短，大儒徐遵明、李宝顶等，一对信于言前，授以菩萨戒法，五众归之如市。讲华严、十地、地持、维摩、胜鬘，各有疏记；复变疏引经，制成为论，故涅槃、大品等并称“论”焉，地持一部独名“述”也。然属词繁壮，不偶世情，亦是一家之作，故可观采。而言行相辅，祥征屡降。尝有胶州刺史杜弼，于邺显义寺请范冬讲，至华严六地，忽有一雁飞下，从浮图东顺行入堂，正对高座，伏地听法，讲散徐出，还顺塔西，尔乃翔游。又于此寺夏讲，雀来在座，西南伏听，终于九旬。又曾处济州，亦有一鸮飞来入听，讫讲便去。斯诸祥感众矣，自非道洽冥符，何能致此？尝讲华严，辄有一僧加毁云:“是乃伽斗，竟何所解？”当夜有神加打，死而复苏。其见闻者皆深敬异。尝宿他寺，意欲闻戒。有僧升座，将欲竖义，乃曰:“竖论法相，深会圣言，何劳布萨？僧常闻耳。”忽见一神，形高丈余，貌甚雄峻，来到座前，问竖义者“今是何日”，答曰:“是布萨日。”神即以手拓之，曳于座下，委顿垂死。次问上座，揭曳同前。由是自励至终，僧事私缘，竟无说欲。乃至疾重，舁而就僧，将终之日，延像入房，下床跪地，惟悔宿触而已。时当正午，遗诫而卒于邺东大觉寺，时春秋八十，即天保六年三月二日也。初，范背儒入释，崇信日增，寂想空门，不缘世务，口无流略之语，身绝非法之游。随得财贿，即施门人，衣食有无，未曾宣述。安忍善恶，喜怒不形，洗秽奉禁，终始如一。而留意华严，为来报之业，夜礼千佛，为一世常资。末岁年事既隆，身力不济，犹依六时叩头枕上。自有英悟之量，罕能继者，而感通灵异，则事全难准云。

齐邺中释昙遵传二

释昙遵，姓程氏，河北人。少厌世网，投法出家。而容色盛美，堂堂然也，恐染净戒，还返俗焉。资学既明，允当时寄，有魏擢为员外郎。二十有三，情背朝官，复请光公以为师保。光以旧事，舍而不度，遵跪启曰："今没命归依，远崇至道，如不允副，必从邪见，坏及三宝。"光审其情至，即度而授戒。因从禀学，功逾一纪，大乘顿教，法界心原，并披析义理，挺超时匠。手无异笔，而变他成己，故谈述有续，而章疏阙焉。初出化行洛下，流演齐、楚、晋、魏，乃至燕赵，通传道务，摄治相袭。丞相淮阴王肱深器之，德动贵重，倾心奉礼。年余七十，举为国都，寻转为统。后少觉有疾，便坐诵维摩、胜鬘，卷了命终，卒于邺下，时年八十有五。承化门人，罕继其后。初，遵赋志清高，无为立性，褰帷开户，标树方远，形无妄涉，口不俗谈，动静自严，不假方便，而敬爱宗师，罕阶俦绪。光师终日，遵在齐州，初闻哀问，不觉从床而坠，口中流血。其诚孝动人，如此之类也。多游念慧，有得机缘，温讲而终业矣。

齐邺下总持寺释慧顺传三

释慧顺，姓崔，齐人，侍中崔光之弟也。少爱儒宗，统知雅趣，长厌尘网，为居士焉。初听涅槃，略无遗义，因讲而睡，闻有言曰："此解乃明，犹未为极。"心遂迟疑，伺决其病。承都下有光律师者，广涉大乘，文无不晓，因往洛阳，时年二十有五，即投光而出家焉。寓于门下，纂修地旨，倦无终食，岁纪相寻。证教两途，锐镜于心内；三持三聚，影现于神外。博见融冶，陶然有余。讲十地、地持、华严、维摩，并立疏记。年将知命，欲以大法弘利本乡，即传归戒，情无不惬。随有讲会，众必千余，精诚之响，广流东夏。故齐、赵、瀛、冀有奉信者，咸禀其风焉。仆射祖孝征，钦尚厥德，奏为国都。年七十有二，终于邺下之总持寺。当终之日，身心清卓，专念平等，而为心印。然顺族胄菁华，言成世范，慧解腾誉，事义深沈。而志存顺法，不局一方，衣略鲜华，食无兼味，受施寻散，情阙爱憎，形寄任缘，未依夏腊，进止在益，不顾己损，言行适时，不与物诤。故传者具书，不敢遗其事行矣。

齐邺西宝山寺释道凭传四

释道凭，姓韩，平恩人。十二出家，投贵乡邵寺。初诵维摩经，自惟历览，日计四千四百言，一闻无忘，乃通数部。后学涅槃，略观远节，复寻成实，初听半文，便竖大义。聪明之誉，无羡昔人，致使遐迩闻风，咸思顶谒。七夏欲讲涅槃，惟曰："文一释异，情理难资，恐兼虚课，谤法诚重。"八夏既登，遂行禅境，漳滏、伊洛，遍讨嘉猷。后于少林寺摄心夏坐，问道之僧披榛而至。闻光师弘扬戒本，因往听之，涉悟大乘，深副情愿。经停十载，声闻渐高，乃辞光通法，弘化赵魏，传灯之美，罕有斯焉。讲地论、涅槃、华严、四分，皆览卷便讲，目不寻文，章疏本无，手不举笔，而开塞任情，吐纳清爽，洞会筌旨，有若证焉。故京师语曰："凭师法相上公，文句一代希宝。"斯言信矣。时人以其口辩方于身子也。以齐天保十年三月七日卒于邺城西南宝山寺，春秋七十有二。将终之前，大钟两口，小触而破。康存之日，愿生安养，故使临终，光寻满室，凭独见之，异香充庭，大众同美。初，凭之处道，弘护居心，经律遽讲，福智双习。骨族血亲，往来顿绝。势贵豪家，全无游止。而乞食自资，少所恒习，袒肩洗净，老而弥固，胫臂无服，生死齐焉。兼以心缘口授杜于文相者，古今绝矣。

齐并州僧统释灵询传五

释灵询，姓傅氏，渔阳人也。少年入道，学成实论并涅槃经，穷其幽府。又于论中删要两卷，注而释之，盛行于世。后弃小道，崇仰光公，晓夕研寻，十有余载，纤旨秘教，备知通塞。虽博知群籍，而擅出维摩，兼有疏记。至迁京漳邺，游历燕赵，化沾四众，邪正分焉。而书画有工，颇爱篇什，文笔之华，时所推举。美客貌，善风仪。词辩雅净，听者无挠。初为国都，魏末为并州僧统。齐初卒于晋阳，时年六十九矣。

齐大统合水寺释法上传六（法存）

释法上，姓刘氏，朝歌人也。五岁入学，七日通章。六岁随叔寺中观戏，情无鼓舞，但礼佛读经，而声气爽拔，众人奔绕，倾渴观听。年登八岁，略览经诰，薄尽其理。九岁得涅槃经，披而诵之，即生厌世。至于十二，投禅师道药而出家焉。因游相土，寻还汲乡。又往东都，栖遑务道。神气高爽，照晓词论，所在推之，咸谓“圣沙弥”也，后潜林虑上胡山寺，诵维摩、法华，才浃二旬，两部俱度。因诵求解，还入洛阳，博洞清玄，名闻伊瀍。年暨学岁，创讲法花，酬抗疑难，无不叹伏。善机问，好征核，决通非据，昌言胜负，而形色非美，故时人谚曰：“黑沙弥若来，高座逢灾也。”后值时俭，衣食俱乏，专意涅槃，无心饥冻。故一粒之米，加之以菜，一衣为服，兼之以草，练形将尽，而精神日进。乃投光师而受具焉，性戒夙成，不劳师导，勤勤谛理，无失寸阴。忽闻父病，寻往觐之，既至即殂，一宿同止。明旦赴洛，度母及姊，将入邺都，时属大荒，投奇无指，听法心猛，委而南旋。夏听少林，秋还漳岸，母子相见，不觉潸然。既慧业有闻，众皆陈请，乃讲十地、地持、楞伽、涅槃等部，轮次相续，并着文疏。又偏洞算数，明了机调，纲纪法化，难继其尘。故时人语曰：“京师极望，道场法上。”斯言允矣。年阶四十，游化怀卫，为魏大将军高澄奏入在邺，微言一鼓，众侣云屯。但上戒山峻峙，慧海澄深，德可轨人，威能肃物，故魏齐二代，历为统师，昭玄一曹，纯掌僧录，令史员置，五十许人，所部僧尼，二百余万。而上纲领将四十年，道俗欢愉，朝庭胥悦。所以四方诸寺，咸禀成风，崇护之基，罕有继采。既道光遐烛，乃下诏为戒师。文宣常布发于地，令上践焉。天保二年，又下诏曰：“仰惟慈明，缉宁四海，欲报之德，正觉是凭。诸鸷鸟伤生之类，宜放于山林。即以此地为太皇太后经营宝塔，废鹰师曹为报德寺。”斯即碎荡邪雾，载清佛海，当时昌盛，自古推焉。上总担荷，并得缉谐，内外阐扬，皂白咸允。非斯柱石，孰此栋梁哉！且而景行既宣，逸向遐被，致有高句丽国大丞相王高德，乃深怀正法，崇重大乘，欲播此释风被于海曲，然莫测法教始末缘由，西徂东壤年世帝代，故具录事条，遣僧向邺，启所未闻。事叙略云：“释迦文佛入涅槃来，至今几年？又于天竺几年方到汉地？初到何帝，年号是何？又齐陈佛法，谁先传告？从尔至今，历几年帝？远请具注。”并问十地、智论等人法所传。上答略云：“佛以姬周昭王二十四年甲寅岁生，十九出家，三十成道。当穆王二十四年癸未之岁，穆王闻西方有化人出，便即西入，而竟不还。以此为验，四十九年在世。灭度已来，至今齐代武平七年丙申，凡经一千四百六十五年。后汉明帝永平十年，经法初来，魏晋相传、至今流布。”上广答缘绪，文极指订，今略举梗概，以示所传。末敕住相州定国寺，而容德显著，感供繁多。所得世利，造一山寺，本名合水，即邺之西山，今所谓修定寺是也。山之极顶造弥勒堂，众所庄严，备殚华丽，四事供养，百五十僧。及齐破法湮，僧不及山寺，上私隐俗服，习业如常，愿若终后，觐睹慈尊，如有残年，愿见隆法，更一顶礼慈氏如来，而业行精专，幽明感遂。属隋运将动，佛日潜离，深果宿心，喜遍心府。羸瘦微笃，设舆坐之，袈裟覆头，弟子扛举，往升山寺。合掌三礼，右绕三周。便还山舍，诵维摩、胜鬘卷讫，而卒于合水故庚，春秋八十有六，即周大象二年七月十八日也。上形量过人，茗然众表，百千众中，孤起颈现。衣服率素，纳补为宗，五条祇支，由来以布，法衣瓶钵以外，更无余财。生不屦乘，步以毕命。门人成匠，任情所学，不私己业，偏用训人，言常含笑，罪不加杖。自上未任已前，仪服通混，一知纲统，制样别行，使夫道俗两异，上有功焉。制寺立净，亦始于此。故释门东敞，能扇清风，莫与先矣。初，天保之中，国置十统，有司闻奏，事须甄异，文宣乃手注状云：“上法师可为大统，余为通统。”故帝之待遇，事之如佛，凡所吐言，无不承用。又遵重戒禁，愿常宣说，尽报行之。每至布萨晨，旦致厚供，设礼请僧。及年高声变，恐烦于众，岁暮之夕，犹遵此法。其奉信也如此。撰增一数法四十卷，并略诸经论所有名教，始从一法，十百千万，有若数林，实传持之要术也。又着佛性论二卷，大乘义章六卷，文理冲洽，详略有闻。又撰众经录一卷，包举品类耳并行于世。有弟子法存者，本是李老监，齐天保屏除，归于释种。明解时事，分略有据，上乃擢为合水寺都维那。当有齐之盛，每年三驾皆往山寺，有所觐礼。六军既至，供出僧厨，存随事指扮，前后给济，三宫并足。后终于隋初。灵裕法师资学有承，为之本传。

齐邺下定国寺释道慎传七

释道慎，姓史，高阳人。十四出家，诵听依业。受具已后，入洛从光师学于地论，后禀上统而志涅槃。性度夷简，风量陶然。纲网门徒，维摄大法，而为己任。每参说戒，跪听至讫。讲悟昏情，词无繁长，智者恐其言少，愚者虑其不多，五众爱重。故宣帝请为国都，绥抚遗法，得无亏绪。禅匠僧达，论士法灵，皆伏其辩对，至于滔滔风流，大观时俗，则慎过之远矣。未乘车送帝，回返本寺，两辕并折，不日而终于邺城定国寺，春秋六十有五。

周蒲州仁寿寺释僧妙传八

释僧妙，一名道妙，本住冀州，后居河东蒲坂。禁行精苦，聪慧夙成，遍览群籍，尤通讲论，而禀性谦退，喜愠不干其抱。故每讲下座，必合掌忏悔云:“佛意难知，岂凡夫所测。今所说者，传受先师，未敢专。辄乞大众于斯法义若是若非，布施欢喜。”时以解冠前彦，行隆端达，睹其虚己，皆服其德义，众益从之。后住蒲乡常念寺，即仁寿寺也，聚徒集业，以弘法树功，击响周齐，甚高名望。周太祖特加尊敬。大统年时，西域献佛舍利，太祖以妙弘赞着续，遂送令供养，因奉以顶戴，晓夜旋仰。经于一年，忽于中宵放光满室，螺旋出窗，渐延于外，须臾光照四远，腾扇其焰，照属天地。当有见者谓寺家失火，竟来救之，及睹神光乃从金瓶而出，皆叹未曾有也。妙仰瞻灵相，涕泗交横，乃烧香跪而启曰:“法界众生，已睹圣迹。伏愿韬秘灵景，反寂归空。”于是光还螺旋，卷入瓶内。尔夜州治士女烧香，赞叹之声，闻于数十里。寺有一僧，睡居房内，众共唤之，惛惛不觉，竟不见光相，未几便遇厉疾。咸言宿业所致，遂有感见之差。自妙之云亡，光不复现。其本佛骨，今仍在焉。昔齐武平末，邺古城中白马寺，此是石赵时浮图澄所造，本为木塔，年增朽坏，敕遣修之，掘得舍利三粒，一赤一白一青。宝瓶盛之。京邑贵贱共看，心至者飒然上涌，不信戏慢之，俦倾亦不出。时俗回邪者众。齐王舅广武王胡长邕，曾染佛宗，敕令还俗，虽居贵望，不舍具戒，置舍利于水钵，请乞行道，即见三枚相逐上水，旋器右行，七遍既满，一时沈下。邕与子弟更加深信。而妙讲解涅槃，以为恒业，叙略纲致，久学者深会其源，分剖文句，皆临机约截，遍遍皆异，所以学侣罕成，而为英杰者所美。化行河表，重敬莫高，延及之乡，酒肉皆绝，现生葱韭，以土掩覆，并非由教令，而下民自徙其恶矣。有学士昙延，承着宗本，更广其致，具见别传。

周长安崇华寺释慧善传九

释慧善，幼出家。善法胜毗昙，住杨都栖玄寺，征击论道，四座惊神。会有梁末序，逃难江陵，承圣季年，因俘秦壤，住长安崇华寺。义学之美，为周冢宰见知，别修供养，敷导终老。以天和年卒于长安，时年六十。善以大智度论，每引小乘相证成义，故依文次第，散释精理，譬诸星月助朗太阳，犹如众花缤纷而散乱，故着斯文，名为散花论也。其序略云："著述之体，贵言约而理丰。余颇悉诸作，而今觌缕者，正由斯辙，罕人谙练，是以触义殷勤，逢文指掌，有详览者，想鉴兹焉。"文多不尽。

周潼州光兴寺释宝彖传十

释宝彖，姓赵氏，本安汉人，后居绵州昌隆之苏溪焉。天性仁让，慧心俊朗，婴孩有异。二亲欲试其度，以诸彩帛、花果、弓矢、书疏罗置其前，彖便拨除饼果，止取书疏。众共叹异，咸知必有成济也。及年七岁，有缘至巴西郡，太守杨眺问云："承儿大读书，因何名为老子？"彖曰："始生头白故也。"眺密异之。十六事梁平西王。初为道士童子，未学佛法。平西识其机鉴，使知营功德事，因见佛经，欣其文名，重其义旨，就检读诵，迷悟转分，恒求佛法，用祛昏漠。年二十有四，方得出家。即受具戒，先听律典，首尾数年，略通持犯。回听成实，传授忘倦，不吝私记，须便辄给，研心所指，科科别致。末又听韶法师讲，偏穷旨趣。武陵王问师大集摩诃堂，令讲请观音，初未缀心，本无文疏，始役情慧，抽帖句理，词义洞合，听者盈席，私记其言，因成疏本，广行于世。后还涪川，开化道俗，外典佛经，相续训导，引邪归正，十室而九。又钞集医方，疗诸疾苦，或报以金帛者，一无所受，便有衔义怀德者，舍俗出家，或缘障未谐者，尽形八戒。彖虽道张井络，风播岷峨，而志意颓然，唯在通于正法，诚心标树，不竞人物。见大集一经未弘蜀境，欲为之疏记，使后学有归，乃付着经律，就山修缵。而众复寻之，致有烦扰，再稔方就，一无留难。初至虚空藏品，于义不达，闭目思之。不觉身上空中，离床三四尺许，欻然大悟，竟文慧发，写不供宣。据此为言，志力难拟矣。时益州武旮寺僧宝愿，最初请讲，大众云集，闻所未闻，莫不叹悦。又属僧崖菩萨出世，为造经本，因尔传持，至今不绝。故宝坊一学，曲被剑南。后制涅槃、法华等疏，皆省繁易解，听无遗闕。州境皂素，生难遭想；每言："吾命不长，唯当自励身心，节约衣食，望引残运耳。"故粗弊接报，弘诱为心，护生安众，以为恒务。忽感风疾，不言久之，命将欲绝，私心发誓愿："诸佛护念，得分付诸物。"作是念已，欻然能语，顾命子弟，诲示祸福，"吾即当去"，催作遗疏，分处衣资，倍奉三宝。下笔署讫，还不能言，侍人逼以浆饮，闭口拒之，疾甚，为唤佛名，便合掌在额，奄然而卒于潼州光兴寺，今所谓绵州大振向寺也，春秋五十，即周之保定元年十一月二十三日矣。初，未终之前，本所住山于五月内无故自崩，尘雾暗天，举众惊骇，莫测其怪。至于八月中，山北村人并见尊像从山寺来，乘空北逝，幡花列前，僧众从后，往问寺中，都无知者。当尔之时，彖赴光兴寺讲，因以白之，彖曰："此我之征相，不豫他也。"及终于此寺，果如所图云。

齐洺州沙门释昙衍传十一

释昙衍，姓夏侯氏，南兖州人。初生之时，牙齿具焉，世俗异之。七岁从学，聪敏绝伦。十五擢为州都，公事有隙，便听释讲。十八举秀才，贡上邺都。过听光公法席，即禀归戒，弃舍俗务，专功佛理，学流三载，绩邻前达。年二十三投光出家，即为受戒，听涉无暇，乃捐食息。然于藏旨有疑，通咨硕学，并辞罔逮，遂开拓寰宇，置立规猷，顾诸徒曰："吾从师积年，心悟未决。赖因游意累日，豁然有据，其犹低目面墙，则冥无所解，延颈出户，则远近斯见。"由是讲事无废，毗赞玄理，声辩雄亮，言会时机，自齐郑燕赵，皆履神化。虽遭缘阻，安苦无倦。常随义学，千僧有余，出家居士，近于五百，并恢廓道志，戒禁居心。赵郡王高睿、上洛王高元海、胶州刺史杜弼，并齐朝懿戚重臣，留情敬奉。仆射祖孝征奏为国都，缉谐道政，不坠玄纲。而披散词理，言尚寡要，故经文繁富者，则指摘一句，用摄广文。时人贵其通赡镕裁而简衷矣。常于暇日私恨曰："昔在俗流，尊戒不见，遂令世人无知，污我净戒。若不尔者，应有所得。"以开皇元年三月十八日忽告侍人："无常至矣！"便诵念弥勒佛，声气俱尽。于时正中，旁僧同观，颜色怡悦，时年七十有九，卒于洺州卢氏宅。自衍之生也，殊相感人，而立操贞直，心用睿约，情及济世。故积散所拯，贫病为初，法利所被，如行先授。但见经像，必奉礼迎送，道遇贫陋，必悲怜垂泣。其谨质深信，为若此也。又恒乐听戒，生来两阙，维摩、胜鬘，日缘一遍，辛腥臭物，曾不临瞩，下气逼流，身出户外，以清净僧房，不为熏勃故也。未终之前，有梦见衍朱衣螺发，颁垂于背，二童侍之升空而西北高逝，寻尔便终。时共以为天道者矣。

陈杨都庄严寺释慧荣传十二

释慧荣，姓顾氏，会稽山阴人也。梁高祖大通年辞亲出听。时建初、彭城，盛弘成实，素未陈略，即尽清辩，一众同嗟，便开令望。而禀性虚廓，不指世务，惟以法事，余全无叙。乡邑二亲，哀其弱丧，数因行李，寄以书信。荣得而焚之，顾诸友曰："余岂不怀乎？废余业也。书中但二字耳，复何开乎！"人问是何，答："'吉凶'也。"如此积功，三十余载，不号义龙，誓无返迹。自是专业勇铠，声称弥远，即而讲悟，学者归之。年至五十，门人亦尔，乃大弘法席，广延缁素。时梁储在坐，素不识之，令问讲者何名；乃抗声曰："禹穴慧荣，江东独步。太子不识，何谓储君！"一坐掩耳，以为彭亨之太甚也。荣从容如旧，旁若无人。后与诸徒还归故邑，其母尚在，余并物故，乃喟然叹曰："十五辞邻故，五十还故邻。少年不识我，长老无一人。"本邑道俗欲光其价，而忌其言令也，大集诸众，令其竖义。荣曰："余学广矣，辄竖恐致余词，任众举其义门，然后标据。"众以其博达矜尚，乃令竖八十种好，谓必不能诵持。荣曰："举众无人也！

斯乃文繁，义可知耳。”即部分上下，以法绳持，须臾牒数，列名出体。佥虽难激，盖无成济。晚又出都，相仍讲授。至德末年卒于杨都。

隋京师延兴寺释昙延传十三

释昙延，俗缘王氏，蒲州桑泉人也。世家豪族，官历齐周。而性协书籍，乡邦称叙。年十六，因游寺听妙法师讲涅槃，探悟其旨，遂舍俗服膺，幽讨深致，出言清越，厉然不群。时在弱冠，便就讲说，词辩优赡，弘裕方雅。每云:“佛性妙理，为涅槃宗极，足为心神之游玩也。”延形长九尺五寸，手垂过膝，目光外发，长可尺余，容止邕肃，慈诱泛博，可谓堂堂然也。视前直进，顾必转身，风骨陶融，时共传德。及进具后，器度日新，机鉴俊拔，遐迩属目。虽大观奥典，而恐理在肤寸，乃更听华严、大论、十地、地持、佛性、宝性等诸部，皆超略前导，统津准的。自顾影而言曰:“与尔沉沦日久，飘泊何归，今可挟道潜形，精思出要。”遂隐于南部太行山百梯寺，即所谓中朝山是也。时山中有薛居士者，学总玄儒，多所该览，闻延年少知道，夙悟超伦，遂从而谒焉。言谑相高，未之揖谢，薛乃戏题四字，谓“方圆动静”，命延体之。延应声曰:“方如方等城，圆如智慧日，动则识波浪，静类涅槃室。”薛惊异绝，叹曰:“由来所未见，希世挺生，即斯人也。”尔后恒来寻造，质疑请义。延幽居静志，欲著涅槃大疏，恐有滞凡情，每祈诚寤寐。夜梦有人被于白服乘于白马，鬃尾拂地，而谈授经旨，延手执马鬃，与之清论。觉后惟曰:“此必马鸣大士授我义端，执鬃知其宗旨，语事则可知矣。”便述疏说偈曰:“归命如来藏”、“不可思议法”等。缵撰既讫，犹恐不合正理，遂持经及疏，陈于州治仁寿寺舍利塔前，烧香誓曰:“延以凡度，仰测圣心，铨释已了，具如别卷。若幽微深达，愿示明灵，如无所感，誓不传授。”言讫，涅槃卷轴并放光明，通夜呈祥，道俗称庆。塔中舍利又放神光，三日三夜，辉耀不绝，上属天汉，下照山河。合境望光，皆来谒拜。其光相所照，与妙法师大同，则师资通感也。乃表以闻，帝大悦，敕延就讲。既感征瑞，便长弘演，所著文疏，详之于世。时诸英达佥议:“用比远公所制，远乃文句惬当，世实罕加。而标举宏纲，通镜长骛，则延过之久矣。”周太祖素揖道声，尤相钦敬，躬事讲主，亲听清言。远近驰萃，观采如市。而获供事，曾不预怀，性好恬虚，罔干时政。大祖以百梯太远，咨省路艰，遂于中朝西岭形胜之所为之立寺，名曰云居，国俸给之，通于听众。有陈躬使周弘正者，博考经籍，辩逸悬河，游说三国，抗叙无拟，以周建德中年衔命入秦。帝讶其机捷，举朝惭采，敕境内能言之士不限道俗，及搜采岩穴遁逸高世者，可与弘正对论，不得坠于国风。时蒲州刺史中山公宇文氏，夙承令范，乃表上曰："昙延法师器识弘伟，风神爽拔，年虽未立，而英辩难继者也。"帝乃总集贤能，期日释奠，躬御礼筵，朝宰毕至。时周国僧望二人伦次登座，发言将讫，寻被正难，征据重迭，投解莫通。帝及群僚，一朝失色。延座居末第，未忍斯惭，便不次而起。帝曰："位未至，何事辄起？"延曰："若是他方大士，可借大德相临。今乃远国微臣，小僧足堪支敌。"延径升高座，帝又曰："何为不礼三宝？"答曰："自力兼拟，未假圣贤加助。"帝大悦。正遂构情陈难，延乃引义开关。而正颇挟机调，用前殿后，延乘势挫拉，事等摧枯。因即顶拜伏膺，慨知归之晚，自陈云："弟子三国履历，访可师之师，不言今日乃遇于此矣。"即请奉而受戒，昼夜咨问，永用宗之。及返陈之时，延所著义门并其仪貌，并录以归国，每夕北礼，以为昙延菩萨焉。初，正辞延日，预构风云山海诗四十首，并抽拔奇思，用上于延，以留后别。及一经目，竟不重寻，命笔和之，题如宿诵，酬同本韵，意实弘通。正大服焉，更无陈对，乃跪而启曰："愿示一言，缄诸胸臆。"延曰："为宾设席宾不坐，离人极远热如火，规矩之用皮中裹。"正曰："此则常存意矣。"帝以延悟发天真，五众倾则，便授为国统，使夫周壤导达，延又有功。至武帝将废二教，极谏不从，便隐于太行山，屏迹人世。后帝召延出辅，中使屡达，而确乎履操，更深岩处，累征不获。逮天元遘疾，追悔昔愆，开立尊像，且度百二十人为菩萨僧，延预在上班，仍恨犹同俗相，还藏林薮。隋文创业，未展度僧。延初闻改政，即事剃落，法服执锡，来至王庭，面伸弘理。未及敕慰，便先陈曰："敬问皇帝四海为务，无乃劳神？"帝曰："弟子久思此意，所恨不周。"延曰"贫道昔闻尧世，今日始逢"云云。帝奉闻雅度，欣泰本怀，共论开法之模、孚化之本。延以寺宇未广，教法方隆，奏请度僧以应千二百五十比丘、五百童子之数；敕遂总度一千，余人以副延请。此皇隋释化之开业也，尔后遂多，凡前后别请度者应有四千余僧。周废伽蓝，并请兴复。三宝再弘，功兼初运者，又延之力矣。移都龙首，有敕于广恩坊给地立延法师众。开皇四年，下敕改延众可为延兴寺，面对通衢。京城之东西二门，亦可取延名以为延兴、延平也。然其名为世重，道为帝师，而钦承若此，终古罕类。昔中天佛履之门，遂曰瞿昙之号，今国城奉延所讳，亚是其伦。又改本住云居以为栖岩寺，敕大乐令齐树提造中朝山佛曲，见传供养。延安其寺宇，结众成业。敕赍蜡烛，未及将爇，而自然发焰，延奇之，以事闻帝，因改住寺可为光明也，延曰："弘化须广，未可自专以额。"重奏别立一所，帝然之，今光明寺是也。其幽显呈祥，例率如此。至六年亢旱，朝野荒然，敕请三百僧于正殿祈雨，累日无应。帝曰："天不降雨，有何所由？"延曰"事由一二"，帝退，与僚宰议之，不达意故，敕京兆太守苏威问延一二所由，答曰："陛下万机之主，群臣毗赞之官，并通治术，俱愆玄化。故雨与不雨，事由一二耳。"帝遂躬事祈雨，请延于大兴殿登御座，南面授法，帝及朝宰五品已上，咸席地北面而受八戒。戒授才讫，日正中时，天有片云，须臾遍布，便降甘雨，远迩咸感。帝悦之，赐绢三百段。而延虚怀，物我不滞，客主为心，凡有资财，散给悲、敬。故四远飘寓，投告偏多。一时粮粒将尽，寺主道睦告云："僧料可支两食。"意欲散众。延曰："当使都尽方散耳。"明旦文帝果送米二十车，大众由是安堵。惑者谓延有先见之明，故停众待供。未几，帝又遗米五百石。于时年属饥荐，赖此，僧侣无改。帝既禀为师父之重，又敕密戚懿亲咸受归戒。至于食息之际，帝躬奉饮食，手御衣裳，用敦弟子之仪，加敬情不能已。其为时君礼重，又此类也。敕又拜为平第沙门，有犯刑网者皆对之泣泪，令彼折伏从化，或投迹山林，不敢容世者。以隋开皇八年八月十三日终于所住，春秋七十有三矣。临终遗启文帝曰："延逢法王御世，偏荷深恩，往缘业浅，早相乖背。仰愿至尊护持三宝，始终莫贰。但末代凡僧虽不如法，简善度之，自招胜福。"帝闻之哀恸，敕王公已下并往临吊，并罢朝三日，赠物五百段，设千僧斋。初延康日，告门人曰："吾亡后，以我此身且施禽狩，余骸依法焚扬，无留残骨，以累看守。"弟子沙门童真、洪义、通幽、觉朗、道逊、玄琬、法常等，一代名流，并文武职僚如滕王等，例咸被发徒跣而从丧，至于林所。登又下敕，于终南焚地设三千僧斋，斋讫焚之。天色清朗无云而降细雨，若阇毗如来之状也。大众惊嗟，得未曾有也。又隋文学吕叔挺美其哀荣，碑其景行，文如别集。然延恒以西方为正任，语默之际，注想不移，侍人观之，若在深定。属大渐之始，寺侧有任金宝者，父子信向，云见空中幡盖，列于柩前，两行而引，从延兴寺南达于山西。斯亦幽冥叶赞，谅非徒拟。自延之莅道，势总权衡，而卑牧自居，克念成治，解冠群术，行动物情，故为七众心师，岂止束形加敬。及闻薨背，无不涕零，各修铭诔，赞扬盛业。时内史薛道衡白吊云："延法师弱龄舍俗，高蹈尘表，志度恢弘，理识精悟。灵台神宇，可仰而不可窥；智海法源，可涉而不可测。同夫明镜，瞩照不疲；譬彼洪钟，有来斯应。往逢道丧，玄维落纽，栖志幽岩，确乎不拔。高位厚礼，不能回其虑；严威峻法，未足惧其心。经行宴坐，夷险莫二；戒德律仪，始终如一。圣皇启运，像法再兴，卓尔缁衣，郁为称首。屈宸极之重，伸师资之义，三宝由其弘护，二谛借以宣扬，信足追踪澄、什，超迈安、远。不意法柱忽倾，仁舟遽没，匪直悲缠四部，固亦酸感一人。师等杖锡挈瓶，承风训导，升堂入室，具体而微，在三之情，理百恒恸。往矣，奈何！"其为时贤珍敬如此。所著涅槃义疏十五卷，宝性、胜鬘、仁王等疏各有差，其门人弟子绍绪厥风，具见别传。

隋京师净影寺释慧远传十四（僧猛）

释慧远，姓李氏，敦煌人也，后居上党之高都焉。天纵疏朗，仪止冲和，局度通简，崇覆高邈。幼丧其父，与叔同居，偏蒙提诱，示以仁孝。年止三岁，心乐出家，每见沙门，爱重崇敬。七岁在学，功逾常百，神志峻爽，见称明智。十三辞叔，往泽州东山古贤谷寺。时有华阴沙门僧思禅师，见而度之。思练行高世，众所宗仰，语远云："汝有出家之相，善自爱之。"初令诵经，随事训诲，六时之勤，未劳呼策。登为虐暴不安，携以南诣怀州北山丹谷，每以经中大义问师，皆是玄隐，深知长有成器也。年十六，师乃令随阇梨湛律师往邺，大小经论，普皆博涉，随听深隐，特蒙赏异，而偏重大乘，以为道本。年满进具，又依上统为和上、顺都为阇梨，光师十大弟子并为证戒，时以为声荣之极者也。便就大隐律师听四分律，流离请诲，五夏席端，淘简精粗，差分轨辙，灭诤揵度，前后起纷，自古相传，莫晓来意。远乃剖析约断，位以单重，原镜始终，判之即离，皆理会文合，今行诵之。末专师上统，绵笃七年，迴洞至理，爽拔微奥。负笈之徒，相喧亘道，讲悟继接，不略三余，沐道成器，量非可算。乃携诸学侣，返就高都之清化寺焉。众缘欢庆，叹所未闻，各出金帛为之兴会，讲堂寺宇，一时崇敞，韩魏士庶，通共荣之。及承光二年春，周氏克齐，便行废教，敕前修大德并赴殿集，武帝自升高座，序废立义。命章云："朕受天命，养育兆民。然世弘三教，其风弥远，考定至理，多皆愆化，并令废之。然其六经儒教，文弘治术，礼义忠孝，于世有宜，故须存立。且自真佛无像，则在太虚，遥敬表心，佛经广叹。而有图塔崇丽，造之致福，此实无情，何能恩惠？愚民向信，倾竭珍财，广兴寺塔，既虚引费，不足以留，凡是经像，尽皆废灭。父母恩重，沙门不敬，勃逆之甚，国法岂容？并退还家，用崇孝始。朕意如此，诸大德谓理何如？"于时沙门大统法上等五百余人，咸以帝为王力，决谏难从，佥各默然，下敕频催答诏，而相看失色，都无答者。远顾以佛法之寄，四众是依，岂以杜言，情谓理伏，乃出众答曰："陛下统临大域，得一居尊，随俗致词，宪章三教。诏云'真佛无像'。信如诚旨。但耳目生灵，赖经闻佛，籍像表真，若使废之，无以兴敬。"帝曰："虚空真佛，咸自知之，未假经像。"远曰："汉明已前，经像未至，此土众生，何故不知虚空真佛？"帝时无答。远曰："若不籍经教，自知有法，三皇已前，未有文字，人应自知五常等法。尔时诸人，何为但识其母，不识其父，同于禽狩？"帝亦无答。远又曰："若以形像无情，事之无福，故须废者，国家七庙之像，岂是有情，而妄相尊事？"武帝不答此难，乃云："佛经外国之法，此国不须，废而不用。七庙上代所立，朕亦不以为是，将同废之。"远曰："若以外国之经非此用者，仲尼所说，出自鲁国，秦、晋之地亦应废而不行。又以七庙为非，将欲废者，则是不尊祖考。祖考不尊则昭穆失序，昭穆失序则五经无用。前存儒教，其义安在？若尔则三教同废，将何治国？"帝曰："鲁邦之与秦、晋，虽封域乃殊，莫非王者一化，故不类佛经。"七庙之难，帝无以通。远曰："若以秦、鲁同遵一化、经教通行者，震旦之与天竺，国界虽殊，莫不同在阎浮。四海之内，轮王一化，何不同遵佛经，而令独废。"帝又无答。远曰："诏云'退僧还众，崇孝养者'，孔经亦云'立身行道，以显父母’，即是孝行，何必还家，方名为孝？”帝曰：“父母恩重，交资色养，弃亲向疏，未成至孝。”远曰：“若如来言，陛下左右皆有二亲，何不放之？乃使长役五年，不见父母。”帝曰：“朕亦依番上下，得归侍奉。”远曰：“佛亦听僧冬夏随缘修道，春秋归家侍养，故目连乞食饷母，如来担棺临葬。此理大通，未可独废。”帝又无答。远抗声曰：“陛下今恃王力自在，破灭三宝，是邪见人。阿鼻地狱不拣贵贱，陛下何得不怖？”帝勃然作色大怒，直视于远，曰：“但令百姓得乐，朕亦不辞地狱诸苦！”远曰：“陛下以邪法化人，现种苦业，当共陛下同趣阿鼻，何处有乐可得？”帝理屈言前，所图意盛，更无所答，但云：“僧等且还，后当更集。有司录取论僧姓名。”当斯时也，齐国初殄，周兵雷震，见远抗诏，莫不流汗，咸谓粉其身骨，煮以鼎镬，而远神气嵬然，辞色无挠。上统、衍法师等执远手泣而谢曰：“天子之威，如龙火也，难以犯触，汝能穷之。大经所云护法菩萨，应当如是。彼不悛革，非汝咎也。”远云，正理须申，岂惟顾此形命。”即辞诸德曰：“时运如此，圣不能遣。恨不奉侍目下，以为大恨。法实不灭，大德解之，愿不以忧恼。”遂潜于汲郡西山，勤道无倦，三年之间诵法华、维摩等各一千遍，用通遗法。既而山栖谷饮，禅诵无歇，理窟更深，浮囊不舍。大象二年，天元微开佛化，东西两京各立陟岵大寺，置菩萨僧，颁告前德，诏令安置，遂尔长讲少林。大隋受禅，天步廓清，开皇之始，蒙预落彩。旧齿相趋，翔于洛邑，法门初开，远近归奔，望气成津，奄同学市。所以名驰帝阙，皇上闻焉，下敕授洛州沙门都，匡任佛法。远辞不获免，即而位之。而立性质直，荣辱任缘，不可威畏，不可利染，正气孤雄，道风齐肃，爱敬调柔，不容非滥。至治犯断约，不避强御，讲导所之，皆科道具。或致资助有亏，或不漉水护净，或分卫乖法，或威仪失常，并不预听徒。自余堕眠失时，或后及法席，并依众式，有罚无赦。故徒侣肃穆，容止可观。开皇五年，为泽州刺史千金公请赴本乡，此则像法再弘，桑梓重集，亲疏含庆，何以加之。七年春往定州，途由上党，留连夏讲，遂阙东传。寻下玺书，殷勤重请，辞又不免，便达西京。于时敕召大德六人，远其一矣，仍与常随学士二百余人创达帝室，亲临御筵，敷述圣化，通孚家国。上大悦，敕住兴善，劳问丰华，供事隆倍。又以兴善盛集，法会是繁，虽有扬化，终为事约，乃选天门之南，大街之右，东西冲要，游听不疲，因置寺焉，名为净影。常居讲说，弘叙玄奥，辩畅奔流，吐纳自深，宣谈曲尽。于是四方投学，七百余人，皆海内英华，法轮前辙，望京趣寺，为法道场。但以堂宇未成，同居空露，蘧蒢庵舍，巷分州部，日夜祖习，成器相寻。虽复兴善诸德英名一期，至于归学师寻千里继接者，莫高于远矣。形长八尺，腰有九围，十三幅裙，可为常服。登座震吼，雷动蛰惊，充惬群望，斯为盛矣开皇十二年春，下敕令知翻译，刊定辞义。其年卒于静影寺，春秋七十矣。冕旒哀感，为之罢朝。帝呼嗟曰："国失二宝也。"时远与李德林同月而丧，故动帝心。自远括发寻师，本图传授，周历两代，化满八方，着疏属词，诠综终始，承习开悞，栉比尘连，同范时朝，得称方驾。初，见病数日，讲堂上脊无故自折，相顾飒然，必知不损。及大渐之日，端坐正神，相如入定。侍人不觉其卒，忽闻室有异香，咸生疑怪，属之以纩，方悟气尽。昔在清化，先养一鹅，听讲为务，频经寒暑。远入关后，鹅在本寺，栖宿廊庑，昼夜鸣呼。众僧患之，附使达京，至静影大门放之，径即鸣叫腾跃，入远房内。尔后依前驯听，但闻法集钟声，不问旦夕，覆讲竖义，皆入堂伏听，僧徒梵散，出户翔鸣。若值白黑布萨，虽闻钟召，终不入听。时共异之。若远常途讲解，依法潜听，中闻泛及余语，便鸣翔而出。如斯又经六载，乐听一时不亏。后忽哀叫庭院，不肯入堂。自尔二旬，远便弃世，即开皇十二年六月二十四日矣，俗年七十，僧腊五十。又，当终之日，泽州本寺讲堂众柱及高座四脚一时同陷，佥议以感通幽显。勒碑，薛道衡制文，虞世基书，丁氏镌之，时号为三绝。初，远同听大乘可六七载，洞达深义，神解更新，每于邺京法集，竖难罕敌，由此名冠远近，异论所推。既而勤业晓夕，用心大苦，遂成劳疾，十五日内觉观相续，不得眠睡，气上心痛，状如刀切，食弱形羸，殆将欲绝。忆昔林虑巡历名山，见诸禅府，备蒙传法，遂学数息，止心于境，克意寻绎，经于半月，便觉渐差，少得眠息，方知对治之良验也。因一夏学定，甚得静乐，身心怡悦。即以己证，用问僧稠。稠云："此心住利根之境界也，若善调摄，堪为观行。"远每于讲际至于定宗，未尝不赞美禅那，盘桓累句，信虑求之可得也，自恨徇于众务，无暇调心，以为失耳。七夏在邺，创讲十地，一举荣问，众倾余席。自是长在讲肆，伏听千余，意存弘奖，随讲出疏。地持疏五卷，十地疏七卷，华严疏七卷，涅槃疏十卷，维摩、胜鬘、寿观、温室等，并勒为卷部，四字成句，纲目备举，文旨允当，罕用拟伦。又撰大乘义章十四卷，合二百四十九科，分为五聚，谓教法、义法、染、净、杂也，并陈综义差，始近终远，则佛法纲要尽于此焉，学者定宗不可不知也。自远之通法也，情趣慈心，至于深文隐义，每丁宁频复，提撕其耳，唯恨学者受之不速，览者听之不尽，一无所惜也。是以自于齐朝至于关辅及畿外要荒，所流章疏五十余卷，二千三百余纸，纸别九百四十五言。四十年间曾无痾疹，传持教导，所在弘宣，并皆成诵在心，于今未绝。本住清化，祖习涅槃，寺众百余，领徒者三十，并大唐之称首也。而远勇于法义，慈于救生，戒乘不缓，偏行拯溺，所得利养，并供学徒，衣钵之外，片无留惜。尝制地持疏讫，梦登须弥山顶，四顾周望，但唯海水，又见一佛像身色紫金，在宝树下。北首而卧，体有尘埃，远初则礼敬，后以衣拂，周遍光净。觉罢，谓所撰文疏颇有顺化之益，故为此征耳。又自说云：初作涅槃疏讫，未敢依讲，发愿乞相，梦见自手造素七佛、八菩萨像，形并端峙，还自缋饰，所画既竟，像皆次第起行。末后一像彩画将了，旁有一人来从索笔，代远成之。觉后思曰："此相有流末世之境也。"乃广开敷之，信如梦矣。又，未终一年，梦见净影长竿自倒，灯耀自灭；便至岁日，所使净人小儿二人手放从良，分处什物，并为功德。又敕二时讲前，令大众诵般若波罗蜜咒，限五十遍，以报四恩，初不中息。又伤学众不能课力，每因讲日如此正义，须臾不闻，识者以为达宿命也。及觉轻，贬于房外，香汤洗浴，即在外宿，至晓入房食粥，倚床而卧。问曰早晚，答云："今可卯时。"乃曰："吾今觉冷气至脐，去死可二三寸在，可除倚床。"自跏其足，正身敛目，不许扶侍。未言其卒，验方知化，香若栴檀，久而歇灭。后乃卧之，手足柔软，身分并冷，唯顶上暖焉。有沙门智猛者，相人也，伏佩法教，每蒙延及，故疏为行状，拟学者所承。猛谈说有偏，机会称善，振名东夏云。

续高僧传卷第八

续高僧传卷第九

大唐西明寺沙门释道宣撰

义解篇五　正纪十四　附见六

周益州谢镇寺释宝海传一
隋益州龙渊寺释智方传二
隋荆州龙泉寺释罗云传三
隋荆州等界寺释法安传四
隋襄州龙泉寺释慧哲传五（道琼　洪哲　慧向　慧嵩）
隋江表徐方中寺释慧晅传六
隋常州安国寺释慧弼传七
隋相州演空寺释灵裕传八
隋西京空观道场释慧藏传九
隋东都内慧日道场释智脱传十
隋东都内慧日道场释法澄传十一
隋东都内慧日道场释道庄传十二
隋东都内慧日道场释法论传十三
隋京师大兴善道场释僧粲传十四（僧鸾　僧凤）

周益州谢镇寺释宝海传一

释宝海，姓龚，巴西阆中人。少出家，有远志，承杨都佛法崇盛，便决誓下峡。既至金陵，依云法师听习成实，旁经诸席，亟发清誉，乃引众别讲徒属兼多。于时梁高重法，自讲涅槃，命海论佛性义，便升论榻，虽往返言晤，而执鍮石香炉。帝曰:“法师虽断悭贪，香炉非鍮不执。”海应声曰:“陛下位居宸极，帽簪非纛不戴。”帝大悦，众咸惊叹。及后还蜀，住谢镇寺，大弘讲肆。武陵王纪作镇井络。敬爱无已，每就海宿，清谈玄理，乃忘昼夜。至旦，王将灌手，日影初出。王曰:“日晖粉壁，状似城中；风动刹铃，方知寺里。”其晨车盖迎王，马复嘶鸣。海曰:“遥看盖动，喜遇陈思；忽听马鸣，庆逢龙树。”相与欣笑而出。王升车，谓御从曰:“听海法师言词，令我盘桓而不能去。”其辩给无方，为此例也。周氏跨蹑梁益，庸公镇方，弥加深敬，越于恒伍。时年八十，谓门人法明曰:“吾死至矣，一无前虑，但悲去后图塔湮灭耳，当露尸以遗鸟狩。”及建武之年果被除屏，令院宇荒芜，惟余一堂，容像存焉。

隋益州龙渊寺释智方传二

释智方，蜀川资中人。其先东吴，远祖宦于西蜀，遂乃家焉。童稚出家，止州廓龙渊寺轮法师所。早与宝海周旋，同往杨都云法师讲下，而机辩爽利，播名杨越。每讲商略词义，清雅泉飞，故使士俗执纸抄撮者常数百人。初讲法华，至宝塔品高妙，遂序王释义了，乃曰:“何必昔佛国土有此高妙，即杨都福地亦甚庄严。至如弥天七级，共日月争光；同泰九层，与烟霞竞色。方井则倒垂荷叶，圆桶则侧布莲华。似安住之居南，类尼佉之镇北。耳闻目见，庶可联衡。”录得者秘以赍归，益部吁嗟，叹为惊绝。故其语出成章，状如宿构。宝海频来击难，发其声彩。故海问曰:“三变此方，改秽成净，亦能变凡成圣不？”答曰:“化佛甚多，狭故须广。凡圣自尔，何劳改变。”又难，若尔则六十小劫谓如食顷，但是圣睹，凡不能睹，凡圣俱睹，凡圣俱圣。”方笑曰:“高坐何曾道此，乃是自道自难耳。”海觉言失，乃调曰:“三隅木升，何谓智方？”寻声报曰:“瓦砾洿池，那称宝海。”众大笑而散。及疾甚，海恒来看慰，乃谢曰:“智方不能摄养，致此沉痾，仰劳仁者数来垂问。愿生善处，常与同游。”俄而异香满室，中夜卒于益部，年九十余。

隋荆州龙泉寺释罗云传三

释罗云，姓邢氏，南郡松滋人。初，从上明东寺出家，志操所怀，附参成德。承金陵道王，索隐者若林，遂轻千里，远追胜侣。会杨都道朗盛业兴皇，乃倾首法筵，钻仰徽烈，一乘四论，大剖津途。于时常令学徒括究幽隐；云年十六，甫在幼冲，锐志前驱，问常无常义，而容色无挠。宾主绰然，众咸嘉赏，朗乃以所服帔处众赠之。自此名称逾远，所在传之。而乐法不穷，如愚莫滞，自朗迁后，广讯所闻。又从福缘寺亘法师采酌遗逸，亘纵解无遗，任其钻仰。云以三论奥义未被荆南，二障多阻，誓当弘演。有栖禅寺陟禅师，定慧兼修，注心开剖。于时六合混壹，三楚全盛，众若稻麻，人多杞梓。云创还乡寺，乘此应机，居端座为请益之师，吐清言为住法之首。总管宜阳公王世积、诏使舍人萧子宝，躬临法席，咸诵德音。有龙泉寺，地隔嚣尘，心存闲旷，乃居之五十余年，修缉栋宇，常坐不卧，领徒五百，时呈翘楚。炀帝承名，有敕追入，避迹凿坏，以病而退。昔释道安于上州东寺造堂七间，昙翼后造五间，连甍接栋，横列十二。云此堂中讲四经、三论各数十遍，不于文外别有撰述，皆心思口演，冰释理顺，故得空有两忘，教义双举。时松滋有道士姓俞（抽佑反）者，学冠李宗，业该儒史，常讲庄、老，私用内经。云命门人慧成、道胜曰：“彼道士蜂飞蚁聚，掠牛盗法，情实难容。尔传吾旨，摧彼邪踪。”成等诣彼而坐，道士曰：“人天交接，两得相见。”成曰：“脱珍御服，着弊垢衣，习近穷迷，将开渐化。”时以为名答。成前呼俞为先生，俞瞋曰：“我非俗士，那名我为先生？”成曰：“汝既讳唤先生，请除先字，还依旧姓，名曰俞生。”所以句句之中常衔俞生，于时大众欣笑无已，道士负惭折角。云奉执高尚，雅镇时俗，迎送庆吊，一无预焉。或负荣傲道者闻而往造，及见参礼，汗流心战。生缘在神山之下，一夏居止，静处思玄，母日自赍，登上供设。有问其故，答曰：“即此为报母之劬劳也。”昔朱粲寇扰荆南，寺多焚毁，惟云所造龙泉独存，以贼中总管，云曾授戒，所以尊师重法，寺获存焉。云兄弟五人皆为法师，而云最小，神彩特达。入室弟子十人，椿、诜、澄、憩等，传道开化岷蜀、江淮，故未叙历。以隋大业十二年四月二十三日端坐迁于寺房，春秋七十五。中书令岑文本制碑。沙门道颙，即云之兄也，学通大小，名闻道俗，于上明东寺起重阁，在安公驴庙北。传云安公乘赤驴从上明往襄州檀溪，一夕返覆，捡校两寺，并四层三所，人今重之，名为驴庙，此庙即系驴处也。

隋荆州等界寺释法安传四

释法安，姓田，枝江人。神彩俊越，见称僮幼。年十八，游学金陵，初听成实，后学中观于兴皇座下，十有余年，庶乎屡空，智乎特秀。三千学侣，独标三绝之名：形长八尺，风仪挺特，一也；解义穷深，二也；精进洁己，三也。时听涅槃，每立异义，令众难之，人虽巨众，无能屈者，由是声闻楚越。一时朗公知其颖拔，令论义，应命构击，问领如向，往复既久便止。朗曰："尔义穷乎？"对曰："义若恒沙，何可尽也！"时学门名"安"者多，目之为沙安。三论、四经皆讲，制广初章及鹿角章等，理致宏远，流传江汉。年过不惑，回情在定，更不谈说。时往成禅师所共论定道，琢磨心性，动经晨夕，而不噉僧食，不饮浊浆。春秋六十五，终于等界寺，寺在私洲之上，西望沙洲，即刘虬注法华之地，今经台余基尚在。

隋襄州龙泉寺释慧哲传五（道琼　洪哲　慧向　慧嵩）

释慧哲，姓赵氏，襄阳人。识度弘朗，业操清远。出家已后，南趣杨都。会陈国文昌，载隆三宝，僧正琼公，精理入神，净行纯备。微衔紫相，世号乌琼，帝尚重焉，奉为大僧正也。监护法城，为物依止，陈氏王族，归戒所投，自余槐棘，无敢造者。住建初寺，祯明元年忽然坐逝，葬楼湖之山。天子哀之，以黄麾诸杖卫送墓所。初未结顷，所住寺塔三日光现，因而告终，道俗异焉。时彭城寺宝琼者，善讲说，有风采，形相奇白，世号白琼，事见别传。哲初参听其讲，大开令业，聚徒讲说，屡发新声，以慧悟自矜，颇怀傲诞。承兴皇道朗神辩若剑，罕有当锋，因而从其言晤，往复移时，答对逾远，哲大异之，即从伏听，沉隐微密，自然通解。而威容自矜，动止怀法。曾于行路忽遇雷雨霈汪，哲从容如常，不失规矩，时泻靴水，安行达寺，行步详序，视瞻不眄，转身徐顾，无妄乖越。时人呼为象王哲也。又善护根门，节量口腹，便利涤沐，罕有延滥；所以召请俗舍，信宿经时，皆不睹其流秽，叹美增盛。及讲三论，俊朗之响，重光先价。引众溯流，届于本邑，住城西望楚山光福禅房下龙泉寺，常以弘法为务，涅槃、三论递互相续。学士三百余人，成器传灯可有五十，即惠品、法粲、智嵩、法同、慧璇、慧楞等是也，各领徒属，所在通化。开皇十七年四月卒于龙泉，时年五十有九。葬于四望山寺，弟子惠嵩等竖碑于本住，沙门惠向制文。向有奇才，思力遒壮，为总管薛道衡所重。嵩有学声，多所游贯，今住京都，频扬讲说。时周邑有洪哲者，统闲大小，每开法肆，以达解之望征延慧日，故西楚传号为“前后两哲”云。

隋江表徐方中寺释慧晅传六

释慧晅，姓周氏。其先家本汝南，汉末分崩，避地江左，小震是宅，多历年世，今为义兴阳羡人也。祖韶，齐殿中将军，父覆，梁长水校尉，并偃仰衡门，不求闻达，优游卒岁，易农而仕。晅颖悟冥来，挺操童幼，钻求六经，略通大义，盖家教之常习，非其好也。年十八，乃喟然叹曰：“服膺周、孔，以仁义为先；归心黄、老，以虚无为贵。而往来生死，出入尘劳，乃域中之累业，非出世之要道也。”既发希有之志，仍感非常之应，梦见一塔，累级五层，画采庄严，迢然峻峙。因而礼拜，愿升此塔，少选之顷，俄上相轮，当时身心快乐，未曾有也。于是将游京邑，途次朱方，遇竹林寺诩法师，雅相嗟赏，乃依止出家，为十戒和上。寻出都，住甘露鼓寺。进具已后，从静众峰师受十诵律，又听龙光绰师成实。自绰化往，更采众师，属意毗昙并八揵度，将欲并游秘奥，尽掇菁华。还，从龙光学士、大僧都舒法师研精成论，及舒物故，亲受遗嘱。值梁室版荡，京寺荒残，乃裂裳杖锡，来止南徐，实报地恩，兼修法事。陈武在田，朱方历试，夙承高誉，雅相钦重。司空侯公，次牧此州，虚心顶戴。永定三年，侯公入辅，乃请出都，于白马寺讲涅槃经及成实论。学徒云结，不远千里，挥汗鼓袂，风雨生焉，法筵之盛，莫或斯拟。天嘉二年，学士宝持等二百七十人请讲于湘宫寺。太建四年，宣帝敕请徙讲东安。后主昔在春坊，亟经义集曾属，才辩雄远，特所溢心，及嗣宝位，深惟敬仰。至德元年，下诏为京邑大僧都，四年转大僧正。及天下混一，来止徐方，缘会敷弘，无替时序。以开皇九年七月十日迁于中寺，春秋七十有五。其月二十八日，窆于钟山之岩。惟晅行业清高，灵祇向应，神通感召，不可思也。昔在陈朝，每年夏中，常请于乐游苑，为陈氏七祖及杨都六庙诸神发涅槃、大品经，并延神坐，俱在讲筵。所以翠旌孔盖，羽服霓裳，交乱人物，惊神眩目。而往来迎送，必降云雨，冥期无爽，十有余载。常于食后讲前假寐偃息，及讲时将至，辄见朱衣人唤曰："法师好起也。"陈领军将军任忠，少为将帅，雅好畋游。然宿植胜因，善机将发，庖厨饔饩，悉放奇光。睹而怪之，窃怀忧惧，夜梦异人来谓己曰："如请东安讲，则所见必当无忧。"既而觉悟，欢喜踊跃，罝罦矰缴，一时焚烬。仍屈两夏于府讲说，因此忏悔，承持二经，受不杀戒。故灵迹实繁，未陈万一。凡讲成实，玄义六十三遍，论文十五遍，涅槃、大品，各二十余遍。五十许年，法事相接，自余众部，略而不载。菩萨戒弟子司空吴明彻等公侯将相贵游朝士数千余人，难以胜记。弟子智瑜等以音仪永谢，余论将空，非彼丰碑，无陈声实，乃勒铭于寺中。菩萨戒弟子著作郎琅琊王胄制文。

隋常州安国寺释慧弼传七

释慧弼，姓蒋氏，常州义兴人也。祖玄略，以忠孝登朝，父元贶，以才华待诏，咸佩印绶，并奏弦歌。季父元举，陈世公功。庭列鼓钟，路横骖驷，车马之客填阶，琴啸之宾盈席。见弼青襟之年，神爽咸异，嗟曰："此子若逢凤德，终为王佐之才；既挺龙颐，必有封侯之应。"弼情存出俗，因而答曰："无为之贵，可以娱情，有待之烦，徒劳人耳。"于即蔬素迁迟，便思脱屣。陈武龙飞，大兴元福，永定二年，躬行衮冕，为剪周罗，三衣什物，一时通给，乃伏业于惠殿寺领法师为弟子。领东南竹箭，震泽风声，王族望僧，涂香是属。弼亲承雅训，听受成实，年登弱冠，握锥淮海。值宝梁明上盛弘新实，天宫晃公又敷心论，遂穷神追讨，务尽教源，所以六足八揵，四真五聚，明若指掌，罔或有遗。天嘉元年，游诸讲肆，旁求俊烈，备见百梁，悟茅茨之陋，频涉三休，恨土阶之鄙，乃去小从大，徙辙旧章。听绍隆哲公弘持四论，才经一悟，功倍常徒，研味数旬，精通玄极。是知大智本行，与日月而齐明；名称普闻，将风云而共远。然其神思沉郁，词吐抑扬，剪万古之盘根，朗百年之暗室，浙左饮德，更甚江东。太建十年，下敕于长城报德寺讲涅槃、法华，瓶锡盈堂，簪裾满席，质疑请道，接踵成林，禀戒承归，排肩如市，莫不谓百步之香草，或千年之圣人。爰至哲公将乎大渐，仍遣使者召还京室，鸾几麈尾，经书义疏，预是讲仪，一皆付嘱，欲令法轮不断，佛种相仍。弼顶受遗令，时满六年，敷演论经，各盈十遍，传授之美，复见伊人。隋师伐罪，陈运受终，思报地恩，言旋故里。安国寺者，陈武所营，基趾仍存，房庑雕坏。弼蒙犯霜露，振锡扬烟，广率良朋，愿言修理，故得寺宇光华，门房俨丽。故真观法师制寺碑，曰“花砖锦石，更累平阶；夏藻秋莲，还庄竦塔。月临月殿，粉壁照于金波；云映云台，画梁承于玉叶”是也。至于经像缮修，钟磬镕范，其为法利，胡可胜言！以开皇十九年正月，忽抱气疾，便觉弥留，至三月半午时从化，春秋六十有三，窆于华阳之山。学士慧方，陪随岁久，义解钩深，堪任传灯，咸以付嘱，乃立碑于寺云。

隋相州演空寺释灵裕传八

释灵裕，俗姓赵，定州巨鹿曲阳人也。年居童幼，异行感人，每见仪像、沙门，必形心随敬，闻屠杀声相，亦切怆胸怀，致使乡党传芳，亲缘为之止杀。年登六岁，便知受戒，父母强之，誓心无毁。寻授章本，及以千文，不盈晦朔，书诵俱了。至于孝经、论语，才读文词，兼明注解。由是二亲偏爱，望嗣门风。年七岁，启父出家，父以慧解夙成，意宗继世，决誓不许，唯令俗学，专寻世务，碍之道法。裕叹曰：“不得七岁出家，一生坏矣。”遂通览群籍，资于父兄，并包括异同，深契幽赜，唯老、庄及易，未预承传。年十五，潜欲逃世，会丁父艰，便从世疾，苫块萦转，杖而能起。服毕，厌俗心猛，不敢辞母，默往赵郡应觉寺投明、宝二禅师而出家焉，其人亦东川之摽领也。既初染大法，敕令诵经，裕执卷而誓曰：“我今将学，必先要心。三藏微言，定当穷旨，终无处中下之流。暨于儒释两教，遍须通晓也。”年始弱冠，闻慧光律师英猷邺下，即往归禀。会已殁世才经七日，独嗟无遇，戒约何依？乃回投凭师听于地论，荏苒法席，终于三年。二十有二，方进具戒，还从明、宝二德，求为本师，乃皆辞曰："吾为汝缘，吾非汝师，可往胜上所也。"遂赴定州而受大戒，即诵四分、僧祇二戒，自写其文，八日之中，书诵俱了。有定州刺史侯景，访裕道行，奏请度之，隶入公名，甚相器重。后南游漳滏，于隐公所偏学四分，随闻寻记，五卷行之。又以地论初兴，惠光开悟之元匠，流衍弘导，道凭即光师之所亲承。凭、光并有别传。裕依凭法席，晨夜幽通，发奇剖新者，皆共推揖。有齐宣帝盛弘释典，大统法上势覆群英，学者望风向附，用津侥幸。唯裕仗节专贞卓然，不偶伦类，但虑未闻所闻，用为翘结耳。后上统深委高亮，钦而敬之。自此专业华严、涅槃、地论、律部，皆博寻旧解，穿凿新异，唯大集、般若、观经、遗教等疏，拔思胸襟，非师讲授。又从安、游、荣等三师听杂心义，嵩、林二师学成实论。功将一纪，解贯二乘，纲领有存，皆备科举，而精爽弘赡，理相兼通。曾与诸僧共谈儒教，旁有讲席，参涉间闻，两听同散，竟以相闻覆述句义，并无一遗。由此邺下擅名，遐迩驰誉。且而刚梗严毅，守节自专。至于都讲覆述，励怀非任，世供道望，销声避隐，有事不获已者，让而受之。夏居十二，邺京创讲，名节既着，言令若新，预听归依，遂号为"裕菩萨"也，皆从受戒三聚，大法自此广焉。因以导物为恒务矣，意存纲领，不在章句，致有前后重解，言义不同，亡筌者会其宗归，循文者失其宏趣。会齐后染患，愿讲华严，昭玄诸统举裕以当法主，四方一会，雅为称先。时有雄鸡一头常随众听，逮于讲散，乃大鸣高飞西南树上，经夜而终。俄尔疾遂有瘳，斯亦通感之明应也。内宫由是施袈裟三百领，裕受而散之。文宣之世，立寺非一，敕召德望并处其中，国俸所资，隆重相架。裕时郁为称首，令住官寺，乃固让曰："国意深重，德非其人，幸以此利授堪受者。"其高谢荣时，为类若此。有善生法供，则受而无惮，其摄引陶化，又若此也。故其所行藏，不为世情之所同测矣。年四十有七，将邻知命，便即澄一心想，禅虑岩阿。未盈炎溽，范阳卢氏闻风远请，裕乘时弘济，不滞行理，便往赴焉。至止讲供，常溢千人，听徒嘉庆，前后重迭。后还邺下，与诸法师连座谈说。齐安东王娄睿致敬诸僧，次至裕前，不觉怖而流汗，退问知其异度，即奉为戒师。宝山一寺，裕之经始，睿为施主，倾撒金贝。其潜德感人，又此类也。周氏灭齐，二教沦没，乃潜形世壤，衣以斩缞，三升之布，头绖麻带，如丧考妣，誓得佛法更始，方袭旧仪。引同侣二十余人居于聚落，夜谈正理，昼读俗书，学既探幽，随览缀述，各有部类，名如后列。时属俭岁，粮粒无路，造卜书一卷，令占之取价，日米二升，以为恒调。既而言若知来，疑者丛闹，得米遂多。裕曰："先民有言'舐蜜刃伤'，验于今矣。"索取卜书，对众焚之。日别自往，须臾获价，卷席而归。所得食调，及时将返，用供同厄，遂达有年。大隋运兴，载昌释教，裕德光先彦，即预搜扬。开皇三年，相州刺史樊叔略创弘讲会，延请诸僧，并立节前标，遗法明寄，一期影向，千计盈门。裕当元帝，允副玄望，有敕令立僧官，略乃举为都统。因语略曰："统都之德裕，德非其德；统都之用裕，用非其用。既其德用非器，事理难从。"佥谓"舍于此人，则荐失纲要"。后更伸请，乃潜游燕赵，五年行化，道振两河。开皇十年，在洺州灵通寺，夜于庭中得书一牒，言述命报，厄在咸阳，初莫测其然也。至于明年，文帝崇仰释门，远讯髦彦，皆云："裕德覆时望矣。"因下诏曰："敬问相州大慈寺灵裕法师！朕遵崇三宝，归向情深，恒愿阐扬大乘，护持正法。法师梵行精淳，理义渊远，弘通玄教，开导聋瞽，道俗钦仰，思作福田。京师天下具瞻，四方辐凑，故远召法师，共营功业。宜知朕意，早入京也。"裕得书惟曰："咸阳之厄，验于斯矣。然命有随遭，可辞以疾。"又曰："业缘至矣，圣亦难违。"乃步入长安，不乘官乘，时年七十有四。敕遣劳待，令住兴善。仍诏所司咸集僧望，评立国统；众议咸属，莫有异词。裕笑曰："当相通委，何用云云。"遂表辞请还，置言详核。帝览表究情，依即听返。仆射高颎等意存统重，又表请留；帝即下敕，令且住此。裕曰："一国之主，义无二言，今复重留，情所未可。"告门人曰："王臣亲附，久有誓言，近则侮人轻法，退则不无遥敬。故吾斟酌向背耳。"寻复三敕固邀，裕较执如上。帝语苏威曰："朕知裕师纲正，是自在人，诚不可屈节。"乃敕左仆射高颎、右仆射苏威、纳言虞庆则、总管贺若弼等诸公诣寺宣旨，代帝受戒忏罪，并送绫锦衣服、绢三百段，助营山寺。御自注额，可号灵泉，资送优给，有逾常准。力步而归，达于本邑，顾而言曰："往返之弊，厄不亡乎？"由是敕问屡驰，傺锡重沓，稽疑请决者不远而至，餐风沐道者复结于前矣。裕末又住演空寺，相州治西，秉操弥坚，履行逾肃。帝闻之，又下诏曰："敬问演空寺大德灵裕法师！朕遵仰圣教，重兴三宝，欲使生灵咸蒙福力。法师舍离尘俗，投旨法门，精诚若此，深副朕怀。”其为国主思问，如此类也。及仁寿中年分布舍利，诸州起塔多有变瑞，时人咸嘉为吉征也。裕闻而叹曰：“此相祸福兼表矣。”由杂白花、白树、白塔、白云相现吉缘所为凶兆，众初不信之也，俄而献后、文帝相次升遐，一国素衣，斯言有据。相州刺史内阳公薛胄所住堂础忽变为玉，胄谓为善征也，设斋庆之。裕曰：“斯琉璃耳，宜慎之戒之，可禳之以福。”胄不从其言，后杨谅起逆，事有相缘，乃流之边裔，追悔昔言不慎之晚矣。又，于寒陵山所造九级浮图，仁寿末岁止营四层，裕一旦急催曰：“一切无常，事有障绝。”通夜累构，将结八重，命令断作，仅得施座安橙。值晋阳事故，生民无措其手足，裕命复悬于后载，其先见之明，皆若此也。于时邺下昌言裕师将过世矣，道俗云合，同禀归戒，访传音之无从。裕亦信福命之云尽，乃示诲善恶，励诸门人。从觉不愈，至第七日，援笔制诗二首。初篇哀速终曰：“今日坐高堂，明朝卧长棘。一生聊已竟，来报将何息。”其二悲永殒曰：“命断辞人路，骸送鬼门前。从今一别后，更会几何年？”至夜，告侍者曰：“痛今在背，吾将去矣。”至于三更，忽觉异香满室，内外惊之。裕静虑口缘，念佛相继，达于明相，奄终于演空寺焉，春秋八十有八，即大业元年正月二十二日也。哀动山世，即殡于宝山灵泉寺侧，起塔崇焉。初，裕清贞洁己，正气云霄，器识坚明，抗迹尘表。师资传授，斯寄得人。身佩白光，映照幽晦，眄睐高视，瞻见远近。而奉禁自守，杜绝世烦，虔虔附道，克念齐圣。母病绵笃，追赴已终，中路闻之，竟不亲对。嗟曰：“我来看母，今何所看！宜归邺寺，为生来福耳。”割略亲爱，如此之类。至于弘法轨模，万代宗辖，志存远大，不局偏授，故有单讲双时，雅为恒度，略文对讲，生常不经，必有传讲，要须延请，供承颙仰，方登法座。尝有一处敷演将半，因行游观，乃近韭园，问其本缘，云是讲主所有。裕曰：“弘法之始，为遣过原，恶业未倾，清通焉在？此讲不可再也，宜即散之。”便执锡持衣，径辞而出。讲主曰：“法师但讲，此业易除耳，复未足忧之。”便借倩村民犁具，一时耕杀四十亩韭，拟种谷田。斯道俗相依，言行无越，一人而已。其讲悟也，始微终着，声气雄远，辩对无滞，言罕重宣。或一字盘桓，动移数日，或一上之中，便销数卷。及至后讲，更改前科，增减出没，乘机显晦，致学者疑焉。裕曰：“此大士之宏规也，岂可以恒情而断之。”故十夏初登，而为领袖倾敬。或大德同集，间以谑情，及裕之临席，无不肃然自持，喧闹攸静。所以下座尼众，莫敢面参。而性刚威爽，服章粗弊，贵达之与厮下，承对一焉，去来自彼，曾无迎送。故通儒开士积疑请决，艺术异能抱策呈解，皆顶受绝叹，言不写情，可谓坐镇雅俗于斯人矣。故邺下谚曰：“衍法师伏道不伏俗，裕法师道俗俱伏。”诚其应对无思，发言成论故也。又，营诸福业、寺宇、灵仪，后于宝山造石龛一所，名为金刚性力住持那罗延窟，面别镌法灭之相。山幽林竦，言切事彰，每春游山之僧皆往寻其文理，读者莫不嘘唏而持操矣。其遗迹感人如此。自前后行施，悲、敬兼之。袈裟为惠，出过千领，疾苦所及，医疗繁多。但得厚味，先必奉僧，身预伦伍，片无贮纳。讲授之隙，正面西方，凡所涕涶，返而咽之，一报无弃。形不妄涉，口不净词，人畜训诲，绝于呵捶。乃至责问童稚，诫约门人，自述己名，彼号仁者，苦言切断，闻者泪流。自有师资，希附斯轨。年登耳顺，养众两堂，简以未具，异室将抚，言行有滥，即令出众。非律所许，寺法不停女人尼众，誓不授戒，及所住房，由来禁约，不令登践，斯励俗后代之弘略也。沙弥受具，和上德难，故尽报不行。自余师证，至时临众，若授以三聚，则七众备传。故使弘法之时，方听女众入寺，并后入先出，直往无留。致有法席清严，向传宇内，侍者供给，不预沙弥，僧制澄正，无论主客，内惟护法，外肃愆过。身服清修，不御绫绮，垂裙踝上四指，衫袖仅与肘齐，袛支极长，至胫而已，设见衣制过度，则处众割之。故方裙正背，大毡被褥，皮革、上色钱宝等物，并不入房，何况身履而为资具？斯又处俭之后教矣。常服五条，由来以布，纵有缯帛成施，终以惠人，袛支亦尔，余则弊纳而已。世有激刺颇用以为邀名者，时或达之，裕曰：“吾闻君子争名，小人争利，复何辞乎？”或曰：“名本利缘耳。”裕曰：“吾得利便失名矣。”又曰：“此乃诈为善相。”答曰：“犹胜真心为罪也。”时人以为佳言。其志行之仪，可垂世范，故传者不漏其节焉。自年三十，即存著述。初，造十地疏四卷，地持、维摩、波若疏各两卷，华严疏及旨归合九卷，涅槃疏六卷，大集疏八卷，四分律疏五卷，大乘义章四卷，胜鬘、央掘、寿观、仁王、毗尼母、往生论、上、下生、遗教等诸经各为疏记，成实、毗昙、智论各抄五卷，圣迹记两卷，佛法东行记、众经宗要、译经体式、受菩萨戒法并戒本首尾注、华严等经论序、大小乘同异论，舍利、目连传、御众法等，各有聚类，宗要可传。又制安民论、陶神论各十卷，劝信释宗论、鷇卵成杀论、字本七卷，庄记、老纲、式经、兆纬相录、医决符禁法文、断水虫序、齐世三宝记、灭法记、光师弟子十德记、僧制寺诰、十怨十志颂、齐亡消日颂、触事申情颂、寺破报应记、孝经义记、三行四去颂、诗评并杂集等五十余卷，久行于世。言无华侈，微涉古制，略情取理者久而味之。又凡授法，意专行用，有返斯趣者，告曰："原圣人垂教，教被行人，人既不行，还同不学，有违者驱出。"斯又重法成人者也。观裕安民、陶神二论，意在传灯，惠流民品，笃识高行，此焉攸属。有黄龙沙门，邺中同听经论禅律，罔不吞委，行解相贯，学者传之。将返燕郡，故来别裕，乃致请曰："愿垂示一言要法，所谓即解即行，而能长益沙门道行者。"裕曰："必如来言，临别相告。"后将首路，裕曰："经诰禅律，恐杂圣心。高僧一传，即凡景行，辄以相酬，可为神用耳。"其人欣戴，赍传还乡。斯实殷鉴物表，机悟有宗也。又，生常处众，必先端首说戒羯磨，无传欲法，讽谏之术，闻者如流。当于京辇入净影寺，正值布萨，径坐堂中，见远公说欲，裕抗声曰："慧远读疏，而云法事因缘，众僧听戒，可是魔说。"合座惊起，怪斥其言。识者告远，远趋而诣堂，裕曰："闻仁弘法，身令易传。凡习尚欣，圣禁宁准！"远顶礼自诫，衔泣受之，由是至终，远常赴集。其生物信顺，皆若此焉。自东夏法流，化仪异等，至于立教施行，取信千载者，裕其一矣。

隋西京空观道场释慧藏传九

释慧藏，姓郝氏，赵国平棘人。十一出家，即流听视。未登冠具，屡讲涅槃，剖折深奇，符契文旨。及律仪圆备，更业毗尼，行等明珠，解逾前达。未听智论、十地、华严、般若等经论，博见之举，人谁肯推？但深穷性体，义难抑伏，皆仰谢高断，罕不师焉。年登不惑，乃潜于鹊山，木食泉浆，澄心玄奥。研详虽广，而以华严为本宗，洞尽幽微，未测邪正，仰托圣助，希示是非，登即夜降灵感，空中声言是是。既闻斯告，因撰义疏，躬自传扬，絓预学流，普皆餐揖。齐主武成降书邀请于太极殿开阐华严，法侣云繁，士族咸集，时共荣之，为大观之盛也。自尔专弘此部，传习弥布。属周毁经道，划迹人间，栖息烟霞，保护承网。隋初开法，即预出家，讲散幽旨，归途开悟，化自东川，风行草偃，行成达义，德以诱仁。冰玉方心，松筠等质，故法雨常流，仁风普扇，致使道俗庆其来苏，蒙心重其开奖。开皇七年，文帝承敬德音，远遣征请。蒲轮既降，无爽纶言，藏乘机立教，利见大人，杖锡京辇，仍即谒帝承明，亟陈奥旨。凡所陶诱，允副天心，即六大德之一也，有敕加之殊礼，故二纪之内，四时不坠。后以般若、释论，群唱者多，至于契赏，皆无与尚。时有沙门智稳、僧朗、法彦等，并京室德望，神慧峰起，祖承旧习，希奉新文，乃请开讲金刚般若论。藏气截云霞，智隆时烈，将欲救拯焚溺，即而演之。于时年属秋方，思力虚廓，但控举纲致，标异新理，统结词义，言无浮泛。故禀益之徒恐其声止，皆崇而敬焉。以大业元年十一月二十九日遘疾卒于空观寺，春秋八十有四。临终诚心旷济，累属露骸。弟子奉谨遗诀，陈尸林麓，掩骸修塔，树于终南山至相寺之前峰焉，立铭表德，镌于塔后。沙门明则为制碑文，见之别集。

隋东都内慧日道场释智脱传十

释智脱，俗姓蔡氏，其先济阳考城人也，后因流宦故，复为江都郡人焉。祖平，齐新昌太守；父远珍，梁北兖州司马。脱初诞之夕，神光照室，旬日之间，枯泉自涌，斯盖智炬欲明、法流将导之征也。然其幼而风仪颖秀，气调清远。七岁出家，为邺下颖法师帝子。颖法侣鸳鸿，释门龙象，华严、十地，冠绝漳流。乃专经请道，分阴无弃，宫墙重仞，咸得其门。久之，又睹强师成实及毗昙论，分流异派，滥觞必尽，盘根错节，游刃有余。即于大众便事覆讲，写瓶珠贯，验在于兹。缁素嗟服，咸高神略。时丹阳庄严寺嚼法师成论之美，名实腾涌，远近朝宗，独步江表。脱乃服义下风，思餐法味，既适金陵，研几幽旨，精统词理，驰誉两都。每宴居，避席请谈玄论，嚼师深加赏赞，称为重器。及高座云亡，三千咸在，爰命门徒，以相付嘱，乃续敷义席，常转法轮。庄严之部，于斯荣盛，既揖论主之知人，又叹传灯之弘教，故雕琢门侣，无辍于时。众侣百余，一期俊乂，成其器者九十许人。据此敷扬之功，今古罕类也。陈至德中，帝请入内，讲说开悟，亟动神机。自鄱阳王伯山兄弟、仆射王克、中书王固等，敬仰惟深，并伸北面。隋祖留心法宝，阐扬至教，于岐阳宫建斋发讲，有诏于脱先升宝座，乃遣舍人崔君德宣旨曰："昔独步一方，未足为贵；今为四海论主，始见英才。"云云脱即发言抗论，剖断如流，莫不缄口卷舌，回车复路。冕旒清耳，屡动睟容；群辟解颐，日仄忘倦。炀帝作牧邗江，初建慧日，盛搜异艺，海岳搜扬，脱以慧业超悟，爰始沾预。既处齐衡，功倍励业，日夕相系，通眄诸部。而标勇无前，出言成论，鼓激支派，深有会宗。故道场英贤，学门崇仰，而脱雅为论士，众所推焉。后随帝入京，住日严寺，遣学士诸葛颖赍教书请讲，于即奉命成化，宣誉天朝。自江南成实，并述义章，至于论文，曾无顾涉。脱愤激先达，创同其论，命笔制疏，消散有闻，更使德溢由来，重新其美。自帝居望苑，大缉玄猷，以脱誉动物情，下令使修论疏，素已条贯，卷帙将成，乃结为四十卷，寻用奏闻。及献后既崩，福事宏显，乃召日严英达五十许人，承明内殿连时行道。寻又下令讲净名经，储后亲临，时为盛集。沙门吉藏，命章元坐，词锋奋发，掩盖玄儒，道俗翕然，莫不倾首。脱以同法相让，未得尽言，藏乃显德自矜，微相指斥。文至三解脱门，脱问曰："三解脱门以何箭射？"藏曰："未解弯弧，何论放箭！"脱即引据征勘，超拔新奇，遂使投解莫从，处坐缄默。殿下乃分品量德，依位演之，既即席端，便尽胸臆。仍令与道庄法师递升高座，共谈玄理，宾主无竭，贵达咸欣。嗣后嗟味，载形音旨，频遣庶子张衡殷勤称叙曰："法师才学钧深，古今罕例。仰观谈说，称实不虚。览所撰论疏，光溢心目。可更造净名疏及大小名教。"便给书吏寻录，勒成释二乘名教四卷、净名疏十卷，常自披翫。又遣画工图其形于宝台供养，每雕辇来仪，未尝不鞠躬致敬，瞻仰遗尘，有若真对。初，梁代琰法师撰成论玄义十七卷，文词繁富，难于寻阅，学者相传，莫敢删正。脱乃研详领要，演畅惟新，理在忘筌，义深功倍，卷轴因旧，宗旨不殊，当世盛行，无不欣庆。斯可谓悬镜拂而逾明，宝珠莹而加彩是也。仁寿末年龙飞之始，以脱夙昔敦厚，情在深衷，赐帛四百段，用隆厥德也。大业元年，随驾洛邑。二年暮冬，见身有疾，自强不息，犹事法筵。三年正月九日，弟子智翔、智儁侍疾，忽有异香满室，赤光照牖，即夜香水盥漱，遗疏周悉，端坐正念，以至无常，时年六十有七。乘舆震悼，赙赠优厚，敕施物三百段，丧事所须，随由供给，又敕黄门侍郎张衡监护。自脱之传道也，声辩清彻，众莫之喧，标宗控引，咸有联类，章疏虽古，陈解若新，每至隐括，必重迭研核。预在讲肆，永袪昏漠，求文检义，功不虚筵。自见弘诱而成清范者，罕继斯尘矣。初，脱每开讲题，必梦与优填瑞像齐立，岂非住持三宝功用均也？又，诸有疑义，昔所未了，辄见梵僧随方解释。未亡之前，梦一童子手执莲华云："天帝释遣来请讲。"临终之日，又见此相。观其睿思通微，名高宇内，妙感灵应，夫岂徒然！凡讲大品、涅槃、净名、思益各三十许遍，成论、文玄各五十遍。传业学士慧诠、道灌、诠声，德双扬灌，复立贞梗，各踵敷弘，知名当世。又以其年二月二十五日，式建方坟于洛阳县金谷里之北邙山，树碑于侧，其文隋秘书郎会稽虞世南撰（大业中年，脱之亡后，昔与藏公素情不狎，乃托形于病僧惠旻，具述前缘。藏闻而见之，与共论议，倾心尽礼，愿托旧情。故幽明不坠其绪云）。

隋东都内慧日道场释法澄传十一

释法澄，吴郡人。少机警，善谈论，文章书史，颇皆综涉。初，从兴皇朗公讲释三论，至于教旨乖竞者，皆条理而通畅焉。末聚徒立讲于江都开善寺，常听二百余僧，化洽吴楚，传誉淮海，负帙相趋，日增位席。晋王置四道场，澄被召入，安时悟物，弘导无绝。仁寿三年，奉令关壤，居于日严，广流视听，宪章新致，披讲智论，声望弥重，京师硕学，咸谒问之。炀帝徙驾东都，定鼎伊洛，从出淆右，因疾而终，时年七十余矣。

隋东都内慧日道场释道庄传十二

释道庄，杨州建业人。游践经史，听习玄论，皆会其标诣。而仪止弘雅，立性滔然，故少为同伦所尚。初听彭城寺琼法师，禀受成实，宗匠师表，门学所推。琼后年疾相侵，将欲传绪，通召学徒，宗猷顾命，众咸揖谢于庄允当遗寄。琼曰："庄公学业优奥，诚如弘选，理副诸望，用光于后。然其首大足小，终无后成，恐其徙辙余宗耳。”遂不行众议。庄后果鄙小乘，归崇大法，从兴皇朗法师听酌四论，一闻神悟，挺慧孤超。后入内道场，时声法鼓，一寺荣望，无不预筵，咨谒前疑，披解无滞，年德既富，皆敬而推焉。帝昔处蕃，致书礼问，诗论嘉篇，每令扣击，词采丰逸，屡动人心。末又追入京师，住日严寺，频蒙谒见，酬抗新叙。引处宫围，令其讲授。言悟清华，玄儒总萃，皆叹其博要也。晚出曲池日严本室，又讲法华，直叙纲致，不存文句。着疏三卷，皆风骨雅趣，师者众焉。炀帝初临，以庄留连风雅，道味所流，赐帛五百段、毡四十领。随驾东指，因疾而卒于洛阳，时年八十一矣，即大业之初也。有集数十卷，多在淮南，少流北壤。

隋东都内慧日道场释法论传十三

释法论，姓孟氏，南郡人。初住荆州天皇寺，博通内外，词理锋挺。隐沦青溪之覆舟山，味重成实，研洞文采，谈叙之暇，命笔题篇。梁明帝重其雅素，厚礼征召。而性在虚闲，不流世供，葛屦蒲服，用卒生年。隋炀在蕃，远闻令德，召入道场，晨夕赏对。王有新文颂集，皆共询谋，处俗传扬，亟移岁序。后入京辇，住日严寺。文帝时幸仁寿，论往谒见，特蒙接对，躬事展礼。帝美其清悟，为设净馔于大宝殿，登即在坐上诗，叙谈帝德、宫观，宏丽今古，高祖重加叹赏。及晋王之处春坊，优礼弥厚，中使慰沃，启疏相寻。大业元年将移东阙，下敕赐千秋树皮袈裟十领、帛五百段、毡四十领。皇后赐狐掖皮坐褥及法服等物。故其道望，帝后咸供之隆重，为类此也。因随驾至洛，不久而终，时年七十八矣。皇上哀悼，赙赠有加，仍敕所在传送，葬于荆楚。自论爰初莅法，崇尚文府，虽外涉玄儒，而内弘佛教，所以缀采篇什，皆叙释风。当即缵叙名僧，将成卷帙，未就而卒，本遂不行，顾惟高德有坠者众矣。有别集八卷行世。

隋京师大兴善道场释僧粲传十四（僧鸾　僧凤）

释僧粲，姓孙氏，汴州陈留人也。幼年尚道，游学为务，河北、江南，东西关陇，触地皆履，靡不通经。故涉历三国，备齐、陈、周，诸有法肆，无有虚践。工难问，善博寻，调逸古今，风徽遐迩，自号为三国论师，机谲动人，是所长也。开皇十年，迎入帝里，敕住兴善，频经寺任，缉谐法众，治绩著声。十七年下敕，补为二十五众第一摩诃衍匠，故着十种大乘论：一通、二平、三逆、四顺、五接、六挫、七迷、八梦、九相即、十中道。并据量经论，大开轨辙，亦初学之巧便也。仍于总化寺敷通此论，以摄学众。又着十地论两卷，穷讨幽致，散决积疑。仁寿二年，文帝下敕置塔诸州，所司量遣大德，多非暮齿。粲欲开阐佛种，广布皇风，躬率同伦洪遵律师等参预使任。及将发京辇，面别帝庭，天子亲授灵骨，慰问优渥。粲曰："陛下属当佛寄，弘演圣踪，粲等仰会慈明，不胜欣幸！岂以朽老，用辞朝望？"帝大悦曰："法师等岂又不以欲还乡壤，亲事弘化。宜令所司备礼，各送本州。"粲因奉敕送舍利于汴州福广寺。初达公馆，异香满院，充塞如烟。及将下塔，还动香气，如前蓬勃，又放青光，映覆宝帐。寺有舍利，亦放青光，与今送者光色相纠。又现赤光，当佛殿上，可高五尺。复现青赤杂光，在寺门上，三色交映，良久乃没。粲具表闻，详于别传。仁寿年末，又敕置塔于滑州修德寺。初停馆宇，夜放黄光，遍满一室，千人同见。后放五色，食顷方灭。自尔求者辄现，不可殚言。及至塔寺，夜别放光，乃照一寺，与昼无别。有赵威德者患目积年，蒙照平复。当下塔日，又放光明，塔上空云，五色间错，或如贤圣、仙人、龙凤、林树等象，峙于云内。数万士女，嗟咏成音。前后往使，皆感灵瑞。文帝叹重，更加敬仰。时李宗有道士褚揉者，乡本江表，陈破入京，既处玄都，道左之望，探微辩，妙拟阐三玄，学鲜宗师，情无推尚。每讲庄老，粲必听临，或以义求，或以机责，随揉声相，即势沉浮，注辩若悬泉，起哢如风卷。故王公大人莫不解颐抚髀，讶斯权变。常下敕令揉讲老经，公卿毕至，惟沙门不许预坐。粲闻之，不忍其术，乃率其门人十余携以行床径至馆所，防卫严设，都无畏惮，直入讲会，人不敢遮。揉序王将了，都无命及，粲因其不命，抗言激刺，词若俳谑，义实张诠，既无以通，讲席因散。群僚以事闻上，帝曰："斯朕之福也，得与之同时。"隋齐王暕见礼下筵，钦兹叹咽，常欲见其谈说，故致于法会。有沙门吉藏者，神辩飞玄，望重当世。王每怀摧削，将倾折之，以大业五年于西京本第盛引论士三十余人，令藏登座，咸承群难。时众以为荣会也，皆参预焉。粲为论士，英华命章，标问义筵，听者谓藏无以酬；及牒难接解，谓粲无以嗣。往还抗叙四十余翻，藏犹开析不滞，王止之，更令次座接难。义声才卷，粲又续前难，势更延累，问还得二三十翻，终于下座，莫不齐尔。时人异藏通赡，坐制勍敌，重粲继接他词，慧发锋挺。从午至夕，无何而退。王起，执粲手而谢曰："名不虚称，见之今日矣。"躬奉麈尾什物，用显其辩功焉。而行摄专贞，不贪华望。及禅定郁起，名德待之。道行既隆，最初敕命，粲以高位厚味，沈累者多，苦辞不就。以大业九年卒于兴善，春秋八十有五。弟子僧鸾、僧凤，并以继轨驰名。鸾本姓王，名为大业，八岁通礼，十岁讲传于江都，夙有惊俗之誉。及投簪佛种，经论有闻。隋末返俗，唐初出仕，位至给事中。凤有别传，自光徽绩。

续高僧传卷第九

续高僧传卷第十

大唐西明寺沙门释道宣撰

义解篇六　正传十七　附见五

隋彭城崇圣道场释靖嵩传一

释靖嵩，俗姓张，涿郡固安人。幼抱贞干，在物不群，迫以俗尘，期之道务。十五出家，有同学靖融早达经论，通该小大，尤究杂心，每以佛宗深要，曲流委示。嵩神气俊越，聪悟天机，随览义门，覆疏陶练，重以心计不测，返以问融，融无以对也，乃告曰："卿稚齿末学，彻悟若斯，可往京邺，必成济器。"及登冠受具，南游漳輦。属高齐之盛，佛教中兴，都下大寺略计四千，见住僧尼仅将八万，讲席相距，二百有余，在众常听，出过一万，故宇内英杰，咸归厥邦。有大学寺融智法师，大齐国统法上之神足也，解贯众师，道光二藏，学徒五百，负帙摩肩，常讲涅槃及地论。嵩闻之，乃投诚焉，北面从范，攻研数载，随闻覆述，每击奇致，于即学徒举目，相与推师。又以行要肇基，必先戒约，乃诣云、晖二律师所博求明诲，涉问二载，薄镜宗条。唯有小乘，未遑详阅，遂从道猷、法诞二大论主面受成、杂两宗，咨诹幽奥，纂习余烈。数百僧徒，各启龙门，人分凤翼，及嵩之位席，上经五遍，旁探婆沙迦延、舍利弗等，妙通文理，屡动恒神。便又博观众经，师模论道，势倾八位，词号四飞，独步河山，舟航三藏，凭附参请，智光时杰。齐琅琊王深相器重，弘扇风猷，每于肇春，广延学侣，大集邺都，特开法座，奉嵩为法主，进励学徒。因尔导悟成津，弥逢凉燠，传芳接武，响誉东河。俄属周武屏除，释门离溃，遂与同学法贵、灵侃等三百余僧自北徂南，达于江左。陈宣帝远揖德音，承风迎引，令侍中袁宪至京口城礼接登岸。帝又使驸马蔡凝宣敕云："至人为法，以身许道。法师等善明治乱，归寄有叙，可谓怀道正士，深可嘉之。宜于都郭大寺安置，所司供给务令周洽。仍令推荐义学长者，即弘像教。"时建业僧正、令嵩、贵二人对弘小论，神理疏畅，赡勇当时。学侣相近，数过五百，晷漏分业，茂绩新奇。有天竺三藏，厥号亲依，赍摄、舍二论远化边服。初归梁季，终历陈朝，二十余年，通传无地，虽云译布，讲授无闻。唯嵩独拔玄心，玩味兹典，才有讲隙，便诣沙门法泰咨决疑议，数年之中精融二部。自佛性、中边、无相、唯识、异执等论四十余部，皆总其纲要，剖会区分。隋高廓清百越，文轨大同。开皇十年，敕僚庶等有乐出家者并听。时新度之僧乃有五十余万，爰初沐化，未曰知津。嵩与灵侃等二百许僧闻机乘济，俱还江北，行达徐方，盛开讲肆。上柱国徐州总管乞符令和率其所部同延住前京兆王寺，具状闻奏，有敕给额为崇圣寺焉。于是常转法轮，江淮通润，遂使化移河北，相继趋途，望气相奔，俱咨摄论。嵩学资真谛，义实天亲，思逸言前，韵高传后，大乘极旨，于是乎通。自此领匠九州，垂章四海。撰摄论疏六卷，杂心疏五卷。又撰九识、三藏、三聚戒、二生死等玄义，并流于世，为时所宗。隋文封禅岱宗，銮驾齐鲁，关中义学因从过于徐部，诣嵩法肆，伏膺受业，由此门徒推盛，章疏大行。隋炀昔镇杨越，立四道场，教旨载驰，嵩终谢遣。及登紫极，又有敕征，固辞乃止。门人问其故，答曰："王城有限，动止严难，虽内道场，不如物外。沙门名为解脱，如何返以事业累乎？吾曾游两都，屡逢播荡，弊此劳役耳。"恒每清素自洁，私立道场，日加礼诵，修诸净业，讲道相续，策众六时，精苦已来，垂三十载。然其扣头，手膝按地之所，悉成坑迹，状若人模。其景行征明，为若此也。自有论师，多迷行旨，而嵩奉遵法度，初不坠伦。常遇天雨，澡罐在庭，恐伤地性，令净人知举，方自从用。同诸学士，咸敬惮其知量焉。加以性爱文藻，时摛诗颂，重复嘉尚林泉，每登践陟，子史篆隶，摸揩于今，世论剧谈，颇有承绪。忽以大业十年遘疾卒于本寺，春秋七十有八。光禄大夫彭城道留守顺政公董纯与部内道俗，殡于神皋之原。益州道基，昔预末筵，餐风饮德，悼流魂之安放，悲坟隧之荒侵，为之行状，广于世矣。

隋西京大禅定道场释靖玄传二（明则）

释靖玄，姓赵氏，天水人也。识度淹弘，清鉴悬远。七岁任郡学生，勤阅三冬，艺该六典。皇隋肇运，便业李、张，名预黄巾，身同观宇，呼吸沆瀣，吐纳阴沆。每思五千道德，良非造真，七诫超升，本为浮诡，乃舍其巾褐，服此伽梨，澄练一心，专宗经部。时年在息慈，频登法匠，华夷钦仰，缁素属目。受具已后，声势转高，遂使化靡陇西，扇荣河洛。以秦凉荒要，佛法浇侈，将欲结其颓网，布此遗矰，具列正法要务，奏上文皇。蒙敕允述，纶言奖拔，登下河右，颁条依用。元德太子籍甚芳猷，翘想钦揖，爰降令旨，远召京华。玄遂恭承嘉惠，来翔帝宇。有令于大兴善道场盛弘法会，飞轩鸣玉，杖锡挈瓶，总萃观风，德音通被，纵远论体，舒散疑踪，能使难者由门，解宣尽力。时璨法师居坐，谓曰："自河凉义侣，则道朗擅其名，沿历至今。尔其接轸，代不可削，斯人在斯！"由此显誉京师，绰然高步。会高祖升遐，郁兴禅定，遂应诏住焉，常转梵轮，弘匠非少。大业七年正月二十九日无疾而化，春秋四十有三。初，玄生平言论，慈悲为主，每许遗骸弃之林野。有天水同侣沙门慧严，追想昔言，送尸山麓，肌肉已尽，便鸠聚遗身，构兹砖塔于终南龙池寺之西岑，树铭塔所，用旌厥德。沙门明则为文。则本冀人，通玄儒，有才慧，纳言敏行，尤所承统。文藻虽驰，时未之赏，乃制觉观寺碑，物亦不悟。仆射杨素见而奇之，由斯一顾，方高声问，奏住仁寿宫三善寺。东都译经，又召入馆，专知缀缉。隋末卒于所住，有集行世。薛道衡每曰："则公之文，屡发新采，英英独照。"其为时贤所尚也如此矣。

隋襄阳沙门释智闰传三

释智闰，不详姓氏，襄阳人也。无师独悟，自然厌世，周章邑野，借访出道。承邺下盛宗佛法，十统郁兴，令响滂流，洋溢天壤，闰不胜其喜，踊跃不安，年始二十，便趋远诣。会遵统开弘十地，即从服业，经未越序，频参覆论，河北夙少，望尘许焉。晚学华严、涅槃，咸增荣显。又听光统四分，领受文言。兼习小论，具辩通塞。时号博赡，鲜有加之。又闻江表大弘三论，既是本愿，不远而归。正值长干辩公当涂首唱，预从听受，一悟欣然，文义重深，遂多时载。后还汉阴，镇常讲导，化行江涘，善生道俗。大业初建，延住慧日，该富之量，更溢由来。会征辽左，求功岳渎，敕闰岷蜀祭祷江神。还至西京，因疾而化，卒于禅定寺，时年七十有五，即大业十年矣。

隋吴郡虎丘山释智聚传四

释智聚，姓朱氏，住苏州虎丘东山寺。神气清远，彰于襁褓，深厌笼樊，乐希寥廓。初投武丘胤法师。胤道艺之重，羽仪当世；聚分阴无怠，请益深旨。有同郡顾希凭、会稽谢峻岳，义府经肆，东南之美，并钦高德，同揖清风。由是儒、墨通弘，真俗具举，宫墙重仞，允得其门，才逾弱冠，便弘讲说。庄严皭师，新实一家，鹰扬万代，遂伏膺咨质，百舍非远，斐发既精，疑滞咸折。汝南周弘正博通内外，鉴赏人伦，常叹嘉之，以为释门之瑚琏也。陈鄱阳王伯山、新安王伯周、新蔡王叔齐，并降贵慕道，延请敷说。至德二年，奉敕于太极殿讲金光明，天子亲临法席，具僚咸在，故能写此悬河，振斯木铎，亹亹奇韵，超超入神。或有捷径小道，互持邪论，莫不回车杜口，改心易业。人主叹赏，称善久之。至德三年，丁外母忧，泣血衔哀，殆将毁灭。因此言归旧里，止于东山精舍，善说不休，法轮常转。开皇十一年，爰降敕书，殷勤劳问："法师栖身净土，援志法门，普为众生宣扬正教，勤修功德，率励法徒专心讲诵，旷济群品。钦承德业，甚以嘉之。"尚书令楚公素、左仆射邳国公苏威，并躬到道场，接足顶礼，咸舍净财，资庄形命。十三年敕置僧官，道俗稽请居平等之任。聚以雅道斯人，直心应物，和合之众，清风穆如也。时郡将宗成刘公夙仰高名，常钦盛德，及部临镇，请为菩萨戒师。齐王暕以帝子之贵作牧淮海，乃降教书至山延曰："弟子下车旧楚，亟改炎凉，逖听清规，其来有日。敬承幽栖山谷，多历年所，道风胜气，独擅当今。故以德冠林、远，道超生、什，炳斯慧炬，以悟群迷，独步江东，何甚之美！未获稽疑下筵，餐承高义，杼轴之劳，载盈怀抱。据虎之岫，川途不遥；翔鹭之涛，风烟相接。心愿振忍辱之衣，赴翘勤之望。"乃固辞以疾，事不获从，引藉平台，深加敬礼。频遣使人，请弘大教。聚惟志违人世，心逸江湖，词翰恳恻，固求东返。王亦弘以度外，得遂宿心，资给所须，将送甚重。于是接浙晨征，还居山寺。现疾浃旬，而神用无爽，以大业五年十一月二十四日终于本住，容貌若存，顶暖身柔，皆如平日。闻诸前记，乃感果之征也。春秋七十有二。即以其年十二月窆于山之南岭。惟聚性托夷远，衿情闲澹，等怀遇物，弘量居心，楚、越拘情，得丧兼遣，方寸之地，悠然罕测。美风姿，善谈笑，流连赏悟，见者忘返。加以乐说忘疲，总持无失。讲大品、涅槃、法华等各二十遍，单经适务者，罕得记焉。又，居身清俭，不在饰玩，衣钵已外，随用檀舍，方丈之内，虚室萧然，几榻之间，文疏而已。故能道盛一时，名重当世。其所造丈八卢舍那、无量寿、荆州瑞像，于寺供养，并起涧西佛殿二所，回廊周遍，具二庄严。弟子道恭、犹子道顺，德惟上首，业盛传灯，敢树高碑，用旌景行。秘书虞世南为文。

隋丹阳聂山释慧旷传五

释慧旷，俗姓曹氏，谯国人也。其后别派，今为襄阳人焉。祖亮宗，梁给事黄门侍郎、卫尉卿。父蔼，直阁将军。旷秀气标于弱岁，天然孝敬，率性高廉。十二出家，事江陵宝光寺澄法师，祇勤仪训，肃奉帷筵，发明幽旨，颇超群辈。后辞朋帝渚，问道王圻，居律行寺，听彭城讲。玄关斯辟，大义已通，将事随方，转相弘教，乃与宗、恺、准、韵诸师俱值真谛受摄大乘、唯识等论，金鼓、光明等经。俄而真谛涅槃，法朋雕徙，乃共同学僧宗俱栖匡岫，分时敷说，法化弥隆。州宰、鄱阳、长沙二王，俱敦师资之敬。后于湘、郢二州累载弘道。虽亲党久忘，而地恩待报，以陈至德元年言旋旧邑，即隋开皇之三年也，于遍学道场传经引化。旷既律行严精，义门综博，道俗具瞻，纲维是奇，统掌八载，摄是乌回。后又奉敕移居兴国，寺任攸委，丝纶再降，香苏屡锡。秦孝王，帝子之尊，建麾襄沔，闻风伫德，亲奉归戒。炀帝纂历当符，尊贤味道，爰降王人，近居辇毂。道次江阳，辞疾不见，蒙敕丹阳栖霞山寺以事治养。又，素协性松筠，辅神泉石，赏狎既并，缠痾用弭。于栖霞法堂更敷大论，新闻旧学，各谈胜解。且归善禅，房本栖玄精舍，竟陵文宣之余迹，禅师慧晓之遗风，镜潭月树之奇，云阁山堂之妙，曾事游处，遂有终焉之志，后携子弟徙而憩之。崖谷泯人世之心，烟霞赏高蹈之域，其有怀真慕义者，复萃于斯矣。以大业九年五月十六日终于寺房，春秋八十。顶暖淹时，手屈二指，斯又上生得道之符也。以其月二十日窆于寺之西山。弟子等树碑纪德，常州沙门法宣为文。

隋丹阳仁孝道场释智琳传六

释智琳，姓闾丘氏，高平防舆人也。祖僫，闲居傲世。考昙珍，梁国常侍。琳弱龄，淑问彰于乡党。处士卞诠擅名当世，年在幼学，服膺请业，礼、易、庄、老，悉穷幽致。诠嘉其早慧，命曰“希世神童也”，逮于德壮，超然离俗，即事仁孝寺沙门法敦，遵就养之仪，禀息慈之戒，蔬餐苦节，笃志熏修，法华、维摩，受持成诵。属以敦公告逝，戒品未圆，乃高步上京，更崇师辙，依止东安寺大僧正晅法师，既其力生有奉，尸罗乃具，爰禀成论，兼习毗尼。既洽闻持，将弘传授，瞻言乡县，思报地恩，以陈太建十年旋于旧里。南徐州刺史萧摩诃深加礼异，爰请敷说，于是郁居宗匠，盛转法轮，受业求闻，实繁有众。至十一年，下敕为曲阿僧正。至德二年，敕补徐州僧都，称首攸归，谅由德举。开皇十六年，闰州刺史李海游屈为断事，纲维是寄，允当佥属。所居仁孝寺者，梁故征西咨议郑僧绍舍宅所造，殿堂肇构，乱离遄及，琳乃嗣兴梓匠，爰加藻饰，轮焕弘敞，实有力焉。前后造中人像五躯、夹纻像一躯，神仪显曜，相好严挺。又于育王山顶造五层砖塔，拟夫八万同时，一期高妙。讲大品、法花、净名、金鼓各有其遍，所度弟子千有余人。常想趣道津要，莫尚禅那，以招隐伽蓝，俗外尘表，山房闲寂，茂林幽邃，终焉之所，有志栖焉，迫以缘碍，弗之果也。然其温严自持，诲引无倦，财玩靡积，随行给济，威容感物，信为道门之杰矣。以大业九年五月六日加趺合掌终于仁孝之东房，春秋七十。先是五月初，有清信士刘正勤请讲弥勒，琳谕以无常，初未之许，至是果终，信哉知命！及将大渐，诫诸弟子：“尸陀林者，常所愿言，吾谢世后，无违此志。”沙门智铿等谨遵遗言，以其月十一日迁于育王之山。时属流金，林多鸷兽。始乎仲夏，暨是抄秋，肤体俨然，曾无损异。道俗嗟赏，叹未曾有。又以其年闰九月八日，于招隐东山式构方坟，言遵卜兆，全身舍利，即窆山龛。方俗并臻，同门毕至，洒泣抚心，山盈响谷。乃树碑于寺之门右，其文江阳介生蔡瑰所制。

隋西京宝刹道场释净愿传七

释净愿，未详其氏，代州人也。三十出家，博闻强记，推核经论，夙有成规，远为诸学之所先仰。创进大戒，专师律部，既越立年，弥隆盛业。以旦达曙，翘精固习，观采五遍，便就讲说。初，以其壮室入道，人多轻侮，试听其谈说，属其文理，清洞开散，片无拥滞，各投心位席，莫不致敬。愿连讲四分，接承十遍；又听十地、华严及诸小论。末师准摄论，纲纽章句，并通了谈对，课笃形有，钻注圣言，依解制节，广流章疏。晚入京辅，采略未闻，虽经怀抱，无一新术，时未测其通照也。住于宝刹寺中，潜其容艺。后因法集，愿欲矜其名采，次当竖义，意存五阴，便登坐而立。众以其非伦，皆寂无言论，良久缄默。愿俯视众曰："竖义已久，如何不有问乎？"众曰："竖何等义？乃邀问耶。"愿曰："名相久矣，众自不知。诸德坐席口传，余则色心俱立。"便安然处坐，气勇如云，自述曰："计未劳止此，且修人事耳。"时以为矫异露洁也。及难击往还，对答云雨，皆先定其番数，后随数尽言，开塞任于当时，邪正由其通滞。或重疑积难由来不决者，而能诠达其理，释然新畅，于即预是聪慧，归踪者多。遂移就宝昌，四序恒接，草堂土堙，以此敷弘。正时摄论，晚夜杂心，或统解涅槃，或判销四分，无择余暇，轨范后贤。凡所开言，并乖旧解，制疏出后，更不重看，临讲呼唤，皆衷规矩。其洽闻不忘，世罕加焉。至如舍利毗昙，文旨重隐，读者犹难，况通其义？愿执卷披文，泠然洞尽，乃造疏十卷，文极该赡。会文帝造塔，敕遣送舍利于潭州之麓山寺。初至州治，度湘西岸，将及山所，忽有奇鸟数万为群，五色相翻，飞浮水上，行次向船，似相迎引，及至舍利，还飞向前，往还迅速，众莫不怪。及登岸上，鸟便行望，相从飞空，同至塔所。识者以为山神眷属之变象故也。愿以瑞闻，帝大嗟赏。而教授为务，六时礼悔，初仪不怠。敬慎法律，如闻奉用，自见法匠多略戒宗，并由亏信而重所学故也。今愿兼而美之，独觉浇世，可谓明人护戒，于是乎得矣。京邑擅名，初皆钦羡，及见其谈讲经术，并宪章先达，改正文议，封言者众，不胜品藻，皆滞其恒习，听者不满十人。又以言令卓绝，非造心者所觊，故不为晚进所入。及大业初岁，辩相法师追入慧日，见徒一百，并识知津，皆委于愿。自此如常开悟，众倍前闻，更相击赞，令响弥远。四方因造，日就义筵，皆闻所未闻，欣至难义，至于分畅深伏，标举纲门，坐者不觉离席膝前，皆美其义采之英拔也。相仍一岁，奄就无常，春秋六十有余，即大业五年五月也。然愿有博见之长，而寡于福业，验乎从学，屯盛便丧，岂不然耶？既而舍利毗昙，竟未披讲，疏又失落，后代绝通，又可悲之深矣！

隋西京禅定道场释智凝传八（灵觉　道卓）

释智凝，不详姓族，豫州人。年小出家，积传师习，经目不忘，并贯怀抱。所诵众经，数十万言，须臾便引诵，未尝温故。及进具后，日声情望，群宗遥指，恐无后成。凝闻之，叹曰："俗尚朝闻，不怀夕死。出世道要，何累厚彭生城？"遂往嵩公，仰咨摄论，幽神外动，正义斯临，心若旧闻，再无重请。初讲才讫第二胜相，顾诸徒曰："摄论纲旨，都可见矣，余文无暇更听。"便欲制疏，往辞于嵩。嵩曰："后生标领，尔并驱邪？恨功未后通，恐乖僻耳。"凝曰："蒙法师开明大照，举列可知，失在支、诈，故无所虑。"便拜首别焉。时以为夸诞，未之欣尚也。及着疏既了，剖决词宗，依而讲解，声望转盛。后赴京辇，居于辩才，引众常讲，亟传徽绪。隋文法盛，屡兴殿会，名达之僧，多参胜集。唯凝一人，领徒弘法，至于世利，曾不顾眄，所以学侣成德，实异同伦。后住禅定，犹宗旧习。大业年中卒于住寺，春秋四十有八。初，凝传法关东，无心京讲。有明及法师者，摄论嘉名，宗绩相师，凝当其绪。年事衰顿，仍令学士延凝，既达相见，一无余述，但问云："黎耶识灭不？"凝曰："灭矣。"及乃勇身起坐。抚掌大庆，不久而卒。凝因承及绪，故学者不移其宗。兼行洁清严，风霜不变，六时自课，福智无歇。故辩才一寺，躬事修营，汲灌树植，平坦僧院，初无有阙。长打将了，便就元席，说法既竟，还依福事。章疏之务，手不执文，随时扣寂，对至钟鼓。或一宿施会，赍及百千，或一时外食，傣兼金帛，皆曾无别念，志存授法，故所在传嗣矣。有学士灵觉、道卓，并蜀土名僧，依承慧解，擅迹京室，逸还益部，弘赞厥宗，故岷洛摄论，由之而长矣。

隋西京真寂道场释法彦传九

释法彦，姓张，寓居洺州。早岁出家，志隆大法，而聪明振响，冠远侪伦。虽三藏并通，偏以大论驰美，游涉法会，莫敢抗言。故齐、周及隋，京国通惧，皆畏其神爽英拔也。故得彦所造言，宾主兼善，使夫妙义精致，出言传旨。齐公高颍访道遐方，知彦声绩，乃迎至京邑。虽复智亮冒于当时，而谦素形于声色，所以新故挟情，有增陵勃者，彦奉而敬之，不以年齿相顾，由此识者弥爱而珍重焉。有法侃法师，本住江表，被召入关。彼方大德渊法师者，正法高粲，义学所推，语侃曰："天地虽广，识达者希。晚学之秀，法彦一人，可与论理。余则云云，从他取悟耳。"及侃至京相见，方知渊之远鉴也。开皇十六年下敕，以彦为大论众主，住真寂寺，镇长引化。仁寿造塔，复召送舍利于汝州。四年，又敕送于沂州善应寺。掘基深丈，乃得金沙，涛汰成纯，凡二升许，光耀夺目。又感黄牛自至塔前，屈膝前足，两拜而止，回身又礼文帝，比景象一拜。及入石函，三万许人并见天云五色，长十余丈，阔三四丈，四绕白云，状如罗绮，正当基上空中，自午及未，方乃歇灭。灭后复降五色云，从四方来，状同前瑞。又感玄鹤五头，从西北来，回旋塔上，乃经四度，去复还来。复感白鹤于上徘徊，久之乃逝。又感五色蛇屈盘函外，长可三尺，头向舍利，惊终不怖，如此数度。刺史郑善果表曰："臣闻敬天育物，则干象着其能；顺地养民，则坤元表其德。是以陶唐砥躬弗懈，休气呈祥；夏后水土成功，玄珪告锡。方知天时人事，影响若神。伏惟陛下秉图揖让，受命君临，区宇无尘，声教尽一。含弘光大，慈愍无边。天佛垂鉴，降兹荣瑞。塔基六处，并得异砂，炫耀相辉，俱同金宝。牛为礼拜，太古未经；云腾五色，于今方见。又感蛇形杂采，盘旋塔基，鹤扬玄素，徘徊空际。虽轩皇景瑞，空传旧章；汉帝庆征，徒书简册。自非德隆三宝，道冠百王，岂能感斯美庆，致招灵异？"帝悦之，着于别记。彦传业真寂，道俗承音。左仆射高颍奉以戒法，合门取信，于今不倾，并彦之开济。以大业三年卒于所住，春秋六十余矣。

隋西京海觉道场释法总传十

释法总，姓段氏，并州太原人也。少以诵涅槃为业，既通全部，志在文言，未遑听涉，十余年中，初不替废。后听玄义，便即传讲，前后二纪，领悟非一。而宽厚逊仰，为物归投。开皇中年，敕召为涅槃众主，居于海觉，聚结四方，常敷至理，无舍炎燠。仁寿岁初，敕送舍利于隋州之智门寺。掘基三尺，获神龟一枚，色黄且绿，状如彩绣，头有八字，云“上大王八万七千年”，腹下有“王兴”二字。驰步往来，都无所食。及舍利所由，令人治道于隋侯桥侧，柳树又雨甘露，状如雨下，香甜浓润，众共饮之。总乃表闻。帝敬谒灵祥，恒以此龟置于御座，与臣下观之，有经年月。帝游北苑，放之清池，虽泛泳少时，还出绕池，随逐帝躬，前后非一。陪卫咸睹，共欣征感。及四年春，又敕送舍利于辽州下生寺，放光分粒，其相极多。石函变为锦文及童子之象。函之北面现于双树，下有卧佛。又于函南现金刚捉杵拟山之相。又于函东现二佛俱立，并一骐驎。又于函西现一菩萨，并一神尼曲身合掌向于菩萨。更有诸相，略不述之。又放大光，聊乱而起，动眩人目，从冥达晓，诸灯虽灭，而光续照，不异日月之明。尔夕阴雨，佛堂鵄吻放于黄光，飞移东南三百余步。外人谓火，走赴知非，寻光所发，乃从堂中舍利处出。众皆通见，大发道心。八日将下，五色云盖覆于塔上。又感奇鸟，素身乌尾赤觜，口衔片云，状如华盖，亦现塔上。斯瑞之感，五万余人一时同见。及坟下讫，云鸟皆灭。四月九日，基上放光，分为五道，直西而去，色如采画，数百里引之，见者非一。总躬临此瑞，喜发内心，具图上闻，敕封秘阁。后因故业，讲诵不疲。大业年中卒于海觉，春秋七十矣。门人行等、玄会，嗣续擅名，见于别传。

隋西京大兴善道场释僧昙传十一（慧重）

释僧昙，姓张，住洺州。少小出家，通诸经论。慨佛法未具，发愤求之，以高齐之季结友西行，前达葱山，会诸梗涩，路既不通，乃旋京辇。梵言音字，并通诂训，开皇十年，敕召翻译，事如别传。住大兴善。后敕送舍利于蒲州之栖岩寺，即古云居寺也。山曰中朝，西临河涘，世称形胜，莫尚于斯。初，送达州治，而栖岩佛殿内有钟鼓之音，响振一寺，迫而就检，一无所见。灵舆至寺，是夜于浮图上放大光明，流照堂内，通朗无翳。如是前后，频放神光，或似香炉，乘空而上，或飞紫焰，如花如叶，乍散乍聚，或如佛象光跌宛具，或如虹气，环绕塔帐，累日连宵，昱光难准。又，州治仁寿寺僧夜望栖岩，光如楼阙，照于山谷。又，去山寺八十里，住者见光如火，皆谓野火烧寺，及来寻觅，乃知灵相。其祥瑞之感如此也。至仁寿末年，又敕于殷州智度寺置塔。初至州治，见佛像垂手正坐，在于瓶内，迄至入函，常不变异。又，地生罗文，屋上见青莲华及菩萨像，大众同睹。又见龙盘蛇屈之象，并大人足迹及牛马鸟狩等迹。又，置塔处有小蛇二枚停住不去，因即构基。入地四尺，飞泉上涌，厉疾已下，六根坏人，服者通损。既值斯缘，乃移北置，以避于泉。故二蛇之住，深有由矣。昙以传译之美，继业终寺，即大业初年矣。时有慧重沙门，姓郭，雍州人。练道少年，综寻内外，志力方梗，不惮威侮，摄论、十地，户牖由开。敕请造塔于秦州岱岳寺。初停公馆，舍利金瓶自然开现，放光流外，道俗咸睹。送至寺塔，将入石函，又放光明，晃耀人目。岳表白气，三道下流，直向塔基，良久乃歇。又，岳神庙户，由来封闭，舍利止至，三度自开，识者以神来敬礼故耳。后不委其终。

隋西京大禅定道场释灵璨传十二

释灵璨，怀州人，远公之门人也。禀志淳直，宽柔著称。游学相邺，研蕴正理，深明十地、涅槃，备经讲授。随远入关，十数之一也，住大兴善。后为远公去世，众侣无依，开皇十七年下敕补为众主，于净影寺传扬故业，积经年稔。仁寿兴塔，降敕令送舍利于怀州之长寿寺。初，建塔将下，感一雄雉集于函上，载飞载止，曾无惊惧。与受三归，便近人驯扰，似如听受，回头鼓舞，欣跃自娱。覆勘其形，实非雉也，身具五采，羽毛希世。以状奏闻，敕勘瑞图，云彩鸾也。璨令寺僧执之，放于北山，飞鸟群迎，鸣唳而去。又感异迹三十余步直来塔所，不见还踪。及四月八日将入石函，又放光明，旋环隐没。道俗崩踊，无不发心。仁寿末年，又敕送于泽州古贤谷景净寺起塔，即远公之生地也。初至州治，半月之间，十八种相前后迭起，或如星光绕旋，或如丹气、碧云、紫霞、白雾，罗布上空，照烛城郭，及映阛阓，数万道俗同时一见。送至基所，光如列宿，大小交错，数亦无量。更有诸相，具如别传。璨后住大禅定，如旧所传。武德之初卒于本寺，春秋七十矣。

隋西京胜光道场释法瓒传十三

释法瓒，齐州人也。安心寂定，乐居岩穴，头陀苦行，是所缠怀。隐于泰岳之阜，开蒙训接，善知方便，兼以达解谛义，时扬清论，致有覆丧，坐无辍讲。待移之诮兴世，瓒初闻之，深自赧怍，曰：“问非切并，不欲困人。谓言彼解，何言致毙？”因遂杜口，不事言论，闭谒寻闲，披翫而已。开皇十四年，文帝省方，招访名德，人有述其清旷者，乃下敕延之。与帝同归，达于京邑，住胜光寺。肃肃禅侣，拥簪门庭，以身范世，复见斯日。仁寿置塔，敕令送舍利于齐州泰山神通寺，即南燕主慕容德为僧朗禅师之所立也，事见前传。燕主以三县民调用给于朗，并散营寺，上下诸院，十有余所，长廊延袤，千有余间。三度废教，人无敢撤。欲有犯者，朗辄现形，以锡杖扐之，病困垂死，求悔先过，还差如初。井深五尺，由来不减，女人临之，即为枯竭，烧香忏求，还复如故。寺立已来，四百余载，佛象鲜莹，色如新造，众禽不践，于今俨然。古号为朗公寺，以其感灵即目故，天下崇焉。开皇三年，文帝以通征屡感故，改曰神通也。初至寺内，即放圆光，乍赤乍白，时沉时举，或如流星，人众同见。井水涌溢，酌而用之，下后还复。又感群鹿自然至塔，虽鼓吹众闹，驯附无恐。又感鹅一双，从四月三日终于八日，恒来舆前，立听梵赞，恰至埋讫，迹绝不来。斯之感致，罕闻于古，瓒具以闻。后导以禅定，时扬法化，言无严切，而密附怀抱。遂终没于所住。

隋西京净影道场释宝儒传十四

释宝儒，幽州人也。童子出家，游博诸讲，居无常准，惟道是务。后至邺下，依止远公，十地微言，颇知纲领。值周丧法宝，南归在陈，达命清通，亟振名誉。自隋氏戡定，文轨大同，便归洛汭，还师于远，听大涅槃，首尾三载，通镜其旨，即蒙覆述。远自处坐，印可其言。慕义相从，还居净影，慧心更举，遐讨前英，立破之间，深鉴弥密。仁寿建塔邓州，乃敕令往，寺名大兴国也，帝昔龙潜所基。既至求石，访无美者，乃取寺内璞石镌斫为函。石本粗恶，磨饰将了，乃变成马碯，细腻异伦。复有隶字三枚，云“正国得”也，形设正直，巧类神工，名笔之人未可加点。又见种种林木麟凤等像。儒与官人图以表奏。返寺之后，闭门修业，时因食次，方见其面。不久卒于本寺。

隋西京光明道场释慧最传十五

释慧最，瀛州人也。初听涅槃，游学邺下，因闻即讲，曾未经遍。而言议纶综，绰尔舒闲，故为同席诸贤之所叹仰。周灭齐日，南奔江表，复习慧门，颇通余论。且自北僧在陈，多乖时俗，惟最机权内动，不坠风流，多为南方周旋胶漆。隋室定天，中原安泰，便观化辇掖，参听异闻。后住光明，时传雅导。而好居静退，非贤不友，神志宏标，气调高远，不妄受辱，必清瑕累，其立志也如此。仁寿年中，敕遣送舍利于荆州大兴国寺龙潜道场。昔者隋高作相，因过此寺，遇一沙门，深相结纳。当时器重，不测其言，及龙飞之后，追忆旧旨，下诏征之，其身已逝。敕乃营其住寺，雕其旧房，故有“兴国”“龙潜”之美号也，并出自纶言，帝之别意。又，道场前面，步廊自崩，僧欲治护，控引未就。及舍利既至，将安塔基，巡行显敞，惟斯坏处，商度广狭，恰衷塔形。有识者云：“豫毁其廊，用待安塔。”及四月八日，舍利院内忽然雾起，斋后便歇，日光朗照，有云如盖，正处塔空，仍下细雨，不湿余处。又感凫鹤众鸟，塔上飞旋。又见云间紫色，状如花炬。又雨天花如雪，纷纷而下，竟不至地。后又送舍利于吉州发蒙寺，掘深八尺，获豫章板一条、古砖六枚、银瓶二口，得舍利一枚，浮水顺转。又得一宝，体含九采，人不识之。具以闻奏。寺有瑞像。宋大明五年，寺僧法均梦见金容希世，梵音清远，因行达于三曲江，见像深潭，光浮水上。与太守周湛等接出，计有千斤，而轻同数两，身长六尺四寸，金铜所成。后长沙郡送光趺达都，文帝敕遣还安像所，宛然符合，总高九尺余。佛衣缘下有梵书十余字，人初不识，后有西僧读云：“此迦维罗卫国育王第四女所造也。忽尔失去，乃在此耶！”梁天监末，屡放光明，照于一室。武帝将请入京，因事遂止。大同七年，佛身流汗。其年刘敬宣为贼，烧郡及寺并尽，惟佛堂不及。至于十年，像又通汗，湘东王乃迎至江陵，祈福放光。十二年还返发蒙，至寺，放光三日乃止。陈天嘉六年，更加庄饰。故世传其灵异，处处模写。最躬事顶礼，图于光明，而骨气雄干，诚为调御之相，今时所轻略故也。后卒于住寺。

隋西京禅定道场释僧朗传十六

释僧朗，恒州人。少而出俗，希崇正化，附从听众，寻绎大论及以杂心，谈唱相接，归学同市。入关住空观寺，复扬讲席，随方利安。而仁恕在怀，言笑温雅，有在其席，无闷神心，宏博见知，众所推尚。时有异问素非所览者，便合掌答云："僧朗学所未通，解惟至此。"故英声大德咸美其识分，不敢蔑其高行也。仁寿置塔，下敕令送舍利于番州，今所谓广州，灵鹫山果实寺宝塔是也。初至州治，巡行处所，至果实寺，便可安之。寺西对水枕山，荒榛之下，掘深六尺，获石函三枚。二函之内各有铜函，盛二银像并二银仙。其一函内有金银瓶，大小相盛，中无舍利，铭云："宋元徽元年建塔。"又寺中旧碑云："宋永初元年，天竺沙门僧律尝行此处，闻钟磬声，天花满山，因建伽蓝。其后有梵僧求那跋摩来居此寺，曰：此山将来必逢菩萨圣主大弘宝塔，遂同铭之。"今朗规度山势，惟此堪置，暗合昔言，谅非徒作。事了还京，住禅定寺，讲习为务。大业末年终于所住，春秋七十有余矣。

隋西京净影道场释慧畅传十七（僧温）

释慧畅，姓许氏，莱州人也。偏学杂心，志存名实，拘滞疆界，局约文义。初，不信大乘，以言无宗当，事同虚诞也。后闻远公播迹洛阳，学声遐讨，门人山峙，时号通明，畅乃疑焉，试往寻造，观其神略，乃见谈述高邃，冒罔天地，返顾小道，状等游尘，便折挫形神，伏听三载，达解涅槃，慨其晚悟。又至京邑，仍住净影，陶思前经，师任成业。仁寿置塔，敕送舍利于牟州拒神山寺。帝为山出黄银，别敕以塔镇之，用酬恩惠。山在州东五里，昔始皇取石为桥，此山拒而不去，因遂名焉。山南四里有黄银穴，塔基之处，名温公埠。传云昔高齐初有沙门僧温，行年七十，道行难测，游化为任。曾受梁高供养一十二年，后辞北还，行住此埠，创立寺宇，因山为号。而虎狼鸟狩绕寺鸣吼，似若怖温。温出户语曰："汝是畜生，十恶所感；吾是人道，十善所招。罪福天悬，何劳于我！汝宜速去。"既闻斯及，于是鸟狩永绝此山。而温身长七尺，威仪怯人，眉长尺余，垂蔽其面，欲有所睹，以手褰之。故至于今虽有寺号，而俗犹呼为温公埠焉。畅安处事了，还返京寺，综习前业，终世不出，言问庆吊，亦所不行。预知其亡，清浴其体，端坐待卒，至期奄逝，春秋七十有余矣。

续高僧传卷第十

续高僧传卷第十一

大唐西明寺沙门释道宣撰

义解篇七　正纪十二　附见五

隋渤海沙门释志念传一

释志念，俗缘陈氏，冀州信都人。其先颍川，实蕃之后胤也，因官而居河朔焉。念冰清表志，岳峙澄神，俊朗绝伦，观方在虑。爰至受具，问道邺都。有道长法师精通智论，为学者之宗，乃荷箱从听。经于数载，便与当席擅名，所谓诞礼、休、继等，一期俊列，连衡齐德。意谓解非满抱，终于盖棺，乃游诸讲肆，备探冲奥，务尽幽赜。又诣道宠法师学十地论，听始知终，闻同先览，于即道王河北，流闻西秦。有高昌国慧嵩法师，统解小乘，世号“毗昙孔子”，学匡天下，众侣尘随。沙门道猷、智洪、晃觉、散魏等，并称席中杞梓，慧苑琳琅。念顾眄从之，成名猷上，皆博通玄极，堪为物依。乃旋踵本乡，将弘法泽。时刺史任城王彦，帝之介弟，情附虚宗，既属念还，为张法会，与僧琼法师对扬道化。盛启本情，双演二论，前开智度，后发杂心，岠对勍锋，无非丧胆。时州都沙门法继者，两河俊士，燕魏高僧，居坐谓念曰：“观弟幼年慧悟，超迈若斯，必大教由兴，名垂不朽也。”于即频弘二论，一十余年，学观霞开，谈林雾结。齐运移历，周毁释经，遂乃逃迸海隅，同尘素服，重寻小论，亟动天机，疑虑廓销，伫聆明运。值隋国创兴，佛日还复，敕访之始，即预出家，而包蕴迦延，未遑敷述。至开皇四年，谓弟沙门志湛曰：“吾穷冠小乘，自揣与罗汉齐镳也。但时未至，故且敛翮耳。”湛夙餐法味，欣其告及，以事达明彦法师。彦成实元绪，素重念名，与门人洪该等三百余人躬事邀延，阐开心论，遂骋垂天之翼，弘盖世之功，俯仰应机，披图广论。名味之聚，缘重之识，卷舒夐古之下，立废终穷之前。大义千有余条，并为轨导。至如迦延本经，传谬来久，业揵度中，脱落四纸，诸师讲解，曾无异寻。念推测上下，悬续其文，理会词联，皆符前作；初未之悟也，后江左传本，取勘遗踪，校念所作，片无增减，时为不测之人焉。撰迦延、杂心论疏及广钞各九卷，盛行于世。受学者数百人，如汲郡洪该、赵郡法懿、漳滨怀正、襄国道深、魏郡慧休、河间圆粲、俊仪善住、汝南慧凝、高城道照、洛寿明儒、海岱圆常、上谷慧藏，并兰菊齐芳，踵武传业，关河济洽，二十余年。隋汉王谅作镇晋阳，班条卫、冀，搜选名德，预有弘宣。念与门学四百余人奉礼西并，将承王供。谅乃于宫城之内更筑子城，安置灵塔，别造精舍，名为内城寺，引念居之，开义寺是也，劳问殷至，特加尤礼。又令上开府咨议参军王颇宣教云：“寡人备是帝子民父，莅政此蕃，召请法师等远来降趾。道不虚运，必借人弘。正欲阐扬佛教，使慧日清朗，兆庶蒙赖法之力也。宜铨举业长者，可于大兴国寺宣扬正法。”当即大众还推念焉。既预经纶，即弘敷训，先举大论，末演小乘，辩注若飞流，声畅如天鼓，三乘并骛，四部填堙。其知名者则慧达、法景、法楞、十力、圆经、法达、智起、僧鸾、僧藏、静观、宝超、神素、道杰等五百余人，并九土扬名，五乘驰德，精穷内外，御化一方，销鄙吝于筵中，断封疑于理际。仁寿二年，献后背世，有诏追王入辅。王乃集僧曰："今须法师一人神解高第者，可共寡人入朝，拟抗论京华，传风道俗。"众皆相顾，未之有对。王曰："如今所观，念法师堪临此选。"遂与同行。既达京师，禅林创讲，王自为檀越，经营法祀。念登座震吼，四答冰消，清论徐转，群疑潜遣。由是门人慕义，千计盈堂，遂使义窟经笥，九衢同轨，百有余日，盛启未闻。王又与念同还并部，晋阳学众伫想来仪。王又出教，令于宝基寺开授，方面千里，法座辍音，执卷承旨，相趋阶位。会隋高晏驾，中外相疑，汉王列境举兵，鲸鲵海陆。念乘衅还里，与沙门明空等讲宣二论，绍业沧溟，望风总集。大业之始，载荡妖氛，招引义学，充诸慧日，屡诏往征，频辞不赴。以大业四年卒于沧土，时年七十有四。渤海太守金紫光禄大夫历阳公宋元亮，及诸缁素，若丧厥亲，为之建塔。益州福成寺道基法师，慧解通征，祖习有所，乃为之行状，援引今古，文质存焉。

隋西京日严道场释智矩传二（慧感　慧赜）

释智矩，姓吴氏，吴郡人。性矜庄，善机会，美容貌，雅为众表。又善草隶，偏爱文章，每值名宾，辄属兴缀采，铺词横锦，勇思霏霜。而仪轨宪司，未沿流俗。初，听兴皇朗公讲，讨穷深致，学冠时雄。而神气高标，在物峰出，威仪庠序，容止端隆，虽寝处虚闲，立操无改。有人私觇两月，徒行空野，摄衣无见抄反。欣其谨慎，故重叙之。讲四论、大品，洞开幽府，镜识宗归。披释金陵，望风顿怯，吐纳机辩，适对当时。弘匠浙东，砥砺前学，致使禹穴西鹜，成器极繁。末于故都建初寺又讲三论，常听百人。蒋州刺史武山公郭演，隋之良宰，创莅南蕃，奉敬咨谒，降情归禁。隋炀往镇杨越，采拔英灵，矩既誉洽东瓯，名流西楚，征居慧日，处以异伦。而执志出群，言成世则，欲使道张帝里，学润秦川。开皇十九年更移关壤，敕住京都之日严寺，供由晋国，教问隆繁，置以华房，朋以明德，一期俊杰，并是四海搜扬。矩特立清秀，不偶群侣，覃思幽寻，无微不讨。外辞以疾，内实旁通，业竞六时，研精九部。才有昏昧，览兴赋诗，时暂阅余，便观流略。制中论疏，止解偈文，青目所销，鄙而轻削。每讲谈叙，清擢宗致，雅涉昙影之风；义窟文锋，颇怀洪偃之量。时有同师沙门吉藏者，学本兴皇，威名相架，文藻横逸，矩实过之，所以每讲叙王，皆制新序，词各不同。京华德望餐附味道者殷矣，而性罕外狎，课力逞词，自非众集，未曾瞻觌。以大业二年正月卒于寺房，春秋七十有二，葬京郊之南。门人慧感、慧赜，亲承嘉诲，询处有归，后于江之左右，所在通化。各领门侣，众出百人，传嗣宗绩，不爽遗绪。

隋西京静法道场释慧海传三

释慧海，姓张氏，河东虞乡人。久积闻熏，早成慧力，年在童龀，德类老成。所以涉猎儒门，历览玄肆，虽未穷其章句，略以得其指归。乃曰："可以栖心养志者，其惟佛法乎！"年至十四，遂落发染衣，为沙门大昭玄统昙延法师弟子也。流心宗匠，观化群师，十八便讲涅槃，至于五行十德二净三点，文旨洞晓，词采丰赡。既受具戒，转厌嚣烦，屏迹山林，专崇禅业，居于弘农之伏读山。会周武肆勃，仁祠废毁，乃窜身避难，奔齐入陈，戒品无亏，法衣不舍。又采听摄论，研穷至趣。大隋御宇，方践京邑。帝姊城安长公主有知人之鉴，钦其德望，为立伽蓝，遂受以居之，今之静法寺是也。课业四部，三学兼弘，门徒济济，于今传美。末爱重定行，不好讲说，缄默自修，唯道是务。而无恃声望，不言加饰，直心道场，于斯人矣。仁寿已前，文帝频颁玺书，分布舍利，每感异祥，恒有延誉之美。故感应传云：初，海造塔于定州恒岳寺。塔基之左有滢，名曰龙渊，其水不流，深湛悬岸。及将安置，即扬涛沸涌，激注通于川陆。父老传云：此水流竭不定，但有善事相投，必即泄流奔注。其征感如此类也。后又送舍利于熊州十善寺，有人挛躄及痼疾者积数十年，闻舍利初到，舆来礼忏，心既殷至，忽便差损，轻健而归久值亢旱，飞尘天塞，又感甘泽，地如油涂，日朗空清，来苏数万。大业二年五月二十七日卒于本寺，春秋五十有七。初病极，命诸徒曰："吾闻上栋下宇，生民之偓龊；外椁棺内，世界之萦羁。既累形骸于桎梏，亦碍生世于大患。岂揖礼义于嚣尘，卜宅葬于烦饰者也？宜宗薄葬，用嗣先尘，贻诸有类矣。"弟子钦崇德范，收骨而建塔于终南之峰，即至相之前岭也，刻石立铭，树于塔所。自海之立寺，情务护持，勤摄僧伦，延迎宾客，凶年拯及，振名京邑云尔。

隋西京日严道场释辩义传四

释辩义，姓马氏，贝州清河人也。少出家，沉静寡世事，志怀恢厚，善与人交，久而笃敬，言无勃怒，滔然远量。初归猷论师学杂心，贯通文义。年始登冠，便就讲说，据法传道，疑难纵横，随问分析，曾无遗绪。有沙门昙散者解超遂古，名重当时，闻义开论，即来雠拟，往返十番，更无后嗣。义曰："理势未穷，何不尽论？"散曰："余之难人，问不过十。卿今答势不尽，知复何陈？"当即惊誉两河，甫为称首。属齐历云季，周丧道津，乃南达建业，传弘小论，屡移声价，更隆中土。隋炀搜选名德，令住日严，以义学功显著，遂之关辅，咨义决疑，日不虚席。京师俊德昙恭、道抚及赜、净等，皆执文咨议，穷其深隐，并未尽其怀也。后以世会明时，寺多高达，一处五讲，常系法轮。义皆周历观详，折中弘理，而晦景消声，不咎前失，必应机坠绪者，并从容辞让，无何而退，不欲显黜于前故。英雄敬其卑牧，传芳又甚于昔。仁寿二年，隋汉王谅远迎志念法师来华京室。王欲衒其智术也，乃于禅林寺创建法集，致使三辅高哲咸废讲而同师焉。义厕其筵肆，聆其雅致，乃以情之所滞封而问之，前后三日，皆杜词莫对。念处座命曰："向所问者，乃同疑焉。"请在下座，返询其志。义潜隐容德，世罕共宗，及见慧发不思，合京竦神传听。其为显晦，皆此类也。炀帝昔位春宫，献后云背，召日严大德四十余人，皆四海宗师，一时翘楚，及义对扬玄理，允塞天心。沙门道岳命宗俱舍，既无师受，投解莫从，凡有疑议，皆赍而取决。岳每叹曰："余之广扬对法，非义孰振其纲哉？"故洽闻之美，见称英达。时有沙门智矩、吉藏、慧乘等三十余人，并炀帝所钦，日严同止，请义开演杂心。顾惟不竞，即就元席，既对前达，不事附文，提举纲纽，标会幽体，谈述玄极，不觉时延。其为时贤所重如此。以大业二年遘疾卒于住寺，春秋六十有六，葬京郊之南。东宫舍人郑颋为之碑颂。初，义仁寿二年奉敕送舍利于本州宝融寺，既达州治，忽放光明。寺僧智耀先有舍利九分，将入道场，数之加得十二分。又放光明，随人缘念，色相不同，青红紫白，同时异见。或佛像、僧形，重沓而出，前后放光，日流数度。将入塔夕，复于基上气发黄紫，去地四尺。填平后夜，又放大光，上属星汉，下遍城邑。合境顶戴，欣其嘉瑞。四年春末，又奉敕于庐州独山梁静寺起塔。初与官人案行置地，行至此山，忽有大鹿从山走下，来迎于义，腾踊往还，都无所畏。处既高敞，而恨水少，僧众汲难。本有一泉，乃是僧粲禅师烧香求水，因即奔注，至粲亡后，泉涸积年。及将拟置，一夜之间枯泉还涌，道俗欣庆。乃至打刹起基，数放大光，如火如电，旋绕道场，遍照城郭。官民同见，共嗟希有。

隋西京日严道场释明舜传五（慧相）

释明舜，姓张，青州人。少在佛宗，学周经籍，偏以智论著名，次第诵文六十余卷。明统大旨，驰誉海滨，解惠连环，世称雄杰。值法灭南投，届于建业，栖止无定，周流讲席。后过江北，住安乐寺，时弘论府，肆意经王，大小诸乘，并因准的，盛为时俊所采。时沙门慧乘辩抗淮阳，义归有叙，从舜指摘大论，定其宗领，遂尔弘道，累稔栖意。未终夕经入梦，具见冥官征责福业，舜答:“讲智度论，并诵本文六十余卷。”冥官云:“讲解浮虚，诵经是实。余龄未尽，且放令还。”既寤，便止谈论，专私自业。末为晋王召入京辇，住日严寺。传灯事绝，终窭其心，时叙玄义，顿倾品藻。仁寿四年，下敕造塔，令送舍利于蕲州福田寺。寺是州北三里鼓吹山上，每天雨晦冥，便增鼓角之响，因以名焉。竹林蒙密，层巘重迭，唯有一路，才可通车。寺处深林，极为闲坦，是南齐高帝所立也。三院相接，最顶别院名曰禅居，赵州沙门法进之所立也。下瞻云雾，至于平旦、日晚，望见横云之上乃有仙寺，每日如此，实为希有之胜地也。舜案行山势，唯此为佳，乃于次院之内安置灵塔。掘基三尺，得一小蛇，可长尺余，五色备饰。乃祝曰:“若为善相，可止香奁。”依言即入，遣去复来，经停三日，便失所在。又深一丈，获方石一段，纵广径丈，五采如锦，楞侧叒然，如人所造。即以石函置上，而架塔焉。以大业二年卒于京寺，春秋六十矣。门人慧相者，惠声有据，崇嗣厥业，扇美江都。

隋西京禅定道场释智梵传六

释智梵，姓封氏，渤海条人。后因祖父剖符，遂居涿郡之良乡焉。岐嶷彰美，早悟归信。年十二届河间郡，值灵简禅师，求而剃落，遂游学邺都，师承大论、十地等文，并尝味弘旨，温习真性。俊响遐逸，同侣归宗，二十有三，躬当师导。后策锡崤、函，通化京壤，绵历二纪，利益弘多，结众法筵，星罗帝里。开皇十六年，天水、扶风二方胜壤闻梵道务，竞申奏请，有敕许焉。梵任吹虚舟，憩翼天水，大行道化，信靡如风。仁寿末年重还魏阙，法轮重转，学侣云随，开帙剖文，皆传义旨。其年季春，奉敕置塔于郢州宝香寺，仍于塔东流水获毛龟八枚，寺内基东池内又获八枚，皆大小相似，与世无异，但毛色青绿，可长三寸，背上横行，五节而起，光相超异，出水便靡，但见绿甲，入水毛起，历然上竦。具以奏闻。由是腾实楚都，知名帝阙。大业五年，又应诏旨，令住禅定，静缘摄想，无替暄寒。九年二月四日卒于寺房，春秋七十有五。遗属施身，门徒遵旨，乃送终南山，鸠集余骸，缄于塔内，外施铭文，于今传尚矣。

隋终南山至相道场释彭渊传七

释彭渊，姓赵氏，京兆武功人也。家世荣茂，冠盖相承，厌此浮假，希闻贞素。十三出家，道务宏举，定慧攸远，属周武凌法，而戒足无毁。慨佛日潜沦，拟抉目余烈，乃剜眼奉养，用表慧灯之光华也。然幽情感通，遂果心愿，暨隋文重开正法，即预缁衣。而慧业遐举，闻持莫类，自华严、地持、涅槃、十地，皆一闻无坠，历耳便讲，既释众疑，时皆叹伏。行必直视，动静咸安；住则安禅，缘诸止观。一钵之与百纳，始习至终；常坐之与山居，报倾便止。讥疑有涉，敛足不行，尼寺市鄽，由来不往。斯诚节动后昆，厉清末法。兼以是非长短，罕附胸怀，供给僧俦，身先轨物。承灵裕法师擅步东夏，乃从而问焉。居履法堂，亟经晦朔，身服粗素，摧景末筵，目不寻文，口无谈义。门人以为蒙类也，初未齿之。裕居座数观，异其器宇，而未悉其惠解，乃召入私室，与论名理。而神气霆击，思绪锋游，对答如影响，身心如铁石。裕因大嗟赏，以为吾之徒也，遂不许住堂，同居宴寝，论道说义，终日竟夜，两情相得，顿写幽深。渊谓："理出不期，更流神府，博观盛集，全无可师。"还返裕所，具陈性欲。后整操关壤，屏迹终南，置寺结徒，分时程业，三辅令达，归者充焉，今之至相寺是也。裕后敕召入朝，才有间隙，径投渊寺，欣畅意得，倾阴屡改。又以帝之信施，为移山路，本居迮隘，兼近川谷，将延法众，未日经远。裕卜西南坡阜，是称福地，非唯山众相续，亦使供拟无亏；渊即从焉，今之寺墟是也。自尔迄今，五十余载，凶年或及，而寺供无绝，如裕所示，斯亦预见之明也。因疾卒于至相之本房，春秋六十有八，即大业七年四月八日也。初，渊奉持瓦钵，一受至终，行住随身，未曾他洗。终前十日，破为五段，因执而叹曰："钵，吾命也，命缘已谢，五荫散矣。"因而遘疾。此则先现灭相，后遂符焉。及正舍寿之时，钟声无故嘶破，三年之后，更复如本。此皆德感幽显，呈斯征应，率如此类也。弟子法琳夙奉遗踪，敬崇徽绪，于散骸之地为建佛舍利塔一所，用津灵德，立铭表志云。

唐京师胜光寺释道宗传八

释道宗，俗姓孙氏，莱州即墨人。少从青州道藏寺道奘法师学通经论。奘明达识慧，标举河海，名播南北，立四种黎耶、闻熏、解性、佛果等义，广如别传。宗受业智论、十地、地持、成实、毗昙，大小该博。晚住州中游德寺，寺即宗之所造，房堂园圃，悉是经论，声名雄远，玄素攸仰。及讲大论，天雨众花，旋绕讲堂，飞流户内，既不委地，久之还去。合众惊嗟希有瑞也。宗虽目对，初不怪之，行讲如初，后不重述，时共伏其远度。晚住慧日，英彦同聚，该富是推，常讲成实，弘匠后学。伪郑钦敬，礼问优繁。上清东夏，又钦德素，召入西京，住胜光寺。复延入弘义宫，通霄法集，群后百辟咸从伏听，披阐新异，振发时心。自尔周轮，随讲无替，虽无成济，而学者推焉。以武德六年卒于所住，春秋六十一。秦府下教，赠物二百段，收葬于终南山至相寺之南岩。

唐京师慈门寺释普旷传九

释普旷，俗姓樊氏，扶风郿人也。七岁出家，依止圆禅师而为沙弥，居山饵柏一十五载，诵读经教，日夕相连。及进大戒，便行头陀，乞食人间，栖投林冢，二十余载。刚梗严毅，卓荦不群，言议酬捷，孤然天挺。后游聚落，采拾遗文，因过讲席，听其余论，素未开解，闻即宪章，便构心曲，陈论高座，发言新奇，卒难解释。皆叹其俊锐，莫肯前驱。每与周武对扬三宝，析理开神，有声朝典。佛法正隆，未劳听解，遂往樊川，头陀自静。夜宿寒林，人有索其首者，旷引刀将刎，乞者止之，又从索耳，便刵而惠之。建德之年，将坏二教，关中五众，骚扰不安。旷闻之，躬往帝庭，广陈至理，不纳其言，退而私业。于斯时也，寺塔湮废，投命莫从，远造则力竭难通，近从则心轻易徙，遂因其俗位，消息其中。武帝虽灭二教，意存李术，便更置通道观学士三百人，并选佛、道两宗奇才俊迈者充之。旷理义精通，时共佥举，任居学正，剖断时秀，为诸生先。不久废观，听士随才赋任。旷力怯躬耕，糇粒无委，寄禄登庸，复任岐山从事。奉遵旧约，不黩情染衣，故毡装倨傲，临官剃发留须，头戴纱帽，缨其咽颔，用为常轨。有事判约，笔断如流，务涉繁拥者，便云："我本道人，不闲俗网。"周国上下，咸委其仪度也，顾旷通博，任其处世。隋氏将兴，菩萨僧立，相如朝服，不同剃剪，员置百二十人，并括前法牙角不涅尘俗者。旷识悟闻达，当其一焉。寻复废之，大法昌显，并预出家，同居兴善，果敢雄敏，众所先之。隋文以通道观钟赐玄都观，黄巾一族同共移来，将达前所，旷率其法属径往争之，立理既平，便又刵耳。道士望风，索然自散。乃悬于国寺，声震百里。隋高晏驾，禅定郁兴，乃召居之。大业末年，又登纲任。大唐启运，别奉诏书，曩积芳猷，日别相见。武德三年三月卒于慈门寺，春秋七十三。遗告舍身山路，不须茔垄。弟子捃萃余骨，起塔于终南龙池之峰，树铭旌德，于今存焉。

唐京师大庄严寺释保恭传十

释保恭，姓崔，青州人也。晋永嘉南迁，止于建业。父超道，本州刺史。十一投昃法师。将欲试其神采，乃以观音诵之，初夜一时，须臾便度，自谓闻之如经月顷，即度出家。会昃亡没，梦见两蛇从师脚出，入恭脚中，忽尔惊觉，自觉心志弘雅，身相安怗。便往开善徹法师所听采成论，义疏极细，状如蝇头，一领八纸，不遗一字。众齐五百，莫不推先。受具已后，随惠晓禅师综习定业，深明观行，频蒙印可。又听成实，谓有余悟，反求所明，翻成疑阻，即以问诸讲匠，皆无通者。逢高昌嵩公开扬地持、十地，因从受学，不逾年稔，大义皆明，于前疑中又削其半。乃行依地持，偏讲法华，控引宗归，得其奥旨。陈至德初，摄山慧布北邺初还，欲开禅府，苦相邀请建立清徒。恭揖布慧声，便之此任，树立纲位，引接禅宗，故得栖霞一寺道风不坠，至今称之，咏歌不绝。恭又从布听采三论，善会玄言，于前诸疑，都并消释。及布之亡，委以徒众，既承付属，率诱如初。而德素尊严，见者皆惮，整理僧务，功在护持。仁寿末年，献后崩背，帝造佛寺，综御须人，佥委声实，以状闻奏。下敕征入，为禅定道场主，纲正僧网，清肃有闻，迄于隋代，常莅斯任。隋齐王暕奉其道德，礼以为师，既受戒已，施衣五百领，一无所受，乃从余散。唐运初兴，归心泉石，遂避官于蓝田悟真寺，栖息林岫，将事终焉。而御众摄持，声光帝里，武德二年下敕召还，依旧检校，仍改禅定为大庄严。及举十德统摄僧尼，京辇诸僧慑惮威严，遂不登及。高祖闻之，曰："恭禅师志行清澄，可为纲统，朕独举之。"既位斯任，诸无与对，遂居大德之右，专当剖断，平恕衷诣，众无怨焉。以武德四年十二月十九日卒于大庄严寺，春秋八十。初，恭弱年入道，志力兼常，不以利倾，不以威动，敦肃严毅，深有大猷。曾经山行，虎伏前道，从边直过，情无顾及。大业中年，枭感起逆，僧有竞者，言与同谋。于时正在堂中登坐竖义，兵卫奄至，围绕阶庭，合众惊惶，将散其席。恭曰："自省无事，待论议讫，当自辩之。"从容谈叙，都无异色。斯例甚众，略陈一二。由兹风问陈、隋、唐代，三国天子之所隆焉。葬于京郊之西南，其碑唐秘书监萧德言制文。

唐京师大兴善寺释法侃传十一（道抚）

释法侃，姓郑氏，荥阳人也。弱年从道，志力坚明，体理方广，常流心府。闻泰山灵岩行徒清肃，瑞迹屡陈，远扬荥泽，年未登冠，遂往从焉，会彼众心，自欣嘉运。及进具后，励节弘规，预在清训，务机登践。后周流讲席，博览群宗，随闻戢戴，有伦前达。有渊法师道播当时，雄杰推指，妙通十地，尤明地持，侃又从焉。听其开释，皆周涉正理，遵修章采。属齐历不绪，周湮法教，南度江阴，栖迟建业，听采新异，鎣饰心神，摄虑缘求，拟诸漆木。陈平之后，北止江都安乐寺。有曹毘者，清信士也，明解摄论，真谛亲承。侃乃三业归从，玄义请决，即开融胜相，覆叙所闻。毘自听之，恐有遗逸，侃每于隐义发明铺示，既允惬当，毘皆合掌称善。隋炀晋蕃，昔镇扬越，搜举名器，入住日严。以侃道洽江滸，将欲英华京部，乃召而隆遣。既达本寺，厚供礼之，盛业弘被，栖心止观。时复开道唯识，味德礼忏，匠益惰学，亟动物心。仁寿二年，文帝感瑞，广召名僧，用增像化，敕侃往宣州安置舍利。既奉往至，统叙国风，陶引道俗，革化归法者数亦殷矣。初，孟春下诏之日，宣州城内官仓之地夜放光明，红赤洞发，举焰五丈，广一丈许。官人军防千有余人，一时奔赴，谓是火起，及至仓所，乃是光相。古老传云，此仓本是永安旧寺也。至于明日，永安寺拟置塔处又放光明，如前无异。众并不委其然也。季春三月，侃到宣州，权止公馆，案行置所，通皆下湿。一州之上，不过永安，既预光待，因构塔焉。又令掘仓光之处，果得石函，恰同棺样，不须缮造。因藏舍利，又降甘露，凝于树枝，香甘过世。又感紫芝一枚，生于舍利堂壁，九枚盘曲，光色殊异。遂令以表闻奏。又造塔黎州，还令侃往。初至馆停，闻空中天乐繁会聒耳，道俗庆之。又感异香，互来充鼻。掘地四尺，获一古瓦，铭云“千秋万岁乐未央”。侃奉福弘业，亟发征祥，抑是冥通，岂唯人事？旋还京邑，讲授相寻。大唐受禅，情存护法，置十大德，用清朝寄。时大集僧众，标名序位，侃仪止肃然，挺超莫拟，既德充僧望，遂之斯任，恂恂善诱，弘悟繁焉。晚移兴善，讲导无替。武德六年十一月卒于所住，春秋七十三矣，殡于东郊马头穴内。侃学专摄论，蹑足亲依，披析幽旨，涣然标诣，解义释名，见称清澈，诸赴听者欣其指况。有道抚法师者，俊颖标首，京城所贵，本住总持，宗师异解，用通摄论。及临侃席，数扣重关，束心展礼，餐承音训，遂舍其本习，从归真谛。且侃形相英伟，庠序端隆，折旋俯仰，皆符古圣。所以隋朝盛德，行业乃殊，至于容服可观，引命征召，必以侃为言首。其威仪之选，为如此也。及其少服紫石，老遂苦之，医诊云："须以猪肉用厌药势。"侃曰："终须一谢，岂得啖他！"因纵疾取终。其翘诚重物，又若于此。侃初立名，"立人"安"品"，后值内惠日道场沙门智骞，曰："侃，之为字，'人口'为信，又从'川'字，言信的也。"因从之。

唐京师延兴寺释吉藏传十二（慧远）

释吉藏，俗姓安，本安息人也。祖世避仇，移居南海，因遂家于交、广之间，后迁金陵而生藏焉。年在孩童，父引之见于真谛，仍乞詺之。谛问其所怀，可为"吉藏"，因遂名也。历世奉佛，门无两事。父后出家，名为道谅，精勤自拔，苦节少伦，乞食听法，以为常业。每日持钵将还，跣足入塔，遍献佛像，然后分施，方始进之。乃至涕唾便利，皆先以手承取，施应食众生，然后远弃。其笃谨之行，初无中失。谅恒将藏听兴皇寺道朗法师讲，随闻领解，悟若天真。年至七岁，投朗出家。采涉玄猷，日新幽致，凡所咨禀，妙达指归，论难所标，独高伦次，词吐赡逸，弘裕多奇。至年十九，处众覆述，精辩锋游，酬接时彦，绰有余美，进誉扬邑，有光学众。具戒之后，声问转高。陈桂阳王钦其风采，吐纳义旨，钦味奉之。隋定百越，遂东游秦望，止泊嘉祥，如常敷引。禹穴成市，问道千余，志存传灯，法轮相继。开皇末岁，炀帝晋蕃，置四道场，国司供给。释、李两部，各尽搜扬，以藏名解着功，召入慧日，礼事丰华，优赏伦异。王又于京师置日严寺，别教延藏往彼居之，欲使道振中原，行高帝壤。既初登京辇，道俗云奔，见其状则傲岸出群，听其言则钟鼓雷动。藏乃游诸名肆，薄示言踪，皆掩口杜辞，鲜能其对。然京师欣尚，妙重法华，乃因其利，即而开剖。时有昙献禅师，禅门钲鼓，树业光明，道俗陈迹，创首屈请，敷演会宗。七众闻风，造者万计，隘溢堂宇，外流四面，乃露缦广筵，犹自繁拥。豪族、贵游，皆倾其金贝；清信、道侣，俱慕其芳风。藏法化不穷，财施填积，随散建诸福田，用既有余，乃充十无尽藏，委付昙献，资于悲敬。逮仁寿年中，曲池大像举高百尺，缮修乃久，身犹未成，仍就而居之，誓当构立。抽舍六物，并托四缘，旬日之间，施物连续，即用庄严，峙然高映。故藏之福力，能动物心，凡有所营，无非成就。隋齐王暕夙奉音猷，一见欣至，而未知其神府也，乃屈临第，并延论士，京辇英彦，相从前后，六十余人，并已陷折前锋，令名自著者，皆来总集。藏为论主，命章陈曰："以有怯之心，登无畏之座；用木讷之口，释解颐之谈。"如此数百句。王顾学士傅德充曰："曾未延锋御寇，止如向述，恐罕追斯踪。"充曰："动言成论，验之今日。"王及僚友，同叹称美，时沙门僧粲自号"三国论师"，雄辩河倾，吐言折角，最先征问，往还四十余番。藏对引飞激，注赡滔然，兼之间施体貌，词采铺发，合席变情，赧然而退。于是芳誉更举，顿爽由来。王谓未得尽言，更延两日，探取义科，重令竖对，皆莫之抗也。王稽首礼谢，永归师傅，并倸吉祥麈尾及诸衣物。晚以大业初岁写二千部法华。隋历告终，造二十五尊像，舍房安置，自处卑室，昏晓相仍，竭诚礼忏。又别置普贤菩萨像，帐设如前，躬对坐禅，观实相理，镇累年纪，不替于兹。及大唐义举，初届京师，武皇亲召释宗，谒于虔化门下。众以藏机悟有闻，乃推而叙对，曰："惟四民涂炭，乘时拯溺，道俗庆赖，仰泽穹旻。"武皇欣然，劳问勤勤，不觉影移语久，别敕优矜，更殊恒礼。武德之初，僧过繁结，置十大德纲维法务，宛从初议，居其一焉。实际、定水，钦仰道宗，两寺连请，延而住止，遂通受双愿，两以居之齐王元吉久揖风猷，亲承师范，又屈住延兴，异供交献。藏任物而赴，不滞行藏，年气渐衰，屡增疾苦；敕赐良药，中使相寻。自揣势极难瘳，悬露非久，乃遗表于帝曰："藏年高病积，德薄人微，曲蒙神散，寻得除愈。但风气暴增，命在旦夕，悲恋之至，遗表奉辞。伏愿久住世间，缉宁家国，慈济四生，兴隆三宝。"储后、诸王，并具遗启，累以大法。至于清旦，索汤沐浴，着新净衣，侍者烧香，令称佛号。藏加坐俨思，如有喜色，斋时将及，奄然而化，春秋七十有五，即武德六年五月也。遗命露骸，而色逾鲜白。有敕慰赙，令于南山觅石龛安置。东宫以下诸王公等，并致书慰问，并赠钱帛。今上初为秦王，偏所崇礼，乃通慰曰："诸行无常。藏法师道济三乘，名高十地，惟怀弘于般若，辩囿包于解脱。方当树德净土，阐教禅林，岂意湛露晞晨，业风飘世，长辞奈苑，遽掩松门！兼以情切绪言，见存遗旨，迹留人往，弥用凄伤！"乃送于南山至相寺。时属炎热，坐于绳床，尸不催臭，加趺不散。弟子慧远，树续风声，收其余骨，凿石瘗于北岩，就而禅德。初，藏年位息慈，英名驰誉，冠成之后，荣扇逾远。貌象西梵，言实东华。含嚼珠玉，变态天挺，剖断飞流，殆非积学。对晤帝王，神理增其恒习；决滞疑议，听众忘其久疲。然而爱狎风流，不拘检约，贞素之识，或所讥焉。加又纵达论宗，颇怀简略，御众之德，非其所长。在昔陈、隋废兴，江阴凌乱，道俗波迸，各弃城邑，乃率其所属往诸寺中，但是文疏，并皆收聚，置于三间堂内。及平定后，方洮简之，故目学之长，勿过于藏，注引宏广，咸由此焉。讲三论一百余遍，法华三百余遍，大品、智论、华严、维摩等各数十遍，并着玄疏，盛流于世。及将终日，制死不怖论，落笔而卒。词云："略举十门，以为自慰。夫含齿戴发，无不爱生而畏死者，不体之故也。夫死由生来，宜畏于生。吾若不生，何由有死？见其初生，即知终死。宜应泣生，不应怖死。"文多不载。慧远依承侍奉，俊悟当时，敷传法化，光嗣余景。末投迹于蓝田之悟真寺，时讲京邑，亟动众心。人世即目，故不广叙。

续高僧传卷第十一

续高僧传卷第十二

大唐西明寺沙门释道宣撰

义解篇八　本传十五　附见四

隋丹阳彭城寺释慧隆传一
隋江都安乐寺释慧海传二
隋江都慧日道场释慧觉传三
隋终南山龙池道场释道判传四
隋终南山悟真寺释净业传五
隋西京大禅定道场释童真传六
隋西京大禅定道场释灵干传七（灵辩）
隋东都内慧日道场释敬脱传八
唐京师净影寺释善胄传九（慧威）
唐京师胜光寺释辩相传十
唐京师大总持寺释宝袭传十一（昙恭　明洪）
唐京师大总持寺释慧迁传十二
唐并州武德寺释慧觉传十三
唐常州建安寺释智琚传十四
唐常州弘业寺释道庆传十五

隋丹阳彭城寺释慧隆传一

释慧隆，俗姓何氏，丹阳句容人也。祖翦，梁武陵王长史。父巇，梁散骑常侍。隆十一出家，师于宣武寺僧都沙门慧舒。舒道业遐畅，风标清举，学堪物轨，德允人师，乌回当职，秉持攸寄。隆恭扐恪慎，备尽师资，年届十三，志存听学，才欲闻道，即感灵瑞。有人自称姓蒋名规，授法华一部，便曰:“将来佛法，实用相寄。”发言适竟，莫知所之。以义推之，若非四依齐位，九师均德，岂能当斯负荷，克感圣言？遂听法云寺礭法师成论，一遍未周，已究深隐，习业数载，独称标拔。及登具戒，更采毘尼，故得五氍一河，殊制异饮，备皆断核，洞尽铨衡。及梁运荡覆，避世顺时，虽属雕荒，学功靡弃，彭城寺内，引化如流。陈氏御历，重阐玄踪。僧正晅公，道门德望，于兹寺内结肆开筵，义侣玄徒，四方云萃。隆当入室，独冠群英，既解慧超挺，命令敷述，及晅将化，遗旨在斯，法筵是继，诚当嘉旨。然其识用淹华，言辩清富，每至商摧玄理，顿徙迟疑，虽复谈柄屡扐，言锋时砺，而硕难自撤，简绰澄远。隋氏驭宇，九有同朝，上德高人，咸纡延请。隆志存栖晦，以老疾致辞，居旧敷弘，仍以卒岁。仁寿元年十一月十六日卧疾，二十日迁化。尔时冬至告节，气序祁寒，云布弥天，雪飞遍野。及中宵之泥曰也，天色开霁，星汉澄明。岂非神灵哀罔、天龙感悼之明瑞矣？然隆慈济成性，不尚华饰，柔顺知足，无贪为宝。凡讲成论三十遍，涅槃、大品各十余遍，余则有差，故不具叙。未终前，领弟子于高座寺南山顶聚土筑坛，语曰:“我若舍形，不烦棺椁，可于此处以施禽虫。”坛竟便迁，诚哉知命！后依遗命，仍树高碑，寺沙门法宣为文。

隋江都安乐寺释慧海传二

释慧海，姓张氏，清河武城人。少年入道，师事邺都广国寺冏法师，听涅槃、楞伽，始通再遍，便能覆述，上首加赏。又经五稔，学徒推服。更从青州大业寺道猷法师受摩诃衍、毗昙等。然猷慧解无碍，开智难思，海以颖脱之才，当斯荣寄。以周大象二年来仪涛浦，创居安乐，修葺伽蓝，庄严佛事，建造重阁。躬自经始，咸资率化，竭筋力而忘倦，蒙寒暑而载驰。常以净土为期，专精致感。忽有齐州僧道诠赍画无量寿像来，云是天竺鸡头摩寺五通菩萨乘空往彼安乐世界图写尊仪。既冥会素情，深怀礼忏，乃睹神光照烁，庆所希幸。于是模写恳苦，愿生彼土，没齿为念。以大业五年五月旦疹患增甚，语弟子曰：“我当灭矣。”伸手五指，用表终期。气息绵微，属纩斯待。至五日夜欻然而起，依常面西，礼竟加坐，至晓方逝，春秋六十有九。颜色恬和，俨如神在。道俗悲凉，竞申接足，花香如雨下，金宝若山颓，充委阶墀，福惠之力矣。然其自少精苦，老而逾笃，般舟密行之法，兰若思惟之仪，亟展修行，瑞相常扰。兼以慈仁救护，有剧诸己，诱劝博约，必竭其才。宰官居士之流，老病贫穷之侣，并情遗重轻，德施平等。斯固器宇该含，末代之通人也。讲涅槃三十遍，诵法华经一部，讲五十遍。即以其月九日琢石于寺，镌为巨室而移坐焉。江都县令辛孝凯，崇信是投，内外通舍，解衣撤膳，躬自指挒。弟子慧昞以全身处，乃架塔筑基，增其华丽，仍建碑旌德于寺之门，秘书学士琅耶王昚为文。

隋江都慧日道场释慧觉传三

释慧觉，姓孙氏。其先太原晋阳人也，江右丧乱，迁居丹阳之秣陵焉。觉之在孕，梁代志公，不测人也，游宅徘徊，顾而言曰：“此处当出神童。”俄而载诞，有若符契。幼而风神特达，气调不群，虽则青襟，便有奇心远识，于五荫六尘深知泡电，誓求离俗，二亲弗能违也。年八岁出家，研精法相。其初伏业，即兴皇朗法师也。学门拥盛，咸畅玄风，入室之徒，莫非人杰。觉禀承宏论，备观幽旨，领略津会，镌求幽赜，骋驰众妙，得自匈襟；宗匠加赏相击，称为法器。加以游心九部，备观数论，诡说异门，并寻枝叶。既而叹曰：“枪榆岂冲天之举，小道乖适远之津。聊以忘忧，非吾徒也。”夫澄神入慧，莫尚五门，摄山泉石致美，息心胜地，乃抠衣独往，止于栖霞寺焉。有慧布法师空解第一，深明方等，或有未悟，韫椟于怀，伫知音者，及见欣然，便即开授。又以大智度论江左少弘，布备宗绪，将陈请说，乃垂覃思，申畅幽微。布公披襟叹美，即命开讲。于是旧文新意，两以通之，远近餐服，闻所未闻，释论广兴，于斯盛矣。陈晋安王伯恭为湘州刺史，深加礼异，并请讲众南行弘演。吏部尚书毛喜、护军将军孙玚，并鞠躬顶礼，虔仰殊常。左卫将军傅縡学通内外，气调甚高，缁素之间，无所推敬，每见觉来，必心形俱肃，剧谈高论，流连无已。天爵服人，皆如此类。隋朝克定江表，宪令惟新，一州之内，止置佛寺二所，数外伽蓝，皆从屏废。觉惧金刚之地沦毁者多，乃百舍兼行，上闻天听，有敕霈然从其所请，启沃神衿，弘护像法，信有力焉。炀帝昔居藩屏，化牧淮甸，钦仁胜人，义逾仄席，乃赐书曰："法师安善，凉暑惟宜！承栖迟龟山之域，阐扬龙树之旨，其义端雄辩，独演畅于稽阴，谈柄微言，偏引级于镜水。弟子钦风籍甚，味道尤深，今于城内建慧日道场，延屈龙象，大弘佛事，盛转法轮。上人名称普闻，众所知识，今遣迎候，迟能光拂也。"于即贲然来仪，膺此嘉命。法济上人者，灵智难思，于永福道场请开大论，主上亲临法席，称善久之。后止白塔，恒事敷说，大品、涅槃、华严、四论等二十余部，遍数甚多，学徒满席，法轮之盛，莫是过也。先是，江都旧邸立宝台经藏，五时妙典，大备于斯。及践位东朝，令旨允属，掌知藏事，佥曰得人。大业二年，从驾入京，于路见疾，而神色怡然，法言无废。及至将渐，明悟如常，咸见金刚大神前后围绕，外国梵僧烧香供养。初，有智觉禅师爰感灵应，乃见觉名题于金录，固其所得位地，义量难测。至三月二十二日，迁化于泗州之宿预县，春秋五十有三。惟觉美词令，善容止，身长八尺，风表绝伦，摄斋升堂，俯仰可则，觌其威仪，莫不改容易观，寓目忘倦。至于吐纳玄言，宣扬妙义，雄辩清论，云飞泉涌，真可谓日月入怀，风飙满室，虽复褊志滞情，亦顿忘鄙吝。然其芝兰所化，陶诱之功，日就月将，固亦弘矣。兼通外典，妙善尺牍，属词染翰，造次可观，折简所至，皆为模楷。加以风度淹远，雅量弘深，谈绝是非，心夷彼我，峻矣重仞，人莫之窥。信施相积，随用檀舍，二翼之外，纤芥罔畜，止有论文谈疏，盈于几箧而已。岂非拔俗之奇才，通方之正士也！有诏丧事所须，随由备办，恩礼周给，务从优厚，并具舟檝，王人将送。其年五月十三日，还窆于江阳县之茱萸里。传业学士，数甚滋多。门人智果禀承遗训，情深追远，乃与同学纪诸景行，碑于寺门。秘书诏诰舍人虞世南为文，金紫光禄大夫内史侍郎虞世基为铭，见于别集。

隋终南山龙池道场释道判传四

释道判，姓郭氏，曹州承氏人也。三岁丧亲，十五游学，般涉史籍，略综儒道。十九发心出家，投于外兄而剃落焉。具戒已后，历求善友，深厌俗累，绝心再往。每阅像教东传，慨面不睹灵迹，委根归叶，未之或闻，遂勇心佛境，誓尚瞻敬。以齐干明元年结伴二十一人，发趾邺都，将经周塞，关逻严设，又照月光，踟蹰回互，义无逾越。忽值云奔月隐，乘暗度栈，遇逢游兵，特蒙释放。以周保定二年达于京邑，武帝赏接崇重，仍令于大乘寺厚供享之。经逾两载，上表乞循先志，又蒙开许，敕给国书，并资行调。西度砂碛千五百里，四顾茫然，绝无水草，乘饥急行，止经七夕，便至高昌国。是小蕃附庸突厥，又请国书，至西面可汗所（此云天子治也）。彼土不识众僧，将欲加害，增人防卫，不给粮食，又不许出拾掇薪菜，但令饿死。有周国使人谏云："此佛弟子也。本国天子大臣，敬重供养。所行之处，能令羊马孳多。"可汗欢喜，日给羊四口，以充恒食。判等放之，而自煮菜进啖。既见不杀众生，不食酒肉，所行既殊，不令西过，乃给其马乘，遣人送还，达于长安，住干宗寺。判以先在穷险，无人造食，遂舍具戒，今返京室，后乃更受之。停止五年，逢静蔼法师，咨询道务，慧业冲邃，淹历五周，朝夕闻问，方登阶渐。会武帝灭法，与蔼西奔于太白山，同侣二十六人，逃难岩居，不忘讲授。中、百四论，日夜研寻，恂恂奉诲。虽有国诛，靡顾其死，东引寻山，岠于华岳，凡所游遁者，望日参焉。遂离考山室，二十余所。依承蔼德，为入室之元宗，始末一十五年，随逐不舍。后蔼舍身穷谷，用陈护法，判含酸茹毒，奉接遗骸，建塔树铭，勒于岩壁。天元嗣历，寻改邪风，创立百二十人为菩萨僧，判当其数。初住陟岵寺，大隋受命，广开佛法，改为大兴善焉。判道穆僧徒，历总纲任，部摄彝伦，有光先范。开皇之肇，于终南山交谷东岭，池号野猪，迥出云端，俯临原陆，躬自案行，可为栖心之场也，结草为庵，集众说法。开皇七年，敕遣度支侍郎李世师将天竺监工就造院舍，常拟供奉，知判道业修旷，给额为龙池寺焉。大将军云定兴以为檀越，四事供给，无爽二时。侍郎独孤机餐奉音猷，于宅后园别立斋宇，请来栖息，终日将事，禀其法戒。薛国公及夫人郑氏夙奉清训，年别至此，咨承戒诰，决通疑议。以大业十一年五月四日平旦卒于山寺，春秋八十有四。初，判释蒙启法，性狎林泉，少欲无竞，乐居俭摄，行慈济乏，偏所留心，履苦登危，弥其本意。故每至粟麦二熟，行乞贮之，至厚雪弥山则遗诸飞走，所以山侣游僧蒙其奖济者殷矣。又食不择味，生无患苦，僧事鞅掌，身先令之。而弘道终朝，虔虔无怠，虽暂游世，恒归山室。斯亦岩岫之学观矣。

隋终南山悟真寺释净业传五

释净业，俗姓史氏，汉东随人也。年登小学，即沾缁服，闾里嘉之，号称贤者。专经之岁，割爱出家，净养威仪，霜厉冰洁。受戒以后，游刃河内，精研律部，博综异闻。时有论师慧远，树德漳河，传芳伊洛，一遇清耳，便伸北面。学涅槃等经，皆品酌其致，弘宣大旨，而恨文广功略，章句未离。及远膺诏入关，业亦负帙陪从，首尾餐承，尽其幽理。晚就昙迁禅师学于摄论。迁器宇崇廓，墙仞重深，遂举知人，同扬乐说，嘉业钻仰诚至，乃倾襟导引，随闻顶受，缄勒寸心。开皇中年，高步于蓝田之覆车山，班荆采薇，有终焉之志。诸清信士敬揖戒舟，为筑山房，竭诚奉养，架险乘悬，制通山美，今之悟真寺是也。业确乎内湛，令响外驰，仁寿二年，被举送舍利于安州之景藏寺。初，通行诸基，欲于十力寺置之，行至景藏，忽感异香满院，众共嗟怪，因而树立。将下舍利，赤光挺出，照于人物，寺重阁上闻众人行声，及往掩捕，扃闭如初，一人不见。塔北有池，沙门净范为诸道俗受菩萨戒，乃有群鱼游跃，首皆南向，似受归相。范即乘舟入水，为鱼授法，鱼皆回头绕船，如有听受，都无有惧。业庆其所遇，乃以舍利置于佛堂。先有塐菩萨一躯，不可移转，至明乃见回身面于舍利，状类天然，一无损处。屡兴别瑞，传言不尽。大业四年，召入鸿胪馆教授蕃僧。九年，复召住禅定寺，联翩荏苒，微壅清旷。后欲返于幽谷，告同学曰:“此段一行，便为不返。”而别未淹旬，已闻殂化，春秋五十有三。达生知命，斯亦至哉！即大业十二年二月十八日也。露骸松下。初，业神岸温审，仪止雍容，敦仁尚德，有古贤才调。笃爱方术，却粒练形，冰玉云珠，资神养气，而卒非其所治，徒载声芳。洁己清贞，差为传德矣。

隋西京大禅定道场释童真传六

释童真，姓李氏，远祖陇西，寓居河东之蒲坂焉。少厌生死，希心常住，投县延法师为其师范，综掇玄儒，英猷秀举。受具已后，归宗律句，晚涉经论，通明大小，尤善涅槃，议其词理。恒处延兴，敷化不绝，听徒千数，各标令望。详真高誉，继迹于师。开皇十二年，敕召于大兴善对翻梵本。十六年，别诏以为涅槃众主，披解文义，允惬众心。而性度方正，善御大众，不友非类，唯德是钦。仁寿元年，下敕率土之内普建灵塔，前后诸州一百一十一所，皆送舍利，打刹劝课，缮构精妙。真以德王当时，下敕令住雍州创置灵塔，遂送舍利于终南山仙游寺，即古传云秦穆公女名弄玉习仙升云之所也。初，真以十月内从京至寺，路逢雨雪，飞奔滂注，掩渍人物，唯舍利舆上独不沾润，同共异之。寺居冲谷，日夕风振，自灵骨初临，迄于藏瘗，怗然恬静，灯耀山谷。兼以阴云四塞，雨雪俱零，冀得清霁见日，有符程限。真乃手执熏炉，兴发大愿，恰至下期，冬日垂照，时正在午，道俗同庆。及安覆讫，还复云合。大众共叹真心冥感之所至也。大业元年营大禅定，下敕召真为道场主，辞让累载，不免登之，存抚上下，有声僧网。又以涅槃本务，常事弘奖，言令之设，多附斯文。大业九年因疾卒于寺住，春秋七十有一。真抱操怀亮，朋附高流，厮下之徒，性非倾徙。寺既初立，宰辅交参，隆重居怀，未始迎送，情概天表，卒难变节。当正临食，众将四百，大堂正梁忽然爆裂，声骇震霆。一众惊散，咸言摧破，徒跣而出者非一。唯真端坐依常，执匙而食，容气不改，若无所闻。兼以偏悲贫病，撤衣拯济，躬事扶视，时所共嘉刚柔兼美焉。

隋西京大禅定道场释灵干传七（灵辩）

释灵干，姓李氏，金城狄道人。祖相，封于上党，遂随封而迁焉。年始十岁，乐闻法要，游寺观看，情欣背俗，亲弗违之。年十四，投邺京大庄严寺衍法师为弟子，昼夜遵奉，无怠寸阴，每入讲堂，想处天宫无异也。十八覆讲华严、十地，初开宗本，披会精求，佥共怪焉。又酬抗群锋，无所踬碍，众益欣美。冠年受具，专志毗尼，而立性翘仰，恭摄成节，三业护持，均持遮性。周武灭法，通废仁祠，居家奉戒，仪体无失。隋开佛日，有敕简入菩萨数中，官给衣钵，少林置馆，虽蒙厚供，而形同俗侣。开皇三年，于洛州净土寺方得落采，出家标相，自此繁兴。有海玉法师讲华严众，四方追结，用兴此典。干即于此众讲释华严，东夏众首，咸共褒美。开皇七年，因修起居，道业夙闻，遂蒙别敕令住兴善，为译经证义沙门。至十七年，遇疾闷绝，惟心不冷，未敢藏殡。后醒，述云：初见两人手把文书，户前而立，曰："官须见师。"俯仰之间，乃与俱往，状如乘空，足无所涉。到一大园，七宝树林，端严如画。二人送达，便辞而退。干独入园，东西极目，但见林地山池，无非珍宝，焜煌乱目，不得正视。树下花座，或有人坐，或无坐者。忽闻人唤云："灵干，汝来此耶！"寻声就之，乃慧远法师也。礼讯，问曰："此为何所？"答："是兜率陀天，吾与僧休同生于此。次吾南座上者是休法师也。"远与休形，并非本身，顶戴天冠，衣以朱紫，光伟绝世，但语声似旧，依然可识。又谓干曰："汝与我诸弟子，后皆生此矣。"因尔觉悟，重增故业，端然观行，绝交人物。仁寿三年，举当寺任，素非情望，因复俯从。其年，奉敕送舍利于洛州，便置塔于汉王寺。初建塔所，屡放神光，风起灯灭，而通夕明亮，不须灯照，又感异香从风而至，道俗通见。四月八日下舍利时，寺院之内，树叶皆萎，乌鸟悲叫，及填平满，还如常日。时汉王谅作镇晋阳，承干起塔王之本寺，远遣中使傣赐什物。然其善于世数，机捷枢要，辩注难加。尝为献后述忏，帝心增感，嘘唏连洏，乃赐帛二百段，用旌隆敬。大业三年置大禅定，有敕擢为道场上座，僧徒一盛，匡救有叙。至八年正月二十九日卒于寺房，春秋七十有八。幢盖道俗，相与奔随，乃火葬于终南之阴。初，干志奉华严，常依经本作莲华藏世界海观及弥勒天宫观。至于疾甚，目精上视，不与人对，久之，乃垂顾如常日。沙门童真问疾，因见是相。干谓真曰："向见青衣童子二人来召，相逐而去，至兜率天城外，未得入宫。若翘足举望，则见城中宝树花盖；若平立则无所见也。"旁侍疾者曰："向举目者，是其相矣。"真曰："若即往彼，大遂本愿。"干曰："天乐非久，终坠轮回，莲华藏世界，是所图也。"不久气绝，须臾复还。真问："何所见耶？"干曰："见大水遍满，华如车轮，干坐其上，所愿足矣。"寻尔便卒。沙门灵辩，即干之犹子也，少小鞠育，诲以义方，携在道位，还通大典，今住胜光寺。众议业行，擢知纲任，扬导华严，擅名帝里云。

隋东都内慧日道场释敬脱传八

释敬脱，不详姓氏，汲郡人也。童少出家，以孝行清直知名。虽该核小大，偏明成实，讲解周镜，不亏声问，开张衢术，章疏惟新，为后学宗仰。又善声韵，兼通字体，苍、雅林统，识其科踪，文章篇什，颇豫伦伍。同住房院，罕见余谈，手不辍卷，专师广赡，威仪修整，未曾反顾。身极长大，充满圆成。时共目之，以为僧杰。人有达于帝者，乃追住慧日，四海齐架，又无与竞，志节坚正，最为称首。帝欲试诸大德：谁为刚亮？通命引入允武殿，敕监门郎将段文操拔刀逐之令走。诸大德并趋步速往，唯脱缓步如常，语操曰："卿何事以此相逼？"及上殿坐，语论佛理，帝徐顾操曰："众僧素不知俗法，监门何得催耶？"私异脱之大志也，敕赐大竹扇，面阔三尺，即令执用，并赐松抱高屧，令着于宫中而出。帝自送之，曰："诚僧杰矣。"尔后常弘成实，无替时序。以大业十三年卒于东都鸿胪寺，春秋六十三。自脱之听学也，常施荷担，母置一头，经书及笔又置一头。若至食时，留母树下，入村乞食，用以充继。其笔绝大，粗管如臂，可长三尺，方丈一字，莫不高推。人有乞书者，纸但一字耳，风力遒逸，睹之不厌，皆施诸壁上，来往观省。东都门额，皆脱所题，随一赋笔，更不修饰。时慧日有沙门法楞者，偏弘地论，著述疏记，声名相副，见重道场。及于终世，以事闻奏，帝哀之，殡殓所资，皆从天府。

唐京师净影寺释善胄传九（慧威）

释善胄，俗姓淮氏，瀛州人。少出家，通敏易悟，机达为心。预涉讲会，乐详玄极，大论、涅槃，是所钻注。齐破投陈，奔造非数，年屡荐馁，告乞是难，日济一饼，才充延命，形极羸悴，众不齿录。行至一寺，闻讲涅槃，因入论义，止得三番，高座无解，低头饮气。徒众千余，停偃讲席，于是扶举而下，既至房中，奄然而卒。胄时论讫即出，竟不知之，后日更造，乃见造诸丧具，因问其故，乃云："法师昨为北僧所难，乃因即致死。”众不识胄，不之擒捉。闻告自审，退而潜焉。经于数日，后得陈僧将挟，复往他讲，所论义者无不致屈，毙者三人。由此发名振绩，大光吴越。隋初度北，依远法师止于京邑，住净影寺。听徒千数，并锋锐一期，而胄覆述竖义，神采秀发，偏师论难，妙通解语。远制涅槃文疏，而胄意所未弘，乃命笔改张，剖成卷轴，凿深义窟，利宝罔遗。远闻，告曰：“知子思力无前，如何对吾改作？想更别图可耶！”胄曰：“若待法师即世方有修定，则胄之虚名终无实录。”远乃从之。疏既究成，分宗匠世，亟有陈异。远亡之后，敕令于净影寺为涅槃众主。开皇将末，蜀王秀镇部梁益，携与同行，岷嶓望德，日归成务。逮仁寿末岁还返关中，处蜀道财，悉营尊像，光坐严饰。绝世名士虽途经危险，而步运并达，在京供养，以为模范。会文帝置塔，敕送舍利于梓州牛头山华林寺。严舆将达，感猪八头，突到舆下，从行至馆，驱逐乃走，还来如故。渐至城治，黑蜂四枚，形甚壮伟，随舆旋绕，数匝便去。既至州馆，夜放大光，明彻屋上，如火焰发，食顷方灭。又掘塔基，入深丈余，正当函处得古瓷瓶，无盖有水，清澄香美，乃用盛于函内。寺有九层浮图，从西南角，第二级放光，上照相轮，如五石瓮许，黄赤如火，良久方隐。又，堂内弥勒像亦放眉间紫光，并二菩萨亦放赤光，通照寺院，前后七度。众人同见，除不来者。及大业造寺，广召德僧，胄应高选，又住禅定，屡开法席，传向相寻。因感风疾，唇口喎偏，时人谓改张远疏之所及也。初，远以涅槃为五分，末为阇维分，胄寻之揣义，改为七分，无有阇维，第七云结化归宗分。自风疾多载，而问难寻常，为诸学者所共惊惮。后忽患损，口如恒日，胄曰：“吾患既差，命必终矣。此不可怪，理数然也。”大业十三年欲返本寺，众不许之，乃以土塞口，欲自取死。寺众见其志决，方复开许。以武德三年八月内终于净影寺，春秋七十有一。初患笃，谓门人曰：“吾一生正信在心，于佛理教，无心轻略，不虑净土不生。”即令拂拭房宇，烧香严待。病来多日，委卧不起，忽尔自坐合掌，语侍人曰：“安置世尊令坐。”口云：“世尊来也，胄今忏悔，惭愧！”如是良久，曰：“世尊去矣。”低身似送，因卧曰：“向者阿弥陀佛来，汝等不见耶？不久吾当去耳。”语顷便卒。葬于城南韦曲之北崖，遵遗令也。弟子慧威，住大总持，讲寻宗迹，著名京室。

唐京师胜光寺释辩相传十

释辩相，姓史，瀛州人也。性爱虚静，游听有声，业综经术，齐、赵之方，备闻芳绩。后旋洛下，涉诸法席。又往少林，依止远公学于十地，大小三藏，遍窥其隩隅，而于涅槃一部，详核有闻。末南投徐部，更采摄论及以毗昙，皆披尽精诣，传名东壤，光问师资，众所归向。开皇七年，随远入辅，创住净影，对讲弘通，仁孝居心，崇仰师辙。仁寿置塔，敕令送舍利于越州大禹寺，民庶欢跃，欣见遗身。未及出间，光自涌现，青黄赤白，四色昭彰，流溢于外。七众嗟庆，胜心屡动。又于山侧获紫芝一枚，长二尺三寸，四支三盖，光色鲜绮。还返京都，大弘法席，常听学士一百余人，并得领袖当时，亲承音诰。大业之始，召入东都，于内道场敷散如故。为郑拥逼，同固洛滨，武德初年蒙敕延劳，还归京室，重弘经论，更启蒙心。今上昔在弘义，钦崇相德，延入宫中，通宵法论，亟动天顾，倷锡丰美，乃令住胜光，此寺即秦国之供养也，故以居焉。晚以素业所资，慧门初辟，追崇净影，仍就讲说。又舍所遗，图远形相，常存敬礼，用光先范。以贞观初年因疾缠身，无由取逝，乃隐避侍人，自缢而卒，在于住寺，春秋七十余矣。相为人敦素，形色鲜白，眉目浓朗，仪止闲泰，商榷名理，接顿词义，有神采矣。

唐京师大总持寺释宝袭传十一（昙恭　明洪）

释宝袭，贝州人，雍州三藏僧休法师之弟子。休聪达明解，神理超逸，齐末驰声，广于东土。周平齐日，隐沦本州。天元嗣立，创开佛法，休初应诏为菩萨僧，与遵、远等同居陟岵。开皇七年召入京辇，住兴善寺。袭十八归依，诵经为业，后听经论，偏以智度为宗，布响关东，高问时杰，从休入京，训勖为任。开皇十六年，敕补为大论众主，于通法寺四时讲化，方远总集。逮仁寿造塔，又敕送舍利于嵩州嵩岳寺。初，云雾暗合，七日蒙昧，袭乃擎炉发誓，愿将限满下舍利时得见日采。俄而所期既至，天开光耀，日当正午，既副情望，遂即藏翳。末又送于邢州泛爱寺，忽于函上见诸佛菩萨等像，及以光明周满四面，不可殚言，通于二日，光始潜没，而诸相犹存。及当下时，又见卧像一躯，赤光踊起。袭欣其所感，图而奉敬。至文帝升遐，起大禅定，以名称普闻，召而供养。武德末年卒于住寺，春秋八十矣。有弟子昙恭、明洪，皆善大论。恭少而机辩，见解有名，屡讲经论，京室称善，护法匡弼，颇存圣言。贞观初年，敕征为济法上座，纲维僧务，传芳季绪。后召入弘福，又令知普光寺任。德为时须，故轮转无定。卒于任所。洪亦以荣望当时，绍宗师业，召入普光。时复弘法，而专营浴供，月再洗僧，系踵安公，归心慈氏云。

唐京师大总持寺释慧迁传十二

释慧迁，瀛州人也。好学专问，爱玩地论，以为心赏之极。负锡驰骋，求慕郢匠，虽研精一部，而横洞百家，每至难理，则群师具叙，有齐之时，早扇名实。又从远公重流前业，义不再缘，周经一纪，并通涅槃、地持，并得讲授。齐亡法毁，南奔陈国。大隋革运，又归乡壤，行经洛下，还附远焉，故业新闻，备填胸臆。及远入关，从而来至，住大兴善，弘敷为任。开皇十七年敕立五众，请迁为十地众主，处宝光寺，相续讲说，声类攸陈。仁寿二年，敕令送舍利于本乡弘博寺。既至掘基，入地六尺，感发紫光，散冲塔上，其相如焰，似金像所佩者。又土上成字，黑文分明，云“转轮王佛塔”也。见此灵相，咸庆希逢。仁寿四年，又于海州安和寺起塔。掘深五尺，便获白土，色逾于粉，遍满坑中。复深八尺，于白土内得白玉一枚，方余径尺，光润难比。及将下旦，放大光明，通照城郭，色如红火，舍利出瓶，分为六粒。现希有事，众皆叹讶。迁后频开十地，京邑乃多无与比肩者。及大禅定兴，召入处之。武德末年卒于所住，春秋七十有九矣。自迁之末后，十地一部绝闻关壤。道由人弘，于斯验矣。有心之寄，诚可励诸！

唐并州武德寺释慧觉传十三

释慧觉，俗姓范氏，齐人也。达量通鉴，罕附其伦。而仪形秀峙，眉目峰映，衣服鲜洁，身长七尺，容止温弘，顾步淹融，锵锵然也。执持行路，莫不驻步迎睇而目送者，其威仪感人如此。明华严、十地，讲席相继，流轨齐岱，荣名远著，门学成风。大隋受禅，阐隆像法。以文皇在周，既总元戎，躬履锋刃，兵机失捷，逃难于并城南泽，后飞龙之日追惟旧壤，开皇元年，乃于幽忧之所置武德寺焉。地惟泥湿，遍以石铺，然始增基，通于寺院，周闾千计廊，庑九重，灵塔云张，景台星布。以觉识解腾誉，召而处之。弘阐法门，多以华严为首，受悟请益，宏略遵于四宗。后被请高阳，允当讲匠，听众千余，堂宇充溢，而来者不绝，遂停法肆，待有堂宇方可弘导。爰有施主，即为造千人讲堂，缔构斯须，不月便就。既登法座，众引充满，觉威容宏雅，其状若神，谈吐抑扬，汲引玄隐，披释冲洽，听徒竦戴，诚博义之弘量也。着华严、十地、维摩等疏，并缵义章，一十三卷，文质恢恢，条贯伦约，齐、魏明德咸诵行之。至武德三年，会猃狁南侵，觉少有恙，通告门人曰："吾其去矣。"侍者曰："今寇贼临城，人路阻绝，知何处去？"答曰："生死道长，去留无日，明当别矣。"乃敕出身资为僧设食，与众取诀。通夜正念，精爽冷然，明相才出，奄然从化，春秋九十矣。初，觉慧解之性，素蓄胸襟，福业摄生，随喜者众，凡有营理，身助修治，故寺之基趾，咸由劝勉。又闻往生净土，园施为功，不远千里，青州取枣，于并城开义寺种之。行列千株，供通五众，日呈茂美，斯业弘矣。时寺有二僧俱名智达，远公门人，善解当世，武德之初，京邑呈美。又有明干者，亦亚其伦。相与传灯，流芳不绝。

唐常州建安寺释智琚传十四

释智琚，新安寿昌人，俗姓李氏。原其世系，出自高阳未胄，任为理官，仍以为姓，时代音变，遂以"理"为"李"，因而氏焉。其本冀州赵郡，典午东迁，徙居江左。父祎仕梁，员外散骑侍郎。琚年十九，便自出尘，听坦师释论，未淹灰管，频闻精义。坦即隋齐王暕之门师也。次听雅公般若论，又听誉公三论。此三法匠，名价尤重。琚欲洁操秉心，偏穷法性，诸高座主，多无兼术。古人有言"学无常师"，斯言有旨。广寻远讨，曲尽幽求。年二十七即就敷讲，无碍辩才，众所知识，说经待问，亟动恒伦。及坦将逝，以五部大经一时付属。既蒙遗累，即而演之，声价载隆，玄素攸仰。然其口不言人，眼无受色，牢醴弗尝，荤辛无犯。入室弟子明衍，受业由来，便事之为和上。亡前谓曰：“吾以华严、大品、涅槃、释论，此之文言，吾常吐纳。今以四部义疏付属于汝。”乃三握手，忽然而终，窆于常州之建安寺，即武德二年六月十日也。窆于毗坛之南寺之旧垗。衍姓丘氏，晋陵名族，容止可观，精采卓异，敬崇芳绩，树此高碑于寺之门前。陈西阳王记室谯国曹宪为文。

唐常州弘业寺释道庆传十五

释道庆，姓戴，其先广陵，后进度江，家于无锡。年十一出家，事吴郡建善寺藏阇梨，服勤尽礼，同侣所推。十七出都，听彭城寺讲成实论，大义余论，皆莫之遗。所以时匠目曰：“悬日月于怀中，注江河于口内者，诚归于庆矣。”既荷嘉问，倍志兼常，利齿闻于既往，高座属于兹日。及陈祚云亡，法朋雕散，东归无锡，居凤光寺，学徒载萃，诲诱如初。后止毗坛弘业寺，专事阐弘，无弃凉暑。然其美容止，善言笑，淡名利，厚交游，毫翰奔涌，琴诗婉妙，风神闲纵，韵宇虚凝，应物有方，履机无忤。以武德九年八月终于寺房，春秋六十一，即以其月二十三日窆于扶塘之山津也。穿圹之日，锹锸才施，感白鹤一群自天而下，遥曳翻翔，摧藏哀唳，自非道光远被，何由致此异祥？同寺沙门法宣曰：“余与伊人，言忘道狎。京辇小年，已欣共被；他乡衰暮，更喜同袍。月席风筵，接腕晤语。吾子经堂论室，促膝非异人。岂意玄穹歼我良友，千行徒洒，百身宁赎！未能抑笔，聊书短铭。其曰：十力潜景，四依匡世。踵德连晖，伊人是继。宫墙戒忍，灯炬禅慧。并驱生、林，分庭安、睿。论堂振玉，义室芬兰。坐威师子，众绕栴檀。道洁尘外，理析谈端。四仪式序，三业惟安。秽土机穷，胜人现灭。帐留余影，车回去辙。陇月孤照，坟泉幽冽。竹露暂团，松风长切。气运有终，德音无绝。”

续高僧传卷第十二

续高僧传卷第十三

大唐西明寺沙门释道宣撰

义解篇九　本传十七　附见七

唐京师大庄严寺释慧因传一
唐安州方等寺释慧皓传二
唐同州大兴国寺释法祥传三
唐终南山玉泉寺释静藏传四（道删）
唐新罗国皇隆寺释圆光传五（圆安）
唐蒲州仁寿寺释海顺传六（行友）
唐京师普光寺释昙藏传七
唐京师大庄严寺释神迥传八（玄究）
唐京师定水寺释僧凤传九（法位）
唐京师普光寺释道岳传十（明旷　明略）
唐汴州慧福寺释功迥传十一
唐汴州安业寺释神照传十二
唐蒲州栖岩寺释道杰传十三
唐蒲州栖岩寺释神素传十四
唐东都天宫寺释法护传十五
唐蜀都寺释玄续传十六
唐苏州法流水寺释慧壁传十七

唐京师大庄严寺释慧因传一

释慧因，俗姓于氏，吴郡海盐人也，晋太常宝之后胤。祖朴，梁散骑常侍，父元显，梁中书舍人，并硕学英才，世济其美。因禀灵温裕，清鉴俭通，徽音深靡，缁素钦属。十二出家，事开善寺慧熙法师。志学之年，听建初琼法师成实。曾未具戒，便齐入室，慧声广被，道众相推。而欣味静心，未指章句，乃诣钟山慧晓、智瓘二禅师，请授调心观法。定水既清，道思逾肃，师袭宏略，曲尽幽微，而悟言神解，独酌标致。又造长干辩法师禀学三论，穷实相之微言，弘满字之幽旨，写水一器，青更逾蓝。辩后归静山林，便以学徒相委，受业弟子五百余人，踵武传灯，将三十载。陈太建八年安居之始，忽感幽使云“王请法师”，部从相喧，丝竹交响，当即气同舍寿，体如平日，时经七夕，若起深定。学徒请问，乃云:“试看箱内，见有何物？”寻检有绢两束，因曰:“此为傃遗耳。”重问其故，曰:“妄想颠倒，知何不为？吾被阎罗王召夏坐，讲大品般若于冥道中。”谓经三月，又见地狱众相，五苦次第。非夫慈该幽显，行极感通，岂能赴彼冥祈，神游异域？陈仆射徐陵，高才通学，尚书毛喜，探幽洞微，时号知仁，咸归导首。隋仁寿三年起禅定寺，搜扬宇内，远招名德，因是法门龙象，乃应斯会。既德隆物议，大众宗归，遂奉为知事上座，训肃禅学，柔顺诱附，清穆僧伦，事等威权，同思启旦。又，寺初胜集，四海一期，名德相亚，通济斯美，因又实兼之矣。频讲三论，并制文疏，要约标控，学者高奉。大唐弘运，重兴佛日，举十大德，当其一焉。以身御法，不令而行，让以得之，屈己成务。故京寺宿望，心敬遵承，咸崇菩萨戒师，后进具戒者，无不依而羯磨。左仆射萧瑀，器局贞亮，玄风凝远，刑部尚书沈叔安，温彝弘雅，达信通神，并崇仰钦承，于兹二纪。因定慧两明，空有兼照，弘法四代，常显一乘。而莫竞物情，喜怒无色，故游其道者莫测其位。以贞观元年二月十二日卒于大庄严寺，春秋八十有九。未终初夜，告弟子法仁曰:“各如法住，善修三业，无令一生空过。当顺佛语，勿变服扬哀随吾丧后，事不可矣。”乃整容如常，潜思入定，于后夜分正坐而终，咸闻异香满室，遂迁坐于南山至相寺。于时攀辕扶毂，道俗千余，送至城南，又闻天乐鸣空。弟子等为建支提砖塔，勒铭封树，兰陵萧钧掣文。仁是乡人，少所供奉，清净身心，修行念定，卑弱着性，有名门学。

唐安州方等寺释慧皓传二

释慧皓，安陆人。幼入道门，即怀远量，收览经义，弘导居心。初跨染玄纲，希崇大品，博闻略究，而情阻未申。承苞山明法师，兴皇遗属，世称郢匠，通国瞻仰，因往从之。咨奉无倦，备清遐道，遂得广流部帙，恢裕兴焉。年方登立，即升法座，谈扮一指，众侣喧哗，受业传灯，分风徙化。然以法流楚服，成济已闻，岷络、三巴，尚昏时网，便以法弘导，远化未闻。隋大业年溯流江硖，虽遭风浪，厉志无前。既达成都，大弘法务，或就绵、梓，随方开训，自玉垒僧侣，因此开明，冲烟总萃，倾味正法。而成惠恤焉，无惮游涉，故使来晚去思，咏歌满路。又以众斯殷杂，枯折由生，皓据法征治，情无猜隐。时或不可其怀者，计奏及之，云："结徒日盛，道俗屯拥，非是异术，何能动世？"武德初年，下敕穷讨，事本不实，诬者罪之。畐惟道在人弘，义须知返，乃旋途南指，道出荆门，随学之宾，又倍于前。既达故乡，亟仍前业，重张领牒，更叙关键，神望弥高，众聚弥结。弊其喧竞，避地西山之阴，屏退寻闲，陶练中观。经逾五载，四众思之，又造山迎接，处邑传化。皓随宜利益，意引行藏，还返安州方等寺，讲说相续。以贞观七年卒于所住，春秋八十有七。自畐一位僧伍，精励在先，日止一餐，七十余载，随得便啖，无待营求，不限朝中，趣得便止。所以蜀部丰都，芬羞兼列，每旦填供，常充寺门，皓并命入僧，自无一受。旦讲若下，食惟一碗，自余饼菜，还送入僧。有学士导勤见其羸弱，恐法事稽留，为告外众，令办厚供。皓怪异常，推问食所由，即令勤出众，永不相袭。告曰："邪命之食，不可御也。汝闻吾言，而不解教意。"其守节禀法也如此。

唐同州大兴国寺释法祥传三

释法祥，同州人。童稚出家，清贫寡欲，周勤访道，栖止无定。冠具已后，遵奉宪章，刻意鞭后，潜心玄赜。二教周废，便从俗吏，而抱德怀经，礼诵无辍。僚佐班列，同共嘉尚，将欲进位，贡入台府，而正性慕道，不思荣问，乃恣其习业，沾员而已。随兴法现，即预出家，住大兴国寺。志操俊爽，言必简衷，立身凝肃，不居幽屏。常处大房，开通前后，三十余年，当风而住，虚廓其虑，门未曾掩，坐卧一床，读经为业。道俗问讯者，自非读尽复卷，中无涉言，故知其客节，卷未收者，咸私觌已后而奉对。祥潜思玄籍，博综多持，开蒙引喻，言不加饰。因染伤寒，有劝药疗者，皆无所受，但苦邀心，随务量拟。或患痢病，有加药者，乃曰："痢者水也，不进自除。"便啖干饭，数日便差。其执节坚固，率皆类此。兼又持信标仪，不交华薄，申令众范，出言归敬，故众有诸罚，祥必先致其词，闻过伏引，更不怨及。其德耀人神，为若此矣。以武德七年沉疴累月，素气绵弱，侍者参立，乃微言"佛像佛像"，声既沉隐，初闻未了，后思乃悟，回顾看之，瞥见尊仪峙然西壁，光相宛具，须臾渐隐。又闻香乐竞至，馡郁盈房，道俗惊嗟。又见一群白鹤从西方来，绕房三匝，翔传还复来处而去。于后少时而卒，乃葬于城之东隅。倾邑充衢，幢盖绵亘，哀恸之声，流闻远近。

唐终南山玉泉寺释静藏传四（道删）

释静藏，俗姓张，泽州高都人。九岁出家，投清化寺诠禅师而为师主，训诲之至，极附大猷。进戒已后，乐思定业，通微尽相，宗徒有归。年二十三，发弘誓曰："丈夫出俗，绍释为氏，岂不欲义流天下，名贯玄班者乎？"承乡壤大德远法师敕召在京，弘化为务，便往从之。未至值迁，果非本遂，乃遍诸法席听采经论，摄论、十地，是所偏求，还住净影，弘扬所习。大业九年召入鸿胪，教授东蕃三国僧义，九夷狼戾，初染规猷，赖借乘机接诱，并从法训。武德初岁，太仆卿宇文明达宿昔承奉，禁戒是投，合门请业，用比昭穆。敕使达为河之南北执节招抚。纶言既出，将事首涂，藏送曰："世界无常，佛有诚诰。别易会难，先民遗语。愿常存此，奉信在心。"达以藏夙有预闻，曾经事验，拜辞曰："弟子衔命于不返，愿师冥道照助。"及至相州，果为贼王德仁所害。其子世寿奏曰："臣父奉敕安抚，竭诚奉国，为贼所害，思报皇恩。蓝田散谷见有故寺，望得为父修立，并度僧二十人。”帝问欲作何寺，寿以事咨藏，曰：“此山上有闰玉，下有流泉，可名玉泉耶。”寿具奏闻，帝依所请，仍延藏往住，堂宇廊庙，并指扐焉。远近道俗，造山修觐，皆遗之法药，安时处顺，遂复其性。以武德九年十二月因事入京，遇染时患，限终京室，春秋五十有六。弟子道删，祖习风范，地持一部，敷化在心。今住终南至相，有名于世。

唐新罗国皇隆寺释圆光传五（圆安）

释圆光，俗姓朴，本住三韩：卞韩、马韩、辰韩，光即辰韩新罗人也。家世海东，祖习绵远。而神器恢廓，爱染篇章，挍猎玄儒，讨雠子史。文华腾翥于韩服，博赡犹愧于中原，遂割略亲朋，发愤溟渤，年二十五，乘舶造于金陵。有陈之世，号称文国，故得咨考先疑，询猷了义。初听庄严旻公弟子讲，素沾世典，谓理穷神，及闻释宗，反同腐芥。虚寻名教，实惧生涯，乃上启陈主，请归道法，有敕许焉。既爰初落采，即禀具戒，游历讲肆，具尽嘉谋，领牒微言，不谢光景。故得成实、涅槃，蕴括心府，三藏数论，偏所披寻。末又投吴之虎丘山，念定相沿，无忘觉观，息心之众，云结林泉，并以综涉四含，功流八定，明善易拟，筒直难亏，深副夙心，遂有终焉之虑。于即顿绝人事，盘游圣踪，摄想青霄，缅谢终古。时有信士宅居山下，请光出讲，固辞不许，苦事邀延，遂从其志。创通成论，末讲般若，皆思解俊彻，嘉问飞移，兼糅以绚采，织综词义，听者欣欣，会其心府。从此因循旧章，开化成任，每法轮一动，辄倾注江湖。虽是异域通传，而沐道顿除嫌郄。故名望横流，播于岭表，披榛负橐而至者，相接如鳞。会隋后御宇，威加南国，历穷其数，军入杨都，遂被乱兵，将加刑戮。有大主将望见寺塔火烧，走赴救之，了无火状，但见光在塔前，被缚将杀，既怪其异，即解而放之。斯临危达感如此也。光学通吴越，便欲观化周秦，开皇九年，来游帝宇。值佛法初会，摄论肇兴，奉佩文言，振绩徽绪，又驰慧解，宣誉京皋。绩业既成，道东须继，本国远闻，上启频请，有敕厚加劳问，放归桑梓。光往还累纪，老幼相欣，新罗王金氏面申虔敬，仰若圣人。光性在虚闲，情多泛爱，言常含笑，愠结不形。而笺表启书，往还国命，并出自胸襟；一隅倾奉，皆委以治方，询之道化。事异锦衣，请同观国，乘机敷训，垂范于今。年齿既高，乘舆入内，衣服药食，并王手自营，不许佐助，用希专福。其感敬为此类也。将终之前，王亲执慰，嘱累遗法，兼济民斯，为说征祥，被于海曲。以彼建福五十八年，少觉不悆，经于七日，遗诫清切，端坐终于所住皇隆寺中，春秋九十有九，即唐贞观四年也。当终之时，寺东北虚中音乐满空，异香充院，道俗悲庆，知其灵感。遂葬于郊外，国给羽仪葬具，同于王礼。后有俗人儿胎死者，彼土谚云："当于有福人墓埋之，种胤不绝。"乃私瘗于坟侧，当日震此胎尸，掷于茔外，由此不怀敬者率崇仰焉。有弟子圆安，神志机颖，性希历览，慕仰幽求，遂北趣九都，东观不耐，又西燕、魏，后展帝京。备通方俗，寻诸经论，跨轹大纲，洞清纤旨，晚归心学，高轨光尘。初住京寺，以道素有闻，特进萧瑀奏请住于蓝田所造津梁寺，四事供给，无替六时矣。安尝叙光云：本国王染患，医治不损，请光入宫，别省安置，夜别二时，为说深法，受戒忏悔，王大信奉。一时初夜，王见光首金色晃然，有象日轮，随身而至。王后宫女，同共睹之。由是重发胜心，克留疾所，不久遂差。光于卞韩、马韩之间盛通正法，每岁再讲，匠成后学。傣施之资，并充营寺，余惟衣钵而已。

唐蒲州仁寿寺释海顺传六（行友）

释海顺，姓任氏，河东蒲坂人。容貌方伟，音韶圆亮，长面目，少髭髯，仪服不群，于众有异。少处寒素，生于田野，早丧慈父，与母孤居，孝爱之情，靡由师傅，廉直之性，独拔怀抱。每恨家贫，无资受业，故年在志学，尚未有闻。乃慷慨辞亲，脱落求道，出家依于沙门道逊。道光玄胄，名扇儒宗，具见后传。顺躬事学礼，昼夜诵经，初无暂替，文不再览，日殆三千。岁登具受，履操逾远，志业尤勇，念守所持，誓无点累。仍以威仪粗着，身过可防，语笑易为，口非难护，乃因他患，缄默不言，却扫蓬扉，事心而已。方以学行之始，慧解为先，遂阅讨众经，伏膺玄宰，方等诸部，咸禀厥师，皆探赜研几，贵言领意。有栖岩寺沙门神素者，性好幽栖，尤专二论。顺远承寄调，思扣冲关，乃荷帙登峰，咨参讲肆。徒属既众，钻仰殊多，有所询求，但举纲要。顺频时属请，微以为繁，虽愠色不形，而劳心可验。顺逡巡退席，曰："昔陈亢问一得三，今者请一蒙二，亦何遽乎？"曰："何谓耶？"答曰："一则见忤，一则闻义。"素既悟其所述，因斯自革，于是无疑不断，有滞必申。至于杂心隐括，备在婆沙，研精专一，始终该统。或下山分卫，而执卷披文，或企足接明，假照寻读，莫不洞开枢要，妙鉴幽原。顺尝以余席言于素曰："海顺旷劫深尤，不逢贤圣，周旋五趣，莫能自免，致生兹秽土，对此凡缘，未能出有欲河，登无为岸，将不由心驹失辔，而晦沉坑埳者乎？"因涕泣濡襟，嘘唏哽塞，又曰："每念二轮交辙，息驾何门，六道长驱，思归无路，言及斯事，载怀惶悚。且生得为人，启期亡忧于贫贱；出家弘道，僧度不易于公侯。顺今兼之，一何可庆！又以大冥之室，仰属传灯。虽不面奉如来，而幸遇法师耳。不量短绠，辄揆深源，愿得赐以明珠，投之浑浪。如此则一生有获，千载无恨也。"遂即言笑如常，容仪自若。素曰："敢闻君子志矣，恐不副雅怀！"素后累居僧任，果停讲席。顺以法轮罕遇，遂欣禅味。有沙门道杰者，颖秀定慧，希慕风景。乃致书曰："敢稽首大师门下！每欲理静摄心，山泉毕志，但以无明大夜，非慧炬不辉，故栖寄法筵，听览玄旨。至于人物聚集，颇劳低仰，况乃大限百年，小期一念，傥从风烛，前路奚凭？所以策驽骀之疲，想千里之远，定门玄妙，辄希辄入。逆其不逮，益用盘桓。伏愿开含养之怀，退人以礼。"杰得书，美其锐情玄畅也，乃报曰："促路非骐骥之逸辔，灌木岂是鸾凤之栖息！故当引水而沐枯鱼，戢翼而朋寡鹤耳。脱其不尔，幸无略光阴。"顺得书，会疾遂不果行。而为人高简雅素，自归清众，绝交氓俗。尝有说种性高尚、祖祢荣贵者以夸于顺，顺莞尔而笑曰："我释种余晖，法王之子，尚须谦让自下，不敢傲诞欺人；岂期庸庸之徒，翻欲恃鬼陵物！"遂振手而去。故趋时之士，皆不及其门，反俗之宾，颇入其室。而道行纯洁，性好追踪，曾刺血洒尘，供养舍利，兼以血和墨，书七佛戒经。克己研心，类皆如此。尝寻付法藏传，说如来涅槃，法付承继，迄于师子、罽宾，嘱累斯书。词事既显，若亲面焉，因斯凄感，涕零如雨，曰："恨不及彼圣人，拔兹沉俗也。"又常于宵分归命三尊，同住邻居无得闻者。或解纳覆彼寒夫，或减食而充喂者，志好活愉，无求知足，有赠衣帛者，终不以介意。曾纵容曰："自任则乐，而未曾制物从我；随物则苦，而未曾以我违物。且鸟不栖渊，鱼不巢树，未必解随和让之道，而各得其所宜者，亦犹我不夺物荣，物不妨我辱矣。”又作三不为篇，其一曰：“我欲偃文修武，身死名存。研石通道，祈井流泉。君旰在内，我身处边。荆轲拔剑，毛遂捧盘。不为则已，为则不然。将恐两虎共斗，势不俱全。永存今好，长纵来怨。是以反迹荒径，息景柴门。”其二曰：“我欲刺股锉刀，悬头屋梁。书临雪采，牒映萤光。一朝鹏举，万里鸾翔。纵任才辩，游说君王。高车反邑，衣锦还乡。将恐鸟残以羽，兰折由芳。笼餐讵贵，钩饵难尝。是以高巢林薮，深穴池塘。”其三曰：“我欲衒才鬻德，入市趋朝。四众瞻仰，三槐附交。标形引势，身达名超。箱盈绮服，厕富甘肴。飘扬弦管，咏美歌谣。将恐尘栖弱草，露宿危条。无过日旦，靡越风朝。是以还伤乐浅，非惟苦遥。”顺神晤骇群，出言成录，著集数卷。于时真法陵迟，俗尚谀谄，讷言敏行者为愚，巧词令色者为智，廉洁正性，众或致讥。故顺履贞直之心，居危不乱，涅而不缁，可谓怀素风焉。有沙门行友者，志行严正，才慧英悟，与顺素交。因疾参候，顺曰：“先民有言曰：‘古之学者为己，今之学者为人。’三覆斯言，一何可信。世人强求知解，而不欲修行。每思此言，良用凄咽！吾谓夷烦殄惑，岂直专在说经；以法度人，何必要登高座！授非其器，则虚失其功；学不当机，则坐生自恼。”友遂制息心论以对之，文甚宏冠。顺曰：“观弟此作，理如未尽。”友曰：“息心之论，应有数篇，谓显观述宗，释疑成义。但以理玄词密，非当世之所闻，故容与于灵津，戢鳞而未进。慨时哉之不遇，始绝弦于此耳。”顺乃重说遗教，悲叹无已。先有沙门慧本者，逸亮高世僧也，思与顺结山林之操；会顺方学问，未暇允之。本独谢时世，罔测所往。后每思之，言辄凄泫，曰：“本公若乘龙之游，濯足云表，吾虽攀恋，自恨萦身嚣俗，升沉相异，徒为悲矣。且忘怀去来者，朝市亦江湖，眷情生死者，幽栖犹桎梏。苟其性之不失，不无居而不安。”其得志慕情，为如此也。于时卧病连稔，自知不痊，遗文累纸，呈诸师友，而形同骨立，精爽逾健。旁问后事，顺曰：“患身为秽器，暂舍欣然，鱼鸟无偏，水陆何简！然顾惟老母，宿缘业重，今想不得亲别矣。若弃骸余处，傥来无所见，有致煎恼。但死不伤生，古言可录。顺虽不孝，岂敢以身害母耶？既报不自由，可侧柩相待。”遂令逊法师说法，领悟欣然，须臾卒于住寺，春秋三十，即唐武德元年八月十五日也。沙门行友着己知沙门传，致序其事。友今被召弘福，充翻译之选，建名时俗云。

唐京师普光寺释昙藏传七

释昙藏，姓杨氏，弘农华阴人。家世望门清心自远。年十五，占者谓为寿短，二亲哀之，即为姻媾。既本非情，虑有推逼，遂逃亡山泽，惟念谁度。行至外野，少非游践，莫知投告，但念观音。久值一人，貌黑而驱二牛，因问所从，可得宿不？便告藏曰："西行有寺，不远当至。"寻闻钟声，忽见僧寺，因求剃落，便遂本心。即遣出门，可行百步，回望不见，久乃天明。西奔陇上，求法为务。晚还京邑，于旌善寺行道受戒，听诸经律，意有所昧。又往山东，彼岸诸师，竞留对讲，地持、十地，名称普闻。故东渐海滨，南穷淮服，听涉之最，无与为俦。及返京师，住光明寺，诠发新异，擅声日下。献后既崩，召入禅定，性度弘裕，风范肃成，故使道俗推崇，纲维领袖，恒为接对之役也。宾客席上之美，谈叙旷世之能，见之今矣。大唐御世，造寺会昌，又召以为上座，抚接长幼，殊有奇功。贞观译经，又召为证义。时以藏威烈气远，容止清肃，可为兴善寺主。藏深怀礼让，用开贤路，乃荐蓝田化感寺闰法师焉；即依其言，举称斯目。及皇储失御，便召入宫受菩萨戒，翌日便瘳，敕赐绢数百段，衣对亦尔，度人三千，并造普光寺焉。寻又下敕，得遥受戒不？藏曰："地持论云：'若无戒师，发弘誓愿，得菩萨戒。'"因进论文，敕乃以忏词，令藏披读。至皇后示疾，又请入宫，素患腰脚，敕令舆至寝殿受戒，施物极多，并充功德。至贞观九年三月十八日，终于会昌寺，春秋六十有九。哀动两宫，吊赠相次。诏葬郊西严村，起塔图形。东宫詹事黎阳公于志宁为碑文，见于塔所。

唐京师大庄严寺释神迥传八（玄究）

释神迥，姓田氏，冯翊临晋人。弱龄挺悟，辞恩出俗，远怀匠硕，备历艰虞。问道海西，包括幽奥，博采三藏，研寻百氏，年未及冠，郁为鸿彩。虽广融经论，而以大衍著名，至于所撰序引、注解群经、篇章铭论，合四十余卷。每于春初三月放浪岩阿，迄于夏首方还京邑。渔猎子史，讽味名篇，逸调横驰，颇以此而怀简傲也。兼以嘲谑豪杰，辩调中外，陵轹伦右，夸尚矜庄，京邑所推，侯王揖仰。又以旬暇余隙游历省台，预是文雄，通名谒对，或谈叙儒史，或开悟玄宗，优游自任，亦季世纵达之高僧也。故华壤英俊谓之谚曰："大论主释迦迴，法界多罗一时领。"以其竖论之时，必令五三人别难后乃总领通之，故怀斯目矣。大业十年，召入禅定，寻又应诏请入鸿胪，为敷大论，训开三韩诸方士也。贞观三年，以正道所归，通务为则，遂拥锡庸蜀，流化岷峨。道俗虔虔，靡若风草；法流亹亹，所至汪濊。以四年七日一日迁神于法聚寺，春秋六十五矣。四众哀恸，悲其为法来仪，未几而终，素怀莫展。益州官庶士俗及以同舟列道争趋奔于葬所，素幢竟野，香烟蔽空，万计哀号，声动天地。于升迁桥南焚之，遵遗令也。弟子玄察收其余柩，以约秦中，与同学玄究等于终南山仙游寺北而缮塔焉。究为其文，铭于塔所。空情贞抱素，志乐林泉，颇工篇什，时会精越，学文惊其藻锐也，未立而终，哀伤才府。

唐京师定水寺释僧凤传九（法位）

释僧凤，姓萧氏。梁高，其族祖也。曾祖懿，梁侍中、宣武王。大父轨，梁明威将军、番禺侯。显考长，陈招远将军、新昌守。凤以族胄菁华，风望高远，置情恢廓，立履标峻。昔在志学，聪慧夙成，文翰曾映，声辩超挺，所制杂文百有余首，冠出儒林，识者咸诵。固得早登延誉，令逸京皋。开皇之始，僧粲法师名重五都，学周八藏；乃委心请道，归宗师传。粲鉴其精爽，美其器略，授以真乘，开十等之差，导以玄辩，疏八势之位。凤雅有幽度，领览无遗，胜气迈于比肩，赋命怀于前达。时伦相顾曰："师逸功倍，闻之昔人；冰凉清厚，验之今日。"会隋炀负图，历试黄道，大业中岁，驻跸南郊，文物一盛，千年罕及。欲以军威帝业，激动鬼神，乃高饰黄麾，盛陈白羽，霜戈曜日，武帐弥川。皂素列于朝堂，下敕曰："军国有容，华夷不革，尊主崇上，远存名体。资生通运，理数有仪，三大悬于老宗，两教立于释府，条格久颁，如何抗礼？”黄老、士女，承声下拜，惟佛一宗，相顾峙立。沙门明赡率先答诏，具如别传。然敕频催：“何为不礼？”凤为崇敬寺主，依例被追，乃摆拨直进，援引经论明不敬之理。佥详赡、凤抗诏之仪，可谓兰菊各擅其英华，竹柏互陈其贞节，不可削也。献后云崩，禅定斯构，下诏辟召，来萃道场，相从讲解，迄于暮齿，善综引，安机要，难问失绪，显论攸归。贞观中年，释门重阐，青田有秽，白首斯兴，非夫领括，无由弘护。中书舍人杜正伦，下敕监掌，统详管辖，奏召。以为普集寺任，寻更右迁定水上座，绥缉二寺，无越六和，妙达众心，欣其仰止。年及从心，更新诚致，縈维尘境，放旷山林，言晤相喧，终事毕矣。有岐州西山龙宫寺远来请讲，深幸素心，承彼北背曾岩，南临清渭，石镜耀日，松萝冒空，畅悦幽情，即而依赴。大开法观，导引慧踪，遂使道俗来苏，闻所未有。既而厚夜凄感，常志前言，悲谷增慨，弥隆遐想。以其年暮月二十三日因疾终于彼寺，春秋七十有七。初以疾极委卧，犹存弘法，精爽不移，乃力疾而起，曰：“妙法华经，最后言别，终须一释，用通累念。”遂对众开之，下坐怗然，奄尔神逝于岐州陈仓县之龙宫寺。士俗官庶，痛心疾首，丧我所天，悲夫陈迹。昭穆安睹，乃迁灵于县郭之北原，凿窟处之，仍施白塔，苕然望表。远近瞻属，无不涕零。有弟子法位，学声早被，言晤清远。以终天难补，英声易尘，匪假陈扬，于何取则，乃于定水寺为建一碑，程器万古。其文左仆射燕公为制。惟凤立性矜庄，气厉群伯，吐言爽朗，晤涉奔随，以般若为心田，以涅槃为意得。讲法华经百有余遍，制疏命的，亦是一家。余诸经论，待时而举。初，凤之往西山，便留遗疏，述其远度，累以余缘，恰达彼寺，因而不返。乐天知命，何以加之。故其遗文后偈云：

苦哉黑暗女，乐矣功德天。
智者俱不受，愚夫纳二边。
我奉能仁教，归依弥勒前。
愿阐摩诃衍，成就那罗延。

唐京师普光寺释道岳传十（明旷　明略）

释道岳，姓孟氏，河南洛阳人也。家世儒学，专门守业，九岁读诗、易、孝经，聪敏强识，卓异伦伍。父皓，仕隋为临淄令，治声远肃。有隐士西门义者，博物疏通，肥遁岩谷，前后令召，莫能致之。至是步自山阿，来仪府舍，谓铃下吏曰："西门义故谒，遽为吾白。"即以事闻。令素仰高风，骇其萃止，延席曰："先生道扇三古，德重四民，何能轻举？"义曰："吾自弱岁隐沦，于兹暮齿，诚不欲干游人世，抱诚弃智。顷者吠声既静，则良政字民，五裤兴谣，两岐成咏，有欣美化，故不以韬隐自私，敢叙斯事。"令述其不逮，问其治术，对答若神，情兼明举。乃命诸子绍、续、绩、旷、岳、略等列于义前，令其顾指。义曰："府君六子，诚伟器也。自长而三，州县之职，保家自若也。已下之三，其志远，其德高，业心神道，求解言外，固非世局之所常谈也。"旷年十七，遂得出家，操行贞固，志怀明约，善大论及僧祇，深镜空有，学徒百数，禅观著绩，物务所高，即洛阳净土明旷法师是也。岳十五出家，依僧粲法师为弟子。少乐学问，经论是欣，及具篇禁，更宗律部，指途持犯，性不议非。而体貌魁美，风操高厉，容止俨然，不妄交于道俗。后习成论、杂心于志念、智通二师，备穷根叶，辞义斯尽。有九江道尼者创弘摄论，海内知名，以开皇十年至自杨都，来化京辇，亲承真谛，业寄传芳。岳因从受法，日登深解。以众聚事拥，惟其废习，将欲栖形太白，服业伦贯。时太白寺慧安者，倜傥多知，世数阔达，方丈一字，方寸千文，医术有工，经道偏练，日行四百，相同夸父，世俗所谓"长足安"是也。岳友而亲之，便往投造，告所怀曰："毗昙、成实，学知非好。摄大乘论，诚乃清微，而传自尼公，听受又鲜，今从物化，精益无从，中路徘徊，伊何取适？昔天亲菩萨作俱舍论，真谛译之，初传此土，情寄于此耳。"安曰："愿闻其志。"岳曰："余前学群部，悉是古德所传，流味广周，未尽于后。惟以俱舍无解，遂岂结于当来耶！"安曰："志之不夺，斯业成矣。"后住京师明觉寺，闭门静故，寻检论文，自读其词，仍洞其义，一习五载，不出住房，惟除食息，初无闲暇，遂得释然开发，了通弘旨。至于外义伏文，非疏莫了。承三藏本义并录在南方，思见其言，载劳梦寝，乃重赂遗南道商旅，既凭顾是重。所在追求，果于广州显明寺获俱舍疏本并十八部记，并是凯师笔迹，亲承真谛口传。显明即凯公所住寺也。得此疏本，欣戴仰怀，讽读沈思，忘于寝食，乃重就太白，卒其先志。于即庆吊绝绪，寻绎追功，口腹之累，惟安供给。时谷食不丰，菜色相顾，安庶事经营，令无匮乏。绵历岁序，厥志弥隆，内惭诸己，乃谢安曰："岳今至愚为累，独学成讥，辄不量力，欲悕非分，一不可也。食为民本，名作实宾，苟求虚誉，遂劳同志，二不可也。斯过弘矣，诚可退迹浮浮，更劳重累，则不可也。"安曰："功业将成，幸无异志。嘉会难再，无思别虑。"复延两载，方始出山，乃以己所寻知，将开慧业，游诸讲肆，清论莫穷。大业八年，被召住大禅定道场，今所谓大总持寺是也，时年三十有四，少齿登器，莫匪先之。此时僧众三百余人，令听风规，互相推谢，岳以后至名重，学不从师，虽欲播扬，未之有许。时有同德沙门法常、智首、僧辩、慧明等，并名称普闻，众所知识，相为引重，创为请主。岳扮谦藏器，退辞师授，徒累清言，终惭疏略。慧明等越席扬言曰："法师何辞耶？吾等情均水乳，义结相成，掩德移机，恐爽灵鉴。又，人世飘寄，时不再来，幸不相累。"岳顾诸意正，乃首登焉，遂以三藏本疏判通俱舍。先学后进，潜心异论，皆曰："斯文词旨宏密，学爽师资，纵达一朝，诚自诬耳。当伺其谈叙，得丧斯及矣。"岳自顾请主虚宗，初无怯惮，举纲顿网，大义斯通，虽诤论锋临，而响应随遣。众咸不识其户牖，故无理顿联辞。由是名振学宗，法筵继席，岁举贤良，推师有寄。武德初年，从业蓝谷化感。寺侧岩垂乳水，岳往承之，可得二升，悬滞便绝，乃曰："吾无感也，故水辍流。"遂以残水写滞下滢中，一心念诵，日取一升。经六十日，患损方复。又至二年，以三藏本疏文句繁多，学人研究难用详览，遂以真谛为本，余则错综成篇，十有余年，方勒成部，合二十二卷，减于本疏三分之二，并使周统文旨，字去意留。兼着十八部论疏，通行于世，以为口实。又，初平郑国，有宗法师者神辩英出，时所异之，皇上延入内宫立三宗义。岳问以八正，通局圣贤，后责才施，无言以对，坐见其屈。乃告曰："京室学士，谈衔实希。三宗之大，于何自指？"及高祖之世，欲使李道东移，被于乌服，度人授法，盛演老宗。会贞观中广延两教，时黄巾刘进喜创开老子，通诸论道，岳乃问以"道生一二"，征据前后，遂杜默焉。岳曰："先生高视前彦，岂谓目击取通乎？”坐众大笑而退。故岳之深解法相，传誉京国矣。至六年秋八月，岳兄旷公从化，悲痛缠怀，徒属慰曰：“人皆有死，惟自裁抑。”岳扪泪曰：“同居火宅，共溺爱流，生死未断，何得不悲！”闻者议之，以为善居道俗之间也。贞观初年，有梵僧波颇在京传译，岳为众举，预其同例。颇闻善于俱舍，未始重之，谓人曰：“此论，本国学者之英华，浮情不敢措意。今言善者，不有谬耶？”因问以大义并诸异论，岳随其慧解，应答如流，颇曰：“智慧人，智慧人！不言此慧，吾与尔矣。”自尔情敦道术，厚密加恒。八年秋，皇太子召诸硕德集弘文馆讲义，岳广开衢术，延对诸宾，酬接覆却，神旨标被。太子顾曰：“何法师若此之辩也。”左庶子杜正伦曰：“大总持寺道岳法师也，法门轨躅，学观所宗。”太子曰：“皇帝为寡人造寺，广召名德，而此上人犹未受请，何耶？”伦曰：“虞舜存许由之节，夏禹顺伯成之志，彼乃俗流，犹从矫逸，况方外之士，弃名之人，臣辄从其所好耳。”乃下令曰：“今可屈知寺任，允副虚襟。”岳动容辞曰：“皇帝深惟固本，归诚种觉，所以考兹福地，建此仁祠，广召无诤之僧，用树无疆之业。贫道识量未弘，德行无纪，今蒙知寺任，诚所不安。愿垂含恕，敢违恩旨。”屡辞不免，遂住普光。以贞观十年春二月构疾弥留，诸治无效，春坊中使相望于路，遂卒于住寺，春秋六十九。皇太子令曰：“普光寺上座丧事所资，取给家令，庶使丰厚，无致匮约。”仍赠帛及时服衣等。俄而有敕，复公给葬仪，送于郊南杜城之西隅。岳弟明略，身长七尺三寸，十九出家，志怀远悟，容仪清肃，特善涅槃，学人从集，有声京洛，住东洛天宫寺。贞观九入年朝奉慰，时四海令达总集帝京，惟岳及略连支比曜，时共美之。及事缘将了，言归东夏，岳惘然曰：“吾同气四人并先即世，唯余与尔相顾犹影。自旷师没后，心常怏怏，恐藤鼠交侵，欻然长逝。异生难会，可不思耶。吾行年耄矣，其能久乎！集会又难，尔其且止。”因斯便住，恰至明春，岳便辞世。略之衔疚，痛钟缠结，带疾还寺，以十二年卒于所住，春秋六十七矣。

唐汴州慧福寺释功迥传十一

释功迥，姓边，汴州浚仪人。年六岁便思出家，慈亲口授观音经，累月而度，自此专训经法。九岁而送在寺。年十六舍俗服，志愿山居，因入泰岳，苦心忘倦。年二十五便事弘法师，私自惟曰：“拱默山林，乃是一途独善。至于道达蒙瞽，维持余寄，非化诱不弘。”住汴州惠福寺。昔在山中，十地、胜鬘，已曾讲解，及游城邑，人有知者，劝而说之，遂因阐扬，诸经论等，亦备敷说。晚以法华特为时要，便撰疏五卷，镇常弘演，前后五十余遍，每至药草品，天必降雨，故其幽诚征感，为若此也。其佛地、般若，制疏并讲，津济后学，声满东川。又撰无性摄论疏，厥功始成，奄然长往本寺，年六十六。余闻之行人曰：“其人少欲自节，衣布坐茅，所获利禄，随时散尽，房无柜箧，四壁廓然。未终之前，异香灵光至所住室，二夜四至，自睹嘉相，门人同美。迥曰：“愿乘此瑞，往生乐土。”因不食二十日而终。所饮井水，终旦泉竭，殡经数日，水方复旧。道俗悲凉，通感若此。

唐汴州安业寺释神照传十二

释神照，姓淳于，汴州中牟人。年九岁，隋乱，眷属雕亡，惟母及身，萍流无托。未几母崩，投造无诣，朝求木实，夕宿尸所。行往见之，莫不下泣。年十二，投尉氏明智律师而出家焉。于时载扬律藏，学徒云集，宇内初定，粮粒未充，照巡村邑，负粮周给，年经六祀，劳而无倦。供众之暇，夜讲法华、胜鬘经，虽久，人无知者。受其听律，每发奇思，前学之流惊其迥悟。又往邺下休法师听摄大乘论，一遍无遗。讲散辞还，休送出寺，学门怪异，休顾曰：“斯是‘河南一遍照’也，后生领袖，尔其知之。”又往许州空法师所听杂心论，才始八卷，为师疾而返，后因遂讲之，初后通冠，时人语曰：“河南一遍照，英声不徒召。”尔后涅槃、华严、成实、杂心，随机便讲，曾不辞退。又造像数百铺，写经数千卷，任缘便给，不为藏蓄。新译能断金刚般若，初至披读，寻括词义，似少一行，遂以情测注，及后其本，果与符同，时咸讶其思力也。贞观中遘疾逾久，而戒行无玷，卒于安业本寺，春秋五十有九。初平素日，一狗将养，所住恒随，及邻大渐，长号哀厉，通宵向本出家寺往返二百余里，绕寺号呼以告。彼众素不知也，凶问后至，方委狗征。及曙，还返安业，掩坎之后，长眠流泪，不食而殂。

唐蒲州栖岩寺释道杰传十三

释道杰，姓杨。其先弘农，汉太尉震之后也，苗裔复居河东安邑之鸣条焉。天怀颖发，廓然物表。年才小学，便就外傅，教以书计典籍，粗知大略。然以宿植德本，情厌俗尘，父母留恋，抑夺不许。开皇十一年，岁将冠肇，垂翼东飞，投闻喜横水窟真莹法师。莹鉴其高拔，即而剃落，寻与受具，令学涅槃等经，性净修明，闻持镜晓。后往岘头山诵法华，经月便度，深自惟曰："经不云乎，宁愿少闻，多解义味。欲得通要，必俟博游。"开皇十四年，往青州何记论师所听采成实，才涉二年，功高四载。记顾曰："吾子形貌傀伟，请对有方，学浅而思远，吾论其兴矣！傥子存于始卒，吾当诲而不倦。"无几而记迁化，遂尔周流齐土。时有奘、寂、安、艺，并号哲人，从之受道，多识前令。又往仓冀魏、念二论师所听毗昙论。又于清河道向、汲郡洪该所俱听成实，始末四载，倾穷五聚，乃上下搜求以问法主，每令该公延颈长息。尝定该义曰："论云：惟一苦受，而有三差。此文非谓以一行苦名为苦受而随情说三受，正以于一苦受而随情说三受。此是经部师计，而拔摩述以为宗，可不尔耶？"该曰然。杰曰："若使果起酬因，说苦受为乐受，亦可因成感果，说恶业为善业。若言善业感乐果，善业非恶业，亦可乐受酬善因，乐受非苦受。若言乐受酬善因，而体即苦受，亦可善业感乐果，而体即恶业。若言惟是一苦受，随情说妄乐，亦可惟是一恶业，随情说妄善。此中多句，终是一妨，远取伏意，覆却例决。"该于时茫然，曰："此中须解听。"后私室便曰："子有拔群之亮，难与言也。吾老矣，弘兴论道，其在子乎！"由是门人胥伏。开皇十九年，自卫适邺，听休法师摄论，又于洪律师所听四分，略知户牖，意在小论，将事东行。属随汉王召沧州志念、河间法楞长弘并部，忽遇斯际，即往从之，听仰迦延读婆沙论，首尾三载，颇极穷通。曾难念论师曰："若触空非触入处者，亦应识空非识住处。若以识非分是识住处者，亦应触非分是触入处。"于时念公但含笑直视，竟不通之。其论道迅猛，皆此类也。然以先功小学，意为弘显大乘，仁寿二年，又依楞法师听十地等论。尔时法门大敞，宗师云结，智景大论，十力摄乘，两达涅槃，舜龛律部，一期总萃，并晋中兴。乃历游讲肆，观略同异，凡经六载，咸陈难击。故并州语曰：“大头杰，难人杀！”然其例并虽少，而一征一责，能令流汗。文帝崩，晋阳逆节，便还故里，讲阿毗昙心，又讲地持，各五六遍。自惟曰：“徒事言说，心路苍范，至于起慧，非定不发。”遂停讲往麻谷，依真慧禅师学坐，思择念慧，深入缘起。慧叹曰：“常为法师等一从名教，难偃乱流，如何始习便能住想，岂非宿习所致耶？”后依成实安般念处两夕专想，观解大明，便谓神素法师曰：“昨试依论文安般念观，境界极明，而气逼上心，坐不安席。欲除此患，终须教遣。请撰诸经安般同异，编为次第，将依遣滞。”素乃取婆沙、成实、龙树、兰若诸部明十六特胜六种安般之相以示之，即依修习，更逾明净。又往麻谷以呈所证，慧曰：“善哉，大利根者！淋落泉中诸学坐者，未至此处。”武德元年请弘十地，杰笑曰：“息驾修禅，但名自利凡法；讲扬法化，诚为利他。至于俱利，事须商度。今当昼语夜默，庶得小大通洽，不亦可乎！”遂即长弘三十余遍，常随门学百有余人，堪外化者数盈二十。斯人也，刚决中恕，少欲希言，择交选士，疏财薄食，苦乐不言，喜愠无挠。栖岩一众，举为僧主，辞不获免，若浮云焉。以贞观元年七月二十八日因疾卒山，春秋五十五，三十六夏。初有桑泉樊绰者，前周废教僧也，虽为白衣，常参法宇，杰以国士遇之。绰已前亡，二女同梦其父乘虚而至，曰：“吾生西方极乐土矣，知杰师将逝，故来迎接。”因往栖岩。其日杰患停讲，乃至寿终，常见樊绰在傍。合众又闻空中伎乐异香。故其去处虽远，不负弘导之功焉。门人依西域阇维，起塔供养。

唐蒲州栖岩寺释神素传十四

释神素，姓王，字绍则。其先太原远祖勇从宦虞州，遂徙居安邑鸣条之野焉。氏族英望，无烦述作。少与道杰结张、范之好，相携问道，儒学之富，礼、易是长，至于篇什，继美英采，故其游学讲肆，周流国境，必与相随。若比人矣，所习词义，博览俊悟，则难兄难弟也。至于诵经学定，当席索隐，则后于杰；文理会通，素则先之，为杰出安般念观，令其徙滞，如彼传述。大业四年，杰公停讲，学门清素，接轸相寻，遂从命，专讲毗昙四十余遍，续讲成实将二十遍，自余小部，不足述之。其为讲也，片言契理，少语释多，学者玄悟，听览不倦，则杰高于素；若多陈同异，广定是非，郑重校角，开生觉意，则素贤于杰。所匠成者，则盖裕、隆深、英泰之徒是也。故晋川称谓素、杰二公，秋菊春兰，各擅其美。然素温恭退让，慈爱矜恕，侍士慕贤，不伐诸己。贞观二年，栖岩大众请知寺任，辞以法事相继，有阻僧网；众又固请依杰师故事，乃许之。性宽厚，善物性，故得上下和睦，风尘攸静。以贞观十七年二月二十三日卒于栖岩，春秋七十二。自一生行业，属想西方，于临终日普召门人大众，爰逮家臣，与之别已，自加结坐，正威容已，令读观经两遍，一心静听，自称“南无阿弥陀佛”，如是五六。又令一人唱，余人和。迄于中夜，端坐俨然，不觉久逝。依即坐殡，肌肉虽尽，骨坐如初。又感祥瑞，略故不述。初终之夕，仁寿寺志宽法师夜坐如闷，梦素来过，同床止息，勤勤告别，曰：“如来大悲，为诸众生旷劫苦行，勤求大法，流布人天，欲使不绝。我等虽居下流，然佛遗寄，未能发辉道业，遂有季位在前。素虽不肖，深怀辜负，每欲推命竭愚，上于天听。今大运忽临，长思永别，好住努力。”宽送目极，忽然而觉，及明莫知凶问，须臾信至，方知昨逝。宽致书述怀与诸门人如彼。

唐东都天宫寺释法护传十五

释法护，姓赵，本赵郡人，祖康为济阴大守，子孙遂家焉。隋初有赵恒者，与清河崔汪以秀才擢第，时号四聪，即其父也。家门清俭，礼素自居。护时冲幼，戏则围坐登讲，采花列供，其父知为法器。十二遭父忧，未几又丁母艰，哀恸气绝者数四。服阕，造河北卫部，欲学儒术，忽逢胜缘提诱，诲以三界牢狱，不以四大毒蛇，如不早悟，轮回未已，便依而落发，时年十五也。留诵净名，七日便度。自是广讯经诰，访无远近，遂往志念所听毗昙，法彦所听成实，纵横累稔，参预前踪。又听律部，薄闲持犯。又往彭城嵩论师所，以是摄论命家，海内标仰，伏膺请益，无所辞焉，指授幽明，曲尽玄致。大业三年，度僧化远，护应此诏，名沾安陆。

俄而有敕，远召艺能住内道场，时年三十有二。既居慧日，高彦成群，常讲中观、涅槃、摄论。伪郑既降，太宗初入，别请名德五人，护居其列。自此校角摄论，去取两端，或者多以新本确削，未足依任，而护独得于心。及唐论新出，奄然符会，以为默识之有人焉。贞观十二年，敕召入龙潜宅天宫寺，仍知寺任，勉人以得，众穆如也。十七年七月二十一日穤时不预，因卒于房，春秋六十有八。护善外书，好道术，约己薄食，解衣赡寒，结带终岁，不饰容貌，而贵胜所重，通才咸萃。先服石散大发，数日闷乱。门人之见欺，当自责取。然陷师于非道，是何理耶？”遂不与言。其礭固例如此也。然好施忘倦，房无圭勺之储，但一床一蹬而已。撰摄论指归等二十余篇。初亡，嵩山沙门智大者，年九十余，傲然恬素，不出三十余年，闻哀杖策而至，尽哀曰：“经论之士，精苦之伦，代有人矣。至于纯直自然、识量通雅者，斯人殁后，因绝踪矣。”中书杜正伦来吊而铭，略之曰：“伊昔承恩，诲深提耳。及兹展覲，恸兴床几。颓泣可援，沉差靡已。庶在遐龄，永陪高轨。”

唐蜀都寺释玄续传十六

释玄续，姓桑，蜀郡成都人。出家既久，经纶道业，涅槃、成实，所学之宗，常讲法华，导引蒙晓。然风彩高峻，容止方复，言谈之际，机俊变通，达外书，工草隶，时吐篇什，继美前修。又能折节下人，僮少道俗有才调者，命来与语，爱而狎之。至于侯王雄伯，名儒大德，便傲然特立，不以介意，而神爽更高，辩给电疾。有梓州东曹掾萧平仲者，梁高之孙也，博学机关，当时绝偶，往参谈叙，文集相示，平仲尚之，从容曰：“仰承高怀蔑略诸贵等，今蒙礼顾，深愧非人。”续曰：“诸贵骄蹇，须以骄蹇对之。明公泛爱，故以泛爱相答。”仲曰：“法师从来不尔，今日忽然，疑是虚谈，恐非实录。”答曰：“贫道待公之虚实，亦如公遇续之实虚耳。”相与歡笑。尝为宝园寺制碑铭，中有弹老、庄曰：“老称圣，者庄号哲人，持萤比日，用岳方尘。”属有祭江道士凭善英过寺礼拜，见而恶之，谓续曰：“文章各谈其美，苦相诽毁，未识所怀。若不除改，我是敕使，当即奏闻。”续曰：“文之体势，非尔所知。若称敕使欲相威胁者，我寺内年别差人当庄，此是敕许，亦是敕使。卿欲奏我，我当庄人亦能奏卿。”英虽大恨，无如之何。寺僧五十，虽并迟暮，皆顺伏之。尝见人述庄子鹏鷃之喻，便叹曰：“庄蒙以小大极于此矣，岂知须弥不容金翅，世界入于邻虚。井蛙之智，秽人耳目。”后疾甚，召僧集已，罄舍都尽，曰：“生死常耳，愿各早为津济。”其夜命终，贞观中矣。

唐苏州法流水寺释慧壁传十七

释慧壁，姓弘，苏州嘉兴人。爰初胎孕，母绝辛鲤，及诞育后，生嫌臭味，故始自孩婴，至于七岁，菜蔬饱腹，诸绝希求。出家依法流水寺岩师明教，随顺修奉。冠肇已后，周游访道，无择夷险，四论、三经，咨询赏要。学既明达，还延旧居，四远承风，咸来请谒。门人来去常数百人，晓夕诲诱，乐说无倦，背不着席，四十余年。老无久力，时抚弯几。贞观之末，年七十余。伊人不远，词状罕传，四远称扬，但云“不可思议大德”也。至于登机对晤，述作宪章，高轨莫闻，恐埋诸古。惜哉！

续高僧传卷第十三

续高僧传卷第十四

大唐西明寺沙门释道宣撰

义解篇十　本纪十四　附见五

唐苏州武丘山释智琰传一
唐益州福成寺释道基传二（慧景　宝暹）
唐蒲州仁寿寺释道逊传三（道谦）
唐京师崇义寺释慧頵传四
唐同州大兴国寺释道宗传五
唐京师灵化寺释三慧传六
唐苏州通玄寺释慧頵传七
唐苏州武丘山释法恭传八
唐终南山至相寺释智正传九（智现）
唐襄州紫金寺释慧棱传十
唐襄州常济寺释智拔传十一（法长）
唐荆州玉泉寺释慧瑜传十二
唐越州弘道寺释慧持传十三
唐越州嘉祥寺释智凯传十四

唐苏州武丘山释智琰传一

释智琰，字明璨，俗姓朱氏，吴郡吴人。祖献，梁员外散骑侍郎。父珉，陈奉朝请。琰托质华宗，应生观德。母氏张夫人初怀孕日，梦升通玄寺塔，登相轮而坐，远视临虚，曾无惧色。斯乃得道超生之胜兆，人师无上之奇征，是知二曜入怀，双龙枕膝，弗能及也。诞育之后，取异侪童，秀气贞心，早形瞻视。八岁出家，事通玄璩法师为弟子，提屦持衣，恭侍弗怠，泻瓶执杓，受道弥勤。年十二，妙法华经通诵一部，明悟听察，咸谓神童。乃自惟曰："翼翼京邑，四方是则，何得久拘坎井乎？"时年十六。即日出都，听报恩持法师讲成实论，聪慧夙成，深智开发，故得条振颖拔，后来莫二。属持公南上，法筵用辍，因还故里，觐省二亲。仍于本寺开弘经法，峰堞峻峙，辩对如流，时年十九，莫不嗟其少秀。逾年返京，从泰皇寺延法师进具，德瓶仪钵，深护戒根。大庄严寺嚼法师慧重中原，名高日下，乃依而请道，重研新实，意得情款，功倍由来，诚骥足之逢善驭也。陈至德三年建仁王齐集，百师百坐，竞流天口之辩，千灯七夜，争折动神之微。时年二十有二，以英少之质参诸耆德，通情则高冲折机，纵难亦大车柅轴。皇上欣赏，百辟嗟称，莫不爱其闲典，服其敏捷。每以人世嚣杂，幽栖清旷。属陈氏丧鼎，便事东归，削迹武丘，将三十载。凭岩面壑，任三业而闲安；酌涧披松，随四仪而宴处。虽形隐而名扬，亦道潜而化洽，于是八方归仰，四部虔心。尚书令楚国公杨素，经文纬武，王佐国均，乘贵负才，未尝许物，行军淮海，闻琰道胜栖山，鸣铙赴陇，倾盖承颜，五体投诚，恨接足之晚。左仆射邳国公苏威，重道爱仁，弥赏闲放，奉使吴越，躬造山楹，睹貌餐音，虔拜欣跃。炀帝居蕃，惟扬作镇，大招英彦，远集贤明，琰既道盛名高，教书爰及。虑使乎之负罪，嗟以已之累人，于是披衣出谷，蒙敬厚礼，因以辞疾，得返旧山。隋文远钦，爰降书问。属炎历有终，锋镝腾沸，四海同弊，三吴益甚，檀越子弟迎出毗坛，首尾十载，化行帝部。大唐统宇，咸返旧居。武德七年，苏州总管武阳公李世嘉与内外公私同共奉迎，还归山寺。于是禅宾慧侣，更复曩时，龙沼凤林，信为怀喜。然琰自他两化，得离俱修，讲念之余，常行法华、金光明、普贤等忏，又诵法华三千余遍。感应冥祥，神瑞非一。宵炉未爇，自起烟芬，夕罐才空，潜加溢水。又，愿生净土，造弥陀像，行三种净业，修十六妙观。与州内檀越五百余人每月一集，建斋讲观，胜轮相踵，将逾十载。与夫般若台内，匡俗山阴，共誓同期，何以异也？后见疾浃旬，大渐斯及，诫训慈切，众侣哀凉。以贞观八年十月十一日旦迁神武丘之东寺，春秋七十一，其月二十二日窆于寺之南岭。远近奔驰，皂素通集，花香乱空野，哀恸若云雷，自有送终，奚复过也！惟琰幼小矜庄，立性端俨，精诚在操，苦节弥勤；口辞杂味，日无再饭；非义理而不履，非法言而不谈；美貌奇姿，乃超众表，墙岸整肃，冰雪凛怀。陈临海王弟道安法师，厌世出家，内外通博；沙门遍知，学优业净。交游二子，时号三英。及屏志林泉，永绝人世，芳风令德，蹊径成规，莫不回旟造山，亲传香法。信法海之朝宗，释门之栋干矣。讲涅槃、法华、维摩各三十遍，讲观经一百一十遍。常州弘业寺沙门法宣曰："余与法师昔同京县，狎道华年，今接善邻，敦交暮齿。虽攀桂之欢或舛，而折麻之赠不遗。想清颜之如在，悲德音之已寂。愧披文于色丝，终寄言于贞石。"乃与寺主智峰等共树高碑，在于寺宇。

唐益州福成寺释道基传二（慧景　宝暹）

释道基，俗姓吕氏，河南东平人也。素挺生知，誉标岐嶷。年甫十四，负帙游于彭城，博听众师，随闻成德，讨论奥旨，则解悟言前，披折新寄，则思超文外。故徐许腾其明略，河海重其义方，致使侪等高推，前修仰止。隋太尉、尚书令杨素，负材经国，任总权衡，尝奉清猷，躬申礼敬，叙言命理，噎叹而旋，顾诸宰伯曰："基法师，佛法之后寄也，自见名僧，罕俦其匹。"即请于东都讲扬心论。既夙承风驾，体预当衢，游刃众部，玄机秀举，遂能谈写河倾，响对雷动。于时大业初岁，隋运会昌，义学高于风云，搢绅峙于山岳，皆拥经讲肆，问道知归，踵武相趋，遐迩鳞萃。乃缵杂心玄章并抄八卷。大小两帙，由来共传，成得诸门，自昔相导，皆经纬部裂，词飞戾天，控叙抑扬，范超前古。自尔四海标领，盛结慧日道场，皆望气相师，指途知返。以基荣冠望表，韵逸寰中，大业五年敕召来止，遂即对扬玄论，允塞天心。隋后解统玄儒，将观释府，总集义学，躬临论场。銮驾徐移，鸣笳满于驰道；御筵暂止，驻驊清于教门。自大法东流，斯席为壮观也。时仗辩之徒俱开令誉，及将登法座，各擅英雄，而解有所归，并揖基而为玄宰。既居众望，经纶乃心，便创举宏纲，次光帝德，百辟卿士咸异向而共嗟焉。有隋坠历，寇荡中原，求礼四夷，宣尼有旨，乃鼓锡南郑，张教西岷，于是巴蜀奔飞，望烟来萃，莫不廓清游雾，邪正分焉。敦阅大乘，弘扬摄论，厘改先辙，缉缵亡遗，道迈往初，名高宇内。以听徒难袭，承业易迷，乃又缀大乘章抄八卷，并词致清远，风教伦通，故览卷履轼若登龙门焉，信鸿渐之有日矣。故贞观帝里，宇内知名之僧传写流辉，实为符契。但以世接无常，生涯有寄，将修论疏，溘尔而终，以贞观十一年二月卒于益部福成寺，春秋六十有余矣。时彭门蜀垒复有慧景、宝暹者，并明摄论，誉腾京国。景清慧独举，诠畅玄津，文疏抽引，亟发英采。暹神志包总，高岸伦俦，谈论倚伏，态出新异，数术方艺，无学不长，自预比肩，莫有沦溺。末年耽滞偏驳，遂掩徽猷，故不为时匠之所班列。

唐蒲州仁寿寺释道逊传三（道谦）

释道逊，姓张氏，河东虞乡人也。神气高邈，器度虚简，善通机会，鉴达治方，子史流略，尝颇游处，护法御众，诚其本据。虽大通群籍，偏以涅槃、摄论为栖神之宅也。与弟道谦发蒙相化，俱趣县延法师。延正法城堑，道俗宗归，观属天伦可为法嗣，乃度为弟子。荷担陪随，游栖宫阙，讲悟谈述，皆篷下筵。欣叙玄奥，每思击节，故听涉乃多，而特览其纲要。登预讲释，屡结炎凉，三晋英髦，望风腾集。晚住蒲州仁寿寺，聚徒御化，树业当衢。然以地居方会，宾旅凑从，季俗情芜，多纵凡度，既行向背，憎爱由生。逊道会晋川，行光河表，日延主客，资给法财，皆委僧储，通济成轨。或有所匮者，便课力经始，周告有缘，德洽民庶，为无不遂。所以方远传誉，更振由来，自蕃王府宰，台省群僚，并纡驾造展，咨谒余训，或匆遽不过者，心愧悚战，如谓有所失矣。斯固德动物情，为若此也。逊癖道自资，坐镇时俗，虽复贵贱参请，曾无迎送。加以言笑温雅，谈谑任时，接晤缘机，并称词令。而奉禁守节，不妄亏盈，频致祥感，时所重敬。大业末岁，妖气云奔，因事返京，夜停关首。所投主人，家有五男，又勾外盗，见逊马壮，欲共私之。夜往其所，乃见十人围绕其马，形并雄怒，擐甲执兵。众盗同怖，因之退缩，细寻不见，又往趣之，还见如初，无敢近者。进退至五，遂达天明，既不见人，知是神感，乃合面归忏焉。其冥通显益，如此例也。又以仁让之性，出自天心，预见危苦，哀怜拯济，无择怨憎，通情尽一。唐初廓定，未拔蒲州，逊与寺僧被拥城内。时有一僧，恒欲危害，非类加谤，乃形言色。逊虽闻此，曾不辍虑。既规不遂，乃欲翻城，事发将戮，并无救者。逊涕泣辞谢于执事曰："此僧为过，事属逊身，教导未通，故为罪衅。此则过由逊起，宜当见戮。"苦复设谏，执事知是其敌，而不忍见逊之云云，遂即释放。自此已后，更发仁风，据事引之，达量之弘者矣。逮贞观中年冬，有请讲涅槃者，预知将终，苦不受请。前人不测意故，郑重延之，乃告曰："所以固辞者，不终此席耳。"不免来意，且后相烦，遂往王城谷中。道俗齐集，逊登座主题已，告四众曰："世界法尔，不久当终，敢辞大众，云何偈后，请寄来生。"遂依文叙释，恰至偈初，即觉失念，经才三宿，卒于山所，春秋七十有五，即其年十二月二十五日也。阖境同号，若丧考妣。当夜雪降，周三四里，乃扫路通行，陈尸山岭。经夕忽有异花绕尸周匝，披地踊出，茎长一二尺许，上发鲜荣，似款冬色，而形相全异。七众惊奉，悲庆喧山。有折将入城，示诸耆宿，乃内水瓶中者，至明年五月，犹不萎悴，后拔之于地，方始枯矣。其冥祥所感，希世如此。晋州有人性爱游猎，初不奉信，有传逊之祥兆达其耳者，乃造山觅之，花灭尸亡，唯睹空处，仍大哭曰："生不蒙开信，死不蒙花瑞，一何无感？必神道有征，愿重灵相。"言讫，地踊奇花，还长尺许。欣慰嘉应，遂折取而归，通告乡川，由斯起信。并近年目信，可妄传乎！逊弟道谦，学行之美，少劣于兄，而讲解十地，有闻关表。以仁寿住寺既滨关路，每因此嚣尘，地接京都，亟劳人事，乃顾言幽遁，历观山水，谷号王城，因而栖处。时复登高临远，摛体风云，具引名篇，高调清逸。道俗宾会，又聚山门，谈谑引心，未曾虚老。以贞观元年卒于山舍，春秋六十七。逊抚之洒泪，与弟子道基等阇毗遗阴，收其余尘，散之风府。追惟恩悌，为造释迦砖塔一躯，勒碑树德，沙门行友为文。

唐京师崇义寺释慧頵传四

和上讳慧頵，俗姓张氏，清河人也，有晋永嘉避地，居于建业焉。天性通简，风神详正，洽闻博达，砥砺后贤。昔在志学，早经庠塾，业贯儒宗，艺能多具。父正见，有陈文国，英彦所高，自有别集。嘉其欣奉释门，悟其神宇，将欲继世其业，故有所志请，并抑夺之。和上识真日积，情陈切至，若不出家，誓当去世。乃恐其毕命，且隶李宗。既处静观，权持巾褐，遂授三五秘要、符箓真文，并算数、式易、禁劾等法，神慧开明，指掌通晓。又旁询庄、老、三洞、三清、杨子太玄、葛生内诀，莫不镜识根源，究寻支派。末乃思其真际，崇尚自然，驻采练形，终期羽化。讨寻至理，若响难追，即密诵法华，意归佛种，未经时序，文言并竟。会陈帝度僧，便预比挍，太建年中便蒙敕度，令住同泰。剃落之后，亲亲乃知，既是官许，即便称庆。由附缁侣，禀听众经，后至前达，日增荣唱。隋降陈国，北度江都，又止华林，栖遑问法。有解法师，成论名匠，因从累载，听谈玄义，稽洽先闻，更弘神略。以道行成着，缁素攸归，开皇末年，被召京寺。于时晋王开信，盛延大德，同至日严，并海内杞梓，递互相师。每日讲乘，五轮方驾，遂得通观异部，遍览众传，雠讨旧闻，考定新轨，陶津玄奥，慧悟弥新。深鉴诃黎漏文小道，乃归宗龙树，弘扬大乘。故得中、百、般若、唯识等论，皆饮沐神化，披阅文言，讲导相仍，用为己任。时闲屏退，成虑研思，所诵法华，通持犹昔，并讲文义，以为来习。贞悫守正，不妄参迎。沙门智首、道岳等，并学穷稽古，架业重霄，饮德钦风，留连信宿，详议法律，删定宪章，欢笑而旋，寻复造展。武德之始，皇姊桂阳长公主造崇义寺，久崇戒范，义而居之。世属休明，物情望重。律师玄琬，道张朝市，行感紫宸，气结风云，游从龙象。每事邀延，叙言友敬，而谦虚成洽，时复栖焉。琬深联机神，弥隆致接，故有出罪受戒，常居元席矣。贞观十一年夏末，风疾屡增，召门人曰："形势不久，将毕大辞。宜各敦自爱，不宜后悔。恨福业未就，以为虑耳。"乃割其冬服，并用成之。又曰："若识神自课，可有常规。恐脱昏昧，非时索食，一无与法。"后将大渐，时过索粥，答曰："斋时过矣。"便默然不言。其临终奉正，为如此也。至其年七月二十六日卒于所住，春秋七十有四。葬于高阳原之西，凿穴处之。后又迁南山丰德寺东岩，斫石为龛，就铭表德。余学年奉侍，岁盈二纪，慈诰温洽，喜怒不形，诲以行纲，曲示纤密，蒸尝御涉，炎凉不倦。初受具后，性爱定门，启陈所请，乃曰："戒净定明，道之次矣。宜先学律，持犯照融，然后可也。”一听律筵，十有余载，因循章句，遂欣祖习。贞观初年，拔思关表，广流闻见，乃跪陈行意，便累余曰：“出家为道，任从观化。必事世善，不可离吾。”因而流涕。余勇意闻道，暂往便归，不谓风树易喧，逝川难静，往还十载，遂隐终天。悲哉！

唐同州大兴国寺释道宗传五

释道宗，姓卫氏，凭翊人也。行性虚融，宽仁笃爱，优洽成济，有名当世。弱年遗俗，敦务释门，专志大论，讲散文旨。周武废道，隐形俗壤，内蕴明禁，外附世尘。隋朝开教，便预剃落，住同州大兴国寺。寺即文祖之生地也，房宇堂塔，前后增荣，背城临水，重轮迭映，寺立四碑，峙列方面。宗于其中敷弘连席，悟物既广，开洗尘心。而形解雄邃，听徒崇重，四方宾客，日别经过，周给供拟，著名道俗。大业季历，荐馁相寻，丘壑填骸，人民相食。惟宗偏广四恩，开化氓隶，施物所及，并充其供。故蒲州道逊，同州道宗，住隔关河，途经即日，情同拯济，腾实广焉。众以德望攸归，举知寺任，统收僧侣，慈旨弘被。以法寄人弘，成济在律，僧众余学，彝伦斯乱，乃到京室延请沙门智首中夏讲说。宗率其部属三百余人，横经承旨，初不觉倦。立寺极久，净地全无，虽未执触，终染宿煮。释文至此，宗乃知非，衔慨晚学，未成护法，乃停讲翻秽，方进后文。又常徒布萨，物贵新闻，众多说欲，不赴斯集，及闻欲之为教，诚为悕求，本是厌怠，不成圣法，自尔尽报，躬临说戒。诸有不来，量事方许，每至累约言涉勤繁者，皆为之流泪沾巾，嘘唏不已。其钦敬正法，为若此也。以贞观十二年遘疾卒于所住，春秋八十有五。门徒弟子五百余人，奉佩法训，无因景仰，乃竭情厚葬。故輀驾连阴，幢盖相接，数里之间，皂白斯满。坟于城东，立碑表德。

唐京师灵化寺释三慧传六

释三慧，娄烦人。崇履涅槃，以为正业，行流河朔，名振伊瀍。大业初年，以学功成采，下敕征入慧日道场。东都晚进，玄津通涉，慧有功矣。而神气清严，顾眄成则，鼓言动论，众所惮焉。帝以通道明机，务须扬选，乃敕往巴蜀搜举艺能。属隋运告终，寓居邛僰，流离从物，因事引生，而性绝烦嚣，屏居弘业。酇国公窦轨作镇庸蜀，偏所咨崇，服其处静自虚，致斯隆敬异等。慧观时制用，故无虚影。武德九年，远朝京阙，敕见劳问，任处黄图。工部尚书段纶宿树善因，造灵化寺，钦慧道素，上奏任之。时复阐弘，重移荥采，颇传笔记，后学称寻。贞观年中，召入参译，缀文证义，伦次可崇。制翻经馆序，控情置列，赡勇丰矣。以其年卒于本寺，春秋七十矣。慧昔在绛州，独处别院，感见神童形质希世，致敬于慧云："屈法师诫勖知事，勿耕墓所。"言已便隐。初未之为述，后复重来，还述前事，若不为语，当打彼僧必至死也。登为问之，乃正耕田中故冢，遂令止之。由是僧侣清晏，卒无后患。自非立正处怀，焉使非人投告？故慧之垂训，不许触犯幽显，如所引云。

唐苏州通玄寺释慧頵传七

释慧頵，姓李氏，江夏人。本实陇西，世戴蝉冕，遥派合于天潢，远条连于若木。十一世祖西晋都亭侯重，避难徂南，亭于夏汭，因遂家焉。十岁出家，师事舅氏光严寺明智法师，智即建初之入室，蒙命说以开筵，乃竭志依承，义门斯启。于斯时也，南国令主雅重仁王，每岁肆筵，高选名德。年才弱冠，预拟斯伦，高第既临，声唱逾远。天子目睹，天人仰赞，光宠国恩，恭先是立。及天厌陈德，隋运克昌，金陵讲席，扫土俱尽，乃杖策游吴，大乘顿辔，爰整其旅，广开学市，远招八埏之士，以扇一极之风。苏州刺史刘权，果达三德，才着九能，又于简易时务，依影法筵，悦饮河之满腹，欣负山而无倦。自有陈沦没，物我分崩，或漏网以东归，或入笼而北上。谷风以恩相弃，伐木以德相高，积伫朋从，咸来谒敬。大业之始，曲降皇华，竟以疾辞，逸情山水。吴之高人为之胥附，咸请处于通玄，依瑞象而弘演。有隋昏逸，作梗妖氛，乃避地毗陵，沉默宴处。而显灵、瑞相二寺僧徒，翘请弘法。寺有沙门智韶、智猛，风猷警迈，不乏精神，既遇通人，倾心北面，勤则不匮，敏而有功，并继敷扬，俱驰东箭。于时刑新轻典，世涉屯蒙，长淮已南，犹称吴国，杜威专制，端委君临，崇尚佛理，钦兹归戒。大唐高祖扫旧布新，起师临洛，征威谒帝，俯首应诏，不悦于躬。頵为说宿因，释威忧愦，达顶生之非固，晓吴濞之失图，威乃接足乌咽，由斯而别。有余杭沙门道愿、法济等，先禀成论，义同门户，不远千里，请道金陵，乃郁相然诺。既而敷畅至理，药木滋繁，爰逮施奉，并无轻费，于远行、龙泉二寺造金铜弥勒像各一躯，坐高一丈五尺，用结来生之缘也。贞观元年，通玄上德惠仪法师，道心精粹，量包山海，修己安人，非几不践。东晋之日，吴有白尼，至诚感神，无远弗届。天竺石像，双济沧波，照烛神光，融曜沪渎。白尼迎接，因止通玄，自晋距陈，多显灵瑞。隋末军飙，玉石俱尽，二像尊仪，蒙犯霜露。仪师独苦心行，切情昏晓，以佛无殿，僧何得安？乃跋涉山谷，升景抡材，不逾一年，浮泛千丈。履深冒险，还到大吴，广开月殿，指画斯立。頵以风雨相感，席卷而还，无替两时，功兼二事。有吴县令陈士绰者，排繁从义，倾仰法音，请讲法华、涅槃。文轴才竟，疲役增劳，即以麈尾付嘱学士智奘，曰："强学待问，无惮惠风，师逸功倍，不惭屡照。"誓言既止，怡然冥目。以贞观四年十月终于通玄，春秋六十有七，其年十一月坟于白虎之南岭。学士弟子等千余人哀泗伤心，恐芳仪之有绝，乃树高碑，江王学士诸麟为文。贞观五年，弟子法韶等孝情殷至，攀号靡及，谨于坟前建砖塔五层。禅师慧仪，乡拜胜德，香火情轸，兼事经纶，故使瞰迥凭高，当衢向术，生平子弟，仰琼级而沾襟，宿昔德朋，望玉轮而屑涕。常州沙门法宣曰："余与上人，情均道觌，君终我疾，枕泪眠号。素车不驰，玄壤长隔，欲伸悲绪，聊书短铭：方坟在列，灵塔斯布。爰属胜人，允兹崇树。于惟法主，人胜德全。爱河早越，心灯幼传。岩岳一篑，哮吼三年。青蒲应举，紫极闻天。名邦伫化，利物攸往。衢樽日斟，悬镜常朗。义海傍溢，谈峰直上。谁谓明珠，忽潜幽壤！神丘掩穴，素塔标坟。琼龛宿雾，玉掌排云。涧松送响，岩桂呈芬。山飞海运，迁贸相踵。火入秦陵，书开汲冢。惟兹道力，巍巍长竦。"

唐苏州武丘山释法恭传八

释法恭，姓顾氏，吴郡吴人也。正信天发，成德自然，妙识悟道，高情拔俗。故知为道者贵其精力，通方者归其至当，立朝者宗其笃诚，招隐者味其闲放，详之于恭，谅法侣之羽仪，人伦之准的矣。初生之夕，室有异光，爰洎抚尘，便能舍俗，事武丘聚法师为弟子也。受具之后，听余杭宠公成实、屺公毗昙。逮宠将亡，乃以麈尾付嘱，凡斯先达，皆人杰也。恭既受法寄，相续弘持，三吴九派之流，争趋问道。而劳谦终日，应对不疲，行高而挟如愚，学广而陈面壁。后言游建业，历询宗匠，深疑硕难，每祛怀抱，固有无得之道大弘，遗名之情斯着。乃旋轸旧壤，幽居于武丘山焉。烧指供心，痛恼之情顿遣；檐禽庭兽，长往之志弥存。开皇中年，州将刘权政成吴土，心游释教，乃严驾山庭，屈还城邑，住回向寺。既迫兹固请，翻然回虑，以为体道由心，道存则丧于彼我，立教在迹，教行则混其显晦，乃游洛转法，通流甘露，挹河仰岳，均美前奇。大唐阐化，弥崇弘演，贞观十一年下敕赴洛，常州法宣同时被召。亦既来仪，深降恩礼，对扬帷扆，辩说纷纶，明像教之兴灭，证遗法之嘱付。入侍燕筵，既摛雅什，田衣作咏，仍即赐缣。有感圣衷，深见颜色，特诏留住，传送京师，四事资给，务令优厚。雍州牧魏王遥加钦请，以为戒师，亲降疏曰："昔道安晦迹襄阳，声驰秦阙；慧远栖心庐岳，名振晋京。故知善言之应，非徒千里；明月所照，不隔九重。法师笠泽上仁，震维高德，律行净于青眼，威仪整于赤髭，传灯之智不穷，法施之财无尽。弟子摄此心马，每渴仰于调御；垦此身田，常载怀于法雨。若得师资有托，冀以祛此六尘，善尊启行，庶无迷于八正。谨遣咨祈，伫承慈诱。"既膺斯请，供施特隆。自尔朝野明达，缁素清高，闻风延伫，望室奔凑者，厥罕书矣。然其广植德本，遐举胜幢，宝殿临云，金容照日，讲筵初辟，负笈相趋，谈疏才成，名都纸贵。加以博通内外，学海截其波涛；鸿笔雕章，文囿开其林薮。以贞观十四年十月六日迁神于西京大庄严寺，春秋七十有三。冕旒兴悼，有识含悲，降敕加以赙赠，并造灵舆，递给传乘，付弟子慧袭送柩还乡，以十五年二月十五日窆于武丘之南岭。道俗奔赴，望途悼泣。门人等师资增感岁序易驰，非夫琬琰，孰陈不朽？乃共竖丰碑，式陈偈颂。中书令江陵公岑文本制序，朝散大夫、著作郎刘子翼制铭，两叙风声，各其志矣。

唐终南山至相寺释智正传九（智现）

释智正，姓白氏，定州安喜人也。家传信奉，夙着弘通，才预有知，便辞世网，识见弘举，不群蒙稚。年十一将欲落采，父母诸戚对之泣泪，而颜色无改。师知其远度也，日授未闻，随得缘记，录为谱谍，有所遗忘，寻问相续，身无戏掉，口不妄传，奉戒精勤，昏晓自策。和上同师，私共叹异，年虽弱冠，曾无驱役，供赡所须，恣其学问，不盈数载，慧声遂远。开皇十年，文皇广访英贤，遂与昙迁禅师同入魏阙，奉敕慰问，令住胜光。仁寿元年，左仆射虞庆则钦正高行，为奏寺额，造仁觉寺延而住之，厚礼设御。正乃深惟苦本，将捐此务，归静幽林，承终南至相有渊法师者，解行相高，京城推仰，遂往从焉。道味江湖，不期而会，因留同住二十八年。静恭无事，不涉人世，有请便讲，详论正理，无请便止，安心止观，世情言晤，不附其口，贞梗自课，六时无憩。以贞观十三年二月二十八日卒于本住，春秋八十有一。弟子智现等追惟永往，感息难顾，鸠拾余身，于寺之西北凿岩龛之，铭记如在。现少出家，咨承法教，正之箴诫，略无乖绪，致所著诸疏，并现笔受。故正之制作也，端坐思微，现执纸笔，承颜立侍，随出随书，终于毕部，乃经累载，初不赐坐也。或足疼心闷，不觉倒仆，正呵责曰："昔人翘足七日，尚有传扬，今尔才立颠坠，心轻致也。"其翘仰之极，复何得而加焉！正凡讲华严、摄论、楞伽、胜鬘、唯识等，不纪其遍，制华严疏十卷，余并为抄记，具行于世。

唐襄州紫金寺释慧棱传十

释慧棱，姓申屠氏，西隆人。胎中父亡，惟母鞠育。三藏懷慧，思愿闻法，母氏怜其孤苦，相从来听襄阳闰法师三论，文义之间，深有领览。年至八岁，其母又终，无师自发，独诣邑西檀溪寺诞律师而出家。十六乃往荆州茅山明法师下依位伏听，问经大意，深有奇理。召入房中，三年曲教，惟陈"不有，有也"，棱于此义深会其旨。隋末还襄，又逐安州皓师入蜀，凡有法轮，皆令覆述，吐言质朴，谈理入微，时人同号“得意棱”也。及皓下狱，棱亦同绳，身被桎梏于成都县，一狱囚徒请讲三论，周于五遍，敕遂释放，便逐皓还。既达安州，粮粒勇贵，旦往随州，巡里告索，暮达皓所，如常采听，往还三百，深有足功。然其报力雄猛，生无一患，门学所推。及皓力微，四大退贬，令代讲涅槃，咸怪其言，谓违皓义。时席端俊异者三十余人，将往副水，百有余日，惟讲三论。后皓患愈，还返安州，常于皓房叙经大意，外有侧听，皆为漫语，白皓曰：“棱于初章，全若不解。明日上讲，请为定之。”及时告曰：“欲定初章者出来。”时问侣盖众者二十五人，一一诵呈，皆云“不是”，棱最后述，句句虽异，皆云“得意”。由是靡伏，莫敢轻者。皓之将终，告曰：“棱公来！吾今付嘱，最后续种。自吾讲来，惟汝一人得经旨趣。”乃握棱手曰：“夫讲说者应如履剑，不贪利养，不惮劬劳。欲得灯传，多于山寺，读经法事，并为物轨，如为一人，众多亦然。如此可名报佛恩也。”又曰：“共公同涉苦辛，年载不少。惟以无相为本，然后言矣。”语已而终。初，未嘱前，棱梦神人失两眼，又见一人着青衣，执宝镜，放光来印棱心，既受诀已，百日怀恋。后还襄州紫金寺讲论五年，众有三百。贞观八年，又还须弥讲涅槃、大品、惟度等经。至十二年三月，梦鹰入寺，群鸟飞去，因即散众，及司功搜访，一无所获。蒋王临襄，佛法昌显，请于梵云相续斋讲，道俗翕习，又复腾涌，至十四年正月半，有感通寺昶法师曰：“梦见阎王请棱公讲三论，拔公讲法华，如何？”棱曰：“善哉！慧棱发愿常处地狱教化众生，讲大乘经。既有此征，斯愿毕矣。”至九月末，蒋王见棱气弱，送韶州乳二两，逼令服之。其夕梦见一衣冠者曰：“勿服此乳。阎罗王庄严道场已竟，大有乳药。”至十月半黄昏时，遂觉不悆，告弟子曰：“吾五藏已崩，无有痛所。”四更起坐，告寺主宝度曰：“忆年八岁，往龙泉寺借观音，未至耆阇，已讲三遍，皎如目前。”言未讫，外有大声告曰：“法师早起烧香，使人即到。”度曰：“何人？”答曰：“阎罗王使迎。”棱即起，烧香洗浴，忏悔礼佛，讫，还房中与度别。食粥未了，便取一生私记焚之，曰：“此私记，于他读之，不得其致矣。”至小食时，异香忽来，棱敛容便卒，即十四年十月十六日也，春秋六十有五。合境僧众七日七夜法集功德，蒋王赠绢五十匹，送于凤林山，玄素同集五千余人，开讲设斋，终日方退云。

唐襄州常济寺释智拔传十一（法长）

释智拔，姓张，襄阳人。幼年清悟，雅好道法。六岁出家，初为闰师弟子，闰顾有济器，乃携付哲法师。哲亦襄川僧望，具之别传。初诵法华，日通五纸，经中理路，略有规度。惟曰：“斯经，诸佛出世之大意也。一人一道，非弘不通，誓毕依持，开悟蒙俗，周听乃洽。”承帝京上德吉藏法师，四海标领，三乘明匠，寻诣奉旨，欣击素心。首尾两遍，命令覆述，英俊鼓言，无非乱辙。藏亲临坐，拔问众曰：“一乘为两，遂分为三。亦可一乘为两，分为三两？”众无敢答。藏曰：“拔公此问，深得旨矣。”乃嘱累大法，必在机缘，于是还襄。会贼徒扰攘，无由讲悟，昼藏夜伏，私蕴文义。后值清平，住耆阇寺，恒在常济，讲法华经，年别五遍。门人法长，后生颖萃，见住梵云，领徒承业。贞观十四年九月十七日，于清信士张英家宿集，竖义开法华题，或问今昔开覆三一之旨者，答对如风响，解悟启时心。便告棱法师曰：“智拔答毕，须弥来难，尽皆神俊。诣八方乡里大德檀越等相别。”时不测其言也。遂即潜然，迫而察之，已迁化矣。合境玄素，嗟惋惊恸。颜状如生，加坐坚正。蒋王躬临，烧香供养，赠物百余段，墓所设五千僧斋。春秋六十八矣。

唐荆州玉泉寺释慧瑜传十二

释慧瑜，姓岑氏，少孤窘。三岁二亲俱丧，养于舅氏。五岁随外祖往长沙寺听，见佛啼泣恋慕，不肯还家，遂住之。为寺救苦法师弟子，令诵大品，五十日中一部通利。晚听三论、大品，镜其宗领，随有行文，观用明的。逢难入玉泉山，寺侧有泉，旁作草庵，于中宴坐二十三年，初无暂离，观心纯净，未可言睹，泉神供奉。时或见闻黑蛇一头，长二丈许，隐显现身，如守护相。群贼虽来，无敢近者。有老贼张赫伽者，勇悍无前，携引十贼，身挟两刀，欲杀此蛇。去二百步，蛇乃张目出光，贼徒皆倒，经两日间，瑜觉往救，七人已死，蛇随瑜行，为诵大品大明咒讫，三人方活。于是四远闻风往造，供施委积。贞观十年，荆州道俗请出胜觉寺讲三论、大品，开化未闻，佛法由盛。十四年七月二十三日，合寺同见群星入井，不测其故。至八月十七日讲大品，至往生文未讫，手执如意，于座而卒，春秋七十有九。

唐越州弘道寺释慧持传十三

释慧持，姓周，汝南人也。开皇初年，父任豫章太守，因而生焉。少机警，美姿制，栖游之方，欣其言晤，履历名邦，将挹道化。初，达丹阳开善寺，投满法师而为息慈，令诵大品，日通五纸。斯经易诵难持，而能文句无爽，时共美之。年登冠具，身长七尺，色相光伟，执持威容，不妄回视，故俗又目曰“象王持”也。乃听东安庄法师，又听高丽实法师三论，钩探幽极，门学所高。兼善老、庄、易、史，谈玄之次，寄言洗理。越公杨素治兵淮海，闻风造展，叹其清悟，曰:“斯实绝伦之僧也。”隋末避难往越州，住弘道寺，常讲三论、大品、涅槃、华严、庄、老，累年不绝，立志坚白，书翰有闻。不出寺门将三十载，加坐不卧，勤苦至终。以贞观十六年八月二十三日旦告弟子曰:“吾欲往他方教化，急作食。”及时至三下前食，还房加坐绳床，敛容而逝。弟子谓言入定，三日任之。会稽丞杜伏护者，蔬素长斋，依常参拜，闻有异香，方知久化。跏结铿然，伸而不得，乃坐送大禹山。都督已下玄素万余人，悲叹相嗟，至于殓所。春秋六十八矣。

唐越州嘉祥寺释智凯传十四

释智凯，姓冯氏，丹阳人。父早亡。六年听吉藏法师法华火宅品，夜告母曰:“经明火宅者，只我身耳。若我是火宅，我应烧人。既其不烧，明知无我。”终夜达朝，诣藏出家，身相黑色，故号乌凯。年十三覆藏经论，纵达论并，不拘检约。随藏会稽嘉祥等寺，门人英达，无敢右之。及藏入京，即还静林，聚徒常讲。武德七年，剡县立讲，听徒五百。贞观元年，往余姚县小龙泉寺，常讲三论、大品等经，誓不出寺，胁不亲席，不受供施，自僧而已。佛殿之后忽生一池，便曰："只饮此池，可以卒耳。"为性慈仁，言极獷厉。时越常俗，多弃狗子，凯闻怜之，乃令拾聚，三十五十，常事养育，毡被卧寝，不辞污染。至十九年，齐都督请出嘉祥，令讲三论。四方义学八百余人，上下僚庶，依时翔集，用为兴显也。百有余日，日论十人，答对冷然，消散无滞。初发龙泉，小池即竭，凯闻，叹曰："池竭食亡，吾无返矣。"至二十年七月二十八日，依常登座，手执如意，默然不言，就捡已终。乃加坐送大禹山，七日供养，常有异香。州宰自捡，深发坚信，乃起塔七层，以旌厥德云。

续高僧传卷第十四

续高僧传卷第十五

大唐西明寺沙门释道宣撰

义解篇十一　正纪十五　附见四

唐越州静林寺释法敏传一

释法敏，姓孙氏，丹阳人也。八岁出家，事英禅师为弟子。入茅山，听明法师三论，明即兴皇之遗属也。初，朗公将化，通召门人，言在后事，令自举处，皆不衷意，以所举者并门学有声，言令自属。朗曰:“如吾所举，乃明公乎！”徒侣将千，名“明”非一，皆曰:“义旨所拟，未知何者‘明’耶。”朗曰:“吾坐之东柱下明也。”明居此席，不移八载，口无谈述，身无妄涉，众目“痴明”。既有此告，莫不回惑，私议“法师他力扶矣”。朗曰:“吾举明公，必骇众意。法教无私，不容瑕隐。”命就法座，对众叙之，明性谦退，泣涕固让。朗曰:“明公来！吾意决矣。为静众口，聊举其致。”命少年捧就传座，告曰:“大众听，今问论中十科深义。初未曾言，而明已解，可一一叙之。”既叙之后，大众惬伏，皆惭谢于轻蔑矣。即日辞朗，领门人入茅山，终身不出，常弘此论。故兴皇之宗，或举山门之致者是也。敏采摘精理，出听东安，言同意异，更张部别。年二十三，又听高丽实公讲大乘经论，躬为南坐，结轸三周。及实亡后，高丽印师上蜀讲论，法席雕散。陈氏亡国，敏乃反俗，三年潜隐，还袭染衣，避难入越，住余姚梁安寺，领十沙弥讲法华、三论，相续不绝。贞观元年，出还丹阳，讲华严、涅槃。二年，越州田都督追还一音寺，相续法轮。于时众集，义学沙门七十余州八百余人，当境僧千二百人，尼众三百，士俗之集，不可复纪，时为法庆之嘉会也。至十九年，会稽士俗请往静林讲华严经。至六月末正讲，有蛇悬半身在敏顶上，长七尺许，作黄金色，吐五色光，终讲方隐。至夏讫，还一音寺，夜有赤衣二人礼敏曰:“法师讲四部大经，功德难量。须往他方教化，故从东方来迎法师。”弟子数十人同见此相。至八月十七日，尔前三日三夜无故暗冥，恰至二十三日将逝，忽放大光，夜明如日，地为震动，因尔迁化，春秋六十有七。身长七尺六寸。停丧七日，异香不灭，莫不怪叹。道俗庄严，送于隆安之山焉。

唐襄州光福寺释慧璇传二

释慧璇，姓董氏。少出家，在襄州。周灭法后，南往陈朝，入茅山听明师三论，又入栖霞听悬布法师四论、大品、涅槃等，晚于安州大林寺听圆法师释论。凡所游刃，并契幽极。又返乡梓，住光福寺。会乱入城，卢总管等请在官舍讲华严经，僧徒拥聚千五百人，既属贼围，各怀翘敬，不久退散，深惟法力。唐运斯泰，又住龙泉，三论、大经，镇常弘阐，兼达庄老史子。谈笑动人，公私荣达，参问繁结。蒋、纪诸王，互临襄部，躬申敬奉，坐镇如初。王出门，顾曰:“迎送不行，佛法之望也。”由此声誉又逸汉南。贞观二十三年讲涅槃经，四月八日夜，山神告曰:“法师疾作，房宇不久，当生西方。”至七月十四日讲盂兰盆经竟，敛手曰:“生常信施，今须通散，一毫以上，舍入十方众僧及穷独乞人，并诸异道。”言已而终于法座矣，春秋七十有九。惟璇立性虚静，不言人非，宾客相投，欣若朋友，面常含笑，慈育在怀，涉猎玄儒，通冠文采。襄荆士素，咸倾仰之，闻其长往，无不堕泪。初住光福，寺居山顶，引汲为劳。将移他寺，夜见神人身长一丈，衣以紫袍，顶礼璇曰:“奉请住此，常讲大乘，勿以小乘为虑。其小乘者，亦如高山无水，不能利人；大乘经者，犹如大海。自止此山，多佛出世。一人读诵讲说大乘，能令所住珍宝光明，眷属荣胜，饮食丰饶。若有小乘，前事并失。惟愿弘持，勿孤所望！法师须水，此易得耳，来月八日定当得之。自往剑南慈母山大泉请一龙王去也。”言已不见。恰至来期七日初夜，大风卒起，从西南来，雷震雨注，在寺北汉高庙下佛堂后百步许，通夜相续，至明方住，惟见清泉，香而且美，合众同幸。及亡龙泉，渐便干竭。据斯以言，亦感通之奇致矣。

唐襄州神足寺释慧眺传三

释慧眺，姓庄氏。少出家，以小乘为业，游学齐、徐、青、海诸州，数论之精，驰誉江汉。开皇末年，还住乡壤之报善寺。承象王哲公在下龙泉讲开三论，心生不忍，曰:“三论明空，讲者着空。”当发言讫，舌出三尺，鼻眼两耳，并皆流血，七日不语。有汰律师闻其拨略大乘，舌即挺出，告曰:“汝大痴也！一言毁经，罪过五逆。可信大乘，方可免耳。”乃令烧香发愿，忏悔前言，舌还收入。便舆往哲所，誓心敛迹，惟听大乘。哲之云亡，为设大斋于墓，又建七处八会，广请道俗。百日既满，即往香山神足寺，足不逾阃，常习大乘。每劝诸村年别四时讲华严等经，用陈忏谢。常于众中显陈前失，独处一房，常坐常念。贞观十一年四月三日，在寺后松林坐禅，见有三人形貌都雅，赤服礼拜，请受菩萨戒讫，白曰:“禅师大利根，若不改心信大乘者，千佛出世，犹在地狱。”闻此重嘱，涕泗交流，大哭还寺，在讲者房前宛转呜咽，不能得言。以水洒醒，乃更大哭。绕佛忏悔，用此为恒。又劝化士俗造华严、大品、法华、维摩、思益、佛藏、三论等各一百部。至十三年三月九日中时，佛前礼忏，因此而终，春秋八十余矣。自终七日，林树变白，大泉浑浊，过此方复。斯亦知过能改，无过者同，诚可嘉矣。寺去城邑将五十里，从受归戒者七千余人，填赴山河，为建大斋于墓所。三十法师各开一经，用津灵造。

唐绵州隆寂寺释灵睿传四

释灵睿，姓陈，本惟颍川，流寓蜀部，益昌之陈乡人也。祖宗信于李氏。其母以二月八日道观设斋，因乞有子，还家梦见在松林下坐，有七宝钵于树颠飞来入口，便觉有娠，即不喜五辛诸味。及其诞已，设或食者，母子头痛，于是遂断。八岁，二亲将至道士所，令诵步虚词，便面孔血出，遂不得诵。还家入田，遇见智胜法师，便曰：“家门奉道，自欲奉佛。”随师出家，即将往益州胜业寺为沙弥，一夏之中，大品暗通。开皇之始，高丽印公入蜀讲三论，又为印之弟子，常业大乘，后随入京，流听诸法。大业之末，又返蜀部，住法聚寺。武德二年，安州暠公上蜀，在大建昌寺讲开大乘。睿止法延三年，后还蜀本住，常弘此部，经二年许。寺有异学成实朋流，嫌此空论常破吾心，将兴害意。睿在房中北壁而止，初夜还床，栖遑不定，身毛自竖，移往南床。坐至三更，忽闻北壁外有物撞度，达于卧处，就而看之，乃漆竹笴槊，长二丈许。向若在床，身即穿度。既害不果，又以银挺雇贼入房，睿坐案边，觅终不获，但有一领甲在常坐处。睿知相害之为恶也，即移贯还绵州益昌之隆寂寺。身相黑短，止长五尺。言令所及，通悟为先，常讲大乘，以为正业。贞观元年，通州骞禅师作檀越，尽形供给三百听众。至七年八月二十五日夜，睿梦有衣冠者来迎骞往西方去，徒众钵中皆空无物。至三十日，寺钟大小七口、铜磬十余一时皆鸣，至三更据绳床加坐而终。睿自此后周流讲唱，传化不绝。至二十年八月二十一日四更，大风忽起，高声言曰：“灵睿法师来年十月往南海大国光明山西阿观世音菩萨所受生也。”至期十月三日，合寺长幼道俗见幡华、菩萨满寺而下。晚讲入房，看疏读经，外有僧告幡花异香充寺及房。睿闻，捉经出看，敛容立终，坚持不倒，扶卧房中，三更忽起，加坐如生。刺吏以下躬手付香，供养其尸，道俗相送归东度山，设大会八千人，时年八十三矣。然其洁清童稚，过中不饮，辇辛莫履，具尽报云。

唐京师弘福寺释僧辩传五

释僧辩，俗姓张，南阳人也。渚宫陷没，入关住于冯翊焉。年甫七岁，日诵千言，时以奇之，声于乡壤。十岁欣仰道法，思欲出家，局以公宪，未蒙剃落。乃听维摩、仁王二经，文义俱收，升座覆述，宣吐教理，有称于时。先学大德相顾曰："吾等没后，不足忧也，此人出家，绍隆遗法矣。"开皇初年，敕遣苏威简取三千人用充度限，辩年幼小，最在末行，轻其行业，召令口诵，言词清哢，章句契断，神明朗正，见者属目。由是大蒙嗟赏，余并不试，同得出家。受具已后，专寻经论。时有智凝法师，学望京华，德隆岳表，辩从问知津，乃经累载，承席覆述，允合同伦，遂使旁疏异解，曲有正量，识者佥悟，击其大节。大业初岁，召入大禅定道场，众复屯之，欣其开解。武德之始，步出关东，蒲、虞、陕、虢，大弘法化，四远驰造，倍胜初闻。尝处芮城，将开摄论，露缦而听，李、释同奔序。王将了，黄巾致问，酬答乃竟，终诵前关，辩曰："正法自明，邪风致翳，虽重广诵，不异前通。"黄巾高问转增，愚叟谓其义壮。忽旋风勃起，径趣李宗，缦倒掩抑，身首烦扰，冠帻交横，衣发紊乱。风至僧伦，怗然自灭。大众笑异其相，一时便散，明旦入文，赧然莫集。辩虽乘此胜，而言色不改，时共服其异度也。贞观翻经，被征证义，弘福寺立，又召居之。虽屡处以英华，而情不存得丧，约时讲说，不替寒温，异学名宾，皆欣预席，故使海之内外，僧杂华夷，不远万里，承风参谒。俱舍一论，振古未开，道岳法师命章构释。辩正讲论，废而听之，随闻出钞三百余纸。或闻初开法肆，或中途少闲，但有法坐，无论胜负，咸预位席，横经而听。斯渴法之深，良未俦矣。而谦让知足，不重荣势，名满天下，公卿咸委，而不识其形也，皆来觅之。辩如常威仪，不变其节，任其来去，曾无迎送。时侪伦诸德以此怀尚，而不能行也。以贞观十六年六月十三日卒于弘福寺，春秋七十有五。于时炎曦赫盛，停尸二旬，而相等生存，形色不变，迄至于葬日，亦不腐朽。于时亢旱积久，埃尘涨天，明当将送，夜降微雨，故得幢盖引列，俱得升济，七众导从，不疲形苦。殡于郊西龙首之原，凿土为龛，处之于内，门通行路，道俗同观。至今四年，鲜明如在。自辩置怀慈济，爱法为功，路见贫苦，不简人畜，皆尽其身命济其危厄。讲听之务，惟其恒习，其摄论、中边、唯识、思尘、佛性无论，并具出章疏，在世流布。

唐京师普光寺释法常传六

释法常，俗姓张氏，南阳白水人也。高祖隆仕魏，因移于河北郡焉。少践儒林，颇知梗概，而厌其喧杂，情欣出家。奉戒自守，不郡非类，霜怀标举，为众所推。年十九投昙延法师，登蒙剃落。既预听限，大阐宏猷，学不逾岁，即讲涅槃，道俗听者，咸奇理趣。自尔专亲侍奉，晓夕咨谋，每击幽致。延欣其情理深当，乃摩顶曰："观子所涉，必住持正法矣。"于即研精覃思，无释寸阴。时年二十二，摄论初兴，随闻新法，仰其弘义。于时论门初辟，师学多途，封守旧章，鲜能回觉。常乃博听众锋，校其铦锐，秦、齐、赵、魏，靡不周行，时积五年，钻核名理。至于成实、毗昙、华严、地论，博考同异，皆为轨辙。末旋踵上京，慨兹异叙，随讲出疏，示显群迷。隋齐王暕召结时望，盛演释经，登预法座，敷陈至理，词义弘远，罕得其门。佥共美之，嘉叹成俗，遂有胥徒归凑，相续依承，四时讲解，以为恒任。大业之始，荣唱转高，爰下敕旨，入大禅定，相寻讲肆，成济极多。唐运初兴，遐迩清晏，四远投造，增倍于前，每席传灯播，扬非一。贞观之译，证义所资，下敕征召，恒知翻任。后造普光，宏壮华敞，又召居之，衣服供给，四时随改。又下敕，令为皇储受菩萨戒，礼敬之极，众所倾心。贞观九年，又奉敕召入，为皇后戒师。因即敕补兼知空观寺上座，抚接客旧，妙识物心，弘导法化，长镇不绝。前后预听者数千，东蕃西鄙，难可胜述，及学成返国，皆为法匠，传通正教，于今转盛。新罗王子金慈藏轻忽贵位，弃俗出家，远闻虔仰，思睹言令，遂架山航海，远造京师，乃于船中梦瞩颜色，及睹形状，宛若梦中，悲涕交流，欣其会遇，因从受菩萨戒，尽礼事焉。十四年，有僧犯过，下敕普责京寺大德纲维，因集于玄武门，召常上殿，论及僧过。常曰：“僧等蒙荷恩惠，得预法门，不能躬奉教网，致有上闻天听。特由常等寡于训诲，耻愧难陈。”遂引涅槃付属之旨。上然之，因宥大理狱囚百有余人，又延设供，食讫而退。及李道居先，不胜此位，率僧邀驾，随顿表上。既不蒙遂，因染余疾，的无痛所，右胁而终于住寺，春秋七十有九，即贞观十九年六月二十六日也。至七月二日，葬于南郊高阳之原。时炎景陵天，游尘翳日，逮至发引之前，夜降微雨，及于明旦，天地清，朗云雾四除，纤尘不飞，道路无拥。京寺僧侣门人子弟等，各建修幢三十余车，前后威仪四十余里，信心士女执素幡花，列侍左右，乃盈数万，卿相傧从，佥以荣之。初，常涉诣义门，妙崇行解，故众所推美，归于摄论。而志之所尚，慕涅槃，恒欲披讲，未之欣悟，遂依众请，专弘此论。陶冶理味，精贯匈怀，依时赴讲，全无读诵。才有余暇，课业行道，六时自励，片无违缺。有大神王，冠服皆素，率其部从，随其旋绕，道俗时见，密以高之。又曾宵夜至佛堂中，壁画乐天，一时起舞。后于中夜，又在佛堂，观音菩萨从外入户，上住空中，身相瑰奇，佩服璎珞，晃发希有，良久便灭。后经五年，天将欲曙，又感普贤菩萨从东而来，去地五六丈许。常之专精征应，为如此也。故立志清峻，逾久逾剧。所获法利，多造经像，但务奇妙，不言其价。岁建檀会，终尽京师，悲敬两田，无遮供养。自所服用，粗弊而已，讲扬别供，一不受之，还布众中，持操无改。著摄论义疏八卷、玄章五卷，涅槃、维摩、胜鬘等各垂疏记，广行于世。弟子德逊等为立碑于普光之门，宗正卿李百药为文。

唐泽州清化寺释智徽传七

释智徽，俗姓焦，泽州高平人也。年十三，志乐出家，不希世累。住本州清化寺，依随远法师听涉经论，于大涅槃偏洞幽极，故齿年学稔，为诸沙弥之卓秀者也。立性勤恪，乐理僧务，每有执役，不惮形苦。昼供养僧，夜读章疏，衣不解带，研精无怠。受具已后，神思高正，戒行明洁，然平恕俭约，见者钦属。歆慕弘道，岁常讲涅槃、十地、地持、维摩、胜鬘，用为恒业。声务广被，远近追风，提幞裹粮，寻造非一。隋炀御历，珍敬弥隆，大业七年下诏延请，入于东都内道场，礼异恒伦，日增荣供。徽立操自昔，一不受之，盈尺之贮，不附箱囊，率性超然，不妄倾涅，但专讲诵，宣导为先。伪郑之初，洛城恒闭，徽以兵戈方始，开悟未因，乃杖锡出城，思济乡壤。于时守卫严防，梗涩难通，而徽安行限阈，守当不觉，斯固善神之所送也。既达高平，道俗欣赴，世接屯难，饥馁相委，乃遗以粮粒，拯济实多，皂素赖之，皆餐法味。便即四时长讲，屡有升堂，外施衣帛，悉供讲众。频值俭岁，米食不丰，异客暴来，两倍过旧。徽以听侣不安，为营别院，四方学士，同萃其中，财法两施，无时宁舍。怀州都督鄎国公张亮，钦抱德教，远延讲说，道俗屯赴，又结河阳，乃请为菩萨戒师，珍敬道风，誓为善友。夏讲涅槃，解恣便讫，觉少不悆，众咸怪之，还房静念，俄顷便逝，春秋七十九，即贞观十二年三月二十日也。怀州道俗哀若至亲，送葬归于本邑。自徽之在远门也，敬法尊人，诚孝第一，每登法席，讲析幽通，皆云:“大法师意如此。”因即声泪俱下。常谓诸徒曰:“父母生吾肉身，法师生吾法身。恩报此恩，何由可逮？惟有弘教利物，薄展余怀耳。”所以每岁常讲，不敢告劳，以惟斯故也。兼以课己行业，无亏六时，手执熏炉，约数承礼，夜不解衣，一生恒尔。清素寡欲，不乐交游，敷化之余，便营僧事。故泽部长幼，咏仰于今。

唐泽州清化寺释玄鉴传八

释玄鉴，俗姓焦，泽州高平人也。天性仁慈，志乐清洁，酒肉荤辛，自然厌离。十九发心，投诚释种，爱重松林，终日庇其下，忘遗食息。后住清化寺，依止远公听采经论，于大涅槃深得其趣。隋运末龄，贼徒交乱，佛寺僧坊，并随灰烬，众侣分散，颠仆沟壑。鉴守心戒禁曾无愆犯，食唯蔬菜，衣则蕴麻，屡经岁序，情无颦蹙。及至年谷丰熟，还返故乡，招集缁素，崇建法席，劝诸信识，但故伽蓝，皆得营复，有故塔庙，并令涂扫，遂使合境庄严，赫然荣丽，奉信归向，十室其九。兼以正性敦直，言行相高，行值饮啖非法，无不面谏诃毁，极言过状，不避强御，或与语不受者，便碎之酒器，不酬其费。故诸俗士聚集燕饮，闻鉴来至，并即奔散。由是七众尊虔，敬其严厉，重其清贞。数有缮造，工匠繁多，豪族之人或遗酒食，鉴云：“吾今所营，必令如法，乍可不造，理无饮酒。”遂即止之。时清化寺修营佛殿，合境民庶同供崇建。泽州官长长孙义素颇奉信，闻役工匠，其数甚众，乃送酒两，舆以致之。鉴时检校营造，见有此事，又破酒器狼籍地上，告云：“吾之功德，乍可不成，终不用此非法物也。”义闻大怒，明欲加恼，夜梦有人以刀临之，既忽警寤，即事归忏。又遇疫气，死亡非一，皆投心乞命，鉴为之忏悔，令断酒肉，病者痊复，时大重之。有乡人李迁者性偏嗜酒，既遇时气，无由自济，遂悔酒过，用为死调。俄尔鉴至，无何便去，迁遂除差。因尔厌离饮酒，永不涉言，纵忽闻气，如逢毒势，告其友曰：“自见鉴师已来，尚不喜闻，况当见也。”故戒节冥感，皆此之类。于今神志贞亮，每讲涅槃、十地、维摩，四时不辍，春秋八十有三。初，鉴以传法之务，职司其忧，众侣乖仪，则纠弹驱摈，时俗佥讶其梗直也。及武德六年，当部濩泽县李录事者死经七日，隐身谓妻曰：“吾是李录事也。计吾犹得六年在世，但为司命枉来取我，生埋冢中。已诉阎王蒙放，在人中浮游六年，今在鬼道，未然之事，皆预知也。卿家贫窘，但为他卜，无不必中，因可获财，以利大小。”便尔卖卜，鬼为通疑，方远皆诣，谓为大圣。后谓妻曰：“人命无常，何不修福？可往鉴师所听法。”遂相将入讲堂中，安置壁角，以物自障，共人言议，应变迅速，乃经晦朔。或有问者，何不现形耶？”答曰：“今在鬼趣，受身极陋，自不忍见，况复他也！”又往景业寺听维摩经，有余法师谓曰：“今讲此经，感何人听？”答曰：“自人头已上，便是鬼神，上及诸天，重级充满。然都讲唱文，诸天神等皆敛容倾耳，恐其声绝；法师解释，皆散乱纵恣，无心听受。愿如法讲说，勿妄饮啖也。何以知然？见天神等闻法师酒气，皆回面而听。”因即悔过，令废饮之。鬼曰：“此定须断，天神不许，宁不讲也。非惟此会独感诸天，但有法事，无不来降。不可轻矣。”鉴闻异寺有此声告，倍复信奉，兢兢异常。

唐京师弘福寺释玄会传九

释玄会，字怀默，俗姓席氏。其先豳土安定人也，远祖因官故，又居京兆樊川之秘坂焉。年十二，精苦绝伦，欣志捐俗，而仪相秀挺，有异神童。隋汉王谅见而奇之，奏度出家，仍住海觉寺，为总法师弟子。自落采之后即预讲席，专志涅槃，勤至之功，伦等推尚。总深会之解也，举为覆述，所以盘节拘致由来拥虑者，皆剖决通释，泠然可见，时大赏之，以为涅槃之后胤也。因尔改前旧章，更新户牖，穿凿之功，难与雠抗。造涅槃义章四卷，义源文本、时文释抄，部各四卷。自延、远辍斤之后，作者祖述前言，惟会一人，独称孤拔。武德之始，学观大张。沙门昙献，道开国望，造慈悲寺，奏会以为寺主。经始惟新，法务连续，引接后昆，讲扬此部，将四十遍。于时同侣同业，相推元席，而让以成治，雅为学宗，性慕人法，不滥尊严，但有法座，皆通咨听，纵已旧闻，倾如新渴。斯敬重之极，末象罕遇也。总法师曰："吾非圣人，何得此子入吾室乎？"相法师曰："经云后五百岁有福智者，此子谓乎？法之大将，岂不然乎？"岳法师曰："此公就我学俱舍者，同事摄也。愿以妙庄严世值善知识矣。"振法师曰："此公就我学迦延者，之赞成吾学耳。以我小术，不耻下问，乃回龙象于兔径也。吾何言哉！"贞观八年，又敕住弘福寺，讲事都废，专修定业。梦登佛手，号无量寿，遂造弥陀像一座。常拟系心，作身同观，欲入山林寺，众劝住，请讲涅槃。至藤蛇喻，忽有异蛇从栿而下，顾视四方，寻即不见。讲至诤论，常有魔事。因兹遘疾，还返慈悲，见佛来迎，因而气尽，春秋五十有九，即十四年五月二十七日也。合邑闻知，悲凉相及，葬于高阳原。晚又收其遗骸，于故城西南隅起砖塔供养。自会之弘道也，温柔在性，弘赡为心，远近流寓，投造非一，而能推心接诱，惟法是务。晚又常坐，乃终身世。

唐京师慈悲寺释行等传十

释行等，姓吉氏，冯翊人。十二出家，与会公同事总师为弟子，服章粗素，立性铿卓。登听净影远公涅槃，伏读文义，时以荣之。相从讲说百一十遍，中逢阻难，必预先知。或闻异香，或感怪梦，幢折盖翻，以为标据，即令大众同念般若，所有魔事无何而退。故每讲后，常礼佛名及读华严，以为消障之本也。又与玄会同住慈悲，弘法之时，等必先登，会随后赴，时以为相成之道也。故常讲时感鸡伏听，从受戒者死而还活，冥曹所放，云传等教。斯亦骇动幽显，非言厝也。以贞观十六年三月六日因疾而终，春秋七十有三。初，临终累日："护戒之语，吾何重及？但少欲知足，可为永诫。吾今死后，勿作威仪，惟以一橡舆送山所。愿食吾身，早成正觉。有乖此愿，非吾门人。"弟子等营办幢舆，盛设威仪，将欲茔送，其夜列宿大明，地方欲了，大雨洪注，道俗同拥，一不得往，还依遗诀，单舆至山，雨即通霁。收葬于京南神和原，起塔树松，立铭塔所。

唐蒲州仁寿寺释志宽传十一

释志宽，姓姚氏，蒲州河东人也。祖宗仕族，不交群小。父任隋青州刺吏。宽自幼及长，清约知名，历听诸经，以涅槃、地论为心要也。东西访道，无释寸阴，业成登器，游讲为务。生常履信，言行不乖，望似专正，而怀抱虚荡。尝以游学长安，诣市买绢，有人曰："可见付直，明当送绢于此。"便付直还寺，为诸僧所笑。宽曰："自忆不负于人，岂有人而乖信？"至期果获。以事陈之，彼人云："兵食可亡，信不可废。弟子俗人奉之，岂意释门缀斯虑也？"宽常诵维摩及戒本，所居住房每夜必有振动介胄之响，窃而观者，咸见非常神人绕房而行。又一时夜中，房重阁上有打物声，同学宝通闻之惊迷，不安其席。宽就而慰之，犹打物如故，至旦看之，乃舍梁将折，即令拄之，得免其命。其为幽灵所卫如此。而性好瞻病，无惮远近，及以道俗，知无人治者，皆舆迎房中，躬运经理。或患腹痈不可脓出者，乃口就唻之，遂至于差，往往非一。其慈惠之怀，信难继也。后于中夜室内大明，及观房外，与昼无异，乃自缝绽衣帛，不谓神光所照。后召诸徒，方知半夜此相数现，后遂不怪。加以开务诱引，弘济为业，道俗胥悦，庆其幸遇。属炀帝弘道，海内搜扬，以宽行解，同推膺斯荣命。既处慧日，讲悟相仍。会枭感作逆，斋事拘缠，宽便下狱待罪，有来饷遗，一不自资，通给囚僧，欢笑如昔。后并配徒隶，役于天路，常令负土，使装满笼，尽力辇送，初不懈息。役僧曰："此无监检，当可小停。"宽曰："业报如此，何能自欺。违心行事，诚未安耳。"未又配流西蜀，行达陕州，有送财帛祖饯之者，并即散而不遗，唯留一驴负经而已。路次潼关，流僧宝暹者，高解硕德，足破不进，宽见卧于道侧，泣而哀焉，即舍驴与乘，自担经论，徒行至蜀，虽有事劳，而口不告倦。其仁恕之性，登苦知其人矣。既达蜀境，大发物情，所在利安，咸兴敬悦。时川邑虎暴，行人断路，或数百为群，经历村郭，伤损人畜。中有兽王，其头最大，五色纯备，威伏诸狩。遂州都督张逊远闻慈德，遣人往迎，宽乃令州县立斋行道，各受八戒，当夕虎灾销散，莫知所往。时人感之，奉为神圣。然宽因名立行，弘裕有仪，凡所宣化，如风之靡。每至散席，礼傺相仍，或至十万二十万者，皆即坐散尽，了无资已。告施者曰："财犹种子，聚则难繁，故为散之，令从用有在耳。"其虚怀应物，为若此也。兼又轻生疏素，弊服寻常，一经御形，动经累稔，爱护之甚，有过身肉。时逢俭岁，躬煮糜粥，亲惠饥馁，衔泣说化，令诵佛名。又以所服衣之与毡，或割或减，用充贫乏。每年冬首，预积坐毡履替，观诸沙门少者便给，以此为常。贞观之初，还反蒲壤，缁素庆幸，欢咏如云，屡建法筵，重扬利涉。时州部遇旱，诸祈不遂，官民素承嘉绩，乃同请焉。宽为置坛场，以身自誓："不降雨者不处室房！"曝形两日，密云垂布，三日已后，合境滂流，民赖来苏，有年斯在。昔在蜀土，亦以此致誉，故使遍洽，时谚号为"一代佛日"。有沙门神素者，架业相邻，尤所钦友。以先卒于栖岩，宽住州寺，先绝凶问，忽降形欢叙，欣若生平，明晚来告，乃知其死。宽致书慰曰："等同幻境，俱禀泡形，不意之情，非复言象。素法师俗风清美，道器冲深，包总义门，研机至实。但正业久成，必之净土，此方薄运，顿失所归。老病之僧，早应先去，罪重福微，犹守余报耳。法师不遗故旧，昨二十五日夜，降神共聚，同卧一床，通夕言议，至晓方别。情犹今昔，事即存亡，冥感之诚，未可陈述。"素见别传，以贞观十七年春二月二十四日卒。宽以其年夏五月十六日卒于仁寿寺，春秋七十有八。初，未终之前，右胁而卧，枕于右臂，告门徒曰："生死长远，有待者皆尔。汝等但自观身如幻，便无爱结自缠。吾命亦断，当取椽两根、筳篨一领，裹缚舆送，无得随俗纷纭，为不益事也。"言讫而卒。时蒲、虞等州道俗奔，赴号恸川野，屯于圹侧，七里人满。自宽从释种，静摄居形，不卧全毡，不畜匹绢，柜箧之事，由来绝心，骑乘劳具，终身不涉，口不及利，手不执钱。或有忤之，便掩口私默，不行赞毁于人物也。曾用钱一千五百买驴负经，既至东京，值卒科运大贵，或头至数万者，同侣欲为卖之，宽不许，曰："已劳负荷，岂复过本乎？"便诣市自出之，但取元价。此虽小事，廉耻本矣。

唐相州慈润寺释慧休传十二（昙元　灵范）

释慧休，姓乐氏，瀛州人也。世居海滨，以蚕渔为业。而生知离恶，深惟罪报，常思出济，无缘拔足。或累叹通宵，晨或忘餐，近逾信宿，虽愤气填胸，无免斯厄。十六遇相州沙门巡里行化，谈三世之循扰，述八苦之交侵，雅会夙怀，背世情决，乃违亲背俗，投勖律师而出家焉。勖导以义方，礼逾天属。又闻灵裕法师震名西壤，行解所归，现居邺下，命休从学。休天机秀举，惟道居心，乃背负华严，远游京邺。一闻裕讲，蓥动身心，不略昏明，幽求体性。而章句无昧，至理未融，展转陶埏五十余遍，研讽文理，转加昏漠。试以所解遍问诸师，皆虑涉重关，返启其致，乃悟曰："斯固上圣之至理也，岂下凡而抑度哉？且搏听众师，沐心法海耳。"乃往渤海，从明彦法师听成实论。先出章抄，品藻异同，慧满冲情，解律法友。以彦公化世，受染余流，从志念法师受学小论，加、杂、婆沙，各闻数遍，穷其本支，晓其固执，解既清迥，行实贞严。念曰："余讲小乘，岁序多矣，今乃值子，谅不虚延。"休即著杂心玄章、抄疏，各区别部类，条贯攸归。文教才出，初寻重敬，频当元宰，讲授相续。幽致既举，慧烛天悬，故使驰名冀都，击响河、渭，抱帙横经，肩排日谒，结疑怀签，踵接登堂。皆总为书绅，永开冥府，故于立破诸教，探隐洞明。虽学冠空宗，而梗情尘境，欲通惟识之旨，取悟无方，会裕师入关，因便预从。遇昙迁禅师及尼论师等讲扬摄论，每举一会，余驾停轮，词吐既新，领拔弥悉，周涉三遍，即造疏章，神会幽陈，广疏听视。自大小诸藏，并统关键，惟有律部，未遑精阅。昔以戒禁随事，可用缘求，案读即了，未劳师授。曾披一卷，持犯茫然，方悔先议，更弘神府。乃负律提瓶，从洪律师听采四分。一经讲肆，三十余遍，日渐其致，终未极言，顾诸学徒曰："余听涉多矣，至于经论，一遍入神。今游律部，逾增逾暗。岂非理可虚求，事难通会乎？"而敬慎三业，懔课六时，纤尘或阻，即申忏洗。目见大小讲匠知名者多，奉法自修，实罕联类。尝听砺公讲律，砺曰：“法师大德，暮年如何犹勤律部？”休曰：“余忆出家之始，从虎口中来，即奉投戒法。岂以老朽而可斯须离耶？恨吾不得常闻耳。”其清慎之高，率此例也。又屡经寇荡，荒荐相仍，寺众僧厨，亟经宿触。故从隋末，终至唐初，四度翻秽，获资净供，致使四方嘉会，休有功焉。暨武德年内，刘闼贼兴，魏、相诸州，并遭残戮。忽一日警急，官民小大，弃城逃隐。休在云门，闻有斯事，乃率学士二十余人东赴相州，了无人物，便牢城自固。四远道俗，承休城内，方来归附。当斯时也，人各藏身，而休挺节存国，守城引众，可谓乱世知人者矣。其年不久，天策陈兵远临贼境，军实无委，并出当机。休既处僧端，预明利害，集众告曰：“官军静乱，须有逢迎。僧食众物，义当先送。”再和大众，并无从者。休惧被后罚，必可乘权，独诣军门，具陈来意。于时曹公徐世绩引劳赏悦，仍令部从随休至寺，任付粮粒。及平殄后，曹公为奏，具述休功，登即下敕：“入贼诸州见有僧尼止留三十，相州一境特宜依定。”以事验人，休量难准。又，荒乱之后，律法不行，并用铜盂，身御俗服，同诸流俗。休恐法灭于事，躬自经营，立样造坏，依法施熏，遂成好钵，遍送受持。于今大行，用并是休功缉遗绪也。又僧库火起，时当中夜，忽有人告，走往观之，赖始发焰，救而获免。退问告由，了无知者，良以道通幽显，屡动祯祥。贞观九年，频敕征召，令入京师，并固辞以疾，无预荣问。至今十九年中，春秋九十有八，见住慈润，爽健如前，四众怀仰。蒲柳之慕，犹执卷咨谋，乃力倦而告曰：“吾学功多矣。每有经律，虽听二三十遍，文旨乃镜，犹恨少功，欲兼异部，未遑多涉耳。今之后学则不同之，薄知文句，宗致眇然，即预师范，更无通观。所以终夜长慨，有耿于怀，致有穷括教源，莫知由序，此法灭在人矣。今暮年开道，意在成器，斯犹砥砺合其刃耳，安能炉锤其朴耶？所以引化席端，直陈纲要。”而奉禁守道，抑在天然，挫拉形心，逾衰逾笃。衣服率然，趣便盖体。幞悬壁上，尺绢不居。所得外利，即回讲众。补绽衣服，不劳人助。见着麻鞋，经今三十余年，虽有断坏，缀而蹈涉。暂有泥雨，徒跣而行，有问其故，答云：“泥软易履，不损信施耳。”又寒不加火，热不依凉，瓶水若冻，裹之草束。受具已来，钵无他洗。入夏已去，不噉菜蔬。旋绕往还，执帚先扫，存护物命，宁有过之！凡斯众行，前后一揆。余以亲展徽音，奉兹景行，犹恨标其大抵，事略文繁，以为轻约耳。弟子昙元，高洁僧也，经论及律，并曾披导，偏重清行，不妄衣食。寺虽结净，犹怀尘点，常乞食自资。今托静林虑宝山，志道辞世。门人灵范，学通休涉，慧悟少之。敕召弘福，时扬摄论。今居宗树业，振名京邑。又，休以年学高远，今上重之，因事辽左，亲幸其室，叙故陈道，弥会帝心。故又续其绩。

唐京师弘福寺释灵润传十三（净元　智衍）

释灵润，俗姓梁，河东虞乡人也。家世衣冠，乡闾望族。而风格弘毅，统拟大方，少践清猷，长承余烈，故能正行伦据，不肃而成。昆季十人，秀美时誉，中间三者，齐慕出家。父告子曰："但诵观音，先度即当许也。"润执卷便诵，一坐不起，从旦至中，文言遂彻。便预公度，依止灵粲法师，住兴善寺。粲有正行，备于别传。年十三，初听涅槃，妙通文旨。将及志学，销会前闻，括悟新理，便登讲座，宣释教意，部分科宗，英秀诸僧，咸欣其德。加又钦重行禁，动静惟安，不妄游从，常资规矩，所以兴善大德、海内名僧，咸相顾而言曰："此沙弥发踪能尔，堪住持矣。"于后深心至道，通赡群师，预在见闻，包蕴神府，当即斧藻人法，珪璋解行，皆统其本支，该其成败。仁寿感瑞，怀州造塔，有敕令往，官供驿乘。随师东赴，乞食徒行，独无受给。既达河内，道俗服其精通，敬其行范，所有归戒，并从于润，当即名厉河北，誉满京师。闻泰岳灵岩寺僧德肃清，四方是则，乃杖策寻焉。既睹副师，遂从咨训，乃习般舟行定，无替晨昏。初经三七，情事略疲，自斯已后，顿忘眠倦，身心精励，遂经夏末。于时同侣五百余人，各奉行之互相敦励，至于解坐，同行无几。惟润独节秀出，情事莫移，皆不谋同词，敬称徽绩。时父任青州益都令，外祖吴超任怀州怀令，堂祖吴同任齐州山茌令，姨夫侯援任曹州金乡令，并润之宗族，内外亲姻，虽经还讲肆，游其所部，事逾行路，一无过造。及生缘背丧，或有悲慕邀延者，润情若风传，不往登践。斯割爱从道，皆此类也。有道奘法师擅名海岱讲摄大乘，又往寻焉。时未具戒，早飞声采，周流法席，文义圆通，问难深微，称传元宰，预是同席，心共揖之。既承师有本，即奉奘以为和上。大戒已后，方诣律司，十地诸经，略观文体。年二十三还返京室，值志念法师正弘小论，将欲博观智海，预在听徒。有辩相法师学兼大小，声闻于天，摄论初兴，盛其麟角，在净影寺创演宗门，造疏五卷，即登敷述。京华听众五百余僧，竖义之者数登二百。润初从关表创预讲筵，祖习异闻，遂奋奇论，一座惊异，侧目嘉之。登有辩行法师机论难拟，处众高谢而敬惮焉。虽则负誉帝京，而神气自得，或讥毁达其耳者，曾若不闻，以道镇心，情无喜怒，末法攸寄，诚可嘉焉。大业初岁，风疾暴增，后复本心，更精新业。又恐报倾旦夕，不守本怀，讲导世流，往还烦杂，遂脱略人事，厌俗归闲，遂往南山之北，西极澧、鄠，东渐玉山，依寒林，头陀为业。时与沙门空藏、慧琎、智信、智光等京邑贞干同修出离。既处丛塚，鬼神斯恼，或被推荡偃仆，或扬声震叫者；润独体其空寂，宴坐如空，诸被娆者皆来依附。或于深林旷野狼虎行处试心安止，都无有畏。当遵此务，尽报传持。属大业末年不许僧出，遂亏此行，乃还兴善，托于西院独静资业，一食入净，常讲涅槃众经，有慧定禅师等归依受业。相率修课，不出院宇，经于三年，结侣渐多，行清动众。时僧粲法师，一寺顶盖，锐辩无前，抗衡京国，乃率诸翘望五十余僧来至法会，详其神略。人并投问玄隐之义，润领宗酬答，位判泠然，咸共欣赏，妙符经旨。尔后誉传光价，众聚相从。既懿业内传，将流法味，大业十年，被召入鸿胪教授三韩，并在本寺翻新经本，并宗辖有承，不亏风采。会隋氏乱伦，道光难缉，乃隐潜于蓝田之化感寺，首尾一十五载，足不垂世，离经专业，众请便讲，以示未闻，春秋入定，还遵静操。沙门志超抗节禅府，闻风造展，遂等宿交，相师念定，欣从语默。时天步饥馁，道俗同沾，化感一寺，独延宾侣，磨谷为饭，菽麦等均，昼夜策勤，弘道为任。故四方慕义，归者云屯，周赡精粗，无乖僧法，共餐菜果，遂达有年。斯诚至德冥符，兼济有日矣。润以化洽外流，道声载路，兴善本寺敬奉芳尘，上陈敕使，请充寺任，便不守专志，就而维之。贞观八年，敕造弘福，复被征召，即现翻译，证义须明，众所详准，又当斯任。至于词理有碍，格言正之，同伦纠位，斯人最上。京邑释门，实惟僧杰。初，润隋末在兴善院感魔相娆，定志不移，冥致善神捉去。经宿告曰：“昨日魔子依法严绳，深知累重，自感而死。”若此征应，其量难纪。武德七年，时住化感，寺主智信为人所告，敕使围寺，大显威权。润曰：“山居行道，心不负物，贤圣所知，计非所告。”使人逾怒。忽有大风雷震，山崩树折，吹其巾帽坐席，飘落异处，人众丧胆，遂求悔过。润曰：“檀越有福，能感幽灵。斯之祥征，昔来未有。”使者深愧，释然事解。贞观年中，与诸法侣登山游观，野烧四合，众并奔散，惟润安行，如常顾陟，语诸属曰：“心外无火，火实自心。谓火可逃，无由免火。”及火至，润熸余自敛。据事以量，知人难矣。后住弘福，有僧因事奉敕还俗，复经恩荡，情愿出家，大德连名同举得度。上闻天听，下敕深责，投诸南裔驩州行道。于时诸僧创别帝里，无非恸绝，润独安然，容仪自若，顾曰：“三界往还，由来恒理。敕令修道，何有悲泣！”拂衣东举，忻然而趣。道俗闻见，莫不叹服。寻尔敕追洛东安置，化行郑、魏，负帙排筵，弘阐涅槃十有余遍，奥义泉飞，惠流河洛。乃报京邑门人疏曰：“吾今东行，略有三益：一酬往谴，二顺厌生，三成大行。吾有宿累，蒙天慈责，今得见酬，则业累转灭，惟加心悦，何所忧也？愚夫痴爱，随处兴着；正智不尔，厌不重生。夫净秽两境，同号大空；凡圣有情，咸惟觉性。觉空平等，何所著也？自度度人，俱利之道。举人出家，依道利物。愿在三有，普济四生，常无退转。三益如是，汝等宜知。各调诤根业，与善而住，吾无虑矣！”仆射房玄龄遇之，称叹累息，曰：“大德树言，词理俱至。名实之副，诚所望也。”不久敕追，还住弘福，居宗扬化涅槃正义，惟此一人也。然其爰初入道，奉节不亏，持操摄仪，魁质雄雅，形器八尺，动静温和，挺超联类。十三离俗，更不重临。二亲既崩，弟兄哀诉，情守自若，曾无动容，但为修冥福，设会千僧，再度尽京施悲田食而已。至于世情得丧，浮艳雕华，既不附心，口亦无述。时俗往还，直知叙对，皆绝供给，随言将遣。前后所讲涅槃七十余遍，摄大乘论三十余遍，并各造义疏一十三卷、玄章三卷，自余维摩、胜鬘、起信论等，随缘便讲，各有疏部，而玄义备通，颇异恒执。至如摄论黎耶，义该真、俗。真即无念性净，诸位不改；俗即不守一性，通具诸义。转依已后，真谛义边即成法身，俗谛义边成应化体。如未转依作果报体，据于真性，无灭义矣。俗谛自相有灭不灭，以体从能，染分义灭，分能异体，虑知不灭。及资粮章中，众师并谓有三重观：无相、无生及无性性也。润揣文寻旨，无第三重也，故论文上下惟有两重舍得，如文第一，前七处舍外尘邪执，得意言分别，第八处内舍唯识想，得真法界。前观无相，舍外尘想；后观无生，舍唯识想。第二刹那即入初地，故无第三。筌约三性说三无性，观据遣执，惟有两重，至如本识三相自相受熏，依他性中说有总别三灭。又四涅槃离合义异，两处三种熏习，体无有别。诸如此等，有异诸师，存废之旨，陈具章疏。弟子净元，神睿卓越，博要之举，振绩京畿。讲释经论，亟经载纪，铨辩名理，响逸学门。加以性爱林泉，捐诸名利，弊衣粗食，谈玄为本。元以润之立义，建志寻求，转解传风，被于当世。有僧法御，道定人也，梦见净元两手极大，执印凭案，若有所通。寤以告之，正披此义，即因而遂广，乃成王路矣。沙门智衍，即润之犹子也，幼携入道，勖以教宗，承明词义，深有会击。讲摄论、涅槃。近住蓝田之法池寺，统律成匠，亟动时誉。然有法以来，师资传道，其宗罕接，惟润之绪，继美前修，亚迹安、远。斯尘难济，见于今日矣。

唐京师慈恩寺释道洪传十四

释道洪，姓尹氏，河东人也。父曜仕隋，历任江陵令，有子五人，洪其第三矣，聪敏易悟，深厌形有。年在十三，以开皇六年出家，事京邑大德昙延法师，博通内外，驰誉门序。虽广流众部，偏以涅槃为业，教之极也，故敷演之。所以师资传道，声绩逾远近，亦于法众亲喻覆述。后于愿法师所学穷地论，傍通经数，德器崇振。及隋祖升遐，禅定构立，乃召处之，自尔专事弘经，周轮无辍。贞观伊始，弘护道张，凡寺纲维，无非令达，乃敕为律藏寺上座。缉谐理事，允副朝委，立性清悫，无竞荣辱，故使厚供殊礼，鳞接邀延，致令二宫树福，妙资搜举，物议所及，莫不推先。寻又下敕任大总持本居寺主，春宫异供，随时荐及，以追受戒之礼也。贞观十四年，宝昌寺众请讲涅槃，时感白鸡随人听法，集散驯狎，终于讲会。相从传授，迄于暮齿，凡讲涅槃八十七遍，依承宗旨，罕坠彝伦。及弘福译经，选充证义，慈恩创起，又敕征临。以贞观末年微觉轻贬，才经一旬，奄尔长逝，春秋七十有九。初，染疾之始，全无别痛，少食不语，用乖常候。而数以手抝拨于空，侍问其故，答曰：“有二衣冠者数来礼拜，故以止之。”又曰：“红花渌池，鲜荣可玩。”寻尔合掌，目送于空，曰：“大德罗睺罗来辞去也。”因尔潜逝，殊香满院。洪形器端伟，七尺有余，沉简仁爱，慈济存没，喜愠莫显，操节不形。传者目其梗概，要妙固多略耳。

唐京师慈恩寺释义褒传十五

释义褒，姓薛，常州晋陵人，盖齐相孟尝君之后，吴名臣综、莹之胤也。天体高远，履性明朗。出家已后，游谈在务，周流会计，统御法筵。初从苏州永定寺小明法师禀学华严、大品，其即有陈兴皇朗公之后嗣也，专经强对，亦当时之僧杰矣。褒优柔教义，屡启请之谈，将事通览，辞往缙云山，婺州永安寺旷法师所。旷在陈朝，兴皇盛集，时当法选，亟动神几。法主既崩，遍流视听，长干禅众，栖霞布公，并具式瞻，亲沾余令，所以四经、三论，江表高推。褒敬竭义筵，纵思披择，诸方后锐，将事别轮。旷亦劝褒行传灯礼，乃从之传经述论三十余年，光问五湖，驰名三辅。每以大乘至教，元出渭阴，中原播荡，乃兴扬越，嗟乎淳味，不无流靡。后住东阳金华法幢寺，弘道不倦，终日坐忘会。慈恩申请搜扬髦彦，京邑承风，以事闻奏，下敕征延，便符昔愿，即而入朝。时翻经三藏玄奘法师盛处权衡，当阳弘演，承思远问，用写繁芜。亦既至止，共许幽致，乃诘大乘经论，无所不通。唐朝后学多尚名体，耽迷成性，胶柱守株，如何解网，以开玄照？请所学宗，顿讲十遍，勒诸门位，并往归依。时在慈恩创开宏旨，有空双遣，药病齐亡。乃有负气盱衡，傲然乱举，褒为提纫解玦，疏刷神襟，责以三开，征研五句，详括文义，统略悟迷，经难论易，悼时俗之反昏，论释深经，诲今闻之异昔。所以每日在座，前唱圣经，半讲已后，方明贤论。于时英彦皆预席端，叹其竦拔之神奇，伏其辩给之铦利。宰辅冠盖，倾仰德音，留连言晤，写送无绝。显庆三年冬，雩祈雪候，内设福场，敕召入宫，令与东明观道士论义。有道士李荣立本际义，褒问曰：“既义标本际，为道本于际，为际本于道邪？”答曰：“互得。”又问：“道本于际，际为道本，亦可际本于道，道为际原？”答：“亦通。”又并曰：“若使道将本际，互得相反，亦可自然与道，互得相法？”

答曰:“道法自然，自然不法道。”又并:“若道法于自然，自然不法道，亦可道本于本际，本际不本道?”荣既被难不能报，浪嘲云:“既唤我为先生，汝便成我弟子。”褒曰:“对圣言论，申明邪正，用简帝心。刍荛嘲谑，尘黩天听。虽然，无言不酬，聊以相答。我为佛之弟子，由以事佛为师。汝既称为先生，即应先道而生，汝则斯为道祖。”于时忸怩无对，便下座。

又令褒竖义，便立大智度义，李徒虽难，随言即遣。于时天子欣然，内宫嗟赏。李荣不胜其愤，曰:“如此解义，何须远从吴来!”褒答曰:“三吴之地，本出英贤。横目狗身，旧无人物。”尔后诸寺连讲，多以法华、净名、中、百经论等以开时俗。龙朔元年驾往东都，别召追往，频入宫禁，义论横驰。乃于净土讲解经论，七众载驱，群公毕至，英声逾盛。不久，遘疾卒于净土，春秋五十有一。道俗悲凉，恨法门之早掩。皇上悼伤久之，遂敕送柩返金华山旧寺，赙赠之荣，光闻远近。

论曰:自佛教东传，年代惟远，条畅铨府，开喻精灵，可略言矣。昔者汉明入梦，滕、兰赴洛，通悟道俗，抑引邪正，故使时俗一期翕然改观，非夫辩慧，何以明哉!然则教本通扬，宗归义举，谈吐诚易，识敏攸难。不轻被错授之俦，净名垂失机之责，并为沉沦典诰，以解齐缘，药病相翻，斯迷斯觉。况复教流千载，情缠五浊，控词谈理，能无纠纷?得在传扬，失于熏习。晋有道安，独兴论旨，准的前圣，商擢义方，广疏注述，首开衢路。远、持追踪于遂古，恩、睿振藻而传芳。故著序云:安和上凿荒涂以开辙，标玄旨于性空，削格义于既往，启神理于来世。至如道生孤拔，擅奇思于当年;道林远识，标新理而改旦。自斯厥后，祖习余风，虽云较异，盖可知矣。梁高端拱御历，膺奉护持，天监初年，舍邪归正，游心佛理，陶思幽微。于重云殿千僧讲众月建义筵，法化通洽，制五时论，转四方等，注解涅槃，情用未惬，重申大品，发明奥义。当斯时也，天下无事，家国会昌，风化所覃，被于荒服。钟山帝里，宝刹相临，都邑名寺，七百余所。咨质文理，往往而繁。时有三大法师云、旻、藏者，方驾当途，复称僧杰，挹酌成论，齐骛先驱。考定昔人，非无臧否，何以然耶?至如讲解传授，经教本宗，摘文揣义，情犹有失，何得背本追末，意言引用？每日敷化，但竖玄章，不睹论文，经于皓首，如斯处位，未曰绍隆。若夫立文本宗，诚游义苑，指月之况，不爽先模，随文五失，又开弘诫。然则教为理依，理随教显，附教通理，弘之在人。准此承遵，居然多惑，宁乖此喻，安得相符！是使梁氏三师，互指为谬，审文纰乱，可有致言，义在情求，情安倚伏其中？纵达论宗，肃成风素，荣冠道俗，行业相兼者，则开善智藏，抑其人乎！余则慧解是长，仪范多杂，非无十数翘楚遵修细行，然定学摄心，未闻于俗，故略言也。太宗简文在昔东府，委心妙法，遍览玄章，志归般若，刺心血而书十部，又撰法集、联璧各二百余卷，然以晚从宭絷，故使释侣无闻。中宗孝元体悟幽键，更崇深信，法华、成论，常自敷扬。沙门道侃，德隆时彦，业冠通贤，缀述新奇，帝偏郑重，奉为僧正。盛开学府，广召义僧，还遵旧辙，户牖为异。宣、明已下，福事虽弘，至于教理，颇翳徽绪。陈氏五政，世属虔刘，京邑僧寺，诛焚略尽。及初临统，普备修治，接栋连甍，复基梁日。弘福慧门，世称难纪，名德胜行，故是可传，虽获五三，盖失多矣，恨阙余传，与时俱丧，对此可悲。至如琰、皭腾光于五湖，荣、朗飞盖于三楚，二琼以匡救而传世，两等以护法而相嗣，盛德弘矣。逮于北邺，最称光大，移都兹始，基构极繁，而兼创道场，殄绝魔网，故使英俊林蒸，业正云会。每法筵一建，听侣千余，慧光、道凭，蹑迹通轨，法融、慧远，顾视争衡。然而开剖章途，解散词义，并推光统，以为言先。岂非唱高和寡，独振今古？即当锋之领袖，乃万叶之师模。然光初学律宗，晚通理教，郁郁兼美，能振其芳。观其成树骨梗，分布毛目，意存行猷，护法为本，所以华严、地论，咸位纲模，被及当今，成诵无坠，盖有由矣。且夫佛教道东，世称弘播，论其荣茂，勿盛梁、齐。故武帝抚期，师承护法，戒定慧品，莫匪陶甄，受持十善，无缺六时，永绝辛膻，长齐卒岁，言行相检，诚可尊严，自有帝王，罕能相拟。于时释侣，顾视思齐，笃学翘诚，多陈济器。齐宣受禅，权用不思，或出或处，非小节之所量；乍智乍愚，信大人之壮观。至于宗敬佛理，师承戒护，每布发于地，令上统践之。又能率土之内禁断酒肉，放舍鹰犬，畋渔屠杀，普国不行。年三月六，劝民斋戒，公私荤菜，悉灭除之。又置昭玄十统，肃清正法，使夫二百万众，绥缉无尘，法上一人，诚有功矣。周武定业秦川，大开释府。沙门道安，复称弘量，降礼宸极，展敬华夷，导龙树之江河，向弥天之舆盖。地维武服，道寄文弘，开蒙博施之功，是其经略。但以运属道消，中年毁废，虽陈显论，莫表深衷，蚌病成珠，竟于身世。末有亡名，复接斯咎，坎壈贫病，陷遭戎俗。孝宣即位，政异前朝，经像渐开，斋福稍起，而厥化草创，义学犹微。隋高荷负在躬，专弘佛教。开皇伊始，广树仁祠，有僧行处，皆为立寺。召诸学徒，普会京辇，其中高第，自为等级，故二十五众，峙列帝城，随慕学方，任其披化。每日登殿，坐列七僧，转读众经，及开理义，帝目览万机，而耳餐正法。于时释门，重称高敞，虽减梁、齐，亦后之寄。沙门慧远，齐余开士，隋运高僧，首达帝城，即陈讲议，服勤请益七百余人，道化天下三分其二。自余明胜，联驪等驱。僧粲以论士驰名，慧藏以知微取号，僧休洞精于大论，法经妙体于教源，余则玭琐群英、抵诃龙象者，复叵知矣。其中尤最，沙门昙延，复是高杰，至如坐镇御床，口敷声教，致令万乘顶足，其德弘矣。炀帝嗣箓，重飞声实，道庄顾言于内外，法论礼御于始终，相、愿光扬于两都，奘、脱振藻于周鲁，厚德怀仁，又难加也。自爰初晋邸，即位道场，慧日、法云广陈释侣，玉清、金洞备引李宗。一艺有称，三征别馆，法轮长转，慧炬恒明，风靡之化，昙延复远。当时诸部虽复具扬，而涅槃、摄论最为繁富，世近易照，无劳广显。及皇唐御历，道务是崇，义学之明，方为弘远，伊人之风，岂易披述，辄托攸闻，故略其致。然皓、壁抗声于金陵，基、景标宗于玉垒，常、辩弘扬于三辅，深、懿驰誉于两河，并晋则二达开模，齐鲁则密、才程略，闰、会剖符，日下敬其名教，徽、空位席，嵩泽仰其义门。本纪时或漏之，其德不无光叙。统明众师注述，通以章钞为工，课文引义，仰顺前轨，徒盛改张，差无弘诱。或接缀前篇，或糅杂时见，或虚控胸臆，词理相非，或旁窃他文，意义蹇塞，皆勒成命氏，腾誉一时。言行之间，河汉辽阻，本实邪求，妄承传教，审夫意本，焉可强乎？且自经诰所被，元在受持，大集显法行之文，涅槃明知时之说。今则婆娑章句，流演浇浮，翻种诸有，未为静业，超生之教，岂意然耶？贵如说行，斯诚旨也。故今当坐讲客写送文义，其隙复广，何以明耶？且如圣行诸漏，由来杜言，惟识离念，竞陈横想，受学毗昙，行恶戒者奉为聪慧，听习楞伽，乐饮啖者用为通极，夸罩蒙俗，陵轹往贤，眄视天汉，率轻禁网，谓邪慧为真解，

以乱识为圆智，不深悛悟枉丧余龄。故使说法天禽，被于念处，盘特庸
敻，具列贤愚，辩俊异之前生，显顽嚚之后报，泠然释相，可不诫欤！原
夫论义之设，其本四焉：或击扬以明其道，幽旨由斯得开；或影响以扇其风，
慧业由斯弘树；或抱疑以咨明决，斯要正是当机；或矜伐以冒时贤，安词
以拔愚箭。托缘乃四，通在无嫌，必事相陵，还符畜狩。故世中论士，鲜
会清柔，初事含容，终成陷黩，名闻谁赏，境界非凡，徒盛拒轮，毕归磨
臆。故有王斌论并，明琛蛇势，会空屋子，宗统语工。听其论道，惟闻杀
死之言；观其容色，但见纷披之相。及后业之作也，或生充蛇报，或舌烂
喉中，或僧狱接其来生，或猛火焚其往咎。彦琮山楼之验，又可诫哉！是
知道寄人弘，非人未可言道，岂言义府并若斯耶？故智藏遗尘，慧光后
嗣，宗仰徽烈，岂有玷耶？沙门灵裕行解相高，内外通赡，亦当时之难偶
也。然而立性刚毅，峭急不伦，侍人流汗，非可师范，世或讥论，以此为
先，斯亦不比德而观也。语俗而谈，滔滔风流，爱心绵密，未觌其短，多
容瑕累，见心机动，祸福相邻，若不先知，何成惩艾？致使裕公虚沾此
及，若能返求诸己，斯言自亡。故宣尼流无备之词，居士设未轻之论，诚
有由矣！世有慧休，即承裕绪，学杂心而惧陵小犯，受师礼而亲执瓶衣，
遭难而更立净厨，临危而深诲禁约，人法斯具，慧解通微，章疏所行，诵
为珠璧。犹恨不系于先业，余则故略言也。

续高僧传卷第十五

续高僧传卷第十六

大唐西明寺沙门释道宣撰

习禅初　正传二十三　附见十五

梁钟定林寺释僧副传一
梁钟山延贤寺释慧胜传二（慧初）
梁江州庐山释道珍传三（法归　慧景）
魏嵩岳少林寺天竺僧佛陀传四
齐邺下南天竺僧菩提达摩传五（道育）
齐邺中释僧可传六（向居士　化公　廖公　和公　法林　僧那　慧满）
齐林虑山洪谷寺释僧达传七
齐邺西龙山云门寺释僧稠传八
后梁南雍州襄阳景空寺释法聪传九
陈钟山开善寺释智远传十
后梁荆州覆船山释法常传十一
后梁荆州长沙寺释法京传十二
后梁荆州玉泉山释法懔传十三
后梁荆州支江禅慧寺释惠成传十四
后梁荆州玉泉山释法忍传十五
周京师大追远寺释僧实传十六
周京师天宝寺释僧玮传十七
周京师大福田寺释昙相传十八
隋沧州兰若沙门释道正传十九

隋怀州柏尖山寺释昙询传二十

隋江州庐山化城寺释法充传二十一

隋京师真寂寺释信行传二十二（裴玄证）

隋襄州景空寺释慧意传二十三（法永　岑阇梨　智晓）

梁钟定林寺释僧副传一

释僧副，姓王氏，太原祁县人也。弱而不弄，鉴彻绝群，年过小学，识成景行，乡党称奇，不仁者远矣。而性爱定静，游无远近，裹粮寻师，访所不逮。有达摩禅师善明观行，循扰岩穴，言问深博，遂从而出家。义无再问，一贯怀抱，寻端极绪，为定学宗焉。后乃周历讲座，备尝经论，并知学唯为己，圣人无言。齐建武年南游杨辇，止于钟山定林下寺，副美其林薮，得栖心之胜壤也。行逾冰霜，言而有信，三衣六物，外无盈长，应时入里，道俗式瞻。加以王侯请道，颓然不作，咫尺宫闱，未尝谒觐。既行为物览，道俗攸属。梁高素仰清风，雅为嗟贵，乃命匠人考其室宇于开善寺以待之，恐有山林之思故也。副每逍遥于门，负杖而叹曰："环堵之室，蓬户瓮牖，匡坐其间，尚足为乐，宁贵广厦而贱茅茨乎？且安而能迁，古人所尚，何必滞此，用赏耳目之好耶？"乃有心岷岭，观彼峨眉。会西昌侯萧渊藻出镇蜀部，于即拂衣附之，爰至井络，虽途经九折，无忘三念。又以少好经籍，执卷缄默，动移晨晷，遂使庸蜀禅法自此大行。久之，还返金陵，复住开善。先是，胡翼之山有神人现，以慧印三昧授与野人何规，曰："可以此经与南平王观，为病行斋三七日也。若不晓此法，问之于副。"时以访之，果是其曾所行法，南平遂行斋祀，疾便康复，岂非内因外构更相起予。不久，卒于开善寺，春秋六十有一，即普通五年也，窆于下定林之都门外。天子哀焉，下敕流赠。初，疾殛之时，有劝修福者，副力疾而起，厉声曰："货财延命，去道远矣。房中什物，并施招提、僧。身死之后，但弃山谷，饱于鸟兽，不亦善乎！勿营棺陇以乖我意。"门徒涕泪，不忍从之，将为勒碑旌德。而永兴公主素有归信，进启东宫，请着其文，有令遣湘东王绎为之，树碑寺所。

梁钟山延贤寺释慧胜传二（慧初）

释慧胜，交址人，住仙洲山寺。栖遁林泽，闲放物表，诵法华日计一遍，亟淹年序。衣食节约，随身游任。从外国禅师达摩提婆学诸观行，一入寂定，周晨乃起。彭城刘缋出守南海，闻风遣请，携与同归，因住幽栖寺。韬明秘采，常示如愚，久处者重之，禅学者敬美。幽栖寺中绝无食调，唯资分卫，大遵清俭。永明五年，移憩钟山延贤精舍，自少及老，心贞正焉。以天鉴年中卒，春秋七十。时净名寺有慧初禅师者，魏天水人。在孕七月而生，才有所识，好习禅念。尝闲居空宇，不觉霆击大震，斯固住心深寂，未可量也。而志高清远，淡然物外。晚游梁国，住兴皇寺，闲房摄静，珪璋外映，白黑咨访，有声皇邑。武帝为立禅房于净名寺以处之，四时资给。禅学道俗，云趣请法。素怀恢廓，守志淳重，贵胜王公，曾不迎候。普通五年卒，春秋六十八，葬钟山之阴。弟子智颙树碑墓侧，御史中丞吴郡陆倕制文。

梁江州庐山释道珍传三（法归　慧景）

释道珍，未详何人。梁初住庐山中，恒作弥陀业观。梦有人乘船处大海中，云向阿弥陀国，珍欲随去，船人云:“未作净土业。”谓须经营浴室，并诵阿弥陀经。既觉，即如梦所作，年岁绵远，及于房中小池降白银台，时人不知，独记其事，安经函底。及命过时，当夕，半山已上如列数千炬火。近村人见，谓是诸王观礼，旦就山寻，乃云珍卒，方委冥祥外应也。后因搜检经中，方知往生本事，遂封记焉，用示后学。时此山峰顶寺有法归禅师者，本住襄阳汉阴，出家昧静为务。感梦有神来请，遂往庐山，游历诸处，忽然惊觉，乃寻梦而往。但庐山者生来不到，及至彼处，树石寺塔宛如前梦，方知为庐山神之所请也。依而结宇，晨夕继业，遂终山舍。时又有慧景禅师者，清卓出类，不偶道俗，狐行林皐，禅慧在宗。及其终后，乃返掘两指，人有捋者，虽伸还屈，如前故传所纪，获二果矣。当景卒旦，山峰松树并雨甘露，今名甘露峰是也。生常感二鸟依时乞食，及其没后，绝迹此山。斯之三德，道扇梁朝，树铭山阿，各题芳绩矣。

魏嵩岳少林寺天竺僧佛陀传四

佛陀禅师，此云觉者，本天竺人。学务静摄，志在观方。结友六人，相随业道，五僧证果，惟佛陀无获，遂勤苦励节，如救身衣，进退惟谷，莫知投厝。时得道友曰："修道借机，时来便克，非可斯须徒为虚死。卿于震旦特是别缘，度二弟子，深有大益也。"因从之。游历诸国，遂至魏北台之恒安焉。时值孝文敬隆诚至，别设禅林，凿石为龛，结徒定念，国家资供，倍架余部，而征应潜着，皆异之非常人也。恒安城内康家，赀财百万，崇重佛法，为佛陀造别院，常居室内，自静遵业。有小儿见门隙内炎火赫然，惊告院主，合家总萃，都无所见。其通征玄观，斯例众也，识者验以为得道矣。后隋帝南迁，定都伊洛，复设静院，敕以处之。而性爱幽栖，林谷是托，屡往嵩岳，高谢人世。有敕就少室山为之造寺，今之少林是也，帝用居处。四海息心之俦闻风响会者，众恒数百，笃课出要，成济极焉。时或告众曰："此少林精舍，别有灵祇卫护，一立已后，终无事乏。"由使造者弥山而僧廪丰溢，沿彼至今将二百载，虽荒荐频繁，而寺业充实远用，比之佛陀，无谬传矣。时又入洛，将度有缘。沙门慧光年立十二，在天门街井栏上反蹋蹀堉，一连五百，众人喧竞，异而观之。佛陀因见，惟曰："此小儿世戏有工，道业亦应无昧。"意欲引度，权以杖打头，声响清彻，既善声论，知堪法器，乃问："能出家不？"光曰："固其本怀耳。"遂度之，解冠终古，具如别传。又令弟子道房度沙门僧稠，教其定业。自化行东夏，惟此两贤得道记之，谅有深疑。年渐迟暮，不预僧伦，委诸学徒，自相成业，躬移寺外，别处零房。感一善神常随影护，亦令设食而祠飨之。后报欲终，在房门之壁手画神像，于今尚存。

齐邺下南天竺僧菩提达摩传五（道育）

菩提达摩，南天竺婆罗门种。神慧疏朗，闻皆晓悟，志存大乘，冥心虚寂，通微彻数，定学高之。悲此边隅，以法相导。初达宋境南越，末又北度至魏，随其所止，诲以禅教。于时合国盛弘讲授，乍闻定法，多生讥谤。有道育、慧可，此二沙门年虽在后，而锐志高远。初逢法将，知道有归，寻亲事之，经四五载，给供咨接。感其精诚，诲以真法：如是安心，谓壁观也；如是发行，谓四法也；如是顺物，教护讥嫌：如是方便，教令不着。然则入道多途，要唯二种，谓理行也，借教悟宗，深信含生同一真性，客尘障故，令舍伪归真；疑住壁观，无自无他，凡圣等一，坚住不移，不随他教，与道冥符，寂然无为，名理入也。行入四行，万行同摄。初报怨行者：修道苦至，当念往劫，舍本逐末，多起爱憎，今虽无犯，是我宿作，甘心受之，都无怨对。经云："逢苦不忧，识达故也。此心生时，与道无违，体怨进道故也。"二随缘行者:众生无我，苦乐随缘，纵得荣誉等事，宿因所构，今方得之，缘尽还无，何喜之有？得失随缘，心无增减，违顺风静，冥顺于法也。三名无所求行：世人长迷，处处贪着，名之为求。道士悟真，理与俗反，安心无为，形随运转。三界皆苦，谁而得安？经曰："有求皆苦，无求乃乐也。"四名称法行：即性净之理也。摩以此法开化魏土，识真之士从奉归悟，录其言诰，卷流于世。自言年一百五十余岁，游化为务，不测于终。

齐邺中释僧可传六（向居士　化公　廖公　和公　法林　僧那　慧满）

释僧可，一名慧可，俗姓姬氏，虎牢人。外览坟素，内通藏典。末怀道京辇，默观时尚，独蕴大照，解悟绝群。虽成道非新，而物贵师受，一时令望，咸共非之。但权道无谋，显会非远，自结斯要，谁能系之？年登四十，遇天竺沙门菩提达摩游化嵩洛，可怀宝知道，一见悦之，奉以为师，毕命承旨。从学六载，精究一乘，理事兼融，苦乐无滞。而解非方便，慧出神心，可乃就境陶研净秽，埏埴方知，力用坚固，不为缘陵。达摩灭化洛滨，可亦埋形河涘。而昔怀嘉誉，传檄邦畿，使夫道俗来仪，请从师范。可乃奋其奇辩，呈其心要，故得言满天下，意非建立，玄籍遐览，未始经心。后以天平之初北就新邺，盛开秘苑，滞文之徒，是非纷举。时有道恒禅师先有定学，王宗邺下，徒侣千计，承可说法，情事无寄，谓是魔语，乃遣众中通明者来殄可门。既至闻法，泰然心服，悲感盈怀，无心返告。恒又重唤，亦不闻命，相从多使，皆无返者。他日遇恒，恒曰："我用尔许功夫开汝眼目，何因致此？"诸使答曰："眼本自正，因师故邪耳。"恒遂深恨，谤恼于可，货赇俗府，非理屠害，初无一恨，几其至死，恒众庆快，遂使了本者绝学浮华，谤黩者操刀自拟，始悟一音所演，欣怖交怀，海迹蹄滢，浅深斯在。可乃纵容顺俗，时惠清猷，乍托吟谣，或因情事澄汰恒抱，写割烦芜，故正道远而难希，封滞近而易结，斯有由矣。遂流离邺、卫，亟展寒温，道竟幽而且玄，故末绪卒无荣嗣。有向居士者，幽遁林野木食，于天保之初道味相师，致书通好，曰："影由形起，响逐声来。弄影劳形，不知形之是影；扬声止响，不识声是响根。除烦恼而求涅槃者，喻去形而觅影；离众生而求佛，喻默声而寻响。故迷悟一途，愚智非别。无名作名，因其名则是非生矣；无理作理，因其理则诤论起矣。幻化非真，谁是谁非；虚妄无实，何空何有？将知得无所得，失无所失。未及造谈，聊伸此意，想为答之。"可命笔述意曰："说此真法皆如实，与真幽理竟不殊。本迷摩尼谓瓦砾，豁然自觉是真珠。无明智慧等无异，当知万法即皆如。愍此二见之徒辈，申词措笔作斯书。观身与佛不差别，何须更觅彼无余。"其发言入理，未加铅墨，时或缵之，乃成部类，具如别卷。时复有化公、彦公、和禅师等，各通冠玄奥，吐言清迥，托事寄怀，闻诸口实。而人世非远，碑记罕闻，微言不传，清德谁序，深可痛矣！时有林法师在邺盛讲胜鬘，并制文义。每讲人聚，乃选通三部经者，得七百人，预在其席。及周灭法，与可同学，共护经像。初，达摩禅师以四卷楞伽授可，曰："我观汉地，惟有此经。仁者依行，自得度世。"可专附玄理，如前所陈。遭贼斫臂，以法御心，不觉痛苦，火烧斫处，血断帛裹，乞食如故，曾不告人。后林又被贼斫其臂，叫号通夕，可为治裹，乞食供林。林怪可手不便，怒之，可曰："饼食在前，何不自裹？"林曰："我无臂也，可不知耶？"可曰："我亦无臂，复何可怒？"因相委问，方知有功，故世云"无臂林"矣。每可说法竟，曰："此经四世之后变成名相，一何可悲！"有那禅师者，俗姓马氏。年二十一，居东海讲礼、易，行学四百。南至相州，遇可说法，乃与学士十人出家受道。诸门人于相州东设斋辞别，哭声动邑。那自出俗，手不执笔及俗书，惟服一衣一钵，一坐一食。以可常行，兼奉头陀，故其所往，不参邑落。有慧满者，荥阳人，姓张，旧住相州隆化寺。遇那说法，便受其道，专务无着，一衣一食。但畜二针，冬则乞补，夏便通舍，覆赤而已。自述一生无有怯怖，身无蚤虱，睡而不梦，住无再宿，到寺则破柴造履，常行乞食。贞观十六年，于洛州南会善寺侧宿柏墓中，遇雪深三尺。其旦入寺，见昙旷法师，怪所从来，满曰："法友来耶。"遣寻坐处，四边五尺许雪自积聚，不可测也。故其闻有括访，诸僧逃隐。满便持衣钵周行聚落，无可滞碍，随施随散，索尔虚闲。有请宿斋者，告云："天下无人，方受尔请。"故满每说法云："诸佛说心，令知心相是虚妄法。今乃重加心相，深违佛意，又增论议，殊乖大理。"故使那、满等师常赍四卷楞伽以为心要，随说随行，不爽遗委。后于洛阳中无疾坐化，年可七十。斯徒并可之宗系，故可别叙。

齐林虑山洪谷寺释僧达传七

释僧达，俗姓李，上谷人。十五出家，游学北代，听习为业。及受具后，宗轨毗尼，进止沉审，非先祖习。年登二夏，为魏孝文所重，邀延庙寺，阐弘四分。而形器异伦，见者惊奉，虎头长耳，双齿过寸，机论适变，时其高美，与徐州龙达各题称谓。寻复振锡洛都，因遇勒那三岁，奉其新诲。不久，值那迁化，覆述地论，声骇伊谷，令望归信，相次称谒。后听光师十地，发明幽旨，遂从受菩萨戒焉，因从请业，有名学众。又南会徐部，随通地论。梁武皇帝拨乱弘道，衔闻欣然，遂即济江，造宫请见。敕驸马殷均引入重云殿，自昼通夜，传所未闻，连席七宵，帝叹嘉瑞，因从受戒，誓为弟子。下敕住同泰寺，降礼供奉，旬别入殿，开示弘理，年移一纪，道怀有据。请辞还魏，乃经七启，方许背梁。时兖州行台侯景为造二寺，山名天观，治曰丈六。达念身为苦器，难可维持，乃试履裁约，饵苓断粒，自此终报，资用通生。未为魏废帝中王敕仆射高隆之召入邺都受菩萨戒。暨齐文宣，特加殊礼，前后六度归崇十善。达性爱林泉，居闲济业，帝为达于林虑山黄华岭下立洪谷寺，又舍神武旧庙造定寇寺，两以居之。初，达经营山寺，将入谷口，虎踞其前，乃祝曰："欲造一寺，福被幽灵，若相许者，可为避道。"言讫寻去。及造寺竟，安众综业，达反邺京，夜有神现，身被黄服，拜而跪曰："弟子是载山神也。王及三谷正备供养，愿不须还。"达曰："在山利少，在京利多。贫道观机而动，幸无遮止！"又经静夜，有推户者称曰："山神之妻："白日无暇，今故参拜。"并奉米糕一筐，进而重曰："僧无偏为，礼佛之时，请兼弟子名也。"达答："糕可将还，后当为礼。"因令通为之时，一拜兼唱。其含幽识明，皆此类也。达遣弟子道爽为山神读金光明经，月余，有虎来将狗去。达闻之，曰："此必小道人懈怠，不为檀越读经。"具问之，果云三日来别诵维摩耳。乃烧香礼佛，告曰："昨虽诵余经，其福亦属檀越。若有灵鉴，放狗还也。"至晓狗还，看于顶上有衔啮处。斯又接统神明，殆不可测。讲华严、四分、十地、地持，虽无疏记，而敷扬有据。特善论议，知名南北，禅法一门，开世殊广。曾游梁境，志公遇而告曰："达禅师是大福德人也。"帝亦深敬，常顾侍臣云："北方鸾法师、达禅师，肉身菩萨。"恒向北遥礼。其为时君所重，无有加焉。一时少觉微疾，端坐绳床，口诵波若，形气调静，遂终于洪谷山寺，春秋八十有二，即齐天保七年六月七日也。宣帝闻之，崩腾惊赴，举声大哭，六军同号，山林为动。葬于谷中，岩下立碑。于后余以贞观九年亲往礼谒，骸骨犹存，寺宇遗迹，宛然如在。自达奉心玄道，情无间然，有识同亲，无闻嫌隙，承先私憾，倍加事之，荣胜高流，弥所谦退。自季世佛法崇尚官荣，侥幸之夫妄生朋翼，而达为国都，眇然无顾，昭玄曹局，曾不经临，斯乃圣达之所轻，实世福之嘉相矣。

齐邺西龙山云门寺释僧稠传八

释僧稠，姓孙，元出昌黎，末居巨鹿之瘿陶焉。性度纯懿，孝信知名，而勤学世典，备通经史。征为太学博士，讲解坟索，声盖朝廷。将处器观国，羽仪廊庙，而道机潜扣，欻厌世烦，一览佛经，涣然神解。时年二十有八，投巨鏕景明寺僧实法师而出家。落发甫尔，便寻经论，悲庆交并，识神厉勇，因发五愿，所谓财法通辩，及以四大，常敬三宝，普福四恩。初，从道房禅师受行止观，房即跋陀之神足也。既受禅法，北游定州嘉鱼山，敛念久之，全无摄证，便欲出山诵涅槃经。忽遇一僧，言从泰岳来，稠以情告，彼遂苦劝修禅，慎无他志，由一切含灵皆有初地，味禅要必系缘，无求不遂；乃从之，旬日摄心，果然得定。当依涅槃圣行四念处法，乃至眠梦觉见都无欲想。岁居五夏，又诣赵州障供山道明禅师受十六特胜法，钻仰积序，节食鞭心，九旬一食，米惟四升，单敷石上，不觉晨宵，布缕入肉，挽而不脱。或煮食未熟，摄心入定，动移晷漏，前食并为禽兽所啖。又常修死想，遭贼怖之，了无畏色，方为说诸业行，皆摧其弓矢，受戒而返。尝于鹊山静处，感神来娆，抱肩筑腰，气嘘项上，稠以死要心，因证深定，九日不起。后从定觉，情想澄然，究略世间全无乐者，便诣少林寺祖师三藏，呈己所证。跋陀曰："自葱岭已东，禅学之最，汝其人矣。"乃更授深要，即住嵩岳寺。僧有百人，泉水才足。忽见妇人弊衣挟帚，却坐阶上，听僧诵经。众不测为神人也，便诃遣之。妇有愠色，以足蹋泉，立竭，身亦不现。众以告稠，稠呼"优婆夷"，三呼乃出，便谓神曰："众僧行道，宜加拥护。"妇人以足拨于故泉，水即上涌。时共深异威感如此。后诣怀州西王屋山修习前法，闻两虎交斗，咆响振岩，乃以锡杖中解，各散而去。一时忽有仙经两卷在于床上，稠曰："我本修佛道，岂拘域中长生者乎！"言已，须臾自失。其感致幽现，皆此类也。从移止青罗山，受诸厉疾供养，情不惮其臭溃，甘之如荠。坐久疲顿，舒脚床前，有神辄扶之，还令加坐，因屡入定，每以七日为期。又移怀州马头山，魏孝明帝夙承令德，前后三召，乃辞云："普天之下，莫非王土。乞在山行道，不爽大通。"帝遂许焉，乃就山送供。魏孝武永熙元年，既召不出，亦于尚书谷中为立禅室，集徒供养。又北转常山，定州刺史娄睿、彭城王高攸等请至，又默之大冥山创开归戒，奉信者殷焉。燕赵之境，道未通被，略言血食，众侣奔赴，礼贶填充。时或名利所缠者，稠为说偈止之，闻者惭色而止，便为陈修善偈，预在息心之俦，更新其器。既道张山世，望重天心，齐文宣天保二年下诏曰："久闻风德，常思言遇。今敕定州，令师赴邺，教化群生，义无独善。希即荷锡，暂游承明，思欲弘宣至道，济斯苦坏。至此之日，脱须还山，当任东西，无所留絷。"稠居山积稔，业济一生，闻有敕召，绝无承命，苦相敦喻，方遂元请。即日拂衣，将出山阙，两岫忽然惊震，响声悲切，骇扰人畜，禽兽飞走，如是三日。稠顾曰："慕道怀仁，触类斯在。岂非爱情易守，放荡难持耶？"乃不约事留，杖策漳滏。帝躬举大贺，出郊迎之。稠年过七十，神宇清旷，动发人心，敬揖情物，乘机无坠。帝扶接入内，为论正理，因说三界本空，国土亦尔，荣华世相，不可常保，广说四念处法。帝闻之，毛竖流汗，即受禅道，学周不久，便证深定。尔后弥承清诲，笃敬殷重，因从受菩萨戒法，断酒禁肉，放舍鹰鹞，去官畋渔，郁成仁国。又断天下屠杀，月六年三，敕民斋戒，官园私菜，荤辛悉除。帝以他日告曰："道由人弘，诚不虚应。愿师安心道念，弟子敢为外护檀越，何如？"稠曰："菩萨弘誓，护法为心。陛下应天顺俗，居宗设化，栋梁三宝，导引四民，康济既临，义无推寄。"即停止禁中四十余日，日垂明诲，帝奉之无失。后以道化须布，思序山林，便辞还本住。帝以陵阜回互，咨谒或难，天保三年，下敕于邺城西南八十里龙山之阳为构精舍，名云门寺，请以居之，兼为石窟大寺主。两任纲位，练众将千，供事繁委，充诸山谷。并敕国内诸州别置禅肆，令达解念慧者就而教授，时扬讲诵，事事丰厚。帝曰："佛法大宗，静心为本。诸法师等徒传法化，犹接器烦，未曰阐扬，可并除废。"稠谏曰："诸法师并绍继四依，弘通三藏，使夫群有识邪正、达幽微，若非此人，将何开导？皆禅业之初宗，趣理之弘教，归信之渐，发蒙斯人。"帝大喜焉，因曰："今以国储分为三分，谓供国、自用及以三宝。"自尔彻情归向，通古无伦，佛化东流，此焉盛矣，具如别纪。即敕送钱绢被褥，接轸登山，令于寺中置库贮之，以供常费。稠以佛法要务，志在修心，财利动俗，事乖道化，乃致书返之。帝深器其量也，敕依前收纳，别置异库，须便依给，未经王府。尔后诏书手敕，月别频至，寸尺小缘，必亲言及。又敕侍御徐之才、崔思和等送诸药饵，观僧疾苦。帝常率其羽卫，故幸参觐，稠处小房宴坐，都不迎送。弟子谏曰："皇帝降驾，今据道不迎，众情或阻。"稠曰："昔宾头卢迎王七步，致七年失国。吾诚德之不逮，未敢自欺形相，冀获福于帝耳。"时亦美其敦慎大法，得信于人。黄门侍郎李奖与诸大德请出禅要，因为撰止观法两卷，味定之宾，家藏本据。以齐干明元年四月十三日辰时，绝无患恼，端坐卒于山寺，春秋八十有一，五十夏矣。当终之时，异香满寺，闻者悚神。敕遣襄乐王宣慰曰："故大禅师志力精苦，感果必然，栖心寂默，虚来实返，业畅玄风，事高缁素。运往神迁，实深嗟惘，资崇有嘉，用申凄敬。可施物五百段，送千僧供于云门，以崇追福。"至皇建二年五月，弟子昙询等奏请为起塔，下诏曰："故大禅师德业高迴，三宝栋梁，灭尽化终，神游物外。可依中国之法阇毗起塔，建千僧斋，赠物千段，标树芳迹，示诸后代。”敕右仆射魏收为制碑文。其为时君所重，前后皆此类也。既而克日准敕，四部弥山，人兼数万，香柴千计，日正中时焚之以火，莫不哀恸断绝，哭响流川。登有白鸟数百徘徊烟上，悲鸣相切，移时乃逝。仍于寺之西北建以砖塔，每有灵景异香，应于道俗。初，稠奉信出家，知奇齐、魏，克志禅业，冠绝后尘。而历履太行，往还朝野，鸣谦抱素，能扇清风。加又威棱群贼，势慑山魈，解虓虎之斗情，禁稍养之深毒，大儒皇氏躬为负粮，青罗猎客执刀剪发。或德感上玄，泽流奉敬之苗；幽诚所致，粟满信心之室。树神遮道，随器欲而法流；文豹净房，衔秽幞而遥弃。或猛虎驯狎，即背垂衣，颓山将陊，召出存命。若斯灵相，振古罕俦，具如云门象图所纪。又，初敕造寺，面方十里，令息心之士问道经行。稠曰:“十里大广，损妨居民，恐非远济，请半减之。”敕乃以方五里为定。使将作大匠纪伯邕缔构伊始，邕集诸乡邑，问此地名，忽闻空中大声答曰:“山林幽静，此处本号云门。”重问所由，了无一人知者。帝闻异之，因从空响焉；今名光严寺是也。又，尝有客僧负锡初至，将欲安处，问其本夏，答云:“吾见此中三为伽蓝。”言终而隐。既而掘地为井，果得鸱吻二焉。又，所住禅窟，前有深渊，见被毛之人伟而胡貌，置釜燃火，水将沸涌，俄有大蟒从水中出，欲入釜内。稠以足拨之，蟒遂入水，毛人亦隐。其夜因致男子神来，顶拜稠云:“弟子有儿，岁岁为恶神所啖。儿子等惜命不敢当。弟子衰老将死，故自供食，蒙师护故，得免斯难。”稠索水潠之，奄成云雾。时或谗稠于宣帝以倨傲无敬者，帝大怒，自来加害。稠冥知之，生来不至僧厨，忽无何而到，云:“明有大客至，多作供设。”至夜五更，先备牛舆，独往谷口，去寺二十余里，孤立道侧。须臾帝至，怪问其故，稠曰:“恐身血不净，秽污伽蓝，在此候耳。”帝下马拜伏，愧悔无已，谓尚书令杨遵彦曰:“如此真人，何可毁谤也！”乃躬负稠身往寺，稠磬折不受。帝曰“弟子负师遍天下，未足谢愆”云云。因谓曰:“弟子前身曾作何等？”答曰:“作罗刹王，是以今犹好杀。”即咒盆水，令帝自视，见其影如罗刹像焉。每年元日，常问一岁吉凶。后至天保十年，云:“今年不能好。”文宣不悦。帝问师复何如，答云:“贫道亦不久。”至十月帝崩，明年夏首稠丧，验之果矣。尝以暇日，帝谓曰:“弟子未见佛之灵异，颇得睹不？”稠曰：“此非沙门所宜。”帝强之，乃投袈裟于地，帝使数十人举之，不能动，稠命沙弥取之，初无重焉，因尔笃信兼常，寺宇僧供，劳赐优渥。齐灭周废，以寺赐大夫柳务文。文又令其亲辛俭守，当将家人住，有神怒曰：“何敢凌犯须陀洹寺！”而俭未几便卒。隋初兴复，奄同初构，六时禅忏，著声寰宇。大业之末，贼所盘营，房宇孑遗，余皆焚荡。余以贞观初年陟兹胜地，山林乃旧，情事惟新。触处荒凉，屡兴生灭之叹；周睇焚烬，频噎黍离之非。传者亲阅行图，故直叙之于后耳。

后梁南雍州襄阳景空寺释法聪传九

释法聪，姓梅，南阳新野人。八岁出家，卓然神秀，正性贞洁，身形如玉，蔬藿是甘，无求滋馔。及长成立，风操逾厉，净施厚利，相从归给，并回造经藏三千余卷，备穷记论，有助弘赞者，无不缮集。年二十五，东游嵩岳，西涉武当，所在通道，惟居宴默。因至襄阳伞盖山白马泉，筑室方丈，以为栖心之宅。入谷两所置兰若舍，今巡山者尚识故基焉。初，梁晋安王来部襄雍，承风来问，将至禅室，马骑将从，无故却退，王惭而返，夜感恶梦，后更再往，马退如故。王乃洁斋，躬尽虔敬，方得进见。初至寺侧，但睹一谷，猛火洞燃，良久伫望，忽变为水，经停倾仰，水灭堂现，以事相询，乃知尔时入水火定也。堂内所坐绳床两边各有一虎，王不敢进，聪乃以手按头着地，闭其两目，召王令前，方得展礼。因告境内多弊虎灾，请求救援。聪即入定，须臾有十七大虎来至，便与受三归戒，敕勿犯暴百姓。又命弟子以布系诸虎颈，满七日已，当来于此。王至期日，设斋众集，诸虎亦至，便与食解布，遂尔无害。其日将王临白马泉，内有白龟，就聪手中取食，谓王曰：“此是雄龙。”又临灵泉，有五色鲤亦就手食，云“此雌龙”。王与群吏嗟赏其事，大施而旋。有凶党左右数十人，夜来劫所施之物，遇虎哮吼，遮遏其道。又见大人倚立禅室，傍有松树止至其膝，执金刚杵将有守护，竟夜回遑，日午方返。王怪其来，方以事首，遂表奏闻，下敕为造禅居寺，聪不往住，度人安之。又敕徐摛就所住处造灵泉寺，周朝改为静林，隋又改为景空，大唐仍于隋号。初，聪住禅堂，每有白鹿白雀驯伏栖止，行往所及，慈救为先。因见屠者驱猪百余头，聪三告曰："解脱首楞严。"猪遂绳解散去。诸屠大怒，将事加手，并仡然不动，便归过悔罪，因断杀业。又于汉水，渔人牵网，如前三告，引网不得，方复归心，空网而返。又荆州苦旱，长沙寺遣僧至聪所请雨，使还大降，陂池皆满。高祖遣庐陵王迎出都，有事不遂，及湘东王作牧荆峡，于江陵造天宫寺，迎以处之，遂终此寺，即梁太清年也。其寺见有碑记，广叙征异，景空，今寺，犹有禅堂存焉。

陈钟山开善寺释智远传十

释智远，姓王，族本太原，寓居陕服。幼而聪颖，早悟非常。居荆州长沙寺禅坊，为法京沙门之弟子也，卓然独立，靖记玄心。至于戒年，清洁逾厉，而慧业未深，遥想扬辇，遂负袠沿波，达于建业。龙光僧绰，一代英雄，乃肆心仰旨，专门受教，学逾一纪，解通三藏。梁建安侯萧正立，务兼内外，兼弘孔、释，造普明寺，请远居之，以伸供养之志也。有慧湛禅师，定品惟深，晚学宗领，遂具受秘法，咨质玄观。定水既澄，慧门宜敞，及研习大乘，洞其根叶，又历名山，养志弘道。与沙门道会同集龙盘，夙昔素心，一期开决。因住开善，毕志山泉，城阙不窥，世华无涉，守静自怡，年老无舍。以陈太建三年十二月一日旦终于此寺禅坊，时年七十有七。遗旨不令哭，奄如入定，乃窆于独龙之山。新安寺沙门慧皓曰："吾与伊人早同法门，久禀戒道。叹法桥之忽坏，痛宝舟之已沈。乃率庸才，仰传实德。"五兵尚书萧济，鸿才硕学，行洁名高，为之铭颂。

后梁荆州覆船山释法常传十一

释法常，高齐时人，领徒讲律，有声漳邺。后讲涅槃，并授禅数，齐主崇为国师。以处众嚣杂，枯折由生，无俱利功，捐而至楚。后闻追之，变形革服，一举千里，又达衡岳，多处林野，布衣乞食。又之荆硖。有僧法隐者，久住覆船山东岭，诵法花、维摩、思益以为常业，而未闲心观。后至松滋，见常异操，乃归而问津，遂默而不对，乃经一夏，涕泗滂沱，方示心要，如说行者，方知其趣。隐驻心自久，系念日新，深悟寂定不思议也。与故人胡君义别，不值，题壁克月日当远行，至期果卒。后当将终，语诸僧曰：“吾今日作一觉长眠。”便入室右胁而卧。明日怪眠不觉，看之久终，方悟长眠语矣。

后梁荆州长沙寺释法京传十二

释法京，姓孙，太原人，寓居江陵。母将怀孕，梦入莲池捧一童子，端正可喜，因而有娠；将诞，又梦乘白师子游戏虚空。京七岁出家，十三与同学智渊咸升高座，说法无滞。寺内长少俱梦圣僧告云：“京是寺元檀越，愿力生此，方为栋梁。”所以凡所投造，风从水渐，财利山积，福门大弘。殿宇小大，千五百间，并京修造。僧众凑集，千有余人。长沙大寺，圣像所居，天下称最，东华第一。由是道力所致，幽明被之。后梁二主，闻便敬重，奉为僧正，纲纪遗法。晚抱危疾，诸僧像前七日行道。沙门法泰梦像至于京房，净人远志亲睹像从京房返于大殿，尔日即愈。是知育王瑞像，感降在人，专注祈求，无往不应。不久卒于寺，春秋七十六矣。

后梁荆州玉泉山释法懔传十三

释法懔，姓严，枝江人。十五出家玉泉山寺，众侣清净，懔依味道，积有年载。禅念为本，依闲诵经，法华、维摩及大论钞，普皆无昧。不着缯纩，大布为衣；不食僧粮，分卫一食；不卧常坐，勤励莫俦。荷锡远游，言追胜友，庐峰、台岭，衡、罗、恒、岱，无远不届。气调清邈，故山僧见者，莫不挹高节而仰其奇趣也。榛林猛兽之宅，幽深魑魅之岩，栖息无为，如在邑里。昔从岱岳，路出徐州，遇一县令，问以公验；懔常赍法华一函，乃答云：“此函中有行文。”检觅不见，令怒曰：“本无行文，何言有邪？”答曰：“此经是诸佛所行之迹，贫道履而行之，还源返本，即我之行文也。”令瞋不歇，闭之七日不食，诵经声不辍。令感恶梦，便顶礼悔过。后栖默山，以禅静为正业，遂坐卒岩中，年六十二。异香纷纷，旬日乃歇。时阳山僧景者，不详何人，晦迹尘外，以道自处。阳山中泉石松竹，秀疏清旷，岭接桃源，古称名地。卜居寂照，感通鬼物。有怀恶念，不得进前。或值虎蛇，惊怖失道，若有问法，安步无他。曾有人求，欻起恶念，忽见大蛇，绳床而出，将欲吐毒，忏谢得免。时枝江惠璀禅师，南岳思公之神足也，闻而造之，杜口不答。璀便雨泪启请，通夕翘立，固请确然，乃经多日，方为披说。璀出曰："余游名山，上德多矣，善友高尚者，十有八人分得其门，颇经趣入。而墙仞高远奇唱难阶者，斯人在斯。"至于年记，人所不测。璀云曾问，答云："吾年三百岁。"不知所终。

后梁荆州支江禅慧寺释惠成传十四

释惠成，姓段，澧阳人。出家住十住寺，诵法华、维摩、胜天王等大乘经二十余卷。进具后，为荆南佛法希鲜，承都下大弘法席，有心远慕，遂因商舡往造建业。正值成实云讲，学者肩联，一听十年，文理略尽。将施本邑，至匡山寺觊师相见。承南岳思禅师匡化山中，引众波动，试往看之，既见欣仰，欲学定业。思曰："卿一生学问，与吾炙手，犹不得暖。虚丧功夫，惜哉！"成素凭文疏，依他生解，忽今自检，茫若雾游，慨恨之甚，不可得也，乃唯曰："承大师善知来意，今试验之。"见犀如意及手巾线履，欲得之，思命令送与成，遂忽烧却章抄，捐掷笔砚，专志攻击，以必达为期。当时造禅门者数十人，皆先达者。成以后至，恐不相及，乃以夜达昼，开眼坐禅。经十有五年，思令入方等观音法华般舟道场，历销障，三年依行，魔业禅鬼颇因散绝，乃示以正法，专思玄寂，久遂解众生语言三昧，精思通爽，静乱齐焉。彼闭口者观道虽明，开眼便失，与成比校，天地悬殊。思云："智觊先发三昧，后证于持；法成反之。二子寂照，行解齐矣。"大师化往，上至枝江，造禅惠寺，所营土木，咸依俗有，德行所招，不久便说。其地西望沙渚，德鸾栖遁之地，眺上明，弥天立寺之所。湘东王承风迎请，为建禅众，仍构大殿，阙梁不成。六月江涨，于一夜中，成曰："有木中梁，可往江接。"寻语往看，果如所示。有清信士段弘者为精舍主，忽然气绝。家人召成至宅，弘乃稣，曰："初执至王所，见禅师上殿，曰：'与此人立功德未了，愿赦之。'王起礼足，如言被放。"陈主闻而往召，卓然不往，又令江总等往迎，若不允心，不劳返也。王人雨泪，强引入舡，成乃奋身入水，立于江上。又请："若不蒙下，总等粉身无地。"从之至都，受戒而返，乃赐所住名禅慧寺。不久，市朝迁革。有常律师者欲往南岳，遇成同宿，夜中投虱于地，而密知之。及明告别，成曰："昨夜一檀越被冻困苦。"常渐之永诫。将终，语门人曰："急砌殿基，吾当讲涅槃也。"闻皆给手，恰竟，而智者王泉寺至，宣相符会，共谈玄理。良久气绝，以年月坐亡于禅众道场，年七十三矣。湘东王宫内立碑，今见在城中。

后梁荆州玉泉山释法忍传十五

释法忍，江陵人。初投天皇寺出家，受具已后，受持法华、维摩，日常再遍。众聚多喧，枯折由生，西往覆舟岩下头陀，自静观理，三十余年，木食麻衣破衲而已。自得幽林，无求外护，升粒若尽，继以水果，终不驰求。或一食七日蹦坐求志。曾于一夏费米三斗，必限自恣，犹盈五升。虽独宿非入戒科，而俭约一隅别行。所止龛室，才容膝头，伏夏严冬，形不出户。故寒不加絮，热不减衣，安然守道，无为而已。忽有一象无事至龛，经于数日，忍便现疾，于寺北窟右胁而终，春秋六十有七。衣钵尘朽，众无预焉，评其估价，不至于十云。

周京师大追远寺释僧实传十六

释僧实，俗姓程氏，咸阳灵武人也。幼怀雅亮，清卓不伦。尝与诸僮共游狡戏，或摘叶献香，或聚砂成塔，乡闾敬焉，知将能信奉之渐也。亲眷爱结，不许出家，喻以极言，久而方遂，年二十六乃得剃落。有道原法师擅名魏代，实乃归焉，随见孝文，便蒙降礼。大和末从原至洛，因遇勒那三藏，授以禅法。每处皇宫，咨问禅秘，那奇之，曰："自道流东夏，味静乃斯人乎！"于是寻师问道，备经循涉，虽三学通览，偏以九次调心，故得定水清澄，禅林荣蔚。性少人事，退迹为功，所以高盖驷马，未曾流目，清流林竹，顾便忘返。加又口绕黑子，欻若升形，目有重瞳，光明外射，腋怀凤卵，七处俱平，奇相超伦，有声京洛。兼又道契生知，化通关壤，听业未广，而无问不明。能勤整四仪，静修三法，可宪章于风俗，足师表于天人。周太祖文皇以魏大统中下诏曰：“师目丽重瞳，偏同虞舜；背隆伛偻，分似周公。德宇纯懿，轨量难模，可昭玄三藏。”言为世宝，笃志任持，故有法相之宜兴，俗务之宜废，发谈奏议，事无不行。至保定年太祖又曰：“师才深德大，宜庇道俗，以隆礼典。”乃躬致祈请为国三藏。实当仁不让，默而受之，是使栋梁斯在，仪形攸寄。周氏有国，重仰玄风，礼异前朝，受于归戒。逮太祖平梁荆后，益州大德五十余人各怀经部，送像至京，以真谛妙宗，条以问实。既而慧心潜运，南北疏通，即为披决，洞出情外，并神而服之。于是陶化京华，久而逾盛。忽一旦告僧曰：“急备香火，修理法事，诵观世音，以救江南某寺堂崩厄也。”当尔之时，杨都讲堂正论法集，数百道俗充满其中，闻西北异香及空中妓乐，合堂惊出，同共闻听，堂欻摧坏，大众无损。奏闻梁主，乃移以问周，果知实佑，大送珍宝，赐遗相续。而实但取三衣什物而已，余随散之。由尔名振三国，事参至圣。以保定三年七月十八日卒于大追远寺，春秋八十有八。朝野惊嗟，人天变色。帝哀恸泣之，有敕图写形像，仍置大福田寺即以其日窆于东郊门外滕公郦食蓁塚南，碑石尚存。弟子昙相等传灯不穷，弥隆华实，以业有从，爰于墓所立寺，还名福田，用崇冥福，并建碑于寺野二所，大中兴寺释道安及义城公庾信制文，今在苑内。

周京师天宝寺释僧玮传十七

释僧玮，姓潘，汝南平舆人也。器量沉深，风神详雅。十三出家，仍服以弊衣，资以菜食，致使口腹之累，渐以石帆水松，寒暑之资，稍以荷衣蕙带。故得结操贞于玉石，情风拂于烟霞。初诵金光明经，进受具后下杨都，于帝释寺听昙瑗律师讲十诵，淹于五载，斋镜持犯。仍入摄山栖霞寺，从凤禅师所学观息想，味此情空，究检因缘，乘持念慧，频蒙印指，传芳畅业。远承申息之国山名雾露，岩洞幽深，川香水美，遂命楫西浮，鞱声林薮，终焉之志，结此山焉。声问光彻，被于周壤，天子遵贤待德，下车问道，召至京师，亲奉清诲，乃敕公卿近臣妃后外戚咸受十善，因奉三归。天和五年，以葬母东归，敕使为安州三藏，绥理四众，备尽六和。在任之日，经始寿山、梵云二寺，南望楚水，东指隋城，度轨程功，轮奂成美。僧玮德播江淮，帝王隆重，爰有别敕，于王城之内起天宝寺，用以居之。既被征召，身范僧伦，纳衣坏味，任报资给，静缘洁操，齐志林朝。以建德二年九月十日遘疾少时，终于所住，春秋六十有一。门人恸感，士女惊奔。即以三年二月归葬于安陆之山。僧玮容止恭庄，威仪整敕，游之者肃然清规，见之者自生敬仰。新野庾信载奉芳尘，勒碑现集。

周京师大福田寺释昙相传十八

释昙相，姓梁氏，雍州蓝田人。与僧实同房，素非师保，而敦敬之重，礼逾和上。相聪敏易悟，目览七行，禅诵为心，周给成务。而慈悲诱接，偏所留心，因有行往，见人弋缴网罗禽兽穷困者，必以身代赎，得脱方舍。其仁济之诚，出于天性。实每美云，昙相福德人，我不及也。”斯见礼如此。实尝夜诣相房，恒预设座拟之，相对无言，自陈道合，私有听者，了无音问，常以为轨，乃经积载。有时大疠横流，或旱涝凶险，人来问者，相皆略提纲目，教其治断，至时必有神效，人并异之。或问：“李顺兴、强练，何人耶？”相曰：“顺兴胎龙多欲，强练游行俗仙，助佛扬化耳。”其幽记之明，谅不可测也。住大福田寺，京华七众，师仰如神。以周季末历，正法颓毁，潜隐山中。开皇之初，率先出俗。二年四月八日卒于渭阴故都，图像传焉，今在京师禅林寺。其承绪禅学，遗嘱慧端，具见别传。

隋沧州兰若沙门释道正传十九

释道正，沧州渤海人。禀质高亮，言志清远。居无常处，学非师授，乐习禅行，宗兰若法。无问冬夏，栖息深林，乞食于村，余惟常坐，系想绳床，下帐独静。道俗参讯，略示纲猷，令其住心，缘向所授。故使四远造者各务静缘，众聚虽多，而外无嚣挠。正任性行藏，都无名贯，经论讲会，莫不登践，皆听其深隐，略其繁长。周流两河，言议超邈，偏以成实知名幽冀。时有隶公贯者引正住寺，为上簿书。而志骇风云，曾无顾眄，还返林薄，嗣业相寻，综述宪法，流之于世，名为六行凡圣修法也，包举一化，融接万衢。初曰凡夫罪行，二曰凡夫福行，三小乘人行，四小菩萨行，五大菩萨行，六佛果证行，都合六部，极略一卷，广二十卷。前半序分，后半行体，言非文质，字爽词费。开皇七年，赍来谒帝，意以东夏释种多沉名教，归宗罕附，流滞忘返，普欲舍筌检理，抱一知宗，守道行禅，通济神爽，具状奏闻。左仆射高颎素承道训，乃于禅林寺大集名德，述上所奏。时座中有僧曰："帝京无人？岂使海隅传法！"正闻，对曰："本意伸明邪正，不欲简定中边。夫道在通方，固须略于祖述。"众无以抗也。而其着词言行，众又不愿遵之，于是僧徒无为而散。正知浇季之难化也，遂以行法并留京辇方禅师处，即返东川，不悉终所。今骊山诸众多承厥绪，系业传云。

隋怀州柏尖山寺释昙询传二十

释昙询，杨氏，弘农华阴人，后迁宅于河东郡焉。弱年乐道，久滞樊笼，年二十二方舍俗事，远访岩隐，游至白鹿山北霖落泉寺，逢昙准禅师而蒙剃发。又经一载，进受具戒，谨摄自修，宗禀心学。而专志决烈，同侣先之，圆备戒律，又诵法华。初夏既登，还师定业，承僧稠据于苍谷，遂往问津。稠亦定山郢匠，前传所叙，询以声光所被，遥相揖敬。住既异林，精融理极，思展言造，每因致隔。但为路罕人踪，岗饶野兽，栖幽既久，性不狎尘，来往质疑，未由樵径，直望苍谷，以为行表，荆棘砂砾，披跨不难，岩壑幽阻，攀缘登陟，志存正观也，故不以邪道自通。又以旁垂利道，由曲前而通滞，吾今标指虽艰，必直进以程业，用斯征意，随境附心，不亦善乎？每云："与其失道而幸通，宁合道不幸而穷耳！"故履践重阻，不难途穷。后经三夏，移住鹿土谷修禅。属枯泉重出，麏麖绕院，故得美水驯兽，日济道邻，从学之徒，相庆兹瑞。时因请法暂往云门，值径阴雾昏，便成失道，赖山神示路，方会本途，此乃化感幽冥，神明翊卫。时有盗者来窃蔬菜，将欲出园，乃为群蜂所螫，询闻来救，慈心将治，得全余命。尝有赵人远至，殷勤致礼，陈云："因病死苏，故蒙恩泽。往见阎王，诘问罪当就狱，赖有昙询禅师来为请命，王因放免。生来未委，访寻方究。"又，山行值二虎相斗，累时不歇，询乃执锡分之，以身为翳，语云:“同居林薮，计无大乖，幸各分路。”虎低头受命，便饮气而散。屡逢熊虎交诤，事略同此。而或廓居榛梗，唯询一踪，入鸟不乱，兽见如偶。斯又阴德感物，显用成仁。何以嘉焉！每入禅定，七日为期，白虎入房，仍为窟宅，独处静院，不出十年。自有禅踪，斯人罕拟。自尔化流河朔，盛阐禅门，杖策裹粮，鳞归雾结。隋文重其德音，致诚虔敬，敕仪同三司元寿亲送玺书，兼以香供。以开皇末年风疾忽增，卒于柏尖山寺，春秋八十，五五十夏矣。初遘疾弥留，忽有神光照烛，香风拂扇。又感异鸟，白颈赤身，绕院空飞，声噗哀切。气至大渐，鸟住堂基，自然狎附，不畏人物，或在房门，至于卧席，悲叫逾甚，血沸眼中。既尔往化，鸟便飞出，外空旋转，奄然翔逝。又感猛虎绕院，悲吼两宵，云昏三日，天地结惨。又加山崩石坠，林摧涧塞，惊发人畜，栖遑失据。其哀感灵祥，未可殚记。后以武德五年十二月，弟子静林、道、慧方等，乃阇毗余质，建塔立碑；沙门明则为文，见于别集。

隋江州庐山化城寺释法充传二十一

释法充，姓毕氏，九江人。常诵法华，并读大品，其遍难纪。兼缮造寺宇，情在住持。末住庐山半顶化城寺修定，自非僧事，未尝妄履。每劝僧众无以女人入寺，上损佛化，下坠俗谣。然世以基业事重，有不从者。充叹曰:“生不值佛，已是罪缘，正教不行，义须早死，何虑方土不奉戒乎！”遂于此山香炉峰上自投而下，誓粉身骨，用生净土。便于中虚头忽倒上，冉冉而下，处于深谷，不损一毛。寺众初不知也，后有人上峰顶路，望下千有余仞，闻人语声，就而寻之，乃是充也，身命犹存，口诵如故，迎还至寺。僧感其死谏，为断女人。经于六年，方乃卒世。时属隆暑，而尸不臭烂，香如烂瓜，即隋开皇之末年矣。

隋京师真寂寺释信行传二十二（裴玄证）

释信行，姓王氏，魏郡人。其母久而无子，就佛祈诚，梦神擎儿告云:“我今持以相与。”寤已觉异常日，因即有娠。及行之生也，性殊恒准。至年四岁，路见牛车没泥牵引，因悲泣不止，要转乃离。或值犊母分离，或有侵欺之事，生知平分，不憙爱憎。八岁既临，标据清敏，惯慧奇拔。尝有书生问曰："尔今何姓，外家何姓？" 答曰："此王彼孙。" 生因调曰："何不氏饭，乃姓孙！" 行应声曰："饭能除饥不除渴，孙能饥渴两相除，故氏孙而非饭也。" 其随机谲对，皆此之类。乃履道弘謜，识悟伦通，博涉经论，情理遐举。以时勘教，以病验人，蕴独见之明，显高蹈之迹。先旧解义，翻对不同，未全声闻，兼扬菩萨，而履涉言教，附行为功。且如据佛之宗敬，无过习由，见起慢怠，即怀厌离，便为边地下贱之因。今虽闻真告，心无奉敬，自知药轻病重，理加勤苦，竭力治之。所以随远近处凡有影塔，皆周行礼拜，绕旋翘仰，因为来世敬佛之习，用斯一行，通例余业。其克核详据，率如此也。后于相州法藏寺舍具足戒，亲执劳役，供诸悲敬，礼通道俗，单衣节食，挺出时伦，冬夏所拟，偏过恒习。故四远英达者皆造门而诘问之，行随事直陈，曾无曲指，诸闻信者莫不顶受其言，通舍章疏，从其化及，禀为父师之礼也，未拘之以法岁。开皇之初，被召入京，仆射高颖邀延住真寂寺，立院处之。乃撰对根起行三阶集录及山东所制众事诸法，合四十余卷，援引文据，类叙显然，前后望风，翕成其聚。又于京师置寺五所，即化度、光明、慈门、慧日、弘善等是也。自尔余寺赞承其度焉，莫不六时礼旋，乞食为业，虔慕洁诚，如不及也。末病甚，勉力佛堂，日别观像，气渐衰弱，请像入房，卧视至卒，春秋五十有四，即十四年正月四日也。其月七日，于化度寺送尸终南山鵶鸣之埴，道俗号泣，声动京邑，舍身收骨，两耳通焉，树塔立碑，在于山足。有居士逸民河东裴玄证制文。证本出家，住于化度，信行至止，固又师之，凡所著述，皆委证笔。末从俗服，尚绝骄豪，自结徒侣，更立科网，返道之宾，同所击赞。生自制碑，具陈己德，死方镌勒，树于塔所，即至相寺北岩之前三碑峙列是也。初，信行勃兴异迹，时成致讥，通论所详，未须甄别。但奉行克峭，偏薄不伦，至于佛宗，亦万衢之一术耳。所著集记，并引正文，然其表题立名，无定准的，虽曰对根，起行幽隐，指体标榜，语事潜沦。来哲傥详，幸知有据。开皇末岁敕断不行，想同箴勖之也。别有本传流世，见费节三宝录。

隋襄州景空寺释慧意传二十三（法永　岑阇梨　智晓）

释慧意，姓李，临原人。听大乘经论，专习定行。宇文废法，南投于梁，与仙城山慧命同师，寻讨心要。后住景空，于聪师旧堂综业常住，不事灯烛，昼夜常明。有乡人德广郡守柳静殊不信法，乃请意于宅，别立禅室，百日行道，静息抑、禀等四人每夜潜往，举家同见禅室大明，意坐卓然，方生信向。乡邑道俗，率受归戒。开皇初卒，将逝，谓弟子慧兴曰："今日有多客来，可多办斋食。"及中，意果端坐而化。时襄阳开皇有法永禅师者，南乡人，梁明帝常供养。预知运绝，苦辞还襄，欲终七日七夜，闻音乐，异香满寺，因而坐终，送伞盖山上露坐。有同寺全律师，临永尸曰："愿留神相待，至七日满。"至期全亡，送尸永侧，永尸飒然摧变。时岑阇梨者，姓杨，临原人。于寺西伞盖山南泉立诵经堂，诵金光明，感四天王来听。后读藏经皆不忘，计诵三千余卷。服布乞食，钵中之余，饲房内鼠，百余头皆驯扰，争来就人。鼠有病者，岑以手摩捋之。而不拘事检，或揭坩酒食，或群小同戏，呵叱僧侣，或诵经书歌咏，逆述来事，昼则散乱，夜则礼诵禅思。与同众沙门智晓交顾，招集禅徒，自行化裕，供给定学。自知终日，急唤拔禅师，付嘱上佛殿礼辞遍寺众僧，咸乞欢喜。于禅居寺大斋将散，谓岑曰："往兜率天听般若去。"岑曰："弟前去，我七日即来。"其夜三更坐亡。至四更，识神往遍学寺，寺相去十里，至汰法师床前，明如昼，云："晓欲远逝，故来相别，不得久住。"汰送出三重门外，别讫，来入房中，踞床忽然还暗，呼弟子问，云："闻师与人语声。"取火通照，三门并闭，方悟晓之神力，出入无间，即遣往问，果云已逝。岑后七日，无何坐终。其二体骨，全成无缝。又有昊、纯等禅师，多有灵异，相从坐化，略不叙之。

续高僧传卷第十六

续高僧传卷第十七

大唐西明寺沙门释道宣撰

习禅篇之二　本传十一人附见九人

周湎阳仙城山善光寺释慧命传一（戴逵　慧朗　慧晓）

释慧命，姓郭，太原晋阳人，晋征士郭琦之后也。以梁大通五年辛亥之岁生于湘州长沙郡。天挺英姿，秀拔群表，虽居绮年，人多倾异。觉梦之际，光触其身，明悟条序，深有殊致。时湘部名僧相谓曰：“珍阁梨位地难测，然入如来室者即慧命矣。”故自结发，日新开裕。八岁能诗书，体貌凝远，识者知非常器。然而锐精听习，妙入深义，故使理超文外，照出机前。智不惊愚，贞无绝俗，道亲物疏，州闾赞重。年十五诵法华经，两旬有半，一部都了。寻事剃落，学无常师，专行方等、普贤等忏，讨据华严，以致明道。行自襄沔，闻恩光、先路二大禅师，千里来仪，投心者众，乃往从之。后游仙城山，即古松仙之本地也。先有道士孟寿者幽栖积岁，祈心返正，必果所愿，舍所居馆充建寺塔。及命未至山夕，寿忽恍焉如梦，大见神祇严卫馆侧，至觉惊喜，登岩怅望，遂睹梵旅盈林，乃命至也。趋而礼谒，即舍所住为善光寺焉，供事骈罗，众侣咸会。晚于州治讲维摩经，大乘驾御之津，入道乘玄之迹，禅智所指，罔弗倒戈。既满九旬，便辞四部，衣钵随从，还返故林。有法音禅师者，同郡祁人，本姓王氏，不言知已，两遂得朋，同就长沙果愿寺能禅师修学心定。未结数旬，法门开发，咨质迟疑，乃惟反启，惧失正理，通访德人。故首自江南，终于河北，遇思、邈两师，方祛所滞。后俱还仙城，仅得五稔，预知亡日，乃携音手于松林，相顾笑曰："即斯两处，便可终焉。"侍者初闻，未之悟也。不盈旬望，同时遇疾。命以周天和三年十一月五日精爽不谬，正坐跏趺，面西念佛，咸睹佛来，合掌而卒。同众有梦天人下地，幢幡照日，又闻房宇唱善哉者，奇香异乐，闻熏非一。音以其月十七日亦坐本处，所现瑞相颇亦同伦。然命、音两贤俱年三十有八矣。即于树下构甓成坟，有弟子清信士郑子文立碑于寺。门人慧朗祖传命业，不坠禅风，化行安、沔，道明随世。初，命与慧思定业是同，赞激衡、楚，词采高掞，命实过之。深味禅心，慧声遐被，著大品义章、融心论、还原镜、行路难、详玄赋通述佛理，识者咸诵。文或隐逸，未喻于时，有注解者，世宗为贵。自居山舍，学徒腾聚，名溢南北。有菩萨戒弟子济北戴逵，学声早被，名高列国，乃贻书于命曰：窃以渭清泾浊，共混朝宗之源；松长箭短，同秉坚贞之质。幸预含灵五常，理宜范围三教。是以阙里儒童，阐礼经于洙、济，苦县迦叶，迁妙道于流沙。虽牢笼二仪，盖限兹一世，岂如兴法轮于鹿苑，荡妄想于鹫山，半满既陈，权实斯显！诚教有浅深，人无内外。禅师德声远振，行高物表。摄受四依，因牧羊而成诵；负笈千里，历龙宫而包括。故能内贯九部，搜雪山之秘藏；外该七略，探壁水之典坟。支遁天台之铭，竺真罗浮之记，昙赋七岭，汰咏三河，宝师妙析庄生，璩公著论表集，若吞云梦，如指诸掌。加以妙持净戒，如护明珠，善执律仪，譬临玄镜，禀罗云之密行，种宾头之福田，抚挹定水，便登觉观，高荫禅支，将逾喜舍。是以不远潇湘，来仪沔陆，植杖龙泉，乃为精舍，回车马首，即创伽蓝。凿岭安龛，讵假聚砂成塔；因山构苑，无劳布金买地。开士云会，袂似华阴；法侣朋冲，众齐稷下。禅室晨兴，时芳杜若；支提暮启，暂入桃源。香山梵响，将阮啸而相发；日殿妙音，与孙琴而高韵。紫盖贞松，仍捣上辩；洪崖神井，即鍳高心。故以才堪买山，德迈同辇，崇峰景行，墙仞悬绝。弟子业风鼓虑，欲海沉形，洎渚宫沦覆，将历二纪，昼倦坐驰，夜悲愕梦。未能忘怀彼我，归轸一乘；遣荡胸衿，朗开三达，既念鼠藤，弥伤鸟系。昔在志学，家传赐书，五礼优柔，三玄餍饫，颇绝韦编，构述余绪。爰登弱冠，捃摭百家，及乎从仕，留连文翰。虽未能探龙门而梯会稽，赋鵩鶨而咏鹦鹉，若求其一分，亦仿佛古人。但深悟聚泡，情悲交臂，常欲蝉蜕俗解，贪味真如。一日郧城许修，隗馆屈膝，情欣系袜，遇同进履。未尽开衿，遽嗟飘忽，寻拂衣世网，脱屣牵丝。沧浪濯缨，汉阴抱瓮，行餐九转，用遣幽忧，渐悟三空，将登苦忍。仙梁观玉，不废从师；深涧折桃，无妨请益。所希弥天胜气，乍酬凿齿；雁门高论，时答嘉宾。冬暖如春，愿珍清轨，室迩人遐，弥轸襟带。余辞浅简，望无金玉。幽林沙门释慧命酬书济北戴先生：夫一真常湛，侥妙于是同玄；万圣乘机，违顺以之殊迹。是以西关明道，东野谈仁，雕朴改工，有无异轸。今若括此二门，原兹两教，岂不归宗三转，会入五乘，藉浅之深，资权显实。斯若池分四水，始则殊名；海控八河，终无别味。檀越幼挺奇才，夙怀茂绪，华辞卓世，雅致参玄，智涉五明，学兼三教。益矣能忘，蹈颜生之逸轨；损之为道，慕李氏之玄踪。虽复六经该广，百家繁富，圣贤异准，儒墨分流，或事旷而文殷，或言高而旨远，莫不纳如瓶受，说似河倾，明镜匪疲，洪钟任扣。子建挹以奇文，长卿惭其高趣。故虽秦，楚分墟，周、梁改俗，白眉青盖，龟玉之价弗渝，栖凤卧龙，鱼水之交莫异。加以识鍳苦空，志排尘俗，形虽廊庙，器乃江湖。是以属叹牵丝，兴言世网，辞同应、陆，调合张、严。嗟失火之遽传，愍清波之速逝。方应濯足从道，洗耳辞荣，九转充虚，四扇排疾，然后寻八正以味一真，解十缠而遣三患，斯之德也，宁不至哉！贫道识镜难清，心尘易拥，定惭花水，戒非草系，才侔撤烛，学谢传灯，内有愧于德充，外无狎于人世。是以淹滞一丘，寓形蓬柳。端居千仞，托志筠松，测四序于风霜，候二旬于朓魄。至乃夜闻山鸟，仍代九成；昼视游鱼，聊追二子。荜户弊衿，既在原非病；朱门结驷，亦于我如云。所叹藤鼠易侵，树猿难静，劳想鹫头，倦思鸡足。至于林雕秋叶，曾无独觉之明；谷响春莺，终切寡闻之叹。忽承来问，曲见光誉，幽气若兰，清音如玉。诚复溢目致欢，而实抚膺多愧。虽识谢天池，未辩北溟之说；而事同泥井，惭闻东海之谈。所冀伊人，于焉好我。黄石匪遥，结期明旦；白驹可絷，用永今朝。善敬清猷，时因素札，言不洗意，报此何伸！时或以逵即晋代谯国戴逵，今考校行事，非也。晋书云："大元十二年征隐士戴逵，不久寻卒。"至梁大通三年，经一百四十三载，命公方生，计不相见，又非济北，明矣。时又有沙门慧晓，厥姓傅氏，亦以禅绩献公，文才亚于慧命。北游齐壤，居止灵岩，数十年间幽闲精业，众初不异之也。及乡民有任山荐令者，晓去乡岁久，思问亲亲，行至县门，使人通令。令正对客，未许进之，踟蹰之间，又催通引，客犹未散，令且更延。晓悟曰："非令之为进退，乃吾之爱憎耳。岂乡壤之可怀耶！"命省事取纸，援笔而裁释子赋。纸尽辞穷，告曰："若令问觅，可以此文示之。吾其去矣。"于是潜遁，故赋云"咄哉失念，欻尔还觉"是也。及后追灵岩穷讨不见，出赋示僧，方知晓之才也。于是人藏一本，用祛鄙吝。晓后寻诸名岳，养素栖心，时复流目人世，而还晦形幽阜，卒不测其所终。

陈南岳衡山释慧思传二

释慧思，俗姓李氏，武津人也。少以弘恕慈育知名，闾里称言，颂逸恒问。尝梦梵僧劝令出俗，骇悟斯瑞，辞亲入道。所投之寺，非是练若，数感神僧，训令斋戒，奉持守素，梵行清慎。及禀具足，道志弥隆，迥栖幽静，常坐综业。日惟一食，不受别供，周旋迎送，都皆杜绝。诵法华等经三十余卷，数年之间，千遍便满。所止庵舍，野人所焚，遂显厉疾，求诚乞忏，仍即许焉。既受草室，持经如故，其人不久所患平复。又梦梵僧数百，形服瑰异，上坐命曰："汝先受戒，律仪非胜，安能开发于正道也？既遇清众，宜更翻坛，祈请师僧三十二人加羯磨法，具足成就。"后忽惊寤，方知梦受。自斯已后，勤务更深，克念翘专，无弃昏晓，坐诵相寻，用为恒业。由此苦行，得见三生所行道事。又梦弥勒、弥陀说法开悟，故造二像，并同供养。又梦随从弥勒，与诸眷属同会龙华，心自惟曰：“我于释迦末法受持法华，今值慈尊，感伤悲泣！”豁然觉悟，转复精进，灵瑞重沓，瓶水常满，供事严备，若有天童侍卫之者。因读妙胜定经，叹禅功德，便尔发心，修寻定友。时禅师慧文聚徒数百，众法清肃，道俗高尚，乃往归依，从受正法。性乐苦节，营僧为业，冬夏供养，不惮劳苦。昼夜摄心，理事筹度，讫此两时，未有所证。又于来夏束身长坐，系念在前。始三七日，发少静观，见一生来善恶业相，因此惊嗟，倍复勇猛。遂动八触，发本初禅，自此禅障忽起，四肢缓弱，不胜行步，身不随心，即自观察：我今病者，皆从业生，业由心起，本无外境，反见心源，业非可得，身如云影，相有体空。如是观已，颠倒想灭，心性清净，所苦消除，又发空定，心境廓然。夏竟受岁，慨无所获，自伤昏沈，生为空过，深怀惭愧。放身倚壁，背未至间，霍尔开悟。法华三昧，大乘法门，一念明达，十六特胜，背舍除入，便自通彻，不由他悟。后往鉴、最等师述己所证，皆蒙随喜。研练逾久，前观转增，名行远闻，四方钦德，学徒日盛，机悟实繁，乃以大小乘中定慧等法敷扬引喻，用摄自他。众杂精粗，是非由起。怨嫉鸩毒，毒所不伤；异道兴谋，谋不为害。乃顾徒属曰：“大圣在世，不免流言。况吾无德，岂逃此责？责是宿作，时来须受，此私事也。然我佛法不久应灭，当往何方？以避此难。”时冥空有声曰：“若欲修定，可往武当、南岳，此入道山也。”以齐武平之初，背此嵩阳，领徒南逝，高骛前贤，以希栖隐。初至光州，值梁孝元倾覆国乱，前路梗塞，权止大苏山，数年之间，归从如市。其地陈、齐边境，兵刃所冲，佛法云崩，五众离溃。其中英挺者皆轻其生、重其法，忽夕死、庆朝闻，相从跨险而到者填聚山林。思供以事资，诲以理味，又以道俗福施造金字般若二十七卷，金字法华，琉璃宝函，庄严炫曜，功德杰异，大发众心。又请讲二经，即而叙构，随文造尽，莫非幽赜。后命学士江陵智𫖮代讲金经，至“一心具万行”处，𫖮有疑焉，思为释曰：“汝向所疑，此乃大品次第意耳，未是法华圆顿旨也。吾昔夏中苦节思此，后夜一念，顿发诸法。吾既身证，不劳致疑。”𫖮即咨受法华行法三七境界，难卒载叙。又咨：“师位即是十地？”思曰：“非也，吾是十信铁轮位耳。”时以事验，解行高明，根识清净，相同初依，能知密藏。又如仁王十善发心，长别苦海。然其谦退，言难见实，故本迹叵详。后在大苏，弊于烽警，山侣栖遑，不安其地，又将四十余僧经趣南岳，即陈光大年六月二十二日也。既至，告曰:“吾寄此山，正当十载，过此已后，必事远游。”又曰:“吾前世时曾履此处。”巡至衡阳，值一佳所，林泉竦净，见者悦心，思曰:“此古寺也，吾昔曾住。”依言掘之，果获之房殿基墌、僧用器皿。又往岩下，“吾此坐禅，贼斩吾首，由此命终，有全身也”。佥共寻觅，乃得枯骸一聚，又下细寻，便获髅骨，思得而顶之，为起胜塔，报昔恩也。故其往往传事，验如合契，其类非一。自陈世心学，莫不归宗，大乘经论，镇长讲悟，故使山门告集，日积高名。致有异道怀嫉，密告陈主，诬思北僧，受齐国募，掘破南岳。敕使至山，见两虎咆愤，惊骇而退。数日更进，乃有小蜂来螫思额，寻有大蜂吃杀小者，衔首思前，飞扬而去。陈主具闻，不以诚意。不久，谋罔一人暴死，二为猘狗啮死，蜂相所征，于是验矣。敕承灵应，乃迎下都，止栖玄寺。尝往瓦官，遇雨不湿，履泥不污。僧正慧皓与诸学徒相逢于路，曰:“此神异人，如何至此？”举朝属目，道俗倾仰。大都督吴明彻敬重之至，奉以犀枕。别将夏候孝威往寺礼勤，在道念言，吴仪同所奉枕者，如何可见？”比至思所，将行致敬，便语威曰:“欲见犀枕，可往视之。”又于一日，忽有声告:“洒扫庭宇，圣人寻至。”即如其语，须臾思到。威怀仰之，言于道俗。故贵贱皂素不敢延留，人船供给，送别江渚。思云:“寄于南岳止十年耳，年满当移。”不识其旨。及还山舍，每年陈主三信参劳，供填众积，荣盛莫加。说法倍常，神异难测，或现形小大，或寂尔藏身，或异香奇色，祥瑞乱举。临将终时，从山顶下半山道场，大集门学，连日说法，苦切呵责，闻者寒心。告众人曰:“若有十人不惜身命，常修法华般舟、念佛三昧、方等忏悔、常坐苦行者，随有所须，吾自供给，必相利益。如无此人，吾当远去。”苦行事难，竟无答者，因屏众敛念，泯然命终。小僧云辩见气乃绝，号吼大叫，思便开目，曰:“汝是恶魔。我将欲去，众圣叟然相迎极多，论受生处。何意惊动，妨乱吾耶？痴人出去！”因更摄心，谛坐至尽，咸闻异香满于室内，顶暖身软，颜色如常，即陈太建九年六月二十二日也，取验十年，宛同符矣，春秋六十有四。自江东佛法，弘重义门，至于禅法，盖蔑如也。而思慨斯南服，定慧双开，昼谈理义，夜便思择，故所发言，无非致远，便验因定发慧，此旨不虚，南北禅宗，罕不承绪。然而身相挺特，能自胜持，不倚不斜，牛行象视，顶有肉髻，异相庄严，见者回心，不觉倾伏。又善识人心，鉴照冥伏，讷于言过，方便诲引，行大慈悲，奉菩萨戒。至如缯纩皮革，多由损生，故其徒属服章，率加以布，寒则艾纳，用犯风霜。自佛法东流，几六百载，惟斯南岳，慈行可归。余尝参传译，屡睹梵经，讨问所被法衣，至今都无蚕服，纵加受法，不示得成。故知若乞若得蚕绵作衣，准律结科，斩舍定矣，约情贪附，何由纵之！思所独断，高遵圣检。凡所著作，口授成章，无所删改，造四十二字门两卷，无诤行门两卷，释论玄、随自意、安乐行、次第禅要、三智观门等五部各一卷，并行于世。

隋国师智者天台山国清寺释智𫖮传三

释智𫖮，字德安，姓陈氏，颍川人也。有晋迁都，寓居荆州之华容焉。即梁散骑孟阳公起祖之第二子也。母徐氏，梦香烟五采萦回在怀，欲拂去之，闻人语曰："宿世因缘，寄托王道，福德自至，何以去之！"又梦吞白鼠，如是再三，怪而卜之，师曰："白龙之兆也。"及诞育之夜，室内洞明，信宿之间，其光乃止。内外胥悦，盛陈鼎俎相庆，乃火灭汤冷，为事不成。忽有二僧扣门，曰："善哉！儿德所熏，必出家矣。"言讫而隐，宾客异焉。邻室忆先灵瑞，呼为王道，兼用后相，复名光道，故小立二名字，参互称之。眼有重瞳，二亲藏掩，而人已知。兼以卧便合掌，坐必面西，年一纪来，口不妄啖，见像便礼，逢僧必敬。七岁喜往伽蓝，诸僧讶其情志，口授普门品，初契一遍即得。二亲遏绝，不许更诵，而情怀惆怅，奄忽自然通余文句。岂非夙植德本，业延于今？志学之年，士梁承圣，属元帝沦没，北度硖州，依乎舅氏。而俊朗通悟，仪止温恭，寻讨名师，冀依出有。年十有八，投湘州果愿寺沙门法绪而出家焉。绪授以十戒，导以律仪，仍摄以北度，诣慧旷律师，地面横经，具蒙指诲。因潜大贤山，诵法华经及无量义、普贤观等，二旬未淹，三部究竟。又诣光州大苏山慧思禅师受业心观。思又从道于就师，就又受法于最师，此三人者，皆不测其位也。思每叹曰："昔在灵山同听法华，宿缘所追，今复来矣。"

即示普贤道场，为说四安乐行。颢乃于此山行法华三昧，始经三夕，诵至药王品“心缘苦行，至是真精进”句，解悟便发，见共思师处灵鹫山七宝净土听佛说法。故思云：“非尔弗感，非我莫识。此法华三昧前方便也。”又入熙州白砂山，如前入观，于经有疑，辄见思来，冥为披释。尔后常令代讲，闻者伏之。惟于三三昧、三观智用以咨审，自余并任裁解，曾不留意，思躬执如意，在坐观听，语学徒曰：“此吾之义儿，恨其定力少耳。”于是师资改观，名闻遐迩。及学成往辞，思曰：“汝于陈国有缘，往必利益。”思既游南岳，颢便诣金陵，与法喜等三十余人在瓦官寺创弘禅法。仆射徐陵、尚书毛喜等，明时贵望，学统释、儒，并禀禅慧，俱传香法，欣重顶戴，时所荣仰。长干寺大德智辩延入宋熙，天宫寺僧晃请居佛窟，斯由道弘行感，故为时彦齐迎。颢任机便动，即而开悟。白马警韶、奉诚智文、禅众慧命及梁代宿德大忍法师等，一代高流，江表声望，皆舍其先讲，欲启禅门，率其学徒，问津取济。禹穴慧荣住庄严寺，道跨吴会，世称义窟，辩号悬流；闻颢讲法，故来设问，数关征核，莫非深隐，轻诞自矜，扬眉舞扇，扇便堕地。颢应对事理，涣然清，遣荣曰：“禅定之力，不可难也。”时沙门法岁抚荣背曰：“从来义龙，今成伏鹿。扇既堕地，何以遮羞？”荣曰：“轻敌失势，未可欺也。”绵历八周，讲智度论，肃诸来学，次说禅门，用清心海。语默之际，每思林泽，乃梦岩崖万重，云日半垂，其侧沧海无畔，泓澄在于其下。又见一僧摇手申臂，至于岐麓，挽颢上山云云。颢以梦中所见通告门人，咸曰：“此乃会稽之天台山也，圣贤之所托矣。昔僧光、道猷、法兰、昙密，晋、宋英达，无不栖焉。”因与慧辩等二十余人挟道南征，隐沦斯岳。先有青州僧定光，久居此山，积四十载，定慧兼习，盖神人也。颢未至二年，预告山民曰：“有大善知识当来相就，宜种豆造酱，编蒲为席，更起屋舍，用以待之。”会陈始兴王出镇洞庭，公卿饯送，回车瓦官，与颢谈论。幽极既唱，贵位倾心，舍散山积，虔拜殷重。因叹曰：“吾昨梦逢强盗，今乃表诸软贼毛绳截骨，则忆曳尾泥中。”仍遣谢门人曰：“吾闻暗射则应于弦。何以知之？无明是暗也，唇舌是弓也，心虑如弦，音声如箭，长夜虚发，无所觉知。又法门如镜，方圆任象。初，瓦官寺四十人坐，半入法门。今者二百坐禅，十人得法。尔后归宗转倍，而据法无几。斯何故耶，亦可知矣。吾自行化导，可各随所安，当从吾志也，即往天台。”既达彼山，与光相见，即陈赏要。光曰：“大善知识，忆吾早年山上摇手相唤不乎？”觊惊异焉，知通梦之有在也，时以陈太建七年秋九月矣。又闻钟声满谷，众咸怪异，光曰：“钟是召集有缘，尔得住也。”觊乃卜居胜地，是光所住之北，佛垄山南，螺溪之源处。既闲敞易得寻真，地平泉清，徘徊止宿。俄见三人皂帽绛衣，执疏请云：“可于此行道。”于是聿创草庵，树以松果，数年之间，造展相从，复成衢会。光曰：“且随宜安堵，至国清时三方总一，当有贵人为禅师立寺，堂宇满山矣。”时莫测其言也。觊后于寺北华顶峰独静头陀，大风拔木，雷霆震吼，魑魅千群，一形百状，吐火声叫，骇异难陈，乃抑心安忍，湛然自失。又患身心烦痛，如被火烧，又见亡没二亲枕觊膝上，陈苦求哀，觊又依止法忍，不动如山，故使强软两缘，所感便灭。忽致西域神僧告曰：“制敌胜怨，乃可为勇。”文多不载。陈宣帝下诏曰：“禅师佛法雄杰，时匠所宗，训兼道俗，国之望也。宜割始丰县调以充众费，蠲两户民用供薪水。”天台山县名为安乐，令陈郡袁子雄崇信正法，每夏常讲净名。忽见三道宝阶从空而降，有数十梵僧乘阶而下，入堂礼拜，手擎香炉，绕觊三匝，久之乃灭。雄及大众同见，惊叹山喧。其行达灵感，皆如此也。永阳王伯智出抚吴兴，与其眷属就山请戒，又建七夜方等忏法，王昼则理治，夜便习观。觊谓门人智越：“吾欲劝王更修福禳祸，可乎？”越对云：“府僚无旧，必应寒热。”觊曰：“息世讥嫌，亦复为善。”俄而王因出猎，堕马将绝，时乃悟意，躬自率众作观音忏法。不久王觉小醒，凭几而坐，见梵僧一人擎炉直进，问王所苦，王流汗无答，乃绕王一匝，坦然痛止。仍躬着愿文曰：“仰惟天台阇梨，德侔安、远，道迈光、猷，遐迩倾心，振锡云聚。绍像法之坠绪，以救昏蒙；显慧日之重光，用拯浇俗。加以游浪法门，贯通禅苑，有为之结已离，无生之忍现前。弟子飘荡业风，沉沦爱水，虽餐法喜，弗祛蒙蔽之心，徒仰禅悦，终怀散动之虑。日轮驰骛，义和之辔不停；月镜回干，恒娥之景难驻。有离有会，叹息何言；爱法敬法，潺湲无已。愿生生世世值天台阇梨，恒修供养，如智积奉智胜如来，若药王觐雷音正觉，安养、兜率，俱荡一乘。”云云。其为天王信敬，为此类也。于即化移海岸，法政欧闽，陈疑请道，日升山席。陈帝意欲面礼，将申谒敬，顾问群臣：“释门谁为名胜？”陈暄奏曰：“瓦官禅师德迈风霜，禅镜渊海。昔在京邑，群贤所宗，今高步天台，法云东蔼。愿陛下诏之还都，使道俗咸荷。”因降玺书，重沓征入。颉以重法之务，不贱其身，乃辞之。后为永阳苦谏，因又降敕，前后七使，并帝手疏。颉以道通惟人，王为法寄，遂出都焉。迎入太极殿之东堂，请讲智论。有诏羊车童子列导于前，主书舍人翊从登陛，礼法一如国师瓘阇梨故事。陈主既降法筵，百僚尽敬，希闻未闻，奉法承道。因即下敕立禅众于灵曜寺，学徒又结，望众森然。频降敕于太极殿讲仁王经，天子亲临。僧正慧暅、僧都慧旷，京师大德，皆设巨难，颉接问承对，盛启法门。暅执炉贺曰：“国十余斋，身当四讲，分文析义，谓得其归。今日出星收，见巧知陋矣。”其为荣望，未可加之。然则江表法会，由来诤竞不足，及颉之御法即坐，肃穆有余，遂使千支花锭，七夜恬耀，举事验心，颉之力也。晚出住光曜，禅慧双弘，动郭奔随，倾意清耳。陈主于广德殿下敕谢云：“今以佛法仰委，亦愿示诸不逮。”于时检括僧尼，无贯者万计，朝议云：“策经落第者，并合休道。”颉表谏曰：“调达诵六万象经，不免地狱；盘特诵一行偈，获罗汉果。笃论道也，岂关多诵？”陈主大悦，即停搜简，是则万人出家，由颉一谏矣。末为灵曜褊隘，更求闲静，忽梦一人，翼从严正，自称名云：“余冠达也，请住三桥。”颉曰：“冠达，梁武法名，三桥岂非光宅耶？”乃移居之。其年四月，陈主幸寺，修行大施。又讲仁王，帝于众中起拜殷勤，储后已下并崇戒范，故受其法文云：“仰惟化导无方，随机济物，卫护国土，汲引天人，照烛光辉，托迹师友。比丘入梦，符契之象久彰；和上来仪，高座之德斯炳。是以翘心十地，渴仰四依，大小二乘，内外两教，尊师重道，由来尚矣。伏希俯提所请，世世结缘；遂其本愿，日日增长。今奉请为菩萨戒师。”便传香在手，而睑下垂泪。斯亦德动人主，屈幸从之。及金陵败覆，策杖荆、湘，路次盆城，梦老僧曰：“陶侃瑞象，敬屈护持。”于即往憩匡山，见远图缋，验其灵也，宛如其梦。不久浔阳反叛，寺宇焚烧，独有兹山，全无侵扰，信护象之力矣。未划迹云峰，终焉其致。会大业在藩，任总淮海，承风佩德，钦注相仍，欲遵一戒法，奉以为师，乃致书累请。颉初陈寡德，次让名僧，后举同学，三辞不免，乃求四愿。其辞曰：“一，虽好学禅，行不称法，年既西夕，蘧守绳床，抚臆循心，假名而已，吹嘘在彼，恶闻过实，愿勿以禅法见期。二，生在边表，长逢离乱，身暗庠序，口拙暄凉，方外虚玄，久非其分，域间撙节，无一可取，虽欲自慎，朴直忤人，愿不责其规矩。三，征欲传灯，以报法恩，若身当戒范，应重去就，去就若重，传灯则阙，去就若轻，则来嫌诮。避嫌安身，未若通法而命，愿许其为法，勿嫌轻动。四，三十余年，水石之间，因以成性。今王途既一，佛法再兴，谬课庸虚，沐此恩化，内竭朽力，仰酬外护。若丘壑念起，愿随心饮啄，以卒残年。许此四心，乃赴优旨。”晋王方希净戒，如愿唯诺，故躬制请戒文云：“弟子基承积善，生在皇家，庭训早趋，贻教夙渐，福履攸臻，妙机顷悟。耻崎岖于小径，希优游于大乘。笑息止于化城，誓舟航于彼岸。开士万行，戒善为先；菩萨十受，专持最上。喻宫室，先基趾，徒架虚空，终不能成。孔、老、释门，咸资镕铸，不有轨仪，孰将安仰？诚复能仁奉为和上，文殊冥作阇梨，而必借人师，显传圣授，自近之远，感而遂通。波仑罄髓于无竭，善才亡身于法界，经有明文，非徒臆说，深信佛语，幸遵时导。禅师佛法龙象，戒珠圆净，定水渊澄，因静发慧，安无碍辩，先物后己，谦挹成风，名称远闻，众所知识。弟子所以虔诚遥注，命楫远迎，每虑缘差，值诸留难。师亦既至，心路豁然，及披云雾，即销烦恼。今开皇十一年十一月二十三日，于扬州总管寺城设千僧会，敬屈授菩萨戒，戒名为‘孝’，亦名“制止”。方便智度，归宗奉极，作大庄严，同如来慈普，诸佛爱等，视四生犹如一子。”云云。即于内第躬传戒香，授律仪法，告曰：“大士为度，远济为宗，名实相符，义非轻约。今可法名为总持也，用摄相兼之道也。”王顶受其旨，教曰：“大师禅慧内融，导之法泽，辄奉名为智者。”自是专师率诱，日进幽玄，所获施物六十余事，一时回施悲敬两田，愿使福德增繁，用昌家国。便欲返故林，王仍固请，觊曰：“先有明约，事无两违。”即拂衣而起。王不敢重邀，合掌寻送，至于城门。顾曰：“国镇不轻，道务致隔。幸观佛化，弘护在怀。”王礼望目极，衔泣而返。便泝流上江，重寻匡岭，结徒行道，频感休征。百越边僧闻风至者，累迹相造。又上渚宫乡壤，以答生地恩也。道俗延颈，老幼相携，戒场讲坐，众将及万。遂于当阳县玉泉山立精舍，敕给寺额，名为一音。其地昔惟荒崄，神兽蛇暴，创寺之后，快无忧患。是春亢旱，百姓咸谓神怒。觊到泉源，帅众转经，便感云兴雨霔，虚诬自灭。总管宜阳公王积到山礼拜，战汗不安，出曰：“积屡经军阵，临危更勇，未尝怖惧顿如今日。”其年晋王又遗手疏请还，辞云：“弟子多幸，谬禀师资，无量劫来，悉凭开悟。色心无作，昔年虔受，身虽疏漏，心护明珠，定水禅支，屏散归静。荷国镇蕃，为臣为子，岂寂四缘，能入三昧。电光断结，其类甚多，慧解脱人，厥朋不少。即日欲伏膺智断，率先名教，永泛法流，兼用治国，未知底滞可开化不，师严导尊可降意不，宿世根浅可发萌不，菩萨应机可逗时不？书云：‘民生在三，事之如一。’况覃释典而不从师？今之慊言，备沥素款，成就事重，请弃饰词。”颉答书云：“谬承人乏拟迹师资，顾此庸微，以非时许，况隆今命，弥匪克当，徒欲沈吟，必乖深寄。”王重请云：“学贵承师，事推物论，历求法界，厝心有在。仰惟久殖善根，非一生得，初乃由学，俄逢圣境。南岳记莂，说法第一，无以仰过。照禅师来，具述此事，于时心喜，以域寸诚。智者昔入陈朝，彼国明试，瓦官大集，众论锋起。荣公强口，先被折角；两琼继轨，才获交绥；忍师赞叹，嗟唱希有。弟子仰延之始，屈登无畏，释难如流，亲所闻见，众咸瞻仰。承前荆楚，莫不归伏，非禅不智，验乎金口。比释所谈，智者融会，甚有阶位，譬若群流归乎大海，此之包举，始得佛意。惟愿未得令得，未度令度，乐说不穷，法施无尽。”乃从之重现。令造净名疏，河东柳顾言、东海徐仪，并才华胄绩，应奉文义，缄封宝藏，王躬受持。后萧妃疾苦，医治无术，王遣开府柳顾言等致书请命，愿救所疾。颉又率侣建斋七日，行金光明忏，至第六夕，忽降异鸟，飞入斋坛，宛转而死，须臾飞去，又闻豕吟之声，众并同瞩。颉曰：“此相现者，妃当愈矣。鸟死复苏，表盍棺还起；豕幽鸣显，示斋福相乘。”至于翌日，患果遂瘳，王大嘉庆。时遇入朝，旋归台岳，躬率禅门，更行前忏，仍立誓云：“若于三宝有益者，当限此余年。若其徒生，愿速从化。”不久告众曰：“吾当卒此地矣，所以每欲归山。今奉冥告，势当将尽。死后安措西南峰上，累石周尸，植松覆坎，仍立白塔，使见者发心。”又云：“商客寄金，医去留药，吾虽不敏，狂子可悲。”仍口授观心论，随略疏成，不加点润。命学士智越往石城寺扫洒，“于彼佛前命终，施床东壁，面向西方，称阿弥陀佛、波若、观音”。又遣多然香火，索三衣钵杖，以近身自余道具分为二分，一奉弥勒，一拟羯磨。有欲进药者，答曰：“药能遣病留残年乎？病不与身合，药何所遣；年不与心合，药何所留！”智晞往，曰：“复何所闻，观心论内复何所道？”纷纭医药，累扰于他，又请进斋饭，答曰：“非但步影而为斋也，能无观无缘，即真斋矣。吾生劳毒器，死悦休归，世相如是，不足多叹。”又出所制净名疏并犀角如意、莲华香炉与晋王别，遗书七纸，文极该综，词采风标，属以大法。末乃手注疏曰：“如意、香炉是大王者，还用仰别，使永布德香，长保如意也。”便令唱法华经题，𫖮赞引曰：“法门父母，慧解由生，本迹弥大，微妙难测，辍斤绝弦于今日矣。”又听无量寿竟，仍赞曰：“四十二愿，庄严净土，华池宝树，易往无人”云云。又索香汤漱口，说十如、四不生、十法界、三观、四教、四无量、六度等。有问其位者，答曰：“汝等懒种善根，问他功德，如盲问乳蹶者访路云云。吾不领众，必净六根，为他损己，只是五品内位耳。吾诸师友从观音、势至皆来迎我，波罗提木叉是汝宗仰，四种三昧是汝明导。”又敕维那：“人命将终，闻钟磬声，增其正念，唯长唯久，气尽为期。云何身冷方复响磬？世间哭泣着服，皆不应作，且各默然，吾将去矣！”言已，端坐如定，而卒于天台山大石像前，春秋六十有七，即开皇十七年十一月二十二日也，灭后依有遗教而殓焉。至仁寿末年已前，忽振锡披衣犹如平昔，凡经七现，重降山寺。一还佛垄，语弟子曰：“案行故业，各安隐耶？”举众皆见，悲敬言问，良久而隐。自𫖮降灵龙象，育神江汉，凭积善而托生，资德本而化世，身过七尺，目佩异光，解统释门，行开僧位，往还山世，不染俗尘，屡感幽祥，殆非可测。初，帝于蕃日，遣信入山迎之，因散什物，标域寺院，殿堂厨宇，以为图样。告弟子曰：“此非小缘所能缔构，当有皇太子为吾造寺，可依此作，汝等见之。”后果如言，事见别传。往居临海，民以沪鱼为业，罾网相连四百余里，江沪溪梁六十余所。𫖮恻隐观心，彼此相害，劝舍罪业，教化福缘。所得金帛，乃成山聚，即以买斯海曲，为放生之池。又遣沙门慧拔表闻于上，陈宣下敕，严禁此池不得采捕，国为立碑，诏国子祭酒徐孝克为文，树于海滨，词甚悲楚，览者不觯堕泪。时还佛垄，如常习定，忽有黄雀满空，翱翔相庆，鸣呼山寺，三日乃散。𫖮曰：“此乃鱼来报吾恩也。”至今贞观，犹无敢犯，下敕禁之，犹同陈世。此慈济博大，仁惠难加。又，居山有蕈，触树皆垂，随采随出，供僧常调，𫖮若他涉，蕈即不生，因斯以谈，诚道感矣。所著法华疏、止观门、修禅法等各数十卷，又著净名疏，至佛道品有三十七卷，皆出口成章，侍人抄略，而自不畜一字。自余随事流卷，不可殚言，皆幽指爽彻，摛思开天。炀帝奉以周旋，重犹符命，及临大宝，便藏诸麟阁，所以声光溢于宇宙，威相被于当今矣。而枯骸特立，端坐如生，瘗以石门，关以金钥，所有事由，一关别敕。每年讳日，帝必废朝，预遣中使就山设供。尚书令杨素性度虚简，事必临信，乃陈其意云："何枯骨特坐如生？"敕授以户钥，令自寻视，既如前告，得信而归。颉东西垂范，化通万里，所造大寺三十五所，手度僧众四千余人，写经一十五藏，金檀画像十万许躯，五十余州道俗受菩萨戒者不可称纪，传业学士三十二人，习禅学士散流江汉，莫限其数。沙门灌顶侍奉多年，历其景行，可二十余纸。又，终南山龙田寺沙门法琳，夙预宗门，观传戒法，以德音遽远，拱木俄森，为之行传，广流于世。隋炀末岁巡幸江都，梦感智者言及遗寄，帝自制碑，文极宏丽，未及镌勒，值乱便失。

隋京师清禅寺释昙崇传四

释昙崇，姓孟氏，咸阳人。生知正见，幼解信奉。七岁入道，博诵法言，勤注无绝。后循听讲肆，雄辩无前，乃以慧灯欲全，本资摄念，圣果将克，必固定想，因从开禅师而从依止。逮乎受戒，志逾清厉，遂学僧祇，十有余遍。依而讲解，听徒三百，京辅律要，此而为宗。后弊于言说，更崇前观，额上鼻端，是所存想，山间树下，为其居处。既而光明内发，色相外除，形木若枯，心灰犹死，偏精六行，冠达五门，开公处众，称为第一，遂得同学齐敬，又号为"无上士"也。及师亡，遗嘱令摄后徒，于时五众二百余人依崇习静，声驰陇塞，化满关河。寻路追风，千里相属，填门盈室。坐诲门人，或初修不净，或终学人空，念彼慈悲，弘斯正则。周武皇帝特所钦承，乃下敕云："崇禅师德行无玷，精悟独绝，所预学徒，未闻有犯，当是尊以德义，故则众绝形清。可为周国三藏，年任陟岵寺主。"即从而教导，僧尼有序，响名称焉。每为僧职滞踪，未许游涉，乃假以他缘，遂蒙放免。末遗法沦荡，便从流俗，外顺王威，内持道素，又授金紫光禄等衔，并不依就，虽沉厄运，无废利人。大象之初，皇隋肇命，法炬还照，即预百二十僧，敕住兴善，寻复别敕，令宰寺任，重勤辞逊，又不受之，而道冠僧群，王公戒范。昔以佛法颓毁，私愿早隆，谨造一寺，用光末法，因以奏上，帝乃立九寺以副崇愿，皆国家供给，终于文世。高唐公素禀行门，偏所归信，遂割宅为寺，引众居之。敕以虚静所归，禅徒有誉，赐额可为‘清禅’，今之清明门内寺是也。隋氏晋王钦敬禅林，降威为寺檀越，前后送户七十有余，水硙及碾上下六具，永充基业，传利于今。天子昔所承名，今亲正业，开皇之初，敕送绢一万四千匹、布五千端、绵一千屯、绫二百匹、锦二十张，五色上米前后千石。皇后又下令送钱五千贯、毡五十领、剃刀五千具。崇福感于今，愿流于后，望建浮图一区，用酬国俸。帝闻大悦，内送舍利六粒，以同弘业。于时释教初开，图象全阙，崇兴此塔，深会帝心，敕为追匠杜崇，令其缮缋，料钱三千余贯，计砖八十万。帝以功业引费，恐有匮竭，又送身所着衣及皇后所服者总一千三百对以助随喜。开皇十一年，晋王镇总杨越，为造露盘，并诸庄饰，十四年内方始成就，举高一十一级，竦耀太虚，京邑称最。尔后傣遗相接，众具繁委，王又造佛堂僧院，并送五行调度种植树林等事，并委僧众监检助成。崇既令重当朝，往还无壅，宫合之禁，门籍未安，须有所论，执锡便进。时处大内，为述净业，文帝礼接，自称“师儿”，献后延德，又称“师女”。及在于本寺，则敕令载驰，问以起居，无晨不至。自所获外利，尽施伽蓝，缘身资蓄，衣钵而已。开皇十四年十月三十日迁化寺房，春秋八十矣。皇情哀惨，下敕葬焉，所须丧事，有司供给。皂白弟子五千余人，送于终南至相寺之右，为建白塔，勒铭存今。初，崇未终七日，寺内幡竿无故自折，门外汲井忽尔便枯，众怪其由也。及至晦夜，崇遗告曰：“吾有去处，今须付嘱。”即以衣资施于三宝。及至后夜，觉有异相，就而观之，方知气绝，无疾而逝，形色如生。因以奏闻，莫不怀恸。

隋慧日内道场释慧越传五

释慧越，岭南人。住罗浮山中，聚众业禅，有闻南越。性多泛爱，慈救苍生，栖顿幽阻，虎豹无扰。曾有群兽来前，因为说法，虎遂以头枕膝，越便捋其须面，情无所畏。众咸睹之，以为异伦也。化行五岭，声流三楚。隋炀在蕃，搜选英异，开皇末年遣舍人王延寿往召，追入晋府慧日道场，并随王至京，在所通化。末还杨州，路中感疾而卒，停尸船上，有若生焉。夜见焰光从足而出，入于顶上，还从顶出，而从足入，竟夕不断。道俗殊叹未曾有也。王教归葬本山，以旌诚敬。

隋蒋州履道寺释慧实传六

释慧实，俗姓许氏，颍川人。少出家，志敦幽尚，遍履名山。梁末游步天台，综习禅业。入房闭户，出即荡门，衣钵随身，惟留床席，实轻清之丈夫也。陈祚伊始，负锡龙盘，绝迹人世五十余年。贵尚头陀，恒居宴默，自少及终，胁不亲物。虽形衰年积，而精节之志老而弥厉。以仁寿四年八月二十三日迁于蒋州履道寺之房，春秋九十有六。遗旨令尸陀北岭，后收窆于山南，奉造三层砖塔，就而纪德。

隋文成郡马头山释僧善传七（僧袭　僧集）

释僧善，姓席氏，绛郡正平人。童少出家，便从定业，与汲郡林落泉方公齐名，各聚其类，依岩服道。往还骆驿白鹿、太行、抱犊、林虑等山，振名四远，归宗殷满。有弟子僧袭者愍斯汾曲，往延通化；善以山众常业，恐有乖离，虽经频请，曾未之许。袭曰："前后邀迎三十余度，元元之情，情无已已，磨踵有尽，誓心难舍。"善乃从焉。居住马头山中，大行禅道，蒲、虞、晋、绛，荷幞相喧。众聚繁多，遂分为四部，即东西二林、杯盘、大黄等处是也，皆零房别室，星散林岩，宴坐所指，十一切入，而为标据，徒属五百，肃然静谧。仁寿之岁，其道弥隆。及疾笃将极，告弟子曰："吾患腹中冷结者。昔在少年，山居服业，粮粒既断。懒往追求，啖小石子用充日给，因觉为病耳。死后可破肠看之。"果如所言。又累曰："各勤修业，不劳化俗，废尔正务。若吾终后，不须焚燎，外损物命。可坐于瓮中埋之。"以大业初年三月十一日加坐如生，卒于大黄岩中，道俗依言而殡。僧袭，本住绛州，结心定业，承习善公，不亏其化。晚住晋州宝严寺，充僧直岁，监当稻田，见杀水陆诸虫，不胜其酷，因掷弃公名，追崇故业。以善师终日，他行不在，借访时人，又并终没，遂赍诸供度，就山设会。悲恸先迹，顾奉无由，寻其遗骸，莫知所在。忽闻爆声振裂，响发林谷，见地分涌，瓮出于外，骸骨如雪，唯舌存焉，红赤鲜映，逾于生日，因取骨舌，两以为塔。袭以贞观十五年正月九日卒于山舍，春秋六十有四。临终神思安隐，称念而逝。时晋州西小榆山有沙门僧集者，苦节山林，聚徒禅业。养蛇畜鼠，驯附可以手持，常现左右，驱逐不去，有俗人来，辄便自隐。

隋相州邺下释玄景传八（玄觉）

释玄景，姓石氏，沧州人。十八被举秀才，至邺都为和王省事，读书一遍，便究文义，须便辄引，曾无所遗。五载之中，无书可读。晚从和禅师所听大品、维摩。景既后来，门侧立听，深鉴超拔，将归受学。和以定业之望，参问繁广，令依止慧法师，授以大乘秘奥之极。既沃乃心，便志存舍俗，二十有七，与诸妻子执别，告云："自临漳已南，属吾所游，名涅槃境。临漳已北，是生死分，尔之行往也，吾誓非圣更不重涉。"还从和公剃落，授以正法。景晨宵思择，统解玄微。遭周灭法，逃潜林薄，又以禅道，内外相融。开皇初年，就缘讲导，仪设华约，事事翘心。故二时法会，必香汤洒地，熏炉引导，前经后景，初无一绝，洗秽护净，钦若戒科。常读开经，行不过五，寻讫更展，其例如前。故每振法鼓，动即千人，屯赴供施，为俦罕匹。所以景之房内，黄紫缁衣上下之服各百余副，一时一换，为生初善，经身一着，便以施僧。其感利之殷，为如此也。后因卧疾三日，告侍人玄觉。曰："吾欲见弥勒佛，云何乃作夜摩天主玄觉。"又云："宾客极多，事须看视玄觉。"有问其故，答云："凡夫识想，何可检校！向有天众邀迎耳玄觉。"尔后异香充户，众共闻之玄觉。又曰："吾欲去矣，当愿生世为善知识玄觉。"遂终于所住，即大业二年六月也玄觉。自生常立愿沉骸水中，及其没后，遵用前旨，葬于紫陌河深潆之中。三日往观，所沉之处返成沙坟，极高峻，而水分两派。道俗异其雅瑞，传迹于今。玄觉孝慈居性，祖学先谟。后住京师，隶庄严寺，纯讲大乘，于文殊般若偏为意得，荣观帝壤，誉显当锋。

隋赵郡障洪山释智舜传九（智赞）

释智舜，俗姓孟，赵州大陆人。少为书生，博通丘索，工书善说，庠序附焉。年二十余，厌世出家，事云门稠公，居于白鹿，始末十载。常乐幽隐，不事嚣杂，才有昏情，便有灵祇相诫，或动身衣，或有声相，又现白服，形量丈余，绕院相警，往往非一。尝与沙门昙询同修念定，经于四年。后北游赞皇许亭山，依倚结业，声绩及远。有资其道供者，便权避之，遂经纪载，不须资待。又，猎者逐雉，飞入舜房，苦加劝勉，终不肯止，遂将雉去，情不忍此，因割耳遗之，感舜苦谏，便投弓解鹰，从舜请道，渐学经义，于是课笃数村舍其猎业。斯则仁济之诚也。后专习道观，不务有缘，妄心卒起不可禁者，即刺股流血，或抱石巡塔，须臾不逸其虑也，故髀上刺处班驳如铺锦焉。其翘励之操，同伍诚不共矣。处山积岁，剪剃无人，便以火烧发。弊服遗食，屡结寒炎，度景分功，无忘造次。性少贪恼，手不执财，每见贫馁，泪垂盈面，或解衣以给，或割口以施，由此内撤外化。所亲之中，见其弥敬，十人出家，并依舜行，练心节量，踵武扬风。后年疾既侵，身力斯尽，常令人称念，系想净方，遂终于老。末感气疾忽增，十有五日励念如初，卒于元氏县屈岭禅坊，时年七十有二，即仁寿四年正月二十日也。初，葬于终所山侧，后房子县界嶂洪山民素重舜道，夜偷尸柩瘗于岩中，及往追觅，皆藏其所，三年之后开示焚之，起白塔于崖上。自舜之入道，精厉其诚。昔处儒宗，颇自矜伐，忽因旬假得不净观，肠腑流外，惊厌叵陈。所见余人，例皆不净内溢，乃就稠师，具蒙印旨。为云门官供，当拟是难，因就静山，晓夕通业。不隶公名，不行公寺，而内德潜运，远闻帝阙。开皇十年下诏曰："皇帝敬问赵州房子界嶂洪山南谷旧禅房寺智舜禅师，冬日极寒，禅师道体清胜！教导苍生，使早成就，朕甚嘉焉。朕统在兆民之上，弘护正法，夙夜无怠。今遣上开府卢元寿指宣往意，并送香物如别。"时赵州刺史杨达以舜无公贯，素绝名问，依敕散下，方始知之，乃为系名同果寺，用承诏旨而舜亦不临赴，山民为之起寺。三处交络，四方闻造，欣斯念定，而莫堪其精到，不久还返。斯勇猛之诚，不可例也。每于冬初化诸缘集，多办复贮之衣，就施狱囚。春秋二时，方等行道，余则加坐幽林，块然不寐。及登耳顺，心用力疲，转读藏经，凡得四遍，左手执卷，右手执烛，十宿五宿，目不曾敛。佛名赞德，诵阅如流，昏昼六时，礼忏终化。有弟子智赞，幼奉清诲，长悟玄理，摄论、涅槃，是所综博。今住蓝田化感寺，承习禅慧，荣其光绪，比多征引，终遁林泉。

隋九江庐山大林寺释智锴传十

释智锴，姓夏侯，豫章人。少出家，在杨州兴皇寺听朗公讲三论，善受玄文，有名当日。开皇十五年，遇天台颢公，修习禅法，特有念力，颢叹重之。晚讲涅槃、法华及十诵律，弘敷之盛，见重于时。又善外学，文笔史籍，弥是所长。晚住庐山，造大林精舍，缔构伊始，并是营综。末又治西林寺。两处监护，皆终其事。然守志大林，二十余载，足不下山，常修定业。隋文重之，下敕追召，称疾不赴。后豫章请讲，苦违不往，云："吾意终山舍，岂死城邑？"道俗虔请，不获志而临之。未几遂卒于州治之寺，时以为知命也，春秋七十有八，即大业六年六月也。气属炎热，而加坐如生，接还庐阜，形不摧变，都无臭腐，反有异香。道俗叹讶，遂缄于石室，至今如初焉。

隋天台山国清寺释智越传十一（波若　法彦）

释智越，姓郑氏，南阳人也。少怀离尘之志，父为求婚，方便祈止。长则勇干清美。于时乐阳殿下统御荆州，征任甚高，非其所欲，惟以情愿出家，王感彼诚素，因遂夙心。剪落已后，随方问道。仍到金陵，便值智者，北面请业，授以禅法，便深达五门，穷通六妙，戒行清白，律仪淳粹。又诵法华万有余遍，瓶水自盈，经之力也。学徒虽众，其最居称首。有临海露山精舍，梵僧所造，巨有灵异。智者每临，命越令影响之，晦迹已后，台岭山众，一焉是嘱。二十年间询询善诱，无违遗寄，便为二众依止，四部归崇。姿容瑰伟，德感物情，颇存汲引。每于师忌，敕设千僧官斋，越以衣钵之余，以充大施。随文皇帝献后崩日，设斋咒愿，每获百段，曾不固留。括州刺史郑系伯、临海镇将杨神贵，师友义重，待遇不轻。大业十二年十一月二十三日，寝疾经旬，右胁而卧，卒于国清旧房，春秋七十有四。临终之时山崩地动，境内道俗咸所见闻。台山又有沙门波若者，俗姓高，句丽人也。陈世归国，在金陵听讲，深解义味。开皇并陈，游方学业。十六入天台，北面智者，求授禅法。其人利根上智，即有所证。谓曰："汝于此有缘，宜须闲居静处，成备妙行。今天台山最高峰名为华顶，去寺将六七十里，是吾昔头陀之所。彼山衹是大乘根性，汝可往彼，学道进行，必有深益，不须愁虑衣食。"其即遵旨，以开皇十八年往彼山所，晓夜行道，不敢睡卧，影不出山，十有六载。大业九年二月，忽然自下，初到佛垄上寺，净人见三白衣担衣钵从，须臾不见。至于国清下寺，仍密向善友同意云："波若自知寿命将尽非久，今故出，与大众别耳。"不盈数日，无疾端坐，正念而卒于国清，春秋五十有二。送龛山所，出寺大门，回舆示别，眼即便开，至山仍闭。是时也，莫问官私道俗，咸皆叹仰，俱发道心。外睹灵瑞若此，余则山中神异，人所不见，固难详矣。时天台又有释法彦者，姓张氏，清河人。周朝废教之时，避难投陈，于金陵奉遇智者，以太建七年陪从入天台，伏膺请业，授以禅那。既蒙训诲，不停房舍，每处山间林树之下，专修禅寂。三十年中常坐不卧，或时入定，七日方起。具向师说所证法相；有人听闻曰："如汝所说，是背舍观中第二观相。"亦有山衹数相娆试，宴坐怡然，不干其虑。大业七年二月三十日卒于国清，春秋六十六。智者门徒极多，故叙其三数耳。

续高僧传卷第十七

四朝高僧传

第三册

续高僧传 下

〔唐〕道宣 撰

中国书店

图书在版编目（CIP）数据

续高僧传．下／（唐）道宣撰．— 北京：中国书店，2018.5（2022.4重印）
（四朝高僧传）
ISBN 978-7-5149-1776-5

Ⅰ．①续… Ⅱ．①道… Ⅲ．①僧侣－列传－中国－古代 Ⅳ．①B949.92

中国版本图书馆CIP数据核字（2017）第113041号

责任编辑　田　野
策　　划　万文社

四朝高僧传　续高僧传　下〔唐〕道　宣　撰

出　　版　中国书店
地　　址　北京市西城区琉璃厂东街115号
邮　　编　100050
发　　行　全国新华书店经销
印　　刷　北京飞帆印刷有限公司
开　　本　680毫米×980毫米　1/16
印　　张　18.5
字　　数　276千字
版　　次　2018年5月第1版
印　　次　2022年4月第3次印刷
书　　号　ISBN 978-7-5149-1776-5
定　　价　368.00元（全5册）

目录 *

续高僧传下

---

* 编者注:《续高僧传》大正藏本的部分卷次标注存在窜乱。第二十、二十一卷之间窜入第二十五、二十六卷，第二十二、二十三卷之间窜入第二十八卷，第二十五、二十六卷之间窜入第三十五卷。因而第二十五、二十六、二十八卷的卷次重复出现，但正文的内容接续无缺。这种现象，是由于《大正新修大藏经》出版时赵城金藏、碛砂藏等版本尚未披露，大正藏本《续高僧传》是以三十卷本高丽藏本插入四十卷本相关章节整理而造成的。今编者为尊重底本原貌，对卷次不予改动，敬请读者鉴之。

续高僧传下

续高僧传卷第十八

大唐西明寺沙门释道宣撰

习禅三　本传十三　附见四

隋西京禅定道场释昙迁传一

释昙迁，俗姓王氏，博陵饶阳人。近祖太原历宦而后居焉。少而俊朗，爽异常伦。年十三，父母嘉其远悟，令舅氏传授，即齐中散大夫、国子祭酒、博士权会也。会备练六经，偏究易道，剖卦析爻，妙穷象系。奇迁精彩，乃先授以周易。初受八卦相生，随言即晓，始学文半，余半自通，了非师受，悟超词理；会深异也。曾有一妪失物，就会决之，得于兑卦。会告迁曰："汝试辩之。"应声答曰："若如卦判，定失金钗。"妪惊，喜曰："实如所辩。"迁曰："兑是金位，字脚两垂，似于钗象耳。"舅曰："更依卦审悉盗者为谁。"对曰："失者，西家白色女子、奉口总角、可年十四五者将去。寻可得之。"后如言果获。有问其故，迁曰："兑是西方少女之位，五色分方，为白也。兑字上点，表总角之象，内有尖形，表奉口之相。推而测知，非有异术。"舅乃释策而叹曰："吾于卜筮颇工，至于取断，依俙而已。岂如汝之明耶！老舅实顾多惭，方验宣尼之言：'后生可畏也。'"乃更授以礼、传、诗、尚、庄、老等书，但经一览，义无重问。于时据宗儒学，独擅英声。每言"大小两雅，当时之讽刺，左右二史，君王之事、言，礼序人伦，乐移风俗，无非耳目之玩，其势亦可知之；未若李、庄论大道，周易辩阴阳，可以悟幽微，可以怡情性"。究而味之，乃玄儒之本也。当时先达颇蔑其幼年，致或抗言褒贬者，迁辩对纵横，词旨明烂，无不挹谢其声实。自尔留心庄、易，归意佛经，愿预染衣，得通幽极。二亲爱之，弗许，恳诚岁久，乃蒙放遣。初投饶阳曲李寺沙门慧荣。荣颇解占相，知有济器，告迁曰："有心慕道，理应相度，观子骨法，当类弥天，自揣澄公，有惭德义。可访高世者，以副雅怀。"迁虽属伸勤请，而固遮弗许。又从定州贾和寺昙静律师而出家焉，时年二十有一。本图既遂，襟期坦然，猛励精勤，昏晓无倦。初诵胜鬘，不日便了，怪而检覆，未差一字，当夜问经中深疑，莫非妙义。既知神思大成，乃与受具，恣其问道。从师五台山，此山灵迹极多，备见神异。后归邺下，历诸讲肆，弃小专大，不以经句涉怀，偏就昙遵法师，禀求佛法纲要。当有齐之盛，释教大兴，至于宫观法祀，皆锋芒驰骛。迁性不预涉，高谢世利，众咸推焉。密谓人曰："学为知法，法为修行，岂以荣利，即名为道？秦世道恒削迹岩薮，诚有由矣。"遂窜形林虑山黄花谷中净国寺，蔬素覃思，委身以道，有来请问，乍为弘宣。研精华严、十地、维摩、楞伽、地持、起信等，咸究其深赜。尝寻唯识论，遂感心热病，专凭三宝，不以医术缠情。夜梦月落入怀，乃擘而食之，脆如冰片，甚讶香美，觉罢，所苦痊复，一旬有余，流味在口。因其圣助，食月成德，遂私改名以为月德也。尔后每授人戒，常云：“于我月德前三说受菩萨戒。”逮周武平齐，佛法颓毁，将欲保道存戒，逃迹金陵。结侣霄征，间行假导，多被劫掠，进达寿阳曲水寺，顾法属曰：“吾等薄运所钟，屡逢群盗，若怨结不解，来报莫穷。众可哀彼愚迷，自责往业，各舍什物，为贼营忏，冀于来世为法知识。”既而南济大江，安然利涉。由斯以推，诚斋福之助也。初达杨都，栖道场寺，扫衣分卫，摄念无为，时与同侣谈唯识义。彼有沙门慧晓、智璀等，并陈朝道轴，江表僧望。晓学兼孔、释，妙善定门。璀禅慧两深，帝王师表。又有高丽沙门智晃，善萨婆多部，名扇当涂，为法城堑。并一见而结友于，再叙而高冲奥。有欲以闻天子者，迁预知情事，谓之曰：“余以本朝沦覆，正法凌夷，所以冒死浮江，得参梵侣，生平果志，遂得有余，结援时荣，幸愿缄默。”惟有国子博士张机，每申尽礼，请法余景，时论庄、易，窃传其义，用训庠序。因至桂州刺史蒋君之宅，获摄大乘论，以为全如意珠。虽先讲唯识，薄究通宗，至于思构幽微，有所流滞。今大部斯洞，文旨宛然，将欲弘演未闻，彼之家国。承周道失御，隋历告兴，遂与同侣俱辞建业。缁素知友祖道新林，去留哀感，各题篇什。晓禅师命章赋诗曰：“生平本胡越，关吴各异津。联翩一倾盖，便作法城亲。清谈解烦累，愁眉始得申。今朝忽分手，恨失眼中人。子向泾河道，慧业日当新。我住邗江侧，终为松下尘。沉浮从此隔，无复更来因。此别终天别，迸泪忽沾巾。”余之名德，并有缀词，久失其文。各执手辞袂，登石头岸，入舟动楫，忽风浪腾涌。众人无计，迁独正想不移，捧持摄论，告江神曰：“今欲以大法，开彼未悟，若北土无运，命也如何？必应闻大教，请停风浪，冀传法之功，冥寄有属。”言讫，须臾恬静，安流达岸。时人以为此论译于南国，护国之神不许他境，事同迦延之出罽宾，为罗刹之稽留也。进达彭城，新旧交集，远近欣赴，郁为大众。有一檀越舍宅栖之，遂目所住为慕圣寺。始弘摄论，又讲楞伽、起信、如实等论，相继不绝。摄论北土创开，自此为始也。徐州总管谷城公万绪，率诸僚佐拥篲咨承，尽弟子之礼。迁弘化此土，屡动暄凉，黑白变俗，大有成业。自周毁正法，遗形充野，乃劝奖有缘，于慕圣寺多构堂阁，随有收聚，庄严供养。上柱国宋公贺若弼、长史张坦出镇扬州，承风思展，结为良导。及诸道俗伫愿德音，坦乃手疏邀延，迁亦虚舟待吹，远到广陵，举郭迎望，歌梵遏云霞，香花翳日月，桑门一盛，荣莫加斯。宋公名重位高，颇以学能傲诞，迁应权授法，不觉心醉形摧，乃携其家属从受归戒。初停开善，建弘摄论，请益千计。不久，徐方官庶思渴法言，江都才了，复迎还北，盛转法轮，声名遐布。属开皇七年秋下诏曰："皇帝敬问徐州昙迁法师！承修叙妙因，勤精道教，护持正法，利益无边，诚释氏之栋梁，即人伦之龙象也。深愿巡历所在，承风餐德，限以朝务，实怀虚想，当即来仪，以沃劳望。弟子之内闲解法相能转梵音者十人，并将入京。当与师崇建正法，刊定经典。且道法初兴，触途草创，弘奖建立，终借通人。京邑之间，远近所凑，宣扬法事，为惠殊广。想振锡拂衣，勿辞劳也。寻望见师，不复多及。"时洛阳慧远、魏郡慧藏、清河僧休、济阴宝镇、汲郡洪遵，各奉明诏，同集帝辇。迁乃率其门人，行途所资，皆出天府。与五大德谒帝于大兴殿，特蒙礼接，劳以优言。又敕所司，并于大兴善寺安置供给，王公宰辅，冠盖相望。虽各将门徒十人，而慕义沙门，敕亦延及，遂得万里寻师，于焉可想。于斯时也，宇内大通，京室学僧，多传荒远，众以摄论初辟，投诚请祈，即为敷弘，受业千数。沙门慧远领袖法门，躬处坐端，横经禀义。自是传灯不绝，于今多矣。虽则寰宇穿凿，时有异端，原其解起，莫非祖习。故真谛传云："不久有大国不近不远，大根性人能弘斯论。"求今望古，岂非斯人乎？十年春，帝幸晋阳，敕迁随驾。既达并部，又诏令僧御殿行道，至夜追迁入内，与御同榻。帝曰："弟子行幸至此，承大有私度山僧于求公贯，意愿度之，如何？"迁曰："昔周武御图，殄灭三宝，众僧等或划迹幽岩，或逃窜异境。陛下统临大运，更阐法门，无不歌咏有归，来投圣德。比虽屡蒙招引度脱，而来有先后，致差际会。且自天地覆载，莫匪王民，至尊汲引万方，宁止一郭蒙庆。"帝沉虑少时，方乃允焉，因下敕曰："自十年四月已前诸有僧尼私度者，并听出家。"故率土蒙度数十万人，迁之力矣。寻下敕为第四皇子蜀王秀于京城置胜光寺，即以王为檀越，敕请迁之徒众六十余人住此寺中，受王供养。左仆射高颎、右卫将军虞庆则、右仆射苏威、光禄王端等，朝务之暇，执卷承旨。四门博士、国子助教刘子平，孔门俊乂，屈膝餐奉。魏郡道士仇岳，洞晓庄老，文皇钦重，入京造展，共谈玄理。迁既为帝王挹敬、侯伯邀延，抗行之徒，是非纷起，或谓滞于荣宠者；乃著亡是非论以示诸己，其词曰："夫自是非彼，美己恶人，物莫不然。以皆然故，举世纭纭，无自正者也。斯由未达是非之患，乃致于此。言至患者，有十不可：一是非无主，二自性不定，三彼我俱有，四更互为因，五迭不相及，六隐显有无，七性自相违，八执者偏着，九是非差别，十无是无非。初明无适主者，此云我是，彼云我是，彼此竞取，乃令是非无定从。彼云此非，此云彼非，彼此竞兴，遂使非无适趣。或者必欲以是自归、以非属彼者，此有何理而可然耶？理不然故，强为之者莫不致败耳，物岂知其然哉？"文多不委。十三年帝幸岐州，迁时随彼，乃敕蜀王布围南山，行春搜之事也。王逐一兽入故窑中，既失踪迹，但见满窑破落佛像。王遂罢猎，具以事闻。迁因奏曰："比经周代毁道，灵塔圣仪填委沟壑者，多蒙陛下兴建，已得修营。至于碎身遗影，尚遍原野。贫道触目增恸，有心无事。"帝闻惘然，曰："弟子庸朽，垂拱岩廊，乃使尊仪冒犯霜露。如师所说，朕之咎也。"又下诏曰云云，"诸有破故佛像，仰所在官司精加检括，运送随近寺内。率土苍生口施一文，委州县官人检校庄饰"。故一化严丽，迁实有功。十四年柴燎岱宗，迁又上诸废山寺并无贯逃僧请并安堵，帝又许焉，寻敕率土之内，但有山寺一僧已上，皆听给额，私度附贯，迁又其功焉。又敕河南王为泰岳神通道场檀越，即旧朗公寺也；齐主为神宝檀越，旧静默寺也；华阳王为宝山檀越，旧灵岩寺也。又委迁简齐鲁名僧来住京辇。其为世重，诚无以加。文帝昔在龙潜，有天竺沙门以一颗舍利授之，云："此大觉遗身也。檀越当盛兴显，则来福无疆。"言讫，莫知所之。后龙飞之后，迫以万机，未遑兴盛。仁寿元年，追惟昔言，将欲建立，乃出本所舍利与迁，交手数之，虽各专意，而前后不能定数。帝问所由，迁曰："如来法身，过于数量，今此舍利即法身遗质。以事量之，诚恐徒设耳。"帝意悟，即请大德三十人，安置宝塔为三十道，建轨制度，一准育王。帝以迁为蜀王门师，王镇梁益，意欲令往蜀塔，检校为功，宰辅咸以剑道危悬，涂径盘折，高年宿齿，难冒艰阻，更改奏之，乃令诣岐州凤泉寺起塔。晨夕祥瑞，以沃帝心。将造石函，于寺东北二十里许忽见文石四段，光润如玉，大小平正，取为重函。其内自变作双树之形，高三尺余，异色相宣，或有鸟兽龙象之状，花叶旋转之形。以事上闻，帝大悦。二年春，下敕于五十余州分布起庙，具感祥瑞，如别传叙之。四年，又下敕于三十州造庙，遂使宇内大州一百余所皆起灵塔。劝物崇善，迁实有功。及献后云崩，于京邑西南置禅定寺，架塔七层，骇临云际，殿堂高竦，房宇重深，周闾等宫阙，林圃如天苑，举国崇盛，莫有高者。仍下敕曰："自稠师灭后，禅门不开，虽戒慧乃弘，而行仪攸阙。今所立寺既名禅定，望嗣前尘，宜于海内召名德禅师百二十人，各二侍者，并委迁禅师搜扬。"有司具礼，即以迁为寺主。既恩敕爰降，不免临之，绥抚法众，接悟贤明，皆会素心，振声帝世。时大兴善有像放光，道俗同见，以事闻上。敕问迁曰："宫中尊像，并是灵仪，比来修敬，光何不见？"迁曰："但有佛像，皆放光明，感机既别，有见不见。"帝曰："朕有何罪？生不遇耶！"迁曰："世有三尊，各有光明，其用异也。"帝曰："何者是耶？"答曰："佛为世尊，道为天尊，帝为至尊，尊有恒政，不可并治。所以佛道弘教，开示来业，故放神光，除其罪障。陛下光明，充于四海，律令法式，禁止罪源，即大光也。"帝大悦。迁美容仪，善风韵，故临机答对如此。又器宇恢雅，含垢藏疾，妙于定门，练精戒品。天性仁慈，寡于贪竞，虽帝王赠舍，远近献饷，一无自给，并资僧众，或济接贫薄，追崇图塔。又不重厚味，不饰华绮，内有关钥，外屏名利。显助弘道，冥心幽隐，立志清简，不杂交游。时俗颇以疏傲为论，深鉴国士而体其虚心应物也。凡有言述，理无不当，皆能遣滞，显旨深矣。故远公每云："迁禅师破执入理，此长胜我。"斯言合也。而词旨典正，有文章焉，虽才人沉郁含豪，未能加也。夙感风痿之疾，运尽重增，卒于禅定，春秋六十有六，即大业三年十二月六日也。葬于终南北麓胜光寺之山园，凿石刻铭，树于坟所。当停柩之日，有一白犬不知何来，径至丧所，虽遭遮约，终不肯去。见人哀哭，犬亦号叫，见人止哭，犬亦无声。与食不啖，常于丧所右萦而卧。既舆柩随行，犬便前后奔走，似如监护之使，及下葬讫，便失所在。识者以犬为防畜，将非冥卫所加乎？初未，终之前，有梦禅定佛殿东倾，数人扶之还正，惟东北一柱陷地，拔之不出。迁房属于陷角，故有先验之征。既卒之后，有沙门专诚祈请，欲知生处，乃梦见净土严丽，故倍常传，宝树宫阙，郁然相峙，道俗徒侣有数千人，迁独处金台，为众说法。虽梦通虚实，而灵感犹希，况随请而知，故当降灵，非谬矣。所撰摄论疏十卷，年别再敷。每举法轮，诸讲停务，皆倾渴奔注，有若不足也。又撰楞伽、起信、唯识、如实等疏，九识、四月等章，华严明难品玄解，总二十余卷，并行于世。有沙门明则为之行状，覙缕终始，见重京师。

隋蜀郡福缘道场释僧渊传二

释僧渊，姓李，广汉郪人。家本巨富，为巴蜀所称。及渊初诞，天雨铜钱于庭，家内合运，处处皆满。父运疲久，口嘘唱之，钱不复下。仓内贮米，但及于半，忽满溢出。亲姻外内，莫不叹其福报也。自少至长，志干殊人，行则安而徐动，坐则俨而加趺。眼光外射，焰焰发越；容色玉润，状若赤铜；声若洪钟，响发林动；两足轮相，十角分明；二手九井，文理如画。年十八，身长七尺。其父异之，命令出家，即而剃落，住城西康兴寺，今所谓福缘是也。博寻人法，访无远迩，经耳不忘，蕴括怀抱。奉戒守素，大布为衣，瓶钵之外，无所蓄积。与同寺毅法师交游，二人即蜀郡僧中英杰者也，相随入京，博采新异。有陟岵寺沙门僧实者，禅道幽深，帝王所重，便依学定，豁尔知津。经涉炎凉，详核词义，渊研精定道，毅博通经术，丘索草隶，靡不留心。周氏废教，便还故寺，割东行房以为私宅，余者供官。随氏运开，更新缔构，领匠伐木，连雨两月，渊执炉祈请，随语便晴。造塔须金盘，又请地府，随言即掘，应命藏开，用足余金，还归本窟。详斯福力，今古未闻。常给孤独，不逆人意，远近随助，泉布若流。又以锦水江波，没溺者众，便于南路欲架飞桥，则扣此机，众事咸集。昔诸葛武侯指二江内造七星桥，造三铁镦，长八九尺，径三尺许，人号铁枪，拟打桥柱，用讫投江，顷便祈祷，方为出水。渊造新桥，将行竖柱，其镦自然浮水，来至桥津，及桥成也，又自投水。道俗歌谣，于今逸耳。渊、毅二师，并为物轨，晨夕问法，无亏遗寄。毅以仁寿二年十二月十一日寅时告弟子曰：“三界无常，吾其化矣。”言终神谢福缘本住，春秋六十有九。渊闻之悯然，曰：“毅师已往，我岂独留！”俄而遘疾，遗语同瘗，即以其月十四日又化，春秋八十有四。至十七日并窆于九里堂焉，刊石纪之于寺堂，陈子良为文。

隋河东栖岩道场释真慧传三

释真慧，陕州河北人，姓陈氏。河北诸陈，代称冠族，远称汉右相陈平，中云魏向侯陈陟，乃至江表陈代，并出此乡。真早厌身城，父母留碍，逼纳妻室，不免外情，玉洁之志，涅而逾净。开皇十二年，年财及冠，二亲俱往。既将出俗，犹萦妻累，先劝喻已，便为解发，资给道具，送往尼寺。真往陕州大通寺清禅师所出家受具。清示以学方，次第有本，曰："尸罗不净，三昧无由。"令往邺下静洪律师所，因循两载，备探幽致。又诣卫州淋落泉询禅师所，朝授夕悟，经历岁余，于询所得，略贯终始，禅侣三百，嗟咏声驰。询摩其顶，堪传灯法，令往山西，启诸未悟。真以学日既少，恐有差分，更住陶研，乃经两载，一一呈示，去取无疑。开皇十八年，承命西归，路经白鹿百家岩，时号幽绝，山势穷美，因登游观，又为留连，夏坐栖之，又陈禅道。至秋择地，无越晋川，遂之蒲坂首山麻谷创筑禅宇。四众争趋，端居引学，蔚成定市。十有八载，成就极多，栖岩杰昂，最称深入。仁寿四年，召与僧名，住栖岩寺。其为人也，谅直刚决，清俭退让，安苦忍乐，容止可观，独处乐静，不希华靡。大业元年饵黄精，绝粒百日，检校教授，坐禅礼忏，不减生平。后觉肥充，恐有学者，便休服饵。于闲田原北杯盘谷夏坐虎窟，虎为之移，及秋，虎还返窟。常有山神节度时分，如有迟延，必来警觉。以大业十一年十月七日因疾卒麻谷禅坊，春秋四十有七。初将终夕，神彩若常，曰："吾将生净土，见莲花相候。"又闻异钟，声幽净，异香充蔚，斯相既至，潸然而绝。门人道俗依而阇维，收骨起塔于麻谷。

隋西京禅定道场释慧瓒传四

释慧瓒，俗姓王氏，沧州人。壮室出家，清贞自远，承禀玄奥，学慕纲纽。受具已后，偏业毗尼，随方听略，不存文句。时在定州，居于律席，讲至宝戒，法师曰："此事即目，卒难制断，如何？"瓒闻之，私贱其说，时幞中有钱三百，乃掷弃之，由是卒世，言不及利。周武诛剪，避地南陈，流听群师，咸加芟改。开皇弘法，返迹东川，于赵州西封龙山引摄学徒，安居结业。大小经律，互谈文义，宗重行科，以戒为主，心用所指，法依为基。道闻远流，归向如市。故其所开悟，以离着为先。身则依附头陀，行兰若法，心则思寻念慧，识妄知诠。徒侣相依，数盈二百，绳床道具，齐肃有仪。展转西游，路经马邑，朔、代、并、晋，名行师寻，誉满二河，道俗倾望。秦王俊作镇并部，弘尚释门，于太原蒙山置开化寺，承斯道行，延请居之。僧众邕熙，声荣逸口。至于黑白，布萨要简，行净之人知有小愆，便止法事，重过则依方等，轻罪约律治之，必须以教验缘，片缺则经律俱舍。沙弥信行重斯正业，从受十戒，瓒不许之，乃归瓒之弟子明胤禅师，遵崇行法，晚还邺相，方立部众。及献后云崩，禅定初构，下敕追召，入京传化。自并至雍，千里钦风，道次逢迎，礼谒修敬。帝里上德又邀住于终南山之龙池寺，日夜请诲，闻所未闻。因而卒于山舍，春秋七十有二，即大业三年九月也。弟子志超追崇先范，立像晋川，见别传。

隋西京净住道场释法纯传五（慧昂）

释法纯，俗姓祝氏，扶风始平人也。初出家日，在于周世，备闻正教，亲奉明师，意在定林，情兼拯溺。住帝京陟岵、天宫二寺，往来居止，通虑为先。逢于废教退僧，潜匿城市，内持道服，外假俗衣。皇隋之兴，厥初度首，即百二十人之一也。住大兴善，鞭勒形心，有逾前稔。文帝闻纯怀素，请为戒师，自辞德薄，不敢闻命。帝勤注不已，遂处禁中，为传戒法，四事厚礼，不胜其供。辞还本寺，叹曰:“危身脆命，无常不久。终日保养，何见牢固?”上供难销，遂行方等忏法。四十五年常处净场，宗经检失，除食便利，余无阙废。尝于道场然灯，遂感灯明续焰，经于七夜，不添油炷，而光耀倍常，私密异之，为灭累之嘉相也。又油瓮所止，在佛堂内，忽然不见，乃经再宿，还来本处，而油满如故。每于夜静，闻有说法教授之声，异香寻隙，气冲于外，就而视之，一无所见。识者以为幽祇所集故也。而谦弱成治，趣务造功，不累形骸，用清心海。至于三秋霖滞，民苦者多，纯乃屏除法服，微行市里，或代人庸作，事讫私去，有与作价，反乞贫人。或见道俗衣服破坏尘垢，皆密为洗补，跪而复处，及巾屦替藉秽污臭处，皆缝洗鲜全，其例甚众。或于静时撻厕担粪，有密见者，告云：“若情事欣泰，愿共同作。”或为僧苦役，破薪运水；或王路艰岨，躬事填治，因而励俗，相助平坦。有来傺锡，皆惨然不乐，口云：“爱贼既来，狱王潜至，打缚不久矣。”故所获财物，并施大众，不造经像。人问其意，云：“行道者所乏耳，因以趣入也。”故王公等施，日盈门首，皆回与僧，而自着粪扫袈裟，内以布裙，又无腰襻，以绳收束，如中国法。寺僧服其行也，或有不敢受者，以为胜人所奉，稍异常徒。自叙云：“余初出家，依于山侣，昼则给供清众，暮则聚薪自照，因而诵经得二十五卷。”谓十地经论、金刚般若论、金光明、诸法无行等，并讲习通利，故其所宣导，皆引用斯文焉。开皇十五年，文帝又请入内为皇后受戒，施物出宫，随散并尽。故贫窭之士闻纯之入内也，要必有赐，并聚集街首，待施而还。仁寿三年，遂觉不悆，闭室静坐，而无痛所有。白衣童子手捧光明，立侍于右。弟子慧进入问：“此是何人？”答曰：“第六欲天，频来命我。但以诸天着乐，竟不许之，由妨修道故也。常愿生无佛法处，教化众生。慎勿彰言，死后任说。”至五月内，弟子为建大斋，望祟玄福。道俗凑集，并在纯前。有双鸽飞来，入纯房内，在衣桁上注目看纯，虽人触捉，都无有惧。纯云：“任之，勿捉。”至暮方逝。及其疾甚，人有问者，必诫以法行，不久得自纵自欺。又云：“我不觉忽乘白象也，此乃妄业耳，何由可任？”因设斋食，与诸旧别，所有衣资杂物施同行者，任取一事，用结良缘。而神志明悟，不觉余想，卒于净住寺，春秋八十有五，即仁寿三年五月十二日也。葬于白鹿原南，凿龛处之，外开门穴，以施飞走。后更往观，身肉皆尽，而骸骨不乱。弟子慧昂等率诸檀越追慕先范，乃图其仪质，饰以丹青，见在净住。沙门彦琮褒美厥德，为叙赞云。昂少所慈育，亲供上行，为之碑文，广陈盛事。兼以立性闲穆，识悟清爽，文藻横被，闻于京室。著集十卷，颇共传之。

隋益州响应山道场释法进传六

释法进，不知氏族，住益州绵竹县响应山玉女寺，为辉禅师弟子。后于定法师所受十戒，恭谨精诚，谦恪为务，惟业坐禅。寺后竹林，常于彼坐，有四老虎绕于左右，师语：“勿泄其相也。”后教水观，家人取柴，见绳床上有好清水，拾两白石安着水中。进暮还寺，弥觉背痛，具问家人，云：“安石子。”语令：“明往，可除此石。”及旦进禅，家人还见如初清水，即除石子，所苦便愈。因尔习定，不出此山。开皇中，蜀王秀临益州，妃患心腹，诸治不损。有绵州昌隆白崖山道士文普善者，能升刀禁火，鹄鸣山有二道士能呼策鬼神，符印章醮，入水不溺，并来同治，都无有效。乃使长史张英等往山请出，为妃治病，报曰：“吾在山住向八十年，与木同姓。”余更苦邀，进答曰：“尽命于此，可自早还。”信返具报，王使六司官人辘车四乘，将从百人，重往迎请，进曰：“王虽贵胜，命有所属。”执志如初。信还，王大怒，自入山，将手加罪。既至山寺，礼佛见进，不觉身战汗流。王曰：“奉请禅师为妃治病，禅师慈悲，愿救此苦。”答曰：“杀羊食心，岂不苦痛？一切众生皆是佛子，何因于妃偏生此爱？”王惭愧忏悔，仍请出，乃曰：“王命既重，不可不行。王自先行，贫道生不乘骑，当可后去。”王曰：“弟子步从，与师同行。”报曰：“出家人与俗异，但前行，应同到。”王行两日方至，进一旦便达，径入妃堂，见进流汗，因尔除差。施绢五百段、纳衣袈裟什物等。进令王妃以水盥手，执物咒愿，总用回入法聚寺基业。即辞还山，王与妃见进足离地可四五寸。以大业十三年正月八日终此山中，龙吟猿叫，喧寺三日矣。

隋西京大禅定道场释静端传七

释静端，一名慧端，本武威人，后住雍州。年十四投僧实禅师受治心法，深所印可。经魏、周、隋，崇挹佛化，阐弘不绝，以静操知名。后归于昙相禅师，习行定业。周灭法时，乃竭力藏举诸经像等百有余所，终始护持，冀后法开，用为承绪。及隋开化，并总发之，经籍广被，端之力也。重预出家，还宗本习，拥徒结道，绰有余勋。而谦损俭退，无与时争。服御三衣，应法杖钵，一床一食，用卒生报。获利即散，余无资畜。名行既着，贵贱是崇。隋汉王谅重其戒德，数受弘训。文帝、献后延进入宫，从受正法，禀其归护，遂留宫宿。端曰：“出家之人，情标离俗，宫中非宿寝之所。”数引宫禁，常弘戒约。敕以牙像、檀龛及诸金货前后奉赐，令兴福力。故今寺宇高广，皆端之余绪焉。所以财事增荣，日悬寺宇，一无所受，并归僧库。而常掩室下帷，静退人物。仁寿年中，有敕送舍利于豫州，屡放白光，变为五彩，旋转瓶侧。见者发心，凿石为铭，文至“皇帝”，镌治将讫，乃变为金字，分明外彻；时以为嘉瑞也。属高祖升遐，隋储嗣历，造大禅定上福文皇，召海内静业者居之。以端道悟群心，敕总纲任，辞不获免，创临僧首。于时四方义聚，人百其心，法令未扬，或愆灵化。而端躬事轨勉，咸敬而揖之，使夫饕惰之士悛励而从训勖者殷矣。以大业二年冬十二月二十七日终于禅林本寺，春秋六十有四。瘗于京之东郊故禅林寺庙，犹陈五色牙席，千秋树皮袈裟存焉，由物希故，观者众矣。

隋泽州羊头山释道舜传八

释道舜，未详何人。静处林泉，庇道自隐，言常含笑，谈述清远。尝止泽州羊头山神农定药之所，结宇茅茨，余无蓄积，日惟一食，常坐卒岁，斯亦清素之沙门也。德丰内溢，声流氓俗。能感蛇鼠同居，在绳床下各孚产育，不相危恼。又致虎来，蹲踞其侧，便为说法。有人还往，告虎令去，或语之云：“明日人来，汝不须至。”便如舜言，虎便不现。其通感深识，为若此也。给侍之人与虎同住，视如家犬，曾莫之畏。身着弊纳，略无可采，跣行林野，不择晨夕。开皇之初，忽游聚落说法，化诸村民。皆盛集受法，独不为一女人授戒，告云：“汝当生牛中，其相已现，戒不救汝也。业不定者，尔乃济耳。”时有不信其言，以为惑众，咸有疑者。舜欲决于众议，告众曰：“必不信者，试蹋汝牛尾业影，必当不起。”即以足蹑女裙后空地，云是尾影，其女依言，趣起不得。时众惊信，请舜曰：“如何除此业报？”其女家积粟数万石，既惧恶业，一时顿舍。舜并为营福，令其忏悔，如此累作，业恶便倾，方为受戒。由斯以谈，能见业影之存亡，将邻圣之极矣。或医诸疠村，受于疠供，见有脓溃外流者，皆口就而唼之，情无余念。或洗其衣服，或净其心业，用为己任，情向欣然，初无频蹙。后游于林虑洪谷，北诣晋、盘亭等诸山，隐寺综禅定业，不测终所。

隋西京大禅定道场释慧欢传九

释慧欢，俗姓管氏，京兆云阳人也。弱龄厌俗，深慕出家，迫以恒日，取拔无路。历任僚署，频经凉暑，年逾壮齿，方蒙本遂。三十有七，被缁在道，依清禅寺崇公咨受定法，摄心仪体，存息短长，观觉安立，冷然祛写。兼以志得林泉，销形人世，损略尘欲，山学推先。尝经行山顶，误堕高岩，乃石上端居，不忘禅念，其感灵如此。逮隋文晏驾，建大伽蓝，以欢志德潜被，召而供养。大业六年二月卒大禅定道场，春秋六十有九，遗令施形寒林之下。弟子等敢从德义，送于终南梗梓谷中，率诸道俗立铭树塔矣。

隋河东栖岩道场释智通传十

释智通，姓程氏，河东猗氏人也。生知信悫，乐崇道慧，将习书计，遂欲出家，父母异而许之，十岁已从剃落。敦肃恭孝，执履谦冲，师长友朋，接事无怠。修持戒行，歌咏法言，昼夜不辍，诵诸经中赞佛要偈三千余章，五十许年，初无告倦。自木德不竞，立丧攸在，释门沦废，法侣无归，方从俊律师、延法师服膺受业，不以艰危涅志。隋祖再兴，奄还蒲坂，慈济所及，乃立孤老寺于城治，等心赈赡，以时周给，授戒说法，乘机间起，食椹怀音，日有千计。仁寿创塔，缔构栖岩，翻然脱屣，就闲修业。亲事香花，躬运扫洒，口恒称赞，目常瞻睹。善由己积，道为含生，财虽有属，并充功德。以大业七年十月二十四日以疾而卒于山寺，春秋六十有四。初未终前，数日不悆，维那鸣钟而杵自折，识者以为不越振矣。通闻之，命侍者称弥陀佛名，回心摄念，愿生彼土。有入室门人顶盖者，夙夜祗奉。忽问盖曰："厨中作何食耶？"盖曰："为何所须？"曰："有达官诸贵来耳。"盖曰："昔闻生人道者见诸贵胜，师本修德，所诣岂在人耶！"至晚，乃开目正视，良久不眴，状有所睹。旁侍加香，寂然立敬，炊顷方止。乃弹指云："不可思议也。"有问其故，云见宝幢、华盖，塔庙庄严。初夜又回首眄云："始见明珠，今何所在？"又云："有何缘务，大然灯烛？"遂奄灯令暗，须臾复云："火明何为转盛！"盖曰："室今暗昧，是师净相，不可怪也。”乃合掌达旦，曰：“吾生净土矣。”因而气静，山地动摇，门窗振裂，群雉惊雊，非恒所闻。寺僧道慧未晓假寐，至是惊觉，出倚廊下，曰：“禅师若终，必生净土。何以知然？向于眠中见西岭上并是楼阁殿堂，乘空而去。”言毕，方知通已终逝。又，盖母王氏久怀笃信，读诵众经，礼忏发心，以往生为务。贞观十一年二月临将舍命，弥加勤至，目见床前有赤莲华，大如五斛瓮许，又见青莲华满宅，阿弥陀佛、观音、势至一时俱到。盖与侄薛大兴供，亲闻所述。而兴见有佛，色形甚大，并二菩萨，久而自隐。斯并近事，故传实录。沙门行友，蒲晋名僧，为之本传。因着论曰：夫法本不生，今则无灭，如身实相，观佛亦然。因斯以谈，则三界与一识冥归，生死共涅槃同体，又何容净秽彼此于其间哉！然则凡夫学人妄情未尽，不能齐彼我、均苦乐、遗欣厌、亡是非，故须回向愿求，标心所诣，然后往生耳。其实则不然，譬犹明镜现形，空谷应声，影响之来，岂云远乎？而惑者以暗识生疑，谓净土越度三有，超过九定，绝域寥廓，经途敻远，自非三乘极位及十地圣人积行累功，安能生彼。何其谬欤！观斯上人，虽禀性温柔，为人清洁，其所修习，则福德偏长。定慧之功，盖不足纪，直以一生之散善，临命之虚心，遂能目睹光明，亲见幢相，动摇坤像，梦感旁人。是知九品之业有征，十念之功无爽，凡我同志，可不勖哉！若夫寻近大乘，修行正观，察微尘之本际，信一念之初源，便可荆蕀播无常之音，枭镜说甚深之法。十方净国，未必过此。如其眷恋妻孥，盘桓弊执，营生未厌，逐物已疲，推有龄于仓卒之间，毕一世于遑忙之际，内无所措，外无所恃，则长劫冥没，亦奚能自返？悲夫！

隋西京慈门道场释本济传十一（善智　道训　道树）

释本济，宋氏，西河介休人也。父祖不事王侯，遁世无闷，逼以僚省，挂冠而返。济年爰童丱，智若成人，齿胄之初，横经就业，故于六经、三史，皆所留心。虽云小道，略通大义，故庠熟伦侣，重席请言。后披析既淹，豁然大悟，乃曰：“斯实宇宙之糟粕也，何累人之清识乎！”乃归仰释氏，辞亲出家。开皇元年，时登十八，戒定逾净，正业弥隆。不服新华，除其爱染，躬行忍辱，憨增上慢。博览经论，成诵在心，讲解推则，循环相属，时共观风，荣斯袖举。会信行禅师创开异部，包括先达，启则后贤，济闻钦咏欣然，北面承部，写瓶非喻，合契无差。以信行初达集录、山东，既无本文，口为济述，皆究达玄奥。及行之亡后，集录方到，济览文即讲，曾无滞托。虽未见后词，而前传冥会，时五众别部，敬之重之。著十种不敢斟量论六卷，旨文清靡，颇或传之。自是专弘异集，响高别众。以大业十一年九月十二日卒于所住之慈门寺，春秋五十有四。弟子道训、道树式奉尸陀，追建白塔于终南山下，立铭表德。有弟善智，天纵玄机，高步世表，祖师信行，伏膺请业。酌深辩味，妙简缁铢，入室邻机，精穷理窟。尝以四分之一用资形累，通夏翘足，摄虑观佛，诚策勤之上达也。信行敬揖风猷，雅相标致，时众咸悦，可谓以德伏人者焉。撰顿教一乘二十卷，因时制仪，共遵流世。以大业三年卒，弟子等附葬于信行墓之右焉。训有分略之能，树丰导引之说，当令敷化宗首，莫与俦之。时暂举筵，道俗云合，声策感敬，后恐难寻迹矣。

隋终南山神田道场释僧照传十二

释僧照，京兆人，不详氏族。幼年入道，师于静蔼，游履盛化。每居幽隐，频感征异。乃高恒度，恐致惊俗，故罕闻之俗。遭周灭法，不偶尘嚣，独处秦岭，高步松苑，顾影与心，相娱自得。乃曰："吾今居此安泰，宁有乐过斯者乎？彼城邑遗僧，波波顺俗，用斯优给，一何倾附。"及隋初弘教，遂于鄠县南山田谷。立神田寺。养徒纵业。名振渭川。道俗崇仰立信弥积。逮文帝末纪，栖隐岐山。以照道德远闻，意延相见，令左仆射杨素就宣敕旨，躬迎谒见。照预知之，告侍人曰："当有贵客来至，可办诸食。"明日果达山寺。素威英自若，勇悍无前，及到照之住篱，不觉惬然丧胆，下乘将进，欲步不前，乃通信达照。照端拱如初，命素前进，而通身沐汗，情智失守，才得传诏，余无厝言。久时少解，乃以情告，照曰："山林幽静，计无非异。檀越善意相寻，理无虚结。"食讫辞退，照曰："蒙天子优及，远延仁寿，但道在幽通，未假面奉。又以老疾相继，接对莫因。"素具事闻，述其情惧，帝曰："戒神之威也，以卿雄武故，致斯惮耳。”乃重敕素赍香油，再申景仰，下诏曰：“禅师德居物议，道映遂初，躬处岩阿，养素崇业，朕甚嘉焉。今送供奉，用展翘敬。”素以前虚仰景行，重谒山门，卑处身心，方陈对晤，为说正教，深副本怀，乃欲舍其金帛，开广寺塔。照曰：“岩泉林野，即可励心。塔寺禅坊，庄严城邑，凡所送者，一不受之。”又请受戒法。照以戒行轻毁，沉浑难清，乃为说慈悲仁育，陈理喻遣，竟不授戒。斯亦体达机候之明匠矣。以大业七年终于山寺，春秋八十有三。初，照一受具后，仪奉宪章，六十余夏，三衣不改，虽重补缉，而受持无离，惟自将奉，而侍者莫沾。或有接持举者，而重若太山，初无离席，及照之捧接，轻若鸿毛。因事以详，斯亦大德之清风矣。

唐并州大兴国寺释洪林传十三

释洪林，未详氏族，太原人也。少履释门，禀受清化，率志都雅，言晤精穆。住并州大兴国寺，履操栖静，退屏人物。而住房连匝，与众比居，整受贞严，希言寡涉。高众盛德皆敬而奉之，游至林房，莫不捻履潜步，啬然趣越也。其为世重如此。独居一室积五十年，宾客送迎，足不逾阈。至于僧法制度，道俗二食，身先座首，励力行奉，不以道德，用亏时众。余则端坐房中，俨然卓立，瓶衣什物，周正方所。故登其门者不觉毛竖。有问其故，则从容谈论，词义审当，而不测其心造也。故兴国大寺百有余僧，敬异崇仰，有如天岸。以武德年中终于所住，春秋八十余矣。

续高僧传卷第十八

续高僧传卷第十九

大唐西明寺沙门释道宣撰

习禅四　本传十四　附见二

唐京师大庄严寺释僧定传一

释僧定，丹阳人。本学成实，博综有功，讨击既繁，便感风疠，乃惟曰:“形异同伦，学当徙辙。”遂屏绝还顾，归宗禅府。初栖钟山林阜，独静空斋，侍者道游供给左右，唯以粳米白粥日进一杯，余则系念相续，不愧空景。经于数年，不涉村邑，游仞定心，更增幽绩。故使门牖重隐，吐纳自新，墙宇崇峻，违顺斯薄。微诚获应，故所苦忽销，致令身首面目一时圆净，鬓眉并生，有逾恒日。虽福感所及，仪貌倍常，而双眉最浓，可长数寸，苍赤通颜，乃成奇异。定既属斯灵瑞，翘厉晨夕。山中多虎，踪迹成蹊，本性仁慈，来入于室，床前庭下，惟繁虎迹。或禅想乍浮，未能安静，便通夜山行，无问榛梗，猛兽鸷鸟，见等同群，而定安之，若游城市。其含育之感，不可类也。隋文于西京造寺，远召处之。业定之心，无庸世务，至于受戒师礼，毕志岠违，预在尊严，闻便避隐。尝遇伤寒，通身蒸热，遂如常跏坐，断食三日。沙门保恭，道场上首，定之徒也，亲喻令食，答曰："疾势将陵，命非可保，应以法援，何用食为！"便闭口静坐，七日既满，所苦顿痊。其立操要心，为此类也。大业末岁，栖南山大和寺，群盗来劫，定初不怖。盗曰："岂不闻世间有奴贼耶？"定曰："纵有郎贼，吾尚不怖，况奴贼耶！"因剥其衣服，曾无吝色。至于坐毡，将欲挽掣，定捉之曰："吾仰此度冬，卿今将去，命必不济。乍断吾命于此，毡不可离，吾命也。"群贼相看，便止之。以武德七年六月因有少疾，跏坐如常，不觉已逝，春秋八十余矣。

唐同州大兴国寺释道林传二

释道林，姓李，同州合阳人也。年二十五发心出家，入太白山，结宇深岩，路绝登陟，木食济形，惟法检心，更无营拯。隋开皇之始创启玄宗，敕度七人，选穷翘楚，有司加访，搜得林焉。文皇亲命出家，苦辞不可，乃启曰："贫道闻山林之士往而不返，皓然之气独结林泉，望得连踪既往，故应义绝凡贯。陛下大敞法门，载清海陆，乞以此名遗虚仰者。"帝曰："名实相副，其来久矣。禅师但隶公府，身任山栖。"林不从，乃逃还大白，仍宗前业。后以事闻奏，乃更搜扬仄陋，穷岩倒穴，方始捉获，而履节无亏。敕劳殷重，崇敬弥异，乃赐香炉等物，仍令住冯翊大兴国寺。经止少时，又逃于梁山之阳，河崖回曲，地称天固，凿山为窟，凝道其中。武德七年七月微觉有疾，遗诫门侍无越律仪。又闻笳吹响空，道俗歆会。又降异香，大如桃枣，众皆拾而供养，莫知名目，烧发美畅，闻者惊心。经于三日，精气爽朗，跏坐而终。停尸七日，色相无改，即于山栖凿龛处之。众聚如烟，数盈万计，鼓舞而送，生死荣焉。自林之在道，隐括为先，从生至终，俭约为务。女人生染之本，偏所诫期，故林一生常不亲面，不为说法，不从取食，不上房基，致使临终之前有来问疾者，林隔障潜知，遥止之，不令面对。斯行洁通幽故也。而慈济生灵，深护物性，蚤虱之属，任其游行，每徐徐举衣，恐其惊走。斯仁育之量，殆难嗣矣。

唐京师清禅寺释法应传三

释法应，姓王氏，东越会稽人。生自孩孺，性度沉默，随住缘想，幽思难移。弱冠出家，事沙门昙崇，学宗禅业，见于别传。时值周初，定门初辟，奉法履行，亘道相趋，应于门学，殊为称首。后逢周祸，避迹终南，饭衣松萝，潜形六载，专修念慧，用祛夙罪，精厉所及，法门弥净，心用攸厝，妄境斯澄。屡感虎狼，蹲踞庐侧，或入门内，似有相因。应素体生缘，又闲禅病，对犹家犬，为受三归，自尔驯狎，更繁其类。隋开入度，还事崇公，定业既深，偏蒙印可，徒众五百，并委维持，教授奖擢，允开众望。开皇十二年，有敕令搜简三学业长者，海内通化，崇于禅府。选得二十五人，其中行解高者，应为其长，敕城内别置五众，各使一人晓夜教习。应领徒三百，于实际寺相续传业，四事供养，并出有司。声闻惟远，下敕赐帛三百段，仍用造经一藏，亲躬受持。以武德初年，素无所患，云:“吾今将逝，已有香华见迎。”言已，卒于清禅寺，春秋八十矣。

唐南武州沙门释智周传四

释智周，字圆朗，姓赵氏。其先徐州下邳人，有晋过江，居于娄县之曲阜也。然其神用超邈，彰于青绮，小学年中，违亲许道，师事法流水寺滔法师，为力生也。滔乃吴国冠冕，释门梁栋，周服勤左右，分阴请业。受具之后，志在博闻。时大庄严嚼法师者。义府经笥，道映雄伯，负帙淹留，专功一纪，究尽端涯，更同寒水。自金陵失御，安步东归，本住伽蓝，开弘四实，学侣同萃，言晤成群。但久厌城傍，早狎丘壑，遂超然高举，晦迹于马鞍山慧聚寺，仁智斯合，终焉不渝。而止水致鉴，问道弥结，旧齿晚秀，咸请出山，济益道俗，不拘小节，乃又从之。横经者溢坐，杖气者泥首。炎德既销，僧徒莫聚，乃翻飞旧谷，又遭土崩瓜剖，顺时违难，泛然无系，寂动斯亡。武德五年七月五日遘疾，终于大莱城南武州刺史薛仕通舍，春秋六十有七。其年十一月二十日，贼退途静，弟子法度等奉迎神柩归于本山。当时人物雕疏，茔隧未理，以贞观四年二月十五日，弟子慧满等于寺之西岭改设圆坟。惟周风情闲淡，识悟淹远，容止可观，进退可度，量包山海，调逸烟霞，得丧一心，慈恻万类，穷通不易其虑，喜愠不形于色，崇尚先达，提奖后进，道俗闻望，咸取则焉。加以笃爱虫篆，尤工草隶，傍观图史，大善篇什。与兄宝爱俱沐法流，陈氏二方，俱驰声绩。讲成论、小招提玄章、涅槃、大品等各十余遍。兼造殿阁，门廊周匝，壮丽当阳，弥勒丈六夹纻，并诸侍卫。又，晋司空何充所造七龛泥象，年代绵远，圣仪毁落，乃迎还流水，漆布丹青，雕缋绮华，允开信表法。回向寺释道恭曰："余以拥肿拳曲，不中规绳，而匠石辍斤，忽垂顾眄，赏激流连，殆逾三纪。披云对月，赋曹、陆之诗；跂石班荆，辩肇、融之论。故人安在？仰孤帐而荒凉；景行不追，望长松而咽绝。惧陵谷易迁，竹素难久，托徽猷于贞珇，扬清尘于不朽。其铭曰："五荫城墎，六贼丘陵，胶固爱网，萦回业绳。雄猛调御，慈悲勃兴，危涂倏静，秽海俄澄。八树潜晖，五师系轨，纂此遗训，克应开士。皎洁戒珠，波澜定水，有道有德，知足知止。学总群经，思深言外，乐说河写，餐风云会。七众关揵，四部襟带，振纲颓网，繄其是赖。世途沦丧，适化江湄，去来任物，隐显从时。坏瓶何爱，净土为期，有生有灭，何喜何悲！窀关昔隧，封兴旧陇，春郊草平，故山松拱。林昏鸟思，径深寒拥，妙识归真，玄埇虚奉。"

唐终南山紫盖沙门释法藏传五

释法藏，姓荀氏，颍川颍阴人。三岁丧父，共母偏居，十岁又亡，只身而立。因斯祸苦，深悟无常，投庇三宝，用希福佑。年二十二，即周天和二年四月八日，明帝度僧，便从出俗。天和四年诞育皇子，诏选名德至醴泉宫，时当此数。武帝躬趋殿下，口号鲜卑问讯，众僧兀然，无人对者。藏在末行，挺出众立，作鲜卑语答，殿庭僚众咸喜斯酬。敕语百官:“道人身小心大，独超群友，报朕此言，可非健道人耶？”有敕施钱二百一十贯，由是面洽，每蒙慰问。虽身居寺内，心念幽林，古圣今贤，皆依山静。建德二年二月，刷心荡志，挟钵擎函，投于紫盖山，山即终南之一峰也。乃独立禅房高岩之下，衣以百纳，餐以术松，面青天而沃心，吸白云而填志。三年正月八日游步山顶，忽遇甘杏七枚，即而噉之，流味浓美，周行更索，全无来处，即荷冥资，但勤励业。其年四月二十三日毁像焚经，僧令还俗，给优二年。惟藏山居，依道自隐，绵历八载，常思开法。至宣帝大象元年九月，下山谒帝，意崇三宝。到城南门，以不许入，进退论理。武候府上大夫拓王猛、次大夫乙娄谦问:“从何而来，朋侣何在，施主是谁？”藏报曰:“建德二年弃寺入山，三年四月方禁僧侣，惟藏在山，余并还俗，乃以俗法抑出徒侣，藏只一身在山，林谷为家居，鸟兽为徒侣，草木为粮粒。然自惟忖:‘普天之下，莫非王土。’既居紫盖，啖食山粮，准此供给，则至尊所施。”猛等报奏，下敕曰:“朕欲为菩萨治化，此僧既从紫盖山来，正合朕意。宜令长发着菩萨衣冠，为陟岵寺主。遣内史沛国公宇文绎检校施行。”内史次大夫唐怡、元行恭覆奏曰:“天下众僧，并令还俗，独度一人，违先帝诏。”至十月于城东面别见宣帝，问三教名:“朕欲菩萨治化，或现天身，或从地出，或作鹿马。用斯化道以摄众生，如何？”藏引妙庄严王子谏父之事，又曰:“陛下昔为臣子，不能匡谏，遂令先帝焚烧圣典，灵像铸钱。据斯逆害，与秦始何异。”帝怒曰:“违朕先皇明诏，可令处尽。”藏曰:“仰触圣颜，乞刑都市，幽显同见，诚其本心尔。”时命若悬藤，而词气无骇，频经九奏，安词弥厉。十奏既达，帝曰:“道人怖不？”藏公曰:“人生所重，无过于命。处身极刑之地，何能不怖！”帝闻，愀然改色，乃曰:“真人护法，佑我群生。此则护鹅比丘，朕不杀无事人也。宜舍其刑，一不须问。”赐菩萨衣冠，依前为陟岵寺主，频降宠命，得继释门。既获再生，便辞帝往林泉山泽，请欲幽潜。御史鲍宏奉敕，万年、长安、蓝田、盩厔、鄠杜五县，任藏游行，“朕须见日，不可沉隐”。虽蒙恩敕，终未开弘，快结心灵，思怀圣道。周德云谢，隋祚将兴，大象二年五月二十五日，隋祖作相于虎门学。六月，藏又下山，与大丞相对论三宝，经宿即蒙剃落，赐法服一具、杂彩十五段、青州枣一石。寻又还山，至七月初追藏下山，更详开化。至十五日，令遣藏共竟陵公检校度僧百二十人，并赐法服，各还所止。藏独宿相第，夜论教始。大定元年二月十三日，丞相龙飞，即改为开皇之元焉。十五日奉敕追前度者，置大兴善寺为国行道，自此渐开，方流海内。岂非藏戒行贞明，禅心郁茂，何能累入朱门，频登御榻？尔后每有恩敕别加慰劳，并敕王公"咸知朕意"。开皇二年，内史舍人赵伟宣敕，月给茯苓、枣、杏、苏油、柴炭，以为恒料。而性在虚静，不图荣利，十四年自奏停料，随施供给。武候将军索和业者，清信在怀，延至宅中，异礼奉养，积善所熏，遂舍所住以为佛寺。藏率俗课励，设万僧斋。右仆射苏威每来参谒，并建大殿尊仪。舍人裴矩宣敕："藏禅师落发僧首，又设大斋，弘法之盛，熟不可等。其所住处，可为济法。"今之隆政坊北门僧寺是也。尝以慈仁摄虑，有施禽畜，依而养之，鹅则知时旋绕，狗亦过中不食。斯类法律，不可具纪。炀帝晋蕃时临太尉，第三子绵疾夭殂，瘗于斯寺，乃勒铭曰："世途若幻，生死如浮。殇子何短，彭祖何修！呜呼余子，有逝无留，永为法种，长依法俦。"教因施藏灵寿杖，曰："每策此杖，时赐相忆。"答曰："王殇幼子，长就法门。藏策灵寿，何敢忘德！"十六年，隋祖幸齐州失豫，王公已下奉造观音，并敕安济法供养。仁寿元年，文帝造等身释迦六躯，敕令置于藏师住寺。大业二年，元德太子薨，凡营福业，经像佛殿，皆委于藏。大业末岁下敕，九宫并为寺宇，度僧纲管，相续维持，以藏名称洽闻，乃补充太平宫寺上座，绥缉少达，无替所临。及大唐建议，人百一心。淮安王创缮兵旗于斯寺宇，因受王请，终身奉养。贞观之始，情奉弥隆，思报罔极，毕由造寺，伺隙未展，王便物故，本祈不果，藏亦终焉。以贞观三年终于鄠县观台，因殓武子埏南云际寺。沙门孝才夙素知德，为铭贞石，在于龛侧矣。

唐并州大兴国寺释慧超传六

释慧超，俗姓申屠，上党潞城人也。体道怀贞，冰霜其志。初拂衣舍俗，北趣晋阳，居大兴国寺，禅念为业。虽略观名教，备委邪正，而偏据行途，不沿言说，乃别建道场，盛罗仪象，幡花交列，众具清鲜。又鸠集异香，多陈品族，每以烧香供养，烟气相寻。超恒躬处其中，净衣端坐，详其觉观，拟其志业。故有异香满室，灵骨充瓶，随用福流，还填欠数，而莫知其所以然也。至仁寿中年献后崩，立禅定寺，以超名望，征入京师，严净形衣，有逾恒日，感瑞陈供，无替由来。至武德元年，以并部旧坏，怀信者多，化道赴缘，义难限约，乃返还兴国，道俗欣庆，奉礼交并。及七年冬，微疾不愈，即告无常，合寺齐赴，伫聆遗诀。超端坐如常，精神更爽，告众曰："同住多年，凡情易隔，脱有相恼，希愿开怀。然人道难逢，善心易失，及今自任，勿误后身。"言讫敛手在心，不觉其绝，见无接对，谓其未终，取纩属之，乃知无气，时年七十余。坐若神景，色貌逾洁，异香萦绕，满室充庭，音乐闻空，莫知来处。门人大众，惊心骇目。遂使士女奔赴，悲咽寒云，阗塞寺院，香花献积。至十二月中克期将殡，四远白黑，列道争前，从寺至山，十有余里，人马辐凑，事等市阛。舆以绳床，坐如入定。路既交拥，卒制难加，乃回道西城，破荒就葬。众又填逼，类等天崩，便殓于龙阜之山开化寺侧，作窟处焉。经停一年，俨然不散，日别常有供礼，香花无绝。后遂塞其窟户，置塔于上，勒铭于右，用旌厚德矣。

唐台州国清寺释智晞传七

释智晞，俗姓陈氏，颍川人，先世因宦流寓，家于闽越。晞童稚不群，幼怀物外，见老病死，达世浮危，自省昏沈，愍诸沦溺，深加厌离，如为怨逐，誓出尘劳，访寻胜境。伏闻智者抗志台山，安禅佛陇，警训迷途，为世津导，丹诚驰仰，远泛沧波，年登二十，始获从愿。一得奉值，即定师资，律仪具足，禀受禅决，加修寂定，如救头然，心马稍调，散动辞虑。受命遗旨，常居佛陇修禅道场，乐三昧者咸共师仰。宴坐之暇，时复指㧑，创造伽蓝，殿堂房舍，悉皆严整，惟经台未构，始欲就工。有香炉峰山岩峻崄，林木秀异，然彼神祇，巨有灵验，自古已来无敢视其峰崖，况有登践而采伐者。时众议曰："今既营经台，供养法宝，惟尚精华，岂可率尔而已。其香炉峰柽柏，木中精胜，可共取之，以充供养。”论详既讫，往咨于晞，具陈上事，良久答云：“山神护惜，不可造次。”无敢重言，各还所在。尔夜梦人送疏云：“香炉峰柽柏树，尽皆舍给经台。”既感冥示，即便扐略，营办食具，分部人工，入山采伐。侍者咨曰：“昨日不许，今那取之？”答曰：“昨由他，今由我，但取无苦，必不相误。”从旨往取。柽柏之树，惟崄而生，并皆取得，一无留难。先师智者陈曰：“劝化百姓，从天台渚次，讫于海际，所有江溪，并舍为放生之池，永断采捕。”隋世亦尔，事并经敕。隋国既亡，后生百姓为恶者多，竞立梁沪，满于江溪，夭伤水族，告诉无所。乃共顶礼禅师，往先师龛房烧香咒愿。当有鱼人见僧在沪上立，意谓堕水，将船往救，仅到便无，因尔梁沪皆不得鱼。互相报示，改恶从善，仍停采捕。时有僧法云，欲往香炉峰头陀，晞谏曰：“彼山神刚强，卿道力微弱，向彼必不得安，慎勿往也。”云不纳旨，遂往到山，不盈二宿，神即现形，驱云令还。自陈其事，方忆前旨，深生敬仰。有弟子道亘在房诵经，自往唤云：“今晚当有僧来。”言竟仍向门下，即见一僧纯着纳衣，执锡持钵，形神爽俊，有异常人，从外而来，相去二十余步，才入路东，隐而不现。俄顷之间，即闻东山有铜钟声，大震山谷，便云：“意！唤吾也。”未终数日，语弟子云：“吾命无几，可作香汤。”洗浴适竟，山中鸟狩异色殊形常所不见者，并皆来集房侧，履地腾空，悲鸣唤呼，经日方散。十二月十七日夜跏趺端坐，仍执如意说法，辞理深邃。既竟，告弟子曰：“将汝等造次相值，今当永别，会遇靡期。”言已，寂然无声良久。诸弟子哭泣，便更开眼，诫曰：“人生有死，物调始必终，世相如是。宁足可悲！今去，勿尔闹乱于吾也。”又云：“吾习禅已来，至于今日，四十九年，背不着床。吾不负信施，不负香火。汝等欲得将吾相见，可自勤策行道，力不负人。”弟子因咨启：“未审和上当生何所。”答云：“如吾见梦，报在兜率，宫殿青色，居天西北。见智者大师，左右有诸天人，皆坐宝座。唯一座独空，吾问所以。答云：‘灌顶却后六年当来，升此说法。’”十八日朝，语诸弟子：“汝等并早须斋，吾命须臾。”尔日村人登山参疾，食竟辞还。又曰：“既苦远来，更停少时，待贫道前去。”其人不解，苦辞不住。当尔之时，皎日丽天，全无云翳，谓参人曰：“既已不住，可疾去，雨寻落。”去者少时，骤雨如泻。春秋七十有二。以贞观元年十二月十八日午时结跏安坐，端直俨然，气息绵微，如入禅定，因而不返。时虚空中有弦管声，合众皆闻，良久乃息。经停数日，方入石龛，颜色敷悦，手足柔软，不异生平。所窆龛坟，在先师智者龛前二百余步。

唐并州义兴寺释智满传八

释智满，姓贾氏，太原人。立意矜特，不群凡小。七岁出家，随师请业，凡所受道，如说修行。年登冠肇，进受具戒，律仪成范，资训弥弘。又听涅槃等经，尽其大旨，名教略圆，味静终业。遂往上党石墨山聚徒行道，门徒肃穆，缁素归依，礼供骈罗，积而能散。时属隋初，创弘大法，智满蒸仍国化，引而广之，故使闻风造者负笈奔注，众杂精粗，时兼久近。初则设仪礼忏，用摄恒情，后便随其乐欲，静思宴坐。满躬事众法，身预僧伦，形止方雅，威严猛肃，眉目浓朗，白黑交临，预有参拜，莫不神骸而毛动，咸加敬仰，为菩萨戒师。而满不重身名，不轻正法，虽苦邀请，未即传授，乃亲为竭诚，方等行道，要取明证，梦佛摩顶，并为说法，宛如经相，方为授法，故道俗思戒者相趋不绝。而专意静观，厌此喧浮，乃徙居黎城之东山南流泉精舍。息心之士又结如林，禅忏兼修，止观齐舍，志弘经远，随务或乖，又往雁门川依瓒禅师涉缘念慧。瓒，僧中藻镜，定室羽仪，言行清澄，具如别传。满嗟遇后展，欣附有余，从瓒历游，所在宗习，又依住开化，结虑修心。俄为文帝追瓒入京，定门斯坏，众侣乖张，满乃录其同志五十余人，西入岚州土安山内如前综业，大感学徒。隋季道消，贼徒蜂起，生民坠于沟壑，而满众宛然不散，斯亦道感之会也。大唐建义，四众归奔，乃率侣入城，就人弘道。初住晋阳真智寺，以化声广被，归宗如市。武皇别敕引劳，令止许公宅中，供事所须，并出义府。躬往礼问，睹而惧之，顾语裴寂曰："孤见此禅师，衣毛惊起，何耶！"答曰："计无余相，应是戒神所护耳。"重以他日修觐，曰："弟子济拔苍生，今义兴大造，愿往还无障，当为立寺。"既登京辇，天下略平，武德元年，乃诏满所住宅为义兴寺，四事供养，一出国家。至三年，以满德为物归，道声更远，帝欲处之京室，下敕征之。又以北蕃南侵，百姓情骇，都督弘农公刘让启留满住，用镇众心，有敕特听，同安朝寄。武德五年，猃狁孔炽，戎车载饰，以马邑沙门雄情果敢，烽耀屡举，罔弗因之，太原地接武乡，兵戎是习，乃敕选二千余僧充兵两府。登又下敕："满师一寺行业清隆，可非简例。"由是重流景行，光问遐迩。晋川髦彦沙汰之余，睹满坐受嘉庆，皆来称美，或拜伏戒范者，或依承习住者，常数二百余人。而满恒业无怠，精厉其诚，时或惰学，亲召别诫，委引圣量，诱化凡心，预在闻命，莫不泪流而身伏，噎叹良久，并由承法行已，感发前人，故得机教不妄弘矣。贞观二年四月，初因动散，微觉不悆，遂淹灰管，本性无扰。门人同集，日遗诫劝。有沙门道绰者夙有弘誓，友而敬奉，因喻满曰："法有生灭，道在机缘。观相易入其门，涉空颇限其位。愿随所说，进道有期。"满乃盱衡而告曰："积年诚业，冀此弘持。缘虚无相可缘，引实有何所引？岂以一期要法，累劫埋乎！幸早相辞，勿尘妄识。"绰乃退焉。其坚白持微，为若此也。既而气将渐弱，而志力犹强。侍人围绕，观者充室，满端坐举面，徐视学徒，时次昆吾，溘然而卒，春秋七十有八，即贞观二年六月九日也。当终前夕，大地振动，寺树摧枝，合众悲敬，衰相现矣。泰山其颓乎，法人斯逝，联类如此。举邑酸切，若丧其心。即以其月十二日旋殡于龙山童子谷中，立塔碑德。自满舍俗从道，六十余年，洁己清贞，冰霜取喻。弊衣节食，才止饥寒，频经断谷，用约贪染。目不邪视，言不浮华，净色子女，未尝瞻对。弱年登岁者不宿房中，受具多夏者方令近侍。约时临众，诫以行科，余则静处小房，晬朝方出。室中唯一绳床，盔袋挂于壁上，随道资具，坐外更无。致使见者懔然改容，不觉发敬矣。又偏重供僧，勤加基业，慈接贫苦，备诸药疗，茕茕遑遑，意存利物矣。

唐京师化度寺释僧邕传九

释僧邕，姓郭氏，太原介休人。祖宪，荆州刺史；父韶，博陵太守。邕神识沉静，冥符上德，世传儒业，齿胄上庠。年有十三，违亲入道，于邺西云门寺依止僧稠而出家焉。稠公禅慧通灵，戒行标异，即授禅法，数日便诣。稠抚邕谓诸门人曰："五停四念，将尽此生矣。"仍往林虑山中栖托定门，游逸心计。属周武平齐，像法隳坏，又入白鹿山，深林之下，避时削迹，饵饭松术。三径斯绝，百卉为群，麕麚伏其前，山禽集其手。初未之异也，后乃梵音展礼，焚香读诵，辄有奇鸟异兽攒聚庭宇，貌如慕敬，心疑听受。自非行感所及，何以致斯？自尔屡降幽灵，胜言叵载。开皇之始，弘阐释门，重叙玄宗，更联荣问。有魏州信行禅师深明佛法，命世异人，以道隐之晨，习当根之业。知邕遁世幽居，遣人告曰："修道立行，宜以济度为先，独善其身，非所闻也。宜尽弘益之方，照示流俗。"乃出山与行相遇，同修正节。开皇九年，行被召入京，乃与邕同来，至止帝城，道俗莫匪遵奉。及行之殁世，纲总徒众，甚有住持之功。以贞观五年十一月十六日终于化度寺院，春秋八十有九。主上崇敬情深，赠帛为其追福。以其月二十二日奉灵魄于终南山，遵邕之遗令也。门徒收其舍利，起塔于行之塔左。邕风范凝正，行业精严，卑辞屈己，体道藏用。及委质寒林，悲缠朝野，佥以身死名灭，世有斯人，敢树玄石，用陈令范。左庶子李百药制文，率更令欧阳询书，文笔新华，多增传本，故累诵野外矣。

唐天台山国清寺释灌顶传十（智晞　光英）

释灌顶，字法云，俗姓吴氏，常州义兴人也。祖世避地东瓯，因而不返，今为临海之章安焉。父夭早亡，母亲鞠养，生甫三月，孩而欲名，思审物类，未知所目。母夜称佛法僧名，顶仍口敩，音句清辩，同共惊异。因告摄静寺慧拯法师，闻而叹曰："此子非凡。"即以"非凡"为字。及年七岁，还为拯公弟子，日进文词，玄儒并骛，清藻才绮，即誉当时。年登二十，进具奉仪，德瓶油钵，弥所留思。洎拯师厌世，沐道天台，承习定纲，罔有亏绪。陈至德元年，从智𫖮禅主出居光宅，研绎观门，频蒙印可。逮陈氏失驭，随师上江，胜地名山，尽皆游憩。三宫庐阜，九向衡峰，无不揖迹依迎，访问遗逸。后届荆部，停玉泉寺，传法转化，教敷西楚。开皇十一年，晋王作镇扬州，陪从智者戾止邗沟，居禅众寺，为法上将，日讨幽求。俄随智者东旋，止于台岳，晚出称心精舍，开讲法华，跨朗笼基，超于云、印，方集奔随，负箧屯涌。有吉藏法师，兴皇入室，嘉祥结肆，独擅浙东，闻称心道胜，意之未许，求借义记，寻阅浅深，乃知体解心醉，有所从矣，因废讲散众，投足天台，餐禀法华，发誓弘演。至十七年智者现疾，瞻侍晓夕，艰劬尽心。爰及灭度，亲承遗旨，乃奉留书并诸信物，哀泣跪授。晋王五体投地，悲泪顶受，事遵宾礼，情敦法亲。寻遣扬州总管府司马王弘送顶还山，为智者设千僧斋，置国清寺，即昔有晋昙光、道猷之故迹也。前峰佛陇，寺号修禅，在陈之日，智者初建，陇南十里，地曰丹丘，经行平正，瞻望显博，智者标基刊木，欲建道场，未果心期，故遗嘱斯在。王工入谷，即事修营，置臬引绳，一依旧旨。仁寿元年，晋王入嗣，东巡本国，万里川途，人野毕庆。顶以檀越升位，寺宇初成，出山参贺，遂蒙引见，慰问重迭，酬对如响，言无失厝，臣主荣叹。又遣员外散骑侍郎张干威送还山寺，施物三千段、氈三百领，又设千僧斋。寺庙台殿，更加修缉，故丹青之饰，乱发朝霞，松竹之岭，奄同被锦，斯实海西之壮观也，远符智者之言，具如彼传。仁寿二年下令延请云。夏序炎赫道体休宜，禅悦资神，故多佳致。近令慧日道场庄、论二师讲净名经，全用智者义疏判释经文。禅师既是大师高足，法门委寄，令遣延屈，必希霈然并法华经疏随使入京也。伫迟来仪，书不尽意。”顶持衣负锡，高步入宫，三夏阐弘，副君欣戴。每至深契，无不伸请，并随问接对，周统玄籍。后遣信送还，傣遗隆倍。大业七年，治兵涿野，亲总元戎，将欲荡一东夷，用清文轨。因问左右，备叙轩皇，先壮阪泉之戮暴，后叹峒山之问道，追思智者，感慕动容。下敕迎顶远至行所，引见天扆，叙以同学之欢，又遣侍郎吴旻送还台寺。尔后王人继至，房无虚月。顶纵怀丘壑，绝迹世累，定慧两修，语默双化。乃有名僧大德，近城远方，希睹三观、十如，及以心尘使性，并拜首投身，请祈天鼓。皆疏瀹情性，澡雪胸襟，三业屡增，二严无尽。忽以贞观六年八月七日终于国清寺房，春秋七十有二。初，薄示轻疾，无论药疗，而室有异香。临终命弟子曰：“弥勒经说佛入城日，香烟若云。汝多烧香，吾将去矣。”因伸遗诫，词理妙切。门人众侣，瞻仰涕零。忽自起合掌，如有所敬，发口三称“阿弥陀佛”，低身就卧，累手当心，色貌欢愉，奄然而逝，举体柔软，顶暖经日。尝有同学智晞，颉之亲度，清亮有名，先以贞观元年卒，临终云：“吾生兜率矣，见先师智者宝坐行列皆悉有人，惟一座独空，云‘却后六年，灌顶法师升此说法’。”焚香验旨，即慈尊降迎，计岁论期，审晞不谬矣。以其月九日窆于寺之南山，远近奔号，喧震林谷。初，顶化流嚣俗，神用弘方。村人于法龙，去山三十余里，染患将绝，众治不愈。其子奔驰，入山祈救，顶为转法华经，焚旃檀香，病者虽远，乃闻檀香入鼻，应时痊复。又，乐安南岭，地曰安洲，碧树青溪，泉流伏溺，人径不通。顶留连爱玩，顾而誓曰："若使斯地夷坦，当来此讲经。"曾未浃旬。白砂遍涌，平如玉镜。顶以感通相显，不违前愿，仍讲法华、金光明二部，用酬灵意。尝于章安摄静寺讲涅槃经，值海贼上抄，道俗奔委，顶方挝钟就讲，颜无慑惧。贼徒麾幡诣寺，忽见兵旗曜日，持弓执戟，人皆丈余雄悍奋发，群睹惊懅，一时退散。尝于佛陇讲暇，携引学徒累石为塔，别须二片用构塔门。弟子光英先以车运一石，咸疑厚大，更欲旁求，复劳人力。顶举杖聊扬，前所运石飒然惊裂，遂折为两段，厚薄等均，用施塔户，宛如旧契。若斯灵应，其相实多。自顶受业天台，又禀道衡岳，思、觊三世，宗归莫二，若观若讲，常依法华。又讲涅槃、金光明、净名等经，及说圆顿、止观、四念等法门，其遍不少。且智者辩才，云行雨施，或同天网，乍拟璎珞，能持能领，唯顶一人。其私记智者词旨，及自制义记并杂文等题目，并勒于碑阴。弟子光英，后生标俊，优柔教义，与国清寺众佥共纪其行，树其碑于寺之门。常州弘善寺沙门法宣为文，其词甚丽，见于别集。

唐天台山国清寺释智璪传十一

释智璪，俗姓张氏，清河人，晋室播迁，寓居临海。祖元秀，梁仓部侍郎，任临海内史。父文怀，陈中兵将军。璪受经之岁，言无虚发，行不惭人，亲里乡邻深加敬爱。年登十七，二亲俱逝，惨服才释，便染疾病，频经岁月，医药无效。仍于静夜策杖曳疾，出到中庭，向月而卧，至心专念月光菩萨，惟愿大悲济我沉疴。如是系念，遂经旬朔，于中夜间梦见一人形色非常，从东方来，谓璪曰："我今故来，为汝治病。"即以口就璪身，次第吸嗽，三夜如此，因尔稍痊。深知三宝是我依救，遂求离俗，便投安宁寺慧凭法师以为弟子。逖闻智者轨行超群，为世良导，即泛舸丰流，直指台岫，伏膺受道。乃遣行法华忏悔，第二七日初夜忏讫，还就禅床，始欲安坐，乃见九头龙从地涌出，上升虚空。明旦咨白，云："此是表九道众生闻法华经，将来之世破无明地，入法性空耳。”又，陈至德四年，永阳王伯智作牧仙都，迎屈智者来于镇所，璪随师受请，同赴稽山。九旬坐讫，仍即辞王，往宝林山寺行法华三昧。初日初夜，如有人来，摇动户扇，璪即问之：“汝是何人？夜来摇户。”即长声答云：“我来看灯耳。”频经数过，问答如前。其寺内先有大德慧成禅师，夜具闻之，谓弟子曰：“彼堂内从来有大恶鬼，今闻此声，必是鬼来取一人也。”天将欲晓，成师扣户而唤璪，未暇得应，便绕堂唱云：“苦哉苦哉！其人了也。”璪即开户问意，答云：“汝犹在耶！吾谓昨夜鬼已害汝，故此嗟耳。”成师以事咨王，王遣数十人执仗防护。璪谓防人曰：“命由业也，岂是防护之所加乎！愿诸仁者将领还城启王云尔。”防人去后，第二日夜鬼入堂内，捶壁打柱，周遍东西。堂内六灯，璪即灭五留一，行道坐禅诵经，坦然无惧，于三七日中事恒如此。行法将讫，见一青衣童子称赞善哉，言已不现。虽值此二缘，心无忧喜。璪又因事出往会稽，路由剡县孝行村乞食，主人误煮毒椹，设璪食竟，进趣前途。主人于后啖此余残，并皆吐痢，若死等苦。邻人见之，即持药追璪，十里方及，见璪快行无恙。问曰：“何故见寻？”具陈上事，便笑而答曰：“贫道无他，可弃药反踪，不须见逐。”验之道力所熏，故毒不能伤也。又，隋大业元年驾幸江都，璪衔僧命出参，引见内殿。御遥见璪，即便避席，命令前坐，种种顾问，便遣通事舍人卢正方送璪还山，为智者设一千僧斋，度四十九人出家，施寺物二千段、米三千石并香酥等，又为寺造四周土墙。大业六年，又往杨州参见，仍遣给事侍郎许善心送还山，又为智者设一千僧斋，度一百人出家，施寺物一千段，傣斋僧人绢一匹。七年又往涿郡参，劳谢远来，施寺物五百段，遣五十人执仗防援还山。凡经八回参见天子，并蒙喜悦，供给丰厚。以贞观十二年卒于寺，春秋八十三矣。

唐天台山国清寺释普明传十二

释普明，本名法京，俗姓朱氏，会稽人。少小志操有异恒童，口常称佛，聚砂以为福事，蒿艾以为殿塔，不俗谈戏，惟志崇法。有僧乞食，因即劝云：“郎子既有善性，可向天台山出家，其中有四依菩萨在彼说法。”

遂以陈太建十四年逾山越涧，来入天台。正值智者处坐说法，下讲竟，顶礼归依，愿尽此生以为弟子。智者笑云："宿誓愿力，今得相遇。"晓夕左右，伏膺无懈，专求禅法，兼行方等般舟、观音忏悔，诵法华经一部。至祯明元年，陈主敕迎智者出都，从往金陵，居光宅寺，专以禅思为业，同堂坐者，奉命检校。俄而陈国云亡，智者即上江州庐山东林寺，明于陶侃瑞像阁内行观音忏法。冬十一月，身不衣絮，苦节行道。见一僧云："所名法京，未为嘉称，可改为普明。此名晓朗，照了三世。"忏讫，启智者述之，便云："此冥中所示，宜即改旧从新。"又随智者往荆州玉泉寺，每于泉侧练若专思。智者反路台峰，令造大钟，天台供养，江陵道俗，竞为经营。当欲铸时，盲人来看，明悬鉴机，知相不吉，果尔开模，钟破缺。仍即倍工修造，约语众中，支不具者，勿来看铸。"遂得了亮铮鏁，声七十里。钟今见在佛陇上寺。后还国清，所住之房去水悬远，房头空地纯是礓石，乃怀念曰："若令此石出水，岂不快乎！"言竟数日，石中泉溜，周给东西。国清精舍，随高置立，明以讲堂狭小，欲毁广之，共顶禅师商量，顶劝勿改。有括州都督周孝节遥闻此事，即施杉柱，泛海送来。顶向赤城，感见明身长一十余丈，高出松林之上，翼从数十许人，语顶曰："兄勿苦谏，事愿克成。"顶知神异，合掌对云："不敢更谏，一依仁者。"竖堂之日，感动山王，晨朝隐轸，状若雷震，摧树倾枝，阔百步许，自佛垄下直到于寺，至乎日没，还返旧踪，砰砰磕磕，势若初至。又愿共道俗造当殿金铜卢舍那像，坐身丈六。时有一人称从槽溪村来，施金十一两用入像身，问其姓名，终不肯说，礼拜辞退，周访彼村，无人识者。又，比房侍者恒闻房内共人语话，阴伺察视，不见别形，所听言音，唯劝修善。既而化缘就毕，大渐时至，清旦呼诸弟子："夫人寿命，不可常保，汝等宜知。"便自脱新净之衣，着故破者。换衣才竟，奄然就灭，春秋八十有六。经二宿，左手仍内屈三指。当于其时，有房内弟子荣泰、难提二人剃头沐浴，见如此事，即报寺主慧网，合众惊集，倍恸于怀。然其为性，不畜私财。浙南诸州，男女黑白，归向者数不可纪，所得布施，随缘喜舍。每参隋帝，悉蒙命坐，赐绢一百二十段，用充六物，不留寸尺，悉造经像，有敕施僧基业，见于寺录。造金铜尊像小大十躯，悉人中已上，十回作僧施。读藏经二遍，其外书写经论，雕画殿堂，修诸寺宇，傍为利益，及诸灵验，功德费用运心应念，即自送来充其支度，不可具载。

唐终南山丰德寺释智藏传十三

释智藏，姓魏氏，华州郑县人也。十三出家，事蔼法师，当西魏之世，住长安陟岵寺。值周灭法，权处俗中，为诸信心之所藏隐。虽王禁克切，不惧刑宪，剃发法服，曾无变俗。迄至隋初，乃经六载，晦迹人间，不亏道禁。自有同尘，莫敢联类矣。移都龙首，住大兴善。开皇三年，乃卜终南丰谷之东阜，以为终世之所也，即昔隐沦之故地矣。山水交映，邑野相望，接叙皂素，日隆化范。后文帝敕左卫大将军晋王广就山引见，藏曰："山世乃异，适道不殊。贫道居山日积，意未移想。陛下国主之体，不夺物情为宗。"王具闻帝，帝叹讶久之，乃遣内史舍人虞世基宣敕慰问，并施香油、熏炉及三衣什物等，仍诏所住为丰德寺焉。每至三长之月，藏盛开道化，以智论为言先。凡所登践者皆理事齐禀，京邑士女传响相趋，云结山阿，就闻法要。逮武德初岁，爰置僧官，众以积善所归，乃处员内，道开物悟，深有望焉。虽预僧僚，而身非世检，时复临叙，终安丰德。以武德八年四月十五日，遘疾少时，终于所住，春秋八十五。然藏青襟入道，自检形神，不资奢靡，不欣荣泰。时居兴善，官供频繁，愿存乞食，尽形全德。纵任居僧务，夏雨冬冰，而此志不移，终不妄啖僧食。晚居西郊柏林墓所，头陀自静。文帝出游，遇而结叹，与诸官人等各舍所著之衣百有余聚。藏令村人车运，用充寺宇。故使福殿轮奂，回拔林端，灵塔架峰，迢然云表，致有京郊立望，得传遥敬矣。又，爰初受具，以布大衣，重补厚重，可齐四斗，六十五夏，初无一离。受日说欲，由来未传，常坐一食，终乎大渐。而状形超挺，唐量八尺二分，质貌魁梧，峙然峰崿之相。常居寺之南岫，四十余年，面临深谷，目极天际。侄途四里，幽梗盘岨，不易登升，而藏手执澡瓶，足蹑木履，每至食时乘崖而至，午后还上，初无颠堕。因斯以谈，亦雄隐之高明者，故图写象供，于兹存焉。京师慈门寺沙门小县钦藏素业，为建碑于寺门之右，颍川沙门法琳制文。

唐雍州津梁寺释法喜传十四

释法喜，俗姓李，襄阳人也。七岁出家，颢禅师为其保傅。颢道素温赡，有闻同侣。后住禅定，将终前夕，所居房壁自然外崩，颢曰："依报已乖，吾将即世。"于是端坐闭目，如有所缘，奄然而卒，初不觉也。自喜恭恪奉侍，积经载纪，而颢专修定业，略于言诲，便以观量知人，审喜机度，事逾先习，不肃而成，钻仰景行，惟德是辅。荆州青溪山寺四十余僧，喜为沙弥，亲所供奉。昼则炊煮薪蒸，夜便诵习经典。山居无炬，燃柴取明，每夕自课，诵通一纸，如是累时，所缘通利。虽学诸经部类，而偏以法华为宗，常假食息中间，兼诵一卷，余则专以禅业，系念在前，才有惛心，便又温故。仁寿年内，文帝敕召，追入京师，住禅定寺，供礼隆异，俭行为先，接抚同伦，谦虚成德。爰有佛牙舍利，帝里所珍，檠以宝台，处之上室，瓌宝溢目，非德不知。大众以喜行解潜通，幽微屡降，便以道场相委，任其监护。喜遂纲维供养，日夕承仰。又以颢师去世，意欲冥被灵爽，愿诵千遍法华，因即不处旧房，但用巡绕寺塔，行坐二仪，誓穷本愿。数满八百，精厉晨宵，系心不散，觉转休健。同寺僧者见有白牛驾以宝车入喜房内，追而观之，了无踪绪，方知幽通之感，有遂教门。而卑弱自守，营卫在初，诸有疾苦，无论客旧，皆周给瞻问，亲为将疗，至于屎尿脓吐，皆就而唻之。然则患疾之苦，世所同轻，而喜都无污贱，情倍欣怿，以为常业也。致有远近道俗带疾相投，皆悦慰其心，终其报类。或有外来问疾，并为病者陈苦，有问其故，喜云："病人缠恼来问，致增故耳。"武德四年，右仆射萧瑀于蓝田造寺，名津梁，夙奉徽风，嘉其弘度，召而居之。时属运开，犹承饥荐，四方慕义，相次山门，便减撤衣资，用充继乏，禀归行务，众所宗焉。凡有迟疑，每为销释，并会通旨理，畅显神心。而为行沈密，卒难备纪，传者尝同游处，故略而述之。后乃屏退自资，超居众伍，骊山南阜，乡号卢陵，即九纪之故墟也。北负露台之岭，南对赫胥之陵，交涧深林，仙贤是集，即卜而宅之，乃有终焉之志。笃励子弟，诱导山民，福始罪终，十盈八九。贞观初年，夜涉其半，见有焰火数炬从南而来，正趣山舍。僧俗惊散，虑是贼徒，以事告喜。喜曰："此应无苦，但自修业。"及至寻顾，不知所由。其居处降灵，皆此类也。六年春创染微疾，自知非久，强加医疗，终无进服。至十月十二日，乃告门人：“无常至矣，勿事嚣扰，当默然静虑，津吾去识，勿使异人辄入房也。”时时唱告：“三界虚妄，但是一心。”大众忽闻林北有音乐车振之声，因以告之。喜曰：“世间果报，久已舍之，如何更生乐处，终是缠累。”乃又入定，须臾声止，香至充满，达五更初，端坐而卒，春秋六十有一，形色鲜洁，如常在定。初，平素之日历巡山崄，行见一处幽隐，可为栖骸之所，命弟子示之。及其终后，寺僧属其仪貌端峙，不忍行之，凿山为窟，将欲藏瘗。尔夕暴雪忽零，有余一尺，周回二里，蔽于山路。遂开行送，中道降神于弟子曰：“吾欲露尸山野，给施众生。如何埋藏，违吾本志！雪平荒径，可且停行。”众不从之，乃安窟内，经久俨然，都无摧腐。宗国公亲往观之，神色如在，叹善而归。尔后怪无损坏，遂举其纳衣，方见为物所啖，头项已下，枯骨鲜明。详斯以论，实本愿之所致耳。且喜学年据道，事仰名师，青溪禅众，天下称最，而亲见奉养，故得景行成明，日光声采。加以敬慎戒约，闻即依行，计业分功，步影而食，时少觉差，必虚斋而过。晦望忏洗，清心布萨。安恤贫病，固是常宜，衣弊食粗，诚其恒志。轻清拯济，见美东郊矣。

续高僧传卷第十九

续高僧传卷第二十

大唐西明寺沙门释道宣撰

习禅五　本传十四　附见五

唐相州寒陵山寺释道昂传一（灵智）

释道昂，未详其氏，魏郡人。履信标宗，风神清彻，独怀异操，高尚世表，慧解夙成，殆非开悟。初投于灵裕法师而出家焉。裕神识刚简，气岸云霄，审量观能，授其明训。昂饮沐清化，爱敬亲承，岁积炎凉，斋踪上伍。常于寒陵山寺陶融初教，纲领玄宗，日照高山，此焉收属。讲华严、地论，稽洽博诣，才辩天垂，扣问连环，思彻恒理。而混斯声迹，扮谦藏用，幽赞之功，谅拟前杰。化物余景，志结西方，常愿生安养，履接成务，故道扇漳河，咸蒙惠泽，后自知命极，预告有缘："至八月初，当来取别。"时未测其言也。期月既临。一无所患，问"斋时至未"。景次昆吾，即升高座，身含奇相，炉发异香，援引四众受菩萨戒，词理切要，听者寒心。于时七众围绕餐，承遗味。昂举目高视，及见天众缤纷，弦管繁会，中有清音远亮，告于众曰："兜率陀天乐音下迎。"昂曰："天道乃生死根本，由来非愿。常祈心净土，如何此诚不从遂耶。"言讫，便睹天乐上腾，须臾远灭，便见西方香花伎乐，充塞如团云，飞涌而来，旋环顶上，举众皆见。昂曰："大众好住，今西方灵相来迎，事须愿往。"言讫，但见香炉坠手，便于高座端坐而终，卒于报应寺中，春秋六十有九，即贞观七年八月也。道俗崩恸，观者如山，接捧将殡，捡足下有"普光堂"等文字生焉。自非道会灵章、行符邻圣者，何能现斯嘉应哉？于斯时也，遐迩嗟咏，气结成阴。坐既加趺，掌文仰现，预睹相迹，悲庆相临。还送寒陵之山，凿窟处之，经春不朽，俨然如初。自昂道素之声被于东夏，慈润温柔，德光攸属。尝养犬一头，两耳患聋，每将自逐，减食而施，及昂终后，便失所在。又，登讲之夜，时属阴暗，素无灯烛，昂举掌高示，便发异光，朗照堂宇。大众睹瑞，怪所从来，昂曰："此光手中恒有耳，何可怪耶。"其栖业隆深，幽明感应，诚不可度也，故是道胜高世之人矣。时相州有灵智沙门，亦裕公弟子也，机务亮敏，著名当世。常为裕之都讲，辩唱明衷，允惬望情。加以明解经论，每升元席，文义弘远，妙思霜霏，难问锐指，擅步漳邺，故使四海望尘，俱敦声教。后便忽觉智涯难极，法行须依，徒设舟航，终须舣棹，即屏绝章疏，更修定业，步晷守心，怀虚成务，乞食头陀，用清灵爽，垂行物范，光德生焉。贞观八年终于邺下，春秋七十有五。后诸学行俭约，附其尘者众焉。

唐京师大庄严寺释道哲传二（道成　静安）

释道哲，姓唐，齐郡临邑人。初投颍川明及法师学十地、地持，为同听者所揖。具戒已后，正奉行门。又从魏郡希律师禀承四分，希亦指南一时，盱衡五众。受教博晓，将经六载，经重筌宗，究其文体。但为戒慧虽通，未怀定业。有河内询禅师，众推不测，匠首当今，嘉哲至诚，倾襟为说。一悟真谛，霍然大通，禅侣相谢，解齐登室。闻京邑道盛，乃步从焉，初至，住仁觉寺。沙门昙迁有知人之誉，敬备师礼，从受摄论，研味至理，晓悟其文，标拟有方，岂惟声教，遂厌辞人世，潜于终南之骆谷也。山粒难接，授受须净，既阙使人，遂虚腹累宵，欣兹味空。有清信士张晖，陪从多年，请益供奉。因暂下山，忽逢重雪，悬路既拥，七日方到。哲以虽对食具，为无人授，守死正念，晖披雪至庵，弹指觉悟，方从定起。斯实谨慎资持，为此例矣。京师大庄严寺以哲素有道声，延住华馆。初从众意，退居小室。一食分卫，不受僧利，众益重之。盩厔县民昔以隐居骆谷，得信者多，相率迎请，乃往赴焉。营构禅宇，立徒策业，山俗道侣，相从屯赴。教以正法，训以律仪，野逸是凭，闻诸京辅。忽一旦谓门人曰:“无常及矣。大众难见，冥目既至，长恨何言。”遂东归庄严，讯问名德，奄然卒于故房，春秋七十二矣，即贞观九年正月也，葬于京之西郊长城。故人慕仰声范，遂发冢迎柩，还归盩厔，行道设斋，以从火葬，收其余烬，为起塔于城西二里端正树侧龙岸乡中。列植杨柏，行往揖拜。然哲迥发天，才学不师古，撰百识观门十卷、智照自体论六卷、大乘闻思论等行世。弟子静安、道诚，并承习厥宗，匡务有叙。安掩迹林泉，念定存业。诚行感玄解，谦穆自修，包括律部，讲道时接。初住大庄严寺，以传业高，今征入瑶台，匡化于彼，余波潜被，盛绩京师。

唐潞州法住寺释昙荣传三

释昙荣，俗姓张氏，定州九门人。源南邓而分派，因封而居高阳焉。年十九时为书生，刻意玄理，寄心无地。因灵裕法师讲华严经，试往听之，便悟宏范，略其诠致，乃投裕焉。裕神厉气清，观荣勤摄，遂即度之。及受具后，专业律宗，经余六载，崇履禁科，涤畅开结。乃更循讲肆，备闻异部，偏行大业，故以地持为学先。属周废二教，韬形俗壤，虽外同其尘，而内服道味。及隋再弘佛教，不务公名，随缘通化，曾无执着。年登四十，务道西游，行至上党潞城黎城诸山，依岩结宇，即永潜遁既懿德是充，缁素归仰，便开拓柴障，广树禅坊，四远闻风，一期翕至。荣形解雄邃，称病设方，诸有餐饮，咸歆至泽，礼供日隆，投告填委。以隋末凌乱，人百从军，预践兵饥，希全戒德。荣欲澄汰先染，要假明猷，事在护持，躬当法主。每年春夏，立方等般舟，秋冬各兴，坐禅念诵，僧尼别院，故处有四焉。致使五众烟随，百供鳞集，日增庆泰，欢跃成喧。自晋、魏、韩、赵、周、郑等邦，释种更新其戒者，荣实其功矣。尝往韩州乡县延圣寺立忏悔法，刺史风同仁素奉释门，家传供养，送舍利三粒，遗行道众，荣年垂八十，亲率道俗三千人步出野迎，路由二十余里，傧从之盛，誉满当时。既达寺中，乃告众曰："舍利之德，挺变无方，若累业有销，请祈可遂。"乃人人前别置水钵，加以香炉，通夜苦求，至明，钵内总获舍利四百余粒。声名达于乡邑，县令惧其聚众，有坠条章，怖停其事。当夕怪兽鸣其厅宇，官民竟夜不安，明旦陈悔，方从荣法。斯德被圣凡，皆此之例。武德九年夏，于潞城交漳村立法行道，所住堂舍忽自崩坏，龛像舍利宛然挺出，布在庭中，一无所损。又，贞观七年，清信士常凝保等请荣于州治法住寺行方等悔法。至七月十四日，有本寺沙门僧定者戒行精固。于道场内见大光明五色间起，从上而下，中有七佛，相好非常，语僧定云："我是毗婆尸如来，无所著至，真等正觉。以汝罪销，故来为证。然非本师，不与授记。"如是六佛，皆同此词最后一佛云："我是汝本师释迦牟尼也，为汝罪销，故来授记。昙荣是汝灭罪良缘，于贤劫中名普宁佛。汝身器清净，后当作佛，名为普明。"若斯之应现感灵祥，信难图矣。后卧疾于床，眼中流泪。弟子圆宗曰："和上生来念慧，必无不意，何事悲泣？"答曰："吾死将逼，恨更不得为诸七众洗濯罪累耳。"宗曰："何必至此。"答曰："吾纵不死，亦是无用。自佛法再兴已来，未省一度不听说戒。今既病困说欲，斯必死矣。"以贞观十三年十二月终于法住寺，春秋八十有五。旋殡于野外，后门徒出其遗骨，葬于寺南，建塔表之。自荣履历重难，而崇尚释风，形器瑰伟，过于八尺，词吐温赡，风格遒远。年登不惑，断粒练形，常饵守中，用省烦累。而奉教结净，希见斯人。日到僧厨，问其监膳，必有事染，亲看翻秽，并使食具清净，方始还房。自觌名德，罕闻斯类。又，于寺内诸房，多结净地，用拟四药温煮之所。故预沾门序，散在诸方，咸承风素，免诸宿触。又，每岁忏法，必具两仪，二篇已下，依律清之。先使持衣说净，终形立誓，然后羯磨，随治成人。初聚正罪，雅依大乘，仍令心用理事，无着有空，身口威仪，归承律捡。故自从训勖，奉法无亏，皆终诸命报。余因访道艺，行达潞城，奉谒清仪，具知明略，故不敢坠其芳绪云。

唐京师弘法寺释静琳传四

释静琳，俗姓张氏，本族南阳，后居京兆之华原焉。幼龄背世，清附缁门。初诞之日，有外国道人曰："此儿当贵，若出家者大弘佛法。"七岁投僧出家，役以田畴，无乖道训，不果本望，深惟非法也。自顾而言曰："此而未舍，与俗何殊？"更从一师，服膺正化。遭周灭法，且附俗缘，年在弱冠，希期无怠。会隋氏启运，即投昙猛法师，乃以二事相摄，经于五年，犹事沙弥，未敢受具。庆蒙开法，欲广见闻，辞其本师，南游樊邓，便于彼部奉进大戒。既爰初受法，未晓清规，远赴青齐，听于律禁，后发前至，为诸听先。又于觉法师所听受十地，回趾邺都炬法师所采听华严、楞伽、思益，皆通贯精理，妙思英拔，旧传新解，往往程器。时即推令敷化，讲散幽旨，并惊所未闻。而胸臆所忆，犹谓不足，展转周听，博遍东川，蓄解寻师，又至蒲晋。有沙门道逊、道顺者，声名大德也，留讲十地，经于凉燠。虽复听徒欣泰，而志逾烦梗，下坐处房，抚膺审曰："法本治病，而今慢法更增。且道贵虚通，而今耽着弥固，此不可也。"即舍讲业，专习禅门。初学不净念处等法，又嫌其琐小，烦稽人虑，乃学大乘诸无得观，离念唯识，弥所开宗。每习一解，陶练十年，精其昔知，更新后习。而弊食粗衣，情欲斯绝。后入白鹿山，山粮罕继，便试以却粒之法，孤放穷岩，又经累载。山中业定，昏睡惑心，乃临峭绝悬崖，下望千仞，旁生一树，才得胜人，以草藉之，加坐其上，于中系念，动逾宵日，怖死既重，专深弘观。后闻泰岳特多灵异，便往寻之。既达彼山，夜见火炬周环，高曜峰岩，即事追求，累日方至，乃见五六尼众匡坐论道，琳初通讯问，共议唯识等理，未尽言间，忽然不见，惆怅久悟，法诚尔也。后入关中，遇昙迁禅师讲开摄论，一闻如旧，慧不新闻。仁寿四年，下敕送舍利于华原石门山之神德寺，琳即于此住，居静课业，行解之盛，名布京师。大业三年，有沙门还原等延请帝城，在明轮、妙象诸寺讲扬摄论，识者归焉。寻即降敕，召入道场，既达东都，禅门更拥。齐王暕情深理定，每就咨款，请至本第，从奉归戒。鸿胪苏夔学高前古，举朝冠盖，禀宗师训，为舟为梁。高阳道雄、道体，赵郡道猷、明则等，并释门威凤，智海明珠，咸承理味，酌以华实。襄阳洪哲，德高楚望，风力俊骇，闻琳声穆时彦，故来相架，乃致问云："怀道者多，专意何业？"琳见其词骨难竞，聊以事征，告云："山谷高深，意定何在？"哲云："山高谷深，由来自尔。"琳曰："若如来言，余处取土填谷齐山，为定高不？"哲悟此一言，致词叹伏。由是秀颖附津，稽疑重沓，故令誉风宣，弥繁赏。会琳以象教东渐，法网虽严，至于僧仪正度，犹未光阐，欲遍游阎浮，备殚灵迹，以十三年内具表闻帝，当蒙恩诏，令使巡方，并给使人，传国书信。行达襄土，方趣海南，属寇贼交侵，中国背叛，途路梗涩，还返南阳。义宁二年，被召入京，住大总持如常弘演，光阴既积，学者成林。武德三年，正平公李安远奏造弘法，素奉崇信，别令召之。琳立意离缘，摄虑资道。会隋末壅闭，唐运开弘，皂白归依，光隆是庆，乃削繁就简，惟敷中论为宗，余则维摩、起信，权机屡展。夜则勖以念慧，每事征研，并使解出自心，不从他授。玄琬律师，道王关河，躬承令则，自余法侣，岁献奇伦。任城王及太妃、楚国太妃、安平公主等皇家帝叶，请戒第宅，隆礼频繁。国子祭酒萧璟、工部尚书张亮、詹事杜正伦、司农李道裕等，并誓为弟子，备诸法物，恒令服御。久以徒侣义学，爰缺律宗，乃躬请智首律师敷弘四分，一举十遍，身令众先。故使教法住持，京辇称最，乃至沙弥、净人咸明律相，诚其功矣。忽以贞观十四年秋初染疾，至十月二十六日平旦疾甚。有沙门法常者，盛名帝宇，素与周旋，故来执别。琳曰："不恋此生，未贪来报。缘集则有，缘散则无。"而神气澄湛，由来不乱。曾病，有问疾者，答云："以己之疾，愍于彼疾。"因而流泪，想诸苦趣故也。便总集僧众并诸门人，告曰："生死道长，有心日促。各宜自敬，无累尔神。"即右胁而卧，寻卒于本寺，春秋七十有六。余处通冷，惟顶极热，迄于焚日，方始神散，而形色鲜软，特异常比。送于终南至相寺烧，惟舌独存，再取烧之，逾更明净，斯即正言法之力矣。弟子等四十余人奉跪慈颜，无由钦仰，百日之内通告有缘，共转大乘总四万余卷，并造千粒舍利木塔，举高五丈，雕饰之美，晃发中天，广布檀那，用酬灵泽。初，琳居世化，以实录著名，每述至理玄凝，无不垂泣叹奉，言无非涉，事不徒行。有通事舍人李好德者，曾于洛邑受业于琳，后历官天门，弊于俗务，逃流山薮，使弟子度之。若准正敕，罪当大辟，后有嫉于德者，罔以极刑。及下狱征琳，初无拒讳，监狱者深知情量，取拔无由，事从虑过，释然放免。识者以实语天梯至死知量，是莫加焉。自爰初问法，无惮夷险，衣服坏则以纸补之，床席暖则坐于箦上，节之又节，量力强羸，名利不缘，语默沉静，修摄威仪，有异名称。涕唾莫显于口鼻，饮食未言于美恶，敬慎之极，夫又何加。兼以行位难测，蚤虱不历于身，纵辄投者，寻便走散，斯负既抵，故所报类希焉。尝居山谷，须粒有待，患繁，乃合守中丸一剂，可有斗许，得支一周，琳服延之，乃经三载。便利之际，收洗重服，故能业定坚明，专注难拔。时值俭岁，缘村投告，随得随施，安乐贫苦。尝在讲会，俗士三人谋害一怨，两人往杀，其一中悔，从琳受戒。岁纪经久，并从物故，而受戒者忽死心暖，后从醒寤，备见昔怨及同谋者论告杀事，其受戒人称枉不伏，引琳为证，王即召追证，便有告琳生他方金粟世界，王既感证，因放此人。又，琳一生所至伽蓝，㧑谦自牧，逮至名高福重，傣锡日增，并委侍人，口无再问。及后为福，方恨无财，出以示之，琳曰：“都不忆有此物也。”斯实据道为务，情无世涉，可书季代，足为师镜。自住弘法，敷化四方，学侣客僧，来如阛阓，招慰安抚，随事忧承，而度杂公私，宪章有叙。故使外虽禁固，内实通流，山林望而有归，轨道立而垂则。逮于殁后，此法弥崇，所以京室僧寺五十有余，至于叙接宾礼、僧仪邕穆者，莫高于弘法矣。又，寺居古墉，惟一佛堂，僧众创停，仄陋而已。琳熏励法侣，共经始之，今则堂房环合，厨库殷积，客主混同，去留随意。裕法师云：“以道通物，物由道感。惠由道来，还供道众。故僧实由客，深有冥功。”裕语有，琳近之矣。

唐京师弘福寺释慧斌传五

释慧斌，姓和氏，兖州人也。博览经艺，文义洞开，偏晓字源，尤明章曜。年十九，乡党所崇，为州助教。而情厌烦梗，怀慕出世，年二十三方预剪落。寻即历听经律，相沿两载，睹讲席喧挠，惟论声势，便入台山修诸静虑，一入八载，备行观法。乃往泰山灵岩诸寺，以行道为务先。年三十四，方隶官名，住秦州梁父甑山存道寺，更寻律部，博听经论，而性狎禅林，誉彰遐迩。及献后云背，禅定攸兴，下敕征延，乃旋京邑。于时名望盛德，八表一期，各擅英髦，人程鳞翼。而斌夏第最小，声称弥隆。衣钵之外，更无箱幞，容质清素，挺异恒伦，缁素目属，莫不回向，斯亦象季清厉之僧也。兼以布行纯粹，言无品藻，每闻评论，辄即默然。防护戒仪，慈救为虑，每夏行履，执帚先扫，恐伤虫蚁故也。随得利养，密行檀济，或造漉囊，或施道俗，惟急者方乃行之，仍复累属勿泄人世。及帝造寺，前访纲维，京室同美，勿高斌也，乃下诏征为弘福寺主，缉谐上下，无敢乖猷。贞观十九年十月六日遘疾终寺，时年七十有二。自斌之入道，生常恒务，多以行道咒业为心，或诵释迦、观音，或行文殊悔法。岁中八十一日六时行业，前后通数八十道场，身心悦怿，所得法利，未可知也。至于教诫门学，惟论烦恼须断，每有出罪露过，无不为之流涕。喜怒不形，诵持无忘。故羯磨之匠，通僧仰属，道俗归戒，其徒弘矣。故使魏王以下内外懿亲，及梁、宋诸公，皆承戒素。初，斌父朗有子七人，家世儒宗，斌第二也。仁寿征入，爱敬无因，朗齿迫期颐，钟鸣漏尽，今古意绝，生死路分。乃于汶水之阴九逵之会建义井一区，仍树丰碑，用裨其德。其铭略云:“哀哀父母，载生载育。亦既弄璋，我履我复。一朝弃予，山州满目。云掩重关，风惊大谷。爱敬之道，天伦在兹。殷忧暮齿，见子无期。凿井通给，托事兴词。百年几日，对此长悲。玉检之南，峄阳之北。获麟之野，秉礼之国。君有美政，俗多儒墨。玉井洞开，高碑斯勒。”

唐汾州光严寺释志超传六

释志超，俗姓田，同州凭翊人也。远祖流寓，遂居并部之榆次焉。少在童龀，智量过人，精厉不群，雅度标远，厌世从道，贯彻藏俞。而二亲恃超，更无兄弟，虽述其志，常用抑之，望嗣宗族，遂从儒流，遍览流略。年垂壮室，私为娉妻，超闻之，避斯尘染，乃逃窜林野。亲姻周觅，藏影无方，既被执身，抑从伉俪。初则合卺为踪，终亦同掩私室，冀行婚礼也，惟置一床。超乃抽毡席地，令妻坐上，躬自处床，俨思加坐，勤为说法，词极明据。妻便流泪礼谢，辞以相累，频经宵夕，事等金形，屡被訹劝，诚逾玉质。既确乎难拔，亲乃捐而放之，年二十有七，投并州开化寺慧瓒禅师。瓒志德澄明，行成众范，未展度限，历试诸难。志超洁正身心，勤履众务，僧徒百数，供杂五行，两食恒备，六时无缺，每有苦役，必事身先。瓒亲阅验，其情守节度令受具。自进戒品，专修行仪，即往定州寻采律藏，括其精要，删其繁杂，五夏不满，三教备圆，乃返故乡，依岩综习。初入太原之西比干山，栖引英秀，创立禅林，晓夕勤修，定慧双启，四仪托于戒节，二行凭于法依，学观诜诜，无威而肃，致使闻风，不远而至。大业初岁，政网严明，拥结寺门，不许僧出。超闻之，慨而上谏，被衣举锡，出诣郡城，望有执送，将陈所谏。而官私弗顾，乃达江都，即以事闻，内史以事非要害，不为通引，还遣并部。至隋季多难，寇贼交横，民流沟壑，死者太半。而超结徒劝聚，余粮不穷，但恐盗窃相陵，便欲奔散，乃以法诫劝，无变尔情，镜业既临，逃响何地？众感其言，心期遂爽，准式禅礼，课时无辍。尝夜坐禅，忽有群贼排门直进，炬火乱举，白刃交临，合坐端然，相同仪象，贼乃投仗于地，拜伏归依，超因随宜诱引，量权授法，咸发心敬，合掌而退。其刚略摄御，皆此类也。高祖建义太原，四远咸萃。超惟道在生灵，义居乘福，即率侣晋阳，住凝定寺。禅学数百，清肃成规，道俗钦承，贵贱恭仰。及皇旗南指，三辅无尘，义宁二年，超率弟子二十余人奉庆京邑。武皇夙承嘉望，待之若仙，引登太极，叙之殊礼。左仆射魏国公裴寂，挺生不世，器琏宏深，第中别院置僧住所，邀延一众，用以居焉，亟历寒暑，业新弥厉。但为贵游喧杂，外进无因，必附林薄，方程慕远。时蓝田山化感寺沙门灵闰、智信、智光等，义解钩玄，妙崇心学，同气相求，宛然若旧，遂延住彼山，栖志得矣。摄缘聚结，其赴如云，贤圣语默，互相敦重。而寺非幽阻，隶以公途，晦迹之宾，卒难承业，乃徇物关，表意在度人，还返晋川，选求名地。武德五年，入于介山，创聚禅侣。岩名抱腹，四方有洞，下望百寻，上临千仞，泉石结韵于仙室，风雨飘清于林端。遂使观者至止，陶铸尘心，自强诲人，无倦请益。又于汾州介休县治立光严寺，殿宇房廊，躬亲缔构，赫然宏壮，有类神宫。故行深者岩居，道浅者城隐，师资肃穆，竞业其诚，聆音察色，惟若不足。忽因遘疾，便知不久，诫累殷勤，示以祸福，以贞观十五年三月十一日卒于城寺，春秋七十有一。山世同嗟，宾主齐恸，德仁既往，学肆斯分，葬于城南山阜。自服膺释种，意在住持，昼夜克勤，摄诸后学，所以日别分功，礼佛五百，禅结四时，身诫众侣，有亏殿罚。而自执熏炉，随唱屈礼，未尝置地，及以亏拜。及坐禅众也，互相惩诫，才有昏睡，亲行励率。有来投造，无不即度，授以戒范，进止威仪，摄养将迎，礼逾天属。时遭严敕，度者极刑，而曾无介怀，如常剃落，致陆海慕义，避世逸僧凭若大山，依而修道。时讲摄论、维摩、起信等，并详而后说，深致适机。尝以武德七年止于抱腹，僧徒仅百，偏资大斋，麦惟六石，同置一仓，日磨五斗，用供常调，从春至夏，计费极多，怪而检覆，止磨两斛。据量此事，幽致可思。又数感异僧乘虚来往，虽无音问，仪形可验。才若堕者，便蒙神警，至于召众钟声随时自响，石泉上涌，随人少多。灵瑞屡兴，如此者非一。而奉敬戒法，罕见其俦，护慎威仪，终始无替。自隋唐两代，亲度出家者近一千人，范师遗训，在所闻见。传者昔预末筵，蒙诸惠诰，既亲承其绩，故即而叙焉。

唐蔚州五台寺释昙韵传七

释昙韵，不详氏族，高阳人。初厌世出家，诵法华经，有余两卷。时年十九，仍投恒岳侧蒲吾山，就彼虚静，讫此经部。值栖隐禅师，曰:“诵经非不道缘，常诵未即至道，要在观心离念，方契正道耳。”韵初承此告，谨即受而行之，专精念慧，深具举舍。又闻五台山者，即华严经清凉山也，世传文殊师利常所住处，古来诸僧多入祈请，有感见者，具蒙示教。昔元魏孝文尝于中台置大布寺，帝曾游止，具奉圣仪。前种华园，地方二顷，夏中发艳，状同铺锦，光彩昱耀，乱人心目。如是嘉闻数发，荡神悦耳，遂举足栖焉，遍游台岳，备见灵相。初停北台木瓜寺，二十余岁，单身吊影，处以瓦窑，形覆弊衣，地布草蓐，食惟一受，味不兼余。然此山寒厉，林生涧谷，自外峰岭，坦然遐净。韵夜行昼坐，思略昏情，庆其晚逢也。前所诵经，心口不缘三十余载，会隙历试，一字无遗，乃更诵残文，成其部帙。至仁寿年内，有瓒禅师者结集定学，背负绳床，在雁门川中兰若为业。韵居山日久，思展往怀，闻风附道，便从瓒众，一沐清化，载仰光猷，随依善友，所谓全梵行也。属隋高造寺，偏重禅门，延瓒入京，众失其主，人各其诚，散归林谷，韵遂投于比干山。又游南部离石、龙泉、文成等郡，七众希向，夷夏大同，十善聿修，缁素匡幸。原此河滨无受戒法，纵有志奉，皆往太原，夷夏情乖，人皆怯往，致有沙弥三十其岁者。及韵化行，即传斯教，山城两众，皆蒙具足。唐运伊始，兵接定阳，屡逢屯丧，本业无毁，以夜系昼，摄心乖逸。幽栖积久，衣服故弊，蚤虱聚结，曾不弃捐，任其軟啖，寄以调伏。曾以夏坐，山饶土蚤，既不屏除，毡如血凝，但自咎责，愿以相酬，情无吝结。如此行施四十余年，岁居耳顺，忽无蚤虱，韵犹深自责曰："计业不应即尽，当履苦趣，受其报耳。"又告门人曰："吾见超禅师寄他房住，素有壁虱，不噉超公，乃两道流出，向余房内。又见在蛊家食饭，匙接蛊精，置于迭下，而快食如故，又不为患，蛊主惧焉。吾德不及超，何为致此？"每年于春秋二时，依佛名法，冬夏正业，则减食坐禅。尝愿写法华，誓须洁净，数年已来，不能可办。忽感书生无何而至，告云："善解抄经。"韵邀以法据，并谓堪能，遂乃安于石室，立净书之。旦入暮出，深怪其行，未盈一旬，七轴俱了，将以礼倸，目前不见。及遭贼抄，藏经岩窟，世静往收，乃委于林下，箱幞久烂，而卷色如初。斯感验奇异，率此类也。又，常居别室，自勤修业，余有众侣，难嗣其踪。每云："吾年事如此，何可放舍？"若坐昏闷，即起礼佛，尝策四仪，以道量据，自见胜达，鲜伦其德！以贞观十六年端坐终于西河之平遥山，春秋八十余矣。自韵十九入山，六十余载，不希名利，不畜侍人，不隶公籍，不行已任，凡有所述职，皆推寄于他焉。

唐箕州箕山沙门释慧思传八

释慧思，姓郭氏，汾州介休人也。少学儒史，宗尚虚玄，文章书隶，有声乡曲。年二十五，在并传授。初，不知佛乘之深奥也。会沙门道晔德盛当锋，处宗讲扬摄大乘论，试往潜听，冥漠难追，累日详受，薄知希向，因求度脱。传闻出家德业，勿高禅定，即而习焉，三十许载，师承靡绝。又闻念慧相须，譬诸轮、翅，遂周寻圣教，备尝弘旨，冬夏业定，春秋博采，单衣节食，见者发心，道志之伦，往往屯赴。因而结众于箕山之阴，昼则敛容默念，中夜昏塞，为众说法，六时笃课，不坠清猷。时说死观，各言其志，有云省约，有志泰甚。思曰："出家之人，生已从缘，死当自任，岂劳人事，送此枯骸！余必一期当自运耳。"时以为未经疾苦，故得虚置其言。后觉不愈，才经两日，寻告众曰："余其死矣。"便起蹑履，案行空屈，除屏残尸，入中加坐，发遣徒侣，累以正命。处既森竦，世号寒林，众不忍离，经夜旁守。至明往观，端拱如故，就触其身，方知已卒。春秋五十有五，即贞观十六年五月矣，因即而殓焉。

唐并州玄中寺释道绰传九（道抚）

释道绰，姓卫，并州汶水人。弱龄处俗，闾里以恭让知名。十四出家，宗师遗诰，大涅槃部偏所弘传，讲二十四遍。晚事瓒禅师，修涉空理，亟沾徽绩。瓒清约雅素，慧悟开天，道振朔方，升名晋土。绰禀服神味，弥积岁时。承昔鸾师净土诸业，便甄简权实，搜酌经论，会之通衢，布以成化，克念缘数，想观幽明，故得灵相潜仪，有情欣敬。恒在汶水石壁谷玄中寺，寺即齐时昙鸾法师之所立也，中有鸾碑，具陈嘉瑞，事如别传。绰般舟方等，岁序常弘，九品十观，分时绍务。尝于行道际，有僧念定之中见绰缘佛珠数相量如七宝大山，又睹西方灵相，繁缛难陈。由此盛德日增，荣誉远及，道俗子女，赴者弥山。恒讲无量寿观，将二百遍，导悟自他，用为资神之宅也。词既明诣，说其适缘，比事引喻，听无遗抱。人各掏珠，口同佛号，每时散席，响弥林谷。或邪见不信，欲相抗毁者，及睹绰之相善，饮气而归。其道感物情，为若此也。曾以贞观二年四月八日，绰知命将尽，通告事相，闻而赴者满于山寺，咸见鸾师在七宝船上，告绰云："汝净土堂成，但余报未尽耳。"并见化佛住空，天华下散，男女等以裙襟承得，薄滑可爱，又以莲花干地而插者，七日乃萎，及余善相，不可殚纪。自非行感备通，讵能会此乎？年登七十，忽然龀齿新生如本，全无历异，加以报力休健，容色盛发，谈述净业，理味奔流，词吐包蕴，气沾醇醴。并劝人念弥陀佛名，或用麻豆等物而为数量，每一称名，便度一粒。如是率之，乃积数百万斛者，并以事邀结，令摄虑静缘。道俗响其绥导，望风而成习矣。又，年常自业，穿诸木栾子以为数法，遗诸四众，教其称念，屡呈祯瑞，具叙行图。着净土论两卷，统谈龙树、天亲，迩及僧鸾、慧远，并遵崇净土，明示昌言，文旨该要，详诸化范，传灯宇县，岁积弥新。传者重其陶鍙风神，研精学观，故又述其行相。自绰宗净业，坐常而西，晨宵一服，鲜洁为体，仪貌充伟，并部推焉。顾瞬风生，舒颜引接，六时笃敬，初不缺行，接唱承拜，生来弗绝。才有余暇，口诵佛名，日以七万为限，声声相注，弘于净业。故得镕铸有识，师训观门，西行广流，斯其人矣。沙门道抚，名胜之僧，京寺弘福，逃名往赴。既达玄中，同其行业，宣通净土，所在弥增。今有惰夫口传摄论，惟心不念，缘境又乖，用此招生，恐难继相。绰今年八十有四，而神气明爽，宗绍存焉。

唐密州茂胜寺释明净传十（慧融）

释明净，密州人。少出家，昧定为业，洁志忠恪，谨厚澄肃。尝居海畔，蒙山宴坐，经数十载，人莫测之也。后南游东越天台诸山，禅观在怀，无缘世习。而衣服褴褛，动止适时，同侣禅徒，未之弘仰。山粒致绝，日至村中，每从乞食。赍还中路，值于群虎，皆张口闭目，若有饥相。净曰："吾经行山泽多矣，虎兕无心畏之。今列于路旁，岂非为食耶？"乃以匕抄饭内其口中，余者对而啖尽，告曰："知来食少，辄济自他，殊不副怀，深用多愧！"明日乞食，虎又如前。频有此缘，同伴乃异其度。晚为山幽地湿，形报苦之，还返海隅，住蒙山侧，内遵道观，外感潜通，令问远流，灵祇叶应。尝值亢旱，苗稼并枯，淫祀之流妄祈邀请，虽加恳恻，终不能致。净曰："可罢诸邪祷，吾独能降。"遂结斋静室，七日平旦，云布雨施，高下滂注。百姓利焉，戴之若圣。贞观三年，从去冬至来夏，六月回然无雨。天子下诏释、李两门，岳渎诸庙，爰及淫祀，普令雩祭。于时万里赫然，全无有应，朝野相顾，惨怆无赖。有潘侍郎者，曾任密州，知净能感，以状奏闻。敕召至京，令住祈雨，告以所须，一无损费，惟愿静念三宝，慈济四生，七日之后，必降甘泽，若欲酬德，可国内空寺并私度僧并施其名，得弘圣道。有敕许焉，虽无供给，而别赐香油。于庄严寺静房禅默，至七日向晓，问守卫者曰："天之西北应有白虹，可试观之。"寻声便见。净曰："雨必至矣。"须臾云合，骤雨忽零，比至日晡，海内通洽。百官表奏皇上之功，净之阴德，全无称述。新雨初晴，农作并务，苗虽出陇，更无雨嗣，萎仆将死，设计无所。左仆射房玄龄躬造净所，请重祈雨。净曰："雨之升降，出自帝臣。净有何德？敢当诚寄。前许无报，幽显同忧，若循素请，雨亦应致。"以事闻奏，帝又许焉，乃敕权停俗务，合朝受斋。净乃依前静坐，七日之末，又降前泽，四民欢泰，遂以有年。敕乃总度三千僧，用酬净德。其征应难思，厥相叵测也。但以京辇喧杂，性不狎之，请还本乡之茂胜寺，山居系业。竟不测其存没云。同寺僧慧融，亦以禅业见称，山居服食，咒水治病。敕召入京，亦住普光寺，二宫敬重，礼遗相接云。

唐益州空慧寺释慧熙传十一

释慧熙，益州成都人，童稚出家，善明篇韵，文笔所趣，宛而成章。与绵州震响寺荣智齐名，俱为沙弥，卓异翘秀。后与成都大石寺沙弥道微连韵赋诗，微有言隙，因即屏绝人事，栖心禅业。年登受具，周闻经律，摘采英华，用为赏要，摄论、杂心，精搜至理，尤耽三论，是所观门。尝难基法师尘识义，初问以小乘，基以大乘通之，熙笑曰："大无不摄，但失小宗。"晚住州南空慧寺，立性孤贞，不群诸偶，弊于食息，专想虚玄，一坐掩关二十余日。众以不食既久，恐损身命，假以余词曰："国家搜访艺能甚急，今不食闭门，世人谓圣。愿息流言，可时处众。"熙惧矫饰，便开门进食。由是迄今，将三十载。一身独立，不畜侍人，一食而止，不受人施。有讲便听，夜宿本房，但坐床心，两头尘合。自余房地，惟有一踪，余并莓苔青絮。衣服弊恶，仅免遮羞，冬则加纳，夏则布衣，以冬破纳悬置梁上。有闻熙名，就房参拜，迎逆接候，累日方见。时发幽问，吐言高远，预有元席，皆共惮之。年九十卒。今见在具诸闻睹。

唐绵州大施寺释世瑜传十二

释世瑜，姓陈氏，住始州。父母早亡，佣作取济。身形伟壮，长八尺三寸。希向佛理，无由自达，大业十二年，往绵州震响寺伦法师所出家，一食头陀，勤苦相续。又往利州，入籍住寺。后入益州绵竹县响应山，独住多年，四猿供给山果等食。有信士母家生者，负粮来送，惊讶深山常烧熏陆沉水香等，既还山，半路见两人，形甚青色，状貌希世，负莲华、蔗芋而上，云："我供给禅师去也。"然其山居三年之中，食米一石七斗，六时行道，以猿鸣为候。初惟一泉，后有三泉又出流下。贞观元年，梦有四龙来入心眼，既觉，大悟三论宗旨，遂往灵睿法师讲下，所闻词理宛若旧寻，即而覆述。便往绵州，住大施寺。至十九年四月八日往崇乐寺，言话欲游方去。或有喻曰："只此寺者，是诸方也。"因还大施本房，香气满室，坐处之地涌三金钱。合众寻香，从瑜房而出，乃见加坐，手尚执炉。刺史刘德威庆所未闻，作龛坐之，三年不倒。春秋六十三矣。

唐润州摄山栖霞寺释智聪传十三

释智聪，未详何人。昔住杨都白马寺，后住止观，专听三论。陈平后度江，住杨州安乐寺。大业既崩，思归无计，隐江荻中诵法华经，七日不饥。恒有四虎绕之而已。不食已来，经今十日，聪曰："吾命须臾，卿须可食。"虎曰："造天立地，无有此理。"忽有一翁，年可八十，掖下挟船，曰："师欲度江，栖霞住者，可即上船。"四虎一时目中泪出。聪曰："救危拔难，正在今日，可迎四虎。"于是利涉，往达南岸，船及老人，不知何在。聪领四虎同至栖霞，舍利塔西经行坐禅，誓不寝卧。众徒八十，咸不出院，若有凶事，一虎入寺大声告众，由此惊悟，每以为式。聪以山林幽远，粮粒艰阻，乃合率杨州三百清信以为米社，人别一石，年一送之。由此山粮供给，道俗乃至禽兽，通皆济给。至贞观二十二年四月八日，小食讫，往止观寺礼大师影像，执炉遍礼，又往兴皇墓所礼拜，还归本房，安坐而卒，异香充溢。丹阳一郭受戒道俗三千余人，奔走山服，哀恸林野。时年九十九矣。

唐蒲州孤介山陷泉寺释僧彻传十四

释僧彻，姓靳，河东万泉人。性戒肃成，专思出俗，慈亲鞠养，未始遂之。既丁荼蓼，乃遵前志，乐行兰若，索居蒲坂，习平等观，行实言法。四俗归向，承化连邑。有孤山者，一曰介山，即介子推之故地也，其山阳介村是也。遂依而结业，荫以石岩，汲以下隰，积岁崇道，物莫不高之，各舍财力，共营图构。地本高险，古绝源泉，念矜劳倦，中宵轸结。晨行岩险，见如润湿，以刃导之，应手泉涌。道俗闻此，惊叹归依，更广其居，重增檐宇。秦州刺史房仁裕表陈其事，请立伽蓝，下敕许之，今之陷泉寺是也。公私荣庆，请彻以为寺主，俯从物议，遂乃从之。四方慕义，相顾依投，门庭充阗。及徐王部绛，寺又属焉，轩盖来寻，请居州邑，倾心尽礼，厚供弥隆。俄复还山，却崇前业，性在慈仁，弘济成务，所以群鸟食于掌上，宿雁翔于庑下。年逾杖国，未尝疴瘵，忽告众曰："吾将去矣。"食毕收衣，结加趺坐，顾命徒属，诫以清言，并令出户，惟留一侍，告曰："夫识神托形，寄之暖气，命尽身冷，方可触吾。"告已，冥目若禅，久而寻视，方知已绝，春秋七十有七。初，未终之前，三朝山树通变白色，横云如带，绝望东西。道俗奔赴，制以心丧，礼也。迁灵山窟，还依坐之，府县官庶，子来咸会。是日风清景亮，降以白花，六出净荣，如雪如冰，衣以承之，不久便散。三载之后，犹存初坐。门人为之易箦，而衣服一无沾污，乃就加漆布。弟子等怀双林右胁之教，抱两楹负手之歌，以为相好像设，开含识之尊严，法慧声光，实超生之津济，遂就京邑奉建高碑，高一丈五尺，刻像书经，兼叙言行，引还本寺，聚众立之。度支尚书唐临，昔住万泉，赞承俗务，性行专信，素奉归依，后仕华省，常修供养，顾惟德本，便勒铭云。

论曰：经不云乎，禅智相遵，念慧攸发，神游觉观，惑使交驰。何以知其然耶？但由欲界乱善，性极六天，色有定业，体封八地，通为世结，爱味不殊。莫非谛集重轻，故得报居苦乐，终是轮回诸界，未曰缺有超生。且据乱静二缘，故略分斯两位。然则三乘贤圣，及以六邪诸道，将欲厌烦栖虑，莫不依乎初定。良以心殊粗妙，慧开通局，遂有总斯一地，得延邪正之机。自释教道东，心学惟鲜，逮于晋世，方闻睿公，故其序云："慧理虽少，足以开神达命。禅法未传，至于摄缘系想，寄心无地。"时翻大论，有涉禅门，因以情求，广其行务。童寿弘其博施，乃为出禅法要解等经。自斯厥后，祖习逾繁，昙影、道融厉精于淮北，智严、慧观勤志于江东，山栖结众则慧远标宗，独往孤征则僧群显异。虽复摄心之传时或漏言，而茂绩芳仪更开正级，不可怪也。逮于梁祖，广辟定门，搜扬宇内有心学者总集杨都，校量深浅，自为部类。又于钟阳上下双建定林，使夫息心之侣栖闲综业。于时佛化虽隆，多游辩慧，词锋所指，波涌相凌，至于征引，盖无所算，可谓徒有扬举之名，终亏直心之实，信矣！或有问曰：大圣垂教，正、象为初，禅法广行，义当修习。今非斯时，固绝条绪，其次不伦，方称末法，乃遵戒之行，斯为极也。请为陈之！因为叙曰：原夫正、象东设，被在机缘，至于务道，无时不契。然教中广叙信法两徒，诚由利钝等机，所以就时分位，若能返源体道，深厌诸有，学与佛世，其德齐焉。故初千年为正法也，即谓会正成圣，机悟不殊。第二千年，依教修学，情投渐钝，会理叵阶，摄静住持，微通性旨，然于慧释未甚修明，相似道流，为象法也。第三千年后，末法初基，乃至万年，定慧道离，但弘世戒，威仪摄护，相等禅踪，而心用浮动，全乖正受，故并目之为末法也。善见所述，法住万年，护持绍世，斯踪可录。若依魔耶，时度千年，不修静观，非通论也。约相两叙，矛盾乖踪，就缘判教，各有其致。至如世情烦掉，人显锋奇，才教摄持，皆耽昏漠，良由习熏既远，宗匠难常，即目易观，未遑诚教。善见万载，亦是明规，准法具修，义无不获。故论叙云："初五千年得三达智，后五千但遵戒法。"前据道法，理观住持，故云入圣，谅有从也。后在事乱，相法住持，何能入道？故言是也。若乃心水鼓浪，则世业难成；想寂离缘，则理自清显。涅槃叙定，岂不然哉？故使聚落宴坐，神仙致讥；空林睡卧，群圣同美。诚以托静求心，则散心易摄，由摄心故，得解脱也。成论明诰，斯可师之。世有定学，妄传风教，同缠俗染，混轻仪迹。即色明空，既谈之于心口；体乱为静，固形之于有累。神用没于词令，定相腐于唇吻，排小舍大，独建一家，摄济住持，居然乖僻。智论所叙，前传具彰，顷世已来，宗斯者众，岂不以力劣兼忘之道，神顿绝虑之乡乎？所以托静栖心。群籍皆传其灵异，处喧摄虑，今古未章其感通，信可依矣。高齐河北独盛僧稠，周氏关中尊登僧实。宝重之冠，方驾澄、安，神道所通，制伏强御。致令宣帝担负，倾府藏于云门，冢宰降阶，展归心于福寺，诚有图矣，故使中原定苑，剖开纲领。惟此二贤，接踵传灯，流化靡歇，而复委辞林野，归宴天门，斯则挟大隐之前踪，舍无缘之高志耳，终复宅身龙岫，故是行藏，有仪耶属。有菩提达摩者，神化居宗，阐导江、洛，大乘壁观，功业最高，在世学流，归仰如市。然而诵语难穷，厉精盖少，审其慕则，遣荡之志存焉，观其立言，则罪福之宗两舍。详夫真俗双翼，空有二轮，帝网之所不拘，爱见莫之能引，静虑筹此，故绝言乎。然而观彼两宗，即乘之二轨也。稠怀念处，清范可崇；摩法虚宗，玄旨幽赜。可崇则情事易显，幽赜则理性难通。所以物得其筌，初同披洗。至于心用壅滞惟繁云之俦，差难述矣。义当经远陶冶，方可会期，十住罗谷，抑当其位。褊浅之识，隳惰之流，朝入禅门，夕弘其术，相与传说，谓各穷源，神道冥昧，孰明通塞？是知虑之所及，智之所图，无非妄境惑心。斯是不能返照其识，浪执境缘，心静波惊，多生定障。即谓功用，定力所知，外彰其说，逞慢裎惑。此则未闲治障，我倒常行，他力所持，宗为正业，真妄相迷，卒难通晓。若知惟心，妄境不结，返执前境，非心所行。如此胥徒，安可论道？有陈智璀，师仰慧思，思实深解玄微，行德难测。璀亦颇怀亲定，声闻于天，致使陈氏帝宗，咸承归戒，图像荣供，逸听南都。然而得在开弘，失在对治，宗仰之最，世莫有加，会谒衡岳，方陈过隙，未及断除，遂终身世。隋祖创业，偏宗定门，下诏述之，具广如传。京邑西南置禅定寺，四海征引，百司供给，来仪名德，咸悉暮年，有终世者，无非坐化，具以闻奏，帝倍归依。二世缵历，又同置寺，初虽诏募，终杂讲徒，故无取矣。当朝智觊，亦时禅望，锋辩所指，靡不倒戈，师匠天庭，荣冠朝列，不可轻矣。至如慧越之捋虎须，道舜之观牛影，智通之感奇相，僧定之制强贼，节操如铁石，志概等云霄，备彰后传，略为尽美。又如慧瓒禅主，嘉尚头陀，行化晋、赵，门庭拥盛，威仪所拟，无越律宗，神解所通，法依为诣，故得理事符允，有契常规，道有窊隆，固为时丧，致延帝里，没齿亡归。顷有志超，即承瓒胤，匡赞之德，乃跨先摸，弘训之规，有沦其绪，故使超亡，其风颓矣。观夫慧定两级，各程其器，皆同佛日，无与抗衡。然于祥瑞重沓，预觌未然，即世恬愉，天仙叶卫，诚归定学，盖难夺矣。顷世定士，多削义门，随闻道听，即而依学，未曾思择，扈背了经，每缘极旨，多亏声望，吐言来诮，往往繁焉。或复耽着世定，谓习真空，诵念西方，志图灭惑，肩颈挂珠，乱掏而称禅数，纳衣乞食，综计以为心道。又有倚托堂殿，绕旋竭诚，邪仰安形，苟存曲计，执以为是，余学并非，冰想铿然，我倒谁识。斯并戒见二取，正使现行，封附不除，用增愚鲁。向若才割世网，始预法门，博听论经，明闲慧戒，然后归神摄虑，凭准圣言，动则随戒策修，静则不忘前智，固当人法两镜，真俗四依。达智未知，宁存妄识？如斯习定，非智不禅，则衡岭、台崖扇其风也。复有相迷同好，聚结山门，持犯蒙然，动挂形网，运斤运刃，无避种生，炊爨饮啖，宁惭宿触？或有立性刚猛，志尚下流，善友莫寻，正经罕读，瞥闻一句，即谓司南，唱言五住久倾，十地将满，法性早见，佛智已明。此并约境住心，妄言澄静，还缘心住，附相转心，不觉心移，故怀虚托，生心念净，岂得会真？故经陈心相，飘鼓不停，蛇舌灯焰，住山流水，念念生灭，变变常新，不识乱念，翻怀见网，相命禅宗，未闲禅字。如斯般辈，其量甚多，致使讲徒例轻此类。故世谚曰："无知之叟，义指禅师；乱识之夫，共归明德。"返迷皆有大照，随妄普翳真科，不思此言，互谈名实。考夫定慧之务，谅在观门，诸论所陈，良为明证。通斯致也，则离乱定学之功，见惑慧明之业，若双轮之远涉，等真俗之同游。所以思、远振于清风，稠、实标于华望，贻厥后寄，其源可寻。斯并古人之所同录，岂虚也哉！

续高僧传卷第二十

续高僧传卷第二十五*

唐释道宣撰

习禅六 本传十三人 附见一人

* 编者注:《续高僧传》大正藏本的部分卷次标注存在窜乱。本卷位于第二十、二十一卷之间，却标为第二十五卷，致卷次重复出现。但正文的内容接续无缺。这种现象是由历史原因造成的，今编者为尊重底本原貌，对卷次不予改动，敬请读者鉴之。

唐邓州宁国寺释惠祥传一

释惠祥，姓周。十五出家，头陀乞食，默自禅诵，不与众同。人不知其道观浅深，而高其远度。听三论，闻提婆护法之功，莫辞开腹之患，有心慕焉。游诸法肆，见威仪不整者，谓人曰："祥受戒后，住持此寺，令入律行。"年十九，染患三月，救疗无征，夜中宴坐，叹曰："大丈夫本欲以身从道，于末法中摧伏非法。如何此志未从，为病所困？"将晓，有一人长丈余，谓曰："但诵涅槃，无愁不差。"至旦即诵，三日便瘳。当年诵通，卒其所望，进具听律，镜其文理。住宁国寺，常讲四分及涅槃经，所以护法维持，不惜身命，诸有亏违，望风整肃。大业末，夏中因食，口中得舍利，不辩弃地，辄还在口，如是数四，疑是真身，砧槌不碎，遂声钟告众，白黑咸集，祥涕泣焚香，愿降威力，须臾放五色光，异香遍郭。众睹希有，屠猎改业，乃使市无肉肆。因与四众起浮图九级，高百余尺，今见在。然其所食，日止一餐，不问多少，顿受不益。体貌肥白，可长八尺有余，行路不识，莫不怪仰。刺史李升明至寺怪异，谓群官曰："此道人肤容若此，日可应啖一羊。"语讫，觉手足不随，乘马失御，诸官以实告之，便悔谢还复。大使权茂行至邓州，又怪，升明曰："此大德非凡。"具说往缘，茂不信，请将七日试以粗食，而肤色更悦，茂愧伏，悔先不信之罪。将终，手执经胡跪谓弟子曰："吾今逝矣，汝好住持，无令绝灭。"又感异香盈郭。以大业末年八月卒，春秋七十，气命虽绝，而胡跪执经如初。远近奔赴，见其卓然，无不叹讶。

京师大庄严寺释昙伦传二

释昙伦，姓孙氏，汴州浚仪人。十三出家，住修福寺，依端禅师。然端学次第观，便诫伦曰："汝系心鼻端，可得静也。"伦曰："若见有心，可系鼻端，本来不见心相，不知何所系也。"咸怪其言，嗟其近学如何远悟。故在众末，礼悔之时随即入定，大众弹指，心恒加敬。后送钵上堂，未至中路，卓然入定，持钵不倾。师大深赏，异时告曰："令汝学坐，先净昏情，犹如剥葱，一一重重剥却，然后得净。"伦曰："若见有葱，可有剥削，本来无葱，何所剥也。”师曰：“此大根大茎，非吾所及，不敢役使。”进具已后，读经礼佛，都所不为，但闭房不出，行住坐卧，唯离念心，以终其志。次知直岁，守护僧物，约勒家人曰：“犬有别食，莫与僧粥。”家人以为常事，不用伦言，犬乃于前呕出僧粥，伦默不及之。后又语令：“莫以僧粥与犬。”家人还妄答云：“不与。”群犬相将于僧前吐出粥以示之，于时道俗咸伏其敬慎。又有义学论士诤来问者，随言即遣，无所罣碍。仁寿二年献后亡背，兴造禅室，召而处之，还即掩关，依旧习业，时人目之为“卧伦”也。有兴善粲法师者，三国论首，无学不长，怪伦卧禅，言问清远，遂入房与语，探究是非。伦笑曰：“随意相审。”遂三日三夕法乐不眠。伦述般若无底，空华焰水，无依无主，不立正邪，本性清净；粲乃投地敬之，赞叹：“心路无滞，不思议，乃如此也！”伦在京师，道俗请者相续，而机缘不一，悟迷亦多，虽善巧方便，令其醒悟，然各自执见，见我为是，故此妙理罕得广流。有玄琬律师、静琳法师，率门人僧伽、净等往来受法，如此众矣如鱼子焉。武德末年，疾甚于庄严寺，傍看寂然。有问往生何处，答：“无尽世界。”又便寂然。僧伽以手寻其冷触，私报人曰：“冷触到膝，四大分离，亦应生苦。”伦曰：“此苦亦空。”问曰：“舍报云何？”报曰：“我主四大斗在已到屈膝，死后籧篨裹弃之，莫作余事。”又曰：“打五更钟未？”报曰：“未。”少时维那打钟，看之已绝，年八十余矣。诸门学等依言送于南山，露骸散于中野。有鲍居士者，名慈氏，弱年背俗，爱乐禅观，生不妻娶，形无饰华。亲承德音，调心养气，守闲抱素，承伦余业五十余，年七十五矣。

蒲州仁寿寺释普明传三

释普明，姓卫氏，蒲州安邑人。十三出家，事外兄道逊法师。逊道会晋川，备如别传，又以明付廷兴寺沙门童真为弟子。明抗志住持，以大法为己任。性聪敏，解冠侪流，讲听相仍，无法不学，周游肆席，曾无住房，固使勤而有功，经论满抱。十八讲胜鬘、起信，夙素听之，知成大器。进具已后，专师涅槃、四分、摄论。年二十四讲涅槃，三十解摄论，凡所造言，宾主兼善，使夫妙义积散，出言传旨，声流远近。大业六年，召入大禅定道场，止十八夏，名预上班，学功所位，四事既备，不阙二严。武德元年，桑梓倾音，欣其道洽，以事闻上，有旨令住蒲州仁寿寺。镇长弘道，无憩寒暄，昼谈夜坐，语默依教，心神爽迅，应对云雨。曾未闻经，一披若诵，斯则宿习博闻，故能若此，不可比拟也。日常自励，戒本一遍、般若金刚二十遍，六时礼忏，所有善根，回向净土，至终常尔。凡造刻檀像数十龛，写金刚般若千余部，请他转五千余遍，讲涅槃八十余遍，摄论、胜鬘诸经论等，遍数难纪。以年月终于住寺，春秋八十有六。有弟子义淹，戒洁清严，见知可领，乃迁葬蒲坂东原，凿穴处之，树碑其侧。

蒲州柏梯寺释昙献传四

释昙献，姓张，京兆始平人。少事昌律师。昌，虞乡贾氏，净行无玷，精诚有闻，股肱之地，咸所宗仰。所居谷口，素有伽蓝，因此谷名，遂题寺目为静林寺也。昌师摄念经行，常志斯所。周武道丧，隳坏仁祠，昌与俗推移，而律仪无缺。隋文御宇，重启法筵，百二十僧，释门创首，昌膺此选也；仍僧别度侍者一人，献预其位，住大兴善。昌后言归故里，悲瘗灵仪，掘出庄严，一佛兴世，博修院宇，延缉殿堂，缁素翘诚，始欣有奉。雕造未毕，而昌迁逝。族人百数，仰慨尊容，以为法仪虽殁，神足犹在，祈请续功，便从来意，遂移仁寿而经营之。故得栋宇高华，不日而就，两寺围绕，四部归依。州司以静林、仁寿，已偃慈风，柏梯净土，未沾甘露，遂屈知栢梯寺任。俯从物议，又之斯位，释网斯张，万目咸举，仁洽开务，有漏天舟，众侣弘之，大小齐美。以贞观十五年正月微疾，至十五日旦便曰:“须向静林。”至卯时，乃有非常云雾遗形于柏梯山东南山顶，其夜大放光明，形如华盖，四照远近，迄于三夕。经旬，其尸为静林寺侧诸信士潜窃神柩，置于静林南山之顶。栢梯初不知也，于彼山顶两夜续放神光，始详其故。两处交竞，九载于兹，缘州历县，纷黩不息。岂非通幽洞理，致兹灵感，深慈博惠，恋结众情者乎？弟子等勒铭山阿，敢告惟远。

秦州永宁寺释无碍传五

释无碍，姓陈氏，有晋永嘉，中原丧乱，南移建业。父旷，梁元帝征蕃学士。以承圣元年碍生成都，神姿特异，知有济器。九岁便能应对，十岁入学，随闻不忘。入长安，遇姚秦道安法师，安与语，怪其意致，劝令出家，即依言欣喜。令诵太子瑞应经，思寻圣迹，哀泣无已。天和三年，周武皇后入朝，投名出家，先蒙得度，虽有弱冠，戒操逾严。建德三年，法门大坏，随缘陆沉，乃值泥途，情逾冰王。开皇开法，即预搜扬，便住永宁，于齐大德超法师所听智度论。一闻教义，神思豁然，财食顿清，形心俱遣。又入长安，学十地、阿毗昙等。时休法师于兴善寺命讲大论，辩析分明，义端无拥。然于文句颇滞弘通，因诵本文，获六十卷。因抱心疾，奖众斯睽，便还秦陇。开皇十年，总管河间王特屈寺任，统御遗法。大业二年召入洛阳，于四方馆刊定佛法。后还永宁，依前纲理。大业五年，炀帝西征，躬受劳问，赐彩二百段。十三年州破入京，住庄严寺。众以素知寺任，识达机缘，还欲请之。任非所好，以武德八年还返故寺，以无相观而自调伏。贞观十九年二月二十八日无疾而终，春秋九十四。道俗哀恸，若丧厥亲焉。

江州东林寺释道睢传六

释道睢，姓周，汝南人。幼而精确，希志尚闻，古迹胜人，心愿齐之。负笈金陵，居高座寺听阿毗昙心，妙达关键，非其好也。钦匡山遗轨，每逸言前。隋开皇十二年，依大将军周罗侯远届庐岳，止东林精舍，心愿匿迹，无事音尘。山寺法拥，劝引非一，遂不拒命，弘道度人，修建僧坊，四时无绝。隋季寇扰，华戎荐臻，奖抚门徒，如初不替。贞观二年九月，身示有疾，曾未浃旬，忽有大星天堕，正在西阁大水池中，照朗山谷，逾千炬火。二十三日，僧正中食，谓弟子曰：“僧食讫未？”答曰“未竟”。又曰：“且唤上座来。”依言既至，委以后事，跏坐而卒。诸殿阁门一时自开，异香满寺，七日便歇。年八十二矣。

荆州四层寺释法显传七

释法显，姓丁氏，南郡江陵人。十二出家，四层寺宝冥法师，服勤累戴，咨询经旨："有闻欲界乱地，素非道缘，既已生中，如何解网？"冥曰："众生并有初地味禅，时来则发，虽藏心种，历劫不亡。有颛禅师者，荆楚禅宗，可往师学。"会颛随炀征下，回返上流，于四层寺大开禅府，徒侣四百，蔚尔成林，遂依座筵，闻所未悟。但夙有成惠，通冠玄踪，霜钟暂扣，已传秋驾。颛师去后，更求明智、成彦、习皓等诸师，皆升堂睹奥，尽研磨之思。及将冠具，归依皓师，诲以出要之方，示以降心之术，因而返谷，静处闲居，二翼之外，一无受畜。属炎灵标季，荐罗戎火，馁残相望，众侣波奔，显独守大殿，确乎卓尔，旦资蔬水，中后绝浆，贼每搜求，莫之能获。自非久入慈室，已抽毒箭，焉能忍兹疲苦，漏此凶威？自尔宴坐道安梅梁殿中三十余载，贞观之末乃出别房，斯则追善吉之息嫌，蹈空生之秘行也。此堂有弥勒像，并光趺高四十尺，八部围绕，弥天之所造也；其宝冠、华帐、供具、经台，并显所营。堂中五灯，昼夜不绝。忽一灯独炽，焰高丈余。又一夜，着五色衣人持一金瓶来奉。又梦见一僧威容出类，曰："可往蕲州见信禅师。"依言即往双峰，更清定水矣。而一生染疾，并信往业，受而不治，衣食节量，柔顺强识。所住之寺，五十余年足不出户。永徽三年十二月八日，梦身坐宝殿，授四众戒，因觉渐疾，至四年正月十一日午时迁化，时年七十有七。显以昨日申时自能起止，神彩了亮，踞禅床盥浴剃发，就床跏坐，俨然便绝。其月十七日，葬于大明寺之北原。未终之前，门人见室西壁大开，白光遍满，夜有白云亘屋，南北二道，堂中佛事并摇动，明日方绝。自终及葬，嶷然匡坐。合境道俗，奔凑凄零。荆州都督纪王夙传归戒，钦仰清晖，命右记室郭瑜铭之于彼。

荆州神山寺释玄爽传八（惠普）

释玄爽，姓刘，南阳人。早修聪行，见称乡邑。弱冠成婚，妻少而美，然爽贞诚清拔，志高蹈，视如革囊，情逾厌离。既无所偶，弃而入道，游习肆道，有空俱涉。末听龙泉寺璇法师，欣然自得，覃思远诣，颇震时誉。又往蕲州信禅师所伏开请道，亟发幽微。后返本乡，唯存摄念，长坐不卧，系念在前。时本邑沙门蔼明、棱法等，并禅府名宗，往结投分。以永徽三年十月九日迁神山谷。时襄部法门寺沙门惠普者，亦汉阴之僧杰也。研精律藏，二十余年，依而振绩，风霜屡结，七众齐肃，属城挹归。晚专入定门，廓销事恼。纪王作镇，将修追圣废寺，纲总须人，众举于普，王深赏会。又楚俗信巫杀、为淫祀，普因孚化，比屋崇仁。又修明因道场，凡三十所，皆尽轮奂之工，仍雕金碧之饰。以显庆三年终于本寺，春秋八十。

蒲州救苦寺释惠仙传九

释惠仙，姓赵，河东蒲坂人。幼怀出俗，缘故淹留，年登不惑，方果前愿。既出家后，随方问津，虽多涉猎，然以华严、涅槃二部为始卒之极教也。迄于暮齿，耽味逾深，谓人曰："斯之二宝，全如意珠，无忽忘而暂舍也。"所以执卷自随，有若双翼，或有言晤，披而广之。住处冲要，九衢都会，百疾相投，万祸凭救。而仙慈善根力，无假多方，但令念佛，无往不济，由是蒙佑，遐迩倾心。寺有大像，制过十丈，年载既久，埃尘是生，栋宇颓落，珠玑披散，遂控告士俗，更缔构之，虽淹星律，大造云就。尔后年渐迟暮，梦僧告曰："卿次冬间必当迁化，可早运行，应得延期。"便如常业，不以为虑。至九月中微觉不愈，知终在近，告侍人曰："吾出家有年，屡受菩萨戒，今者更欲受之。"召诸大德，并不赴命，乃曰："大德但自调耳，何名度人？"又曰："但取戒本读。"诵讫自庆，潜然而止。入夜有异天仙星布前后，高谈广述，乍隐乍显，合寺闻见，或见佛像来入房者。日次将午，忽起坐合掌，召众人曰："大限虽多，小期一念，并好住，愿与诸众为历劫因缘。"遂卧气绝，年七十五，即永徽六年十一月十七日也。道俗哀之，云布原野。寺有亘禅师，颖脱当时，有声京洛，行弥勒愿，生在四天，睹仙行业感征，告众曰："必见慈氏矣。"若乖斯者，何能祯应若是乎？

益州净惠寺释惠宽传十

释惠宽，姓杨氏，益州绵竹孝水人。父名玮，元是三洞先生、五经博士，崇信道法，无敦释教。所以绵、梓、益三州诸俗，每岁率送租米投于玮，令保一年安吉，皆与章符而去，而车马拥门如市。初时玮妻怀孕，心性改异，辛鯹恶厌，乃生一女，名为信相，性好闲静，无缘嗜欲。后又怀妊，身极安隐，恒有异相。及其生也，母都不觉，忽然自出，都无恶露，然有异香，又不啼叫，乃至有识，未曾粪秽淋席，父母抱持方乃便利，即宽身也。而臂垂过膝，性恒香洁，不近腥臊。年五六岁，与姊信相于静处坐禅，二亲怪问，答曰："佛来为说般若、圣、智、界、入等法门，共姊评论法相。"父是异道，不解其言，附口录得二百余纸。有龙怀寺会师闻有奇相，至其所，父以示之。会曰："并合佛经，无所参错。"有异禅师不知何来，于净慧寺入火光三昧，召彼女来，及至不入，云是火聚。禅师曰："何不以水灭之。"女即作水观，灭火而入。禅师验知深入诸定，劝令出家。父母受娉，及婿家不许，诸道俗官人为出财赎之，因有度次，姊与宽身俱时出家。时随蜀王秀在益，请入城内，妃为造精舍，镇恒供养。尝出于路，人有疑者，尼召来曰："莫于三宝所生异心，自受罪苦。"彼人悔过。有造功德须物者，烧香祈请，掘地获金，无不充足。斯事非一。至于食饮，欲食便食，不食乃经岁序，时人目之圣尼。即今本寺犹号圣尼寺也。宽年十三，常乐独坐，面无怒相，言常谦下。依空慧寺胤禅师，龙怀寺会阇梨所，随闻经律，一览无遗。未闻之经，曾不知义，有难问者，皆为通之。初造龙怀寺，会有徒属二百余人，并令在役，唯放于宽。有怨及者，会曰："斯人是吾本师，何得使作！昔周灭法，依相禅师隐于南山。及隋兴教，辞师还蜀，尝受嘱云：'汝还蜀土，大有徒众，有名惠宽，可将摄也。'我忆此事，计师死日，当宽受生。无得致怪！"自尔在山依闲业定。年三十，还绵竹教化，四远闻名见形，并舍邪归正。其俗信道，父母皆道，归佛，舍宅为寺，于今见在。绵竹诸村皆为立寺，堂殿院宇，百有余所，修营至今。年常大斋，道俗咸会。正月令节，成都寺七十县竞迎供待。有大功德须得经营，但请宽至，施物山积。贞观中有僧名策，持咒有验，于洛县忽死，见阎王曰："比狱中罪人多，应为诵咒，并请宽师讲地狱经。”从此得稣。经月不作，复更闷绝，阎王大怒，命牛头使打钟子百下：“我令诵咒、讲经，为众生故，何不作？”策稣已，即从洛县往绵竹，三十里未至，疲卧，忽有异旋风吹起，须臾至宽所，正集转经，告策曰：“昨所住处，大为劳苦。为众生者，不得辞苦。”即令策登坐诵咒，大众闻皆流汗。宽仍集众讲地狱经。贞观二十年，绵竹宋尉云：“我不信佛，唯信周孔。然我两度得佛力：一为人在门侧小便，置佛便止；一为冬月落水，烧木佛自炙。”宽闻之，致书晓喻。宋曰：“此道人征异者，当试有灵不。”取书名处用拭大便，当即粪门裂，脚起不得，自唱“我死”，即召宽来，虽悔过造经像，盈月便卒。什邡县陈家舍邪信佛，以竹园为寺。宽指授分齐，尔许可为僧院，中间一分堪立佛堂，即断一竹，上竖标云：“此分齐处。”欲造佛寺，当时生竹自干，佛堂断竹，泉水上涌，寻掘数尺获大石，石下金瓶，舍利七粒。宽礼拜更请，遂放光，乃盛满合。四远又集，寺今见在。永徽四年夏六月二十五日，春秋七十，卒于净慧寺。未终一月，有五百神人长丈余，服天衣，持华香及紫金华台，从西方来迎，宽辞不堪，发遣令去。又于终日放羊从市，向房悲数十声。至夜索水，沐浴新衣，跏坐执炉已，命打无常钟，声遍郭闻。合郭咸集，曰：“阇黎涅槃去。”空中哭声，寺内光明，莫测其来。道士等谓言烧守，惊走来寺，乃知其非。自此入定，气尽乃知永逝。寺内三桥，一当宽房，堂，夜梁折，声震寺内，明旦官人道士咸来恸哭。寺中莲池，池水忽干，红莲变白。寺中大豫樟树三四人围，忽自流血，血流入涧，涧水皆赤，月余方息。又，十七级砖浮图高数十丈，裂开数寸。又有双鹅不知何来，向灵鸣叫，伏地不去，葬时随送，出郭失之。往无为山，去寺二十里，黑云团空，随行注雨，草木随靡，至山方散。葬后，县内道俗七岁已上着服泣临，如是三年。尔后至今，凡设会家皆设两座，一拟圣僧，一拟宽也，今犹获供送本寺。灵相在山，瑞坐如在，自初至今，竟无虫血污秽朽腐之相。斯则岂非不退菩萨身无万户虫耶？不然，何以若此？

卫州霖落泉释僧伦传十一

释僧伦，姓吕氏，卫州汲人。祖宗，诸州刺史。父询，隋初穆陵太守。未孕之初，二亲对坐，忽有梵僧秀眉皓首，二侍持幡在其左右，曰："愿为母子，未审如何？"即礼拜之，挥忽失所。因尔有娠，四月八日四更后生，还见二幡翊其左右，兼有异香，产讫不见。五岁已后，迄于终亡，恒自目见白光满屋。齐武平九年，与父至云门寺僧贤统师、珉禅师所受法出家，时年九岁。二师问其相状，答以白光流脸，二幡夹之，叹曰："子真可度。"因而剃落。周武平齐，时年十六，与贤统等流离西东，学四念处，诵法华经。至开皇初方兴佛法，云门受具，时年二十三。又于武阳理律师所听，始半夏，见五色光如车轮，照伦心上，众并同见，即于光中礼五十三佛，犹未灭，更礼三十五佛，光乃收隐。又与方、愿二师入黑山、太行诸山行兰若二十余年。大业末，贼徒起，领门人至卫州隆善寺，仍为伪夏窦建德、齐善行等请知僧事。武德五年，大统天下，入太行抱犊山，教徒学念处法，由是四方负笈，山路成蹊。贞观四年，卫州刺史裴万顷与诸官人请令下山，日日受戒，大有弘利。以贞观二十三年五月十三日四更忽告门人："吾夜中于诸法得解脱，谓成无学，不谓天帝等迎。"言已而绝，将殡于山，而哀恸不止。天极清朗，无云而降细雨，众咸异焉。时年八十五矣。

京师西明寺释静之传十二

释静之，姓赵，雍州高陵人。父母念善，绝无息胤，祈求遍至，而无所果。遂念观音，旬内有娠，能令母氏厌恶欲染，辛腥永绝。诞育之后，年七八岁乐阿弥陀观，依文修学，随位并成，行见美境，骨观明净，性乐出家。既有一子，誓而不许。随父任蜀，不久崩亡，意欲为父焚身报德。有一贤人引金刚般若云："舍身不如持经。"乃回心剃剪，用伸罔极。一入法门，翘诚逾厉，随听经律。而意在定门，后从江禅师习观，而威容端雅，见者发心。贞观初，隐益部道江彭门山光化寺，一十余载常坐茅宇，不居僧房，四方集者二百余人，六时三业，不负光景。又别深隐入灵岩山，大虫为偶，无所惊扰。利州道禅师素交既久，请入剑阁北穷腹山，徒侣十余，赍米四石，恰至夏竟，一石未尽。小时鼻患肉塞，百方无验，有僧令诵般若多心万遍，恰至五千，肉铃便落。行至秦州，被毒蛇螫，苦楚叵言，以观行力便见善境，自然除灭。后遇疾苦，依前得差。乃撰诸家观门以为一卷，要约精最，后学重之。显庆三年召入西明，别立禅府。利州本寺桂树忽雕，胡桃自拔，佛殿无故北面仰地，尊仪不损，斯亦德动幽灵，为若此也。以显庆五年春三月二十七日右胁而终于西明，春秋五十七矣。

丹阳沙门释智岩传十三

释智岩，丹阳曲阿人，姓华氏。在童丱日，谓人曰："世间但竞耳目之前，宁知死生之际。"乡里异之，知有远度也。及弱冠，雄威武略，智勇过人。大业季年，豺狼竞逐，大将军黄国公张镇州揖其声节，屈掌军戎，奏策为虎贲中郎将。虽身任军帅，而慈弘在虑，每于弓首挂漉囊，所往之处，漉水养虫，以为常事。及伪郑之在东都，黄公龚行征伐，相阵斗将，应募者多，黄公曰："非华郎将无以御之。"伪郑大将，人马具全，按辔扬鞭，以枪劖地，厉声曰："若能拔得，方共决焉。"岩时跨马徐来，以腋挟枪而去，次岩以枪劖地，彼摇再三不动，乃下马交刃，遂生擒之。岩反刀截其颈，曰："吾誓不断命，且施君颈。"乃放之。武德四年，从镇州南定淮海，时年四十。审荣官之若云，遂弃入舒州皖公山，从宝月禅师披缁入道。黄公眷恋追征，答曰："以身讯道，誓至萨云。愿特舍恕，无相挠扰。"既山薮幽隐，兰若而居，豺虎交横，训狎无恐。忽见异僧身长丈余，姿容都雅，言音清朗，谓曰："卿已八十一生，出家宜加精进。"言讫不见。蒙此幽属，精励晨昏，一切世间，如幻如梦。一时坐定，正在谷中，山水暴长，形将欲没，熙怡端坐，嶷然便退。猎者问曰："身命可重，何不避耶？"答曰："吾本无生，安能避死？"猎者悟之，所获并放，故山中飞走依托附焉。昔同军戎，有睦州刺史严撰、衢州刺史张绰、丽州刺史闾丘胤、威州刺史李诇，闻岩出家，在山修道，乃寻之。既瞩山崖竦峻，鸟兽鸣叫，谓岩曰："郎将癫邪，何为住此？"答曰："我癫欲醒，君癫正发，何由可救？汝若不癫，何为追逐声已，规度荣位，至于清爽，都不商量？一旦死至，荒忙何计？此而不悟，非癫如何？唯佛不痴，自除阶渐。"贞观十七年还归建业，依山结草，性度果决，不以形骸为累，出处随机。请法僧众百有余人，所在施化，多以现事责核竞之，心周通故，俗闻者毛竖零泪。多在白马寺，后往石头城疠人坊住，为其说法，吮脓洗濯，无所不为。永徽五年二月二十七日终于疠所，颜色不变，伸屈如恒，室有异香经旬，年七十八矣。

续高僧传卷第二十五

续高僧传卷第二十六*

唐释道宣撰

习禅六之余　本传七人　附见二人

唐衡岳沙门释善伏传十四
代州照果寺释解脱传十五（普明　僧奣）
润州牛头沙门释法融传十六
卫州霖落泉释惠方传十七
扬州海陵正见寺释法向传十八
蕲州双峰山释道信传十九
江汉沙门释惠明传二十

唐衡岳沙门释善伏传十四

释善伏，一名等照，姓蒋，常州义兴人。生即白首，性知远离。五岁于安国寺兄才法师边出家，布衣蔬食，日诵经卷，目睹七行，一闻不忘。贞观三年，窦刺史闻其聪敏，追充州学，因尔日听俗讲，夕思佛义。博士责之，对曰："岂不闻乎，行有余力，所以博观。如不见信，请问前闻。"乃试之，一无所滞，重为联类佛教，两用疏通。于是学馆倾首：何斯人之

* 编者注：《续高僧传》大正藏本的部分卷次标注存在窜乱。本卷位于第二十、二十一卷之间，却标为第二十六卷，致卷次重复出现。但正文的内容接续无缺。这种现象是由历史原因造成的，今编者为尊重底本原貌，对卷次不予改动，敬请读者鉴之。

若斯也！后逃隐出家，志乐佛法，欲罢不能，忽逢山水，淹留忘返，斯因宿习，非近学也。至苏州流水寺璧法师所，听四经、三论。又往越州敏法师所，周流经教，颇涉幽求。至天台超禅师所，示以西方净土观行，因尔广行交、桂、广、循诸州，遇综、会诸名僧，咨疑请决。又上荆、襄、蕲部，见信禅师，示以入道方便。又往庐山，见远公净土观堂。还到润州岩禅师所，示以无生观。后共晖、才二师入桑梓山，行慈悲观。又为鬼神受戒莫啖肉，神又降巫者，令召伏受戒，巫者杀生祀神，神打之次死，降语曰："吾已于伏阇梨受戒，誓不食肉，如何为吾杀生？愍尔愚痴，且恕汝命。后更尔者，必加至死。"自后诸祀永绝膻腥。常婺州二人同载绩麻为货，至江神所，一以蔬祭，一欲杀生而未行，其麻并湿，前蔬祭麻并干燥，于是行人忌惮，无敢肉祭。故其授戒功验，人神敬仰，有陵犯者立见祸害。江、淮间屠贩鱼肉鹅鸭鸡猪之属，受法开放，市无行肆，官人怪之。有义兴令素不信，嫌伏动众，将加私度之罪。伏昆季赂之，其人忽即狗登绳床，众蛇恼患，不久除名。往常州筮之，卦云："由犯贤圣，罪不可救。"其人得急，就伏求免。永徽二年，被括还家，然志好出俗，见家如狱，复往山居，苦节翘勤，人不堪其忧也。众又屯聚，因为说法，赞令行慈不杀者，佛教之都门也，不能行之，若讲礼而为倨傲耳。又劝行六道供，以先祖诸亡者无越此途。又曰："山有玉则草木润，泉有龙则水不竭，住处有三宝则善根增长。"常在伏牛山，以虎豹为同侣，食蚊虻为私行。视前六尺，未曾顾眄。经中要偈，口无辍音。大约十五观、四明论，以为崖准。显庆五年行至衡岳，意欲求静，返更屯结。说法既久，忽告曰："一切无常，气息难保。夜深各散，缘尽当离。"时不测其言也。便返闭而坐，尔夜衡州诸寺钟及笙管鸣声彻晓。道俗咸怪，至房关掩，乃破而开之，见伏端坐久终，便以奏闻。

代州照果寺释解脱传十五（普明　僧奣）

释解脱，姓邢，台山夹川人。七岁出家，依投名匠，志在出道，唯在禅思，远近访法，无师不诣。复住五台县照果寺，隐五台南佛光山寺四十余年。今犹故堂十余见在，山如佛光，华彩甚盛，至夏大发，昱人眼口。

其侧不远有清凉山，山下清凉，即文殊师利游处之地也。有高行沙门曜者，年百六岁，自云："我年五十时，与解脱上人至中台东南下三十里大孚灵鹫寺请见文殊。行至花园北，遇一大德，形神慈远，徐行东去。解脱顶礼发愿，我时精神欣喜，不暇咨清。解脱云：'已曾三度亲见文殊，诫语云："汝自悔责，若切至，必悟道也。"便依言自咎，昼夜克责，心便安静'"又感诸佛见身说偈曰："诸佛寂灭甚深法，旷劫修行今乃得。若能开明此法明，一切诸佛皆随喜。"

因问寂灭法何者是，若为教人令解之？诸佛即隐，空中声曰："方便智为灯，照见心境界。欲究真实法，一切无所见。"遂依此法化导有缘。在山学者来往七八百人，四远钦风，资给弘护。四十余年，常在佛光。永徽中卒，今灵躯尚在，嶷然坐定，在山窟中。又五台南娑婆寺南五六里，普明禅师独静坐禅，求见文殊，意欲请法。有神人空中告曰："汝无神习，止可长生，龛前取药服之，可得延寿。"明怀疑不决。后又告曰："药名长松，汝何不服？此药无毒。"明便依言服之。又告同行诸僧已，腾空而去。厥处见在，去恒岳目瞩相接。又有僧畜禅师者，住欣州秀容建国寺，恒于定襄来望人山南坐禅饵药，年将八十。道俗尊仰，不知志入何法，而兴叹者号"不可思议人"。其山灵泉望迹，石上见在，祈福者众。永徽中有人无目，不知何来，弹琵琶诵法华一部，向望人山手弹口诵，以娱此山。亦不测其然。

润州牛头沙门释法融传十六

释法融，姓韦，润州延陵人。年十九，翰林坟典，探索将尽。而姿质都雅，伟秀一期，喟然叹曰："儒道俗文，信同糠粃。般若止观，实可舟航。"遂入茅山，依炅法师剃除，周罗服勤请道。炅誉动江海，德诱几神，妙理真筌，无所遗隐。融纵神挹酌，情有所缘，以为慧发乱纵，定开心府，如不凝想，妄虑难摧，乃凝心宴默于空静林。二十年中专精匪懈，遂大入妙门，百八总持，乐说无尽，趣言三一，悬河不穷。贞观十七年，于牛头山幽栖寺北岩下别立茅茨禅室，日夕思想，无缺寸阴。数年之中，息心之众百有余人。初构禅室，四壁未周，弟子道綦、道凭于中摄念，夜有一兽如羊而入，腾倚扬声，脚蹴二人心，见其无扰，出庭宛转而游。山有石室，深可十步，融于中坐。忽有神蛇长丈余，目如星火，举头扬威于室口。经宿见融不动，遂去，因居百日。山素多虎，樵苏绝人，自融入后，往还无阻。又感群鹿依室听伏，曾无惧容。有二大鹿直入通僧，听法三年而去。故慈善根力，禽兽来驯，乃至集于手上而食，都无惊恐。所住食厨，基临大壑，至于激水不可环阶，乃顾步徘徊，指东岭曰："昔远公拄锡则朽坏惊泉，耿将整冠则枯甃还满，城感所及，岂虚言哉！若此可居，会当清泉自溢。"经宿东岭忽涌飞泉，清白甘美，冬温夏冷，即激引登峰，趣釜经廊，此水一斗，轻余将半。又，二十一年十一月，岩下讲法华经，于时素雪满阶，法流不绝，于凝冰内获花二茎，状如芙蓉，璨同金色，经于七日，忽然失之，众咸叹仰。永徽三年，邑宰请出建初，讲扬大品，僧众千人。至灭净品，融乃纵其天辩，商榷理义，地忽大动，听侣惊波，钟磬香床并皆摇荡。寺外道俗，安然不觉。显庆元年，司功萧元善再三邀请出在建初。融谓诸僧曰："从今一去，再践无期。离合之道，此常规耳。"辞而不免，遂出山门。禽兽哀号，逾月不止。山涧泉池，击石涌砂，一时填满。房前大桐四株，五月繁茂，一朝雕尽。至二年闰正月二十三日，终于建初，春秋六十四。道俗哀慕，宫僚轸结。二十七日窆于鸡笼山，幢盖笳箫，云浮震野，会送者万有余人。传者重又闻之，故又重缉。初，融以门族五百，为延陵之望，家为娉婚，乃逃隐茅岫，炅师三论之匠，依志而业。又往丹阳南牛头山佛窟寺，现有辟支佛窟，因得名焉。有七藏经画：一佛经，二道书，三佛经史，四俗经史，五医方、图，符。昔宋初有刘司空造寺，其家巨富，用访写之，永镇山寺，相传守护。达于贞观十九年，夏旱失火，延烧五十余里二十余寺，并此七藏并同煨烬。嗟乎回禄，事等建章，道俗悼伤，深怀恻怆。初，融住幽栖寺，去佛窟十五里，将事寻讨，值执藏显法师者稽留，日夕咨请，经久许之，乃问融所学，并探材术，遂寄诗达情，方开藏给。于即内外寻阅，不谢昏晓，因循八年，抄略粗毕。还隐幽栖，闭关自静，房宇虚廓，惟一坐敷，自余蔓草苔莓，拥结坐床，尘高二寸。寒不加絮，暑绝追凉，藉草思微，用毕形有。然而吐言包富，文藻绮错，须便引用，动若珠联，无不对以宫商，玄儒兼冠。初出幽栖寺，开讲大集，言词博远，道俗咸欣。永徽中，江宁令李修本，即右仆射静之犹子，生知信向，崇重至乘，钦融嘉德，与诸士俗步往幽栖请出州讲，融不许，乃至三返方遂之。旧齿未之许，后锐所商榷，及登元座，有光前杰，答对若云雨，写送等悬河，皆曰：“闻所未闻，可谓中兴大法于斯人也。”听众道俗三千余人，讲解大集，时称荣观。尔后乘兹雅闻，相续法轮，邑野相趋，庭宇充阗。时有前修负气，望日盱衡，乍闻高价，惊惶府俞，来至席端，昌言征责。融辞以寡薄，不偶至人，随问答遣，然犹谦挹，告大众曰：“昔如来说法，其理犹存，人虽凡圣，义无二准。何为一时一席，受身之众尘沙；今虽开演，领悟之宾绝灭。岂非如行如说，心无累于八风；如说如行，情有薄于三毒。不然，将何自拔耶？”闻者抚心，推测涯极。故使听众倾耳，莫不解形情醉。初，武德七年，辅公托跨有江表，未从王政，王师薄伐，吴越廓清，僧众五千，晏然安堵。左仆射房玄龄奏称：“入贼诸州，僧尼极广。可依关东旧格，州别一寺，置三十人，余者遣归编户。”融不胜枉酷，入京陈理。御史韦挺备览表辞，文理卓明，词彩英赡，百有余日，韦挺经停。房公伏其高致，固执前迷，告融云：“非谓事理不无，但是曾经自奏。何劳法衣出俗，将可返道宾王，五品之位俯若拾遗，四千余僧未劳傍及。”融确乎不拔，知命运之有穷，旋于本邑，后方在度。又弘护之诚，丧形为本，略出一两，示其化迹。永徽之中，睦州妖女陈硕真邪术惑人，傍误良善，四方远僧，都会建业，州搜县讨，无一延之。融时居在幽岩，室犹悬磬，寺众贫煎，相顾无聊，日渐来奔，数出三百，旧侣将散，新至无依，虽欲归投，计无所往。县官下责，不许停之，融乃告曰：“诸来法侣，无问旧新，山寺萧条，自足依庇。有无必失，勿事羁离，望刹知归，退飞何往？并安伏业，祸福同之。何以然耶？并是舍俗出家，远希正法，业命必然，安能避也。近则五贼常逐，远则三狱恒缠，心无离于倒迷，事有障于尘境，斯为巨蠹，志异驱除，安得琐琐公途系怀封着！并随本志，无得远于幽林。”融以僧众口给，日别经须，躬往丹阳，四告士俗，闻者割减，不爽祈求。融报力轻强，无辞担负，一石八斗，往送复来，日或二三，莫有劳倦。百有余日，事方宁静，山众恬然，无何而散。于时局情寡见者被官考责，穷刻妖徒，不能支任，或有自缢而死者。而融立志滔然，风尘不涉，客主相顾，谐会琴瑟，遂得释然理通情洽。岂非命代开士，难拥知人，寒木死灰，英英间出，实斯人矣。时有高座寺亘法师，陈朝名德，年过八十，金陵僧望，法事攸属，开悟当涂。融在幽栖，闻风造往，以所疑义封而问曰：“经中明佛说法言下，受悟无生；论中分别名句文相，不明获益。法师受佛遗寄，敷转法轮，如融之徒未闻静惑，为是机器覆塞，为是陶化无缘？明昧回遑，用增虚仰，必愿开剖盘结，伏志遵承。”亘良久怃然告曰：“吾昔在前陈，年未冠肇，有璀禅师，王臣归敬，登座控引，与子同之。吾何人哉，敢当遗寄。”遂尔而散。融还建初寺潜结同伦，亘重其道志，策杖往寻。既达建初寺，有德善禅师者，名称之士，喜亘远来，欢愉谈谑。而善与融同寺，初未齿之，亘曰：“吾为融来，忽轻东鲁。”乃召而问之，令叙玄致，即座控举，文理具扬，三百余对，言无浮采，于是二德嗟咏满怀，仍于山寺为立斋讲。然融仪表瑰异，相越常人，头颅巨大，五岳隆起，眉目长广，颡頞浓张，龟行鹤视，声气深远，如从地出，立虽等伦，坐则超众。衣服单素，才得充躯，肩肘绝绵，动逾累纪，尝有遗者，返而还之。而心用柔软，慈悲为怀，童稚之与耆艾，敬齐如一。屡经轻恼，而情忘瑕不顾。曾有同友闻人私憾加谤融身，詈以非类，乃就山说之。融曰：“向之所传，总是风气，出口即灭，不可追寻。何为负此虚谈，远传山薮。无住为本，愿不干心。”故其安忍刀剑情灵若此。或登座骂辱，对众诽毁，事等风行，无思缘顾，而颜貌熙怡，倍增悦怿。是知斥者故来呈拙，光饰融德者乎？传者抑又闻之，昔如来说化，加谤沸腾，或杀身以来诮，或系杅以生诽，灭迹内以死虫，反说面欺大圣，斯徒众矣，而佛府而隐之，任其讪诽。及后过咎还露，或生投地穴，或死入泥犁，天人之所共轻，幽显为之悲恸。而如来光明益显，金德弥昌，垂范以示将来，布教陈于陆海。融尝二十许载备览群经，仰习正觉之威容，俯眄喋喋之声说，陀那之风审，七触之安，有，刹那之想达，四选之无停，固得体解时机，信五滓之交贸，览其指要，聊一观之都融。融实斯融，斯言得矣。

卫州霖落泉释惠方传十七

释惠方，姓赵，冀州信都来强人。七八岁便思出俗，年九岁投苏门淋落泉寺，居然静志，众侣怪其特高，遂授以九次十想，随闻敛念，仍受此法，亟涉炎凉。隋文后崩，西京立寺，远征入住，厚礼供焉。而雅志不渝，山林缀想，虽遇匠石，无缘运斤，旧所禅徒，虚怀鹤望。大业六年，辞还本寺，门侣云结，请道如山。隋季不静，岩穴丘陵，移居汲郡之隆善寺。及皇运大昌，天下无事，又与门人修缉旧所，遂使松门石栋，岩室风窗，并得经纶，更新云构。曾于廊下言及幽微，沙弥伏阶密听，空中声曰："何忽沙弥在此伏听。"惧惊起，又被打击，经宿乃苏。其感灵祥，如此例也。以贞观二十一年冬初终于所止，春秋九十有三。初未终前，忽有异香萦于岩室，氛氲三日，众不测，恰终香歇。以其月十七日葬州北十里圆冈之阳。

扬州海陵正见寺释法向传十八

释法向，姓李，扬州海陵葛冈人。形长八尺，仪貌魁杰，眉目秀异，立性威严，言不妄发。足下有黑子，圆净分明，相者曰："长为军将，仍有重名于天下也。"年十六辞亲出家，即事精苦，与人卓异，尼妪参礼，未尝与言，戒行清净，诵法华通。摄山栖霞寺恭禅师，住法后贤，众所归仰，承名延致，于寺侧立法华堂，行智者法华忏。向依法行，三七专注，大获瑞应，知而不言。恭既入京，向还江北，海陵、宁海二县各延供养。隋末，海陵大宁寺僧智喜开房延入，于中静坐，昼卧惊起，曰："火发。"喜四出顾视了无，向曰："吾患耳，妄闻耶！"明日昼惊，如此三度，遂东还宁海。去后李子通贼破县烧寺，如所告焉。大虫伤害，日数十人，乃设禳灾大斋。忽有一虎入堂，搏一人将去，向逐后唤："住，何造次！今为檀越设斋，可放此人。"依言即放。诸虎大集，以杖扣头为说法，于是相随远去。又欲往天台寻智者古迹，谓弟子曰："吾虽欲至天台而不达。"在江南一山中，西北望见一城，及过江至江阴县，道俗留连，于县东南山起寺，号曰定山，便经年稔。后天下渐安，又还海陵盐亭，百姓留之。有小孤山出地百仞，四面无草木，于前立寺，名为正见，处之。贞观四年冬初，谓门人曰："吾与汝别，近梦恶，将不起矣。"遂卧二十日，忽起索汤，盥浴剃发，自辰至酉，面西而终，年七十八。将终，谓弟子曰："吾愿以身施诸鸟兽。此无林木，食若不尽，秽人眼目，可埋山西南。”及依往埋，掘便值石，盘薄无由。又更试掘，遂得一处，凹陷石上，恰得容身，因厝中，置塔其上。向生常日，投陀林野，驯伏猛兽，观想西方，口唱南无佛，不多说法，随缘一两句。有灾祥者令避，托以梦想所见。贞观二年，有常洲人往幽洲，见一女人问:“海陵向禅师健不？”又问:“识耶？”答:“不识。”女人以乌丝布头巾用寄向师。此人遇患，经年不至，向预知之，每叹息:“那不至耶！”人至江阴，附头巾与海陵人，将至其处，乃令弟子逆之，恰至门首相值，以巾付还。向得巾，执玩咨嗟，裂破付弟子，人得一片，有不得者。贞观三年，天下大括义宁私度，不出者斩。闻此咸畏，得头巾者并依还俗，其不得者现今出家。其年大雪深数尺，告弟子曰:“吾须新菜。”弟子曰:“雪深叵得。”曰:“上山求之，可有。”如言上山数里，至一树下，皆是青菜，取之而返。预知皆如此也。

蕲州双峰山释道信传十九

释道信，姓司马，未详何人。初七岁时，经事一师，戒行不纯，信每陈谏，以不见从，密怀斋检，经于五载，而师不知。又有二僧，莫知何来，入舒州皖公山静修禅业，闻而往赴，便蒙授法，随逐依学，遂经十年。师往罗浮，不许相逐:“但于后住，必大弘益。”国访贤良，许度出家，因此附名，住吉州寺。被贼围城，七十余日，城中乏水，人皆困弊，信从外入，井水还复。刺史叩头:“贼何时散？”信曰:“但念般若。”乃令合城同时合声。须臾，外贼见城四角大人力士威猛绝伦，思欲得见，刺史告曰:“欲见大人，可自入城。”群贼即散。既见平定，欲往衡岳，路次江洲，道俗留止庐山大林寺。虽经贼盗，又经十年，蕲州道俗请度江北，黄梅县众造寺，依然山行，遂见双峰有好泉石，即住终志。当夜大有猛兽来绕，并为授归戒，授已令去。自入山来三十余载，诸州学道，无远不至，刺史崔义玄闻而就礼。临终语弟子弘忍:“可为吾造塔。”命将不久，又催急成。又问:“中未？”答:“欲至中。”众人曰:“和尚可不付嘱耶？”曰:“生来付嘱不少。”此语才了，奄尔便绝。于时山中五百余人，并诸州道俗，忽见天地暗冥，绕住三里，树木叶白，房侧梧桐树曲枝向房，至今曲处皆枯。

即永徽二年闰九月四日也，春秋七十有二。至三年，弟子弘忍等至塔开看，端坐如旧，即移往本处，于今若存。

江汉沙门释惠明传二十

释惠明，姓王，杭州人。少出家，游道无定所。时越州敏法师聚徒扬化，远近奔随，明于法席二十五年，众侣千僧，解玄第一。持衣大布二十余载，时共目之“青布明”也。翘勇果敢，策勤无偶。后至蒋州岩禅师所，一经十年，咨请禅法。在山禅念，经雪路塞，七日不食，念言：“我闻不食七日便死。今明知业也，若业自在，可试知之。”以绳自悬于高崖，恍恍如人割断，因落崖底，如人擎置，一无所损。复至荆州四望山头陀。二虎交斗，自往分解。冬夏一服，行止形俱，所去无恋，即经所谓“如鸟凌空”，喻斯人矣。诵思益经，依经作业。近龙朔年，从南山出，至京游观，与其言论，无得为先。不久旋返，云往江曲，依闲修道，莫知定所。

续高僧传卷第二十六

续高僧传卷第二十一

大唐西明寺沙门释道宣撰

明律上　正传十五　附见十二

梁杨都天竺寺释法超传一
梁钟山云居寺释道禅传二
齐邺下大觉寺释慧光传三（道云　道晖　冯居士）
齐邺东大衍寺释昙隐传四（洪理　道乐）
陈杨都光宅寺释昙瑗传五
陈杨都奉诚寺大律都释智文传六
隋大兴国寺释法愿传七（道龛　道行）
隋京师大兴善寺释灵藏传八
隋西京延兴寺释通幽传九
隋蒋州奉诚寺释道成传十
隋西京大兴善寺释洪遵传十一（道洪　法胜　洪渊）
隋西京大禅定道场释觉朗传十二（海藏　法锵）
唐始州香林寺释慧主传十三
唐京师胜光寺释智保传十四
唐益州龙居寺释慧诜传十五

梁杨都天竺寺释法超传一

释法超，姓孟氏，晋陵无锡人也。十一出家，住灵根寺，幼而聪颖，笃学无倦。从同寺僧护修习经论，而雅有深思，幽求讨击，学论归仰。贫无衣食，乞丐自资，心性柔软，劳苦非虑。晚从安乐寺智称专攻十诵，致名命家语，其折衷者数过二百。自称公殁后，独步京邑。中岁废业，颇失鸿绪，后复缀讲，众重殷矣。帝谓律教乃是象运攸凭，觉慧阶渐，治身灭罪之要，三圣由之而归，必不得门，如闭目夜行，常惧蹈诸坑堑。欲使僧尼于五篇七聚导意奖心，以超律学之秀，敕为都邑僧正，庶其弘扇有徒，仪表斯立。武帝又以律部繁广，临事难究，听览余隙，遍寻戒检，附世结文，撰为一十四卷，号曰出要律仪，以少许之词网罗众部，通下梁境，并依详用。普通六年，遍集知事及于名解于平等殿，敕超讲律，帝亲临座，听受成规。以众通道俗，恐陷于愆，目但略举刚要，宣示宏旨，三旬将满，文言便竟。所以导扬秘部，弘悟当机，遂得四众移心，朝宰胥悦。至七年冬，卒于天竺住寺，春秋七十有一。天子下敕流慰，并令有司葬钟山开善寺墓。

梁钟山云居寺释道禅传二

释道禅，交址人。早出世网，立性方严，修身守戒，冰霜例德。乡族道俗咸贵其克己，而重其笃行。仙洲山寺旧多虎害，禅往居之，此灾遂远。闻齐竟陵王大开禅律，盛张讲肆，千里引驾，同造金陵，皆是四海标领，人雄道杰。禅传芳藉甚，通夜不寐，思参胜集，篚奉真诠，乃以永明之初游历京室，住钟山云居下寺，听掇众部，偏以十诵知名，经略道化，僧尼信奉。故有棱威振发，以见声名，恬愉诱悟，议于风采。都邑受其戒范者，数越千人，常听之徒，众不盈百。兼乐灭觉观，亟留幽谷，动逾宵景，方寻顾步。加复蔬食弊衣，华无布口，有济芳美者便随给贫病，知足之富，岂得过焉。末居于寺舍，屏迹山林，不交荣世，安苦立行，人以为忧，而禅不改其乐也。以大通元年卒于山寺，春秋七十矣。

齐邺下大觉寺释慧光传三（道云　道晖　冯居士）

释慧光，姓杨氏，定州卢人也。年十三随父入洛，四月八日往佛陀禅师所从受三归。陀异其眼光外射如焰，深惟必有奇操也，苦邀留之，且令诵经。光执卷览文，曾若昔习，旁通博义，穷诸幽理，兼以剧谈谲，诡态新奇，变动物情，时谈逸口。至夏末，度而出家。所习经诰，便为人说，辞既清靡，理亦高华，时人号之“圣沙弥”也。因获利养，受而还施，师为掌之，寻用复尽。佛陀曰：“此诚大士之行也。”便纵而不禁。咨请教诫，敬而异之。然其雅量弘方，不拘小节，赞毁得失，声色不渝，众益器之，而美其远度。陀曰：“此沙弥非常人也，若受大戒，宜先听律。律是慧基，非智不奉。若初依经论，必轻戒网，邪见灭法，障道之元。”由是因循，多授律检。先是四分未广宣通，有道覆律师创开此部，制疏六卷，但是科文，至于提举宏宗，无闻于世，故光之所学，惟据口传。及年登冠肇，学行略周，尝闻言不通华，发戒便阻，乃往本乡进受具足，博听律部，随文奉行。四夏将登，讲僧祇律，初以唱高和寡，词理精玄，渐染津流，未遂听徒云合，光知学功之所致也，义须广周群部，乃从辩公参学经论，听说之美，声扬赵都。后入洛京，搜扬新异，南北音字，通贯幽微，悉为心计之劳，事须文记，乃方事纸笔，缀述所闻，兼以意量，参互销释。陀以他日密睹文言，乃呼而告曰：“吾之度子，望传果向于心耳，何乃区区方事世语乎？今观神器已成，可为高明法师矣。道务非子分也，如何自累？”因而流涕。会佛陀任少林寺主，勒那初译十地，至后合翻，事在别传。光时预沾其席，以素习方言，通其两诤，取舍由悟，纲领存焉。自此地论流传，命章开释，四分一部，草创基兹。其华严、涅槃、维摩、十地、地持等，并疏其奥旨，而弘演导。然文存风骨，颇略章句，故千载仰其清规，众师奉为宗辖矣。司徒高傲曹、仆射高隆之及朝臣司马令狐子儒等齐代名贤，重之如圣。尝遇亢旱，众以闻光，乃就嵩岳池边烧香请雨，寻即流霆原隰，民皆利之。又尔朱氏举兵北伐，征税僧尼，用充军实，先立严刑，敢谏者斩。时光任僧官，顾五众屯塞，以命直往，语世隆曰：“若当行此税，国事不存。”言既克明，事亦遂免。其感致幽显，为若此也。初在京洛，任国僧都，后召入邺，绥缉有功，转为国统。将终前日，乘车向曹，行出寺门，屋脊自裂，即坐判事，块落笔前，寻视无从，知及终相。因斯乖悆，四旬有余，奄化于邺城大觉寺，春秋七十矣。光常愿生佛境，而不定方隅，及气将欲绝，大见天宫来下，遂乃投诚安养，溘从斯卒。自光立志贞静，坚存戒业，动止安详，衣裳附帖，昼夜存道，财无盈尺之贮，涤除便秽，誓以报尽为期。偏重行宗，四仪无妄其法；洁己独立，七众深崇其操。自正道东指，弘匠于世，则以道安为言初；缁素革风，广位声教，则慧光抑其次矣。凡所撰胜鬘、遗教、温室、仁王、般若等，皆有注释。又再造四分律疏百二十纸，后代引之为义节，并羯磨、戒本，咸加删定，被于法侣，今咸诵之。又着玄宗论、大乘义律义章、仁王七诫及僧制十八条，并文旨清肃，见重时世。学士道云早依师禀，奉光遗令，专弘律部，造疏九卷，为众所先，成匠极多，流衍弥远。加以威容严肃，动止有仪，谈吐慈和，言行相检。又，光门人道晖者，连衡云席，情智傲岸，不守方隅，略云所制以为七卷，间以意会，揵度推焉。故谚云“云公头，晖公尾，洪理中间着所以”是也。并存亡有绪，嘉绩莫寻，可为悲哉！时光诸学士翘颍如林，众所推仰者十人，拣选行解，入室惟九，有儒生凭衮，光乃将入数中。衮本冀人，通解经史，被贡入台，用拟观国。私自惟曰：“玄素两教，颇曾怀抱，至于释宗，生未信重。试往候光，欲论名理。”正值上讲，因而就听，瞩其威容，聆其清辩，文句所指，遣滞为先，即坐尽虔，伤闻其晚，顿足稽颡，毕命归依。然攻击病源，深明要害，我为有本，偏所长驱。每有名胜道俗来资法药，衮随病立治，信者衔泣。故其言曰：“诸行者不得信此无明昏心觅长觅短。听经学问，严饰我心，须识诈贼，觅他道恶，不求其长，则吾我渐歇。特须分疏，勿迷自他。我过常起炽然法界，他道少过，便即瞋也。常须看心，自臣多过。若思量者，虽在世间，无有滋味，终无欢心，以未丧我，何由有乐？此心将我上至非想，还下地狱，常诱诳我，如怨家，如爱奴，岂可学问，长养贼心。巧作细作，使觅名利，造痘妒也。故经云当为心师，不师于心。八岁能诵，百岁不行，不救急也。”时有私写其言者，世号捧心论焉。亦有怀本于胸，逢境终忘者，无勤励故耳。衮在光门，低头敛气，常供厨隶，日营饭粥，奉僧既了，荡涤凝淀，温煮自资，微有香美，便留后供。夜宿灶前，取蒿一束，半以藉背，半以坐之，明相才动，粥便以熟，无问阴晴，此事常尔。午后担食，送彼狱囚，往还所经，识者开路。或至绸人广众，率先供给，若水若火，若扫若帚，随其要务，莫不预焉。口随说法，初不告倦，遂卒光门。

齐邺东大衍寺释昙隐传四（洪理　道乐）

释昙隐，姓史，河内人。少厌尘俗，早游佛寺，崇奉戒约，诵习群经凡三十万言，日夜通准，以为常业。及年满受具，归宗道覆而听律部，精励弥久，穿凿逾深。后从光公更采精要，陶染变通，遂为光部之大弟子也。乃超步京邺，北悟燕赵。定州刺史侯景敬若神仙，为之造寺，延住供给。末还漳滨，阐扬斯教，仆射高隆之加礼，荣异行台。侯景又于邺东为造大衍寺，重引处之。弘播戒宗，五众师仰，随问判决，文义雅正。时有持律沙门道乐者，行解相兼，物望同美，气调宏逸，或拟连衡。故邺中语曰："律宗明略，唯有隐、乐。"其为世重如此。而隐性乐独游，不畜弟子，财无尺贮，袒背终身，衣钵恒随，诚均鸟翼，顾旋身转，取譬象回。通律持律，时惟一人而已。年六十有三，终于邺城大觉寺。着钞四卷。门人成器者十余，皆宗其轨辙。时有律师洪理者，精气独架，词采严正，预在论击，罕不丧轮。著钞两卷，时共同秘。后为沙门智首开散词义，更张纲目，合成四卷，所在咸诵云。

陈杨都光宅寺释昙瑗传五

释昙瑗，未详氏族，金陵人也。才术纵横，子史周综，自幼及长，以听涉驰名。数论时宗，普经陶述，而威严群小，不妄登临，矜持有功，颇以文华自处。时或规谏之者，瑗因摆拨前习，专征鄙倍，弦韦所诰，验于耳目，由是名重京邑，同例钦焉。以戒律处世，住持为要，乃从诸讲席，专师十诵。功绩既著，学观斯张，自尔恒当元宰，镇讲相续，有陈之世，无与为邻。使夫五众挹其风猷，七贵从其津济，瑗其有之矣。常徒讲众二百余人。宣帝下诏国内："初受戒者，夏未满五，皆参律肆，可于都邑大寺广置德场。"仍敕瑗总知监检，明示科举，有司准给衣食，勿使经营形累，致亏功绩。瑗既蒙恩诏，通诲国僧，四远被征，万里相属。时即搜擢明解词义者二十余人，一时敷训，众齐三百。于斯时也，京邑屯闹，行诵相喧，国供丰华，学人无弊，不逾数载，道器大增。其有学成，将还本邑，瑗皆聚徒对问，理事无疑者方乃遣之。由是律学更新，上闻天听，帝又下敕荣慰，以瑗为国之僧正，令住光宅，苦辞以任，敕特许之。而栖托不竞，闭门自捡，非夫众集，不妄经行，庆吊斋会，了无通预。山泉林竹，见便忘反。每上钟阜诸寺偱造道贤，触兴赋诗，览物怀古。洪偃法师傲岸泉石，偏见朋从，把臂郊垧，同游故苑。瑗题树为诗曰："丹陵粉叶少，白水黍苗多。浸淫下客泪，哀怨动人歌。春蹊度旅葛，秋浦没长莎。麋鹿自腾倚，车骑绝经过。萧条肆野望，惆怅将如何！"偃续题曰："龙田留故苑，汾水结余波。怅望伤游目，辛酸思绪多。凉烟惨高树，浓露变轻萝。泽葵犹带井，池竹下侵荷。秋风徒自急，无复白云歌。"瑗以太建年中卒于住寺，春秋八十有二。初，微疾将现，便告众曰："生死对法，凡圣俱缠，自非极位，有心谁免？今将就后世，力不相由，愿生来讲诲，分有冥功，彼我齐修，用为来习。不尔与世沈浮，未成通济。幸诸梵行同思此言。终事任量，可依成教。"言讫端坐如定，欻然已逝。道俗悲泣，叹其神志明正，不偶缘业。有敕依法焚之，为立白塔，建碑于寺。著十诵疏十卷，戒本、羯磨疏各两卷，僧家书仪四卷，别集八卷，见行于世。

陈杨都奉诚寺大律都释智文传六

释智文，姓陶，丹阳人。母齐中书完韬女也，怀文之始，梦睹梵僧把松枝而授，曰："尔后诞男，与为麈尾。"及文生也，卓异恒伦。志学之年，依宝田智成以为师傅。既受具后，专讲玄津，以戒足分为五乘，律检开成七众，岂止通衢生死，亦乃组辔道场，义须先精，方符佛意。值奉诚僧辩威德冠众，解行高物，传业之盛，独步江表；推其领袖则大明象公。文初依辩学，后归象下，十诵诸部，罔弗通练。以梁大同七年，灵味、凡官诸寺启敕，请文于光业寺首开律藏，陈郡殷均为之檀越，故使相趋，常听二百许人。属梁末祸难，乃避地于闽下，复光岭表。时僧宗、法准知名后进，皆执卷请益，又与真谛同止晋安，故得讲译都会，交映法门。边俗信心于斯风革，酒家毁其柞器，渔者焚其罟网，僧尼什物于是备焉。有陈驭宇，江海廓清，讲授门徒，弥繁梁季。宣帝命旅，克有准淝，一战不功，千金日丧，转输运力，遂倩众僧。文深护正法，不惧严诛，乃格词曰："圣上诚异宇文废灭三宝。君子为国，必在礼义，岂宜以胜福田为胥下之役！非止延敌轻汉，亦恐致罪尤深。”有敕许焉，事即停寝。尔后凡所详奏，莫非允惬，理众摈罚，咸符时要。尚书令济阳江总踵道造房，无爽旬月，是知学而有禄，德必有邻，法位宜升，众望悦矣。大隋革运，别降纶言，既屏僧司，宪章律府。大军之后，荆棘攸生，十滥六群，滋彰江表，文又案法澄剪，寻得无声，深可谓少壮免白发之妖，稊莠绝青田之薉矣。前后州将甫及下车，皆尊仰年德，罕不修敬。柱国武山公郭衍祇敬倍常，躬携妻子到寺檀舍，盛设法斋，请敷律题。抑扬剖析，有克壮之姿，听侣千余，罔不嗟服。以开皇十九年二月二十日迁于住寺，春秋九十有一，即窆寺之南山东垄，与辩律师墓相望。自文之据道也，器宇刚物，风范肃人，戒品圆净，处断明白。然剖折章句，词省义富，众家修撰，罕有能出其右者。又，金陵军火，遗烬莫留，乃誓志葺治，惟新旧趾。讲十诵八十五遍，大小乘戒心、羯磨等二十余遍，金光、遗教等各有差焉。着律义疏十二卷，羯磨疏四卷，菩萨戒疏两卷，学门传贵，以为口实。僧尼从受戒者三千余人。学士分讲者，则宝定、慧峙、慧巘、智升、慧觉等，惟道志、法成双美竹箭，拥徒建业。文昔梦泛舟海钓，获二大鱼，心甚异之。及于东安寺讲，麈尾才振，两峰俱落，深怪其事。以询建初琼上，乃曰:“斯告之先见，必有二龙传公讲者。”其言果矣。志名解最优，大尉晋王，家僧礼待。以仁寿之岁，志为树碑内，慧日道场释法论为文。

隋大兴国寺释法愿传七（道嵬　道行）

释法愿，姓任，西河人也。性警达，颇自高上，而拔致穷玄，不偶侪侣。东观道化，遂达邺都，形厕白衣，言扬缁服。齐昭玄大统法上嘉其神慧，与语终朝，深通志梗，因摄而剃落，日赐幽奥，横励时伦，乃恣其游博。愿勇思风驰，周行讲席，求法无怠，问道新奇。后乃仰踪波离，专经律部，网罗佛治，舟径僧猷。自东夏所传四部律本，并制义疏，妙会异同。当有齐之盛，律徒飙举，法正一部，各竞前驱。云公创叙纲模，晖上删其纤芥。法愿霜情启旦，孤映群篇，挫拉言初，流威灭后。所以履历谈对，众皆杜词，故得立破众家，百有余计，并莫敢当其锋锐也。时以其彭亨罕敌，号之为“律虎”焉。至于断处事途，多从文相，商度结正，佥义攸归。乃下敕召为大庄严、石窟二寺上座。皇隋受命，又敕任并州大兴国寺主。频登纲管，善御大众，化移前政，实济济焉。以开皇七年六月二十二日终于所住，春秋六十有四，葬于并城之西，建塔崇范。所制律疏，惟四分一本十卷、是非钞两卷见存，余并零失。有弟子道行者，器局淹和，亲传师授，善机悟明，控引谈述疏旨，不坠厥宗。每至讲散，身导学徒绕于愿塔，致敬而返，及春秋至节，此例恒修。今年八十有余，犹铺疏旨摘，示诸测隐。时又有沙门道龛，资学于愿，执教赴行，学望最优，成进初心，弘持独秀，为时叹美。而素尚竞肃，遵若文宗，才有违忤，即不参隶。故说戒序引有言唱白之者，既无正制，号为非法，虽初从众侣，后必重张，乃出郭结界，更说新本。斯亦贞梗之严令也，太为克峭，未是伦通，至今此部犹多滞结云。

隋京师大兴善寺释灵藏传八

释灵藏，俗姓王氏，雍州新丰人也。年未登学，志慕情远，依随和上颍律师而出家焉。藏承遵出要，善达持犯，僧祇一部，世称冠冕，于智度论讲解无遗，妙尚冲虚，兼崇纲务。时属周初，佛法全盛，国家年别大度僧尼。以藏识解淹明，铨品行业，若讲若诵，卷部众多，随有文义，莫不周镜，时共测量，通经了意，最为第一。藏之本师，素钟华望，为太祖隋公所重，道义斯洽，得丧相符。藏与高祖，布衣知友，情款绸狎，及龙飞兹始，弥结深衷，礼让崇敦，光价朝宰。移都南阜，任选形胜而置国寺。藏以朝宰惟重，佛法攸凭，乃择京都中会路均近远，于遵善坊天衢之左而置寺焉，今之大兴善是也。自斯已后，中使重沓，礼遇转隆，厚味嘉肴，密舆封送，王人继至，接轸相趋。又敕左右仆射两日一参，坐以镇之，与语而退。时教网初张，名德云构，皆陈声望，莫与争雄。宫闱严卫，来往难阻，帝卒须见，频阙朝谒，乃敕诸门不须安籍，任藏往返。及处内禁，与帝等伦，坐必同榻，行必同舆，经纶国务，雅会天鉴，有时住宿，即迩寝殿，倸锡之费，盖无竞矣。开皇四年关辅亢旱，帝引民众就给洛州，敕藏同行，共通圣化。既达所在，归投极多，帝闻之，告曰:“弟子是俗人天子，律师为道人天子。有乐离俗者，任师度之。”遂依而度，前后数万。

晚以事闻，帝大悦曰："律师度人为善，弟子禁人为恶，言虽有异，意则不殊。"至于隋运译经，胜缘贵集，身先众范，言会时望，未知寺任，纲正有声。开皇六年卒于所住，春秋六十有八，葬于南郊。

隋西京延兴寺释通幽传九

释通幽，姓赵氏，河东蒲坂人。幼龄遗世，早慕玄风，弱冠加年，遂沾僧伴。而贞心苦节，寒暑不亏，寻师访道，夷崄无变。遇周、齐凌乱，远涉江皋，业架金陵，素气攸远。及大隋开运，还归渭阴，味法泰其生平，操行分其容止。至于弘宣示教，则以毗尼唱首；调御心神，仍用三昧游适。故戒定两藏，总萃胸襟，学门再敞，远近斯赴。晚贯籍延兴，时当草创，土木瓦石，工匠同举。而事归天造，形命未沦，随所运为，无非损丧。幽戒约内结，仁洽外弘，立四大井，各施漉具，凡有施用，躬自详观，驰赴百工，晓夜无厌，皆将送虫豸，得存性命，故延兴一寺独免刑残。自余缔构，焉难复叙。而洁己自励，罕附斯伦。每欲开经，必盥手及腕，齐肘已后，犹从常净，举经对目，臂不下垂。房宇覆处，未尝澡漱，涕唾反咽，不弃寺中，便利洗净，乃终其报。又自生常不用巾幞，手湿则任其自干，三衣则重被其体，自外道具，仅支时要。每自嗟曰："生不功一片之善，死不酬一毫之累，虚负灵神，何期误也！"遂诫弟子曰："吾变常之后，幸以残身遗诸禽兽，傥蒙少福，冀灭余殃。"忽以大业元年正月十五日，端坐卒于延兴寺房，春秋五十有七。弟子等从其先志，林葬于终南之山至相前峰，火燎余骸，立塔存矣。

隋蒋州奉诚寺释道成传十

释道成，字明范，俗姓陶氏，丹阳人也。祖诞，齐招远将军、永嘉大守。文佥，梁贞威将军、上虞令。成少而入道，住永嘉崇玄寺，事式法师为弟子。仪貌瑰美，奇姿拔众，群伍目曰神童。具戒之后，学超侪辈。大同之初栖游京辇，受业奉诚寺大律都沙门智文，十诵才经两遍。年逾未立，别肆开筵，数论、毗昙，染神便悟，无繁工倍，闻一知十，是以京邑耆老咸称“后生可畏”。讲十诵律、菩萨戒、大品、法华诸经律等一百四十遍，又讲观音一日三遍，着律大本羯磨诸经疏三十六卷，至于意树心花，增晖旦曜，析理质疑，听者忘倦。学士慧藏、法祥等，并游方讲说，法轮常转，传兹后焰，利益弘多。咸蔬素洁已，珠戒居心，神解严明，深禅在念。兼六时虔忏，三余暇日颇猎文史，欲令知无不为也。然其性用安庠，威仪合度，天人揩揩，罕有其俦。软语爱言，不常忤物。后现疾旬余，犹牵讲演。以开皇十九年五月五日迁神于兴严寺，春秋六十有八。大渐之际惟称念佛，肢节软暖，合掌分明。即以其月八日窆于奉诚寺之南山，墓志高坐寺僧慧謜所作。

隋西京大兴善寺释洪遵传十一（道洪　法胜　洪渊）

释洪遵，姓时氏，相州人也。八岁出家，从师请业，屡高声驾。及受具后，专学律部，心生重敬，内自惟曰：“出家基趾，其存戒乎！住持万载，被于遗教，谅非虚矣。”更辞师友，游方听习。履涉相京，咨访深义，有所未喻，决问罕通，三夏将满，遂知大旨。初住嵩高少林寺，依资云公，开胸律要，并及华严、大论，前后参听，并扣其关户，涣然大明。承邺下晖公盛弘四分，因往从焉。听徒五百，多以巧媚自通，覆讲坚论，了无命及。晖实律学名匠，而智或先图，遵固解冠时伦，全不以曲私在虑。后因盛集，异学充堂，遵乃束晖制疏，捧入堂中，曰：“伏膺有日，都未见知，是则师资两亡，敢以文疏仰及。”便置之坐上，往覆云所。既属舍见来降，即命登座覆述，吐纳纤隐，众仰如山。自后专预正时，结徒毕业。以戒律旁义有会他部者，乃重听大论、毗昙，开沃津奥。又以心使未静，就诸禅林学调顺法，年逾十腊，方归律宗。四远望风，堂盈千计，时为荣大也。齐主既敞教门，言承付嘱，五众有坠宪网者，皆据内律治之，以遵学声早举，策授为断事沙门。时青、齐诸众连诤经久，乃彻天听，无由息讼，下敕令往。遵以法和喻，以律科惩，曲感物情，繁诤自弭。由是更增时美，法侣欣之。及齐历将季，擅名逾远，而非类不交，惟道同辙，名儒大德，见辄慕从，常与慧远等名僧通宵造尽。周平齐日，隐于白鹿岩中，及宣政搜扬，被举住于嵩岳，德不孤峙，众复屯归。大隋廓定，招贤四海。开皇七年，下敕追诣京阙，与五大德同时奉见，特蒙劳引，令住兴善，并十弟子四事供养。十一年中，又敕与天竺僧共译梵文。至十六年，复敕请为讲律众主，于崇敬寺聚徒成业。先是关内素奉僧祇，习俗生常，恶闻异学，乍讲四分，人听全稀，还是东川，赞击成务。遵欲广流法味，理任权机，乃旦剖法华，晚扬法正，来为开经，说为通律。屡停炎澳，渐致附宗，开导四分，一人而已，迄至于今，僧祇绝唱。遵为人形仪儒雅，动据现猷，而神辩如泉，声相钟鼓，预升法位，罕有昏漠，开悟之绩，实难嗣焉。仁寿二年，敕送舍利于卫州之福聚寺。将出示众，乃放红赤二光，晃发远近，照灼人目，道俗同睹，大生庆悦。仁寿四年下诏曰："朕祇受肇命，抚育生民，遵奉圣教，重兴象法。而如来大慈，覆护群品，感见舍利，开导含生。朕已分布远近，皆起灵塔，其间诸州，犹有未遍，今更请大德奉送舍利，各往诸州，依前造塔。所请之僧必须德行可尊，善解法相，使能宣扬佛教，感悟愚迷。宜集诸寺三纲，详共推择，录以奏闻。当与一切苍生，同斯福业。"遵乃搜举名解者用承上命。登又下敕三十余州一时同送，遵又蒙使于博州起塔。初至州西，有白鹄数十头当于舆上，旋绕数匝，久之而逝。及至城东隆圣寺置塔之所，夜有白光数十道，道如车轴，住于基上。边有鸟巢树上，及光之洞明，众鸟惊散。又雨银花委地，光耀如雪。掘基五尺，获粟半升。夜降神仙八十四人，持华绕塔，久乃方隐。又，妇人李氏患目二十余年，及来礼拜，两目齐见。后行道之夕，又放赤光，照寺东房，见卧佛及坐佛说法之像。复见梵僧对架读经，有一十四字，皆是梵书，时人不识。及四月八日当下塔时，感黑蜂无数衔香绕塔，气蔚且熏，不同人世。又见白莲花在塔四角，高数百丈，花叶分布，下垂于空，时间五彩莲花，厕填其内。又见天人烧香而左转者。于是总集而观，叹未曾有，属目不见者，非无一二。及下覆讫，诸相皆止。遵于京邑盛开律仪，名骇昔人，而传叙玄宗，其后盖阙。又着大纯钞五卷，用通律典。寻又下敕，令知寺任，弼谐僧众，亟光徽绩。以大业四年五月十九日卒于兴善，春秋七十有九。隋初又有道洪、法胜、洪渊等，并以律学著名。洪据相州，绍通云胤，容止沉正，宣解有仪，学门七百，亟程弘量。故诸经论之士将欲导世者，皆停洪讲席，观其风略，采为轨躅。胜博涉有功。而言行无副，神志高卓，时共潜推，但身令未广，故听徒简略。渊学承遵统，化被中山，纲维正象，有声幽、冀。年代非远，并不测其终。

隋西京大禅定道场释觉朗传十二（海藏　法锵）

释觉朗，俗姓未详，河东人。住大兴善寺。明四分律及大涅槃。而气骨陵人，形声动物，游诸街巷，罕不顾之。仁寿四年下敕，令送舍利于绛州觉成寺。初达治所，出示道俗，涌出金瓶，分为七分，光照彻外。穿基二丈，得粟半升。又感黄雀一头飞迫于人，全无怖惧，驯扰佛堂，久便自失。又，石函盖上见二菩萨踞坐宝座，前有一尼敛手曲敬，或见飞仙及三黄雀，并及双树、驎凤等象。将下三日，常放光明，乃迷昼夜，朗过灯耀，有掩堂灭炬者，而光色逾盛，溢于幽障。玄素通感，荣庆相喧。朗具表闻，广如别传。大业之末，有敕令知大禅定道场主，镇压豪横，怗然向风，渐润道化，颇怀钦重。不久卒于所住。时又有沙门海藏，识信坚正，宗仰律司，屡讲四分，少有传嗣。唐运置十大德，藏其一焉。又有法锵律师，本住静法，末厌烦梗，南栖太和，幽居养志，不尘僧众，孤行岩岫，偃息松林，服饵守中，赏心唯识，亦搔索之开士也。及终没后，露骸山侧，至夜有灯照之，道俗往观，失灯所在，远望还见，动经两月，光照逾明。

唐始州香林寺释慧主传十三

释慧主，俗姓贾氏，始州永归县人。六岁出家，为斌法师弟子，后令诵遗教，一夕便度。以经验师，多有乖越，便舍之而往姜律师所，诵法华经。寺东房中讲于俗律，试听一遍，性若曾闻，乃问十关，无能解者。刺史以下，合州白黑，皆往咨问，莫不归伏。始州一部，祖宗道众，即为州内律主，受菩萨戒，既尔约束以佛为师，尚不敬天，况礼神道，于是佛法方得开弘。于黄安县造寺七所，梓潼县造十寺，武连县造三寺，从彼至今，方将盛矣。初主登冠，欲受具足，当境无人，乃入京选德，于甘露寺受戒，惟听四分，余义旁通。梦见三日三夜天地暗冥，众生无眼，过此忽明，眼还明净，觉已汗流，一百日后周毁经道，方知征应。即返故乡，南山藏伏，惟食松叶，异类禽兽，同集无声。或有山神送茯苓、甘松香来，获此供养，六时行道，禽兽随行，礼佛诵经，似如听者。仍为幽显受菩萨戒。后有猕猴，群共治道，主曰："汝性躁扰，作此何为？" 曰："时君异也，佛日通也。" 深怪此言。寻尔更有异祥，龙飞兽集，香气充山，其类众矣。后有八人采弓材者，甚大惊骇，便慰主曰："圣君出世，时号开皇矣。" 即将出山，以事奏闻，蒙预出家。大业中，敕还本州香林寺，常弘四分为业。武德之始，陵阳公临益州，素少信心，将百余驮物行至始州，令于寺内讲堂佛殿僧房安置，无敢违者。主从庄还，见斯秽杂，即入房中取锡杖三衣出，叹曰："死活今日矣。" 举杖向诸驴骡，一时倒仆如死，两手各擎一驮，掷弃坑中。州县官人惊怖，执主状申，陵阳大笑，一无所怪，书曰："弟子数病不逢害鬼，蒙得律师破悭贪袋，深为大利。今附沉香十斤、绸绫十段仰赠。" 后还京日，从受菩萨戒焉。贞观三年，寺有明禅师者清卓不群，白日独坐，见无半身，向众述曰："吾与律师建立此寺，两人同心，忽失半身，将不律师先去，不者明其死矣。" 明日食时，俗人惊云："寺家设会耶？见有四路客僧数千人入寺，今何所在？" 寻尔午时，主便无疾而逝，春秋八十九矣。

唐京师胜光寺释智保传十四

释智保，河东人。弱龄入道，清慎居心，而在性刚謇，不轨流俗。进受具后，正业禁司，拥节专制，挺超群侣，博听异解，贯练心神，废立文旨，大观掌内。所以律部遐被，实赖斯人，故能维摄自他，言行相守。至于流略坟素，颇获其宗，谈对玄儒，不后其术，笔记之工，时扬大义，缘情流采，嗣接英华。初住胜光，末居禅定，国供丰积，受用多亏。所以名僧大德，日陈形器，凭准神解，可以言传。至于衣食资求，未能清涤。僧众四百，同食一堂，新菜果瓜，多选香美，保低目仰手，依法受之，任得甘苦，随便进啖，皆留子实，恐伤种相。由知法者少，疑未详检，其知量敬护，皆若此也。后返胜光，厉业弥峻。园蔬溉灌，水杂细虫，直岁高视，但论事办。保念此无辜，交被刑害，躬执漉具，达送方还。寺有草物堪为僧用者，必拾掇鸠聚，身送厨帐。其杂行纷纶，诚难备举。以武德末年遘疾将渐，而正气明爽，告友人慧满曰:“余其死矣，而精神不得超胜，如何?”有问意故，答云:“观其来荫，似作守寺之神耳，而止于西院佛殿，余频以法遣之，卒不能离。”言讫便绝。自尔所陈殿宇，人罕独登，时须开入，无不啬然毛动。及后百日，尝有老姥内怀酒食，将遗诸僧，行至寺门，忽被神害，身死委地，器物流离，斯亦严厉之所致也。故僧侣摄其风威，有涉鄙吝者皆慷而悛正矣。自保之据道，卓秀出群，一食充躯，虽经病重，不变前节。不宿俗舍，常止僧坊，虽曾远涉，必栖林野。三衣常被，瓶钵自随，不执俗器，不观音乐。五兵六法，誓不身经，理会高僧，闻便赴仰。故每日再讲，必瓶钵自随，肃然成风，无累于教。处众而食，曾无盈长，残水余腻，并以饼拭而啖之，一滴无遗，恐损施福故也。尝遇重病，每食有余一两匕者，停贮多日，可得升许，亲看温煮，命净人食之。有问其故，答曰:“僧食难弃，不可妄轻业耳。”传者目验生常景行，故直笔书其弘护之相焉。又尝患疟，寒则水淋，热则火炙，渴则急盐塞其口，痢则绝食取差。斯徒众矣。

唐益州龙居寺释慧诜传十五

释智诜，字慧成，姓徐，本徐州人，炫法师之弟也。少聪敏，有志节，在蜀游学，务勤律肆。会周陵法，因事入关，不果所期，遂隐南岭，终南、太白，形影相吊。有隋革命，光启正法，招贲硕德，率先僧首，即于长安敷扬律藏。益州总管蜀王秀奏请还蜀，王自出迎。住法聚寺，道俗归崇。寺设大斋，无不来赴，将食，捉筋问炫法师曰:“此处护净不?”答曰:“初还，未得捡挍。”承道不护净，乃掷筋而起，曰:“宁啖屠儿食，此净铜，何得啖也!”诸僧数千一时都散，其严忌若此。故其在众，屏气寂然，性不受施，不妄干物。有僧道恢，为人凶险，遥见走避。人曰:“卿从来不畏一人，何故畏诜律师耶?”答曰:“此佛法中王，那得不畏!”人曰:“以恢公膂力，可敌律师百人耶?”答曰:“纵敌千人，遥见百脉已沈，四支不举，何敌之有乎!”后以人请戒禁，行将喧扰，乃辞入龙居山寺，幽栖深阻，轨迹不通，延出辞疾。意欲登剑阁，廓清井络。与诜书，令归国化，使略答云:“辱使至止，并以诚言，披阅循环，一言三复，文清渌水，理破秋毫。贫道戒行多阙，化术无方，宅身荒谷四十余载，狎鱼鸟，以樵歌，习禅那，思般若。以此卒岁，分填沟壑，不谓耆年有幸，运属休明。伏惟相王殿下，德隆三古，道振百王公，攘臂而归旧里，衣锦而旋本邑，百姓有再生之期，万物起息肩之望。搢绅君子，捧玉帛而来仪；慷慨丈夫，委干戈而伏道。昔长卿返蜀，徒擅清文；邓艾前来，未能偃武。公华阳甲族，未络名家，捧日登朝，怀金问道。剑南长幼，并俟来苏，岂藉微风，自然草靡。当劝诸首领越境参迎。”秀得书示军众，先作礼曰：“人物争归，律师之力也。”以武德元年十月一日平居而逝，年八十矣。

续高僧传卷第二十一

续高僧传卷第二十二

大唐西明寺沙门释道宣撰

明律下　正传九　附见七

唐京师弘福寺释智首传一

释智首，姓皇甫氏，其源即安定玄晏先生之后也。家世丘园，素居物表，随官流寓，徙宅漳滨。而幼抱贞亮，夙标雄杰，髫年离俗，驰誉乡邦。初投相州云门寺智旻而出家焉，旻亦禅府龙骧，心学翘望，即稠公之神足也。以首岁居学稚，且略禁科，权示五门，拥其三业。而神慧所指，不慕下流，览属遗教，戒为师本，定慧众善，自此而繁，义理相符，敢违先诰？所以每值律徒，潜声咨问，随闻弘范，如说修行，由是五众分驪，莫不就而请谒。俄而母氏辞世，复入道门，名为法施，住于官寺，深修八敬，遵重五仪，志欲预有制门，誓愿奉而承则。然尼众在道，染附情深，戒约是投，率多轻毁。而施割爱从道，履正栖心，威服尼流，声高魏土，自玄化东被，未有斯踪。以首膝下相亲，素钟华望，施欲早服道味，濡沫戒宗，乃启旻授其具足，而未之许也。便内惟正检，外讯侪章，恭附遵修，缉谐伦伍。旻察其仪轨，默而识之，知其风骨坚深，乃许其受戒。首以缘成之法，事假明贤，恐薄坠行门，便有沦道器，乃周访郑、卫盛德胜人，不累年期，必邀登计，时过三载，方遂素怀。二十有二，方禀大戒，虽从师授，而得否未知，乃于古佛塔前请祈显证，蒙降佛摩顶，身心安泰，方知感戒有实。自尔旦夕咨访，挺出恒标，虽教所未闻，而行仪先备。及寻律部，多会其文，明若夙知，更陶神府，其有事义乖滞者，皆汰浍相融，冥逾合契。后听道洪律席，同侣七百，锋颖如林，至于寻文比义，自言逈拔，及玄思励勇，通冠群宗，刚正严明，风飙遗绪者，莫尚于首矣。故未至立年，频开律府，懿德敏行，咸共器之。灵裕法师道振雄伯，范超伦等，亲管缁属，预在下筵。时共美之，重增荣观。会隋高造寺，远召禅宗，将欲广振律诠，流晖帝壤，若不附定通戒，行学无归，遂随师入关，止于禅定，解既冥通，声光三辅。初达天邑，具览篇章，便更博观新解，润以前闻。有识悟其玄规，更开讲肆，既副本愿，登即然之。每日处众敷弘，余时却扫寻阅。于是三藏众经，四年考定，其有词旨与律相关者，并对疏条，会其前失。自律部东阐，六百许年，传度归戒，多迷体相。五部混而未分，二见纷其交杂，海内受戒，并诵法正之文，至于行护，随相多委，师资相袭，缓急任其去取，轻重互而裁断。首乃衔慨披栝，往往发蒙，商略古今，具陈人世，着五部区分钞二十一卷，所谓高墉崇映，天网遐张，再敞殊文，统疏异术。群律见翻四百余卷，因循讲解，由来一乱，今并括其同异，定其废立。本疏云师所撰，今缵两倍过之，故得诸部方驾于唐衢，七众周睇于贞观者，首之力矣。但关中专尚，素奉僧祇，洪遵律师创开四分，而兼经通诲，道俗奔随，至于传文律仪，盖蔑如也。首乃播此幽求，便即对开两设，沉文伏义，亘通古而未弘，硕难巨疑，抑众师之不解，皆标宗控会，释然大观。是由理思淹融，故能统详决矣。使夫持律之宾日填堂宇，遵亦亲于法座命众师之，相成之道不忘，弘赞之功靡替。遂得知归秦土，莫不宗猷法镜。始于随文末纪，终于大渐之前，三十余载，独步京辇，无敢抗衡，敷演所被，成匠非一。所以见迹行徒知名唐世者，皆是首之汲引，实由匡弼之功。而复每升法宇，规诫学徒，微涉滥非者为停讲坐，或有堕学者皆召而诲喻，闻者垂泣，无不惩革。大业之始，又追住大禅定道场，今所谓大总持寺是也，供事转厚，弥所遗削。顾以道穆帝里，化移关表，旧土凋丧，流神靡依，乃抽撤什物百有余段，于相州云门故墟，今名光严山寺，于出家、受戒二所双建两塔，鋈以珠宝，饰以丹青，为列代之仪表，亦行学之资据，各铭景行，树于塔右。贞观元年，有天竺三藏大赍梵本，拟译唐文，乃诏所司搜扬英达，佥议所及，遂处翻传，其有义涉律宗，皆咨而取正。至于八年，上以圣善早丧，远感难陈，虽化满天下，而罔极之情未展，奉为太穆皇后于宫城之西造弘福寺，广延德望，咸萃其中。恐侥幸时誉，妄登位席，以首道素严正，不滥邀延，百辟上闻，召为弘福上座，即总纲任，采擢僧伦。其有预在征迎，莫不咨而趣舍，使夫众侣云会，等嗅如兰，不肃成规，流芳不绝。自爰初开讲，誓穷百遍，必得果心，夕死可矣。始于漳表，终至渭滨，随方陶诱，恰穷本愿。庆本所念，未几而终，详诸物议，可为知命。以贞观九年四月二十二日宿疹再加，卒于所住，春秋六十有九。皇上哀悼，下敕令百司供给，丧事所须，务令周备。自隋至唐，僧无国葬，创开摸揩，时共重之。仆射房玄龄、詹事杜正伦并诸公卿，并亲尽哀诉，崇戒范也。至二十九日装办方具，时惟炎夏，而尸不腐臭，众共嗟之，斯持戒力也。诸寺门学竞引素幢，充诸街弄。官给地十亩于京城西郊之龙首原，县夫三百筑土坟之，种柏千株，于今茂矣。慕义门学共立高碑，勒于弘福寺门，许敬宗为文。初，律师弘化，终始有闻，博见之举，通古罕例。自讲士交竞，救习昔传，雠勘群宗，多乖名实。非夫积因往世，故得情启天乘，数百年来，收宗始定。兼勤于听说，重于行事，随务造仪，皆施箴艾。每于晦望说戒，先具法物，花香交饰，鋈发堂中。预在听徒，合掌跪坐，一众兢竦，终于前事，说欲陈净，偏所诫期，每讲出罪，濯诸沈累，故持律之士多往参焉。自终世后，此事便绝。余尝处末座，向经十载，具观盛化，不觉谓之生常初未之钦遇也。乃发愤关表，具觌异徒，溢目者希。将还京辅，忽承即世，行相自崩，返望当时，有逾天岸。呜呼！可悲之深矣。

唐京师普光寺释慧琎传二（满德　真懿　善智　敬道）

释慧琎，姓吴，杨州江都人也。母怀之时，即袪嗜欲，辛腥俗味，眇然不顾，识者以为儿之所致，同身子矣。及年七岁，心慕缁徒，道见沙门寻而忘返。亲欣其信仰也，遂放依荣法师而出家焉。孝谨天然，罔由师训，随从奉敬，初无乖越。每从荣游履诸寺，一无敢出离，便于荣所卧床下，席地而伏，斯例非一。听荣摄论，大悟时伦，即而讲说，嗟赏者众，谈吐清雅，妙会物情。于仁寿年中从荣被召，入于禅定。及具戒后，专精律仪，听遵律师讲凡二十遍，又听首律师，数亦相及。谦弱成治，竖论不言，讲扬摄论，方敷律相，时以其寄大乘而弘行范也。大业末历，郊垒多虞，禅定一众，雅推琎善能御敌，乃总集诸处人畜，普在昆池一庄，多设战楼，用以防拟，琎独号令，莫敢当锋。时司竹群贼鼓行郊野，所至摧殄，无抗拒者，兵临庄次，意在诛荡。琎登楼一望，但见张旗十里，乃收束弓刀，反缚奴仆，大设肴膳，广开仓廪，身先入阵，劳问军主，引至庄中，命令就坐。既见盛设，相与开颜，各执琎手，健道人也，饱啖而旋，惟取牛十头拟劳军士。牵至中道，琎复从乞，以衔前顾，皆用还之。所以义宁之初通庄并溃，惟有禅定如旧无损，即深明机要，善达开遮，一人而已。加又偏工巧性，无施不可，或庄严彩饰，或丹青轮奂，或裁缝服玩，或驱策人物，众兼四百，通用推贤。至于诵说戒经，清音流靡，由来怠堕者闻琎说戒，皆来坐听，竦耳峻坐，畏其声止。贞观之初任云花寺上座，常弘摄论，化开律部。晚又下令征入普光，纲理僧伦，大小清穆。以八年冬终于此寺，春秋五十余矣。时又有沙门满德、善智、真懿、敬道者，同琎所学，慕义朋从。德慧悟天开，谈说弘畅。智博解深奥，情欣护法。懿导说有功，化行多阻。道抱素自资，性存经史。多从物故，懿独存焉，扬敷京辇。

唐相州日光寺释法砺传三

释法砺，俗姓李氏，赵人也，因宦遂家于相焉。生而牙齿全具，迄于终老，中无龀毁，坚白逾常。登年学位，便欣大法。初归灵裕法师，即度为弟子，风素翔郁，威容都雅，言议博达，欣尚玄奥。受具已后，敦慎戒科。从静洪津师咨学四分，指㧑刑网，有历年所，振绩徽猷，誉腾时类。功业既着，更师异轨，又从恒州渊公听集大义，乃周两载，统略支叶，穷讨根源，当即簿引所闻，开讲律要，词吐简诣，攻难弥坚，故得邻几独绝，尤称今古。末又往江南游览十诵，而盛专师授，讨击未资，还返邺中，适缘开导。属隋炀道销，岳渎尘扰，听徒拥戢，咨逮无因。唐运初基，法门重辟。会临漳令裴师远夙承清训，预展法筵，请砺在县，敷弘相续，绵积累载，开悟极多。四方怀道，霄兴命驾，解契升堂，行敦入室。砺以初学旧习，委访莫归，若不流于文记，是则通心无路，乃开拓素业，更委异闻，旁讯经论，为之本疏。时慧休法师道声远被，见重世猷，赞击神理，文义相接，故得符采相照，律观高邈，休有功焉。以贞观九年十月卒于故邺日光住寺，春秋六十有七。前后讲律四十余遍，制四分疏十卷、羯磨疏三卷，舍忏仪轻重叙等，各施卷部，见重于时。时卫州道烁，律学所崇，业驾于砺，为时所重矣。

唐京师普光寺释玄琬传四

释玄琬，俗姓扬，弘农华州人也，远祖因徙，今居雍州之新丰焉。青襟悟道，履操冲明。志在学年，方游法苑，事沙门昙延法师。延震岭宏标，遗教法主，隋文钦重，立寺处之，具见别传。而琬位居入室，恭恪据怀。及进具后，便随洪遵律师伏膺四分，冠冤遮性，镕汰持犯。涉律三载，便事敷演，使于后进乐推，前英叹美。乃旋踵本师涅槃真体，捃摭新异，妙写幽微。又欲钦佩唯识，包举理性，于昙迁禅师禀学摄论，并寻阅众锋，穷其心计。法华、大集、楞伽、胜鬘、地论、中、百等，并资承茂实，研核新闻，环循弥讨其际，搜会擢其玄理。然顾福智相导，有若轮驰，慧业略剖于终，标树创开于始。永惟延师存日，愿造丈六释迦，经略未圆，奄便物故，誓志营复，克遂先摸，于仁寿二年提洽有缘，便事炉锤。寺乃京皋冲要，峙望归心，故使至感冥通，控引咸遂。当时空色清朗，杲日流辉，上天雨花，状如云母，满空飘洒，终坠像前。僚庶嘉其罕逢，法属庆斯荣瑞。及开摸之后，雅相逾圆，即为关辅栋梁。金像之大，有未过也，今在本寺。每于静夜清朝，飞流八音之响，而不测其来至。又造经四藏，备尽庄严，诸有缮写，皆资本据。又以二月八日大圣诞沐之晨，追惟旧绪，敬崇浴具。每年此旦，建讲设斋，通召四众，供含悲敬，办罗七物，普及僧俦。又常慨运岠象、末，有亏归禁，至于授受，遮难滋彰，乃蓥饰道场，寻诸忏法。每春于受戒之首，依二十五佛及千转神咒洁斋行道，使彼毁禁之流澄源返净，登坛纳法，明白无疑，并传嗣于今，住持不绝。从此而求，可谓护法菩萨也。而重法尊行，晨夕相仍。若值上德异人，必揖对欣振，咨承余令，虽闻同昔习，而翘仰如新。斯后已谦光，罕有踪矣。逮贞观初年，以琬戒素成治，朝野具瞻，有敕召为皇太子及诸王等受菩萨戒，故储宫以下师礼崇焉。有令造普光寺，召而居之，供事丰华，广沾会响。又别敕延入，为皇后六宫并妃主等受戒椒掖，问德禁中。授纳法财，日逾填委，而钦若自守，不顾有余，傃施所资，悉营功德。寻有别敕，于苑内德业寺为皇后写现在藏经，当即下令于延兴寺更造藏经，并委其监护。琬以二宫所寄，惟谷其诚，祇奉不难，义须弘选。自周季灭法，隋朝再兴，传度法本，但存卷秩，至于寻检文理，取会多乖，乃结义学沙门雠勘正则，其有词旨不通者并咨而取决。故得法宝无滥于疑伪，迷悟有分于本末，纲领贞明，自琬始也。昔育王再集于周时，今琬定宗于唐世，彼此诚异，厥致齐焉。然其匠训于世，三藏含之，偏以苦节自修，德以律仪驰誉，言为世范，缁素收归。华夷诸国僧尼从受具戒者三千余人，王公僚佐，爰及皂隶，从受归戒者二十余万。左仆射萧瑀兄弟，人伦藻镜，久厌时烦，每咨法华会三之旨，龙树明中之教，沈吟移景，奉佩而旋。右仆射杜如晦临终委命，召为历劫师资。大将军薛万彻毗季并及母氏，并钦崇戒约，蔬素形终。普光道岳法师解洞幽关，辩开慧府，敬奉戒香，行菩萨道。而汲引亡疲，弘务终日，因之革励修习者计非恒准。故京辅士庶继踵烟随，礼供相寻，日盈厨库。时有巫觋者云："每至授戒说法，异类鬼神，诸方屯聚，如承受相。"自非至功冥被，孰能致乎？琬以戒劝之至，物我同钦，义等风行，事符草偃，乃致书皇太子曰："元正告始，景福惟新。伏惟殿下膺时纳佑，罄无不宜。但琬夙萦沉疴，不获奉庆，蒙降逮问，无任荷戢，感顾恩隆，罔知攸厝。今略经中要务即可详行者四条，留意寻检，永绥宝祚。"初劝行慈，引涅槃梵行之文，令起含养之心，存兼济之救也。二减杀者，引儒礼无故不杀牛羊者，皆重其生，去其滥逸也。又言："王者修其教不易其俗，齐其政不易其宜，见其生不忍其死，闻其声不食其肉，此即上帝悼损害之失，树止杀之渐也。故佛经有恕己之喻，诫之杀打诸事也。琬闻东宫常膳，日多烹宰，审如所承，诚有大损。殿下以一身之料遍拟群僚，及至断命，所由莫不皆推殿下，所以长怀夕惕，望崇慈恕。自今以往，请少杀生，东宫内外咸减肉料，则历长命久，仁育斯隆。三顺气者，如经不杀曰仁。仁主肝，肝者木也。春阳之时，万物尽生，宜育群品，用答冥造，如其有杀，是不顺气。殿下位处少阳，福居春月，行慈以和正气，施惠以保天龄。请年别春季，断肉停杀，愍彼含育，顺此阳和。四奉斋者，如经年三月六，能洁六根，便资五福。伏愿遵行，受持斋戒。何者？今享此重位，咸资往因，复能进德崇善，用成其美，则善知识者是大因缘。玄琬道德疏微，曲蒙顾眄，谨率闻见，敢尘听览！"登即答曰："辱师所示妙法四科，循览周环，用深铭佩！法师早祛尘累，游神物表，阐鹫岭之微言，探龙宫之秘藏，洞开灵府，凝照玄门，固以高步弥天，邻几初地。遂能留情博施，开导蒙心，理实义周，词华致远，包括今古，网罗内外。训诱之至，审谕之方，纵圣达立言，师傅弘道，亦未足仿髴要津，拟仪高论。但行慈减杀，顺气奉斋，斯乃仁人之心，以成大慈之行。谨当缄诸心府，奉以周旋，永籍胜因，用期冥佑。"余文不载。其言令之行，化及此类。九年下诏断杀，起于三月，尽于五月。琬以仁育兼济，乃上启更延，帝又特听，尽于岁暮。贞观十年杪冬遘疾，知归后世，又致启东宫，累以大法。又上遗封，表于帝曰："玄琬闻。真容晦迹，像教凌迟，无不假缁素以住持，设内外而为护，遂得法云再润，慧日重辉，光叶万乘，绍隆千载。窃寻住持之理，义有多门，弘护之方，教乃非一。若不依佛取舍，仍恐赏罚乖宗，如其准教验时，是则简敬当理。伏以僧尼等不依戒律，致犯刑章，闻彻阙庭，尘劳听览，琬等僧徒无任惭惧。但恐余年昏朽，疾苦相仍，弱命不存，洪恩未答，遂于经中撰佛教后代国王赏罚三宝法及安养苍生论并三德论各一卷，伏愿圣躬亲降披览。陛下广开上书之路，冀纳刍荛之言，谨献秘要之经，请详金口之教。但琬忝当传法，庶无匿教之愆，扶劣署封，以酬终后之事。不胜恋仰，谨奉经以闻。"又遗诫门人在于道检，言极详切，读者垂泪。又云："余荫施诸众生，余骸依古焚弃，制服丧临，一无预怀。”遂以腊月七日卒于延兴寺房，春秋七十有五。道俗失依，皇储哀恸。天子下诏曰：“玄琬律师戒行贞固，学业清通，方寄弘宣正法，利益群品，不幸没世，情深恻悼！赐物如别，斋殡所须，事由天府。”春宫、懿戚、卿相、重臣，并舍金贝，荣嘉赗赠，营助追福。暨于百日，特进萧瑀、太府萧璟、宗正李百药、詹事杜正伦等，并亲奉戒约，躬尽哀礼。后旋殡山寺，幢盖相映，香花乱空，从者如云，众盈数万。前傧达于终南，后尘犹继于城阙，四十里间，皂素充道，皆云：“我师斯亡，戒业谁保？”故为时宗如此也。弟子等五百余人奉遵遗旨。尔时云高风静，水净油香，七众弥山，一心悲结。乃命下火，依法阇维，薪尽灰飞，廓然归本，仍于焚所建佛塔一区，用津灵识，仪像存焉。东宫洗马兰陵萧钧制铭，宗正卿李伯药制碑，立于塔所，时为冠绝。初，琬自始及终，意存弘济，生善福智，无不缀心。武德之初，时经剥丧，粒食勇贵，客僧无托，乃自竭余力，行化魁豪，随得货贿，并充供给。日到寺厨，亲问丰约，故主客同庆焉。又，像季浇漓，多轻戒律，乃以身轨物，引诸法属。亲执经文，依时附听，乃经十遍，远嗣先尘。智首律师，德光荣问于帝京者，实资成赞，能扇芳风，自见令达，罕能推挹如此人矣。故使唐运搜举，岁拔贤良，多是律宗，实由琬之笃课也。而容范端肃，声气朗峻，预瞻敬者莫不懔然，故图象厥相，犹令人畏者。弟子僧伽，俗姓元氏，清悟寡嗜欲，常随琬导物。而立志贞正，机谏变适，不犯颜色，以味静为宗。又不希人世，依闲业道，是所谋焉。临终清欶敛容，明诲而卒。岂非师资谦德，能世其尘？而恨其早卒，清规未远。

唐蒲州仁寿寺释慧萧传五

释慧萧，俗姓刘，本彭城人，世家徙于许州之长葛，故又为县人焉。奕叶以衣缨称士大夫。十八为书生，聪悟敏达，善说诗、礼。州郡以明经举之，非其所好，遂入嵩高山求师出家，强识前闻，而以戒行见称。耆旧明达相谓曰：“若人如此，必今代之优波离也。”开皇初游学邺城，博综经律，乃贯练众部，偏宗四分。闻泰山灵岩寺，幽栖洁行之宅也，乃往从焉。后以和上年衰，复还中岳。于时隋祖创业，四海为家，故得纵任往还，无所拘碍。时龙门沙门明朗，河东持律之最，承萧道声藉甚，不远从之。朗虽年齿隆萧，而卑身礼事，并深相悦服，道合欣然。淹留岁序，请归河曲，萧亦不滞物我，相与同行，住于龙门之定林寺。历缘山水，居随所好，寻访同志，不惮危险。马头山有僧善禅师聚徒结业，从而习定。时还朗寺，弘畅毗尼。仁寿中频向黄颊山，依岩夏坐。有亡命者因事投焉，不忍遣之，留匿经久。后以事发，引萧为侣，所在督课，追征赴狱。会朗、善俱亡，又兼匿罪，便振锡徂南。路经蒲坂，时沙门道积、神素、道杰等，晋川英彦，素与周旋，留连累载。属隋炀坠历，法令滋彰，藏匿严科，殊为峻刻。萧以许身为道，随务东西，名贯久除，栖遁幽阻，自中条、王屋，巨壑深林，无险不登，若游庭户。逮中原版荡，妖气一乱，河东郡丞丁荣敬服德音，招住仁寿，长弘律藏，学者肩随。义宁中被拥西城，不亏讲业。及后安静，弥崇法会，蒲、陕、晋、绛，五众师焉。以贞观十四年终于仁寿，春秋七十有三。自萧服心戒业，演导为宗，友接朋胜，时无与贰。每念朗、善游好，不觉涕之无从，不能裁止，便登眺而恸。斯重交募善，为如此也。曾讲涅槃，仅十许遍，犹恨大乘无功，遂玩读华严，于数年间口不辍音，文不释手。有请萧为方广讲主，乃止之曰："吾尚未解经意，安可讲乎？"时以为贞而且谅，又惧误诸后学云。

唐京师普光寺释慧满传六

释慧满，姓梁氏，雍州长安人也。父粲，历仕隋、唐，为海、迭诸州刺史。满生年素洁，履正标宗，慈济含育，殆非修学。世俗肴膳，见便寒悚，僧仪道具，睹即欣仰。年甫七岁，即乐出家，二亲素奉佛宗，不违其志，父临海州，有敕听度，便蒙剃发。随父还京，住大兴善，为仙法师弟子。仙名望京邑，识悟有从，既道俗洽闻，故父亲付嘱。后携住仁寿宫之三善寺。及大业之始，又住大禅定焉，进戒奉业于智首律师，明慎威仪，学门推揖。思择理味，以达曙为恒。而勤于政事，乐行劝勉，每值立界施，则唱白科举，身先众侣，咨考疑议。至于受戒缘集，难遮多少，教授独断，成不眇然，满乃预令识相，提撕抵掌，致有临机忘逸，往往征正。时共重其详审，敬其成进也。游讲四方，不拘世累。贞观三年，尝于鄜城魏兵曹家别院讲羯磨法，所居草室忽为火烧，风焰俱盛，将延西及，满索水溉之，因即风回火灭，得无烧爇。斯戒德之威，颇难登继。至七年令造新寺，通选大德，以满行绩前闻，引之令住。其年奉敕令任弘济寺上座，专弘律训，奖导僧徒，丞有成规，旁流他寺。有集仙寺尼素无慧解，妄有师习，铸老子、真人等像私自供养，并广召黄巾在堂庆度。满与诸僧同预斋集，既属此事，公呵止之，连告大德，显行摈罚。又追取道像入太原寺，改成佛相，用诫余习。昔周赵王治蜀，有道士造老君像，而以菩萨侠侍，僧以事闻，王乃判曰："菩萨已成不可坏，天尊宜进一阶官。"乃迎于寺中，改同佛相，例相似也。又尼慧尚者。侥幸一时，宫禁还往。会高祖升遐，离宫京置，乃以尚之住寺拟设皇灵，尚即取僧寺为尼所住，事违正敕，莫敢致词。满遂构集京室三纲大德等二百余人行于摈黜，云："自佛法流世，未有尼众倚官势力夺僧寺者。既是非法，宜出众外，不预四众还往及诸法事。若有与尚众言论者，亦同此罚。"制令既行，是非自显。慧尚不胜其责，连诉东宫并诸朝宰。有令遣詹事杜正伦解其摈事，僧众既集，多从情议。满曰："殿下住持正法，慧满据法情理。今则违理附情，此则规模一乱。摈本治罪，罪仍未悛，据此而详，未敢闻旨。"便捉坐具，逡巡而退。时众惧加威权，便同解摈。满闻之叹曰："余伴既少，难可重治，且不同解，示知乖相耳。"尚后谢过，满终不顾。及驾巡东部，下敕李众在前，满集京僧二百人诣阙陈谏，各脱袈裟置于顶上，拟调达之行五法。举朝目瞩，不敢通表，乃至关首，重敕方回。常安弘济，集徒讲说，成匠晚秀，有邻声采。又愿生安养，浴僧为业，学安公之芳绪也，茕茕恻恻，兢兢自厉。以贞观十六年四月二十日遘疾，知当后世，敕出什物，并属三宝。正坐绳床，自加其膝，召诸寺众，人各执别，气从下上，渐至于心，言晤答对，初无昏昧，暖气至口，奄尔而终，春秋五十有四。焚于终南龙池寺侧，余骸并化，惟舌不灰，更足薪火，经于累宿，色逾鲜赤，遂瘗于山隅。京师净住寺惠昂为之铭颂，见于别集。制四分律疏二十卷，讲四十余遍。

唐箕山沙门慧进传七

释慧进，姓鲍氏，潞州上党人。弱岁辞亲，慕从缁侣，修习戒检，极用偏功。将欲剪削，父母留恋，遂停俗里，以仁孝见知。年至三十，乡闾觌其精苦，洁身断爱，无思妻累，乃共白其所亲委其元度，方任出家，住州治梵境寺。既受具已，闻说受净，衣毛啬然。重问持犯，又阙咨悟，承邺下讲律，徒侣仅千，欣喜满怀。以律假缘求，非文不合，因即闭关自读八十余遍。行要耳目，颇亦具瞻。而义理由踪，必从师受，便往相州洪律师所，一坐伏听，不移其席，乃经八遍。中静缘务，相续而听，又经八年。尔后栖遑，随师南北，或山或世，游采经论，用裨律宗，略计前后四分一宗百二十遍，并覆寻读，强三百遍。自有同尘，专志累功，罕俦其匹。隋文末历，有同寺僧弊进学业匹难齐竞，阴而嫉之。进曰："相与出家，同遵律业，潜加绳扇，岂不以身名致嫌乎？昔闻无诤，行者惟在空生，圣立芳规，义非自结。余虽不敏，请从雅喻。"即日往谢，掷弃公名，揭幞而出。众有止之，进曰："余不滞于去留也，为缘故耳。"因遂听诸方胜徒名地。五台、泰岳，东川北部，常山、雁门，随逐禅踪，无远必届。沙门慧瓒，道王朔川，又往投焉，定师宗傅。及瓒入关，遂往箕山访踪巢、许，岩名便利，有古寺焉，扫以居之，足不下溪三十余载。言行成范，缁素寻焉，旧本幽阻，由之喧泰，故其法属常以禅律继业。以贞观十九年正月十五日，因疾跏坐终于山舍，春秋八十有六。时同乡沙门道瓒者，善宗四分，心明清亮，讲解相仍，具传章钞，而形气弘伟，少共齐伦。在法住寺御众扬化，韩、潞、沁、泽四州从范。末龄风疾顿增，相乖仪节，虽衣服頽陊，而药食无瑕。余闻往焉，欣然若旧，叙悟犹正，年八十余矣。

唐并州义兴寺释道亮传八（道胄）

释道亮，姓赵氏，赵州栾城人。十五厌于世网，投州界莎坦禅坊备禅师出家焉。备博达洽闻，两河称德，偏弘大论，神见清远。十六登坐，至于八十，声相动物，词味无变。亮奉敬咨展，望预听徒，乃令往飞龙山诵经为业。山侣三十，并是禅踪，素少净人，惟亮一已。既当下位，众务同臻，日别自课，舂五斗粟，将及六载，一时不懈，徒跣三年，六时随众。屡蒙放遣，素心不从，积至七年，苦劝方遂。闻并部瓒禅师结徒开化，盛宣佛法，行达箕山，便进具戒。渐次太原，归依慧瓒，念定为务，旁慕律宗。有严律师者，德范可归，便从受业，因居无量寿寺焉，即严之所住也。自尔专攻四分，无忘日夕。又从严往石州听地持论，经停既久，文旨大通，覆述前解，增其名实。有员秀才者，居幽综习，儒教有功，从亮学于起信，遂为披折，开发慧悟，抱信不移。承龛律师引徒盛讲，据业吕州，又往从焉，听温本习。后返住寺，依时弘演。唐运初开，敕为满师立义兴寺，以亮律行清显，延而止之，因常讲说，镇移世续。贞观之始，出至本州，栾城备公犹自在世，欣亮远觐，为建律筵，转展相扇，声被东夏，听徒八百，请益日隆。尔后频开律府，计不在数，成讲学士四十余人，并部法，兴出自此矣。至今贞观十九年，春秋七十有七，见处义兴，当途御法。有学士道胄者，生自上党，僧贯太原，听涉有功，偏能持忘，披览章疏，即就敷扬。今住京寺，时时扬化。

唐苏州通玄寺释慧旻传九

释慧旻，字玄素，河东人。志用方直，操行不群，仁爱泛治，禀自天性。道振三吴，名流七泽，情好幽居，多处岩壑。九岁出家，勤精洁业，诵法华经，朞月便度。十五听法回向寺新罗光法师成论，率先问对，秀逸玄宾，命覆幽宗，耆宿同悦。年十七，赴请还乡海盐之光兴寺讲法华经，听众云翔，咸陈嘉瑞，异香弹指，屡结空中。受具之后，从竹园寺志律师禀承十诵，文理精通，傍讯诸部。志公将渐，学徒用委，丧事云毕，东入会稽，至剡礼石佛，天台游讲肆。数年还吴，止通玄寺结徒厉业，一十七年不出寺门，无穷别请，元始要终，布衣蔬食，庆吊既绝，谈谑斯亡。属隋末崩离，吴中饥馑，道俗逃难，避地东西，乃守死不移，禅诵无辍，鸟集无扰，兽群不乱。苏州总管闻嗣安迎请出山，固辞不往，重使再请，不获而赴。时刺史李廉、薛通、王荣等深相器重，永崇供觐，而怀志栖隐，终日戚戚。闻公通鉴不可夺也，乃送入华亭谷干山，立寺行道数年。地惟下湿，蚊虻甚多，恐致损伤，将事移止。大唐开化，法事广流，更入海虞山隐居二十余载。远方请业常百余人，地宜梓树，劝励栽植数十万株，通给将来三宝功德。中年别于南涧止一草庵，两兔一彪，相亲同止，内外盘游，无相凌恼，至于禽兽神祇请受归戒，叙其事绩，未可具也。苏州都督武阳公李世嘉遣书降使，频请不赴。贞观十九年，刺史江王因国度人，行道之次，请令出山。王欲受戒，施衣传诸香供，并固让诸德，不授不纳，辞退山泉，逍遥自玩。凡讲经律、菩萨戒、成实论，数各有差。古律旧疏有漏失者，皆删正而通畅焉。著十诵私记十三卷、僧尼行事二卷、尼众羯磨两卷、道俗菩萨戒义疏四卷。受业学士传化者二十余人。以贞观末年八月十一日旦终于所遁、春秋七十有七。未终三日，异香满寺，举众怪问，曰："吾后日当去矣。生死，人之常也，寄世本若行云，慎无哭泣，各念无常，早求自度。丧事殡葬，律有恒仪，碑志饰词，一不须作。能依此诀，吾何言哉！"斯固临终不挠，可谓坚贞者矣。

试为论曰：自法王之利见也，将欲清澄二死，剪除三障，所以张大教网，布诸有流。虽复惑累增繁，起惟三业，随业设教，三学兴焉。戒本防非，谅符身口；定惟静乱，诚约心源；慧取闲邪，信明殄惑。三法相假，义刑圣量，是故论云："戒如捉贼，定是缚贼，慧如杀贼。"贼谓烦惑，不可卒除，功由渐降，故立斯旨。莫非戒具定修，深知障惑，明智观察，了见使缠，我倒既销，诸业不集。推其本也，则净戒为功；举其治也，则正慧为德。经美能生，岂不然矣。是使五乘方驾于戒道，众圣肩随于行衢，乘福佑于四生，广绍隆于万载，非夫戒德，何以懋哉！粤自金河累言，爰始灵山集法，时遵厚味，道被淳源。虽复设教不伦，互裁轻重，奉者无乖，会圣体意，两不相非。然夫上座、大众，创分结集之场，五部十八，流宗百载之后，备列前传，部执等陈。自律藏久分，初通东夏，则萨婆多部十诵一本，最广弘持。实由青目律师敷扬晋世，庐山慧远赞击成宗，尔后璩、颖分镳而命路，佑、瑗波腾于释门，澄一江淮，无二奉矣。而恨受遵四分，随依十诵，可为商之。其次传本，则昙无德部四分一律，虽翻在姚秦，而创敷元魏。是由赤髭论主初乃诵传，未展谈授，寻还异域，此方学侣，竟绝维持，逮及覆聪，方开学肆。有宋文世，弥沙塞部五分一本开译杨都，觉寿所传，生严其笔，文极铺要，深可弘通，郢匠辍斤，流味无日，可为悲夫！虽闻海滨披述，汾愿剖词，登往搜求，名实乖爽，可惜华典，虚度神州。迦叶遗部，解脱一本，梵叶久传，无人翻度。惟出戒本，在世流通，等聚余宗，更无异辙，世谚妄习，偏备愚丛。婆粗罗部，律本未传，藏中见列僧祇部者，乃是根本大众所传，非是百载五宗生也。统叙五部支分，此方已获其四。若据摄末从本，则二部是其所宗，此方已获其一。自余群部，多是西域贤圣缵述行事，其中聚类自分区别，缘叙难裁，略言之矣。惟夫慧日已沈，法流方被，众行之重，无越斯经。谅由附相束情，心事易准，动静科据，真契威容，凡愚妄习，睹相弘善，故律缘制，斯致罕乖。试详讲导开士，持奉明人，见想纷驰，互程神略，部别废立，取舍难恒，学观未张，易为开举，何以明耶？至如受具一法，三圣元基，部各陈要，具舒随相，异宗会受，事类星张，当受明随，同犹合契。考夫行事之士，则乡壤部分，穷其受戒之源，宗归四分。今则随学陈相，不祖先模，抑断是投，妄情斯托。可谓师资训缺，教授无功，亦是愿行道殊，机见互僻。斯之糅杂，二百余年，岂不以传通失人，故使颂声流郑。今则混一唐统，普行四分之宗，故得终始受随，义难乖隔。摄护虽广，其源可寻。自初开律释，师号法聪，元魏孝文，北台杨绪，口以传授，时所荣之。沙门道覆，即绍聪绪，赞疏六卷，但是长科，至于义举，未闻于世。斯时释侣，道味犹淳，言行相承，随闻奉用，专务栖德，不暇旁求。魏末齐初，慧光宅世，宗匠跋陀，师表弘理，再造文疏，广分衢术。学声学望，连布若云峰；行光德光，荣曜齐日月。每一披阐，坐列千僧，竞鼓清言，人分异辩，勒成卷帙，通号命家。然光初禀定宗，后师法律，轨仪大圣，徽猷具焉。所以世美斯人行解相冠，诚有徒矣。有云、晖、愿三宗律师蹑踵传灯，各题声教。云则命初作疏，九卷被时，流演门人，备高东夏。晖次出疏，略云二轴，要约诚美，蹊径少乖，得在略文，失于开授。然云勇于义宗，谈叙诚博，晖则核切词相，法聚推焉，世谚“首尾”，信探风骨。汾阳法愿眄视两家，更开甍穴，制作抄疏，不减于前，弹纠核于律文，是非格于事相，存乎专附，颇滞幽通，化行并塞，故其然也。其余律匠理、洪、隐、乐、遵、深、诞等，或陶治郑魏，或开壃燕赵，或导达周秦，或扬尘齐鲁，莫不同师云术，齐驾当时，虽出钞记，略可言矣。而导开业关中，盛宗帝里，经律双授，其功可高。于时世尚僧祇，而能间行四分，登座引决，共从如流，勍敌每临，衔箭而返。然遵一其神志，声色不渝，由是人法归焉，可谓行之及也。智首律师承斯讲授，宗系盛广，探索弥深。时属云雷，接统传化，学门远被，制述全希。岂非博赡百家，共师一轨，虽欲厝笔，无词可通？属有砺、亮行判，烁、胜藏兴，或传道于东川，或称言于南服。其中高第，无越魏都，制疏乃行，其绪诚少。余则名擅一方，盖无笔记。而复化行难阻，多翳时心，岂不以制在篇初，故陷者恶闻其失。呜呼！律为法命，弘则命全，今不欲不弘，正法斯灭，又可悲之深矣！观夫定慧两藏，理在通明，戒律宗，中情缠事。局事则纷披杂集，前后异条，开制适缘，举例宁准？论余两藏，义在潜通，达解知微，名为会正。所以天仙小圣，逗机明道，互说精理，开明慧务，俱称至教，印定成经。若据律宗，惟遵佛诲，大小诸圣，不妄传扬。斯何故耶？良由教限内众，轨躅常仪，僧宝可钦，非余训勖，自非位极至圣，谁敢厝心！是以文云："吾尚不以众僧付于身子，况余人乎？"故所制重轻，皆遵成教，纵有疑问，还委佛通，虽着论详，述而不作。是使遗言四命，戒为大师，三集法轮，先弘斯典。论称"法寿"，岂虚也哉！昔鹄树已前，持律者众，其中高者，牛王最初，往业未夷，徙居天室。其次接绪，号优波离，五百献功，奉持为上，致使四十余载，七众宪章，随犯科要，多因面结。至于持犯通塞，征举治仪，皆命显扬，委其监护，虽复二十四依通传正轨，揩摸后叶，必祖斯文。暨乃东川创开戒业，曹魏嘉平方弘具戒，尔前法众同号息慈，师弟乃闻，才移俗耳。行羯磨也凭准法护之宗，论布萨也翻诵僧祇之戒，教网初启，随得宗之，奉可怪也。西晋务法，稍渐纲猷，中原丧乱，干戈竞接，洛邑凋残，渭阴荒烬，竺护青门之众，可卷而怀，康会黄武之徒，未足收采。重以孙皓苛虐，元焘不仁，拥寺列兵，虔刘释种，平城之侧，高尚覆尸，黄河之涘，梵僧捐宝，投骸靡厝，法律宁通！时会弥天恢张仪范，僧众常则，皆约戒科，兵饥交贸，网制严密，广如前传所叙。故安举三章，且救时要，摄缘成济，得其务焉。但教缺未弘，必假传授，鼻奈耶律，初是安通，文极疏略，粗知大旨，审其正则，诚所未闻，弘在人乎？安当斯寄。其后远、睿、愿、翼，咸习门风，秦、晋两邦，昌明法化，诚其力矣。自斯厥后，南北两分，住持位别，各程纲目，互举清徒。故有嵊岭栖霞，弘明净地，秦川灵隐，建立戒坛，应供列雁行之僧，叙戒闻重受之夏，即其事也。若夫人法交映则行解相扶，有昧则绝纽。当时，无得遂埋神于地。故世中迷学，其流四焉，试略举之。想当迷责乐大乘者，志尚浮虚，情专贪附。故有排委戒网，捐纵威仪，见奉律者轻为小乘，毁净戒者重为大道。便引黄叶是真金之喻，木马非致远之能，诃折排拉，如捐草土。皆由行缺于身，尘染纲领，耻己不逮于清达，慢己有累于严制。遂即回情学大，开展心胸，陵轹声闻，褒扬菩萨。通情则恐投于坑阱，取解则曲媚于门侣。如斯怀挟，未曰伦通，以此求心，心可知矣。何不广读大乘，开张慧路，征延圣意，有附尘焉。是以胜鬘所谈女人之起行也，犹知毗尼即大乘学；也时所明初心之具修也，尚识律仪即菩萨藏。何况谙达理教，体化知神，解不谢于上贤，行宁亏于下众。必行有乖，解非解也。得语而不详义，弃智而从诸识，生死无涯之俦，固难述矣。流俗常事，三省而加九思；出世所诠，四依之与八正。降斯以往，未足言哉。是以大小两教，随相摄修，并在离着，岂惟封执。若存此计，与外不殊，半满经论，皆陈此过。戒之受也，但启虚愿之门；戒之随也，须遵实行之务。知受而不明随，修愿而无其行，可谓只轮无转于地，折翮有坠于空，信哉！世有鄙斯戒者，皆为烦累形神，弊其持犯，故同轻削，指为小道，小可捐也，宜即舍之，矜重情多，缄言无报。诚以摄御门学，非戒不弘，相善住持，非戒不立，其犹行必涉户，言必有由。故名利将及，争位夏而敛容；师授尊模，趋坛场而整带。岂非贪决情勇，揽戒奉以为师，行绝纲猷，委戒填诸沟壑？专志在于本毒，去取匠于方寸，用斯弘济，诚未敢闻。此则爱大憎小，为迷一也。若能关键身口，附相摄持，虚荡虑知，体道怀德，则安、远、光、凭，斯其人矣。世学诸论，词数区分，傍大乘而通小径，委本筌而寻章句，时连界系，乍别色心。一行六历之相摄，名教频繁之包富，圣列为存道行，凡学止作声誉。于是雠讨终身，博综词义，轻蔑戒诰，陵犯色声。邪说富于唇吻，邪求满于胸臆。谓捧钵为钝丁，号持瓶为竖子。半月说戒，惟列粗言，衣钵受持，极成烦碎。遂即颠倒形服，雷鼓言声，侮弄尊仪，斜眄经律。故使依药受净，永绝其身，戒约住持，生缄其口。斯岂不闻于本业也，知业则不然乎。但腾焰于舌端，曾未圆为心约。此则尊高矜伐，贱委本基，为迷二也。若能深讨使性，妙识治能，念动惟是我人，事对但明尘识，则未悉何贤当斯目也。慧休论士，树以风声，然其专大深小，腾实复光其美。又有行福末凡，禀素疏野，广读多诵，情见特隆，偏略戒科，谓讲生例不如常饮淳乳饱我心神，静处幽闲，何过相及？斯皆靡闻教行，动事疑迟，不学无知，随念交集。所以每讲听采，坐列群僧，就务钻研，其人无几。学犹不解，况不学乎！牛毛麟角，颇为近实。又有成树塔寺，缮造田园，举锸牵材，未思物命，燎原溉湿，岂避生灵，惟恐福业不成，实未怀诸慈恻。是则不闻大圣之明诫也，十诵三相，正在斯人。或谓为福行罪，功过相补，是又不闻律缘之初禁也。缘修佛堂，方制地戒，意在随念附相策心，不惟事业无益之咎。故世思微务静之士招引实希，躁扰经营之夫腾掷者众。粗法易染，妙理难弘，为迷三也。若能依准教行，不越常刑，贤圣所同，实当弘护。至如澄寺九百，神道映于赵都，远林不刊，戒德流于晋世，可龟镜矣。专门奉律之客，立志贞梗之夫，薄诵戒缘，粗知文句，时登元坐，引众阐扬，慢水覆心，更无依学，是则不闻明律之清诫也。法身成具，方免师资，今乃易从止足，未思弘赡。鱼睨云汉，爵跃僧伦，惟我律师，余皆师律。顾诸经论，事等石田，斜睐高名，约同稊稗。知法世寡，谁辩熏莸？任纵科治，是非一乱，轻重由其量处，祸福自其心神，出语成刑，曾无再覆。传而不习，孔门所轻；习而不经，释宗所诫。何异读礼而存倨傲，诵易而忽阴阳？勖哉斯言：令终宜始。但以时遭像季，法就浇漓，律部邪缘，宗仰繁矣。并由本寻学语，义指诵文，掏纸签行，题鞭记掌，有则依述，阙则绝言，纵有异征，取通无路，便言律无正断，故是前圣开听。遂即冒世轻生，漫行章句，饮杏汤者为清斋，畜钱宝者为小犯，坐具无劳截净，钵量未必姬周。斯皆强于铅刃，易取思齐，其迷四也。若能广寻群典，备阅行藏，挹酌四印，昭融三制，临机剖断，则文理相循，隐括举例，则物我同晓，如斯御众，世有人哉。寻夫戒律之筌，筌于持犯，定慧之学，务在治，能治则乱惑可销，能则神机清远。余外浮游章句，等捐月而执指端；矜诞教相，同咏药而迷愈疾。论者试开四学，终坠两迷，非言何以致词，词列域心宁尽？故经陈曰："种种法喻，咸存离着。"律又述云："常尔一心，念除诸盖。"固复怀斯试叙，微有箴铭，将用体镜如流，且复昭彰于后耳。

续高僧传卷第二十二

续高僧传卷第二十八*

大唐西明寺沙门释道宣撰

明律下之余　正传四人　无传二人

京师延兴寺释道胄传

释道胄，姓辅，京兆始平人。祖任上党太守，遂居长子焉。性聪敏，乐远离。行年十四遭母忧，兴蓼莪志，报恩难极，为母出家志敦孝。始年二十往并州，请印法师为和上，得尔也，可年八十五岁也。令送至城门，见多人着赤衣多须来迎，云是绵竹所放生者，因即苏。自此广化。立放生池，诸州凡造一百余所，今并见在。又，益州甘亭神威力严恶，殃福立应，祈祷血食，牛羊难纪。忽下巫语，欲逞受戒，乃将佛像在神下座，于时神影自移本处，向佛下坐。逞为受戒，自尔祀日斋食而已。又往刘备先生受戒，神亦随从，所以蜀川神所逞行至者皆为受戒，至今不舍。由此道

---

* 编者注:《续高僧传》大正藏本的部分卷次标注存在窜乱。本卷位于第二十二、二十三卷之间，却标为第二十八卷，致卷次重复出现。但正文的内容接续无缺。这种现象是由历史原因造成的，今编者为尊重底本原貌，对卷次不予改动，敬请读者鉴之。

俗归依，发言风靡。又于绵竹郫县造三百尺大像，今并成就，故所祈求，为无不遂。以显庆四年终于本寺，春秋八十五。道俗哀慕，送往放生池，于路三度大雨，雨皆白色，恰至葬所，天地清明。

益州福胜寺释道兴传

释道兴，姓刘。本住秦州。八九岁时常念出家，私诣僧寺不肯还，二亲恐失。年十九决意定，诣大光寺求出家，僧众愍之，二亲苦求，隐避不失，众为解喻，便许剃落。时天下大乱，贼寇交横，死者山积。兴为沙弥，语诸徒曰:“人身难得，持戒第一。”母为贼掠将去，离城六十里，兴没命寻逐，至已被伤，未绝。贼见曰:“此僧诚为至孝，逐母至此。”便不尽命，乃背负母还城。城中咸怪贼路凶险，何因得返？避难投蜀，至河池县逢赞皇公，蒙被安慰，送至梁州。兴与一老僧相随，彼有金十两，谓兴曰:“吾有金，可为负至蜀，共分。”兴曰:“此危身物，佛又不许，不可将行。若不信者，善恶应验。”逐舍而独往。彼持金者至三泉县逢贼致死。既至蜀川，年满进具，常行兰若，头陀乞食。智舜律师，当衢讲匠，依听五遍，便能覆述，每有异见，舜深奇之。后至京师，首律师下伸大义，如别所引。后还蜀川，广听经论，不爽光阴。又于江禅师下禀受禅道，以为征心要术也。自舜没后，接构律筵，每年讲席，极为稽引，三十二度来请者，方许开宗，每叹云:“佛法渐替，轻慢日增。余不敢轻，所以为重法故尔。”即以殷勤郑重为善法种子，若无此种，何由可遇？所以每讲律部及发菩提心，以此励众，听者垂泣恩诲。兴待众涕泣静已，久久方令唱文，如此非一。四远来投无客主，兴知都维那，于时官府急切，不许客住，诸寺无停者，咸来即安抚。寺主曰:“依官制不许，何得停之？”兴曰:“官不许容针，私容车马，寺主岂不闻耶？”寺主大怒，曰:“年少不用我语。”兴曰:“此三宝也，敬则见善，嫌则感恶。”寺主愤恚还房，眼看袈裟不见，又往三门王家，会受饭，谓言:“是血食。”人喻之，竟不食，返寺向兴忏悔，寻终行兰若。时鬼来恼乱，兴出绳床，鬼退，为受三归已，为礼佛名，鬼亦随礼。贞观中，青城戴令来慕，欲与兴同房宿，夜中眠惊，走出房外，云见一赤衣僧执杖打背，云何因在此宿？以火照背，如三指大，隐轸赤色，因求悔过。兴遇疾甚，闻室中音乐声，自念：“我所求者本在佛果，不愿人、天。所愿不虚，诸有魔乱自应消灭。言已声灭，自此便差。常礼千佛，日别一遍。永徽三年，玄奘法师送舍利令供养。兴获已，于房内立道场，发正愿曰：“若一生传法，并礼贤劫千佛，如契圣心，请放光明。”如语一室并为金色，弟子咸见。以显庆四年月日终于福胜，春秋六十有七。兴自在道，行节在怀，昼夜恒坐，曾不偃亚，未常诣市，不受别利，乞食之外，不出寺门，不乘畜生，不服非法。益部五象敬而重之。

洛州天宫寺释明导传

释明导，姓姚氏，本吴兴人，因官歙州，遂家于彼。幼叶雅调，与众不群。隋末丧乱，二亲崩殁，发心出家，意存护法，所在寻逐，弥勒戒检。以贞观初行达陈州，逢敕简僧，唯留世。导以德声久被，遂应斯举。虽蒙荣闻，意所遗之，乃叹曰：“出家弘济，务存许道，岂以名贯拘滞一方。”乃翻然远征，弃掷寺宇，至烁、砺二师座下，餐禀幽奥。未盈凉暑，声闻超挺，因令覆述，纵达无遗，学门义侣莫不推挹。自诸寺结憾，讼及道俗，牵连不决，皆请通之。及导面往，吐言惬伏，皆叹其善达无诤，权导不思之力也。龙朔二年，道行夙彰，奉敕别住东都天宫寺。麟德元年，今上造老子像，敕送芒山，仍令洛下文物备列。时长史韩孝威妄托天威，黄巾扇惑，私嘱僧尼普令同送。威遂勒州部二十二县五众通集洛州，各事幢幡，克日齐举，导出众对曰：“佛、道二门，由来天绝，邪正位殊，本自硕异。如何合杂，雷同将引？既无别敕，不敢闻命。”威大怒曰：“是何道人，辄拒国命？”乃使人脱导袈裟，将行禁劾。导曰：“袈裟，敕度所著，非敕不可妄除。无敕令僧送道，所以不违国命。”威怒曰：“道人有不送天尊者出。”导即挺身独立，预是僧尼同时总往导所。威怒曰：“道人欲反。”导应声语六曹官人曰：“长吏总召僧尼唱反，此则长吏自反，众僧不反。须告御史。”导等一时崩出。威大忙惧，降阶屈节，惭谢而止。以斯抗御，季代少之！因僧大集，简试度人，天宫饷食，过中乃至。僧有不量时景者，取而进啖，导曰：“诸大德并佛法遗寄，天下楷模。非时之食，对俗而啖，公违法律，现法灭缘，冒罔圣凡，一至于此！”众并愧之。因索水清漱，月余不食，悲慨正法雕沦相及，道俗苦劝，方乃进饼。以斯量之，故以护法之士不顾形有者，代有人焉。今年六十余。东夏英髦，一期咸集，导于清众，有高称焉。

洛州敬爱寺释昙光传

释昙光，姓张氏，汴州人。自幼及长，洁志清范，诸有胜徒，莫不登践。于砺、烁两师听受成教，逮至立年，盛明律藏，命宗章义，是所推崇。砺叹曰:“使吾道流河右，诚此人乎！”又往玉法师所听法华、地论，高达胜乘玄理，权实坦然。又往嵩岳相禅师学修止观，因屏绝尘恼，不羁名利。会东都盛德须有住持，以光有素德，景行难拥，遂敕召住天宫寺。又以教受新成，众徒胥集，纲管之任，非人不传，因又召为寺之上座，绥抚清众，不肃而成。然而泛爱之诚，终古罕类，四方律学，莫不咨询。故其房宇，门人肩联踵接，成就所举，远近遵承。西明寺律师君度，奕奕标举，一时俊烈，亦光之所进也。今麟德二年，东都讲说，师资导达，弥所钦羡焉。

续高僧传卷第二十八

续高僧传卷第二十三

大唐西明寺沙门释道宣撰

护法上　本传六　附见四

魏洛都融觉寺释昙无最传一

释昙无最，姓董氏，武安人也。灵悟洞微，餐寝玄秘，少禀道化，名垂朝野，为三宝之良将，即像法之金汤。讽诵经论，坚持律部，偏爱禅那，心虚静谧。时行汲引，咸所推宗，兼博贯玄儒，尤明论道，故使七众望尘，奄有繁闹。最厌世情重，将捐四部，行施奖诲，多以戒禁为先，丞动物机，信用云布。曾于邯郸崇尊寺说戒，徒众千余，并是常随门学。至四月三十日布萨行筹，依位授受，常计之外乃长六十。最居坐端，深怪其异，既无外众，通夕怀疑。明旦重推，有人见从邯郸城西而来者，并异伦大德，衣服正帖，翔步闲雅。亦有见从鼓山东面而来，或于中路逢者，皆云："往赴崇尊，听僧说戒。"如是数般节级，勘其年齿相扶、人数多少，洽满六十焉。故知道会圣心，是幽灵遐降，竹林群隐，明非妄承。

最德洽释宗，屡当时望。后敕住洛都融觉寺，寺即清河文献怿所立，廊宇充溢，周于三里。最善弘敷导，妙达涅槃、华严，僧徒千人，常业无怠。天竺沙门菩提留支见而礼之，号为“东土菩萨”。尝读最之所撰大乘义章，每弹指唱善，翻为梵字，寄传大夏，彼方读者皆东向礼之为圣人矣。然其常以弘法为任。元魏正光元年，明帝加朝服，大赦，请释、李两宗上殿，斋讫，侍中刘腾宣敕，请诸法师等与道士论义。时清道馆道士姜斌与最对论。帝问：“佛与老子同时不？”姜斌曰：“老子西入，化胡，佛时以为侍者。文出老子开天经，据此明是同时。”最问曰：“老子周何王而生？何年西入？”斌曰：“当周定王三年，在楚国陈郡苦县厉乡曲人里，九月十四日夜生。简王四年为守藏吏。敬王元年，年八十五，见周德陵迟，遂与散关令尹喜西入化胡，约斯明矣。”最曰：“佛当周昭王二十四年四月八日生，穆王五十二年二月十五日灭度，计入涅槃，经三百四十五年始到定王三年，老子方生，生已年八十五。至敬王元年，凡经四百三十年，乃与尹喜西遁。此乃年载悬殊，无乃谬乎！”斌曰：“若如来言，出何文纪？”最曰：“周书异记、汉法本内传并有明文。”斌曰：“孔子制法圣人，当时于佛，迥无文志，何耶？”最曰：“孔氏三备卜经，佛之文言出在中备。仁者识同管窥，览不弘远，何能自达。”帝遣尚书令元又宣敕：“道士姜斌论无宗旨，宜令下席。”又议：“开天经是谁所说？”中书侍郎魏收、尚书郎祖莹就观取经，大尉萧综、太傅李实、卫尉许伯桃、吏部尚书邢栾、散骑常侍温子升等一百七十人读讫奏云：“老子止着五千文，余无言说。臣等所议。姜斌罪当惑众。帝时加斌极刑。西国三藏法师菩提留支苦谏乃止，配徒马邑。最学优程举，继乎魏史，藉甚腾声，移肆通国，遂使达儒朝士降阶设敬，接足归依，佛法中兴，惟其开务。后不测其终。

齐逸沙门释昙显传二

释昙显，不知何人。元魏季序，游止邺中，栖泊僧寺，的无定所。每有法会，必涉其尘，皆通咨了义隐文，自余长唱散说，便舍而就余讲。及后解至密理，显便辄已在听，时以此奇之。而睹其仪服猥滥，名相非洁，频复轻削，故初并不顾录。惟上统法师深知其远识也，私惠其财贿，以资饮啖之调。或因昏醉卧于道边，时复清卓，整其神器。及文宣受禅，齐祚大兴，天保年中，释、李二门交竞优劣。属道士陆修静妄加穿凿，广制斋仪，縻费极繁，意在王者遵奉。会梁武启运，天监三年下敕舍道，帝手制疏，文极周尽；修静不胜其愤，遂与门人及边境亡命叛入北齐，又倾散金玉赠诸贵游，托以襟期，冀兴道法。帝惑之也，乃出敕召诸沙门与道士对挍道术。尔时道士咒诸沙门衣钵或举或转，或咒诸方梁横竖于地者；沙门曾不学方术，默无一对。士女拥闹，贵贱移心，并以静徒为胜也。静乃高谈自伐，矜衒道术，唱言曰："神通权设，抑挫强侮。沙门现一，我当现二。今薄示微术，并辞屈退，事亦可见。"帝命上统，令与静捔试，上曰："方术小伎，俗儒耻之，况出世也。虽然，天命相拒，岂得无言？可令最下座僧对之。"时显位居末席，酒醉酣盛，扶举登座，因立而笑。众皆惮焉，而是上统所遣，不敢有谏。显语李宗云："向夸现术一之与二者，深有致矣。"即于座上翘足而立，曰："吾已现一矣，卿可现二。"各无言对。显曰："向咒诸衣物飞举者，试卿术耳。"命取稠禅师衣钵咒之，皆无动摇，帝敕十人举之，不动如故。乃以衣置诸梁木，帖然无验。诸道士等相顾无颜，犹以言辩为胜，乃曰："佛家自号为内，内则小也；諂道家为外，外则大也。"显应声曰："若然则天子处内，定小庶人矣。"静与其众缄口无言。文宣处座，目验臧否。其徒尔日皆舍邪从正，求哀济度，未发心者敕令染剃，故斩首者非一。自号神仙者并上三爵台，令其投身飞逝，悉委尸于地，伪妄斯伏。乃下诏曰："法门不二，真宗在一，求之正路，寂泊为本。祭酒道者，世中假妄，俗人未悟，仍有祗崇。曲蘖是味，清虚焉在？瞿哺斯甜，慈悲永隔。上异仁祠，下乖祭典，宜皆禁绝，不复遵事。颁勒远近，咸使知闻。"其道士归伏者，并付昭玄大统上法师度听出家，广如别传所载。于时齐境一心奉佛，国无两事。迄于隋运，方渐开宗，至今东川，此裔犹少。传者曰："达化护持，融尚驰名秦世；小以致远，显公着绩高齐。知人难哉！上统揣其骨，则千里骏足，异世同驾。以貌取人，失之自古，则徒饰玄黄矣，复何能抗御之哉！"显竟以放达流俗，潜遁人世，不知所之。

周终南山避世峰释静蔼传三（慧宣）

释静蔼，姓郑氏，荥阳人也。夙标俗誉，以温润知名，而神器夷简，卓然物表。甫为书生，博志经史，诸郑魁岸者咸赏异之，谓："兴吾宗党，其此儿矣！"与同伍游寺，观地狱图变，顾诸生曰："异哉！审业理之必然，谁有免斯酷者。"便强违切谏，二亲不能夺志。郑宗固留，蔼决烈爱缚，情分若石，遂独往百官寺，依和禅师而出家，时年十七。具戒已后，承仰律仪，护持明练，时所戴重。又从景法师听大智度论，一闻神悟，谓敞重幽，更习先解，便知滥述。周行齐境，顾问知津，讲席论堂，亟陈往复，词令详雅，理趣清新，皆略无承导，终于世累。乃抚心曰："余生年不幸，会五浊交乱，失于物议，得在可鄙。进退惟谷，高蹈可乎！"遂心口相吊，摈影嵩岳，寻括经论，用忘寤寐。然于大智、中、百、十二门等四论，最为投心所崇，余则旁缵异宗，成其通照。言必藻缋珠连，书亦草行相贯，高为世重，罕不华之。后自悟曰："绮文爽理，华实乱真。岂流宕忘返，不思惩艾乎？"自尔誓而断之。惟以释道东骛，并味前闻，恐涉邪津，悔于晚学，又入白鹿山逖观黄老，广摄受之途，庄、惠诡驳，标寓言之论，未之尚也。闻有天竺梵僧硕学高行，世之不测，西达咸阳。蔼求道情猛，欣所闻见，私度关塞，载离寒暑，既至渭阴，未及洗足，即申谒敬。昔闻今见，见累于闻，大鼓徒扬，资访无指，乃潜形伦伍，陶甄旧解，芜没逊遁，知我者希。掩抑十年，达穷通之数，体因缘之理，附节终南，有终焉之志。烟霞风月，用袪亡反，峰名避世，依而味静。惟一绳床，廓无庵屋，露火调食，绝诸所营。召彼疠徒，诲示至理，令其致供，日就啖之，虽属脓溃横流对泣，而无厌恶。由是息心之众往结林中，授以义方，郁为学市。山本无水，须便饮涧。尝于昏夕学人侍立，忽降虎来前，掊地而去，及明观之，渐见润湿，乃使洮漉，飞泉通注，从是遂省下涧，须便挹酌，今锡谷避世堡虎掊泉是也。蔼立身严恪，达解超伦，据林引众，讲前四论，意之所传，乐相弘利。其说法之规，尊而乃演，必令学侣袒立合掌，殷勤郑重，经时方遂。乃敕取绳床，周绕安设，致敬坐讫，蔼徐取论文，手自指摘，一偈一句，披释取悟。顾问听者所解云何，令其得意，方进后偈；旁有未喻者，更重述之。每日垂讲，此法无怠。常自陈曰："余厌法慢法，生不值佛世，纵闻遗教，心无信奉，恒怀怏怏，终须练此身心。有时试纵惟欲，诚心造恶；有时摄念惟愿，假修相善。如此不名安身，如此不名清心，故约己制他，诚非正检。然末世根缘多相似耳，必厌烦屈者须住，不辞具仪者离此。"其开蒙敦励，皆此类也。有沙门智藏者，身相雄勇，智达有名，负粮二石，造山问道，因见横枝格树，戏自称身。遇为蔼见，初不呵止，三日已后，方召责云："腹中他食，何得辄戏！如此自养，名为两足狗也。"藏衔泣谢过，终不再纳，遂遣出山。沙门昙延、道安者，世号玄门二杰，当时顶盖，名德相胜。及论教体，纷诤由生，咨蔼取决，让谢良久，方为开散。两情通悦不觉致礼，各鸣一足，跪而启曰："大师解达天鉴，应处世摄导。今则独善其身，丧德泉石，未见其可。"蔼曰："道贵行用，不即在言。余观时进退，故且隐居求志耳。"尔后事故入城，还归林野。属周武之世，道士张宾谲诈罔上，冒增荣宠，潜进李氏，欲废释宗。既纵幸紫宸，蝇飞黄屋，与前僧卫元嵩唇齿相副。帝精悟朗鉴，内烈外温，召僧入内七宵礼忏，欲亲睹僭犯，冀申殿黜。时既密知，各加恳到。帝亦七夕同僧不眠，为僧赞呗并诸法事。经声七啭，莫不清靡。事讫设会，公陈本意。有猛法师者气调高拔，躬抗帝旨，言颇激切。众恐祸及其身，帝但述怀，曾无赧退。蔼闻之叹曰："朱紫杂糅、狂哲交侵至矣，可使五众流离，四民倒惑哉？"又曰："餐周之粟，饮周之水，食椹怀音，宁无酬德！又为佛弟子，岂可见此沦湑，坐此形骸，晏然自静？宁大造于像、末，分俎醢于盗跖耳！"径诣阙上表理诉。引见登殿，举手唱言曰："来意有二，所谓报三宝慈恩，酬檀越厚德。"援引经论、子史、传记，谈叙正义，据证显然，然旦至午，言无不诣，明不可灭之理。交言支任，抗对如流，梗词厉色，铿然无挠。百僚近臣代之战栗，而神气自若，不阻素风。帝虽惬其词理，而灭毁之情已决，既不纳谏，又不见遣。蔼又进曰："释、李邪正，人法混并，即可事求，未烦圣虑。陛下必情无私隐，泾、渭须分，请索油镬，殿庭取两宗人法俱煮之，不害者立可知矣。"帝怯其言，乃遣引出。时宜州沙门道积者次又出谏，俱不用言，乃与同友七人于弥勒像前礼忏七日，既不食已，一时同逝。蔼知大法必灭，不胜其虐，乃携其门人三十有余，入终南山东西造二十七寺，依岩附险，使逃逸之僧得存深信。及法灭之后，帝遂破前代关、东西数百年来官私佛法，扫地并尽，融刮圣容，焚烧经典。禹贡八州见成寺庙出四十千，并赐王公充为第宅；三方释子减三百万，皆复军民，还归编户。三宝福财，其赀无数，簿录入官，登即赏费，分散荡尽。初于建德三年五月行虐关中，其祸既毕，至六月十五日罢朝，有金城公任氏部，于所治府与诸左右彷徉天望，忽见五六段物飞腾虚空，在于鸟路，大者上摩青霄，大如十斛囷许，渐渐微没，自余数段小复低下，其色黄白，卷舒空际，类幡无脚、尔日天清气静，纤尘不动，但增炎曦而已。因往冬官府，道经圆土北，见重墙上有黄书横拖棘上，及往取之，乃是摩诃般若经第十九卷。问其所由，答云："从天而下，飞扬坠此。"于时三宝初灭，刑法严峻，略示连席之官，乃藏诸衣袖，还缄箧笥。属隋兴运，转牧冀州，爰命所部从事赵绚叙之曰："有清信大士具官，身婴俗累，恕崇法理，精感明灵，神化斯应。遂使群经腾翥，等扶摇之上升；只卷飘返，若丹乌之下降。其去也，明恶世之不居；其来也，知善人之可集。应瑞乎如彼，圣着乎如此。我皇出震乘干，更张琴瑟，亲临九服，躬总八荒。知三宝之可崇，体四生之不固，遂颁海内，修净伽蓝。是使像法氤氲，同诸舍卫；僧尼隐轸，还类提河。特以此经，像明灵着，自非积善，焉能致斯？敢事旌表，传芳后叶。"初，武帝知蔼志烈，欣欲见之，乃敕"三卫二十余人巡山访觅毡衣道人，朕将位以上卿，共治天下"。蔼居山幽隐，追踪不获。后于太一山锡谷潜遁，睹大法沦废，道俗无依，身被执缠，无力毗赞，告弟子曰："吾无益于世，即事舍身，故先相告。"众初不许，慕从闻法，便开览大小诸乘，撰三宝集二十卷，假兴宾主，会遣疑情，抑扬飞伏，广罗文义，弘赞大乘，光扬像代，并录见事，指掌可寻，冀藏诸岩洞，庶后代之再兴耳。自蔼入法，行大慈门，缯纩皮革，一无践服，惟履毳布，终于报尽。后厌身情迫，独据别岩，敕侍者下山，明当早至。蔼加坐盘石，留一内衣，自条身肉，段段布于石上，引肠挂于松枝，五藏都皆外见，自余筋肉、手足、头面，剐折都尽，并惟骨现，以刀割心，捧之而卒。侍人心惊，通夜失寐，明晨走赴，犹见合掌捧心，身面西向，加坐如初，所伤余骸，一无遗血，但见白乳滂流，凝于石上。遂累石封外，就而殓焉，即周宣政元年七月十六日也，春秋四十有五。弟子等有闻当世，具诸别传。亲侍沙门慧宣者，内外博通，奇有志力，痛山颓之莫仰，悲梁坏之无依，爰述芳猷，树碑塔所。

后有访道思贤者入山礼敬，循诸崖险，乃见薶书遗偈在于石壁，题云："初欲血书本意，不谓变为白色，即是魔业不遂，所以墨书其文。"曰："诸有缘者在家出家若男若女，皆悉好住于佛法中，莫生退转，若退转者即失善利。吾以三因缘舍此身命，一见身多过，二不能护法，三欲速见佛，辄同古圣，列偈叙之：

无益之身，恶烦人功。解形穷石，散体岩松。
天人修罗，山神树神。有求道者，观我舍身。
愿令众生，见我骸骨。烦恼大船，皆为覆没。
愿令众生，闻我舍命。天耳成就，菩提究竟。
愿令众生，忆念我时。具足念力，多闻总持。
此报一罢，四大雕零。泉林径绝，岩室无声。
普施禽兽，乃至蜫虫。食肉饮血，善根内充。
愿我未来，速成善逝。身心自在，要相拔济。
此身不净，底下屎囊。九孔常流，如漏堤塘。
此身可恶，不可瞻观。薄皮裹血，垢污涂漫。
此身臭秽，犹如死狗。六六合成，不从花有。
观此臭身，无常所因。进退无免，会遭蚁蝼。
此身难保，有命必输。狐狼所啖，终成虫蛆。
天人男女，好丑贵贱。死火所烧，暂见如电。
死法侵人，怨中之怨。吾以为仇，誓断根源。
此身无乐，毒蛇之箧。四大围绕，百病交涉。
有名苦聚，老病死薮。身心热恼，多诸过咎。
此身无我，以不自在。无实横计，凡夫所宰。
久远迷惑，妄倒所使。丧失善根，畜生同死。
弃舍百千，血乳成海。骨积大山，当来兼倍。
未曾为利，虚受勤苦。众生无益，于法无补。
忍痛舍施，功用无边。誓不退转，出离四渊。
舍此秽形，愿生净土。一念花开，弥陀佛所。
速见十方，诸佛贤圣。长辞三途，正道决定。

报得五通，自在飞行，宝树餐法，证大无生。
法身自在，不断三有，殄除魔道，护法为首。
十地满足，神化无方，德备四胜，号称法王。
愿舍此身已，早令身自在。法身自在已，在在诸趣中。
随有利益处，护法救众生。又复业应尽，有为法皆然。
三界皆无常，时来不自在。他杀及自死，终归如是处。
智者所不乐，应当如是思。众缘既运奏，业尽于今日。

周京师大中兴寺释道安传四（慧俊　慧影　宝贵）

释道安，俗姓姚，凭翊胡城人也。识悟玄理，早附法门，性无常师，闻道而至。兼以恬虚静泊，凝心胜境，谦肃为用。动止施度，凡厥禅侣，莫不推服。后隐于太白山，栖遁林泉，拥志经论，思拔深定，慧业斯举，旁观子史，粗涉大纲，而神气高朗，挟操清远。进具已后，崇尚涅槃，以为遗诀之教，博通智论，用资弘道之基。故周世渭滨盛扬二部，更互谈诲，无替四时。住大陟岵寺，常以弘法为任，京师士子咸附清尘。安内外既明，特善文藻，动言命笔，并会才华。而风韵疏通，雅调翔简，执礼居尊，仁被朝贵。故荣达儒宰，知名道士，日来请论，咸发信心，故得义流天下，草偃从之。周武廓清天步，中外禔福，频御雕辇，躬礼安焉。安道为物宗，坐镇崇敬，令帝席地而止，安则如常敷化，高谈正法，词无涉世。公卿侧目，观者荣庆。时及中食，安命供设，帝将举箸，曰："弟子闻俗人不合僧食，法师如何以罪累人？"安曰："佛教权实，律制开遮，王贼恶臣，并通供给。贫道据法相拟，理非徒尔。"帝曰："审如来言，非佛意也，但恐损道众耳。又与贼臣同席，诚无预焉。"即敕将去，更论余法，曾不以介意，斯即季代之高量也。后敕住大中兴寺，别加殊礼。帝往南郊，文物大备，敕诸道俗同睹通衢。敕别及安，令观天子卤簿仪具，安答曰："陛下为民故出，贫道为法不出。"帝闻，弹指叹善久之。安鉴悟绝伦，德风远扇，立形平准，守道自遵，皆此类也。与同学慧俊知名周壤。俊姓朱氏，京兆三原人。生不学书，而耳餐取悟，一闻不忘，藏诸胸臆，流略儒释，谈如泉涌，攻击关责，锋锷丛萃。曾于一日安公正讲涅槃，俊命章设问，遂往还迄暮，竟不消文。明旦又问，讲难精拔，安虽随言即遣，而听者谓无继难。俊终援引文理，征并相酬，遂连三日止论一义。后两舍其致，方事解文，故使惊唱前修，预闻高揖。俊后历寻华土，纵学名师，凡所沾耳，皆义通旨得。安与同室三十余年，言晤飞玄，诚逾目击。因疾而卒，安抚尸恸哭，曰："宣尼有言，信不虚矣。"至天和四，年岁在己丑，三月十五日，敕召有德众僧、名儒、道士、文武百官二千余人于正殿，帝升御座，亲量三教优劣废立。众议纷纭，各随情见，较其大抵，无与相抗者。至其月二十日又依前集，众论乖咎，是非滋生，并莫简帝心，索然而退。至四月初，敕又广召道俗，令极言陈理。又敕司隶大夫甄鸾详佛道二教，定其先后浅深同异。鸾乃上笑道论三卷，合三十六条，用笑三洞之名，及笑经称三十六部，文极详据，事多扬激。至五月十日，帝又大集群臣详鸾上论，以为伤蠹道士，即于殿庭焚之。道安慨时俗之混并，悼史籍之沉网，乃作二教论，取拟武帝详三教之极，文成一卷，篇分十二。初归宗显本篇：有客问曰："仆闻风流倾坠，六经所以缉修；夸尚滋彰，二篇所以述作。故优柔弘润、于物必济曰儒，用之不匮、于物必通曰道，斯皆孔、老之神功，可得而详矣。近览释教，文博义丰，观其汲引则恂恂善诱，要其旨趣则亹亹兹始良。然三教虽殊，劝善一途，教迹诚异，理会则同。至如老嗟身患，孔叹逝川，固欲后外以致存生，感往以知物化，何异释典之厌身无常之说哉！但拘滞之流未驰高观，不能齐天地于一指，均是非于一气，致令谈论之际每有不同。此所谓匿摩尼于胎觳，掩大明于重夜，伤莫二之淳风，塞洞一之玄旨，祈之弥劫，奚可值哉！主人答曰：子之穷辩，未尽理也。夫万化本于生生，三才兆于始始，然则无生无始，物之性也，有化有生，人之聚也。聚虽一体，而形神两异，散虽质别，而心数弗亡。故救形之教，教称为外，济神之教，教称为内。是以智论有内外两经，仁王辩内外两论，大等明内外两律，百论言内外二道。若通论内外，则该彼华夷，若局命此方，则可云儒释。释教为内，儒教为外，备彰圣典，非为诞谬。详览载籍，寻讨源流，教惟有二，宁得有三！何者？昔玄古朴素，坟典之诰未弘；淳风稍离，丘索之文乃着。故包论七典，统括九流，咸为治国之谟，并是修身之术。若派而别之，则应为九教，总而合之，则同属儒宗。论其官也，各王朝之一职，谈其藉也，普皇家之一书。

子欲于一化之内令九流争川，大道之世使小成竞辩，岂不上伤皇极莫二之风，下开拘放鄙荡之弊？真所谓巨蠹鸿猷眩曜朝野矣。佛教者，穷理尽性之格言，出世入真之正辙。论其文则部分十二，语其旨则四种悉檀。理妙域中，固非名号所及；化擅系表，又非情智所寻。至于遣累落筌，陶神尽照，近超生死，远证泥洹，播阐五乘，接群机之深浅，该明六道，辩善恶之升沉，夐期出世而理无不周，迩毗王化而事无不尽，能博能要，不质不文，自非天下之至虑，孰能与斯教哉？虽复儒道千家、农墨百氏，取舍驱驰，未及其度者也。惟释氏之教，理富权实，有余不了称之曰权，无余了义号之为实，通言善诱，何名妙赏！子谓"三教虽殊，劝善义一"；余谓善有精粗，优劣宜异。精者超百化而高升，粗者循九居而未息，安可同年而语其胜负哉！又云"教迹诚异，理会则同"，爰引世训，以符玄教。此盖悠悠之所昧，未暨其本矣。教者何耶，筌理之谓；理者何耶，教之所诠。教若果异，理岂得同；理若必同，教宁得异！筌不期鱼，蹄不为兔，将为名乎，理同安在？夫厚生情笃，身患之诫遂兴；不悟迁流，逝川之叹乃作。并是域内之至谈，非踰方之巨唱。何者？推色尽于极微，老氏之所未辨；究心穷于生灭，宣尼又所未言。可谓瞻之似尽，而察之未极者也。经曰："分别色心，有无量相，非诸二乘所知。"且二乘之与大行，俱越妄想之乡。菩萨则慧兼九道，声闻则独善一身，其犹露润之比巨壑，微尘之比须弥。况凡夫识想，何得齐乎？故经曰："无以日光等彼萤火。"若夫以齐而齐不齐者，未齐矣，以齐而齐于齐者，未齐焉。余闻善齐天下者，以不齐而齐天下者也，何须夷岳实渊，然后方平，续凫截鹤，于焉始等。此盖狷夫之野议，岂达士之贞观乎？故谚曰："紫实昧朱，狂斯滥哲。"请广其类！上至天子下至庶人，莫不资色心以成躯，禀阴阳而化体，不可以色心是等而便混以智愚，阴阳义齐则同之于贵贱。此之不可，至理咬然，虽强齐之，其义安在？帝为张宾构谮，意遣释宗，初览安论，通问僚宰，文据卓然，莫敢排斥，当时废立遂寝，诚有所推。至建德三年，岁在甲午，五月十七日，乃普灭佛道二宗，别置通道观，简释、李有名者并着衣冠为学士焉，事在别传。安削迹潜声，逃于林泽。帝下敕搜访执诣王庭，亲致劳接，赐牙笏彩帛，并位以朝列，竟并不就。卒于周世。初，安之住中兴，携母相近，每旦出觐，手为煮食，然后上讲。虽足侍人，不许兼助，乃至折薪汲水，必自运其身手。告人曰："母能生养于我，非我不名供养。"卒于母世，初无一息，斯准大圣担棺之像，布化浇夫矣。及其即世也，乃作遗诫九章以训门人，其词曰：敬谢诸弟子！夫出家为道，至重至难，不可自轻，不可自易。所谓重者，荷道佩德，萦仁负义，奉持净戒，死而有已。所谓难者，绝世离俗，永割亲爱，回情易性，不同于众。行人所不能行，割人所不能割，忍苦受辱，捐弃躯命，谓之难者，名曰道人。道人者行道人也，行必可履，言必可法，被服出家，动为法则，不贪不诤，不谗不匿，学问高远，志存玄默。是为名称，参位三尊，出贤入圣，涤除精魂。故得君王不望其报，父母不望其力，普天之人莫不归揖，捐妻减养，供奉衣食，屈身俯仰，不辞劳役者，以其志行清洁，通于神明，淡泊虚白，可奇可贵故。自顷荒流，道法遂替，新学之人，未体法则，弃正着邪，忘其真实，以小黠为智，以小供为足，饱食终日，无所用心，退自推观，良亦可悲。计今出家，或有年岁，经业未通，文字不决，徒丧一世，无所成名。如此之事，不可深思。无常之限，非旦则夕，三涂苦痛，无强无弱。师徒义深，故以申示，有情之流，可为永诫。其一曰："卿已出家，永违所生，剃发毁容，法服加形，辞亲之日，上下涕零，割爱崇道，意陵太清，当遵此志，经道修明。如何无心？故在色声，悠悠竟日，经业不成，德行日损，秽迹遂盈，师友惭耻，凡俗所轻。如是出家，徒自辱名，今故诲励，宜当专精。其二曰：卿已出家，弃俗辞君，应自诲励，志果清云。财色不顾，与世不群，金玉不贵，惟道为珍。约己守节，甘苦乐贫，进德自度，又能度人。如何改操？趋走风尘，坐不暖席，驰务东西，剧如徭役，县官所牵，经道不通，戒德不全，朋友蚩弄，同学弃捐。如是出家，徒丧天年，今故诲励，宜各自怜。其三曰：卿已出家，永辞宗族，无亲无疏，清净无欲。吉则不欢，凶则不戚，超然从容，豁然离俗。志在玄妙，轨真守扑，得度广济，普蒙福禄。如何无心？仍着染浊，空争长短，铢两斗斛，与世同利，何异僮仆，经道不明，德行不足。如是出家，徒自毁辱，今故诲示，宜自洗沐。其四曰：卿已出家，号曰道人，父母不敬，世帝不臣。普天同奉，事之如神，稽首致敬，不计富贫。尚其清修，自利利人，减割之重，一米七斤。如何怠慢，不能报恩，倚纵游逸，身意虚烦。无戒食施，死入太山，烧铁为食，融铜灌咽。如斯之痛，法句所陈，今故诲约，宜改自新。其五曰：“卿已出家，号曰息心，秽杂不着，惟道是钦。志参清洁，如玉如冰，当修经戒，以济精神，众生蒙佑，并度所亲。如何无心，随俗浮沉，纵其四大，恣其五根，道德遂浅，世事更深。如是出家，与世同尘，今故诫约，幸自开神。其六曰。卿已出家，捐世形躯，当务竭情，泥洹合符。如何扰动，不乐闲居，经道损耗，世事有余，清白不履，反入泥途。过影之命，或在须臾，地狱之痛，难可具书。今故戒励，宜崇典谟。其七曰：卿已出家，不可自宽，形虽鄙陋，使行可观。衣服虽粗，坐起令端，饮食虽疏，出言可餐。夏则忍饥，冬则忍寒，能自守节，不饮盗泉。不肖之供，足不妄前，久处私室，如临至尊。学虽不多，可齐上贤。如是出家，足报二亲，宗族知识，一切蒙恩。今故戒汝，各宜自敦。其八曰：卿已出家，性有昏明，学无多少，要在修精。上士坐禅，中士诵经，下士堪能，塔寺经营。岂可终日，一无所成，立身无闻，可谓徒生。今故诲汝，宜自端情。其九曰：卿已出家，永违二亲，道法革性，俗服离身。辞亲之日，乍悲乍欣，邈尔绝俗，超出埃尘，当修经道，制己履真。如何无心？更染俗因，经道已薄，行无毛分，言非可贵，德非可珍，师友致累，恚恨日殷。如是出家，损法辱身，思之念之，好自将身。安有弟子慧影、宝贵，并列名隋世。影传灯大论，继踵法轮，泛迹人间，情多野外。著伤学、存废、厌修等三论。伤学除谤法之愆，存废防奸求之意，厌修令改过服道，并藻逸霞烂，焕然可遵。后卒开皇末岁。贵玩阅群典，讲律为务。见晋世支敏度合五家首楞严为一本八卷，又合三家维摩经为一本五卷，隋沙门僧就合四家大集为一本六十卷，贵乃合三家金光明为一本八卷。复请崛多三藏译银主陀罗尼及属累品，以之成部，沙门彦琮重复梵本，品部斯具焉。

周新州愿果寺释僧勔传五

释僧勔，未详氏族，住新州愿果寺。周武季世，将丧释门，崇上老氏，受其符录，凡有大醮，帝必具其巾褐，同其拜伏。而道经诞妄，言无本据，国虽奉事，未详雠校。遂不远乡关，躬闻帝阙，面陈至理。以邪正相参，浇情趋竞，未辨真伪，更递毁誉，乃著论十有八条，难道本宗。又以三科释其前执，贤圣既序，凡位皎然。其词略云："勔以世之滥述云老子、尹喜西度化胡出家，老子为说经戒，令尹喜作佛，教化胡人；又称是鬼谷先生撰，南山四皓注。未善寻者莫不信从以为口实。异哉此传！君子尚不可罔，况贬大圣者乎！今具陈此说非真，人世差错，假托名字，亦乃言不及义，翻辱老子。意者胜人达士不出此言，将是无识异道夸竞佛法，假托鬼谷、四皓之名，附尹喜传后作此异论，用迷昏俗。窃闻传而不习，夫子不许，妄作者凶，老君所诫。此之巨患，增长三途，宜应纠正，救其此失。然教有内外，用生疑假，人有贤圣，多述本迹。故班固汉书品人九等，孔丘之徒为上上类，例皆是圣，李老之俦为中上类，例皆是贤。何晏、王弼云：'老未及圣。'此则贤圣天分，优劣自显。故魏文之博悟也，黄初三年下敕云：'告豫州刺史，老聃贤人，未宜先孔子，不知鲁郡为孔子立庙成未。汉桓帝不师圣法正，以嬖臣而事老子，欲以求福，良足笑也。此祠之兴由恒帝，武皇帝以老子贤人，不毁其屋。朕亦以此亭当路行，来者辄往瞻视，而楼屋倾，颓傥能压人，故令修整。作过视之，殊未整顿。恐小人谓此为神，妄往祷祝，违犯常禁，宜宣告吏民，咸使知闻。'据斯以言，程露久矣。世多愚人，不寻前达，故有此弊耳。今考据年月，群达诚言，区别人世，并内经外典并对条例，览详卷首，邪正自显，虽复著论周世，垂名朝野，通人罕遇，终以事迷。"竟不行用。及后法毁逃难，不测所终。

隋京师云花寺释僧猛传六

释僧猛，俗姓段氏，京兆泾阳人。姿荫都雅，神情俊拔。童孺出家，素知希奉，聪慧利根，幽思通远。数十年间，躬事讲说，凡有解悟，靡不通练。昔魏文西位，敕猛在右寝殿阐扬般若，贵宰咸仰，味其道训。周明嗣历，诏下屈住天宫，永弘十地，又敕于紫极、文昌二殿更互说法。当时旨延问对，酬答无穷。黄巾之徒纷然构聚，猛乃徐摇谈柄，引敌深涡，方就邪宗一一穷破，故使三生四见之语并屈当时，元始真文之经纷碎曩日。天师徒侣，瓦解乖张，道俗肃然，更新耳目。初，帝始齐三教，猛分为九十五门，后退一乘，更进三十有生之善，词甚崇粹，学观所归。既不预帝览，遂沦俗侣，猛退屏人事，幽栖待旦。随文作相，佛日将明，以猛年德俱重，玄儒凑集，追访至京，令崇法宇。于大象二年敕住大兴善寺讲扬十地，寺即前陟岵寺也，声望尤着，殊悦天心。寻振为隋国大统三藏法师，委以佛法，令其弘护，未足以长威权，固亦光辉释种。移都南顿，寺亦同迁于遵善里，今之兴善是也。名虽居隶，而恒住云花，勖徒课业。以开皇八年四月四日卒于住寺，春秋八十有二。初将大渐，深照苦空，话言盈耳，翕然欲绝，语众曰："吾其去也。"遂即神迁。时贵其置心不乱。葬于城东马头穴，刻石立铭于云花寺，今犹存矣。

释道臻，姓牛氏，长安城南人。出家清贞，不郡非类，谦虚寡交，顾唯读经，博闻为业，诸法师于经义有所迷忘者，皆往问之。西魏文帝闻而敬重，尊为师傅，遂于京师立大中兴寺，尊为魏国大统。于时东西初乱，宇文太祖始纂帝图，挟魏西奔，万途草创，僧徒相聚，缀旒而已。既位僧统，大立科条，佛法载兴，诚其人矣。尔后大乘、陟岵相次而立，并由淘渐，德化所流。又于昆池之南置中兴寺庄，池之内外，稻田百顷，并以给之，梨枣杂果，望若云合。及卒，帝哀之废朝，丧事所资，并归天府。送于园南，为立高坟，茔封之地一顷，今所谓统师墓是也。近贞观中犹存古树。

释智炫者，益州城都人也，俗姓徐氏。初生，室有异光。少小出家，入京听学，数年遂擅名京洛，学众推崇，请令覆讲，若泻瓶无遗。会周武帝废佛法，欲存道教，乃下诏集诸僧道士试取，优长者留，庸浅者废。于是诏华野高僧、方岳道士千里外有妖术者大集京师，于太极殿陈设高座，帝自躬临，敕道士先登。时有道士张宾最为首长，登高唱言曰："原夫大道清虚，淳一无杂，祈恩请福，上通天曹，白日升仙，寿与天地同毕，风教先被中夏，无始无终，含生赖之以得长生，洪恩厚利不可校量。岂如佛法虚幻，言过其实，不容本土，客寓中华，百姓无知，信其诡说。今日欲定臧否，可出头来看。"襄城公何妥自行如意座首。少林寺等行禅师发愤而起，诸僧止之曰："今日事大，天帝在此，不可造次。知禅师为佛法大海，然应对之间复须机辩。"众共谋议，若非蜀炫，无以对扬，共推如意，以将付炫。炫既为众所推，又忿张宾浪语，安庠而起，徐升论座。坐定，执如意谓张宾曰："先生向者所陈'大道清虚，淳一无杂'，又云'风教先被中夏'者，未知风教之起，起自何时？所说之教，于何处说？又言佛法'不容本土，客寓中华'，可辩道是何时生，佛是何时出？"宾曰："圣人出世，有何定时！说教兴行，有何定处！道教旧来本有，佛法近自西来。"炫曰："若言无时，亦应无出；若无定处，亦应无说。旧来本有，非复清虚；上请天曹，岂得无杂？寿与天地同毕，岂得无始无终！"宾曰："道人浪语！为前王无识，留汝等辈得至于今；今日圣帝尽须杀却。"帝恶其理屈，令舍人谓之曰："宾师且下。"宾既退，帝自升高座，言曰："佛法中有三种不净纳：耶输陀罗生罗睺罗，此主不净，一也；经律中许僧受食三种净肉，此教不净，二也；僧多造罪过，好行淫泆，佛在世时，徒众不和，递相攻伐，此众不净，三也。主、法、众俱不净，朕意将除之，以息虚幻。道法中无此事，朕将留之，以助国化。"顾谓炫法师曰："能解此三难，真是好人。"炫应声谓曰："陛下所陈，并引经论，诚非谬言。但见道法之中三种不净又甚于此。按：天尊处紫微宫，恒侍五百童女，此主不净甚于耶输陀罗之一人。道士教中章醮请福之时，必须鹿脯百柈、清酒十斛，此教不净又甚于三种净肉。道士罪过，代代皆有，千古乱常，姜斌犯法，此又甚于众僧。僧众自造罪过，乃言佛法可除，犹如至尊享国，严设科条，不妨逆子叛臣相继而出，岂以臣逆子叛遂欲空于大宝之位耶？大宝之位固不可以臣子叛逆而空，佛法正真，岂得以众僧犯罪而废。"炫雅调抑扬，言音朗润，虽处大节，曾无惧颜。帝愕然良久，谓炫曰："所言天尊侍五百童女，出何经？"炫曰："出道三皇经。"帝曰："三皇经何曾有此语？"炫曰："陛下自不见，非是经上无文。今欲废佛存道，犹如以庶代嫡。"帝动色而下，因入内。群臣、僧众皆惊，曰："语触天帝，何以自保？"（以周武非嫡故）炫曰："主辱臣死，就戮如归，有何可惧！乍可早亡，游神净土，岂与无道之君同生于世乎！"众皆壮其言。明旦出敕，二教俱废，仍相器重，许以婚姻，期以共政。法师志操逾厉，与同学三人走赴齐都。时周、齐之界皆被枪布棘，彼有富姥姓张，铺毡三十里，令炫得过。至齐盛为三藏，名振东国。武帝破邺，先遣追求。帝弟越王宿与法师厚善，恐帝肆怒，横加异责，乃鞭背成痕，俗服将见。越王先为言曰："臣恨其逃命，已杖六十。"

令脱衣见帝。帝变色曰:“恐其怀惭远逝，以至死亡，所以急追，元无害意。”责越王曰:“大丈夫何得以杖捶相辱？待遇弥厚，与还京师。武帝崩，隋文作相，大弘佛法，两都归趣，一人而已。岁景将秋，怀土兴念，又以蜀川迥远，奥义未宣，援首西归，心存敷畅;蜀王秀未之知也。时长史周宣明入朝赴考，隋文帝谓之曰:“炫法师安和耶?”宣明惊惶，莫知所对，文帝曰:“一国名僧，卿遂不识，何成检校!”宣明稽首，陈谢死罪，及还，先往寺参礼。寺旧在东，逼于苑囿，又是鄱阳王葬母之所，王既至孝，故名孝爱寺，宣明移就今处，供养无阙，至大邺改为福胜寺。法师宣扬觉偻，入隐三学山，触目多感，遂游山诗曰:“秀岭接重烟，嵚岑上半天。绝岩低更举，危峰断复连。侧石倾斜涧，回流写曲泉。野红知草冻，春来鸟自传。树锦无机织，猿鸣讵假弦!叶密风难度，枝疏影易穿。抱帙依闲沼，策杖戏荒田。游心清汉表，置想白云边。荣名非我顾，息意且萧然。”年一百二岁，不病而卒。

续高僧传卷第二十三

续高僧传卷第二十四

大唐西明寺沙门释道宣撰

护法下　正传五　附见五

唐终南山智炬寺释明赡传一
唐京师胜光寺释慧乘传二（道璋）
唐京师大总持寺释智实传三（普应　法行）
唐终南山龙田寺释法琳传四（慧序）
唐新罗国大僧统释慈藏传五（圆胜）

唐终南山智炬寺释明赡传一

释明赡，姓杜氏，恒州石邑人也。少有异操，所住龙贵村二千余家，同共高之，传于口实。十四通经，十七明史，州县乃举为俊士，性慕超方，不从辟命，投飞龙山应觉寺而出家焉。师密异其度，乃致书与邺下大集寺道场法师，令其依摄，专学大论。寻值法灭，潜形东郡。隋初出法，追住相州法藏寺。而立志贞明，不干非类，正业之暇，了无他涉，内通大小，外综丘坟，子史书素，情所欣狎。将事观国，移步上京。开皇三年敕召翻译，住大兴善，众睹德望可宗，举知寺任，辞而不免，便纲管之。大业二年，帝还京室，在于南郊，盛陈军旅。时有滥僧染朝宪者，事以闻上，帝大怒，召诸僧徒，并列御前，峙然抗礼，下敕责曰："条制久颁，义须致敬。"于时黄老、士女初闻即拜，惟释一门俨然莫屈。时以赡为道望，众所推宗，乃答曰："陛下必欲遵崇佛教，僧等义无设敬。若准制返道，则法服不合敬俗。”敕云:“若以法服不合，宋武为何致拜?”赡曰:“宋氏无道之君，不拜交招显戮。陛下有治存正，不陷无罪，故不敢拜。”帝不屈其言，直遣舍人语僧“何为不拜”，如此者五。黄巾之族连拜不已，惟赡及僧长揖如故，兼抗声对叙，曾无惮慑。帝乃问:“向答敕僧是谁，录名奏闻。”便令视被戮，诸僧合乐安然而退。明旦，有司募敢死者至阙陈谢，赡又先登，虽达申逊之词，帝夷然不述，但下敕于两禅定各设尽京僧斋，再遗束帛，特隆常准。后回跸西郊，顾京邑语朝宰曰:“我谓国内无僧，今验一人可矣。”自尔频参元选，佥议斯属。下敕令住禅定，用崇上德故也。众以赡正色执断，不避强御，又举为知事上座，整理僧务，备列当时。大唐御世，爰置僧官，铨拟明哲，允折无滞。贞观之初，以赡善识治方，有闻朝府，召入内殿，躬升御床。食讫对诏，广列自古以来明君昏主制御之术，兼陈释门大拯，以慈救为宗。帝大悦，因即下敕:“年三月六，普断屠杀。行阵之所，皆置佛寺。”登即一时七处同建，如豳州昭仁、晋州慈云、吕州普济、汾州弘济、洺州昭福、郑州等慈、洛州昭觉，并官给匠石，京送奴隶，皆因赡之开发也,。又,私以每年施物，常饭千僧。大乘经论，须者为写，岁恒不绝。为报母恩，及暮齿将临，山栖是造，遂入太一山智炬寺而隐焉。京辇归信，远趣于林，问道奉戒，又繁常昔。乃自惟曰:“摄心归静，犹自烦乎！”试纵余龄，更还京邑，少时遇疾，犹堪疗治，乃曰，吾命极矣，可悬一月枯骸累人。”乃延诸大德，就兴善寺设斋辞诀，房、杜仆射，举朝毕集，具赍助供，倷锡山积。赡通大舍，忏辞告别，即日力杖出京，返于智炬。竭诚勤注，想观西方，心通明利，告侍者曰:“阿弥陀佛来也。”须臾又云，二大菩萨亦至。吾于观经成就十二，余者不了。”既具诸善相，颜貌怡然，奄尔而逝，春秋七十，即贞观二年十月二十七日也。时以预记之验知命存乎。初未终前遗令焚身，及阇维讫，乃见骸骨圆全，都无缝道，当其顶上，紫色曄然，遂瘗于岩下。

唐京师胜光寺释慧乘传二（道璋）

释慧乘，俗姓刘氏，徐州彭城人也。其先炎汉之绪。祖欣，梁真前将军、琅琊太守。父雅，陈兵部郎中。叔祖智强，少出家，陈任广陵大僧正，善闲成论及大涅槃。乘年十二，发心入道，仍事强为师，服膺论席，备探精理，十六启强曰："离家千里，犹名在家沙门也。诸广游都郡，疏诸耳目。"强从之，便下杨都，听庄严寺智嚼法师成实。爰始具戒，即预陈武帝仁王斋席，对御论义，词辩绝伦，数千人中独回天眷。至四月八日，陈主于庄严寺总令义集，乘当时竖"佛果出二谛外"义。有一法师英侠自居，擅名江左，旧住开泰，后入祇洹，乃问曰："为佛果出二谛外，二谛出佛果外？"乘质云："为法师出开泰，为开泰出法师？"彼曰："如鸳鸯鸟不住圊厕。"乘应声曰："释提桓因不与鬼住。"彼曰："鸠翅罗鸟不栖枯树。"乘折云："譬如大海，不宿死尸。"于时嚼公处座，叹曰："辩才无碍，其锋难当者也。"躬于帝前赏天柱纳袈裟，由是令响通振，邻国斯传。陈桂阳王、尚书毛喜、仆射江总等并申久敬，咸慕德音。属陈季道离，隋风远扇，太尉晋王于江都建慧日道场，遍询硕德，乘奉旨延住，仍号家僧。后从王入朝，频蒙内见。时净影慧远道声扬播，由来不面，因过值讲，即申言论，义高词丽，声骇听徒。远顾曰："何处吴僧，唇舌陵人复岂逾此？"王闻之，弥敬其词辩。时慧日创立，搜杨一化，并号龙象，咸问义门。既爰初盛集，法轮肇驾，王乃请乘尽心言论，不有见尊致结，既承资蓄，纵辩无前，折关陈款，皆倾巢穴，甚称王望，别赏帛百段。暨高祖东巡岱宗，銮驾伊洛，敕遣江南吴僧与关东大德升殿竖义。乘应旨首登，命章对论，巧问勃兴，切并纷集，纵横骆驿，罔弗丧律亡图。高祖目属称扬，群英叹异。开皇十七年，于杨州永福寺建香台一所，庄饰金玉，绝世罕俦。及晋王即位，弥相崇重，随驾行幸，无处不经。大业六年，有敕郡别简三大德入东都，于四方馆仁王行道，别敕乘为大讲主，三日三夜兴诸论道皆为折畅，靡不泠然。从驾张掖，蕃王毕至，奉敕为高昌王曲氏讲金光明，吐言清奇，闻者叹咽，曲布发于地，屈乘践焉。至八年帝在东都，于西京奉为二皇双建两塔，七层木浮图，又敕乘送舍利瘗于塔所。时四方道俗，百辟诸侯，各出名珍，于兴善寺北、天门道南，树列胜场三十余所，高幢华盖，接影浮空，宝树香烟，望同云雾。迎延灵骨至于禅定，佥共请乘开仁王经，华俗士庶，正道日登，咸嘉赏赞。十二年，于东都图写龟兹国檀像，举高丈六，即是后秦罗什所负来者，屡感祯瑞，故用传持，今在洛州净土寺。会隋室分崩，唐皇御历，武德四年，扫定东夏，有敕伪乱地僧，是非难识，州别一寺，留三十僧，余者从俗。上以洛阳大集，名望者多，奏请二百许僧住同、华寺，乘等五人敕住京室。于时乘从伪郑，词被牵连，主上素承风问，偏所顾属，特蒙慰抚，命住胜光，秦国功德，咸归此寺。武德八年，岁居协洽，驾幸国学，将行释奠。堂置三坐，拟叙三宗，众复乐推乘为导首。时五都才学、三教通人，星布义筵，云罗绮席。天子下诏曰："老教、孔教，此土先宗，释教后兴，宜崇客礼。令老先，次孔，末后释宗。"当尔之时，相顾无色，乘虽登坐，情虑莫安。今上时为秦王，躬临位席，直视乘面，目未曾回，频降中使十数，教云："但述佛宗，光敷帝德，一无所虑。"既最末陈唱，谛彻前通，乃命宗云：上天下地，荣贵所资，缘业有由，必宗佛圣。今将叙大致，理具礼仪，并合掌虔跪，使师资有据。"声告才竟，皇储以下，爰逮群僚，各下席胡跪，伫聆逸辩。乘前宣帝德，云"陛下巍巍堂堂，若星中之月"云云，次述释宗，后以二难双征两教，玄梯广布，义网高张，莫不蹑向风驰，应机云涌。既而天子回光，敬美其道，群公拜手，请从弘业。黄巾李仲卿结舌无报，博士、祭酒等束体辕门，慧日更明，法云还布。当又下诏问乘曰："道士潘诞奏悉达太子不能得佛，六年求道，方得成佛。是则道能生佛，佛由道成，道是佛之父师，佛乃道之子弟。故佛经云求于无上正真之道，又云体解大道发无上意，外国语云"阿耨菩提"，晋音翻之"无上大道"。若以此验，道大佛小，于事可知。"乘报略云："震旦之与天竺，犹环海之比麟洲。聃乃周末始兴，佛是周初前出，计其相去二十许王，论其所经三百余载，岂有昭王世佛而退求敬王时道乎？句虚验实，足可知也。仲卿向叙道者有太上大道，先天地生，郁勃洞虚之中，炜烨玉清之上，是佛之师，不言周时之老聃也。且五帝之前未闻有道，三王之季始有聃名，汉景已来方兴道学，穷今讨古，道者为谁？案七藉九流，经国之典，宗师周易，五运相生，既辟两仪，阴阳是判，故曰：'一阴一阳之谓道'，'阴阳不测谓之神'。天地于事可明，阴阳在生有验，此理数然也。不云有道先天地生，道既莫测，从何能生佛。故车胤云'在己为德，及物为道'；殷仲文云：'德者得也，道者由也，言得孝在心，由之而成也'；论衡云：'立身之谓德，成名之谓道。'道德也者，为若此矣。卿所言道，宁异是乎？若异斯者，不足归信。岂有头戴金冠，身被黄褐，鬓垂素发，手把玉璋，别号天尊，居大罗之上，独名大道，治玉京之中。山海之所未详，经史之所不载。大罗既焉有之说，玉京本亡是之谈。”言毕下座，举朝属目。此时独据词宗，余术无为而退。一席杨扇，万代舟航，可尚可师，立功立事，近假叨幸之力，远庇护念之恩也。贞观元年，乘以衔荷特命，义须崇善，奉为圣上于胜光寺起舍利宝塔，像设庄严，备诸神变，并建方等道场，日夜六时，行坐三业。以贞观四年十月二十日终于旧房，春秋七十有六。门人道璋先奉遗旨，于南山谷口焚之，私敛余灰，还于胜光起塔。沙门法琳为制碑文，见于别集。惟乘释蒙据道，护法为心，抚物恤穷，弥留情曲。而词辩无滞，文义俱扬，写送若流，有逾宿诵，此之一术，殁后绝踪。而身历三朝，政移六帝，频升中殿，面对天颜，神气消散，映彻墙仞，自见英德，莫不推焉。又卿士王公，妃嫔庶族，皆禀涂香，申明供礼。所讲涅槃、般若、金鼓、维摩、地持、成实等，各数十遍。璋即乘之犹子也，少所恭奉，立性诚悫，偏能呗赞，清啭婉约，有势于时，每为都讲，亦隶伦则。京邑后附多向其尘云。

唐京师大总持寺释智实传三（普应　法行）

释智实，俗姓邵氏，雍州万年人也。童稚儿丛，谲诡超异，预有谈论，必以佛理为言先。十一出家，住大总持寺，听叙玄奥，登共器之。随以小缘而能通畅宏远，自涅槃、摄论、俱舍、毗昙，皆镜其深义，开其关钥，兼以思力坚明，才气雄雅。武德之岁初平郑国，三大法师慧乘、道宗、辩相等西赴京师。主上时为秦王，威明寓内，志奉释门，乃请前三德并京邑能论之士二十余僧在弘义宫通霄法集。实年十三，最居下座，上命令对论，发言清卓，惊绝前闻，新至诸僧无敢继响。上及诸王异声同叹曰:“此小师最俊烈，后必绍隆三宝矣。”实眉间白毫可数寸，光映颜额。沙门吉藏摩其顶捋其毫曰:“子有异相，当蹑迹能仁。恨吾老矣，不见成德。”武德七年，猃狁孔炽，屡举烽燧，前届北地，官军相拒。有僧法雅，夙昔见知，武皇通重，给其妻媵，任其愆溢。僧众惘然，无敢陈者。奏请京寺骁捍千僧用充军伍，有敕可之，雅即通聚简练，别立团队。既迫王威，寂无抗拒。实时年二十有一，深究雅怀，恐兴异度，事或彰陈，必累大法，乃致书于雅曰："与子同生像季，共属陵迟，悲六道之纷然，愍四生之未悟。子每游凤阙，恒遇龙颜，理应洒甘露于帝心，荫慈云于含识，何乃起善星之勃见，鼓调达之恶心，令善响没于当时，丑迹扬于后代！岂不以朝含安忍，省纳刍荛，恣此愚情，述斯顽见，嗟乎可悲！实伤其类。且自多罗既断，终不更生，折石已分，义无还合。急持衣钵，早出伽蓝，使清、浊异流，兰、艾殊别！使群臣息于讥论，梵志寂于谤声，定水噎而更通，慧灯晦而还照。此言至矣，想见如流。"雅得书逾怒，科督转切，备办军器，克日将发。实腾入其众，大哭，述斯乖逆坏大法轮，即是魔事。预是千僧同时号叫，听者寒心下泪。实遂擒撮法雅，殴击数拳，告云："我今降魔，使邪正有据。"雅以事闻，帝云："此道人大粗，付法推刻。"即被枷禁，初无怖色。将欲加罪，仆射萧瑀等奏称精进有闻，敕乃罢令还俗，所选千人并停复寺。实虽处俗壤，而兵役得停，欣泰其心，曾无憾结。贞观元年，敕遣治书侍御史杜正伦检挍佛法，清肃非滥。实恐法雅犹乘先计滥及清徒，乃致书于使曰："沈俗僧智实白：实怀橘之岁，陟清信之名；采李之年，染息慈之位。虽浅智褊能，然感希先达。窃见化度寺僧法雅，善因曩世，受果今生，如安上之游秦，似远公之入晋，理应守护鹅之行，持结草之心，思报皇王之恩，奉酬覆载之德。乃于支提静院，恒为宰杀之坊；精舍林中，镇作妻孥之室。脱千僧之服，四海怆动地之悲；谤七佛之经，万国嗟诉天之怨。自汉明感梦、摩滕入洛已来，无数名人，颇曾闻也。皇帝受禅，抚育万方，欲使王道惟清，法海无秽。公策名奉节，许道亡身，除甘蔗之灾，拔空腹之树，使禅林郁映，慧苑扶疏，茂实嘉声，振于邦国。宁可忍斯邪佞，仍捧钵于祇桓；弃我贞廉，绝经行于灵塔？龙门深浚，奉见无由，天意高悬，流问何日？惟公鉴同水镜，智察幽微，仰愿拯惊翼于华箱，济涸鳞于穷辙。轻以忏陈，但增悚惧。"后法雅竟以狂猖被诛，伦以事闻，乃下敕云："智实往经论告法雅，预知粗勃，自还俗已来，又不亏戒行，宜依旧出家。"因返寺房，综括前业，捃讨幽致，有誉京室。十一年驾往洛州，下诏云："老君垂范，义在清虚；释迦贻则，理存因果。求其教也，汲引之迹殊途；求其宗也，弘益之风齐致。然大道之行，肇于遂古，源出无名之始，事高有形之外，迈两仪而运行，包万物而亭育，故能经邦致治，反朴还淳。至如佛教之兴，基于西域，逮于后汉，方被中土，神变之理多方，报应之缘匪一。洎乎近世，崇信滋深，人冀当年之福，家惧来生之祸。由是滞俗者闻玄宗而大笑，好异者望真谛而争归，始波涌于闾里，终风靡于朝廷。遂使殊俗之异，郁为众妙之先，诸华之教，翻居一乘之后，流遁忘返，于兹累代。今鼎祚克昌，既凭上德之庆，天下大定，亦赖无为之功。宜有解张，阐兹玄化。自今已后，斋供行立，至于称谓，道士女道士可在僧尼之前，庶敦反本之俗畅于九有，贻诸万叶。”时京邑僧徒各陈极谏，语在别纪。实惟像运湮沈，开明是属，乃携大德法常等十人随驾至阙，上表曰：“法常等言：法常等言：年迫桑榆，始逢太平之世；貌同蒲柳，方值圣明之君。窃闻父有诤子，君有诤臣，法常等虽预出家，仍在臣子之例，有犯无隐，敢不陈之？伏见诏书，国家本系出自柱下，尊祖之风形于前典，颁吾天下，无德而称。令道士等处僧之上，奉以周施，岂敢拒诏！寻老君垂范，治国治家，所佩服章，亦无改异，不立观宇，不领门徒，处柱下以真全，隐龙德而养性。智者见之谓之智，愚者见之谓之愚，非鲁司寇莫之能识。今之道士不遵其法，所著衣服，并是黄巾之余，本非老君之裔，行三张之秽术，弃五千之妙门，反同张禹，漫行章句。从汉魏已来，常以鬼道化于浮俗，妄托老君之后，实是左道之苗。若位在僧之上，诚恐真伪同流，有损国化。如不陈奏，何以表臣子之情。谨录道经及汉、魏诸史佛先道后之事如前，伏愿天慈曲垂听览。”敕遣中书侍郎岑文本宣敕语僧等：“明诏久行，不伏者与杖。”诸大德等咸思命难，饮气吞声。实乃勇身先见，口云：“不伏此理，万刃之下甘心受罪。”遂杖之放还。抱思旋京，晦迹华邑，处于渭阳之三原焉，信心之侣敬奉如云。情计莫因，遂感气疾，知命非久，欲与故人相别。而生不骑乘，乃令弟子四人各执床角舆至本寺，精爽不杂。召诸知友，执手诀云：“实以虚薄，妄厕僧俦，一期既至，知复何述。但恨此身虚死，未曾为法，以为慨然。近梦阿私陀仙见及，云常得出家：“想非徒说。”少时卒于大总持寺，春秋三十有八，即贞观十二年正月也。实自生能不入市廛，不执钱宝，不求利涉，三衣瓶钵，常不离身，虽当日往还，而始无辄离。志行严肃，殊有轨度，摄诱多方，故四远道俗、逃放之僧多依附之。亲侍沙门七人，皆供承有叙，通共嘉焉。总持故塔，修奉者希，实香灯供养，以为己业。病转就笃，滞水不通，已经旬日，侍人非时进浆，实曰：“大圣垂诫，其可欺乎？吾见临终犯戒者多矣，岂使累劫之诚而陷于一咽者哉！”遂闭气而止。又问以终事，答云：“譬如弯弓放矢，随处即落。观于山水，未有亲疏之心，任时量处，省事为要。”乃葬南郊僧墓中，斯亦达性之一方矣。终后，三原信士方三十余里皆为立灵庙，夜别四五百人聚临，如丧厥亲，迄于百日，众方分散。

初，总持寺有僧普应者，亦烈亮之士也，通涅槃、摄论，有涯略之致。以傅奕上事，群僧蒙然无敢谏者，应乃入秘书太史局，公集郎、监，命奕对论，无言酬赏，但云：“秃丁妖语，不劳叙接。”应曰：“妖孽之作，有国同诛。如何贤圣俱崇，卿独侮慢？”奕不答。应退，造破邪论两卷，皆负籧篨，径诣朝堂，以陈所述。时执事者以圣上开治通谏，蒭荛虽纳，奕表未将，理当不为程达。应乃多写论本，日往朝省卿相郎署，鼓言奕表，牵挽奕手，与谈正理。素本浅学，假词于人，杜口不对。斯亦彭享强捍僧杰，不可抑也。应之所师法行者，亦贞素之僧也。俱住总持，众首之最。立操孤拔，与物不群，每日六时，常立参像，自问自答，入进殿中，乃至劳遣，应声如在，精悫特立，众难加焉，故又目之为“高行”也。行见塔庙，必加治护，饰以朱粉，摇动物敬。京寺诸殿有未画者，皆图绘之，铭其相氏，即胜光、褒义等寺是也。武德之始，犹未有年，诸寺饥馁，烟火不续。总持名胜，普应为先，结会僧伦，誓开粮路，人料一勺，主客咸然。时来投者，日恒仅百，夙少欣欣，曾不告倦。而行微念起厌，怠怀即悔，告人：“大开鬼业，如何自累，惜他食乎？”每旦出门，延顿客旅，欢笑先言，顾问将接，多办钵履，安处布置，乃达时丰，初不休舍。后住楚国，讲遗教论以毕终矣。

唐终南山龙田寺释法琳传四（慧序）

释法琳，姓陈氏，颍川人，远祖随宦寓居襄阳。少出家，游猎儒释，博综词义。金陵、楚郢，从道问津，自文苑才林，靡不寻造。而意存纲梗，不营浮绮，野栖木食于青溪等山，昼则承诲佛经，夜则吟览俗典，故于内外词旨，经纬遗文，精会所归，咸肆其抱。而风韵闲雅，韬德潜形，气扬采飞，方陈神略略隋季承乱，入关观化，流离八水，顾步三秦略每以槐里仙宗，互陈名实，昔在荆楚，梗概其文，而秘法奇章，犹未探括，自非同其形服，尘其本情，方可体彼宗师，静兹纷结，乃权舍法服，长发多年，外统儒门，内希聃术，遂以义宁初岁假被巾褐，从其居馆。琳素通庄老，谈吐清奇，道侣服其精华，膜拜而从游处，情契莫二，共叙金兰。故彼所禁文词，并用咨琳取决，致令李宗奉释之典包举具舒，张伪葛妄之言诠题品录。武德初运，还莅释宗，拥帙延光，栖惶问道。以帝壤同归名教，是则鼓言郑卫，易可箴规，乃住京师济法寺。至武德四年，有太史令傅奕，先是黄巾，深忌佛法，上废佛法事十有一条，云："释经诞妄，言妖事隐，损国破家，未闻益世。请胡佛邪教，退还天竺，凡是沙门，放归桑梓，则家国昌大，李、孔之教行焉。"武皇容其小辩，朝辅未能抗也。时谓遵其邪径，通废宏衢，莫不惧焉。乃下诏问曰："弃父母之须发，去君臣之章服，利在何门之中，益在何情之外？损益二宜，请动妙适。"琳愤激傅词，侧听明敕，承有斯问，即陈对曰："琳闻至道绝言，岂九流能辩；法身无象，非十翼所诠。但四趣茫茫，漂沦欲海，三界蠢蠢，颠坠邪山，诸子迷以自焚，凡夫溺而不出。大圣为之兴世，至人所以降灵，遂开解脱之门，示以安隐之路。于是中天王种辞恩爱而出家，东夏贵游厌荣华而入道，誓出二种生死，志求一妙涅槃。弘善以报四恩，立德以资三有，此其利益也。毁形以成其志，故弃须发美容；变俗以会其道，故去君臣华服。虽形阙奉亲，而内怀其孝；礼乖事主，而心戢其恩。泽被怨亲，以成大顺，佑怙幽显，岂拘小违。上智之人依佛语故为益，下凡之类亏圣教故为损。惩恶则滥者自新，进善则通人感化。"此其大略也。而傅氏所奏在司，犹未施行，奕乃多写表状，远近公然流布。京室闾里，咸传"秃丁"之诮；剧谈酒席，昌言"胡鬼"之谣。佛日翳而不明，僧威阻而无势。于时达量道俗，勋豪成论者非一，各疏佛理，具引梵文，委示业缘，曲垂邪正。但经是奕之所废，岂有引废证成，虽曰破邪，终归邪破。琳情正玄机，独觉千载，器局天授，博悟生知，睹作者之无功，信乘权之有据，乃着破邪论，其词曰：庄周云："六合之内，圣人论而不议。六合之外，圣人存而不论。"老子云"域中有四大"，而道居其一。考诗书礼乐之致，忠烈孝慈之先，但欲攸序彝伦，意存敬事君父。至德惟是安上治民，要道不出移风易俗。自卫返鲁，讵述解脱之言？六府九畴，未宣究竟之旨。案前汉艺文志所纪众书一万三千二百六十九卷，莫不功在近益，俱未畅远途，诚自局于一生之内，非迥拔于三世之表者矣。遂使当见因果，理涉旦而犹昏；业报吉凶，义经丘而未晓。斯并六合之寰块，五常之俗谟，讵免四流浩汗，为烦恼之场，六趣喧哗，造尘劳之业者也！原夫实相杳冥，逾要道之道；法身凝寂，出玄之又玄。惟我大师体斯妙觉，二边顿遣，万德斯融，不可以境智求，不可以形名取，故能量法界而兴悲，揆虚空而立誓。所以见生秽土，诞圣王宫，示金色之身，吐玉毫之相。布慈云于鹫岭则火宅焰销，扇惠风于鸡峰则幽途雾卷。行则金莲捧足，坐则宝座承躯，出则天主导前，入则梵王从后。声闻菩萨，俨若朝仪，八部万神，森然翊卫。演涅槃则地现六动，说般若则天雨四花。百福庄严，状满月之临沧海；千光照曜，如聚日之映宝山。师子一吼，则外道摧锋；法鼓暂鸣，则天魔稽首。是故号佛为法王也，岂与衰周李耳比德争衡，末世孔丘辄相联类者矣？是以天上天下，独称调御之尊；三千大千，咸仰慈悲之泽。然而理深趣远，假筌蹄而后悟；教门善巧，凭师友而方通。统其教也，则八万四千之藏，二谛十地之文，海殿龙宫之旨，古谍今书之量，莫不流甘露于万叶，垂至道于百王，近则安国利民，远则超凡证圣。但以时运未融，致令汉、梵殊感，故西方先音形之奉，东国后见闻之益。及慈云卷润，慧日收光，乃梦金人于永平之年，睹灵骨于赤乌之岁。于是汉魏齐梁之政，像教勃兴，燕秦晋宋已来，名僧间出，或神力救世，或异迹发人，或慧解开神，或通感适化。及白足临刃不伤，遗法为之更始，志上分身员户，帝王以之加信。具诸史籍其可详乎！并使功被将来，传灯永劫。议者佥曰僧惟绍隆佛种，佛则冥卫国家，福荫皇基，必无废退之理。我大唐之有天下也，应四七之辰，安九五之位，方欲兴上皇之风，开正觉之道，治致太平，永隆淳化。但傅氏所述，酷毒秽词，并天地之所不容，人伦之所同弃，恐尘黩圣览，不可具观。伏惟陛下布含弘之恩，垂鞠育之惠，审其逆顺，议以真虚。佛以正法远委国王，陛下君临，斯当付嘱。谨上破邪论一卷，用拟傅词。文有三十余纸。自琳之缀采，贯绝群篇，野无遁贤，朝无遗士，家藏一本，咸诵在心。并流略之菁华，文章之冠冕，茂誉于是乎腾广，昏情由之而开尚矣。琳又以论卷初出，意在弘通，自非广露其情，则皂隶不尘其道，乃上启储后、诸王及公卿侯伯等，并文理弘被，庶绩咸嘉，其博诣焉。故奕奏状因之致寝，遂得释门重敞，琳实其功。东宫庶子虞世南详琳着论，乃为之序胤而傅氏不惬其情，重施密谮，构扇黄巾，用为党类，各造邪论，贬量佛圣，昏冒生灵，衒曜朝野，熏莸既杂，时所疑焉。武德九年春，下诏京置三寺，惟立千僧，余寺给赐王公，僧等并放还桑梓。严敕既下，莫敢致词，五众哀号于槁街，四民顾叹于城市。于时道俗蒙然，投骸无措，赖由震方出帝，氛祲廓清，素袭启闻，范究宗领，登即大赦，还返神居。故佛日重朗于唐世，又由琳矣。琳频逢黜陟，誓结维持，道挫世情，良资寡学，乃探索典籍，隐括玄奥，撰辩正论一部八卷。颍川陈子良注之，并制序曰："昔宣尼入梦，十翼之理克彰；伯阳出关，二篇之义爰着。或钩深系象，或探赜希夷，名言之所不宣，阴阳之所不测，犹能弥纶天地，包括鬼神。道无洽于大千，言未超于域内，况乎法身圆寂，妙出有无，至理凝玄，迹泯真俗，体绝三相，累尽七生，无心即心，非色为色，筌蹄之外，岂可言乎？若夫西伯拘羑，遂显精微，子长蚕室，卒成先志，故易曰：'古之作易者，其有忧乎？'论之兴焉，良有以矣。道士李仲卿、刘进喜等，并作庸文谤毁正法，在俗人士或生邪信。法师愍其盲瞽，遂着斯论，可谓鼓兹法海，振彼词锋，碧鸡之锐竞驰，黄马之峻争骛，莫不叶坠柯摧，云锁雾卷。但此论穷释、老之教源，极品藻之名理，恐好事后生，意有未喻。弟子近申顶礼，从而问津，烂然溢目，若日月之入怀，寂乎应机，譬宝珠之烛物。既悟四衢之幻，便息百城之游，于是启所未闻，为之注解。"良以文学雄伯群儒奉戴，诱劝成则，其从如云。贞观初年，帝于南山大和宫旧宅置龙田寺。琳性欣幽静，就而住之，众所推美，举知寺任，从容山服，咏歌林野。至十三年冬，有黄巾秦世英者，挟方术以邀荣，遂程器于储贰，素嫉释种，阴陈琳论谤讪皇宗，罪当誷上。帝勃然下敕沙汰僧尼，见有众侣乃依遗教，仍访琳身，据法推勘。琳扼腕奋发，不待追征，独诣公庭，轻生徇理，乃絷以缧绁。下诏问曰："周之宗盟，异姓为后，尊祖重亲，实由先古。何为追逐其短，首鼠两端，广引形似之言，备陈不逊之喻？把毁我祖祢，谤黩我先人，如此要君，罪有不恕。"琳答曰："文王大圣，周公大贤，追远慎终，昊天靡答，孝悌之至，通于神明，虽有宗周，义不争长。何者？皇天无亲，竟由辅德。古人党理而不党亲，不自我先，不自我后，虽亲有罪必罚，虽雠有功必赏，赏罚理当，故天下和平。老子习训，道宗德教，加于百姓，恕己谦光，仁风形于四海。”又云：“吾师名佛，佛者觉一切人也，干竺古皇，西升逝矣。讨寻老教，始末可追，日授中经，示诲子弟，言吾师者善入泥洹，绵绵常存，吾今逝矣。今刘、李所迹，谤灭老氏之师，世莫能知。着兹辩正论有八卷，略对道士六十余条，并陈史籍前言，实非谤毁家国。”自后辩对二十余列，并据琳词，具状闻奏。敕云：“所著辩正论信毁交报篇曰：‘有念观音者临刃不伤。’且赦七日，令尔自念，试及刑决，能无伤不？”琳外缠桎梏，内迫刑期，水火交怀，诉仰无路，乃缘生来所闻经教及三圣尊名铭诵心府，拟为显应。至于限满，忽神思彯勇，横逸胸怀，欢庆相寻，顿忘死畏，立待对问。须臾敕至，云：“今赦期已满，当至临刑，有何所念，念有灵不？”琳援笔答曰：“自隋季扰攘，四海沸腾，役毒流行，干戈竞起，兴师相伐，舍檀兵威，臣佞君荒，不为正治，遏绝王路，固执一隅。自皇王吊伐，载清陆海，斯实观音之力，咸资势至之因，比德连踪，道齐上圣，救横死于帝庭，免淫刑于都市。琳于七日已来，不念观音，惟念陛下。”敕治书侍御史韦悰问琳：“有诏令念观音，何因不念，乃云惟念陛下？”琳答：“伏承观音圣鉴，尘形六道，上天下地，皆为师范。然大唐光宅四海，九夷奉职，八表刑清，君圣臣贤，不为枉滥。今陛下子育恒品，如经即是观音，既其灵鉴相符，所以惟念陛下。但琳所著正论，爰与书史伦同，一句参差，任从斧钺。陛下若顺忠顺正，琳则不损一毛;陛下若刑滥无辜，琳则有伏尸之痛。”具以事闻，遂不加罪，有敕徙于益部僧寺。行至百牢关菩提寺，因疾而卒，时年六十九。沙门慧序，经理所苦，情结断金，晓夕同衾，慰抚承接。及命将尽，在序膝上，序恸哭崩摧，泪如驶雨，乃召诸关旁道俗，葬于东山之顶，高树白塔，勒铭志之。行路望者，知便下泪。序本雍州武功人，善经籍，通佛理，明摄论，以为敷化之训。体道开俗，言无品藻，将护游僧，用为家操。本住京辇，后移梁益，以百牢冲会，四方所归，道俗栖投，往还莫寄，序乃宅寺关口，用接远宾，故行侣赖之，咏歌盈耳。于时治书侍御史韦悰审英饰诈，乃奏弹曰：“窃以大道郁兴，冲虚之迹斯阐；玄风既播，无为之教实隆。未有身预黄冠，志同凡素者也。道士秦英颇学医方，薄闲咒禁，亲戚寄命，羸疾投身，奸淫其妻，禽狩不若。情违正教，心类豺狼，逞贪竞之怀，恣邪秽之行。家藏妻子，门有姬童，乘肥衣轻，出入衢路，杨眉奋袂，无惮宪网，健羡未忘，观徼在虑。斯原不殄，至教式亏，请置严科，以惩淫侈。”乃入大理，竟以狂匿被诛，公私怪其死晚。琳所著诗赋启颂碑表章诔、大乘教法并诸论、记传，合三十余卷，并金石击其风韵，缛锦缋其文思，流靡雅便，腾焰尔穆。又善应机说导，即事骋词，言会宫商，义符玄籍，斯亦希世罕嗣矣。

唐新罗国大僧统释慈藏传五（圆胜）

释慈藏，姓金氏，新罗国人。其先三韩之后也。中古之时，辰韩、马韩、卞韩率其部属，各有魁长。案梁贡职图，其新罗国，魏曰斯卢，宋曰新罗，本东夷辰韩之国矣。藏父名武林，官至苏判异（以本王族比唐一品），既向高位，筹议攸归，而绝无后嗣，幽忧每积。素仰佛理，乃求加护，广请大舍，祈心佛法，并造千部观音，希生一息，后若成长，愿发道心，度诸生类。冥祥显应，梦星坠入怀，因即有娠，以四月八日诞载良晨，道俗衔庆希有瑞也。年过小学，神睿澄兰，独拔恒心，而于世数史籍略皆周览，情意漠漠，无心染趣。会二亲俱丧，转厌世华，深体无常，终归空寂，乃捐舍妻子、第宅、田园，随须便给，行悲敬业。子尔只身，投于林壑，粗服草屩，用卒余报。遂登峭隟，独静行禅，不避虎兕，常思难施。时或弊睡，心行将征，遂居小室，周障棘，刺露身直坐，动便刺肉，悬发在梁，用祛昏漠，修白骨观，转向明利。而冥行显被，物望所归，位当宰相，频征不就。王大怒，敕往山所，将加手刃，藏曰："吾宁持戒一日而死，不愿一生破戒而生。"使者见之，不敢加刃，以事上闻，王愧服焉，放令出家，任修道业。即又深隐，外绝来往，粮粒固穷，以死为命，便感异鸟各衔诸果就手送与，鸟于藏手就而共食，时至必尔，初无乖候。斯行感玄征，罕有联者。而常怀戚戚，慈哀含识，作何方便令免生死？遂于眠寐见二丈夫曰："卿在幽隐，欲为何利？" 藏曰。惟为利益众生。"乃授藏五戒讫，曰："可将此五戒利益众生。"又告藏曰："吾从忉利天来，故授汝戒。"因腾空灭。于是出山，一月之间，国中士女咸受五戒。又深惟曰："生在边壤，佛法未弘，自非目验，无由承奉。"乃启本王西观大化，以贞观十二年将领门人僧实等十有余人东辞至京，蒙敕慰抚，胜光别院，厚礼殊供。人物繁拥，财事既积，便来外盗。贼者将取，心战自惊，返来露过，便授其戒。有患生盲，诣藏陈忏，后还得眼。由斯祥应，从受戒者日有千计。性乐栖静，启敕入山，于终南云际寺东悬崿之上架室居焉，旦夕人神归戒又集。时染少疹，见受戒神为摩所苦，寻即除愈。往还三夏，常在此山。将事东蕃，辞下云际，见大鬼神，其众无数，带甲持仗，云："将此金舆，迎取慈藏。"复见大神与之共斗，拒不许迎。藏闻臭气塞谷蓬勃，即就绳床通告诀别。其一弟子又被鬼打，躄死乃苏，藏即舍诸衣财，行僧德施。又闻香气，遍满身心，神语藏曰："今者不死，八十余矣。"既而入京，蒙敕慰问，赐绢二百匹用充衣服。贞观十七年，本国请还，启敕蒙许，引藏入宫，赐纳一领、杂彩五百段，东宫赐二百段，仍于弘福寺为国设大斋，大德法集，并度八人，又敕太常九部供养。藏以本朝经像雕落未全，遂得藏经一部，并诸妙像、幡花、盖具堪为福利者，赍还本国。既达乡坏，倾国来迎，一代佛法，于斯兴显。王以藏景仰大国，弘持正教，非夫纲理无以肃清，乃敕藏为大国统，住王芬寺，寺即王之所造。又别筑精院，别度十人恒充给侍。又请入宫，一夏讲摄大乘论。晚又于皇龙寺讲菩萨戒本，七日七夜，天降甘露，云雾奄蔼，覆所讲堂。四部兴嗟，声望弥远。及散席日，从受戒者其量云从，因之革厉十室而九。藏属斯嘉运，勇锐由来，所有衣资并充檀舍，惟事头陀，兰若综业。正以青丘佛法，东渐百龄，至于住持，修奉盖阙，乃与诸宰伯祥评纪正。时王臣上下，佥议攸归，一切佛法须有规猷，并委僧统。藏令僧尼五部各增旧习，更置纲管监察维持，半月说戒，依律忏除，春冬总试，令知持犯。又置巡使遍历诸寺，诫励说法，严饰佛像，营理众业，镇以为常。据斯以言，护法菩萨即斯人矣。又别造寺塔十有余所，每一兴建，合国俱崇。藏乃发愿曰："若所造有灵，希现异相。"便感舍利，在诸巾钵。大众悲庆，积施如山，便为受戒，行善遂广。又以习俗服章，中华有革，藏惟归崇正朔，义岂贰心？以事商量，举国咸遂，通改边服，一准唐仪。所以每年朝集，位在上蕃，任官游践，并同华夏。据事以量，通古难例。撰诸经戒疏十余卷，出观行法一卷，盛流彼国。有沙门圆胜者，本族辰韩，清慎僧也。以贞观初年来仪京辇，遍陶法肆，闻持镜晓，志存定摄，护法为心。与藏齐襟，秉维城堑，及同返国，大敞行途，讲开律部，惟其光肇。自昔东蕃有来西学，经术虽闻，无行戒检，缘构既重，今则三学备焉。是知通法护法，代有斯人，中浊边清，于斯验矣。

论曰：观夫至人之降时也，或三轮御世，或六通导物，人依法依，本护法而陈教，适权适道，实兼济而成津。是以三藏设位，拯溺丧于未然；护法一科，树已崩之正纲。然弘诱之相，条绪稍多，时显知微，乍扬神武。骋奇辩于邪众，畅决蒙心；显大义于当时，昌明玄理。假威权而助道，有德独擅其声；借传授而潜通，遍告常行其务。遂有挝揵捶于灵岳，声告但为任持；重结法于剡洲，教旨惟尊弘理。入大乘论则九亿无学住法万年，经律所诠宾头罗睺未取泥曰，斯皆助扬道化，通悟未闻，静倒惑于即生，绍正法于来世，故使湮残屡染，寻复还兴，岂惟凡谋，盖其力矣。况乎迦叶尊者凝神鸡足之峰，坚慧菩萨端拱修罗之窟，斯并引生趣善，为物持身。致及慈氏降灵，递相弘育，或摧裂爱网，或倾覆慢幢，或通决深疑，或开扬道务。为业应接，若云雨之相投；为功惟重，等大地之弘博。所以身子策名，显法轮之大将；毱多徽号，标无相之后佛。五百门学，通号任持，行德相高，皆称第一。至于乘时御化，通法开宗，弘救之极，勿高身子。良由辟树园之福地，荡邪寇之高锋，偃目连之神力，覆富那之辩慧，此即护法之缘，盖惟斯矣。自道风东扇，爰始滕、兰，前传重于开宗，故入译经之目。然则传译在乎归信，未信不可弘文；护持存乎正邪，邪正方开信本。经陈如是，岂虚也哉！道元德母，信其实矣。所以发蒙启化，应接时心，重空显其德明，大众骇其耳目，致使拜首受道，饮沐法流，不虚设也。费才感终于坛侧，褚信剃顶于场中，显宗悟理知归，侍中捐俗入道，一期盛事，万代舟航，佛日于是流晖，法云由斯不绝。兹德可纪，兹言可详。而闽越隐其高例，附译称述，窃比则事业悬殊，远化则乘权难拟。计功编次，宜先译传，稍非经务，故后三学。及姚秦迷外，道融折其是非，元魏重邪，昙始制其强御，前传显然，其宗可录。施乎齐、周两治，厥政殊风，齐高独盛释门，周武偏弘李众，然其邪逼匿正，邪伪而正通，妄作乱真，真澄而妄隐。故使齐氏一统，民无两情，释侣阗邦，寺塔充国，二百万众，纲猷上统之言，四十千寺，咸列释门之刹。约指剡洲化境，通括像正任持，搒航之大，未可相拟。岂法之力惟人谓乎？弘斯在人，则显公据其首也。掩抑华饰，扬耀尘埃，众皆轻而不思，可谓激通其道。及法上引衣之赴难也，则醒醉相兼，醒则领上之累词，醉则示虚于邪敌。虽复金柜玉韬之秘术，未可与言；孙武、吴起之奇谋，曾何足道！所以登席之始，摇动物心，异众等山丘，鼓论同云物，致使才扚刃辩，载戢妖氛，定方术于面前，树微言于即世，故有谈仙者投骸于台槛，宗虚者深剃于王庭，明诏遂颁，国无两信。虽稠公标于定道，贤上统于义门，一时之庆！固不同年而语矣。周氏秦壤，世号武乡，豺狼之谚，想不虚托。怀文斯寡，习勇弥隆，酌纬候之谶词，纳谲诳之佞术。卫嵩本我之胤，张宾乃彼之余，异向同心，唇齿相副，竞列封表，曲引游言，冒謿帝心，覆绝仁祀。时未思其祸始也，祸作萌渐，百辟之所不知，及望夷之福终也，溃发滂流。天无方改前政，呼嗟何及！僧杰道安，名殊卫氏，风格峻逸，比景弥天。二论既陈，异见将弭，而狙诈蝇巧，终坠前修。静蔼上贤，当斯颓运，奋发拒谏，守素穷岩，慨正道之遂荒，诚护法之无力也，乃解形松石，殉命西方。于时同轨遗形，亦有十数。自非怀大济于末俗，睹法灭而增哀，何能舍所重于幽林，为依救而终世？诚可美矣，诚可悲夫！详观列代数贤，则绍隆之迹可见，藻镜则日月同仰，清范则高山是钦。具彰本纪，其续昌矣。有隋御寓，深信释门，兼陈李馆，为收恒俗。二世缵历，同政前朝，悼像化之徽猷，袭宋桓之致敬。于时缁素相望惨然。明赡法师屈起临对，夙未强术，众或漏言，及觌其厉色格词，抗杨严诏，皆谓祸碎其身首也，助栗不安其足。而赡逞怡颜色，欣勇绰然。帝后乃述释门之有人焉，众乃悟其脱颖也。知人其难，人实难知，知其难者，千载其一乎，信不虚矣。皇唐启运，代有斯人。普应佩席于天门，慧满载衣于朝伍，智实刚烈，抵诃于时重，法琳慷慨，极言于明诏。异世同风，不屑古也，莫不言行同时，死生齐日，故得名流万代，绍先圣之宏猷乎。惟夫经论道业，务在清心，弘护法网，实敦遐志。志远则不思患辱，心清则罔惧严诛，达三相之若驰，识九有之非宅。未曾为法，徒丧余龄，岂惟往生，乃穷来阴。于是挟福智而面诸佛，睹形骸若委遗尘，腾神略而直前，鼓通博之横辩。但令法住，投鼎镬其如归；既属慧明，处浊世其如梦。故能不负遗寄，斯传之有踪乎！已矣夫，谁有见斯而不勉，厉志于重霄哉！

释昙选，姓崔，高阳人。神慧谲诡，不偶时俗。虽博通经术，而以涅槃著名，不存文句，护法为虑本。晚住并部兴国寺，川邑奉之，以为师傅。每有众集，居于座元，酬问往还，以系节为要，吐言开令，宏放终古，僧侣乃多，莫敢摧挫，时人目为“豹选”者也。及杨谅逆节，中外相叛，招募军兵，缮造牟甲，以兴国寺为甲坊，以武德寺为食坊。后于武南置阵，杨素败之，官军入郭搜求逆党，总集诸僧，责供反者。僧等辞曰：“王力严切，不敢遮约。”素曰：“有几僧谏王被杀，而云王力严切？此并同反，不劳分疏，可依军法。”选时在众，不忍斯祸，乃出对曰：“比佛法陵迟，特由僧无有德可以动俗，致有乱阶结聚，不能诲以忠信，此诚如公所教。今被理责，陷身无地。”素乃舒颜曰：“僧等且还，留向对僧拟论机务。”自尔昼参军将，开散僧诛，晚还寺宿。不久，炀帝下敕通被放免。故合众获安，诚其功也。及大业末岁，兵饥交接，四方僧游，寄食无地。兴国虽富，俭啬者多，每食时禁门自守，客僧拥结，终不之前。选不胜灭法，愤激身心，每日拄杖在门，驱趁防者，携引羁僧，供给钵器，送至食堂。众多是其子弟，不敢违逆。由是众开僧制，许选停客，自余不得然。其慈济之深，感激府俞。房内廓然，财什不积，唯置大钵一口，每日引诸乞儿，所得食调总钵中，选请食分，亦和其内，杂为饘粥，便行坐乞人，手自斟酌。见其褴缕皴错，形容癯瘦，流泪盈脸，不能自胜。选亦依行受粥而食，日别如此，遂及有年。皇运伊始，人情安泰，义兴新寺，法纲大张。沙门智满，当涂众主，一川乡望，王臣倾重，创开诸宇，严位道场，三百余僧，受其制约。夏中方等，清众肃然，风声洋溢，流润遐迩。选闻之，乃诣其寺庭。满徒闻来，崩腾下赴。告曰：“卿等结聚，作何物在，依何经诰，不有冒罔后生乎？”满曰：“依方等经，行方等忏。”选曰：“经在何处？将来对读。”遂将一卷来。选曰：“经有四卷，何不一时读之？”沙门道绰曰：“经文次第，识不俱闻。”选曰：“吾识可共尔识同耶？但四卷齐读。”文言未了，便曰：“依咒灭罪耳，可罢之。”又曰：“自佛法东流，矫诈非少。前代大乘之贼，近时弥勒之妖，诖误无识，其徒不一。闻尔结众，恐坏吾法，故力疾来问。虽尔，手把瓶子，倚傍犹可。”遂杖策而返。武德八年，遘疾淹积，问疾者充牣房宇，乃尸卧，引衣申脚，曰：“吾命将尽，何处生乎？”名行僧道绰曰：“阿阁黎，西方乐土名为安养，可愿生彼。”选曰：“咄！为身求乐，吾非尔俦。”绰曰：“若尔，可无生耶。”答曰：“须见我者，而为生乎！”乃潜息久之，不觉已逝，时年九十有五。道俗哀惨，送于西山之阴。传者亲往其寺，不及其人。观其行事遗绩，庶可澡雪形心，顿祛鄙吝。叔绪护法开士，抑斯人乎！

释法通，龙泉石楼人。初在隰乡，未染正法，众僧行往，不达村间，如有造者，以灰洒面。通虽处俗，情厌恒俗，以开皇末年独怀异概，超出意表，剃二男二女并妻之发，被以法衣，陟道诣州，委僧尼寺。时有问者，通便答曰：“我舍枷锁，志欲通法。”既达州寺，如前付嘱，便求通化寺明法师度出家。于即游化稽湖，南自龙门，北至胜部，岚、石、汾、隰，无不从化。多置邑义，月别建斋，但有沙门，皆延村邑，或有住宿，明旦解斋，家别一盘，以为通供。此仪不绝，至今流行。河右诸州，闻风服义。有僧投造，直诣堂中，承接颜色，譬若亲识。故通之率导，其德难伦。曾行本邑，县令逢之，问是何僧，答云山客，令乃禁守，不许游从。通即绝粒竭诚，绕狱行道，其夜听事野狐鸣叫，怪相既集，通夕不安。及明放遣，通曰：“我绕狱行道，正得道理，如何见放？”经日不食，夜又狐鸣，宫庶以下莫不震惧，苦劝引挽，方从其请。尔后巡行，无时宁舍。曾投人宿，犬咋其胫，寻被霹死，风声逾显。后卒于龙泉。余以贞观初年承其素迹，遂往寻之。息名僧纲，住隰州寺，亲说往行，高闻可观。欣其余论，试后披叙。夫以高世之量，随务不伦，统其大归，莫非通道。所以九十六部，兼邪正之津途；一十七群，现机缘之化迹。故能光开佛日，弘导尘蒙，摄迷没之鄙夫，接戒浊之浇首，并得开智清悟，通圣革凡，弘道利生，于是乎在。今有不达之者，同世相轻，睹其家业丛杂，阅其形骸尘弊，遂则雷同轻毁，曾不大观，由之自陷，备于成教。故文云：“不观法师种姓形有，但受其法，开我精灵。”斯言可归，通有之矣。

释弘智，姓万氏，始平槐里乡人。隋大业十一年，德盛乡闾，权为道士，因入终南山绝粒服气，期神羽化，形骸枯悴，心用飞动。乃入京，至静法寺遇惠法师，问以喻道之方。惠曰：“有生之本，以食为命，假粮粒以资形，托津通以适道。所以古有系风捕影之论，仙虚药误之谈。语事信然，幸无惑也。”乃示以安心之要、遣累之方。义宁元年，委掷黄冠，入山修业。武德之始，天下大同，佛道二门，峙然双列。智乃诣省申诉，请隶释门，并陈理例，朝宰咸穆，遂得贯入缁伍，随情住寺。而性乐幽栖，乃于南山至相寺而居焉。周历讲会，亟经炎燠，神用通简，莫不精诣。然而性立虚融，慈矜在务，陶甄士俗，延纳山宾，岩隐匮乏之流，飞走饥虚之类，咸赡资粮粒，锡以贝泉。虽公格严断，寺制深约，而能携引房宇，同之窟穴泰。斯亦叔代匡护之开士也，灭后遂绝此踪，惜哉！故其所获法利，积散不穷，弘诱博爱，为而不恃。加之以忍邦行事，音声厥初，开务通识，非斯莫晓。故凡有福会，必以箫鼓为先，致令其从如云，真俗不爽，于缘悟矣。讲华严、摄论等。以永徽六年五月九日终于山寺，春秋六十有一。露骸林下，攸骨焚散，遵余令也。门人散住诸寺者，咸谨卓正行，不坠遗风，重诲诱之，劬劳顾复之永没，乃共写八部般若，用崇屺岵之恩。又建碑一区，陈于至相寺山外二丈四尺宝德寺庄所。

释道会，姓史，犍为武阳人。初出家住益州严远寺，器宇高简，雅调逸群，四方道俗，日夕参候。犹以蜀门小陕，闻见非广，乃入京询访，经十余年，经论史籍，博究宗领。还蜀，欲大开释教，导引后锐，时属乱离，不果心术。会皇运初兴，率先招抚，詹俊、李衮，首途巴蜀。会上疏曰：“会弟性不肖，家风失坠，封爵虽除，诏敕犹在。门生故吏，子孙成列，并奋臂切齿，思效力用。即日剑门虽启，巫峡负固，会请躬率徒隶，振锡启途，折简宣威，开怀纳款。军无矢石之劳，主有待成之逸，此亦一时之利也，惟公图之。”为使淹留，遂不行。于时国初，僧尼道士所在多度。有道士宋冀，是彼梁栋，于隆山县下新立道观，屋宇成就，置三十人。会经总管段伦陈牒，改观为寺。其郭内住者并是道宗，不伏移改。嘱安抚大使李袭誉巡察州县，会以事达，乃引兵过城，四面鸣鼓，一时驱出，举宗怨诉，噂諮街衢。会曰：“未能令天下改观为寺，此之一所，终不可夺。”遂依立寺，至今不毁。武皇登遐，入京朝观，因与琳师同修辨正。有安州皓师在蜀弘讲，人有嫉者表奏云：“反又述法。”会觇候消息，遂被拘执，身虽在狱，言笑如常，为诸在狱讲释经论。经春至冬，诸僧十数，衣服褴褛，不胜寒酷。京师有无尽藏，恒施为事。会致书曰："自如来潜影西国，千有余年，正法东流，五百许载。虽复赤髭、青眼大开方便之门，白脚、漆身广示归依之路，犹未出于苦海，尚陆沈于险道。况五众名僧，四禅教首，头陀聚落，唯事一餐，宴坐林中，但披三纳。加以无缘之慈想，升锤以代鸽，履不轻之行思，振锡以避虫。今有精勤法子、清净沙门，横被囚拘，实非其罪。遂使重关早落，睹狱吏而魂飞；清室晚开，见刑官而思尽。严风旦洒，穿襟与中露俱飘；繁霜夜零，寒心与死灰同殪。若竟不免沟壑，抑亦仁者所耻。"书达，即送裘鞋给之。及事释还乡，三辅名僧送出郭门。会与诸远僧别，诗曰："去住俱为客，分悲损性情。共作无期别，时能访死生。"道俗闻者皆堕泪。时益州法曹裴希仁自矜门学，会与相见，轻有讥诮。会曰："蜀川虽小，贤德如林。汉朝八俊同出，唯张纲埋轮东洛，难曰：'豺狼当路，安问狐狸！'奏诛梁冀，威摄四海者，揵为武阳人也。汉时有问杨子云曰：'李仲堪何如人？'答曰：'隐不违亲，贞不绝俗，天子不臣，诸侯不友者。'资中人也。巴西阆中，百王之仰戢；益州郫县，名振于华夷。明公庶可虚心待国士，岂得以土地拘于人哉！"言讫而出。希仁愧谢，既返，谓人曰："江汉多灵，其斯人也！"以贞观末卒，年七十矣。

释智勤，俗姓朱。隋仁寿因舍利州别置大兴国寺度。少小以匡护为心，每处众发言，无不允睦，精诚勇猛，事皆冥佑。初，母患委顿，为念观音，宅中树叶之上皆现化佛，合家并见，母疾遂除。又，属隋末荒乱，诸贼竞起，勤独守此寺，贼不敢凌，故得寺宇经像一无所损。诸寺湮灭，不可目见。又，一时权着俗衣以避兵刃，被贼围绕而欲杀之，忽闻空中声告："师可去俗衣。"遂除外服，贼见顶礼，请将供养，经于数月后投于蜀，听皓法师讲，众至三千，法师皆委令检校，遂得安怗，内外无事，一人力也。又，至唐初还归邓州，讲维摩、三论十余遍。后隐于北山，倚立十余年，所居三所，即今见存。恒闻谷中钟声，后寻岩岭，忽见一寺，宛丽奇常，入中礼拜，似有人住，如是数度，后更寻觅，莫知所在。又居山内，粮食将尽，其行道之处土自发起，遂除弃之，明日复尔，如是再三。遂有谷现，因即深掘，得粟二十余硕，其粟粒大色赤，稍异凡谷。时邓州佛法陵迟，合州道俗就山礼请，愿出住持，遂感梦而出，其梦不详子细。后时负像出山，中途忽暗，莫知其路，不得前进。俄有异火两炬，照路极明，因得见道，送至村中，火方回灭。村人并见，无不惊异。因出住大兴国，前后诸王、刺史并就寺顶礼，请受归戒，恒以僧尼之事委令检校，佛法光显，吴、蜀远闻。又，至永徽年初，以见时事繁杂，守房不出，向淹三载，读一切经两遍。每读经时，恒见有神来听，初中后夜，常闻弹指謦咳之声。至显庆四年，省符召入慈恩，不就。至其年五月欲终之前，所有功德不周之处，晓夜经构使毕。人问："何故如此匆速？"答曰："无常之法，何可保耶？"至十五日，寺中树木枝叶萎枯，自然分析，禽鸟悲鸣，遍于寺内。僧各惊问，莫知所由。至十六日旦，忽见昔听经神来礼拜，而语云："莫礼，傍人无有见者。"于是剃发披衣，在绳床内手执香炉，跏趺而坐，告诸弟子："汝可取大品经读诵。"至往生品讫，遂合掌坐而卒。停经数日，颜色如旧，恒有异香闻于寺内。合州道俗悲恸难胜，州县官人并送至野。春秋七十四矣。

续高僧传卷第二十四

续高僧传卷第二十五

大唐西明寺沙门释道宣撰

感通上　正传三十三　附见三

魏洛京永宁寺天竺僧勒那漫提传一
魏荥阳沙门释超达传二
魏文成沙门释慧达传三
魏常山衡唐精舍释道泰传四
梁九江东林寺释僧融传五
魏末鲁郡沙门释法力传六
梁蜀土青城山寺释植相传七
梁蜀土潼州沙门释僧林传八
梁荆州沙门释慧简传九
魏凉州沙门释僧朗传十
魏太山朗公谷山寺释僧意传十一
魏太山丹岭寺释僧照传十二
齐相州鼓山释道丰传十三
齐邺下大庄严寺释圆通传十四
齐太原沙门释慧宝传十五
齐邺下宝明寺释僧云传十六
齐梁州薛寺释僧远传十七
周上党元开府寺释慧瑱传十八
隋相州大慈寺释洪献传十九

魏洛京永宁寺天竺僧勒那漫提传一

勒那漫提，天竺僧也，住元魏洛京永宁寺，善五明，工道术。时信州刺史綦母怀文巧思多知，天情博识，每国家营宫室器械，无所不关，利益公私，一时之最。又敕令修理永宁寺，见提有异术，常送饷祇承，冀有闻见。而提视之平平，初无叙接，文心恨之。时洛南玄武馆有一蠕蠕客，曾与提西域旧交，乘马衣皮，时来造寺，二人相得，言笑抵掌，弥日不懈。文旁见夷言，不晓往复，乃谓提曰:“弟子好事人也，比来供承，望师降意，而全不赐一言。此北狄耳，兽心人面，杀生血食，何足可尚，不期对面遂成彼此。”提曰:“尔勿轻他，纵使读万卷书，用未必相过也。”怀文曰:“此所知，当与捔技赌马。”提曰:“尔有何耶？”曰:“算术之能。无问望山临水，县测高深，围圌蹋窖，不舛升合。”提笑而言曰:“此小儿戏耳。”庭前有一枣树极大，子实繁满，时七月初，悉已成就。提仰视树曰:“尔知其上可有几许子乎？”文怪而笑曰:“算者所知，必依钩股标候，则天文地理亦可推测。草木繁耗，有何形兆？计斯实漫言也。”提指蠕蠕曰:“此即知之。”

文愤气不信，即立契赌马。寺僧老宿咸来同看，其立旁证。提具告蠕蠕，彼笑而承之。文复要云："必能知者几许成核，几许烟死无核？"断许既了，蠕蠕腰间皮袋里出一物，似今秤衡，穿五色线，线别贯白珠，以此约树，或上或下，或旁或侧，抽线睒眼，周回良久，向提撼头而笑，述其数焉。乃遣人扑子实下尽，一一看阅，疑者文自剖看，校量子数成不，卒无欠剩，因获马而归。提每见洛下人远向嵩高少室取薪者，自云："百姓如许地担负辛苦，我欲暂牵取二山枕洛水头，待人伐足乃还放去，不以为难。此但数术耳，但无知者诬我为圣，所以不敢。"提临欲终，语弟子曰："我更停五三日，往一处行。汝等念修正道，勿怀眷恋。"便寝疾闭户卧。弟子窃于门隙视之，见提身不着床，在虚仰卧，相告同视，一僧忽欬，提还床如旧，遥谓曰："门外是谁，何不来入？我以床热，故取凉，尔勿怪也。"是后数日便舍命矣。

魏荥阳沙门释超达传二

释超达，未详其氏，元魏中行业僧也，多学问，有知解。帝禁图谶尤急，所在搜访，有人诬达有之，乃收付荥阳狱。时魏博陵公检勘穷劾，达以实告，大怒，以车轮系颈，严防卫之。自知无活路，专念观世音，至夜四更，忽不见车轮所在，见守防者皆大昏睡。因走出外，将欲远避，以久系狱，脚遂挛急，不能及远。行至天晓，虏骑四出追之，达惟逃必不免，因伏草中。骑来蹋草并靡，虽从边过，对而不见，仰看虏面，悉以牛皮障目。达一心服死，至诚称念，夜中虏去，寻即得脱。又，僧明道人，为北台石窟寺主。魏氏之王天下也，每疑沙门为贼，收数百僧，互系缚之。僧明为魁首，以绳急缠，从头至足，克期斩决。明大怖，一心念观音，至半夜觉缠小宽，私心欣幸，精到弥切，及晓索然都断，既因得脱，逃逸奔山。明旦狱监来觅不见，惟有断绳在地，知为神力所加也，即以奏闻，帝信道人不反，遂一时释放。

魏文成沙门释慧达传三

释慧达，姓刘，名窣（苏骨反）和，本咸阳东北三城定阳稽胡也。先不事佛，目不识字，为人凶顽，勇健多力，乐行猎射，为梁城突骑，守于襄阳。父母兄弟三人并存，居家大富，豪侈乡闾，纵横不理。后因酒会，遇疾命终，备睹地狱众苦之相，广有别传，具详圣迹。达后出家，住于文成郡，今慈州东南高平原即其生地矣，见有庙像，戎、夏礼敬，处于治下安民寺中。曾往吴越，备如前传。至元魏太武大延元年流化将讫，便事西返，行及凉州番禾郡，东北望御谷而遥礼之。人莫有晓者，乃问其故，达云："此崖当有像现，若灵相圆备，则世乐时康，如其有阙，则世乱民苦。"达行至肃州酒泉县城西七里石涧中死，其骨并碎，如葵子大，可穿之，今在城西古寺中塑像手上。寺有碑云："吾非大圣，游化为业。"文不具矣。尔后八十七年至正光初，忽大风雨，雷震山裂，挺出石像，举身丈八，形相端严，惟无有首登。即选石命，工雕镌别头，安讫还落，因遂任之。魏道陵迟，其言验矣。逮周元年，治凉州城东七里涧忽有光现，彻照幽显，观者异之，乃像首也，便奉至山岩安之，宛然符会。仪容雕缺四十余年，身首异所二百余里，相好还备，太平斯在。保定元年，置为瑞像寺焉，乃有灯光流照，钟声飞向，相续不断，莫测其由。建德初年像首频落，大冢宰及齐王躬往看之，乃令安处，夜落如故，乃经数十，更以余物为头，终坠于地。后周灭佛法，仅得四年，邻国殄丧，识者察之，方知先鉴，虽遭废除，像犹特立。开皇之始，经像大弘，庄饰尊仪，更崇寺宇。大业五年，炀帝躬往，礼敬厚施，重增荣丽，因改旧额为感通寺焉。故令模写传形，量不可测，约指丈八，临度终异，致令发信，弥增日新。余以贞观之初历游关表，故谒达之本庙，图像俨肃，日有隆敬。自石、隰、慈、丹、延、绥、威、岚等州，并图写其形，所在供养，号为刘师佛焉。因之惩革胡性，奉行戒约者殷矣。见姚道安制像碑。

魏常山衡唐精舍释道泰传四

释道泰，元魏末人，住常山衡唐精舍。梦人谓曰："若至某年当终于四十二矣。"泰弥恶之，及至期年遇重病，甚忧，悉以身资为福。友人曰："余闻供养六十二亿菩萨，与一称观世音同。君何不至心归依，可必增寿。"泰乃感悟，遂于四日四夜专精不绝，所坐帷下忽见光明从户外而入，见观音足趺踝间金色朗照，语泰曰："念观世音耶？"比泰褰帷，顷便不复见，悲喜流汗，便觉轻，所患遂愈。年四十四，方为同意说之。泰后终于天命。更有一僧，其缘同泰，故不疏耳。

梁九江东林寺释僧融传五

释僧融，梁初人，住九江东林寺。笃志泛博，游化已任。曾于江陵劝一家受戒奉佛为业，先有神庙，不复宗事，悉用给施，融便撤取送寺，因留设福。至七日后，主人母见一鬼持赤索欲缚之，母甚遑惧，乃更请僧读经行道，鬼怪遂息。融晚还庐山，独宿逆旅，时天雨雪，中夜始眠，见有鬼兵，其类甚众，中有鬼将带甲挟刃，形奇壮伟。有持胡床者，乃对融前踞之，便厉色扬声曰："君何谓鬼神无灵耶？"速曳下地，诸鬼将欲加手，融默称观世音，声未绝，即见所住床后有一天将可长丈余，着黄皮裤褶，手捉金刚杵拟之，鬼便惊散，甲胄之属碎为尘粉。融尝于江陵劝夫妻二人俱受五戒，后为劫贼引，夫遂逃走，执妻系狱，遇融于路，求哀请救。融曰："惟至心念观世音，更无信余道。"妇入狱后称念不辍，因梦沙门立其前，足蹴令去。忽觉身贯三木自然解脱，见门犹闭，阍司数重守之，计无出理，还更眠，梦见向僧曰："何不早出。门自开也。"既闻即起，重门洞开，便越席而出。东南数里将值民村，天夜暗冥。其夫先逃，夜行昼伏，二忽相遇，皆大惊骇，草间审问，乃其夫也。遂共投商者远避，竟得免难。

魏末鲁郡沙门释法力传六

释法力，未详何人，精苦有志德。欲于鲁郡立精舍，而财不足，与沙弥明琛往上谷乞麻一载，将事返寺，行空泽中，忽遇野火，车在下风，无得免理。于时法力倦眠，比觉而火势已及，因举声称"观"，未逮"世音"，应声风转，火焰寻灭，安隐而还。又沙门法智者，本为白衣，独行大泽，猛火四面一时同至，自知必死，乃合面于地，称观世音，怪无火烧，举头看之，一泽之草纤毫并尽，惟智所伏仅容身耳。因此感悟，出家为道，厉精翘勇，众所先之。又沙门道集，于寿阳西山游行，为二劫所得，缚系于树，将欲杀之，惟念观世音，守死而已。劫引刀屡斫，皆无伤损，自怖而走。集因得脱，广传此事。又沙门法禅等山行逢贼，惟念观音，挽弓射之，欲放不得，贼遂归诚，投弓于地，又不能得，知是神人，舍而逃走，禅等免脱，所在通传。并魏末人。别有观音感应传，文事包广，不具叙之。

梁蜀土青城山寺释植相传七

释植相，姓郝氏，梓橦涪人。当任巴西郡吏，太守郑贞令相赍献物下杨都，见梁祖王公崇敬三宝，便愿出家。及还上蜀，决誓家属，并其妻子既同相志，一时剪落。自出家后，梁大同中专习苦行，一食常坐，正心佛理，以命自期。时南武都，今孝水县，有法爱道人高衒道术，相往观之。爱于夕中自以咒力现一大神，身着衣冠，容相瓌伟，来举绳床，离地四五尺。相便诵戒，神即驰去，斯须复来，举床仅动一角，如前复去。俄尔又来，在相前立，相正意贞白，初无微动，寻尔复去，于屋头现面，舍栋破裂，其声甚大，相亦无惧。神见不动，便来礼拜，求哀忏谢。至旦语爱曰："汝所重者，此是邪术，非正法也，可舍之。"相后往益听讲，以生在边鄙，玄颇涉俗，虽遭轻诮，亡怀在道，都不忤意。又因行路寄宿道馆，道士有素闻相名，恐化徒属，拒不延之。其夜群虎绕院相吼，道士等通夕不安，及明追之，从受菩萨戒焉。又曾行弘农，水侧见人垂钓，相劝止之，不从其言，即唾水中，忽有大蛇擎头，四顾来趣，钓者因即归命，投相出家。时梁道渐衰，而涪土军动，与象法师分飞异域。象入静林山，相入青城山，聚徒集业。梁王萧㧑素相钦重，供给獠民，以为营理。未暇经始，便感重疾，知命不救，谓弟子曰："常愿生净土，而无胜业。虽不生三途，亦不生天堂，还生涪土作沙门也。汝等努力行道，方与吾会。"加坐俨然，奄便迁化，时年四十有四。其山四面獠民见其坐亡，皆来叹异，礼拜供养，改俗行善。弟子衔命，露尸松下。初，相置足于绵州城西柏林寺，院成就，于堂头植梧桐一株，极为繁茂，忽以四月十五日无故叶落。又，维那此日打钟初不发声，大小疑怪，不测所以。上坐僧超，谓有大变，执锡逃避。须臾信报，相已终卒。树枯钟喑，表其迁化之晨也。此寺去青城四百余里，而潜运之感，殆非人谋。梁初又有道香、僧朗，并有神异，其迹略同，志公之类矣。

梁蜀土潼州沙门释僧林传八

释僧林，吴人，深有德素，行能动物。梁大同中，上蜀至潼州。城西北百四十里有豆圌山，上有神祠，土民敬之，每往祭谒。林往居之，禅默累日，忽有大蟒萦绳床前，举头如揖让者，林为授三归，受已便去，因尔安怗，卒无灾异。其山北涪水之阳素来无猿，自林栖托已来，便有两头依林而住。有初见者云度水来，及后林出山门，猿还洄度，如此非一。年月淹久，孚乳产生，乃有数十。有时送林至龙门口，伫望而返。后往赤水岩故寺中，屋宇并摧，止有丛林，便即露坐。有虎蹲于林前，低目视林，乃为说法，良久便去。尔后孤游雄，悍不避恶狩。常行仁济，感化极多。末卒于潼部。

梁荆州沙门释慧简传九

释慧简，不知何许人。梁初在道，戒业弘峻，殊奇胆勇。荆州厅事东，先有三间别斋，由来屡多鬼怪。时王建武临治，犹无有能住者，惟简是王君门师，专任居之，自住一间，余安经像。俄见一人黑衣无目，从壁中出，便倚简门上。时简目开心了，但口不得语，意念观世音。良久，鬼曰:“承君精进，故来相试。今神色不动，岂复逼耶？”欻然还入壁中。简徐起，澡漱礼诵讫，还如常眠寐，梦向人曰:“仆以汉末居此数百年，为性刚直，多所不堪。君诚净行好人，特相容耳。”于此遂绝。简住积载，安隐如初，若经他行，犹无有人能住之者。

魏凉州沙门释僧朗传十

释僧朗，凉州人。魏虏攻凉城，民素少，乃逼斥道人用充军旅，队别兼之。及轒辒所拟，举城同陷，收登城僧三千人。至军将见魏主所，谓曰：“道人当坐禅行道，乃复作贼。深当显戮，明日斩之。”至期食时，赤气数丈，贯日直度。天师寇谦之为帝所信，奏曰：“上天降异，正为道人，实非本心，愿不须杀。”帝弟赤竖王亦同谦请，乃下敕止之，犹虏掠散配役徒，唯朗等数僧别付账下。及魏军东还，朗与同学中路共叛，阵防严设，更无走处，东西绝壁，莫测浅深，上有大树，旁垂崖侧，遂以鼓旗竿绳系树悬下。时夜大暗，崖底纯棘，无安足处，欲上岸头，复恐军觉，投计憧遑，捉绳悬住，势非支久。共相谓曰：“今厄至矣，惟念观世音耳。”便以头扣石，一心专注。须臾，光明从日处出，通照天地，乃见棘中有得下处，因光至地，还忽暗冥，知是神也，相庆感遇，便就以眠。良久方晓，始闻军众警觉。将发，而山谷万重，不知出路，惟望日行。值一大虎出在其前，相谓曰：“虽脱虏难，复入虎口。”朗曰：“不如君言，正以我等有感，所以现光。今遇此虎，将非圣人示路也？”于是二人径诣，虎即前行，若朗小迟，虎亦暂住，至晓遂得出路，而失虎所在。便随道自进，七日达于仇池，又至梁汉，出于荆州。不测其终。

魏太山朗公谷山寺释僧意传十一

释僧意，不知何人，贞确有思力，每登座讲说，辄天花下散，在于法座。元魏中，住太山朗公谷山寺聚徒教授，迄于暮齿，精诚不倦。寺有高骊像、相国像、胡国像、女国像、吴国像、昆仑像、岱京像，如此七像并是金铜，俱陈寺堂，堂门常开，而鸟狩无敢入者，至今犹尔。故灵裕像赞云：“应感而来，诚无指属。”岂神通冥着、理隔寻常之议乎！意奉法自资，束躬供养。将终前夕，有一沙弥死来已久，见拜云：“违奉已来，常为天帝驱使，栖遑无暇，废修道业。不久天帝请师讲经，愿因一言得免形苦。”意便洗浴烧香，端坐静室，候待时至。及期，果有天来，入寺及房，冠服羽从，伟丽殊特。众僧初见，但谓是何世贵人山参谒，不生惊异，及意尔日无疾而逝，方知灵感。其都讲住在光州，自余香火呗匿散在他邑，后试检勘，皆同日而终焉。有说云僧意、志湛即朗公同侣，前传阙之，故今缉缀。湛得初果，其塔见存，在泰山灵岩寺侧，见别传。

魏太山丹岭寺释僧照传十二

释僧照，未详氏族，住泰山丹岭寺。性虚放，喜追奇，每闻灵迹谲诡，无不登践。承瀑布之下多诸洞穴，仙圣攸止，以魏普泰年行至荣山，见飞流下有穴，因穴随入，行可五六里便出穴外，逐微径东北上数里，得石渠，阔两三步，水西流，清而且彻，带渠药草，延蔓委地。渠北有瓦舍三口，形甚古陋，庭前谷穗纵横，鸟雀残食。东头屋里有数架黄帙，中间有铁臼两具，亦有釜器，并附游尘，都无炊爨之迹。西头屋内有一沙门，端坐俨然，飞尘没膝，四望惟见茂林悬涧，非复人居。须臾逢一神僧，年可六十，眉长丈余，盘挂耳上。相见欣然如旧，问所从来，自云："我同学三人来此避世，一人外行未返，一人死来极久，似入灭定，今在西屋内，汝见之未？今日何姓为主？"答是魏家，僧云："魏家享国已久，不姓曹耶？"照云姓元，僧曰："我不知。"遂取谷穗，捣之作粥，又往林中叶下取梨枣，与之令啖。僧云："汝但食，我不噉此。"又问诵何经，照云："诵法华。"神僧颔头曰："大好精进业。今东屋格上如许经，并自诵之，欲得闻不？"照合掌曰："惟敢闻命。"彼遂部别诵之，声气朗彻，乃至通夜。照苦睡，僧曰："但睡，我自恒业耳。"达日不眠，更为造食。照谢曰："幸得奉谒，今且暂归，寻来接事。"僧亦不留，但言："我同学行去，汝若值者，大有开悟，恨不见之。既言须归，好去！"照寻路得还，结侣重往，瀑布与穴，莫测其处。今终南诸山亦有斯事，既多余涉，不无其理云。

齐相州鼓山释道丰传十三

释道丰，未详氏族，世称得道之流。与弟子三人居相州鼓山中，不求利养，或云练丹黄白，医疗占相，世之术艺，无所不解。齐高往来并、邺，常过问之，应对不思，随事标举。帝曾命酒并蒸肫，敕置丰前，令遣食之，丰聊无辞让，极意饱啖，帝大笑，亦不与言。驾去后，谓弟子曰："除却床头物。"及发撤床，见向者蒸肫犹在，都不似啖嚼处。时石窟寺有一坐禅僧，每日至西，则东望山巅有丈八金像现。此僧私喜，谓睹灵瑞，日日礼拜。如此可经两月，后在房卧，忽闻枕间有语谓之曰：“天下更何处有佛，汝今道成，即是佛也。尔当好作佛身，莫自轻脱。”此僧闻已，便起特重，傍视群僧犹如草芥，于大众前侧手指胸云：“尔辈颇识真佛不？泥龛画像，语不能出唇，智虑何如？尔见真佛不知礼敬，犹作本日欺我，悉堕阿鼻。”又眼精已赤，叫呼无常，合寺知是惊禅。及未发前舆诣丰所，径即谓曰：“汝两月已来常见东山上现金像耶？”答曰：“实见。”又曰：“汝闻枕间遣作佛耶？”答曰：“实然。”丰曰：“此风动失心耳，若不早治，或狂走难制。”便以针针三处，因即不发。及丰临终，谓弟子曰：“吾在山久，令汝等有谷汲之劳。今去无以相遗，当留一泉与汝。既无陟降辛苦，努力勤修道业。”便指灶旁去一方石，遂有玄泉澄映，不盈不减，于今见存。

齐邺下大庄严寺释圆通传十四

释圆通，不知氏族。少出家，泛爱通博，以温敏见称。住邺都大庄严寺，研讽涅槃，文旨详核。以高齐武平四年夏中，讲下有一客僧，形服疏素，履操弘雅，因疾乃投诸寺中。僧侣以其所患缠附，臭气熏勃，皆恶之，无敢停者。通观其量识宏远，深异其度，乃延之房中，虽有秽污，初无轻惮，日积情款，薄通其意。问何所学，答曰涅槃。通以素业相沿，宛然若旧，乃以经中深要及先德积迷未曾解者，并叙而谈之，客僧亦同其所引，更为章句，判释冷然，雅有其致。通欣于道合，更倍由来，经理汤药，晓夕相守。曾于夜中持春酒一盏云：“客人寄患，服此为佳。”客遂颦眉饮之，一咽便止，夏了病愈，便辞通去。通曰：“今授衣将逼，官寺例得衣赐，可待三五日间，当赠一袭寒服。”客云：“藉乱不少，何容更烦！”通固留之，作衣遗已，临别执通手诫曰：“修道不欺暗室。法师前以酒见及，恐伤来意，非正理也。从今已往，此事宜断。颇曾往鼓山石窟寺不？小僧住下舍小寺，正在石窟北五里，当绕涧，驿东有一小谷，东即竹林寺。有缘之次，念相访也。”通敬谢前诫，当必往展，于是而别。至明年夏初，以石窟山寺，僧往者希，遂减庄严、定国、兴圣、总持等官寺百余僧为一番。通时尔夏预居石窟，意访竹林，乃大集客主，问寺所在，众皆大笑，诫通“勿传此妖言，竹林竟无适，莫乃流俗之恒传耳”。通惟客僧见投，非常款遇，言及斯事，计非虚指。众亦异焉，乃各赍香花，与通俱行。至寺北五里，小谷东出，劣通人径。行可五里，升于山阜，见一老公，手巾袜额，布裩短褐，执镢开荒二十余亩。遥见群僧，放马而前曰：“何处道人？不依径路。”僧云：“住在石窟，欲向竹林。”公大怒，曰：“去年官寺放马啖我生苗，我儿遮护，被打几死。今复将此面目来耶！”曳镢来逐，群僧十余望谷驰走。独不逐通，语通曰：“是尔，干健不返，放使入山喂虎。”通即东出，数里值一曲涧，浅而森茂，寻涧又东，但闻南岭上有讽咏之声。通问竹林所在，应声答曰：“从何处来，岂非圆通法师乎！”通曰：“是矣。”遂披林逾险就通，略叙离阔，喜满言情，曰：“下山小寺，僧徒乌合，心性动止，多不称具瞻。虽然，已能降重，终须到寺。”相进数里，忽见双阙高门，长廊复院，修竹干云，青松蔽日，门外黑漆槽长百余尺，凡有十行，皆铺首衔环，金铜绮饰，贮以粟豆，旁有马迹，而扫洒清净。乃立通门左，告云：“须前咨大和上。”须臾引入，至讲堂西轩廊下，和上坐高床，侍列童吏五六十人。和上年可九十许，眉面峰秀，状类梵僧，凭案理文书，旁有过事者。通礼谒却立，和上命曰：“既住官寺，厚供难舍，何能自屈此寺？诚无可观。”通具述意故，乃令安置，将通巡房礼讯，见两房僧各坐宝帐，交络众饰，映夺日光。语引僧云：“彼是何人？辄敢来入。”振手遣去。僧有惭色，顾谓通曰：“情意不同，令人阻望。且就小僧住房，可以消息。”乃将入室，具叙昔缘，并设中食，食如邺中常味。食后引观，图像庄严，园池台阁，周游历览，不可得遍。通因自陈曰：“傥得厕迹风尘，常供扫洒，生愿毕矣。”僧曰：“相逢即以为意，但须咨和上，未知果不。”夜与通宿，晓为咨白，和上曰：“甚知来意，不惜一房。凡受官请，为报不浅，依如僧法，不得两处生名。今且还去，除官名讫，来必相容。勿以为恨。”即遣送出，至马槽侧，顾慕流泪，自伤罪重，不蒙留住。执僧手别，西行百步，回望犹见门阙俨然，步步返望，更行数里许，欻见峰崿巉岩，非复寺宇。怅望寻路，行达开荒之地，了无踪绪，但有榛木耳。识者评云：前者举镢驱僧，假为神怪，令通独进，示现有缘耳。言大和上者，将不是宾头卢耶？入大乘论，尊者宾头卢、罗睺罗等十六诸大声闻，散在诸山渚中；又于余经亦说九十九亿大阿罗汉皆于佛前取筹，住寿于世，并在三方诸山海中守护正法。今石窟寺僧每闻异钟呗响洞发山林，故知神宫仙寺不无其实。余往相部寻鼓山焉，在故邺之西北也，望见横石，状若鼓形，俗谚云：“石鼓若鸣，则方隅不静。”隋末屡闻其声，四海沸腾，斯固非妄，左思魏都云“神钲迢递于高峦，灵响时警于四表”是也。自神武迁邺之后，因山上下并建伽蓝，或樵采陵夷，工匠穷凿，神人厌其喧扰，捐舍者多，故近代登临，罕逢灵迹。而传说竹林，往往殊异，良由业有精浮，故感见多矣。近有从鼓山东面而上，遥见山巅大道，列树青松，寻路达宫，绮华难纪，珍木美女，相次欢娱，问其丈夫，皆云：“适往少室，逼暮当还。”更进数里，并是竹林，寻径西行，乃得其寺。众僧见客，欢遇承迎，供给食饮，指其归路，乃从山西北下，去武安县不过十数里也。暨周武平齐，例无别服。邺东夏坊有给事郭弥者，谢病归家，养素闾巷，洽闻内外，慈济在怀，先废老僧，悉通收养。宅居读诵，忽闻有扣门者，令婢看之，见一沙门执锡擎钵，云：“贫道住鼓山竹林寺，逼时乞食。”弥近门声接，乃遥应曰：“众僧但言乞食，何须诈圣。”身自往观，四寻不见，方知非常人也，悔以轻肆其口，故致圣者潜焉。近武德初年，介山抱腹岩有沙门慧休者，高洁僧也。独静修禅，忽见神僧三人在佛堂侧，休怪之，谓寻山僧也，入房取坐具，将往礼谒。及后往诣，神僧中小者抱函在前，大者在后，乘虚冉冉南趣高岭，白云北迎，霭蔼不见。后经少时，又见一僧东趣岩壁，休追作礼，遂入石中。此岩数有钟鸣，依时而扣，虽蒙声相，不及言令。斯亦感见参差，不可一准。大略为言，岩穴灵异，要惟虚静，必事喧杂，希闻奇相矣。

齐太原沙门释慧宝传十五

释慧宝，氏族未详，诵经二百余卷，德优先达，时共知名。以齐武平三年从并向邺，行达艾陵川失道，寻径入山，暮宿岩下。室似人居，迥无所见，宝端坐室前，上观松树，见有横枝悬磬，去地丈余。夜至二更，有人身服草衣，自外而至，口云：“此中何为有俗气。”宝即具述设敬，与共言议。问宝即今何姓统国，答曰：“姓高氏。号齐国。”宝问曰：“尊师山居早晚？”曰：“后汉时来。长老得何经业？”宝恃己诵博，颇以自矜。山僧曰：“修道者未应如此。欲闻何经，为诵之。”宝曰：“乐闻花严”。僧即少时诵之便度，声韵谐畅，非世所闻；更令诵余，率皆如此。宝惊叹曰。何因大部经文倏然即度。报曰。汝是有作心。我是无作心。夫忘怀于万物者，彼我自得矣。”宝知为神异也，求哀乞住。山僧曰：“国中利养，召汝何能自安！且汝情累未遣，住亦无补。”至晓便舍去。宝遂返寻行迹，达邺叙之。

齐邺下宝明寺释僧云传十六

释僧云，不知何人也。辩聪词令，备明大小，崇附斋讲，恒以常住。齐邺盛昌三宝，云著名焉，住宝明寺，襟带众理。以四月十五日临说戒时，众并集堂，云居上首，乃白众曰：“戒本防非，人人诵得，何劳烦众数数闻之。可令一僧竖义，令后生开悟。”云气格当时，无敢抗者，咸从之。讫于夏末，常废说戒，至七月十五日旦将升草坐，失云所在。大众以新岁未受，交废自恣，一时崩腾，四出追觅，乃于寺侧三里许于古冢内得之，遍体血流，如刀割处。借问其故，云：“有一丈夫执三尺大刀厉色瞋云：‘改变布萨，妄充竖义。’刀脍身形，痛毒难忍。”因接还寺，竭情忏悔，乃经十载，说戒布萨，读诵众经，以为常业。临终之日，异香迎之，神色无乱，欣然而卒。时感嘉其即世惩革，不坠彝伦云。

齐梁州薛寺释僧远传十七

释僧远，不知何人，住梁州薛寺。为性疏诞，不修细行，好追随流荡，欢燕为任。以齐武平三年梦见大人切齿责之曰：“汝是出家人，面目如此，犹纵造恶，何不取镜自照？”远忽觉，悸流汗，至晓以盆水自映，乃见眼边乌黯，谓是垢汗，便洗拭之，眉毛一时随手落尽。因自咎责，奈遭此谴，遂改革常习，反形易性，弊衣破履，一食长斋，遵奉律仪，昏晓行悔，悲泪交注。经一月余日，又梦前人含笑谓曰：“知过能改，是谓智乎！赦汝前愆，勿复相续。”忽惊喜而觉，流汗遍身，面目津润，眉毛渐出。

远频感两报，信知三世，自后竭精奉法，中不暂怠，卒为练行僧也。乡川所归，终于本土。

周上党元开府寺释慧瑱传十八

释慧瑱，上党人。奉律齐真，贞确难拔。住郡内元开府寺，独静一房，禅忏为业。会周建德六年国灭三宝，瑱抱持经像，隐于深山。遇贼欲劫之，初未觉也。忽见一人形长丈余，美须面，着纱帽，衣青袍，九环金带，吉莫皮靴，乘白马朱鬃，自山顶径至瑱前，下马而谓曰："今夜贼至，师可急避。"瑱居悬崖之下，绝无余道，疑是山神，乃曰："今佛法毁灭，贫道容身无地，故来依投檀越。今有贼来，正可于此取死，更何逃窜！"神曰："师既远投弟子，弟子亦能护师，正尔住此。"遂失所在。当夜忽降大雪，可深丈许，遂免贼难。后群贼更往，神遂告山下诸村曰："贼欲劫瑱师，急往共救。"乃各持器仗入山，路中相遇，拒击惊散。从此每日瑱恒凭之安业山阜。不侧其卒。

隋相州大慈寺释洪献传十九

释洪献，邺人。少履道门，早明律检，听涉劳顿，遂两目俱暗。住相州大慈寺，既无前导，常处房中，礼诵为先，不辍晨夕。开皇十四年，忽感一神自称般若檀越，来从受戒，数致谈话。同房僧纲禅师上堂中食，般若乃将纲一幞衣来係献，云："劳陈法事，利益不少，辄奉衣物，愿必受之。"献纳于柜中。后纲食还，怪失衣幞，搜求寺内，乃于献所得之。具以告语，纲终不信。神遂发撤纲房，衣物被案，狼藉满庭，竿扇秤尺，摧折数段。神于空中语曰："僧纲不好设斋会供养三宝，我会祸汝未央。"献虽目冥，乃与般若言及，事同目睹。神语献曰："伴众极多，悉在紫陌河上。惟三十人相随，可令寺家设食。"众僧便于西院会之，神曰："大好饮食，劳费师等。虽然，僧纲不赴斋供，后会使知。"纲无奈之何，恐迫不已，便私费财物营诸斋福。般若乃曰："既能行福，今相放矣。"仍以绢两匹付献，云："当以一匹施大众，一匹赠纲师。"献对众受得，具皆闻见，仍依付领。于后弥勤本业，遂卒于所住。

隋东川沙门释慧云传二十（傅大士）

释慧云，范阳人。十二出家游听为务。年十八，乘驴止于叔家。叔睹其驴快，将规害之，适持刀往，见东墙下黄衣人扬拳逆叱曰:“此道人方为通法大士，何敢害也！”叔惧告妇，妇曰:“君心无刚，正眼花所致耳。”闻已复往，又见西墙下黄衣人云:“勿杀道人，若杀，大祸交及。”叔怖乃止。明旦辞往姊家，叔又持刀送之，告云曰:“此路幽险，故送度难。”云在前行，正在深阻，叔在其后，挥刀欲斫，忽见姊夫在旁，竟免加害，云都不知也。开皇中周流餐挹，具瞻经论，名高东夏，荣冠一时。后领徒五百来过叔氏，叙见当衢阐化，深惟昔衅，乃奉绢十匹。夫妻发露，云始知之，乃为说法治断，安然无恨。常以此事戒诸门人曰:“吾昔不乘好物，何事累人？自预学徒，必无华饰，且得支身，成诵于口也。”后不测其终。陈宣帝时，东阳郡乌伤县双林大士傅弘者，体权应道，蹑嗣维摩。时或分身，济度为任，依止双林，导化法俗。或金色表于胸臆，异香流于掌内，或见身长丈余，臂过于膝，脚长二尺，指长六寸，两目明亮，重瞳外耀，色貌端峙，有大人之相。梁高拨乱弘道，偏意释门，贞心感被，来仪贤圣。沙门宝志发迹金陵，然斯傅公双林明道，时俗唱言，莫知其位。乃遣使赍书赠梁武曰:“双林树下当来解脱善慧大士敬白国主救世菩萨：今条上中下善，希能受持。其上善者，略以虚怀为本，不着为宗，亡相为因，涅槃为果。其中善，略以持身为本，治国为宗，天上人间，果报安乐。其下善，略以护养众生。”帝闻之，延住建业，乃居钟山下定林寺。坐荫高松，卧依盘石，四澈六旬，天花甘露，恒流于地。帝后于华林园重云殿开般若题，独设一榻，拟与天旨对杨。及玉辇升殿，而公晏然箕坐，宪司讥问，但云:“法地无动，若动则一切不安。”且知梁运将尽，救愍兵灾，乃然臂为炬，冀攘来祸。至陈太建元年夏中，于本州右胁而卧，奄就升遐。于时隆暑赫曦，而身体温暖，色貌敷愉，光采鲜洁，香气充满，屈申如恒。观者发心，莫不惊叹，遂合殓于岩中，数旬之间，香花散积，后忽失其所在。往者不见，号慕转深，悲恋之声，恸噎山谷（陈仆射徐陵为碑铭见类文）。

隋鄂州沙门释法朗传二十一

释僧朗，一名法朗，俗姓许氏，南阳人。年二十余，欣欲出家，寻预剃落，栖止无定，多住鄂州。形貌与世而殊，有奇相，饮啖同俗，为时共轻。常养一猴一犬，其状伟大，皆黄赤色，不狎余人，惟附于朗，日夕相随，未曾舍离。若至食时，以木盂受食，朗啖饱已，余者用喂。同器食讫，猴便取盂戴之，骑犬背上，先朗而行，人有夺者，辄为所咋。朗任犬盘游，略无常度。陈末隋初，行于江岭之表，章服粗弊，威仪越序，杖策徒行，护养生命。时复读诵诸经，偏以法花为志，素乏声哢，清靡不丰，乃洁誓诵之，一坐七遍，如是不久，声如雷动，知福力之可阶也。其诵必以七数为期，乃至七十、七百、七千，逮于七万，声韵谐畅，任纵而起，其类筝笛，随发明了。故所诵经时，旁人观者视听皆失，朗唇吻不动，而啭起咽喉，远近亮澈，因以著名。然臂脚及手，申缩任怀，有若龟藏，时同肉聚。或往酒席，同诸燕饮，而嚼嚼猪肉，不测其来。故世语曰："法华朗，五处俱时缩，猪肉满口颡。"或复巡江洄溯，拱手舟中，猴犬在旁，都无舣棹，随意所往，虽凌犯风波，晌息之间便达所在。有比丘尼为鬼所著，超悟玄解，统辩经文，居宗讲导，听采云合，皆不测也，莫不赞其聪悟。朗闻曰："此邪鬼所加，何有正理，须后捡挍。"他日清旦，猴犬前行，径至尼寺。朗随往到，礼佛绕塔，至讲堂前，尼犹讲说，朗乃厉声呵曰："小婢！吾今既来，何不下座！"此尼承声崩下，走出堂前，立对于朗，从卯至申，卓不移处，通汗流地，默无言说。问其慧解，奄若聋痴，百日已后，方服本性。其降行通感，皆此类也。大业末岁，犹未尘飞，而朗口惟唱贼，朝夕不息。官人惧以惑众，遂幽而杀之。襄阳法琳素与交游，奉其远度，因事而述，故即而叙之。

隋蜀部灌口山竹林寺释道仙传二十二

释道仙，一名僧仙，本康居国人。以游贾为业，往来吴、蜀、江、海上下，集积珠宝，故其所获赀货乃满两船，时或计者，云直钱数十万贯。既瑰宝填委，贪附弥深，惟恨不多，取验吞海。行贾达于梓州新城郡牛头山，值僧达禅师说法曰："生死长久，无爱不离，自身尚尔，况复财物。"仙初闻之，欣勇内发，深思惟曰："吾在生多贪，志慕积聚。向闻正法，此说极乎。若失若离，要必当尔。不如沈宝江中，出家离着，索然无扰，岂不乐哉！"即沈一船深江之中，又欲更沈，众共止之，令修福业。仙曰："终为纷扰，劳苦自他。"即又沈之，便辞妻子。又见达房凝水滉漾，知入水定，信心更重，投灌口山竹林寺而出家焉。初落发日，对众誓曰："不得道者，终不出山。"即迥绝人踪，结宇岩曲，禅学之侣相次屯焉。每览经卷始开，见佛在其处，无不哽咽："我何不值？但见遗文。"而仙挺卓不群，野栖禽狩。或有造问学方者，皆答对善权，冥符正则。自初入定，一坐则以四五日为恒唯，客到其门，潜然即觉，起共接语，若无人往，端坐静室，寂若虚空。有时预告明当有客至，或及百千，皆如其说，曾无缺长。梁始兴王淡褰帷三蜀，礼以师敬，携至陕服沮曲。以天监十六年至青溪山，有终焉志也，便剃草止客绳床。于时道馆崇敞，巾褐纷盛，屡相呵斥，甚寄忧心焉，仙乃宴如，曾无屑意。一夕，道士忽见东岗火发，恐野火焚害仙也，各执水器来救，见仙方坐大火，猛焰洞然，咸叹火光神德。道士李学祖等舍田造像，寺塔欻成，远近归信，十室而九。州刺史鄱阳王恢躬礼受法。天监末，始兴王冥感，于梁泰寺造四天王，每六斋辰常设净供。仙后赴会，四王顶上放五色光，仙所执炉自然烟发。太尉陆法和昔微贱日，数载在山，供仙给使，僧有肆责者，仙曰："此乃三台贵公，何缘骂辱？"时不测其后贵也，和果遂升衮服。仙或劳疾，见缥衣童子从青溪水出，碗盛妙药，跪而进服，无几便愈。居山二十八年，复游井络，化道大行。时遭酷旱，百姓请祈，仙即往龙穴，以杖扣门，数曰："众生忧苦，何为嗜睡如此？"语已，登即玄云四合，大雨滂注。民赖斯泽，咸来祷赛，钦若天神。有须舍利即为祈请，应念即至，如其所须。隋蜀王秀作镇岷络，有闻王者，寻遣追召，全不承命。王勃然动色，亲领兵仗往彼擒之，必若固踪，可即加刃。仙闻兵至，都无畏惧，索僧伽梨被已，端坐念佛。王达山足，忽云雨杂流，雹雪崩下，水涌满川，藏军无计。事既窘迫，乃遥归忏礼，因又天明雨霁，山路清夷，得至仙所。王躬尽敬，便为说法，重发信心，乃邀还成都之静众寺，厚礼崇仰，举郭恭敬，号为仙阇梨焉。开皇年中返于山寺，道路自净，山神前扫。一夜，客僧止房，仙往曳出，房因即倒。年百余岁端坐而卒，仍葬彼山。益州今犹有木景白迭尚存，云是圣人仙。阇梨许。

陈摄山栖霞寺释慧峰传二十三

释慧峰，不知何人。住栖霞寺，听诠公三论，深悟其旨，最为得意，名价遐布，众所推美。诠每云："峰之达解思力，吾不及也。以吾年老，且复相依。"峰游心正理，身范律仪，摄静松林，日惟一食，衣服粗素，略无寸积，顾步锵锵，雅有风彩。未出都，偏弘十诵，赞诱前修，听者如市。有问云："今学大乘，如何讲律？"峰云："此致非汝所知。岂学正法，而大小相乖乎？"以陈天嘉年卒，春秋六十。临终告弟智琨曰："吾去处悬远，非汝所知。"终后屈一指，将之虽伸还屈，时议谓证初果。

隋苏州重玄寺释慧岩传二十四

释慧岩，住苏州重玄寺，相状如狂，不修戒检，时人不齿。多坐房中，不同物议，忽独欢笑戏于寺中，以物指㧑曰："此处为殿，此处为堂。"乃至廊庑厨库，无不毕备。经可月余，因告僧曰："欲知岩者，浮图铃落，则亡没矣。"至期果然，乃返锁其房，捶户开之，端坐已卒。远近闻之，屯赴阗阓，各舍金帛，遂成大聚，依言缔构，郁成名寺，事皆符焉。自终至今四十余载，犹如存在，见处佛堂，用通礼谒云。

隋东都宝杨道场释法安传二十五（法济）

释法安，姓彭，安定鹑孤人。少出家，在太白山九陇精舍慕禅为业，粗食弊衣，卒于终老。开皇中来至江都，令通晋王，时以其形质矬陋，言笑轻举，并不为通。日别门首，喻遣不去，试为通之。王闻召入，相见如旧，便住慧日，王所游履，必赍随从。及驾幸泰山，时遇渴乏，四顾惟岩，无由致水，安以刀刺石，引水崩注，用给帝王。时大嗟之问何力耶？答“王力也”。及从王入碛，达于泥海，中应遭变，皆预避之，得无损败。后往泰山，神通寺僧来请檀越，安为达之，王乃手书寺壁为弘护也。初与王入谷，安见一僧着弊衣乘白驴而来，王问何人，安曰：“斯朗公也。”即创造神通，故来迎引。及至寺中，又见一神状甚伟大，在讲堂上，手凭鸱吻，下观入众。王又问之，答曰：“此太白山神，从王者也。”尔后诸奇，不可广录。大业之始，帝弥重之，威轹王公，见皆屈膝，常侍三卫，奉之若神。又往名山召诸隐逸，郭智辩、释志公、证公、杯度，一时总萃慧日，道艺二千余人，四事供给，资安而立。又于东都为立宝杨道场，惟安一众居中树业。至十一年春四方多难，无疾而终所住，春秋九十八矣。初将终前，告帝后事：“安其亡后百日，火起出于内宫，弥须慎之。”及至寒食，油沸上焚，夜中门闭，三院宫人一时火死，帝时不以为怪。送柩太白，资俸官给。然安德潜于内，外同诸侣，惟眠不施枕，颈无委曲，延颈床边，口流涎溜每至升许为异。时有释法济者，通微知异僧也。发迹陈世。及隋二主，皆宿禁中，妃后杂住。精进寡欲，人罕登者。文帝长安为造香台寺。后至东都，造龙天道场，帝给白马，常乘在宫。如有疹患，咒水饮之，无不必愈。又能见鬼物，预睹未然。大业四年，忽辞上曰：“天命不常，复须后世，惟愿弘护，荷负含生。”便尔坐卒。剃发将殓，须臾发生，长半寸许。帝曰：“禅师灭定，何得理之？”索大钟打之一月余日，既不出定，身相如生。天子废朝，百官素服，敕送于蒋州，吏力官给，行到设斋，物出所在。东都王公以下为造大幡四十万口，日斋百僧，至于七七。人别日傣二十五段，通计十余万匹。斯并荷其福力，故各倾散家珍云。

隋蒋州大归善寺释慧侃传二十六

释慧侃，姓汤，晋陵典河人也。少受学于和阇梨。和灵通幽显，世莫识其浅深。而翘敬尊像，事同真佛，每见立像，不敢前坐，劝人造像，惟作坐者。道行遇诸因厄，无不救济。或见被缚之猪，和曰：“解脱首楞严。”猪寻解缚，主因放之。自尔偏以慈救为业。大众集处，辄为说法，皆随事赞引，即物成务，众无不悟而归于道。末往邺下，大弘正法，归向之徒，至今流咏。临终在邺，人问其所获，云得善根成熟耳。侃奉其神化，积有年稔，众知灵异，初不广之。后往岭南，归心真谛，因授禅法，专精不久，大有深悟。末住栖霞，安志灵静，往还自任，不拘山、世。时往杨都偲法师所，偲素知道行，异礼接之。将还山寺，请现神力，侃云："许复何难。"即从窗中出臂长数十丈，解齐熙寺佛殿上额将还房中，语偲云："世人无远识，见多惊异，故吾所不为耳。"以大业元年终于蒋州大归善寺，春秋八十有二。初侃终日，以三衣幞遥挽堂中，自云："三衣还众僧，吾今死去。"便还房内，大众惊起追之，乃见白骨一具跏坐床上，就而撼之，铿然不散。

唐京化度寺释转明传二十七

释转明，俗姓鹿氏，未详何许人。形服僧仪，貌非弘伟，容止淡然，色无喜愠。以隋大业八年无何而来，居住洛邑，告有贼起，及至覆检，宗绪莫从。帝时惑之，未能加罪，权令收禁，初不测其然也。至明年六月，果逢枭感作逆，驱逼凶丑，充斥东都，诛戮极甚，方委其言有据，下敕放之。而明虽被拘散，情计如常，与诸言议，曾无所及。会帝往江都，行达偃师，时狱中死囚，数有五十，克时斩决。"明日吾当放此死厄"，即往狱所，假为饷遗，面见诸囚，告曰："明日车驾当从此过，尔等一时大呼，云有贼至。若问所由，云吾所委，当免死矣。"及至期会，便如所告，敕乃总放诸囚。收明入禁，便大笑而受之，都无忧惧。于斯时也，四方草窃，人不聊生，如明语矣。大业末岁，犹被拘絷，越王践祚，方蒙释放。虽往还自在，而恒居干阳门内，别院供拟，恐其潜逸，密遣三卫私防护之。及皇泰建议，军国谋猷，恒预帷幄，筹计利害。伪郑世充，倍加信奉，守卫严设，又兼恒度。至开明二年，即唐武德三年也，明从洛宫安然而出，周围五重，初不见迹。审伪都之将败也，西达京师，太武皇帝夙奉音问，深知神异，隆礼敬之，敕住化度寺。数引禁中，具陈征应，及后事会，咸同合契。以其年八月忽然不见，衣资什物俨在房中。寻下追征，合国周访，了无所获。寻明在道，行涉冥祥。有问学者，乃云："常以平等一法，志而奉之。”顾其游步四朝，贵贱通属，以明道冠幽极，皆往师之。而情一荣枯，实遵平等。而言调谲诡，不伦和韵，或云：“某法师者见谤大乘，生报无择。某法师者从羊中来。”如此授记，其例不一。行至总持，顾僧众曰：“不久此等当流血矣，宜共慎之。”时以为卓异，共怪轻诞，及遭法该等事，寻被簿录，戮之都市，方悔前失。隋末有鲍子明者，未详何人。炀帝远召艺僧，遂沾慧日。而历游寺院，不止房堂，随夜即宿，略无定所。既请官供，曾不临赴，不着三衣，而服裙帔。或惊叫漫走，言无准度。大业九年，以绯裹额唱贼而走，时人以为征兆也。及枭起逆，诸军并着屯项袹頞如其相焉。咸围东都，召问通塞，遂恶骂曰：“贼害天下，何有国乎！”帝时在涿郡，闻之大悦，召而劳遣。明又以箕盛土，当风扬之，后覆枭感逆党，并被诛剪长夏门外，日别几千，远应斯举。大业十年，无故卒于洛邑。

唐安州沙门贾逸传二十八

贾逸者，不知何人。隋仁寿初游于安陆，言戏出没，有逾符谶，形服变改，时或缁素。后于一时分身诸县，及至推验，方敬其德。行迹不经，而为无识所耻。有方等寺沙门慧皓者，学行通博，逸因过之，以纸五十幅施云：“法师由此得解耳。”初不测其所因也，后有诤起，凮被引禁，官司责问，引辩而答，纸尽事了，如其语焉。故征应所指，例如此也。末至一家，云：“承卿有女，欲为婚媾。”因往市中唱令告乞云：“他与我妇，须得礼赠，广索钱米，克日成就。”数往彼门，扬声陈述，女家羞耻，遂密杀之，埋在粪下。经停三日，行游市上，逢人言告被杀之事。大业五年，天下清晏，逸与诸群小戏于水侧，或骑桥槛，手拼之云：“拗羊头，捩羊头。”众人倚看，笑其所作，及江都祸乱，咸契前言。不知所终。时蜀郡又有扬佑师者，佯狂岷络。古老百岁者云：“初见至今，貌常不改。”可年四十，着故黄衫，食噉同俗，栖止无定。每有大集，身必在先，言笑应变，不伤物议，预记来验，时共称美。迄于唐初，犹见彼土，后失其所在。

唐雍州义善寺释法顺传二十九（智俨）

释法顺，姓杜氏，雍州万年人。禀性柔和，未思沿恶，辞亲远戍，无惮艰辛。十八弃俗出家，事因圣寺僧珍禅师，受持定业。珍姓魏氏，志存俭约，野居成性。京室东阜，地号马头，空岸重邃，堪为灵窟。珍草创伊基，劝俗修理，端坐指㧑，示其仪则。忽感一犬，不知何来，足白身黄，自然驯扰，径入窟内，口衔土出，须臾往返，劳而不倦，食则同僧，过中不饮。即有斯异，四远响归，乃以闻上。隋高重之，日赐米三升，用供常限，乃至龛成，无为而死。今所谓因圣寺是也。顺时躬睹斯事，更倍归依，力助缔构，随便请业。末行化庆州，劝民设会，供限五百。及临斋食，更倍人来，供主惧焉，顺曰："无所畏也，但通周给。"而莫委供所由来，千人皆足。尝有清河张弘畅者，家畜牛马，性本弊恶，人皆患之，卖无取者。顺示语慈善，如有闻从，自后更无抵啮。其导发异类，为如此也。常引众骊山夏中栖静，地多虫蚁，无因种菜，顺恐有损害，就地示之，令虫移徙，不久往视，如其分齐，恰无虫焉。顺时患肿，脓溃外流，人有敬而欶者，或有以帛拭者，寻即差愈。余脓发香，流气难比，拭帛犹在，香气不歇。三原县民田萨埵者生来患聋，又张苏者亦患生痖，顺闻命来，与共言议，遂如常日，永即痊复。武功县僧，毒龙所魅，众以投之。顺端拱对坐，龙遂托病僧言曰："禅师既来，义无久住，极相劳娆。"寻即释然。故使远近瘴疠淫邪所恼者无不投造，顺不施余术，但坐而对之，识者谓有阴德所感，故幽灵偏敬。致其言教所设，多抑浮词，显言正理。神树鬼庙，见即焚除；巫觋所事，躬为并当。祯祥屡见，绝无障碍。其奉正也如此。而笃性绵密，情兼泛爱，道俗贵贱，皆事邀延，而一其言问，胸怀莫二。或复重痼难治、深愿未果者，皆随时指示，普得遂心。时有赞毁二途闻达于耳，相似不知，翻作余语。因行南野，将度黄渠，其水泛溢，厉涉而度。岸既峻滑，虽登还堕，水忽断流，便堕陆度。及顺上岸，水寻还复，门徒目睹，而不测其然也。所以感通幽显，声闻朝野。多有鄙夫利其财食，顺言不涉世，全不留心，随有任用。情志虚远，但服粗弊，卒无兼副。虽闻异议，仍大笑之。其不竞物情，又若此也。今上奉其德、仰其神，引入内禁，隆礼崇敬。储宫、王族、懿戚、重臣，戒约是投，无爽归禁。以贞观十四年都无疾苦，告累门人:“生来行法，令使承用。”言讫，如常坐定，于南郊义善寺，春秋八十有四。临终双鸟投房，悲惊哀切。因即坐送于樊川之北原，凿穴处之。京邑同嗟，制服亘野。肉色不变，经月逾鲜，安坐三周，枯骸不散。自终至今，恒有异香，流气尸所。学侣等恐有外侵，乃藏于龛内。四众良辰赴供弥满。弟子智俨，名贯至相。幼年奉敬，雅遵余度。而神用清越，振绩京皋。华严、摄论，寻常讲说。至龛所，化导乡川，故斯尘不终矣。

唐蒲州普济寺释道英传三十

释道英，姓陈氏，蒲州猗氏人也。年十八，叔休律师引令出家，而二亲重之，便为取妇，五年同床，誓不相触。素在市贩，与人同财，乃使妻执烛，分判文疏，付嘱留累，遂逃而剃落。至并州炬法师下听花严等经，学成返邑，其妻尚在。开皇十年方预大度，乃深惟曰:“法相可知，心惑须晓。”开皇十九年，遂入解县太行山柏梯寺修行止观，忽然大解。南埵悟人，北岭悟法，二空深镜，坐处树枝，下映四表，于今见在。因尔营理僧役，以事考心。后在京师，住胜光寺，从昙迁禅师听采摄论。讲悟既新，众盈五百，多采名教，鲜能如理。而英简时问义，惟陈止观，无相思尘，诸要盘节，深会大旨。迁弥重之，语诸属曰:“尔虽日考通文义，无择昏明，得其妙者，惟道英乎！”自尔仪服饮啖，未守篇章，颇为时目作达者也。听讲之暇，常供僧役。有慕道者从其所为，因事呈理，调伏心行，寄以弘法。常云:“余冥目坐禅，穷寻理性，如有所诣，及开目后还合常识。故于事务游观役心，使有熏习。”然其常坐开目如线，动逾信宿，初无顿睫，后入禅定，稍程异迹。大业九年，尝任直岁，与俗争地，遽斗不息，便语彼云:“吾其死矣。”忽然倒仆，如死之僵。诸俗同评:“道人多诈。”以针刺甲，虽深不动，气绝色变，将欲洪膖。傍有智者，令其归命:“誓不敢诤，愿还生也。”寻言起坐，语笑如常。又行龙台泽，池侧见鱼之游，乃曰:“吾与汝共诤，何者？为胜，汝不及我，我可不及汝耶！”即脱衣入水。弟子持衣守之，经于六宿，比出，告曰:“虽在水中，惟弊士坌我耳。”又属严冬，冰厚雪壮，乃曰:“如此平净之处，何得不眠！”遂脱衣仰卧，经于三宿，乃起而曰:“几被火炙杀我。”如是随事以法对之，纵任自在，诚难偶者。晚还蒲州，住普济寺，置庄三所，麻麦粟田，皆在夏县东山深隐之所，不与俗争，用接羁远。故使八方四部，其归若林。昼则厉众僧务，躬事担运，难险缘者，必先登践；夜则跏坐，为说禅观。时或弊其劳者，闻法不觉其疲。一日说起信论，至真实门奄然不语，怪往观之，气绝身冷。众知灭想，即而任之，经于累宿，方从定起。时河东道逊，高世名僧，祖习心道，素同学也。初在解县，领徒盛讲，及逊舍命，去英百五十里，未及相报，终夕便知，告其众曰:“逊公已逝，相与送乎。”人问其故，答曰:“此乃俗事，心转即是。”及行中路，乃逢告使。其知微通感，类皆如此。及终前夕，集众告曰:“急须收积，明日间多聚人畜，损食谷草。”众不测其言。英亦自运，催促甚急，至夜都了，索水剃洗，还本坐处，被以大衣，告曰:“人谓余为英禅师。禅师之相，不可违世。”语门人志褒曰:“禅师知英气息可有几耶？”褒以事答，自言如是，因说法要。又曰:“无常，常也，不可自欺，不可空死。”令诵华严贤首偈，至临终劝念善处，明相既现，奄然申逝，近人以手循，从下而冷。即贞观十年九月中也，春秋七十有七。初将终日，众问后事，英曰:“佛有明教，但依行之，则无累矣。英何言哉！”时感群鸟集房，数盈万计，悲鸣相切。及其终夕，褒公侍侧，见有青衣二童执花而入，紫气如光，从英身出，腾焰屋栋。及明雾结，周二十里，人物失光，三日方歇。蒲晋一川，化行之所，闻哀屯赴，如丧重亲。远验英言，不有损失。又感僧牛吼叫，声彻数里，流泪鸣咽，不食水草。经于七日，将欲藏殓，道俗争之，佥曰英不乐喧哗，但存道业，便即庄南夏禹城东延年陵东凿土龛之。才下一镢，地忽大震，人各揽草临，卧地惊慑，周十五里，皆大动怖。又感白虹两道，连龛柩所，白鸟二头，翔鸣柩上，至于龛所，回旋而逝。详英道开物悟，慧解入神，故得灵相氤氲，存亡总萃，不负身世，诚斯人乎！

唐雍州梁山沙门释又德传三十一

释又德，姓徐，雍州醴泉人。形质长伟，秀眉骨面，立履清白，服粗素衣，而放言来事，多所弘奖。年有凶暴，毒励流者，必先劝四民令奉三宝。其所施设，或礼佛设斋，或称名念诵，用其言者皆攘灾祸，有不信者莫不殃终。预记未然，略如对目。时遭亢旱，惧而问焉，叉以手指扮:“某日当雨，但齐某处。”约时雨至，必如其言。或蝗暴广狭，泽润浅深，事符明镜，不漏纤失。且执志清慎，不滥刑科，力所未行，不受其法。故壮年在道惟遵十戒，而于篇聚杂相，多所承修。末于九峻山南造阿耨达池，并镌石钵，即于池侧用济众生。以贞观十二年卒于山舍，百姓感焉，为起白塔，岧然上表。

唐京师辩才寺释智则传三十二

释智则，姓凭，雍州长安人。二十出家，止辩才寺听凝法师摄论四十余遍。性度掉举，仅绝观采，恒披败纳，裙垂膝上。有问其故，则云:“衣长多立耳。”游浪坊市，宿止寺中，销声京邑，将五十载。财法食息，一同僧伍，房施单床，上加以荐，瓦碗木匙，余无一物。或见其褴缕为经营者，随得服用，言终不及。则虽同僧住，形有往来，门无开闭。同房僧不知灵异，号为狂者。则闻之，仰面笑曰:“道他狂者，不知自狂。出家离俗，只为衣食，往往遮障，锁门锁柜，费时乱业，种种聚敛，役役不安，此而非狂，更无狂者！”乃抚掌大笑。则性嗜馎饱，寺北有王摩诃家，恒令办之，须便辄往。因事伺候，两处俱见，方委分身。而言行相投，片无瑕谬。自贞观来恒独房宿，竟夜端坐，嘅敕达曙。余亲目见，故略述其相云。

唐京师律藏寺释通达传三十三

释通达，雍州人。三十出家，栖止无定。初辞世壤，遍访明师，委问道方，皆无称悦，乃入太白山，不赍粮粒，不择林岩，饥则食草，息则依树，端坐思玄，动逾晦序。意用漠漠，投解无归，经跨五年，栖遑靡息。因以木打块，块破形销，既睹斯缘，廓然大悟。晚住京师律藏寺，游听大乘。情量虚荡，一裙一帔，布纳重缝，所着麻鞋经三十载，缯帛杂饰，未曾冠体，冬夏一服，不蔽冰炎。常于讲席评叙玄奥，而不肖之夫言行矛楯，及至饮啖，无异俗人。达曰：“大乘之学，岂其尔耶？若指圣怀，斯实凡庶，余不同也。”左仆射房玄龄闻而异焉，迎至第中，父事隆重。而达体道为功，性不拘检，或单裙露腹，或放达余言。玄龄以风表处之，不以形言致隔，其见贵如此也。常以饮水啖菜，任性游纵，或揽折蒿藋，生宛而食，至于桃杏瓜果，必生吞皮核。人问所由云：“信施难弃也。”贞观已来稍显神异，往至人家，欢笑则吉，愁惨必凶。或索财贿，或索功力，随命多少，则须依送，若违其语，后失过前。有人骑驴历寺游观，达往就乞，惜而不施，其驴寻死，斯例不一也。故京室贵贱咸宗事之，福祸由其一言。说导唯存离着，所得财利，并营寺宇。大将军薛万均初闻异行，迎宅供养百有余日，不违正轨。忽于一夜索食欲啖，初不与之，苦求不已，试与遂食。从尔已后，稍改前迹，专显变应，其行多僻。欲往入内宿，将军兄弟大怒，打之几死。仰而告曰：“卿已打我身肉都毁，血污不净，可作汤洗。”待沸涌已，脱衣入镬，状如冷水，旁人怖之，犹索加火；遂合宅惊奉，恣其寝处。曾负人钱百有余贯，后既办得，无人可送，乃将钱寺门，伺觅行人，随负多少，倩达西市。众皆止之，而达付而不禁，及往勘当，不失一文。斯达量虚怀，定难准也。时逢米贵，欲设大斋，乃命寺家多令疏请，及至明旦，来赴数千，而供度阒然，不知何拟。大众咎之，达曰：“他许送供，计非妄语。”临至斋时，僧徒欲散，忽见熟食美膳连车接舆充道而来，即用施设，乃大余长，并供僧库，都不委其所从来。食讫须臾，人车不见。今盛业京辇，朝野具瞻。叙事而舒，故不曲尽。

释明琛，齐人。少游学两河，以通鉴知誉，然经论虽富，而以征难为心。当魏明代，释门云盛，琛有学识，游肆而已，故其雅量，颇非鸿业。时有智翼沙门，道声载穆，远近望尘，学门若市。琛不胜幽情，深忌声略，私结密交，广搜论道。初为屋子论议法，立图着经，外施名教，内构言引，牵引出入，罔冒声说，听言可领，及述茫然。勇意之徒相从云集，观图望经，恍若云梦，一从指授，涣若冰消。故来学者先办泉帛，此屋子法入学遂多，余有获者，不能隐秘，故琛声望少歇于前。乃更撰蛇势法，其势若葛亮阵图常山蛇势，击头尾至，大约若斯。还以法数，傍蛇比拟，乍度乍却，前后参差。余曾见图，极是可畏，画作一蛇，可长三尺，时屈时伸，傍加道品。大业之季，大有学之，今则不行，想应绝灭。初，琛行蛇论，遍于东川，有道行者深相谏喻，决意已行，博为道艺。潞州上邑，思弘法华，乃往岩州林虑县洪谷寺，请僧忘其名。往讲。琛素与知识，闻便往造。其人闻至，中心战灼，知琛论道不可相抗，乃以情告曰："此邑初信，事须归伏。诸士俗等已有倾心，愿法师不遗故旧，共相成赞。今有少衣裁，辄用相奉。"琛体此怀，乃投绢十匹。琛曰："本来于此，可有陵架意耶？幸息此心。"然不肯去，欲听一上。此僧弥怖，事不获已，如常上讲。琛最后入堂，赍绢束掇，在众中曰："高座法师昨夜以绢相遗，请不须论议。然佛法宏旷，是非须分。脱以邪法化人，几许误诸士俗。"高座闻此，慑怖无聊，依常唱文，如疏所解。琛即唤住，欲论至理。高座尔时神意奔勇，泰然待问，琛便设问，随问便解，重迭虽多，无不通义。琛精神扰攘，思难无从，即从座起，曰："高座法师犹来暗塞，如何今日顿解若斯？当是山中神鬼助其念力，不尔何能至耶？"高座合堂，一时大笑。琛即出邑，共伴二人投家乞食，既得气满，噎而不下。余解喻："何所诤耶！论议不来，天常大理，何因顿起如许烦恼？"琛不应，相随东出，步步叹咤。登岭困极，止一树下，语二伴曰："我今烦恼，热不可言，意恐作蛇。"便解剔衣裳，赤露而卧，翻覆不定，长展两足。须臾之间，两足忽合而为蛇尾，翘翘上举，仍自动转。语伴曰："我作蛇势论，今报至矣。卿可上树，蛇心若至，则有吞噬之缘。可急急上树。"心犹未变，伴便上树，仍共交语："每作蛇论，果至，如何？"言语之间，奄便全身作蛇，唯头未变，亦不复语。宛转在地，举头自打，打仍不止，遂至于碎。欻作蟒头，身形忽变，长五丈许，举首四视，目如火星。于时四面无量诸蛇一时总至，此蟒举头，去地五六尺许，趣谷而下，诸蛇相随而去。其伴目验斯报，至邺说之。

续高僧传卷第二十五

续高僧传卷第三十五 *

大唐西明寺沙门释道宣撰

感通篇中　本传三十九人　附见四人

齐赵州头陀沙门释僧安传一
周益州青城山飞赴寺香阇梨传二
益州多宝寺猷禅师传三
益州沙门释僧度传四
益州野安寺卫元嵩传五
前梁益州沙门释尚圆传六
后梁荆州玉泉山释法行传七
荆州神山释道穆传八
隋初荆州四望山开圣寺释智旷传九
涪州相思寺释无相传十
滤州等行寺释童进传十一
益州沙门释富上传十二
郑州会善寺释明恭传十三
益州长阳山释法进传十四
代州耆阇寺释道幽传十五

* 编者注:《续高僧传》大正藏本的部分卷次标注存在窜乱。本卷位于第二十五、二十六卷之间，却标为第三十五卷。但正文的内容接续无缺。这种现象是由历史原因造成的，今编者为尊重底本原貌，对卷次不予改动，敬请读者鉴之。

齐赵州头陀沙门释僧安传一

释僧安，不知何人。戒业精苦，坐禅讲解，时号多能。齐文宣时，在王屋山聚徒二十许人讲涅槃，始发题，有雌雉来座侧伏听，僧若食时，出外饮啄，日晚上讲，依时赴集，三卷未了，遂绝不至。众咸怪之，安曰："雉今生人道，不须怪也。”武平四年，安领徒至越州行头陀，忽云：“往年雌雉，应生在此。”径至一家，遥唤“雌雉”，一女走出，如旧相识，礼拜歌喜。女父母异之，引入设食。安曰：“此女何故名雌雉耶？”答曰：“见其初生，发如雉毛，既是女，故名雌雉也。”安大笑，为述本缘。女闻涕泣，苦求出家，二亲欣然许之。为讲涅槃，闻便领解，一无遗漏，至后三卷茫然不解。于时始年十四，便就讲说，远近咸听，叹其宿习。因斯躬劝，从学者众矣。

周益州青城山飞赴寺香阇梨传二

香阇梨者，莫测其来，以梁初至益州青城山飞赴寺，欣然有终志。时俗每至三月三日必往山游赏，多将酒肉，共相酣乐，前后劝喻，曾未能断。后年三月，又如前集，例坐已了，香令人于座穿坑方丈，人莫知意，谓人曰：“檀越等恒自饮啖，未曾与香。今日为众须餐一顿。”诸人争奉肴酒，随得随尽，若填巨壑，识者怪之。至晚曰：“我大醉饱，扶我就坑，不尔污地。”及至坑所，张口大吐，鸡肉自口出即能飞鸣，羊肉自口出即驰走，酒食乱出，将欲满坑，鱼鲴鹅鸭，游泳交错。众咸惊嗟，誓断辛杀，迄今酒肉永绝上山，此香之风德也。益州别驾罗研朝梁，志公谓曰：“益州香贵贱？”答曰：“甚贱。”初不谓是人也。志曰：“既为人所贱，何为久留？”研亦不测此语，为有识者说之，或曰：“将不指青城香阇梨乎？”遂往山具述。香曰：“檀越远来，固非虚说。”其夜便化。弟子等营墓将殡，怪棺太轻，及开，止见几杖而已。

益州多宝寺猷禅师传三

益州多宝寺猷禅师者，楚道人，姓杨氏。勤读诵，四十余年日夕不舍。房后院壁图九想变，露置绳床，棕被覆上，昼依僧例，夜则寝中。亘一日方出一食，如是渐增，七日方食。僧以为常，弗之怪也。如此又经二十余年，忽经一月而不出者，不畜侍人，佥议不出，只是入定，不劳看之。忽一夜风雨盛，画壁廊倒，旦共往视，试拨棕被，一无所见，唯绳床坐褥存焉。

益州沙门释僧度传四

释僧度，不知何人，去来邑野，略无定所，言语出没，时有预知，号为“狂人”。周赵王在益州，有郫人与王厚，便欲反，时有告者，王未信之。至旦郫兵果至，王厚者为主，在城西大街方床大坐。时僧度乃戴皮靴一只，从城西遗粪而走，至盘陀塔弃靴而回，众怪之而莫测也。又复将反者将纸笔请度定吉凶，便操笔作“州度”两字。反者喜曰：“州度与我，斯为吉也。择曰往亡，我往彼亡，重必克之。”时赵王据西门楼，令精兵三千骑往，始交即退，随后杀之，至盘陀斩郫兵千余为京观，今塔东特高者是。于后方验度戴皮相，皮、郫声同，遗粪而走，散于塔地。所言“州度”（徒各切），反即“斫头”，目前取验。定后人闻于王，遣人四追，遂失所在。

益州野安寺卫元嵩传五

释卫元嵩，益州成都人。少出家，为亡名法师弟子，聪颖不偶。尝以夜静侍傍，曰：“世人汹汹，贵耳贱目，即知卓白，其可得哉？”名曰：“汝欲名声，若不佯狂，不可得也。”嵩心然之，遂佯狂漫走，人逐成群，触物擒咏，周历二十余年。亡名入关，移住野安，自制琴声为天女怨、心风弄，亦有传其声者。尝谓兄曰：“蜀土狭小，不足展怀，欲游上京，与国士抗对。兄意如何？”兄曰：“当今王褒、庾信名振四海。汝何所知，自取折辱。”答曰：“彼多读书，自为文什，至于天才大略，非其分也。兄但听看。”即轻尔造关，为无过所，乃着俗服关中却回，防者执之，嵩诈曰：“我是长安于长公家人，欲逃往蜀耳。”关家迭送至京。于公曾在蜀，忽得相见，与之交游，贵胜名士，靡所不诣。即上废佛法事，自此还俗，周祖纳其言。又与道士张宾密加扇惑，帝信而不猜，便行屏削。嵩又制千字诗，即“龙首青烟起，长安一代丘”是也，并符谶纬，事后晓之。隋开皇八年，京兆杜祈死三日而稣，云见阎罗王，问曰：“卿父曾作何官？”曰：“臣父在周为司命上士。”王曰：“若然错追，可速放去。然卿识周武帝不？”答曰：“曾任左武侯司法，恒在阶陛，甚识。”王曰：“可往看汝武帝去。”一吏引至一处，门窗椽瓦并是铁作，于铁窗中见一人极瘦，身作铁色，着铁枷锁。祈见，泣曰：“大家！何因苦困乃尔？”答曰：“我大遭苦困，汝不见耳。今得至此，大是快乐。”祈曰：“作何罪业？受此苦困。”答曰：“汝不知耶？我以信卫元嵩言毁废佛法，故受此苦。”祈曰：“大家何不注引卫元嵩来？”帝曰：“我寻注之，然曹司处处搜求，乃遍三界，云无不见。若其朝来，我暮得脱。何所更论！卿还，语世间人为元嵩作福，早来相救。如其不至，解脱无期。”祈稣，不忘冥事，劝起福助云。

前梁益州沙门释尚圆传六

释尚圆，姓陈，广汉洛人，出家以咒术救物。梁武陵王萧纪宫中鬼怪魅诸婇女，或歌或哭，纷然乱举。王乃令善射者控弦拟之，鬼乃现形，即放箭射，鬼便遥接，还返掷人，久而不已。闻圆持咒，请入宫中，诸鬼竞前作诸变现，龙蛇百兽，倏忽前后，在空在地，怪变多端。圆安坐告曰：“汝小家鬼，何因敢入王宫？能变我身则可，自变万种，只是小鬼？可住，听我一言。”诸鬼合掌住立，圆始发云“南无佛陀”，鬼皆失所，自尔安静。武帝闻召，大蒙赏遇。值梁覆扰，圆行至蜀，所有痛恼因之护卫。年八十一终所住治城，今已摩灭。

后梁荆州玉泉山释法行传七

释法行者，不知何人，即论法师之神足也。论本住玉泉，炀帝隆重，见于别传。行性素不伦，言多卓异，或居山谷，时入市廛。每往清溪，路由覆船，顶见泉流茂木，乃顾曰：“十年之后当有大福慧人营构伽蓝。”及智者来仪，果成先告。又尝往当阳城，执竹弓射之，后有山贼围城，如所前相。然每出异言，云梁休咎，宣帝恶之，令追将戮。随使至焉，抗不前，曰：“吾偿命于此地。”寻有使至，随致命尽，遂斩之，而无有血。临终说众要偈，辞理切附，不可具载，皆述业报不可逃避。及戮讫，逡巡间尸灵遂失。仆射萧瑀行至四望山因禅师所，为宣帝忏曰：“先人杀圣人罪者，礼悔之余，愿为及也。”传曰以为后梁缵历，势不超挺，孤守一城，傍被御卫，有何荣荷，随妄造愆。故斩圣人望延厚祚，所谓前望失于后途，不久追入，流离关壤。无辜之责，诚不可欺。

荆州神山释道穆传八

释道穆，松滋人，性爱山林。初入荆州神山，将事岩隐，感迅雷烈风震山折木，神蛇绕床，群虎纵吼，穆心安泰然，都无外想，七日一定，蛇虎方隐。方登山远眺，其山东依浚壑，西顾深流，有终焉之志。山神变形谢过云:“是田伯玉也，来请受戒。”及施法式，诸毒潜亡，祭祀绝于膻辛，祈泽应时云雨。如此卫候不一，例可知也。居山三十余载，名声及远，游遁之宾咸归向请，沙门则僧展、僧安，高士则刘虬、车缀，叙言命的，无爽风声。梁湘东王萧绎钦德经过，于挂锡之所建台一区，立碑叙胤；简文为颂，立碑在于山顶。及穆将终，欣于观远，乃行至山峰而卒，春秋七十矣。

隋初荆州四望山开圣寺释智旷传九

释智旷，姓王，本族太原，中居徐部，厥考后住荆州新丰县。母初将孕梦入流浴，童子乘宝船来投，便觉有娠。及生长，敏而重行。梁太清初，丧乱无像，元帝当辟，旷少勇壮，招募壮士，随军东行。未几沦陷，深悟虚假，遂不婚娶，专求离俗。初值巾褐，诱以神仙，先受符箓，次陈章醮，便问:“此术能致道乎？”答曰:“箓既护身，章亦招货。”旷曰:“斯乃保兹苦器，便名道耶？”又请度世法，乃示断粒，必到玉清，七日便飞。至期不应，道士曰:“尔犹饮水，致无有赴。”次更七日，口绝水饮，道士又曰:“尔夜尚眠，致无感耳。”又更七日，常坐不卧。三期屡满，靡克升天，而气力休强，远近惊异。后值高僧，授戒为佛弟子，德行动人，渐示潜迹。江陵张诠者，二世眼盲，旷曰:“尔家塚内棺枕古井，移坟开甃，必获禳焉。”因即随言，瞽者见道，请求剃落。众咸惮之，便伐薪施僧，空闲静虑。又言:“涧有古钟，可掘出悬寺。”仁州刺史谓为诡惑，鞭背百下，无惨无破，便送出台，拘在尚方。有力者试以八尺械，悬来捶膝，傍观谓言糜碎，而旷容既无挠，肉亦无痕。狱吏云：“承居士能忍饥。”便绝食七日，身色如故，市衢见行，验狱犹有，方委分身。梁宣大定三年。从人乞草屩，“今夜当急行”。及三更合城火发，四门出人不泄，烧杀七千。旷在狱，引囚二百安步而出。年将不惑，始蒙剃落。进戒以后，头陀州北四望山，去此地福德，方安天子。去城六十，猛兽所屯，初止以后，驰弭床侧。每夕山隅四灯同照，士俗云赴，奄成华寺。后宣明二年，平、显二陵皆在寺前，验于往矣。至于梁元覆败，王琳上迫，后梁国移，并预表莿。有一宰鸭而为斋者，鸭神夜告，便曰：“何有杀牲而充净供！”自尔便断。曾度夏水，徒侣数十，欲住不可，欲去无从。前岸两船，无人将至，旷笑而举声呼之，船自截流直到，遂因济水，诫以勿传。又于咸阳造佛迹寺，有牛产犊，出首还隐，已过信次，母将离弋。僧告旷无，恻答曰：“此犊是寺居士，侵用僧物，今来偿债，其羞不出，牛母无他。”因执炉呵诫犊子：“疾当偿报，何耻生乎！”应言便出。故神异冥征，不可备载。以开皇二十年九月二十四日终于四望开圣寺，春秋七十有五。自克终期，天香满室，合寺音乐，西南而去。未亡二年，预云终事，示如脾痛。问律师曰：“阿那含人亦有疾不？”未答间自云：“报身法然。”及迁神后，手屈三指。仁寿元年，永济寺僧法贵死而又稣，见阎罗王放还，正值旷乘宫殿自空直下，罪人喜曰：“三果圣僧来救我等。”所造八寺咸有灵奇，或涌飞泉，时降佛迹。随慧日道场法论备见若人，为之碑颂，广彰德行。

涪州相思寺释无相传十

涪州相思寺无相禅师者，非巴蜀人，不知何来，忽至山寺，随众而已，不异恒人。其寺在涪州，上流大江水北崖侧有铭，方五尺许，字如掌大，都不可识。下有佛迹，相去九尺，长三尺许。蹈石如泥，道俗敬重。相以一时渡水齐，返还无船，乃钵安水中，曰：“何为常擎汝？汝可自渡水。”便取芭蕉叶搭水，立上而渡，钵随后来，须臾达岸。时采樵者见之，相语。觉知已，便辞去，徒众苦留不住。至水入船，诸人礼请，不与篙楫，乃捉船舷，直尔渡水，不顾而去。即令寻逐，莫测所往。

滤州等行寺释童进传十一

释童进，姓李，绵州人。昔周出家，不拘礼度，唯乐饮酒，谓人曰：“此可以灌等身也。”来去酣醉，遗尿臭秽，众共非之。有远识者曰：“此贤愚难识。”会周武东征，云须毒药，敕泸州营造。置监吏力科獠采药蝮头、铁猩、鸗根、大蜂、野葛、鸩羽等数十种，酿以铁瓮。药成，着皮衣，琉璃障眼，方得近之，不尔气冲成疮致死。药着人畜，肉穿便死。童进闻之，往彼监所，官人弄曰：“能饮一杯，岂非酒士？”进曰：“得一升解酲亦要。”官曰：“任饮多少，何论一升！”便取铁杓，于药瓮中取一杓饮之，言謔自若，都不为患。道士等闻，皆来看，进又举一杓以劝之，皆远走避。或曰：“此乃故杀人，何得无罪？”进曰：“无所苦，药进自饮，有谁相劝？”乃噫曰：“今日得一醉！”卧方石上，俄尔遗尿，所着石皆碎，良久睡觉，精爽如常。尔后饮酒更多，食亦逾倍。隋初得度，配等行寺，抱疾月余而终，年九十余。弟子、檀越等终后检校衣服、床褥皆香，绝无酒气。

益州沙门释富上传十二

富上者，莫测何人，恒依益州净德寺宿，埋一大笠在路，昼日坐下读经，人虽去来，不唤令施，有掷钱者，亦不咒愿。每于静路，不入闹中，状如五十，虽在多年，过无所获。有信心者曰：“城西城北，人稠施多，在此何为？”答曰：“一钱两钱，足养身命，复用多为？”陵州刺史赵仲舒者，三代之酷吏也，甚无信敬，闻故往试。骑马直过，佯堕贯钱，富但读经，目未曾顾。去远，舒令取钱，富亦不顾。舒乃返来，曰：“尔见我钱堕地以不？”曰见。问曰：“钱今何在？”曰：“见一人拾将去。”舒曰：“尔终日在路，唯乞一钱，岂有贯钱在地而不取者？见人将去，何不止之？”答曰：“非贫道物，何为浪认？”仲舒曰：“我欲须尔身上袈裟。”富曰：“欲相试耳。公能将去，复有与者，可谓得失一种。”即迭授与。仲舒下马礼谢，曰：“弟子周朝人，官历三代，大与众僧往还，少不贪者。闻名故谒，本非恶意，请往陵州。”富曰：“大善！然贫道广欲结缘，愿公助国安抚，即是长相见受供养也。”舒辞，叹曰：“毛中有人，不可轻慢。”尔后不见。益州人蓟相者，从扬州还，见之，亦埋笠路侧，颜状如常。

郑州会善寺释明恭传十三

释明恭，住郑州会善寺。昔在俗，是隋高下狗骑，与伴三人膂力相似，而时所忌。帝深虑以事除之，作两裹饼啖，一饼裹一具生鹿角，一饼裹五升盐，俱赐食之并尽。其啖盐者出至朝堂，腹裂而死。恭啖鹿角，全无所觉。厌俗出家，住会善寺，其力若神，不可当者。曾与超化寺争地，彼多召无赖者百余人来夺会善秋苗，众咸忧恼，恭曰“勿愁”，独诣超化，脱其大钟塞孔，以干饭六升投中，水和可噉，一手承底，一手取噉，须臾并尽。仍取大石可三十人转者，恭独拈之如小土块，远掷于地。超化既见，一时惊走。又隋末贼起，周行抄掠，先告寺曰：“明当兵至，可办食具，并大猪一头。”寺无力制，随言为办。至时列坐，铺莫食具。恭不忍斯负，拄杖会所，与贼言议。贼先让食，恭乃铺饼数十，安猪裹之，从头咬拉，须臾并尽。贼众惊伏，恭召为护寺檀趣，群贼然之。故会善一寺，隋唐交军，绝贼往来，恭之力也。又曾山行，虎猪交斗，猪渐不如，恭语虎曰：“可放令去。”虎不肯，便一手捉头，一手撮尾，抛之深谷。斯气力也，说多难信，而实有之。恭戒洁贞严，常依众食，所噉如恒人一食，有值机候，便噉二百人料。众但深讶，莫知其所由。武德五年终于本寺，春秋八十五。时会善有客游沙弥，口作吴语，厨下然火，干竹大如臂，两指折而烧之。恭时怪讶，亦以指折而不得。沙弥出后，恭抱厨柱起，以沙弥衣置磉上，柱压之。沙弥来，求衣不得，见在柱下，欲取不得，恭笑，为捧柱取衣。此亦难可思者。

益州长阳山释法进传十四

释法进，蜀中新繁人。在俗精进，不啖辛腥。在田农作，以铧刃为钟磬，步影而斋，有送食晚，便饮水而已。所犁田地，不损虫蚁。一时空中声曰："进阇梨，出家时到。"如是四五声，合家同闻。进因诣洛口山出家，行头陀，不居寺舍。时隋蜀王秀闻名，知难邀请，遣参军郁九、闾长卿往，便将左右十人，辞王曰："承有道德，如请不来，当申俗法。"王曰："不须威逼，但以理延，明当达此。"长卿出郭门，顾曰："今日将尔辈往兜率天请弥勒佛亦望得，何况山中道人，有何不来！"初至吉阳山下，日暮见虎道蹲，命人射之，马皆退走。欲投村，恐违王命，俄见一僧负幞上山，长卿命住为伴，余从并留。步至寺所，召入至床，又见虎在床下，怖不自安。进遣虎出，具述王意，虽有答对，而怖形于相状。进曰："檀越初出郭门，一何雄勇；今来至此，一何怯惮！"长卿顶礼默然。因宿至旦，令"先往益，贫道后来"。行至望乡台，顾视进行已及，即与同见王。入内受戒，即日辞出，所获傢施一无所受，令往法聚寺停。王顾诸佐曰："见此僧，令寡人毛竖，戒神所护也。"后更召入城，王遥见即礼。进曰："王自安乐，进自安乐，何为苦相恼乱，作无益之事耶？"诸僧谏曰："王为地主，应善问讯，何为诃责？"进曰："大德畏死，须求王意，眼见恶事，都不谏勉，何名弘教！进不畏死，责过何嫌乎！"虽盛饰床筵，厚味重结，而但坐绳床，粗饼而已。乃至妃姬受戒，但责放逸，不念无常。又辞入山，重延三日，限满便返。诸清信等咸设食而邀之，至时诸家各称进到，总集计会，乃分身数十处焉。有时与僧出山赴食，欻尔而笑，人问其故，曰："山寺净人穿壁盗蜜耳。"及还，果如所说，斯事非一旦述之耳。初，王门师慈藏者。为州僧官，立政严猛，瓶衣香花，少阙加捶。僧众苦之，而为王所重，无敢谏者。以事白进，请为救济，答曰："其威力如此，岂能受语耶？"苦请不已，进造藏房门，藏走出，谓曰："法门未可如是。尔亦大力也！"还返入房。蜀人以"大甚"为"大力"。自此藏便息言，僧由此安。以开皇中卒山，年九十六。

代州耆阇寺释道幽传十五

释道幽，代州耆阇寺僧，善解经论。仁寿中，于寺讲婆伽般若并论，听众百余人。日午坐绳床如睡，见一天人殊为伟异，自云："我是释提桓，因故来奉请在天讲经。"初闻介介，情不许之，以畏死，答云："为造佛堂未成，事有不可。”眠觉，向侍者如法师述之。如曰：“此事罕逢。人生终死，死时不知何道。今得生天，则胜人也。开通法利，天解胜人，何得不往？佛堂事中功德，不足及言。”幽从之。不久，又如前梦，依如天请，天帝乃以少香注幽手中，克时来迎。及觉，见掌中有香，气熏一寺。自后如前说法，下讲至廊下床上，诸僧遥见香烟充满床侧，惊怪来看，幽执香炉正念，蝉蜕而去。于时寺外道俗望见云气从寺而出，如一段云腾空直上，飘飘而没。

襄州禅居寺岑阇梨传十六

襄州禅居寺岑阇梨者，未详何人，住寺禅念为业，有先见之明。而寺居山薮，资给素少，粒食不继。岑每日将坩入郭，乞酒而饮，又乞满坩可三斗许将还，在道行饮，达寺坩亦空竭。明日复尔。在寺解斋将笃，坩就厨请粥三升，仍挂杖头入众，以杖打僧头，从上至下，人别一击，日日如是。人以其卓越异常，或疑打已灾散，不辞受之。岑将粥入房，旧养黧犬一头，并一寺内鼠乃有数千，每旦来集，犬鼠同食，庭中塥满，道俗共观。一时失一鼠，岑悲惋无聊，必是犬杀，便告责犬，犬便衔来。岑见懊恼，以杖捶犬，将鼠埋已，悲哀恸哭。寺僧被鼠啮衣及箱，以告于岑，岑总召诸鼠，各令相保。一鼠无保，岑曰：“汝何啮人衣？”杖捶之，鼠不敢动。今为寺贫，便于讲堂东北白马泉下泺中迁，记某处为厨库，某处为仓禀，人并笑之。经宿水缩地出，如语便作，遂令丰渥。又遥记云：却后十六年，当有愚人于寺南立重阁者，然寺基业不亏，斗讼不可住耳。永徽中恰有人立重阁，由此相讼，如其语焉。

丹阳天保寺通阇梨传十七

丹阳通阇梨者，住天保寺。唐贞观末，年已八十，气力休健，仪容率素。常服纳衣，衣厚一寸，线如指大，以用紩纳，极清洁。诵法华经，市中乞食，所得不异流俗，得钱财修补寺舍。其寺大堂，梁时所立，朱砂污洒，涂之极厚。唐初善禅师镀大铜像，须水银，就梁刮取，所用充足，余趾犹赤。是知昔人为福，竭于所贵，不以为辞，如不用者，昔物何在。其寺基郭。补修所须，云有古镇国金，可取治护，乃于寺北四十步依言掘得，十斤用尽，得三十斤，便曰："地下大有，更取杀人。"于是便止。后辄自营土窟于寺北，拟终事，时未之验也。不久告僧云："寻常命终，须有付嘱。"引诸财物，指订嘱授，极有分明。经三日而神气爽健，而云将去，忽不知所在，便就窟视之，门已塞，开一小孔，在土撮卧，气已终矣，年九十余。

京师凝观寺释法庆传十八（单道琮）

京师西北有废凝观寺，有夹纻立释迦，举高丈六，仪相超异，屡放光明。隋开皇三年，寺僧法庆所造，捻塑才了，未加漆布，而庆忽终。同日宝昌寺僧大智又终，经三日稣，说云："初去飘飘，若乘风雨。可行百里，乃见宫殿人物，华绮非常。又见一人似若王者，左右仪仗，甚有威雄。顷间见庆来，而面有忧色。又见大像，谓殿上人曰：'庆造我未了，何为令死！'其人遽而下殿，拜讫，呼阶下人曰：'庆合死未？'答云：'命未尽而食尽。'彼曰：'可给荷叶，而终其福寿。'言已，失像及庆所在。"时即问凝观寺僧，云："庆公死来三日，所造丈六一夕亦失，达曙方见。"时共嗟怪，言详未讫，人报云："庆稣活。"众咸往问，与大智说同。自尔旦旦解斋进荷叶六枚，中食八枚，凡欲食时，先以暖水沃令耎湿，方食之。周流远近，率诸士女以成其像，依像忏礼，无爽晨昏。以大业初卒，春秋七十六。近如雍州渭南人单道琮者云："永徽五年，因患风，仪容改异。差后，味诸饮食咸臭，唯啖土饮水。"时俗命为"人蟺"。今周行告乞，可年四十余。

益州天敕山释德山传十九（旭上）

释德山，姓山氏，莫测何人。忽弃妻子入山修道，须发不暇削，衣食不暇给，唯息缘静念为得性也。人莫知其观行，视其相状如得定者。时游化竹林、龙池，开悟道俗，以清简为本。每云："烦乱之法，道俗同弊。故政烦则国乱，心烦则意乱，水清则鱼石可见，神清则想倒可识。学清简者尚自喧烦，况在乱使，焉可道哉！”后入马鞍山，每多毒蛇，噬人必死，然山来往，都不为害。诸余僮侍晨夕所行，一无所惧，曾蹋被啮，山以水洗之，寻尔还复。后还天敕山，夏坐树下，人来山所，逢虎迫逐，便入绳床下，虎蹲床前。山曰：“床下佛子肉味可胜贫道耶？”即脱衣以施，虎屈，起而永去。后其小子于山访获，山曰：“尔来何为？”曰：“久不奉见，生死不知，故来定省。”山曰：“汝去，各自觅活，更来与杖。”去后数年又来，山取杖欲捶之，儿却住，曰：“阇梨遇儿如他人，他人可受打耶？”山大笑曰：“吾不打尔者，必更来，败我道意。”遂长去。山年九十余，终于山谷舍。时益州草堂寺旭上者，不知何许人，少居草堂，唯以禅诵为业，余无所营。蜀土尤尚二月八日、四月八日，每至二时，四方大集，驰骋游遨。诸僧忙遽，无一闲者。而旭端坐竹林，泊然寂想，瓶水自溢，炉香自然。诸人城西看了，相从参之。旭俨然不动，等同金石，三日之后，方复如常。四众敬而异之，故睹如朝日之初出，同共目之为“旭上”也。年九十八。

荆州青溪山释道悦传二十

释道悦，姓张，荆州昭丘人。十二于玉泉寺出家受戒，安贫苦节，尤能持念大品、法华，常诵为业，随有经戒，日诵一卷，人并异之。初智者入于玉泉，未有钟磬，于泉源所获怪石一片，悬而击之，声响清彻。悦于此寺每诵卷通，扣磬一下，闻者肃然。且其诵声如清流激韵，听者忘疲。所以幽明往者，屡有祥感。一时患水，腹胀如鼓，更无余求，唯念般若。一夜正诵经次，腹忽如裂，水出滂流，及试手寻，洪肿顿消，病忽失所，斯所谓转障轻受者也。昔朱粲贼扰，唯悦守山，盗来求，减以惠给，余更重取，煮而不熟，惭而返之。他日又来，将加害命，悦坐地不动，曰：“害吾止此，吾欲自见寺舍取尽。”遂放令引路，行数步又坐，曰：“吾沙门也，非引路之人。浮幻形骸，任从白刃。”贼奇其高尚也，送还本寺。悦一生不衣蚕衣，唯服麻布。汉阳王至山，睹悦风仪，秀眉蕴服，请受戒品，又遗厚供，一无所受。王作大布三衣一袭以奉之，因问：“何不着缯帛耶？”

答曰:“蚕衣损命，乖忍辱之名；布服俭素，表慈悲之相。”王曰:“仲由不耻，夫子见称。沙门慈忍，固其然也。”悦步影而食，少差虚嗽，食留一分，以资飞走沈泳之属，故慈善所熏，或飞来肩上，或浮泊手中。虽衣弊服，而绝无蚤虱，时又巡村乞虱养之，诫勿令杀。悦居山五十余年，春秋七十二矣，终于岩所。永徽中，有人于青溪见一僧擎锡跣足，自云般若师，言已不见。然生存常诵般若，故人咸号焉。

荆州内华寺释慧耀传二十一

释慧耀，姓岐，襄阳人。少沈密，讷言敏行，人共重之。受具后历游访道，至郑川命师所，又往衡岳思师所，咸伏膺请益，观用清明。思公于众曰:“公于实相观，善有玄趣。”居山数年，值思长往，欲绝迹武当，以希素尚。行至巴丘，曰:“此地禅律罕闻，可随行化。”有江陵导因道懿法师闻志焉，相携西上，居导因寺，积十四年不出户庭，惟味禅静。及智觊返乡，叹为:“故乡不乏贤友，足为模楷遗法也！”因是道俗稍来礼谒。耀杜门密行，不偶时俗。以仁寿二年暮告人曰:“吾不愿恼此众僧，欲往内华寺，可以闲放。”众固留，不许。至三年二月有疾，见思、命二师来迎，至三月六日，跏坐直身而卒，年七十九，遂葬于内华。未终前，寺中三十余人咸梦宝刹倾倒，及明，异口同音而说之。昔日导因，今天皇寺是也，见有柏殿五间两厦。梁右军将军张僧繇自笔图画殿其工。正北卢舍那相好威严，光明时发，殿前五级亦放光明。祥征休咎，故不备述。由此奇感，聊附此焉。

东岳沙门释道辩传二十二（神辩）

释道辩，齐人，住泰山灵岩寺。居无常所，游行为任，经史洞达，偏解数术。以大业年中来游襄部，年过七十。又与同邑僧神辩相随，杖策登临，眺望山水，多所表诣，如曾闻见。行至禅居寺，南岭望云:“此寺达者所营，极尽山势，众侣繁盛，清肃有余。如何后锐于前起阁？寺僧非唯寡少，更增喧诤相接。”曾未经涉，恰如其言。于是盘游诸寺，备陈胜负，莫不幽通前识，鉴彻精灵。又至诸墓，亦陈休咎。有士俗忘姓名去者。请为图其坟茔；巡历岘原，示其一所，曰:“此中安墓，足食丰财。”入地三尺，获粟一升，又深一丈，获石二片，五彩交映，斯曰财缘，依言掘凿，果获粟石，遂行卜葬，至今殷有。襄州有袁山松者，博览经诰，时号儒宗，闻辩学广，故来寻造，以杨子太玄、王弼易道用相探赜。辩曰:“杨、王道术，未足研寻，可赐愚徒，无闻智者。”松勃然变色，笑辩抑扬。辩曰:“公学未周，信其前述，可除我、固，当为指归。”便引太玄经云“又于玄象，偏所留心，曾不寝卧，夜便露视，审宿度之所次，察孛彗之光景”，便告人云:“吾昔于裕法师所学观七曜，告余云:‘晋朝道安妙于此术，人虽化往，遗文在焉。其所注素女之经，最为要举。’恨失其本，如何得之？”时有一僧偶然获本，请为披决，辩得欣然，即为销摘，此僧茫昧，情犹梦海，遂以惠之。辩曰:“安目‘弥天’，诚非虚称，学统弥纶，数术穷尽。此虽四纸，文综无遗，要约包富，灵台所尽。”于时月临井宿，便云:“事在西楚，可告道俗，宜营水备。”不盈两夕，汉江大涨，汎溢襄邑，城隍将没。预见之明，其类若此。所得财物，并用市金，将事合丹，拟延其寿。人告来盗，不可行之，便云:“盗假遁甲六丁，吾明此术，常以月朔加气，何得相欺！吾不畏也。”以义宁年与神辩南游岭表，不知所往。

益州建明寺释慧琳传二十三

释慧琳，姓薛，绵州神泉人。以隋初隐于建明寺，清虚守静，与物不群。寺有塑像，常在供养，像为生须三十六枚。大业末年扫一古坟，竖二竹竿，云是天眼，后忽拔一，云:“弘农扬为魔所拔也。”不久，义宁嗣历。有时着复衣夏坐坟上，日虽炎赫，身无热状。口虽涉道，形同于俗，言谈之次，以理居先。洛县先有育王浮图，琳忽一时历村借车三百乘，云:“欲向洛县迎浮图于此安置。”未经旬日，遂被火烧。武德年中潜伏草野，人莫知也。彼有杨祐师，不测何人，直往草中相见，曾生未面，宛若旧朋，各云“别来八百年矣”。曾为人咒病得差，病者令女赍裙以施，女遂留衣送直。琳遥见，谓曰:“但将裙来，我不须钱。”女惊其圣。以贞观四年示从物故。

京师救度寺释洪满传二十四

释洪满，姓梁，安定人。在俗，年十五遇时患，双足挛躄，常念观音经三年，忽有僧执澡罐，在前立不言。问曰："师从何来？"答曰："以檀越常唤所以来。"满扣头问曰："弟子往何罪，报今施此挛躄。"僧曰："汝前身拘缚物命，余殃致尔。汝但闭目，吾为汝疗之。"满随言冥目，但觉两膝上各如拔六七寸丁却，既了开目，将欲谢恩，失僧所在，起行如故。满乃悟是观音，因尔精诚，誓不妻娶。后忽自通禅观，安坐不动，乃经三日七日者。开皇初元，变俗从道，住救度寺，大业融并，入居法海。贞观十三年卒，春秋八十三矣。

唐益州福化寺释慧聪传二十五

释慧聪，姓王。出家已后游行斋讲，手不释卷，寻经旨趣，心自欣跃，苦形节食，行知足行。自云："法华经常不轻菩萨不专读诵经典，但行礼拜四众，尚得六根清净，我何为不礼诸佛世尊？"即于别院闭门，常礼万五千佛，依经自唱，一一礼之。寺僧怪其所作，于壁隙伺之，见礼拜头下，天龙八部等亦头下，数数非一。诸人来其院者，无不心战走出。恒闻异香蔚蔚，尔及死在。贞观年中，院绝人往，每夜常闻弹指、礼拜、行道等相。

京师法海寺释法通传二十六

释法通，姓关，京兆鄠人。小出家，极尫弱，随风偃仆，似任罗绮。由是同侣颇轻之，通辄流泪。一朝对观音像慨慷曰："通闻菩萨圣鉴，所愿克从，乞垂提诱，免斯轻侮。"因斯诵观音经昼夜不舍。后岁余，归本生觐母，旦食讫，假寐于庭树下，少间口中涎沫流液，向有三升。母以为物忤，遽呼觉，问："何事如此？"通曰："向见有人遗三驴驮筋，通啖始一驴，娘呼遂觉，余二失之。"自尔觉身力雄勇，肌肤坚鞹，密举大木石，不以为重。寺有僧戡者，膂力之最。通窃取袈裟，安在柱下，戡初不见，谓是神鬼所为，通笑为举，梁抽取，戡大骇服。有大石臼重五百余斤，通于南山负来，供僧用，今见在，贮水施禽鸟。隋高祖重之。有西蕃贡一人，云大壮，在北门试相扑，无得者。帝颇惭之，云："大隋国无有健者？"召通来，令相扑。通曰："何处出家人为此事？必知气力，把手即知。"便唤彼来，通任其把捉，其人努力把捉，通都不以为怀。至通后捉，总揽两手急搦，一时血出外溃，彼即蟠卧在地乞命。通放之，曰："我不敢杀捉，恐尔手碎去。"于是大伏，举朝称庆。京邑弄力者闻而造之，通为把豆麦便碎，倒曳车牛却行，当时壮士命为"天力士"也。炀帝末，避乱隐南山，乃负一具硙并犊子，大神通也。未几丁母忧，出山归葬，事了返山。虽力兼百夫，未曾忤物，精诚节约，时辈推之。以武德初卒，春秋五十六。

荆州开圣寺释慧因传二十七

释慧因，姓张，清河武城人。昔依贤法师，后以雅志卓然，众所推伏，欲屈知寺任，遂巡于蜀川，询求禅律，访无夷险，必往参请。唐运大通，自蜀而返。于时州别一寺，但三十僧，因即其一，持维志节，终始无忘。后为开圣本寺去荆五十余里，山薮旷迴，阻绝风烟，乃独止此山，草庵兰若，二十余载，四远咸依。昔智者遗言，今宛符会。贞观十九年大旱，而寺石泉独无有竭，乃自负水，外给飞走，由斯获济。江陵令卢行余承闻往之，索水饮马，因负而给之。行余谓少，颇出恚言，便遣马就寺，俄值群猪来路，人无敢犯。后有二人，寺北窃食辛肉，虎来拥绕，哮吼将啖，其人得急，逃窜无方，因闻往救，虎乃潜退。斯戒德慈明，为若此也。法华一部、昆尼戒本，行往常诵，未忘心口。年七十五卒于本寺。

巴陵显安寺释法施传二十八

释法施，姓江，武当人。少而弘直，神智难测，形无定方，出处不滞。游巴陵显安寺，娑罗树下宴默，而人亦莫之顾也。依荆南记云：晋永康元年，僧房床下忽生一树，随伐随生，如是非一，树生逾疾。咸共异之，置而不剪，旬日之间，植柯极栋，遂移房避之。自尔已后，树长便迟，但极晚秀，夏中方有花叶，秋落与众木不殊。多历年稔，人莫识也。后外国僧见，攀而流涕，曰："此娑罗树也，佛处其下涅槃。吾思本事，所以泣耳。"而花开细白，不足观采。元嘉十一年，忽生一花，形色如芙蓉树，今见在此，亦一方之奇迹也。隋末丧乱，称兵非一。萧铣时为罗县令，施拊背指巴陵城曰："此天子城也。"后果王之。米极平贱，施诫深藏，人不测其言，于后米斗直万五千，饥馁者众。如此记授来事，若指诸掌。赵郡王伐伪梁，铣问："今事如何？"施遗双铜筋，铣曰："令我同矣。"遂举众归化，百姓咸赖，其德弘矣。尝于江陵北头陀，虎来床侧，人来，语虎曰："佛子闭目。"虎即低头闭目。斯遇猛兽如家犬者，斯人在斯。诵胜天王一部，静念出观，诵而美之。而精进牢强，越于常伍。后潜形高迈。

初蜀川沙门释慧岸传二十九

释慧岸者，未详何人。面鼻似胡，言同蜀汉，往来市里，默言无准，人不之异。武德三年，科租至岷州，程期甚促。蜀人初不闻，谓在天外，人有僦购，科索万钱，转更惊急，谓往鬼国，被去者皆为死计，散费资粮，为不行之计。岸于新繁市大笑曰："但去，必见欢喜。"捉负租，拗折数枚。众人去，至鹿头，道逢敕停，此前言之验也。武德六年，辄复悲泣不能自禁，曰："谁能见烦恼？"因没水求死，众人争入水接之，乃端坐水底已卒。卒后，其年亢旱不收，疫死众矣。

初荆州开圣寺释法运传三十

释法运，姓邓，荆州长林人。姿容挺秀，有拔群之美，至于算历五行，洞其幽致。传述楚二晦星，以运为一也。后值智旷禅师，诲以出俗之资，便削除俗玩，剃发入道，修学禅要，志乐闲寂。别于开圣西北起一道场，如常观行，不隔昏晓。尝诵七佛咒等，救济无不辄应。隋末虎暴，摩顶曰："天下正乱，百姓遑遑，汝可远藏，莫为他厌。"及八营贼主杨道生承名迎接，安置供给，萧铣次立，又加奉敬，所获施物，即入悲敬二田。又于州内别置道场，号为龙归精舍。铣乃请问兴亡，答曰:“贫道薄德，不得久为善友。”时不测其言也。不久，赵郡王恭溯游兵至，又加顶谒。兵又东下，图像随身，又留一影，令运慈属，允所谓道德之感动也。尝有信心士女晨夕供施，妖邪鬼怪见必回心，社庙神祇悉参归戒。以武德中化往，春秋六十，葬于开圣寺智旷禅师塔侧。

幽州北狄帝示阶沙门传三十一

贞观年中，辽西柳城靺鞨名帝示阶者，年十八时逃入高丽，拾得二寸许铜像，不知何神明，安皮袋中，每有饮啖酒肉，拔出祭之。逢高丽捉获，具说:“我是北边靺鞨。”不信，谓是细作，斫之三刀，不伤皮肉。疑是神人，问有何道术，答曰:“无也，唯供养神明而已。”乃出示之。曰:“此我国中佛也。”因说本末。看像背上有三刀痕，遂放之，令往唐国:“彼大有佛事，可咨问也。”其人得信在怀，深厌俗网，今在幽州出家。大聪明，有仪止，巡讲采听，随闻便解。有疑录出以问者，皆深隐，远思者难之。

箕州护明寺释智显传三十二

释智显，住辽州护明寺。少出家，戒操贞峻，立操耿介，勇锐居怀，闻川闻见，莫不高赏。专务坐禅，人不知其所诣。隋末贼起，川原交阵，相推不已，动经旬朔。显于两阵以道和通，往返弥时，俱随和散，合郡同嘉，敬而重之。后与道俗十余行值突厥，并被驱掠，显遂隐身不见，后访得，问，云:”我念观音，不值贼。”有同学在箕山守静，猎者夺粮顿尽，显远知之，使人送米。其通幽解网，非可究也。而任吹虚舟，无所拘碍，每有苦处，辄往救拔。是知大悲摄济，随方利生，虽行位殊伦，而心焉靡异。不测其终。

苏州常乐寺释法聪传三十三

释法聪，姓陈，住苏州常乐寺。初，负帙周游，法席参诣，随闻虽晓，然未本意，意在息言，然言为理诠，事须博览，不着为本，无得虚延，如灰除垢，灰亦须净。后往金陵摄山栖霞寺，观顾泉石，僧众清严，一见发心，思从解发。时遇善友，依言度脱，遂诵大品，不久便通。又往会稽，听一音慧敏法师讲，得自于心，荡然无累。贞观十五年，还杭、苏等州开导，集众受道者三百余人。自尔华严、涅槃相续二十余遍。贞观十九年，嘉兴县高王神降其祝曰："为我请聪法师，受菩萨戒。"依言为授。又降祝曰："自今以往，酒肉五辛，一切悉断。后若祈福，可请众僧在庙设斋行道。"又二十一年，海盐县鄱阳府君神因常祭会降祝曰："为我请聪法师讲涅槃经。"道俗奉迎，幡花相接，遂往就讲。余数纸在，又降祝曰："蒙法师讲说，得禀法言。神道业障，多有苦恼，自听法来，身鳞甲内细虫啖苦已得轻升。愿道俗为我稽请法师，更讲大品一遍。"乃不违之。显庆元年冬，谓弟子曰："吾不久舍报，可施诸禽鸟。"而恒讲不辍。后讲于高座上，麈尾忽堕而终，春秋七十一矣。

代州昭果寺释僧明传三十四

释僧明者，不知何人，在五台娑婆古寺所营屋宇二十余间，守一切经，禅诵为业。自云："年十七时从师上五台东，礼花林山，访文殊师利。至一石谷，渐深，见有石臼、木杵，又见两人形大无影，眉长披发，眼睑上掩。师便顶礼请救，其人曰：'汝谷臭小，远从何来？'答：'昭果寺僧，习禅乐道，隐在娑婆，已数十年，然食五谷，愿真人救苦。'报曰：'待共众议。'须臾更一人来，长大，着树皮衣，云：'汝来已久，可遂我至寺。'行大石侧，忽见山谷异常，廊院周绕，状若天宫。有十四五人同坐谈笑，问所来，方言议，久之送出。后重寻失路，还旧业定。"以贞观十六年卒。八十一矣。今娑婆寺二砖塔存。

代州五台山释明隐传三十五

释明隐者，少习禅学次第观，十一切入。在中台北木瓜谷寺三十年，唯以定业:“余无所怀。又往佛光山寺七年，又住大孚寺九年。志道之徒相，从不绝，道俗供事，填委山林。永徽二年，代州都督以昭果寺僧徒事须纲领，追还寺任，辞不获免。龙朔元年十月卒于此寺，端坐熙怡，如在久定。其五台山有故宕昌寺，甘泉美岫，往而忘返。有僧服水得仙，身如罗縠，明见藏府骨髓，武德年末行于山泽，今村中父老目者十余人说之。五台山者，斯为神圣所憩。中台最高，所望诸山并下。上有大泉，名曰太华，傍有二塔，后诸小石塔，动有百千云，是孝文从北恒安至此所立，石上人马大迹，俨然如初。从中台东南三十里，至大孚灵鹫寺，南有花园，前后遇圣，多于此地。有东西二道场，中含一谷，西北上八里许，有王子烧身塔寺，元是齐帝第三子，性乐佛法，思见文殊，故来山寻，如其所愿，烧身供养，因而起塔。所将内侍刘谦之，于此寺中七日行道，祈请文殊，既遇圣者，掩复丈夫，晓悟华严经义，乃造华严论六百卷。今五台诸寺收束，犹有三百许卷。近龙朔中，主人令会昌寺僧会赜两度将功德物往彼修补塔尊仪，与五台县官同往，备见圣迹，异香钟声，相续不绝。

代州五台山释法空传三十六

释法空者，不知何人，隋末任雁门郡府鹰击郎将。时年四十，欻自生厌离，见妻子家宅如牢狱桎梏，志慕佛法，情无已已。总召家属，曰:“吾为尔沉日久矣，旦夕区区，止是供给。可各自取计，吾自决矣。”便裹粮负幞，独诣台山，饥则餐松皮柏末，寒则入穴苫覆，专思经中要偈，亦无所参问。时贼寇交起，追击攸归，府司郡官，所在追掩。将至禁所，正念不语，志逾慷慨，跏坐不动，不食不息，已经五日。守令以下莫不鹭愕，因放之，任其所往。一坐三十余载，禽兽以为亲邻。妻子寻获，欲致粮粒，空曰:“吾厌俗为道，以解脱为先。自今以往，愿为善知识。非尔缠缚，吾何解之。更不须相见！”于是遂绝。幽居日久，每有清声召曰“空禅”，如是非一。空知是自心境界，以法遣之，后遂安静。初学九次，以禅用乃明，终为对碍，遂学大乘离相。有从学者，并以此诲之。不知所终。

京师定水寺释明浚传三十七

释明浚，姓孙，齐人。善章草，常以金刚般若为业。永徽元年二月十二日夜暴死，心上暖，周时方苏，说云：初有二青衣童子将至王所，问："一生作何业？" 浚答："但诵金刚般若经。" 王曰："不可言！师可更诵，满十万遍，明年必生净土。弟子不见师也。' 还，令二青衣送至寺。浚自尔精苦，倍百逾厉。至二年三月卒，寺众咸闻异香云。

京师普光寺释明解传三十八（宋尚礼）

释明解者，姓姚，住京师普光寺。有神明，薄知才学，琴诗书画，京邑有声。然调情敞恍，颇以知解自傲，于诸长少无重敬心。至于饮啖，不异恒俗。会龙朔之中征诸三教有能观国者策第宾王，解因此际往赴东都，策第及之。行次将仕，乃脱袈裟："吾今脱此驴皮，预在人矣。" 遂置酒集诸士俗，赋诗曰"一乘本非有，三空何所归"云云。不久病卒，与友僧梦曰："解以不信故今生恶道，甚患饥渴。如何不以故情致一食耶？" 及觉，遂列食于野祭之，又梦极惭愧云云。又下梦于画工先来同役者，曰："我以不信敬，生处极恶，思得功德，无由可办。卿旧与相知，何为不能书一两卷经耶？" 又遗其诗曰："握手不能别，抚膺聊自伤。痛矣时阴短，悲哉泉路长。野风惊晚吹，荒隧落寒霜。留情何所赠，惟斯内典章。" 画工不识书，令诵十八遍已便去，遂觉，向诸僧俗说之。嗟乎明解！可惜一生妄存耶！我自陷千载，斯谓徒生徒死。大圣岂虚言哉！贞观中，洺州宋尚礼者，薄学有神明，好为谲诡诗赋。罢县还，贫无食，好乞贷。至邺戒德寺贷粟，数与不还，又从重贷，不与之，因发愤造悭伽斗赋，可有十纸许，加饰庄严悭态，时俗常诵，以为口实。见僧辄弄，亦为黄巾所笑。及礼将死，谤毁自当，两目圆赤，见者咸畏，吁嗟扰攘，少时而绝。

兖州法集寺释法冲传三十九

释法冲，字孝敦，姓李氏，陇西成纪人。父祖历仕魏、齐，故又生于兖部。冲幼而秀异，傲岸时俗。弱冠与仆射房玄龄善，相谓曰："丈夫年不登五品者，则共不仕，为逸人矣。"冲年二十四，果为鹰扬郎将。遭母忧，读涅槃经，见"居家迫迮"之文，遂发出家心。听涅槃三十余遍。又至安州皓法师下听大品、三论、楞伽经，即入武都山修业。年三十，行至冀州。贞观初年下敕，有私度者处以极刑，冲誓亡身，便即剃落。时峄阳山多有逃僧避难，资给告穷，便造诣州宰，曰："如有死事，冲身当之。但施道粮，终获福佑。"守宰等嘉其烈亮，昌网周济。乃分僧两处，各置米仓可十斛许。一所徒众四十余人，纯学大乘，并修禅业，经年食米，如本不减。一所有五六十人，才经两日，食米便尽，由不修禅，兼作外学。冲告曰："不足怪也。能行道者，白毫之惠耳。"盖利由道感，还供道众，行殊道业，理固屡空。于时逃难转多，复弊霖雨，无处投止。山有大岩，猛兽所居，冲往诣岩穴，告曰："今穷客相投，可见容不？"虎乃相携而去。遂咸依之，仍听华严等经。及难解，重至安州。有道士蔡子晃者，闲习内外，款狎僧伦。道俗盛集僧寺，乃令晃开佛经。冲曰："汝形同外道，邪述缠怀，苟讲佛经，终归名利。我道俗无名，要惟释子，身既在此，毕不得行。早可识机，无悔于后。"晃闻默然，逡巡而退。尔时大众叹曰："护法菩萨，斯其人哉！"冲以楞伽奥典，沉沦日久，所在追访，无惮夷险。会可师后裔盛习此经，即依师学，屡击大节，便舍徒众，任冲转教，即相续讲三十余遍。又遇可师亲传授者依南天竺一乘宗讲之，又得百遍。其经本是宋代求那跋陀罗三藏翻，慧观法师笔受，故其文理克谐，行质相贯，专唯念惠，不在话言。于后达磨禅师传之南北，忘言忘念，无得正观为宗。后行中原，惠可禅师创得纲纽，魏境文学多不齿之，领宗得意者，时能启悟。今以人代转远，纰缪后学，可公别传，略以详之。今叙师承，以为承嗣所学，历然有据。达磨禅师后，有惠可、惠育二人。育师受道心行，口未曾说。可禅师后，粲禅师、惠禅师、盛禅师、那老师、端禅师、长藏师、真法师、玉法师（已上并口说玄理不出文记）可师后，善师（出抄四卷）、丰禅师（出疏五卷）、明禅师（出疏五卷）、胡明师（出疏五卷）。远承可师后，大聪师（出疏五卷）、道荫师（抄四卷）、冲法师（疏五卷）、岸法师（疏五卷）、宠法师（疏八卷）、大明师（疏十卷）。不承可师自依摄论者，迁禅师（出疏四卷）、尚德律师（出入楞伽疏十卷）。那老师后，实禅师，惠禅师，旷法师，弘智师（名住京师西明身亡法绝）。明禅师后，伽法师、宝瑜师、宝迎师、道莹师（并次第传灯于今扬化）。冲公自从经术，专以楞伽命家，前后敷弘将二百遍，须便为引，曾未涉文。而通变适缘，寄势陶诱，得意如一，随言便异。师学者苦请出义，乃告曰："义者道理也。言说已粗，况舒在纸，粗中之粗矣。"事不获已，作疏五卷，题为私记，今盛行之。初，冲周行东川，不任官贯，频有度次，高让不受。年将知命，有敕度人，兖州度抑令入度，隶州部法集寺。虽名预公贯，而栖泉石，抚接遗逸为心。房公位居台辅，作书召入，冲得，题背曰："我于三界无所须，卿至三槐位亦极。"公又重延。不守恒度，翻翔都邑，即弘大法，晟动英髦，冠盖云蒸，叹未曾有。中书杜正伦亲位法席，详评玄义。弘福润法师初未相识，曰："何处老大德？"答："兖州老小僧耳。"又问："何为远至？"答曰："闻此少一乘，欲宣一乘。教网漉信地，鱼龙故至。"润曰："斯实大心开士也。"因行至大兴善寺，万年令郑钦泰于寺打人，冲止之曰："公勿于寺打人。"泰曰："打人罪，我自当。"冲曰："道不自当，可遣他受。然国家立寺，本欲安宁社稷，唯善行之。公今于寺打人，岂名为国祈福！"泰即礼谢。又，三藏玄奘不许讲旧所翻经，冲曰："君依旧经出家，若不许弘旧经者，君可还俗，更依新翻经出家，方许君此意。"奘闻遂止。斯亦命代弘经护法强御之士，不可及也。然冲一生游道为务，曾无栖泊。仆射于志宁曰："此法师乃法界头陀僧也，不可名实拘之。"显庆年言旋东夏，至今麟德年，七十九矣。

续高僧传卷第三十五

续高僧传卷第二十六

大唐西明寺沙门释道宣撰

感通下　正传四十五　附见二人

隋京师弘善寺释智教传二十
隋京师沙门释圆超传二十一
隋京师光明寺释慧藏传二十二（法顺）
隋京师大兴善寺释宝宪传二十三
隋京师胜光寺释法朗传二十四
隋京师真寂寺释昙遂传二十五
隋京师大兴善寺释昙观传二十六
隋京师延兴寺释灵达传二十七
隋京师大兴善寺释僧昕传二十八
隋京师空观寺释玄镜传二十九
隋京师弘济寺释智揆传三十
隋京师胜光寺释僧范传三十一
隋京师净影寺释宝安传三十二
隋京师仁觉寺释宝岩传三十三
隋京师无漏寺释明驭传三十四
隋京师大兴善寺释道生传三十五
隋京师胜光寺释法性传三十六
隋京师沙门释辩寂传三十七
隋京师大兴善寺释静凝传三十八
隋京师扬化寺释法楷传三十九
隋京师转轮寺释智能传四十
隋京师真寂寺释昙良传四十一
隋京师静法寺释智嶷传四十二
隋京师沙门释道嵩传四十三
隋京师净影寺释道颜传四十四
隋京师净影寺释净辩传四十五

隋京师大兴善寺释道密传一

释道密，姓周氏，相州人。初投耶舍三藏师习方艺，又从邺下博听大乘，神思既开，理致通衍。至于西梵文言，继迹前烈，异术胜能，闻诸齐世。隋运兴法，翻译为初，敕召入京，住大兴善，师资道成，复弘梵语，因循法本，留意传持。会仁寿塔兴，铨衡德望，寻下敕召送舍利于同州大兴国寺，寺即文帝所生之地，其处本基般若尼寺也。帝以后魏大统七年六月十三日生于此寺中，于时赤光照室，流溢外户，紫气满庭，状如楼阙，色染人衣，内外惊禁。奶母以时炎热，就而扇之，寒甚几绝，困不能啼。有神尼者名曰智仙，河东蒲坂刘氏女也，少出家，有戒行，和上失之，恐其堕井，见在佛屋俨然坐定，时年七岁，遂以禅观为业。及帝诞日，无因而至，语太祖曰："儿天佛所佑，勿忧也。"尼遂名帝为那罗延，言如金刚不可坏也。又曰："此儿来处异伦，俗家秽杂，自为养之。"太祖乃割宅为寺，内通小门，以儿委尼，不敢名问。后皇妣来抱，忽见化而为龙，惊遑堕地。尼曰："何因妄触我儿，遂令晚得天下。"及年七岁，告帝曰："儿当大贵，从东国来。佛法当灭，由儿兴之。"而尼沈静寡言，时道成败吉凶，莫不符验。初在寺养帝，年十三方始还家，积三十余岁，略不出门。及周灭二教，尼隐皇家，内着法衣，戒行不改。帝后果自山东入为天子，重兴佛法，皆如尼言。及登祚后，每顾群臣追念阿阇梨，以为口实。又云："我兴由佛法，而好食麻豆。前身似从道人里来，由小时在寺，至今乐闻钟声。"乃命史官王劭为尼作传。其龙潜所经四十五州，皆悉同时为大兴国寺，因改般若为其一焉。仁寿元年，帝及后宫同感舍利并放光明，砧磓试之，宛然无损，遂散于州部，前后建塔百有余所，随有塔下皆图神尼，多有灵相。故其铭云："维年月，菩萨戒佛弟子大隋皇帝坚，敬白十方三世一切三宝弟子：蒙三宝福佑，为苍生君父，思与民庶共建菩提，今故分布舍利，诸州供养，欲使普修善业，同登妙果。仍为弟子，法界幽显，三途八难，忏悔行道，奉请十方常住三宝，愿起慈悲，受弟子等请，降赴道场，证明弟子为诸众生发露忏悔。"文多不载。密以洽闻之誉，送此寺中。初下塔时，一院之内光明充塞，黄白相间，兼赤班气，旋绕朗彻，久而乃灭。道俗内外，咸同一见。寺有四门，门立一碑，殿塔廊庑及以生地，庄严绮丽，晃发城邑。仁寿之末，又敕送于郑州黄鹄山晋安寺。掘基至水，获金像一躯，高尺许，仪制特异。正下塔时，野鸟群飞，旋绕塔上，事了便散。又见金花三枚腾空久之，下没基内。又放萤光，后遂广大，绕塔三匣。寺本高显，素无泉水，洎便下汲，一夕之间，去塔五步飞泉自涌，有同浪井。广如王劭所纪。及大业伊始，从治洛阳，上林园中置翻经馆，因以传译，遂卒于彼。所出诸经如费氏录。

隋京师经藏寺释智隐传二

释智隐，姓李氏，贝州人，即华严藏公之弟子也。自少及长，遵弘道义，慧解所传，受无再请。而神气俊卓，雅尚清虚，时复谈吐，听者忘倦。开皇七年敕召大德，与藏入京，住大兴善。通练智论、阿毗昙心及金刚般若论，明其窟冗。至十六年，以解兼伦例，须有绍隆，下敕补充讲论众主，于经藏寺还扬前部，仁寿创福，敕送舍利于益州之法聚寺，寺即蜀王秀之所造也。道适邛蜀，开化弥昌，倾其金贝，寻即成就。晚又奉送，置塔莘州，天雨异花，人得半合，又放紫光，变为五色。盲者来忏，欻获双目，舍杖而归，风躄等病，其例皆尔。及将下瘗，天雨银花，放白色光，前后非一。正入塔时，感五色云下覆函上，重圆如盖，大鸟六头旋绕云间，闭讫俱散。隐以事闻，帝大悦，付于著作。卒于京室。

隋中天竺国沙门阇提斯那传三

阇提斯那，住中天竺摩竭提国，学兼群藏，艺术异能，通练于世。以本国忽然大地震裂，所开之处极深无底，于其坼侧获一石碑，文云："东方震旦，国名大隋，城名大兴，王名坚，意建立三宝，起舍利塔。"彼国君臣欣感嘉瑞，相庆希有，乃募道俗五十余人寻斯灵相。初发祖送，并出王府，路远贼掠，所遗荡尽，惟余数人逃窜达此。以仁寿二年至仁寿宫，计初地裂获碑之时，即此土开皇十四年也，行途九载，方达东夏。正逢天子感得舍利，诸州起塔，天祥下降，地瑞上腾，前后灵感，将有数百，阖国称庆，佛法再隆。有司以事奏闻，帝以事符大夏，陈迹东华，美其远度，疑是证圣，引入大宝殿，躬屈四指，顾问群僚："解朕意不？"佥皆莫委。因问斯那，又"解意不"，答曰："檀越意谓贫道为第四果人耶，实非是也。"帝甚异之，乃置于别馆，供给华重。膳夫以酒酵和面，拟为饼调，候时不起，因以问那，答曰：“此不合食。”便用水溲煮之，与常酵者不异。上问：“今造灵塔，遍于诸州。曹、陕二州，特多祥瑞，谁所致耶？”答曰：“陕州现树，地藏菩萨；曹州光花，虚空藏也。”又问：“天花何似？”答曰：“似薄云母，或飞不委地，虽委地而光明奇胜。”帝密以好云母及所献天花各一箱用示诸人，无有别者。恰以问那，那识天花而退云母。及献后云崩，空发乐音，并感异香。具以问由，答曰：“西方净土名阿弥陀，皇后往生，故致诸天迎彼生也。”帝奇其识鉴，赐绵绢二千余段，辞而不受，因强之，乃用散诸福地。见感应传。

隋京师胜光寺释明诞传四

释明诞，姓史，卫州汲人。律仪行务，履顾前贤，通十地、地持，赴机讲解，摄大乘论，弥见弘演。后入京，住胜光寺，温柔敦厚，姓无迫暴。有敕召送舍利于襄州上凤林寺，基趾梁代雕饰，隋初显敞，高林跨谷连院，松竹交映，泉石相喧，邑屋相望，索然闲举，有游览者皆忘返焉。文帝龙潜之日，因往礼拜，乞愿弘护，及践宝位，追惟往福，岁常就寺广设供养，仍又改为大兴国寺。及诞之至彼安厝塔基，寺之东院凿地数尺，获琉璃瓶，内有舍利八枚，聚散呈祥，形质不定，或现全碎，显发神奇，即与今送同处起塔。又下穿掘得石，铭云：“大同三十六年已后，开仁寿之化。”依检梁历，有号大同，至今岁纪，仿佛符会。诞欣感嘉瑞，乃表奏闻。寺有金像一躯，举高丈六，面部圆满，相仪充备，峙于堂内，众鸟无敢践足。庭前树碑，庾信文，萧云书，世称冠绝。诞历览徽猷，讲授相接。终于本寺。

隋京师大兴善寺释明璨传五

释明璨，姓韦，莒州沂水人。十岁出家，二十受具。中途寻阅，备通经史，禀性调柔，初不陈怒。未及三夏，频扬成论及涅槃经。值废教隐伦，避世林泽，还资故业，重研幽极。周宣创开陟岵，慧远率侣登之，璨时投足，归师诸部。未久深悟，遂演于世，讲徒百数，心计明白，开隐析疑，善通问难，精虑勃兴，未曾沈息。加又福德所被，闻见欣然。敕召入京，住大兴善。仁寿初岁，召送舍利于蒋州之栖霞寺，今之摄山寺也，本基灵异，前传具详。而璨情存传法，所在追访，乃于江表获经一百余卷，并是前录所遗，及诸阙本，随得福利，处处传写。末住大禅定寺，弘法为务。春秋良序，频往蓝田，登山临水，欣其得性。唐初卒。

隋京师大兴善寺释慧重传六

释慧重，姓郭，雍州人。志干威棱，不怯邪障，鬼神林屋，闻有栖止，无往不降。净持戒地，明解摄论，履游名教，清迥不群。住大兴善，博综机要，荣达叙顾，辩章言令，写送有法。仁寿置塔，敕召送舍利于泰山之岱岳寺。初至放光，乃至入塔，相续流照。岳上白气三道，下流至于基所。岳神庙门无故自开，如是者三，识者以为神灵归敬故也。四年建塔，又送于隆州禅寂寺。初至设斋，忽有野鹿从南山下，度嘉陵江直趣塔所，人以手摩，自然依附，乃至下讫，其鹿方去。夜放大光，在佛堂上，焰高数丈，青赤流集，众人同见。三日打刹，合州喜舍，紫云覆塔，雨金银花遍于城邑，其收得者乃有五色相镂。又获舍利五枚，于天花上浮泛旋转，合散随心。州内修梵寺先为文帝造塔，有一分舍利，欲与今塔同日下基，其夜两塔双放光明，朗照幽显，至晓方灭。同睹此瑞，无数千人。将下之晨，又雨银花，变转非一。重还京室，改革前度，专修禅悔，昼夜十有二时，礼五十三佛，余则加坐正念，毕世终业。

隋京师胜光寺释宝积传七

释宝积，姓朱，冀州条人。割略爱网，访道为任，浮游靡定，不存住止。齐亡法毁，潜隐太山，回互鲁兖，乃经年稔。开皇十四年，隋高东巡，候驾请谒，一见便悦。下敕入京，住胜光寺，讲扬智论及摄大乘。而体量虚廓，不计仇隙，曾有屏毁达其耳者，解衣遗之，曰："卿见吾过，真吾师友。"仁寿初年，敕送舍利于华岳思觉寺，寺即左仆射杨素之所立也。初下之晨，云垂四布，雪满山邑，天地奄暗，逼目无见。及期当午，忽尔天清日朗，现五色云于塔基上，去地五丈，圆如轮盖。遥有见者，望其盖上，朱光赫奕，团团直上，远连天际。暨于覆了，云合光收，还如晨旦。积后卒于京室。

隋京师仁法寺释道端传八

释道端，潞州人。出家受具，听览律藏，至于重轻开制，铨定纲猷，雅为宗匠。晚入京都，住仁法寺，讲散毗尼，神用无歇，时程俊举，后学钦之。加复体尚方言，梵文书语，披叶洞识，了其深趣，勤心护法，匡摄有功。仁寿中年，敕送舍利于本州梵境寺。初入州界，山多无水，忽有神泉涌顶，流者非一，旧疴夙痼，饮无不愈。别有一泉，病饮寻差，若咽酒肉，必重发动，审量持戒，永除休健。端以事闻。后还京寺，常乐弘演，终于本寺。

隋京师胜光寺释道粲传九

释道璨，恒州人。慧学如神，钻求摄论、华严、十地，深疑伏旨，解其由绪。志尚幽静，不务奢华，重义轻财，自小之大。后入关辇，便住胜光，访道求贤，栖遑靡托。仁寿起塔，敕召送舍利于许州辩行寺。初至塔寺，堂中佛像素无灵异，忽放大光，通烛院宇。舍利上踊，金瓶之表又放光明，绕瓶旋转。既属炎热，将入塔时，感云承日，覆讫方灭。又于塔侧造池供养，因获古井，水深且清，轻软甜美。举州齐调，一从此井，而无竭浊，莫不嗟叹。璨后不测其终。

隋京师大兴善寺释明芬传十

释明芬，相州人，齐三藏耶舍之神足也。通解方俗，妙识梵言，传度幽旨，莫匪喉舌。开皇之译，下敕追延，令与梵僧对传法本。而意专捡失，好住空闲，味咏十地，言辄引据，问论清巧，通滞罕伦。仁寿下敕，令置塔于慈州之石窟寺，寺即齐文宣之所立也。大窟像背文宣陵，藏中诸雕刻骇动人鬼。芬引舍利，去州三十许里，白云郁起，从寺至舆，长引不绝，耿耿横空，中有天仙飞腾往返，竟日方灭。明旦将晓，还有白云长引来迎，云中天仙如昨无异。人众同见，倾目叵论，识者以为石窟之与鼓山连接密尔，竹林仙圣响应之乎。既至山塔，东面有泉，众生饮皆病愈。芬后卒于兴善，所著众经如费氏录。

隋京师大兴善寺释僧盖传十一

释僧盖，恒州人。曾游太原，专听涅槃，晚至洛下，还综前业。盖闻经陈念慧，摄虑为先，遂废听业，专思定学，陶思既久，弥呈心过，遂终斯习。后入京师，周访禅侣，住大兴善，垂帷敛足，不务世谈，近局异乘，略不沾口，吐言清远，鲜不高之。仁寿二年，敕送舍利于沧州。四年，又敕送于淅州之法相寺。初营石函，本惟青色，及磨治了，变为鲜锦，布彩铺发。又见僧形，但有半身，及晓往观，僧变为佛，光焰神仪，都皆明着。又现三字，云“人王子”也。佛前又现雄鸡之象，冠尾圆具，或现仙凤、天、人诸相甚众。南乡县民多业屠猎，因瑞发心，受戒永断。后于他日，有采柴者，于法相寺南见有朴树，乃生奇异果，仅有百颗，其色红赤，如莲欲开，折取二枚，来用供塔。官庶道俗千有余人同往折取，味如蒲桃，并果表奏，帝惊讶其瑞盖。后住禅定寺，唐初即世，九十余矣。

隋京师日严寺释昙瑎传十二

释昙瑎，江都人。少学成实，兼诸经论，涅槃、大品，包蕴心目，虽讲道时缺，而以慧解驰名。每往法筵，亟陈论决，征据文旨，学者惮焉。常读经，盈箱满案，记注幽隐，追问老耄，皆揖其精府，反启其志，瑎乃为斟酌，通问盘梗。自江左右，历览多年，传誉不爽，实钟华望。炀帝昔为晋王，造寺京室，诸方搜选，延瑎入住。内史令萧琮合门昆季，祖寻义学，屈礼归心，奉以家僧，携现大小，常处第内，晨夕欢娱，讲论正理，惟其开悟。仁寿之末，敕送舍利于熙州环谷山山谷寺。古传云：昔有齐人郭智辩，数游环山之阳，世俗重之，因以名焉。此寺即萧齐高帝之所立也，林崖重映，松竹交参，前带环川，北背峻岭，江流萦绕，实为清胜，瑎巡此地，仍构塔焉。初正月内，当拟基处，屡放金光，如一綖许，十余日中，然后方息。舍利恰到，如即置基，先不相谋，若同合契，皆大庆也。又初到治，天本亢阳，人物燋渴，夜降大雨，高下皆足，无不赖幸。又放赤光，流瞩如火。行道七夕，又放大光被诸山也。五千余人咸蒙斯瑞，及忏罪营福，不可胜言。晚承故业，迄于隋运。后住弘善，以疾而终，春秋八十有三，武德初矣。

隋京师随法寺释道贵传十三

释道贵，并州人。华严为业，词义性度，宽雅为能，而于经中深意，每发精彩，有誉当时。加以闲居放志，不涉烦扰，市肆俳优，未曾游目，名利贵贱，故自绝言，精洁守素，清真士也。晚在京师，住随法寺，拥其道德，闲守形心。及建塔之初，下敕流问，令送舍利于德州会通寺。至治之日，放赤光明，如大瓮许，久之方灭。有一妇人躄疾多载，闻舍利至，舆来塔所，苦心发愿，乞蒙杖步，依言立愈，疾走而归。将下塔时，忽有大鸟十二，形相希世，不识名目，次第行列，旋绕空中，正当塔上，覆讫方逝。贵后镇业京辇，不测其终。

隋京师玄法寺释僧顺传十四

释僧顺，贝州人。习学涅槃，文疏精核，志勤策立，堪胜艰苦，常乐弘法。于囹圄中无缘拘縶，假诉良善，文书既效，方便雪他，投身桎梏，情志欣泰。监狱者愍斯厄苦，将欲解免，方取经疏，铺舒详读，旁为囚隶说法劝化。事本无踪，还蒙放释，出狱之日，犹恨太早。有问其故，答曰："吾闻诸圣，地狱化生。虽不逮彼，且事微辙。"开皇隆法，杖步入关，采访经术，住玄法寺。及后造塔，敕召送舍利于宋州。初到宋城，市中古井由来醎苦，水色又赤，无敢尝者，及舍利至，色忽变白，味如甜蜜。至造塔所，初放赤光，又放白光，通照寺内。七日辰时，天雨白花，如雪不落，纷纷满空。及下塔时，白鹤九头飞翔塔上，下函既了，方乃北逝。顺后还京游寻行业。唐运初兴，巡栖山世，年既迟暮，欲事终心。行至霸川，骊山南足遇见古寺，龛窟崩坏，形像纵横，即住修理。先有主护，乃具表请，武皇特听，遂得安复，今之津梁寺是也。仆射萧瑀为大檀越，福事所资，咸从宋国。僧众济济，有伦理焉。顺后卒于住寺，春秋八十余矣。

隋京师沙门寺释法显传十五

释法显，雍州扶风人，厥姓宁氏。生平志尚，禅寂为宗，文字纸笔，性不游履，沉默寡欲，不为世累。其师法开，定门幽秘，殆是不测。元魏之末，住京兆王寺，与实禅师齐驾朝野，兼以简约清素，华贵倾属。显遇斯明匠，承奉累年，传习师宗，颇接微绪。住日严寺。仁寿末岁，置塔陇州，下敕令送。显发自帝京，奉舆至彼药王寺内。然寺去州一十余里，褊狭邪仄，殊非形望，乃移近州北三王山下，背崖临水，高胜博敞。仍构大塔，放大光明，阖境同观，欣其罪灭。显因其所利，即而利之，广说法要，倾其心悩。当斯一会，荣叹成喧。晚还入京，聚徒综业。每年岁首，受具者多，显为开发戒缘，鼓行坛忏，引聚清众，即而惠之。后终时也，将八十矣。

隋京师大兴善寺释僧世传十六

释僧世，青州人。负帙问道，无择夷险，观其游履，略周方岳。而雄气所指，锋刃难当时，地论是长，偏爱喉舌，丰词迭难，名闻齐鲁。开皇入京，住兴善寺，长游讲会，必存论决。仁寿下敕，召送舍利于莱州之弘藏寺。四年，又敕送密州茂胜寺。行达青州，停道藏寺，夜放赤光，从房而出，直指东南。尔夜密州城内又见光明从西北来，相如火炬，丛焰非一，绕城内外，朗彻如日。预有目者，无不同睹，后乃勘究，方知先告。既至治所，两夜放光，如前绕城，朗彻无异。及世举瓶欲示大众，忽然不见。后至寺塔，复放大光，通照寺宇。行道初日，打刹教化，舍利二粒见于瓶内，及造石函，忽变为金，如枣如豆，间错函底，余处并变为青琉璃。因具图表，帝大悦也。后还京，不久寻卒。

隋京师静觉寺释法周传十七（景晖）

释法周，不知何许人，状相长伟，言语高大。涅槃、摄论，是所留神，稠会胜集，每预登践，身相孤拔，多或顾问，由是振名者，复系于德矣。初住曲池之静觉寺，林竹丛萃，莲沼盘游，纵达一方，用为自得。京华时偶形相义举如周者可有十人，同气相求，数来欢聚，偃仰茂林，赋咏风月，时即号之为“曲池十智”也。仁寿建塔，下敕送舍利于韩州修寂寺。初造石函，忽有一鸽飞入函内，自然驯狎，经久乃去。寺有砖塔四枚，形状高伟，各有四塔镇以角隅，青瓷作之，上图本事，舍利到夜，各放光明，如焰上冲。四方众皆一时同见，数数放光。至于未入空中，如绛长三丈许，诸佛圣僧，众相非一，皆列其中。周后复往大禅定寺。唐运初基，为僧景晖于仁寿坊置胜业寺，召周经始，敕知寺任，又改坊名还符寺号。初，晖同诸僧侣住在长安，晚又变改常度，形同俗服，栖泊寺宇，不舍戒业，言语隐伏，时符谶记。高祖昔任岐州，登有前识，既承大宝，追忆往言，图像立庙，爰彰徽号。自周积年处任，不事奢华，房宇趣充，僧事仅足。贞观之始以疾而终，春秋八十余矣。

隋京师延兴寺释慧诞传十八

释慧诞，雍州人。学究涅槃，及通摄论，每登讲席，有名京室，即昙延法师之学士也，住延兴寺。仁寿下敕，召起塔于杭州天竺寺，住在灵隐山，林石岑竦，实来仙圣。初构塔基，多逢伏石，掘得一所，是古石函，傍推其际，眇不可测。因用今造，置古函中，大小和可，宛如昔契。诞还本寺，讲授寻常，虽非卓荦，亦例能色。贞观初年卒于本寺，七十余矣。临终清言安话，神色无异，顾诸法属，深累住持，通告好住，怙然神逝。

隋京师大兴善寺释智光传十九

释智光，江州人，尼论师之学士也。少听摄论，大成其器，言论清华，声势明穆，志度轻健，鲜忤言诤，谦牧推下，为时所重。开皇十年敕召尼公，相从入京，住大兴善寺。仁寿创塔，召送循州，途经许部，行出城南，人众同送，舍利于舆忽放光明，高出丈余，倾众荣庆。北至番州，寄停寺内，其夜铜钟洪洪自鸣，连宵至旦，惊骇人畜，及至食时，其声乃止。既达循州道场塔寺，当下舍利，天降甘露，塔边树上，色类凝苏，光白曜日。光还京室，以法自娱，频开摄论，有名秦壤。晚厌谈说，归静林泉，寻还庐阜，屏绝人事，安禅自节，卒于山舍。

隋京师弘善寺释智教传二十

释智教，雍州人。习诵众经，意存禅观，昼则寻读，夜便坐默，萧散无为，不存世累。住弘善寺，闲居综业。仁寿中年，起塔秦州之永宁寺，下敕令送。既至塔所，夜逢布萨，异香如雾，屯结入门。合众同怪，欣所闻见。又于塔上刹柱之前见大人迹，长尺二寸，蹈深二分，十指螺文，圆相周备，推无踪绪，盖神瑞也。又降异云，屯聚塔上。又雨天花，状如金宝。又闻空中赞叹佛声。官民道俗，相庆腾踊。教还本寺，综业终年。

隋京师沙门释圆超传二十一

释圆超，观州阜城人。十地、涅槃，是其经略，言行所表，必询猷焉。晚住京寺，策名台省。仁寿末岁，下敕造塔于廉州化城寺。初达州西四十余里，道俗导引，竞列长幡，南风劲利，树林北靡，惟有幡脚南北相分，虽为风吹，都不移乱。及初行道，设二佛盘，忽有蜻蛉二枚各在盘上，相当而住，形极粗大，长五寸许，色丽青绿，大如人指，七日相续，如前停住，行道既散，欻然飞去。比后下塔，还复飞来，填埋都了，绝而不见。当下正中，塔基上空五色庆云状如伞盖，方直齐正，如人所为。云下见一白鹄翔飞旋转，事了俱散。超还京室，不测其终。

隋京师光明寺释慧藏传二十二（法顺）

释慧藏，冀州人。初学涅槃，后专讲解。禁守贪竞，绝迹讥嫌，安详词令，不形颜色。入京访道，住光明寺。仁寿中年，敕召置塔于欢州。初至塔寺，行道设斋，当其塔上景云出见，彩含五色，有若花盖，绮绣锦缋，无以加焉，从午至酉，方始隐灭。又，延兴寺僧法顺者，听习涅槃，善守根禁，退让自节，负德无傲。敕住江州庐山东林寺置舍利塔。初至其地，耕者见光，寻而掘之，获金铜弥勒像一躯，形质瑰异，即而供养。并不测其终。

隋京师大兴善寺释宝宪传二十三

释宝宪，郑州人，宝镇律师之学士也。童稚依止，即奉科条，审量观能，具承大法。受具之日，但奉文言，至于行模，并先具委。有师资焉，有弘业焉！开皇之始，与镇同来，住大兴善，威仪调顺，言无涉俗。仁寿奉敕置塔洪州，即豫章之故地。初向彼州，路由江阻，既失正溜，泥泞不通，人力殆尽，无前进理，程期又逼，道俗遑惧。宪乃凭心舍利，请垂通涉，忽降白鸟，船前缓飞，乍来乍去，如有引导，即遣随逐，遂逢水脉，通夕泛舟，安达无障。宪还京室，寻事卒也。

隋京师胜光寺释法朗传二十四

释法朗，蒲州人。学涉三藏，偏镜毗尼，开割篇聚，不阻名问。加复器用平直，无受轻陵，决断刚正，未私强御。后住胜光，披究律典，经其房户，莫不懔然。仁寿二年，敕召送舍利于陕州大兴国寺，寺即皇考武元本生处也，故置寺建塔，仰谢昔缘。初达州境，大通、善法、演业三寺夜各放光，不知何来，而通照寺内，朗彻无障。善法寺中见三花树，形色分明。四月二日，灵胜寺中夜忽放光，五色彩云合成一盖，通变为紫，比灵舆入城，云盖方散。又有五色彩云从干巽二处缠纠而来，至于塔上相合而住。及掘塔基，下深五尺获一异鸟，状如鸲鹆，色甚青黄，巡行基趾，人捉无畏，唯食黄花，三日而死。又青石为函，忽生光影，表里洞彻，现诸灵异。东西两面，俱现双树，树下悉有水文生焉。函内西面现二菩萨，南边金色，北边银色，相对而立。又二菩萨坐花台上，各长一尺，并放红紫光明。函内南面现神尼像，合掌向西。函唇西面又见卧佛，右胁而偃，首北面西。函外东面双树间，现前死鸟倾卧，须臾起立，鸟上有三金花。其鸟西南而行，至卧佛下住立不动。凡此光相，从巳至未，形状俨然。命人图写，上纸素讫，方渐歇灭。及将下日，忽然云起，如烟如雾，团圆翳日，又如车轮，云色条别，又如车辐，轮辐云色，皆如红紫。人皆仰视其相，叹怪希遇。藏瘗既了，天还明净，失云所在。当斯时也，寺院墙外咸见幡盖围绕，谓言他处助来供养，事了追问，一无踪绪。朗庆斯神瑞，登即奏闻。晚还京师，以疾而卒。

隋京师真寂寺释昙遂传二十五

释昙遂，雍州人。初学大论，后味唯识，研精摄论，选其幽理。每言三界虚妄，但是一心，追求外境，未悟难息。故得名称高远，有通美焉。然复慎守根门，勤修戒检，住真寂寺，掩关励业。仁寿中年，下敕送舍利于晋州法吼寺。初停公馆，放大光明，照精舍门，朗如金色。又放黄白二光，从道场出，久久乃灭。又从舍利舆所至于塔基而放瑞光，三道虹飞，色如朝霞，耿然空望。下塔之内，又放光明，隐显时现。大都为言，七日之内瑞灵杂沓，相仍不绝。还京服业，迄于唐运，八十余卒矣。

隋京师大兴善寺释昙观传二十六

释昙观，莒州人。七岁出家，慕欣法字。及进具后，寻讨义门，偏宗成实，祛析玄滞。后以慧解乱神本也，乃返驾澄源，摄虑岩壑。十六特胜，弥所留心，神咒广被，锁殄邪障。高问周远，及于天阙，开皇之始，下敕征召，延入京室，住大兴善，供事隆厚，日问起居。屡上紫庭，坐以华褥，帝亲供侍，钦德受法。观宽厚敦裕，言无浮侈，深得法忍，苦乐虚心，故使名利日增，而素气常在。所获信施，并入僧中，房宇索然，衣钵而已。时俗流湎之夫，雅尚之也。仁寿中岁，奉敕送舍利于本州定林寺。初停公馆，即放大光。掘基八尺，获铜浮图一枚，平顶圆基，两户相对，制同神造，雕镂骇人，乃用盛舍利，安瓶置内，恰得相容。州民禽巨海者患痖六年，闻舍利至，自书请瑞，见本一粒分为三分，色如黄金，乍沈乍举；又见三佛从空而降，即能陈述，词句如流。观还京都，不委终事。

隋京师延兴寺释灵达传二十七

释灵达，恒州人。先在儒门，备参经史，唯见更相图略，时有怀仁抱义，然复终沦诸有，未免无常，乃释发道流，希崇正轨。从远公学义，咸知大意，因即依随，三业无舍；及达之入京辇，慕义相从。晚住延兴，退隐自守，端敛身心，终月禅默，衣食粗弊，不希华美。仁寿中，敕召送舍利于本州龙藏寺。初定基趾，闻有异香，渐渐芬烈，随风而至，遍于寺内。有民金玄瓒者住在寺侧，先患鼻塞，二十余年莫知香臭，当于此日忽闻香气，惊寻至寺，因尔鼊差。又雨天花，从空而下，光彩鲜净，晃若金银，先降塔所，后及寺院。道俗竞接，轻薄如镂。下舍利讫，有双白鹤旋于塔上，良久翔逝。达后连寻定业，追访山世，不顾名实，头陀林冢，虽逢神鬼，都不怖惮。大业之始，终于墓丛。初不委之，村人怪不乞食，就看已卒，加趺如在，因合床殓于杜城窟中。

隋京师大兴善寺释僧昕传二十八

释僧昕，潞州上党人。自骛道法津，周听大小，逮诸禅律，莫大登临。倾渴身心，无席不赴，而导戒愚智，众通喧静。昕一其正度，恭慎横经，聆其披析，曾不忽忘。初，众见其低目寡言，绝杜论道，皆号为“曚叟”也。后有智者问其文理，咸陈深奥，轻浮章句，略不预怀。有问其故，答曰:“勿轻未学，妙德常藏。惟夫大觉，方能静照，盛德明约，可无细瑕。愚师轨物，时有通悟，惟自两明殷鉴，方取会通，不得以法累人，致乖祇奉！”暨周灭二教，逃隐泰山。大隋开法，还归听习，游步洛下，从学远公，十地、涅槃，咸究宗领。后入关，住兴善寺，体度高爽，不屈非滥，时复谈讲，辩词迅举，抑扬有度。至于僧务营造，情重勤切，躬事率先，担揵运涉。仁寿中岁，置塔毛州护法寺，下敕令送舍利。初至公馆，有沙门昙义者，高行名僧，闻诸舍利皆放光明，“我等罪业，一无所现”，即解衣为忏，烧指为灯，竟夕供养，明旦出光，通属人物。又出金瓶，回旋行道，青赤白光，三色流照，经于信宿，其光乃隐。四月七日初夜，放光赫赤欻，然满佛堂内，须臾出户，流照四檐。将入函时，又放赤光，烈盛逾日。通夜又放，照于函内。四月十日，天花如雪，从空乱下，五色相间，人皆收得。又感异香，微风普遍，熏塞寺内。其函忽变为青琉璃，内外通彻，人以白绫周匝数重漫覆其函，又加砖累灰泥其上，寻照其泥，还如函色。又灰泥上画作十花，饰以金薄，及成就后，唯一金色，余花皆采。未下塔前，有张世谦，清信士也，常持八戒，远离妻孥，静室诵经，乃闻舆所梵赞之声，出户看之，见有群僧各执香花绕旋供养，迫之遂失。又见天人持诸幡盖及以香花东南飞来，当于塔上，变成大云，旋空良久。又见百余沙门在塔基上执帚箺土，以陪增者，比及明晨，寂无所见。时经夏暑，土地干燥，人皆思雨，应念即降三四寸许，川野除烦。沙丘县民路如意者回心信佛，望见光相，路虽远映，举目彻见寺僧五人在佛堂内，又闻塔边音乐赞叹，声极亮远。重雨天花，满四十里，塔基倍多。昕庆斯众瑞，即具表闻。晚还资业，不测其卒。

隋京师空观寺释玄镜传二十九

释玄镜，赵州人。立志清贞，不干流俗。四分一律，文义精通，不乐阐扬，恒寻异部，激发违顺，品章废立，有神彩焉。住空观寺，闲散优游，无为僧也。仁寿二年，奉敕置塔本州无际寺。建基趾日，寻放赤光，变转不常，或如形像，乍似楼阙。又出白光，时吐大小，巡绕瓶侧。四月四日又放光明，紫绿相间，三度乃止。又于光内见佛像形，长二尺余，坐莲花座，并有菩萨侠侍严仪，从卯至酉，方始歇灭。当此之时，有目皆睹。镜还空观，复学禅宗，居止东院，合集同侣，多行头陀。遂终其寺也。

隋京师弘济寺释智揆传三十

释智揆，冀州人。爱慕涅槃，净持戒行，不重荣渥，知足无求。住弘济寺，闭门习业。僧众服其智德，敬而宗之，每处胜筵，推其名实；而揆弗之顾也，退屏自修，若无闻见。仁寿之岁，弘塔四方，有敕召揆送舍利于魏州开觉寺。初届治所，遂放大光，紫白相宣，五色遽发。有尼智旷，冷疰积年，因礼发愿，乃见赤光遍室，便吐恶物，其患即除。有患重者闻斯嘉庆，伏枕发愿，亦蒙光照，平复如本，方来塔所。其例众伙，不复具书。又杨大眼者先患两目，冥无所见，牵来至舆，乞愿求恩，即见舍利，如本明净，斯例复众。四月八日下塔既讫，西北云来，雨花塔上，纷霏如雪，色似黄金，寺院皆遍。道俗收取，状如金花。感一黑狗，莫知由来，直入道场，周旋行道，每日午后，与饼不食，与水便饮，至解斋时，与粥方食。寺内群犬非常嘹恶，一见此狗，低头畏敬，不敢斜视。塔所树碑，厚三尺半，忽发光彩，状如琉璃，映物对视，分明悉见。又见象六并，现石碑内。至五月末来，于其碑中七变相状，或为佛像、圣僧、双树，众瑞非一。并以事闻。揆晚徙迹终南，居闲禅寂，登陟岩薮，往而不返。

隋京师胜光寺释僧范传三十一

释僧范，冀州人。学大小乘，静务心业，追师禅念，倾屈尽礼，所获定要，倍于同侣。住胜光寺，以慧解见推。及帝建塔，下敕征召，送舍利于本州觉观寺。每至日没，常放光明，黄赤交焰，变化非一。沙门僧辩患耳四年，闻声如壁，一睹舍利，两耳洞开，有逾恒日。州民苏法会左足挛跛十有余年，委杖自扶，来礼乞愿，寻得除差，放杖而归。范目睹灵验，神道若斯，信知经教非徒虚诞，但由诚节未着，故致有差。后归本寺，还遵前辙，未详其卒。

隋京师净影寺释宝安传三十二

释宝安，兖州人，安贫习学，见者敬之。初依慧远听涉涅槃，博究宗领。周灭齐亡，南投陈国。大隋一统，还归乡壤，行次瀍洛，又从远焉，因仍故业，弥见深隐。开皇七年，慕义入关，住净影寺。当远盛日，法轮之下听众将千，讲会制约，一付安掌。于时远方辐凑，名望者多，难用缉谐，故在斯任。安随机喻接，匡救有仪，虽具征治，而无衔怨，各怀敬叹，登自称焉。讲十地、涅槃，纯熟时匠。性存摄默，不好扬演，有问酬对，辩写泉流。仁寿二年，奉敕置塔于营州梵幢寺，即黄龙城也，旧有十七级浮图，拥在其内安置舍利。当夜半上，并放白光，状如云雾。初惟一丈，渐大满院，明彻朗然，良久乃灭。前后三度，相类并同。旧有石龟，形状极大，欲作函用，引致极难。匠石规模，斫截成函，三分去二。安自思念:“石大函小，何由卒成？”惧日愆期，内怀忧灼，比晓看之，其石称函自然分析，不劳镌琢，宛尔成就。函虽神造，计应大重，薄用拖曳，轻迅若驰，不劳至寺，便依期限，深庆情愿。晚还京寺，不测其终。

隋京师仁觉寺释宝岩传三十三

释宝岩，幽州人。标意十地，次综毗昙，未究成实，故于宗部涉猎繁焉，户牖玄文，疏条本干，时传富博。而性殊省事，不乐谈说，苦祈敷散，精理载扬。住京下仁觉寺，守道自娱，无事交厚。仁寿下敕，召送舍利于本州弘业寺，即元魏孝文之所造也，旧号光林。依峰带涧，面势高敞，多挟征异，事遵清肃，故使行僻之徒必致惊悚，由斯此众滥迹希过。自开皇将末舍利到前，山恒倾摇，未曾休止，及安塔竟，山动自息。又仁寿初岁，天降剃刀三十三枚，用甚铦利，而形制殊别，今僧常用以剃剪也。又初造石函，明如水镜，文同马瑙，光似琉璃，内外照彻，紫焰光起。函外生文如菩萨像，及以众仙、禽狩、师子、林树，杂相非一。四月三日夜，放大光明照天地，有目皆见。岩事了还，不测其卒。

隋京师无漏寺释明驭传三十四

释明驭，瀛州人。初学涅槃，后习摄论，推寻理源，究括疑滞。晚游邺下，咨访未闻，隐义重玄，皆所披览。开皇八年，来仪帝里，更就迁师询求摄论。意量弘广，容姿都雅，人有勃怒，初不改容，众服其忍力也。住无漏寺，讲诵为业。仁寿中年，敕请送舍利于济州崇梵寺。寺基带危峰，多饶异树，山泉盘屈，修竹蒙天，实佳地也。克日将下，寺有育王瑞像，乃放三道神光，遍于体上，金石榴色，朗晃夺精，经一食顷，乃遂渐歇。又闻磬声，摇曳长远。寺东岩上唱善哉声，清畅彻心，追寻莫委。又，舍利函上，光高三尺，状如花树。本送舍利，分为二粒，出琉璃瓶相随而转，并放光明。有黄白云从西南来，声如雨相，流音乐声，正当塔上，凝住不动。复见二花从云中出，或时上下，大鸟群飞，回旋塔上。又于云中现仙人头，其数无量。于此之时，莘州城人见诸仙人从空东来，向于魏州。驭当斯运，欣庆嘉瑞，说不可尽。民百舍物，积之如山，并用构塔。沙门五人生逢奇瑞，舍戒为奴，供养三宝。因勒铭纪，广如别传。献后升遐，造禅定寺，召而处之，遂终世矣。

隋京师大兴善寺释道生传三十五

释道生，蒲州人，延统是其师也。名父之子，系迹厥师，虽雅尚未齐，而思力方远。仁正致怀，声色无染，受持戒护，耽咏文言，四分一律，薄沾声教，讲诲时扬，器法难拟。住兴善寺，卓卓标异，目不斜眄，威仪安帖，众敬惮之。仁寿二年，敕召送舍利于楚州。初停公馆，感一野鹿直入城门，防人牵来诣舍利所，自然屈拜，驯善安隐。生曰:“尔为舍利，可上升阶，必若他缘，随意而去。”鹿闻此语，遂即升阶，出入账前，往还无难。乃为说归戒，鹿乃顿头香案，如有听受。因以缯帛系之，即舐人手，夜卧舆边，或往生房，经停两宿，自然退出，还归荒野。及当下日，白鹤两双飞旋塔上，覆讫方逝。生睹斯瑞，与诸僚属具表以闻，并铭斯事在于塔所。既还京室，不测所终。

隋京师胜光寺释法性传三十六

释法性，兖州人。少习禅学，精厉行道。少欲头陀，孤游海曲，时复入俗，形骸所资，终潜林阜，沉隐为任。开皇十四年，文帝东巡，搜访岩穴，因召入京，住胜光寺。仁寿之年，敕召送舍利于本州普乐寺。初营外函，得一青石，错磨始了，将欲鎣饰，变成马瑙，五色相杂，文彩分明。函内斑剥，杂生白玉，凝润光净。函之内外，光如水镜，洞照无障。当入函时，正当基上，白鸟一双翱翔缓飞，绕塔而转；塔西奈树，枝叶并变为真金色。及文帝既崩，置大禅定，延住供养，遂卒于寺，八十余矣。

隋京师沙门释辩寂传三十七

释辩寂，徐州人。少以慧学播名，汛浪人世，游讲为业。末在齐都，专攻大论及阿毗昙心，未越周年，粗得通解。会武平末岁国破道亡，南适江阴，复师三论，神气所属，镜其新理。开皇更始，复返旧乡，桑梓仍存，友朋殂落。西入京室，复寻昔论，龙树之风，复由光远。仁寿置塔，敕召送于本州流沟寺。及初达也，舍利塔所忽见异光，照寺北岭及以南山，朗同朝日。又于石佛山内采石为函，磨饰才了，彩文间发，彪炳光现，山海、禽狩、仙人等像，备出其中，虽复图取，十不呈一。晚综前业，演散京华，福利所兼，俱充寺府。不测其终。

隋京师大兴善寺释静凝传三十八

释静凝，汴州人，迁禅师之门人也。早年听受，深闲邪正，经律十地，是所询求。后师摄论，备尝幽显，常乐止观，掩关思择。缘来便讲，唱吼如雷，事竟退静，状如愚叟，世间之务，略不在言。人不委者，谓为庸劣，同住久处，方知有道。兼以行不涉疑，口无庆吊，块然卓坐，似不能言。开皇六年，随迁入雍，住兴善寺。仁寿二年，下敕送舍利于杞州。初至，频放白光，状如皎月，流转通照。及下塔日，白鸟空中旋绕基上，瘗讫远逝。更有余相，凝为藏隐，示出一二，知大圣之通瑞也，余则隐之不书。及至京师，又被责及，方便解免，不久而终。

隋京师扬化寺释法楷传三十九

释法揩，曹州人。十五出家，依相京贤统而为弟子，师习涅槃，通解文义。及受具后，专攻四分。云晖两匠，振纽齐都，备经寒暑，伏面咨禀，皆赐其深奥，无所孑遗。及齐、法俱亡，南避淮表寿山之阳，随开律教。开皇首岁，大辟法门，还返曹州。欲终山水，将趣海岸，而道俗邀留，不许东骛。揩性虚静，更于城北三里左丘山营造一寺，名曰法元，高显平博，下临城邑，遥望发心，皆来受法。未为安而能迁，古人所尚，久在尘厌，不无流转，便入关壤，观化京都，住扬化寺复扬戒律。仁寿置塔，奉敕送舍利于曹州。揩以初基有由，欲报斯地，表请树塔，还置法元，上帝不违，任从所请。初达曹部，置舆州内，广现神瑞，备如别纪。但学未经远，难得遍知，故略编之，想未繁挠，日别异见，具如后述。于三月十四日中时，见佛半身，面白如玉。舍利舆前，佛顶之上，黄赤光起。二十九日，夜降甘露，味甜逾蜜，现于赤光，遍于城上，须臾流照，达于塔所。四月五日，舍利上踊，白色鲜明。其日申时，帐上北面忽见光影，中有白云，气中生树，状如青桐，下有青色师子，面西而蹲。六日卯时，复有光影见，云气内有三莲花，两厢双树下有佛像，楼阁、树林，沓重而出，上有立菩萨像。辰时又见金色光明，出没渐大。已时复见重阁，阁上有树，叶如贝多，旁立圣僧。午时复现双树之形，下列七佛。申时双树又见一佛二菩萨像，三花承足，又见天人擎花在空、黄师子等。亥时帐后见千佛形，舍利室内出黄白光。四月七日，又见双树、黄雀一头及以光云师子等像。辰时又见金翅鸟身飞龙树林、宝盖等像，傍现二菩萨及黄师子。已时又见宝幢、树林，下有菩萨、黄衣居士，白色师子蹲踞石上，又有云气、树林、楼阁、菩萨。午时又见白色云气、宝幢、树林、青色师子。申时又现双树繁茂，须臾变为宫殿、楼阁，佛坐花台，其色黄白。亥时云起西北，雨润三寸，云上六天一时见身。四月八日将欲下塔，平旦之时天雨白花，飞扬不下。卯时又见诸天宝盖，树侧菩萨及黄师子。辰时又见大盖两重，众宝庄严，下坐菩萨，及白师子踞在石上。帐上又见光影云气，气中金光乍大乍小，下有莲花时开时合。又雨天花，大者在空，面阔尺余，小者堕地，状如桃花。已时帐后见三诸天、三师子及莲花水池。午时将下，又见双树，并立菩萨。舍利忽分以为五粒，流转光曜。四月九日填平已后。帐后板上光影之内迭石文生，又见大树，青衣沙门执炉而立，又感奇香郁烈人鼻。楷具列闻，帝大悦，令图缋之，以流海内。自仁寿创塔，前后百余，感征最优，勿高于楷。后以常业终于本寺。

隋京师转轮寺释智能传四十

释智能，李氏，怀州河内人。希意远尘，束怀律教，收听令誉，风被河右。开皇之始，观道渭阴，随奉资行，住转轮寺。仁寿置塔，奉敕召送于青州胜福寺中。处约悬峰，山参天际，风树交结，迥瞰千里，古名岩势之道场也，元魏末时创开此额。初置基日，疏山凿地，入土三尺，获古石函，长可八尺，深六尺许，表裹平滑，殆非人运，所谓至感冥通，有祈斯应矣。及下舍利，大放光明，挺溢山宇，道俗俱见，乃至出没流转，变状匹论。能晚还寺，更崇定业，林泉栖托，不预僧伦，逃名永逝，莫测其终。

隋京师真寂寺释昙良传四十一

释昙良，姓栗，潞州人。十六出家，专寻经典。及长成德，以大论传名，兼讲小经，接叙时俗，亟发归信，为众贤之赏。入京游听，住真寂寺。文帝下敕，召送舍利于亳州开寂寺。将欲起塔，先造石函，地非山乡，周访难得。良曰:“待觅得石，期至匹成。但发胜心，何缘不济？”乃要心祈请，愿赐哀给。忽于州境获石三枚，底厢及盖，各是异县运来，合之宛是一物。众嘉异之，具闻台省。良性乐异迹，周览观之。亳州西部谷阳城中有老君宅，今为祠庙，庭前有柏三十余株，碑文薛道衡制。庙东百余步老君母宅，亦有庙舍。次西十里有苦城，即传所云“李聘，苦县人”，斯处是也。还归本寺，专诚忏礼，食息已外，常在佛前”唐初卒也，八十余矣。

隋京师沙门释道嵩传四十二

释道嵩，姓刘，瀛州河间人。十三出家，游听洛下，访讯明哲，终日栖遑，衣服粗单，全不涉意。值慧远法师讲诸经论，陶染积时，遂寝幽极。随入京室，为慕义学士，同侣推崇“道心人”也。仁寿置塔，敕召送于苏州。舍利将至，井吼出声，二日乃止。造基掘地，得古砖函，内有银合，获舍利一粒，置水瓶内，旋绕呈祥，同藏大塔。嵩还京室，住总化寺，餐味涅槃，依行忏悔，身戒心慧，悉戴奉之。一钵三衣，盈长不畜，遵经圣行，息世讥嫌。遂卒于世。

隋京师静法寺释智嶷传四十三

释智嶷，姓康，本康居王胤也，国难东归魏，封于襄阳，因累居之，十余世矣。七岁初学，寻文究竟，无师自悟，敬重佛宗。虽昼权俗缘，令依学侣，而夜私诵法华，竟文纯熟，二亲初不知也。十三拜辞，即蒙剃落，更咨大部，情因弥著。二十有四，方受具足，携帙洛滨，依承慧远，传业十地，及以涅槃，皆可敷导。后入关中，住静法寺。仁寿置塔，敕召送于瓜州崇教寺。初达定基，黄龙出现于州侧大池，牙角身尾，合境通瞩，具表上闻。嶷住寺多年，常思定慧，非大要事不出户庭，故往参候，罕睹其面。末以年事高迈，励业弥崇，寺任众务，并悉推谢。唐初卒也，七十余矣。

隋京师净影寺释道颜传四十四

释道颜，姓李氏，定州人。初学远公涅槃、十地，领牒枢纽，最所殷赡。仍频讲授，门学联尘，道启东川，开悟不少。后入京辇，还住净影寺，当远盛世，居宗绍业。仁寿中年置塔赤县，下敕征召，送舍利于桂州。初入州境，有鸟数千，齐飞行列，来迎舆上，从野入城，良久方散。及下安处，感五色云叆䨴垂布，屯聚基上，余便廓清，日曜天地。后返京邑，常尊上业。唐运惟新，宇内尚梗，崇树斋讲，相循净影。因疾而卒，春秋七十余，即武德五年矣。临终清漱，手执香炉，若有所见，奄然而逝。自颜之处世也，衣服粗素，不妄朋从，行必以时，情避嫌郄，言必详审，深惟物忤。又兼济禽畜，慈育在心，微经恼顿，便即垂泣，不忽童稚，不行楚叱，纵有轻陵，事同风拂。顾诸属曰：“不久去也，何烦累人。”故于无常，得其旨矣。

隋京师净影寺释净辩传四十五

释净辩，姓韦，齐州人。少涉儒门，备闻丘索，孔、墨、庄、老，是所询谋。忽厌浮假，屏迹出家，经律具尝，薄通幽极。复缠名教，避世山林，受习禅门，息缘静虑。开皇隆法，入住京师，依止远公，住净影寺，更学定境。又从迁尚受摄大乘，积岁研求，遂终此业。曾与故友因事相乖，彼加言谤，辩终不雪，及委由问，答曰："吾思其初结交也，情欣若弦，岂以后离，复陈其失！"时以此高之。后敕召送舍利于衡州岳寺，本号大明，即陈宣帝为思禅师之所立也。行达江陵，风浪重阻，三日停浦，波犹未静，又迫严程，忧遑无计，乃一心念佛，衡波直去，即蒙风止，安流沿下。既入湘水，沂流极难，又依前念，举帆利涉，不盈半月便达衡州。及至岳寺，附水不堪，巡行山亭，平正可构。正当寺南，而有伏石，辩乃执炉发愿："必堪起塔，愿降祥感。"便见岳顶白云从上而下，广可一匹，长四十里，至所迁基，三转旋回，久久自歇。又感异香，形如削沈，收获数斤，气烟倍世。道俗称庆，因即构成。初，此山僧顗禅师者，通鉴僧也，曾有一粒舍利，欲建大塔，在寺十年，都无异相；及今送至，乃扬瑞迹，黄白大小，聚散不定。当下之日，衡山县治显明寺塔放大光明，遍照城邑，道俗同见。古老传云：此寺立来三百余年，但有善事，必放光明，经今三度。将非帝王弘福，思与众同，感见之来，诚有由矣。辩欣斯瑞迹，合集前后见闻之事，为感应传一部十卷。后兴禅定，复请住之。大业末年，终于此世。

论曰：夫吟啸之鼓风云，律调之通寒暑，物理相会，有若自天。况乃神道玄谋，义乖恒应，而可思也！故圣人之为利也，权巧众途。示威雄以摄生，为敦初信；现光明而授物，情在悟宗。规模之道既弘，汲引之功无坠。至于混小大之非有，均彼我之恒仪，齐色心于性空，绝形有之流转，幽通而扬化本，极变以达神源，斯道穷微，非曆言也。然则教敷下土，匪此难弘，先以威权动之，后以言声导之，转发信然，所以开萌渐也。像、末浇竞，法就崩离，神力静流，通感殆绝。二石之世，澄上扬名，两萧接统，志公标德，备诸纪录，未敢详之。顷世蒙俗，情多浮滥，时陈灵相，或加褒饰，考核本据，顿坠淫邪，妖异之谚林蒸，是非之论蜂起。至如观音之拔济，信而有征，大圣之通梦，华实相半。斯则托事亲蒙，难免语意无涉，余求想象，实假冥缘，故得有沦虚指，因斯以言，良有以也。圆通之游圣寺，昭达之涉仙宫，信其言焉，难穷事矣。前传之叙蓬莱，无乖鄙例。曩者显宗通感，创开玄化之基，法本内传，具列灵通之应，或腾虚而现奇，或飞光而吐瑞。有晋嘉相，杂沓臻焉，昙翼之感育王，陶偘之逢妙德，自后繁华，难具陈矣。隋高建塔之岁，踊瑞纷纶。神光嘱于群物，至泽通于疾疠，天花与甘露同降，灵芝共瑞鹿俱程。空游仙圣，结雾来仪；水族龟鱼，行鳞出听。百有余塔，皆备潜通，君臣相庆，缁素欣幸。其德荣明，不可加也！然而当年即世，或坠流言。俗习常谈五福，欣其寿考；通神达命三畏，君子所弘。及炀帝镕铸高阳，开模之始，其像顶含翠髻，身曜紫金，灵光通普，显五色之希寄，瑞花满庭，开六彩之殊相。上下同泰，无德称焉，下诏图之，远颁郡国。义当向斯厚泽，荷福无疆，遗厥宗社，如山之固；寻复兵饥荐集，宇内分崩，亡历丧宝，卒于身世。统详终古，五运非不推迁；近以情求，殃庆迷其倚伏。又如圣母上天，功高遂举，轮王树塔，祸及凶终。何以明其然乎？信由业命之淳薄，故感报果之休咎耳。岂以恒人之耳目，而远筹于三世之道哉？若夫卜商、贾谊之为言，班彪、季康之着论，但知混而谓之命，莫辩命之所以为然，何异见罗纨于箧笥，而未识成之由机杼也，睹百谷于仓廪，而未知得之由稼穑也。儒之所云命也，释之所云业也，命系于业，业系于心，心发其既参差，业成故亦无准。是以达命业之开士，知报熟而无辞；迷因果之恒人，谓徒言而不应。故马迁嗟报施之爽，积疑而莫之通；范滂惑善恶之宜，含情而无以释。斯皆睹流而不寻源，见一而不知二。览释门之弘教，岂复沦斯网哉？夫造业千端，感报万绪，或始善而终恶，故先荣而后枯，或吉凶之杂起，故祸福而同萃。惟色一也，等面异而殊形；惟心一也，齐百化而无定。故无学或尽于此生，往业终于即世，有缚感由于既往，受报未止于今时。身子悟理之通人，常怀疾恼；目连威雄之达士，终缠碎身。至圣纳谤于祇园，王子被谗于清众，儒宗绝粒于陈壤，尧、汤遭变于中原，虽玄、素之相或乖，而业命之缘无爽。是知文、炀大宝，往福终于此世；崇建塔像，今业起于将来。交运相投，无识因之致惑；隋遭两镜，通命岂其然乎！复有深宫法济，寄神祝而销灾，慧日法安，凭研石而流水，转明之越巨浸，通达之沐炎汤，琼公拜而邪象崩，道英终而大地转，斯德众矣，其徒繁矣！既云神化，固不可以由来拟之，辄叙篇中，识僧伦之难偶耳。

续高僧传卷第二十六

续高僧传卷第二十七

大唐西明寺沙门释道宣撰

遗身篇第七　正传十二　附见二

南齐蜀部会州寺沙门释法凝传一

释法凝，会州人也，俗姓庞氏。初，齐武帝梦游齐山，不知在何州县，散颁天下觅之。时会州父老奏称："去州城北七里臣人山是，旧号齐山。"武帝遣于上立精舍，度僧给田业。凝以童子在先得度，专心持戒，道德日新。月六年三，斋供不断。但以坐禅为念，出禅则诵经。恒常入禅，百姓争往看而不敢入，唯于窗中遥见动经一月，出犹不食。大德名僧多往劝之，虽复进食，渐渐微少。后年至七十，于佛像前置座而坐，初烧一指，昼夜不动，火然及臂，诸人与弟子欲往扑灭，及有叫唤者，复有禁止不听者，臂然，火焰弥炽，遂及身七日七夜。时俗男女有号哭自捶者。又有顶礼赞叹者，至身尽唯一聚灰，众共理之，于上起塔。今唯有一精舍在，余皆摧灭。

周益部沙门释僧崖传二

释僧崖，姓牟氏，祖居涪陵。晋义熙九年，朱龄石伐蜀，涪陵獽三百家随军平讨，因止于广汉金渊山谷，崖即其后也。而童幼少言，不杂俳戏，每游山泉，必先礼而后饮，或谛视不瞬，坐以终日。人问其故，答曰："是身可恶，我思之耳，后必烧之。"及年长从戎，毅然刚正。尝随伴捕鱼，得己分者用投诸水，谓伴曰："杀非好业。我今举体皆现生疮，誓断猎矣。"遂烧其猎具。时獽首领数百人共筑池塞，资以养鱼。崖率家僮往彼观望，忽有异蛇长尺许，头尾皆赤，须臾长大，乃至丈余，围五六尺。獽众奔散，蛇便趣水，举尾入云，赤光遍野，久之乃灭。寻尔众聚，具论前事，崖曰："此无忧也。但断杀业，蛇不害人。"又劝停池堰，众未之许，俄而堤防决坏。时依悉禅师，施力供侍，虽充驱使，而言语讷涩，举动若痴，然一对一言，时合大理，经留数载，无所异焉。至玄冬之月，禅师患足冷，命之取火，乃将大炉炎炭直顿于前。禅师责之曰："痴人，何烦汝许多火！"乃正色答曰："须火却寒，得火嫌热，孰是痴人？情性若斯，何由得道？"禅师谓曰："汝不畏热，试将手置火中。"崖即应声将指置火中，振咤作声，卒烟涌出，都不改容。禅师阴异之，未即行敬。又以他日诸弟子曰："崖耐火。"共推之火炉，被烧之处皆并成疮，而忻笑自如，竟无痛色。诸弟子等具咨禅师，禅师唤来，谓曰："汝于此学佛法，更莫漫作举动，或乱百姓。"答曰："若不苦身，焉得成道！如得出家，一日便足。"禅师遂度出家，自为剃发，但觉鬓须易除，犹如自落。禅师置刀于地，摄衣作礼曰："崖法师来，为我作师，我请为弟子！"崖谦谢而已。既法衣着体，四辈尊崇，归命输诚，无所吝惜。或有疾病之处，往到无不得除。三十年间，大弘救济。年逾七十，心力尚强。以周武成元年六月，于益州城西路首，以布裹左右五指烧之。有问："烧指可不痛耶？"崖曰："痛由心起，心既无痛，指何所痛。"时人同号以为"僧崖菩萨"。或有问曰："似有风疾，何不治之？"答曰："身皆空耳，知何所治。"又曰："根、大有对，何谓为空？"答曰："四大五根，复何住耶？"众服其言。孝爱寺兑法师者有大见解，承崖发迹，乃率弟子数十人往彼礼敬，解衣施之，顾大众曰："真解波若，非徒口说。"由是道俗通集，倍加崇信。如是经日，左手指尽，火次掌骨，髓沸上涌，将灭火焰，乃以右手残指挟竹挑之。有问其故，崖曰："缘诸众生不能行忍，今劝不忍者忍、不烧者烧耳。"兼又说法劝励，令行慈断肉。虽烟焰俱炽，以日继夕，并烧二手，眉目不动。又为四众说法诵经，或及诸切词要义，则颔头微笑。时或心怠私有言者，崖顾曰："我在山中初不识字，今闻经语，句句与心相应。何不至心静听！若乖此者，则空烧此手，何异樵头耶。"于是大众懔然，莫不专到。其后复告众曰："末劫轻慢，心转薄淡，见像如木头，闻经如风过马耳。今为写大乘经教故烧手灭身，欲令信重佛法也。"阖境士女，闻者皆来，绕数万匝，崖夷然澄静，容色不动。频集城西大道，谈论法化。初有细雨，殆将沾渍，便敛心入定，即云散月明。而烧臂掌骨五枚，如残烛烬，忽然各生，并长三寸，白如珂雪。僧尼佥曰："若菩萨灭后，愿奉舍利，起塔供养。"崖乃以口啮新生五骨，拔而折之，吐施大众，曰："可为塔也。"至七月十四日，忽有大声，状如地动天裂，人畜惊骇，于上空中或见犬羊龙蛇军器等象，少时还息。人以事问，崖曰："此无苦也，惊睡三昧耳。吾欲舍身，可办供具。"时孝爱寺导禅师戒行清苦，耆年大德，舍六度锡杖并及紫被赠崖入火。揵为僧渊远送班纳，意愿随身。于时人物喧扰，施财山积，初不知二德所送物也。至明日平旦，忽告侍者法陀曰："汝往取导师锡杖、紫被及纳袈裟来，为吾着之。"便往造焚身所。于时道俗十余万众拥舆而哭，崖曰："但守菩提心，义无哭也。"便登高座为众说法，时举目视于薪积，欣然独笑，乃倾右胁而寝，都无气息，状若木偶。起问曰："时将欲至。"仍下足白僧曰："佛法难值，宜共护持。"先所积柴，迭以为楼，高数丈许，上作干麻小室，以油润之。崖缓步至楼，绕旋三匝，礼拜四门，便登其上，冯栏下望，令念般若，有施主王撰惧曰："我若放火，便烧圣人，将获重罪。”崖阴知之，告撰上楼，臂摩顶曰：“汝莫忧造楼得罪，乃大福也。”促令下火，皆畏之，置炬着地。崖以臂挟炬，先烧西北，次及西南，麻燥油浓，赫然炽合，于盛火中放火设礼。比第二拜，身面焦炘，重复一礼，身踣炭上。及薪尽火灭，骨肉皆化，惟心尚存，赤而且湿，肝肠脾胃犹自相连，更以四十车柴烧之，肠胃虽卷，而心犹如本。兑法师乃命收取，葬于塔下，今在宝园寺中。初未烧前，有问者曰：“菩萨灭度，愿示瑞相。”崖曰：“我身可尽，心不坏也。”众谓心神无形，不由烧荡，及后心存，方知先见留以一心之不朽也。然崖自生及终，频现异相，有数十条。曾于一家将欲受戒，无何笑曰：“将舍宝物，生疑虑耶？”众相推问，有杨氏妇欲施银钗，恐夫责及，因决舍之。有孝爱寺僧佛与者，偏嗜饮啖，流俗落度，随崖舆后，私发愿曰：“今值圣人，誓断酒肉。”及返至寺，见黄色人曰：“汝能断肉，大好。汝若食一众生肉，即食一切众生肉；若又食者，即食一切父母眷属肉矣。必欲食者，当如死尸中虫，虫即肉也。”又曰：“有六时，念善大好。若不能具，一时亦好。如是一念，其心亦好。皆能灭恶也。”见其言词真正，音句和雅，将欲致问，不久而灭。于是佛与翘心精进，绕塔念诵，又闻空中声曰：“汝勤持斋，愿令众生得不食身，又令饿鬼身常饱满。”观其感被，皆崖力也。初登柴楼，沙门僧育在大建昌寺门，见有火光高四五丈，广三四丈，从地而起，上冲楼边，久久乃灭。又，初焚日，州寺大德沙门宝海问曰：“等是一火，何故菩萨受烧都无痛相？”崖曰：“众生有相，故痛耳。”又曰：“常云代众生受苦，为实得不？”答曰：“既作心代受，何以不得。”又曰：“菩萨自烧，众生罪熟，各自受苦，何由可代？”答曰：“犹如烧手，一念善根，即能灭恶，岂非代耶？”时普法师又问曰：“二家共诤大义，终莫之决。一云佛智缘无相理，理是缘境，智是能缘。一云除倒息妄，即是真谛。何者为定？”崖曰：“佛即无相，无别异相。”海法师曰：“佛即无相，无相之相，本无异相。若如此者，菩萨即释迦、观音！”崖曰：“我是凡夫，誓入地狱代苦众生，愿令成佛耳。”海曰：“前佛亦有此愿，何故早已成佛？”答曰：“前佛度一时众生尽也。”又问：“药王等圣何故成佛？今菩萨独未成佛，而救众生，是则前佛殊堕。”答曰：“前段众生已得药王意，今众生未得我意，由我始化，如将落之花也。”故其应对一时，皆此之类。乃谓侍者智炎曰：“我灭度后，好供养病人，并难可测，其本多是诸佛圣人乘权应化。自非大心平等，何能恭敬？此是实行也。”坐中疑崖非圣人者，乃的呼其人名，曰：“诸佛应世，形无定方，或作丑陋诸疾，乃至畜生下类。檀越慎之，勿妄轻也。”及将动火也，皆睹异相：或见圆盖覆崖，有三道人处其盖上；或见五色光如人形像，在四门者；或见柴楼之上如日出形，并两诸花，大者如两斛兜许，小者钟乳片，五色交乱，纷纷而下，接取非一，枨触皆消。又闻大鼓磤磤深远，久久方息。及崖灭后，郫县人于郫江边见空中有油络舆，崖在其上，身服班纳黄，偏袒紫被，捉锡杖，后有五六百僧，皆罩竹伞，乘空西没。又，潼州灵果寺僧慧策者，承崖灭度，乃为设大斋在故市中，于食前忽见黑云从东南来，翳日荫会，仍两龙毛，五色分明，长者尺五，短犹六寸。又雨诸花幡，香烟满空缤纷，大众通见。又，初收心舍利至常住寺中，皆见花丛含盛，光荣庭宇。又，阿迦腻咤寺僧慧胜者抱病在床，不见焚身，心怀怅恨，梦崖将一沙弥来，帊裹三斛许香，并檀屑分为四聚，以绕于胜，下火焚香。胜怖曰：“凡夫耳，未能烧身也。”崖曰：“无怖用熏病耳。”煨烬既尽，即觉爽健。又请现瑞，答曰：“我在益州，诡名崖耳，真名光明遍照宝藏菩萨。”胜从觉后，力倍于常。有时在于外村，为崖设会，胜自唱导曰：“潼州福重，道俗见瑞。我等障厚，都无所见。”因即应声，二百许人悉见天花如雪，纷纷满天，映日而下。至中食竟，花形渐大，如七寸盘，皆作金色，明净耀日。四众竞接，都不可得，或缘树登高，望欲取之，皆飞上去。又，成都民王僧贵者，自崖焚后，举家断肉。后因事故将欲解素，私自评论，时属二更，忽闻门外唤檀越声，比至开门，见一道人语曰：“慎勿食肉。”言情酸切，行啼而去。从后走趁，似近而远，忽失所在。又，焚后八月中，獽人牟难当者于就峤山顶行猎，搦箭声弩，举眼望鹿，忽见崖骑一青麖，猎者惊曰：“汝在益州已烧身死，今那在此？”崖曰：“谁道许？诳人耳。汝能烧身不？射猎得罪也，汝当勤力作田矣。”便尔别去。又至冬间，崖兄子于溪中忽闻山谷喧动，若数万众，举望见崖，从以两僧，执锡杖而行。因追及之，欲捉袈裟，崖曰：“汝何劳捉我？”乃指前鸡、猪曰：“此等音声，皆有诠述。如汝等语，他人不解，余国言音，汝亦不解。人畜有殊，皆有佛性，但为恶业故受此形。汝但力田，莫养禽畜。”言极周委。故其往往现形，豫知人意，率皆此也。具如沙门忘名集，及费氏三宝录，并益部集异记。

周雍州逸沙门释普圆传三

释普圆，不知何许人，声议所述，似居河海，周武之初，来游三辅。容貌姿美，其相伟大，言顾弘缓，有丈夫之神采焉。多历名山大川，常以头陀为志。乐行慈救，利益为先，人有投者，辄便引度，示语行要，令遵苦节。诵华严一部，潜其声相，人无知者，弟子侍读，后因知之。然而常坐绳床，敛容在定，用心弥到，不觉经过晨夕。有时乞食，暂往村聚，多依林墓，取静思惟。夜有强鬼，形极可畏，四眼六牙，手持曲棒，身毛垂下，径至其前，圆怒目观之，都无怖慑，不久便退。其例非一。又有恶人从圆乞头，将斩与之，又不肯取，又复乞眼，即欲剜施，便从索手，遂以绳系腕着树，齐肘斩而与之，心闷委地。村人明乃闻知，因斯卒于郊南樊川也。诸村哀其苦行，争欲收葬，众议不决，乃分其尸为数段，各修塔焉。

隋终南山沙门释普济传四（又普济）

释普济，雍州北山互人。初出家，依止圆禅师，仪轨行法，独处林野，不宿人世，跏坐修禅，至于没齿，栖迟荒险，不避豺虎。虽游浪物表，而手不释卷，尝读华严，依而结业。自佛法沦废，便投太白诸山，行不裹粮，依时啖草，咀嚼咽饮，都不为患。愿像教一兴，舍身供养，修普贤行，生贤首国。开皇之始，大阐法门，思愿既满，即事捐舍，引众集于炭谷之西崖，广发弘誓，自投而殒。远方填赴，充于岩谷，为建白塔于高峰焉。近贞观初有山居沙门普济者，立操标勇，贞专自固。恒游名山，习诵经典，大品、法华，偏所通利。其所造集，多诵两经，仍随文句，时重解释，声气所及，周于一里，故使数万众中无不闻者。以武德十八年西入关壤，时经邑落，还居林静。贞观度僧，时以济无贯，擢预公籍，住京师光明寺。众聚山结，乐闻经旨，济弊斯喧扰，遂遗名逃隐，不测所之，有说今在终南幽岩独坐，傍饶山果，须者负还，重更追寻，便失来径。余曾同聚，目悦斯人，衣则百结相连，钵则才充受用，汲灌瓦瓶，麻绳系颈，坐则籍草，胁无着地，骁悍果敢，睡盖莫欺，节约俭退，利贼潜迹，言论所指，知足为先，谈授正义，如行为最。所以一坐说法，施积如山，曾无顾涉，任委监护。乃重惟曰："城邑所属，五欲为根，余力既微，无宜自陷。"遂逃遁矣。

隋京师郊南逸僧释普安传五

释普安，姓郭氏，京兆泾阳人。小年依圆禅师出家，苦节头陀，捐削世务。而性在和忍，不憙怨酷，或代执劳役，受诸勤苦，情甘如荠，恐其事尽。晚投蔼法师，通明三藏，常业华严，读诵禅思，准为标拟。周氏灭法，栖隐于终南山之楩梓谷西坡，深林自庇，廓居世表，洁操泉石，连踪由甫。又引静渊法师同止林野，披释幽奥，资承玄理。加以遵修苦行，亡身为物，或露形草莽，施诸蚊虻，流血被身，初无怀惮。或委卧乱尸，用施豺虎，望存生舍，以祈本志。而虎豹虽来，皆嗅而不食。常怀介介，不副情愿，孤践狩踪，冀逢食啖。于时天地既闭，像教斯蒙，国令严重，不许逃难。京邑名德三十余僧避地终南，投骸未委，安乃总召详集，洲渚其心，幽密安处，自居显露，身行乞索，不惧严诛，故得衣食俱丰，修业无废。乱世知士，安其在欤！时有重募，捉获一僧赏物十段。有人应募，来欲执安，即慰喻曰："观卿贫煎，当欲相给。"为设食已，俱共入京。帝语此人曰："我国法急，不许道人民间。尔复助急，不许道人山中。若尔，遣他何处得活？宜放入山，不须检校。"又，周臣柳白泽者，奉敕傍山搜括逃僧，有党告云："此楩梓谷内有普安道人。"因遣追取，即与俱至。泽语党曰："我不得见，宜即放还。"于是释然复归所止。前后遭难，曾无私隐，皆见解勉，例如此也。时蔼法师避难在义谷，杜映世家掘窑藏之。安被放还，因过礼觐，蔼曰："安公明解佛法，颇未宽多，而神志绝伦，不避强御，盖难及也。"安曰："今蒙脱难，乃惟花严力耳。凡所祈诚，莫不斯赖。"因请蔼还山，亲自经理，四远承风，投造非一，蔼乃与安更开其所住，具如别传。隋文创历，佛教大兴，广募遗僧，依旧安置。时楩梓一谷三十余僧应诏出家，并住官寺；惟安欣兹重复，不为名驰，依本山居，守素林壑。时行村聚，惠益生灵，终寝烟霞，不接浮俗。末有人于子午、虎林两谷合涧之侧凿龛结庵，延而住之。初止龛日，上有大石正当其上，恐落掘出，逐峻崩下。安自念曰："愿移余处，莫碎龛窟。"石遂依言迸避余所。大众共怪，安曰："华严力也，未足异之。"又，龛东石壁涧左有索头陀者，川乡巨害，纵横非一，阴嫉安德，恒思诛殄。与伴三人持弓挟刃，攘臂挽弓，将欲放箭，箭不离弦，手张不息，怒眼舌噤，立住经宿。声相通振，远近云会，乡人稽首，归诚请救。安曰："素了不知，岂非华严力也？若欲除免，但令忏悔。"如语教之，方蒙解脱。又，龛西魏村张晖者，夙兴恶念，以盗为业，夜往安所，私取佛油，瓮受五斗，背负而出，既至院门，迷昏失性，若有所缚，不能动转。眷属乡村同来为谢，安曰："余不知，盖华严力乎？"语令忏悔，扶取油瓮，如语得脱。又，龛南张卿者，来盗安钱，袖中持去，既达家内，写而不出，口噤无言，卿寻归忏，复道而返。有程郭村程晖和者，颇怀信向，恒来安所听受法要，因患身死，已经两宿，缠尸于地，伺欲棺殓。安时先往鄠县，返还在道，行达西南之德行寺，东去晖村五里，遥唤："程晖和，何为不见迎耶？"连唤不已，田人告曰："和久死矣，无由迎也。"安曰："斯乃浪语，吾不信也。"寻至其村，厉声大唤，和遂动身，旁亲乃割所缠绳令断。安入其庭，又大唤之，和即窟起，匍匐就安。令屏除棺器，覆一笞筌以当佛坐，令和绕旋，寻服如故，更寿二十许岁。后遇重病，来投乞救，安曰："放尔游荡，非吾知也。"便遂命终。时安风声摇逸，道俗荣荷，其例众也。皆来请谒，兴建福会，多有通感，略述一两。昆明池北白村老母者，病卧床枕，失音百日，指扐男女，思见安形。会其母意，请来至宅，病母既见，不觉下迎，言问起居，奄同常日，遂失病所在。于时声名更振，村聚齐集，各率音乐，巡家告令，欲设大斋。大万村中田遗生者，家途壁立，而有四女，妻着弊布，齐膝而已，四女赤露，迥无条线。大女名华严，年已二十，惟有粗布二尺，拟充布施。安引村众，次至其门，愍斯贫苦，遂度不入。大女思念："由我贫煎，不及福会。今又不修，当来倍此。"周遍求物，阒尔无从，仰面悲号，遂见屋甍一把乱床用塞明孔，挽取抖捒，得谷十余，挼以成米，并将前布，拟用随喜。身既无衣，待至夜暗，匍匐而行，趣斋供所，以前施物遥掷众中，十余粒米别奉炊饭。因发愿曰："女人穷业，久自种得，竭贫行施，用希来报。辄以十余黄米投饭甑中，必若至诚，贫业尽者，当愿所炊之饭变成黄色。如无所感，命也，奈何！”作此誓已，掩泪而返，于是甑中五石米饭并成黄色。大众惊嗟，未知所以，周寻缘构，乃云田遗生女之愿也。斋会齐率，获粟十斛，寻用济之。安办法衣，仍度华严，送入京寺。尔后声名重振，弘悟难述。安居处虽隐，每行慈救。年常二社，血祀者多，周行救赎，劝修法义，不杀生邑，其数不少。尝于龛侧村中缚猪三头，将加烹宰，安闻往赎，社人恐不得杀，增长索钱十千。安曰：“贫道见有三千，已加本价十倍，可以相与。”众各不同，更相忿竞。忽有小儿羊皮裹腹来至社会，助安赎猪，既见诤竞，因从乞酒，行饮行舞，焜煌旋转，合社老少，眼并失明，须臾自隐，不知所在。安即引刀自割髀肉，曰：“此彼肉耳。猪食粪秽，尔尚啖之，况人食米，理是贵也。”社人闻见，一时同放，猪既得脱，绕安三匝，以鼻㧾触，若有爱敬。故使郊之南西五十里内鸡猪绝嗣，乃至于今。其感发慈善，皆此类也。性多诚信，乐读华严，一钵三衣，累纪弥励。开皇八年频敕入京，为皇储门师。长公主营建静法，复延住寺。名虽帝宇，常寝岩阿。以大业五年十一月五日终于静法禅院，春秋八十。遗骸于终南起塔，在至相寺之侧矣。

隋九江庐山沙门释大志传六

释大志，姓顾氏，会稽山阴人。发蒙出家，师事天台智者𫖮禅师。𫖮睹其形神洒落，高放物表，因名为大志。禅诵为业，苦节自专，四方名所，无远必造。而言气清穆，仪相贞严，故见者眄睐，知非凡器。开皇十年来游庐岳，住峰顶寺，不隶公名，不豫僧伍。诵法华经，索然闲雅，绝能清啭，使诸听者忘疲。后于花山甘露峰南建静观道场，头陀为业，孑尔一身，不避虓虎闻，有恶狩，辄往投之，皆避而不噉。山粒本绝，终日忘餐，或以饼果继命而已。外睹不堪其恼，而志安之，容色如故。经于七载，禅业无断。晚住此山福林寺。会大业屏除，流徙隐逸，慨法陵迟一至于此，乃变服毁形，头擐孝服，粗布为衣，在佛堂中高声恸哭，三日三夕，初不断绝。寺僧慰喻，志曰：“余叹恶业乃如此耶，要尽此形骸，伸明正教耳。”遂往东都，上表曰：“愿陛下兴显三宝，当然一臂于嵩岳，用报国恩。”帝许之，敕设大斋，七众通集。志不食三日，登大棚上，烧铁赫然，用烙其臂，并令焦黑，以刀截断，肉裂骨现，又烙其骨，令焦黑已，布裹蜡灌，下火然之，光耀岩岫。于时大众见其行苦，皆痛心贯髓，不安其足。而志虽加烧烙，词色不变，言笑如初，时诵法句，或叹佛德，为众说法，声声不绝。臂烧既尽，如先下棚，七日入定，加坐而卒，时年四十有三。初，志出家至终，结操松竹，冬夏一服，无御绨纩，布艾粗素，自此为常。形极鲜白，唇如丹画，裙垂半胫，足蹑蒲屦，言气爽朗，调逸风云。人或不识，怪所从来者，便捋眉告曰：“余九江庐山福林寺小道人大志耳。”又善属文藻，编词明切，撰愿誓文七十余纸，意在共诸众生为善知识也。僧为强御难奉信者，有见此誓，无不掩泪。今庐山峰顶，每至暮年，诸寺见僧宿集一夜，读其遗誓，用晓道俗，合众皆酸结矣。

唐伪郑沙门释知命传七

释智命，俗姓郑，名颋，荣阳人。族望清胜，文华曜世，词锋所指，罕有当之。初仕隋为羽骑尉，班位斯薄，逃官流俗，备历讲会，餐寝法奥。就耕于宁州。大业初年，仆射杨素因事往彼，乃通名谒见，与语终日。素曰：“观卿风韵，殊非鄙俗所怀，乃廊庙伟器耳。且权抑忍辱，寻当征召。”及元德作贰，搜访贤能，素遂拔之，对晤宣传，应变不一。有令试以三百对语，一遍授之，覆无遗漏，致大重敬，迁为中舍人，官至五品。及元德云薨，不仕于世，游听三论、法华，研味积年，逾深信笃。皇泰之初，越王即位，历官至御史大夫。伪郑开明，连任不改，深谋广略，有国惟寄。于斯时也，今上任总天策，御兵西苑；李密鸱张蚁诘，咆休洛汭；世充独固一都，内外煎迫，上下同惧。颋弊斯纷梗，情慕出家，频请郑主为国修道，既不遂志，惟思剪剃，不累形科。夜则潜读方等诸经，昼则缉理公政，斯须不替。经四十日，诵得法华，畅满胸襟，决心出俗，又劝妇氏归宗释教，言既切至，即依从之，更互剃发。颋语妻曰：“吾愿满矣。不死而生，当启郑主，不宜尔也。”便法服擎锡，径至宫门，云：“郑颋辄已出家，故来奉谒。”世充不胜愤怒，下敕斩之。颋闻，喜曰：“吾愿又满矣。”欣笑泰然。行至洛滨，时惟旭旦，未合行决，踬曰：“若为善知识者，愿早见过度。不尔，寻应被放，不满本怀。”于时道俗围绕，劝引至暮，而踬厉色昌言不许，因即斩之。寻有敕放，既所不救，举朝怨恨，即伪郑开明之初年也。初，踬从吉藏法师听讲，有僧告曰：“观卿头颅额颔，有富贵相。但以眄睐后顾，恐不得其终。”踬曰：“岂非伤死耶？必如所相，乃是本愿。尝见诸死者，疾甚危弱，心不自安，纷扰不定，便就后世。生死终一期也，定不能免。何如发正愿，缘胜境，心力坚明，不有驰散。刀落命终，神爽自在，岂不善乎！”故踬之临刑，遍礼十方，口咏般若，索笔题诗曰：“幻生还幻灭，大幻莫过身。安心自有处，求人无有人。”与诸知故别已，合眼少时，曰：“可下刀矣。”寻声斩之，面貌熙怡，有逾恒日。妻为比丘尼，见住洛州寺也。

唐京师弘福寺释玄览传八

释玄览，姓李，随州房子人。昆季五人，最处其末。伯父任蒲州万泉令，久而无子，养之若亲。年十三，心慕出家，深见俗过，遂逃迸山谷。北达汾州超禅师所，见其言情博远，即依而出家。令既失之，遣人罗捕，虽复藏窜，不免捉获，口云：“身属伯耳，心属诸佛。终无俗志，愿深照也。”伯乃愍而放之。贞观年初，入京蒙度，配名弘福，常乐禅诵，礼悔为业。每语法属曰：“虽同恒业，而誓欲舍身。”至贞观十八年四月初，脱诸衣服，总作一幞，付本寺僧，惟着一覆单衣密去。至京东渭阴洪陂坊侧，且临渭水称念礼讫，投身滢中。众人接出，览告众曰：“吾誓舍身命久矣，意欲仰学大士，难舍能舍。诸经正行。幸勿固遮，两妨其业。”众悟意故，乃从之。即又入水，合掌称十方佛，广发弘愿已，投于旋涡中。三日后其尸方出，村人接之起塔。本寺怪其不归，顾问无处，便开衣幞，乃见遗文云：“敬白十方三世诸佛！弟子玄览自出家来一十二夏，虽沾僧数，大业未成。今欲修行檀波罗蜜，如萨埵投身、尸毗割股、鱼王肉山，经文具载，请从前圣，教附后尘。衣物众具，任依佛教。临终之人，多不周委。”名学等见其遗文，往寻究云。

唐京师弘善寺释法旷传九

释法旷，姓骆，雍州咸阳人。少有异节，偏爱儒素。后听弘善寺荣师大论，荣即周世道安之弟子也。创染玄业，便悟非常，资学之勤，不出门院。年十六讲解前论，道穆京华，酬答冷然，无替玄理，专修念定，无涉时方。无量寿经，世称难诵，旷闻试寻，一日两卷，文言暗了，故其诵持，罕有加者。自尔藏经披读，以为恒任，文理所指，问无不知。顾诸布萨，人多说欲，乃自励心力，立诵千遍，数旬之间，便得满愿。性乐俭约，不尚华靡，故其房中无有毡席，满院种莎，用拟随坐，头陀行也。勖诫门人，惟存离着，以末代根机随尘生染故也。年登知命，便袒三衣、瓶钵以外，一无受畜。卓然正色，懔洁风霜，人有与语，惟言离着，至时分卫，一食而已。每曰："余惟生死滞着，无始轮回，生厌者希，死厌又少。常怀怏怏，欲试舍之。"以贞观七年二月二十一日入终南山，在炭谷内四十里许脱衣挂树，以刀自刎。既独自殡，无由知处，诸识故等至八月中方始访得其遗身颂云。又，近有汾州大乘寺僧忘名者，常厌生死，浊世难度，誓必舍身。先节食服香，至期道俗通集，香花幡盖列卫，而往西山子夏学岩，面西敛容，众唱善哉，咸送随喜，乃放身悬壑，至地起坐，及众就视，方知已逝。博访遗身，其类甚众，且随疏出，示为一例，余者盖阙。

唐终南豹林谷沙门释会通传十

释会通，雍州万年御宿川人。少欣道检，游泊林泉，苦节戒行，是其顾习。投终南豹林谷潜隐综业，读法华经至药王品，便欣厌舍，私集柴木，誓必行之。以贞观末年，静夜林中，积薪为窟，诵至药王，便令下火。风惊焰发，烟火俱盛，卓尔加坐，声诵如故。寻尔西南有大白光流入火聚，身方偃仆，至晓身火俱灭。乃收其遗骨，为起白塔，勒铭存焉。贞观之初，荆州有比丘尼姊妹，同诵法花，深厌形器，俱欲舍身。节约衣食，钦崇苦行，服诸香油，渐断粒食。后顿绝谷，惟啖香蜜，精力所被，神志鲜爽。周告道俗，克日烧身。以贞观三年二月八日，于荆州大街置二高座，乃以蜡布缠身至顶，惟出面目。众聚如山，歌赞云会。诵至烧处，其姊先以火柱妹顶，请妹又以火柱姊顶，清夜两炬一时同耀。焰下至眼，声相转明，渐下鼻口，方乃歇灭。恰至明晨，合坐洞举，一时火花，骸骨摧朽，二舌俱存。合众欣嗟，为起高塔。近并州城西有一书生，年二十四五，诵法华经誓烧供养。乃集数束蒿干笼之，人问其故，密而不述。后于中夜放火自烧，及人往救，火盛已死，乃就加柴薪，尽其形荫。近有山僧善导者，周游寰寓，求访道津。行至西河，遇道绰部，惟行念佛弥陀净业。既入京师，广行此化，写弥陀经数万卷，士女奉者，其数无量。时在光明寺说法，有人告导曰："今念佛名，定生净土不？"导曰："念佛定生！"其人礼拜讫，口诵"南无阿弥陀佛"，声声相次，出光明寺门，上柳树表，合掌西望，倒投身下，至地遂死。事闻台省。

唐梓州沙门绍阇梨传十一

绍阇梨者，梓州玄武人也，俗姓蒲氏。未出家前，山行见一虫甚瘦，又将一子于涧中取虾子，虾子又不可得。绍乃叹曰："此虫应在深山，今乃出路，饥渴甚矣。等是一死，不如充此饥渴。"乃脱衣往卧虫前，虫乃避去。后方出家，唯诵经行道而已，更无异行。大业之初，汝州界虫暴非常，三五十人持仗，不敢独行。害人既多，绍乃往到其处，立茅，苫坐，虫并远去，道路清夷。年一百九岁乃见疾，谓弟子曰："我欲露尸乞诸虫鸟，而彪嫌我身，生尚不食，岂死能尝？可焚之无余烬。"弟子等不忍依其言，乃露尸月余，鸟兽不犯，乃收葬之。

唐雍州新丰福缘寺释道休传十二

释道休，未详氏族，住雍州新丰福缘寺，常以头陀为业。在寺南骊山幽谷结草为庵，一坐七日，乃出其定，执钵持锡，出山乞食，饭钵满已，随处而食，还来庵所，七日为期，初无替废。所以村野有信，克日至山，路首迎逆，而休欢笑先言，卑词问讯，行说禁戒，诲以慈善。诸俗待其食已，从受归戒，送入山门，然后乃返，积四十余载。贞观三年夏内，依期不出，就庵看之，端拱而卒。众谓入定，于傍宿守，乃经信宿，追而察之，方知气尽。加坐不腐，俨若生焉，仍就而掩扉，外加棘刺，恐虫伤也。四年冬首，余往觐焉，山北人接还村内，为起庙舍，安置厥形，虽皮鞕骨连，而容色不改，加坐如故，乃于其上加漆布焉。然休出家已来，常袒三衣，不服缯纩，以伤生也。又，所著布衣，积有年稔，尘朽零破，见者寒心。时属严冬，忽然呻噤，即合脱三衣，露背而坐，泠历难耐，便取一重披之，遂便觉暖。自诫劝曰："汝亦易诳，前后俱泠，俱是一衣，如何易夺，遂觉暖也。汝不可信，当为汝师。"或时欲补衣，以布相着，欲加缝缀，即便入定，后出之时，收而乞食。斯季世以死要生业道者，罕有踪也。余曾参翻译，亲问西域诸僧，皆以布毡而为袈裟，都无缯绢者，纵用以为余衣，不得加受持也。其龟兹于、遁诸国，见今养蚕，惟拟取绵，亦不杀害。故知休之慈救，与衡岳同风，前已广彰，恐迷重举。自余服玩，安可言矣！

论曰：窃闻轻生徇节，自古为难；苟免无耻，当今为易。志人恒人之传，列树风猷；上达下达之言，照扬经典。皆所以箴规庸度，开导精灵。惟道居尊，惟德生物，故能兼忘通塞，两遣是非，体流缚之根源，晓想倒之条绪也。是以达人知身城之假合，如尘无性；鉴命算之若流，惟心生灭。由斯以降，同是幻居，安有智者而能常保？然则宅生附世，缠取未捐，寄以弘因，用清心惑。或挫拉以加恼辱，或抑制以事奴骀，或焚灼以拔贪源，或刳剔以穷痴本。缠身为炬，且达迷途；然臂为明，时陈报德。出灯入铁之相，其踪若林；肉山乳海之能，备闻前策。斯皆拔倒我之宏根，显坏形之可厌，以将崩之朽宅，贸金刚之法身。经不云乎，诚至言矣。若夫厚生所宝，极贵者形，就而揆之，其实惟命。大圣成教，岂虚构哉？故药王上贤，焚体由其通愿，下凡仰慕，灼烂宁不失心！然僧崖正身于猛焰，言声不改；大志刳臂以热铁，神操逾新；玄览致命于中流，虽出还没；法安亡形于缧绁，放免来投。是知操不可夺，行不可掩，诚可嘉乎，难行事矣！复有引肠树表，条肉林中，舒颜而临白刃，含笑而受轻辱，并如本纪，又可嘉哉！然则四果正士，灰身而避谤徒；八千受决，护法而逃忍界。彼何力而登危，此何情而脱苦！自非怀安旷济，行杜我人，观色相为聚尘，达性命如风烛，故能追踪前圣，诚宗像、末之寄乎！或者问曰："夫厌生者当拔生因，岂断苦果而推集本？未闻其旨，请为陈之。"斯立言也，不无恒致。且集因绵亘，如山之相属；我为集本，如烟之待构。生重惟身，随重而行对治，如世之病，任形而设方术。故焚溺以识贪瞋，谦虚以攻痴慢。斯业可尚，同静观而缘色心；斯道可崇，等即有而为空也。必迷斯迹，谓我能行，倒本更繁，徒行苦聚。故持经一句，胜舍多身，世该所质，惟斯人也。但患闻而不行，更增常结，何如薄捐支节，分遣着情？圣教包罗，义含知量，自有力分虚劣，妄敢思齐。或呻嘷而就终，或激激而赴难，前传所评，何世无耶？又有未明教迹，淫恼缠封，恐漏初篇，割从阉隶，矜诞为德，轻侮僧伦。圣教科治，必有深旨，良以爱之所起者妄也，知妄则爱无从焉。不晓返检内心，而迷削于外色，故根色虽削，染爱逾增，深为道障，现充戒难，尚须加之擯罪，宁敢依之起福？又有临终遗诀，露骸林下，或沈在混流，通资翔泳，或深瘗高坟，丰碑纪德，或乘崖漏窟，望远知人，或全身化火，不累同生之神，或灰骨涂像，以陈身奉之供，钻肤劓刖，谓遣尘劳，剜目支解，言倾情欲，斯途众矣，因而叙之。且夫陈尸林薄，少袪鄙吝之心，飞走以之充饥，幽明以于熏勃。得夫相补，鲜能兼济，遂有虫蛆涌于肉外，乌随啄吞狼籍，膏于原野，伤于慈恻。然西域本葬，其流四焉：火葬焚以蒸新，水葬沉于深淀，土葬埋于岸旁，林葬弃之中野。法王轮王，同依火祀，世重常习，余者希行。东夏所传，惟闻林、土，水、火两设，世罕其踪。故瓦掩虞棺，废林薪之始也；夏后圣周，行瓦棺之事也；殷人以木椁椟，藤缄之也。中古文昌，仁育成治，虽明窆葬，行者犹希，故掩骼埋胔，堋而瘗也。上古墓而不坟，未通庶类，赫胥卢陵之后，现即因山为陵，下古相沿，同行土葬，纭纭难纪，故且削之。若乃禅行纪言，导后业之清绪，施轮树塔，表前德之徽功，阿含之所开明，即世弥其昌矣。至于埋尸塔侧，尚制远撒边坊，亲用骨涂，实乃虚通谄附。又有厌割人世，生送深林，广告四部，望存九请，既失情投，僶俛从事，道俗赞善，傧从相催，犨戚不已，放身岩壑，据律则罪当初聚，论情则随兴大舍。余有削略赘疣，虽符极教，而心含不净，多存世染。必能旷荡无寄，开化昏迷，故非此论所详，自可仰归清达。而世或多事，妄行断粒，练形以期羽化，服饵以却重尸，或呼吸沆瀣，或吐纳阴阳，或假药以导遐龄，或行气以穷天地，或延生以守慈氏，或畏死以求邪术，斯踪极众，焉足闻乎！并先圣之所关键，后贤之所捐掷。方复周章求及，追赏时浇，负镢陵峰，望五芝之休气，担锹赴壑，趣八石之英光，以左道为吾贤，用淫祀为终志，毕从小朴，未免生涯，徒寄释门，虚行一世，可为悲夫！是知生死大期，自有恒数，初果分齐，余未详论。而忽厕以凡心，筹诸圣虑，通成愚结，知何不为！然则寒林之动庸识，因悟无常；舍生而存大义，用开怀道。全身碎身之相，权行实行之方，显妙化之知机，通大圣之宏略也。水清有着，终果言于厚葬；虚心不宾，则任物之行藏。斯道不穷，固略言矣。

续高僧传卷第二十七

续高僧传卷第二十八

大唐西明寺沙门释道宣撰

读诵篇第八　正纪十四人　附见七人

魏泰岳人头山衔草寺释志湛传一

释志湛，齐州山茌人，是朗公曾孙之弟子也。立行纯厚，省事少言，仁济为务。每游诸禽兽，而群不为乱。住人头山邃谷中衔草寺，寺即宋求那跋摩之所立也，读诵法华，用为常业。将终之日，沙门宝志奏梁武曰：“北方山茌县人住今衔草寺须陀洹果圣僧者，今日入涅槃。”杨都道俗闻志此告，皆遥礼拜。故湛之亡也，寂无余恼，端然气绝，两手各舒一指。有西天竺僧解云：“若二果者舒两指。”验湛初果也。还收葬于人头山，筑塔安之，石灰泥涂，鸟狩不敢凌污，今犹存焉。又，范阳五侯寺僧，失其名，常诵法华。初死之时，权殡堤下，后迁改葬，骸骨并枯，惟舌不坏。雍州有僧，亦诵法华，隐于白鹿山，感一童子常来供给。及死，置尸岩下，余骸枯朽，惟舌如故。齐武成世，并州东看山侧有人掘地，见一处土，其色黄白，与旁有异，寻见一物，状如两唇，其中有舌，鲜红赤色，以事闻奏。帝问诸道人，无能知者。沙门大统法上奏曰：“此持法华者，六根不坏报耳。诵满千遍，其征验乎。”乃敕中书舍人高珍曰：“卿是信向之人，自往看之。必有灵异，宜迁置净所，设斋供养。”珍奉敕至彼，集诸持法华沙门执炉洁斋，绕旋而咒曰：“菩萨涅槃，年代已远，像法流行，奉无谬者，请现感应。”才始发声，此之唇舌一时鼓动，虽无响及，而相似读诵。诸同见者莫不毛竖。珍以状闻，诏遣石函藏之，迁于山室云。又，元魏北代乘禅师者，受持法华，精勤匪懈。命终，托河东薛氏为第五子，生而能言，自陈宿世不愿处俗。其父任北肆州刺史，随任便往中山七帝寺寻得本时弟子，语曰：“汝颇忆从我度水往狼山不？乘禅师者，我身是也。房中灵几，可速除之。”父母恐其出家，便与纳室，尔后便忘宿命之事，而常兴厌离，端拱静居，又，太和初年，代京阉官自慨刑余，不逮人族，奏乞入山修道，有敕许之。乃赍一部花严，昼夜读诵，礼悔不息。夏首归山，至六月末，髭鬓尽生，复丈夫相，还状奏闻。高祖信敬由来，忽见惊讶，更增常日。于是大代之国华严一经因斯转盛。并见侯君素旌异记。

魏益州五层寺释法建传二

释法建者，广汉洛县人也，俗姓朱氏。诵经一千卷。仍多闲暇，遨游偶俗，无所异焉。忽复闭门，则累日不出，无所食矣，唯闻诵经，然小声吟讽，音不外彻。有人倚壁窃听，临响但闻亹亹细细，似伏流之吐波。时乃一出，追从无闻。武陵王东下，令弟规守益州。魏遣将军尉迟迥来伐蜀，规既降款，地内大有名僧，皆被拘禁。至夜忽有光明，迥遣人寻光，乃见诸僧并睡，唯法建端坐诵经，光从口出。迥闻，自到建所，顶礼坐听，至旦始休。迥问曰："法师昨夜所诵，名作何经？"答曰："华严经下帙十卷。"迥曰："何不从头诵之？"答曰："贫道诵次到此耳。"迥曰："法师诵得几许？"答曰："贫道发心欲诵一藏，情多懈怠，今始偍千卷。"迥惊疑不信，将欲试之，曰："屈总诵一遍，应不劳损耶？"建报曰："读诵经典，沙门常事，岂惮劳苦！"乃设高座，令诸僧众并执本逐听。法建登座为诵，或似急流之注峻壑，其吐纳音句，呼噏气息，或类清风之入高松。聪明者才似闻余音，情疏意逸者空望尘躅。七日七夜，数已满千，犹故不止。迥起谢曰："弟子兵将，不得久停，请从此辞。"诸僧因并释散。迥既出，叹息曰："自如来寂灭之后，阿难号为总持，岂能过此，蜀中乃有如此人！所以常保安乐。奇哉，奇哉！"建年八十终。

益州招提寺释慧恭传三

释慧恭者，益州成都人也，俗姓周氏。周末废佛法之时，与同寺慧远结契勤学，远直诣长安听采，恭长往荆杨访道。远于京师听得阿毗昙论、迦延、拘舍、地持、成实、毗婆沙摄、大乘，并皆精熟，还益州讲授，卓尔绝群，道俗钦重，傃施盈积。恭后从江表来还，二人相遇欣欢，共叙离别三十余年，同宿数夜，语说言谈，远如泉涌，恭竟无所道。问恭曰："离别多时，今得相见，庆此欢会，伊何可论！但觉仁者无所说，将不得无所得耶？"恭对曰："为性暗劣，都无所解。"远曰："大无所解，可不诵一部经乎？"恭答曰："唯诵得观世音经一卷。"远厉色曰："观世音经，小儿童子皆能诵之，何烦大汝许人乎？且仁者童子出家，与远立誓，望证道果。岂复三十余年唯诵一卷经如指许大，是非暗钝，懒堕所为。请与断交，愿法师早去，无增远之烦恼也。"恭曰："经卷虽小，佛口所说，遵敬者得无量福，轻慢者得无量罪。仰愿暂息瞋心，当为法师诵一遍，即与长别。"远大笑曰："观世音经如法华经普门品，远已讲之，数过百遍，如何始欲闹人耳乎？"恭曰："外书云：人能弘道，非道弘人。但至心听佛语，岂得以人弃法。"乃于庭前结坛，坛中安高座，绕坛数匝，顶礼升高座。远不得已，于是下据胡床坐听。恭始发声唱经题，异香氛氲，遍满房宇，及入文，天上作乐，雨四种花，乐则寥亮振空，花则氛霏满地。经讫下座，自为解座，梵讫花乐方歇。慧远接足顶礼，泪下交连，谢曰："慧远嗅秽死尸，敢行天日之下？乞暂留，赐见教诲。"恭曰："非恭所能，诸佛力耳。"即日拂衣长揖，沿流而去。尔后访问，竟不知其所之。其寺久已湮灭。

眉州隆山鼎鼻山释法泰传四

释法泰，眉州隆山县人也，俗姓吕氏。初为道士十余年，中间忽自悟，回心正觉，因即剃除。始诵法华经，寻即通利，乃精勤写得法华经一部，数有灵瑞。欲将向益州庄潢，令一人担负，一头以笼盛钱二千，束缚经置钱上，一头是衣服。担行至地名莋桥，桥忽断，泰在后，负担、人俱坠水中，人浮得出，担没不见。泰于岸上槌胸号哭，曰："钱衣岂非闲事，何忍溺经？"即高声唱言："如能为漉得者，赏钱两贯。"时有一人闻之，脱衣入水没求之，数度出入，得钱与衣幞，而不得经。泰转悲泣，巡岸上下，望小洲上有一幞，命人取之，乃是经也，草木擎之，宛无湿处。泰不胜欢喜，即以二千钱偿所漉人。曰："法师悲号，剧丧父母，故为急觅，非是贪钱。弟子虽佣夫，亦知福报，请以此钱充庄严之直。"言讫遁去，更欲与言，去已远矣。泰至城都装潢，以檀香为轴，表带及帙，并函将还本寺，别处安置，夜夜有异香。泰勤诵持，一夜一遍。时彪法师彼寺讲，夜欲看读，恒嫌泰闹乱其心，自欲往请，令稍下声，乃见泰前大有人众，皆胡跪合掌。彪退流汗，即移所住。泰年八十终矣。

唐终南山蓝谷悟真寺释慧超传五

释慧超，姓泛氏，丹阳建元人。禀怀温裕，立性怀仁。弱龄厌俗，自出家后诵法华经。闻光州大苏山慧思禅师独悟一乘，善明三观，与天台智者、仙城命公笃志幽寻，积年请业，行优智远，德冠时贤。思对众命曰："超之神府，得忍人也。"及游衡岭，复与同途，留诵经停，亟移岁序。自隋初廓定，北入嵩高，饵药坐禅，冀言终老。隋太子勇召集名德总会帝城，以超业行不群，特留供养。而恭慎凝摄，不顾世华，及勇废免，一无所涉。晚移定水，高振德音，道俗归宗，仰其戒范。会净业法师卜居蓝田谷之悟真寺，钦超有道，躬事邀迎，共隐八年，倍勤三惠。及大业承运，禅定初基，爰发诏书，延入行道。屡辞砭疾，后许还山，德感物情，颇存汲引。四川贵望，一县官民，莫不委质投诚，请传香德，并为经始伽蓝，继综羞粒。大唐伊始，荣重于前，京邑名僧慧因、保恭等，情慕隐沦，咸就栖止，荫松偃石，论详道义，皆曰："斯诚出要乐也。"后卧疾少时，弟子跪问，答曰："吾之常也，长生不欣，夕死不戚。"乃面西正坐，云："第一义空，清净智观。"言如入定，奄遂长往。春秋七十有七，即武德五年十二月六日也。露骸松石一月余日，颜色不变。天策上将闻称希有，遣人就视，端拱如生。自超九岁入道，即诵法华，五十余年，万有余遍，感灵获瑞，不可胜言。弟子法成等为建白塔于寺之北峰焉。

伯济国达拿山寺释慧显传六

释慧显，伯济国人也。少出家，苦心精专，以诵法华为业，祈福请愿，所遂者多。闻讲三论，便从听受，法一染神，弥增其绪。初住本国北部修德寺，有众则讲，无便清诵。四远闻风，造山喧接，便往南方达拿山，山极深险，重隒岩固，纵有往展，登陟艰危。显静坐其中，专业如故，遂终于彼。同学舆尸，置石窟中，虎啖身骨并尽，惟余髅舌存焉。经于三周，其舌弥红赤，柔软胜常，过后方变紫，鞕如石。道俗怪而敬焉，俱缄闭于石塔。时年五十有八，即贞观之初年也。

唐益州福成寺释道积传七（洪远　僧思　智晔）

释道积，蜀人，住益州福成寺。诵通涅槃，生常恒业。凡有宣述，必洗涤身秽，净衣法座，然后开之。立性沈审，慈仁总务。诸有厉疾洞烂者，其气弥复郁勃，众咸掩鼻，而积与之供给，身心无贰，或同器食，或为补浣。时有问者，积云："清净臭处，心憎爱也。吾岂一其神虑耶，寄此陶练耳。"皆慕其为行也，而患已不能及之。以贞观初年五月终于住寺，春秋七十余矣。时属炎夏，而不腐臭，经停百日，跏坐如初。莫不嗟尚，乃就加漆布，兴敬巴蜀。京邑诸僧受诵涅槃，其列非少。又有沙门洪远、僧恩。并诵涅槃，皂素回向。远志尚敦悫，情捐名利，征入会昌，隆礼供给。恩道心清肃，成节动人，弘福、禅定，两以崇德。而卑牧自处，蒙俗罕知。时弘福寺有沙门智晔者，本族江表，隋朝征入，深乐法华，镇恒抄写，所得外利，即用雇人，前后出本二千余部。身恒自励，日写五张，年事乃秋，斯业无怠。今总寺任，弥勤恒业，年七十余矣。

唐益州福寿寺释宝琼传八

释宝琼，马氏，益州绵竹人。小年出家，清贞俭素，读诵大品，两日一遍，为常途业。历游邑洛，无他方术，但劝信向，尊敬佛法。晚移州治，住福寿寺，率励坊郭，邑义为先。每结一邑，必三十人，合诵大品，人别一卷，月营斋集，各依次诵。如此义邑，乃盈千计。四远闻者，皆来造款，琼乘机授化，望风靡服。而卑弱自持，先人后德，经行拥闹，下道相避，言问酬对，怡声谦敬，斯实量也，不媚于时。本邑连比什邡诸县，并是道民，尤不奉佛，僧有投寄，无容施者，致使老幼之徒，于沙门像不识者众。琼虽桑梓，习俗难改，徒有开悟，莫之能受。李氏诸族正作道会，邀琼赴之，来既后至，不礼而坐。佥谓:“不礼天尊，非法也。”琼曰。邪正道殊所事各异。天尚不礼何况老君。众议纭纭颇相凌侮。琼曰:“吾礼非所礼，恐贻辱也。”遂礼一拜，道像并座动摇不安，又礼一拜，连座返倒，摧残在地。道民相视，谓是风鼓，竞来周正。琼曰:“斯吾所为，勿妄怨也。”初未之信，既安又礼，如前崩倒。合众惊惧，举掌礼琼，一时回信，从受戒法。傍县道党相将叹讶，咸复奉法，时既创开释化，皆授菩萨戒焉。县令高远者素有诚敬，承风敷导，更于州寺召僧弘讲，合境倾味，自此而繁。以贞观八年终于所住。

唐骊山津梁寺释善慧传九

释善慧，姓苟氏，河内温人。博通群籍，统括文义，逮于九章、律历、七曜、盈虚，皆吞若胸中，抵掌符会。乃深惟世务终坠泥涂，遂解褐抽簪，创归僧伍。初在除州之彭城寺，诵法华经，听收摄论。时遭寇荡，兵食交侵，而慧抱饥自励，奉法无殆，洗秽护净，弥隆恒日。但以边邑寡学，文字纰谬，至于音诂，众议纷然。虽复俗语时通，而慧意存雅正，周访明悟，还同昔疑。乃以大业末龄负锡西入，屡逢群盗，衣裳略尽，但有弊布目遮，犹执破瓶，常充净用。既达关口，素阙繻文，遂即正念直前，从门而度，于时中表列刃，曾无遮止。孟冬十月，初达京师，值沙门吉藏正讲法华，深副本图，即依听受。形服鄙恶，众不纳之，乃扫雪藉地，单裙衬坐。都讲财唱，倾耳词句，拟定经文，藏既阐扬，勇心承旨，望通理义。由情存两得，不暇忍寒，欢笑熙熙，如贾获宝。竟冬常尔，众方美之，问以词旨，片无遗忘。乃以闻法同属，禅定寺沙门法喜便脱衣迎之，引至房中，智观无滥，慧又师喜，两振芳规。武德初年，随住蓝田之津梁寺，俗本骊戎，互相梗戾，率奖陶化，十室而九。然而性爱英贤，乐相延致，自西自东，百有余里，名林胜地，皆建禅坊，所之逃逸之俦赖其安堵。以贞观九年正月终于骊山之阳凉泉精舍，春秋四十有九。初，慧弃掷俗典，莅此玄模，言不重涉，专心道业，省言节食，佩律怀仁，迎顿客旅，雅重经教，其有未曾覾者，要必亲观，若值行要，累日诵持，以为熏习之基也。

时太原沙门慧达者，亦诵法华五千余遍，行坐威仪，其声不辍。偏存物命，直视低目，地有虫豸，必回身而避，不敢跨越。有问，答曰："斯之与吾，生死不定，将不先成正觉，安可妄轻之耶？"以贞观八年四月跏坐而终，人谓入定，停于五宿，既似长逝，又不臭腐，乃合床内于窟中。

唐终南山悟真寺释法诚传十

释法诚，姓樊氏，雍州万年人。童小出家，止蓝田王效寺，事沙门僧和。和亦乡族所推，奉之比圣。尝有人欲害，夜往其房，见门内猛火腾焰升帐，遂即退悔。性饮清泉，洁清故也。人或弄之，密以羊骨沈水，和素不知，饮便呕吐。其冥感潜识，为若此矣。诚奉佩训勖，讲法华经以为恒任。又谒禅林寺相禅师，询于定行，而德茂时宗，学优众仰。晚住云花，纲理僧镇。隋文钦德，请遵戒范，乃陈表固辞，薄言抗礼，遂负笈长驱，历游名岳，追踪胜友，咸承志道。因见超公隐居幽静，乃结心期，栖迟蓝谷。处既局狭，才止一床，旋转经行，恐颠深壑，便划迹开林，披云附景，茅茨葺宇，瓮牖疏檐，情事相依，欣然符合，今所谓悟真寺也。法华三昧，翘心奉行，澡沐中表，温恭朝夕。梦感普贤劝书大教，诚曰："大教大乘也，诸佛智慧，所谓般若。"于即入净行道，重惠匠人书八部般若，香台宝轴，庄严成就。又于寺南横岭造华严堂，堙山阒谷，列栋开甍，前对重峦，右临斜谷，吐纳云雾，下瞰雷霆。余曾游焉，实奇观也。又竭其精志，书写受持。弘文学士张静者，时号笔工，罕有加胜，乃请至山舍，令受斋戒，洁净自修，口含香汁，身被新服。然静长途写经，不盈五十，诚料其见财两纸，酬其五百，静利其货，竭力写之。终部以来，诚恒每日烧香供养在其案前，点画之间，心缘目睹，略无遗漏。故其克心钻注，时感异鸟形色希世，飞入堂中，徘徊鼓舞，下至经案，复上香炉，摄静住观，自然驯狎，久之翔逝。明年经了，将事兴庆，鸟又飞来，如前驯扰，鸣唳哀亮。贞观初年，造画千佛，鸟又飞来，登上匠背。后营齐供，庆诸经像，日次中时，怪其不至。诚顾山岑曰："鸟既不至，诚吾无感也，将不兼诸秽行，致有此征。"言已欻然飞来，旋环鸣啭，入香水中，奋迅而浴，中后便逝。前如此者，非复可述。素善翰墨，乡曲所推，山路岩崖，勒诸经偈，皆其笔也。手写法华，正当露地，因事他行，未营收举，属洪雨滂注，沟涧波飞，走往看之，而合案并干，余便流潦。尝却偃横松，遂落悬溜，未至下涧，不觉已登高岸，无损一毛。又，青泥坊侧有古佛龛，周氏瘗藏，今犹未出。诚夜梦其处大有尊形，既觉往开，恰获古龛像，年月积久，并悉剥坏，就而修理，道俗称善。斯并冥术之功，自诚开发。至贞观十四年夏末日，忽感余疾，自知即世，愿生兜率，索水浴讫，又索终舆，旁自检校，不许荣厚。恰至月末，明相将现，无故语曰："欲来但入，未假弦歌。"顾侍人曰："吾闻诸行无常，生灭不住，九品往生，此言验矣。今有童子相迎，久在门外，吾今去世，尔等佛有正戒，无得有亏，后致悔也。"言已，口出光明，照于楹内，又闻异香苾芬而至，但见端坐俨思，不觉其神已逝，时年七十有八。然诚之诵习也，一夏法华，料五百遍，余日读诵，兼而行之，犹获两遍。纵有人客要须与语者，非经部度，中不他言。略计十年之勤，万有余遍。

唐京师会昌寺释空藏传十一

释空藏，俗姓王氏，先祖晋阳，今在雍州之新丰焉。母初孕日，自然不食酒肉五辛，时以同尘身子故，密加异之。既诞育后，灵鉴日陈，情用高远，读诵经论，思存拔济。至年十九，同佛出家，既惟一己，二亲留碍，乃于父前以身四布，七日不起。恐其命绝，方从所愿，即辞向蓝田负儿山中私自剃落。初赍面六斗，拟作月粮，日噉二升，三年不尽。屡感神鼎自然而至，由是增其禅诵，晨宵无辍。后依止判法师，住龙池寺，钦重经论，日诵万言，前后总计三百余卷，三论、涅槃，探穷岩穴。大业之始，以藏名称惟远，道俗所闻，下敕征延，入住禅定。唐运既兴，崇缮法宇，有敕于金城坊建会昌寺，并请大德十人，度僧五十人，永用住持。以藏行德夙彰，又请住焉，供事弥隆，极光恒美。而性乐山水，志存清旷，每年仲春，游浪林阜，行次玉泉，遂有终焉之思。居止载纪，众聚如山，说导亡疲，开悟逾广。后为亢旱经时，山泉乃竭，合寺僧众咸以惊嗟，藏乃至心祈请，其泉应时还复。远近道俗，动色相欢。兼又弘操岳峙，器局川停，不扰荣利，不怀宠辱，济度群有，不略寸阴。乃钞摘众经大乘要句以为卷轴，纸别五经、三经，卷部二十、五十，总有十卷。每讲开务，极增成学，闻义两持，偏无迷忘。夏分常行方等忏法，贤劫千佛，日礼一遍。常坐不卧，垂三十年，翘勤专注，难加系迹。以贞观十六年五月十二日终于会昌，春秋七十有四，遗身于龙池寺侧，收骨起塔。观其读诵之富，振古罕俦。视其髅骨，两耳通明，顶有双孔，眼眶含窍，各有三焉。弟子等追惟永往，树碑于会昌寺中，金紫光禄大夫、卫尉卿于志宁为文。

唐京师大庄严寺释慧铨传十二（智证　宋公）

释慧铨，姓萧氏，今特进、宋公瑀之兄子也。父仕隋为梁公，祖即梁明帝矣。性度恢简，志用冲粹。姑即隋炀之后也。自幼及长，恒在宫阙，慕乐超世，无因自达。年既冠成，帝乃尚以秦孝王女为妻，非其愿也，事不获已，时行伉俪，及妻终，后方遂夙心。以郑氏东都预兹剃落，及武德初岁方还京辇，住庄严寺。广听众部，而以摄论为心。颇怀篇什，尤能草隶，随笔所被，用为模楷，故经题寺额，咸推仰之。兄钧任东宫中舍，文才之举，朝廷攸属。每岁春秋，相携岩岫，触兴题篇，连句同韵，时以为难兄弟也。又弟智证，出家同住，即宋公之兄太府卿之子也。略荣位之好，欣怀道业，勤勤自课，无择昏晓。证与兄铨相次而卒。以家世信奉，偏弘法华，同族尊卑，咸所成诵，故萧氏法华，皂素称富。特进撰疏，总集十有余家，采掇菁华，揉以胸臆，勒成卷数，常自敷弘，时召京辇名僧指摘瑕累。或集亲属僧尼，数将二十，给惠以时，四事无怠，故封禄所及，惟存通济。太府情好，读诵为先，故生至终，诵盈万遍。雇人抄写总有千部，每日朝参，必使傧者执经在前，至于公事微隙，便就转读。朝伍仰属，以为绝伦。自释化东传，流味弥远，承受读诵，世罕伊人。萧氏一门，可为天下模楷矣。

唐雍州醴泉沙门释遗俗传十三（史担　玄秀）

释遗俗，不知何许人。以唐运初开，游止雍州醴泉县南，美泉乡阳陆家镇常供养。清俭寡欲，惟诵法华为业，昼夜相系，乃数千遍。以贞观初因疾将终，遗嘱友人慧廓曰:“比虽诵经，意望灵验，以生蒙俗信向之善。若身死后，不须棺盛露骸，埋之十载可为发出，舌根必烂，知无受持，若犹存在，当告道俗为起一塔，以示感灵。”言讫而终，遂依埋葬。至贞观十一年，廓与诸知故就墓发之，身肉都销，惟舌不朽。一县士女咸共仰戴，诵持之流又倍恒度。乃函盛其舌，于阳陆村北甘谷南岸为建砖塔。识者尊严，弥隆信敬，诵读更甚。又，京城西南丰谷乡福水南史村史呵担者，少怀善念，常诵法华，行安乐行，慈悲在意，不乘畜产，虚约为心。名沾令史，往还京省，以习诵相仍，恐路逢相识，人事暄凉，便废所诵，故其所行必小径左道，低气怡颜，缘念相续，初不告倦。及终之时，感异香气充于村曲，亲疏同怪，遂埋殡之。尔后十年妻亡，乃发尸出，舌根鲜明，余并朽尽，乃别标显葬。

又，黄州随华寺僧玄秀者，性清慎，温恭为志，常诵法华，每感征异，未以为怪。时属炎暑，同友逐凉，遣召秀来，欲有谈笑。既至房前，但见羽卫严肃，人马伟大。怖而返告，同往共观，如初不异。转至后门，其徒弥盛，上望空中，填塞无际，多乘象马，类杂鬼神。乃知其感通也，置而却返。明晨惭谢，朋从遂绝。秀专斯业，隋末终寺。

唐京师罗汉寺释宝相传十四（法达）

释宝相，姓马，雍州长安人。十九出家，清贞栖德，住罗汉寺，专听摄论。深惟妄识之难伏也，无时不喧，乃入禅坊头陀自静，六时礼悔，四十余年。夜自笃课，诵阿弥陀经七遍，念佛名六万遍。昼读藏经，初无散舍。后专读涅槃一千八十遍，兼诵金刚般若，终于即世。然身绝患恼，休健翕习，冷食粗衣，随得便服，情无惮苦。又志存正业，翘注晨霄，蚤虱流身，不暇观采，遇患将极，念诵无舍，克至大期，累属道俗"以念佛为先，西方相待勿虚度世"；又属"当烧散吾尸，不劳铭塔，用尘庸俗"。言讫而逝，年八十三,六十二夏。不畜尺财，无劳僧法。

又，同寺僧法达者，以诚素见称，供傣之直，用写华严、八部般若，烧香自读一百余遍。而生常清洁，不畜门人，单已自怡，食无余粒。斯亦轻清之高士也。年登七十，便赍所读经赠同行者，但捧胜天一部以为终老。即掷公名，趣云阳岩中拥缘送死，经于四载，遂卒彼山。并是即目近事。且夫读诵征感，其类繁焉，别有纪传，故不曲尽，略引数条，示光绪耳。

论曰：寻夫读诵之为业也，功务本文，经叹说行，要先受诵。何以然耶？但由庸识未剖，必假闻持，昆竹不断，凤音宁显？义当才登解发，即须通览，采酌经纬，穷搜名理，疑伪杂录，单复出生，普阅目前，铨品人世。然后要约法句，诵镇心神，广说缘本，用疏迷结。遂能条贯本支，释疑滞以通化，统略玄旨，附事用以征治。是故经云受持、读诵、书写、解说，如法修行，斯诚诚也。世多惰学，愚计相封，以寻理为诸见，用博文为障道。故调达、善星之广富，未免泥犁；盘特、薄拘之寡约，尚参中圣。

凡斯等议，未成通论。原夫道障之起，起乎心行，道在无滞，滞则障道，焉有多闻能为道障！夫闻本筌解，封附不行，此则滞指亡月，正违出要。是以愚夫当斯一计，莫非学既未功，随言便着，于经律论生未曾沾，惑妄发心誓不执卷，见学教者，目为文字，故使慢水覆心，膏肓谁遣？至于决断篇聚，判析伪真，由来未知，事逾聋瞽，既耻来问，反启宁陈，遂即惟心臆断，泛浪无准，傍为启齿，何急如前。又有薄读数帙，略诵短章，谓为止足，更绝欣尚，便引大集法行，比丘十住，不贵多读。窃以教门宏旷，待对尘劳，药病相投，岂徒繁积？藏部所设，止在奉持，闻而莫依，校量非一。今倒想如草之蔓，慢我如山之立，要资博读，见有广治之能，随境流观，务存袪滞之本。但以暗识未萌，集熏息构，称情昏倒，反福成罪。故此方见录，卷止六千，尚怖不希，壅迷顿足；何论天竺遗典，龙藏现经，敢慕窥求，通观闻海。必能追功起观，无暇广寻，要拔苦轮，方闻为饰，斯则庄严道论，慧解前驱，不待抑扬，自然会理。又有曲媚佛言，诈辞学论，便言：“论作小圣，吐言隐密，雕淳朴散，道味已离，故我诵持，无心悟入。”斯言何哉，妄有穿凿。原夫诸佛说法，本惟至道，赴接凡小，方便乘权。权道多谋，任机而现，或以声光动之，或以威容鼓之。法譬乱举，缘事相开，以悟达为本言，以亡筌为意得。但以去圣久远，时接浇浮，专宝文词，罕会幽旨。所以大小诸圣，悲大道之将崩，广采了义，制明论以通教。故文云随声取义，有五过失，谤佛、轻法、诳人、退信，斯言极矣。不量己之神府，而辄揆于成教，明佛而侮贤圣，憎爱于是由生。嗟乎法侣，又何详哉！且夏屋非散材所成，大智岂庸情所构？固当通其所滞，悟其所迷，不然则至圣于何起悲，正士于何扬化？事叙缘于本纪，故不广之。

续高僧传卷第二十八

续高僧传卷第二十九

大唐西明寺沙门释道宣撰

兴福篇第九　正纪十二人　附见五人

梁蜀部沙门释明达传一

释明达，姓康氏，其先康居人也。童稚出家，严持斋素，初受十戒，便护五根。年及具足，行业弥峻，胁不着席，日无再饭。外肃仪轨，内树道因，广济为怀，游行在务。以梁天鉴初来自西戎，至于益部。时巴峡蛮夷鼓行抄劫，州郡征兵，克期诛讨。达愍其将苦，志存拯拔，独行诣贼，登其堡垒，慰喻招引，未狎其情。俄而风雨晦冥，雷霆振击，群贼惊骇，恻尔求哀，达乃教具千灯，祈诚三宝。营办始就，昏霾立霁，山泽通气，天地开朗。翕然望国，并从王化，襁负排薮獭弁前趋者，其徒充泽，遂使江路肃清，往还无阻，兵威不设，而万里坦然，达之力也。后因行汶中，路逢有人缚豚在地，声作人语曰：“愿上圣救我。”达即解衣，赎而放之。尝于夜中索水洗脚，弟子如言而泥竟不脱，重以汤洗，如前不去，乃自以水灌之，其脚便净。达曰：“此鱼膏也。”更莫测其所从。行至梓州牛头山，欲构浮图及以精舍，不访材石，直觅匠工，道俗莫不怪其言也。于时二月水竭，即下求水，乃于水中得一长材，正堪刹柱，长短合度，佥用欣然，仍引而竖焉。至四月中涪水大溢，木流翳江，自泊村岸，都无溜者。达率合皂素，通皆接取，纵横山积，创修堂宇，架塔九层，远近并力，一时缮造，役不逾时，欻然成就。而躬袭三衣，并是粗布，破便治补，寒暑无革。有时在定，据于绳床，赫然火起，众往扑灭，惟觉清凉。有沙门僧救者积患挛躄，来从乞差，达便授杖令行，不移晷景，骤步而返。斯阴德显济，功不可识，其例甚矣。又布萨时身先众坐，因有偷者穿墙负物，既出在外，迷闷方所，还来投寺，遂喻而遣之。故达化行，楚、蜀德服，如风之偃仆也。故使三蜀氓流，或执炉请供者，或散花布衣者，或舍俗归忏者，或剪落从法者，日积岁计，又不可纪。以天鉴十五年隋始兴王还荆州，冬十二月终于江陵，春秋五十有五。达形长八尺，容式伟然，敷弘律训，及以讲诵，乍讽俗书，用悟昏识，铨序罪福，无待重寻，故详略而传矣。

周鄜州大像寺释僧明传二（僧护）

释僧明，俗姓姜，鄜州内部人。住既山栖，立性淳素，言令质朴，叙悟非任，而能守禁自修，不随鄙俗。虽不闲明经诰，然履操贞梗，有声时俗。因游邑落，往还山谷，见一陭岸屡有异光，怪而寻讨，上下循扰，乃见涧底石趺一枚，其状高大，远望岸侧卧石如像，半现于外，遂加功发掘，乃全像也，形同佛相，纯如铁磺，不加錾琢，宛然圆具，举高三丈余。时周武已崩，天元嗣历，明情发增勇，不惧严诛，顾问古老，无知来者。其地久荒榛梗，素非寺所，明自惟曰:“当是育王遗像散在人间，应现之来，故在斯矣。”即召四远，同时掩举，事力既竭，全无胜致。明乃执炉誓曰:“若佛法重兴，苍生有赖者，希现威灵，得遂情愿。”适发言已，像乃忽然轻举，从山直下，径趣趺孔，不假扶持，卓然峙立。大众惊嗟，得未曾有，因以奏闻，帝用为嘉瑞也，乃改元为大像焉。自尔佛教渐弘，明之力也。又寻下敕，以其所住为大像寺，今所谓显际寺是也，在坊州西南六十余里。时值阴暗，更放神光。明重出家，即依此寺，尽报修奉，大感物心。以开皇中年卒于彼寺。余以为兴福之来，事有机会，感见奇迹，其相弥隆，略引五三，用开神理。至如徐州吴寺太子思惟瑞像者:昔东晋沙门法显历节西天，历观圣迹，往投一寺，小大承迎。显时遇疾，心希乡饭，主人上坐，亲事经理，敕沙弥为取本乡斋食。倏忽往还，脚有疮血，云往彭城吴苍鹰家求食，为犬所啮。显怪其旋转之顷而游万里之外，方悟寺僧并非常也。及随船还，故往彭城访吴苍鹰，具知由委，其犬啮余血涂门之处犹在。显曰:“此罗汉圣僧血也。当时见为取食，何期犬遂损耶?”鹰闻忏咎，即舍宅为寺，自至扬都广求经像，正济大江，船遂倾侧，忽有双骨各长一丈，随波腾漾，奄入船中，即得安流升岸。以事奏闻，有司观检，乃龙齿也。鹰求像未获，泝江西上，暂息林间，遇见婆罗门僧持像而行，云往徐州与吴苍鹰供养。鹰曰:“必如来言，弟子是也。”便以像付之。鹰将像还，至京，诏令模之，合造十躯，皆足下置字，新旧莫辩，任鹰探取。像又降梦示其本末，恰至鹰取，还得本像，乃还徐州，每有神瑞。元魏孝文请入北台，高齐后主遣使者常彪之迎还邺下。齐灭周废，为僧藏弃，大隋开教，还重兴世，今在相州邺县大慈寺也。又，京师崇义寺石影像者，形高一尺，径六寸许，八楞紫色，内外映彻。其源梁武太清中，有天竺僧赍来谒帝，会侯景作乱，便置江州庐山西林寺大像顶上。至开皇十年，炀帝作镇江海，广搜英异，文艺书记，并委雠括，乃于杂传得影像记，即遣中使王延寿往山推得。王自虔奉，在内供养，在蕃历任，每有行往，函盛导前，初无宁舍。及登储贰，乃送于曲池日严寺，不令外人瞻睹。武德七年，废入崇义，像随僧来，京邑道俗备得观仰。其中变现，斯量难准，或佛塔形像，或贤圣天人，或山林帐盖，或三途苦趣，或前后见同，或俄顷转异。斯并目瞩而叙之，信业镜而非谬矣。贞观六年下敕入内，外遂绝也。又，梁襄阳金像寺丈六无量寿瑞像者，东晋孝武宁康三年二月八日沙门释道安之所造也。明年季冬，严饰成就。刺史郗恢创莅此蕃，像乃行至万山，恢率道俗迎还本寺，复以其夕出住寺门。合境同嗟，具以闻奏。梁普通三年，敕于建兴苑铸金铜花趺，高六尺，广一丈，上送承足，立碑赞之，刘孝仪为文。又，荆州长沙寺瑞像者，晋太元年，此像现于城北，光相奇特，具如前传。形甚瑰异，高于七尺。昔经夜行，人谓非类，以刀击之，及旦往视，乃金像也，刀所击处，文现于外。梁高奉法，情欲亲谒，虽加事力，终无以致。后遣侍中广赍香供丹款，既达，夜忽放光，似随使往，旦加延接，还复留碍，重竭请祈，方许从就。去都十八里，帝躬出迎，竟路放光，相续不绝，白黑欣庆。在殿供养三日已后，从大通门送同泰寺。末被火烧，堂塔并尽，惟像居殿，岿然独存。又，高齐定州观音瑞像及高王经者，昔元魏天平，定州募士孙敬德于防所造观音像，及年满还，常加礼事。后为劫贼所引，禁在京狱，不胜拷掠，遂妄承罪，并处极刑。明旦将决，心既切至，泪如雨下，便自誓曰："今被枉酷，当是过去曾枉他来，愿偿债毕了，又愿一切众生所有祸横，弟子代受。"言已少时，依俙如睡，梦一沙门教诵观世音救生经，经有佛名，令诵千遍，得免死厄。德既觉已，缘梦中经了无谬误，比至平明，已满百遍。有司执缚向市，且行且诵，临欲加刑，诵满千遍。执刀下斫，折为三段，三换其刀，皮肉不损。怪以奏闻，承相高欢表请免刑，仍敕传写，被之于世，今所谓高王观世音是也。德既放还，观在防时所造像，项有三刀迹，悲感之深，恸发乡邑。又，昔弥天襄阳金像，更历晋、宋讫于齐、梁，屡感灵相，闻之前纪。周武灭法，建德三年甲午之岁，太原公主秉为荆州副镇将。上开府长孙哲志性凶顽，不信佛法，闻有此像，先欲毁之。邑中士女，被废僧尼，掩泪痛心，无由救止。哲见钦崇弥至，瞋怒弥盛，逼逐侍从，速令摧殄。令百余人以绳系项，牵挽不动，哲谓不用加力，便杖监事，人各一百。牵之如故，铿然逾固，进三百人，牵犹不动。哲怒弥盛，又加五百，牵引方倒，声振地动。人皆悚栗，哲独喜勇，即遣镕毁之，都无惭惧。自又驰马，欲报刺史，裁可百步，堛然落地，失喑直视，四支不胜，至夜而卒。道俗唱快。当毁像时，于腋下倒垂衣内铭云："晋太元十九年，岁次甲午，比丘道安于襄阳西郭造丈八金像。此像更三周甲午，百八十年当灭。”计勘年月兴废，悉符同焉。信知印手圣人崇建容范，动发物心，生灭之期，世相难改，业理之致，复何虚矣。又，扬都长干寺育王瑞像者，光趺身相，祥瑞通感，五代侯王所共遵敬，具如前传。每有亢阳之岁，请像入宫，必乘御辇，上加油帔，僧众从像，以盖自遮。初虽炎赫洞天，像出中途，无不雨流滂注。家国所幸，有年斯赖，所以道俗恒加雨候。至陈氏祯明年中，像面转西，直月监堂，屡回正南，及至晨起，还西如故。具以奏闻，敕延太极殿设斋行道。先有七宝冠在于像顶，饰以珠玉，可重百斤，其上复加锦帽，经夜至晓，宝冠挂于像手，锦帽犹加头上。帝闻之，乃烧香祝曰："若必国有不祥，还脱冠也，仍以冠在顶。"及至明晨，脱挂如故。上下同惧，莫恻其征。及隋灭陈降，举朝露首，面缚京室，方知其致。文帝后知，乃遣迎接，大内供养，以像立故，帝恒侍奉，不敢对坐，乃下敕曰："朕年老，不堪久立侍佛，可令有司造坐像，其相还如育王，本像送兴善寺。"既达此寺，形相伟壮，不会即机，遂置于北面，及明，见像乃在南面中门。众咸异焉，还送北面，坚封门钥，明旦更看，像还在南。佥皆愧悔，谢其轻侮。即见在寺，图写殷矣。又，梁高祖崇重释侣，欣尚灵仪，造等身金银像二躯，于重云殿晨夕礼敬，五十许年，初无替废，及侯景篡夺，犹在供养。太尉王僧辩诛景江南，元帝渚宫复没，辩乃通款于齐，迎贞阳侯为帝。时江左未定，利害相雄。辩女婿杜龛典卫宫阙，为性凶捍，不见后世，欲毁二像为金银挺，先遣数十人上三休阁，令镵佛项，二像忽然一时回顾，所遣众人失喑如醉，不能自胜。杜龛即被打筑，遍身青肿，惟见金刚力士怖畏之像，竞来打击，略无休息，呻号数日，洪烂而死。及梁运在陈，武帝崩背，兄子陈蒨嗣膺大业，将修葬具，造辒辌车。国创新定，未遑经始，敕取重云殿中佛像、宝帐、珩佩、珠玉錾饰之具，将用送终。人力既丰，四面齐至，但见云气拥结，围绕佛殿，自余方左，白日开朗。百工闻怪，同本看睹。须臾大雨横注，雷电震吼，烟张鸦吻，火烈云中，流光布焰，高下相涉，并见重云殿影二像峙然，四部神王并及帐座一时腾上，烟火相扶，歘然远逝。观者倾都，咸生深信。雨晴之后，覆看故所，惟见柱础存焉。至后月余，有从东州来者，是日同见殿影东飞于海。今有望海者时往见之。近高齐日，沙门僧护守道直心，不求慧业，愿造丈八石像，咸怪其言。后于寺北谷中见一卧石可长丈八，乃雇匠营造，向经一周，面腹粗了，而背者地，以六具拗举之，如初不动。经夜至旦，忽然自翻，即就营讫，移置佛堂。晋州陷日，像汗流地。周兵入齐，烧诸佛寺，此像独不变色。又欲倒之，人牛六十余头，挽不可动。忽有异僧以瓦木土击垒而围之，须臾便了，失僧所在。像后降梦信心者曰："吾患指痛。"其人寤而视焉，乃木伤其二指也，遂即补之。开皇十年，有盗像幡盖者，梦丈八人入室责之，贼遂惭怖，悔而谢焉。其像现存。并见旌异记及诸僧录。然斯通感，佛教备彰，但是福门，无非灵应。窃以像避延烧，狩惊邪道，影覆异术，经焚不灰，灵骨之放神光，密迹之兴弘护，其相大矣，具在前闻。至如贞观五年，梁州安养寺慧光师弟子，母氏贫窭，内无衵衣，来入子房取故袈裟，作之而着。与诸邻母同聚言笑，忽觉脚热，渐上至腰，须臾雷震，掷邻母百步之外，土泥两耳，闷绝经日，方得醒悟。所用衣者遂被震死，火烧焦蜷，题其背曰："由用法衣不如法也。"其子收殡，又再震出，乃露骸林下，方终销散。是知受持法服，惠及三归之龙，信不虚矣。近有山居僧在深岩宿，以衣障前，感异神来，形极可畏，伸臂内探，欲取宿者，畏触袈裟，碍不得入，遂得免脱。如是众相，不可具纪，如上下诸例中。

隋天台山瀑布寺释慧达传三

释慧达，姓王，家于襄阳。幼年在道，缮修成务，或登山临水，或邑落游行，但据形胜之所，皆厝心寺宇，或补缉残废为释门之所宅也。后居天台之瀑布寺，修禅系业，又北游武当山，如前摄静。有陈之日，疠疫大行，百姓毙者，殆其过半。达内兴慈施，于杨都大市建大药藏，须者便给，拯济弥隆。金陵诸寺，数过七百，年月逾迈，朽坏略尽。达课劝修补三百余所，皆崟饰华敞，有移恒度。仁寿年中，于杨州白塔寺建七层木浮图，材石既充，付后营立，乃泝江西上，至鄱阳、预章诸郡观检功德，愿与众生同此福缘。故其所至封邑，见有坊寺、禅宇、灵塔、神仪，无问金木土石，并即率化成造，其数非一。晚为沙门慧云邀请，遂上庐岳，造西林寺晚阁七间，栾栌重垒，光耀山势。初造之日，誓用黄楠，阖境推求，了无一树。佥欲改用余木，达曰："诚心在此，岂更余求？但至诚无感，故访追不遂。必心期果决，松散并变为楠。如求不获，阁成则无日矣。”众惧其言，四出追索，乃于境内下巢山感得一谷并是黄楠，而在穷涧，幽深无由可出。达寻行崖壁，忽见一处晃有光明，窥见其中可通材道，惟有五尺，余并天崖。遂牵曳木石至于江首，中途滩溵，箄筏并坏，及至庐阜，不失一根，阁遂得成，宏冠前构。后忽偏斜，向南三尺，工匠设计，取正无方，有石门涧当于阁南，忽有猛风，北吹还正，于今尚在。晚往长沙铸钟造像，所至方面，若草从焉，倾竭金贝者兢兢业业，恐其不受。达任性造真，言无华绮，据经引喻，笃励物情。然其形服弊粗，殆不可睹，外综繁殷，内收理静，傍观沈伏，似不能言，而指㧑应附，立有成遂。斯即处烦不挠，固其人矣。又为西林阁成，尊容犹阙，复沿江投造，修建充满，故举阁圆备，并达之功。大业六年七月晦日，旧疾忽增，七日倚卧，异香入室，旋绕如云，阁中像设，并汗流地。众见此瑞，审达当终，官人检验，具以闻奏。达神志如常，累以余业，奄尔长逝，年八十七矣。

唐绵州振向寺释僧晃传四

释僧晃，姓冯氏，绵州涪城南昌人。形长八尺，颜貌都伟，威容整肃，动中规矩。而鹰眼虎身，鹅行象步，声气雄亮，志略宏远，纲维法任，有柱石焉，故使岷巴领袖，咸所推仰。昔年在志学，文才博达，时共声誉。尝梦手擎日月，太虚中坐，便晃然厌俗，欣慕出家，私即立名为僧晃也。父母未之许，拘械两足，牢系屋柱，决意已绝，誓心无改，不移旦夕，锁自然解。乃叹曰：“夫志之所及也，山岳以之转，江河以之绝，城台以之崩，瀛海以之竭，日月为之潜光，须弥为之崩颓，星辰为之改度，嘉树为之藏摧。况复金木之与桎梏，奚足以语哉！”二亲顾其冥感，任从道化。依彖法师出家受业，学通大小，夙夜匪懈。会梁末周初，佛法淆滥，行多浮略，迂诞毗尼。晃具戒未闻，而超然异表，少能精苦，性自矜持，卒非师友所成立也。众皆挹其神宇，密相高尚。及升坛之后，偏攻十诵，数年劬劳，朗鉴精熟，研微造尽，彬郁可崇。周保定后更业长安，进学僧祇讨，其幽旨，有难必究，是滞能通。又于昙相禅师禀受心法，观道圆净，由此弥开。又于开禅师方等行道，洞入时伦，无与相映，自此罕得而传者。由多营福业，劳事有为，是以隐坠，世不称也。既而遐迩讽德，声闻天庭，武帝下敕延于明德殿，言议开阐，弥遂圣心，乃授本州三藏。大隋启祚，面委僧正，匡御本邑。而刚决方正，赏罚严平，绵益钦风，贵贱攸奉。前后州主，十有余人，皆授戒香，断恶行善。开皇十五年，又于寺中置头陀众，僧事蠲免，以引堕者。仁寿以后，重率寺众共转藏经，周而复始，初不断绝。供给傺锡，一出俗缘，皆晃指授，故福报所至，如泉不穷，僧业茂盛，方类推举。以武德冬初终于所住之振向寺，春秋八十五矣。初未终前，佛堂莲华池自然枯竭，池侧慈竹无故凋死，寺内蔷薇非时发花，晔如夏月。众以荣枯两瑞，不无生灭之怀，德异常伦，故感应之所期耳。

唐杨州长乐寺释住力传五

释住力，姓褚氏，河南阳翟人，避地吴郡之钱塘县，因而家焉。宿植胜因，早修慧业，甫及八岁，出家学道。器宇凝峻，虚怀接悟，声第之高，有闻缁俗。陈中宗宣帝于京城之左造泰皇寺，宏壮之极，罄竭泉府，乃敕专监百工，故得揆测指㧑，面势严净。至德二年，又敕为寺主。值江表沦亡，僧徒乖散，乃负锡游方，访求胜地，行至江都，乃于长乐寺而止心焉。隋开皇十三年建塔五层，金盘景耀，峨然挺秀，远近式瞻。至十七年，炀帝晋蕃又临江海，以力为寺任，缮造之功故也。初，梁武得优填王像，神瑞难纪，在丹阳之龙光寺。及陈国云亡，道场焚毁，力乃奉接尊仪及王谧所得定光像者，并延长乐，身心供养。而殿宇褊狭，未尽庄严，遂宣导四部、王公、黎庶共修高阁，并夹二楼。寺众大小三百余僧，咸同喜舍，毕愿缔构。力乃励率同侣二百余僧，共往豫章刊山伐木，人力既壮，规摹所指，妙尽物情。即年成立，制置华绝，力异神工，宏壮高显，挺冠区宇。大业四年，又起四周僧房，廊庑、斋厨、仓库备足，故使众侣常续，断绪无因。再往京师，深降恩礼，还至江都，又蒙敕慰。大业十年，自竭身资，以栴檀香木模写瑞像并二菩萨，不久寻成，同安阁内。至十四年隋室丧乱，道俗流亡，骸若萎朽，充诸衢市，誓以身命守护殿阁。寺居狐兔，顾影为俦，啜菽饮水，再离寒暑，虽耆年暮齿，而心力逾壮。泥涂褫落，周匝火烧，口诵不辍，手行治葺。贼徒雪泣，见者哀叹，往往革心，相佐修补。皇唐受命，弘宣大法，旧僧余众，并造相投，邑室虽焚，此寺犹在。武德六年，江表贼帅辅公佑负阻缮兵，戈潜图反叛，凡百寺观，撤送江南。力乃致书再请，愿在阁前烧身，以留寺宇。佑伪号尊称，志在倾殄，虽得其书，全不顾遇。力谓弟子曰："吾无量劫来积习贪爱，不能捐舍形命，以报法恩。今欲自于佛前取尽，决不忍见像济江。可积干薪，自烧供养。吾灭之后，像必南渡，衣资什物，并入尊像，泣服施灵，理宜改革。"便以香汤沐浴，加趺面西，引火自焚，卒于炭聚，时年八十，即武德六年十月八日也。命终火灭，合掌凝然，更足阇维，一时都化。初，力在佛前焚时，群鹊哀鸣，其声甚切，右绕七匝，方始飞去。及身没后，像果南迁，殿阁房廊得免煨烬，法宝僧众如畴昔焉。门人慧安、智赜者，师资义重，甥舅恩深，为树高碑于寺之内，东宫庶子虞世南为文。今像还归于本阁云。

唐京师大庄严寺释智兴传六（善因）

释智兴，俗缘宋氏，洛州人也。谦约成务，厉行坚明，诵诸经数十卷，并行法要偈数千行，心口相师，不辍昏晓。住禅定寺，今所谓大庄严也。初依首律师，随从讲会，思力清撤，同侣高之，征难鳞错，词锋惊挺，又能流靡巧便，不伤伦次，时以其行无净也。大业五年仲冬，次掌维那，时钟所役，奉佩勤至，僧徒无扰。寺僧三果者，有兄从帝南幸江都，中路亡没，初无凶告。忽通梦其妻曰："吾行从达于彭城，不幸病死，生于地狱，备经五苦，辛酸叵言，谁知吾者？赖以今月初日蒙禅定寺僧智兴鸣钟发声，响振地狱，同受苦者一时解脱。今生乐处，思报其恩，可具绢十匹奉之，并陈吾意。"从睡惊觉，怪梦所由，与人共说，初无信者。寻又重梦，及诸巫觋咸陈前说，经十余日，凶问奄至，恰与梦同。果乃奉绢与之，而兴自陈无德，并施大众。有问兴曰："何缘鸣钟乃感斯应？"兴曰："余无他术，见付法藏传罽腻咤王剑轮停事，及增一阿含钟声功德，敬遵此辙，苦力行之。每冬登楼，寒风切肉，僧给皮袖用执钟槌，余自厉意，露手捉之，严寒裂肉，掌中凝血，不以为辞。又至诸时鸣钟之始，愿诸贤圣同入道场，然后三下，将欲长打，如先致敬，愿诸恶趣闻此钟声俱时离苦。如斯愿行，志常奉修，岂惟微诚遂能远感。”众服其言。以贞观六年三月遘疾少时，自知后世，舍缘身资，召诸师友，因尔陈别，寻卒庄严，春秋四十有五，葬于杜城窟中。弟子善因，宗师戒范，讲四分律，讲法华经，冥神福慧，着闻京邑。

唐蒲州普救寺释道积传七

释道积，河东安邑人也，俗姓相里，名子材，既莅玄门，更名道积。其先盖郑大夫子产之苗裔矣。昔子产生而执拳，启手观之，文成“相里”，其后因而氏焉。父宣，恢廓有大志，好学该富。宗尚严君，积早习丘坟，神气爽烈。年二十，将欲出家，未知所适，乃遇律师洪湛，见而异之，即为剃落，晦迹双岩。又依法朗禅师希求心学，绝影三载，不出山门。然为幽证自难，圣教须涉，开皇十三年辞师擐钵，周行采义，路经沧冀，就远行寺普兴法师寻学涅槃，庆所未闻，乃经四载，情通三事，为门学所推。至十八年入于京室，供宝昌寺明及法师咨习地论，又依辩才智凝法师摄大乘论，于十义熏习、六分转依、无尘惟识一期明悟。仁寿二年，又往并州武德寺沙门法棱所听采地持，故得十法、三持，毕源斯尽。四年七月，杨谅作乱，遂与同侣素、杰诸师南旋蒲坂。既达乡壤，法化大行，先讲涅槃，后敷摄论，并诸异部，往往宣传。及知命将邻，偏弘地持，以为诫勖之极，特是开心之要论也，故成匠道俗，并润朱蓝，结宗慈训，远近通洽。而深护烦恼，重慎讥疑，尼众归依，初不引顾，每谓徒属曰：“女为戒垢，圣典常言，佛度出家，损减正法。尚以闻名污心，况复面对无染。且道贵清显，不参非滥，俗重远嫌，君子攸奉。余虽不逮，请遵其度。”由此受戒教授，没齿未登，参谒咨请，不听入室。斯则骨梗洁己，清贞高蹈，河东英俊，莫与同风。先是沙门宝澄，隋初于普救寺创营大像，百丈万工，才登其一，不卒此愿，而澄早逝。乡邑耆艾请积继之，乃惟大造之未成也，且引七贵而崇树之，修建十年，雕庄都了，道俗庆赖，欣喜相并。初，积受请之夕，寝梦崖傍，见二师子于大像侧连吐明珠，相续不绝。既觉，惟曰：“狩王自在，则表法流无滞；宝珠自涌，又喻财施不穷。冥运潜开，功成斯在。”即命工匠图梦所见于弥勒大像前，今犹存焉。其寺蒲坂之阳，高爽华博，东临州里，南望河山，像设三层，岩廊四合，上坊下院，赫奕相临，园硙田蔬，周环俯就。小而成大，咸积之功；扮空树有，皆积之力。而弊衣菲食，轻财重命，普救殷赡，追静归闲，为而不恃，即处幽隐，天怀抗志，顿绝人世，不令而众自严，不出而物自往。仆射裴玄真宠居上宰，钦其令问，频赠香衣。刺史杜楚客知人之重，造展求法。其感动柔靡，皆此类也。往经隋季，拥闭河东，通守尧君素镇守荒城，偏师肆暴，时人莫敢窃视也。欲议诸沙门登城守固，敢谏者斩，玄素同忧，无能忤者。积愤叹内发，不顾形命，谓诸属曰："时乃盛衰，法无隆替，天之未丧，斯文在斯。且沙门尘外之宾，迹类高世，何得执戈擐甲为御侮之卒乎？"遂引沙门道逊、神素，历阶厉色而谏曰："贫道闻人不畏死，不可以死怖之。今视死若生，但惧不得其死，死而有益，是所甘心。计城之存亡，公之略也；世之否泰，公之运也。岂五三虚怯而能济乎？昔者汉钦四皓，天下隆平；魏重干木，举国大治。今欲拘系以从军役，反天常以会灵祇，恐纳不祥之兆耳。敢布腹心，愿深图之。无宜空肆一朝，自倾于后，为天下笑也。公若索头，与头，仍为本愿！必纵以残生逼充步甲者，则不知生为何生，死为何死。"积陈此语，傍为寒心。素初闻谏，重积词气，但张目直视，曰："异哉斯人也，何乃心气若斯之壮耶！"因舍而不问，果诣积陈忏。尧素以杀戮无度，骋其毒心，加又举意轻陵，虽当时获寝，而祸作其兆，卒为城人薛宗所害。自积立性刚果，志决不回，遇逢瞋忿，动为鱼肉。既出家后，诃责本缘，挫拉无情，转增和忍。岁登耳顺，此行弥隆，习与性成，斯言不爽。以贞观十年九月十七日终于本寺，春秋六十有九。初积云疾，的无所苦，自知即世，告门人曰："吾今七十有五，吾卒今年矣。"其徒曰："师六十九矣，何遽辞耶？"告曰："死生法尔，吾不惧也。且老僧将年七十，刺史貌吾，增为六岁，故其命在旦夕。宜深克励，视吾所行。"又曰："经不云乎，世实危脆，无牢强者。"去终三日，钟不发声，逝后如旧，众咸哀叹。

唐京师会昌寺释德美传八（静默　昙献）

释德美，俗姓王，清河临清人也。年在童稚，天然乐善，口中所演，恒铺赞呗，拥尘聚戏，必先景塔，每见形像，生知礼敬。由是亲故密而异之，知非绍续之胤也，任从师学。十六辞亲，投诸林野，广访名贤，用为师傅。年至十九，方蒙剃落，谨敬谦恪，专思行务。虽经论备阅，而以律要在心，故四分一部，薄通宗系。追求善友，无择遐迩，洁然自厉，不群非类。开皇末岁，观化京师，受持戒检，礼忏为业。因往太白山，诵佛名经一十二卷，每行忏时，诵而加拜。人以其总持念力，功格涅槃。太白九陇，先有僧邕禅师，道行僧也，因又奉之而为师导，从受义业，亟染暄凉。后还京辇，住慧云寺，值默禅师，又从请业。默即道善禅师之神足也。善遵承信行，普功德主，节约形心，不衣皮帛。默从受道，闻见学之，望重京都，偏归俗众。美依承默，十有余年，三业随从，深相器待。所以每岁礼忏，将散道场，去期七日，苦加励勇，万五千佛，日别一遍，精诚所及，多感征祥，自尔至终，千有余遍。故默之弘奖福门，开悟士俗，广召大众，盛列檀那，利养所归，京辇为最，积而能散，时又珍重。常于兴善千僧行道，期满倸奉，人别十缣，将及散晨，外赴加倍。执事惧少，依名付物，默闻，告曰："何有此理？不成僧义。必若约截，凡圣难知，但当供养，不虑虚竭。"库先无贮物，出散之晨，及设大会，七众俱集，施物山积，新旧咸充。时又钦之，谓其志大而致远，故使灵祇冥助也，不然，谁能睹斯不惧耶。故自开皇之末，终于大业十年，年别大施，其例咸尔。默将灭度，以普福田业委于美，美顶行之，故悲、敬两田，年常一施，或给衣服，或济糇粮，及诸造福处多有匮竭，皆来祈造通皆赈给。又至夏末，诸寺受盆，随有盆处，皆送物往，故俗所谓普盆钱也，往住禅定，斯事无殆。大业末岁夏，召千僧七日行道，忽感异人形服率然，来告美曰："时既炎热，何不打饼，以用供养？"美曰："面易办也，人多饼坏，何由可致？"便曰："易可办耳，且溲三十斛面，作两日调，饼不坏也。"即随言给，但云多办瓫，水槽多贮冷水。明旦将设，半夜便起，打面捶案，鼓动人物，僧俗聚观，惊乱眼耳。须臾打切面已，将半，命人煮之，随熟内水，自往搅之。及明行饼，皆讶紧韧，抽拔难断。千人一饱，咸共欣泰，试寻匠者，通问失所。余有槽瓫中饼，日别供僧，乃尽限期，一无烂坏。合众悲庆，感通斯应。武德之始，创立会昌，又延而住。美乃于西院造忏悔堂，像设严华，堂宇宏丽，周廊四注，复殿重敞。誓共含生断诸恶业，镇长礼悔，洁净方等。凡欲进具，必先依凭，荡涤身心，方登坛位。又于一时，所汲浴井忽然自竭，徒众驻立，无由洗忏。美乃执炉临井，苦加祈告，应时泉涌，还同恒日，时共宗焉。所畜舍利，藏以宝函，随身所往，必赍供养。每诸起塔，祈请散之，百粒千粒，随须而给，精苦所感，随散随满。由是增信弥隆，勤恳不绝。又年经秋夏，常行徒跣，恐蹈虫蚁，慈济意也。或行般舟，一夏不坐;或学止过，三年不言;或效不轻，通礼七众；或同节食，四分之一。如斯杂行，其相纷纶，即目略舒，差难备举。生常辍想，专固西方，口诵弥陀，终于命尽。以贞观十一年十二月二十六日合掌称佛，卒于寺院，春秋六十三矣。乃送于南山鸱鸣埠，后又收骸于楩梓谷起塔。弟子等树碑于会昌寺，侍中于志宁为文。又，京邑沙门昙献者，亦以弘福之业功格前贤，身令成范，众所推揖。所造福业，随处成焉，故光明宝阁，冠绝寰中，慈悲佛殿，时所惊异。人世密尔，故不广焉。

唐京师清禅寺释慧胄传九（法素）

释慧胄，姓王，蒲州蒲坂人。少在道门，乐崇福事，受具已后，师表僧祇，及至立年，又专禅诵，晓夕相继，偏重法华。后住京邑清禅寺，草创基构，并用相委，四十余年，初不告倦。故使九级浮空，重廊远摄，堂殿院宇，众事圆成。所以竹树森繁，园圃周绕，水陆庄田，仓廪碾硙，库藏盈满，莫匪由焉。京师殷有，无过此寺，终始监护，功实一人。年至耳顺，便辞僧任，众以勤劬经久，且令权替，及于临机断决，并用咨询。寺足净人，无可役者，乃选取二十头令学鼓舞，每至节日，设乐像前，四远同观，以为欣庆。故家人子弟，接踵传风，声伎之最，高于俗里。遇患极困，自然知卒，香汤沐浴，正理衣襟，曰:“吾有小罪，须加重病，事由营造掘凿故也。”至于终晨，言气不昧，告弟子曰:“酬债了矣，吾其去矣。”寻声而卒，春秋六十有九，即贞观初年也。乃露骸收葬，为起方坟，就而铭之。时京邑会昌有沙门法素者，倜傥不伦，操业奇卓，雅为众怪。本师智顗，专行劝福，昔在江表，游适所至，皆设万人大会，夜告才竟，明即成办，此例非一。隋末东都婴城自固，肌骨相望，有若块焉。寺有金像二躯，各长一丈，素不忍见斯穷厄，取一融破，籴米作糜，喂诸饿者。须臾米尽，又取欲坏，时沙门辩相与诸僧等拒诤不与，素曰："诸大德未知至理也。昔如来因地，为诸众生尚不惜头目髓脑，或生作肉山，或死作大鱼，以济饥喂。如何成果复更贪惜化形，必不然矣。素今身肉堪者，亦所不惜！大德须知今此一像若不惠给众生，城破之后亦必从毁，则坠陷多人。何如素今一身当也。"众不许之。及伪郑降日，像先分散，如其言焉。然其言行谲诡，险而难遵，其例不一。后入京室，卒会昌寺。

唐梓州牛头山寺释智通传十

释智通，姓陈，住梓州。八岁出家，为正道法师弟子。后诵法华并讲，在牛头山，善持威仪，奉戒贞苦。降伏皇老，士女奏章，必杖之五十，远近皆惮。寺宇成就，惟其终始，合众畏慑，无蓄私财者。常有双鹅依时听讲，讲百余遍，两度放光。至贞观二十三年十月十三日告众："吾造山寺，可用十万贯，恨未周备，今便永别。"言讫而卒，春秋九十七矣。小食时终，合寺房堂皆动，而作白色，经一食顷。

唐梓州通泉寺释慧震传十一

释慧震，姓庞，住梓州通泉寺。身长八尺。后听皓师三论，大领玄旨，福力所被，蜀部遥推。皓之还南，得袈裟二百领，以赠路首。每年正月，转藏经千人，袈裟奉施无阙。常弘三论，听众百余。忽于高座似闷，见人语曰："西山头好造大佛。"既觉下座，领众案行，中堪造像，两边泉流，即命石工镌錾座身，高百三十尺。贞观八年周备成就，四面都集，道俗三万庆此尊仪，其像口中放大白光，远近同奉。先有一马，日行五百，曾经入阵，余马并死，惟此得还。至十四年七月，忽自嘶鸣，不食三日，震闻毛竖。有一异僧名为十力，语震曰："马与主别，主当先行，来年正月十五日日正中时应入涅槃。法师须散财物，无留于后，于身何益？"言已而隐，莫知其由。先造藏经，请僧常转，开大施门，四远悲敬，来者皆给。至终年初，又请众僧读经行道，作三七日，俗缘昆季内外皆集。至于八日，香气郁勃，充满寺中。倾邑道俗共闻异香，舍散山积。至十五日气犹不歇，从旦至午，寺内树木土地皆生莲华。众睹奇瑞，知其即世。震曰："嘉相已现，不容待满。"便行傣施。早食讫，手执香炉，绕卢舍那三匝，还于佛前胡跪正念。大众满堂，不觉已逝，春秋六十有六，停丧待满，香气犹存。兄弟三人各舍五十万，于墓所作僧德施及以悲田，作石塔高五丈，龛安绳床，扶尸置上，经百余日，犹不委仆。道俗万余，悲凉相结云。

唐京师弘福寺释慧云传十二

释慧云，姓王，太原人也，远祖避地，止于九江。弱年乐道，投匡山大林寺沙门智锴而出家焉。锴亦标领当时，有声出世。而云慷慨时俗，精厉归从，故得独异恒伦，不拘物累，致有大节大务，偏所留心，时年二十有五。达禅师者，江淮内外，所在兴造，事力不遂，咸来祈请，云为寺庙毁坏，故致邀延，达不许之。云以来告不申，便陈死请，委身在地，涕泗滂沱，流迸涂漫，满五尺许。又以头叩地，青肿覆眼，加诸誓愿曰："若不蒙赴，云亦投江。"达见其意盛，欻然回意。云即前告道俗，所在迎候，披草望山，行不由径，路值群虎，不暇驻目。延达至山，须有经始，溯流诸处，检校功德。时属严冬，冰拥船路，崩砂颓结，屡阻舟人。云乃急系衣裳，破冰挽缆，腰胯以下，凌澌截肉，流血凝住，不觉疲苦。自此船行二百余里，方登所在。其恳诚难继，并例此也。隋季末龄，中表贼乱。有林士弘者，结众豫章，伪称楚帝。伪尚书令鄱阳胡秀才，亲领士众临据九江，因感发心，欣写庐山东林文殊瑞像，尽所镇境访监护者。道俗佥议，以云有出众之奇，雅当此选。炉锤既办，便就镕范，光仪乃具，惟颈及胁两处有孔，时众未之悟也。其年，秀才伪敕所追有像色金百二十两，盛以竹筒，云以贼徒，蜂起，无方守护，并用付才，又以念诵铜珠一环遗才为信。行至宫亭，军士乞福。才得便风，举帆前引，于江中路遭浪船没，财物荡尽，惟人达岸。才诸无所恨，但失像色金，烦冤江畔，呼嗟不绝，誓愿不成，深为业也。须臾金筒随浪逆流，并遗铜珠，前后相继，泛隐向岸就才。既获色金，举众同叫，欢欣无量。计被没处至所出岸，三十余里，重而能浮，逆波相授，军民通怪，惊异灵感。及才之遇害也，刃开颈胁，恰符像焉。初，才之欲击贼，以金用委叔父晓禅师。及楚都既覆，群寇交侵，晓用弊布裹金，担以避难，不免，为贼所夺。既失像金，取求无计，寻有贼中来者盗金投晓，俱不知是金担也。晓得本金，委云成就，光相超挺，今在山阁。初铸像时，有李五戒者私发愿曰："若镕金日，誓然一臂。"云为模样早成，遂前期日。李氏不知已铸，乃梦像曰："汝先愿然臂，如何违信耶？"李氏梦寤，因始知之，即于像前以刀解臂，蜡布缠骨而烧焉。又感征应，略其事也。云以江介威纡，累逢草窃，经论乃积，而戒律未弘，远趣帝京，躬参学府。值首律师当阳开化，大适本志，悲喜交并，采掇行务。有闻朝省，下敕令住弘福。而形貌长伟，骨面多髯，言晤成章，众所知识，偏能读诵，颇盛威容。故斋福大集，恒居坐首，群公卿士，侧席虚心。一举五卷，须臾寻了，未闻欶噎，莫不嘉尚。然其程器即目，故略叙之。

论曰：夫住持之相，其例乃多，包举精博要惟二种：道法弘世，则静倒绝其生源；相法所持，则导昏开其耳目。宗途既阐，万代奉其风规，虽或中微，终亦依之成则。昔如来创化，寺开须达之源；塔现古今，初惟积土之渐。沿斯已后，福事弥隆，无忧之碣林繁，有信之园星布。自摩滕入洛，其相先扬，建寺以宅僧尼，显福门之出俗，图绘以开依信，知化主之神工。故有列寺将千，缮塔数百，前修标其华望，后进重其高奇。遂得金刹干云，四远瞻而怀敬；宝台架迥，七众望以知归。并弘道之初津，摄度之权术也。至如引风治阁，出慧达之深诚；传声停毒，实智兴之通感；僧明志开遗寄；僧晃操动幽明；达公因治水而集材；美上假冥圣而陈供；慧云贞烈，黄金以之不沈；道积抗言，白刃由斯不拔：若斯监护，不蔑由来。然则经理众事，论陈退没，并由志节素少，情非巧能，致涉艰违，便亏誓愿，功败垂成，义当斯也。昔如来在世，躬治院门，大集僧务，非圣不履。迦叶之营五寺，恒预蹋泥；目连之任月直，常供扫地，是以福事之来，导引逾远，下凡祖习，故是常科，而顷世惰窳，每多欺负，睹涂塔为庸夫，谓引材为竖伍，出道无宜行施，入俗有绝清心，斯语不伦，殊乖正则。故天报为贵，尚行乞于人间；圣果为高，犹被饿于僧部。斯徒众矣，略举可知。是以福智二严，空有两谛，大经大论，盛列纲猷，即可师承，难为排斥。且自世有诸福，其流多杂，倚傍了经，陈扬疑伪。隋祖开皇之始，释教勃兴，真伪混流，恐乖遗寄，乃敕沙门法经定其正本，所以人中造者五百余卷，同并燔之，余不尽者，随方间出。比诸经藏，惟录正本，通数则有三万余卷，已外别生杂集，并不写之，至于疑伪，时复抄录，斯由未曾陶练，故致此涉。试为论之。至如药师行事，源出宋朝，比用在疑，颇存沿俗。隋炀洛水，彦琮所翻，义节全同，文铺少略。斯则梵本有据，祈福之元宰也。但以世惟相有，非相何以晓心？大圣逗机，任物而敷此要。如说行者，必致攘除，恐涉怀己，自亏名实，故彼文云“口为说空，行在有中”，诚言得矣。或有精专恳苦，厚供弥隆，而所祈无应者，则往业坚明，定须酬偿，故文云：“惟除宿殃，余则可脱。”然则业无永定，皆可转除，任业增生，无成圣义。故经明忏，止约内心，有愧则亡，无惭斯有。三报轻重，具显涅槃，六根淳薄，亦陈实观。是知宿殃不请，例是别时，通诸理教，义须隐括。又有普贤别行金光总忏，多归清众，事乖通俗，比有行事，执著者多，遍告虽来，皆亏法利。故彼文云：“诸业障海，从妄想生，还须体妄，乃倾前业。”今则缘念彼此，我所两存，倒想逾增，故难遭圣义。应尘无以表达，真识有以明通，俗在凡下位，行渐若斯，顺旧常熏，理非筌悟。梁初方广，源在荆襄，本以厉疾所投，祈诚悔过，哀兹往业，悲恸酸凉，能使像手摩头，所苦欻然平复，同疾相重，遂广其尘。乃依约诸经，抄撮成部，击声以和，动发恒流。谈述罪缘，足使汗垂泪泻；统括福庆，能令藏府俱倾。百司以治一朝，万化惟通一道，被时济世，谅可嘉之，而恨经出，非本事须。品藻六根，大忏其本，惟梁武帝亲行，情矜默识，故文云：“万方有罪，在予一人。”当由根识未调，故使情尘滥染。年别广行，舍大宝而充僮仆；心力所被，感地震而天降祥。是称风靡，郁成恒则。有陈真观因而广之，但为文涉菁华，心行颇淡。原夫忏悔之设，务在专贞，欲使肝胆露于众前，惭愧成于即日，固得罪终福始，言行可依。如文宣之制净住，言词可属，引经教如对佛，述厌欣如写面，卷虽二十，览者不觉其繁，文乃重生，读人不嫌其妨，世称笔海，固匪浮言。又有妄读忏文，行于悔法，罪事丛杂，不解位以十条，因构烦拿，未知本于三恼。浪诵尽纸，昏愦通于自他；为师难哉，堕负归于彼此。如斯遣累，未曰清澄，固约前论，薄为准的。六道慈忏，源亦同前。事在岁终，方行此祀。道别开奠，海陆之味毕陈；随趣请祝，慈悲之意弘矣。原夫六道至果，趣别重轻，人含十等之差，余则举例可悉。阿含所述入处鬼道，有亲供祭，心生随喜，心喜身饱，故曰充饥。非由供福，业令自受，以正法义，理有所从。无有自作，他人受果，斯则目连饭母事也。自外五趣，报局所收，随报位隔，无由通给。今则道别陈奠，恐非临飨。然又报得诸通，事含生趣，不妨他心，彻视待会，而从祭酹。自此已外，其例难收。或度星安宅，决明罪福，占察投轮，怀疑结线，同归浅俗，未入深经。然罪积由来，福兴伊始，俱惟妄想，而善卦难谐，愚凡所履，谅参其用。又有不揆分量，登冒圣贤，端然思道，克成位地。此并想心怀道，不识道是妄心，知妄思心不起，有起实归惟识。识心达俗，知何不为，用此投轮，应分业相。又有方等佛名、般舟诵咒，多以梦王表净，准此用显浇淳。且梦惟冥妄，想象尚取依凭，况在现轮，举掷其心可准？若夫惑业所起，梯构有因。惑必违理而生，故忏务观其理；业生依事而起，故忏还须缘。事悔必勤身营构，惭愧为其所宗；理悔必析破我人，知妄是其大略。并如别录，悔法广之。是知释宗一化，大较三门：若乐罪时，须弘福事；因修福故，便起想着，则应破遣；教思理观，如斯易夺，集业可期。若滞此三，全乖教意。惟夫大圣垂世，末欲增生福顺情欣，还资故习，义须思择，断结入道，斯言极矣。世不达者以福为道，耽附情缠，用为高胜，正是戒见，二结所收，我倒常行，何能遣缚？是以通人审权实之有从，达界系之无爽，明惑性之重轻，晓分量之优劣，莫不以罪障天人，一向须舍，福为有基，虽行不普，由诸八禅滞情，六度不净，事观及世顺善，皆为有法。大论明言，计并封心，故非道业。至如色有初定，凡圣通行，非想极居，无生不止，终乖出要，未静轮回，但为封迷不厌故也。况以乱善用充静业，有识闻之，足为殷鉴。流俗儒素，尚捐固、我之心，但谓我能行之，故非清荡所摄，岂得心用浮动，触境增迷，妄计为道，一何可笑！复闻福为有本，潜神不修，身行处世，何能无事？事涉罪福，理必通知。且如衣食四资，无时不假，佛制取纳，惟依观门，轻侮对治，斯诚罪也，奉观勤行，斯诚福也。谓我能行，便成违理，我不能行，又是违事。违事则业系三途，违理则福缠诸欲，在凡使性，何能静心？入止正见，方倾苦趣。故知因修世相，知何不为，惟勤观用，渐当缺有。不尔沉沦，还归无始，伊我同舟，可不免哉！

续高僧传卷第二十九

续高僧传卷第三十

大唐西明寺沙门释道宣撰

杂科声德篇第十　正传十二　附见八

陈杨都光宅寺释慧明传一

释慧明，不知何人，貌仪象胡，故世以“胡明”为目。然其利口奇辩，锋涌难加，摛体风云，铭目时事，吐言惊世，闻皆讽之。后乃听采经论，傍寻书史，捃掇大旨，不存文句。陈文御世，多营斋福，民百风从，其例遂广。众以明骋衔唇吻，机变不思，诸有唱导，莫不推指。明亦自顾才力有余，随闻即举，牵引古今，包括大致，能使听者欣欣，恐其休也。宣帝在位，大建五年，将事北征，观兵河上，已遣大都督程文季等领军淮浦，与齐对阵。雄气相倾，帝甚忧及，乃于太极殿命龟卜之，试卦腹文，飒然长裂，君臣失色，为不祥也。即请百僧斋时一会，临中猗猝，未测所由。及行香讫，乃陈卜意。明抗声叙致，又述缘曰："卜征龟破，可谓千里路通。既其文季前锋，岂不一期程捷。"时以为浮饰也。至四月中，次大小岘，与齐大战，俘虏援兵二十余万，军次谯、合、吕梁、彭、越，前无横阵。故下敕云："今岁出师，薄伐边服，所获梁土则江淮二百许城，东西五千余里。"然龟腹长文号千里也，远验明言，宛同符契。故明承此势，为业复隆，偏意宗猷，达悟登白者，其量弘矣。不测其终。

高齐邺下沙门释道纪传二

释道纪，未详氏族。高齐之初盛弘讲说，然以成实见知。门学业成，分部结众，纪用欣然，以教习之功成遗业也。天保年中，秋初立讲，纪引众首出邺城南，彼旧门人又引众人，正于阛侧欻尔相值，纪曰："卿从何来，殊无礼也！如何师范辄抗拒耶？既不倾屈，理宜下道。"彼曰："法鼓竞鸣，利建斯在，声荣之望，师资焉有？"纪不答，自为下道，出于城外，回首告其属曰："吾讲成实积三十载，开悟匠导，望有功夫。解本拟行，斯遗诫也。今解而不行，还如根本不解矣。徒失前功，终无后利。往不可追，来犹可及。请并返京，吾当别计。"乃退掩房户，广读经论，为彼士俗而行开化。故其撰集名为金藏论也，一帙七卷，以类相从，寺塔幡灯之由，经像归戒之本，具罗一化，大启福门。论成之后，与同行七人出邺郊东七里而顿，周匝七里，士女通集，为讲斯论，七日一遍。往必荷担，不耻微行，经书塔像为一头，老母扫帚为一头，齐佛境内，有塔斯扫，每语人曰："经不云乎，扫僧地如阎浮，不如佛地一掌者，由智田胜也；亲供母者，以福与登地菩萨齐也。"故其孝性淳深，为之缝补，衣着食饮，大小便利，必身经理，不许人兼。有或助者，纪曰："吾母也，非他之母。形骸之累，并吾身也，有身必苦，何得以苦劳人？所以身为苦先，幸勿相助！"因斯以励道俗，从者众矣。又复劝人奉持八戒，行法社斋，不许屠杀。所期既了，又转至前，还依上事，周历行化，数年之间绕郧林郊，奉其教者十室而九。有同侣者故往候曰："比行化俗，何如道耶？"纪曰："彼讲可追，今则无悔。既往不咎，知复何言。"后遭周氏吞并，玄教同废，呼嗟俗壤，每崇斯业，及开法始，更广其门。故彼论初云"邪见"者是也。所以世传何隐论师造金藏论，终惟纪也，故改名云。然其所出，抄略正文，深可依准。后不测其终。

隋京师定水寺释法称传三（智云）

释法称，江南人。通诸经声，清响动众，陈氏所化，举朝奉之。又善披导，即务标奇，虽无希世之明，而有随机之要。隋平南服，与白云经师同归秦壤，住兴善寺。每引内禁，叙论正义，开纳帝心，即敕正殿常置经座，日别差读经，声声不绝，听览微隙，即问经旨，遂终升遐。晚住定水，与云同卒，俱八十余，仁寿年也。时有智云，亦善经呗，对前"白"者，世号乌云。令望所高，声飞南北。每执经对御，向振如雷，时惨哀啭，停驻飞走。其德甚众，秘不泄之，故无事绪可列。又善席上，谈吐惊奇，子史丘索，都皆谙晓，对时引挽，如宿构焉。隋炀在蕃，弥崇敬爱，召入慧日，把臂朋从，欣其词令故也。年登五十，卒于京师。王悲惜焉，数日不出，广为追福，又教沙门法论为之墓志，见于别集。

隋杭州灵隐山天竺寺释真观传四

释真观，字圣达，吴郡钱唐人，俗姓范氏。祖延蒸，给事黄门侍郎。父兑，通直散骑常侍。母桓氏，温良有德，尝悱愤无胤，洁斋立誓，诵药师、观世音、金刚波若，愿求智子绍嗣名家。时献统所图迦毗罗王者，在上定林寺，巨有灵异；躬往祈祷，刻写容影，事像若真。依药师经七日行法，至于三夕，觉游光照身，自尔志性非恒，言辄诣达，岂非垂天托人，寄范弘释者也。及其诞育，奇相不伦，左掌仙文，右掌人字，口流津液，充闰荣府。从幼至终，未尝患渴，故体肤光伟，虽老不衰。舌文交加，状如罗绮，故得含章蕴辩，开神明晤。又声韵钟铃，捷均风雨，其见闻者莫不惊异。小有大概，五岁能蔬斋，或登衣篋，或执扇帚，戏为谈讲。八岁通诗、礼，和庾尚书“林檎”之作。十六儒道群经、柱下、河上，无所遗隐。时又流涉棋琴，畅怀文集，日新月异，师友惊忻。尝共友人逍遥津渚，有善相者迎而拜曰：“年少当为大法师。”后即专诵净名、般若，志存入道。伺机承色，二亲弗许；乃曰：“迦毗降梦，子欲开笼，拘令在网，此非黠慧。”父母咸开心随喜，启敕降言，并赐衣钵。义兴生法师行洁小震，躬为剪落。大功德贞律师道蔼云阳，请任和上。研思十诵，一遍能述。又从华林园法师受成实论，十遍十覆，超振前标，自谓解成，可填以行也。始诵法华，日限一卷，因斯通梦：“汝有大根，忽守小道，深可惜也。”遂往兴皇听摩诃衍，质疑明难，唐突玄门。朗公精通绰然，复加脂粉：“吾出讲八年，无一问至此。能使妙义开神，真吾师矣。”仍从北面，数载研寻。开善大忍法师匿影钟山，游心方等。将欲试瞻先达，问津高士，因操桴扣寂，用程玄妙。乃叹曰：“龙树之道，方兴东矣。”辩、勇二师，当涂上将，频事开折，亟经重席。时人语曰：“钱唐有真观，当天下一半。”沙门洪偃才迈儒英，钩深释杰，面相谓曰：“权高多智，耳目有名。我有四绝，尔具八能。”谓义、导、书、诗、辩、貌、声、棋是也。由此王公贵游多所知识。始兴王东临禹井，请以同行。于时兴皇讲筵，选能义集，观临途既促，咸推前次。既登高座，开二谛宗，百并纵横，一言冰泮。学士傅縡在席，嗟曰：“三千称首，七十当初，是上人者，当为酬对。”金陵道俗见知若此。既达东夏，住香严寺，讲大涅槃，四方义集，复增荣观。兴皇又三追曰：“吾大乘经论，略已弘通，而燕、赵、齐、秦，引领翘足，专学虽多，兼该者寡。宜速反东蕃，法门相寄。”于斯时也，征周失律，朝议括僧，无名者休道。观乃伤迷，叹曰：“夫刹利居士，皆植福富强，黎庶厮小，造罪贫弱。欲茂枝叶，反克根本，斯甚惑矣。人皆惜命偷生，我则亡身在法。”乃致书仆射徐陵，文见别集。陵封书合奏，帝懔然动容，括僧由寝。据斯以言，非但梁柱佛法，亦乃明略佐时矣。江夏王出镇于越，复请同行。朗师吞咽良久，言曰：“能住三年，讲堂相委。”复属英王尚法利益，深不可留也，仍于禹穴屡动法轮。特进杜棱请归光显，传教学徒。及永阳、鄱阳二王、司空司马消难并相次海运，延仰浙东，故得涂香慧炬，以业以焕，顶敬倾心，尽诚尽节。天台智者名行绝伦，先世因缘，敦猷莫逆，年腊既齐，为法兄弟，共游秦岭凌云旧房，朝阳澄景则高谈慧照，夕阴匿采则深安禅寂。及智者征上阙庭，观便孤园敷说，大流法味，载广俗心。永阳还京，仰奏清德，举朝僧正同请丝纶，遂逢祚终，斯事便寝。隋祖尚法惟深，三敕劳问，秦王莅蕃，二延总府，皆辞以疾，确乎不就。齐王晚迎江浦，躬申顶礼，传以香火，送还旧邑之众善寺。开皇十四年，时极亢旱，刺史刘景安请讲海龙王经，序王既讫，骤雨滂霔。自斯厥后，有请便降，吴越宗仰其若神焉。县西有灵隐山者，旧曰仙居，峰吐莲华，洞藏龙穴，信江东之秀岳也。观既仁智内冥，山水外狎，共道安禅师头陀石室。檀越陈仲宝率诸同侣开藏拓基，构立精舍，号南天竺，遂即去邑还谷，栖止终焉。众善讲堂付门人玄镜，镜承瓶泻，相从不绝。及文皇造塔，形胜所归，不谋同集，取决于观。乃指崔嵬高石，可安塔基，虽发诚言，孰为可信？俯仰穿凿，洞穴自然，状似方函，宛如奁底，天工神匠，冥期若符。自尔在山，常讲法华，用为心要，受持读诵，躬自书弘，五种法师，于斯乎在。又特于经旨，明练深趣，谈吐新奇，非寻纸墨，智思击扬，迥飞文外。又感盥洗遗滞，地不为濡，事理异人，经之力也。罣亭神姓陈名重，降祝请讲法华一遍，遗以钱物；又降祝舍其庙堂五间为众善佛殿。据斯以言，感灵通供，诚希有也。大业七年四月八日，司马李子深更延出邑讲大涅槃。初出天竺，自标葬地，至现病品，梦见三人容服甚盛，把幡俱礼云："净居遣仰。"至六月六日以疾而卧，又梦与智者同舆夹侍尊像，翼佛还山。觉已叹曰："昔六十二应终，讲法华力更延一纪。今七十四复致斯应，生期毕矣。"即集内众，训将来事，曰："欲生善道，欲备神力，欲出生死，欲具佛法，宜须持戒、修定、学慧，弘通正法，勿令空过无所得也。"尔日天台送书，并致香苏、石蜜。观览书曰："宿世因缘，最后信矣。"命两如意，一东向天台，一留西法志；诸杂服式，吾眼自分，一还僧羯磨，二成第五僧施。尝有人梦飞殿来迎，沙门宝慧又闻空中鼓乐至七月一日中夜跏坐，盥嗽整服，曰："有人请讲菩萨戒也。"端坐怡然，不觉已灭，逝于众善之旧寺。从子至午，心顶俱暖，身体柔软，颜色不变。右手内掘三指，信宿流汗遍身。至四日移入禅龛，时属流火，焰气尚严，而俨若生存，实资神力。从此至二十五日，四方辐凑，六县同集，道俗公私，一期咸萃，皆就尸手传香表别，叙德号慕，悲起缠云，追惟戒德，泣垂零雨。至香花供献，日有千群。随次大斋，开龛瞻奉，而色相光洁，眉毫更长，倍异生前，咸加奇叹。至二十六日，乃永窆于灵隐山，真容掩方坟，写状留天竺。是日四部亘一由旬，香盖成荫，幢幡蔽野，存亡荣庆，非可胜言。初，观声辩之雄，最称宏富，江表大国，莫敢争先。自正法东流，谈导之功，卫安为其称首，自尔词人莫不宗猷于观。是知五百一贤，代兴有日，佛法荣显，实赖斯乎！开皇十一年，江南叛反，王师临吊，乃拒官军，羽檄竞驰，兵声逾盛。时元帅杨素整阵南驱，寻便瓦散，俘虏诛剪三十余万。以观名声昌盛，光扬江表，谓其造檄，不问将诛，既被严系，无由申雪。金陵才士鲍亨、谢瑀之徒，并被拥略。将欲斩决，来过素前，责曰："道人当坐禅读经，何因妄忤军甲，乃作檄书。罪当死不？"观曰："道人所学，诚如公言。然观不作檄书，无辜受死。"素大怒，将檄以示："是尔作不？"观读曰："斯文浅陋，未能动人。观实不作，若作过此。"乃指擿五三处曰："如此语言，何得上纸！"素既解文，信其言也。观曰："吴越草窃，出在庸人，士学儒流，多被拥逼。"即数鲍、谢之徒三十余人，"并是处国宾王，当世英彦。愿公再虑，不有怨辜"。素曰："道人不愁自死，乃更愁他！"观曰："生死常也，既死，不可不知人，以为深虑耳。"素曰："多时被絷，叵解愁不？"索纸与之，令作愁赋，观揽笔如流，须臾纸尽，命且将来，更与一纸。素随执读，惊异其文，口唱"师来"，不觉起接，即命对坐，乃尽其词。故赋略云："若夫愁名不一，愁理多方，难得䙰缕，试举宏纲。或称忧愦，或号酸凉，蓄之者能令改貌，怀之者必使回肠。尔其愁之为状也，言非物而是物，谓无象而有象，虽则小而为大，亦自狭而成广。譬山岳之穹隆，类沧溟之滉漾，或起或伏，时来时往，不种而生，无根而长。或比烟雾，乍同罗网，似玉叶之昼舒，类金波之夜上。尔乃过违道理，殊乖法度，不遣唤而辄来，未相留而忽住，虽割截而不断，乃驱逐而不去，讨之不见其踪，寻之靡知其处。而能夺人精爽，罢人欢趣，减人肌容，损人心虑。至如荆轲易水，苏武河梁，灵均去国，阮叔辞乡；且如马生未达，颜君不遇，夫子之咏山梁，仲文之抚庭树，并怅懑于胸府，俱赞扬于心路，是以虞卿愁而著书，束晰凭而作赋。又如荡子从戎，倡妇闺空，悠悠塞北，杳杳江东，山川既阻，梦想时通，高楼进月，倾帐来风，愁眉歇黛，泪脸销红，莫不咸悲枕席，结怨房栊。乃有行非典则，心怀疑惑，未识唐、虞之化，宁知禹、汤之德，雾结铜柱之南，云起燕山之北，箭既尽于晋阳，水复干于疏勒。文多不载。素大嗟赏，即坐释之，所达文士免死而为仆隶。观以才学之富，弘导不疲，讲释开悟，荣光俗尘，具于前叙。其所讲大乘四十二载，又造藏经三千余卷、金铜大像五躯，构塔五层，五僧德施，造寺二所，着诸导文二十余卷、诗赋碑集三十余卷。近世窃用其言众矣。

隋苏州栖霞寺释法韵传五

释法韵，姓陈氏，苏州人。追慕朋从，偏工席上，骚索远度，罕得其节。诵诸碑志及古导文百有余卷，并王僧孺等诸贤所撰，至于导达，善能引用。又通经声七百余契，每有宿斋，经导两务并委于韵。年至三十，弊于喧梗，邀延疏请，日别重迭，乃于正旦割绳永断，即听华严，不久便覆。恨恨弃功，妄销唇舌，承栖霞清众江表所推，寻声即造，从受禅道。又闻泰岳灵岩，因往追踪般舟苦行，特立志梗洁，不希名闻，担石破薪，供给为任。晚还故乡，有浮江石像者，如前传述，后被烧烬，而不委相量，无由可建。便于石像故基愿礼八万四千塔，树功既满，感遇野姥送一卷书，及披读之，乃是昔像之缘也。既有样度，依而造成，大有征应。海中有阳虎岛者，去岸三百，韵往安禅，惟服布艾，行慈故也。初达逢怪，大风鬼物，既见如常，心毛不动，九十日后帖然大安。自知终事，还返栖霞，不久便卒，春秋三十五，即仁寿四年矣。

隋东都慧日道场释立身传六（慧宁　广寿）

释立身，江表金陵人。志节雄果，不缘浮绮，威容肃然，见者惮慑。有文章，工辩对。时江左文士多兴法会，每集名僧连霄法集，导达之务，偏所牵心。及身之登座也，创发謦咳，砰磕如雷，通俗敛襟，毛竖自整。至于谈述业缘，布列当果，冷然若面，人怀厌勇。晚入慧日，优赠日隆。大业初年，声唱尤重，帝以声辩之功动哀情抱，赐帛四百段、毡四十领。性本清俭，无兼储畜，率命门学通共均分。从驾东都，遂终于彼，时年八十余矣。时西京兴善，官供寻常，唱导之士，人分羽翼。其中高者，则慧宁、旷寿、法达、宝岩，哮吼之势有余，机变之能未显。人世可觌，故不广也。

隋西京日严道场释善权传七（法纲）

释善权，杨都人，住宝田寺。听采成论，深有义能。欻尔回思，乐体人物，随言联贯，若珠璧也。众以学工将立，不愿弘之，而权发悟时机，为功不少，适诣为得，遂从其务。然海内包括，言辩之最，无出江南，至于铨品时事，机断不思，莫有高者。晚以才术之举，炀帝所知，召入京师，住日严寺。献后既崩，下令行道，英声大德五十许人，皆号智囊，同集宫内，六时树业，令必亲临。权与立身，分番礼导，既绝文墨，惟存心计。四十九夜，总委二僧，将三百度，言无再述。身则声调陵人，权则机神骇众，或三言为句，便尽一时，七五为章，其例亦尔。炀帝与学士柳顾言、诸葛颍等语曰："法师谈写，乍可相从，导达鼓言，奇能切对，甚可讶也！"颍曰："天授英辩，世罕高者。"时有窃诵其言写为卷轴以问于权，权曰："唱导之设，务在知机。诵言行事，自贻打棒。杂藏明诫，何能辄传？宜速焚之，勿漏人口。"故权之导文不存纸墨。每读碑志，多疏丽词，傍有观者，若梦游海。及登席列用，牵引啭之，人谓拔情，实惟巧附也。大业初年终日严寺，时年五十三矣。门人法纲，传师导法，汪汪任放，谲诡多奇，言虽不繁，写情都尽。萧仆射昆李时号学宗，常营福祀，登临莫逮，每有檀会，必遣邀迎。然其令响始飞，飒焉早逝，释门掩扇，道俗咸惋。

隋东都慧日道场释智果传八（玄应　智骞）

释智果，会稽剡人。率素轻清，慈物在性，常诵法华，颇爱文笔，经史固其本图，摘目得其清致。时弘唱读，文学所欣。俗以其书势逼右军，用呈蕃晋，王乃召令写书。果曰："吾出家人也，复为他役，都不可矣，一负声教之寄，二违发足之诫。王逼吾身，心不可逼。"乃云："眼暗不能运笔。”王大怒，长囚江都，令守宝台经藏。及入京储贰，出巡杨越，乃上太子东巡颂，其序略云：“智果振衣出俗，慕义游梁，感昔日之提奖，喜今辰之嘉庆。”遂下令释之，赐钱一万、金钟二枚，召入慧日，终于东都，六十余矣。时慧日沙门智骞者，江表人也。偏洞字源，精闲通俗。晚以所学追入道场，自秘书正字雠校著作，言义不通，皆咨骞决，即为定其今古，出其人世，变体诂训，明若面焉。每曰：“余字学颇周，而不识字者多矣，无人通决，以为恨耳。”造众经音及苍雅字苑，宏叙周赡，达者高之，家藏一本，以为珍璧。晚事导述，变革前纲，既绝文褥，颇程深器。缀本两卷，陈叙谋猷，学者秘之，故斯文殆绝。京师沙门玄应者，亦以字学之富，皂素所推。通造经音，甚有科据矣。

唐京师玄法寺释法琰传九

释法琰，俗姓严，江表金陵人，本名法藏，住愿力寺。听庄严寺嚼公成实，入义知归，时共赞赏。每闻经声呗赞，如旧所经，充满胸臆，试密寻拟，意言通诣。即以所解用咨先达，咸曰：“卿曾昔习，故有今缘，不可怪也。”遂取瑞应，依声尽卷，举掷旁进，啭态惊驰，无不讶之，皆来返启，乃于讲隙一时为叙。陈国斋会，有执卷者，若不陈声，斋福不济。故使人各所怀，相从毕听，清音盈耳，颂声洋溢，广流世路。晚被晋府召入日严，终于武德，复居玄法。虽年迫期颐，而声喉不败。京室虽富，声业甚贫，诸有寻味，莫有高于琰者。然而性在知足，不畜赀财，福利所归，随皆散尽。以贞观十年卒于此寺，九十余矣。

隋京师日严道场释慧常传十（道英　神爽）

释慧常，京兆人，以梵呗之工住日严寺，尤能却啭咔响，飞扬长引，滔滔清流不竭。然其声发喉中，唇口不动，与人并立，推检莫知，自非素识，方明其作。时隋文兴法，炀帝倍隆，四海辐凑，同归帝室。至于梵导赞叙，各重家，风闻常一梵，飒然倾耳，皆推心丧胆，如饥渴焉，佥曰：“若此声梵，有心闻之，何得不善也。”众虽效学，风骨时参，至于用与牵挽，皆不及矣。晚入东都，枭感作乱，斋梵总任，咸共委常。及平殄后，复还关壤。时有偕帝曰："逆贼建福，言涉国家，并可收之。"因即募觅。常被固送，行次莎栅，逃贼留曰："往必被戮，可于此止。"常曰："债负久作，终须偿了。"遂至东都，果如言焉，年四十余矣。时京师兴善有道英、神爽者，亦以声梵驰名。道英喉颡伟壮，词气雄远，大众一聚，其数万余，声调棱棱，高超众外。兴善大殿，铺基十亩，棂扇高大，非卒摇鼓。及英引众绕旋，行次窗门，声聒冲击，皆为动振。神爽唱梵，弥工长引，游啭联绵，周流内外，临机赊捉，惬洽众心。贞观年中，豫州治下照机寺昙宝禅师者，断谷练形，戒行无点，年六十许。常讲观音，导引士俗，而声调超挺，特异人伦。寺有塔基，至于静夜于上赞礼，声响飞冲周三十里。四远所闻，无不惊仰。

唐京师定水寺释智凯传十一

释智凯，姓安，江表杨都人。家世大富，奴仆甚多。年在童丱，雅重謿谑，引诸群小乃百数人同戏街衢，以为自得。陈氏台省，门无卫禁，凯乃率其戏侣在太极殿前号令而过。朝宰江总等顾其约束铨叙，驻步讶之，相视笑曰："此小儿王也。"及至学年，总掷前绪。承沙门吉藏振宗禹穴，往者谈之，光闻远迩，便辞亲诣焉。从受三论，偏工领送，所以初章中、假，复词遣滞，学人苦其烦拿，而凯统之，冷然释顿，各有投诣。及藏入京，因倍同住，义业通废，专习子史、今古集传，有关意抱，辄条疏之。随有福会，因而标拟，至于唱导将半，更有缘来，即为叙引，冥符众望。隋末唐初，嘉猷渐着，每有殿会，无不仰推，广诵多能，罕有其类。尝于内殿佛道双严，两门导师同时各唱。道士张鼎雄辩难加，自恨声小，为凯陵架，欲待言了方肆其术。语次帝德，鼎延其语，凯斜目之，知其度也，乃含笑广引古今皇王治乱济溺得丧铨序，言无浮重，文极铺要。鼎构既穷，凯还收绪，一代宰伯，同赏标奇。临机之妙，铦锋若此。而情均贫富，赴供不差，存念寒微，多行针疗。后以蝇点所拘，申雪无路，徙于原部，乃冠服古贤，讲开庄老。时江夏王道宗，昔在京辇，第多福会，至于唱叙，无非凯通。后督灵州，携随任所，留连岁稔，欣慕朋从。及巡抚燕山，问罪泥海，皆与连骑，情同比影。在蕃斋祀，须有导达，乃隔幔令凯作之，至于终词，无不泣泪，王亦改容。遂卒于彼。

唐京师法海寺释宝岩传十二

释宝岩，住京室法海寺。气调闲放，言笑聚人，情存道俗，时共目之"说法师"也。与讲经论，名同事异。论师所设，务存章句，消判生起，结词义。岩之制用，随状立仪，所有控引，多取杂藏百譬，异相，联璧，观公导文，王孺忏法，梁高、沈约、徐、庾，晋宋等数十家，包纳喉衿，触兴抽拔。每使京邑诸集，塔寺肇兴，费用所资，莫匪泉贝，虽玉石通集，藏府难开。及岩之登座也，案几顾望，未及吐言，掷物云崩，须臾坐没，方乃命人徙物，谈叙福门，先张善道可欣，中述幽途可厌，后以无常逼夺，终归长逝。提耳抵掌，速悟时心，莫不解发撤衣，书名记数，克济成造，咸其功焉。时有人云："夫说法者当如法说，不闻阴、界之空，但言本生本事。"岩曰："生事所明为存，阴、入无主。但浊世情钝，说阴界者皆昏睡也。故随物附相，用开神府，可不佳乎！"以贞观初年卒于住寺，春秋七十余矣。

论曰：自古诸传，多略后科，晋氏南迁，方关名实。然则利物之广，在务为高，忍界所尊，惟声通解。且自声之为传，其流杂焉，即世常行，罕归探索。今为未悟，试扬擢而论之。爰始经师，为德本实，以声糅文，将使听者神开，因声以从回向。顷世皆捐其旨，郑、卫弥流，以哀婉为入神，用腾掷为清举，致使淫音婉娈，娇咔频繁，世重同迷，鲜宗为得。故声呗相涉，雅正全乖，纵有删治，而为时废。物希贪附，利涉便行，未晓闻者，悟迷且贵，一时倾耳。斯并归宗女众，僧颇兼之。而越坠坚贞，殊亏雅素，得惟随俗，失在戏论。且复雕讹将绝，宗匠者希，昔演三千，今无一契，将非沿世迁贸，固得行藏有仪乎！道达之任，当今务先，意在写情，疏通玄理，本实开物，事属知机，不必诵传，由乖筌悟。故佛世高例，则身子为其言初，审非斯人，则杂藏陈其殃咎。统其朗拔，终归慧门。法师说法之功，律师知律之用，今且随相分位，约务终篇。俗有无施不可，又陈无备一人，道则不轻未学，亦开降外须博。是以前传所叙，殷勤四能，即用以观，诚如弘例。何以明耶？若夫声学既丰，则温词雅赡；才辩横逸，则慧发邻几。必履此踪，则轨躅成于明道；如乖此位，则滥罔翳于玄津。但为世接五昏，人缠九恼，俗利日隆，而道弘颇踬。所以坐列朝宰，或面对文人，学构疏芜，时陈鄙俚。褒奖帝德，乃类阿衡；赞美寒微，翻同旒冕。如陈满月则曰圣子归门，悉略璋弧，岂闻床几。若叙闺室则诵窈窕从容，能令子女奔逃，尊卑动色。僧伦为其掩耳，士俗莫不寒心，非惟谓福徒施，亦使信情萎萃。又有逞衒唇吻，摇鼓无惭，艳饰园庭，闰光犬马。斯并学非师授，词假他传，勇果前闻，无思箴艾。遂即重轻同迹，真误混流，颜厚既增，弥深痴滞，宁谓道达，岂并然耶？至如善权之对晤储两，千纸不弊其繁华；真观之拔难程神，百句弥开其邪信。故得存亡定其尊考，佳严审其郊邑，词调流便，奕奕难穷，引挽伦综，惬当情事。能令倨傲折体，儒素解颐，便识信牢强，颂声载路。今且略明机举，则得人开悟如此，有背斯言，则来诮掩化如彼。辄试论矣，临机难哉！呗匿之作，沿世相驱，转革旧章，多弘新势。讨核原始，共委渔山，或指东阿昔遗，乍陈竟陵冥授。未详古述，且叙由来，岂非声乖久布之象，唯信口传在人为高，毕固难准，大约其体，例其众焉。至如梵之为用，则集众行香，取其静摄专仰也。考其名实，梵者净也，实惟天音。色界诸天来觐佛者，皆陈赞颂，经有其事，祖而习之，故存本因，诏声为梵。然彼天音未必同此，故东川诸梵，声唱尤多，其中高者则新声助哀，般遮掘势之类也。地分郑、魏，声亦参差，然其大途不爽常习。江表、关中，巨细天隔。岂非吴越志扬，俗好浮绮，致使音颂所尚，惟以纤婉为工；秦壤雍梁，音词雄远，至于咏歌所被，皆用深高为胜。然则处事难常，未可相夺。若都集道俗，或倾郭大斋，行香长梵，则秦声为得；五众常礼，七贵恒兴，开发经讲，则吴音抑在其次。岂不以清夜良辰，昏漠相阻，故以清声雅调骇发沈情。京辅常传，则有大小两梵，金陵昔拼，亦传长短两引，事属当机，不无其美。剑南、陇右，其风体秦，虽或盈亏，不足论评。故知神州一境，声类既各不同，印度之与诸蕃，咏颂居然自别。义非以此唐梵，用拟天声，敢惟妄测，断可知矣。呗匿之作，颇涉前科，至于寄事，置布仍别：梵设发引为功，呗匿终于散席。寻呗匿也，亦本天音，唐翻为静，深得其理，谓众将散，恐涉乱缘，故以呗约，令无逸也。然静呗为义，岂局送终？善始者多，慎终诚寡，故随因起诫，而不无通议。颂赞之设，其流实繁。江淮之境，偏饶此玩，雕饰文绮，糅以声华，随卷称扬，任契便构。然其声多艳逸，翳覆文词，听者但闻飞咔，竟迷是何筌目。关、河、晋、魏，兼而重之，但以言出非文，雅称呈拙，且其声约词丰，易听而开深信。惟彼南服，文声若林，向若节之中和，理必谐诸幽远，随堕难溯，返亦希焉。至如生严之咏佛缘，五言结韵，则百藏宗为师辖；远运之赞净土，四字成章，则七部钦为风素。斯并无声以厕其本，故得列代传之。或者问曰："向叙诸赞，呗绩由声。余闻非声无以达心，非声不扬玄理，故歌咏颂法以为音乐，斯言何哉？"必有此陈，未闻前喻，义须镕裁节约，得使文质相胜，词过其实，世该所非，声覆法本，佛有弘约。何得掩清音而希激楚，忽雅众而冒昏夫，斯诚耻也。京辇会坐，有声闻法事者多以俗人为之，通问所从，无由委者，昌然行事，谓有常宗，并盛德之昔流，未可排斥。至于圣哲彝训，通别两序，以命章述经，叙圣人法，诸颂以标首，虽复序颂文别，而开发义同。古圣垂范于教端，今贤祖承于事表，世远莫测其面，斯推想得其踪，信有依焉，固非诞妄。且大集丛闹，昏杂波腾，卒欲正理，何由可静？未若高扬洪音，归依三宝，忽闻骇耳，莫不倾心。斯亦发萌草创开信之奇略也。世有法事，号曰"落花"，通引皂素，开大施门，打刹唱举，抽撤泉贝，别请设坐，广说施缘，或建立塔寺，或缮造僧务，随物赞祝，其纷若花，士女观听，掷钱如雨。至如解发百数，数别异词，陈愿若星罗，结句皆合韵，声无暂停，语无重述，斯实利口之铦奇，一期之走捷也。余则界得僧得，其徒复弘，寻常达倈，科要易悉，故不广也。若夫适化无方，陶甄不一，知微讵几，达信谁焉？然则坚信终乎我亡，知微极乎想灭，自斯阶降，惭次不伦。达化以识变为明，通法以滥委为暗，故身子谬说，无升悟入众首，妄悔毕为讥诃，自余下凡，谅难图矣。且道开物悟，信乎说道之功，既非会正，何能审观？止可登机之务，以意商量，接俗之能，存乎此举。犹应执文信度，惩革者希，拟人以伦，固当非咎。悠哉遐想，通斯意焉。终南大一山沙门京兆释道宣敢告法属曰：窃以法流所被，非人不弘。顷世浇离，多乖名实，后学奔竞，未志寻筹，致混篇章，雕残者众。自梁已后，僧史荒芜，追讨英猷，罕有徽绪。岂非缀缉寡鲜，闻见遂沈，高行明德，湮埋难纪？辄不涯揆，且掇在言，至于传述，固亏嘉绩，犹贤绝坠，无闻于世。所以江表陈统琼、晃、琰、皭之畴，河北高都融、琛、散魏之侣，英声冒于天汉，盛行动于人心，并可楷模，俱从物故。尝以暇日遍访京贤，名尚不闻，何论景行！抚心之痛，自积由来，相成之规，意言道合。仰托周访，务尽搜扬，勿谓繁多，致乖弘略。世之三史，卷余四百，尚有师寻，岂喻释门三五帙也！故当微有操行，可用师模，即须缀笔，更广其类。岂不光闻僧海，舟径圣踪，则释门道胜，顾思齐之有日，俗流上达，增景仰于生常邪！辄舒传末，冀期神之有据耳。

续高僧传卷第三十

四朝高僧传

第四册

宋高僧传

上

〔宋〕赞宁 撰

中国书店

图书在版编目（CIP）数据

宋高僧传．上 /（宋）赞宁撰．— 北京：中国书店，2018.5（2022.4重印）

（四朝高僧传）

ISBN 978-7-5149-1776-5

Ⅰ．①宋… Ⅱ．①赞… Ⅲ．①僧侣－列传－中国－宋代 Ⅳ．①B949.92

中国版本图书馆CIP数据核字（2017）第112985号

责任编辑　孔　玉

策　　划　万文社

四朝高僧传　宋高僧传　上〔宋〕赞　宁　撰

出　　版　中国书店

地　　址　北京市西城区琉璃厂东街115号

邮　　编　100050

发　　行　全国新华书店经销

印　　刷　北京飞帆印刷有限公司

开　　本　680毫米×980毫米　1/16

印　　张　16.25

字　　数　238千字

版　　次　2018年5月第1版

印　　次　2022年4月第3次印刷

书　　号　ISBN 978-7-5149-1776-5

定　　价　368.00元（全5册）

进高僧传表

端拱元年十月日左街天寿寺通慧大师赐紫臣僧赞宁上表

臣僧赞宁等言，自太平兴国七年伏奉敕旨，俾修高僧传与新译经同入藏者。臣等遐求事迹，博采碑文，今已撰集成三十卷，谨诣阙庭进上。益琅函而更广，延玉历以弥长。臣等诚忧诚恐，兢惕之至。臣等闻浑仪之外，别有释天；法海之中，多生僧宝。释天可则，阿难记事而载言；僧宝堪称，慧皎为篇而作传。猗欤我佛，号大遍知，知教法之无依，委帝王之有力。当二千载之后，属一万年之初，伏惟应运统天睿文英武大圣至明广孝皇帝陛下，神龙在天，爰日升上，土疆开辟，四夷请吏而贡琛，时律均和，百谷登敖而栖亩，耕籍田而又劝，赐酺饮以咸欢，儒术特兴，玄风爰振。是以麒麟非中国之物，白雉非草莽之禽，今游苑囿之间，且类牢笼之畜。近以从澶至濮，黄河牵一带之清；自古及今，青史载千年之应。斯盖陛下来从不动之地，示为长寿之王。翻译成经，制甚深之御序；回文作颂，演无尽之法音。仍降凤书，令编僧史。属此雍熙之运，伸其贞观之风，合选兼才，岂当末学？得不擒犀截角，搴翠删毛，精求出类之人，取法表年之史。所恨空门寡学，释胄何知！或有可观，实录聊摹于陈寿；如苞深失，戾经宜罪于马迁。副陛下遗贤必取之心，助陛下坠典咸修之美。今遇乾明圣节，谨令弟子赐紫显忠、同元受敕相国寺赐紫智轮进纳，伏乞睿慈，略赐御览。恭惟圣主是文章之主，微臣非惇史之臣。傥示天机，令知凡例。如得操北斗而斟酌，或示刀圭；执南箕而簸扬，方除糠籺。臣等冒黩天颜，无任惶惧激切屏营之至，谨言。

批答

敕通慧大师赞宁，省所令左街天寿寺赐紫僧显忠进编修有宋高僧传三十卷事，具悉。一乘妙道，六度玄门，代有奇人，迭恢圣教。若无纂述，何以显扬？繄尔真流，栖心法苑，成兹编集，颇效辛勤，备观该总之能，深切叹嘉之意。其所进高僧传，已令僧录司编入大藏。今赐绢三千匹，至可领也。故兹奖谕，想宜知悉。冬寒，想比清休否？遣书指不多及。十八日敕。

宋高僧传序

臣闻贤劫绵长，世间宏廓，天与时而不尽，地受富以无疆，最灵之气牣于中，大圣之师居于上。伟哉！释迦方隐，弥勒未来，其间出命世之人，此际多分身之圣，肆为僧相，喜示沙门。言与行而可观，椠兼觚而争录。是以王巾僧史，孙绰道贤，摹列传以周流，象世家而布濩，盖欲希颜之者，慕蔺之俦，成飞锡之应真，作曳山之上士。时则裴子野著众僧传，释法济撰高逸沙门传，陆杲述沙门传，释宝唱立名僧传，斯皆河图作洪范之椎轮，土鼓为咸池之坏器。焉知来者，靡旷其人。慧皎刊修，用实行潜光之目；道宣缉缀，续高而不名之风，令六百载行道之人弗坠于地者矣。爰自贞观命章之后，西明绝笔已还，此作蔑闻，斯文将缺。时有再至，肃杀过而繁华来；世无久虚，地天奏而圣明出。我应运统天睿文英武大圣至明广孝皇帝陛下，阳龙挺德，斗电均威。践大道也，牺黄输执御之劳；多天才也，周孔行弟子之职。讲信修睦，崇德报功，一统无遗，百王有愧，四海若窥于掌内，万机皆发于宸衷。然而玄牝留神，释天淡虑。长生授术，时开太一之坛；续法延期，僧度倍千之戒。浮图揭汉，梵夹翻华，将佛国之同风，与玉京而合制。慨兹释侣，代有其人，思景行之莫闻，实纪录之弥旷。

臣等谬膺良选，俱乏史才，空门不出于董狐，弱手难探于禹穴。而乃循十科之旧例，辑万行之新名。或案诔铭，或征志记，或问輶轩之使者，或询耆旧之先民，研磨将经论略同，雠校与史书悬合。勒成三帙，上副九重，列僧宝之瑰奇，知佛家之富贵。昔者嘉祥笔削，尽美善于东南；澄照纂修，足英髦于关辅。盖是拘于墟也，传不习乎？岂若皇朝也，八极张罗，举之则无物不至；四夷弭伏，求之则何事不供。臣等分面征搜，各涂构集，如见一家之好，且无诸国之殊，所以成十科者，易同拾取。其正传五百三十三人，附见一百三十人。矧复逐科尽处，象史论以摅辞；因事言时，为传家之系断。厥号有宋高僧传焉，庶几乎铜马为式，选千里之骏驹；竹编见书，实六和之年表。观之者务进，悟之者思齐，皆登三藐之山，悉入萨云之海，永资圣历，俱助皇明，齐爱日之炳光，应嵩山之呼寿云尔。时端拱元年乾明节臣僧赞宁等谨上。

译经篇第一（变梵成华，通凡入圣，法轮斯转，诸佛所师）

义解篇第二（寻文见义，得意忘言，三慧克全，二依当转）

习禅篇第三（修至无念，善恶都亡，亡其所亡，常住安乐）

明律篇第四（严而少恩，正而急护，婴守三业，同彼金汤）

护法篇第五（家有良吏，守藏何虞，法有名师，外御其侮）

感通篇第六（逆于常理，感而遂通，化于世间，观之难测）

遗身篇第七（难舍易捐，施中第一，以秽漏体，回金刚身）

读诵篇第八（十种法师，此为高大，染枸橼花，果时瓤赤）

兴福篇第九（为己为他，福生罪灭，有为之善，其利博哉）

杂科声德十（统摄诸科，同归高尚，唱导之匠，光显佛乘）

目录

宋高僧传上

（卷第十九至卷第三十的目录，见全书第五册《宋高僧传下·大明高僧传》。）

宋高僧传上

宋高僧传卷第一

宋左街天寿寺通慧大师赐紫沙门赞宁等奉 敕撰

译经篇第一之一（正传三人附见一人）

唐京兆大荐福寺义净传

释义净字文明，姓张氏，范阳人也。髫齓之时，辞亲落发，遍询名匠，广探群籍，内外闲习，今古博通。年十有五，便萌其志，欲游西域，仰法显之雅操，慕玄奘之高风。加以勤无弃时，手不释卷，弱冠登具，愈坚贞志。咸亨二年，年三十有七，方遂发足。初至番禺，得同志数十人，及将登舶，余皆退罢。净奋励孤行，备历艰险。所至之境，皆洞言音。凡遇酋长，俱加礼重。鹫峰、鸡足，咸遂周游；鹿苑、只林，并皆瞻瞩。诸有圣迹，毕得追寻。经二十五年，历三十余国，以天后证圣元年乙未仲夏，还至河洛，得梵本经律论近四百部，合五十万颂，金刚座真容一铺、舍利三百粒。天后亲迎于上东门外，诸寺缁伍具幡盖歌乐前导，敕于佛授记寺安置焉。

初与于阗三藏实叉难陀翻华严经。久视之后，乃自专译。起庚子岁至长安癸卯，于福先寺及雍京西明寺译金光明最胜王、能断金刚般若、弥勒成佛、一字咒王、庄严王陀罗尼、长爪梵志等经，根本一切有部毗柰耶、尼陀那目得迦、百一羯磨摄等，掌中、取因假设、六门教授等论，及龙树劝诫颂，凡二十部。北印度沙门阿儞真那证梵文义，沙门波仑、复礼、慧表、智积等笔受证文，沙门法宝、法藏、德感、胜庄、神英、仁亮、大仪、慈训等证义，成均太学助教许观监护，缮写进呈。天后制圣教序，令标经首。暨和帝神龙元年乙巳，于东洛内道场译孔雀王经，又于大福先寺出胜光天子、香王菩萨咒、一切庄严王经四部，沙门盘度读梵文，沙门玄伞笔受，沙门大仪证文，沙门胜庄、利贞证义，兵部侍郎崔湜、给事中庐粲润文正字，秘书监驸马都尉杨慎交监护。帝深崇释典，特抽睿思，制大唐龙兴三藏圣教序。又御洛阳西门，宣示群官新翻之经。二年，净随驾归雍京，置翻经院于大荐福寺，居之。三年，诏入内与同翻经沙门九旬坐夏。帝以昔居房部，幽厄无归，祈念药师，遂蒙降祉，荷兹往泽，重阐鸿猷。因命法徒更重传译于大佛光殿，二卷成文，曰药师琉璃光佛本愿功德经。帝御法筵，手自笔受。睿宗永隆元年庚戌，于大荐福寺出浴像功德经、毗柰耶杂事、二众戒经、唯识宝生、所缘释等二十部，吐火罗沙门达磨末磨、中印度沙门拔弩证梵义，罽宾沙门达磨难陀证梵文，居士东印度首领伊舍罗证梵本，沙门慧积、居士中印度李释迦度颇多语梵本，沙门文纲、慧沼、利贞、胜庄、爱同、思恒证义，玄伞、智积笔受，居士东印度瞿昙金刚、迦湿弥罗国王子阿顺证译，修文馆大学士李峤、兵部尚书韦嗣立、中书侍郎赵彦昭、吏部侍郎卢藏用、兵部侍郎张说、中书舍人李乂二十余人次文润色，左仆射韦巨源、右仆射苏瑰监护，秘书大监嗣虢王邕同监护。

景云二年辛亥，复于大荐福寺译称赞如来功德神咒等经，太常卿薛崇嗣监护。自天后久视迄睿宗景云，都翻出五十六部，二百三十卷。又别撰大唐西域求法高僧传、南海寄归内法传、别说罪要行法、受用三法水要法、护命放生轨仪，凡五部，九卷。又出说一切有部跋窣堵，即诸律中犍度跋渠之类，盖梵音有楚夏耳，约七十八卷。净虽遍翻三藏，而偏攻律部，译缀之暇，曲授学徒。凡所行事皆尚急护。漉囊涤秽，特异常伦。学侣传行，遍于京洛。美哉，亦遗法之盛事也。先天二年卒，春秋七十九，法腊五十九，葬事官供。所出跋窣堵唯存真本，未暇覆疏，而逼泥曰，然其传度经律，与奘师抗衡。比其著述，净多文。性传密咒，最尽其妙，二三合声，尔时方晓矣。今塔在洛京龙门北之高冈焉。

系曰：译之言易也，谓以所有易所无也。譬诸枳橘焉，由易土而殖，橘化为枳。枳橘之呼虽殊，而辛芳干叶无异。又如西域尼拘律陀树，即东夏之杨柳，名虽不同，树体是一。自汉至今皇宋，翻译之人多矣。晋魏之际，唯西竺人来，止称尼拘耳。此方参译之士，因西僧指杨柳，始体言意。其后东僧往彼，识尼拘是东夏之柳。两土方言，一时洞了焉。唯西唯东，二类之人未为尽善。东僧往西，学尽梵书，解尽佛意，始可称善传译者。宋齐已还，不无去彼回者，若入境观风必闻其政者，奘师、法师为得其实。此二师者两全通达，其犹见玺文知是天子之书，可信也。周礼象胥氏通夷狄之言，净之才智，可谓释门之象胥也欤！

唐洛阳广福寺金刚智传

释跋日罗菩提，华言金刚智。南印度摩赖耶国人也，华言光明，其国境近观音宫殿补陀落伽山。父婆罗门，善五明论，为建支王师。智生数岁，日诵万言，目览心传，终身无忘。年十六，开悟佛理，不乐习尼揵子诸论，乃削染出家，盖宿植之力也。后随师往中印度那烂陀寺，学修多罗、阿毗达磨等。洎登戒法，遍听十八部律。又诣西印度学小乘诸论及瑜伽三密陀罗尼门。十余年全通三藏。次复游师子国，登楞伽山，东行佛誓、裸人等二十余国。闻脂那佛法崇盛，泛舶而来，以多难故，累岁方至。

开元己未岁，达于广府，敕迎就慈恩寺，寻徙荐福寺。所住之刹，必建大曼拏罗灌顶道场，度于四众。大智、大慧二禅师，不空三藏皆行弟子之礼焉。后随驾洛阳，其年自正月不雨迨于五月，岳渎灵祠，祷之无应。乃诏智结坛祈请。于是用不空钩，依菩萨法，在所住处起坛，深四肘，躬绘七俱胝菩萨像，立期以开光，明日定随雨焉。帝使一行禅师谨密候之。至第七日，炎气爞爞，天无浮翳。午后，方开眉眼，即时西北风生，飞瓦拔树，崩云泄雨，远近惊骇。而结坛之地，穿穴其屋，洪注道场。质明，京城士庶皆云："智获一龙，穿屋飞去。"求观其处，日千万人，斯乃坛法之神验也。于时帝留心玄牝，未重空门，所司希旨，奏外国蕃僧遣令归国，行有日矣。侍者闻智，智曰："吾是梵僧，且非蕃胡，不干明敕，吾终不去。"数日，忽乘传将之雁门，奉辞，帝大惊，下手诏留住。

初，帝之第二十五公主甚钟其爱，久疾不救，移卧于咸宜外馆，闭目不语，已经旬朔。有敕令智授之戒法，此乃料其必终，故有是命。智诣彼，择取宫中七岁二女子，以绯缯缠其面目，卧于地，使牛仙童写敕一纸，焚于他所，智以密语咒之。二女冥然诵得，不遗一字。智入三摩地，以不思议力令二女持敕诣琰摩王。食顷间，王令公主亡保母刘氏护送公主魂随二女至。于是公主起坐，开目言语如常。帝闻之，不俟仗卫，驰骑往于外馆。公主奏曰："冥数难移，今王遣回，略觐圣颜而已。"可半日间，然后长逝。自尔帝方加归仰焉。武贵妃宠异六宫，荐施宝玩，智劝贵妃急造金刚寿命菩萨像，又劝河东郡王于毗卢遮那塔中绘像；谓门人曰："此二人者寿非久矣。"经数月，皆如其言，凡先觉多此类也。智理无不通，事无不验，经论戒律秘咒余书，随问剖陈，如钟虡受。有登其门者，智一觌其面，永不忘焉。至于语默兴居，凝然不改，喜怒逆顺，无有异容，瞻礼者莫知津涯，自然率服矣。自开元七年，始届番禺，渐来神甸，广敷密藏，建曼拿罗，依法制成，皆感灵瑞。沙门一行钦尚斯教，数就咨询，智一一指授，曾无遗隐。一行自立坛灌顶，遵受斯法，既知利物，请译流通。十一年，奉敕于资圣寺翻出瑜伽念诵法二卷、七俱胝陀罗尼二卷，东印度婆罗门大首领直中书伊舍罗译语，嵩岳沙门温古笔受。十八年，于大荐福寺又出曼殊室利五字心陀罗尼、观自在瑜伽法要各一卷，沙门智藏译语，一行笔受，删缀成文。复观旧随求本中有阙章句，加之满足。智所译总持印契，凡至皆验，秘密流行，为其最也。两京禀学，济度殊多，在家出家，传之相继。二十年壬申八月既望，于洛阳广福寺命门人曰："白月圆时，吾当去矣。"遂礼毗卢遮那佛，旋绕七匝，退归本院，焚香发愿，顶戴梵夹并新译教法，付嘱讫，寂然而化。寿七十一，腊五十一。其年十一月七日葬于龙门南伊川之右，建塔旌表。传教弟子不空奏举，敕谥国师之号。灌顶弟子中书侍郎杜鸿渐，素所归奉，述碑纪德焉。

系曰：五部曼拿罗法，摄取鬼物，必附丽童男处女，去疾除祆也绝易。近世之人，用是图身口之利，乃寡征验，率为时所慢。吁，正法醨薄，一至于此！

唐京兆大兴善寺不空传（慧朗）

释不空，梵名阿目佉跋折罗，华言不空金刚，止行二字，略也。本北天竺婆罗门族，幼失所天，随叔父观光东国。年十五，师事金刚智三藏，初导以梵本悉昙章及声明论，浃旬已通彻矣。师大异之，与受菩萨戒，引入金刚界大曼荼罗，验以掷花，知后大兴教法。洎登具戒，善解一切有部，谙异国书语。师之翻经，常令共译。凡学声明论，一纪之功，六月而毕。诵文殊普贤行愿，一年之限，再夕而终。其敏利皆此类也。欲求学新瑜伽五部三密法，涉于三载，师未教诏。空拟回天竺，师梦京城诸寺佛菩萨像皆东行，寐寤乃知空是真法器，遂允所求。授与五部灌顶护摩阿阇梨法及毗卢遮那经、苏悉地轨则等，尽传付之。厥后师往洛阳，随侍之际，遇其示灭，即开元二十年矣。影堂既成，追谥已毕，曾奉遗旨，令往五天并师子国，遂议遐征。

初至南海郡，采访使刘巨邻恳请灌顶，乃于法性寺相次度人百千万众。空自对本尊祈请旬日，感文殊现身。及将登舟，采访使召诫番禺界蕃客大首领伊习宾等曰："今三藏往南天竺师子国，宜约束船主，好将三藏并弟子含光、慧辩等三七人、国信等达彼，无令疏失。"二十九年十二月，附昆仑舶，离南海至诃陵国界，遇大黑风。众商惶怖，各作本国法禳之，无验，皆膜拜求哀，乞加救护，慧辩等亦恸哭。空曰："吾今有法，汝等勿忧。"遂右手执五股菩提心杵，左手持般若佛母经夹，作法诵大随求一遍，即时风偃海澄。又遇大鲸出水，喷浪若山，甚于前患。众商甘心委命，空同前作法，令慧辩诵娑竭龙王经，逡巡，众难俱息。既达师子国，王遣使迎之。将入城，步骑羽卫，骈罗衢路。王见空，礼足请住宫中，七日供养。日以黄金斛满盛香水，王为空躬自洗浴；次太子、后妃、辅佐，如王之礼焉。空始见普贤阿阇梨，遂奉献金宝锦绣之属，请开十八会金刚顶瑜伽法门、毗卢遮那大悲胎藏建立坛法，并许含光、慧辩等同受五部灌顶。空自尔学无常师，广求密藏及诸经论五百余部，本三昧耶，诸尊密印、仪形色像、坛法幖帜、文义性相，无不尽源。一日，王作调象戏，人皆登高望之，无敢近者。空口诵手印，作于慈定，当衢而立，狂象数头顿皆踢跌，举国奇之。次游五印度境，屡彰瑞应。至天宝五载还京，进师子国王尸罗迷伽表及金宝瓔珞、般若梵夹、杂珠白氎等，奉敕权止鸿胪。续诏入内立坛，为帝灌顶。后移居净影寺。是岁终夏愆阳，诏令祈雨。制曰："时不得赊，雨不得暴。"空奏立孔雀王坛，未尽三日，雨已浃洽。帝大悦，自持宝箱赐紫袈裟一副，亲为披擐，仍赐绢二百匹。后因一日大风卒起，诏空禳止，请银瓶一枚作法加持，须臾戢静。忽因池鹅误触瓶倾，其风又作，急暴过前，敕令再止，随止随效。帝乃赐号曰"智藏"焉。天宝八载，许回本国，乘驿骑五匹，至南海郡，有敕再留。十二载，敕令赴河陇节度使哥舒翰所请。十三载，至武威，住开元寺，节度使洎宾从皆愿受灌顶，士庶数千人咸登道场，弟子含光等亦受五部法。别为功德使开府李元琮受法，并授金刚界大曼荼罗。是日道场地震，空曰："群心之至也。"十五载，诏还京，住大兴善寺。至德初，銮驾在灵武凤翔，空常密奉表起居，肃宗亦密遣使者求秘密法。洎收京反正之日，事如所料。乾元中，帝请入内，建道场护摩法，为帝受转轮王位七宝灌顶。上元末，帝不豫，空以大随求真言祓除，至七过，翼日乃瘳，帝愈加殊礼焉。空表请入山，李辅国宣敕令于终南山智炬寺修功德。念诵之夕，感大乐萨埵舒毫发光，以相证验，位邻悉地，空曰："众生未度，吾安自度耶？"肃宗厌代，代宗即位，恩渥弥厚。译密严、仁王二经毕，帝为序焉。颁行之日，庆云俄现，举朝表贺。永泰元年十一月一日，制授特进试鸿胪卿，加号大广智三藏。大历三年，于兴善寺立道场，敕赐锦绣褥十二领、绣罗幡三十二首，又赐道场僧二七日斋粮。敕近侍大臣诸禁军使并入灌顶。四年冬，空奏天下食堂中置文殊菩萨为上座，制许之，此盖慊憍陈如是小乘教中始度故也。五年夏，有诏请空往五台山修功德，于时彗星出焉。法事告终，星亦随没。秋，空至自五台，帝以师子骢并御鞍辔遣中使出城迎入，赐沿道供帐。六年十月二日，帝诞节，进所译之经表云："爰自幼年，承事先师三藏十有四载，禀受瑜伽法门。复游五印度求所未授者，并诸经论，计五百余部，天宝五载却至上都。上皇诏入内立灌顶道场，所赍梵经尽许翻度。肃宗于内立护摩及灌顶法。累奉二圣令鸠聚先代外国梵文，或绦索脱落者修，未译者译。陛下恭遵遗旨，再使翻传，利济群品。起于天宝迄今大历六年，凡一百二十余卷，七十七部，并目录及笔受等僧俗名字，兼略出念诵仪轨，写毕，遇诞节，谨具进上。"敕付中外，并编入一切经目录中。李宪诚宣敕赐空锦彩绢八百匹，同翻经十大德各赐三十匹。沙门潜真表谢。僧俗弟子赐物有差。又以京师春夏不雨，诏空祈请，如三日内雨，是和尚法力；三日已往而霈然者，非法力也。空受敕立坛，至第二日大雨云足。帝赐紫罗衣并杂彩百匹，弟子衣七副，设千僧斋，以报功也。空进表请造文殊阁，敕允奏。贵妃、韩王、华阳公主同成之，舍内库钱约三千万计。复翻孽路荼王经，宣赐相继，旁午道路。至九年，自春抵夏，宣扬妙法，诫勖门人。每语及普贤愿行、出生无边法门经，劝令诵持，再三叹息。其先受法者，偏令属意观菩提心本尊大印，直诠阿字，了法不生，证大觉身，若指诸掌，重重嘱累。一夜，命弟子赵迁："持笔砚来，吾略出涅槃荼毗仪轨以贻后代，使准此送终。"迁稽首三请："幸乞慈悲久住。不然，众生何所依乎？"空笑而已。俄而示疾，上表告辞。敕使劳问，赐医药，加开府仪同三司，封肃国公，食邑三千户，固让不俞。空甚不悦，且曰："圣众俨如舒手相慰，白月圆满，吾当逝矣。奈何临终更窃名位？"乃以五股金刚铃杵先师所传者，并银盘子、菩提子、水精数珠留别，附中使李宪诚进。六月十五日，香水澡沐，东首倚卧，北面瞻望阙庭，以大印身定中而寂，享年七十，僧腊五十。

弟子慧朗次绍灌顶之位。余知法者数人。帝闻，辍视朝三日，赐绢布杂物，钱四十万，造塔钱二百余万。敕功德使李元琮知护丧事。空未终前，诸僧梦千仞宝台摧，文殊新阁颓，金刚杵飞上天。又兴善寺后池无故而涸，林竹生实，庭花变萎。七月六日荼毗，帝诏高品刘仙鹤就寺置祭，赠司空，谥曰"大辩广正智三藏"。火灭，收舍利数百粒。八十粒进内。其顶骨不然，中有舍利一颗，半隐半现，敕于本院别起塔焉。

空之行化利物居多，于总持门最彰殊胜，测其忍位，莫定高卑。始者玄宗尤推重焉，尝因岁旱，敕空祈雨。空曰："过某日可祷之，或强得之，其暴可怪。"敕请本师金刚智设坛，果风雨不止，坊市有漂溺者，树木有拔仆者。遽诏空止之。空于寺庭中捏泥媪五六，溜水作梵言骂之，有顷开霁矣。玄宗召术士罗公远与空捔法，同在便殿。空时时反手搔背。罗曰："借尊师如意。"时殿上有华石，空挥如意击碎于其前，罗再三取如意不得，帝欲起取。空曰："三郎勿起，此影耳。"乃举手示罗，如意复完然在手。又北邙山有巨蛇，樵采者往往见之，矫首若丘陵，夜常承吸露气。见空，人语曰：“弟子恶报，和尚如何见度？每欲翻河水陷洛阳城以快所怀也。”空为其受归戒，说因果，且曰：“汝以瞋心故受，今那复恚恨乎？吾力何及？当思吾言，此身必舍矣。”后樵子见蛇死涧下，臭闻数里。空凡应诏祈雨，无他轨则，但设一绣座，手簸旋数寸木神子，念咒掷之。当其自立于座上已，伺其吻角牙出目瞬，则雨至矣。又天宝中，西蕃、大石、康三国帅兵围西凉府，诏空入，帝御于道场。空秉香垆，诵仁王密语二七遍，帝见神兵可五百员在于殿庭，惊问空。空曰：“毗沙门天王子领兵救安西，请急设食发遣。”四月二十日果奏云：“二月十一日城东北三十许里，云雾间见神兵长伟，鼓角喧鸣，山地崩震，蕃部惊溃。彼营垒中有鼠金色，咋弓弩弦皆绝。城北门楼有光明天王怒视，蕃帅大奔。”帝览奏谢空，因敕诸道城楼置天王像，此其始也。空既终，三朝所赐墨制一皆进纳。生荣死哀，西域传法僧至此，今古少类矣。嗣其法位，慧朗师也。御史大夫严郢为碑，徐浩书之，树于本院焉。

系曰：传教令轮者，东夏以金刚智为始祖，不空为二祖，慧朗为三祖，已下宗承所损益可知也。自后岐分派别。咸曰：“传瑜伽大教，多则多矣，而少验者何？”亦犹羽嘉生应龙，应龙生凤皇，凰皇已降，生庶鸟矣。欲无变革，其可得乎！

宋高僧传卷第一

宋高僧传卷第二

宋左街天寿寺通慧大师赐紫沙门赞宁等奉　敕撰

译经篇第一之二（正传十五人附见八人）

唐洛京圣善寺善无畏传（达摩掬多）

释善无畏，本中印度人也，释迦如来季父甘露饭王之后，梵名戍婆揭罗僧诃，华言净师子，义翻为善无畏；一云输波迦罗，此名无畏，亦义翻也。其先自中天竺，因国难分王乌荼。父曰佛手王，以畏生有神姿，宿赍德艺，故历试焉。十岁统戎，十三嗣位，得军民之情。昆弟嫉能，称兵构乱，阋墙斯甚。薄伐临戎，流矢及身，掉轮伤顶。天伦既败，军法宜诛，大义灭亲，忍而曲赦。乃抆泪白母，及告群臣曰："向者亲征，恩已断矣。今欲让国，全其义焉。"因致位于兄，固求入道。母哀许之，密与传国宝珠，犹诸侯之分器也。南至海滨，遇殊胜招提，得法华三昧。聚沙为塔，仅一万所。黑蛇伤指而无退息。复寄身商船，往游诸国，密修禅诵，口放白光。无风三日，舟行万里。属商人遇盗，危于并命。畏恤其徒侣，默讽真言，七俱胝尊全现身相，群盗果为他寇所歼。寇乃露罪归依，指踪夷险。寻越穷荒，又逾毒水，才至中天竺境。即遇其王，王之夫人，乃畏之女兄也，因问舍位之由，称叹不足。是日携手同归，慈云布阴，一境丕变。畏风仪爽俊，聪睿超群，解究五乘，道该三学，总持禅观，妙达其源。艺术伎能，悉闻精练。初诣那烂陀寺，此云施无厌也，像法之泉源，众圣之会府。畏乃舍传国宝珠莹于大像之额，昼如月魄，夜若曦轮焉。寺有达摩掬多者，掌定门之秘钥，佩如来之密印，颜如四十许，其实八百岁也，玄奘三藏昔曾见之。畏投身接足，奉为本师。一日侍食之次，旁有一僧，震旦人也，畏视其钵中，见油饵尚温，粟饭犹暖，愕而叹曰："东国去此十万余里，是彼朝熟而返也。"掬多曰："汝能不言，真可学焉。"后乃授畏总持瑜伽三密教也，龙神围绕，森在目前，其诸印契，一时顿受。即日灌顶，为人天师，称曰"三藏"。夫三藏之义者，则内为戒、定、慧，外为经、律、论，以陀罗尼总摄之也。陀罗尼者，是菩提速疾之轮，解脱吉祥之海，三世诸佛生于此门，慧照所传，一灯而已。根殊性异，灯亦无边。由是有百亿释迦微尘三昧，菩萨以纲总摄于诸定，顿升阶位，邻于大觉，此其旨也。于时畏周行大荒，遍礼圣迹，不惮艰险。凡所履处，皆三返焉。又入鸡足山，为迦叶剃头，受观音摩顶。尝结夏于灵鹫，有猛兽前导，深入山穴。穴明如昼，见牟尼像，左右侍者如生焉。时中印度大旱，请畏求雨。俄见观音在日轮中，手执军持注水于地。时众欣感，得未曾有。复锻金如贝叶，写大般若经。镕中金为窣睹波，等佛身量焉。母以畏游方日久，谓为已殁，旦夕泣泪而丧其明，洎附信问安，朗然如故。五天之境，自佛灭后，外道峥嵘九十六宗，各专其见。畏皆随所执破滞析疑，解邪缚于心门，舍迷津于觉路。法云大小而均泽，定水方圆而任器，仆异学之旗鼓，建心王之胜幢，使彼以念制狂，即身观佛。掬多曰："善男子，汝与震旦有缘，今可行矣。"畏乃顶辞而去。

至迦湿弥罗国。薄暮次河，而无桥梁，畏浮空以济。一日，受请于长者家，俄有罗汉降曰："我小乘之人，大德是登地菩萨。"乃让席推尊，畏施之以名衣，升空而去。畏复至乌苌国，有白鼠驯绕，日献金钱。讲毗卢于突厥之庭，安禅定于可敦之树，法为金字，列在空中。时突厥宫人以手按乳，乳为三道飞注畏口。畏乃合掌端容曰："我前生之母也。"又途中遭寇，举刃三斫而肢体无伤，挥剑者唯闻铜声而已。前登雪山大池，畏不悆，掬多自空而至曰："菩萨身同世间，不舍生死。汝久离相，宁有病耶？"言讫冲天，畏洗然而愈。路出吐蕃，与商旅同次，胡人贪货，率众合围，畏密运心印，而蕃豪请罪。至大唐西境，夜有神人曰："此东非弟子界也，文殊师利实护神州。"礼足而灭，此亦犹迦毗罗神送连眉也。畏以驼负经，至西州，涉于河，龙陷驼足，没于泉下，畏亦入泉。三日止住龙宫，宣扬法化，开悟甚众。及牵驼出岸，经无沾湿焉。

初畏途过北印度境，而声誉已达中国，睿宗乃诏若那及将军史献出玉门塞表以候来仪。开元初，玄宗梦与真僧相见，姿状非常，躬御丹青，写之殿壁。及畏至此，与梦合符，帝悦有缘，饰内道场，尊为教主，自宁、薛王已降皆跪席捧器焉。宾大士于天宫，接梵筵于帝座，礼国师以广成之道，致人主于如来之乘，巍巍法门，于斯为盛。时有术士握鬼神之契，参变化之功，承诏御前，角其神异。畏恬然不动，而术者手足无所施矣。开元四年丙辰，赍梵夹始届长安，敕于兴福寺南院安置。续宣住西明寺，问劳重迭，锡贶异常。至五年丁巳，奉诏于菩提院翻译。畏奏请名僧同参华梵，开题，先译虚空藏求闻持法一卷，沙门悉达译语，无着笔受缀文，缮写进内。帝深加赏叹，有敕畏所将到梵本并令进上。昔有沙门无行西游天竺，学毕言归，方及北印，不幸而卒。其所获夹叶悉在京都华严寺中，畏与一行禅师于彼选得数本，并总持妙门，先所未译。十二年，随驾入洛，复奉诏于福先寺译大毗卢遮那经。其经具足梵文有十万颂，畏所出者，撮其要耳，曰大毗卢遮那成佛神变加持经，七卷，沙门宝月译语，一行笔受，删缀辞理，文质相半，妙谐深趣，上符佛意，下契根缘，利益要门，斯文为最。又出苏婆呼童子经三卷、苏悉地揭罗经三卷，二经具足咒毗奈耶也，即秘密禁戒焉。若未曾入曼荼罗者，不合辄读诵，犹未受具人盗听戒律也。所出虚空藏菩萨能满诸愿最胜心陀罗尼求闻持法一卷，即金刚顶梵本经成就一切义图略译少分耳。畏性爱恬简，静虑怡神，时开禅观，奖劝初学。奉仪形者莲华敷于眼界，禀言说者甘露润于心田，超然觉明，日有人矣。法侣请谒，唯尊奉长老宝思惟三藏而已，此外皆行门人之礼焉。一行禅师者，帝王宗重，时贤所归，定慧之余，阴阳之妙，有所未决，亦咨禀而后行。畏尝于本院铸铜为塔，手成模范，妙出人天。寺众以销冶至广，庭除深隘，虑风至火盛，灾延宝坊。畏笑曰："无苦，自当知也。"鼓铸之日，果大雪蔽空，雾塔出垆，瑞花飘席，众皆称叹焉。又属暑天亢旱，帝遣中官高力士疾召畏祈雨。畏曰："今旱，数当然也，若苦召龙致雨，必暴，适足所损，不可为也。"帝强之曰："人苦暑病矣，虽风雷亦足快意。"辞不获已，有司为陈请雨具，幡幢螺钹备焉，畏笑曰："斯不足以致雨。"急撤之。乃盛一钵水，以小刀搅之，梵言数百咒之。须臾有物如龙，其大如指，赤色矫首，瞰水面，复潜于钵底。畏且搅且咒，顷之，有白气自钵而兴，径上数尺，稍稍引去。畏谓力士曰："亟去，雨至矣。"力士驰去，回顾见白气疾旋，自讲堂而西，若一匹素翻空而上。既而昏霾，大风震电，力士才及天津桥，风雨随马而骤，街中大树多拔焉。力士入奏而衣尽沾湿矣。帝稽首迎畏，再三致谢。又邙山有巨蛇，畏见之，叹曰："欲决潴洛阳城耶？"以天竺语咒数百声，不日蛇死。乃安禄山陷洛阳之兆也。一说畏曾寓西明道宣律师房，示为粗相，宣颇嫌鄙之。至中夜，宣扪虱投于地，畏连呼"律师扑死佛子"。宣方知是大菩萨，诘旦摄衣作礼焉。若观此说，宣灭至开元中仅五十载矣，如畏出没无常，非人之所测也。

二十年，求还西域，优诏不许。二十三年乙亥十月七日，右胁累足，奄然而化，享龄九十九，僧腊八十。法侣凄凉，皇心震悼，赠鸿胪卿。遣鸿胪丞李现具威仪，宾律师护丧事。二十八年十月三日，葬于龙门西山广化寺之庭焉。定慧所熏，全身不坏。会葬之日，涕泗倾都，山川变色，僧俗弟子宝畏禅师、明畏禅师、荥阳郑氏、琅邪王氏痛其安仰，如丧考妣焉。乾元之初，唐风再振，二禅师刻偈，诸信士营龛，弟子舍于旁，有同孔墓之恋。今观畏之遗形，渐加缩小，黑皮隐隐，骨其露焉。累朝旱涝，皆就祈请，征验随生，且多檀施。锦绣巾帊，覆之如偃息耳。每一出龛，置于低榻，香汁浴之。洛中豪右争施弹帊、净巾、澡豆，以资浴事。今上禳祷，多遣使臣往加供施，必称心愿焉。

唐洛京智慧传

释智慧者，梵名般剌若也，姓憍答摩氏，北天竺迦毕试国人，颖悟天资。七岁发心，违侍二亲，归依三宝。时从大德调伏军教诵四阿含，满十万颂，阿毗达磨三万颂。及年应法，随师往别国，纳具足戒，诵萨婆多近四万颂，俱舍二万八千颂，又诵大婆沙，兼通其义。七年于彼专习小乘。后诣中天竺那烂陀寺，禀学大乘唯识、瑜伽、中边等论，金刚般若经，因明、声明、医明、王律论等，并依承智护、进友、智友三大论师。复游双林，经八塔，往来瞻礼十有八年。闻南北竺颇尚持明，遂往咨禀。彼有灌顶师名达摩耶舍，见慧勤重可教，授瑜伽法入曼荼罗三密护身五部印契经，于一年诵彻三千五百余颂。常闻支那大国，文殊在中，锡指东方，誓传佛教。乃泛海东迈，垂至广州，风飘却返，抵执师子国之东。又集资粮，重修巨舶，遍历南海诸国，二十二年，再近番禺，风涛遽作，舶破人没，唯慧存焉。夜至五更，其风方止，所赍经论，莫知所之。及登海壖，其夹策已在岸矣，于白抄内大竹筒中得之，宛为鬼物扶持而到。乃叹曰："此大乘理趣等经，想支那人根熟矣！"遂东北行，半月达广州，即德宗建中初也。属帝违难奉天，贞元二年始届京辇。见乡亲神策军正将罗好心，即慧舅氏之子也，悲喜相慰。将至家中，延留供养。八年，上表举慧翻传，有敕令京城诸寺大德名业殊众者同译，得罽宾三藏般若开释梵本，翰林待诏光宅寺沙门利言度语，西明寺沙门圆照笔受，资圣寺道液、西明寺良秀、庄严寺应真、醴泉寺超悟、道岸、辩空并充证义。六月八日，欲创经题，敕右街功德使王希迁与右神策军大将军王孟涉、骠骑大将军马有邻等送梵经出内。缁伍威仪，乐部相间，士女观望，车骑交骈，迎入西明寺翻译。即日赐钱一千贯、茶三十串、香一大合，充其供施。开名题曰大乘理趣六波罗蜜多经，成十卷。又华严长者问佛那罗延力经、般若心经各一卷，皆贞元八年所译也。是岁十月缮写毕。二十八日设彩车，大备威仪，引入光顺门，进帝览，忻然，慰劳勤至。敕于神策军赐斋食，傣慧绢五百匹、冬服一副，余人赐各有差。慧表谢，答诏褒美。同日请译经奉天定难功臣开府仪同三司检校太子詹事罗好心上表云："臣表弟沙门般剌若先进大乘理趣六波罗蜜梵本经，伏奉今年四月十九日敕令王希迁精选有道行僧于西明寺翻译。今经帙已终，同诣光顺门进上。"答诏云："卿之表弟早悟大乘，远自西方，求游上国，宣六根之奥义，演双树之微言。念以精诚所宜钦重，是令翻译，俾用流行。卿夙慕忠勤，职司禁卫，省览表疏，具见乃怀，所谢知。"好心以朱泚围逼之际，颇有战功，预其中兵，为帝宠重。慧得好心启导，译务有光，帝制经序焉。慧后终于洛阳，葬龙门之西冈，塔今存矣。

唐玉华寺玄觉传

释玄觉，高昌国人也，西土种姓未得闻焉。学慕大乘，从玄奘三藏研核经论，亦于玉华宫参预翻译。及大般若经向就，同请翻宝积经，奘辞惙然。觉因梦一浮图庄严高大，忽然摧倒，遂惊起告奘。奘曰：“非汝身事，此吾灭之征耳。”觉暗悲安仿，劝诸法侣竞求医药。觉后莫测终焉。

唐益州多宝寺道因传（嵩公　宝暹）

释道因，姓侯氏，濮阳人也。禀祜居醇，含章纵哲，覃吁之岁，粹采多奇，髫齓之辰，殊姿特茂。孝爱之节，慈顺之风，率志于斯，因心以极。年甫七岁，丁于内艰，嗌粒绝浆，殆乎灭性。成人之德，见称州里。免丧之后，思酬罔极，出家之志，人莫我移。便诣灵岩寺求师诵习，曾不浃旬，通涅槃经二帙，举众惊骇，谓为神童。落发已来，砥砺其行，揣摩义章，即讲涅槃，宿齿名流，咸所叹服。及升上品，旋学律仪，又于彭城嵩法师所传摄大乘。嵩公懿德玄猷，兰熏月映，门徒学侣，鱼贯凫趋，讲室谈筵，为之嚣隘。遂依科戒而为节文，年少沙门且令习律，晓四分者，方许入听。因夏腊虽幼，业行攸高，独于众中，迥见推揖，每敷摄论，即令覆讲。后隐泰岳，凡经四秋。将诣洛中，属昏李陵夷，法纲严峻，僧无徒侣，弗许游方。于是杖锡出山，孑焉超迈，恐罗刑宪，静念观音。少选之间，有僧欻至，皓然白首，请与偕行。迨至铜街，暨于金地，俯仰之际，莫知所在。咸谓善逝之力，有感斯见。未几，因避难三蜀，居于多宝寺。好事者素闻道誉，乃命开筵摄论、维摩，听者千数。时有宝暹法师，东海人也，殖艺该洽，尤善大乘，昔在隋朝，英尘久播，学徒来请，接武磨肩。暹公傲尔其间，仰之弥峻，每至因之论席，肃然改容，沈吟久之，方用酬遣。因抗音驰辩，雷惊波注，尽妙穷微，藏牙折角。益州总管邓国公窦琎、行台左仆射替国公窦轨、长史申国公高士廉、范阳公卢承庆，及前后首僚，西南岳牧，并国华朝秀，重望崇班，共籍芳声，俱申虔仰。乃于彭门山寺习道安居。此寺往经废毁，院宇雕弊，因慨然构怀，专事营缉，未移再稔，蔚成净场。又以九部微言，三界式仰，缅惟法尽，将翳龙宫。遂于寺之北岩，刻书经典，穷多罗之秘袠，尽毗尼之正文。纵尧世之洪水襄陵，任赵简之北山燎狩，必无他虑，与劫齐休。

既而清猷远畅，峻业遐昭，遂简宸衷，乃纡天綍，追赴京邑，止大慈恩寺，与玄奘法师翻译校定梵本，兼充证义。奘师偏奖赏之，每有难文，同加参酌，新翻弗坠，因有力焉。慧日寺主楷法师者，聪爽温赡，声蔼鸿都，首建法筵，请开奥义。帝城缁俗，具来咨禀，欣焉相顾，得所未闻。因研几史籍，尤好老庄，咀其菁华，含其腴润，包四始于风律，综五声于文绪，故所讲训，内外该通。其专业者，涅槃华严、大品、维摩、法华、楞伽等经，十地、地持、毗昙、智度、摄大乘、对法、佛地等论，及四分等律。其摄论、维摩仍著章疏。已而能事毕矣，示疾终于长安慧日寺，则显庆三年三月十一日也，春秋七十二。越明年正月，旋神座于益部，二月八日窆于彭门光化寺石经之侧。道俗送葬，数有数千。弟子玄凝等嗣其香火。至龙朔中，中台司藩大夫李俨制碑，欧阳通书焉。

唐波凌国智贤传（会宁）

释若那跋陀罗，华言智贤，南海波凌（亦曰诃凌）国人也，善三藏学。麟德年中，有成都沙门会宁欲往天竺，观礼圣迹，泛舶西游，路经波凌，遂与智贤同译涅槃后分二卷。此于阿笈摩经内译出，说世尊焚棺、收设利罗等事，与大涅槃颇不相涉。译毕寄经达交州，宁方之西域。至仪凤年初，交州都督梁难敌遣使同会宁弟子运期奉表进经，入京。三年戊寅，大慈恩寺沙门灵会于东宫启请施行。运期奉侍其师，因心莫比，师令赍经行化，故无暇影随往西域也。

唐洛京白马寺觉救传

释佛陀多罗，华言觉救，北天竺罽宾人也。赍多罗夹，誓化支那，止洛阳白马寺，译出大方广圆觉了义经。此经近译不委何年，且隆道为怀，务甄诈妄，但真诠不谬，岂假具知年月耶？救之行迹，莫究其终。大和中，圭峰密公著疏判解，经本一卷，后分二卷成部，续又为钞，演畅幽邃。今东京、太原、三蜀盛行讲演焉。

唐五台山佛陀波利传（顺贞）

释佛陀波利，华言觉护，北印度罽宾国人。忘身徇道，遍观灵迹，闻文殊师利在清凉山，远涉流沙，躬来礼谒，以天皇仪凤元年丙子，杖锡五台，虔诚礼拜，悲泣雨泪，冀睹圣容。倏焉见一老翁从山而出，作婆罗门语，谓波利曰："师何所求耶？"波利答曰："闻文殊大士隐迹此山，从印度来，欲求瞻礼。"翁曰："师从彼国将佛顶尊胜陀罗尼经来否？此土众生多造诸罪，出家之辈亦多所犯。佛顶神咒除罪秘方，若不赍经，徒来何益？纵见文殊，亦何能识？师可还西国，取彼经来，流传此土，即是遍奉众圣，广利群生，拯接幽冥，报诸佛恩也。师取经来至，弟子当示文殊居处。"波利闻已，不胜喜跃，裁抑悲泪，向山更礼。举头之顷，不见老人。波利惊愕，倍增虔恪。遂返本国取得经回，既达帝城，便求进见。有司具奏，天皇赏其精诚，崇斯秘典，下诏鸿胪寺典客令杜行颉与日照三藏于内共译。译讫，傣绢三十匹，经留在内。波利垂泣奏曰："委弃身命，志在利人。请帝流行，是所望也。"帝愍其专切，遂留所译之经，还其梵本。波利得经，弥复忻喜，乃向西明寺访得善梵语僧顺贞，奏乞重翻。帝俞其请，波利遂与顺贞对诸大德翻出，名曰佛顶尊胜陀罗尼经，与前杜令所译者，咒韵经文少有同异。波利所愿既毕，却持梵本入于五台，莫知所之。或云波利隐金刚窟，今永兴龙首冈有波利藏舍利之所焉。大历中南岳云峰寺沙门法照入五台山礼金刚窟，夜之未央，克责扑地。忽见一僧长七尺许，梵音朗畅，称是佛陀波利。问曰："阿师如此自苦，得无劳乎？有何愿乐？"照对曰："愿见文殊。"曰："若志力坚强，真实无妄，汝可脱履于板上。咫尺圣颜，令子得见。"照遂瞑目，俄已入窟。见一院题额云金刚般若寺。字体酋健，光色闪烁。其院皆是异宝庄严，名目不暇。楼观复沓，殿宇连延，罘罳密致，铃铎交鸣，可二百所。间有秘藏，中缄金刚般若并一切经法，人物魁伟，殆非常所睹也。文殊大圣处位尊严，拥从旁午，宣言慰劳，分茶赋食讫。波利引之出去。照苦乞在寺，波利不许。临别勉之，努力修进，再来可住。照还至板上蹑履，回眸之际，波利隐焉。

系曰：道家尸解，说有多端。或隐真形而存假质，矧以登地大士、漏尽罗汉？或此在他亡，或分身易态，皆以之为游戏耳，以之为利物焉。其佛陀波利出没无恒，变化何极，出金刚窟接法照师，盖与之有缘，闯然而现。故杜多迦叶久隐诸峰，晋法显往游灵鹫，见于山下焉。

唐尊法传

释尊法，西印度人也，梵云伽梵达磨，华云尊法。远逾沙碛，来抵中华，有传译之心，坚化导之愿。天皇永徽之岁，翻出千手千眼观世音菩萨广大圆满无碍大悲心陀罗尼经一卷。经题但云西天竺伽梵达磨译，不标年代。推其本末，疑是永徽、显庆中也。又准千臂经序云，智通同此三藏译也。法后不知其终。

唐西京慧日寺无极高传（阿难律木叉师　迦叶师）

释无极高，中印度人，梵云阿地瞿多，华云无极高也。出家氏族未凭书之。高学穷满字，行洁圆珠，精练五明，妙通三藏。永徽三年壬子岁正月，自西印度赍梵夹来届长安，敕令慈门寺安置。沙门大乘琮等十六人、英公李世绩、鄂公尉迟德等十二人，同请高于慧日寺浮图院建陀罗尼普集会坛，所须供办。法成之日，屡现灵异，京中道俗咸叹希逢。沙门玄楷等固请翻其法本。以四年癸丑至于五年，于慧日寺从金刚大道场经中撮要而译，集成一部，名陀罗尼集经一十二卷，玄楷笔受。于时有中印度大菩提寺阿难律木叉师、迦叶师等，于经行寺译功德天法，编在集经第十卷内，故不别出焉。

唐广州制止寺极量传

释极量，中印度人也，梵名般刺蜜帝，此言极量。怀道观方，随缘济物，展转游化，渐达支那（印度俗呼广府为支那。名帝京为摩诃支那也），乃于广州制止道场驻锡。众知传达，祈请颇多，量以利乐为心，因敷秘赜。神龙元年乙巳五月二十三日，于灌顶部中诵出一品，名大佛顶如来密因修证了义诸菩萨万行首楞严经，译成一部十卷。乌苌国沙门弥伽释迦（释迦稍讹。正云铄佉。此曰“云峰”）译语，菩萨戒弟子前正议大夫同中书门下平章事清河房融笔受，循州罗浮山南楼寺沙门怀迪证译。量翻传事毕，会本国王怒其擅出经本，遣人追摄，泛舶西归。后因南使入京，经遂流布，有惟悫法师、资中沇公，各著疏解之。

唐洛京大遍空寺实叉难陀传

释实叉难陀，一云施乞叉难陀，华言学喜，葱岭北于阗人也。智度恢旷，风格不群，善大小乘，旁通异学。天后明扬佛日，崇重大乘，以华严旧经，处会未备，远闻于阗有斯梵本，发使求访，并请译人。叉与经夹同臻帝阙，以证圣元年乙未于东都大内大遍空寺翻译。天后亲临法座，焕发序文，自运仙毫，首题名品。南印度沙门菩提流志、沙门义净同宣梵本，后付沙门复礼、法藏等于佛授记寺译成八十卷。圣历二年功毕。至久视庚子，驾幸颍川三阳宫，诏叉译大乘入楞伽经，天后复制序焉。又于京师清禅寺及东都佛授记寺译文殊授记等经，前后总出一十九部，沙门波仑、玄轨等笔受，沙门复礼等缀文，沙门法宝、恒景等证义，太子中舍贾膺福监护。长安四年，叉以母氏衰老，思归慰觐，表书再上，方俞，敕御史霍嗣光送至于阗。暨和帝龙兴，有敕再征。景龙二年，达于京辇，帝屈万乘之尊，亲迎于开远门外。倾都缁侣，备幡幢导引。仍饰青象，令乘之入城，敕于大荐福寺安置。未遑翻译，遘疾弥留，以景云元年十月十二日，右胁累足而终，春秋五十九岁。有诏听依外国法葬。十一月十二日于开远门外古然灯台焚之，薪尽火灭，其舌犹存。十二月二十三日，门人悲智、敕使哥舒道元送其余骸及斯灵舌还归于阗，起塔供养。后人复于荼毗之所，起七层塔，土俗号为华严三藏塔焉。

周西京广福寺日照传

释地婆诃罗，华言日照，中印度人也。洞明八藏，博晓五明，戒行高奇，学业勤悴，而咒术尤工。以天皇时来游此国，仪凤四年五月，表请翻度所赍经夹，仍准玄奘例，于一大寺别院安置，并大德三五人同译。至天后垂拱末，于两京东西太原寺（西太原寺后改西崇福寺，东太原寺后改大福先寺）及西京广福寺，译大乘显识经、大乘五蕴论等凡一十八部，沙门战陀般若提婆译语，沙门慧智证梵语。敕诸名德助其法化，沙门道成、薄尘、嘉尚、圆测、灵辩、明恂、怀度证义，沙门思玄、复礼缀文笔受，天后亲敷睿藻，制序冠首焉。照尝与觉护同翻佛顶，深体唐言，善传佛意。每进新经，锡赉丰厚。后终于翻经小房，享年七十五。天后敕葬于洛阳龙门香山，塔见存焉。

周洛京魏国东寺天智传

释提云般若，或云提云陀若那，华言天智，于阗国人也。学通大小，解兼真俗，咒术禅门，无不谙晓。永昌元年，来届于此，谒天后于洛阳，敕令就魏国东寺（后改大周东寺）翻译。即以其年己丑至天授二年辛卯，出华严经、法界无差别论等六部七卷，沙门处一笔受，沙门复礼缀文，沙门德感、慧俨、法明、恒景等证义。智终年卒地，莫得而闻。

周洛京佛授记寺慧智传（明佺）

释慧智，其父印度人，婆罗门种，因使游此方，而生于智。少而精勤，有出俗之志，天皇时从长年婆罗门僧，奉敕度为弟子。本既梵人，善闲天竺书语；生于唐国，复练此土言音。三藏地婆诃罗、提云若那、宝思惟等所有翻译，皆召智为证，兼令度语。后至长寿二年癸巳，智于东都佛授记寺自译观世音颂一卷。不详所终。有沙门明佺者，不知何许人，出家隶业，悉在佛授记寺。尤善毗尼，兼闲经论。天册万岁元年，敕令刊定经目，佺所专纂录，编次持疑，更与翻经大德二十余人同共参正，号曰大周经录焉。智升云：“虽云刊定，繁秽尤多。徒见流行，实难凭准。”盖此录支经别品，杂沓不伦，致为升公之所黜矣。

周洛京寂友传

释弥陀山，华言寂友，睹货逻国人也。自幼出家，游诸印度，遍学经论，楞伽、俱舍，最为穷核。志传像法，不吝乡邦，杖锡孤征，来臻诸夏，因与实叉难陀共译大乘入楞伽经。又天授中，与沙门法藏等译无垢净光陀罗尼经一卷。其经，佛为劫比罗战荼婆罗门说，延其寿命。译毕进内，寻辞帝归乡，天后以厚礼饯之。

宋高僧传卷第二

宋高僧传卷第三

宋左街天寿寺通慧大师赐紫沙门赞宁等奉　敕撰

译经篇第一之三（正传十四人附见三人）

唐京师总持寺智通传

释智通，姓赵氏，本陕州安邑人也。隋大业中出家受具，后隶名总持寺。律行精明，经论该博。自幼挺秀，即有游方之志，因往洛京翻经馆学梵书并语，晓然明解。属贞观中，有北天竺僧赍到千臂千眼经梵本，太宗敕搜天下僧中学解者充翻经馆缀文、笔受、证义等。通应其选，与梵僧对译，成二卷。天皇永徽四年，复于本寺出千啭陀罗尼观世音菩萨咒一卷、观自在菩萨随心咒一卷、清净观世音菩萨陀罗尼一卷，共四部五卷。通善其梵字，复究华言，敌对相翻，时皆推伏。又云行瑜伽秘密教，大有感通。后不知所终。

唐京师奉恩寺智严传

释智严，姓尉迟氏，本于阗国质子也，名乐。受性聪利，隶鸿胪寺，授左领军卫大将军上柱国，封金满郡公，而深患尘劳，唯思脱屣。神龙二年五月，奏乞以所居宅为寺，敕允，题榜曰“奉恩”是也。相次乞舍官入道，十一月二十四日墨制听许。景龙元年十一月五日，孝和帝诞节剃染。寻奉敕于此寺翻经，多证梵文，诸经成部，严有力焉。严重译出生无边法门陀罗尼经。后于石鳖谷行头陀法，又充终南山至相寺上座，体道用和，率从清谨。不知其终。

唐洛京天竺寺宝思惟传

释阿儞真那，华言宝思惟，北印度迦湿密罗国人，刹帝利种。幼而舍家，禅诵为业。进具之后，专精律品，而慧解超群，学兼真俗，乾文咒术，尤攻其妙。加以化导为心，无恋乡国。以天后长寿二年，届于洛都，敕于天宫寺安置。即以其年创译，至中宗神龙景午，于佛授记、天宫、福先等寺，出不空罥索陀罗尼经等七部。睿宗大极元年四月，太子洗马张齐贤等缮写进内。其年六月，敕令礼部尚书晋国公薛稷、右常侍高平侯徐彦伯等详定入目施行。那自神龙之后，不务翻译，唯精勤礼诵，修诸福业。每于晨朝磨香为水，涂浴佛像，后方饮食。从始洎终，此为恒业。衣钵之外，随得随施。后于龙门山请置一寺，制度皆依西域，因名天竺焉。门徒学侣同居此寺，精诚所感，灵应实繁。寿百有余岁，以开元九年终于寺，构塔旌表焉。

唐洛京长寿寺菩提流志传

释菩提流志，南天竺国人也，净行婆罗门种，姓迦叶氏。年十二，就外道出家，事波罗奢罗，学声明、僧佉等论。历数、咒术、阴阳、谶纬，靡不该通。年逾耳顺，方乃回心，知外法之乖违，悟释门之渊默，隐居山谷，积习头陀。初依耶舍瞿沙三藏学诸经论，其后游历五天，遍亲讲肆。高宗大帝闻其远誉，挹彼高风，永淳二年，遣使迎接。天后复加郑重，令住东洛福先寺译佛境界、宝雨、华严等经，凡十一部。中宗神龙二年，又住京兆崇福寺，译大宝积经。属孝和厌代，睿宗登极，敕于北苑白莲池、甘露亭，续其译事，翻度云毕，御序冠诸。其经旧新凡四十九会，总一百二十卷。先天二年四月八日进内，此译场中沙门思忠、天竺大首领伊舍罗等译梵文，天竺沙门波若屈多、沙门达摩证梵义，沙门履方、宗一、慧觉笔受，沙门深亮、胜庄、尘外、无着、怀迪证义，沙门承礼、云观、神暕、道本次文。次有润文官卢粲、学士徐坚、中书舍人苏瑨、给事中崔璩、中书门下三品陆象先、尚书郭元振、中书令张说、侍中魏知古，儒释二家，构成全美。宝积用贤既广，流志运功最多，所慊者古今共译一切陀罗尼末句云“莎嚩诃”，皆不窃考清浊，遂使命章有异。或云“萨婆诃”，或云“馺皤诃”等，九呼不伦，楷定梵音，悉无本旨。此非梵僧传诵不的，自是执笔之误，故克取“莎（桑巴反）嚩（无可反）诃（呼个反）”为正矣。志开元十二年，随驾居洛京长寿寺。十五年十一月四日，嘱诫弟子五日斋时，令侍人散去，右胁安卧，奄然而卒，春秋一百五十六。帝闻轸悼，敕试鸿胪卿，谥曰开元一切遍知三藏。遣内侍杜怀信监护丧事，出内库物，务令优赡。用卤簿羽仪，幡幢花盖，阗塞衢路。十二月一日，迁窆于洛南龙门西北原，起塔，勒石志之。

系曰：西域丧礼，其太简乎？或有国王酋长，倾心致重者，勿过舁之火葬。若东夏僧用卤簿导丧身，罕闻之矣。呜呼！道尊德贵，不言而邀，此不其盛欤！

唐罗浮山石楼寺怀迪传（般若力　善部末摩）

释怀迪，循州人也。先入法于南楼寺，其山半在海涯，半连陆岸，乃仙圣游居之灵府也。迪久探经论，多所该通，七略九流，粗加寻究。以海隅之地，津济之前，数有梵僧寓止于此，迪学其书语，自兹通利。菩提流志初译宝积，召迪至京证义，事毕南归。后于广府遇一梵僧，赍多罗叶经一夹，请共翻传，勒成十卷，名大佛顶万行首楞严经是也。迪笔受经旨，缉缀文理，后因南使附经入京，即开元中也。又乾元元年有罽宾三藏般若力、中天竺婆罗门三藏善部末摩、个失密三藏舍那并慕化入朝，诏以力为太常少卿，末摩为鸿胪少卿，并员外置，放还本土。或云：“各赍经至，属燕赵阻兵，不遑宣译，故以官品荣之。”

唐京兆慈恩寺寂默传

释牟尼室利，华言寂默。其为人也，神宇高爽，量度真率。德宗贞元九年，发那烂陀寺，拥锡东来。自言从北印度往此寺出家，受戒学法焉。十六年，至长安兴善寺。十九年，徒崇福醴泉寺。复于慈恩寺请行翻译事，乃将奘师梵本，出守护国界主陀罗尼经十卷，又进六尘兽图。帝悦，檀施极多。元和元年六月十九日，卒于慈恩寺。初默说中天竺摩伽陀国那烂陀寺周围四十八里，九寺一门，是九天王所造。默在寺日，住者万余，以大法师处量纲任，西域伽蓝无如其高广矣。案守护国界主经是般若译，牟尼证梵本，翰林待诏光宅寺智真译语，圆照笔受，鉴虚润文，澄观证义焉。

唐丘慈国莲华寺莲华精进传

释勿提提羼鱼，华言莲华精进，本屈支城人也，即龟兹国，亦云丘慈，正曰屈支。时唐使车奉朝到彼土，城西门外有莲华寺，进居此中，号三藏苾刍。奉朝至诚祈请，开译梵夹，传归东夏。进允之，遂译出十力经，可用东纸三幅成一卷，是佛在舍卫国说。安西境内有前践山，山下有伽蓝，其水滴溜成音可爱，彼人每岁一时采缀其声以成曲调，故耶婆瑟鸡开元中用为羯鼓曲名，乐工最难其杖撩之术。进寺近其滴水也。其经是沙门悟空同十地、回向轮经共十一卷，赍进。贞元中请编入藏，值圆照续录，故述其由。

唐北庭龙兴寺戒法传

释尸罗达摩，华言戒法也，本于阗人。学业该通，善知华梵，居于是国，为大法师。唐贞元中，悟空回至北庭，其本道节度使杨袭古与龙兴寺僧请法为译主，翻十地经。法躬读梵文并译语，沙门大震笔受，法超润文，善信证义，悟空证梵文。又译回向轮经，翻传才毕，缮写欲终，遇北庭宣慰中使段明秀事讫回，与北庭奏事官牛昕、安西奏事官程锷等相随入朝，为沙河不通，取回鹘路，其梵夹留北庭龙兴寺藏。赍所译唐本至京，即贞元五载也。法译事方终，却回豁丹，豁丹一云于遁，此皆岭北人之呼召耳，若五印度语云瞿萨怛那，华言乳国，亦云地乳也。

唐莲华传

释莲华，本中印度人也。以兴元元年杖锡谒德宗，乞钟一口归天竺声击。敕广州节度使李复修鼓铸毕，令送于南天竺金堆寺。华乃将此钟于宝军国毗卢遮那塔所安置。后以华严后分梵夹附舶来，为信者般若三藏于崇福寺翻成四十卷焉。一云梵夹本是南天竺乌荼国王书献支那天子，书云，“手自书写华严经百千偈中所说善财童子五十五圣者，善知识入不思议解脱境界普贤行愿品，谨奉进上，愿于龙华会中奉觐”云，即贞元十一年也。至十二年六月，诏于崇福寺翻译，罽宾沙门般若宣梵文，洛京天宫寺广济译语，西明寺圆照笔受，智柔、智通缀文，成都府正觉寺道恒、鉴虚润文，千福寺大通证义，澄观、灵邃详定，神策军护军中尉霍仙鸣、左街功德使窦文场写进，十四年二月解座。

唐大圣千福寺飞锡传

释飞锡，未知何许人也。神气高邈，识量过人。初学律仪，后于天台法门一心三观，与沙门楚金栖心研习。天宝初游于京阙，多止终南紫阁峰草堂寺。属不空当途传译，慎选英髦，锡预其数，频登笔受、润文之任。代宗永泰元年四月十五日，奉诏于大明宫内道场同义学沙门良贲等十六人参译仁王护国般若经并密严经。先在多罗叶时，并是偈颂，今所译者多作散文。不空与锡等及翰林学士柳抗重更详定，锡充证义正员，辞笔不愧斯职也。

系曰：锡外研儒墨，其笔仍长，时多请其论撰，如忠国师、楚金等碑，与晋陵德宣、吴兴昼公同猎广原，不知鹿死何人之手。然宣、锡二公亦有不羁之失，缘饰过其实。如昼公合建中之体，擬事得其伦。唯虚与实，不可同日也。

唐京师大安国寺子邻传

释子邻，姓范氏，兖州干封大范村人也。父峻朝，不喜三宝，或见桑门，必加咄唾，有问其故，即欲驱焉。邻生已数岁，小字邻儿，见着袈裟者，则生慕羡之意。开元初，东都广爱寺庆修律师游于代宗，经范氏之舍。邻一见之，喜贯颜色，拜求出家。问曰："父母云何？"对曰："不令堂亲知，知则遭棰挞矣。师但先去，某乃影随。"律师行五里间，邻已至矣。及洛寺，受教之易，若甘之受和焉。染削已，或名志邻。至十一年，忽思二亲，辞归宁觐。其父丧明，母终已三载矣。因诣岳庙，求知母之幽趣，即敷坐具，诵法华经，誓见天齐王为期。其夜，岳神果召邻问："何故恳苦如是？"邻曰："母王氏亡来已经除服，敢问大王母今何在？"王顾簿吏，对曰："王氏见系狱受苦。"邻曰："我母何罪？"王曰："生和尚时，食鸡卵，又取白傅头疮，坐是之故，职汝之由。"邻悲号委顿，求王请免。曰："縈縻有分，放释无门。然则为法师计，请往鄮山礼阿育王塔，或可原也。"邻诘朝遵途，到句章山寺，叩头哀诉，五轮着地，礼毕投策，至四万数，俄闻有呼邻声，若蔡顺之解，望空见云气中母谢曰："承汝之力，得生忉利天矣，故来报汝。"倏然不见。邻后求解经论，至于关辅间，外学兼通，美声籍甚。以名僧之选，恒入肃宗内殿应奉，高其舌端，精于捷对，御前口占，叙述皇道，时辈靡及。敕赐紫方袍，充供奉僧。代宗即位，更崇释氏。永泰中，不空重译仁王护国、密严等经，邻与千福寺法崇、西明寺慧静、保寿寺圆寂分职证义，并良贲润文。邻莫测其终。先所礼塔，今鄮山育王寺后峰之翠微茅庵基及井存焉。井实方池，其水碧色，缘苔泛泛然，辞人游者，诗咏绝多矣。

唐醴泉寺般若传

释般若，罽宾国人也。貌质魁梧，执戒严整，在京师，充义学沙门。宪宗敦崇佛门，深思翻译，奈何有事于蜀部，刘辟阻命，王承宗未平，朝廷多故。至元和五年庚寅，诏工部侍郎归登、孟简、刘伯刍、萧俛等就醴泉寺译出经八卷，号本生心地观，此之梵夹乃高宗朝师子国所进者，写毕进上。帝览有敕，"朕愿为序"。寻颂下其文，冠于经首，三藏赐帛，证义诸沙门锡赉有差。先于贞元中译华严经后分四十卷，此盖乌荼国王所进者，于时而赐紫衣。后大中中，法宝大师玄畅奏请入藏焉。

唐上都章敬寺悟空传

释悟空，京兆云阳人，姓车氏，后魏拓跋之远裔也。天假聪敏，志尚典坟，孝悌之声，蔼于乡里。属玄宗德被遐方，罽宾国愿附大唐，遣大首领萨婆远干与三藏舍利越摩于天宝九载来朝阙庭，请使巡按。明年，敕中使张韬光，将国信行官兼吏四十余人西迈。时空未出俗，名奉朝，授左卫泾州四门府别将，令随使臣自安西路去。至十二载至健陀罗国，罽宾东都城也，其王礼接唐使。使回，空笃疾，留健陀罗。病中发愿，痊当出家。遂投舍利越摩落发，号达摩驮都，华言法界，当肃宗至德二年也。洎年二十九，于迦湿弥罗国受具足戒，文殊矢涅地为亲教师，邬不羼提为羯磨阿遮利，耶驮里巍地为教授，于蒙鞮寺讽声闻戒，习根本律仪。然北天竺国皆萨婆多学也。后巡历数年，遍瞻八塔，为忆君亲，因咨本师舍利越摩，再三方允。摩手授梵本十地、回向轮、十力三经，共一夹，并佛牙舍利以赠别。空行从北路，至睹货罗国，五十七蕃中有一城，号骨咄国，城果有小海。空行次南岸，地辄摇动，云阴雨暴，霆击雹飞。乃奔就一大树间，时有众商咸投其下。商主告众曰："谁赍佛舍利异物殊珍耶？不尔，龙神何斯忿怒？有则投于海中，无令众人惶怖。如藏匿者，自贻伊咎。"空为利东夏之故，潜乞龙神宥过。自卯达申，雨雹方霁。回及龟兹，居莲华寺，遇三藏法师勿提提羼鱼，善于传译。空因将十力经夹请翻之。寻抵北庭大使复命。空出梵夹，于阗三藏戒法为译主，空证梵文并度语，翻成十地、回向轮经。事讫，随中使段明秀以贞元五年己巳达京师，敕于跃龙门使院安置。进上佛牙舍利、经本，宣付左神策军缮写，功德使窦文场写毕进呈，敕署空壮武将军、试太常卿。乃归章敬寺。次返云阳问二亲，坟树已拱矣。凡所往来，经四十年，于时已六十余。所翻经三本，共十一卷。翻经大德圆照续开元录皆编入藏，复记空之行状焉。

唐京师满月传（智慧轮）

释满月者，西域人也。爰来震旦，务在翻传瑜伽法门，一皆贯练。既多神效，众所推钦。开成中，进梵夹，遇伪甘露事去未旋踵，朝廷无复记纲，不暇翻译。时悟达国师知玄好学声明，礼月为师，情相款密，指教梵字并音字之缘界，悉昙八转，深得幽趣。玄曰："异哉，吾体两方之言，愿参象胥之末，可乎？"因请翻诸禁咒，乃与菩萨嚩日罗、金刚悉地等重译出陀罗尼集四卷，又佛为毗戍陀天子说尊胜经一卷，详核三复，曲尽佛意。此土先已有陀罗尼集十二卷，新翻四卷，未闻入藏。月等俱不测其终。次有般若斫迦三藏者，华言智慧轮，亦西域人。大中中，行大曼拏罗法，已受灌顶，为阿阇梨，善达方言，深通密语，着佛法根本。宗乎大毗卢遮那，为诸佛所依，法之根本者，陀罗尼是也。至于出生无边法门，学者修戒定慧以总侍助成，速疾之要，无以超越。又述示教指归，共一十余言，皆大教之钤键也，出弟子绍明，咸通年中刻石记传焉。

论曰：无漏海中，震潮音而可怪；总持言下，书梵字而不常。未闻者闻，闻光音天之余响；未解者解，解最上法之所诠。圣贤饮之为醇醪，凡劣啜之成糟粕。若夫有缘则遇，无道则违。秦狱既械其利防，此无缘也；汉庭肇迎其白马，斯有感焉。听彼异呼，览其横字，情可求而呼相乱，字虽殊而意且同。是故周礼有象胥氏通六蛮语，狄鞮主七戎，寄司九夷，译知八狄。今四方之官，唯译官显著者何也？疑汉已来多事北方，故译名烂熟矣。又如周秦輶轩使者，奏籍通别国方言，令君王不出户庭坐知绝遐异俗之语也。若然者，象胥知其远也，方言知其近也。大约不过察异俗、达远情者矣。懿乎东汉，始译四十二章经，复加之为翻也。翻也者，如翻锦绮，背面俱花，但其花有左右不同耳。由是翻译二名行焉。初则梵客华僧，听言揣意，方圆共凿，金石难和，碗配世间，摆名三昧，咫尺千里，觌面难通。次则彼晓汉谈，我知梵说，十得八九，时有差违，至若怒目看世尊、彼岸度无极矣。后则猛、显亲往，奘、空两通，器请师子之膏，鹅得水中之乳，内竖对文王之问，扬雄得绝代之文，印印皆同，声声不别，斯谓之大备矣。逖观道安也，论五失三不易。彦琮也籍其八备，明则也撰翻经仪式，玄奘也立五种不翻，此皆类左氏之诸凡，同史家之变例。今立新意，成六例焉。谓译字译音为一例，胡语梵言为一例，重译直译为一例，麁言细语为一例，华言雅俗为一例，直语密语为一例也。

初则四句，一译字不译音，即陀罗尼是。二译音不译字，如佛胸前卍字是。三音字俱译，即诸经律中纯华言是。四音字俱不译，如经题上二字是。

第二胡语梵言者，一在五天竺，纯梵语。二雪山之北是胡。山之南名婆罗门国，与胡绝，书语不同，从羯霜那国字源本二十余言，转而相生，其流漫广，其书竖读同震旦欤？至吐货罗，言音渐异，字本二十五言，其书横读。度葱岭南，迦毕试国言字同吐货罗，已上杂类为胡也。若印度言字，梵天所制，本四十七言，演而遂广，号青藏焉。有十二章，教授童蒙，大成五明论，大抵与胡不同。五印度境弥亘既遥，安无少异乎？又以此方始从东汉传译，至于隋朝，皆指西天以为胡国，且失梵天之苗裔，遂言胡地之经书。彦琮法师独明斯致，唯征造录，痛责弥天，符佛地而合阿含，得之在我；用胡名而迷梵种，失则诛谁？唐有宣公，亦同鼓唱。自此若闻弹舌，或睹黑容，印定呼为梵僧，雷同认为梵语。琮师可谓忙于执斧捕前白露之蝉，瞢在回光照后黄衣之雀。既云西土有梵有胡，何不南北区分，是非料简？致有三失。一改胡为梵，不析胡开，胡还成梵，失也。二不善胡梵二音，致令胡得为梵，失也。三不知有重译，失也。当初尽呼为胡，亦犹隋朝已来总呼为梵，所谓过犹不及也。如据宗本而谈，以梵为主；若从枝末而说，称胡可存。何耶？自五天至岭北，累累而译也，乃疑琮公留此以待今日，亦不敢让焉。三亦胡亦梵，如天竺经律传到龟兹，龟兹不解天竺语，呼天竺为印特伽国者，因而译之。若易解者犹存梵语。如此胡梵俱有者是。四二非句，纯华言是也。

第三重译直译者，一直译，如五印夹牒直来东夏译者是。二重译，如经传岭北楼兰、焉耆不解天竺言，且译为胡语，如梵云邬波陀耶，疏勒云鹘社，于阗云和尚。又天王，梵云拘均罗，胡云毗沙门是。三亦直亦重，如三藏直赍夹牒而来，路由胡国，或带胡言。如觉明口诵昙无德律中有和尚等字者是。四二非句，即赍经三藏虽兼胡语，到此不翻译者是。

第四粗言细语者，声明中一苏漫多，谓泛尔平语言辞也，二彦底多，谓典正言辞也。佛说法多依苏漫多，意住于义，不依于文，又被一切故。若彦底多非诸类所能解故。亦名全声者，则言音分明典正，此细语也。半声者，则言音不分明而讹僻，此粗语也。一是粗非细，如五印度时俗之言是。二唯细非粗，如法护、宝云、奘师、义净，洞解声明音律，用中天细语典言而译者是。三亦粗亦细，如梵本中语涉粗细者是。或注云此音讹僻，即粗言也。四二非句阙。

第五华言雅俗者，亦云音有楚夏同也。且此方言语，雅即经籍之文，俗乃术巷之说，略同西域。细即典正，粗即讹僻也。一是雅非俗，如经中用书籍言是。二是俗非雅，如经中乞头博颊等语是。三亦雅亦俗，非学士润文，信僧执笔，其间浑金璞玉交杂相投者是。四二非句阙。

第六直语密语者，二种作句，涉俗为直，涉真为密，如婆留师是。一是直非密，谓婆留师翻为恶口住，以恶口人人不亲近故。二是密非直，婆留师翻为菩萨所知彼岸也，既通达三无性理，亦不为众生所亲近故。三两亦句，即同善恶真俗，皆不可亲近故。四二非句，谓除前相故。又阿毗持呵娄（目数数得定）、只婆提（目生起拔根弃背）、婆罗（目真实离散乱）此诸名在经论中，例显直密语义也。更有胡梵文字，四句易解。凡诸类例括彼经诠，解者不见其全牛，行人但随其老马矣。

或曰：翻梵夹须用此方文籍者，莫招滥涉儒雅之过乎？通曰：言不关典，非子史之言，用其翻对，岂可以委巷之谈而糅于中耶？故道安云“乃欲以千载上之微言，传所合百王下之末俗”，斯为不易矣。或曰：汉魏之际，盛行斯意，致使陈寿国志述临儿国云：“浮屠所载，与中国老子经而相出入。盖老子西出关，过西域之天竺，教胡为浮屠。”此为见译家用道德二篇中语，便认云与老子经互相出入也。设有华人能梵语，与西僧言说，两相允会，可便谓此人为天竺人耶？盍穷其始末乎？是知若用外书，须招此谤。如童寿译法华，可谓折中，有天然西域之语趣矣。今观房融润文于楞严，僧肇征引而造论，宜当此诮焉。苟参鄙俚之辞，曷异屠沽之谱？然则糅书勿如无书，与其典也，宁俗。傥深溺俗，厥过不轻；折中适时，自存法语，斯谓得译经之旨矣。故佛说法多依苏漫多也。又传译之兴，奉行之意，不明本起，何示将来？今究其宣扬，略陈梗概。夫教者不伦，有三畴类：一显教者，诸乘经律论也（不同瑜伽论中显了教是多分大乘藏教）；二密教者，瑜伽灌顶、五部护摩、三密曼拏罗法也（瑜伽隐密教是多分声闻藏教）；三心教者，直指人心，见性成佛，禅法也。次一法轮者，即显教也，以摩腾为始祖焉。次二教令轮者，即密教也，以金刚智为始祖焉。

次三心轮者（义加此轮），即禅法也，以菩提达磨为始祖焉。是故传法轮者以法音传法音；传教令轮者，以秘密传秘密；传心轮者，以心传心。此之三教、三轮、三祖，自西而东，化凡而圣，流十五代（汉魏晋宋齐梁陈隋唐朱梁后唐石晋刘汉郭周今大宋），法门之贻厥孙谋，万二千年，真教之克昌厥后。

或曰：译场经馆，设官分职，不得闻乎？曰：此务所司，先宗译主，即赍叶书之三藏明练显密二教者充之。次则笔受者。必言通华梵，学综有空，相问委知，然后下笔。西晋伪秦已来立此员者，即沙门道含、玄赜、姚嵩、聂承远父子。至于帝王，即姚兴、梁武、天后、中宗，或躬执干，又谓为缀文也。次则度语者，正云译语也。传度转令生解，亦名传语，如翻显识论，沙门战陀译语是也。次则证梵本者，求其量果，密能证知，能诠不差，所显无谬矣。如居士伊舍罗证译毗柰耶梵本是也。至有立证梵义一员，乃明西义得失，贵令华语下不失梵义也。复立证禅义一员，沙门大通充之。次则润文一位，员数不恒，令通内外学者充之。良以笔受在其油素，文言岂无俚俗，傥不失于佛意，何妨刊而正之。故义净译场，则李峤、韦嗣立、卢藏用等二十余人次文润色也。次则证义，盖证已译之文所诠之义也。如译婆沙论，慧嵩、道朗等三百人考正文义，唐复礼累场充任焉。次则梵呗，法筵肇启，梵呗前兴，用作先容，令生物善，唐永泰中方闻此位也。次则校勘，雠对已译之文，隋前彦琮覆疏文义，盖重慎之至也。次则监护大使，后周平高公侯寿为总监检校，唐则房梁公为奘师监护，相次许观、杨慎交、杜行颛等充之。或用僧员，则隋以明穆、昙迁等十人监掌翻译事，诠定宗旨。其处则秦逍遥园、梁寿光殿、瞻云馆、魏汝南王宅。又隋炀帝置翻经馆，其中僧有学士之名。唐于广福等寺，或宫园不定。又置正字字学，玄应曾当是职，后或置或否。朝廷罢译事，自唐宪宗元和五年至于周朝，相望可一百五十许岁，此道寂然。迨我皇帝临大宝之五载，有河中府传显密教沙门法进请西域三藏法天译经于蒲津，州府官表进，上览大悦，各赐紫衣，因敕造译经院于太平兴国寺之西偏。续敕搜购天下梵夹，有梵僧法护、施护同参其务，左街僧录智照大师慧温证义。又诏沧州三藏道圆证梵字，慎选两街义解沙门志显缀文，令遵、法定、清沼笔受，守峦、道真、知逊、法云、慧超、慧达、可瑰、善佑、可支证义，伦次缀文，使臣刘素、高品王文寿监护，礼部郎中张洎、光禄卿汤悦次文润色，进校量寿命经、善恶报应经、善见变化、金曜童子、甘露鼓等经，有命授三藏天息灾、法天、施护师号，外试鸿胪少卿，赐厩马等。笔受、证义诸沙门各赐紫衣并帛有差。御制新译经序，冠于经首。观其佛日重光，法轮发轫，赤玉箱而启秘，青莲朵以开芳，圣感如然，前代就堪比也。又以宣译之者乐略乐繁，隋之已前，经题简少；义净已降，经目偏长。古则随取强名，后则繁尽我意。又旧翻秘咒，少注合呼。唐译明言，多祥音反，受持有验，斯胜古踪。净师犬译诸经，偏精律部，自高文彩，最有可观。金刚智也秘藏祖师，阿目佉也多经译匠，师资相接，感应互彰。无畏言辞且多朴实。觉救加佛顶之句，人无间然。日照出显识之文，刃有余地。思惟罥索，学喜华严，密语断章，大人境界。流志宝积，菩提曼荼，华胥之理致融明，灌顶之风标秘邃，迪公勤其笔受，般若终乎译场。其余诸公，皆翻夹牒，欲知状貌，聊举喻言。其犹人也，人皆人也，奈何姿制形仪，各从所肖，肖其父焉。若如此，大则同而小有异耳。良由译经是佛法之本，本立则道生。其道所生，唯生释子，是以此篇冠首。故曰先王将禜海，必先有事于河者，示不忘本也。

宋高僧传卷第三

宋高僧传卷第四

宋左街天寿寺通慧大师赐紫沙门赞宁等奉　敕撰

义解篇第二之一（正传二十一人附见七人）

唐京兆大慈恩寺窥基传

释窥基，字洪道，姓尉迟氏，京兆长安人也。尉迟之先与后魏同起，号尉迟部，如中华之诸侯国，入华则以部为姓也。魏平东将军说六代孙孟都生罗迦，为隋代州西镇将，乃基祖焉。考讳宗，唐左金吾将军松州都督江由县开国公。其鄂国公德则诸父也，唐书有传。基母裴氏梦掌月轮吞之，寤而有孕。及乎盈月诞弥，与群儿弗类，数方诵习，神晤精爽。奘师始因陌上见其眉秀目朗，举措疏略，曰："将家之种，不谬也哉。脱或因缘相扣，度为弟子，则吾法有寄矣。"复念在印度时计回程次，就尼犍子边占得卦甚吉，"师但东归，哲资生矣。"遂造北门将军，微讽之出家。父曰："伊类粗悍，那胜教诏？"奘曰："此之器度，非将军不生，非某不识。"父虽然诺，基亦强拒。激勉再三，拜以从命，奋然抗声曰："听我三事，方誓出家。不断情欲、荤血、过中食也。"奘先以欲勾牵，后令入佛智，佯而肯焉。行驾累载前之所欲，故关辅语曰"三车和尚"。即贞观二十二年也。一基自序云："九岁丁艰，渐疏浮俗。"若然者，三车之说，乃厚诬也。至年十七，遂预缁林。及乎入法，奉敕为奘师弟子，始住广福寺。寻奉别敕选聪慧颖脱者入大慈恩寺，躬事奘师，学五竺语，解纷开结，统综条然。闻见者无不叹伏。凡百犍度跋渠，一览无差，宁劳再忆。年二十五，应诏译经，讲通大小乘教三十余本。创意留心，勤勤著述，盖切问而近思，其则不远矣。造疏计可百本。奘所译唯识论，初与昉、尚、光四人同受，润色，执笔，捡文，纂义，数朝之后，基求退焉。奘问之，对曰："夕梦金容，晨趋白马，虽得法门之糟粕，然失玄源之醇粹，某不愿立功于参糅。若意成一本，受责则有所归。"奘遂许之。以理遣三贤，独委于基，此乃量材授任也。时随受撰录所闻，讲周疏毕。无何，西明寺测法师亦俊朗之器，于唯识论讲场得计于阍者，赂之以金，潜隐厥形，听寻联缀，亦疏通论旨。犹数座方毕，测于西明寺鸣椎集僧，称讲此论。基闻之，惭居其后，不胜怅快。奘勉之曰："测公虽造疏，未达因明。"遂为讲陈那之论，基大善三支，纵横立破，述义命章，前无与比。又云，请奘师唯为己讲瑜伽论，还被测公同前盗听，先讲。奘曰："五性宗法，唯汝流通，他人则否。"

后躬游五台山，登太行，至西河古佛宇中宿，梦身在半山，岩下有无量人唱苦声，冥昧之间，初不忍闻。徙步陟彼层峰，皆瑠璃色，尽见诸国土。仰望一城，城中有声曰："住住，咄，基公未合到此。"斯须，二天童自城出，问曰："汝见山下罪苦众生否？"答曰："我闻声而不见形。"童子遂投与剑一镡曰："剖腹当见矣。"基自剖之，腹开，有光两道晖映山下，见无数人受其极苦。时童子入城，持纸二轴及笔投之，捧得而去。及旦，惊异未已。过信夜，寺中有光久而不灭，寻视之，数轴发光者，探之，得弥勒上生经。乃忆前梦，必慈氏令我造疏通畅厥理耳。遂援毫次，笔锋有舍利二七粒而陨，如吴含桃许大，红色可爱。次零然而下者，状如黄粱粟粒。一云，行至太原传法，三车自随，前乘经论箱帙，中乘自御，后乘家妓、女仆、食馔。于路间遇一老父，问乘何人。对曰："家属。"父曰："知法甚精，携家属偕，恐不称教。"基闻之，顿悔前非，翛然独往。老父则文殊菩萨也。此亦卮语矣。随奘在玉华宫参译之际，三车何处安置乎？基随处化徒，获益者众。东行博陵，有请讲法华经，遂造大疏焉。及归本寺，恒与翻译旧人往还。屡谒宣律师。宣每有诸天王使者执事，或冥告杂务。尔日基去方来，宣怪其迟暮，对曰："适者大乘菩萨在此，善神翼从者多，我曹神通为他所制故尔。"以永淳元年壬午示疾，至十一月十三日长往于慈恩寺翻经院，春秋五十一，法腊无闻。葬于樊村北渠，祔三藏奘师茔陇焉。弟子哀恸，余外执绋会葬，黑白之众盈于山谷。

基生常勇进，造弥勒像，对其像日诵菩萨戒一遍，愿生兜率，求其志也。乃发通身光瑞，烂然可观。复于五台造玉石文殊菩萨像，写金字般若经毕，亦发神光焉。弟子相继取基为折中，视之如奘在焉。太和四年庚戌七月癸酉，迁塔于平原，大安国寺沙门令俭检校塔亭，徙棺，见基齿。有四十根不断玉如。众弹指言是佛之一相焉。凡今天下佛寺图形，号曰百本疏主真，高宗大帝制赞。一云玄宗。然基魁梧堂堂，有桓赳之气，而慈济之心，诲人不倦，自天然也。其符彩则项负玉枕，面部宏伟，交手十指若印契焉。名讳上字多出没不同者，为以慈恩传中云，奘师龙朔三年于玉华宫译大般若经终笔，其年十一月二十二日令大乘基奉表奏闻，请御制序。至十二月七日通事舍人冯义宣。由此云"灵基"，开元录为"窥基"，或言"乘基"，非也。彼曰"大乘基"，盖慧立、彦悰不全斥，故云大乘基，如言不听泰耳，犹"谨遣大乘光奉表"同也。今海内呼"慈恩法师"焉。

系曰：性相义门，至唐方见大备也。奘师为瑜伽、唯识开创之祖，基乃守文述作之宗。唯祖与宗，百世不除之祀也。盖功德被物，广矣大矣。奘苟无基，则何祖张其学乎？开天下人眼目乎？二师立功与言，俱不朽也。然则基也，鄂公犹子，奘师门生，所谓将家来为法将，千载一人而已。故书有之：厥父菑，厥子乃肯播，矧能肯获。其百本疏主之谓欤！

唐京师西明寺道世传

释道世，字玄恽，姓韩氏，厥先伊阙人也。祖代因官为京兆人焉。生且渥润，渐而聪敏，俄厌众沙，思参救蚁。二亲钟爱，遏绝其请，久而遂心。时年十二，于青龙寺出家，从执德瓶，止临欣鉴，律宗研核，书籍钻寻，特慕上乘融明实性。于时籍甚，三辅钦归。显庆年中，大帝以玄奘师所翻经论，未几诏入内，及慈恩寺大德更代行道，不替于时，世亦预其选。及为皇太子造西明寺，爰以英博召入斯寺，时道宣律师当涂行律，世且旁敷，同驱五部之车，共导三乘之轨，人莫我及，道望芬然。复因讲贯之余，仍览甚深之藏。以为古今绵代，制作多人，虽雅趣佳辞，无足于传记。由是搴文囿之菁华，嗅大义之瞻卜，以类编录，号法苑珠林，总一百篇，勒成十帙。始从劫量，终乎杂记，部类之前，各序别论。令学览之人，就门随部，捡括所知，如提纲焉，如举领焉。世之用心周乎十稔，至总章元年毕轴，兰台郎李俨为之都序，此文行于天下。又着善恶业报及信福论共二十三卷，大小乘禅门观及大乘观共十一卷，受戒仪式、礼佛仪式共六卷，四分律讨要五卷，四分律尼钞五卷，金刚经集注三卷，十部都一百五十三卷。世颇多著述，未测其终。名避太宗庙讳，多行字耳，故时称玄恽焉。

唐京兆大慈恩寺普光传

释普光，未知何许人也。明敏为性，爰择其木，请事三藏奘师。勤恪之心，同列靡及。至于智解，可譬循环，闻少证多，奘师默许。末参传译，头角特高，左右三藏之美，光有功焉。初，奘嫌古翻俱舍，义多缺然，躬得梵本，再译真文，乃密授光，多是记忆西印萨婆多师口义。光因着疏解判。一云其疏至圆晖略之为十卷，如汉之有淹软。又尝随奘往玉华宫译大般若经，厥功出乎禅赞也，时号大乘光。观夫奘自贞观十九年创译，记麟德元年，终于玉华宫，凡二十载，总出大小乘经律论七十五部一千三百三十五卷，十分七八是光笔受，或谓嘉光、普光也。若验从辩机同参译务，即普光是也。

唐京兆大慈恩寺法宝传（胜庄）

释法宝，亦三藏奘师学法之神足也。性灵敏利，最所先焉。奘初译婆沙论毕，宝有疑情，以非想见惑，请益之。奘别以十六字入乎论中，以遮难辞。宝白奘曰："此二句四句为梵本有无？"奘曰："吾以义意酌情作耳。"宝曰："师岂宜以凡语增加圣言量乎？"奘曰："斯言不行，我知之矣。"自此炰烋颉颃于奘之门，至乎六离合释义，俱舍宗以宝为定量矣。光师往往同迦湿弥罗余师礼记衍字也。时光、宝二法师若什门之融睿焉。后越精义学，令问孔胶。长安三年，于福先寺、京西明寺预义净译场，宝与法藏胜庄等证义，于时颇露头角，莫之与京欤。

唐京师西明寺圆测传（薄尘　灵辩）

释圆测者，未详氏族也。自幼明敏，慧解纵横。三藏奘师为慈恩基师讲新翻唯识论，测赂守门者隐听，归则缉缀义章。将欲罢讲，测于西明寺鸣钟召众，称讲唯识。基慊其有夺人之心，遂让测讲训。奘讲瑜伽，还同前盗听受之，而亦不后基也。诒高宗之末，天后之初，应义解之选，入译经馆，众皆推挹。及翻大乘显识等经，测充证义，与薄尘、灵辩、嘉尚攸方其驾。所著唯识疏钞，详解经论，天下分行焉。

唐京师安国寺元康传

释元康，不详姓氏。贞观中游学京邑，有彭亨之誉。形拥肿而短，然其性情酋勇，闻少解多，群辈推许。先居山野，恒务持诵观音，求加慧解，遂感鹿一首角分八岐，厥形绝异。康见之，抚而驯伏，遂豢养之，乘而致远，曾无倦色。以三论之文荷之于背，又以小轴系之于尾，曳入上都，意为戏弄：说有之徒不达空性，我与轻轴碾之，令悟真理。又衣大布，曳纳播，戴竹笠，笠宽丈有二尺。装饰诡异，人皆骇观。既入京城，见一法师盛集讲经化导。康造其筵，近其座，便就所讲义申问，往返数百言，人咸惊康之辩给如此。复戏法师曰："甘桃不结实，苦李压低枝。"讲者曰："轮王千个子，巷伯勿孙儿。"盖讥康之无生徒也。康曰："丹之藏者赤，漆之藏者黑，随汝之赤者非缥绛焉，入汝之黑者非铅墨焉。"举众皆云："辞理涣然，可非垂迹之大士也？"帝闻之，喜曰："何代无其人！"诏入安国寺讲此三论。遂造疏，解中观之理。别撰玄枢两卷，总明中、百门之宗旨焉。后不测其终。

系曰：康师曳纳播者何？通曰：梵言立播，华言裹腹衣，亦云抱腹，形制如偏袒，一幅才穿得手，肩袖不宽。着在左边，右边施带，多贮绵絮。然是御寒之服，热国则否，用此亦圣开。流于东土，则变成色帛，而削幅缀于左右袖上，垂之制曳然，旌表我通赡经论。一本则曳一支，多则多曳。未知稽古自何人始乎？今单言播，略立字耳，全非御寒之意，翻为我慢之衣。既失元端，而多滥作，别形圣教以俟后贤，此外无施异制以乱大伦。诗曰：服之不称，身之灾也。吁！

唐简州福聚寺靖迈传

释靖迈，梓潼人也。少孺矜持，长高志操，特于经论研核造微。气性沈厚，不妄交结，游必择方，抵于京辅。贞观中，属玄奘西回，敕奉为太穆太后于京造广福寺，就彼翻译。所须吏力，悉与玄龄商量，务令优给。遂召证义大德谙练大小乘经论为时所尊尚者，得一十一人，迈预其精选，即居慈恩寺也。同普光寺栖玄、广福寺明浚、会昌寺辩机、终南山丰德寺道宣同执笔缀文，翻译本事经七卷。迈后与神昉笔受于玉华宫及慈恩寺翻经院，皆推适变，故得经心矣。后着译经图纪四卷，铨序古今经目、译人名位、单译、重翻、疑伪等科，一皆条理，见编于藏。开元中，智升又续其题目焉。

唐新罗国顺璟传

释顺璟者，浪郡人也，本土之氏族，东夷之家系，故难详练。其重译学声教，盖出天然。况乎因明之学，奘师精研，付受华僧，尚未多达，璟之克通，非其宿殖之力，自何而至于是欤？传得奘师真唯识量，乃立决定相违不定量。于乾封年中因使臣入贡附至。于时奘师长往向及二年。其量云："真故极成色，定离眼识，自许初三摄，眼所不摄故，犹如眼根。"良以三藏隐密周防，非大智不明。璟为宗云："不离于眼识，自许初三摄，眼所不摄故，犹如眼识也。"如此善成他义。时大乘基览此作，便见璟所不知。虽然，终仰边僧识见如此，故叹之曰："新罗顺璟法师者，声振唐蕃，学包大小，业崇迦叶，唯执行于杜多，心务薄拘，恒驰声于少欲。"既而蕴艺西夏，传照东夷，名道日新，缁素钦揖。虽彼龙象不少，海外时称独步，于此量作决定相，违基师念。远国之人有兹利慧，搪突奘师，暗中机发，善成三藏之义，惜哉！璟在本国稍多著述，亦有传来中原者，其所宗，法相大乘了义教也。见华严经中始从发心便成佛已，乃生谤毁不信。

或云："当启手足，命弟子辈扶掖下地，地则徐裂，璟身俄坠。"时现生身陷地狱焉。于今有坑，广袤丈余，实坎窞然，号"顺璟捺落迦"也。

系曰：曲士不可以语道者，束其教也。是故好白者以黑为污，好黑者以白为污焉。璟怒心尤重，猛利业增如射箭，顷堕在地狱。列高僧品次，起秽以自臭耶？通曰：难信之法易速谤诮，谤诮岂唯一人乎？俾令众所知识者直陷三涂，乃知顺璟真显教菩萨也。况乎赵盾为法受恶，菩萨乃为法亡身。斯何足怪？君不见尼犍外道一一谤佛，而独使提婆生陷，后于法华会上受记作佛，静言思之。

唐京兆大慈恩寺嘉尚传

释嘉尚，未知何许人也。慧性天资，瑰奇气质，篇聚坚守，性相克攻，勤在进修，务于翻译。远栖心于奘三藏门，见宗庙之富，窥室家之好。久稽考瑜伽师地、佛地论旨、成唯识论，深得义趣。随奘于玉华宫译大般若经，充证义缀文，多能杰出。及三藏有疾，命尚具录所翻经论合七十五部，总一千三百三十五卷。又录俱胝画像一千帧，造十俱胝像，写经放生然灯，令尚宣读。奘合掌欢喜曰："吾心中愿也，汝代导之，得没而无悔焉。"奘卒，著述疏钞出杂集，义门伙多。天后朝同薄尘、灵辩等预译场证义，功绩愈繁。尚初侍奘师在玉华宫翻经，至初会严净佛土品，说诸佛菩萨以神通愿力盛大千界上妙珍宝诸妙香花及意乐所生五尘妙境供养庄严说法处，与寺主慧德夜睹玉华寺内广博严净，伎乐盈满。又闻三堂讲法。明日白奘，欢喜符合。尚不知所终。

唐淄州慧沼传（大愿　尘外）

释慧沼，不知何许人也。少而警慧，始预青衿，依于庠序，诵习该通。入法修身，不违戒范，乃被时谚沼阇梨焉。次攻坚于经论，善达翻传。自奘三藏到京，恒窥壶奥。后亲大乘基师，更加精博。及菩提流志于崇福寺译大宝积经，沼预其选，充证义，新罗胜庄法师执笔，沙门大愿、尘外皆一时英秀，当代象龙。于时武平一充使，卢藏用、陆景初总预斯场。中书侍郎崔湜因行香至翻经院，叹曰："清流尽在此矣，岂应见隔？"因奏请乞同润色新经。初，沼证义于义净译场，多所刊正，讹言舛义，悉从指定，无敢逾制。后著诸疏义，号淄州沼也。

唐京兆大慈恩寺彦悰传

释彦悰，未知何许人也。贞观之末，观光上京，求法于三藏法师之门。然其才不逮光、宝，遍长缀习学耳。于玄儒之业，颇见精微。辞笔之能，殊超流辈。有魏国西寺沙门慧立，性气炰烋，以护法为己任，著传五卷，专记三藏自贞观中一行盛化及西域所历夷险等，号慈恩传，盖取寺题也。及削藁云毕，虑遗诸美，遂藏于地穴。至疾亟，命门徒掘土出之而卒。其本数年流散他所，搜购乃获。弟子等命悰排次之，序引之，或文未允，或事稍亏，重更伸明，曰笺述是也，乃象郑司农笺毛之诂训也。或有调之曰："子与隋彦悰相去几何？"对曰："赐也何敢望回，虽长卿慕蔺，心宗慕于玉宗，故有以也。诗曰：'言念君子，温其如玉。'"自许亦颜之士也。或人许焉。悰不知终所。

唐新罗国义湘传

释义湘，俗姓朴，鸡林府人也。生且英奇，长而出离，逍遥入道，性分天然。年临弱冠，闻唐土教宗鼎盛，与元晓法师同志西游，行至本国海门唐州界，计求巨舰，将越沧波。倏于中涂遭其苦雨，遂依道旁土龛间隐身，所以避飘湿焉。迨乎明旦相视，乃古坟骸骨旁也。天犹霡霂，地且泥涂，尺寸难前，逗留不进。又寄埏甓之中，夜之未央，俄有鬼物为怪。晓公叹曰："前之寓宿，谓土龛而且安；此夜留宵，托鬼乡而多祟。则知心生故种种法生，心灭故龛坟不二。又三界唯心，万法唯识。心外无法，胡用别求？我不入唐。"却携囊返国，湘乃只影孤征，誓死无退。以总章二年附商船达登州岸，分卫到一信士家，见湘容色挺拔，留连门下既久，有少女丽服靓妆，名曰善妙，巧媚诲之，湘之心石不可转也。女调不见答，顿发道心于前，矢大愿言：“生生世世归命和尚，习学大乘，成就大事，弟子必为檀越供给资缘。”湘乃径趋长安终南山智俨三藏所，综习华严经。时康藏国师为同学也。所谓知微知章，有伦有要。德瓶云满，藏海嬉游，乃议回程，传法开诱。复至文登旧檀越家，谢其数稔供施，便慕商船，逡巡解缆。其女善妙预为湘办集法服并诸什器，可盈箧笥，运临海岸。湘船已远，其女咒之曰：“我本实心供养法师，愿是衣箧跳入前船！”言讫，投箧于骇浪。有顷，疾风吹之若鸿毛耳，遥望径跳入船矣。其女复誓之：“我愿是身化为大龙，扶翼舳舻，到国传法。”于是攘袂投身于海，将知愿力难屈，至诚感神，果然伸形夭矫或跃，蜿蜒其舟底，宁达于彼岸。湘入国之后，遍历山川，于驹尘、百济风马牛不相及地，曰：“此中地灵山秀，真转法轮之所。”无何，权宗异部聚徒可半千众矣。湘默作是念，大华严教，非福善之地不可兴焉。时善妙龙恒随作护，潜知此念，乃现大神变于虚空中，化成巨石，纵广一里，盖于伽蓝之顶，作将堕不堕之状。群僧惊骇，罔知攸趣，四面奔散。湘遂入寺中，敷阐斯经，冬阳夏阴，不召自至者多矣。国王钦重，以田庄奴仆施之。湘言于王曰：“我法平等，高下共均，贵贱同揆。涅槃经八不净财，何庄田之有？何奴仆之为？贫道以法界为家，以盂耕待稔，法身慧命藉此而生矣。”湘讲树开花，谈丛结果，登堂睹奥者则智通、表训、梵体、道身等数人，皆啄巨彀飞出迦留罗鸟焉。湘贵如说行，讲宣之外，精勤修练，庄严刹海，靡惮暄凉。又常行义净洗秽法，不用巾帨，立期干燥而止。持三法衣，瓶钵之余，曾无他物。凡弟子请益，不敢造次，伺其怡寂而后启发。湘乃随疑解滞，必无滓核。自是已来，云游不定，称可我心，卓锡而居。学侣蜂屯，或执笔书绅，怀铅札叶，抄如结集，录似载言，如是义门随弟子为目，如云道身章是也。或以处为名，如云锥穴问答等数章。疏皆明华严性海、毗卢遮那无边契经义例也。湘终于本国，塔亦存焉，号海东华严初祖也。

唐京兆大慈恩寺义忠传

释义忠，姓尹氏，潞府襄垣人也。年始九岁，宿殖之性，志愿出家，得淄州沼阇梨为师，若凤巢中之生鹓雏也。少秉奇操，慧解不伦。沼授与大涅槃经，时十三岁矣。相次诵彻四十卷，众皆惊骇，号空门奇童也。二十登戒，学四分律，义理淹通。旁习十二门论二本，即当讲演。沼师知是千里之骏，学恐失时，闻长安基师新造疏章，门生填委，声振天下。乃师资相将，同就基之讲肆，未极五年，又通二经五论，则法华、无垢称及百法、因明、俱舍、成唯识、唯识道等也。由兹开奖，弟子繁多，讲树别茂于枝修，义门旁开于关窍，乃著成唯识论纂要，成唯识论钞三十卷、法华经钞二十卷、无垢称经钞二十卷。百法论疏最为要当，移解二无我归后，是以掩慈恩之繁，于今盛行勿过忠本。所谓列群玉，贯众花，玉装琼树之林，花缀蜀机之锦。辈流首伏，声彩悠扬。况基师正照于太阳，忠也旁衔于龙烛，四方美誉，千里归心者，不可胜算矣。传持靡怠，仅五十余年，计讲诸教七十许遍。至年七十二，忽起怀土之心，归于昭义，示同初夏诵戒行道。每一坐时，面向西北，仰视兜率天宫，冥心内院，愿舍寿时得见天主，永离凡浊，终得转依。一日，晨兴澡洗讫，整肃容仪，望空礼拜，如有哀告之状。少顷，结加趺坐，嘱付流通教法之意毕，忽异香满室，彩云垂空。忠合掌仰视曰："秽弱比丘，何烦大圣躬来引接？"言尽而化。乡人道俗建塔供养，全身不坏，至今河东乡里高冈存焉。

唐新罗国黄龙寺元晓传（大安）

释元晓，姓薛氏，东海湘州人也。丱鬒之年，惠然入法，随师禀业，游处无恒。勇击义围，雄横文阵，仡仡然，桓桓然，进无前却，盖三学之淹通，彼土谓为万人之敌，精义入神，为若此也。尝与湘法师入唐，慕奘三藏慈恩之门，厥缘既差，息心游往。无何，发言狂悖，示迹乖疏，同居士入酒肆倡家，若志公持金刀铁锡，或制疏以讲杂华，或抚琴以乐祠宇，或闾阎寓宿，或山水坐禅，任意随机，都无定检。时国王置百座仁王经大会，遍搜硕德，本州以名望举进之。诸德恶其为人，谮王不纳。居无何，王之夫人脑婴痈肿，医工绝验，王及王子臣属祷请山川灵祠，无所不至。有巫觋言曰："苟遣人往他国求药，是疾方瘳。"王乃发使泛海入唐，募其医术。溟涨之中，忽见一翁由波涛跃出登舟，邀使人入海，睹宫殿严丽，见龙王。王名钤海，谓使者曰："汝国夫人是青帝第三女也，我宫中先有金刚三昧经，乃二觉圆通示菩萨行也。今托仗夫人之病，为增上缘，欲附此经出彼国流布耳。”于是将三十来纸重沓散经付授使人。复曰：“此经渡海中，恐罹魔事。”王令持刀裂使人腨肠，而内于中，用蜡纸缠縢，以药傅之，其腨如故。龙王言：“可令大安圣者铨次缀缝，请元晓法师造疏讲释之，夫人疾愈无疑。假使雪山阿伽陀药力亦不过是。”龙王送出海面，遂登舟归国。时王闻而欢喜，乃先召大安圣者粘次焉。大安者，不测之人也，形服特异，恒在市廛，击铜钵唱言“大安大安”之声，故号之也。王命安，安云：“但将经来。”不愿入王宫阈。安得经，排来成八品，皆合佛意。安曰：“速将付元晓讲，余人则否。”晓受斯经，正在本生湘州也，谓使人曰：“此经以本始二觉为宗，为我备角乘，将案几，在两角之间置其笔砚。”始终于牛车造疏，成五卷。王请克日于黄龙寺敷演，时有薄徒窃盗新疏，以事白王，延于三日，重录成三卷，号为略疏。洎乎王臣道俗云拥法堂，晓乃宣吐有仪，解纷可则，称扬弹指，声沸于空。晓复昌言曰：“昔日采百椽时，虽不预会，今朝横一栋处，唯我独能。”时诸名德俯颜惭色，伏膺忏悔焉。初晓示迹无恒，化人不定，或掷盘而救众，或噀水而扑焚，或数处现形，或六方告灭，亦杯渡、志公之伦欤？其于解性，览无不明矣。疏有广、略二本，俱行本土。略本流入中华，后有翻经三藏，改之为论焉。

系曰：海龙之宫自何而有经本耶？通曰：经云龙王宫殿中有七宝塔，诸佛所说诸深义，别有七宝箧满中盛之，谓十二因缘、总持三昧等。良以此经合行世间，复显大安、晓公神异，乃使夫人之疾为起教之大端者也。

周京兆崇福寺神楷传（明恂）

释神楷，姓郭氏，太原人也，即汉末林宗之后。世袭冠裳，后随父宦于秦，为京兆人也。昆弟六人，楷居其季。幼而聪敏，立志弗群，不乐浮荣，誓求剪落，礼明恂法师为弟子，即大乘恂也。洎乎年满受具于经论义理，大小该通，耳闻口诵，譬鲜氍之易染。遂讲摄大乘、俱舍等论，颖晤辈流罕有齐驾。后因讲净名经，见古师判处，喟然叹曰：“美则美矣，未尽善也！”乃于安陆白赵山撰疏，一云在越州剡石城寺。述作素有巧性。于剡溪南岩之下，映水塑貌。今有池已涸矣，岩下石隙缝间幽暗，然中有木棺者，云是楷殡于此。游人下窥，历历皆睹。又言楷因慈恩、西明等寺度公者出家，及翻经论，敕诸道高行才学僧并赴京师，遂应诏而入，配居崇业寺。至天后朝，方行其疏。后卒于此寺，弟子迁塔于南逍遥园焉，实大乘基之法门犹子也。

系曰：楷师遗迹，何京兆、剡溪二处？孰是？令人疑惑，若两家之俱见葡训焉。此乃古人名显于四方，因子孙南北徙迁，追念先宗，遂有侨置焉。如晋氏渡江，衣冠之家多立祖先之遗迹同也。若然者，剡则是楷曾游历之地也。

周京兆广福寺会隐传

释会隐，不详何许人也。精明之气，绰有盈余，处于等夷，若鸡群之见鹤也。天皇朝慎选高学名德，隐膺斯选。麟德二年敕北门西龙门修书所，同与西明寺玄则等一十人于一切经中略出精义玄文三十卷，号禅林要钞，书成奏呈，敕藏秘阁。隐亦尝预翻译，玄则颇闻著述，高宗朝斯为龙象之最焉。

周虎丘山寺僧瑗传

释僧瑗，字辩空，姓只氏，高平昌邑人也。姬水疏源，狼亭袭庆。鲁相继昌侯之业，历载弥光；少傅纂尚书之风，清尘不昧。瑗夙殖奇颖，早擅嘉祥。母赵氏娠孕之日，侧侍圣贤浮空游乐。及年六岁，随母入舍利塔，见圣僧像，欣然跳跃，状若旧交，因启母出家。母以其尚幼，抑而未许。至年十三，方遂其志，依虎丘寺慧严法师为弟子。谦揖之操，出自生知；辩慧之能，业称上首。以龙朔二年奉敕剃剪，冥符所应，还隶此山。暨严公长往，乃依慧诩禅师受具足戒，听常乐寺聪法师三论，甚深无相，疑滞豁除，方便解脱，怡然独悟。因智从心证，遂诣江宁融禅师求学心法。摄念坐禅，众魔斯伏；勤行精进，猛兽恒驯。是以名称普闻，声光八绝，旗亭趋利，削迹无践。冬夏不易，常披一纳。或滴水以充于夕渴；或数粒将济于朝饥；或风雪凛凛，礼诵无替于六时；或炎暑爔爔，经行不亏于少选。称扬叹羡，容色湛如；毁辱诃骂，欢喜而受。每荫以长松，属思鸿远。清泉独坐，映定水以雕文；虚室高栖，蔼禅枝而荡虑。撰武丘名僧苑一卷，注只子两卷，文集三卷，盖道俗之仪表，人物之师范焉。永昌元年十二月二十日见身有疾，谓弟子曰："吾闻尸所到处，便为秽恶，出就别方，乃称离罪尔。"门弟子等迎止于通波亭北静志庄，忽闻异香从空而下。瑗遗训勤切，正观叮咛，灭后可依外国法。言讫合掌而终，春秋五十有一。缁素奔恸，咸悲眼灭。弟子僧义立及雉山县尉檀信等同遵师旨，如法阇维，收其舍利，于寺建塔，勒铭于所。

唐会稽山妙喜寺印宗传

释印宗，姓印氏，吴郡人也。母刘氏始娠，邻家咸见一沙门端雅，徐步入印舍，白刘曰："愿为子焉。"母梦同此，再三陈让，不克。父梦有馈栴檀香木，童子跪授付刘。刘顿厌荤膻，俗间食味隔在唇吻之外。及生而长，从师诵通经典，末最精讲者涅槃经。咸亨元年在京都，盛扬道化。上元中，敕入大爱敬寺居，辞不赴，请于蕲春东山忍大师咨受禅法。复于番禺遇慧能禅师，问答之间，深诣玄理。还乡地，刺史王胄礼重殊伦，请置戒坛，命宗度人，可数千百。续敕召入内，乃造慈氏大像。所著心要集，起梁至唐，天下诸达者语言总录焉。又奉敕江东诸寺院天柱、报恩各置戒坛度人。又纂百家诸儒士三教文意表明佛法者，重结集之。手笔逾高，著述流布。至先天二年二月二十一日示终，嘱循轮王法葬之，年八十七。会稽王师乾立塔铭焉。

唐太原府崇福寺宗哲传

释宗哲，西河平遥人也。稚岁而有奇相，聪颖天资，既寻师范，砥节饰躬。属玄奘三藏新翻诸经论，哲就其门，请益无替，凡几周星，备穷诸典，若指于掌，于奘门下号为“得意哲”，犹隋慧布之题目焉。后因讲唱，厥义日新，时谓之为“法江”。哲曰：“为吾谢此品藻焉，殊不知法海在乎大原矣。”所指者盖浮丘为沧溟也。哲悯学者不达其意而师，悖哉，乃著义例，寰海之内莫不企羡。其如说佛位三事喻中，沼法师言三点三目，强分上下，胜劣配属，太成巧诬。哲云三事俱得。然无名师品量。退而省之，哲其得矣。号之“得意”，岂虚也乎！沼师所以成余师之说也。

唐洛京佛授记寺德感传

释德感，姓侯氏，太原人也。仪容瑰丽，学业精赡，众典服勤，于瑜伽论特振声彩。天皇大帝征为翻经大德。又与胜庄、大仪等同参义净译场，对扬受赐，言谢浏亮。帝悦，寻授封昌平县开国公，累井田至三千户。帝为赞曰：“河汾之宝，山岳之英，早祛俗累，夙解尘缨。缁门仰德，绀宇驰声。式亚龙树，爰齐马鸣。”为时君之所贵，为若此也。御制风行，缁伍荣之。后充河南佛授记寺都维那，晚升寺任，中外肃然。终年六十余，著义门行于世。如其七方便人回心渐顿悟义，与湛法师为勍敌耳，故交绥而退焉。

唐太原崇福寺浮丘传

释浮丘，姓张氏，太原人也。挺然奇表，慧悟绝伦。于瑜伽论差成精博，旁综群书，言分雅俗，四方学者争造其门。然讷于宣剖，敏于通解，深藏若虚，庸庸品类多所不知。于时哲公露其头角，博闻强识之者惧其抵触，岂况请余乎？哲惟神伏丘之义学，故谓为“法海”焉。享年七十余，终于所居，然未闻其有所著述矣。

宋高僧传卷第四

宋高僧传卷第五

宋左街天寿寺通慧大师赐紫沙门赞宁等奉　敕撰

义解篇第二之二（正传十四人附见五人）

周洛京佛授记寺法藏传（大仪）

释法藏，字贤首，姓康，康居人也。风度奇正，利智绝伦，薄游长安，弥露锋颖，寻应名僧义学之选。属奘师译经，始预其间，后因笔受、证义、润文，见识不同而出译场。至天后朝，传译首登其数。实叉难陀赍华严梵夹至，同义净、复礼译出新经。又于义净译场，与胜庄、大仪证义。昔者敦煌杜顺传华严法界观，与弟子智俨讲授此晋译之本。智俨付藏，藏为则天讲新华严经，至天帝网义十重玄门、海印三昧门、六相和合义门、普眼境界门，此诸义章皆是华严总别义网，帝于此茫然未决。藏乃指镇殿金狮子为喻，因撰义门，径捷易解，号金师子章，列十门总别之相，帝遂开悟其旨。又为学不了者设巧便，取鉴十面，八方安排，上下各一，相去一丈余，面面相对，中安一佛像，燃一炬以照之，互影交光。学者因晓刹海涉入无尽之义。藏之善巧化诱，皆此类也。其如宣翻之寄，亦未能舍，盖帝王归信缁伍所凭之故。洎诸梵僧罢译，帝于圣历二年已亥十月八日，诏藏于佛授记寺讲大经，至华藏世界品，讲堂及寺中地皆震动，都维那僧恒景具表闻奏。敕云，“昨请敷演微言，阐扬秘赜。初译之日，梦甘露以呈祥；开讲之辰，感地动以标异。斯乃如来降迹，用符九会之文；岂朕庸虚，敢当六种之震。披览来状，欣惕于怀”云。其为帝王所重，实称非虚，所以华严一宗付授澄观，推藏为第三祖也。著般若心经疏，为时所贵，天下流行。复号康藏国师是欤！

唐荆州玉泉寺恒景传

释恒景，姓文氏，当阳人也。贞观二十二年敕度，听习三藏，一闻能诵，如说而行。初就文纲律师隶业毗尼，后入覆舟山玉泉寺，追智者禅师习止观门。于寺之南十里别立精舍，号龙兴是也。自天后、中宗朝，三被诏入内供养为受戒师。以景龙三年奏乞归山，敕允其请。诏中书、门下及学士于林光宫观内道场设斋。先时追召天下高僧兼义行者二十余人，常于内殿修福，至是散斋，仍送景并道俊、玄奘各还故乡。帝亲赋诗，学士应和，即中书令李峤、中书舍人李乂等数人。时景等捧诗振锡而行，天下荣之。景撰顺了义论二卷、摄正法论七卷、佛性论二卷。学其宗者，如渴之受浆。至先天元年九月二十五日卒于所住寺，春秋七十九。弟子奉葬于寺之西原也。

系曰：江陵玄奘与三藏法师形影相接，相去几何。然其名同实异，亦犹蔺相如得强秦之所畏，马相如令杨雄之追慕。然则各有所长短，亦可见也。

唐中岳嵩阳寺一行传

释一行，俗姓张，巨鹿人也，本名遂，则唐初佐命剡国公公谨之支孙也。丱岁不群，聪黠明利，有老成之风。读书不再览，已暗诵矣。因遇普寂禅师大行禅要，归心者众，乃悟世幻，礼寂为师，出家剃染。所诵经法，无不精讽。寂师尝设大会，远近沙门如期必至，计逾千众。时有征士卢鸿，隐居于别峰，道高学富，朝廷累降蒲轮，终辞不起。大会主事先请鸿为导文，序赞邑社。是日鸿自袖出其文，置之机案。钟梵既作，鸿谓寂公曰："某为数千百言，况其字僻文古，请求朗俊者宣之，当须面指擿而授之。"寂公呼行，伸纸览而微笑，复置机案。鸿怪其轻脱。及僧聚于堂中，行乃攘袂而进，抗音典裁，一无遗误。鸿愕视久之，降叹不能已，复谓寂公曰：“非君所能教导也，当纵其游学。”自是三学名师，罕不咨度。因往当阳，值僧真，纂成律藏序，深达毗尼。然有阴阳谶纬之书，一皆详究，寻访算术，不下数千里，知名者往询焉。末至天台山国清寺见一院，古松数十步，门枕流溪，淡然岑寂。行立于门屏，闻院中布算，其声敕敕然。僧谓侍者曰：“今日当有弟子自远求吾算法，计合到门，必无人导达耶？”即除一算子，又谓侍者曰：“门前水合却西流，弟子当至。”行承其言而入，稽首请法，尽授其决焉，门前水复东流矣，自此声振遐迩，公卿籍甚。玄宗闻之，诏入，谓行曰：“师有何能？”对曰：“略能记览，他无所长。”帝遂命中官取宫籍以示之，行周览方毕，覆其本，记念精熟，如素所习。唱数幅后，帝不觉降榻稽首曰：“师实圣人也。”嗟叹良久。寻乃诏对无恒，占其灾福，若指于掌，言多补益。

时邢和璞者，道术人，莫窥其际，尝谓尹愔曰：“一行和尚真圣人也。汉洛下闳造历云：‘八百岁当差一日，则有圣人定之。’今年期毕矣，属大衍历出，正其差谬，则洛下闳之言可信。非圣人孰能预于斯矣！”又于金刚三藏学陀罗尼秘印，登前佛坛，受法王宝，复同无畏三藏译毗卢遮那佛经，开后佛国，其传密藏，必抵渊府也，睿宗、玄宗并请入内集贤院，寻诏住兴唐寺。所翻之经，遂著疏七卷，又摄调伏藏六十卷，释氏系录一卷，开元大衍历五十二卷，其历编入唐书历律志，以为不刊之典。又造游仪，黄赤二道以铁成规，于院制作。次有王媪者，行邻里之老妪，昔多赡行之贫，及行显遇，常思报之。一日拜谒云：“儿子杀人，即就诛矣。况师帝王雅重，乞奏减死，以供母之残龄！”如是泣涕者数四，行曰：“国家刑宪，岂有论请而得免耶？”命侍僧给与若干钱物，任去别图。媪戟手曼骂曰：“我居邻周给迭互，绷褓间抱乳汝。长成，何忘此惠耶！”行心慈爱，终夕不乐。于是运算毕，召净人戒之曰：“汝曹挈布囊于某坊闲静地，午时坐伺，得生类投囊，速归。”明日，果有猳彘引豚七个，净人分头驱逐，猳母走矣，得豚而归。行已备巨瓮，逐一入之，闭盖以六乙泥封口，诵胡语数契而止，投明，中官下诏入问云：“司天监奏昨夜北斗七座星全不见，何耶？”对曰：“昔后魏曾失荧惑星，至今帝车不见。此则天将大儆于陛下也。夫匹夫匹妇不得其所？犹陨霜天旱，盛德所感，乃能退之。感之切者其在葬枯骨乎！释门以慈心降一切魔，微僧曲见，莫若大赦天下。”玄宗依之。其夜占奏北斗一星见，七夜复初，其术不可测也。又开元中尝旱甚，帝令祈雨，曰："当得一器上有龙状者，方可致雨。"敕令中官同于内库中遍视之，皆言弗类。数日后指一古鉴，鼻盘龙，喜曰："此真龙也。"乃将入坛场，一日而雨。其异术通感为若此也。玄宗在大明宫，从容密问社稷吉凶并祚运终毕事，行对以他语。帝询之不已，遂曰："陛下当有万里之行。"又曰："社稷毕得终吉。"帝大悦。复遗帝一金合子，形若弹丸，内贮物，撼必有声，发之不得，云："有急则开。"帝幸蜀，仓黄都忘斯事，及到成都，忽忆启之，则药分中当归也。帝曰："伊药产于此，师知朕违难至蜀当归也。"复见万里桥，曰："一行之言，信其神矣。"命中官焚香祝之，乃告谢也。及昭宗初封吉王，至太子德王，唐为梁灭，终行之言"社稷毕得终吉"也。

开元十五年九月于华严寺疾笃，将舆病入辞，小间而止。玄宗此夜梦瞰禅居，见绳床纸隔开扇，晓而验问，一如所睹。乃诏京城名德致大道场，为行祈福，危疾微愈。其宠爱如是。十月八日随驾幸新丰，身无诸患，口无一言，忽然浴香水换衣，趺坐正念，怡然示灭。一云：辞告玄宗后，自驾前东来嵩山谒礼本师，即寂也。时河南尹裴宽正谒寂，寂云："有少事，未暇与大尹款话。且请踟蹰休息也。"宽乃屏从人，止于旁室，伺寂何为。见洁净正堂，焚香默坐，如有所待，斯须，叩门连声云："天师一行和尚至（僧号天师始见于此。言天子师也）。"行入，颇匆切之状，礼寂之足，附耳密语，其貌愈恭。寂但颔应曰："无不可者。"语讫又礼，礼语者三，寂唯言"是是，无不可者。"行语讫，降阶入南室，自闭其户。寂乃徐召侍者曰："速声钟，一行已灭度。"左右疾走视之，瞑目而坐，手掩伺息，已绝。四众弟子悲号沸渭，撼动山谷，乃停神于罔极寺。自终及葬，凡经二七日，爪甲不变，髭发更长，形色怡悦，时众惊异。帝览奏悲怆曰："禅师舍朕，深用哀慕！"丧事官供，诏葬于铜人原，谥曰大慧禅师。御撰塔铭，天下释子荣之。

唐京兆西崇福寺智升传

释智升，未祥何许人也。义理悬通，二乘俱学，然于毗尼，尤善其宗。此外文性愈高，博达今古，每慊聂道真、道安，至于明佺、宣律师各著大藏目录，记其翻传年代人物者，谓之晋录、魏汉等录，乃于开元十八年岁次庚午，撰开元释教录二十卷，最为精要。何耶？诸师于同本异出、旧目新名，多惑其文，真伪相乱。或一经为两本，或支品作别翻，一一裁量，少无过者，如其旧录江泌女子诵出经，黜而不留，可谓藻鉴。杜塞妖伪之源，有兹独断，后之圆照贞元录也，文体意宗，相岠不知几百数里哉，麟德中道宣出内典录十卷，靖迈出图纪四卷，升各续一卷。经法之谱，无出升之右矣。

唐中大云寺圆晖传（怀远　崇廙）

释圆晖，未详何许人也。关辅之间，声名籍甚，精研性相，善达诸宗。幼于俱舍一门，最为锐意，时礼部侍郎贾曾归心释氏，好乐斯文，多命晖谈此宗相，然其难者则非想见惑，繁者则得非得章。爰请晖师略伸梗概，究其光师疏义繁极难寻。又圣善寺怀远律师愿心相合，因节略古疏，颂则再牒，而释论乃有引而具注，甚为径捷，学者易知。后有崇廙着金华钞十卷以解焉，光、宝二师之后，晖公间出，两河间、二京道、江表、燕、齐、楚、蜀盛行晖疏焉。

唐京兆华严寺玄逸传

释玄逸，姓窦氏，即玄宗神武皇帝从外父也。繁柯懿叶，莫我与京，昆友侄弟，多升朝列，或以靡丽自持，或以官荣相抗。逸乃风神秀朗，萧洒拔俗，悟色空之迹，到真寂之场，糠秕膏粱，幺么轩冕。既而形厕缁伍，学追上流，秘藏香龛，披阅通理。一日，喟然兴叹曰："去圣日远，编简倒错，或止存夏五，或滥在鲁鱼，加以笔札偷行，校雠丧句。若犍度失其夹叶，犹礼记脱错后先，日见乖讹，迷而不复，有一于此，彝伦攸斁！"遂据古今所撰目录，及勘诸经，披文已浩于几案，积卷仍溢于堂宇。字舛者详义而纶之，品差者赜理而纲之。星霜累迁，功业克著。非夫心断金石、志坚冰蘖者，曷登此哉！既综结其科目，谅条而不紊也，都为三十卷，号释教广品历章焉。考其大小乘经律论，并东西土贤圣集，共一千八十部，以蒲州、共城二邑纸书，校知多少，缚定品次，俾后世无闷焉。其章颇成伦要，备预不虞，古之善制。有乐陵尹灵琛为序。逸后不知所终。

唐长安青龙寺道氤传

释道氤，俗姓长孙，长安高陵人也。父容，殿中侍御史。母马氏梦五色云覆顶，因有娠焉。母常听讲读大乘经，晓夜不辍，意行太任之胎教也。逮乎诞弥，异香芬馥；成于童稚，神气俊秀，学问详明。应进士科，一举擢第，名喧日下，才调清奇，荣耀亲里。后有梵僧扣门分卫，饭讫，愿寓宵宿。氤接之谈话，言皆诣理，梵僧称叹。明晓辞诀，方出门，闪然不见。氤由此无调选之心矣，乞愿出家。将知良珠度寸，虽有百仞之水，不能掩其云也，何君亲而能阻入道之猛别心焉？乃礼京招福寺慎言律师为师，请益无替。及登戒法，旋学律科，又隶经论，如是内外偕通矣。时有兴善寺复礼法师善属文，谓氤曰："籍汝少俊，可为余造西方赞一本。"遂襞纸援毫，略不停缀，斯须已就，其辞典丽。清净佛国，境物庄严，临文若现前矣。礼师读讫，顾左右诸德曰："奇才秀句，吾辈莫能测也。"自后服膺窗案，昼夜精励，辩给难酬，善于立破。礼师仰其风规，尝于稠人广众中宣言曰："氤之论端，势若泉涌。"从此闻天，供奉朝廷。玄宗幸洛，敕与良秀、法修随驾。御史李峥同请氤于天宫寺讲净业障经，其疏亦氤之著述也。时一行禅师国之师匠，过虑将来佛法谁堪捍御？谁可阐扬？奏召天下英髦学兼内外者集于洛京福先寺，大建论场。氤为众推许，乃首登座，于瑜伽、唯识、因明、百法等论，竖立大义六科，敌论诸师茫然屈伏。一行惊异曰："大法梁栋，伊人应焉。余心有凭，死亦足矣。"及乎大驾西还，敕令扈从。乃有小疾，上表，帝降中使赐药并方，诏曰："法师将息，朕此药并方甚好，服食必差。所患痊愈，早来西京。"其顾遇也若此。仍属此际一行迁神，敕令东宫已下，京官九品已上并送至铜人原蓝田设斋，推氤表白。法事方毕，宰相张燕公说执氤手曰："释门俊彦，宇内罕匹。幸附口录向所导文一本，置于箧笥。"由是其文流行天下也。开元十八年，于花萼楼对御定二教优劣，氤雄论奋发，河倾海注。道士尹谦对答失次，理屈辞殚，论宗乖舛。帝再三叹羡，诏赐绢伍伯匹，用充法施。别集对御论衡一本，盛传于代。后撰大乘法宝五门名教并信法仪各一卷、唯识疏六卷、法华经疏六卷、御注金刚经疏六卷。初，玄宗注经，至“若有人先世罪业应堕恶道，乃至罪业则为消灭”，虽提兔翰，颇见狐疑，虑贻谬解之愆，或作余师之义。遂诏氤决择经之功力，剖判是非。奏曰：“佛力经力，十圣三贤，亦不可测。陛下曩于般若会中，闻熏不一，更沈注想，自发现行。”帝于是豁然若忆畴昔，下笔不休，终无滞碍也。续宣氤造疏矣。四海向风，学徒鳞萃，于青龙寺执新疏，听者数盈千计，至于西明、崇福二寺。讲堂悉用香泥，筑自水际至于土面，庄严之盛，京中甲焉。开元二十八年，有疾将终，遣门弟子赍遗表云，“某末品轻生，虚均雨露，得陪缁伍，许自精修。虽常袒右肩，无施举袂之役，而执锡舒步，得蠲负载之劳。属以时畅玄功，德扬真化，不谓勤劬慕学，造次养生。今月十六日苦肠忽加，汤药无救。泉门自掩，安沐尧风；夜台一归，宁逢舜日。有定瘗于苍陇，无再谒于丹墀”云。时帝览恻怛，遣中使内给事贾文瑰将绢五十匹，就院吊赠，宣口敕奉问。氤弟子等适闻法师迁神寂灭，痛惜良深，未审拟于何处安厝。赐到绢帛等，圣恩追悼，生荣死哀，光于僧伍。俗寿七十三，僧腊五十三。以其年秋八月十二日葬于终南山阴逍遥园侧，白塔存焉。

唐京师安国寺良贲传

释良贲，姓郭氏，河中虞乡人也。世袭冠裳，法门之流，不标祖祢，故阙如也。贲识鉴渊旷，风表峻越，外通坟典，内善经论，义解之性，人罕加焉。永泰中，不空盛行传译，实难其人，贲预其翻度。代宗请为菩萨戒师。因新出仁王护国经，敕令撰疏解判，曲尽经意，以所住寺为疏目，曰青龙也。原夫是经已当三译，一晋太始三年法护译一卷，名仁王般若；次秦罗什出，名仁王护国般若波罗蜜；次梁承圣三年真谛于洪州宝因寺译，名仁王般若，并疏六卷。然则晋本初翻，方言尚隔。梁朝所译隐而不行。伪秦之经，传流宇内。奈何止言波罗蜜而阙多字？则是亏其到义。是以肃宗皇帝斋心沐德，请不空重译。及肃皇晏驾，代宗成先圣之愿言，诏兴译务，敕军容使鱼朝恩监护于南桃园，起乎告朔，终乎望日，帝御承明殿灌顶道场躬执旧经，对译新本，而复为序冠于经首，仍敕贲造疏通经。贲上表曰："学孤先哲，有玷清流，叨接翻传，谬膺笔受。幸扬天阙，亲奉德音，令于大明宫南桃园修疏赞演，宸光曲照，不容避席。穷玄珠于贝叶，但益惭惶；捧白璧于丹墀，宁胜报效。仰酬皇泽，俯课忠勤，既竭愚诚，庶昭玄造。"贲勤勤笔削，三卷克成，奏乞流行。复上笺疏："今年二月二十一日恩命令在内园修撰经疏，微僧寡学，惧不称旨。洗心涤虑，扣寂求音，发明起自于天言，加被仰凭于佛力，咸约经论，演畅真宗，亦犹集群玉于昆山，纳大川于溟海。火生于木，与两曜而俱明；识转于如，体一相而等照。成道者法也，载法者经也，释经者疏也，广度群有同于大通，是菩提心如陛下意。所撰经疏，缮写毕功，文过万言，部有三卷。施行窃惭于愚见，裁成冀答于圣恩。并念诵仪轨一卷，承明殿讲密严经对御记一卷同进上。轻尘玄览，只畏无任。"答诏云："法师智炬高明，辞峰迥秀，亲凭梵夹，宣阐微言，幽赜真宗，演成章疏。开如来之秘藏，示群有之迷津，贯玉联珠，钩深致远。再三披阅，颇谓精详，传之招提，永为法宝也。"皇命褒扬，释门翕盛。又属章信寺初成，报疏服膺者常数百众，虽纸贵如玉，无以加焉。其在安国寺讲筵，官供不匮。数年之内，归学如林。大历七年正月，不空奏请入目录，敕依。贲于六年徙居集州，教授传经，不遑宁处。至十二年三月十日，无疾枕肱，终于符阳，春秋六十一，夏腊二十九。宕渠嘉川之人，哀悼法梁摧折，阇维收灰中舍利百余粒。遗表中进念诵仪对御记二卷，以其先进者遂留在内中之故，令门弟子赍之重进。后于上都城东置坟塔焉，即大历十三年也。贲累朝供奉应制，辞辩富赡，学问高深。末涂沦踬，同利涉之徙移，若神会之流外，吁哉！

唐越州礼宗传

释礼宗，俗姓宋，会稽人也。道气酋壮，志求玄微，愿遂出尘，决除鞅绊。闻长寿寺和尚通达禅观，往叩其关，学习之心，未尝少懈。师诲之曰:“汝之出尘，有大利益，可谓良玉度尺，虽有十仞之土，不能揜其光矣。”乃奋藻摅华，注涅槃经，怀铅握椠，周于二载。挫锐解纷，怡然理顺，遂成夹注八十卷焉。及郑卿尚书典郡，闻其盛名，致疏往请，确然拒而不赴。景龙二年，有御史大夫冯思忽尔暴终，入一处，有二童子持簿领冯庭对判官厅，按覆罪愆，令望彼巨树枝柯可覆数亩。判官身旁旧识者张思义，招手呼冯曰:“吾是汝舅，曾为洛阳仓吏，被长官越格诬杀，兼假贷太平寺中钱及油面，于今未脱。汝所坐者，不合于天后宫中乱越，致此暴卒。可发愿造涅槃经，铸钟。”登即关奏，判放却还人世。临行，张语冯曰:“在阎浮一日造功德，得福无量，胡忍一生不修功德耶？此涅槃经者，礼宗大师注解，从天台传授，每有善神守护。”时张差押冯往诸司考校轻重生处，嘱之曰:“汝去洛城道光坊内十字街第三宅是吾家。家有池亭竹树，为问妻儿安否？”冯起寻经本，未获，而又死，经三日，立限归写经铸钟工毕。冯在世得四十八年终。宗亡，春秋九十七焉。

唐钱塘天竺寺法诜传

释法诜，姓孙氏。母初梦吞明珠，遂黜鱼恶荤。诞弥厥月，生有异表。十五辞亲从师，依年受具。行学一集，蔚为教宗，卷伊吕立功之致，陋黄绮肆志之适。遗形理性，与山木为群。故地恩贞大师嘱之以华严经、菩萨戒、起信论，心以静铣，智与经冥。一夕梦乘大艑直截沧溟，横山当前，峻与天极。不觉孤帆鸢戾，怀襄上济，峰竦竦而忽高，云溶溶而在下。既寤，形若委衣，流汗轻醒。自此句义不思而得，一部全文常现心境，事事无碍之旨如贯华焉。天宝六年，于苏州常乐寺缋卢舍那像，化示群品。大历二年，于常州龙兴寺讲，才登法座，忽有异光如曳红缕，渐明渐大，萦旋杳空。久修行者会中先睹。前后讲大经十遍，撰仪记十二卷。大历十三年十一月七日，沙门慧觉梦巨塔陷地二级。无何诜示疾而终，春秋六十一，慧命四十二。受法弟子太初，付以香垆谈柄。浔阳正觉、会稽神秀，亦犹儒氏之有游夏焉。诜初讲天竺寺，盛阐华严。时越僧澄观就席决疑，深得幽趣。及终，吴兴皎然为碑，邘城肃公为颂，合扬其美哉。

唐京师兴善寺潜真传（道超）

释潜真，字义璋，姓王氏，太原华族，后徙为夏州朔方崇道乡人也。考珍，真即仲子也。年在学数，业尚典坟。幼好佛书，抑从天性，甫及弱冠，投迹空门。开元二十六年隶名于本城灵觉寺，明年纳具戒。自此听习律乘，涉游论海，凡曰讲筵，无不探赜。属代宗朝新译文殊师利菩萨佛刹庄严经，敕真造疏，奏云："此经凡有三译：一西晋太熙中法护翻，名佛土严净经，文势多古，语简理幽；二天后久视中实叉难陀于清禅寺翻，名文殊受记经；三即今大历六年所译也。伏惟宝应元圣文武皇帝陛下，天垂帝箓，人归宝图，德厚乾坤，明侔日月，仁恕滋物，夷狄仰德，而输诚慈惠，利生正教，承风而演化。顷者鄜坊节度使兼御史中丞杜冕奏为国请诸大乘经，明诏下于只园，梵旨开于贝叶，因请三藏不空译此经等数十部。续有敕下，天下梵宇各置文殊菩萨像，以旌圣功也。又诏以文殊菩萨为上座，皆三藏所请。三藏学究瑜伽，解穷法印，身口意业，秘密修持，戒定慧学，显通宣畅，唐梵文字，声韵具知。传译此经，善符圣旨，文质相兼，璨然可观。潜真识智愚昧，学艺庸浅，幸陪清众，谬在翻传，虚空藏经，课虚润色，猥蒙驱策，述疏赞扬，虽文义荒芜，已传京邑。今之所作，盖有由焉。有金阁寺大德道超禅师，学尽法源，行契心本，亲睹灵境，密承圣慈，故久在清凉，属兴净业，仍于现处建窣堵波。寻觐法缘，来诣京国。以此经为大事，以大圣为本师，显扬圣德，无过此者。乃稽首三藏，暂传大圣法门，不以潜真庸虚，转祈和尚，邀令述作。和尚不念前之鄙陋，又令赞释此经。窃恐难契真诠，敢不尽其愚讷。"即大历八年十一月，疏成奏过。真学通内外，性相融明，考覆幽玄，研精教理，探赜今古，比校亲疏，分别异同，归于一义。辩犹泉涌，思入虚凝，直笔而书，记于绝唱，结成三卷，以作准绳，现在未来，永无疑网矣。又述菩提心义、发菩提心戒各一卷，三聚净戒及十善法戒共一卷。兼禀承不空秘教，入曼拏罗，登灌顶坛，受成佛印。显密二教，皆闻博赡。关内河东，代历四朝，阐扬妙旨，弟子繁多。加复纲纪兴善、保寿二处伽蓝，惩劝僧尼，真有力也。以贞干四年戊辰五月十四日遗诫门人，以疾而卧。二十一日，右胁累足，口诵弥陀佛号，终于兴善寺本院。春秋七十一，僧夏四十九云。

唐代州五台山清凉寺澄观传

释澄观，姓夏侯氏，越州山阴人也。年甫十一，依宝林寺（今应天山）霈禅师出家，诵法华经。十四，遇恩得度，便隶此寺。观俊朗高逸，弗可以细务拘。遂遍寻名山，旁求秘藏，梯航既具，壸奥必臻。乾元中，依润州栖霞寺醴律师，学相部律。本州依昙一，隶南山律。诣金陵玄璧法师，传关河三论。三论之盛于江表，观之力也。大历中，就瓦棺寺传起信、涅槃。又于淮南法藏，受海东起信疏义。却复天竺诜法师门，温习华严大经。七年，往剡溪，从成都慧量法师，覆寻三论。十年，就苏州，从湛然法师习天台止观、法华、维摩等经疏。解从上智，性自天然，所学之文，如昨抛舍，鲍静记井，蔡邕后身，信可知矣。又谒牛头山忠师、径山钦师、洛阳无名师，咨决南宗禅法。复见慧云禅师，了北宗玄理。观自谓己曰："五地圣人，身证真如，栖心佛境，于后得智中起世俗念，学世间技艺。况吾学地，能忘是心？"遂翻习经、传、子、史、小学、苍、雅、天竺悉昙、诸部异执、四围、五明、秘咒、仪轨，至于篇颂笔语书踪，一皆博综。多能之性，自天纵之。大历十一年，誓游五台，一一巡礼，祥瑞愈繁。仍往峨嵋，求见普贤，登险陟高，备观圣像。却还五台，居大华严寺，专行方等忏法。时寺主贤林，请讲大经，并演诸论。因慨华严旧疏，文繁义约，惙然长想。"况文殊主智，普贤主理，二圣合为毗卢遮那，万行兼通，即是华严之义也。吾既游普贤之境界，泊妙吉之乡原，不疏毗卢，有辜二圣矣。"观将撰疏，俄于寤寐之间，见一金人当阳挺立，以手迎抱之，无何咀嚼都尽。觉即汗流，自喜吞纳光明遍照之征也。起兴元元年正月，贞元三年十二月毕功，成二十轴，乃饭千僧以落成也。后常思付授，忽夜梦身化为龙，矫首于南台，蟠尾于山北，拿攫碧落，鳞鬣耀日。须臾，蜿蜒化为千数小龙，腾耀青冥，分散而去。盖取象乎教法支分流布也。四年春正月，寺主贤林请讲新疏。七年，河东节度使李公自良复请于崇福寺讲。德宗降中使李辅光宣诏入都，与罽宾三藏般若译乌荼国王所进华严后分四十卷。观苦辞，请明年入。敕允。及具行，至蒲津，中令梁公留安居，遂于中条山栖岩寺住。寺有禅客，拳眉剪发，字曰痴人，披短褐，操长策，狂歌杂语，凡所指斥，皆多应验。观未至之前，狂僧驱众僧洒扫曰："不久菩萨来此。"复次壁画散脂大将及山麋之怪，往往不息。观既止此寺，二事俱静。五月，内中使霍仙鸣传宣催入。观至，帝颇敦重，延入译场刊正。又诏令造疏。遂于终南草堂寺编成十卷，进呈，敕令两街各讲一遍为疏。时堂前池生五枝合欢莲华，一华皆有三节，人咸叹伏。寻译守护国界主经，观缀文润色。顺宗在春宫，尝垂教，令述了义一卷、心要一卷，并食肉得罪因缘。洎至长安，频加礼接。朝臣归向，则齐相国杭、韦太常渠牟，皆结交最深。故相武元衡、郑絪、李吉甫、权德舆、李逢吉、中书舍人钱徽、兵部侍郎归登、襄阳节度使严绶、越州观察使孟简、洪州韦丹，咸慕高风，或从戒训。以元和年卒，春秋七十余。弟子传法者一百许人，余堪讲者千数。观尝于新创云花寺般若阁下画华藏世界图相，又著随疏演义四十卷，允齐相请述华严经纲要一卷、法界玄鉴一卷、三圣圆融观一卷、华严、法华、楞伽、中观论等。别行小钞疏共三十卷。设无遮大会十二中，其诸塑缋形像，缮写经典，不可殚述。门人清沔记观平时行状云："观恒发十愿：一长止方丈但三衣钵，不畜长；二当代名利，弃之如遗；三目不视女人；四身影不落俗家；五未舍执受，长诵法华经；六长读大乘经典，普施含灵；七长讲华严大经；八一生昼夜不卧；九不邀名惑众伐善；十不退大慈悲普救法界。"观逮尽形期，恒依愿而修行也。

唐京师西明寺良秀传（谈筵）

释良秀，姓郭氏，蒲津人也。年及佩觿，挺然离俗，乃往中条山柏梯寺披削，诵通经业，受具律仪。誓以传讲为己事，勤苦忘疲，三藏俱寻，九流外赡。于时籍甚，孰不钦崇。贞元四年，奉诏与罽宾国般若三藏同译大乘理趣六波罗蜜经十卷。至五年二月四日解座，写本进过。寻奉德宗敕令秀造疏，上表云："去年十一月二十八日右街功德使王希迁奉宣，令良秀等修撰新翻大乘理趣六波罗蜜经疏者。伏闻至道同源，圣人一贯，大雄示相，演妙音于独园，宝位分身，霈湛恩于双阙。开佛日于圣日，降丝纶于法轮，所以扬化慈航，致人寿域。不然，岂得握真符而契合，应休运以感通？况以此经，如来之密印，群生之度门，得白马之宝函，启青龙之秘藏，是第一义理去筌蹄，于最后乘说无分别。加以天文焕发，睿思昭回。

真如契心，已阐微于释氏；般若制序，谅缵文于太宗。慈云溥润于大根，湛露垂滋于贝叶。良秀等材惟末学，性异生知，谬寄讨论，伏增殒越。上承严旨，徒侧管以窥天；虔奉本师，惧升堂而鼓瑟。所修撰疏一部，谨附王希迁随表奉进，伏乞圣慈，许令同修疏沙门谈筵于当寺赞演及流布中外。所冀落落真言，示丹青于新学；明明像教，流粉泽于将来。”帝览奏，敕内给事毛瑛琦宣慰良秀、谈筵、道恒等:“宜共赐绢九十匹，至可领取。比修疏义，甚大勤劳也。秋热，兼问师等各平安好在。”秀之辞笔义端，时少伦匹。终没罔知时代焉。

唐京师西明寺慧琳传

释慧琳，姓裴氏，疏勒国人也。始事不空三藏，为室洒，内持密藏，外究儒流，印度声明，支那诂训，靡不精奥。尝谓翻梵成华，华皆典故，典故则西乾细语也。遂引用字林、字统、声类、三苍、切韵、玉篇、诸经杂史，参合佛意，详察是非，撰成大藏音义一百卷。起贞元四年迄元和五载，方得绝笔，贮其本于西明藏中。京邑之间，一皆宗仰。琳以元和十五年庚子卒于所住，春秋八十四矣。殆大中五年，有奏请入藏流行。近以海中高丽国，虽三韩夷族，偏尚释门，周显德中，遣使赍金入浙中求慧琳经音义，时无此本，故有阙如。

宋高僧传卷第五

宋高僧传卷第六

宋左街天寿寺通慧大师赐紫沙门赞宁等奉　敕撰

义解篇第二之三（正传十四人附见六人）

唐京师崇福寺惟悫传一（慧震　弘沇）

释惟悫，俗姓连氏，齐大夫称之后，本凭翊人，官居上党，为潞人也。九岁割爱，冠年纳戒。母氏昆弟归于法门，故悫从其受教，澜漪内湛，葳蕤外发。嗜学服勤，必无倦色。乃辞渭阳，寻师隶业，或经筵首席，或论集前驱，或参问禅宗，或附丽律匠。其志渊旷，欲皆吞纳之。年临不惑，尚住神都，因受旧相房公融宅请。未饭之前，宅中出经函云："相公在南海知南铨，预其翻经，躬亲笔受首楞严经一部，留家供养。今筵中正有十僧，每人可开题一卷。"悫坐居第四，舒经见富楼那问生起义，觉其文婉，其理玄，发愿撰疏，疏通经义。及归院，矢誓写文殊菩萨像，别诵名号，计一十年，厥志坚强，遂有冥感，忽梦妙吉祥乘狻猊自悫之口入。由兹下笔，若大觉之被善现谈般若焉。起大历元年丙午也。及将彻简，于卧寐中见由口而出，在乎华严宗中文殊智也。勒成三卷，自谓从浅智中衍出矣。于今盛行。一说楞严经初是荆州度门寺神秀禅师在内时得本，后因馆陶沙门慧震于度门寺传出，悫遇之，著疏解之。后有弘沇法师者，蜀人也，作义章，开释此经，号资中疏。其中亦引震法师义例，似有今古之说，此岷蜀行之，近亦流江表焉。

唐京师千福寺怀感传

释怀感，不知何许人也。秉持强悍，精苦从师，义不入神，未以为得。四方同好就雾市焉，唯不信念佛。少时径生安养，疑冰未泮，遂谒善导，用决犹豫。导曰："子传教度人，为信后讲，为渺茫无诣？"感曰："诸佛诚言，不信不讲。"导曰："若如所见，令念佛往生。岂是魔说耶？子若信之，至心念佛，当有证验。"乃入道场三七日，不睹灵瑞。感自恨罪障深，欲绝食毕命。导不许，遂令精虔，三年念佛。后忽感灵瑞，见金色玉毫，便证念佛三昧。悲恨宿垢业重，妄构众愆，忏悔发露，乃述决疑论七卷（即群疑论是也）。临终，果有化佛来迎，合掌面西而往矣。

唐吴兴法海传

释法海，字文允，姓张氏，丹阳人。少出家于鹤林寺。白驹匪食其场苗，金翅俄翔其海面，曲从师教，周览群经，大壑纳川，邓林聚羽。是以圆入一性，学阶空王，擅当代独悟之名，剖先贤不决之义，一时外学六籍该通。尝谓人曰："佛法一门，极唯心地，余皆椎轮也。"天宝中，预扬州法慎律师讲肆，同县一、灵一等推为颜、冉焉。复与杼山昼公为忘形之交，林下之游。黑白二徒，多从求益焉。

唐洛京佛授记寺慧苑传

释慧苑，京兆人也。少而秀异，蔚有茂才，厌彼尘寰，投于净域，礼华严法藏为师。陶神练性，未几深达法义，号上首门人也。有勤无惰，内外该通，华严一宗，尤成精博。苑依宝性论立四种教，为有四类不识如来藏，如生盲人，则凡夫、声闻、辟支、初心菩萨也。一迷真异执教，当凡夫；二真一分半教，当二乘；三真一分满教，当初心菩萨；四真具满教，当识如来藏者也。诸师处判，或依或违，然其纲领教乘一家之说。次以新译之经未有音释，披读之者取决无从。遂博览经书，恢张诂训。撰成二卷，俾初学之流不远求师，览无滞句，旋晓字源。然禀从贤首之门，不负庭训之美也。

唐处州法华寺智威传（慧威）

释智威，姓蒋氏，缙云人也。颖脱尘蒙，心游物表，少事师于轩辕氏炼丹山。闻天台宗教盛，遂负笈往沃洲石城寺，亲灌顶禅师求请心要。既而得一融道，体二居宗，定慧方均，寂照相半，虽云自了，急在利他。天与多能，富有辞藻，著桃岩寺碑，与头陀寺碑气度相表。后以法眼付授慧威焉。时传威是徐陵后身，其利智雄才，断可知矣。又释慧威，姓留氏，东阳人也。总角之年，露其旧习，抉开爱网，径入空门，不滞一方，仍参三益。闻缙云大威禅师盛行禅法，裹足造焉。刻志忘劳，睹威墙奥。一日千里，罔不推称，至有成业，时谓小威。然其乐静居山，罕交人事。指教门人，不少杰出者，左溪玄朗矣。威常修止观，匪弃光阴，说与行而并驰，语将默而齐贯，落落然汪汪然，人无得名焉。

唐台州国清寺湛然传

释湛然，俗姓戚氏，世居晋陵之荆溪，则常州人也。昔佛灭度后十有三世，至龙树，始用文字广第一义谛。嗣其学者号法性宗。元魏、高齐间有释慧文默而识之，授南岳思大师，由是有三观之学。洎智者大师蔚然兴于天台，而其道益大。以教言之，则然乃龙树之裔孙也，智者之五世孙也，左溪朗公之法子也。家本儒墨，我独有迈俗之志，童丱邈焉异于常伦。年二十余，受经于左溪，与之言，大骇。异日谓然曰:“汝何梦乎？”然曰:“畴昔夜梦披僧服，掖二轮，游大河之中。”左溪曰:“嘻，汝当以止观二法度群生于生死渊乎？”乃授以本师所传止观。然德宇凝精，神锋爽拔，其密识深行，冲气慧用，方寸之间，合于天倪。至是始以处士传道，学者悦随，如群流之趣于大川也。天宝初年，解逢掖而登僧籍。遂往越州昙一律师法集，广寻持犯开制之律范焉。复于吴郡开元寺敷行止观。无何，朗师捐代，挈密藏独运于东南，谓门人曰:“道之难行也，我知之矣。古先至人静以观其本，动以应乎物，二俱不住，乃蹈于大方。今之人或荡于空，或胶于有，自病病他，道用不振。将欲取正，舍予谁归？”于是大启上法，旁罗万行，尽摄诸相，入于无间。即文字以达观，导语默以还源。乃祖述所传章句凡十数万言。心度诸禅，身不逾矩，三学俱炽，群疑日溃，求珠问影之类，稍见罔象之功行。止观之盛，始然之力也。天宝末，大历初，诏书连征，辞疾不就。当大兵大饥之际，揭厉法流，学徒愈繁，瞻望堂室，以为依怙。然慈以接之，谨以守之，大布而衣，一床而居，以身诲人，耆艾不息。建中三年二月五日，示疾佛陇道场，顾语学徒曰："道无方，性无体，生欤死欤，其旨一贯。吾归骨此山，报尽今夕，要与汝辈谈道而诀。夫一念无相谓之空，无法不备谓之假，不一不异谓之中，在凡为三因，在圣为三德。爇炷则初后同相，涉海则浅深异流，自利利人，在此而已。尔其志之！”言讫隐几，泊然而化，春秋七十二，法腊三十四。门人号咽，奉全身起塔，祔于智者大师茔兆西南隅焉。入室弟子吴门元浩，可谓迩其人近其室矣。然平日辑纂教法，明决前疑，开发后滞，则有法华释签、法华疏记各十卷、止观辅行传弘诀十卷、法华三昧补助仪一卷、方等忏补阙仪二卷、略维摩疏十卷、维摩疏记三卷、重治定涅槃疏十五卷、金錍论一卷，及止观义例、止观大意、止观文句、十妙不二门等，盛行于世。详其然师，始天宝，终建中，以自证之心，说未闻之法，经不云乎，"云何于少时大作佛事"，然师有焉。其朝达得其道者唯梁肃学士，故摛鸿笔成绝妙之辞。彼题目云："尝试论之，圣人不兴，其间必有命世者出焉。自智者以法传灌顶，顶再世至于左溪，明道若昧，待公而发乘此宝乘，焕然中兴。盖受业身通者三十有九僧，搢绅先生高位崇名屈体承教者又数十人。师严道尊，遐迩归仁，向非命世而生，则何以臻此！”观夫梁学士之论，拟议偕齐，非此人何以动鸿儒，非此笔何以铭哲匠？盖洞入门室见宗庙之富，故以是研论矣。吁，吾徒往往有不知然之道！诗云："维鹊有巢，维鸠居之。"梁公深入佛之理窟之谓欤！有会稽法华山神邕作真赞，至大宋开宝中吴越国王钱氏追重而诔之，号圆通尊者焉，可不是欤！

唐苏州开元寺元浩传

释元浩，姓秦氏，字广成，吴门人也。绮岁依晋陵灵山寺慧日禅师出家，具满律戒，配本州龙兴寺，寻为荆溪湛然禅师嘱累弟子。初受法华止观，已得醍醐，唯以裂大网、感大果、成大行、归大处以为大愿。宴居三昧，常随佛后。希夷自得，人莫能知。其秘密深远，如海印三昧。不言出处，常行佛事，与夫难行苦行、更相祖述、默传心要、为论为记、灵芝瑞草以为功德传于后世者，不同日而语矣。浩注解大涅槃经，为文首序，德美圆实，志愿显现，盖录其所证之意而见于文，曰："余闻先觉之大宝曰常，在宥布和之盛典曰教，率土知化之归宗曰行，交感人心之至极曰证。然则以道行一御其时，以法性合其运，当应物之际，与显晦同其光，恢张至化而自他昭著者，实播于鸿名。钦恭闻思，协和至极，四德克彰者，实存乎妙体。格变群家，历观诸行，至典克修，庶绩有成者，实赖乎宗本。信以授人，大明宗极，敷畅厥旨，庶几有补于将来者，实存乎妙用。博综群言以立诚训，风行十方率用归顺者，实存乎妙教矣。"此浩之法要，如王辅嗣之法系辞，司马迁之自叙，管仲能言轻重，孟子之传春秋，虽儒释不同，其义一也。以元和十二年十一月十一日示疾，右胁累足，入于涅槃，非二乘境界，真如来定也。明年十一月十三日阇维，起塔于苏州西北虎丘东山南原也。浩耽学味道，不涉余事，常随然师听其言说，曾无倦色。分析义理，派流川注，必默记而暗诵，一言不失。数年之后，人始知之。然师曰："回也如愚。"罕为人说，多辞以不能，及被梁、田二君苦劝请之，始著涅槃经解述。浩与上都云华寺华严澄观法师，若孔门之游、夏焉。其儒流受业，翰林学士梁公肃、苏州刺史田公敦。缁流受业者，智恒、子瑜、道儒、仲仪、仲良五人。持经讲论，传之无穷。大比丘尼识微、道巽、志真、悟极，此四人者高洁之伦，深练禅观。初浩为二官所请注经，预梦甚为奇特。又庭阶生花，非人间恒所见者。祥鸟飞驯，五彩绝异。刺史崔恭撰塔碑，立于虎丘山罗汉石坛之左。后有行满、道暹、明旷皆著述，广天台之道欤。

唐越州暨阳杭乌山智藏传

释智藏，姓皮氏，西印度种族，祖父从华，世居官宦，后侨寓庐陵。藏少入精舍，睹像设之繁，乃陋俗求真，而于三学各所留心，唯律藏也最为精敏。大历三年，游豫章，因隶名天宫寺，众恳命临坛秉度，时仰炮烋，号为律虎。每登法座，提唱毗尼，堂盈席满，听受无厌。辩名理，析微言，连环可解也。贞元中，遇大寂禅师，笃明心要。及游会稽，于杭乌山顶筑小室安禅。乃著华严经妙义。宣吐亹亹，学者归焉。至元和十四年二月，无疾而终，报龄七十九。焚收舍利圆净者，建塔于院北峰焉。杭乌山者，越俗言讹，合言杭嶋，谓浙江所渡古用杭筏，到岸藏杭，故云嶋也。

唐梓州慧义寺神清传（义将）

释神清，字灵庾，俗姓章氏，绵州昌明人也。生于大安山下，昆季相次三人出俗，皆有名望，清居乎仲。处胎之际，母顿恶荤膻。及为儿，虽随戏弄，遇像礼足，逢僧稽颡。年十三，受学于绵州开元寺辩智法师。于时敕条严峻，出家者限念经千纸，方许落发。清即诵法华、维摩、楞伽、佛顶等经，有同再理。时故相乔琳为绵郡太守，惊其幼俊，躬而降礼请削染焉，则大历中也。至年十七，听习粗通，即讲法华一经。岁满，慧义寺依如律师受具戒。夏习尸罗，依学新疏。寻达大宗，乃诣上都。后以优文赡学，入内应奉。暮年钟其荼蓼，归慧义寺，讲导著述，略无闲日。以元和年中终于本寺峰顶，迁神于白门兰若，即郪城北郭外也。清平昔好为著述，喜作编联，盖巨富其才，亦凿深于学。三教俱晓，该玄鉴极，彝伦咸叙，万人之敌也。受业弟子黑白四方，计一千余人。前后撰成法华玄笺十卷，释氏年志三十卷，新律疏要诀十卷（亦谓清钞），二众初学仪一卷，有宗七十五法疏一卷（亦名法源记，此盖解小乘所计五位色、心、心所、不相应、无为等法，体性业用，一皆详括，故云法源也），识心论、澄观论、俱舍义钞数卷，北山参玄语录十卷，都计百余轴，并行于代。就中语录博该三教，最为南北鸿儒名僧高士之所披玩焉。寺居郪城之北，长平山阴，故云北山，统三教玄旨，实而为录，故云参玄也。观清之述作，少分明二权一实之经旨，大分明小乘律论之深奥焉。清貌古且奇，晰白而光莹。相国崔龟从时从事东川，序真赞云："与奘三藏道颜同，摄物异，时一体耳。"门人数多，其出伦者义将也。独明俱舍，兼善起信，海内学人望风而至。开成中北山俱舍宗不泯者，清之余素乎。东川涌潭僧正颜公著碑，本寺讲律临坛光肇，别附语录，略记清言行矣。

唐京师大安国寺端甫传

释端甫，俗姓赵氏，天水人也。世为秦著姓焉。初，母张夫人梦梵僧谓曰："当生贵子。"即出囊中舍利使吞之。及诞，所梦僧白昼入其室，摩其顶曰："必当大兴法教。"言讫而灭。既成人，高颡深目，大颐方口，长六尺五寸，其音如钟。夫将欲荷如来之菩提，凿生灵之耳目，固必有殊祥奇表欤？始十岁，依崇福寺道悟禅师为沙弥。十七正度为比丘，隶安国寺。受具于西明寺照律师，学毗尼于崇福寺升律师，传唯识于安国寺素法师，通涅槃经于福林寺崟法师。甫又梦梵僧以舍利满琉璃器，使吞之，且曰："三藏大教，尽贮汝腹矣。"自是经律论无敌于当时，囊括川注，逢源会委，滔滔然莫能济其畔岸矣。夫将欲伐株杌于情田，雨甘露于法种者，固必有勇智宏辩欤？无何，谒文殊于清凉，众圣皆现；演大经于太原，倾都毕会。德宗皇帝闻其名，征之，一见大悦，常出入禁中，与儒道议论，赐紫方袍。岁时锡施，异于他等。复诏侍皇太子于东朝。顺宗皇帝深仰其风，亲之若昆弟，相与卧起，恩礼特隆。宪宗皇帝数幸其寺，待之若宾友。常承顾问，注纳偏厚。而甫符彩超迈，辞理响捷，迎合上旨，皆契真乘，虽造次应对，未尝不以阐扬为务。繇是天子益知佛为大圣人，其教有大不思议事。当是时朝廷方削平区夏，缚吴斡蜀，潴蔡荡郓，而天子端拱无事。诏甫率缁属迎真骨于灵山，开法场于秘殿，为人请福，亲奉香灯。既而刑不残，兵不黩，赤子无愁声，苍海无惊波，盖参用真宗以毗大政之明效也。夫将欲显大不思议之道，辅大有为之君，固必有冥符玄契欤？掌内殿法仪，录左街僧事，以标表净众者凡一十年。讲涅槃、唯识经论，处当仁传授宗主，以开诱道俗者，凡一百六十座。运三密于瑜伽，契无生于悉地，日持诸部十余万遍，指净土为息肩之地，严金经为报法之恩。前后供施数十百万，悉以崇饰殿宇，穷极雕绘。而方丈单床，静虑自得。贵臣盛族皆所依慕，豪侠工贾莫不瞻向，荐金宝以致诚，仰端严而礼足，日有千数，不可殚书。而甫即众生以观佛，离四相以修善，心下如地，坦无丘陵，王公舆台皆以诚接。议者以为成就常不轻行者，唯甫而已矣。夫将欲驾横海之大航，拯迷途于彼岸者，固必有奇功妙道欤？以开成元年六月一日，西向右胁而灭，当暑而尊容若生，终夕而异香犹郁。其年七月六日，迁于长乐之南原。遗命茶毗，得舍利三百余粒，方炽而神光月皎，既烬而灵骨珠圆。赐谥曰大达，塔曰玄秘。俗寿六十七，僧腊可数。门弟子僧尼约千余辈，或讲论玄言，或纪纲大寺，修禅秉律，分作人师，五十其徒，皆为达者。会昌中相国裴公休为碑颂德焉。

唐圭峰草堂寺宗密传（圆禅师　照禅师）

释宗密，姓何氏，果州西充人也。家本豪盛，少通儒书，欲干世以活生灵，负俊才而随计吏。元和二年，偶谒遂州圆禅师，圆未与语，密欣然而慕之，乃从其削染受教。此年进具于拯律师。寻谒荆南张，张曰："汝传教人也，当宣导于帝都。"复见洛阳照禅师，照曰："菩萨人也，谁能识之？"末见上都华严观，观曰："毗卢华藏，能随我游者其唯汝乎？"初在蜀，因斋次受经，得圆觉十二章，深达义趣，誓传是经。在汉上因病僧付华严句义，未尝隶习，即尔讲之。由是乃著圆觉、华严及涅槃、金刚、起信、唯识、盂兰盆、法界观、行愿经等疏钞及法义、类例、礼忏、修证、图传、纂略。又集诸宗禅言为禅藏，总而序之，并酬答书偈议论等。又四分律疏五卷、钞悬谈二卷，凡二百许卷，图六面。皆本一心而贯诸法，显真体而融事理，超群有于对待，冥物我而独运矣。密累入内殿，问其法要。大和二年庆成节，征赐紫方袍为大德。寻请归山。会昌元年正月六日坐灭于兴福塔院，俨若平日，容貌益悦。七日，迁于函，其自证之力可知矣。其月二十二日，道俗等奉全身于圭峰，二月十三日荼毗，得舍利数十粒，明白而润大。后门人泣而求诸煨中，必得而归，悉敛藏于石室，其无缘之慈可知矣。俗龄六十二，僧腊三十四。遗诫令舁尸施鸟兽，焚其骨而散之，勿塔，勿得悲慕，以乱禅观。每清明上山，必讲道七日而后去。其余住持仪则当合律科，违者非吾弟子。初，密道既芬馨，名惟烜赫，内众慕膻既如彼，朝贵答响又如此。当长庆元和已来，中官立功执政者孔炽，内外猜疑，人主危殆。时宰臣李训酷重于密，及开成中伪甘露发，中官率禁兵五百人出合，所遇者一皆屠戮。时王涯、贾悚、舒元舆方在中书会食，闻难作，奔入终南投密。唯李训欲求剪发，匿之，从者止之，训改图趋凤翔。时仇士良知之，遣人捕密入左军，面数共不告之罪，将害之。密怡然曰："贫道识训年深，亦知其反叛，然本师教法，遇苦即救，不爱身命，死固甘心。"中尉鱼恒志嘉之，奏释其罪。朝士闻之，扼腕出涕焉。或曰："密师为禅耶，律耶，经论耶？"则对曰："夫密者四战之国也，人无得而名焉，都可谓大智圆明自证利他大菩萨也。"是故裴休论撰云："议者以师不守禅行，而广讲经论。游名邑大都，以兴建为务。乃为多闻之所役乎，岂声利之所未忘乎？嘻，议者焉知大道之所趣哉！夫一心者万法之总也，分而为戒定慧，开而为六度，散而为万行。万行未尝非一心，一心未尝违万行。禅者六度之一耳，何能总诸法哉？且如来以法眼付迦叶，不以法行。故自心而证者为法，随愿而起者为行，未必常同也。然则一心者万法之所生，而不属于万法。得之者则于法自在矣，见之者则于教无碍矣。本非法不可以法说，本非教不可以教传，岂可以轨迹而寻哉？自迦叶至富那奢凡十祖皆罗汉，所度亦罗汉。马鸣、龙树、提婆、天亲始开摩诃衍，著论释经，摧灭外道，为菩萨唱首。而尊者阇夜独以戒力为威神，尊者摩罗独以苦行为道迹。其他诸祖，或广行法教，或专心禅寂，或蝉蜕而去，或火化而灭，或攀树以示终，或受害而偿债，是乃法必同而行不必同也。且循辙迹者非善行，守规墨者非善巧，不迅疾无以为大牛，不超过无以为大士。故师之道也，以知见为妙门，寂净为正味，慈忍为甲盾，慧断为剑矛。破内魔之高垒，陷外贼之坚阵，镇抚邪杂，解释缧笼。遇穷子则叱而使归其家，见贫女则呵而使照其室。穷子不归，贫女不富，吾师耻之。二乘不兴，四分不振，吾师耻之。忠孝不并化，荷担不胜任，吾师耻之。避名滞相，匿我增慢，吾师耻之。故遑遑于济拔，汲汲于开诱，不以一行自高，不以一德自耸。人有依归者，不俟请则往矣；有求益者，不俟愤则启矣。虽童幼不简于应接，虽骜佷不怠于叩励。其以阐教度生，助国家之化也如此。故亲师之法者，贫则施，暴则敛，刚则随，戾则顺，昏则开，堕则奋，自荣者慊，自坚者化，徇私者公，溺情者义。凡士俗有舍其家，与妻子同入其法，分寺而居者，有变活业、绝血食、持戒法，起家为近住者，有出而修政理以救疾苦为道者，有退而奉父母以丰供养为行者。其余憧憧而来，欣欣而去，扬袂而至，实腹而归，所在甚众，不可以纪。真如来付嘱之菩萨，众生不请之良友。其四依之人乎？其十地之人乎？吾不识其境界庭宇之广狭深浅矣。议者又焉知大道之所趣哉？”其为识达大人之所知心为若此也。密知心者多矣，无如升平相国之深者，盖同气相求耳。”宣宗再阐真乘，万善咸秩，追谥曰定慧禅师，塔号青莲。持服执弟子礼四众数千百人矣。

系曰：河东相国之论撰，所谓极其笔矣。然非夫人之为极笔，于他人岂极其笔乎？观夫影响相随，未始有异也。影待形起，响随声来。有宗密公，公则有裴相国，非相国曷能知密公，相续如环，未尝告尽，其二公之道如然。则知谛观法王法，则密公之行甚圆；应以宰官身，则裴相之言可度。今禅宗有不达而讥密不宜讲诸教典者，则吾对曰：达磨可不云乎，吾法合了义教。而寡学少知自既不能，且与烦惑相应可不嫉之乎？或有诮密不宜接公卿而屡谒君王者，则吾对曰：教法委在王臣，苟与王臣不接，还能兴显宗教以不？佛言力轮，王臣是欤？今之人情，见近王臣者则非之。曾不知近王臣人之心苟合利名，则谢君之诮也。或止为宗教亲近，岂不为大乎？宁免小嫌，嫌之者亦嫉之耳。若了如是义，无可无不可，吁哉！

唐京师西明寺乘恩传

释乘恩，不知何许人也。肇从志学，知遍寻师，凡厕黉堂，必穷义路。常训门人曰：“好学近乎智，力行近乎仁。仁智稍成，是殊名同实，趋菩萨地，若下坂之走丸耳。”恩乐人为学，不忘讲导。及天宝末，关中版荡，因避地姑臧。旅泊之间，嗟彼密迩羌虏之封，极尚经论之学。恩化其内众，勉其成功，深染华风，悉登义府。自是重撰百法论疏并钞，行于西土。其疏祖慈恩而宗潞府，大抵同而少闻异，终后弟子传布。迨咸通四年三月中，西凉僧法信精研此道，禀本道节度使张义朝表进恩之著述，敕令两街三学大德等详定，实堪行用，敕依，其僧赐紫衣，充本道大德焉。

唐彭州丹景山知玄传

释知玄，字后觉，姓陈氏，眉州洪雅人也。曾祖图南，任梓州射洪县令。祖宪，考邈，皆名场不捷。母魏氏梦月入于怀，因而载诞，虽乳哺未能言，见佛像僧形，必含喜色。五岁，祖令咏花，不数步成云："花开满树红，花落万枝空，唯余一朵在，明日定随风。"祖吟叹不怿曰："吾育此孙，望其登甲科，雪二代之耻。今见孺子志矣，非贻厥也已，必从空门，乖始望也。"七岁，果遇法泰法师在宁夷寺讲涅槃经。寺与居邻，玄日就讲集所，一聆法语，若睹前因。是夕梦其寺殿，佛手摩其顶。寤启祖父，乞为勤策，亲党观其必不可抑夺，故听之。年十一，遂其削发。乃随师诣唐兴邑四安寺，授大经四十二卷，远公义疏、辩空师圆旨，共一百二十五万言。皆囊括深奥矣。方年十三，指擿缁徒，露老成之气。时丞相杜公元颖作镇西蜀，闻玄名，命升堂，讲谈于大慈寺普贤阁下。黑白众日计万许人，注听倾心，骇叹无已。自此蜀人弗斥其名，号陈菩萨耳。传云，玄前身名知铉，汉州三学山讲十地经，感地变琉璃焉。玄于净众寺辩贞律师所受具戒，才听毗尼，续通俱舍，则长十山固律师之付授焉。复从本师下三峡，历荆襄，抵于神京资圣寺。此寺四海三学之人会要之地，玄敷演经论，僧俗仰观，户外之屦日其多矣。文宗皇帝闻之，宣入顾问，甚惬皇情。后学唯识论于安国信法师。又研习外典，经籍百家之言，无不该综。玄每恨乡音不堪讲贯，乃于象耳山诵大悲咒，梦神僧截舌换之。明日，俄变秦语矣。有杨茂孝者，鸿儒也，就玄寻究内典，直欲效谢康乐注涅槃经，多执卷质疑，随为剖判。致书云："方今海内龙象，非师而谁？"次扬刑部汝士、高左丞元裕、长安扬鲁士咸造门拟结莲社。尝一日玄宴坐，见茂孝披紫服、戴碧冠，三礼毕，乘空而去。玄令人侦问，茂孝其夕诫其子曰："吾常欲落发披缁，汲瓶挈屦，侍玄公，所累者簪冕也。吾盖棺时，殓以紫袈裟、碧芙蓉冠。"至是方验先见矣。

武宗御宇，初尚钦释氏，后纳蛊惑者议，望祀蓬莱山，筑高台以祈羽化。虽谏官抗疏，宰臣屡言，终不回上意。因德阳节，缁黄会麟德殿，独诏玄与道门敌言，神仙为可学不可学耶？帝叉手付老氏中理大国若烹小鲜义，共黄冠往复。玄陈帝王理道，教化根本，言神仙之术，乃山林间匹夫独擅高尚之事业，而又必资宿因，非王者所宜。辞河下倾，辩海横注，凡数千言。闻者为之股栗，大忤上旨，左右莫不色沮。左护军仇士良、内枢密杨钦义惜其才辩，恐将有斥逐之命，乃密讽贡祝尧诗。玄立成五篇，末章云："生天本自生天业，未必求仙便得仙。鹤背倾危龙背滑，君王且住一千年。"帝览诗微解。帝虽不纳忠谏，而嘉其识见口给也。玄即归巴岷旧山，例施巾栉，而存戒检愈更甄明。方扁舟入湖湘间，时杨给事汉公廉问桂岭，延止开元佛寺。属宣宗龙飞，杨公自内枢统左禁军，以册定功高，请复兴天竺教，奏乞访玄声迹。玄复挂怀衣，归上国宝应寺。属寿昌节讲赞，赐紫袈裟，署为三教首座。帝以旧藩邸造法乾寺，诏玄居寺之玉虚亭。大中三年诞节，诏谏议李贻孙、给事杨汉公，缁黄鼎列论义，大悦帝情。因奏天下废寺基各敕重建，大兴梵刹，玄有力焉。命画工图形于禁中，其优重如是。与相国裴公休友善，同激扬中兴教法事。八年，上章乞归故山，大行利济，受益者多。广明二年春，僖宗违难西蜀，后遣郭遵泰赍玺书，肩舆诏赴行在。帝接谈论，颇解上心。左军容田令孜与诸达官，问道勤重。帝欲旌其美，令诸学士撰玄师号，皆未惬旨。乃挥御翰云："朕以开示悟入法华之宗旨也。悟者，觉也，明也，悟达大道，悟佛知见。"又云："悟者一刹那，不悟河沙劫，所以悟者真乘了然成佛之义。今赐悟达国师为号。虽曰强名，用表朕意。"玄陈让不遂，乃乞归九陇旧庐。于正月二十一日卧内，见所曾游历圣境名迹，皆见在前。二月七日，闻空声曰："必生净土。"乃讯之云："孰之语耶？"空又应曰："佛也。"七月中，闻户外有格斗之声，逡巡一菩萨降于庭前，事摩灭矣，渐迫仅玄身，丁宁赞喻："勿以此苦为累也。"言讫而没。又于一夕，有一珠自玄左足下流去，苦楚万端，谛视其珠中明明有"晁错"二字。乃知玄是袁盎也，曾因七国反，盎奏斩错，以谢吴楚诸王，故为婴挠耳。召弟子慈灯附口上遗表，嘱令弃尸，半饲鱼腹，半啖鸟兽。"吾久与西方净土有期如斯。"言讫，右胁面西而逝，享年七十三，僧腊五十四。

玄咸通中曾游泽州，追问小远法师，同年亦同终日月焉。玄坚守禁戒，少欲，过中不食蔬果，服唯布褐，卧则蒻秆。而六时行道，夜卧一更，余则禅坐。等视众生，无贵贱少长，待之如一。素结情好深者裴相国休。初，裴镇荆门，玄游五台山，路出渚宫，赠遗初无所取。裴知其俭约，密遣人沿路以供之，若苏秦遣舍人阴资奉张仪也。尝经骆谷真符县雍氏家枕潭，潭中有大鱼，如龙四足，而齿牙纤利，其家日饲以食，已四世矣。或欲网钓之意，则辄云雾晦冥焉。玄扣船抚其顶，瞪目而鼓跃，即为受归依。未几，乃寄梦雍氏曰："我谢汝累世护念，今受归依，已生天而永诀矣。"次为导江玉垒山神李冰庙、益昌北郭龙门神，偕受戒法，罢其血食欤。有李商隐者，一代文宗，时无伦辈，常从事河东柳公梓潼幕，久慕玄之道学，后以弟子礼事玄，时居永崇里，玄居兴善寺。义山苦眼疾，虑婴昏瞽，遥望禅宫，冥祷乞愿。玄明旦寄天眼偈三章，读终疾愈。迨乎义山卧病，语僧录僧彻曰"某志愿削染为玄弟子，临终寄书偈决别"云。玄生常着如来藏经会释疏二卷，命僧彻撰法鉴以照像，若十翼焉。大无量寿经疏二卷，僧彻着法灯，类章指焉。胜鬘经疏四卷，僧彻著法苑以错综，犹纬书焉。又般若心经、金刚经各有疏义。此外秦蜀之间，作释氏杂文、外篇、箴论、碑志、歌诗，录成二十余卷，礼忏文六卷，通计三十万言。后迁塔于茶笼山附圣寺矣。中和二年，弟子左街僧录净光大师僧彻述传，法孙右街僧录觉辉，辉弟子伪蜀佑圣国师，重孙光业僧录，绵绵瓜瓞，皆名公也。凤翔府写玄真，李义山执拂侍立焉。

系曰：玄公何云袁盎，又为知铉二人后身耶？通曰：人寿百年，自汉至唐，玄几经出没乎骸山泪海，断可知矣。然则玄公多才行道，近古罕闻，法嗣蕃昌，他莫与议也。

唐京兆大安国寺僧彻传

释僧彻，不知何许人也。敏利天资，高迈逸类，稚岁聪颖，而慕悟达国师，若颜回之肖仲尼也。既而时亲函丈，颇见幽微，随侍翼从，未尝少厌。窥其门墙，其殆庶几乎。悟达凡有新义别章，咸嘱付彻畅衍之。为如来藏经疏著法鉴四卷，大无量寿经疏著法灯二卷，胜鬘师子吼经疏著法苑十卷。观乎悟达为疏，若左丘明之传也。彻述三法钞，犹杜、服之集解欤？初居法乾内寺，师资角立，声彩风行，凡百官寮无不奉仰率由。彻内外兼学，辞笔特高，唱予和汝，同气相求。寻充左右街应制，每属诞辰，升麟德殿法座讲谈，敕赐紫袈裟。懿宗皇帝留心释氏，颇异前朝。遇八斋日，必内中饭僧数盈万计。帝因法集，躬为赞呗，彻则升台朗咏。宠锡繁博，敕造栴檀木讲座以赐之。又敕两街四寺行方等忏法，戒坛度僧各三七日。别宣僧尼大德二十人入咸泰殿置坛度内。福寿寺尼缮写大藏经，每藏计五千四百六十一卷，雕造真檀像一千躯，皆委彻检校焉。以十一月十四日延庆节，麟德殿召京城僧道赴内讲论，尔日彻述皇猷，辞辩浏亮，帝深称许。而又恢张佛理，旁慑黄冠，可谓折冲异论者，当时号为“法将”。帝悦，敕赐号曰净光大师，咸通十一年也。续录两街僧事。初彻经江论海，勇于揭厉，于青龙寺讲贯既循悟达国师义意，寄呈所见，蒙回八十四字云：“观君法苑思冲虚，解我真乘刃有余。若使龙光时可待，应怜僧肇论成初。五车外典知难敌，九趣多才恐不如。萧寺讲轩横淡荡，帝乡云树正扶疏。几生曾得阇逾意，今日堪将贝叶书。一振微言冠千古，何人执卷问吾庐？”览兹奖饰，悲喜盈襟。以广明中，巢寇犯阙，僖宗幸蜀。其夕彻内宿，明日仓黄与杜光庭先生扈从入于岷峨，再见悟达，痛序艰难。彻极多著述，碑颂歌诗。不知所终。内翰侍郎乐朋龟为真赞，凤翔、嘉州皆写其真相。弟子秦蜀之间愈多传法者。

宋高僧传卷第六

宋高僧传卷第七

宋左街天寿寺通慧大师赐紫沙门赞宁等奉　敕撰

义解篇第二之四（正传二十三人附见四人）

唐五台山华严寺志远传（元堪）

释志远，俗姓宋氏，家于汝南。其父早丧，孤侍孀亲，承颜之礼，匪遑晨夕。母常念法华经，精通五卷。远识度明敏，孤标卓然。年二十八，辞亲从师，归依荷泽宗风，晤解幽旨，经营僧事，联绵六秋。凡诸取给，未尝混互。自尔辞师寻礼，复经八年，虽博赡两宗，情犹系滞。闻天台一枝，该通妙理，定慧双融，解进于行。十乘境观，起自一家。修性三德，清凉盛演。因命同辈追游五峰，栖遁林泉，履历前躅，晓六凡四圣之理，了开示悟入之门，百界千如，包罗性相。即遮即照，破立同时。依正圆融，凡圣平等，豁开心目，物我双亡。仅四十年，阐扬独步。远业精道邈，志苦神和，卧不解衣，食非别请。时岁不稔，樵炊屡乖，每掬水漱流，将期永日。体有疮疥，手不涂摩，戒检遵修，警慎心口。常以四种三昧炼磨身心。至于缄札题尺，颇闲辞翰虫篆之美。每有缁素负才学者，异其辩说，或傍搜僻隐，欲为挫锐，伺之瑕玷，求其胜负。进虽傲然踞席，退乃踧踖赧容，来高我山，去随四悉。洎会昌四年，春秋七十七，僧腊四十八，忽绝食数朝，而说法罔惮。以二月十七日诫门人曰：“吾自生修进，不欺心口，今获二种果报，卧安觉安而无痛恼。”又曰：“天台宗疏务在宣传，法华疏十卷，本迹二门，三周记别，开近显远。玄文十卷，五义判释。止观十卷，境观双修。不定顿渐，八教粗妙，遮照平等，行解圆明，一多相即一藏文句，莹玉扒金，将践圣阶，降兹罕及。礼忏方等，必假精诚，志之永怀，副吾之意也。”于时龙象云萃，栉比座隅，咸赞希奇，同称佛号。慈诲之际，奄至迁灵，风惨云愁，山昏水咽，林峦色变，徒属凄伤。阇维日，诸子奔驰，罔知所诣。虽学者如林，达其法者唯元堪，即扶风马氏之裔也。气度冲邃，道风素高，盖远倾其解脱之瓶，注以醍醐之器，可谓一灯之后复然一灯。及武宗澄汰之际，禀师先旨，哀恸累夕，以其章疏文句，秘之屋壁。及宣宗再阐释门，重葺旧居，取其教部，置之影堂，六时经行，俨若前制。法华妙经，积岁传唱，摩诃止观，久而敷扬。嗣继之心已极师资之礼也。

唐越州应天山寺希圆传

释希圆，姓张氏，姑苏人也。宗亲豪富，而独舍家，从登戒法，便游讲肆。不滞一方，勤修三学，良深岁稔，尤至博通，时推俊迈，因命讲训。光启中，属徐约军乱，孙儒略地，吴苑俶扰。圆由通玄寺附商船，避地于甬东。其估客偕越人也，笃重于圆，召居会稽宝林山寺。形虽幺么，性且强干，与时寡合，多事宴默。或问之，则曰:“吾道遥乎无形之场，同师子游戏耳。”景福中，于山寺演畅经论，同声相应，求法者至。乃著玄中钞数卷，皆当义妙辞也。恒劝人急修上生之业，且曰:“非知之难，行之为难。汝曹勉旃。”圆六时礼忏，未尝少缺。居小房，即琅琊山顶。是山也，传云从琅琊台飞来，此处先是屠坊，故皆镇于其下。山之冢有井，井有鳗鯀焉，水有盈缩，应大江之潮候，甚多灵怪。一云此处禹锁浙江蛟蜃之属，其名曰蛆。蛆有双耳，其色苍黄，或缘竹木，必风雨至矣。今或出石窍，入僧居沟渠中，见人不惊，握则跳梁如怒状，唯偏入圆房。圆手执宛转屑就，乃为之受归戒，令勿作风雹之妖。暨圆终，而多暴风雨也。圆之修习，愿见弥勒。一日讲次，屹然坐终于法座，时众闻异香襄萫，天乐铮锹，或绝或连，七日后已，此真上生之证欤！则乾宁二年四月也。还山之日，僧众置祭于寺门。无何，有人茜袍象笏拜跪怆然。惝恍之间，杳无踪迹，众莫能测焉。荼毗，收舍利七百余粒，被四明人赍往新罗国矣。

唐绛州龙兴寺木塔院玄约传

释玄约，姓张氏，正平人也。志韵刚洁，幼萌出尘之心，既谐夙志，入州龙兴伽蓝，日诵千言，更无再受。落发之后，满足律仪，检察己心，循其戒范，精持止作，未尝穿穴。自兹名节顿高，流辈窥仰。数稔之间，律论俱赡，遍求知识，探赜玄文。戾止长安崇圣寺，以戒德之选而预临坛，讲律并俱舍共四十余遍，渊静其性，研核靡亏。著俱舍论金华钞二十卷，为时所贵。而二讲登席，可三百余人，皆北面受业焉。传禀门生一百许辈，汾沁之间奔走学者，追乎老矣。终本院小房，俗寿七十六，法腊五十六。学法弟子道俗收焚坑舍利数百粒，构砖浮图于郡城之西焉。

梁滑州明福寺彦晖传

释彦晖，姓孙氏，今东京阳武县人也。佩觿之岁，闻父读金刚般若，瞪目凝听，淡然欢喜。又属家内斋僧，磬梵俱作，于帘幕之下合掌欣然。登年十五，随师学法，往太原、京兆、洛阳听采忘劳。年满，于嵩山少室寺受大戒，隶习毗尼，颇通深趣。次寻经论，皆讨玄源。且曰："为善不同，同归乎治。治则戒、定、慧也。入圣机械，此三治性之极致也。"届洛都，先达无不推伏。至乎四部悉仰柔明，临鉴则戚少欣多，执瓶则荷轻持重。三衣之外，百一之资，量足而供，更无余长。所行慈忍，匪事规求。不畜门徒，惟劳自己，勤勤化导，默默进修。是故南燕之人号为佛子。初寄明福寺，讲百法论也，四海英髦，风趋波委，恒溢百余，且多俊迈，精研论席，钻仰经宗。其间硕学兼才，故有分为上下十恶。十恶者，若八伯之号焉。上十恶则洞闲性相，高建法幢，宗因喻三，立破无滞。下十恶则学包内外，吟咏风骚，击论谈经，声清口捷，赞扬梵呗，表白导宣。盖因题目之分，乃极才能之际，云恶则倒背之言，乃是极善也。其门弟子为若此也。晖因明、百法二论各讲百许遍，出弟子一百五十余人，著钞曰滑台，盛行于世。以乾化元年秋八月三日，气力藹然而奄化矣。春秋七十二法，腊五十二。滑人追慕其德，二众三百余人奉神柩归葬于阳武县侧，营小塔焉。

梁东京相国寺归屿传

释归屿，姓湄氏，寿春人也。父元旭知子敏利，授以诗书，诵览记忆，弥见过群从诸子。而窃愿出尘，父母允其频请，乃礼本郡开元寺道宗律师为力生焉。未及周星，念通法华、仁王二经。登于弱冠，而全戒足，矜持三行，靡旷四仪，习听新章，寺通讲授。后闻洛京、三辅经论盛行，结侣求师，仅于十载，疏通性相，精大小乘，名数一支，因明一学，俱舍、唯识、维摩、上生，皆深藏若虚也。复往南燕就晖公，重复所学，研朱益丹，犹慨义章未为尽善，乃之今东京相国寺，遂糅新钞，讲训克勤，门生领悟。时朱梁后主与屿丱角同学庠序，狎密情浓，隔面年深。即位半载，下诏访之。屿虽知故旧，终岁不言。事不可逃，应召方入。帝见悲喜交集，宣赉丰厚。时属嘉庆节，曾下敕止绝天下荐僧道恩命，其年独赐屿紫衣，仍号演法大师。两街威仪迎导，至寺，兼敕东塔御容院为长讲院。时闽帅，以圣节进金刚经一藏，绢三百匹，尽赐屿焉，法侣荣之。然睹旧钞有所不安，未极其理，遂搜抉精义于三载，著成二十卷，号曰会要草字，写毕进呈。帝览赏叹，敕令入藏，屿苦辞乃止。如是十五年中，唱导无怠，学徒继荣、赡公相继传持。至后唐清泰三年十月十日，谓门人洪演曰:“余气力惙然，无常将至，汝好住修进。”焚香合掌，初夜长逝，春秋七十五，僧腊五十五。即以其月十八日迁塔于京东郊寺庄东冈焉。

后唐洛阳长水令諲传

释令諲，姓杨氏，陕府阌乡人也。幼而履操，回求出俗，得本邑之师，授净名经。年既应法，乃纳戒津，大小乘教兼而学之。于名数法门，染成淳粹。弥陀、中观，斡及膏腴，声光振发，莫之与京。因游洛南长水，遇归心檀信构伽蓝，就中讲贯。一论一经，三十载中宣化，计各五十余遍。日别诵维摩、上生，以为恒课。执行持心而绝瑕类，远近宗承，若望梅者得饮焉。以清泰二年乙未岁终于邑寺，春秋七十一，法腊五十一。

其年迁于山麓，徇西域法火葬，获舍利，学人檀越共建塔焉。

后唐定州开元寺贞辩传

释贞辩，中山人也。少知出尘，长誓修学，克苦之性，人不堪其忧。一志听寻，暇则刺血书经，又针血画立观自在像、慈氏像等。尝因行道困息，有二天女来相挠恼，辩誓之曰："我心匪石，吾以神咒被汝。"彼众不容去。自此道胜，魔亦无踪。辩负笈抵太原城听习，时中山王氏与后唐李氏封境相接，虞其觇间者，并州城内不容外僧。辩由此驱出，遂于野外古冢间宿。会武皇帝畋游，冢在围场中，辩固不知。方将入城赴讲，见旌旗骑卒，缩身还入穴中。武皇疑，令擒见，问其故，遂验冢中，敷草座，案砚疏钞罗布，遂命入府供养。时曹太后深加仰重，辩诉于太后曰："止以学法为怀，久在王宫不乐，如桎梏耳。"武皇纵其自由，乃成其业。洎王处直平，乃归中山讲训，补故伽蓝，无不谐愿。有妇人陈氏布发掩地，请辩蹈之。撰上生经钞，为学者所贵，时号辩钞者是。后终于此寺焉。

后唐会稽郡大善寺虚受传

释虚受，嘉禾御儿人也。纳戒后，于上都习学，内外博通，传讲数本大经论，不惮宣导。咸通中，累应奉圣节充左街鉴义，辈流孰不弭伏。及广明中，京阙盗据，逃难逦迤，抵越大善寺，同好者命讲涅槃、维摩二经，即天佑年中也。因愤谦雅等师释、崇福疏，繁略不中，其犹以水济水，终无必济焉，遂撰义评钞十四卷。同光中方毕轴，又因讲俱舍论疏，有贾曾侍郎序，次僧圆晖序，皆著钞解之，其文富赡，昔尝染指知焉。受于涅槃，辩而非略，仍多驳议小远之疏，免为青蝇之玷。余则法华、百法、唯识，各有别行义章。受性且狷急，与人不同，畜弟子无一可中，尝自执爨馔斋食，柴生火灭，复吹又熸，怒发，汲水沃之，终日不食而讲焉。及晚年眼昏甚，登师子座，戴竹笠而讲，贵目不闪烁尔。或讥其慢众，受亦不介意。属武肃王钱氏按部至越，遂出谒见，王素向风，乃加优礼，言劳再三。暨乾化中，于会稽开元寺度戒，命之充监坛选练，吴会间行此职者，自受始也。王表于朝廷，荐其紫衣。庄宗制赐，行人赍至营丘。时受讲当上生经疏序，至“若洪钟而虚受”，受舍麈柄言曰：“某得名无典实，今后更为虚受，小子识之。”及状闻王，王曰：“此僧必无恩命分，何名虚受乎？”至同光乙酉岁，受终，迨海舰赍诰牒来，稽其终日，正到青社，果符武肃之言。有文集数卷，述义章三十余卷，行之于代。

后唐杭州龙兴寺可周传

释可周，俗姓傅，晋陵人也。出家于本部建元寺。循良厥性，切问于勤。友生勉之曰：“非其地树之不生，今豫章经谓之江，论谓之海，胡不往请业乎？”周感其开导，挈囊达彼，遇云表法师盛集，穷法华慈恩大疏，日就月将，斡运深趣。昭宗初，自江西回台越之间，命其启发。梁乾化二年，受杭州龙兴寺召开演，黑白众恒有半千。两浙武肃王钱氏命于天宝堂夜为冥司讲经，鬼神现形扈卫，往往人睹焉。尝有祭铜官祠神，巫氏久请不下，后附巫曰：“吾随从大神去西关天宝堂听法方回。”武肃王闻而郑重，赉周中金如意并钵、紫衣一副，加号精志通明焉。以天成元年，终于观音院本房。初，周乾宁四年戾止台州松山寺讲疏，阙钞，遂依疏节成五卷，曰评经钞，音训五帖，解宣律师法华序钞一卷，行于浙之左右。弟子相继不绝。

后唐东京相国寺贞诲传

释贞诲，姓包氏，吴郡常熟人也。年始十三，出家于本州龙兴寺。其性沈静，分阴是竞。方逾一稔，诵彻法华经，如是恒业日周二部。年十九，于扬州择名师受具足法。自尔西之伊洛，北抵晋郊，凡有讲筵，下风求益，核其经论，穷其性相，辈流之间，罕齐驰骛。至于非朋弱友，弃背如也。唐天祐元年，至今东京相国寺寓舍，讲导法华经十许遍，人未归重，则知奇货之售亦有时焉。及梁氏都于是京，人物委输。贞明二年，会宋州帅孔公仰诲风规，知其道行，便陈师友之礼，舍俸财，置长讲法华经堂于西塔院。从此翕然盛集。诲旁读大藏教文，二时行道，精进罔疲。凡世伎术百家之言，黜于议论之外，诫门徒曰："异端之说，汩乱真心，无记不熏，何须习俗？吾止愿为师子吼，不作野犴鸣也。"但专香烛涂扫，以内院为息肩之地。至后唐清泰二年二月十日，召弟子五十余人，自具香汤澡浴，令唱上生礼佛，罄舍衣资，为非时僧得施，半斋僧讫，至十一日，望空合掌云："劳其众圣排空相迎。"满百徒侣，尔日皆闻天乐之音，顷刻而卒，俗寿七十三，僧夏五十四腊。于寺讲贯三十余年，经讲计三十七座，览藏经二遍，修弥勒内院业。以其年二月十八日葬浚郊东寺庄之原，幡幢威仪，缁白弟子约千余人会送焉。

后唐洛京长寿寺可止传

释可止，姓马氏，范阳大房山高丘人也。年甫十二，迥有出俗之心，依悯忠寺法贞律师。年十五，为息慈，辞师往真定习学经论。时大华严寺有仁楚法师讲因明论，止执卷服膺三遍，精义入神，众推俊迈。有老宿维摩和尚者，释门之奇士也，问楚师曰："门人秀拔，孰者为先？"曰："有幽州沙弥者温故知新，厉精弗懈。"于是求见，遂质问胜军比量，随难应变，辞不可屈。维摩曰："后生可畏，契经所谓虽小不可欺也。"遂率力请止开讲恒阳，缁素无不钦羡焉。迨十九岁，抵五台山求戒，于受前方便，感文殊灵光爥身。已而归宁父母及师，于寺敷演。二十三往并部，习法华经、百法论。景福年中，至河池，有请讲因明。后于长安大庄严寺化徒数载。乾宁三年，进诗，昭宗赐紫袈裟，应制内殿。本道刘仁恭者，据有北门，控扼蕃汉，闻止之名，移书召归故乡。其父与师相次物故，母犹在堂，止持盂乞食，以供甘旨。行诵青龙疏三载，文彻忽有巨蟒见于房，矫首顾视，似有所告。时同院僧居晓，博物释子也，且曰："蛇则目睛不瞬，今其动乎？得非龙也？"止焚香祝之曰："贫道念青龙疏，营斋养母，苟实龙神轸念，希值一檀越。"居数日，燕师家子曰："制胜司徒召申供养。"时庄宗遣兵出飞狐以围之，历乎年载，百谷勇贵。止顿释忧惧，未几燕陷，刘氏父子俘归晋阳。止避乱中山，节度使王处直素钦名誉，请于开元寺安置，逐月供俸。止著顿渐教义钞一卷，见行于代。天成三年戊子，王师问罪，定州陷焉。招讨使王晏休得瀛王冯道书，令寻止。既见，以车马送至洛京，河南尹秦王从荣优礼待之，奏署大师，号文智焉。于长寿净土院住持。应顺元年甲午正月二十二日，忽微疾作，召弟子“助吾往生”，念弥陀佛，奄然而化。俗年七十五，僧腊五十六。闰正月二日荼毗，收遗骨。至清泰二年四月八日，建塔于龙门山广化寺之东南隅。止风神峭拔，戒节孤高，百家子史，经目无遗。该博之外，尤所长者，近体声律诗也。有赠樊川长老诗，流传人口。在定州日，中山与太原互相疑贰，诸侯兼并，王令方欲继好息民，因命僧斋于庆云寺。会有献白鹊者，王曰：“燕人诗客试为咏题。”止即席而成，后句云：“不知谁会喃喃语，必向王前报太平。”王欣然。诗人李洞者风骨僻异，慕贾阆仙之模式，景福中在河池相遇，赠止三篇。时宰相孙公渥、赵公凤、马公裔孙、窦学士梦征、符侍郎蒙、李侍郎详，皆唱予和汝，埙篪韵谐。止顷在长安讲罢，游终南山逍遥园，是姚秦什法师译经之地，年代寖深，鞠为茂草。且曰：“吾为释子，忍不兴乎？”奏昭宗乞重修，帝允，仍旧赐草堂寺额。后请樊川净休禅伯聚徒谈玄矣。及在洛也，讲外长诵金刚经，不知纪极。昔多居终南山、崆峒山，故有三山集，诗三百五十篇，盛行于时。弟子修文、修智、修行，微见师之道焉。

汉太原崇福寺巨岷传

释巨岷，姓任氏，西河人也。父游于艺而贲丘园。母王氏戒受八关，心归三宝，从妊岷也，更好善缘，复求福利，而生令子。及生，年甫七岁，志气敦笃，暂见佛像，注仰欣然。父母知有宿因，或携入寺，意欲忘归。至本郡净心院，见宣远论师，志恋其房，泣求摄受。二亲知不能阻其愿，咸皆可之。年十岁，诵终法华、维摩二经，日持十卷，更无间隔，如执琉璃之器。其舒徐恣制，若老成焉。迨圆满足，便习尸罗，克通开制之科，恒照欣戚之鉴。自尔大乘理趣，经论精穷，得其师门，则并部永和三学也。俾夜作昼，窗案是临，不暇诸他。除研习义章，修六事二因也，于大般涅槃经兼因明论，末年逾切。又传输金论，尽屏余缘，各讲十遍，仍求辅亮，博览群书，得义最精，又扬具美。寻禀纶言，住城内天王院，与弟子俱供亿不亏，传持无替。乾祐元年，汉祖以龙潜晋土之日，便仰岷名，特降庭臣赐紫衣，号圆智大师。续有诏宣住崇福寺讲堂院，仍充管内僧正。经年而变法于晋，检策僧徒，如风偃草。至乾祐二年十一月五日，无疾而终。于时四众含悲，一城恋德。俗龄九十三，法腊五十四。乃遵西域荼毗礼，多投香水，或执幡花，黑白之众盈郊，黯霮之云蔽日，未容火灭，皆捧宝瓶，待盛粱粟之形，同见熏修之体。时得舍利者，随自因缘，或多或小。别得遗骨，具表奏闻。汉主敕葬于西山天龙寺，凡事官供，起石塔。敕谥号曰达识焉。

汉棣州开元寺恒超传

释恒起，姓冯氏，范阳人也。祖父不仕，世修儒道，而家富巨万。超生而聪慧，居童稚群，不贪戏弄。年十五，早通六籍，尤善风骚，辞调新奇，播流人口。忽一日因阅佛经，洗然开悟。乃叹曰："人生富贵，喻等幻泡，唯有真乘，可登运载。"遂投驻跸寺出俗。未周三祀，方议进修，昼夜不疲，而属师亡，亦遵释氏丧仪，守礼无怠。孝悌之名，燕人所美。梁乾化三年，往五台山受木叉戒，由是陟遐自迩，切问近思。俄征伐木之章，且狎或人之友，结契远求名匠，阻两河间，兵未罢，路不通，南则梁祖，北则庄宗，抗衡于轻重之前，逐鹿在存亡之际。当是时也，超止于本州魏、博、并、汾之间，学大小乘经律论，计七本，讲通思于雍、洛，梁、宋名师，杳然隔绝。虽然，巡历非远，宏畅殊精，瓶满见知，翼飞名字。是故并部息尘、中山贞辩，夫二人者，言行俱臻，证修有位，一见超，叹曰："义龙之头角悉完备矣，待飞奋而为霖雨焉！"其为硕德题目，多此类也。龙德二年，挂锡于无棣，超曰："此则全齐旧壤，邹鲁善邻。"遂止开元伽蓝东北隅，置院讲诸经论，二十余年，宣导各三十余遍。节操高迈，举措舒徐，缁素见之，无不怯惧。声无叱咤，语不夸奢，自然而然，且非威势凌轹之所得也。前后州牧，往来使臣，向誉钦风，修名执刺，相礼重者，止令童子辞以讲贯，罕曾接对。初有所慊，终伏其高，齐鲁之间，造秀不远数百里，造其门以诘难。诸公一睹超容，傍听议论，参乎子史，证以教宗。或问因明，超答以诗一首，辞新理妙，皆悉叹降。时郡守李君素重高风，欲飞章举赐紫衣。超闻惊愕，遂命笔为诗云："虚着褐衣老，浮杯道不成。誓传经论死，不染利名生。厌树遮山色，怜窗向月明。他时随范蠡，一棹五湖清。”李君复令人劝勉，愿结因缘。超确乎不拔，且曰：“而其复尔，则吾在卢龙塞外矣。”郡将闻而止。又相国瀛王凭道闻其名，知是乡关宗人，先遗其书，序以归向之意。超曰：“贫道闲人，早舍父母，克志修行。本期弥勒知名，不谓浪传于宰衡之耳也。于吾何益？”门人敦喻，不得已而答书，具陈出家之人岂得以虚名薄利而留心乎？瀛王益加郑重，表闻汉祖，遂就赐紫衣。自此忽忽不乐，以乾祐二年仲春三日微疾，数辰而终于本院。院众咸闻天乐沸空，乃升兜率之明证也。春秋七十三，僧腊三十五。门人洞征与学徒百余人持心丧，倾城士庶僧尼会送城外，具茶毗礼，收舍利二百余颗分施之。外缄五十颗，于本院起塔以葬之。瀛王未知，别奏赐师号曰德正，乃刊敕文于石塔焉。

汉洛京法林院僧照传

释僧照，姓张氏，范阳人也。年十四出家，投悯忠寺，聪晤绝俦，神仪伟秀。初受经偈，日诵数千百言，目所览者过于宿习。吐论知见，有老成之风。遂度为沙弥。受具已来，历于再闰，暗诵经典，已逾六大部矣，即最胜王、大悲、维摩、法华等经。傍加听寻经论，十数年间，深文伏义，蓝出青矣。天祐中，游方南下，爰届中山，元戎王处直请住法华寺。相次易帅请之，太傅陇西公连表荐赐紫方袍，加至真大师。次则扶风马公请为僧正，非所好也。及抵洛阳，有命开法华经讲，止法林院。况乎都阙浩穰，象龙辐凑，及照之唱导，翕如于下风伏膺矣。以乾祐元年三月二十六日，示灭于讲院，春秋七十，僧腊五十。四众号慕，侍中李公倾易定，曾为外护，复守洛宅，饰终丧礼，悉以资奉。粤四月三日迁神于城南，行茶毗法，收舍利，红润可数百粒。济阳丁公为保厘之箧职，为树塔于广化之寺南冈。照平昔讲凡七十余座，勤勤为法。门生颇多。宰臣马公孙最所钦重，前后赠诗仅数十首，洛中为美谈矣。

汉洛阳天宫寺从隐传（梦江）

释从隐，姓刘氏，洛阳三乡人也。丱年敏慧，誓欲出尘，二亲既听，乃投本邑竹阁院，依师诵习，陶练灵府。寻于嵩阳受戒毕，就长水听采，才历数年，克通百法、中观、弥陀三经论焉。而谭师年老，深许隐之博达性相。后于洛布金院赴请敷演。至后唐清泰中，谭付讲座，日为众三登法席。夏中长晷，览藏经一帙，精进苦节，人无与比。乾祐二年正月，示疾而终，俗寿五十三，僧腊三十二。乃依天竺法火化，收合真体，圆净堪爱，门人树塔，至今存焉。次有长水县县泉院释梦江者，姓杨氏，本邑人也。神彩洒落，超拔凡态，遂愿出家，恒诵仁王、般若。进具后讲百法论，清泰中龙门广化寺请为众开演，遇帝幸其寺宣问，妙辩天逸，悦可上心，时于御前赐紫袈裟，确乎不受。训导二十余年，讲罢行道礼佛，日唯一食。慈忍于物，罕逢愠色。周显德三年疾终，缁素悲慕，为其建塔矣。

汉杭州龙兴寺宗季传

释宗季者，俗姓俞，临安人也。稚齿瑰伟，心志刚直。尝天震邻家树，季随僵仆，有姊尼抱就膝，视之曰："此非震死，且有生候。"至夜未央，苏而复作。遂劝令出家，事欣平寺僧。后往衢州，投巨信论师，学名数论，文义淹详，且难诎伏，锋芒如也。迨回杭，龙兴寺召讲。时僧正蕴让给慧纵横，两面之敌也。与闾丘方远先生、江东罗隐为莫逆之交也，见而申问，季作二百语酬之，让正赏叹，遂请开讲，四十余年，出弟子七八百人。汉乾祐戊申岁，疾终于本房。初，季讲次遇一异人，作胡语，问西域未来之经论，一众惊然。季眇二目，曾夜行感神光引之，常览古师之述作曰："可俯而窥也。"遂撰永新钞，释般若心经，晖理钞解上生经，弥勒成佛经疏钞，补猷钞阙，诸别行义章，可数十卷，并行于世。季道行孤僻，性情方正，寡言语，气貌高迈，誓不趋俗舍。暨老恳请亦罕赴白衣家。居唯屡空，衎然自任，而孜孜手不释卷，乐道向终。至今此宗越多，弟子讲导不泯焉。

周魏府观音院智佺传

释智佺，姓张氏，铜台永济人也。九岁，于邺都临清王舍城寺事师。

暨受具戒，身器挺然八尺，面色玉如，行步若舒雁，言音如扣钟。人望之凛然，佥曰:“美丈夫也。”恒诵诸经，昼三夜三，礼佛无阙。本师知其法器，遣往滑台，抵明福寺，就晖师讲肆。期月，顿见诸法体用，喜不自任。时晖之门生炮勇俅干者数十员，皆出佺之下。徇睢阳人请讲，未久，又今东京遇信士舍宅为万岁百法院。由此洛京、陈、许、徐、宿、维、青、琴台咸乐请其敷演，自鸠聚檀傣，前后饭僧三十万。天雄军戴、张、郭三家同建观音院，命居之。佺敏利之性天资，初终讲百法论，可百许遍。登法座，多不临文，悬述辩给。后三过览大藏经，以辅见知。其诵讽经咒也，尝闻户外阒然有弹指声者，感鬼神赞叹欤？魏帅陈君思让笃志归依，表荐紫衣师，号曰归政。殆临八十一，而克意学欧王书体，仅入能妙。或问之，曰:“吾习来生字耳。”显德五年，年八十三，呼弟子奉晏等嘱累，令造木舆一所，敛送阇维。至其年十一月十一日奄终，奉木塔，举高三丈余。纵燎时有白鹤哀鸣，紫云旋覆。收拾舍利，建塔缄焉。

宋秀州灵光寺皓端传

释皓端，姓张氏，嘉禾人也。九岁，舍家入灵光精舍，师授经法，如温旧业焉。年登弱冠，受形俱无表。于四明阿育王寺遇希觉律师，盛扬南山律，端则一听旋有通明，义门无壅。寻投金华云法师学名数一支并法华经。后受吴兴缁伍所请讲论焉。两浙武肃王钱氏召于王府罗汉寺演训，复令于真身塔寺宣导。于时有台教师玄烛者，彼宗号为第十祖，端依附之，果了一心三观，遂撰金光明经随文释十卷。由是两宗法要，一径路通。忠献王钱氏借赐紫衣，别署大德，号崇法焉。后誓约不出寺门，慕远公之不渡虎溪也。高尚其事，仅二十余年，身无长衣，口无丰味，居不施关，坐唯一榻。以建隆二年三月十八日，坐灭于本房，容貌犹生。三日，焚之于城西，得舍利于煨烬之末。俗年七十二，僧腊五十二。凡著述传录记赞七十许卷，学得其门者止八十余人。端性耿介，言无苟且。一坐之间不谈世论，唯以佛法为己务，可谓傅翼之象王矣。秘书监钱昱尝典秀郡，躬睹端之标格，为著行录焉。

宋东京天清寺傅章传

释傅章，俗姓彭氏，开封东明人也。厥父谭，即邑甸之上农也，尘务之外，正见不回，恒读佛经，悬解诠旨。母邢氏尝梦入法宇，手探道器，因而娠焉。与父知怀非常之子，指腹誓令出俗。年甫十一，乃礼本邑唯识师秘公为师，一见异之。初授净名、仁王、法华三经，及削发去周罗，随秘公游五台，礼文殊应迹之地。其年受具。为息慈日，便于浚郊清朗法师座下听习法华经。后于睢阳道雅法师重温前业，寻学唯识于本师，颇揭厉于义津法水。又亲附副僧录通慧因明，且臻其极章。日诵三经兼二戒本，讲贯训徒，向二十载，未尝少辍。广顺中，左街僧录广智大师荐闻于周高祖，赐紫方袍。大宋乾德二年，左街僧录道深荐于太祖神德皇帝，赐师号曰义明。俄示疾而终于本院，春秋五十五，法岁三十六。未绝之前，命笔作偈警世，而赠诸朋执矣。所度弟子一十五人，以其年十一月十六日卜京之南原，用荼毗之法，薪尽火灭，得舌且不灰，众叹戒德。门人檀信共立塔焉，则开宝五年也。先是厥父恒务法华经，终后焚之，亦舌不坏。子父同验，实为罕有。相国寺清慧大师彝炳为塔铭焉。

宋并州崇福寺佛山院继伦传

释继伦，姓曹氏，晋阳人也。弱齿而壮，其志勇，其心决，求出家。本师授法华经，日念三纸，时惊宿习。慧察过人，登戒之后，至年二十一，学通法华经，义理幽赜，唯识、因明二论，一览能讲。由是著述，其钞至今河东盛行。三讲恒一百五十余徒，从其道训。又撰法华钞三卷。其为人也，慈忍成性，戒范坚强，人望之而心服。以刘氏据有并汾，酷重其道，署号法宝，录右街僧事，宽猛相参，无敢违拒。以伪汉己巳岁冬十月示疾，心祈口述愿生知足天。终后顶热半日方冷，则开宝二年也。享年五十一。阇维毕，淘获舍利，远近取供养焉。

宋齐州开元寺义楚传（修进　省伦）

释义楚，俗姓裴氏，祖相州安阳人也。楚七岁来省历下，临坛大德修进因为出家师也。进乃楚之诸父也。季父省伦居香严院。进也诵观音普门支经向十万遍，立礼法华经，字字各拜，拜且彻部焉。伦则青丘主宰，禅居诵大悲、佛顶俱一亿遍。楚执柯伐木，熏习相资，登此近圆，勤学不懈，敏慧夙成，俱舍一宗，造微臻极。遂传讲圆晖疏十许遍。后该览大藏三遍，乃慨儒家为佛教之文而多谬解，解既谬欤，事多误用。拟白乐天六帖，纂释氏义理、文章、庶事、群品，以类相从，建其门目，总括大纲，计五十部。随事别列四百四十门，始从法王利见部，终师子兽类部，其间物类，检括周旋，令供笔之时必无告乏矣。一十年中，孜孜罔倦，起晋开运二年至显德元年毕，进呈，世宗敕付史馆，赐紫衣，仍加号明教大师。以开宝中终于龙兴伽蓝。俗寿七十四，法腊五十四。楚始谋此作，随得便书，裒多益寡，日居月诸，只成编录。忽因本院门古石上有六帖二字，天然分明。睹此灵符，乃知宿定，搜今斡古，笔不停缀。时枢密相国王公朴为楚作序，冠于编首，今行于寰海矣。初，楚著述心亦劳止，而双目丧明，医工莫疗。遂冥心忏过，虑删碎教文，裁量差脱，如是虔虔更无间息，再岁还明，人谓其征感焉。

宋杭州慈光院晤恩传

释晤恩，字修己，姑苏常熟人也。姓路，母张氏尝梦梵僧入其家而妊焉。及稚孺，见沙门相，必起迎迟。年十三，闻诵弥陀经，遂求出家。亲党饶爱，再三沮之，乃投破山兴福寺受训。后唐长兴中受满分戒，登往昆山慧聚寺，学南山律。晋天福初，从槜李皓端师听习经论，悬解之性天然，时辈辄难抗敌。后微闻天台三观六即之说，冥符意解。汉开运中，造钱唐慈光院志因师，讲贯弥年，通达法华、光明经、止观论，咸洞玄微。寻施覆述，出弟子相次角立。雍熙三年八月朔日，恩于中夜睹白光自井而出，明灭不恒，谓门人曰:“吾报龄极于此矣。”乃绝粒禁言，一心念佛。次梦拥纳沙门执金垆焚香，三绕其室，自言“祖师灌顶来此相迎，汝当去矣。”梦觉，呼弟子至，犹闻异香。至二十五日为弟子说止观旨归及观心义。辰时，端坐面西而化，享年七十五，僧腊五十五。其夜院僧有兴、文偃等皆闻空中丝竹嘹亮而无鼗鼓，且多铃铎，渐久渐远，依稀西去。迨九月九日，依西域法焚，获舍利青白圆粒无算。恩平时谨重，一食不离衣钵，不畜财宝，卧必右胁，坐必加趺。弟子辈设堂居，亦同今之禅室。立制严峻，日别亲视明相，方许净人施粥，曾有晚饮薯蓣汤者，即时摈出黉堂。每一布萨，则潸洒不止，盖思其大集满洲之言耳。偏诲人以弥陀净业救生死事，受教得生感祥可见者，往往有之。凡与人言，不问贤不肖，悉示以一乘圆意。或怪不逗机者，乃曰："与作毒鼓之缘耳。"不喜杂交游，不好言世俗事。虽大人豪族，未尝辄问名居，况迂趋其门乎？先是天台宗教，会昌毁废，文义残缺。谈妙之辞，没名不显。恩寻绎十妙之始终，研核五重之旨趣，讲大玄义、文句、止观二十余周，解行兼明，目足双运。使法华大旨全美流于代者，恩之力也。又慊昔人科节与荆溪记不相符顺，因著玄义、文句、止观、金光明、金錍论科，总三十五帖，见行于世。吁，河汉中有鱼溯流而上者何？潜泳有所取故。恩公不宽乘戒而出弟子十有七人，求解而行行耳。

宋天台山螺溪传教院义寂传

释义寂，字常照，姓胡氏，温州永嘉人也。母妊娠公白不喜荤血，生乃首蒙紫帽而诞焉。幼启二亲，坚求去俗，旋入开元伽蓝。师授法华经，期月而彻，寺之耆老称叹希有。受具已，往会稽学南山钞。既通律义，乃造天台山研寻止观，其所易解犹河南一遍照也。先是智者教迹，远则安史兵残，近则会昌焚毁，零编断简，本折枝摧，传者何凭？端正甚学，寂思鸠集也。适金华古藏中得净名疏而已。后款告韶禅师，嘱人泛舟于日本国购获仅足。由是博闻多识。微寂，此宗学者几握半珠为家宝欤？遂于佛陇道场、国清寺相继讲训，今许王钱氏在两浙日，累请开演，私署净光大师并紫方袍，辞让不却，受而不称。及兴螺溪道场，四方学侣雾拥云屯。太平兴国五年，朝廷条贯缁伍经业，寂从山入州治寺，寺东楼安置。楼近大山，夜梦刹柱陷没于地，意颇恶之。自徙于西偏僧房，其夜春雨甚，山崩楼圮。人咸谓寂先见同修报得之眼焉，因受黄岩邑人请，乘舟泛江放生，讲流水长者品。至海门灵石，是智者冬居道场也，劝人修寺塑像，入缘者繁沓。今上遣高品卫绍钦入山重建寿昌寺也，诸官同命受菩萨戒。雍熙初，永安县请于光明寺受戒。古殿像隳，腹中获发愿辞，即唐咸通六年沙门希皎施戒，劝七乡人装塑尊像，愿舍报为男子，童真出家，常布褐传法利乐众生云。观者皆意寂之前身也。四年，临海、缙云、永康、东阳诸邑请其施戒。九月，寂至自太末，十月，寝疾本院方丈。十一月四日，嘱诫门人："不许哭泣祭奠。应缘俗礼者，非吾弟子也。"即窆于方丈，树小塔焉。享年六十九，法腊五十矣。四方传法弟子见星而舍者数百人。寂平素讲法华经并玄义，共二十许座，光明、净名、梵网等经，止观、金錍等论，法界、还源等观，禅源诠，永嘉集各数遍，所著止观义例、法华十妙不二门科节数卷。自智者捐世，六代传法湛然师之后，二百余龄，寂受遗寄，最克负荷，其如炎蒸讲贯而无汗之沾洽，曾不久听而胜解佛乘。每一谈扬，则纵金玉应，召羽商和，彼九旬说妙，相去几何？又尝寓四明育王寺，梦登国清寺上方，有宝庄严幢座，题曰文殊台，设梐枑阑隔，求入无由。俄睹观音菩萨从堂徐出，以手攘却行马，低迂相接。斯须，觉已与观音身泯合不分，因而惊寤。自是之来，乐说无尽矣。或曰："入普门智，乘利物悲，上合佛觉，证无上故。下合众生，凡同体故。开则群灵混成一法，得是心者，非观音而谁欤？"是以讲谈也，施戒也，自瓯越之乡迨三天子障，民多咈戾，俗尚畋猎。受寂之训也，咸食椹革音，说法之功，所谓善建。由是堂室间可见者，曰澄彧，曰宝翔，曰义通。及乎台之民庶，曾受戒法，迎真相来州治开元寺祭飨，皆缟素哀泣，天为之变惨，其慈摄之所感。知州郑公元龟为诗悲悼焉。

论曰：玄默垂文，圣人俯察。河洛之流有告，图书之法作程，禹受斯符，乃为经纬，本六十余字，训第表明，号洪范以开章，得彝伦而逌叙。帝王之法粲然可观，祖述之家翕尔宗此。我之佛道可弗然耶？教自西传，若龟马之文乍辩；声由此盛，如夏商之美惟扬。及其讲训相资，签笺互出，因分异辙，各竞颛门，施巧智之莫京，致慧心之悬合。宜乎得正信者必开正眼，见正道者必事正修，倒本前因，则以决择为主。原夫能诠之教喻图书也，所诠之理喻训第也，经容纬入，纬变经存，令表显之名言，从体义之相杂。唯识佥推于护法，成即司南；婆沙奄有于余师，说同衍字。良以各迷已见，皆未极成，正不正之说恢张，玄又玄之谈崛起。大抵无名相法作名相说，非如色法影质易寻。名色交加，喜生迷竞。又以言存一意，义止一途，随情取舍之时，未为允当，随转理门之处，盖涉无文。加复教有弛张，意关详略，讨寻者非英明而莫悟，承领者非行位而那知？在人亡书，以教为折中。故论中以四种征理，理则难隐，一观待，二作用，三法尔，四证成。用斯道理，义岂惑乎？譬如甲氏背人而去，有二三子相问曰："彼去者谁耶？"一云"乙也"。一云"丙也"。此俱未是。彼有识人云"甲也"。回面视之，是甲非乙。由其不识，遂有多名，识者一呼，应声而至。亲得自体，不涉异缘，故曰精义无二也。因义生解，解必虚通，除其执情，令生正解，断其迷执。执情断，故所执便遣。既能生解，则断障。二重断染，依他清净，依他圆成，故得二胜果焉。不然者，认相似法，堕恶取空，曳曲木于稠林，泛胶舟于苦海，又不可胜道也。瑜伽论中契经体有二,一文二义。文是所依，义是能依。如是二种，总名一切所知境界也。夫以能化之教已翻，所诠之理难悟，苟非宿慧，安喻经心？宿慧当多世之熏，方能生起；经心乃大雄之意，岂易寻求？谚所谓老见事长，佛已三只之扬历；多言或中，法从诸圣之同宣。岂得以夏虫共论其凌澌，井鱼互谈其渤澥？此诚不可也。必须近佛菩萨，善慧法师，四无碍居游戏之中，八辩音演自他之利。秪如天亲大士将世尊之一言，中道圆宗成诸法之五位，如龙带涓滴而起为雨，望苗稼而施。又同命包作纬于春秋，凿度为资于大易，此皆善其通变，能其揣摩，以利根而教钝根，以正见而诱邪见，都称为摩诃般特伽也。西域蒲塞冶家子以为裘，此方俊才鬻乳人而加水。成裘则易，以日见而留心；免水则难，以传来而隔手。昔以讲人论法，造疏寻宗，用成实法数之名，补大乘阙员之义。其有解法名目，随人见知，未融六释之端，何暇三隅之反？至若黎邪是报非报，化人有心无心，和合怖数之徒，闻熏灭不灭等百有余科，并三藏、四含之盘根，大小两宗之钤键，先贤之所不决，令哲之所共疑，但谓阙如所知成障。及乎奘师西复，梵本东传，富瑜伽之宝林，开唯识之渊府，摩诃衍足杀三摩，明名数均著作之家，立破定是非之量。深山大泽，必生龙蛇，有大乘基为其高足。不缘宿习，多见生知，谓之义天，则明星有烂，谓之理窟，则善闭无关。堂堂合周髀之仪，轧轧应昆仑之轴。有经皆讲，无疏不成，权奇百本之名，控压四人之圣。复次光也宝也，测乎沼乎，章句之学颇长，释签之理何富！世茂珠林，迈编图纪，璟附量度于鲸海，尚缀文荣于玉华，究三论极乎瑗康，穷方等归乎楷景。观公撰集华严，命章解相入之连环，且无难色；通绝行之断阁，故立易功。法藏从性海而游，智升自名流而出。伟欤一行，所作通神，实僧相之法王，乃人形之菩萨。忠、氤、琳、甫、贲、秀、诜、真，俱参译判经，尽开荒辟土。于烁宗密，美乎湛然，悟达全才，彻公令范，可以副人之求备哉！余诸上士，擅美殊方，落落英翘，互有长短。矧以佛之说经，申经者论;经由论显，论待疏通;疏总义章，义从师述。况以隔罗縠者见犹未尽，大遍知者知方得全。射侯之矢易疏，诊脉之求难中。若非亲证亲说，得自体之分明，载驱戴驰，妄他求之暗暖，如摄异门分，差别之相难知。故智论中吾灭度后，所有撰集者皆为论藏摄也。俱作导师，指迷人之归路；悉衔明烛，照暗室之绩工。动戒足以行之，入定门而安矣。盖缠克断，智慧成功，咸从生死之河，尽度涅槃之岸，此始可与言从闻且思，思至而修证大圆寂者。过此以往未知，执名滞义，问欲何为？故曰:“精义入神，以致用也。”既有所用，则舍筌蹄而直造佛地，此则深于其道者也。

宋高僧传卷第七

宋高僧传卷第八

宋左街天寿寺通慧大师赐紫沙门赞宁等奉　敕撰

习禅篇第三之一（正传十五人附见三人）

唐蕲州东山弘忍传

释弘忍，姓周氏，家寓淮左浔阳，一云黄梅人也。王父暨考，皆干名不利，贲于丘园。其母始娠，移月而光照庭室，终夕若昼。其生也灼烁如初，异香袭人，举家欣骇。迨能言，辞气与邻儿弗类。既成童丱，绝其游弄。厥父偏爱，因令诵书，无记应阻其宿熏，真心早萌其成现。一旦出明，徙倚间如有所待，时东山信禅师邂逅至焉。问之曰："何姓名乎？"对问朗畅，区别有归，理逐言分，声随响答。信师熟视之，叹曰："此非凡童也！具体占之，止阙七大人之相，不及佛矣。苟预法流，二十年后必大作佛事，胜任荷寄。"乃遣人随其归舍，具告所亲，喻之出家。父母欣然，乃曰："禅师佛法大龙，光被远迩，缁门俊秀，归者如云。岂伊小騃，那堪击训，若垂虚受，因无留吝。"时年七岁也。至双峰，习乎僧业，不逭艰辛。夜则敛容而坐，恬澹自居。洎受形俱，戒检精厉。信每以顿渐之旨，日省月试之。忍闻言察理，触事忘情，痖正受尘，渴方饮水，如也。信知其可教，悉以其道授之。复命建浮图，功毕，密付法衣以为质要。将知龁雪山之肥腻，构作醍醐；餐海底之金刚，栖倾巨树。拥纳之侣麕至蝉联，商人不入于化城，贫女大开于宝藏，入其趣者号东山法门欤。以高宗上元二年十月二十三日告灭，报龄七十有四。是日氛雾冥暗，山石崩圮。门弟子神秀等奉瘗全身于东山之冈也。初，忍于咸亨初命二三禅子各言其志，神秀先出偈，惠能和焉。乃以法服付慧能，受衣化于韶阳。神秀传法荆门、洛下，南北之宗自兹始矣。又信禅师尝于九江遥望双峰，见紫云如盖下有白气，横开六岐。信谓忍曰：“汝知之乎？”曰：“师之法旁出一枝，相踵六世。”信甚然之。及法融化金陵牛头山，贻厥孙谋，至于慧忠凡六人，号牛头六祖，此则四祖法又分枝矣。然融望忍则庶孽耳，安可匹嫡乎？开元中，太子文学闾丘均为塔碑焉。代宗敕谥大满禅师，塔曰法雨也。蕲春自唐季割属偏霸，暨开宝乙亥岁王师平江南之前，忍肉身堕泪如血珠焉。僧徒不测，乃李氏国亡之应也。今每岁孟冬，州人邻邑奔集作忌斋，犹成繁盛矣。其讳日将近，必雨雾阴惨，不然霰雪交霏，至日则晴朗焉。

唐韶州今南华寺慧能传

释慧能，姓卢氏，南海新兴人也，其本世居范阳。厥考讳行瑫，武德中流亭新州百姓，终于贬所。略述家系，避卢亭岛夷之不敏也。贞观十二年戊戌岁生能也，纯淑迂怀，惠性间出。虽蛮风獠俗，渍染不深，而诡行么形，驳维难测。父既少失，母且寡居，家亦屡空，业无腴产。能负薪矣，日售荷担。偶闻廛肆间诵金刚般若经，能凝神属垣，迟迟不去，问曰：“谁边受学此经？”曰：“从蕲州黄梅冯茂山忍禅师劝持此法，云即得见性成佛也。”能闻是说，若渴夫之饮寒浆也，忙归，备所须留奉亲老。咸亨中，往韶阳，遇刘志略。略有姑无尽藏，恒读涅槃经。能听之，即为尼辨析中义。怪能不识文字，乃曰：“诸佛理论，若取文字，非佛意也。”尼深叹服，号为行者。有劝于宝林古寺修道，自谓己曰：“本誓求师，而贪住寺取乎道也，何异却行归舍乎？”明日遂行，至乐昌县西石窟，依附智远禅师，侍座谈玄。远曰：“行者迨非凡常之见龙，吾不知，吾不知之甚矣！”劝往蕲春五祖所印证去，“吾终于下风请教也”。未几造焉，忍师睹能气貌不扬，试之曰：“汝从何至？”对曰：“岭表来参礼，唯求作佛。”忍曰：“岭南人无佛性。”能曰：“人有南北，佛性无南北。”曰：“汝作何功德？”曰：“愿竭力抱石而舂，供众而已。”如是劳乎井臼，率净人而在先；了彼死生，与涅槃而平等。忍虽均养，心何辨知？俾秀唱予，致能和汝。偈辞在壁，见解分岐，揭厉不同，浅深斯别。忍密以法衣寄托曰：

"古我先师转相付授，岂徒尔哉。呜呼！后世受吾衣者命若悬丝，小子识之。"能计回生地，隐于四会、怀集之间，渐露锋颖。就南海印宗法师涅槃盛集，论风旛之语，印宗辞屈而神伏，乃为其削椎髻于法性寺，智光律师边受满分戒，所登之坛即南宋朝求那跋摩三藏之所筑也。跋摩已登果位，悬记云："后当有肉身菩萨于斯受戒。"又梁末真谛三藏于坛之畔手植菩提树，谓众曰："种此后一百二十年，有开士于其下说无上乘，度无量众。"至是能爰宅于兹，果于树阴开东山法门，皆符前谶也。上元中，正演畅宗风，惨然不悦。大众问曰："胡无情绪耶？"曰："迁流不息，生灭无常，吾师今归寂矣！"凶赴至而信。乃移住宝林寺焉。时刺史韦据命出大梵寺，苦辞，入双峰曹侯溪矣。大龙倏起，飞雨泽以均施；品物攸滋，逐根荄而受益。五纳之客拥塞于门，四部之宾围绕其座。时宣秘偈，或举契经，一切普熏，咸闻象藏，一时登富，悉握蛇珠，皆由径途，尽归圆极，所以天下言禅道者以曹溪为口实矣。洎乎九重下听，万里悬心，思布露而奉迎，欲归依而适愿。武太后、孝和皇帝咸降玺书，诏赴京阙，盖神秀禅师之奏举也。续遣中官薛简往诏，复谢病不起。子牟之心敢忘凤阙，远公之足不过虎溪，固以此辞，非邀君也。遂赐摩纳袈裟一缘、钵一口、编珠织成经巾、绿质红晕花绵巾、绢五百匹，充供养云。又舍新兴旧宅为国恩寺焉。神龙三年，敕韶州可修能所居寺佛殿并方丈，务从严饰，赐改额曰法泉也。延和元年七月，命弟子于国恩寺建浮图一所，促令速就。以先天二年八月三日俄然示疾，异香满室，白虹属地，饭食讫，沐浴更衣，弹指不绝，气微目瞑，全身永谢。尔时山石倾堕，川源息枯，鸟连韵以哀啼，猿断肠而叫咽。或唱言曰："世间眼灭，吾畴依乎！"春秋七十六矣，以其年十一月迁座于曹溪之原也。

弟子神会若颜子之于孔门也，勤勤付嘱，语在会传。会于洛阳荷泽寺崇树能之真堂。兵部侍郎宋鼎为碑焉。会序宗脉，从如来下西域诸祖外，震旦凡六祖，尽图缋其影。太尉房管作六叶图序。又以能端形不散，如入禅定，后加漆布矣。复次蜀僧方辩塑小样真，肖同畴昔。能曾言："吾灭后有善心男子必取吾元，汝曹勿怪。"或忆是言，加铁环缠颈焉。开元十一年，果有汝州人受新罗客购，潜施刃其元，欲函归海东供养。有闻击铁声而擒之。其塔下葆藏屈眴布只多罗僧，其色青黑碧缣复袷，非人间所有物也。屡经盗去，迷倒却行而还褫之。至德中，神会遣弟子进平送牙痒和一柄。朝达名公所重，有若宋之问谒能，著长篇，有若张燕公说寄香十斤并诗，附武平一至，诗云：“大师捐世去，空留法身在！愿寄无碍香，随心到南海。”武公因门人怀让铸巨钟，为撰铭赞，宋之问书。次广州节度宋璟来礼其塔，问弟子令韬无生法忍义。宋公闻法欢喜，向塔乞示征祥。须臾，微风渐起，异香裛人，阴雨霏霏，只周一寺耳。稍多奇瑞，逌繁不录。后肃宗下诏能弟子令韬，韬称疾不赴，遣明象赍传法衣钵进呈毕，给还。宪宗皇帝追谥曰大鉴，塔曰元和正真也。迨夫唐季刘氏称制番禺，每遇上元烧灯，迎真身入城，为民祈福。大宋平南海后，韶州盗周思琼叛换，尽焚其寺塔，将延燎平时肉身，非数夫莫举，烟熛向逼，二僧对舁，轻如夹纻像焉。太平兴国三年，今上敕重建塔，改为南华寺矣。

系曰：五祖自何而识一介白衣，便付衣耶？通曰：一言知心，更无疑贰。况复记心轮间如指之掌。

忍师施一味法，何以在家受衣钵乎？秀师则否。通曰：是法宁选缁白？得者则传。周封诸侯，乃分分器，同姓异姓别也。以祖师甄别精粗，以衣为信。譬如三力士射坚洛叉，一摩健那射则中而不破，二钵罗塞建提破而不度，三那罗延箭度而复穿余物也。非坚洛叉有强弱，但由射势力不同耳。南能可谓那罗延射而获赏焉。

信衣至能不传，莫同夏禹之家天下乎？通曰：忍言受传衣者，命若悬丝，如是忍之意也。又会也禀祖法则有余，行化行则不足。故后致均部之流，方验能师之先觉，不传无私吝之咎矣。故曰知人则哲也，吁！

唐荆州当阳山度门寺神秀传

释神秀俗姓李氏，今东京尉氏人也。少览经史，博综多闻。既而奋志出尘，剃染受法。后遇蕲州双峰东山寺五祖忍师，以坐禅为务，乃叹伏曰：“此真吾师也。”决心苦节，以樵汲自役而求其道。昔魏末有天竺沙门达磨者，得禅宗妙法，自释迦佛相传，授以衣钵为记，世相传付，航海而来。梁武帝问以有为之事，达磨贵传径门心要，机教相乖，若水投石。乃之魏，隐于嵩丘少林寺，寻卒。其年魏使宋云于葱岭见之。门徒发其冢，但有衣履而已。以法付慧可，可付粲，粲付道信，信付忍。忍与信俱住东山，故谓其法为东山法门。秀既事忍，忍默识之，深加器重，谓人曰："吾度人多矣，至于悬解圆照，无先汝者。"忍于上元中卒，秀乃往江陵当阳山居焉。四海缁徒，向风而靡，道誉馨香，普蒙熏灼。则天太后闻之，召赴都，肩舆上殿，亲加跪礼。内道场丰其供施，时时问道。敕于昔住山置度门寺以旌其德。时王公已下，京邑士庶兢至礼谒，望尘拜伏，日有万计。洎中宗孝和帝即位，尤加宠重。中书令张说尝问法，执弟子礼，退谓人曰："禅师身长八尺，厖眉秀目，威德巍巍，王霸之器也。"初，秀同学能禅师与之德行相埒，互得发扬无私于道也。尝奏天后请追能赴都，能恳而固辞。秀又自作尺牍，序帝意征之，终不能起，谓使者曰："吾形不扬，北土之人见斯短陋，或不重法。又先师记吾以岭南有缘，且不可违也。"了不度大庾岭而终。天下散传其道，谓秀宗为北，能宗为南。南北二宗，名从此起。秀以神龙二年卒，士庶皆来送葬，诏赐谥曰大通禅师。又于相王旧邸造报恩寺，岐王范、燕国公张说、征士卢鸿各为碑诔。服师丧者，名士达官不可胜纪。门人普寂、义福并为朝野所重，盖宗先师之道也。

系曰：夫甘苦相倾，气味殊致。甘不胜苦则纯苦乘时，苦不胜甘则纯甘用事，如是则为药治病，偏重必离也。昔者达磨没而微言绝，五祖丧而大义乖，秀也拂拭以明心，能也俱非而唱道。及乎流化北方，尚修练之勤；从是分岐南服，兴顿门之说。由兹荷泽行于中土。以顿门隔修练之烦，未移盘石；将弦促象韦之者，空费躁心。致令各亲其亲，同党其党，故有卢奕之弹奏，神会之徙迁，伊盖施疗专其一味之咎也。遂见甘苦相倾之验矣。理病未效，乖竞先成。只宜为法重人，何至因人损法。二弟子濯击师足，洗垢未遑，折胫斯见，其是之喻欤。

唐袁州蒙山慧明传

释慧明，姓陈氏，鄱阳人也，本陈宣帝之孙，国亡散为编甿矣。明少出家于永昌寺，怀道颇切，扣双峰之法。高宗之世，依忍禅师法席，极意研寻，初无证悟，若丧家之犬焉。忽闻五祖密付衣钵与卢居士，率同意数十许人蹑迹急追，至大庾岭，明最先见，余辈未及。能祖见已，便掷袈裟，明曰："我来为法，非望衣钵也。"时能祖便于岭首一向指订，明皆洞达，悲喜交至，问能曰："某宜何往？"能记之曰："遇蒙当居，逢袁可止。"明再拜而去，便更其名，以旧云道明也。下岭，给诸僧曰："向陟崔嵬，远望杳无踪迹。"僧即退转。一说，居士掷衣钵于磐石曰："此衣为信，岂可力争耶？任君拈去。"明遂手掀，如负钧石，而无举分，拱立舍旃，则咸亨四年也。以明未舍家曾署诸卫，故有"将军"之号矣。宜春太守秦琢奏谥号焉。

唐洛京荷泽寺神会传

释神会，姓高，襄阳人也。年方幼学，厥性惇明，从师传授五经，克通幽赜。次寻庄老，灵府廓然。览后汉书，知浮图之说。由是于释教留神，乃无仕进之意，辞亲投本府国昌寺颢元法师下出家。其讽诵群经，易同反掌。全大律仪，匪贪讲贯。闻岭表曹侯溪慧能禅师盛扬法道，学者骏奔，乃教善财南方参问，裂裳裹足，以千里为跬步之间耳。及见，能问会曰："从何所来？"答曰："无所从来。"能曰："汝不归去？"答曰："一无所归。"能曰："汝太茫茫。"答曰："身缘在路。"能曰："由自未到。"答曰："今已得到，且无滞留。"居曹溪数载，后遍寻名迹。开元八年，敕配住南阳龙兴寺。续于洛阳大行禅法，声彩发挥。先是，两京之间皆宗神秀，若不淰之鱼鲔附沼龙也。从见会明心六祖之风，荡其渐修之道矣。南北二宗时始判焉，致普寂之门盈而后虚。天宝中，御史卢弈阿比于寂，诬奏会聚徒疑萌不利。玄宗召赴京，时驾幸昭应汤池，得对言理允惬，敕移往均部。二年，敕徙荆州开元寺般若院住焉。十四年，范阳安禄山举兵内向，两京版荡，驾幸巴蜀。副元帅郭子仪率兵平殄，然于飞挽索然。用右仆射裴冕权计，大府各置戒坛度僧，僧税缗谓之香水钱，聚是以助军须。初洛都先陷，会越在草莽，时卢弈为贼所戮，群议乃请会主其坛度。于时寺宇宫观，鞠为灰烬，乃权创一院，悉资苫盖，而中筑方坛，所获财帛顿支军费。代宗、郭子仪收复两京，会之济用颇有力焉。肃宗皇帝诏入内供养，敕将作大匠并功齐力，为造禅宇于荷泽寺中是也。会之敷演，显发能祖之宗风，使秀之门寂寞矣。上元元年，嘱别门人，避座望空，顶礼归方丈，其夜示灭。受生九十三岁矣，即建午月十三日也。迁塔于洛阳宝应寺，敕谥大师曰真宗，塔号般若焉。

系曰：修其教不易其俗，齐其政不易其宜者，贵其渐也。会师自南徂北，行曹溪之法，洛中弥盛，如能不自异，外护已成，则可矣。况乎旁无力轮，人之多僻，欲无放逐，其可得乎？或曰：其过不多，何遽是乎？通曰：犯时之忌，罪不在大。失其所适，过不在深。后之观此，急知时事欤？是以佛万劫学化行者，知化行难耳。无令固己而损法，慎之哉！

唐润州竹林寺昙璀传

释昙璀，俗姓顾氏，吴郡人也。肇国著姓，其来弥光。丞相有佐命之勋，尚书有挺济之誉。衣冠鼎胄，太岳峻岱峰之高；令问徽猷，江汉为南国之纪。星象降精，灵只效祉，德备胎教，香符梦征。玄珪应上圣之祥，神宝蓄河汾之气。特受异准，生而不凡，褪褓之日而童蒙来求，佩觿之时而忘身殉道。和敏而纯素，温恭而克明，神器夙昭，清风渐扇。遂勉节出尘，栖心物表，金经秘藏，一日万言，不逾岁叙，而大经淹通。遂于晚年缅怀宗匠，始事牛头山融大师。融醇懿瑰雄，东夏之达磨欤！梵幢宝柱，大海津梁，目以上根，乃诲之曰："色声为无生之鸩毒，受想是至人之坑阱。致远多泥，子不务乎？"璀默而审之，直辔独上，餐甘露味，饮蒲萄浆，犹金翅不食异类，帝释无共鬼居。乃晦迹钟山，断其漏习，养金刚定，趣大能位，纳衣空林，多历年所。时淮南导首广陵觉禅师、江左名德建业如法师，咸杖锡方来，降心义体，握珠怀宝，虚往实归。则天皇母临朝，龚行佛事，高其道业，周勤诏书。时栖霞约法师，梵门之秀杰，躬以敦劝朝天，抗诏皇明，恐未然也。璀曰："岐伯辞帝舜之师，干木谢文侯之命，玄畅以善论而抗宋主，惠远不下山而傲齐后，彼何人哉！"由是遁北阜，逾东冈，考盘云冥，后止于竹林之隩，葺宇篁缶而告老焉。既而绍列圣之鸿徽，继前贤之能事，翼亮皇梵，保宁天人。俄端然入定，七日而灭，春秋六十二。是岁天授三年二月六日也。翌日，依天竺法火化，遗骸收灰建塔，士庶含酸，悉皆号恸。门弟子僧感、僧頵等刻石纪事，奉全师礼。正议大夫使持节润州刺史汝南郡升向风遐想，悦而久之，褒德尚贤，赞成厥美焉。

唐金陵延祚寺法持传

释法持，俗姓张氏，润州江宁人也。仪貌邕肃，肤体至润，幼而弃俗，长事明师，天机内发，识浪外澄。年十三，闻黄梅忍大师，特往礼谒，蒙示法要，领解幽玄。后归青山，重事方禅师，更明宗极，命其入室，传灯继明，绍迹山门，大宣道化。方既出山，凡是学众，咸悉从其咨禀心要，声价腾远，海内闻知。数年之中，四部依慕。时黄梅谢缘去世，谓弟子玄赜曰："后传吾法者可有十人，金陵法持即其一也。"是知两处禅宗重代相袭。后以法眼付门人智威。长安二年九月五日，终于延祚寺，遗嘱令露骸松下，饲诸禽兽，令得饮食血肉者发菩提心。其日空中有神幡数首从西而来，绕山数转，众人咸见。先居幽栖故院，竹林变白。报龄六十有八矣。

唐越州云门寺道亮传

释道亮，姓朱氏，越州人也。厥考前刺会稽郡。亮年八岁出家，极通经业。受具后学河中三论，复讲涅槃经。寻入深谷，破衣覆形，蔬食资命，不交俗务，直守童真。神龙元年，孝和皇帝诏亮与法席宗师十人，入长乐大内坐夏安居。时帝命受菩萨戒。睿宗及妃后送异锦衾毡席。二年，诏于西园问道，朝廷钦贵。大都督李孝逸，工部尚书张锡，国子监周业、崔融，秘书监贺知章，睦州刺史康诜，同心慕仰，请问禅心，多结师资，或传香火。卒年八十二，门人慧远等建塔，万齐融为铭纪述。

唐荆州碧涧寺道俊传

释道俊，江陵人也。住枝江碧涧精舍，修东山无生法门，即信、忍二祖号其所化之法也。勤洁苦行，迹不出寺，经四十余载。室迩人远，莫敢请谒者，唯事杜默。如是声闻于天，天后、中宗二朝崇重高行之僧，俊同恒景，应诏入内供养。至景龙中求还故乡，帝赐御制诗，并奘、景同归枝江，卒于本寺焉。

唐温州龙兴寺玄觉传

释玄觉，字明道，俗姓戴氏，汉末祖侃公第五、燕公九代孙讳烈渡江，乃为永嘉人也。总角出家，龆年剃发，心源本净，智印全文，测不可思，解甚深义。我与无我，恒常固知。空与不空，具足皆见。既离四病，亦服三衣。德水沐其身，所以清净；良药治其眼，所以光明。兄宣法师者，亦名僧也，并犹子二人，并预缁伍。觉本住龙兴寺，一门归信，连影精勤，定根确乎不移，疑树忽焉自坏。都捐我相，不污客尘。睹其寺旁别有胜境，遂于岩下自构禅庵。沧海荡其胸，青山拱其背，蓬莱仙客，岁月往还，华盖烟云，晨昏交集。粤若功德成就，佛宝郁兴；神钟震来，妙屋化出。觉居其间也，丝不以衣，耕不以食，岂伊庄子大布为裳，自有阿难甘露作饭。觉以独学孤陋，三人有师，与东阳策禅师肩随，游方询道，谒韶阳能禅师而得旨焉。或曰觉振锡绕庵答对，语在别录。至若神秀门庭，遐征问法，然终得心于曹溪耳。既决所疑，能留一宿，号曰一宿觉，犹半遍清也。以先天二年十月十七日于龙兴别院端坐入定，怡然不动。僧侣悲号，以其年十一月十三日殡于西山之阳，春秋四十九。初觉未亡前，禁足于西岩，望所住寺喟然叹曰："人物骈阗，花舆蓊蔚，何用之为！"其门人吴兴兴师、新罗国宣师数人同闻，皆莫测之。寻而述之曰："昔有一禅师，将诸弟子游赏之次，远望一山，忽而唱曰：'人物多矣。'弟子亦不测，后匪久此师舍寿，殡所望地也。"西山去寺里有余程，送殡繁拥，人物沸腾，其感动也若此。又未终前，有舒雁千余飞于寺西，侍人曰："此将何来？"空中有声云："为师墓所，故从海出也。"弟子惠操、惠特、等慈、玄寂，皆传师之法，为时所推。后李北海邕为守括州，遂列觉行录为碑，号神道焉。觉唱道著明，修证悟入，庆州刺史魏靖都缉缀之，号永嘉集是也。初觉与左溪朗公为道契，朗贻书招觉山栖，觉由是念朗之滞见于山，拘情于讲，回书激劝，其辞婉靡，其理明白。俾其山世一如，喧静互用，趣入之意暗诠于是，达者韪之。终，敕谥号无相，塔曰净光焉。

唐金陵天保寺智威传（本净）

释智威，俗姓陈氏，江宁人也。住近青山，地盘嘉气，善符宿瑞，维岳降神。爰在童年，器殊众识，至於戏弄，曾不染俗。性恶浮饰，人皆异焉。无何一朝，忽失其所。父母莫知攸往，乃遍历诸寺寻访之，威已依天保寺统法师。诵大乘经，早数百纸，聪敏超伦，众咸叹服。年二十，遇恩剃落，隶名于幽岩寺，因从持禅师咨请禅法，妙达深理，继踵前修。既获髻珠，淡然闲放，形容温润，面如满月，言辞清雅，慧德兰芳。望重一期，声闻远近，江左定学往往造焉。其中顿悟心源，即慧思禅师，乃命嗣山门，盛传道化。威自出止延祚寺，说法利人，广施饶益。以开元十年二月十八日，终于住寺，遗嘱林中饲鸟兽，弟子玄挺等依言奉行。春秋七十七。威一时夜行头陀，将值天晓，有三虎遇之。威截路中过，了无怖色。虎随至山门，四顾而去。每有二兔一犬庭际游戏，各无间畏。盖大悲平等，物我一均，故其然也。次司空山释本净，姓张氏，东平人也。少入空门，高其节操。游方见曹溪六祖，决了疑滞。开元初于南岳司空山闲放自处，人不我知，蔽伪之故也。天宝中因杨庭光采药，邂逅相逢，论道终日，回奏，诏赴京，于白莲华亭安置。帝知佛法幽深，孰堪商攉，敕召太平寺远法师及两街三学硕德，发问锋起，若百矢之逐一兔焉。净举措容与，四面枝梧，譬墨翟之解九攻机械矣。既而辩若建瓴，酬抗之余，乃引了义教援证。复说伽陀，一无留滞。皇情怿悦，观者叹嗟。以上元二年五月五日归寂，寿龄九十五。敕谥大晓禅师，亦带所居为名，曰司空山禅师也。

唐睦州龙兴寺慧朗传（辩公）

释慧朗，新定遂安人也。年二十有二，于衢州北山遇南宗顿教之首，将请为师，乃逆相谓曰：“汝久积净业，吾非汝师，可往天台，当逢哲匠。”至剡溪石城寺见一禅翁，莫知其来，鹤发冰肤，目如流电，声含钟律，神合太虚。乃问朗曰："子将何之？"答曰："欲往天台，求佛大法。"因同行十数里，憩林树下，而指训之曰："法常寂然，彼亦如也。何必随远，当化有缘，宜归本生，度无量众。"言毕，求之无方，豁然本心悟佛知见，林栖谷饮，凡经数载，乃却归故邑慧安寺。净名白衣，服非法服，纯陀工巧，心如佛心。骊珠尚潜，师子未吼，弱丧之终，涉川迷津。一日，秦望山林岭振动，俄有大龟呈质，咸相谓言"此何祥也"？寻有禅僧曰辩，自会稽云门而来，身长八尺四寸，高鼻大目，睛光射人，明大品、思益、维摩等经，兼博通诸论。众曰："神僧也，大龟应乎此也。"朗秘菩萨行，请之为师。辩征维摩经义，答曰："如日照萤火，海沃牛迹耳。"辩公深器之曰："真净名也。"景龙中，乡人吴川县尉余少兴、宗党新昌县令余仁等十数家咸共宗事，递请降临。一夕，忽睹神光从项而出，旁烛山川，盈十数里，含情之类罔不归依。辩公加师资之礼，由兹反拜，请朗登座。乃先示法身遍同群有，次明遍化一切皆如。道俗欣然而各叹曰："昔山之震动，龟之教祥，非辩公之应明矣。"至是四方学禅观者臻萃。开元四年，本州牧李思绚于龙山之阳建伽蓝，延以居之。方大设戒坛，广邀律德，有光州岸公、会稽超公而为上首。既而发希有心，受具足戒，珠圆月满，内外俱明，遍临坛为戒师，旋请益为学士，众情加重，道在益尊。七年，刺史韦利器深心归向。八年，歙州长史许思恭请往治所。朗升法座，无何熊伏于前，闻钟而来，众散而去。时皆惊惧，虞其搏攫。原其有听法之心耳，其驯猛兽也若此。十三年九月二十一日，告门人曰："吾将去矣。吾三生此州，今一生矣。"言讫，俨然而寂，春秋六十四。禀遗命荼毗建塔。学者既多颖脱，则开元寺道饮、慧佑、道禅，龙兴寺辩海，宁国寺进玉，越州宝林寺有沛、远整，杭州竹林寺一行等，并传朗之法，相继若瓜瓞然。至大历十二年，新定太守萧定述碑，司马刘长卿书，刺史李揆篆额，所谓俱是名公，盛夸全美有矣。

唐郓州安国院巨方传（智封）

释巨方，姓曹氏，安陆人也。弱龄干节立身，从师禀业于州治明福院朗禅师，而听诵法华、维摩二经，功毕受具。讲述南宗论数席，即拂衣而起。禅会必参，后造北宗秀公所，锐精稽考，一见默许之。秀问曰：“白云散处如何？”曰：“不昧也。”又问：“到此间后如何？”曰：“正见一枝生五叶。”秀颔之。数载之间，入室侍对，庶几真道，罕有伦儗。乃辞观方，至上党寒岭而居。积稔之间，学徒数百，求请无阻。凡所提唱，真妄同源，迟速异剂，得心助道，在乎修治，大较如此。郓帅吴文涣侍中钦慕其风，遣使请归府建安国院。传法化徒，尚祖风者不离于席，顿悟多矣。郓帅问曰：“今日后如何？”答云：“地布金沙，人安宝刹。”吴帅信伏。因兹一府军民，咸加宗仰。吴氏家无少长，重若神明，檀施丰厚。方后于五台山道化，涉二十余载。入灭时告众曰：“吾齿尽于此矣。”言讫长逝，春秋八十一。以开元十五年九月三日，全身入塔云。次河中府安国院释智封，姓吴氏，怀安人也。中年学道，励操谨躬，行头陀之行，卯食之后，水浆不度齿焉。于本州清静寺恒法师下落发受具，综习唯识论。或人所诘，责之以滞于名相。愤发罢讲，游行登武当山，见秀师会，疑冰解泮，思养圣胎，倏辞出蒲津安峰山，禁足十年，木食涧饮。属州牧卫文升请归城内，建新安国院居之。因兹奔走毳衣，蔚然繁盛。使君问曰：“某今日后如何？”对曰：“日从蒙泛出，照树全无影。”使君初不喻旨，拱叶而退。少选开晓，充诎于怀。封来往中条山二十余年，俭薄不充。得其道者不可胜纪。入灭后，门人于州北三十步建塔焉。

唐郢州大佛山香育传

释香育，姓李氏，济阴人也。父为兖州掾。育有道性，常研习庄老，根器奋发。俄于释典留神，决捐俗态。趋沧州安定寺智元律师所，乞求削染。满足戒后，精力律学，垂欲卒业。一旦辞师观游圣迹，陟天台，登南岳，或入岩阿，或栖树下，末至五台。后参预秀师盛化，夙心相契，击节希声。秀问之，育答密若隐书，一皆开释。秀默异之。在丛众间，多历年所，洞彻心源，则辞秀去。入富水大佛山，劲节安禅，卯前一食。州将韩闰笃钦其道，坚召出山。育称疾而已。因是黑白之众渴仰归依，韩使君辎车继运，供施交骈，树造法堂，严饰奇丽，时来问道。韩侯问：“佛法已后事如何？”答云：“如同太虚，委在有力。”韩侯钦尚，徒众常有千计，贤不肖驳杂而居，往往闻有不测之僧预其听受焉。一旦说法次告众曰：“善哉是会，遭遇者艰。须决所疑，无遣虚度。”命水涤盥，端坐而化，春秋七十有三矣。

唐兖州东岳降魔藏师传

释藏师，姓王氏，赵郡人也。父为亳州掾。稚齿寻师，居然慕法，而性好独处。谯多厉鬼，持魅于人。藏七岁只影闲房，孤形迥野，尝无少畏。至年长，弥见挺拔，故号降魔藏欤。请列青衿于广福院明赞禅师，师意其法器，乃发擿之，应对辩给，答出问表。因留执事，服勤受法，俾诵法华，逾月彻部，登即剃落，受具习律焉。次讲南宗论，大机将发。俄投麈尾，九州灵迹罕不登升。后往遇北州鼎盛，便暂依栖。秀问曰：“汝名降魔，我此无山精木怪，汝翻作魔邪？”曰：“有佛有魔。”秀云：“汝若是魔，必住不思议境界也。”曰：“是佛亦空，何不思议之有？”时众莫不异而钦之。先是秀师悬记之：“汝与少皞之墟有缘。”寻入泰山数年，学者臻萃，供亿克周，为金舆谷朗公行化之亚也。一日，告门人曰：“吾今老朽，物极有归，正是其时。”言讫而终，春秋九十一矣。

宋高僧传卷第八

宋高僧传卷第九

宋左街天寿寺通慧大师赐紫沙门赞宁等奉　敕撰

习禅篇第三之二（正传十四人附见四人）

唐京兆慈恩寺义福传（行思）

释义福，姓姜氏，潞州铜鞮人也。幼慕空门，黍累世务，初止蓝田化感寺，处方丈之室凡二十余年，未尝出房宇之外。后隶京师慈恩寺，道望高峙，倾动物心。开元十一年，从驾往东都，经蒲、虢二州，刺史及官吏士女皆赍幡花迎之，所在途路充塞，拜礼纷纷，瞻望无厌。以二十年卒，有制谥号曰大智禅师，葬于伊阙之北。送葬者数万人。中书侍郎严挺之躬行丧服，若弟子焉，又撰碑文。神秀禅门之杰，虽有禅行，得帝王重之无以加者，而未尝聚徒开法也。洎乎普寂始于都城传教二十余载，人皆仰之。初福往东洛，召其徒戒其终期，兵部侍郎张均、太尉房管、礼部侍郎韦陟常所信重，是日皆预造焉。福乃升堂，为门人演说，且曰："吾没日昃，当为此决别耳。"久之，张谓房曰："某夙岁饵金丹，未尝临丧。"言讫，张遂潜去。福忽谓房曰："与张公游有年矣，张公将有非常之咎，名节皆亏。向来若终此法会，足以免祸。惜哉！"乃提房手曰："必为中兴名臣，其勉之！"言讫而终。后张均陷贼庭也，受其伪官，而房翼戴两朝，毕立大节，皆终福之言矣。又释行思，姓刘氏，庐陵人也。濡润厥躬，贞谅其性。出尘之后，纳戒已还，破觚求圆，斫雕为朴，厥志天然也。往韶阳见大鉴禅师，一言蔽断，犹击蒙焉。既了本心，地祇迭告还复吉州阐化，四方禅客繁拥其堂。开元二十八年十二月十三日入灭于本生地，敕谥大师，号曰洪济，塔曰归真。其塔会昌中例从堙毁，后法嗣者重崇树之。

唐京师兴唐寺普寂传

释普寂，姓凭氏，蒲州河东人也。年才稚弱，率性轩昂，离俗升坛，循于经律。临文揣义，迥异恒流。初闻神秀在荆州玉泉寺，寂乃往师事，凡六年。神秀奇之，尽以其道授焉。久视中，则天召神秀至东都论道，因荐寂，乃度为僧。及秀之卒，天下好释氏者，咸师事之。中宗闻秀高年，特下制令普寂代本师统其法众。开元二十三年，敕普寂于都城居止。时王公大人竞来礼谒，寂严重少言，来者难见其和悦之容，远近尤以此重之。二十七年，终于上都兴唐寺，年八十九。时都城士庶谒者皆制弟子之服。有制赐谥曰大慧禅师。及葬，河南尹裴宽及其妻子，并缞麻列于门徒之次。倾城哭送，闾里为之空焉。裴尹之重寂，职有由矣。寂之阐化，神异颇多，裴皆目击，又得心印，归向越深。时多讥诮，裴日夕造谒，执弟子礼曾无差脱。一日诣寂，寂悬知弟子一行之亡。及寂之终灭，裴之悲恸若丧所亲，缞绖徒步出城，妻子同尔，搢绅之讥生于是矣。

系曰：人之情也有爱恶焉，爱之者不见可恶，恶之者不见可爱矣。夫万物纷纶，任其爱恶，折中之道，可爱而不可恶。爱之者君子也，恶之者小人也，爱之不以道，则君子之病矣。裴尹冠裳在御，职事在躬，不避密行，显掇时谤，宜哉。譬诸僧耽俗务，胡不舍袈裟而衣逢掖乎？若实得道，后终期脱屣，有何不可耶？宽不抽簪，何悖礼于丘之门欤？宽若行方外之道，复何诛焉。达人大观，物无不可矣。

唐南岳观音台怀让传

释怀让，俗姓杜，金州安康人也。始年十岁，雅好佛书，炳然殊姿，特有灵表，识者占是出家相，非染俗贵。人宝来瑞，国庆无疆，方之麟凤龟龙，无万数也。天地无全功，气序有盈虚，纲维缺坏，补塞不足，皆冥维密佑，惟应度者乃烛厥理，非庸庸所知也。弱冠诣荆南玉泉寺，事恒景律师，便剃发受具。叹曰："夫出家者为无为法，天上人间无有胜者，经之所谓出四衢道露地而坐也。"时坦禅师乃劝让往嵩丘觌安公，安启发之，因入曹侯溪，觐能公。能公怡然，无馨无臭，洪波泛臻大壑之广乎？韶濩合奏大乐之和乎？让之深入寂定，住无动道场，为若此也。能公大事缘毕，让乃跻衡岳，止于观音台。时有僧玄至拘刑狱，举念愿让师救护。让早知而勉之，其僧脱难，云是救苦观音，得斯号也亦由此焉。化缘斯尽，传法弟子曰道峻，曰道一，皆升堂睹奥也。其后一公振法鼓于洪州，其门弟子曰惟宽、怀晖。道一大缘将讫，谓宽等曰："吾师之道存乎妙者也，无待而常，不住而至，能事集矣。金口所生，从法而化，于我为子，及汝为孙，一灯所传，何有尽者？"让以仪凤二年生，至天宝三载八月十日终于衡岳，春秋六十八，僧腊四十八。一公建塔于别峰。元和中，宽、晖至京师，扬其本宗，法门大启，传百千灯。京夏法宝鸿绪，于斯为盛。至八载，衡阳太守令狐权问让前迹，权舍衣财以充忌斋。自此每岁八月为观音忌焉。宝历中，敕谥大慧禅师，塔号最胜轮。元和年中常侍归登撰碑云。

唐京师大安国寺楞伽院灵著传（法瓯）

释灵著，姓刘氏，绵州巴西人也。年殆志学，方遂出家，登戒寻师，不下千里。年四十，精毗尼道，兼讲涅槃，一律一经，勤于付授。晚岁请问大照禅师，领悟宗风，守志弥笃。后诣长安，诞敷禅法，慕道求师者不减千计，若鱼龙之会渊泽也。以天宝五载四月十日申时，示灭于安国寺石楞伽经院，享寿五十六，僧夏三十六。将终，寺中亟多变怪，盖法门梁栋之颓挠也。著加趺而坐，怡然而化。三七日后荼毗，起塔于龙首冈，邻佛陀波利藏舍利之所，帝女娲之坟右，以其年十月十日迁入塔焉。弟子朗智、道珣、如一追慕师德，香火不绝。内侍上柱国天水赵思侃命释子善运撰碑于塔所焉。有钱塘灵智寺释法瓯，俗姓冯，本长乐人也，随祖宦于江东，遂为钱塘人也。父子通，字元达，世袭冠裳，传其素业。然精核百氏之余，执志慕净名之应质，谈论多召禅林之士，于家别室供礼，愿生令嗣。弥久，瓯诞于家，岐嶷之性，天发端谨。才胜衣也，启父求出俗，固不阻留。披剃登具，探赜三乘，如指掌焉。而性终耿介，于此寺之深坞，实淅江之阳也，别构兰若，去伽蓝敻远，终日安禅。时同志者造门请益，甑随事指南，多有所证。以天宝二载十二月十三日，天之将晓，告侍者，端坐奄从泥曰，春秋六十五，僧腊减二十年。于时山鸟哀鸣，云雾蒙惨，远近檀越悲泣者如堵。以其月十九日迁殡于寺侧山原。有弟子俞法界及子怀福、犹子希秀等，旧所归心，结塔营事，皆出其家。塔因会昌中所毁，今存址焉。碑石漫没，吁哉！

唐润州幽栖寺玄素传

释玄素，字道清，俗缘马氏，润州延陵人也。生有异度，幼而深仁，乳育安静。髫龀希尚，求归释门，父母从之，出依净域。以如意年中，始奉制度，隶名于江宁长寿寺。进具已后，戒光腾烛，定水澄涟，思入玄微，行逾人表。既解色空，常慕宗匠。晚年乃南入青山幽栖寺，因事威禅师，躬历弥载，撞钟大鸣。威诲以胜法，得其不刊之旨。从是伏形苦节，交养恬和，败纳衬身，寒暑不易，贵贱怨亲，曾无喜愠，时目之为婴儿行菩萨。道业既高，人希瞻礼。开元年中，僧汪密请至京口，郡牧韦铣屈居鹤林，四部归诚，充塞寺宇。素纳衣空床，未尝出户，王侯稽首，不为动摇。顾世名利，犹如幻焉。忽于一日，有屠者来礼谒，自生感悟，忏悔先罪，求请素明中应供，乃欣然受之，降诣其舍。士庶惊骇，咸称“异哉”，素曰：“佛性是同，无生岂别？但可度者，吾其度之，何异之有？”天宝之初，吴越瞻仰如想下生。杨州僧希玄请至江北，窃而宵遁。黑月难济，江波淼然，持舟拟风。俄顷有白光一道，引棹直渡，通波获全。楚人相庆佛日再耀。倾州奔赴，会于津所。人物拒道，间无立位，解衣投施，积若山丘。略不干其怀抱，令悉充悲田之费。礼部尚书李憕为杨州牧，斋心虔虔，二时瞻近。未几而京口道俗思渴法音，仍移牒渡江，再请还郡。二处纷诤，莫决所从。李时谓人曰：“本期奉道，反成爱憎。”因任从所请，却归南郡，其感物慕德，罕有与伦。以天宝十一载十一月十一日中夜，无疾而化，春秋八十有五。哀感人伦，恸彻城市。以其月二十一日奉全身建塔于黄鹤山西所住之地。方伯邑宰，尽执丧师之礼，率众申哀，江湖震响。

素往于寺内坐禅之所，高松偃覆如盖，及移他树，还互如前。又当舍寿之夕，房前双桐无故自枯。识者以为双林之变。但真乘妙理，绝相难思，嘉瑞灵祥，应感必有。经云“随缘赴感”，即其事也。有门弟子法鉴及吴中法钦，此二大士重光道原，佥具别传。受菩萨戒弟子吏部侍郎齐澣、广州都督梁卿、润州刺史徐峤、京兆韦昭理、给事中韩赏、御史中丞李丹、礼部崔令钦，并道流人望，咸款师资，亦尝问道于径山，犹乐正子春于夫子，洗心瞻仰，天汉弥高。水鉴明心，悟深者众矣。洎太和中，远慕遗风，高其令德，追谥大律禅师，太和大宝杭之塔。后人多以俗氏召之曰马祖，或以姓名兼称曰马素是也。

系曰：弥天以出家子咸姓释氏，悬合后到阿含经，可不务乎？素师以俗姓呼之，必有由矣。噫，繁盛法嗣，犹不能遏此讹称，则知素师名翼一飞，四海仰止，故登俗域。今警将来，宜正名也。

唐均州武当山慧忠传

释慧忠，俗姓冉氏，越州诸暨人也。孰辨甲子？或谓期颐之年。肌肤冰雪，神宇峻爽。少而好学，法受双峰，默默全真，心承一印。行无住相，历试名山，五岭、罗浮、四明、天目，白崖倚帝，紫阁摩穹，或松下安居于九旬，或嵌空息虑于三昧。既悬明月之戒，亦净琉璃之心，已度禅定之门，不起无生之见。嶷若苏庐，八风莫能动;清如净鉴，万象何所隐？可止也我，则武当千峰狎于麋鹿;可行也我，则虎溪一径分卫人间。薄游吴楚，以至于顺阳川焉。卜居党子之林泉，四十余祀;深入法王之圣定，八万广门。道声洋乎，力量充矣！

开元年中，刺史前中书侍郎开国公王琚、司马太常少卿赵颐贞，信潭以清，闻风而悦，税驾扣寂，杳然虚空。礼足散金银之华，不异弥伽长者;执手见微尘之佛，等毗目仙人。上奏玄宗，征居香刹，则龙兴寺也。由是罢相、节使、王公、大人，罔不膜拜顺风，从而问道。忠博达诂训，广穷经律，降魔制外，孰之与京？不可以威畏，不可以利动，暾日而食，对月澄心，清风飞霜，劲节凌竹，辞检理诣，折彼慢幢。论顿也不留朕迹，语渐也返常合道。得之于心，伊兰作栴檀之树；失之于指，甘露乃蒺藜之园。妙不可传，花多果少，世有执砾水中，若获琉璃之宝；掬泡瓶内，谓得摩尼之珠。忠所以诃之止之，不能已矣。故有超毗卢之说，令其不着佛求；越法身之谈，俾夫无染正性。岂毗卢之可越而法身之可超哉？是以虚空之心合虚空之理，纤妄若云翳，宗通如日月。朝郎结驷而至，安禅不动，受其顶谒，俨如也。盖所谓昔人不迎七步，以福于万乘之君，岂止百寮而已哉。

肃宗皇帝载定区夏，闻其德高，以上元二年正月十六日敕内给事孙朝进驿骑迎请，其手诏曰："皇帝信问，朕闻调御上乘以安中土，利他大士共济群生。师以法鉴高悬，一音演说，藏开秘密，境入圆明，大悲不倦于津梁，至善必明于兼济。尊雄付嘱，实在朕躬。思与道安宣扬妙用，广滋福润，以及大千。传罔象之玄珠，拔沉迷之毒箭，良缘斯在，勿以为劳。杖锡而来，京师非远。斋心已久，副朕虚怀。春寒，师得平安好！遣书指不多及。"忠常以道无不在，华野莫殊，遂高步入宫，引登正殿。霜杖初下，日照龙衣，天香以焚，风飘羽盖。时忠骧首接武，神仪肃若。天子钦之，待以师礼。奏理人治国之要，畅唐尧、虞舜之风。帝闻竦然，膝之前席。九龙洒莲华之水，万乘饮醍醐之味。从是肩舁上殿，坐而论道，不拘彝典也。寻令骠骑朱光辉宣旨住千福寺。相国崔涣从而问津，理契于心，谈之朝野。识真之士，往往造焉。洎夫宝应临御，以孝理国，匪移前眷，划开万里之天，若见三江之月。又敕内侍袁守宏迎近阙下光宅寺安置，香饭云来，紫衣天降。虽使臣拥禅门而不进，御府列玉帛而盈庭，了之如泡，观之若梦，淡然闲任，自乐天倪。亦可罗浮不归，方名宴坐；双峰长往，始契无生者哉。成圣元胎，于是乎在，固所以万行齐发、千门不累于心矣。则兜率之鼓，无形乃声，修罗之琴，不抚而韵，香传天主，花雨空王，见之于忠矣。常以思大师有言，"若欲得道，衡岳武当"，因奏武当山请置太一延昌寺，白崖山党子谷置香严长寿寺，各请藏经一本，度僧护持。二圣御影，镇彼武当。王言惟允，有司承式。猴一雁塔，虽未饰于中峰，茅栋柴扉，便以名于梵宇。睿札题额，鸾回鹊飞，山川光煌，黑白抃跃，想金殿之可期，睹瑶台之非远。至大历八年，又奏度天下名山僧中取明经律禅法者，添满三七人。道门因之，羽服缁裳，罔不庆怿。数盈万计，用福九重也。忠往在南阳，陷于贼境，固请回避，皆不允之。临白刃而辞色无挠，据青云而安坐不屈。魁帅观其禅德淡若，风韵高逸，投剑罗拜，请师事焉。于时避寇遇寇者众矣。无何，群盗又至，乃曰：“未可以踵前也。”遂杖锡发趾，沿江而去。有教其先踪，坚住不避者，尽被诛戮。则知云物气象，有如先觉，存而不论，道何深也！金籍曰“般若无知而无不知”，斯之谓欤！内德既充，外应弥广，自藏珍宝，人莫之窥。於戏，论龙奋迅，而鞠多不知，忉利雨华，而明彻莫识。前贤厌世，正眼随灭，不亦悲夫！忽疾将亟，国医罔效，自知去辰，众问后事，乃曰：“佛有明教，依而行之，则无累矣。吾何言哉？”粤十年十二月九日子时右胁累足，泊然长往。所司闻奏，皇情悯焉。中使临吊，赙赠甚厚。敕谥号曰大证禅师。有诏归葬于党子之香严寺，循其本也。威仪手力，所在支给，具饰终之礼，哀恸梵场也。敕常修功德使检校殿中监兴唐寺沙门大济，早接道论，豁如披云，虽非门人，哀逾法嗣。凡有敷奏，圣皆允焉。在家弟子开府孙知古并弟内常侍朝进、居士景超昆季等，僧弟子千福寺志诚、光宅寺智德、香严寺主道密等，凡数万人，痛石室之未筹，悲云峰之耸塔，晨钟徒击于高殿，夕梵空奏于前山，哲人云亡，畴将仿仰！译经沙门飞锡为碑纪德焉。

唐太原甘泉寺志贤传

释志贤，姓江，建阳人也。夙心刚整，幼且成规，既遂出家，寻加戒品，沾尝渐教，守护诸根，抗节修心，不违律范。大宝元年，于本州佛迹岩承事道一禅师，曾无间然，汲水拾薪，惟务勤苦。游方见金华山赤松洞，是黄初平叱石羊之地，郁林峻岭，泉湖百步许。意乐幽奇，既栖巅顶，野老负香粳蔬茹以供之。时天大旱，贤望空击石，曼骂诸龙曰：“若业龙，无能为也。其菩萨龙王，胡不遵佛敕救百姓乎？”敲石才毕，霈然而作，婺人咸悦。后游长安，名公硕德列请为大寺功德之师，贤悚然不顾。明日遂行，登五台，寻止太原甘泉寺，道俗请学禅理者继至。无疾而终，敕谥大远禅师，旌乎厥德矣。

唐黄龙山惟忠传

释惟忠，姓童氏，成都府人也。幼从业于大光山道愿禅师，神骥伏枥，虽止也，发蹄则超忽千里焉。游嵩岳，见神会禅师，折疑沈默，处于大方。观览圣迹，见黄龙山郁翠而奇异，乃营茅舍。其穷溪极谷而多毒龙，喷气蒙蒙，山民犯者多如中瘴焉，医工寡效。忠初不知，独居禅寂，涧饮木食，其怪物皆卷而怀矣，山民无害。或闻空中声云："得师居此，民之多幸，令我解脱也。"乡人因号是山为伏龙，言忠弭伏鳞虫之长，故此名焉。以建中三年入灭，报龄七十八。其年九月迁塔云。

唐南岳石头山希迁传

释希迁，姓陈氏，端州高安人也。母方怀孕，不喜荤血。及生岐嶷，虽在孩提，不烦保母。既冠，然诺自许，未尝以气色忤人。其乡洞獠，民畏鬼神，多淫祀，率以牛酒，祚作圣望。迁辄往毁丛祠，夺牛而归，岁盈数十，乡老不能禁其理焉。闻大鉴禅师南来，学心相踵。迁乃直往，大鉴衎然持其手，且戏之曰："苟为我弟子，当肖。"迁逌尔而笑曰："诺。"既而灵机一发，廓若初霁。自是上下罗浮，往来三峡间。开元十六年，罗浮受具戒，是年归就山，梦与大鉴同乘一龟，泳于深池。觉而占曰："龟是灵智也，池是性海也。吾与师乘灵智游性海久矣，又何梦邪？"后闻庐陵清凉山思禅师为曹溪补处，又摄衣从之。当时思公之门，学者麏至。及迁之来，乃曰："角虽多，一麟足矣。"天宝初，始造衡山南寺。寺之东有石状如台，乃结庵其上，杼载绝岳，众仰之，号曰石头和尚焉。初，岳中有固、瓒、让三禅师，皆曹溪门下，佥谓其徒曰："彼石头真师子吼，必能使汝眼清凉。"由是门人归慕焉。或问解脱，曰："谁能缚汝？"问净土，曰："谁能垢汝？"其答对简速，皆此类也。广德二年，门人请下于梁端。自江西主大寂，湖南主石头，往来憧憧，不见二大士为无知矣。贞元六年庚午岁十二月二十五日顺化，春秋九十一，僧腊六十三。门人慧朗、振朗、波利、道悟、道铣、智舟相与建塔于东岭。塔成三十载，国子博士刘轲素明玄理，钦尚祖风，与道铣相遇，盛述先师之道。轲追仰前烈，为碑纪德，长庆中也。敕谥无际大师，塔曰见相焉。

唐成都府净众寺神会传

释神会，俗姓石，本西域人也。祖父徙居，因家于岐，遂为凤翔人矣。会至性悬解，明智内发，大璞不耀，时未知之。年三十，方入蜀，谒无相大师，利根顿悟，冥契心印。无相叹曰："吾道今在汝矣！"尔后德充慧广，只为禅宗。其大寂照灭境，超证离念，即心是佛，不见有身。当其凝闭无象，则土木其质。及夫妙用默济，云行雨施，蚩蚩群甿，陶然知化，睹貌迁善，闻言革非。至于廓荡，昭洗执缚，上中下性随分令入。以贞元十年十一月十二日示疾，俨然加趺坐灭，春秋七十五，法腊三十六。沙门那提得师之道，传授将来。以十二年二月二十二日，门人弟子缁俗迁座于本院之北隅，孺慕师德，号哭之声，山林为之变色。初，会传法在坤维，四远禅徒臻萃于寺。时南康王韦公皋最归心于会，及卒，哀咽追仰，盖粗入会之门，得其禅要。为立碑，自撰文并书，禅宗荣之。

唐杭州径山法钦传

释法钦，俗姓朱氏，吴郡昆山人也。门地儒雅，祖考皆达玄儒，而傲睨林薮不仕。钦托孕，母管氏，忽梦莲华生于庭际，因折一房系于衣裳，既而觉已，便恶荤膻。及迄诞弥岁，在于髫辫，则好为佛事。立性温柔，雅好高尚，服勤经史，便从乡举。年二十有八，俶装赴京师，路由丹徒，因遇鹤林素禅师，默识玄鉴，知有异操。乃谓之曰："观子神府温粹，几乎生知。若能出家，必会如来知见。"钦闻，悟识本心，素乃躬为剃发，谓门人法鉴曰："此子异日大兴吾教，与人为师。"寻登坛纳戒，炼行安禅，领径直之一言，越周旋之三学。自此辞素南征，素曰："汝乘流而行，逢径即止。"后到临安，视东北之高峦，乃天目之分径，偶问樵子，言是径山。遂谋挂锡于此，见苫盖覆罝网，屑近而宴居，介然而坐。时雨雪方霁，旁无烟火，猎者至，将取其物，颇甚惊异叹嗟，皆焚网折弓而知止杀焉。下山募人营小室，请居之。近山居，前临海令吴贞舍别墅以资之。自兹盛化，参学者众。代宗睿武皇帝大历三年戊申岁二月，下诏曰："朕闻江左有蕴道禅人，德性冰霜，净行林野，朕虚心瞻企，渴仰悬悬。有感必通，国亦大庆，愿和尚远降中天，尽朕归向。不违愿力，应物见形。今遣内侍黄凤宣旨，特到诏迎，速副朕心。春暄，师得安否！遣此不多及。"敕令本州供送，凡到州县，开净院安置，官吏不许谒见，疲师心力。弟子不算多少，听其随侍。帝见，郑重咨问法要，供施勤至。司徒杨绾笃情道枢，行出人表，一见钦于众，退而叹曰："此实方外之高士也，难得而名焉！"帝累赐以缣缯，陈设御馔，皆拒而不受。止布衣蔬食，悉令弟子分卫，唯用陶器行。少欲知足，无以俦比。帝闻之更加仰重，谓南阳忠禅师曰："欲锡钦一名。"手诏赐号国一焉。德宗贞元五年，遣使赍玺书宣劳，并庆赐丰厚。钦之在京及回浙，令仆、公王、节制州邑、名贤执弟子礼者，相国崔涣、裴晋公度、第五琦、陈少游等。自淮而南妇人礼乞号，皆目之为功德山焉。六年，州牧王颜请出州治龙兴寺净院安置，婉避韩滉之废毁山房也。八年壬申十二月示疾，说法而长逝，报龄七十九，法腊五十。德宗赐谥曰大觉。所度弟子崇惠禅师，次大禄山颜禅师，参学范阳杏山悟禅师，次清阳广敷禅师。于时奉葬礼者，弟子实相、常觉等，以全身起塔于龙兴净院。初，钦在山，猛兽鸷鸟驯狎。有白兔二跪于杖屦之间。又尝养一鸡，不食生类，随之若影，不游他所。及其入长安，长鸣三日而绝。今鸡冢在山之椒。钦形貌魁岸，身裁七尺，骨法奇异，今塔中塑师之貌，凭几犹生焉。杭之钱氏为国，当天复壬戌中，叛徒许思作乱，兵士杂宣城之卒发此塔，谓其中有宝货。见二瓮上下合，藏肉形全在而发长覆面。兵士合瓮而去。刺史王颜撰碑述德，比部郎中崔元翰、湖州刺史崔玄亮、故相李吉甫、丘丹各有碑碣焉。

唐寿春三峰山道树传

释道树，姓闻氏，唐州人也。少以辩智，沈静虚豁，耽嗜经籍，曾无少懈。其为人也，贞固足以干事，隐括足以矫时。偶遇僧敦喻，遂誓出尘，自慨年近不惑，求法淹迟。礼本部明月山大光院惠文为授业，登即剃染。二年受具，乃观方向道，天台、南岳，无所不游。后回东洛，遇秀宗裔，如芙蓉开，通达安静。至寿州三峰，结茅而居。常有野人，服色朴素，言谈异常，于言笑之外，化作佛形仙形、菩萨、罗汉，或放神光，或呈声响，如是涉一十年，学侣睹之，不测端绪，后皆寂尔。树告众曰："野人作多色伎俩，眩惑于人。只消老僧不见不闻，伊伎俩有穷，吾不见不闻无尽。所谓作伪心劳而日拙，其自知之，卷羞怀拙而去，追无朕迹矣。"树于宝历初年示疾而终，报龄九十二。明年正月迁塔焉。

系曰：大钧播物，物类纷错，穷数达变，因形移易者谓之化，谓之幻。知幻化之不异生也，始穷幻化矣。吾与汝俱幻也。推之于实，则幻化或虚；置之于虚，则幻化时实。实虚理齐，不自我之先后欤？体道无心，物我均矣。故佛言"凡所见相，唯所见心"，又云"若见诸相非相，则见如来"，树师有焉。

唐陕州回銮寺慧空传（元观）

释慧空姓崔，江陵人也。家世儒雅，奕叶缨绥，父任陕服灵宝县。空丁艰天属，坚请入空门，庸报乳哺重恩。乃投回銮寺恒超下，授受经业。三载诵通，及格蒙度，听习敏利。因入嵩少，遇寂师禅会，豁如开悟。乃回三峰，于仙掌间有道流绸缪论道，薄暮方散，非止一过。州帅元公颇知归向，召之，多以疾辞，或至，必登元席。代宗皇帝闻其有道，下诏俾居京师广福寺，朝廷公卿罔不倾信。后终于寺，春秋七十八。大历八年癸丑九月四日，全身坚固而迁塔焉。次南岳东台释元观，姓袁氏，长安人也。父为河中府掾。母兄为沙门，甚敦道化，见观幼龄聪慧，风标秀举，有成人之度，因劝其出家。乃投兴善寺，诵经通利。五年得度，乃于律部俱舍二本，涣然条理。后出游方，登诸禅会，明悟真性，如醒宿酲。遂趋衡山，于东台而止。其道弥昌，冥有所感。恒得神人密送供施，随其众寡，不闻有阙。忽一日，神现形再拜曰："我是此山檀越，常送薄供者，我身是也。"观问："汝何业所致？"曰："我前身曾称知识，体悟匪全，妄受信施，坐此为神。偶师居此，我曹馈粮，粗副私愿。今二十年已足，得遂超度，故来决别也。”观化缘斯极，嘱累禅徒而终，春秋七十九。太和四年十月二日迁塔焉。

唐洛京龙兴寺崇珪传（全植）

释崇珪，姓姜氏，郏城人也。门传儒素，相缀簪裾。自天宝已来，安史之乱，侵败王略，家族迁荡。父为商贾趋利，遵涂于巩洛间。父亡于逆旅，珪慨责曰：“少遭不造，孑遗哀茕！”遂议出家。至年十八，经业蔚通得度。俄有云水之兴，游南岳。栖息数龄起回，乐南徐茅山，乃依栖霞寺。珪已登径门，道声洋溢。会赞皇李公德裕廉问是邦，延诸慈和寺。一交雅谈，如游形器之外，曰：“吾有幽忧之疾，非是居侯藩聚落之人也。”明岁遂行，重抵嵩少，居于岳寺。太和戊申岁，洛下亢阳，唯岳中雨信相继。或谓为珪之德动龙神之故也。开成元年，赞皇公摄冢宰，请珪于洛龙兴寺化徒。两京缁白往来问道，檀施交骈。其所谈法，宗秀之提唱，获益明心者多矣。忽告众决别，入方丈而灭，春秋八十六。白侍郎撰塔铭。会昌元年辛酉八月十日入塔云。次淮南都梁山释全植，姓芮，光州人也。少禀异操，自言学作佛度生去。忽投本州荣光禅院大智下求度。师颇严谨，约其诵经。受具后，至洛阳，参问禅法，彻了无疑。辞师观方至淮南都梁山，建立茅舍。太守卫文卿命于州治长寿寺化徒。卫侯问：“将来佛法隆替若何？”植曰：“真实之物无振，自古于今，往复轨躅。有为之法，四相迁流。法当堙厄。君侯翘足可见。”预言武宗毁教也。植终年九十三，门人建塔立碑。会昌四年甲子九月七日入浮图焉。

宋高僧传卷第九

宋高僧传卷第十

宋左街天寿寺通慧大师赐紫沙门赞宁等奉　敕撰

习禅篇第三之三（正传十六人附见八人）

唐洪州开元寺道一传（智藏）

释道一，姓马氏，汉州人也。华以喻性，不植于高原；浪以辩识，发明于溟海。生而凝重，虎视牛行。舌过鼻准，足文大字。根尘虽同于法体，相表特异于幻形，既云在凡之境，亦应随机之教。年方稚孺，厌视尘躅，脱落爱取，游步恬旷，削发于资州唐和尚，受具于渝州圆律师。示威仪之旨，晓开制之端，浣衣锻金，观门都错，大龙香象，羁绊则难。权变无方，机缘有待。闻衡岳有让禅师，即曹溪六祖之前后也，于是出岷峨玉垒之深阻，诣灵桂贞篁之幽寂。一见让公，泯然无际，顿门不俟于三请，作者是齐于七人。以为法离文字，犹传蠹露，圣无方所，亦寄清源，遂于临川栖、南康龚公二山，所游无滞，随摄而化。先是，此峰岫间魑魅丛居，人莫敢近，犯之者炎衅立生。当一宴息于是，有神衣紫玄冠致礼言："舍此地为清净梵场。"语终不见。自尔猛鸷毒螫，变心驯扰；沓贪背僧，即事廉让。郡守河东裴公家奉正信，躬勤咨禀。降英明简贵之重，穷智术慧解之能。每至海霞敛空，山月凝照，心与境寂，道随悟深。自明者在乎周物，博施者期乎济众。居无何，裴公移典庐江、寿春二牧，于其进修惟勤，率化不坠。大历中，圣恩溥洽，隶名于开元精舍。其时连率路公聆风景慕，以钟陵之壤，巨镇奥区，政有易柱之弦，人同凑毂，禅宗戾止，降祥则多，顺而无违。居仅十祀，日临扶桑，高山先照；云起肤寸，大雨均沾。建中中，有诏僧如所隶，将归旧壤。元戎鲍公密留不遣。至戊辰岁，举措如常，而请沐浴讫，俨然加趺归寂，享年八十，僧腊五十。先于建昌鄙山名石门，环以绝巘，呀为洞壑，平坦在中，幽偏自久。是谋薪火尘劫之会，非议冈阜地灵之吉。亚相观察使陇西李公藩寄严厉，素所钦承，于以率徒依归，缅怀助理。爰用营福，道在观化，情存饰终，辍诸侯之旌旗，资释子之幢盖。其时日变明悔，人萃遐迩，楫覆水而为陆，炬通宵而成昼。山门子来，财施如积；邑里僧供，饭香普熏。自昔华严归真于嵩阳，善导瘗塔于秦岭，礼视斋斩，人倾国城，哀送之盛，今则三之。初于林中经行，座下开示，平等垂法，不标于四科，安恬告尽，刻期于二月，此明一终之先兆也。示疾云逝，俾葬远山，凡百攀援，愿留近郭。终遂穷僻，式遵理命，此又明一晦迹之素诚也。将归灵龛，爰溯浅濑，人力未济，舟行为迟。膏雨骤下于远空，穷溪澁变于深涉，此又明一通神之应感也。惟一知真在空，无我于有，是二俱离，假一为乘。示生死者人能作佛，辨邪正者魔亦似圣。现身不留于大士，负手俄萎于哲人。弟子智藏、镐英、崇泰等奉其丧纪，宪宗追谥曰大寂禅师，丹阳公包佶为碑纪述，权德舆为塔铭。今海昏县影堂存焉。又唐虔州西堂释智藏，姓廖氏，虔化人也。生有奇表，亲党异其伟器。八岁从师，道趣高邈。随大寂移居龚公山，后谒径山国一禅师，与其谈论周旋，人皆改观。属元戎路嗣恭请大寂居府，藏乃回郡，得大寂付授纳袈裟。时亚相李公兼、国相齐公映、中郎裴公通皆倾心顺教。元和九年四月八日终，春秋八十，夏腊五十五。即迁于塔，谏议大夫韦绶追问藏言行，编入图经。太守李渤请旌表，至长庆元年谥大觉禅师云。

唐宣州灵汤泉兰若志满传

释志满，姓康氏，洛阳人也。幼少之年，属其家命沙门陈佛会，满意乐不舍，遂投颖川龙兴寺出家。闻洛下神会禅师法席繁盛，得了心要。南游到黄山灵汤泉所，结茅茨而止。后采黄连，乡人见满喜跃，满问：“此何处耶？”乡人曰：“黄连山，属宣城也。愿师镇此，柰何虎豹多害？”满曰：“虎亦有佛性。”乃焚香祝厌之，由兹弭息，遂成大禅院。后示寂，春秋九十一。永贞元年入塔焉。

唐沂州宝真院光瑶传（道坚）

释光瑶，姓周氏，北京人也。幼钟荼蓼，都不胜情，誓志出家。舍讲肆，入禅林，凡向宗师，悉从求益。末遭会禅师，金錍抉瞙，明视十方。后到沂水蒙山，结草成庵，怡然宴坐。郤费之人翕然从化。时慎邑大夫知重首创禅宫，次兖州节使王僚尚书躬请入州行化，奏着额号宝真。学侣憧憧，多沾大利。元和二年示灭，享年九十二云。又唐襄州慈恩寺释道坚，姓王氏，丹阳人也。初发心于牛头山慧忠禅祖。大历元年，栖隐池州南泉山。后诣襄汉，泊慈恩寺。元和初载，相国燕公镇于汉南，深相钦重，问道周勤，施供繁沓。遂于凤林关外造寺请居。二年示灭，春秋七十三云。

唐扬州华林寺灵坦传

释灵坦，姓武氏，太原文水人也，则天太后侄孙。父讳宣，洛阳县令。母夏侯氏，初妊坦也，梦神僧授与宝鉴，表里莹然，且曰："吾以此寄汝，善保护之。"及诞，亲无所苦。年甫七岁，诵习毕通，应童子举。十三从宦，旋升太子通事舍人。如是悦学不休，三教之书弥增洞达。然而恒嗟朽宅，誓入空门，已备大乘之资粮，终到涅槃之境域。于时洛都盛化荷泽寺神会禅师也，方遮普寂之光，渐没秀师之道，坦往参焉。会施善诱，顿见其心，默而许之，容其执侍。父母不能回其意。飞扬莫系，始末研磨，得破疑滞。天宝初载，召坦曰："吾有一句，是祖祖相传至曹溪，曹溪付吾，汝谛受之。吾当有留难，遂辞游方焉。"未几，果敕移会于弋阳。坦遂向庐州浮槎寺，览大藏经。后闻忠国师自南阳诏入，于大历五年礼觐之。八年，欲出关，忠奏曰："此人是贫道同门，俱神会弟子。"敕赐号曰大悲，兼赍墨敕。行化至梁园，时相国田公神功供养。逦迤适维扬、六合，方叹大法凌夷，忽闻空中声云："开心地。"即见菩萨如文殊像曰："与汝印验。"令举项以掌按之，寻观有四指赤痕，其印迹恒现。又止润州江中金山，今泽心也。其山北面有一龙穴，常吐毒气如云，有近者多病或毙。坦居之，毒云灭迹。又于江阴定山结庵，俄闻有赞叹之声。视之，则白龟二，坦为受归戒。又见二大白蛇，身长数丈，亦为受戒忏悔。如是却往吴兴林山造一兰若，有三丈夫衣金紫，趋步徐正，称叹道场唯善，村落之民多弃罟网。元和五年，相国李公墉之理广陵也，以峻法操下，刚决少恩，一见坦，郑重加礼，召居华林寺。寺内有大将军张辽墓，寺僧多为鬼物惑乱。坦居，愀然无眹矣。又扬州人多患山妖木怪之所荧惑，坦皆遏御焉。人争归信。至十年，忽见二胡人称自龟兹国来，彼无至教，远请和尚敷演。十一年五月十三日，于荷泽忌斋，告众:“吾赴远请。”七月示疾，九月将灭，斯预告也。至季秋八日，果寂尔而终。迁塔于扬州西驯翟坊之南冈，越州掾郑詹建塔。报龄一百八岁，僧腊八十四焉。坦即曹溪之孙，荷泽之子也。

唐唐州紫玉山道通传

释道通，姓何氏，庐江人。其为童也，持重寡辞，见佛形像，必对礼叹咏不舍。因父宦于泉州南安，便求舍丱披缁。诵经合格，敕度之，当天宝初载也。时道一禅师肇化建阳佛迹岩聚徒，通往焉。一师于临川、南康龚公山，亦影随而去。然誓游方吴越之间，台明山谷，靡不登陟。迨乎回锡江西泐潭山门，励心僧务，不惮勤苦。贞元二年往南岳，见石头禅师，犹采缕加朱蓝之色也。四年，大寂禅师垂欲归化，昌言曰:“夫玉石润山秀利，益汝道业，遇可居之。”通闻此言，且同隐谶，殊不详练。其年秋与伏牛山自在禅师同游京洛，回至唐州西有山，峰孤林密，四绝人烟，实有尘外之趣。乃问乡人，云此山是紫玉山。通方忆大寂之悬记，我合居是峰也。乃陟崔嵬，见山脊有石方正，其色紫玉莹然，叹曰:“号紫玉者，合其称也。先师之言，非虚记也。”挂锡解囊，参学之徒雾集。始则诛茅构舍，刺史李道古作意为建禅宫焉。元和八年，弟子金藏出参礼百丈山海禅师，回见通。通愀然作色:“汝其来矣，此山有主也。”曳杖径去，襄州道俗皆迎。至七月十五日，无疾而终，春秋八十三。一云故相国于頔最所归心，尚书李翱礼重焉。

唐雍京章敬寺怀晖传

释怀晖，姓谢氏，泉州人也。宿植根深出尘志远，迨乎进具，乃尚云游。贞元初，礼洪州大寂禅师，顿明心要。时彭城刘济颇德晖，互相推证。后潜岨崃山，次寓齐州灵岩寺。又移卜百家岩，泉石幽奇。苦于禅子请问繁杂，上中条山行禅法，为法者蹑迹而往，蒲津人皆化之。元和三年，宪宗诏入于章敬寺毗卢遮那院安置，则大历中敕应天下名僧大德三学通赡者并丛萃其中，属诞辰，多于此修斋度僧焉。晖既居上院，为人说禅要，朝寮名士日来参问。复诏入麟德殿赐斋，推居上座。元和十年乙未冬示疾，十二月十一日灭度，春秋六十二。越明年二月，门人智朗、志操等奉全身葬于灞桥北原。敕谥大宣教禅师，立碑于寺门，岳阳司仓贾岛为文述德焉。

唐京兆兴善寺惟宽传（宝修）

释惟宽，姓祝氏，衢州信安人也。祖曰安，考曰皎。生十三岁，见杀生者，衋然不忍食。退而出家，求剪发于僧昙，受尸罗于僧崇，学毗尼于僧如，证大乘法于止观，成最上乘于大寂道一。贞元六年，始行化于闽越间，岁余而回心改服者百数。七年，伏猛虎于会稽，作滕家道场。八年，与山神受归戒于鄱阳，作回向道场。十三年，感非人于少林寺。二十一年，作有为功德于卫国寺。明年，施无为功德于天宫寺。元和四年，宪宗章武皇帝诏于安国寺。五年，问道于麟德殿。其年，复灵泉于不空三藏池。十二年二月晦，大说于传法堂讫，奄然而化。报龄六十三，僧夏三十九。归葬于灞陵西原，诏谥曰大彻禅师，塔号元和正真。初，宽说心要法三十年，度黑白众殆及百千万，应病授药，安可既乎？白乐天为宫赞时遇宽，四诣法堂，每来垂一问，宽答如流，白君以师事之。门弟子殆千余，得法者三十九，入室受遗寄者曰义崇、圆照焉。唐罗浮山释宝修，俗姓周，资州人也。从师于纯德寺，志求玄理，于蕲州忍大师法裔决了重疑。后爰罗浮山石室安止，檀越为造梵宇，蔚成大寺。一日，告门人曰："因缘相逼。"愀然不乐，众咸莫测。顺宗皇帝深重佛宗，知修之名，诏入京与三藏击问，并答翻译之意，朗畅如流。乃留居辇下。三年，终于京寺云。

唐天台山佛窟岩遗则传

释遗则，俗氏长孙，京兆长安人也。祖冽，鄂州司马；考利涉，隐居金陵。则弱不杂俗，恬恬终日而无所营。始从张怀瓘学草书，独尽笔妙。雅耽经史，尤乐佛书，以为得吾心。一朝捐家业，从牛头山慧忠，忠所谓牛头六祖也。始天竺达磨以释氏心要至，传其道者有曹溪能、嵩山秀。学能者谓之南宗学，学秀者谓之北宗学。而信祖又以其道传慧融，融得之居牛头山，弟子以传授。由是达磨心法有牛头学。则既传忠之道，精观久之，以为天地无物也，我无物也，虽无物未尝无物也。此则圣人如影，百姓如梦，孰为死生哉？至人以是能独照，能为万物主，吾知之矣。遂南游天台，至佛窟岩，盖薜荔，荐落叶而尸居，饮山流，饭木实而充虚，虎豹以为宾，麋鹿以为徒，兀然如枯。其后剫木者见之转相告，有慕其道者曰："道者未有弟子。"相率为筑室，图佛安僧，蔚为精舍焉。故元和已来传则道者，又自以为佛窟学，佛窟之号自则始也。一坐四十年，大官名侯赍书问讯檀舍，则未尝有报谢，礼拜者未尝而作起。时岁在庚戌季夏十有三日，召弟子曰："汝其勉之！"至十五日夜遂坐歿。是夜山下人闻若山崩，旦望之，则彩云翔泊于岩上。父老皆泣曰："师死矣！"已而视之，果然。凡则二十岁为僧腊，五十有八而终。善属文，始授道于钟山，序集融祖师文三卷，为宝志释题二十四章，南游傅大士遗风序，又无生等义。凡所著述，辞理粲然。其他歌诗数十篇，皆行于世。则元居瀑布泉西佛窟本院，建龛塔。会昌中例毁之，其院为道门所有。后开元寺僧正法光于咸通乙酉岁遂徙碑于今所，河南尹韩又伪碑文。

唐婺州五泄山灵默传（志闲）

释灵默，俗姓宣，毗陵人也。本成立之岁，悦学忘疲，约以射策登第，以荣亲里。承豫章马大师聚众敷演。造禅关，马师振容而示相，默密契玄机，便求披剃，若熟痈之待刺耳。受具之后，苦练行门，确乎不拔。贞元初，入天台山中，有隋智者兰若一十二所，悬记之曰:“此地严妙，非杂器所栖，若能居此，与吾无异。”默因住白砂道场，经于二载。猛虎来驯，近林产子，意有所依。又住东道场，地僻人稀，山神一夜震雷暴雨，悬崖委坠。投明，大树倒欹，庵侧树枝交络，茅苫略无少损。遐迩闻旃，皆来观叹。后游东白山，俄然中毒，而不求医，闭关宴坐。未几，毒化流汗而滴，乃复常矣。行次浦阳，盛化，有阳灵戍将李望请默居五泄焉。元和初亢阳，田畯惶惶。默沿涧见青蛇夭矫，瞪目如视行人，不动。咄之曰:“百姓溪竭苗死，汝胡不施雨救民邪?”至夜果大雨，合境云足，民荷其赐。属平昌孟简中丞廉问浙东，废管内兰若，学徒散逸，时暨阳令李胄状举灵山，许重造院。十三年三月二十三日，澡沐焚香，端坐绳床，嘱累时众，溘然而绝。寿龄七十二，法腊四十一。高僧志闲，道行峭拔，文辞婉丽，亦江左之英达，为默行录焉。

唐荆州天皇寺道悟传（崇信）

释道悟，姓张氏，婺州东阳人也。受天粹气，为王子，生而神俊，长而谨愿。年十四，金翅始毛，麒麟方角，启白尊老，将求出家，慈爱之旨，不见听许。辄损薄常膳，日唯一食，虽体腹羸馁，弥年益坚。父母不获已而许之。遂往明州大德剃落。年二十五，依杭州竹林寺大德具戒。以勇猛力，扶牢强心，于六度门，修诸梵行。常以为疗膏肓者资上妙药，开暗冥者求善知识。不假舟楫，其济渡乎?遂蹶然振策，投径山国一禅师。悟礼足始毕，密受宗要。于语言处，识衣中珠。身心豁然，真妄皆遣。断诸疑滞，无畏自在，直见佛性，中无缁磷。服勤五载，随亦印可，俾其法雨润诸丛林。悟蓄力向晦，罙入深阻，实冀一飞摩霄。乃转遁于余姚大梅山，是时大历十一年也。层崖绝壑，天籁萧瑟，敻无邻落。七日不食。至诚则通，物感乃灵，猱狿彀玃，更馈橡栗。异日野夫操斧，言伐其楚，偶所遭睹，骇动悚息，驰谕朋曹，谓为神奇。曾不旬朔，诣者成市。凭嵌倚峭，且构危栋，赀粮供具，环绕方丈。猛虎耽耽，侣出族游，一来座侧，敛折肢体，其类驯扰可知也。夫语法者无阶渐，涉功者有浅深，木逾钻而见火，鉴勤磨而照胆，理必然矣。是以扫尘累，遁岩薮，服形体，遗昼夜，精严不息，趣无上道，其有旨哉！如是者三四年矣。将翔云表，虑羽毛之颓铩；欲归宝所，疑道涂之乖错。故重有咨访，会其真宗。建中初，诣钟陵马大师，二年秋，谒石头上士。於戏！自径山抵衡岳凡三遇哲匠矣。至此即造父习御，郢人运斤，两虚其心，相与吻合。白月映太阳齐照，洪河注大海一味，仲尼谓颜子亚圣，然灯与释迦授记，根果成熟，名称普闻，如须弥山特立大海。繇是近佛，恢张胜因，凡诸国土，缘会则答。始卜于澧阳，次居于澋口，终栖于当阳柴紫山，即五百罗汉翱翔地也。桎松蓊只以含风，崖巘巉岩而造天，驾潋滟之紫霞，枕清冷之玉泉。鸾凤不集于蓬藋，至人必宅于势胜，诚如是也。洪钟待叩，童蒙求我，川流星聚，虚往实归。或接武于林樾，或骈肩于庐舍，户外之屦，烂其室盈矣。荆州雄藩也，都人士女动亿万计，莫不擎跪稽首，向风作焉。崇业上首以状于连帅而邀之，不违愿力，聿来赴请。孱及于虚落，锡及于都城。白黑为之步骤，幡幢为之轇轕，生难遭想，得未曾有。彼优波鞠多者，夫何足云！有天皇寺者，据郡之左，标异他刹，号为名蓝，困于人火，荡为煨烬。僧坊主灵鉴族而谋之，以为满人攸居，必能福我。夫荷担大事，蔑弃小瑕。乃中宵默往，肩舆而至。二寺夕有所失，朝有所得，诤论锋起，达于尊官。重于返复，毕安其处。江陵尹右仆射裴公，缙绅清重，拥旄统众，风望眄睐，当时准程，驱车盛礼，问法勤至。悟神气洒落，安详自处，徐以软语，为之献酬，必中精微，洞过肯綮。又常秉贞操，不修逢迎，一无卑贵，坐而揖对。裴公讶其峻拔，征其善趣，谓“抗俗之志当径挺如是邪”？悟以为“是法平等，不见主客，岂效世谛，与人居而局狭邪？”裴公理冥意会，投诚归命。既见仁者，我心则降，如热得濯，躁愦冰散。自是禅宗之盛，无如此者！元和丁亥岁有背痛疾，命弟子先期告终，以夏四月晦奄然入灭。春秋六十，僧腊三十五。以其年八月五日葬之郡东隅，灵龛建塔，从僧礼也。悟身长七尺，神韵孤杰，手文鱼跃，顶骨犀起。行在于璎珞，志在于华严，度人说法，雄健猛利。其一旨云：“垢净共住，水波同体，触境迷着，浩然忘归。三世平等，本来清净。一念不起，即见佛心。”其悟解超顿，为若此也。先是烟焰之末，殿宇不立，顾缁褐且亏瞻礼，密念结构，罔知权舆。禅宴之际，若值神物，自道祠舍滨江水焉。凡我疆畛，富于松梓，悉愿倾倒，施僧伽蓝。命工觇之，宛若符契。于是斩巨栋，干修楹，撑崖拄壑，云屯井构。时维秋杪，水用都涸，徒众敛手，块然无谋。会一夕雨至，万株并进，晨发江浒，暮抵寺门。剞劂之际，动无乏者。其余廊庑床案，靡非幽赞。事邻语怪，阙而不书。其感摄灵只，皆此类也。比丘慧真、文贲等禅子幽闲，皆入室得悟之者，或继坐道场，或分枝化导。时太常协律符载著文颂德焉。世号天皇门风也。又唐澧州龙潭禅院释崇信，未详氏族。信在俗为渚宫胡饼师之子，弱龄宛异，神府宽然。昔天皇寺悟禅师隐耀藏光，人莫我测。信家居寺巷，恒日提饼笥馈悟公斋食。食毕，且留一饼曰："吾惠汝，以荫子孙。"信一日自念曰："饼是我持去，何以返遗我邪？莫别有旨乎？"遂拱手问焉。悟公曰："是汝持来，复汝何咎？"信闻似有惊怪，因劝出家，便求摄受，曰："尔昔崇福善，今信吾言。"故名之也。由是躬于井臼，供亿服勤。乃问悟云："未蒙指示心要。"悟公云："时时相示。"信餐禀斯言，如游子之还家，若贫人之得宝。直从荆渚乃诣澧阳龙潭栖止。因李翱尚书激扬，时乃出世。后德山鉴师出其门，宗风大盛矣。

唐邺都圆寂传（掘多）

释圆寂，不知何许人也。恒以禅观为务，勤修匪懈，就嵩山老安禅师请决心疑，一皆明焕。寂化行相部，依附者多。久居天平等山，稠禅师往迹无不遍寻。时大司空严绶倾心信重。享寿一百五十五岁，咸亨二年己巳岁生。按咸亨二年辛未，合云总章二年己巳也。世号无生和尚是欤。寂之高岸，恒不欲人致礼邀请，必有不可犯之色，时或非之。然则志意修则骄富贵，道义重则轻王公，非其傲诞，势使然也。释掘多者，印度人也。从逾沙碛，向慕神州，不问狄鞮，旋通华语，而尚禅定。径谒曹溪能师，机教相接，犹弱丧还家焉。多游五台，路由定襄。历村见一禅者结庵独坐，问之曰："子在此奚为？"曰："吾观静。"多曰："观者何人？静者何物？得非劳子之形，役子之虑乎？"其僧茫昧，拱默而已，作礼数四，请垂启发。多曰："子出谁门邪？"曰："神秀大师。"多曰："我西域异道实繁有徒，最下劣者，不堕此见。兀然空坐，蓐烂身疲，初无深益。子莫起如是见，立如是论。”早往韶阳请决所疑。能曰：“子何不自观自静邪？不观相，不观如，子游历日用，自然安乐也。”一如多所言，略无少异。伊僧抉开罗网。多后莫知攸往。

唐袁州阳岐山甄叔传

释甄叔，不知何许人也。幼而聪敏，倜傥不羁。心目融明，具大人相。观生死轮上，见九地群迷，犹如蟭螟处在蚊睫。受胜妙欲，似嚼蜡无味。遂投簪削顶，具佛幖帜，求正觉了义，扣大寂禅师，一造玄机，万虑都寂。乃曰：“群灵本源，假名为佛，体竭形消而不灭，金流朴散而常存。性海无风，惊波自涌。心虚绝兆，万象齐照。体斯理者，不言而遍历沙界，不用而功益玄化。如何背觉，反合尘劳，于阴界中，妄自囚系。”于是形同水月，流浪人天哉。叔见宜春阳岐山群峰四合，叹曰：“坤元作镇，造我法城。”才发一言，千岩响答，松开月殿，星布云廊，青岚域中化出金界。始从宴坐，四十余年，满室金光，昼夜常照。于是化缘已毕，机感难留。元和庚子岁正月十三日，忽弃尘区，还归大定。门弟子如坦、良宝等，心没悲海，哀声动山，如月隐天，群星失耀。大集众木，积为香楼，用作荼毗，获舍利七百粒，于东峰下建窣堵波。上足任运者命志闲为碑纪述矣。

唐新吴百丈山怀海传

释怀海，闽人也。少离朽宅，长游顿门，禀自天然，不由激劝。闻大寂始化南康，操心依附，虚往实归，果成宗匠。后檀信请居新吴界，有山峻极，可千尺许，号百丈欤！海既居之，禅客无远不至，堂室隘矣。且曰：“吾行大乘法，岂宜以诸部阿笈摩教为随行邪？”或曰：“瑜伽论、璎珞经，是大乘戒律，胡不依随乎？”海曰：“吾于大小乘中博约折中，设规务归于善焉。”乃创意不循律制，别立禅居。初自达磨传法至六祖已来，得道眼者号长老，同西域道高腊长者呼须菩提也。然多居律寺中，唯别院异耳。又令不论高下，尽入僧堂。堂中设长连床，施椸架挂搭道具。卧必斜枕床唇，谓之带刀睡，为其坐禅既久，略偃亚而已。朝参夕聚，饮食随宜，示节俭也。行普请法，示上下均力也。长老居方丈，同维摩之一室也。不立佛殿，唯树法堂，表法超言象也。其诸制度，与毗尼师一倍相翻。天下禅宗如风偃草。禅门独行，由海之始也。以元和九年甲午岁正月十七日归寂，享年九十五矣。穆宗长庆元年，敕谥大智禅师，塔曰大宝胜轮焉。

系曰：自汉传法，居处不分禅律，是以通禅达法者，皆居一寺中，院有别耳。至乎百丈立制，出意用方便，亦头陀之流也。矫枉从端，乃简易之业也。所言“自我作古”。古，故也；故事也。如立事克成，则云自此始也；不成，则云无自立辟。今海公作古，天下随之者，益多而损少之故也。谥海公为大智，不其然乎？语曰：“利不百，不变格。”将知变斯格，厥利多矣。弥沙塞律有诸，虽非佛制，诸方为清净者不得不行也。

唐潭州翠微院恒月传（真亮）

释恒月，姓韩氏，上党人也。厥父为土监商，西江往还，俄遇剽略溺死。月虽幼弱，念父葬于鱼腹，母又再行，乃决志出家，求报恩育。受教于圣善寺慧初。得度已，造嵩山禅会，便启发心要。后访道寻师，靡惮夷险，抵望湖山翠微严下古院挂锡。四方学者如蜂得王，翕然盛化。建中元年，示疾而终，春秋七十九。其年三月十二日迁塔焉。洛京广爱寺释真亮，姓侯氏，景城人也。家训儒雅，辞彩粲然。洁素持操，与群少年有异。忽以樊笼为厌，且曰：“去情除馑，是所愿也。”遂于本州开元寺智休师下披染服。然其刈薪汲水，率先于人，习行头陀行。受具已，游嵩少，遇普寂奖训，顿开蒙昧。入龙门山，居而禅默，问津者交集，声望日隆。属留守尚书王公铎保厘，闻而钦奉，召入广爱寺，别住居焉。示人禅观，匪倦教诏，得道者亦多矣。以贞元四年十一月三日，忽告门人以桑榆末照，诚难久留。嘱累而终，年八十八焉。

唐襄州夹石山思公传（昙真）

释思公，姓李氏，恒阳人也。早出家于本府龙兴寺。得度后，游伊洛间，见普寂禅师，开畅禅法。寂始见提诱，寻彻钩深。至南雍，隐夹石山，翛然自处。属牛公观政汉南，闻其声绩，请入城，谢病不应其命。牛帅亦不夺其志，檀施相望。学众侁侁，若栴檀之围绕焉。以兴元初年示疾归灭，春秋八十四焉。亳州安国院释昙真，姓陈，维青人也。少小随父往彭城，鬻枣于逆旅，而亡所怙。真叹恨无依，乃投徐大云寺为僧。其土是嵩法师之后，经论薮泽，真玩习该通。后游胜境，入嵩山学禅观。已至任城，邂逅李中丞讽赴职谯郡，接真谈道，抵掌盱衡，如披云雾。李恨相识之晚，请以同行。时聚风亭月观，谈道达旦。李后入为京尹，因从容称奏真道成德至。德皇下诏征，而不奉诏。贞元七年四月示灭，门人建塔云。

唐定州大像山定真院石藏传

释石藏，姓吕，汉东人也。年邻小学，露成人之度，跪告堂亲，愿为佛子。遂志入开元寺削染受戒，克愿礼嵩山寂禅师，豁悟禅法。至中山大像峰间石室，孤坐冥寂，数夏安然。同好者望风而至，蔚成丛众。陶化博陵，人咸欣戴。会州帅李公卓翘仰之切，命入城住，贵亲玄论。谢云："野性难拘，不闲礼法，恐玷威陵。"卓躬登山访问，款密交谈，深开昏昧。遂奏院题额曰定真焉。藏预白众诀别，明日坐亡，春秋八十三。贞元十六年正月入塔，立碑颂德云。

宋高僧传卷第十

宋高僧传卷第十一

宋左街天寿寺通慧大师赐紫沙门赞宁等 敕撰

习禅篇第三之四（正传二十一人附见四人）

唐洛京伏牛山自在传（一钵和尚　南印）

释自在，俗姓李，吴兴人也，生有奇瑞。稍长，坐则加趺，亲党异之。辞所爱，投径山出家，于新定登戒。及诸方参学，从南康道一禅师法席，悬解真宗，逸踪流辈，道誉孔昭，行止优游。多隐山谷，四方禅侣丛萃其门。元和中，居洛下香山，与天然禅师为莫逆之交。所游必好古，思得前贤遗迹以快逸。观龙门山得后魏三藏翻经处；王屋山得稠禅师解虎斗处，此山饮甘泉，改为甘泉寺；嵩山得梵法师马跑泉。居无恋着，所著三伤歌，辞理俱美，警发迷蒙，有益于代。前蜀王氏伪乾德初，有小军使陈公娶高中令骈诸孙女，若人持不杀二十余年，后在蜀为男婚娶，礼须屠宰。高初不欲，亲戚言："自已持戒，行礼酒筵将何以娱宾也？"依违之际，遂多庖割。俄未浃旬，得疾颇异，口但慌言，已而三宿还苏，述冥间之事。初被黑衣使者追摄入岐府城隍庙，庙神峨冠大袖，与一金甲武士唔坐。使者领高见神，武士言语纷纭，让高破戒，仍扼腕骂曰："吾护戒神将也。为汝二十年食寝不遑，岂期忽起杀心，顿亏戒检？命虽未尽，罪亦颇深，须送冥司惩其故犯。"城隍神问高曰："汝更修何善追赎过尤乎？"高常诵持上生经，其数已多，于时懵然都无记忆，恐惧之间白曰："诵得三伤颂、一钵和尚歌。"遂合掌向神厉声而念，神与武士耸耳擎拳立听，颜色渐怡。及卒章，神皆涕泪，乃谓高曰："且归人间，宜切营善。"拜辞未毕，飒然起坐，备陈厥事。自此三伤、一钵之歌颂，人皆传写讽诵焉。一钵和尚者歌词叶理，激劝忧思之深，然文体涉里巷，岂加三伤之典雅乎？在遣弟子去江南，选山水之最者，“吾愿往中终老”。到江州都昌县有好林泉，回报。在行至叶县，道俗所留。往隋州开元寺示灭，年八十一，则长庆元年也。

系曰：稽诸律藏，出家者犯戒，则招二罪，一违制，二业道也。高氏在家素不受戒，无违制愆，俗容有业道罪，宁得有护戒神邪？况高氏既持不杀，则冥然感止持无作之善生焉。因鲜克有终，致遭幽责，告诸五众，当畏护戒之神。夫如是，明则有戒法，幽则有鬼神欤！

次成都府元和圣寿寺释南印，姓张氏。明寤之性，受益无厌，得曹溪深旨，无以为证。见净众寺会师，所谓落机之锦，濯以增研，衔烛之龙，行而破暗。印自江陵入蜀，于蜀江之南壖，剃草结茆，众皆归仰，渐成佛宇，贞元初年也。高司空崇文平刘辟之后，改此寺为元和圣寿，初名宝应也。印化缘将毕，于长庆初示疾入灭。营塔葬于寺中。会昌中毁塔，大中复于江北宝应旧基上创此寺，还名圣寿。印弟子传嗣有义俯，复兴禅法焉。

唐汾州开元寺无业传

释无业，姓杜氏，商州上洛人也。其母李氏忽闻空中言曰：“寄居得否？”已而方娠。诞生之夕，异光满室。及至成童，不为戏弄，行必直视，坐即加趺。商于缁徒，见皆惊叹，此无上法器，速令出家，绍隆三宝。年至九岁，启白父母，依止本郡开元寺志本禅师，乃授与金刚、法华、维摩、思益、华严等经，五行俱下，一诵无遗。年十二，得从剃落。凡参讲肆，聊闻即解。同学有所未晓，随为剖析，皆造玄关。至年二十，受具足戒于襄州幽律师，其四分律疏，一夏肄习，便能敷演。兼为僧众讲涅槃经，法筵长开，冬夏无倦，可谓生肇不泯，琳远复兴。后闻洪州大寂禅门之上首，特往瞻礼。业身逾六尺，屹若山立，顾必凝睇，声仵洪钟。大寂一见异之，笑而言曰：“巍巍佛堂，其中无佛。”业于是礼跪而言曰：“至如三乘文学，粗穷其旨。尝闻禅门即心是佛，实未能了。”大寂曰：“只未了底心即是，别物更无。不了时，即是迷。若了，即是悟。迷即众生，悟即是佛。道不离众生，岂别更有佛！亦犹手作拳，拳全手也。”业言下豁然开悟，涕泪悲泣，向大寂曰:“本谓佛道长远，勤苦旷劫，方始得成。今日始知法身实相本自具足，一切万法，从心所生，但有名字，无有实者。”大寂曰:“如是如是，一切法性不生不灭，一切诸法本自空寂。经云:‘诸法从本来，常自寂灭相。’又云:‘毕尽空寂舍。’又云:‘诸法空为座。’此即诸佛如来住此无所住处。若如是知，即住空寂舍，坐空法座，举足下足，不离道场。言下便了，更无渐次，所谓不动足而登涅槃山者也。”

业既传心印，寻诣曹溪礼祖塔，回游庐岳、天台及诸名山，遍寻圣迹。自洛抵雍，憩西明寺，僧众咸欲举请充两街大德，业默然，叹曰:“亲近国王大臣，非予志也！”于是至上党，节度使相国李抱真与马燧累有战功，又激发王武俊同破朱滔，功多势盛，然好闻贤善，虽千里外必持币致之。深重业名行，旦夕瞻礼，麾幢往来。常有倦色，谓门人曰:“吾本避上国浩穰名利，今此又烦接君侯，岂娱心哉！”言讫，逍遥绵上抱腹山。又往清凉山，于金阁寺读大藏经，星八周天，斯愿方毕。复振锡南下，至于西河，初止众香佛刹，州牧董叔缠请住开元精舍。业谓弟子曰:“吾自至此，不复有游方之意，岂吾缘在此邪？”于是撞钟告众，作师子吼，雨大法雨，垂二十年。并汾之人悉皆向化。

宪宗皇帝御宇十有四年，素向德音，乃下诏请入内，辞疾不行。明年再降纶旨，称疾如故。穆宗皇帝即位之年，圣情虔虔，思一瞻礼，乃命两街僧录灵准公远赍敕旨迎请。准至作礼，白之曰:“知师绝尘物表，糠秕世务。法委国王，请师熟虑！此回恩旨，不比常时，愿师必顺天心，不可更辞以疾。相时而动，无累后人。”业笑曰:“贫道何德，累烦圣主？行即行矣。道途有殊。”于是剃发澡浴，至中夜，告弟子慧愔等曰:“汝等见闻觉知之性与太虚同寿，不生不灭。一切境界本自空寂，无一法可得迷者。不了即为境惑，一为境惑，流转不穷。汝等常知心性本自有之，非因造作，犹如金刚不可破坏。一切诸法如影如响，无有实者，故经云:‘唯有一事实，余二则非真。常了一切空，无一物当情。’是诸佛同用心处。汝等勤而行之！”言讫，加趺而坐，奄然归寂。呜呼，可谓于生死得自在也！俗龄六十二，僧腊四十二。道俗号慕，如丧考妣，乃备香华幢幡，迁全身就于城西练若，积香薪而行荼毗。乃有卿云自天，五色凝空，异香西来，都馥氛氲，阖境士庶咸皆闻睹。及薪尽火灭，获设利罗，璨若珠玉。弟子慧愔、行勤、虔纵、义幽、元度、恒泰等泣血收之，殓以金棺。乃命郢匠琢石为塔，以长庆三年十二月二十一日安葬于练若之庭。业迁化之岁，州牧杨潜得僧录准公具述其事，遂为碑颂。敕谥大达国师，塔号澄源焉。

唐长沙东寺如会传

释如会，韶州始兴人也。大历八年，止国一禅师门下，后归大寂法集。时禅客仰慕，决求心要，僧堂之内，床榻为之陷折，时号"折床会"，犹言凿佛床也。后徇请居长沙东寺焉。自大寂去世，其法门鼎盛，时无可敌，谚谓东寺为"禅窟"，断可知矣。时相国崔公群慕会之风，来谒于门，答对浏亮，辞咸造理。自尔为师友之契。初群与皇甫镈议上宪宗尊号，因被镈构，出为湖南观察，闲豫，归心于会也。至穆宗长庆癸卯岁，终于寺，春秋八十。时井泉预枯，异香馝馥。迁塔于城南，廉使李翱尽毁近城坟塔，唯留会所瘗浮图，以笔题曰："独留此塔，以别贤愚矣。"刘膳部轲著碑焉。敕谥传明大师，塔曰永际。亦呼所居为"夹山和尚"是欤。

唐南阳丹霞山天然传

释天然，不知何许人也。少入法门，而性梗概，谒见石头禅师，默而识之，思召其自体得实者，为立名天然也。乃躬执爨，凡三年，始遂落饰。后于岳寺希律师受其戒法，造江西大寂会。寂以言诱之，应答雅正。大寂甚奇之。次居天台华顶三年，又礼国一大师。元和中，上龙门香山，与伏牛禅师为物外之交。后于慧林寺遇大寒，然乃焚木佛像以御之。人或讥之，曰："吾荼毗舍利。"曰："木头何有？"然曰："若尔者，何责我乎？"元和三年，晨过天津桥，横卧，会留守郑公出，呵之不去。乃徐仰曰："无事僧。"留守异之，乃奉束素衣两袭，月给米面。洛下翕然归信。至十五年春，言"吾思林泉"，乃入南阳丹霞山结庵。以长庆四年六月告门人曰："备沐浴，吾将欲行矣。"乃戴笠策杖入屦，垂一足，未及地而卒，春秋八十六。膳部员外郎刘轲撰碑纪德焉。敕谥智通禅师，塔号妙觉。

唐常州芙蓉山太毓传

释太毓，姓范氏，金陵人也。年才一纪，志在出家，乃礼牛头山忠禅师而师事焉。于是勇猛精进，求其玄旨，法器外朗，神襟内融。虽明了一乘，而具足万行。往雍京安国寺，进受具戒，褎然出众。加复威仪整肃，妙相殊特，如大海之不可测，如虚空之不可量。巡礼道场，摄心净域，虽智能通达，不假因师，而印可证明，必从先觉。遂谒洪井大寂禅师，睹相而了达法身，刹那而顿成大道。于时天下佛法极盛，无过洪府，座下贤圣比肩，得道者其数颇众。毓与天彻禅师、大宣教禅师、大智禅师，皆昆仲也，既而南北观方，曾无告惮，俾广闻见，闲养圣胎耳。元和十三年，止于毗陵义兴芙蓉山，故得名于山焉。毓为缘作因，有应无着，故所居感化，所至悦随，道俗相望，动盈万数。自此江南之人悟禅理者多矣。时相国崔公群坐失守出分司，后为华州，由三峰出镇宣城。其地虽迩，其人则遐。崔公深乐礼谒，致命诚请，毓以感念而现，大悲为心，莫不果欲随缘，游方顺命。宝历元年至于宛陵禅定寺，所以随顺而扬教也。至明年，告归齐云山。九月合朔，色相不动而示灭于山之院，享年八十，僧腊五十八。是日也，天地如惨，草木如摧，鸟兽悲啼，云泉断咽。缁徒士庶，孺慕充穷。十月，栖神于院之庭，从其宜也。弟子至孚、契真、清斡等慨："吾师示灭而后学徒存。"太和二年，相国韦处厚素尚玄风，道心惇笃，以事奏闻。天子爰降德音，褒以殊礼，追谥号塔名。越州刺史陆亘摛翰论撰焉。

唐南岳西园兰若昙藏传（灵象　超岸）

释昙藏，不知何许人也，得禅诀于大寂之门。后见石头希迁禅师，所谓再染谓之赪也。贞元二年，嘉遁于冲岳，栖止峰之绝顶。晚年苦于脚疾，移下西园结茅，参请者繁炽。太和元年终于岳中，享龄七十。先是藏养一犬，尤灵，尝夜经行息坐次，其犬衔藏之衣归房，乃于门阃旁伏守，而吠声不绝，频奋身作猛噬之势。诘旦视之，东厨有大蟒蛇，身长数丈，蟠绕小舍，为之岌嶫。呀张其口，虓阚其声，毒气漫然。侍者白藏亟去回避，藏曰："死而可逃，何远之有？彼以毒来，我以慈受。毒无自性，激发则强。慈苟无缘，冤亲一揆。无人无我，法性俱空。"言讫，其蟒蛇按首徐行，闪然不见。又尝一夜，有群盗，其犬亦衔藏衣。藏语盗曰："诸君，山叟茅舍有中意物，任拈去，终无小吝之分。"盗感其言，散分下山矣。又荆州永泰寺释灵象，姓萧氏，兰陵人也。其胄裔则后梁为周所灭，支属星分，象父居长沙为编户矣。生象，宛有出尘之誓，遇诸禅会，罕不登临，止泊维青，优游自得。长庆元年住百家岩寺。未几，徙步江陵，太守王潜请居永泰寺。太和三载六月二十三日，终于住寺，春秋七十五。建塔于州北，存焉。又释超岸，丹阳人也。先遇鹤林素禅师，处众拱默而已。天宝二载，至抚州兰若，得大寂开发。四方毳侣依之。

唐鄂州大寂院无等传

释无等，姓李氏，今东京尉氏人也。负志卓荦，辞气贞正。少随父官于南康，频游梵刹，向僧瞻像，往即忘归。既作沙门，遇道一禅师在龚公山，学侣蚁慕。等求法于其间，挺然出类。元和七年游汉上。后至武昌，睹郡西黄鹄山奇秀，遂结茅分卫。由此巴、蜀、荆、襄尚玄理者，无远不至矣。大和元载，属相国牛公僧孺出镇三江，闻等道香，普熏遐迩，命驾枉问。风虎相须，为法重人。牛公虑其兰若不隶名籍，特为奏题曰"大寂"也。憧憧往来，堂无虚位。至四年十月示灭，年八十二。弟子誓通奉全身入塔焉。

唐天目山千顷院明觉传

释明觉，俗姓猷，河内人也。祖为官岭南，后徙居为建阳人也。觉儒家之子，风流蕴藉，好问求知，曾无倦懈。宿怀道性，闻道一禅师于佛迹岭行禅法，往造焉，遂依投剃染。由此即愿观方衡岳、天台、四明，遍尝法味。复于径山留心请决数夏，负薪，面黚手胝。下山至杭州大云寺，禁足院门。续移止湖畔青山顶，结庵而止。属范阳卢中丞向风躬谒，召归州治大云寺住持。元和十五年避嫌远嚣，隐天目山。是山也特秀，基墟跨涉四郡。有上下龙潭，深不可测，怪物往往出于中。有白鹿，毛质诡异，土人谓为山神也。觉遁是中，檀信为禅宇。长庆三年春及冬至明年二月大旱，野火蔓延，欲烧院，僧惶懅，觉曰："吾与此山有缘，火当速灭。"少选，雷雨骤作，其火都灭，远近惊叹。以太和五年七月十九日示疾而亡。

唐杭州秦望山圆修传

释圆修，姓潘氏，福州闽人也。生而岐嶷，长而俊迈。忽思拔俗，寻事名师，剔发变衣，年满，于嵩阳会善寺纳戒。既而仪表容与，日新厥德，研穷经论，俄约观方。遇百丈山海禅师，根教相符，遂明心要。持杯振锡，而抵于杭。见秦望山峻极之势，有长松枝繁结盖，遂栖止于松巅。时感鹊复巢于横枝，物我都忘，羽族驯狎。由兹不下，近四十秋。每一太守到任，则就瞻仰，号鸟窠禅师焉。洎元和初，邦伯裴常棣酷重其道，请下结庵者至于三四，或为参请者说法，裴侯命八属宰官同力造伽蓝，移废额曰招贤以居之。太和七年癸丑岁九月二十二日，端坐，怡然归寂，享年九十九，僧腊八十。杭之累政良守无不倾重，税驾树阴，请谈玄极，不觉更仆移辰矣。今塔在石甑山下，南岳僧唯贞为塔铭焉。近有盗发其塔，且多怪异，止收得铭志而已。

唐池州南泉院普愿传

释普愿，俗姓王，郑州新郑人也。其宗嗣于江西大寂，大寂师南岳观音让，让则曹溪之冢子也，于愿为大父，其高曾可知也，则南泉之禅有自来矣。愿在孕，母不喜荤血。至德二年，跪请于父母乞出家，脱然有去羁鞅之色。乃投密县大隈山大慧禅师受业，苦节笃励，胼胝皲瘃，不敢为身主，其师异之。大历十二年，愿春秋三十矣，诣嵩山会善寺皓律师受具，习相部旧章，究毗尼篇聚之学。后游讲肆，上楞伽顶，入华严海会，抉中百门观之关钥，领玄机于疏论之外。当其锋者，皆旗靡辙乱。大寂门下八百余人，每参听之后，寻绎师说，是非纷错。愿或自默而语，群论皆弭曰：“夫人不言乃言尔耳。”自后含景匿耀，似不能言者，人以其无法说，或扣其关，亦坚拒不泄。时有密赜其机者，微露头角，乃知其非无法说，时未至矣。贞元十一年，拄锡池阳南泉山，堙谷刊木，以构禅宇，蓑笠饭牛，混于牧童。斫山畬田，种食以饶。足不下南泉三十年矣。夫洪钟不为莛撞发声，声之者，故有待矣。太和年初，宣使陆公亘、前池阳太守皆知其抗迹尘外，为四方法眼，与护军彭城刘公同迎请下山，北面申礼。不经再岁，毳衣之子奔走道途，不下数百人。太和甲寅岁十月二十一日示疾。十二月二十三日，有白虹贯于禅室后峰，占之者：得非南泉谢世乎？是日西峰巨石崩，声数十里。当昼，有乳虎绕禅林而号，众咸异之。二十五日东方明，告门人曰：“星翳灯幻亦久矣，勿谓吾有去来也。”言讫而谢，春秋八十七，僧腊五十八。契元、文畅等凡九百人，皆布衣墨巾，泣血于山门。赴丧会葬者相继于路，哀号之声震于崖谷。乙卯岁，门人奉全身于灵塔，从其教也。膳部员外郎史馆修撰刘轲钦若前烈，追德颂美焉。

唐澧阳云岩寺昙晟传

释昙晟，俗姓王氏，钟陵建昌人也。始生有自然胎衣右袒，犹缁服焉。遂请出家于石门，年满具法，参见百丈山海禅师。二十年为侍者，职同庆喜，法必我闻，身若中涓，心居散位。续受药山举发，全了无疑，化徒孔勤，受益者众。以太和三年己酉十月二十七日示灭。敕谥大师号无相，塔名净胜焉。

系曰：商那和修，华言胎衣也，以其生带衣而诞，以缯肉而非，幼为绷褓，长且称身；出家成法服，至入灭阇维，方为煨烬焉。晟师之有胎衣，止不及为婴儿已往之服耳，此近叔离尼、商那尊者也，思过半矣。何邪？晟师去圣悬远，和修佛灭百年将胎衣示有行果之徒也，今晟以胞袒络化其教理之世，不其难乎！故曰思过半矣。

唐荆州福寿寺甄公传

释甄公，姓鲁氏，江陵人也。少而警慧，七岁诵通诗雅，遂应州举，三上中第，未释褐。与沙门议论玄理，乃愿披缁，投福寿寺辩初法师，以为模范。后于洛京昭成寺讲法数座，因礼嵩山禅师，通畅心决。方至丹阳茅山，寻挂锡于苏州楞伽山，四远参玄者胼肩迭足矣。时白乐天牧是郡，接其谈道，不觉披襟解带，心游无物之场，得甄之阃阈矣。遂坚请出水流寺，不乐安止，以山水为娱情之趣耳。太和三年，示疾云终，九十岁。以其年四月十七日入塔焉。

唐赵州东院从谂传

释从谂，青州临淄人也。童稚之岁，孤介弗群，越二亲之羁绊，超然离俗。乃投本州龙兴伽蓝，从师剪落。寻往嵩山琉璃坛纳戒，师勉之听习，于经律但染指而已。闻池阳愿禅师道化翕如，谂执心定志，钻仰忘疲。南泉密付授之，灭迹匿端，坦然安乐。后于赵郡开物化迷，大行禅道。以真定帅王氏阻兵，封疆多梗，朝廷患之。王氏抗拒过制，而偏归心于谂。谂尝寄麈拂上王氏曰:“王若问何处得此拂子？答道老僧平生用不尽者物。”凡所举扬，天下传之，号赵州去道。语录大行，为世所贵也。

唐京兆华严寺智藏传

释智藏，姓黄氏，豫章上高人也。父为洪州椽。藏随父入报国寺，见供奉皓月讲涅槃经，微体经意，乐入佛门。年甫十三，割恩爱，辞父母，于开元寺宗法师所受学。后修禅法，证大寂、一公宗要矣。建中元年，入长安。庐元颢素奉其道，举奏入内供养，敕令住华严寺。辇毂之间，玄学者孔炽，就藏之门，若海水之归投琴之壑矣。太和九年终于住寺，三月十二日入塔焉。

唐潭州道吾山圆智传

释圆智，俗姓张，豫章海昏人也。总丱之年，顿求出离，礼涅槃和尚，躬执缾屦。爰登戒地，誓叩禅门，见乎药山，示其心决。后居长沙道吾山，海众相从，犹蜂蚁之附王焉。以太和九年乙卯九月十一日长逝，享年六十七。阇维，得不灰之骨数片，脑盖一节，特异而清莹，其色如金，其响如铜。乃建塔于石霜山，敕谥修一大师。宝相之塔。得其道者则普会焉。智公初领悟药山宗旨，俨师诲之曰："吾无宝玉大弓以为分器，今赏汝犊鼻一腰，虽云微末，而表亲褒欤？"南岳僧玄泰著碑颂。

唐明州大梅山法常传

释法常，俗姓郑，襄阳人也。稚岁从师于荆之玉泉寺。凡百经书，一览必暗诵，更无遗忘。冠年，受具足品于龙兴寺。容貌清峻，性度刚敏，纳衣囊钵，毕志卯斋。贞元十二年，自天台之于四明余姚之南七十里，寓仙尉梅子真之旧隐焉。昔梅福初入山也，见多龙穴，神蛇每吐气成楼阁，云雨晦冥。边有石库，内贮仙药神仙经籍。常寄宿于房，乃梦神人语之曰："君非凡夫，因话及石库中圣书悬记既往将来之事，受之者为地下主，不然为帝王之师傅矣。"常谓之曰："石库之书，非吾所好。昔僧稠不顾仙经，其卷自亡。吾以涅槃为乐，厥寿何止与天偕老耶？"神曰："此地灵府，俗气之人辄难居此，立致变怪。"常曰："吾寓迹于梅尉之乡，非久据焉。"因号梅山也。由是编苫伐木，作覆形之调，居仅四十年，验实非常之人也。开成年初院成，徒侣辐凑，请问决疑，可六七百纳徒矣。四年，常忽示疾。九月十九日，山林摇荡，鸟兽悲鸣，辞众而逝，报龄八十八，戒腊六十九。十月十九日焚于南涧，收舍利，五色璨然圆转焉。常先隐梅岭，有僧求拄杖见之，白盐官安禅师曰："梅子熟矣，汝曹往寻，幸能疗渴也。"进士江积为碑云尔。

唐扬州慧照寺崇演传

释崇演，姓段氏，东平人也。出家于本州龙兴寺慧超法师之门。游方问道，见嵩阳善寂禅师，示其心法。后居都梁山，当于淮浦，四面来商毳客影附焉。相国李公绅镇抚广陵，而性刚严，少所接与，偏轻释子。或允相见，必问难锋起，只应不供者，多咄叱而出。绅遣衙吏章幼成传意召演入府，酬对诣理，谈论铿然。绅惘然，翻不测其畛域，特加归信，请居慧照寺化导。同声相应，仅于千众。开成二年，终于净院，春秋八十四。以十月二十三日全身入塔云。

唐杭州盐官海昌院齐安传

释齐安，俗姓李，实唐帝系之英。先人播越，故生于海门郡焉，深避世荣，终秘氏族。安在胎，母梦日兆详。既诞而神光下烛。数岁，有异僧款门召见，摩顶曰："凤穴振仪，龙宫藏宝，绍终之业，其在斯乎！"及臻丱角，亟请出家，父母诃止。安曰："禄利之养，止于亲尔。冥报之利，不其远邪？珪组之荣，止于家尔。济拔之益，不其广邪？"二亲感其言而顺从，遂依本郡云琮禅师。虽勤劳谦默，和光同尘，而萤月殊晖，鸡鹤异态。年满登具，乃诣南岳智严律师，外检律仪，内照实相。后闻南康龚公山大寂禅师随化度人，慈缘幽感，裹足振锡，一日造焉。大寂欣其相依，论持不倦。及其蜕去，安尽力送终。元和末，安春秋已逾七十，而游越之萧山法乐寺，以其古制垣屋靡完，补坏扶倾，不克宴坐。时海昌有法昕者，缁林翘楚，于放生池壖废地肇葺禅居焉。昕谦而不自有，延请安主之，四海参学者麏至焉。道化之盛，翕然推伏。安不言寒暑，不下堂庑，无流眄，无倾听，如此者盖有年矣。而又挺身魁岸，相好庄严，眉毫绀垂，颅骨圆耸，望之者如仰嵩华而揖沧溟，曾无测其高深也。以会昌二年壬戌十二月二十二日泊然宴坐，俄尔示灭。先时竹柏尽死，至是精彩益振。爰有清响叩户，祥光满室，如环佩之锵鸣，若剑戟之交射。瑞相尤繁，事形别录。又安悬知宣宗皇帝隐曜缁行，将来法会，预诫知事曰："当有异人至此，禁杂言，止横事，恐累佛法。"明日，行脚僧数人参礼，安默识帝，遂令维那高位安置，礼殊他等。安每接谈话，益知贵气，乃曰："贫道谬为海众围绕，患斋不供。就上座边求一供疏。"帝为操翰摅辞，安览惊悚，知供养僧赍去，所护丰厚，殆与常度不同。乃语帝曰："时至矣，无滞泥蟠。”嘱以佛法后事而去。帝本宪宗第四子，穆宗异母弟也，武宗恒惮忌之，沉之于宫厕，宦者仇公武潜施拯护，俾髡发为僧，纵之而逸。周游天下，险阻备尝。因缘出授江陵少尹，实恶其在朝耳。武宗崩，左神策军中尉杨公讽宰臣百官迎而立之，闻安已终，怆悼久之。敕谥大师曰悟空，乃以御诗追悼。后右貂卢简求为建塔焉。

唐京师圣寿寺恒政传

释恒政，姓周氏，平原人也。未入法前，随入乡校，殊不嗜书籍。或见佛经，耽味不舍。后弃俗从师，就本州延和寺诠澄法师下受诵经法。既登戒已，问道于嵩少，决了无壅，遁迹三峰，放荡自在。无几，入太一山中，甫行风教，学人蚁慕。太和中，文宗皇帝酷嗜蜃蛤，沿海官吏先时递进，人亦劳止。一日，御馔中盈柈而进，有擘不张呀者，帝观其异，即焚香祝之。俄为菩萨形，梵相克全，仪容可爱，遂致于金粟檀香合，以玉绵锦覆之，赐兴善寺，令致礼之。始宣问群臣："斯何瑞也？"相国李公德裕奏曰："臣不足知，唯知圣德昭应。其诸佛理，闻终南山有恒政禅师，大明佛法，博闻强识。"诏入宣问，政曰："贫道闻物无虚应，此乃启沃陛下之信心耳。故契经中应以此身得度者，即现此身而为说法也。"帝曰："菩萨身已见，未闻说法。"政曰："陛下睹此为常非常耶？信非信耶？"帝曰："希奇事朕深信焉。"政曰："陛下已闻说法了。"皇情悦豫，得未曾有，敕天下寺院各立观音像，以答殊休。其菩萨，至会昌毁佛舍，乃亡所在。因留政内道场中，累辞入山，宣住圣寿寺，至武宗即位，忽入终南。或问其故，曰："吾避仇，乌可已乎哉？"后终山舍，年八十七。阇维，收舍利四十九粒，以会昌三年九月四日入塔。后有废教之敕，政之先见，若合符节焉。

系曰：蜃蛤中胡得菩萨像乎？通曰：有所警发，时一现耳。近闻伪唐李氏国境荐饥，陂湖间多生蠯蚌，百姓竞取而食。其年免殍仆者十有七八。明年丰，民犹采之。无何，有获巨蚌可二尺余，提归擘礫、击淪，曾无少损。其人咒垂放之，俄自开张，吐出佛像，长仅尺许，相好具全，若真珠色，号曰"珠佛"焉。献李氏，后遗与梵僧焉。此意所不及处现形者，盖经中化肉山鱼米以资饥馑。岁既丰登，胡不属厌，故现相止足之地。

唐大沩山灵祐传

释灵祐，俗姓赵，祖父俱福州长溪人也。祐丱年戏于前庭，仰见瑞气祥云，徘徊盘只，又如天乐清奏，真身降灵，衢巷谛观，耆艾莫测。俄有华巅之叟，状类厖宾之人，谓家老曰："此群灵众圣标异。此童，佛之真子也，必当重光佛法。"久之，弹指数四而去。祐以椎髻短褐，依本郡法恒律师执劳，每倍于役。冠年剃发，三年具戒。时有钱塘上士义宾授其律科。及入天台，遇寒山子于途中，乃谓祐曰："千山万水，遇潭即止。获无价宝，赈恤诸子。"祐顺途而念，危坐以思，旋造国清寺，遇异人拾得申系前意，信若合符。遂诣泐潭谒大智师，顿了祖意。元和末，随缘长沙，因过大沩山，遂欲栖止。山与郡郭十舍而遥，敻无人烟，比为兽窟。乃杂猿猱之间，橡栗充食。浃旬，有山民见之，群信共营梵宇。时襄阳连率李景让统摄湘潭，愿预良缘，乃奏请山门号同庆寺。后相国裴公相亲道合。祐为遭会昌之澄汰，又遇相国崔公慎由崇重加礼，以大中癸酉岁正月九日盥漱毕，敷座瞑目而归灭焉。享年八十三，僧腊五十九。迁葬于山之右栀子园也。四镇北庭行军泾原等州节度使、右散骑常侍卢简求为碑，李商隐题额焉。

唐黄州九井玄策传

释玄策，俗姓鲁，会稽人也。幼随父商估，赴天台山光明会，乃隋朝智𫖮禅师立教，年别九月，远近州邑黑白二众鸠聚。策睹殊异，遂于禅林寺智广师下出家。游方见江西大寂，顿开翳障。及遍参问，睹黄陂九井山奇秀，乃结茅为舍，学侣若蝉之走明也。或慰策曰："师之耐寂寞如此乎？"策曰："致道者忘心矣，吾乐甚哉。"以大中八年现疾而灭。续敕谥大师曰圆寂，塔名智觉焉。

宋高僧传卷第十一

宋高僧传卷第十二

宋左街天寿寺通慧大师赐紫沙门赞宁等奉　敕撰

习禅篇第三之五（正传二十人附见四人）

唐杭州大慈山寰中传

释寰中，姓卢氏，河东蒲坂人也。禀灵特异，挺质殊伦，身支佣亭，顶骨圆峻，其声若钟响，其色犹脂凝。学通终古，辞实丰赡。年二十五，随计中甲科，然未塞其怀，复思再捷。无何，遭母之忧，遂庐于墓所。及服阕，径往北京童子寺出家。二稔未周，诸经皆览。明年，往嵩岳登戒，肄习律部。于兹博通，忽慕上乘，决往百丈山，深得玄旨。后隐南岳常乐寺，结茅于山椒。谏议大夫崖公深重其操，因别立方丈。虞渊景晞，一饭永日。然其乏水，赢瓶远求。俄尔深宵，有虎嗥啸庐侧，诘旦视之，果滥泉坼地而涌，足其汲用。后之杭，浙江之北有山号大慈。居未久，檀信爰臻。旋成巨院，四方僧侣参礼如云。属武宗废教，中衣短褐，或请居戴氏别墅焉。大中壬申岁，太守刘公首命剃染，重盛禅林。壬午岁二月十五日嘱累，声毕而终。时渐溽暑，验其身一无变异，而顶门燠润。冬窆于塔所，享年八十三，法腊五十四。有说常乐寺山虎跑泉，当中公灭日，忽焉干涸。异哉！止资中之受用耳。至乾符丁酉岁，敕谥大师，号性空，塔名定慧也。缙云太守段成式为真赞焉。

唐洛阳韶山寰普传

释寰普者，不知何许人也。禀形淳粹，克性谦冲。居于丑夷，下风请业汪汪然，其识度辄难拟议。具戒之后，经论温寻。然后杖锡南游澧阳，遇夹山而得心契，有参学举问，垂手携归，不使一机失其开诱。其所不荐，劝令披览经法，亦近秀寂之遗风耳。

唐衡山昂头峰日照传

释日照，姓刘氏，岐下人也。家世豪盛，幼承庭训，博览经籍，复于庄老，而宿慧发挥，思从释子。即往长安大兴善寺昙光法师下，禀学纳戒，传受经法，靡所不精。因游嵩岳，问圆通之诀，欣然趋入。后游南岳，登昂头峰，直拔苍翠，便有终焉之志。庵居二十载，属会昌武宗毁教，照深入岩窟，饭栗饮流而延喘息。大中宣宗重兴佛法，率徒六十许人还就昂头山旧基，结苫盖，构舍宇。复居一十五年，学人波委。咸通中示灭，春秋一百八岁。至三年二月三日入塔，立碑存焉。天下谓其禅学为昂头照是欤。

唐朗州德山院宣鉴传

释宣鉴，姓周氏，剑南人也。生恶荤膻，少多英敏，宿赍异操，恳愿出尘。大龙不屈于小庭，俊鹗必腾其层汉，既除美饰，当预僧流。从受近圆，即穷律藏，其诸性相，贯习偕通。闻重湖间禅道大兴，乃杭志云游，造龙潭信禅师，则石头宗师之二叶也。始唯独居一室，鉴强供侍之。一夕龙潭持一枝火授鉴，鉴接而行数步，且曰:“久闻龙潭到来，龙之与潭，俱不见欤？”信曰:“子亲到矣。”机与教符，日亲丈室三十余年。后止澧阳。居无何，属武宗搜扬。洎大中还复法仪。咸通初武陵太守薛延望坚请，始居德山，其道芬馨，四海禅徒辐凑。伏腊，堂中常有半千人矣。其于训授，天险海深，难窥边际。雪峰参见，鉴深肯重。以咸通六年乙酉岁十二月三日，忽告诸徒曰:“扪空追响，劳汝神邪？梦觉觉非，复有何事？”言讫安坐而化，春秋八十四，僧腊六十五。身据床坐，卓然七日如生在焉。天下言激箭之禅道者，有德山门风焉。今襄、邓、汉东法孙极盛者是。

唐明州栖心寺藏奂传

释藏奂，俗姓朱氏，苏州华亭人也。母方娠及诞，常闻异香。为儿时尝堕井，有神人接持而出。丱岁出家，礼道旷禅师。及弱冠，诣嵩岳受具。母每思念涕泣，因一目不视，迨其归省，即日而明。母丧哀毁，庐墓间颇有征祥，孝感如是，由此显名。寻游方访道，复诣五泄山，遇灵默大师。一言辨析，旨趣符合，显晦之道，日月之所然也。会昌、大中，衰而复盛。唯奂居之，荧不能惑，焚不能热，溺不能濡者也。洎周洛再构长寿寺，敕度居焉。时内典焚毁，梵夹煨烬，手缉散落，实为大藏。寻南海杨公收典姑苏，请奂归于故林，以建精舍。大中十二年鄞水檀越任景求舍宅为院迎奂居之。刿寇求甫率徒二千，执兵昼入，奂瞑目宴坐，色且无挠。盗众皆悸慑，叩头谢道。寇平，州奏请改额为栖心寺，以旌奂之德焉。凡一动止，禅者必集，环堂拥榻，堵立云会。奂学识泉涌，指鉴岐分。诘难排纵之众，攻坚索隐之士，皆立褰苦雾，坐泮坚冰，一言入神，永破沈惑。以咸通七年秋八月三日现疾告终，享年七十七，僧腊五十七。预命香水剃发，谓弟子曰:“吾七日在矣。”及期而灭。门人号慕，乃权窆天童岩，已周三载。一日，异香凝空，远近只烈。弟子相谓曰:“昔师嘱累，令三载后当焚我身。今异香若此。”乃发塔视之，俨若平生。以其年八月三日依西域法焚之，获舍利数千粒，其色红翠。十三年，弟子戒休赍舍利，述行状，诣阙请谥。奉敕褒谏，易名曰心鉴，塔曰寿相。奂在洛下长寿寺谓众曰:“昔四明天童山僧昙粹是吾前生也，有坟塔存焉。”相去辽远，人有疑者，及追验事实，皆如其言。初任生将迎奂，人或难之。对曰:“治宅之始，有异僧令大其门，二十年之后，当有圣者居之。”比奂至止，果二十年矣。又奂将离姑苏，为徒众留拥，乃以棕拂与之曰:“吾在此矣，汝何疑焉？”暨乎潜行，众方谕其深旨。又令寺之西北隅可为五百墩以镇之。或曰:“力何可致？”奂曰:“不然，作一墩植五株柏，可也。”凡微言奥旨，皆此类也。刺史崔琪撰塔碑，金华县尉邵朗题额焉。

唐真定府临济院义玄传

释义玄，俗姓邢，曹州南华人也。参学诸方，不惮艰苦。因见黄檗山运禅师，鸣啄同时，了然通彻。乃北归乡土，俯徇赵人之请，住子城南临济焉。罢唱经论之徒，皆亲堂室，示人心要，颇与德山相类。以咸通七年丙戌岁四月十日示灭。敕谥慧照大师，塔号澄虚。言教颇行于世，今恒阳号临济禅宗焉。

唐洛京广爱寺从谏传（鉴宗）

释从谏，姓张氏，本南阳人也，徙居广陵，生于淮甸焉。为性倜傥，器宇崇峙，于闾里间，为时畏服。遇相工曰："子身长八尺，眉目秀朗，他日必荷荣寄。"谏曰："心不愿仕，于荣寄何有？"相工曰："所寄荷不可测也。"越壮室之年，忽深信佛理，遂舍妻孥，求僧披剃焉。甫登戒地，颇护心珠，因悟禅那顿了玄理。方数十载，同好之者自远而来请问。谏一一指订，俾其开觉。寻游洛下广爱寺挂锡。时禅客鳞集，如孝子之事父母焉。洛中有请谏设食，必排位对宾头卢尊者，其为人之钦奉皆此类矣。属会昌四年诏废佛塔庙，令沙门复桑梓，亦例澄汰。乃乌帽麻衣，潜于皇甫氏之温泉别业。后冈上乔木骈郁，巨石砥平，谏于夏中常就此入定，或补毳事。忽遇颓云驶雨，霆电击石，烈风兼至，凡在此者惊奔恐慑。谏唯欣然，加趺而坐，若无所闻者。或问谏，曰："恶畜生何尔？"大中初，宣皇诏兴释氏，谏还归洛邑旧居。其子一日自广陵来觐，适与谏遇于院门，威貌严庄，不复可识。乃问曰："从谏大德所居？"谏指之东南可寻。其子既去，遂阖门不出，其割裂爱网又若此也。咸通七年丙戌岁夏五月，忽出诣檀越家辞别曰："善建福业，贫道秋初当远行！故相闻耳。"至秋七月朔旦，旦盥手焚香，念慈氏如来已，右胁而卧，呼门人玄章，诫之曰："人身难得而易失，急急，于物无心，无为流转，无生灭法，一切现存。今乃生也有涯，暂与尔别。"是日无疾而化，行年八十余矣。玄章等奉遗旨，送尸于建春门外尸陀林中，施诸鸟兽。三日复视之，肌貌如生，一无近者。遂以饼饵覆之，经宿有狐狼迹，唯啖所覆，身且俨如。乃议用外国法焚之，收合余烬，起白塔于道傍。人尤归信，香火不绝焉。次有杭州径山院释鉴宗，湖州长城人也。姓钱氏，即礼部侍郎徽之孙。父晟有疾，宗割股肉馈啖之，绐云“他畜之肉”。未几病间，孝誉闻于亲里，乃求出家。时州开元寺有上都临坛十望大德内供奉高闲，闲善草隶，尝对懿宗御前书，甚高华望，宗誓礼为师。后出学，涉通净名、思益经，遂常讲习。闲公亦示其笔法，渐得凤毛焉。倏往谒盐官悟空大师，随众参请，顿彻心源。却复故乡，劝人营福。咸通三年辛巳，巡历名山，遂止天目东峰径山焉。道俗归心，恢扬法教。出弟子尤者天童山咸启、敕赐紫衣背山行满，皆分枝化物，至七年丙戌闰三月五日示灭。迁塔于大寂岩下，梁乾化五年，吴越国王尚父钱氏表请追谥大师曰无上，祖门传号为径山第二祖。时吴兴沈修者自号白牙先生，述德为赞记焉。

唐洪州洞山良价传

释良价，俗姓俞氏，会稽诸暨人也。少孺从师于五泄山寺。年至二十一，方往嵩山具戒焉。登即游方，见南泉禅师，深领玄契。续造云岩，疑滞顿寝。大中末，于斯丰山大行禅法。后盛化豫章高安洞山，今筠州也。价以咸通十年己丑三月朔旦，命剃发披衣，令鸣钟，奄然而往。时弟子辈悲号，价忽开目而起曰：“夫出家之人心不依物，是真修行。劳生息死，于悲何有？沦丧于情，太粗着乎？召主事僧令营斋，斋毕，吾其逝矣！”然众心恋慕，从延其日，至于七辰，食具方备。价亦随斋，谓众曰：“此斋名愚痴也。”盖责其无般若欤？及僧唱随意，曰：“僧家勿事太率。临行之际，喧动如斯。”至八日浴讫，端坐而绝，春秋六十三，法腊四十二。敕谥禅师曰悟本，塔号慧觉矣。

系曰：其却留累日，古亦有之。如价之来去自由者，近世一人而已。

唐苏州藏廙传

释藏廙，俗姓程，衢州信安人也。幼岁神气朗畅，貌质魁然。元和中告亲求出家，志不可却，直造长沙岳麓，投灵智律师请事剃染。智师察其强愿不群，乃摄度之。既披法服，寻于武陵开元寺智总律师受具足尸罗，当长庆三年也。因听律范，旋穷篇聚，语同业曰："教门繁广，然有总门。总门之急，勿过舍筏。"遂遍参禅宗，遇马素门下高足住龙牙山，知廙法器，异日告之曰："蕴界不真，佛生非我。子之正本，当何所名？复从谁得？"廙一言领会，千辙同归，龙牙曰："我法眼不蒙掩矣。"既遂所求，大得安静，却回柯山，盖避会昌之搜扬也。至大中六年，郡牧崔公寿重之，于州龙兴寺别构禅室，延居之。数年，北至嘉禾，信士归依，请留住至德伽蓝。又往姑苏，时崔公钧作守此郡，闻廙名久，请居南禅院。咸通八年，浙西廉使周公宝命住招隐寺。其年秋，却返嘉禾，信士吕京舍别墅造今永安院。时乾符中，群寇纷纭，禅侣分散。廙曰："盗终不至此。"及期，寇从别道行，果无所损，其先见如此。五年十月十二日，满院阴云，雉鸣乌噪，安坐而化，弟子号哭，却稣，至六年三月中辰前别众后终，享年八十二，僧腊五十六。时淡交为廙作真赞。至乾宁中，僧神赞进状，乞追谥号塔名。名士吴重裕书碑。

唐福州怡山院大安传

释大安，姓陈氏，闽城人也。幼年入道，顿拂尘蒙。元和十二年，敕建州浦城县乾元寺置兜率坛，始全戒足。时天雨桂子及地生朱草，刺史元锡手疏其瑞，上达冕旒。遂回御礼，诏改凤栖寺号灵感坛焉。安因往洪井，路出上元，忽逢一老父曰："子往南昌，必有所得。"及咨参律学，夜闻二僧谈论，遽了三乘之旨，乃以所习付之同人。之临川，见石巩山慧藏禅师。藏之提唱，必持弓弩以拟学人。安服拜未兴，唱曰："看箭。"安神色不挠，答对不差。石巩乃投弩曰："几年射，始中半人也矣。"安游五台，入龙池沐浴，虽久寖涟漪，殊无奋暴雨雹之怪，观者惊悚。后止沩山，礼大圆禅师，复证前闻而为量果也。时豫章廉使赠太尉崔贞孝公，则魏公之季父，深契玄机，敦安之道，飞疏召之，厥誉愈昌。咸通十四年，诏宜号延圣大师，赐紫袈裟一副。中和二年示疾，所止法堂巨梁中折。三年癸卯十月二十二日，坐化于怡山丈室，春秋九十一，腊六十七。续诏赠圆智大师，塔号证真。安不尝唾地，不处温房，随化而衣，天雨而浴。咨法弟子慧长入关，扬安之德，故有追谥也。博陵司空相国仰慕前烈，遂著文颂德。诗人周朴笃重安，时入山致礼焉。

唐长沙石霜山庆诸传（洪諲　令达）

释庆诸，俗姓陈，庐陵新淦玉笥乡人也。乃祖厥考，咸不为吏，清言放荡焉。诸始十三，礼绍銮禅翁为师，于洪井西山剃檠。二十三，往嵩山受具戒，便就东洛学毗柰耶。既知听制，终谓渐宗，回抵南岳，入大沩山。次届云岩，遇道吾，垂问知意，方为二夏之僧。得石霜山，便议终焉之志。道吾躬至石霜山，日勤执侍，往还问答，语在别录。诸貌古气真，世无能识。时洞山新灭，俄为远方禅侣围绕，因入深山无人之境，结茅宴坐。时众追寻，倏有见者，皆号哭交请："出为吾曹。诸将安往？"由是晨夕被游学者扣击，可无希声以应之乎？如是二十年间，堂中老宿，长坐不卧，屹若榍杌，天下谓之石霜枯木众是也。南方谓之丛林者，翻禅那为功德丛林也，为四方清则者无出其右。以光启四年戊申岁二月己亥示疾，终于山院，享龄八十二，僧腊五十九。越三月十五日葬于寺西北隅二百许步，门弟子等结坟塔作螺髻形。夏四月一日广化寺释子处讷追慕往德，恐遗美声，命南岳玄泰纂录言行。诸方弟子分行其道焉。敕谥普会大师，塔曰法相。次余杭径山院释洪諲，俗姓吴，吴兴人也。年才十九，于开元寺礼无上大师出家落饰，精加佛事，罔怠巾瓶。二十二，遣往嵩岳会善寺受满足律仪，俾诵大比丘戒，匝七日念终，遂习毗尼。寻传经讲，自谓为僧有逸群事业，而归礼本师，曰："汝于十二时中，将何报答四恩三有？"諲闻斯诘，怃然失措。三日忘食，本师却招诱提耳，方明本事。如是往还云岳，次沩山，各为切磋，蔚成匠手。俄而会昌中例遭黜退，众人悲泣者，惋叹者，諲晏如也。曰："大丈夫钟此厄会，岂非命也？夫何作儿女之情乎？"时于长沙遇信士罗晏，召居家供施。盖諲执白衣比丘法，初无差失，涉于二载，若门宾焉。大中初，除灭法之律，乃复厥议，还故乡西峰院。至咸通六年，上径山觐本师。明年，无上大师迁神，众请諲嗣其法位。始唯百许僧，后盈千数。于时四众共居，肃然无过。僖宗皇帝赐院额曰“乾符镇国”。中和三年，仍赐紫袈裟。景福二年，吴越国王尚父钱氏奏举登赐法济大师。光化四年九月二十八日，辞众而卒。霅溪戚长史写貌，武肃王为真赞，传法弟子庐山栖贤寺寂公、临川义直、功臣院令达。达于两浙大行道化，卒谥归寂大师焉。初，諲有先见之明。武肃王家居石鉴山，及就戍应募为军，諲一见握手，屏左右而谓之曰：“好自爱。他日贵极，当与佛法为主。”后累立战功，为杭牧，故奏署諲师号，见必拜跪，檀施丰厚，异于常数。终时执丧礼，念微时之言矣。

唐洪州云居山道膺传

释道膺，姓王氏，蓟门玉田人也。生而特异，神彩朗然。处于重丱，崆峒禀气。宿心拔俗，争离火宅之门；拭目寻师，遂摄锻金之子。师授经法，诵彻复求。年偶蹉跎二十五，方于范阳延寿寺受具足戒。乃令习声闻律仪，膺叹曰：“大丈夫可为桎梏所拘邪！”由是拥线衲，振锡环，萃翠微山问道三载。宴居，忽睹二使者冠服颇异，勉膺曰：“胡弗南方参知识邪？”未几，有僧自豫章至，盛称洞上禅师言要。膺感动神机，遂专造焉。如是洞上垂接，复能领会。曾问曰：“我闻思大禅师向倭国为王，虚耶？实耶？”对曰：“若是思师，佛亦不作，况国王乎？”自尔洞上印许。初住三峰，后就云居提唱。时唐之季，钟氏据有洪井，倾委信诚。每一延请入州，则预洁甘子堂以礼之。乃表于昭宗，赐紫袈裟一副并师号焉。都不留意。所化之徒，寒暑相交，不下一千余众。牛头香树围绕者皆是栴檀，金翅鸟王轩翔者不齐尺鷃。四方馈供，千里风从，如荆南帅成汭遣赍檀施，动盈巨万。以天复元年辛酉秋示疾，至明年正月三日而化焉。豫章南平王钟氏供其丧葬。时诸道禅子各依乡土所尚者，随灵龛到处，列花树帐幔粉面之馔，谓之卓祭。一期凶礼之盛，勿过于时也，猗欤！膺出世度人，满足三十年，遗爱可知也。

唐缙云连云院有缘传

释有缘，俗姓凭，东川梓潼人也。小学之年往成都福感寺，事定兰开士，即宣宗师矣。随侍出入，多在内中。一旦宣召，帝以笔书其衫背云：“此童子与朕有缘”，由兹召体矣。大中九年，遇白公敏中出镇益部，开戒坛，即于净众寺具尸罗也。续于京辇听习经律五腊。后身披布褐，手执墨敕，海内游行。参见小马神照，凡同时丛林禅祖无不礼谒者。乃居除州华山，及南游至武夷山，时廉使李诲为筑禅室。乾符三年，至缙云龙泉大赛山，立院。因奏祠部给额，号龙安。敕度七僧，住十八载。安而能迁，止连云院焉。太守卢约者，以谌谅之诚，请入州开元寺别院，四事供施焉。天佑丁卯岁四月八日，示疾，至六月朔日终于廨署，报龄七十三，腊五十二。遗旨嘱制置扬习司空主丧务，于寺南园荼毗。火灭，散分舍利数百粒。后收四十九粒并遗骨一瓶，瘗于石塔。晋开运三年乙巳岁，文泰律师撰塔碑焉。

唐福州雪峰广福院义存传

释义存，长庆二年壬寅生于泉州南安县曾氏。自王父而下，皆友僧亲佛，清净谨愿。存生而鼻逆荤血。乳抱中，或闻钟磬，或见僧像，其容必动，以是别垂爱于膝下。九岁请出家，怒而未允。十二从家君游蒲田玉润寺，有律师庆玄，持行高洁，遽拜之曰：“我师也。”遂留为童侍焉。十七落发，来谒芙蓉山恒照大师，见而奇之，故止其所。至宣宗中兴释氏，其道也涅而不缁，其身也褎然而出。北游吴、楚、梁、宋、燕、秦，受具足戒于幽州宝刹寺，讫巡名山，扣诸禅宗，突兀飘飖，云翔鸟逝。爰及武陵，一面德山，止于珍重而出。其徒数百，咸莫测之。德山曰：“斯无阶也，吾得之矣。”咸通六年，归于芙蓉之故山。其年圆寂大师亦自沩山拥徒至于怡山，王真君上升之地，其徒孰（就师已嗣德山）累累而疑关，存拒而久之。则有行实者，始以存同而议曰：“我之道魏魏乎，法门围绕之所，不可造次，其地宜若布金之形胜可矣。府之西二百里有山焉，环控四邑，峭拔万仞，嶒崒以支圆碧，培楼以觅群青。怪石古松，栖蛰龟鹤；灵湫邃壑，隐见龙雷。山之巅，先冬而雪，盛夏而寒。其树皆别垂藤萝，芊茸而以为之衣，交错而不呈其形。奇姿异景，不可殚状，虽霍童、武夷，无以加之。实闽越之神秀，而古仙之未攸居，诚有待于我也。祈以偕行去。”秋七月，穿云蹑藓，陟险升幽，将及之，存曰：“真吾居也。”其夕山之神果效灵。翌日岩谷爽朗，烟霞飞动。云庵既立，月构旋隆。繇是梶法轮于无为，树空门于有地，行实乃请名其山曰雪峰，以其冬雪夏寒，取鹫岭、猴江之义。斯则庚寅逮于乙未，存以山而道任，山以存而名出。天下之释子，不计华夏，趋之若召。乾符中，观察使京兆韦公、中和中司空颍川陈公，每渴醍醐而不克就饮，交使驰恳，存为之入府，从人愿也。其时内官有复命于京，语其道其侪之拔俗悟空者，请蜕浮华而来脱屣。僖宗皇帝闻之，翰林学士访于闽人陈延效，得其实奏。于是乃锡真觉大师之号，仍以紫袈裟俾延效授焉。存受之如不受，衣之如不衣。居累夏，辛亥岁朔，遽然杖屦，其徒启而不答，云以随之，东浮于丹丘四明。明年，属王侍中之始据闽越，乃洗兵于法雨，致礼于禅林，馥存之道，常东望顶手。后二年自吴还闽，大加礼异。及闽王王氏誓众养民之外，雅隆其道，凡斋僧构刹，必请问焉。为之增宇、设像、铸钟以严其山，优施以充其众。时则迎而馆之于府之东西甲第。每将俨油幢聆法论，未尝不移时。仅乎一纪，勤勤恳恳，熊罴之士，因之投迹檀那；渔猎之逸，其或弭心鳞羽。戊辰年春三月示疾，闽王走医，医至粒药以授，存曰：“吾非疾也，不可罔子之工。”卒不饵之。其后札偈以遗法子，函翰以别王庭。夏五月二日，鸟兽悲鸣，云木惨悴。其夜十有八刻时灭度，俗寿八十有七，僧腊五十有九。以其月十五日塔而藏之。尔日奔走，闽之僧尼士庶，巷无居人。闽王涟如出涕，且曰：“师其舍予，一何遽乎！”遣子延禀躬祭奠之，复斋僧焉。存之行化四十余年，四方之僧争趋法席者不可胜算矣。冬夏不减一千五百。徒之环足，其趋也驰而愈离，辩而愈惑。其庶几者，一曰师备，拥徒于玄沙（今安国也）；次曰可休，拥徒于越州洞岩；次曰智孚，拥徒于信州鹅湖；其四曰惠棱，拥徒于泉州招庆；其五曰神晏，住福州之鼓山。分灯化物，皆膺圣奖，赐紫袈裟，而玄沙级宗一大师焉。

系曰：雪峰道也恢廓乎！骏奔四海学人。所出门生形色不类，何邪？玄沙乘楞严而入道，识见天殊，其犹谚曰：“青成蓝，蓝谢青，师何尝，在明经。”故有过师之说。一则雪峰自述，塔铭已尽其致也。一则玄沙安立三句，决择群见，极成洞过欤？今江表多尚斯学，此学虚通，无系了达，逍遥勿拘，知乘急也。雪峰化众，切乎杜默禅坐，知戒急也。其能各舍一缓，以成一全，则可乎？

唐澧州苏溪元安传

释元安，俗姓淡，凤翔游麟人也。丱年于岐阳怀恩寺从兄佑律师出家。唯经与论，无不穷核。乃问道翠微，次临济，各餐法味，不饫香积之盂也。斫雕复朴，逍遥自如。闻夹山道盛德至，造澧阳当稽问镠镐，又增明净。后开乐普山，寻居苏溪，答酬请益，多偶句华美，为四海传焉。以昭宗光化元年戊午十二月迁灭，享寿六十五，法腊四十六矣。临终告众，颇多警策辞句云。

唐明州雪窦院恒通传（招贤岑师）

释恒通，俗姓李，邢州平恩人也。家传士族，幼而知学。苏秦显达，犹怀二顷之田；元亮孤高，不羡五斗之禄。纵越掞天掷地，拖紫腰金，瞬息浮华，岂裨来业？父母终礼，年甫十三，潜入鹊山访道依师。既罢丘坟，唯披释典，精虔忏诵，恳侍巾瓶，不弭初终，蒙恩剃度。年二十，于本州开元寺具戒。后往京兆荐福寺听习经律。七八年间，寻穷藏教，乃曰："摩腾入汉，译著斯文。圣胄来梁，复明何事？"因辞北阙，径请南方，遇招贤岑大师。大师问曰："何处人也？"曰："邢州人也。"招贤曰："我道不从彼来。"通曰："和尚还住此无？"于是有滞皆伸，无疑不决。后指洞山、石霜，皆往参焉。招贤示灭，通以弟子礼事之。咸通末，游宣城，尚书崔寓素奉禅门，攀迎庄肃，睹通仪表拔俗，问答往还，崔甚悦服。于谢仙山奏置禅院，号瑞圣，请以居之。四方毳衲之徒，不邀自聚。博陵方议奏荐师号，坚让遂寝。中和末，文德初，群寇兢起。通领徒至四明。大顺二年，郡牧黄君晟请留居雪窦焉，蔚然盛化。天祐二年七月示疾，越九日躬入浴室，却坐绳床，集众焚香，勤勤付嘱，合掌而逝。春秋七十二，夏腊五十二。以其年八月七日迁石塔于院之西南二百余步。或曰："通临终言：我庞勋也。"此非也。高僧无作为行录而无此说。若观年腊，庞勋岂正弱冠来逃难邪？

唐袁州仰山慧寂传

释慧寂，俗姓叶，韶州须昌人也。登年十五，恳请出家，父母都不听允。止十七，再求堂亲，犹豫未决。其夜有白光二道从曹溪发来，直贯其舍。时父母乃悟是子至诚之所感也。寂乃断左无名指及小指，器藉跪致堂阶曰："答谢劬劳！"如此，父母其不可留，舍之。依南华寺通禅师下削染，年及十八，尚为息慈。营持道具，行寻知识。先见耽源。数年，良有所得。后参大沩山禅师，提诱哀之。栖泊十四五载，而足跛，时号跛脚驱乌。凡于商攉，多示其相。时韦胄就寂请伽陀，乃将纸画规圆相，圆围下注云："思而知之，落第二头。云不思而知，落第三首。"乃封呈达。自尔有若干势以示学人，谓之仰山门风也。海众抠衣得道者，不可胜计，往往有神异之者，条来忽去，人皆不测。后敕追谥大师，曰智通，塔号妙光矣。今传仰山法示成图相，行于代也。

唐天台紫凝山慧恭传

释慧恭，俗姓罗氏，福州闽人也。家传儒素，不交非类。母妊之初，梦所居涌出浮图，上参于天。迨恭诞生，嶷然聪悟。年十七，举进士，名随计车。将到京阙，因游终南山奉日寺，目祖师遗像，释然世网，遂求出家。操执僧事，备历艰辛。二十有二，适值新创安国寺受具足戒。寻乃游方，缘崄涉荒，而无难色。尝遇黑蛇伤指，不求医而毒螫自销。见魑魅占山，谕罪福而妖物遄息。至武陵德山，诣宣鉴禅师，领会风飞，由兹道合。因挂锡，施门人礼。鉴公顺世，后游玉山，至信州，刺史营西禅院而礼之，其徒数百人。居岁余，以郛郭喧繁，复入福州长溪马冠山。自马冠抵泉州富阳山，所至之所檀施臻集。徒侣解钵，禅坊立就，其为士庶向奉如此。景福三年，与门人游天台，州牧京兆杜雄留之而止。杜因创瑞龙院于紫凝山，祈恭兴扬法席，以悟沦迷。缁俗云驰，香花山积。天复三年癸亥十二月午时，命众声钟，顾瞻左右，促言云去。加趺瞑目，俨然而化，春秋八十四，僧夏六十二。阐圆顿之宗，居道德之最，殁无易名，塔无题榜，足见浮名为桎梏耳。门人上足师遂植松负土，力崇塔庙，所谓法空不坏因缘矣。因缘有之，孝行曷伤于道云。

唐杭州龙泉院文喜传

释文喜，姓朱氏，嘉禾御儿人也。母氏方娠，梦吞桃三蒂，至诞弥不味荤膻。七岁，诣本邑常乐寺僧清国下出家，国即喜之渭阳也。勤诵经并忏又十卷，方遂削染。往越州开元寺学法华经，集天台文句，即时敷演，则救蚁分中便能讲训也。开成二年届赵郡，受近圆登习四分律。属会昌澄汰，变素服，内秘之心无改。遇大中初年例重忏度，于盐官齐丰寺讲说。后往礼大慈山性空禅师，诲之曰："子何不学善财遍参乎？"咸通壬午岁至豫章观音院，见仰山，喜于言下了其心契。仰山令典常住。一日有异貌僧就求斋食，喜减己食馈之。仰山预知，故问曰："此果位僧求食，汝供给周旋否？"答曰："辍己分回施。"曰："汝大得利益。"七年，旋浙右，止千顷山，筑室居之。十年，余杭刘严合、马征请居龙泉古城院，凡十一年。乾符己亥岁，巢寇掠地至余杭，喜避地湖州余不亭，刺史杜孺休请住仁王院。光启三年，武肃王钱氏始牧杭郡，降疏请住龙泉廨署，今慈光院是也。大顺元年，威胜军节使董昌、武肃王同年发表荐论，两赐紫衣。乾宁四年奏师号，曰无著。光化三年示疾，十月二十七日加趺坐而终于州郭廨署，春秋八十，僧夏六十。终时方丈上发白色光，竹树变白。十一月二十二日，迁塔于灵隐山西坞。喜形貌古朴，骨强而瘦，戒德禅门真知识也。初，喜寓居霅川。广明元年夏，有蝗飞翳天，下食田苗。喜自将拄杖悬挂袈裟，标于畎浍中。其虫将下，遂厉声叱之，悉翻飞而去。十顷之苗斯年独稔，其感通如此。或云所传得马祖细衲袈裟以为信宝矣。迁葬之后，天复二年壬戌八月中，宣城帅田頵应杭将计思叛涣，纵兵大掠。发喜塔，见肉身不坏，如入禅定，发爪俱长。武肃王奇之，遣裨将邵志祭，后重封瘗焉。

唐明州伏龙山惟靖传

释惟靖，吴门人也。年三十许，形奇貌古，且类憨痴，入国宁寺，巡僧房唱曰："要人出家请留下。"至经藏院，见二众阇黎大德慧政，便跪拜伸诚，愿容执侍。政公允纳，与剪饰。于天台受具，暂归谢政，便寻访名山。有知识处，必经寒燠。自尔勤于禅法，未尝发言，即居定光禅师废金地道场。侵星赴禅林寺晨粥，而多虎豹，随到寺门，虎踞地若伺候。靖出，复随至金地。迟明，巨迹极多。靖恐人知，以锄灭虎迹。俄患背疽，困睡，有鸩鸟粪于疮所，非久全愈。又虞冰雪，备粳粒半斗，每日以铫合菜煮食，置粳于地窖中。过期，用米常满不耗。靖乃筑之而云："吾被此物知，非理也。"寻居伏龙山，山可瞰海，峰势岧峣，昔僧鉴诸曾隐于是。诸即唐王相国之母弟也，能文习道，刺史多往谒之。靖续遁此山，刺史黄晟常请出州，供施繁委。末于奉川北山置院示疾坐终，享龄七十余。窆于山下，茔塔存焉。

宋高僧传卷第十二

宋高僧传卷第十三

宋左街天寿寺通慧大师赐紫沙门赞宁等奉　敕撰

习禅篇第三之六（正传十七人附见六人）

唐东京封禅寺圆绍传

释圆绍，姓孙氏，其先富阳人也，祖官于南燕，因为滑台白马人焉。年及识环，天然俊迈。邻儿戏玩，我且恬然；群从追随，我惟闲静。年当十八，方遂志出家，师事明福寺正觉禅师。觉见而异之，训诸徒弟，独许绍耳，曰："真空门之伟器也。"至年二十二，于相州义檀香灯律师边受具。登即寻师访道，效祖参玄，二翼之余，一盂之外，必无他物。唯誓禅宗立雪传衣，是其素望也。至于三湘、五岭、二蜀、两京，凡曰丛林，一皆参礼。既探至赜，顿了心机，乃挂锡于夷门，即仓垣水南寺，今为开宝也。大中十年，适遇唐相国裴公休罢调商鼎，来镇魏郊，同气相求，一言道合，即命居今东上方院也。绍将聚禅徒，患其迫窄，遂开上院之西，损上益下。时檀施臻萃，条成巨院，拥纳之流，数盈二百，横跨夷门山之峻岭焉。绍即七祖荷泽神会禅师五叶法孙也。演其无念，示以真心，了达磨之密传，极南能之深趣。时参学之众，拥从且繁。遇元帅相国王晋公铎，以绍道行通感，神只效灵，降甘露于玄穹，泫嘉瑞于青桧，奏僖宗赐院额曰双林，师号曰法济。别敕令度侍者七人。其间法会兴盛，士庶归心，仅四十载，所化人可万计，僧尼弟子五百余人。以乾宁二年乙卯七月四日谓众曰："急急自了去，本为逃生死。若不解玄旨，何时得脱？吾景逼崦嵫，此为最后之言也。"于方丈中寂然而化，俗寿八十五，法腊六十三。敕许于本院西南隅建塔焉。越五年二月二日重开塔，发长半寸，仪貌如生。乃以香华供养七日，远近瞻礼，称叹希奇。已而行荼毗，火中迥出五色神光，收舍利百余粒，四散随心淘选，近一千粒，温润玉洁，璨烂珠圆，验五分之熏成，匪一生之构集。四众虔仰，复迎入塔，即昭宗皇帝戊午岁也。睢阳相国袁象先理于浚郊。弟子惠霭等冀终法乳，列状乞举行谥礼，梁乾化三年癸酉，太祖敕易名曰定觉，塔曰灵化。至贞明四年九月，惠霭等欲旌表师德立碑，敕允，开封尹王公瓒之文也。

唐蕲州黄岗山法普传（休静）

释法普，姓潘氏，庐江人也。貌古情宽，拥败纳观方。元和中，因见黄岗山色奇秀，其峰巉崒，其林只密，中有石坛，平坦而高峙。乃放囊挂锡，于中班荆。久之，寻附树架蓬茨，仅容身而已。未几，有人自小径而至，见普惊怪，问云:“何缘至此？”曰:“某本行山麓，见巅顶腾涨，紫气盘纡可爱，意此山有尤物，故来耳。”谛视普，迟回而去。山下行者闻而寻焉。禅学之徒，不数年遽盈百数。普却之曰:“老僧独居，无物利人，君等亦无所乏。”由是星居之庵多矣。弟子广严等构成大院，禅客翕如，传其法者无算。一日，集众辞云:“吾其终矣。汝曹善住珍惜！”加趺坐胡床而卒。其身不坏散，后以香泥涂缋之。至乾符中，重立碑颂云。次洛京华严寺释休静，不知何许人也。属洞山禅道风行，静往造之，抉擿所疑，若雷复于本位焉。北返于洛邑，开演。因赴内斋，诸名公皆执经讽读，唯静并其徒俱默坐。帝宣问:“胡不转经？”酬答响应，仍皆属对，悦可帝情。寻回平阳示灭。收舍利，四处树浮图。敕谥宝智大师，塔号无为也。

梁邓州香严山智闲传（大同）

释智闲，青州人也。身裁七尺，博闻强记，有干略。亲党观其所以，谓之曰:“汝加力学，则他后成佐时之良器也。”俄尔，辞亲出俗。既而慕法心坚，至南方礼沩山大圆禅师盛会，咸推闲为俊敏。沩山一日召对茫然，将诸方语要一时煨烬，曰:“画饼弗可充饥也。”便望南阳忠国师遗迹而居。偶芟除草木，击瓦砾，失笑，冥有所证，抒颂唱之，由兹盛化。终后，敕谥袭灯大师，塔号廷福焉。次舒州桐城投子山释大同，姓刘氏，舒州怀宁人也。幼性刚正，有老成气度。因投洛下保唐满禅师出俗，初习安般观，业垂成，遂求华严性海。复负锡谒翠微山法会，同伏牛元通激发请益，大明祖意。由是放荡周游，还归故土，隐投子山，结茅茨，栖泊以求其志。中和中，巢寇荡履京畿，天下悖乱。有贼徒持刃问同曰："住此何为？"对以佛法。魁渠闻面膜拜。脱身服装而施之下山。以梁乾化四年甲戌四月六日，加趺坐亡，春秋九十六，法腊四十六。凡居化此山三十余载云。

梁抚州疏山光仁传（本仁　居遁）

释光仁，不知何许人也。其形矬而么么，幼则气概凌物，精爽殆与常不同。早参洞山，深入玄奥，其辩给又多于人也。尝问香严禅师，答微有偏负，曰："某累茧重胝而至，得无劳乎？"唾地而去。后居临川疏山，毳客趋请，颇有言辞，著四大等颂略、华严长者论，行于世。终入龛中，已有白鹿至灵前屈膝而起，时众谓为作吊焉。次筠州白水院释本仁，不知何许人也。得心于洞山法席。仁罕谈道，而四方之人若影之附形，却之还至。乃徇丹阳人请，住无几时。天复中，至洪井高安白水院聚徒。垂欲入灭，先触处告违，乃集众焚香曰："至香烟尽处，是某涅槃时。"如其言，端坐而化。次龙牙山释居遁，姓郭氏，临川南城人也。年殆十四，警世无常而守恬淡。白亲往求出家于庐陵满田寺。于嵩山受具戒，已思其择木，乃参翠微禅会，迷复未归，莫知投诣。闻洞上言玄格峻，而躬造之。遁少进问曰："何谓祖意？"答曰："若洞水逆流，即当为说。"而于言下体解玄微。隐众栖息，七八年间孜孜戢曜，时不我知，久则通矣。天策府楚王马氏素藉芳音，奉之若孝悌之门禀毗长矣。乃请居龙牙山妙济禅院，侁侁徒侣常聚半千。爰奏举，诏赐紫袈裟并师号证空焉，则梁贞明初也。方岳之下，号为禅窟，窥其室得其门者亦相继矣。至龙德三年癸未岁八月遘疾弥留，九月十三日归寂。遁出世近四十余龄，语详别录。

梁福州玄沙院师备传

释师备，俗姓谢，闽人也。少而憨黠，酷好垂钓，往往泛小艇南台江自娱。其舟若虚，同类不我测也。一日，忽发出尘意，投钓弃舟，上芙蓉山出家，咸通初年也。后于豫章开元寺具戒，还归故里，山门力役，无不率先。布衲添麻，芒鞋续草，减食而食，语默有常，人咸畏之，汪汪大度，虽研桑巧计不能量也。备同学法兄，则雪峰存师也，一再相逢，存多许与，故目之为备头陀焉。有日，谑之曰："头陀何不遍参去？"备对曰："达磨不来东土，二祖不往西天。"存深器重之。先开荒雪峰，备多率力。王氏始有闽土，奏赐紫衣，号宗一大师。以开平二年戊辰十一月二十七日示疾而终，春秋七十四，僧腊四十四。闽越忠懿王王氏树塔。备三十年演化，禅侣七百许人，得其法者，众推桂琛为神足矣。至今浙之左右，山门盛传此宗，法嗣繁衍矣。其于建立透过大乘初门，江表学人无不乘风偃草欤。

梁河中府栖岩山存寿传

释存寿，不知何许人也。清标胜范，造次奚及。罢寻经论，勇冠辈流。往问律于石霜禅师，决了前疑，虚舟不系，乃为枯木，众之榴机矣。后还蒲坂，缁素归心。时冀王友谦受封屏翰，好奇徇异，闻人一善，厚礼下之。王召入府斋，论道谈玄，不觉膝之前席，颇增奉仰，续为菩萨戒师，供施更蕃。度门人四百许员，尼众百数。寿平日罕言，言必利物。喜愠之色，人未尝见，望之若孤松凌雪焉。终时春秋九十三，加趺而坐，一月后髭发再生，重剃入塔。塔之亭，每有虎旋绕，蹂迹时繁。敕谥为真寂大师焉。

梁台州瑞岩院师彦传

释师彦，姓许氏，闽越人也。早悟羁縻，忽求拔俗，循乎戒检，俄欲观方。见岩头禅师，领会无疑。初乐杜默，似不能言者。后为所知敦喻，允请住台州瑞岩山院。时道怤往参问，答对响捷，怤公神伏。后二众同居，彦之威德，凛若严霜。纠正僧尼，无容舛悟，故江表言御众剪齐者，瑞岩为最。尝有三僧，胡形清峭，目睛转若流电焉，差肩并足致体。彦问曰:“子从何来？”曰:“天竺来。”“何时发？”曰:“朝行适至。”彦曰:“得无劳乎？”曰:“为法忘劳。”乃谛视之，足皆不蹈地。彦令入堂，上位安置，明旦忽焉不见，云是辟支迦果人，然莫知阶级。时有不测人入法会，非止一过。彦参学时号为小彦长老。两浙武肃王钱氏累召，方肯来仪，终苦辞去。寺仓常满，尝有村媪来参礼，彦曰:“汝休拜跪，不如疾归家，救取数十百物命，大有利益。”媪匆忙到舍，儿妇提竹器拾田螺正归。媪接取，放诸水渍。又数家召斋，一一同日见彦来食至终阇维。有巨蛇缘树杪，投身火聚，当乎薪尽，舍利散飞。或风动草木上纷纷而坠。神异绝繁，具如别录。

梁抚州曹山本寂传

释本寂，姓黄氏，泉州蒲田人也。其邑唐季多衣冠士子侨寓，儒风振起，号小稷下焉。寂少染鲁风，率多强学，自尔淳粹独凝，道性天发。年惟十九,二亲始听出家。入福州云名山。年二十五，登于戒足，凡诸举措，若老苾刍。咸通之初，禅宗兴盛，风起于大沩也。至如石头药山其名寝顿，会洞山悯物，高其石头，往来请益，学同洙泗。寂处众如愚，发言若讷。后被请住临川曹山，参问之者堂盈室满。其所酬对，邀射匪停，特为毳客标准，故排五位以铨量区域，无不尽其分齐也。复注对寒山子诗，流行寓内，盖以寂素修举业之优也。文辞遒丽，号富有法才焉。寻示疾，终于山，春秋六十二，僧腊三十七。弟子奉龛窆而树塔。后南岳玄泰著塔铭云。

后唐漳州罗汉院桂琛传

释桂琛，俗姓李氏，常山人也。甫作童儿，笃求远俗，斋茹一餐，调息终日。秉心唯确，乡党所钦。二亲爱缚而莫辞，群从情缠而难脱。既冠继逾城之武，求师得解虎之俦，乃事本府万岁寺无相大师矣。初登戒地，例学毗尼，为众升台宣戒本毕，将知志大安拘之于小道乎？乃自诲曰："持犯束身，非解脱也。依文作解，岂发圣乎？"于是誓访南宗，程仅万里。初谒云居，后诣雪峰，玄沙两会，参讯勤恪。良以嗣缘有在，得旨于宗一大师，明暗色空，廓然无惑。密行累载，处众韬藏。虽夜光所潜，而宝器终异，遂为故漳牧太原王公诚请于闽城西石山建莲宫而止。驻锡一纪有半，来往二百众。琛以秘重妙法，罔轻示徒，有密学恳求者，时为开演。后龙溪为军倅，勤州太保琅琊公志请于罗汉院为众宣法，讳让不获，遂开方便。不数载，南北参徒丧疑而往者，不可殚数。有角立者，抚州曹山文益、江州东禅休复，咸传琛旨，各为一方法眼，视其子则知其父矣。以天成三年戊子秋，复届闽城旧止，遍玩近城梵宇。已俄示疾，数日安坐告终，春秋六十有二，僧腊四十。遗戒勿遵俗礼而棺而墓。于是荼毗于城西院之东岗，收其舍利，建塔于院之西，禀遗教也，则清泰二年十二月望日也。琛得法密付授耳。时神晏大师，王氏所重，以言事胁令舍玄沙嗣雪峰，确乎不拔，终为晏谗而凌轹，惜哉！

后唐福州长庆院慧棱传

释慧棱，杭州海盐人也，俗姓孙氏。初诞缠紫色胎衣。为童龀日，俊朗抗节，于吴苑通玄寺登戒。已闻南方有禅学，遂游闽岭，谒雪峰，提耳指订，顿明本性。乃述偈云："昔时谩向途中学，今日看来火里冰。"如是亲依，不下峰顶，计三十许载。冥循定业，谨摄矜庄。泉州刺史王延彬召棱住昭庆院，禅子委输，唯虞后至。及于长乐府，居长庆院，二十余年，出世不减一千五百众。棱性地慈忍，不妄许人。能反三隅，方加印可。以长兴三年壬辰五月十七日长往，春秋七十九，僧腊六十。闽国王氏私谥之大师，号超觉。塔葬皆出官供。判官林文盛为碑纪德云。

后唐杭州龙册寺道怤传

释道怤，俗姓陈，永嘉人也。丱总之年，性殊常准，而恶鲑血之气。亲党强啖以枯鱼，且虞呕哕。求出家于开元寺。具戒已，游闽入楚，言参问善知识，要决了生死根源。见临川曹山寂公，大有征诘，若昙询之间僧稠也。终顿息疑于雪峰，闽中谓之小怤布纳。时太原同名，年腊之高故。暨回浙，住越州鉴清院。时皮光业者，日休之子，辞学宏赡，探赜禅门，尝深击难焉。退而谓人曰：“怤公之道，崇论闳议，莫臻其极。”武肃王钱氏钦慕，命居天龙寺，私署顺德大师。次文穆王钱氏创龙册寺，请怤居之，吴越禅学自此而兴。以天福丁酉岁八月示灭，春秋七十。荼毗于大慈山坞，收拾舍利，起塔于龙姥山前。故僧主汇征撰塔铭。今舍利院，弟子主之，香火相缀焉。

晋会稽清化院全付传

释全付，吴郡昆山人也。幼随父商于豫章，闻禅寂之说，乃有厌世之志。白求出家，父愠形于色。愠止，复白者三，父异其诚，率略许之。遂诣江夏，投清平大师。问曰：“尔来何求？”付曰：“志求法也。”清平师怜其幼而抱器，抚以纳之。夙兴夜号，殊于群童。及长，为之落饰，寻登戒度。奉师弥谨，捡身弥至，问法无厌饫，见性不龃龉，清平颔而许之。一旦，谓人曰：“吾闻学无常师，吾非匏瓜，岂系于此而旷于彼乎？”遂辞师而抵宜春之仰山，礼南塔涌禅师。应对言语，深认仰山之势，顿了直下之心。仰山辗然器重之，拳拳伏膺，栖神累载。后游于庐陵，安福县宰杨公建应国禅院，请付居之。禅徒子来，堂室叜满。杨宰罢任，其乡人复于鸽湖山建院，迎以居之。廉使上闻，锡名曰清化禅院，禅徒麕至，请问者墙进，皆不我屈，岂多让于前辈乎？有同里僧谓付曰：“父母之乡，胡可弃也？任缘徇世，愿师归欤！”遂别鸽湖而还故国。时吴越文穆王钱氏命升阶，赐之衣衾钵器，有加礼焉。丁酉岁，钱城戍将辟云峰山，建清化禅院，召以居之。次忠献王钱氏遣使锡以紫袈裟，付上章累让，再赐之，又让之，遂故以纳衣。付曰：“吾非荣其赐而饰让也，恐后人之仿吾而逞欲矣。”寻赐号曰纯一禅师，又固让之。付不以情忘情，故情真;不以道求道，故道直。所居院之殿宇堂室，人竞崇建之。铸钟千余斤。新额曰云峰清化禅院。云水之侣辐凑，眷眷不欲舍旃。开运四年丁未岁秋七月示疾，谓众曰：“生也法起，殁也法灭，起灭非言论所及也。”安然而逝，有大雨疾风，以震林木拔矣。享年六十六，腊四十有五。归窆于山之北坞，弟子应清等十余人奉师遗训，不坠其道焉。僧主汇征为塔铭。建隆二年立。

晋永兴永安院善静传（灵照）

释善静，俗姓王氏，长安金城人也。父朗，唐威州刺史。母李氏因梦圣容照烂金色，遂尔娠焉。及生岐嶷，殆乎知学，博通群言，因掌书奏于神策军，中尉器重之。忽厌浮幻，潜诣终南丰德寺，礼广度禅师，时年二十七也。洎乎削染受具，天复中南游乐普，见元安禅裔，乃融心要。北还化徒于故里，结庐于终南云居山，道俗归之如市。又起游峨嵋，礼普贤银色世界，回兴元，连帅王公礼重留之，后还故乡，已黍离矣。留守王公营永安禅院以居之。以开运丙午岁冬鸣椎集僧嘱累，还方丈，东向，右胁而化，俗寿八十九，僧腊六十。黑白之众若丧严亲。明年正月八日，荼毗于城南，获舍利数千粒。汉乾佑三年庚戌八月八日，迁塔于长安义阳乡，石塔岿然。初，静率多先觉，往游僰道，避昭宗之蒙尘。又生平洗沐，舍利陨落，皆收秘，不许弟子示人。又尝禅寂次，窗外无何有白鹤驯狎于庭，若有听法之意。静令人驱斥之。凡此殊征，有而不有。晋昌军府主郭公归信焉，营构禅院，命以居之。翰林学士鱼崇谅为塔铭述德焉。次杭州龙华寺释灵照，本高丽国人也。重译而来，学其祖法，入乎闽越，得心于雪峰。苦志参陪，以节俭勤于众务，号照布纳焉。千众畏服，而言语似涉岛夷。性介特，以恬淡自持。初住齐云山，次居越州鉴清院。尝只对副使皮光业，语不相投，被举摈徙龙兴焉。及湖州太守钱公造报慈院请住，禅徒翕然。吴会间僧舍三衣披五纳者，不可胜计。忠献王钱氏造龙华寺，迎取金华梁傅翕大士灵骨道具，置于此寺，树塔，命照住持焉。终于此寺，迁塔大慈山之峰。

周金陵清凉文益传

释文益，姓鲁氏，余杭人也。年甫七龄，挺然出俗，削染于新定智通院，依全伟禅伯。弱年，得形俱无作法于越州开元寺。于时谢俗累以拂衣，出樊笼而矫翼。属律匠希觉师盛化其徒于鄮山育王寺，甚得持犯之趣。又游文雅之场，觉师许命为我门之游夏也。寻则玄机一发，杂务俱损。振锡南游，止长庆禅师法会。已决疑滞，更约伴西出湖湘，尔日暴雨不进，暂望西院寄度信宿，避溪涨之患耳。遂参宣法大师曾住漳浦罗汉，闽人止呼罗汉。罗汉素知益在长庆颖脱，锐意接之，唱导之。由玄沙与雪峰血脉殊异，益疑山顿摧，正路斯得，欣欣然挂囊栖止，变涂回轨，确乎不拔。寻游方却抵临川，邦伯命居崇寿。四远之僧求益者，不减千计。江南国主李氏始祖知重，迎住报恩禅院，署号净慧。厥后微言欲绝，大梦谁醒？既传法而有归，亦同凡而示灭，以周显德五年戊午岁秋七月十七日有恙，国主纡于方丈问疾。闰月五日，剃发澡身，与众言别，加趺而尽，颜貌如生，俗年七十四，腊五十五。私谥曰大法眼，塔号无相。俾城下僧寺具威仪礼迎引，奉全身于江宁县丹阳乡，起塔焉。益好为文笔，特慕支汤之体，时作偈颂真赞，别形纂录。法嗣弟子天台德韶、慧明，漳州智依，钟山道钦，润州光逸，吉州文遂。江南后主为碑颂德，韩熙载撰塔铭云。

周庐山佛手岩行因传（道潜）

释行因，不详姓氏，雁门人也。游方问道于江淮，见庐山北有岩，遥望如垂手焉，手下则深邃可三五丈许，因独栖禅观于其中。伪唐主元宗闻之，三征召不起。岩中夜阑，有异鹿一卧于因之石屋之侧，又锦囊鸟一伏宿于石壁下，二物都无惊怖。因不度弟子，有邻庵僧为之供侍。一日小疾，谓侍僧曰："卷上帘，我去去。"帘方就钩，下床三数步间立，屹然而化，春秋七十许。元宗命画工写真，而阇维收遗骨，白塔在岩背焉。初因传禅法于襄阳鹿门山，寻为元宗坚请，于栖贤寺开堂唱道，不及期月，潜归岩窟。初岩如五指，中指上有松一株，因终之日，此亦枯瘁。因有经籍之学，有问则指擿先儒得失章句，是非谈论，不滞于方隅，开喻必含于教化，实得道之良士也。

系曰：凡夫舍报，尸必一同也。佛则右胁，杲位坐亡，首揩地者现通，身立中者彰异。其惟欲行步而化者，除后僧会外，则因公有焉。

次钱塘慧日永明寺释道潜，俗姓武，蒲津人也。生而强壮，容姿端雅。成立则身长七尺许，胸前黑子七点，若斗之纲魁焉。投中条山栖岩大通禅院，礼真寂禅师，为亲教也。戒检严明，讷言敏行。师亡之后，誓入雁门五台山，以精恪之故，躬睹文殊圣容。后诸方无定游处。末到临川，见崇寿益禅师，顿明心决。次栖衢州古寺，览阅藏经。尝宴坐中，见文殊现形，不觉起而作礼。及诣杭，礼阿育王塔，跪而顶戴，泪下如雨。问掌塔僧曰："舍利人不目击，还实有否？"僧曰："按传记云，藏在内角中，望若悬钟焉。"潜疑未已，遂苦到跪礼，更无间然。俄见舍利红色在悬钟之外，蠢蝡而行。潜悲喜交集。又光文大师汇征迥然肯重，自为檀越，请于山斋行三七日普贤忏，忽见遍吉御象在塔寺三门亭下。其象鼻直枕行忏所。汉南国王钱氏命入王府受菩萨戒，造大伽蓝，号慧日永明，请以居之。假号曰慈化定慧禅师，别给月俸以施之，加优礼也。建隆二年辛酉九月十八日示疾而终。入棺之际，有白光昼发，孛孛莹然，时众皆睹。至十月内于龙井山荼毗，所收舍利伙多。有屠者自惟恶业，展襟就火聚乞求，斯须获七颗。屠家持于印氏塔中。至开宝庚午岁，天台韶禅师建石塔，缄其真骨，癸酉岁塔顶放白光焉。

宋庐山圆通院缘德传

释缘德，俗姓黄，钱塘人也。父超修学儒术，而长于缋画，传周昉佛粉本，受笔法于吴兴李沼长史。德幼有出家之志，心性孤僻而寡合，遂往天台受具，习禅法于天龙寺道怤禅师。寻往江西问道，自云居往庐阜，孤节高岸，实不见有所欲。江南国主李氏召入内道场安置，虑其不群，别构罗汉院处之。苦求入山，请住庐山新院，乃列威仪导引焉。德且装衣荷担而入，然后升座，对答参问焉。其国主赐赉，未尝以表笺报谢。有国老宋齐丘者，礼以师道。以开宝中卒于山院。德一生服用，熟韦裤袜而已。行杜多法，供亿诸禅侣，厨无匮乏。或谓德有黄白术焉。

宋天台山德韶传

释德韶者，姓陈氏，缙云人也。幼出家于本郡，登戒后，同光中寻访名山，参见知识，屈指不胜其数。初发心于投子山和尚，后见临川法眼禅师，重了心要，遂承嗣焉。始入天台山，建寺院道场。无几，韶大兴玄沙法道，归依者众。汉南国王钱氏尝理丹丘，韶有先见之明，谓曰："他日为国王，当兴佛法。"其言信矣，遣使入山旁午，后署大禅师号，每有言时，无不符合。苏州节使钱仁奉有疾，遣人赍香往乞愿焉。乃题疏云："令公八十一。"仁奉得之甚喜曰："我寿八十一也。"其年八月十一日卒焉。凡多此类。韶未终之前也，华顶石崩，振惊百里，山如野烧蔓筵，果应韶终。焚，舍利繁多，营塔，命都僧正赞宁为塔碑焉。享年八十二，法腊六十四，即开宝五年壬申岁六月二十八日也。语录大行。出弟子传法百许人，其又兴智者道场数十所，功成不宰，心地坦夷。术数尤精，利人为上。至今江浙间谓为"大和尚"焉。

论曰：梵语禅那，华言念修也。以其触情念而无念，终日修而无修。又云正定也，正受也。正则廓然冥而定矣。正受简邪思惟，增遍计故。所以奢摩他以寂静故，三摩提以观如幻故，若禅那者，俱离静幻故，始云菩萨不住此岸，不住彼岸，而度众生令登彼岸也。若然者，诸圣住处既如彼，诸圣度生复若何？稽夫法演汉庭，极证之名未著；风行庐阜，禅那之学始萌。佛陀什，秦摈而来，般若多，晋朝而至，时远公也，密传坐法，深斡玄机，渐染施行，依违祖述。吴之僧会亦示有缘，俱未分明，肆多隐秘。及乎慧文大士，肇寻龙树之宗；思大禅翁，继传三观之妙。天台智者引而伸之，化导陈隋，名题止观。粤有中天达磨，哀我群生，知梵夹之虽传，为名相之所溺，认指忘月，得鱼执筌，但矜诵念以为功，不信已躬之是佛。是以倡言曰："吾直指人心，见性成佛，不立文字也。"此乃乘方便波罗蜜，径直而度，免无量之迂回焉。嗟乎！经有曲指，曲指则渐修也。见性成佛者，顿悟自心本来清净，元无烦恼，无漏智性，本自具足。此心即佛，毕了无异。如此修证，是最上乘禅也。不立文字者，经云"不著文字，不离文字”，非无文字，能如是修，不见修相也。又达磨立法，要唯二种，谓理也、行也。然则直而不迂，不速而疾，云不立文字，乃反权合道也。尔时梁武不知，魏人未重，向少林而面壁，唯慧可以神交。亦犹白雪虽歌，巴童寡和。后则临汧牧圉，子孙终号于强秦；避狄岐邠，文武乃成其王道。可生璨，璨生信。信下分二枝，一忍二融。融，牛头也。忍生秀与能。能传信衣，若诸侯付子孙之分器也，厥后此宗越盛焉。荫车百辆，尼拘树而展转垂枝；施雨万方，阿耨龙而连筵布润。当是时也，应其悬记，属于此人，后来得道无央数是欤！重之曰：夫禅之为物也，其大矣哉！诸佛得之升等妙，雌龙得之破障缠。率由速疾之门无过此。故今之像末，斗诤复生，师足既伤，资争未已。如闻此心是佛，便言三十二相何无？或闻一路涅槃，则曰八万法门何在？曾不知经中发菩提心，此见佛性也。云何修菩萨行，此行布修行也。因信不及，无明所迷，溺丧忘归，何由复业！或举经以示之，则对曰：“此性宗法。”或谓之曰：“莫是魔说，还可焚毁否？”且置而勿论。又欲弃之，又欲存之，不其惑乎？昔者于阗诸部谓道行经为婆罗门书，乌茶小乘谤大乘学作空华外道。西乾尚尔，此何惊乎？良以六代宗师，一期举唱，但破百年之暗，靡营一室之隙。殊不知禅有理焉，禅有行焉。脱或戒乘俱急，目足更资，行不废而理逾明，法无偏而功兼济。然后如可与言禅已矣。其如玄学多斥讲家，目为数宝之人，终困屡空之室。那不见经是佛言，禅是佛意，诸佛心口，定不相违。施设逗根，用有时处。况以经江高国纪之名，论海总朝宗之会。毗尼一学，轨范千途。授形俱筑释子之基，唱随行净沙门之业，拟捐三事，何驾一乘？终包不足之羞，岂倒转依之地？通人不诮，竖子何知？佛事门中不舍一法，吠声贻责，迁怒伤人，因击鼠以破盆，为争抟而噬主，自他俱有，彼我须均，纵横尽而成一秦，气剂和而成一味者也。今从贞观及于宋朝，于山选山，露须弥而出海；于羽求羽，放金翅以腾空。令其钻仰之俦，慕此坚高之道矣。吾徒通达，无相夺伦，譬若文武是一人之艺，不能兼者，互相非斥耳。若相推重，佛法增明，酬君王度己之恩，答我佛为师之训。慎之哉！慎之哉！

宋高僧传卷第十三

宋高僧传卷第十四

宋左街天寿寺通慧大师赐紫沙门赞宁等奉　敕撰

明律篇第四之一（正传二十人附见五人）

唐京兆西明寺道宣传（大慈）

释道宣，姓钱氏，丹徒人也，一云长城人。其先出自广陵太守让之后，洎太史令乐之撰天文集占一百卷。考讳申府君，陈吏部尚书，皆高矩令猷，周仁全行，盛德百代，君子万年。母娠而梦月贯其怀，复梦梵僧语曰“汝所妊者即梁朝僧佑律师，佑则南齐剡溪隐岳寺僧护也。宜从出家，崇树释教”云。凡十二月在胎，四月八日降诞。九岁能赋。十五厌俗，诵习诸经，依智頵律师受业。洎十六落发，所谓除结，非欲染衣，便隶日严道场。弱冠，极力护持，专精克念，感舍利现于宝函。隋大业年中，从智首律师受具。武德中依首习律，才听一遍，方议修禅。頵师呵曰：“夫适遐自迩，因微知章，修舍有时，功愿须满，未宜即去律也。”抑令听二十遍，已乃坐山林，行定慧，晦迹于终南仿掌之谷。所居乏水，神人指之，穿地尺余，其泉迸涌，时号为白泉寺。猛兽驯伏，每有所依，名华芬芳，奇草蔓延。隋末徙崇义精舍，载迁丰德寺。尝因独坐，护法神告曰：“彼清官村，故净业寺，地当宝势，道可习成。”闻斯卜焉，焚功德香，行般舟定。时有群龙礼谒，若男若女，化为人形。沙弥散心，顾盻邪视。龙赫然发怒，将搏攫之，寻追悔，吐毒井中，具陈而去。宣乃令封闭，人或潜开，往往烟上，审其神变。或送异华一奁，形似枣华，大如榆荚，香气馝馞，数载宛然。又供奇果，季孟梨柰，然其味甘，其色洁，非人间所遇也。门徒尝欲举阴事，先是潜通，以定观根随病与药。皆此类者。

有处士孙思邈尝隐终南山，与宣相接，结林下之交，每一往来，议论终夕。时天旱，有西域僧于昆明池结坛祈雨，诏有司备香灯供具。凡七日，池水日涨数尺。有老人夜诣宣求救，颇形仓卒之状，曰："弟子即昆明池龙也。时之无雨，乃天意也，非由弟子。今胡僧取利于弟子，而欺天子言祈雨。命在旦夕，乞和尚法力加护！"宣曰："吾无能救尔，尔可急求孙先生。"老人至思邈石室，冤诉再三，云："宣律师示我，故敢相投也。"邈曰："我知昆明池龙宫有仙方三十首，能示余，余乃救尔。"老人曰："此方上界不许辄传，今事急矣，固何所吝。"少选，捧方而至。邈曰："尔速还，无惧胡僧也。"自是池水大涨，数日溢岸，胡僧术将尽矣，无能为也。

及西明寺初就，诏宣充上座。三藏奘师至止，诏与翻译。又送真身往扶风无忧王寺。遇敕令僧拜等，上启朝宰，护法又如此者。撰法门文记、广弘明集、续高僧传、三宝录、羯磨戒疏、行事钞、义钞等二百二十余卷。三衣皆纻，一食唯菽。行则杖策，坐不倚床，蚤虱从游，居然除受，土木自得，固已亡身。尝筑一坛，俄有长眉僧谈道，知者其实宾头卢也。复三果梵僧礼坛赞曰："自佛灭后，像法住世，兴发毗尼，唯师一人也。"乾封二年春，冥感天人来谈律相，言钞文轻重，仪中舛误，皆译之过，非师之咎，请师改正。故今所行著述，多是重修本是也。又有天人云："曾撰只洹图经，计人间纸帛一百许卷。"宣苦告口占，一一抄记，上下二卷。又口传偈颂，号付嘱仪十卷是也。贞观中，曾隐沁部云室山，人睹天童给侍左右。于西明寺夜行道，足跌前阶，有物扶持，履空无害。熟顾视之，乃少年也。宣遽问："何人中夜在此？"少年曰："某非常人，即毗沙门天王之子那吒也，护法之故，拥护和尚，时之久矣。"宣曰："贫道修行，无事烦太子。太子威神自在，西域有可作佛事者，愿为致之！"太子曰："某有佛牙，宝掌虽久，头目犹舍，敢不奉献。"俄授于宣，宣保录供养焉。复次，庭除有一天来礼谒，谓宣曰："律师当生睹史天宫。"持物一苞，云是棘林香。尔后十旬，安坐而化，则乾封二年十月三日也，春秋七十二，僧腊五十二，累门人窆于坛谷石室，其后树塔三所。高宗下诏，令崇饰图写宣之真相。匠韩伯通塑缋之，盖追仰道风也。

宣从登戒坛及当泥曰，其间受法传教，弟子可千百人。其亲度曰大慈律师、授法者文纲等。其天人付授佛牙，密令文纲掌护，持去崇圣寺东塔。大和初，丞相韦公处厚建塔于西廊焉。宣之持律，声振竺乾，宣之编修，美流天下，是故无畏三藏到东夏朝谒，帝问：“自远而来，得无劳乎？欲于何方休息？”三藏奏曰：“在天竺时常闻西明寺宣律师，秉持第一，愿往依止焉。”敕允之。宣持禁坚牢，扪虱以绵纸裹投于地。三藏曰：“扑有情于地之声也。”凡诸密行，或制或遮，良可知矣。至代宗大历二年，敕此寺三纲：“如闻彼寺有大德道宣律师传授得释迦佛牙及肉舍利，宜即诣右银台门进来，朕要观礼。”至十一年十月，敕：“每年内中出香一合，送西明寺故道宣律师堂，为国焚之祷祝。”至懿宗咸通十年，左右街僧令霄、玄畅等上表乞追赠。其年十月敕谥曰澄照，塔曰净光。先所居久在终南，故号南山律宗焉。天宝元载灵昌太守李邕，会昌元年工部郎中严厚本，各为碑颂德云。

系曰：律宗犯即问心，心有虚实故。如未得道，起覆想说，则宜犯重矣。若实有天龙来至我所，而云犯重，招谤还婆罗汉同也。宣屡屡有天之使者或送佛牙，或充给使，非宣自述也。如遣龙去孙先生所，岂自言邪？至于乾封之际，天神合沓，或写只洹图经付嘱仪等，且非寓言于鬼物乎？君不见十诵律中诸比丘尚扬言，目连犯妄，佛言：“目连随心想说无罪。”佛世犹尔，像季嫉贤，斯何足怪也。又无畏非开元中者，贞观、显庆已来莫别有无畏否？

唐京兆恒济寺道成传

释道成者，不知何许人也。居于天邑，演彼律乘。戒月扬光，圆而不缺；德瓶告实，满而不倾。当显庆中，敷四分一宗，有同雾市。时文纲律匠，虽先依澄照大师，后习律文，乃登成之堂奥矣。又怀素著述，皆出其门。垂拱中，日照三藏译显识等经，天后诏名德十员助其法化，成与明恂、嘉尚同预证义。由是声飞神甸，位首方坛，谓之梧桐多栖凤鸟，谓之芳沚颇秀兰丛。门生孔多，无过此集，然不详终所。

系曰：成公与隋蒋州道成同号而异实，二者奚先？通曰：隋成也精乎十诵，著述尤多；唐成也传乎四分，译讲偕妙。然其撰集则开悟迷沦，究其翻传则陶甄教道。譬犹后焰靡及乎前光，似宝或惭乎真宝，互有长短，用则无遗也。

唐京师崇圣寺文纲传（名恪）

释文纲，姓孔氏，会稽人也。曾祖范，陈都官尚书；祖祀，祠部侍郎；考顶坐逃海避隋，择木归舜，贞观始拜尚乘直长，咸光复儒业，旁通释教。是故纲也植宿根，从习气。慈母怀孕，杂食弃捐。有婆罗门僧头陀语其母曰："若此男终绍三宝。"自尔每闻空中多异香，杂仙乐。及诞育之日，白鹤翔集，若临视焉。比襁褓中，午后不受乳哺，犹坚持斋者。重龀，随师访道。十二出家，冠年受具。精虑苦行，专念息心，藜羹糗粮，麻衣草荐。操有彝检，口无溢言。寻诣京兆沙门道成律师，禀毗尼藏。二十五讲律，三十登坛。每勤修深思，凝视反听，净如止水，嶷若断山。或风雨宴居，或昼夜独得。故能吉祥在手，不舍其瓶，威德迎风，不绝于气。出笼瘠雁，坐致虚空，起屋下层，自然成就。唯甘露之滞口，喻利剑之伤人，慎之重之，广矣至矣。由是八方来学，四分永流，请益者举袂云临，赞叹者发声雷骇。久视中，天作淫雨，人有忧色。纲愍之，乃端坐思惟，却倚屋壁。奄至中夕，欻尔半倾，唯余背间，嶷然山立，识者以为得神通，因定力故。日月灵迹，幽明潜感，兆于集事，应乎遗言。左右怪之，纲曰："夫真实无相，尘色本空。正觉圆常，大悲湛定，不可取也。"是以一时法主，四朝帝师，同迦叶之入城，遇匿王之说戒，竹园门外别有沙弥，毕树枝间广闻鹦鸟。所以受润者博，入见者深。万病已痊，获欢喜之药；一心不染，解烦恼之绳。又恭承丝纶，京都翻译，追论惠用，远契如因，翘诚满朝，檀施敌国，但依布萨，尽用庄严。累历伽蓝二十余所，凡是塔庙，各已华丰。犹且刺血书经，向六百卷；登坛受具，仅数千人。至苦至勤，纳无我之海；不寝不食，种无生之田。

长安四年，奉敕往岐州无忧王寺迎舍利。景龙二载，中宗孝和皇帝延入内道场行道，送真身舍利往无忧王寺入塔。其年于乾陵宫为内尼受戒。复于宫中坐夏，为二圣内尼讲四分律一遍。中宗嘉尚，为度弟子，赐什物彩帛三千匹，因奏道场灵感之事。六月七日，御札题榜为灵感寺是也。诸寺辟硕德以隶焉。夫其左虀宿，右上林，南台终山，北池渭水，千门宫阙，化出云霄，万乘旌旗，天回原隰。先天载睿宗圣真皇帝，又于别殿请为菩萨戒师，妃主环阶，侍从罗拜。兜率天上，亲听法言；王舍城中，普闻净戒。恩旨赐绢三千余匹，纲悉付常住随事修营。或金地缭垣，用增上价；或宝坊飞阁，克壮全模；或讲堂经楼，舍利净土；或轩廊器物，厨库园林。皆信施法财，周给僧宝。方将示迷津，引觉路，濯热火宅，拯溺毒流，而乃奄忽神迁，斯须薪尽，虽有应化，何其速欤！以开元十五年八月十五日怡然长往，时春秋九十有二。其年九月四日，塔于寺侧焉。闻哀奔丧，执绋会葬，香华幢盖，缁素华夷，填城塞川，彗云翳景，盖数万人。有若法侣，京兆怀素、满意、承礼，襄阳崇拔、扶风凤林、江陵恒景、淄川名恪等百余人，咸曰："智河舟迁，法宇栋桡而已哉！"有若弟子，淮南道岸，蜀川神积，岐陇慧颉，京兆神慧、思义、绍觉，律藏恒暹、崇业等五十余人，并目以慈眼入于度门，金棺不追，灰骨罔答。乃请滑台太守李邕为碑，邕象彼马迁，法其班氏，以二人而同传，必百行以齐肩。不忝怀素前，不惭宣师后，李北海题品，不其韪乎！

有淄州名恪律师者，精执律范，切勤求解，尝厕宣师法筵，躬问钞序义。宣师亲录，随喜灵感坛，班名于经末，又附丽文纲之门也。

唐京师恒济寺怀素传（宾律师）

释怀素，姓范氏，其先南阳人也。曾祖岳，高宗朝选调为绛州曲沃县丞。祖徽，延州广武县令。父强，左武卫长史，乃为京兆人也。母李氏梦云雷震骇，因而娠焉。诞育之辰，神光满室。见者求占，此子贵极，当为王者之师傅也。幼龄聪黠，器度宽然，识者曰："学必成功，才当逸格。"耳闻口诵，皆谓老成。年及十岁，忽发出家之意，猛利之性，二亲难沮。贞观十九年，玄奘三藏方西域回，誓求为师。云与龙而同物，星将月以共光，俱悬释氏之天，悉丽著明之象。初寻经论，不费光阴。受具已来，专攻律部。有邺郡法砺律师一方名器，五律宗师，迷方皆俟其指南，得路咸推其乡导，著疏十卷，别是命家。见接素公，知成律匠。研习三载，乃见诸瑕，喟然叹曰："古人义章未能尽善！"咸亨元年，发起勇心，别述开四分律记。至上元三年丙子归京，奉诏住西太原寺傍听道成律师讲，不辍缉缀。永淳元年，十轴毕功，一家新立，弹纠古疏，十有六失焉。新义半千百条也。傅翼之彪，搏攫而有知皆畏；乘风之震，砰輷而无远不闻。所化翕然，所传多矣。复著俱舍论疏一十五卷，遗教经疏二卷，钞三卷，新疏拾遗钞二十卷，四分僧尼羯磨文两卷，四分僧尼戒本各一卷。日诵金刚经三十卷，讲大律已疏计五十余遍，其余书经画像，不可胜数。于本寺别院忽示疾，力且薾然，告秀章曰："余律行多缺，一报将终。"时空中有天乐浏亮，奄然而逝，俗龄七十四，法腊五十三。葬日，有鸿鹤绕塔悲鸣，至暮方散。素所撰述，宗萨婆多。何邪？以法密部缘化地部出，化地从有部生，故出受体以无表色也。又斥二宗云："相部无知，则大开量中得自取大小行也。南山犯重，则与天神言论，是自言得上人法也。"大抵素疏出，谓之新章焉。开元中，嵩山宾律师造饰宗记以解释之，对砺旧疏也。又谓为东西塔律宗，因传习处为名耳。大历中，相国元公载奏成都宝园寺置戒坛，传新疏，以俸钱写疏四十本，法华经疏三十本，委宝园光翌传行之。后元公命如净公为素作传。韦南康皋作灵坛，传授毗尼新疏记，有承袭者，刊名于石。其辞酋丽，其翰兼美，为蜀中口实焉。

唐光州道岸传

释道岸，姓唐氏，世居颖川，是为大族，汉尚书令琳、司空珍、吴尚书仆射固、雍州刺史彬、凉镇北将军瑶之后也。永嘉南度，迁于光州，衣冠人物，晖映今古。岸生而不群，少而奇概，爰在髫龀，有若老成。齿胄胶庠，侚齐坟典，犹恐闻见未博，艺业有遗。遂浮江淮，达洙泗，探禹穴，升孔堂，多历年所矣。操翰林之鼓吹，游学海之波澜，讨论百家，商攉三教。乃叹曰："学古入官，纡金拾紫，儒教也。餐松饵柏，驾鹤乘龙，道教也。不出轮回之中，俱非栰喻之义，岂若三乘妙旨，六度宏功，缁铢世间，掌握沙界哉！"遂落发出家，洗心访道，一音克举，四句精通。竖修律仪，深入禅慧。夜梦迦叶来为导师，朝阅真经，宛契冥牒。由是声名籍甚，远近吹嘘，为出世之津梁，固经行之领袖。十方龙象，罔不师范焉；万国鹓鸾，无敢酬对者。向若回兹妙识，适彼殊途，议才必总于四科，济世雅符于三杰。有若越中初法师者，秘藏精微，罔不明练，道高寰宇，德重丘山。岸闻善若惊，同声相应，乘杯去楚，杖锡游吴。云雾一披，钟鼓齐振，期牙合契，澄什联芳。由是常居会稽龙兴寺焉。扬越黎庶，江淮释子，辐辏乌合，巷少居人，罕登元礼之门，且睹公超之市。岸身遗缠盖，心等虚空，不择贤愚，无论贵贱，温颜接待，善诱克勤，明鉴莫疲，洪钟必应。皆窥天挹海，虚往实归，其利博哉，无得称也！时号为大和尚。登无畏座，讲木叉律，容止端严，辞辩清畅，连环冰释，理窟毫分，瞻仰者皆悉由衷，听受者得未曾有。于是高僧大士，心醉神倾，捐弃旧闻，佩服新义，江介一变，其道大行。

孝和皇帝精贯白业，游艺玄枢，闻而异焉。遣使征召，前后数介。然始入朝，与大德数人同居内殿，帝因朝暇，躬阅清言。虽天眷屡回，而圣威难犯，凡厥目对，靡不魂惊，皆向日趋风，灭听收视。岸人望虽重，僧腊未高，犹沦居下筵，累隔先辈。惜帝有轮王之位，不起承迎，以吾为舍那之后，晏然方坐。皇帝睹其高尚，伏以尊严，偏赐衣钵，特彰荣宠。因请如来法味，屈为菩萨戒。师亲率六宫，围绕供养，仍图画于林光宫。御制画赞，辞曰:“戒珠皎洁，慧流清净，身局五篇，心融八定。学综真典，观通实性，维持法务，纲统僧政。律藏冀兮传芳，象教因乎光盛。”比夫灵台影像，麟阁丹青，功德义殊，师臣礼异。铨择网管，统帅僧徒者，有司之任也。以岸盛德广大，至行高邈，思遍雨露，特变章程。所历都白马、中兴、庄严、荐福、罔极等寺，纲维总务，皆承敕命，深契物心，天下以为荣，古今所未有。中宗有怀罔极，追福因心，先于长安造荐福寺。事不时就，作者烦劳，敕岸与工部尚书张锡同典其任。广开方便，博施慈悲，人或子来，役无留务，费约功倍。帝甚嘉之，顿邀赏锡，何间昏晓。既荷天泽，言酬恩地，遂还光州，度人置寺。于是只陀苑囿，只起僧坊，拘邻比丘，便为人宝，能事斯毕，夫何恨哉！江海一辞，星霜二纪，每怀成道之所，更迫钟漏之期。遂去上京，还至本处。将申顾命，精择门人，僧行超、玄俨者，是称上足也。克传珠髻之宝，俾赐金口之言，右胁而卧，示其泡幻也。以开元五年岁次丁巳八月十日灭度于会稽龙兴道场，时年六十有四。海竭何依？山崩安仰？天人感恸，道俗哀号，执绋衣缞，动盈万计。弟子龙兴寺慧武寺主义海、都维那道融、大禹寺怀则、大善寺道超、齐明寺思一、云明寺慧周、洪邑寺怀莹、香严寺怀彦、平原寺道纲、湖州大云寺子瑀、兴国寺慧纂等，秀禀珪璋，器承磨琢，荷导蒙之力，怀栝羽之恩，思播芳尘、必题贞石，乃请礼部侍郎姚奕为碑纪德。初，岸本文纲律师高足也，及孝和所重，其道克昌。以江表多行十诵律，东南僧坚执罔知四分。岸请帝墨敕执行南山律宗。伊宗盛于江淮间者，岸之力也。

唐百济国金山寺真表传

释真表者，百济人也。家在金山，世为弋猎，表多趫捷，弓矢最便。当开元中，逐兽之余，憩于田畎间，折柳条贯虾蟆成串，置于水中，拟为食调。遂入山网捕。因逐鹿，由山北路归家，全忘取贯蟆欤。至明年春，猎次，闻蟆鸣。就水，见去载所贯三十许虾蟆犹活。表于时叹惋，自责曰："苦哉，何为口腹，令彼经年受苦？"乃绝柳条，徐轻放纵。因发意出家，自思惟曰："我若堂下辞亲，室中割爱，难离欲海，莫揭愚笼。"由是逃入深山，以刀截发，苦到忏悔，举身扑地，志求戒法，誓愿"要期弥勒菩萨授我戒法也"。夜倍日功，绕旋叩搕，心心无间，念念翘勤，经于七宵。诘旦，见地藏菩萨手摇金锡为表策发，教发戒缘作受前方便。感斯瑞应，叹喜遍身，勇猛过前。二七日满，有大鬼现可怖相，而推表坠于岩下，身无所伤。匍匐就登石坛上，加复魔相未休，百端千绪。至第三七日质明，有吉祥鸟鸣曰："菩萨来也。"乃见白云若浸粉然，更无高下，山川平满，成银色世界，兜率天主逶迤自在，仪卫陆离，围绕石坛，香风华雨，且非凡世之景物焉。尔时慈氏徐步而行，至于坛所，垂手摩表顶曰："善哉！大丈夫求戒如是，至于再，至于三，苏迷卢可手攘而却，尔心终不退。"乃为授法，表身心和悦，犹如三禅意识与乐根相应也。四万二千福河，常流一切功德，寻发天眼焉。慈氏躬授三法衣、瓦钵，复赐名曰真表。又于膝下出二物，非牙非玉，乃签检之制也，一题曰九者，一题曰八者，各二字，付度表云："若人求戒，当先悔罪，罪福则持犯性也。"更加一百八签，签上署百八烦恼名目，"如来戒人，或九十日，或四十日，或三七日行忏，苦到精进，期满限终，将九、八二签参合百八者，佛前望空而掷。其签堕地，以验罪灭不灭之相。若百八签飞逗四畔，唯八、九二签卓然坛心而立者，即得上上品戒焉。若众签虽远，或一二来触九、八签，拈观是何烦恼名，抑令前人重复忏悔已，正将重悔烦恼签和九、八者，掷其烦恼签，去者名中品戒焉。若众签埋覆九、八者，则罪不灭，不得戒也。设加忏悔过九十日，得下品戒焉。”慈氏重告诲云：“八者新熏也，九者本有焉。”嘱累已，天仗既回，山川云霁。于是持天衣，执天钵，犹如五夏比丘，徇道下山，草木为其低垂覆路，殊无溪谷高下之别。飞禽鸷兽，驯伏步前。又闻空中唱告村落聚邑，言菩萨出山来，何不迎接？时则人民男女布发掩泥者，脱衣覆路者，毡罽氍毹承足者，华细美褥填坑者，表咸曲副人情，一一迪践。有女子提半端白氎覆于途中，表似惊忙之色，回避别行。女子怪其不平等，表曰：“吾非无慈不均也，适观氎缕间皆是狶子，吾虑伤生，避其误犯耳。”原其女子，本屠家贩买得此布也。自尔常有二虎左右随行，表语之曰：“吾不入郛郭，汝可导引至可修行处。”则乃缓步而行三十来里，就一山坡，蹲踞于前。时则挂锡树枝，敷草端坐。四望信士，不劝自来，同造伽蓝，号金山寺焉。后人求戒，年年忏罪者绝多，今影堂中道具存焉。

系曰：表公革心变行，一日千里，果得慈氏为授戒法，此五十受中何受邪？通曰：近上法见谛自誓也。发天眼通是证初二果也。非谛理现观而何？专据石坛，与多子塔前自誓同也。或曰：所授签检以验罪灭之相，诸圣教无文。莫同诸天传授，或魔鬼所为，不可为后法乎？通曰：若彰善瘅恶，利益不殊。弥勒天主是天传授，非魔必矣。诸圣教中有忏罪求征祥，证其罪灭不灭。然其佛灭度，弥勒降阎浮说瑜伽，岂可不为后世法耶？十诵律云：“虽非佛制，诸方为清净者，不得不行也。”

唐安州十力寺秀律师传

释秀公者，齐安人也。髫年天然有离俗之意焉。既丁荼蓼，便往蜀郡，礼兴律师，讽诵经典，易若温寻。又依之进具，果通达毗尼，乃为兴公传律上足弟子欤？如是四载，入长安，造宣律师门，为依止之客。勤以忘劳，涉十六年，不离函丈。穷幽诸部，陶练数家，将首疏为宗本，然向黄州报所生地。次往安陆，大扬讲训。声美所闻，诸王牧守攸共遵承正化，缁徒咸摹细行，有贞固律师居于上席，解冠诸生最显清名，余皆后殿。其诸成业，不可胜算。春秋七十余，卒于十力寺本房焉。

唐京师崇圣寺灵㟧传

释灵㟧者，不知何许人也。勤乎切问，靡惮寻师。乾封中，于西明寺躬预南山宣师法席。然其不拘常所，或近文纲，或亲大慈，皆求益也。末涂惧失宣意，随讲收采所闻，号之曰记，以解删补钞也。若然者推究造义章之始，唯慈与㟧也。又别撰轻重诀，故苑陵玄胄亲睹其文，故援引之以解量处轻重仪焉。金革之故，其诀湮灭，无复可寻矣。

唐京兆崇福寺满意传

释满意，不知何许人也。风神峭拔，识量宽和，经论旁通，专于律学。武德末，所遇邺都法砺律师，作疏解昙无德律，遂往抠衣，明其授受。如是讲导三十许年，乃传付观音寺大亮律师。亮方授越州昙一。盛化之间，出龙象之资，无过意之门也矣。

唐京兆西明寺崇业传

释崇业，不知何许人也。初同弋阳道岸学毗尼于文纲之法集。业之服勤，淬砺罔怠，黉肆之间推居元长。与淄州名恪齐名，挺拔刚毅过之，美声洋洋达于禁闼。睿宗圣真皇帝操心履道，敕以旧邸造安国寺，有诏业入承明熏修别殿，为帝授菩萨戒，施物优渥，佥回舍修菩提寺殿宇，抑由先不畜盈长之故也。开元中微疾，嘱弟子曰：“吾化穷数尽，汝曹坚以防川，无令放逸！”语讫，终于所居寺之别院。业即南山之嗣孙矣。

唐越州法华山寺玄俨传（融济）

释玄俨，俗姓徐氏，晋室南迁，因官诸暨，遂为县族。年始十二，辞亲从师，事富春僧晖。证圣元年，恩制度人，始堕僧数，隶悬溜寺。俨幼而明敏，长则韶令，标格峻整，风仪凛然。迨于弱冠，乃从光州岸师咨受具戒。后乃游诣上京，探赜律范，遇崇福意律师并融济律师，皆名匠一方，南山上足，咸能升堂睹奥，共所印可。由是道尊戒洁，名动京师。安国授记，并充大德。后还江左，偏行四分，因著辅篇记十卷、羯磨述章三篇，至今僧徒远近传写。

初，光州岸公尝因假寐，忽梦神僧谓曰："玄俨当为法器，云何教以小乘？"后乃命宣般若。由是研精覃思，采摭旧学，撰金刚义疏七卷，古德所不解，先达所未详，我则发挥光明，若指诸掌。誓以一生宣讲百遍。越邑精舍，时称法华，晋沙门昙翼曾结庵山巅，入是法三昧，感遍吉菩萨。徒观其塔类多宝，涌出以证经；宫如转轮，飞行而听法。双乌所以示兆，今尚翔鸣；六象所以呈奇，时犹隐现。不可得而思议者，盖斯之谓欤。信如来之福庭，是菩萨之隐岳。俨乃考盘是卜，束钵深栖，建置戒坛，招集律行。若夫秦衡上士，燕代高僧，数若稻麻，算同竹苇，伏膺请益，蹑屩担簦。宴坐不出，几三十载。开元二十四年，帝亲注金刚般若经，诏颁天下，普令宣讲。都督河南元彦冲躬请俨重光圣日，遂阐扬幽赞，允合天心，令盲者见日月之光。聋者闻雷霆之响。俨之演畅，盖有力焉。夫乐小法者迷自我而为病，通大方者懵开空之法道。若夫会三归一，触理冥事，自优波离已下犹或病诸。而俨纲纪小乘，演畅大法，晤佛境之非有，识魔界之为空。故能使涅槃将生死一如，烦恼与菩提齐致，发心而登佛地，非我而谁？白黑归依，当仁不让。昔僧护法师常居石城，宴坐青壁，仰其中峰，如有佛像，愿造十丈，以图兜率。良愿未谐，护公长逝。梁武皇帝诏僧祐律师驰传经理，规模刻划，意匠才施。俄而山冢崒崩，全身坐现，合高百余尺。虽金石丝竹，四天之供施常闻；功德庄严，十地之雕镌尚阙。俨乃内倾衣钵，外率檀那，布以黄金之色，镕以白银之相，铜锡铅锴，球琳琅玕，七宝由是浑成，八珍于焉具足。虽宝积献盖，界现三千；迦叶贡衣，金逾十万；如须弥之现于大海，若杲日之出于高山。此又俨之功德不可思议者也。故洛州刺史徐峤、工部尚书徐安贞，咸以宗室设道友之礼；国子司业康希铣、太子宾客贺知章、朝散大夫杭州临安县令朱元昚，亦以乡曲具法朋之契。开元二十六载，恩制度人，采访使润州刺史齐澣、越州都督景诚、采访卢见义、泗州刺史王弼，无不停旃净境，禀承法训。齐公乃方舟结乘，奉迎俨于丹阳、余杭、吴兴诸郡，令新度释子躬授具戒。自广陵迄于信安，地方千里，道俗受法者殆出万人。凡礼佛名经一百遍，设无遮大会十筵，而入境住持，举无与比。夫秉法传授，从佛口生，有门人法华昙俊、崇默，龙兴崇一，开元智符，称心崇义，香严怀节，宝林洪霈，觉引灌顶，皆不倾油钵，无漏浮囊。经不云乎？如旃檀林，旃檀围绕；如师子王，师子围绕。信俨之威神有在，而法主之功德不刊。将知三界无安，百灵共尽，此生已适于后息，他世应见于前心。以天宝元载岁次壬午，缘化已毕。十一月三日，现疾于绳床，七日午时，坐终于戒坛院，春秋六十有八。粤其月二十五日，窆于寺南秦山之下。高树双塔，光明逾于白云；列植千松，秀色罗于明月。经始则神邕、崇晓，住持则唯湛、道昭，并躬护圣场，亲传智印。其余三千门人，五百弟子，承般若之深法，受毗尼之密行，尽号颛门，无待弥勒。天宝十五载岁次景申，万齐融述颂德碑焉。

唐杭州灵智寺德秀传

释德秀，俗姓孙氏，富阳人也。少出尘区，早栖梵宇。当圆戒检正护浮囊，匪定常师，留神律府。讲谈之外，尝哀鬼神乏食，恒以深更施其饮食。浙汭之民，倾诚畏服。及终于定山，颇多灵异，则天宝初载也。迁神座入塔时，天降舍利七颗，门人以瓶盛之，缄于其塔。或发之，见秀齿上生舍利，纷纷而坠。后人还累甓成浮图。乡人云："恒有白蛇蟠屈守塔，樵牧之童无敢近者。"

唐开业寺爱同传（玄通）

释爱同，俗姓赵氏，本天水人也。代袭冠冕，弱龄挺拔，惠然肯来，为佛家子。具戒后，讲弥沙塞律，远近师禀，若鳞羽宗乎鲲凤也。昔南宋朝罽宾三藏觉寿译成此律，因出羯磨一卷，时运迁移，其本零落，寻求不获，学者无依。同遂于大律之内，抄出羯磨一卷，彼宗学者盛传流布，被事方全。孝和之世，神龙中盛重翻宣，同与文纲等参预译场，推为证义。义净所出之经，同有力焉。著五分律疏十卷，复遗嘱西明寺玄通律师重施润色。后安史俶扰，焚燎丧寺，今无类矣。

唐五台山诠律师传

释诠律师者，五台县人也。彩服出家，冠年受戒，仪则清雅，众禀纲绳。习毗尼宗秘菩萨行。诠除训徒外，守默无挠，远近有事，靡不豫知，人谓为得他心通也。一食终日，弊衣遮体，不贮颗粒，房无缕综。其强本节用，造次不可及也。入灭之日，祥云只密，天乐铮拟，阖寺僧徒皆闻异香郁馥。乃召集寺众，执手告辞，嘱累门人，加趺而灭云。

唐扬州龙兴寺法慎传

释法慎，姓郭氏，江都人也。孩抱之岁，誓齿空门，亲爱所钟，志不可夺。从遥台成律师受具戒。依太原寺东塔，体解律文，绝其所疑，时贤推服。或一言曲分于象表，精理自得于环中，声振京师，如晞爱日。诸寺众请纲领，乃默然而东归。既还扬都，俯允郡愿，恒诵金刚般若经、如意轮。般若佛心，我得此心，众生亦得。如意胜愿，我如此愿，众生亦如。谓“天台止观，包一切经义；东山法门，是一切佛乘。色空两亡，定慧双照，不可得而称也”。慎暑不摄齐，食不求饱，居不易坐。四方舍施，归于大众，一身有无，均于最下。朝廷之士衔命往还，路出维扬，终岁百数，不践门阈，以为大羞。仰承一盼，如洗饥渴。慎与人子言依于孝，与人臣言依于忠，与人上言依于仁，与人下言依于礼。佛教儒行，合而为一。学者流误，故亲校经论。延来者听受，故大起僧坊。将警群迷，故广图菩萨因地。善护诸命，故曲济众生寿量。以文字度人，故工于翰墨。以法皆佛法，故兼采儒流。以我慢为防，故自负衣钵。以规规为任，故纲正缁林。以发挥道宗，故上行恭礼。以感慕遗迹，故不远他邦。以龙象参议，故再至京国，以轨度端明。故研精律部欤！黄门侍郎卢藏用才高名重，罕于推挹，一见于慎，慕味循环，不能离坐。退而叹曰:“宇宙之内，信有高人!”黄门于院中置以经藏，严以香灯，天地无疆，像法常在。太子少保陆象先、兵部尚书毕构、少府监陆余庆、吏部侍郎严挺之、河南尹崔希逸、太尉房管、中书侍郎平章事崔涣、礼部尚书李憕、辞人王昌龄、著作郎綦毋潜，佥所瞻奉，愿同洒扫。感动朝宰如此。以天宝七载十月十四日晨兴盥漱，就胡床加趺。心奉西方，既嚏而灭于龙兴寺别院，春秋八十三，夏六十二。缁素弟子，北距泗沂，南逾岭侥，望哭者千族，会葬者万人。其上首曰会稽昙一，闽僧怀一，南康崇睿，晋陵义宣，钱塘谭山寺惠鸾，洛京法瑜、崇元，鹤林寺法励、法海，维扬惠凝、明幽、灵祐、灵一等，罔不成乐说辩才，入法华三昧。众所知识、物之依怙。天上甘露，正味调柔;人中象王，利根成熟。音乐树下，长流福慧之泉;雪山峰顶，仰见清凉之月。金刚决定，烦恼无余。优昙开敷，香洁盈满。法施之恩，郡居之感，哀奉色身，经始灵塔于芜城西蜀冈之原。像教也，幽公自幼及衰，恒所亲侍，后请吏部员外郎赵郡李华为碑纪述，大历八年癸丑十二月也。大理司直张从申书，赵郡李阳冰题额。其塔亦幽公经度。建塔之地，广袤如素，高卑得中。周临四衢，平视千里。门人环莳列柏，荐以名香。其塔属会昌中例皆毁焉。

唐杭州华严寺道光传

释道光，姓褚氏，喻齓出家。方冠受具，诣光州和尚学通毗尼。于时夏浅德崇，坛场属望，盖天赉真士，为东南义虎，云雨慈味，笙镛道声。光持法华经，创塔庙，洎没身不怠也。上元元年庚子仲秋示疾，终于本寺，春秋七十九，法腊五十八。是日驰阳昧昧，淫雨偲偲，烈风祟朝，嘉木为折，乃东土福尽之征也。俄然喜气五色，亭亭如盖，移晷不散，偏映精庐，即西方往生之意也。初光未殁，其月三日质明，支疾凝神，依色身观，弥陀具相现在其前。满庭碧华，昔所未睹者。四日昧爽，有异人请光为和尚，遂开目弹指曰:“但发菩提心。”至五日，曼陀罗华自天而雨。门人神烈、义津追慕弗遑，各分法味，流布行化，香火无穷云。

唐扬州大云寺鉴真传

释鉴真，姓淳于氏，广陵江阳县人也。总丱俊明，器度宏博，能典谒矣。随父入大云寺，见佛像，感动夙心，因白父求出家。父奇其志，许焉。登便就智满禅师，循其奖训。属天后长安元年，诏于天下度僧，乃为息慈配住本寺，后改为龙兴。殆中宗孝和帝神龙元年，从道岸律师受菩萨戒。景龙元年，诣长安。至二年三月二十八日，于实际寺依荆州恒景律师边得戒。虽新发意，有老成风，观光两京，名师陶诱。三藏教法，数稔该通，动必研几，曾无矜伐。言旋淮海，以戒律化诱，只为一方宗首。冰池印月，适足清明；猊座扬音，良多响答。时日本国有沙门荣睿、普照等东来募法，用补缺然。于开元年中，达于扬州，爰来请问，礼真足曰："我国在海之中，不知距齐州几千万里。虽有法而无传法人，譬犹终夜有求于幽室，非烛何见乎？愿师可能辍此方之利乐，为海东之导师乎！"真观其所以，察其翘勤，乃问之曰："昔闻南岳思禅师生彼为国王兴隆佛法，是乎？又闻彼国长屋曾造千袈裟来施中华名德，复于衣缘绣偈云：'山川异域，风月同天，寄诸佛子，共结来缘。'以此思之，诚是佛法有缘之地也。"默许行焉。所言长屋者，则相国也。真乃慕比丘思托等一十四人，买舟自广陵赍经律法离岸，乃天宝二载六月也。至越州浦，止署风山。真夜梦甚灵异。才出洋，遇恶风涛，舟人顾其垂没，有投弃栈香木者。闻空中声云："勿弃投。"时见舳舻各有神将介甲操仗焉，寻时风定。俄漂入蛇海，其蛇长三丈余，色若锦文。后入鱼海，鱼长尺余，飞满空中。次一洋，纯见飞鸟集于舟背，压之几没。洎出鸟海，乏水。俄泊一岛，池且泓澄，人饮甘美。相次达于日本，其国王欢喜迎入城大寺安止。初于卢遮那殿前立坛，为国王授菩萨戒。次夫人、王子等，然后教本土有德沙门足满十员，度沙弥澄修等四百人，用白四羯磨法也。又有王子一品亲田舍宅造寺，号招提，施水田一百顷。自是已来，长敷律藏，受教者多，彼国号大和尚，传戒律之始祖也。以日本天平宝字七年癸卯岁五月五日，无疾辞众，坐亡，身不倾坏，乃唐代宗广德元年矣。春秋七十七，至今其身不施苎漆，国王贵人信士时将宝香涂之。僧思托著东征传祥述焉。

唐杭州天竺山灵隐寺守直传

释守直，字坚道，钱塘人也，姓范氏，齐信安太守瑝之八叶。礼既冠众，君子器之。夙有丘园之期，不顾玄纁之锡。遂诣苏州支硎寺圆大师所受具足律仪。是夜，眼中光现长一丈余，持久方灭，盖得戒之验也。后抵江陵，依真公。三年练行。寻礼天下二百余郡，圣迹所至，无不至焉。见无畏三藏，为受菩萨戒。闻普寂大师传楞伽心印。讲起信宗论二十余遍，南山律钞四十遍，平等一雨，大小双机在乎圆音，未尝少异。乃立愿诵华严经，还于中宵梦神人施珠一颗。及觉，惘惘然如珠在握。是岁入五台山，转华严经二百遍，追夙心也。宏览大藏经三过，广正见也。至开元二十六年，有制举高行，俗道请正名隶大林寺，后移籍天竺住灵隐峰，时大历二年也。至五年三月，寓于龙兴净土院，谓左右曰："夫至人乘如而来，乘如而去，示其心然也。而愚夫欲以长绳系彼白日，安可得乎？吾景落桑榆，岂淹久也？"以其年此月二十九日告终，春秋七十一，僧腊四十五。其间临坛度人多矣，显名者洞庭辩秀，湖州皎然、惠普、道庄，会稽清江、清源，杭州择邻、神偃，常州道进。昼公著塔铭云。

唐洪州大明寺严峻传

释严峻，姓樊氏，潍州人也。父任硖州长史、昭王府司马。峻性地夷然，学习明利。年及十九，应进士举。倏罹荼蓼，思报劬劳，投南阳佛寺。后抵荆州玉泉山兰若，遇真禅师，示其禅观，入城泊大云寺。峻秉持戒印，用之不祁，凭附浮囊，渡之攸往。众请临坛，复举律之宗主，僶俛承命。忽逢观净禅师，顿明心法。大历元年，思往清凉山，未达庐陵，见颜鲁公，一言相契，胶漆如也。二年春，宜春太守俾僧正驰疏请召。四年春，洪州刺史李华员外延入大明寺住止。三月中，俄命沐浴换衣，举望空虚，合掌而逝，春秋五十九。迁塔，弟子圆约等于寺前大泉池立碑存焉。

唐会稽开元寺昙一传

释昙一，姓张氏，盖韩人也。其先轩辕赋姓，至良佐汉，侯于留。魏晋已还，衣冠继代。僧祖恒，隋太常卿，扈跸扬都，遂家于越。恒生孝廉翼，翼生处士葳，葳生一，令闻江南，今四叶矣。一宿植净因，生知慧性，弱而敏悟长而聪明。年十五，从李滔先生习诗礼，终日不违。十六，听云门寺茂亮法师经论，一闻悬解。法师异之，谓其母孟氏曰："此佛子也，可令削发，当与授记。"亮即孝和皇帝菩萨戒师也。一闻而欢喜，有度世之志。景龙中，承恩出家，隶在僧录。年满受具于丹阳玄昶律师，学通事钞于当阳昙胜律师。既而钻木见烟，窥墙睹奥。开元五年，西游长安，依观音寺大亮律师，传毗尼藏，崇圣寺檀子法师学唯识、俱舍等论，安国寺印度沙门受菩萨戒。于是莲华不染之义，甘露甚深之旨，一传慧炬，了作梵雄。远近瞻仰，如宗师矣。然刃有余地，时兼外学，常问周易于左常侍褚无量，论史记于国子司业马贞。遂渔猎百氏，囊括六籍，增广闻见，自是儒家，调御人天，皆因佛事。公卿向慕，京师籍甚。时丞相燕国公张说、广平宋璟、尚书苏瑰、兖国陆象先、秘书监贺知章、宣州泾县令万齐融，皆以同声并为师友，虽支许之会虚嘉，宗雷之集庐岳，未云多也。四分律者，后秦三藏法师梵僧佛陀耶舍传诵中华，与罗什法师共为翻译，今之讲授，自此员来。魏法聪律师始为演说，聪授道覆，覆授光。洎隋朝相部励律师作疏十卷，西京崇福寺满意律师盛传此疏，付授亮律师。其所传授一，一依励律师疏及唐初终南宣律师四分律钞三卷，详略同异，自著发正义记十卷。明两宗之踳驳，发五部之钤键。后学开悟，夜行得烛，前疑泮释，阳和解冰，佛日昭晰而再中，法栋峥嵘以高峙，发正记中斥破南山持犯中可见也。二十五年，仗锡东归。明年诏置开元寺，长史张楚举为寺主，因而居焉。一声振京华，道高吴会，布大慈以摄众，修万行以表仪。顺风问道者毂击肩摩，函丈请益者波委云萃。虚受之量，随而演说，故前后讲四分律三十五遍，删补钞二十余遍焉。江淮释子受木叉者，非一登坛即不为得法。从持僧律，盖度人十万计矣。至德之际，国步多艰，缁徒慢法，罕率经教。国相王公出镇于越，以一德名素高，请为僧统。一变清净，大阐熏修，浃旬之间，回邪入正。善诱潜化，皆此类焉。始者一入关谒明达法师，目之曰："汝人中师子也。"又遇遵善寺尼慈和，歌曰："昙一师，解毗尼，大聪明，更无疑。"为达人之所谚多矣。天宝十四载，浙河潮水南激钱塘，大云伽蓝当兹湍浮，因请一讲律，学徒千人咸发大愿。每上，念摩诃般若，乃止涛激，以福伍胥、龙王。用兹庄严，祈于卫护。五月晦夜，惚恍之间，见一神人，衣冠甚伟，稽首谢曰："蒙垂法施，即改波流。"未逾九十日，涨沙五十里，道俗惊叹，得未曾有。一蔚为法主，大扬教迹，发明前佛之付嘱，保证后佛之护念。四句作偈，受持者了于未了；一音演法，谛听者闻所不闻。非夫天地淳精，江山粹灵，与法作程，间世而生，孰能玄通密证如此其大者乎？寺中洪钟，一所作也，远征凫氏，近法雷门。生存累年，匠其规制，殁后三日，成于镕造，声应百里，扛乎万钧，蒲牢叫而地震，师子吼而山崩，警悟聋俗，导引迷方，胡可言也！法谢形离，薪尽火灭，以大历六年十一月十七日迁化于寺之律院，报龄八十，僧腊六十一。即以明年十一月二十四日迁座于秦望山，从先和尚之茔也。一春秋已高，精爽逾励，既不衰惫，初无疾苦。忽谓侍者曰："吾将扫礼坟塔，归骨于此。"数日之后，奄然而终。江淮之南，河洛之表，衣缞制服，执绋送丧，号哭满山，幡华蔽野，比夫剧孟之母送车千乘，孔丘之墓栽树万株，可同年哉！门人越州妙喜寺常照、建法寺清源、湖州龙兴寺神玩、宣州隐静寺道昂、杭州龙兴寺义宾、台州国清寺湛然、苏州开元寺辩秀、润州栖霞寺昭亮、常州龙兴寺法俊等，早发童蒙，咸承训诱，三千弟子仰梁木而增悲，八万门人望栴檀而不及。时会稽徐公浩素敦乡里之旧，为碑颂德焉。大历十一年也。

宋高僧传卷第十四

宋高僧传卷第十五

宋左街天寿寺通慧大师赐紫沙门赞宁等奉　敕撰

明律篇第四之二（正传十九人附见三人）

唐余杭宜丰寺灵一传

释灵一，姓吴氏，广陵人也。神清气和，方寸地虚，与大和元精合其纯粹。年肇九岁，僻嫌朽宅，决入梵园，堕息慈之伦，禀出家之制。暨乎始冠，受其具足，学习无倦，律仪是修。示见谈笑，欲明解脱。示人文艺，以诱世智。初不计身中有我，我中有身。德全道成，缘断形谢，以宝应元年冬十月十六日，寂灭于杭州龙兴寺，春秋三十五，凡满十五安居。临终，顾谓弟子行荼毗法，树小浮图焉。时左卫兵参军李纾、嘉兴县令李汤、左金吾卫兵曹参军独孤及相与悼梁木之既坏，虑陵谷之当迁，后之人礼应真之塔婆，昧应真之德行，故刻石于武林山东峰之阳也。一家富货殖，既而削发，推千金之产，悉让诸孤昆弟，所取者惟纳衣锡杖。自尔叩维扬法慎师，学相部律，造乎微而臻乎极。友善者慧凝、明幽、灵祐，会稽昙一，晋陵义宣，同门三益，作者七人也。一咳唾尘境，继日经行，宴坐必择山椒树下。初舍于会稽山南悬溜寺，接禅者隐空、干靖，讨论第一义谛。或游庆云寺，复居余杭宜丰寺。寺邻生丹山，门对佳境，冏然独往。暴风偃山，正智不动，巨浪沃日，浮囊不飘。于是著法性论，以究真谛，此一之了语也。每禅诵之隙，辄赋诗歌事，思入无间，兴含飞动。潘阮之遗韵，江谢之阙文，必能缀之，无愧古人。循循善诱，门弟子受教，若良田之纳膏雨焉。一迹不入族姓之门，与天台道士潘志清、襄阳朱放、南阳张继、安定皇甫曾、范阳张南史、吴郡陆迅、东海徐嶷、景陵陆鸿渐为尘外之友，讲德味道，朗咏终日。其终篇必博之以文，约之以修，量其根之上下而授之药焉。一居寺高隅，初无井泉，一旦呀然而涌，喷金砂之溜于庭之左右，挹之弥清，斛之无竭，盖精至之感矣。诗行于世，有选其尤者入间气集焉。

唐吴郡东虎丘寺齐翰传

释齐翰，字等至，吴兴沈氏之子。高祖陈国子祭酒，曾祖隋魏州司马，祖考三世不仕。翰绮岁从父至山寺，蹈高静无尘之躅，恻然有宿命之知，固请舍家。至天宝八载八月五日奉制度，配名永定寺。九载十月，跻五分坛，纳形俱戒，移名开元。大历中转隶武丘，皆两州道俗所请从命也。翰道性渊默，外则淡然。迹不近名，身不关事，长在一室，寂如无人，岂比夫骈行鼓簧之士哉？颛门相部义疏，精敏罕俦。明法华经，主苏湖戒坛，每当请首，则今时所谓坛长也。大历十年入流水念佛道场，是夜西方念中顿现，盖纯诚之所致也。即以其年终于本院，春秋六十八，法腊二十六。翰遇疾之日，谓门弟子曰:“有鹤从空飞下，回翔我前，尔曹见乎？必谢之期，小圣犹病，安能免哉？”受业门人如隐、戒坛宣兑等。与吴兴皎然结法门昆弟之交，俱高洁，难可轻慕焉。

唐润州招隐寺朗然传

释朗然，俗姓魏，世袭冠冕，其先随东晋南渡，则为南徐人也。开元中入道，受业于丹阳开元寺齐大师。天宝初受具于杭州华严寺光律师。后徙灵隐寺，依远律师，通四分律钞，重禀越州昙一律师，精研律部讲训，生徒四远响应。肃宗至德二年，恩命举移，隶名于慈和寺。上元中，刺史韦儇又请为招隐统领大德。即以其年讲授之暇，著古今决十卷，解释四分律钞数十万言，繁杂义例，条贯甚明，大行于世。观其先列古人之义，有所不安，则判断之，故号决也。决中自序，初依天竺威律师学习，复从远一二师也。凡戒坛则二十六登，皆为坛席之主。律钞凡二十八过讲。有馈遗者随丰薄，受而转施悲信二田。凡于教理，披文究义，皆言宿习之力也。执持戒检，斯须不违。大历十二年冬癸卯，趺坐如常，恬然化灭，时年五十四，僧腊三十五。越十三年春辛酉，建塔于山西原，缞麻之徒泣血千计。高行弟子清浩、择言等。请益弟子御史中丞洪府观察使韦儇、吏部员外李华、润州刺史韩贲、湖州刺史韦损、御史大夫刘暹、润州刺史樊冕，皆归心奉信。屯田员外郎柳识为碑颂焉。

唐越州称心寺大义传

释大义，字元贞，俗姓徐氏，会稽萧山人也。以天授二年五月五日，特禀神异，生而秀朗。七岁，父训之以经典，日可诵数千言。年十二，请诣山阴灵隐寺求师，因习内法，开卷必通，人咸叹之。属中宗正位，恩制度人，都督胡元礼考试经义，格中第一。削染，配昭玄寺。自兹听习，旁赡玄儒。开元初，从吴郡圆律师受具。复依本州开元寺深律师，学四分律指训。义因游长安，深公已亡，乃抠衣法华寺玄俨律师，其俊迈出伦。俨云:“于今传法，非子而谁?”及称心本寺超律师请为寺任。开元中丧亲，誓入天台佛陇转藏经，答劬劳也。天宝中遂筑北坞之室，即支遁、沃州之地也。初梦二梵僧曰:“汝居此与二十日。”至宝应初，复梦曰:“本期二十日，今满矣。魔贼将至，不宜更处。”无何，海贼袁晁窃据剡邑，至于丹丘。义因与大禹寺迥律师同诣左溪朗禅师所，学止观，而多精达。前后朝贵归心者，相国杜鸿渐、尚书薛兼训、中丞独孤峻、洺州刺史徐峤、次徐浩，皆宗人也。以大历已未岁五月终于本院，春秋八十九，僧腊六十三。殡于寺之北坞旧居，因造塔焉。义前后戒坛计二十七登，受戒弟子三万余人。终时，室中闻天乐声，验乎生诵法华经、大涅槃经、小大乘戒本，以为口业德行，非归兜率，不往净土，未可议其生处也。

唐常州兴宁寺义宣传

释义宣者，晋陵人也。宿植利根，翛然出俗，不烦师训，砥砺厥心。纳法后，孜孜律科，时无虚度。玄儒旁综，长在篇章，卒问捷给。而禀延陵恭让之风，雅得毗尼之体。初扬州法慎传于旧章，淮甸之间，推为硕匠。天宝初，宣敛衽抠衣，咨询弥久，辈流率服。慎且叹赏曰：“可畏乎！”宣讲终南事钞，请业于周律师之庭，考核尤精，乃著折中记六卷以解之。盖慊融济、崿、胜诸师有所纰谬故也。使是非各尽其分，人免据宗而阿比，从此立称耳。毗陵多出名士僧，有三宣，慧、德、义是欤。时于江都习业，与会稽昙一、闽川怀一、庆云灵一同门为朋也。晋陵既有三宣，慎门复出三一焉。江表资为美谈。宣天宝末盛行化导，罔究其终。

系曰：夫名以制义，所出无穷，奈何师资踵武，而犯教祖之讳乎？通曰：春秋贵贱不嫌同号也。或曰：滕齐不敌，俱书侯，乃曰不嫌同号。号与名岂得例诸？通曰：号大不嫌，名小岂嫌乎？矧以义宣始为名者，安知弟子成事于南山之门邪？然出家者必也无妨。一则姓既以华从梵，咸称释氏。一则西域无讳，此合从旃。具讳者周人以事鬼神，夏商无讳明矣。况乎宣师已生兜率，小为天人，大为菩萨，岂宜以鬼神事之？致令唐初高德胜士，往往止存一字名，职由讳之极矣。属今修撰，乃阙文也。乃知真谛无讳，俗谛闻似则惧。或曰：今沙门姓既为释，名复不讳，言我不随俗谛，云何对君主称臣？莫西域有否？通曰：姓名不对王者，臣妾表疏合然。昔齐帝问王俭，遂令对见称名。自汉至唐肃宗朝，始见称臣，由此沿而不革。良以沙门德薄，日就衰微，一往无复矣。又以法委国王，诚难改作。王谓为是，楷定莫移。故佛言虽非我制，诸方为清净者，不得不行也。

唐苏州开元寺辩秀传

释辩秀，俗姓刘氏，汉楚王交三十一代孙也。秀幼孤，诸父哀字，礼如教立，孝自天生。而宿植缘深，心田欲稔；因请伯氏，出家长行，哀而舍旃。事灵隐谋禅师，便能问津，图入道之意。所闻指训，如凉风入怀，醒然清悟。天宝四年，受戒于东海鉴真大师，传律于会稽昙一。至德中举高行，隶名于吴郡开元寺。乾元中，下诏天下二十五寺，各定大德七人，长讲戒律，秀应其数也。顷年于净土一门，不惌于念。尝谓人曰：“昔闻西方之行是有相大乘，此乃蓬心不直，非达观之说。何邪？夫出言即性，发意皆如，而一色一香，无非中道，况我正念乎？”秀坛场一十六番，度人孤制，律枢正持，僧纲自肯，湖南北皆宗仰焉。以建中元年六月十五日寝疾而终，春秋六十七，法腊三十五。当其逝日，有庭树一本，枝叶扶疏，朝华正敷而遽萎瘁。其年七月五日，迁灵龛于武丘西寺松门之右。门人道亮、道该、清会，偕绕旃檀之香树也。故观察使韦元甫、李栖筠、虢州刺史李纾、御史中丞李道昌尽钦慕往德，亦林下之交。霅昼为碑颂焉。

唐京师安国寺如净传

释如净，不详何许人也。甫参法位，当纳戒津，明练毗尼，砥砺名节。时恒讲勖，徒侣云屯。辞笔偕长，博达儒典。先是关中行智首律师四分律疏，魏郡法砺律师著疏别行。尔时关辅河北，各竞宗派，微似参辰。隋末唐初，道宣律师以首大疏为本，造删补律钞三卷，稍为会要，行事逗机。贞观已来，三辅、江、淮、岷蜀多传唱之。次装三藏弟子怀素者，先习钞宗，后委弃宣、砺之学，于咸亨年中别述开四分律记，后号新章欤。至代宗大历中，新章旧疏，互相长短。十三年，敕集三宗律匠，重定二家隆杀，时净推为宗主，语在圆照传。至建中二年，奏二疏并行，净之力也。盖以国相元公载笃重素公，崇其律教，乃命净为新疏主作传焉。

唐汉州开照寺鉴源传（慧观）

释鉴源者，不知何许人也。素行甄明，范围律道，苾刍表率，何莫由斯。后讲华严经，号为胜集，日供千人粥食，其仓箪中米粟才数百斛，取之不竭，沿夏涉秋，未尝告匮，其冥感如此。其山寺越多征应，有慧观禅师见三百余僧持莲灯，凌空而去，历历如流星焉。开元中，崔冀公宁疑其妖妄，躬自入山宿，预禁山四方面各三十里火光。至第三夜，有百余支灯现，兼红光可千尺余。冀公蹶然作礼，叹未曾有。时松间出金色手，长七尺许，有二菩萨黄白金色闪烁。然复庭前柏树上，昼现一灯，其明如日，横布玻璃。山可三里所，宝珠一颗圆一丈，熠爚可爱。西岭山门悬大虹桥，桥上梵僧、老叟、童子间出，有二炬烂然空中，如相迎送交过之状。下有四菩萨，两两偶立，放通身光，可高六七十尺。复见大松林后忽有寺额，篆书三学字。又灯下垂绣带二条。东林之间，夜出金山。月当于午，金银二色灯列于知铉师坟侧。韦南康皋每三月就寺设三百菩萨大斋，菩萨现形捧灯，僧持香灯引挹之，炉在寺门矣。白中令敏中睹瑞，兴立此寺。大中八年，改额曰开照。源律师道化，与地俱灵哉！弟子传讲，东川所宗也。

唐吴郡双林寺志鸿传

释志鸿，俗姓钱氏，湖州长城下若人。本名俨，志鸿字也。少出俗于石门乡寺，则梁静林也。削染受具讫，往茂苑，亲道恒师盛集，研核精微。时昙清省躬，互相切磋，卒成洪绪。然慊先德释南山钞，商略不均，否臧无准，捕蝉忘后，补衮不完，囊括大慈、灵崿已下四十余师记钞之玄，勒成二十卷，号搜玄录。大历中，华严疏主澄观披寻，乃为序冠于首。然其解判不无所长，其如科节繁碎，是其短也。春秋一百有八岁，敕署为长寿大师焉。近世止行其字而已。今双林累遭兵革，加以水潦，碑碣失踪，阙于言行也。吁！其俨公氏族本生必与南山宣律师相同，亦为美事矣。

唐京兆安国寺乘如传

释乘如，未详氏族。精研律部，颇善讲宣，绳准缁徒，罔不循则。代宗朝翻经，如预其任。应左右街临坛度人，弟子千数。先是五众身亡，衣资什具悉入官库，然历累朝，曷由厘革。如乃援引诸律，出家比丘生随得利，死利归僧，言其来往来无物也。比丘贪畜，自兹而省者，职由于此。今若归官，例同籍没。前世遗事，阙人举扬。今属文明，乞循律法，断其轻重。大历二年十一月二十七日敕下，今后僧亡，物随入僧，仍班告中书门牒，天下宜依。如之律匠，非上训二众而已，抑亦奋内众之遗事。立功不朽，如公是乎！终西明、安国二寺上座。有文集三卷，圆照鸠聚流布焉。

唐襄州辩觉寺清江传

释清江，会稽人也，不详氏族。幼悟幻泡，身拘羁鞅，因入精舍，便恋空门，父母沮劝，建乎难拔。礼昙一律主为亲教师，讽诵经法，寓目俱通。长者品量之曰："释门千里驹也。"于浙阳天竺戒坛求法，与同学清源从守直和尚下为弟子。还听习一公相疏并南山律钞，间岁精义入神，举皆通畅。而善篇章，儒家笔语，体高辞典，又擅一隅之美，时少伦拟。其褊懆之性，不与人类。尝于一公少因不足，亦有舍和尚之讥。由是游方服勤，凡云律筵，无不预者。自责已曰："天下行半，少有如我本师者。"还会稽，一公犹老，当其僧大集时，击木唱："某再投和尚摄受。"时一公诟骂，江雨泪而忏悔曰："前念无知，后心有悟，望和尚大慈，施与欢喜。苟不许收，则越人不可以强售章甫也。"一公悯其数四求哀，乃曰："为汝含垢。"遂为师资如初。江有禅观之学。大历八年于汝渍遇忠国师，因弟子说自忠曰："此律师是和尚乡人。"乃欣然相会，寻往南阳，再谒国师，密传心要焉。

系曰：江尝为七夕诗，或谓之四背中一背也。通曰：诗人兴咏，用意不伦。慧休怨别，陆机牵牛星，屈原湘夫人，岂为色邪？皆当时寓言兴类而已。若然者，言火则焚口，说食则疗饥也矣。江之舍师，后乃扬师之美，反权合道也。实为此诗警世无常，引令入佛智焉。其故何也？详江遇忠国师大明玄理，无以域中小乘法拘之哉！

唐会稽云门寺灵澈传

释灵澈，不知何许人也。禀气贞良，执操无革，而吟咏性情，尤见所长。居越溪云门寺，成立之岁，为文之誉袭远。讲贯无倦，生徒戾止如阛阓焉。故秘书郎严维、刘隋州长卿、前殿中侍御史皇甫曾，睹面论心，皆如胶固，分声唱和，名散四陬。澈游吴兴，与杼山昼师一见为林下之游，互相击节。昼与书上包佶中丞，盛标拣其警句最所重者，"《归湘南作》，则有'山边水边待月明，暂向人间借路行，如今还向山边去，唯有湖水无行路'句。此僧诸作皆妙，独此一篇，使老僧见，欲弃笔砚。伏冀中丞高鉴深量，其进诸乎？其舍诸乎？方今天下有故，大贤勤王，辄以非急干请视听，亦昭愚老僧不达时也。然澈公秉心立节，不可多得，其道行空慧，无惭安远。复著律宗引源二十一卷，为缁流所归。至于玄言道理，应接靡滞，风月之间，亦足以助君子之高兴也。"其为同曹所重也，如此。昼又赍诗附澈去见，佶礼遇非轻。又权德舆闻澈之誉，书问昼公，回简极笔称之。建中、贞元已来，江表谚曰："越之澈，洞冰雪。"可谓一代胜士，与杭标、霅昼分鼎足矣。不测其终。

唐扬州慧照寺省躬传

释省躬，睦州桐庐人也。为童强识，耆宿呼语，怪其志大而言高，每厌樊笼。忽投圣德寺慕道从师，敕恩得度。性灵天发，于毗尼道，学如温习。复择名师，得姑苏开元道恒师。恒曰："甚矣，吾得躬也，门人日益亲。"及乎探颐精微，愈征愈远，时有击论互指为迷者，必请见躬为其判之，坐分曲直。谚曰"义尽省躬"，言到躬义无不尽也。其博综律乘，扞御师门也若此。恒曰："自吾有躬也，恶言不闻矣。"躬避席叶拱而对曰："某不佞也，仰师之道，若采扶桑以啖蚖蚕。所患者，未能呕繁丝以报主耳。"恒曰："视子吐园客五色丝，可供黼绣之资。言太谦矣。"晚赴维扬之召，广训徒焉。然其满口雌黄，品藻否臧古今之义。生徒明敏者各录之，都加润色，号顺正记十卷，行之。复著分轻重物仪别行，沿袭十三章门条例，外加近世现有物之重轻，颇为要用。躬复高儒学，作碑颂越多，以其曾化邪沟，故呼淮南记主，自号清冷山沙门焉。

唐吴郡包山神皓传（维亮）

释神皓，字恒度，姓徐氏。八代祖摛，齐竟陵王西邸学士。子陵，梁尚书左仆射，其文与庚子山齐名，迨陈国亡，因佐吴邑，遂家姑苏。皓乃为吴郡人也。天性耿洁，风韵朗迈。幼负脱俗之姿，寻依钱塘龙泉道场一公出家。天宝六年，降版诏精择真行，一州许度三人，皓居荐首，因隶僧籍于包山福愿道场。初进具于兴大师，次通律钞于昙一。后士讲律钞，五升坛场。遂乘舟归包山，使野叟诛茅，山童扫石，逍遥栖息。旋增修屋宇。乾元元祀，有诏天下二十七寺，各奏大德七人，长讲戒律。因请住开元寺，欲果其愿，且惧简书，遂僶俛从命。奉戒弟子开州刺史陆向前、给事中严涚、服道弟子礼部侍郎刘太真、前大理评事张象、钦风弟子前廉史亚相李栖筠请纲任海隅。一邑缁伍，三变至于道。末年工于圆宗，别置西方法社，诵法华经九千余部。贞元六年十月开元寺遇疾，至十二月，顾嘱弟子维亮曰："我弃世后，可归洞庭故山置塔。"说法而终。是夜瑠璃色天，星實如雨，西方兆眹，密现于前。春秋七十五，僧腊四十三。门人维亮有文有道，独步当时，执师之丧，不以证而废教也。传法弟子道超、灵俊、道浚、道棱、维让、维诚，皆一时英迈。雪昼为坟塔碑颂美云。

唐京师安国寺藏用传

释藏用，不详何许人也。从其拔俗，依栖嵩山空公为师。及乎年当应法，即于汾川炬律师所受上品形俱法。登诣洛中业公讲肄，研核律文，循其奥妙，无所不臻。洎闻有禅观之学，遂登庐陟霍，涉汉泛湘，望双峰之丛林。又归，开法京辇，道既精粹，训且均敷，蔼然为物楷模，向风宗重。当建中中，已仝三十许腊。寻应诏充临坛首席，相继度弟子越多。及居东城化塔，乃代宗之邸第也，推用主其纲任。苾刍至息慈，皆遵畏爱焉。席熊延客，挥麈开谈，指衡山石也，有以识前身；传曹溪钵也，有以知后际。是以门多长者之辙，室满度人之筹，益物良深，坐镇雅俗。贞元中，左司正郎王鍔、南台崔公继和之。如是数公将议标题，兵部正郎程浩作都序，职方正郎知制诰吴通微书之。四年戊辰岁也。用公长于律学，急护任持，为上都之表则也。

唐湖州八圣道寺真乘传

释真乘，姓沈氏，德清人也。厥父玄望孝廉举调兖州司马。母氏妊乘，有神光异气之祥。识者言“沈氏必大其阀阅”。暨诞生也瑰伟，长与宗族诸子杂处，若群草中之琪树焉。总丱之后，司马以文学喻之，令修官业，且愀然如有不得已之色。居处玩戏，则以佛像班布。父观其宿习，果请出家。属颜鲁公许试经得度，时已暗诵五百纸。比令口讽，一无差跌，大见褒异，落发配住八圣道寺得戒。后于通玄寺常进师所综习毗尼。进公见其俊迈也，诫同门曰:“乘虽少龄，不可以伯仲齿之。”后西上京师云华寺，学法华天台疏义，大著声望。又章信寺众僧辟其讲发，醉千日者一听而自醒，迷终身者暂闻而永悟，经宗律柄，兼讲无亏，籍甚缁行，烜赫京邑。贞元十一年，功德使梁大夫以德宗亟幸安国寺，奏乘移隶，以备应对，充供奉大德数焉。时本师无滞亦以道业，实蒙恩渥，奏举乘为国祈福无滞。忽梦乘捧一白莲华南去。无何，乘果疾，乞归田间，敕允。既还乡里，本郡守李公锜、田公敦、浙东率薛公戒，或踵门而劝登法座，或驰简而延莅戒坛。乘迫以法缘，悉所勉强，以是八为律学座主，四为临坛正员。凡训授度人，或巾屦结缘，一无所受。游五台山，礼文殊圣容，所见瑞相，不可胜言。后在护国寺礼佛名经一百周。忏法之余，撰法华经解疏记十卷。以元和十五年冬十月示疾而终于本寺。乘精于律法，长于演说。以长庆二年十月十三日焚身于韶村西隅，遵遗命也。万年县尉王甄为碑述德焉。

唐杭州灵隐山道标传

释道标，富阳人也。俗姓秦氏，其远祖与嬴同姓，世为汧陇大族。及晋东渡，衣冠随之，后为杭人也。其高曾至王父，皆沿以儒素，不甘为吏，故州里尊奉之。标生则孤明，长而深趣，老而坚固，盖良善之因有自来矣。年七岁时，神清气茂，不杂凡童。倏有大沙门手摩其顶曰:“此孺子目秀如青莲，得非我释氏之威凤乎？苟能舍家，必有善称。不然乘云霓，薄天汉，吾不可得而知也。”父允其请，遂为灵隐山白云峰海和尚弟子。妙高之上，唯日月是丽；娑竭之宫，固云雷斯蓄。至德二年，诏白衣通佛经七百纸者，命为比丘。标首中其选，即日得度，蒙配天竺寺焉。永泰初受具品于灵光寺颢律师。登以护戒严谨，为时所推。毗奈多罗之言，罔不该贯。凡度人戒计六坛，为众斜绳经一十二载。置田亩岁收万斛，置无尽财，与众共之。贞元中以寺务克丰，我宜宴息，乃择高爽，得西岭之下，葺茅为堂，不干人事，用养浩气焉。标经行之外，尤练诗章，辞体古健，比之潘刘。当时吴兴有昼，会稽有灵澈，相与酬唱，递作笙簧。故人谚云："霅之昼，能清秀；越之澈，洞冰雪；杭之标，摩云霄。"每飞章寓韵，竹夕华时，彼三上人当四面之敌，所以辞林乐府常采其声诗。由是右庶子姑臧李公益书云："重名之下果有斯文。西还京师，有以夸耀。"又景陵子陆羽云："夫日月云霞为天标，山川草木为地标，推能归美为德标，居闲趣寂为道标。"名实两全，品藻斯当。尔后声价轶于公卿间，故与之深者有相国李公吉甫、大司空严公绶、右仆射韩公皋、礼部侍郎吕公渭、滑亳节制卢公群、襄阳节制孟公简、同州刺史李公敷、凤翔尹孙公璹、浙东廉使贾公全、中书舍人白公居易、隋州刺史刘公长卿、户部侍朗丘公丹、外郎裴枢、秘阁严维、小谏朱放、越廉问薛戎、夕拜卢元辅、常州释元浩、润州释南容、金华释干辅、吴门释光严、上都释智崇等，并心交尘外，分契林中。万境在空，驱之为射御；五峰满眼，立之为疆场。文雄而再鼓不衰，神王而一战自胜者也。以长庆三年示有微疾，六月七日归灭于所居兰若。至冬十月三日，葬于旧山，春秋八十有四，法腊五十八。弟子如玢、如辩、行俭、省言、常俭、智猷、日超等，皆得师之法，仿仰不遑。空围绕于栴檀，恨满盈于石室，至今杭民谓之西岭和尚矣。开成五年中郑素卿录德行刊碑颂，立于天竺山之东墟存焉。

唐衡岳寺昙清传

释昙清，未详何许人也。幼持边幅，罔或迷方，以谨昏啜，究穷佛旨。乃负笈来吴北院道恒宗师法会，与省躬犹滕薛之前后也。旋留南岳化徒，适会元和中阆州龙与寺结界，时义嵩讲素新疏，杰出辈流，因云："僧只律云：齐七树相去，尔所作羯磨者，名善作羯磨。准此四面，皆取六十三步等，如是自然界约，令作法界上僧。"须尽集时，清遂广征难，如是往返，经州涉省，下两街新旧章南山三宗共定夺，嵩公亏理。时故相令狐楚犹为礼部外郎，判转牒，据两街传律断昙清义为正，天下声唱，勇执纪纲，清能干城矣。后著记号显宗焉。

系曰：清公南山宗崛起别峰，人咸景仰，与嵩、悟二公遇于必争之地，清果得俊。矧夫阆苑也，僻用律文，三隅不反。既成图状，学者流传，致其嵩公如填海底。至大中中玄畅公荐加褒贬，贬嵩之转沈尾闾中矣。

唐京师西明寺圆照传（利言）

释圆照，姓张氏，京兆蓝田人也。年方十岁，笃愿依西明寺景云律师。云亦一方匠手，四部归心。照当应法，乃受近圆，谨愿执持，如怀宝器。寻究经论，访问师承，维摩、法华、因明、唯识、涅槃、中观、华严新经，或深入堂皇，或略从染指。仍旁求于儒墨，兼擅美于风骚。律藏珠珍，专探日用。后则霜坛秉法，雁序度人。洎乎开元年中，敕选名德僧参其译务，照始预焉。至代宗大历十三年，承诏两街临坛大德一十四人齐至安国寺，定夺新旧两疏是非。盖以二宗俱盛，两壮必争，被擒翻利于渔人，互击定伤于师足。既频言竞，多达帝聪，有敕令将二本律疏定行一家者。时照等序奏云："按四分律部主，梵云昙无德，秦言法藏。自姚秦弘始五年壬寅岁罽宾三藏佛陀耶舍，秦言觉明，讽出梵文，沙门竺佛念听而笔受，成四十五卷。至十一年岁次戊申，支法领又从西国将梵本来，于长安中寺重雠校，殆十四年辛亥译毕，沙门慧辩等笔受，成六十二卷。后有魏朝道覆律师于法聪讲下纂成疏六卷，北齐慧光律师造疏二本，次道云律师修疏九卷，次道晖撰疏七卷，隋朝法愿裁疏十卷。自唐平一天下也，四方昌阜，三宝增明，有智首律师述疏二十一卷，次慧满律师造疏二十卷，事各一时流通绝矣。当武德元年戊寅岁，有相州日光寺法砺律师制疏，至九年丙戌岁成十卷，宗依成实论，今称旧疏是也。洎高宗天皇大帝咸亨元年岁在庚午，有西太原寺怀素律师撰开四分律宗记十卷，宗依根本一切有部、大毗婆沙、俱舍等论，称新章疏是也。至我皇帝受佛付嘱，钦尚释门，信重大乘，遵承密教。见两疏传授，各擅颛门，学者如林，执见殊异，数兴诤论。圣慈愍念，务息其源，使水乳无乖，一味和合。时遣内给事李宪诚宣敕，勾当京城诸寺观功德使镇军大将军刘崇训宣敕云：'四分律旧疏、新疏宜令临坛大德如净等于安国寺律院佥定一本流行。’两街临坛大德一十四人俱集安国寺，遣中官赵凤诠敕尚食局索一千二百六十人斋食并果实解斋粥一事，已上应副。即于安国寺供僧慧彻、如净等十四人，并一供送充九十日斋食，用茶二十五弗，藤纸笔墨，充大德如净等佥定律疏用。兼问诸大德各得好在否？又敕安国寺三纲，‘佥定律疏院，一切僧俗辄不得入，违者录名奏来”云。其时天长寺昙邃，净住寺崇睿，西明寺道邃、兴泚，本寺宝意、神朗、智钊、超侪，崇福寺超证，荐福寺如净，青龙寺惟干，章信寺希照，保寿寺慧彻，圆照共奉表谢。答诏云：‘师等道著依经，功超自觉，承雪宫之旨奥，为火宅之凉飓。四分律仪，三乘扃键，须归总会，永息多门。一国三公，谁执其咎。初机眩曜，迷复孔多，爰命有司婢供资费，所烦笔削，伫见裁成。所谢知悉。’其日品官杨崇一宣敕荐福、温国两寺三纲与净土院检校僧等‘严饰道场，命僧行道，用五十四人，起今月一日，转经礼佛，六时行道；至来年二月一日散。其设斋食料一事已上，令所司只供，宜各精诚，问师等好在’。及解道场，中官李宪诚宣敕语温国寺转念道场四分律临坛大德等：‘释门三学，以心印相传；无上菩提，以戒法为根本。道场毕日，即宜赴大安国寺楷定律疏，十道流行。’至二月八日，敕检校道场大德昙邃、飞锡等，道场定取十日散，设斋外，各赐绢帛。其十四人律师，并令赴安国寺修疏，程才品用，各得其宜。众推如净、慧彻同笔削润色，圆照笔受正字，宝意纂文佥定，超侪笔受。其崇睿已下九人证义，共议篇题云‘敕佥定四分律疏卷第一，京城临坛大德某等奉诏定’，以此为题也。”照为首唱，诸公和之。其间厥义非长，若农夫之去草；其义合理，犹海客之采珠。可谓名解毗尼，不看他面。

俄属德宗即位，改元建中，其年五月疏草毕。六月望，敕圆照依国子学大历新定字样抄写进本。至十二月十二日送祠部进新佥定疏十卷。仍乞新旧两疏许以并行，从学者所好。敕宜依照，务其搜集，专彼研寻。著大唐安国寺利涉法师传十卷，集景云先天开元天宝诰制三卷、肃宗代宗制旨碑表集共二卷、不空三藏碑表集七卷、隋传法高僧信行禅师碑表集三卷、两寺上座乘如集三卷、佥定律疏一行制表集三卷、般若三藏续古今翻译图纪三卷、大乘理趣六波罗蜜多经音义二卷、三教法王存没年代本记三卷（上卷明佛，中道，下儒也）、翻经大德翰林待诏光宅寺利言集二卷、再修释迦佛法王本记一卷、佛现八相身利益人天成正觉记一卷、判方等道场欲受近圆沙弥忏悔灭罪辩瑞相记一卷、五部律翻译年代传授人记一卷、庄严寺佛牙宝塔记三卷、无忧王寺佛骨塔记三卷、传法三学大德碑记集十五卷、建中兴元贞元制旨释门表奏记二卷、御题章信寺诗太子百寮奉和集三卷、贞元续开元释教录三卷，照自序云："伏以开元十八年岁在庚午，沙门智升修撰释教录，洎乎甲戌，经六十五年，中间三藏翻经，藏内并无收管，恐年代浸远，人疑伪经，又先圣大历七年许编入，制文犹在。"时帝敕宜依，至今江表多集此集中经而施用焉，照于律道，颇有功多。肃、代二朝，尤为杰立，累朝应奉，赐紫、充临坛两街十望大德、内供奉检校、鸿胪少卿，食封一百户。后终于别院。春秋八十二，法腊五十八云。

系曰：刊正二宗，会归一见，庶几知有定分，不横驰求。何以诸师却请双行，不其感欤！通曰：是此举也，则元载所请，帝乃曰俞。究其始因，乃新章也，挟力轮摧相部，独存于我，专利于人。亦犹纪昌俄遇飞卫，并其箭术，成我材官。御大辂而废其椎轮，得火生而焚其木母。窃量诸德，微愤不平，故奏双行，同不佥定。则何异乎眼头生目，匪成三点之伊，必须声后知音，方验一夔之足。因排法砺，三本生焉。旧有南山，四家出矣。又如东汉季也，灭一跋扈，生四强臣。初止政出一门，末云赂归四贵。若然者，骈拇悬瘤，虽多无用。然则吾善用多矣。大集经云："如是诸见，不妨诸佛法界及大涅槃，依之修行，皆得解脱。"此通方之大解也哉。

宋高僧传卷第十五

宋高僧传卷第十六

宋左街天寿寺通慧大师赐紫沙门赞宁等奉　敕撰

明律篇第四之三（正传十九人附见二人）

唐朔方龙兴寺辩才传

释辩才，姓李氏，襄阳人也。母氏妊之，倏恶荤血，冥然一食，虚淡终辰。及其诞弥，异香盈室，宗党怪焉。七岁依岘山寂禅师出家，厥长者明记每受经法，必以等身为限。字不重问，义不再思，师甚器之。年十六，遂削发，隶本州大云寺。次乃周游列郡，登陟名山，就荆州玉泉寺纳具戒。闻长安安国寺怀威律师、报恩寺义颁律师，法门具瞻，师资表率，遂伏膺请业。有疑必决，无义不通，厕于二宗，推为上首。天宝十四载，玄宗以北方人也，禀刚气，多讹风，列刹之中，余习骑射，有教无类，何可止息。诏以才为教诫，临坛度人。至德初，肃宗即位。是邦也宰臣杜鸿渐奏才住龙兴寺，诏加朔方管内教授大德。俾其训励，革猃狁之风，循毗尼之道。复命为国建法华道场。及驾回，既复两京，累降玺书。末涂尤于大乘顿教留心。永泰二年，贼臣仆固怀恩外招诱蕃戎，内赑金革。才劝勉毳裘，不诛华族。大历三载追入充章信寺大德。时府帅虢国常公素仰才名，与护戎任公，时亲道论。十三年冬，现身有疾，至暮冬八日，垂诫门徒已，安坐绳床，默然归灭，春秋五十六。越已未岁二月迁神于寺内西北隅。先是有邑子石颙从役于城上，其夜未渠，闻管弦之声自西至，乃天乐也。异香从空散下，则生净方之兆也。才自长安而旋于塞上，既受虢公知遇，大营福业，成此精庐，皆才之敦劝矣。敕谥大师曰能觉，仍赐紫衣一副，追远之荣，声闻塞外。天复中廷尉评王僧为碑颂德云。

唐京师章信寺道澄传

释道澄，姓梁氏，京兆人也。父涉中书舍人。生而奇表，辄恶荤肴，出家如归，无所顾恋。忽遇禅僧，摩顶与立名曰道澄，瓶锡常随，冥合律范，号律沙弥也。受具之后，习听南山律于诸学处，微其玷缺。然性都率略，住寺不恒，或奉恩、庄严、草堂等寺，所到便居，护生为切。建中二年，坐夏于云阳山，有虎哮吼入其门。澄徐语之，其虎摇尾褶耳而退。徙居章信寺，或问其故，澄曰："出家者可滞一方乎？西域三时分房，俾无贪著，观门易立矣。不然者，岂通方广恕乎？"贞元二年二月八日，帝于寺受菩萨戒，京甸倾瞻，赐赉隆洽，所受而回施二田矣。五年，帝幸其寺，问澄修心法门。又敕为妃主嫔御受菩萨戒。十六年四月，敕赐号曰大圆。十九年九月十八日，终于此寺焉。

唐钟陵龙兴寺清彻传

释清彻，未知何许人也。周游律肆，密护根门，即无常师，唯善是与。初于吴苑开元寺北院道恒律师，亲乎阃奥，深该理致，而钟华望无不推称。宪宗元和八年癸巳中，约志著记二十卷，亦鸠聚诸家要当之说，解南山钞，号集义焉。或云后堂至十年毕简，今豫章、武昌、晋陵讲士多行此义。尝览此记，繁广是宗。彻未知其终。

系曰：彻公言行，无乃太简乎？通曰：繁略有据，名实录也。昔太史公可弗欲广三五之世事耶？盖唐虞之前，史氏淳略，后世何述焉？今不遂富赡，职由此也。又与弗来赴告不书同也。诸有繁略不均，必祛诮让焉。

唐抚州景云寺上恒传

释上恒，姓饶氏，临川南城人也。童而有知，志学之年，发心舍家，从母党在空门而求摄受，教诵佛典，日计千言。壮齿，从南岳大圆大师纳戒，而听涉精苦。大历中，不去父母之邦，请隶于景云寺，修习无亏，亟淹年序。南山事钞，讲贯尤专。贞元初，徙居豫章龙兴寺，与庐阜法真、天台灵佑、荆门法裔、兴果神凑、建昌慧琎游也，埙篪合韵，水乳相资。法付王臣，故与姜相国公辅、颜鲁公真卿、杨凭、韦丹四君友善。提振禁防，故讲四分律，而迁善灭罪者无央数众。坐甘露坛二十许年，十有八会，救拔群生，剡浮东震，男女得度者一万五千余人。元和十年，微云乖悆，十月己亥，化于庐山东林寺，归全身于南冈石坟。住世七十七年，安居五十五夏。门人等树松柏，太原白居易为石塔铭云。

唐钱塘永福寺慧琳传

释慧琳，字抱玉，俗姓柯，新安人也。丱龄受业于灵隐西峰，为金和尚弟子，所传法要，断无重问。大历初，受具足戒于灵山会，习学三教，一领无遗。不乐声华，止好泉石，一入天眼二十余年，天眼即天目也。其山高三千丈，周围三百里，与天柱、庐阜等相俦匹。上有二湖，谓为左右目，登涉艰阻，数日乃到巅顶，多蛟龙，池潭三所。最上池，人不可近，气臭逆人，不可久视。或说山神作白鹿形，每五月与震泽龙会，必暴风雨焉。琳居此，率多妖异，而心不挠。元和丁亥，太守礼部员外城南杜。陟请出永福寺登坛。至己丑岁春，刺史兵部郎中裴常棣召临天竺寺坛。度人毕，归寺讲训生徒，向二十载。郡守左司郎中陆则、刑部侍郎杨凭、给事中卢元辅、中书舍人白居易、太府卿李幼公、刑部郎中崔鄯、刑部郎中路异相继九邦伯，皆以公退至院，致礼稽问佛法宗意，染指性相。此诸名公簪组上流，辞学高度，或号毗昙孔子，或名胜力菩萨，非琳何以感动哉？太和六年四月二十五日示灭，享寿八十有三，法腊六十四。以其年五月十二日葬于今永安寺西山之阳，码碯坡之左，石塔岿然存矣。

唐江州兴果寺神凑传

释神凑，姓成氏，京兆蓝田人也。生而奇秀，丱角出尘，远慕戒律，祈南岳希操师受具，复参钟陵大寂禅师。然则志在楞严经，行在四分律，其他诸教，余力则通。大历八年，制悬经、论、律三科，策试天下出家者，中等第方度。凑应是选，诏配九江兴果精舍。后从僧望移居东林寺，即雁门贯远之旧道场也，有甘露戒坛、白莲池在焉。既居是，嗣兴佛事，虽经论资神，终研律成务。凑羸瘠，视之颓然，州将门人医疗，而不愿进药。元和十二年九月遘疾，二十六日俨然坐终于寺。十月十九日，门人奉全身窆于寺西道北，祔雁门坟左，若僧诠葬近郭文之墓也。春秋七十四，夏腊五十一。凑以精进心脂不退轮，以勇健力挝无畏鼓，故登坛秉法垂三十年。一盂而食，一榻而居，衣缝枲麻，坐荐藁秸。由兹檀施臻集于躬，即回入常住无尽财中，与众共之。每夜捧炉秉烛，行道礼佛，徇十二时，少有废阙，如是经四十五载。生常遇白乐天为典午于郡相善，及终，悲悼，作塔铭云：“本结菩提香火社，共嫌烦恼电泡身，不须惆怅随师去，先请西方作主人。”

唐京兆圣寿寺慧灵传

释慧灵，未详何许人也。幼脱尘机，勤从诵习，及当应法，戒品方圆，锐意毗尼，探颐持犯，以行副解，心口相符。由是讲训，名望翕如也。人皆奉畏，神明如也。大中七年，宣宗幸庄严寺，礼佛牙，登大塔，宣问耆年，乃赐紫衣。其年六月，敕补灵为新寺上座矣。帝望寺西北废总持寺，乃下敕曰：“朕以政闲赏景，幸于庄严，其寺复殿重廊，连甍比栋。幽房秘宇，窈窕疏通，密竹翠松，垂阴擢秀，行而迷道，天下梵宫，高明寡匹。当建之时，以京城西昆明池势微下，乃建木浮图，高三百尺。藩邸之时，游此伽蓝，睹斯胜事。其总持寺，大业中立，规制与庄严寺正同，今容像则毁，忍草随荒，香径芜侵，尚存基址。其寺宜许重建，以副予心。”三月十一日，令三教首座辩章勾当修寺，及毕工，推灵为纲任，崇圣寺赐紫睿川充寺主，福寿寺临坛大德赐紫玄畅充都维那。灵居寺职，清众咸序，帝所钦重。寺中常贡梨华蜜，其色白，其味愈常，蜡房所取者。灵居新寺终矣。究其灵公如曾预代宗永泰中参译证义，则可年百奇岁矣。如不见不空、良贲，乃春秋夏腊无理知焉。

唐吴郡破山寺常达传

释常达，字文举，俗姓顾，海隅人也。发迹何阳大福山，游学江淮诸胜寺。达允迪中和，克完戒法，专讲南山律钞。后求涅槃圆音，法华止观，复通阴符、老、庄百家之书，其余分时之学，尽二王之笔迹。后随方参禅，诣于宗极。俄属武宗灭法，叹曰："我生不辰，不自我后！"由是寝默山栖，委裘遁世而无闷焉。宣宗重建法幢，荐兴精舍，合境民人皆达之化导，故太守韦曙特加崇重。身不衣缯纩，室唯蒙薜萝，四众知归，诸方慕化，其洁白鹤鹭如也。咸通十二年，合郭僧民请绍四众教诲。或游遨垧牧，或啸傲海壖，不出林麓，动经数载。虽贵士单车诣门，莫得而见。于七五言诗追用元和之体，着青山履道歌，播人唇吻。忽于自恣明辰，鸠众于长廊，合掌遂申长别，辞甚刚正。因卧疾不起，绝食七日而逝，实咸通十五年九月十六日也，春秋七十四，僧腊五十一。门人会清、传郎奉灵柩殡于寺之东南三百步。后年即坟起塔，颖川陈言撰塔铭，邑大夫汝南周思辑为檀信，乾符四年立碑焉。

唐越州开元寺丹甫传

释丹甫者，不知何许人也。性多警达，言必刚直，讲授唯勤，执持雅正。会稽风土，律范渊府也。甫之唱导，从之者若玄金之就磁石焉。本习业于亘文律师法集，文即省躬之游夏也，甫即躬之嗣孙。顺正命章，斡通秘赜。越自昙一、玄俨之后，罕能追蹑，甫之声尘迈于前烈。然尔时允文匠手，相部风行，甫介于大律之间，行事之时，草从风偃焉。咸通末出门生智章等传讲，今亦法嗣存焉。或闻著手记，寻且未获，吁，惜哉！

唐吴郡嘉禾灵光寺法相传

释法相，姓俞氏，吴长水人也。天宝中诞育，为孾儿卓异。七岁投师，受经法三浃旬，诵通法华全部。弱冠往长安安国寺，得满足戒，即人历中也。便于上京习毗尼道，诸部同异，无不该综，涉十一载，蔚成其业。传法东归，请学者如林。吴郡太守奏，于开元寺置戒坛，相预临坛之选。寻充依止，兼众推为寺纲管，恒施二众归戒。行佩漉囊，器不畜长。每有鸟栖于座侧，驰斥不去。会昌元年二月十日午时三刻，告弟子清浚、清高："吾当灭矣。"俨然累足右胁而逝。时众昼闻管弦清亮，乃天乐也；夕睹异光。春秋八十九，僧腊六十九。四月迁塔于来苏乡之原，白塔是也。后弟子率义州刺史曹信、大理司直吴方重修塔，发之，见相遗骨若铜色，舌相不坏，若芙蓉焉。齿全四十二。香汤沐之，重葬，盖景福二年癸丑岁五月二十二日也。高弟子公静，静弟子行蕴，蕴弟子仁表，表弟子玄杲，杲本清白之僧也，同鸿启重修灵光一寺，为兵革残毁之后也。杲公、启公后偕隐天台习禅观，相次终于山，焚之皆获舍利焉。

唐天台山国清寺文举传

释文举，姓张氏，婺州东阳人也。年甫至学，遂投师请法。十九落发，始堕息慈。贞元三年，敕度得戒。后十五年间，以四分律为学，时术之，昼夜翘勤，遂登讲训。次通法华经疏义，得智者之膏腴焉。举身量六尺余，其形如山，其貌如玉，静若止水，动如浮云。目不回视，口无戏言，四威仪中，无非律范。丹丘二众，仰为绳准。其奔走他方听受者，与佛窟则公禅道并驱而相高也。寻敕为国清寺大德。先是智者大师答隋炀帝问，立七日金光明道场，每年九月，遐迩征镇侯伯差人送供，事既无碍，黑白二众无远不届，人才填委，饮食阙焉。典座僧患之。大和中主事僧清蕴咨谋于举，置寺庄田十二顷。自此光明会不闻告乏，举之功欤！以会昌二年五月化去，门人幼清立塔于寺之西峰。春秋八十三，僧夏五十五。韩乂为碑颂德也。

唐会稽开元寺允文传

释允文，字执经，姓朱氏，今秀州嘉禾人也。权舆九岁，厥父云亡，然理命舍文奉佛。师授维摩、法华二经，敏速之性，再稔皆通，高达之士谓之重理耳。或戏问文曰:“尔出家之后，拟营何事业乎?”率然对曰:“当陟莲华台而作师子吼。”或诃诮之曰:“耆宿前敢尔。”或曰:“志欲得大，此子将来未易测也。”至十六岁，削顶周罗，披安陀会。相次裹足西上，投嵩山临坛大德远和尚边，获无作法，时年二十三矣。是夏即就中京攻相部律宗并中观论，补衣分卫，寒燠四周。既扣义门，必入师室，玄枢律范，尤见精微。大和五年，为思定省，忽叹归欤。既返故乡，淹时寝疾，未遑讲唱。后闻钱塘天竺寺讲大涅槃经，蔚为胜集，文往学焉。星岁未周，锋芒且露。开成元年，因游台峤，止息越之嘉祥寺，众藉清芬，甄命敷其经律。文戢约听徒，颇为严毅。常训之曰:“夫苾刍行非家法，具足别解脱律仪、众同分，是其自性，于其形色精进故，怖畏故，防守故。如是方疾得道果矣。不然，则弟子既堕，师道徒施。”闻其警策，有涕泗交横，悛心革行，思过半矣。会昌三年，移居静林寺，专以涅槃宣导。属乎武宗澄汰，例被搜扬。昼披缝掖之衣，夜着缦条之服，罔亏僧行，唯逭俗讥。大中伊始，复振空门，重整法仪，乃隶名开元寺三十人数。七年，寺之耆旧命讲律乘。乾符三年丙申秋，罢讲，览藏经。以中和二年壬寅六月二十九日微疾作而长逝，享龄七十有八，法腊五十五。其年七月十二日葬于石奇山之阳。遗言不许封树也。初文讲演升座，学徒畏惮，暗呜之际，人皆披靡，乃戒威德之若是。于嘉祥、静林、今大善三寺，讲相疏二十七座，大经二十五座。其为人也貌古而修长，锐顶而黖黑，执持密致，振鹭在庭，未足方其洁也。然亦猎涉儒墨，慕白傅自作志，预着方坟铭，藏于箧笥。门人怀益，因寻阅文籍，见而悲咽，遂从先师之志，建小塔焉。后门人怀肃、思寂命名德虚受增加后序。赞宁登会稽，曾礼文真相，见法孙可翔，苦节进修，叶杜多之行，故熟其事迹也。

梁京兆西明寺慧则传(元表)

释慧则，姓糜氏，吴郡昆山人也。九岁，博游才义，总玩儒经。善种发萌，条然厌俗，以大中七年就京西明寺出家。勤知讽诵，皆如曾习。九年，于本寺承恩得度。十四年，栖法宝大师法席覆讲，当年敕补备员大德。咸通三年，就崇圣寺讲俱舍论并丧服仪，出三界图一卷。七年，于祖院代畅师讲。十五年，敕署临坛正员。广明元年，巢寇犯阙，关中俶扰，出华州下邽避乱。中和二年，至淮南，高公骈召于法云寺。讲罢还吴，刺史杨公苦留，却游天台山国清寺挂锡。干宁元年至明州育王寺，撰塔记一卷，出集要记十二卷。武肃王钱氏命于越州临坛。以开平二年八月八日示疾坐亡。受生七十四，法腊五十四。窆于鄮山之冈。八戒弟子刺史黄晟营塔。则生常不好许直，以㧑谦推人为上。除讲贯外，轮诵经咒，自法华已降可三四十本，以资口业。览大藏教两遍，讲钞七十遍，俱舍、丧仪、论语各数遍。清苦执持，近苦罕有。入室弟子希觉最露锋颖焉。又元表者，贞谅之士也，言多峭直，好品藻人事，而高义解，从习毗尼，兼勤外学，书史方术，无不该览。早预京师西明寺法宝大师讲肆，迨广明中，神都版荡，遂出江表，居越州大善寺，讲南山律钞。，诸郡学人，无不趋集。表义理纵横，善其谈说，每挥麈柄，听者忘疲，号鉴水阇黎。著义记五卷，亦号鉴水。出门人清福，冠其首焉。

梁苏州破山兴福寺彦偁传（寿阇黎）

释彦偁，姓龚氏，吴郡常熟人也。揭厉戒津，锱铢尘务，勤求师范，唯善是从。末扣击继宗记主，得其户牖，乃于本生地讲导，同好鸠聚，律风孔扇，号为毗尼窟宅焉。先是海隅，巫咸氏之遗壤，招真治之旧墟，古寺周围不全，垝垣而已。尝一夜有虎中猎人箭，伏于寺阁，哮吼不止。偁悯之，忙系鞋，秉炬下阁，言欲拔之。弟子辈扶遏且止者三四，伺其更阑各睡，乃自持炬就拔其箭。虎耽耳舐矢镞血，顾偁而瞑目焉。质明，猎师朱德就寺寻虎，偁告示其箭，朱德悛心罢猎焉。武肃王钱氏知重，每设冥斋，召行持明法。时覆肩衣自肱而堕，还自塔上，或见鬼物随侍焉。所谓道德盛则鬼神助也。以贞明六年六月，终于山房，年九十九岁云。次寿阇黎者，淮浦左右，贞谅不群，防护正念，时少双偶。传南山律钞极成，不看他面。唐季杨氏奄有广陵，频召供施。四远崇重，食唯正命。不畜盈长，户不施关。及临坛度弟子，正秉羯磨，未周三法，忽尔坐亡于覆釜之畔，闻见惊叹欤！

后唐天台山福田寺从礼传

释从礼，襄阳人也。善事父母，颇扬乡里之誉。迨丧偏亲，乃果决舍家，于时年已壮矣。及登具足，请师传授戒文。念性殊乖，卒难舍本，往往睡魔相挠。礼忿其昏浊，作铁锥刺额兼掌，由是流血，直逾半稔，方遂诵通。自尔精持律范，造次颠沛必于是。以梁乾化中游天台，乃挂锡于平田精舍。后推为寺之上座，持重安详，喜愠不形于色，唯行慈忍。恒示众曰："波罗提木叉是我大师，须知出家非戒，则若猿玃之脱锁焉。"每所行持，切于布萨，诫众令护惜浮囊。时夏亢阳，主事僧来告"将营罗汉斋，奈何园蔬枯悴！请阇黎为祈祷。"礼曰："但焚香于真君堂。"真君者，周灵王太子，久闻仙去，以仙官受任为桐柏真人右弼，王领五岳司侍帝晨。王子乔来治此山，是故天台山僧坊道观，皆塑右弼形像，荐以香果而已。自此俗间号为山王土地，非也。时主事向仙祠而咒曰："上座要雨，以滋枯悴。"至夜，云起雨霏，三日而止。又僧厨阙用水槽栈，而山上有赤树中为材，来白礼。礼曰："某向真君道去，但庀徒具器以伺之。"无何，大风卒起，曳仆其树，取用足焉。其感动鬼神，率多此类。两浙武肃王钱氏闻之，召入州府，建金光明道场，檀施优渥。回施众僧，身唯一布纳。通夜不寐，一食常坐，且无盈长。同光三年乙酉岁冬十一月入灭，春秋七十九，僧腊五十二。火葬，收舍利，立塔存焉。

后唐杭州真身宝塔寺景霄传

释景霄，俗姓徐氏，丹丘人也。初之听涉在表公门，后慕守言阇黎义集，敷演于丹丘。执性严毅，寡与人交。狷急自持，多事凌轹，形器恶弱。后纳请往金华东白山，奖训初学。时有江西徽猷律匠，出义记曰龟鉴录，多学彭亨，领徒到霄寺，正值讲次，当持犯篇再三叹赏。自此声溢价高。每晨滴茶，一旦化为乳焉。著记二十卷，号简正，言以思择力故，去邪说而简取正义也。武肃王钱氏召于临安故乡，宰任竹林寺。未几，命赴北塔寺临坛，天成二年也。次命住南真身宝塔寺，终焉。迁葬于大慈山坞，以本受师号，塔曰清凉是欤。

后唐东京相国寺贞峻传

释贞峻，姓张氏，郑州新郑人也。唐张果先生之裔孙。今荣阳有张果里，其坟楸榎存焉。峻风度宽裕，髫龄不弄。年十四，忽超然离俗，人莫我知。虽二亲褰衣，昆弟截路，终弗能沮之。乃投相国寺归正律师出家，神机骏发，乍观可惊。虽背碑覆棋，彼不足多也。未几，讽彻净名、仁王诸经，计数万言。时同侪戏之曰："汝是有脚经笥也。"峻辞让斯题，恭逊而已。及削染为僧形，即听俱舍论，随讲诵颂八品，计六百行。至十八升论座。年满于嵩山会善寺戒坛院纳法，因栖封禅寺，今号开宝律院，学新章律疏。二十三，策名讲授，长宿积奇。当大顺二年，灾相国寺，重楼三门，七宝佛殿，排云宝阁、文殊殿里廊，计四百余间，都为煨烬。时寺众惶惶，莫知投迹。或曰如请得峻归寺，寺可成矣。乃相率往今开宝，坚请峻归充本寺上座。前后数年，重新廊庑，殿宇增华。又请为新章宗主，复开律讲，僧尼弟子日有五十余人，执疏听采，峻之律行，冰雪相高。暑无裸意，寒止夹衣，食惟知量，清约太过。乾化元年，临坛秉法。及梁朝革命，所度僧尼计三千余人。以同光二年夏四月十二日微疾而终。春秋七十八，法腊五十八。葬于寺庄，祔慧云禅师塔焉。

汉钱塘千佛寺希觉传

释希觉，字顺之，姓商氏，世居晋陵。觉生于溧阳，家系儒墨，属唐季丧乱，累被剽略，自尔贫窭。尝佣书于给事中罗隐家，偶问名居，隐曰："毗陵商家儿，何至于此！"叹息再三。多与顾直，劝归乡修学。至年二十五，叹曰："时不我与。或服晚乘轩，皆一期尔！"忽求出家于温州开元寺，文德元年也。龙纪中受戒，续揣摩律部，禀教于西明寺慧则律师，时在天台山也。则乃法宝大师之高足。广明中，关中丧乱，避地江表，觉始窥其墙，终见室家瑰富。以则出集要记解南山钞，不称所怀。何耶？古德妄相穿凿，各竞师门，流宕忘返，觉遂著记广之，曰增晖录，盖取曹植云“萤烛末光，增晖日月”。谦言增晖集要之日月也，二十卷成部。浙之东西，盛行斯录。暨乎则公长往，乃讲训于永嘉。武肃王钱氏季弟铧牧是郡，深礼重焉。寻为愚僧所诬塑，释而不问，徙于杭大钱寺。文穆王造千佛伽蓝，召为寺主，借紫，私署曰文光大师焉。四方学者骋骛而臻。觉外学偏多，长有易道，着会释记二十卷，解易，至上下系及末文甚备。常为人敷演此经，付授于都僧正赞宁。及乎老病，乞解见任僧职。既遂所怀，唯啸傲山房，以吟咏为乐。年八十一，然犹抄书籍异本，曾无告倦。未终之前，舍衣物，作现前僧得施，复普饭一城僧。自此困惫，每睡，见有一人纯衣紫服，肌肤软弱如绵纩焉，意似相伴。才欲召弟子将至，此人舒徐下床，后还如故。亲向赞宁说此，某知是天人耳。嘱托言毕而绝，享年八十五。生常所著拟江东谗书五卷，杂诗赋十五卷，注林鼎金陵怀古百韵诗、杂体四十章。觉之执持，未尝弛放，勤于讲训，切于进修。学则弥老而不休，官则奉身而知退，可谓高尚其事，名节俱全，长者之风，蔼然如在。所居号释氏西斋，慕吴兢之蕴积编简焉。

周东京相国寺澄楚传

释澄楚，姓宗氏，不知何许人也。爰祖暨考，偕贲丘园，高蹈不仕。母赵氏妊楚也，忽畏膻臊之臭。及乎诞生之夕，光烂充室，邻落咸惊。洎当七岁，亲党携之入寺，见佛像，辄嗟叹而作礼。归家问父曰：“唯佛独尔，余者如何？”父曰：“蠢动皆佛，何况人矣。”楚曰：“儿愿学佛，聊报二亲劬劳。”其父默而许旃。至十岁，于相国寺礼智明为师。未几，有童子聚戏而招诱之，楚曰：“汝何愚骙好嬉戏耶？且雪山善财亦童子，还如是否？”旁有闻者奇之曰：“子异日成法门伟器必矣。”受具已来，习新章律部，独能辄入毗奈耶窟穴。然其击难酬答，露牙伸爪，时号律虎焉。王公大人请益者，日且众矣。晋高祖闻而钦仰，诏入内道场，赐紫袈裟，寻署大师，号真法焉。自此皇宫妃主有慕法者求出家，命楚落发度戒。表里冰霜，更无他物，命为新章律宗主焉。以显德六年十月十一日无疾而终，首北面西，示佛涅槃相也。俗龄七十一，僧夏五十。始末临坛度僧尼八千余人。门人慧照等依西域法焚之，得碎身，分构砖塔缄藏之。左街首座悟皎作舍利塔记焉。

系曰：楚师明律，时号宗主者何？通曰：律有三宗，砺、素、宣是欤。宗各有主，故云也。

观夫是名也，岂无稽古乎？通曰：宗主二字，出阿含经也。

论曰：原夫人有人法，禁戒威仪是也。天有天法，光洁静虑是也。我佛利见，据于大千，化境斯宽，法门必众。举其会要，不过戒也、定也、慧也。此三为路，出其生死之乡；专一为门，通其涅槃之域。若乃资乎急用，在乎毗尼。毗尼防闲三业，三业皆净，六尘自袪。圣贤践修，何莫由斯道也。故论云："生死流转者三缚，缚心心难解脱。"当知此唯善说法律，能令解脱，非由恶说。因是而窥禁律乃度世之检括也。且夫菩萨戒净，则彰离垢之名；辟支戒完，则引无师之智。声闻戒足，时俱解脱而可期；内众戒坚，招感人天之不坠。由是观之，戒法之时大矣哉！自所推能从言索理，则毗尼也，木叉也。因则声教律焉，果则别解脱焉。直以时论，三世诸佛咸同制也。横从界说，十方净刹悉共行之。所以优波离过去七佛，咸以戒律嘱累之。论云："戒如捉贼，善擒制也。定如缚贼，用机械也。慧如杀贼，清道路也。以此成功立效，克取究尽三菩提者，决达清静之域也。"戒律之功，功无与比。矧以此法在师而不在资，唯闻佛制；行内而不通外，无许俗传。故曰曲授秘方，赐诸内众。事有悬合，物宜象求。在乎家人，严君设训。家人嗃嗃，同佛制教焉。妇子嘻嘻，同佛听门矣。一听一制，见其猛以济宽；一阴一阳，见其开物成务。夫如是，知戒律是佛之家法明矣。大则三聚感三身于果中，小则形俱持尽形于因地。受既如是，随则若何？有威仪焉，有细行焉。为有顺违，乃生持犯，由是繁广，因事制宜。及佛泥丸，集成律藏。初唯水乳相合，一家之业无殊；后则参辰各墟，五部之分不类。梦氎之占征矣，宗轮之论作焉，剡浮树高，分影犹归于月窟；阿耨池溢，下流须到于孟津。

迨夫大教东传，梵书西至。甘露本天人之食，汉土争尝；金乌还海上之飞，东方旧识。除经已译，问律何传？起后汉灵帝建宁三年，初翻义决律。次有比丘诸禁律至，即曹魏法时三藏游于许洛，睹魏土僧无律范，于嘉平中译羯磨僧只戒本，此乃此方戒律之始也。自尔萨婆多律，先化关中。五分僧只，风行雨施。迦叶遗部，戒本独来，婆粗富罗，闻名而已。况乎僧只部者，法显赍归。诸师判注，云是根本大众所传，非是百载五宗也。今着传家疑其未可。何耶？所览僧只现本，止三十卷，文因有数疑：一本小而末大（谓诸部文多，僧只卷略）；二中不含五部意；三不应大集悬记也。或曰："此略本传此方，犹法华、华严等经，巨万亿颂中略出一分也。僧只亦尔。"又说："昙无德律译有重单，准僧传止觉明口诵也。若据律序，有支法领重译之文焉。"如此古今相竞，且无指归，以义交征，其辞必息。寻律文本，即知异同，如众学戒初题云尸叉罽赖尼，如破伊兰叶，言此是觉明本也。如言式叉迦罗尼，如破伊罗叶，即是支法领本也。又一本三十卷，一本六十卷，谓纸墨分开不定，非也。分三十为六十，不其太相悬谬矣。若斯二译，皂白已分。复次元魏已前，诸受戒者用四分羯磨纳戒。及乎行事，即依诸律为随。何异乎执左氏经本专循公羊之传文也？

至魏孝文世，有法聪律匠于北台山始手披口释，道覆律师随听抄记，遂成义疏。权舆既尔，肯构繁乎。天轮而只候中星，大鼎而唯提附耳。邺中法砺，唐世怀素，新旧两名，各擅其美。砺乃成实有部，受体双陈；素唯寻祖萨婆，开宗独步。其有终南上士，澄照大师，肹蠁三生，逡巡千里，交接天人之际，优游果证之中，知无不为，绳愆纠谬，以护持教法为己任者，实一代之伟人焉。是以天下言行事者，以南山为司南矣。丁乎大历，新旧疏家互相短长，敕集三宗律师，重加定夺。时如净为宗主，判定二家，当建中中，始言楷正，号佥定疏是也。至今东京三宗并盛。至于秉法出没不伦，殊涂同归，师资尚异。至若成公演化，灵崿敷扬，不离三辅之间，俱僻百工之巧。文纲、道岸自北徂南，发正辅篇，从微至着，道流吴会，实赖伊人。净公作评家之师，源尚致感通之瑞，或抗表论没官之物，或成图证结界之非，或杰立一方，或才雄七众，述锋芒之义记，出豕亥之疑文。或熨帖纷拿，或整齐龃龉，若匪乘时之哲，便应逸气之英。不令像运之中微，降年唯永；终使寿星之下照，法命唯长。道假人扬，其在兹矣。

近以提河水味，转不如前；座像尘埋，仍观更没。大小乘之交恶，上中下之相凌，活寄四邪，行违七聚。威仪既缺，生善全亏，谓律为不急之文，放僧落自由之地。马令脱辔，象阙施钩，不习律仪，难调象马。遂令教法日见凌夷，短则行果微亡，折则年龄减少，合夫洪范中凶短折也。又曰慈父多败子，脱或翻恶归善，变犯成持，或众主之劝修，或名师之训导，假王臣之外护，必法教之中兴。如是则同五福中之一寿五考终命欤！又曰严家无格虏，故云毗尼是正法之寿命焉。此科所班，乃是炼金液转还丹之手，劝人服之，使其近添其寿，远则升仙。故我世尊凡制一戒，获其十利功德，意在令正法久住耳。

宋高僧传卷第十六

宋高僧传卷第十七

宋左街天寿寺通慧大师赐紫沙门赞宁等奉　敕撰

护法篇第五（正传十八人附见一人）

唐京师大庄严寺威秀传

释威秀，不知何许人也。博达多能，讲宣是务，志存负荷，勇而有仪。其于笔语掞张，特推明敏。无何，天皇即位，龙朔二年四月十五日敕勒僧道咸施俗拜。时则僧徒惶惑，罔知所裁。秀嗟教道之中微，叹君玉之慢法，乃上表称沙门不合拜。征引诸史，爰历累朝抑挫，朝才发令，夕又改图，皆非远略也。方引经律论以为量果，词皆婉雅，理必渊明。如云故出家不存家人之礼，出俗无沾处俗之仪，其道显然，百代不易之令典也。表上，敕百官集中台都议其事。时朝宰五百三十九人请不拜，三百五十四人请拜。时大帝至六月敕不拜君而拜父母，寻亦废止。秀之为法，实谓忘身乎！抗表之际，当年四月二十一日也。时京邑僧等二百余人往蓬莱宫，申表上请。时相谓秀等曰："敕令详议，拜否未定，可待后集。"秀等乃退。于是大集西明寺，相与谋议，共投启状，闻诸达官贵戚，若救头然。时宣律师上雍州牧沛王启，别上荣国太夫人启等。秀之批鳞，所谓以身许法也。

唐京兆大兴善寺复礼传

释复礼，京兆人也，俗姓皇甫氏。少出家，住兴善寺。性虚静，寡嗜欲。游心内典，兼博玄儒，尤工赋咏，善于著述，俗流名士皆仰慕之。三藏地婆诃罗、实叉难陀等译大庄严、华严等经，皆敕召礼令同翻译，缀文裁义，实属斯人。天皇永隆二年辛巳，因太子文学权无二述释典稽疑十条，用以问礼，请令释滞，遂为答之，撰成三卷，名曰十门辩惑论。宾主酬答，剖析稽疑，文出于智府，义在于心外，如斯答对，坚阵难摧。赤幡曳而魔党降，天鼓鸣而修罗退，权文学所举稽疑数义也，于余则难，在礼殊易。何邪？盖不知教有弛张，文存权实，谓为矛盾。故行吊伐之师，如小偏裨须请军门之命。无二既披来论，全释旧疑，乃复书云："续晨凫之足，凿混沌之窍，百年之疑，一朝顿尽。永遵觉路，长悟迷源，爇烦恼之薪，餐涅槃之饭，请事斯语，以卒余年云。"此虽一时之解纷，实为万代之龟鉴也。礼之义学，时少比俦，兼有文集行于代。加复深综玄机，特明心契，作真妄颂问天下学士，击和者数人。当草堂宗密师铨择臻极，唯清凉澄观得其旨趣，若卢郎之米粒矣。余未体礼师之见。故唐之译务，礼为宗匠，故惠立谓之"译主"。"译主"之名，起于礼矣。妙通五竺，融贯三乘，古今所推，世罕伦匹。其论二轴编入藏，酬外难之攻，但用此之戈盾也矣。

唐京兆魏国寺惠立传

释惠立，本名子立，天皇改为惠立，俗姓赵氏，天水人也。远祖因官徙寓新平，故为豳人焉。爰祖及父，俱驰高誉。立即隋起居舍人司隶从事毅之第三子也。生而岐嶷，有弃俗之志。年十五，贞观三年出家，住豳州昭仁寺，此寺即破薛举之战场也。立识敏才俊，神清道迈，习林远之高风，有肇融之识量。声誉闻彻，敕召充大慈恩寺翻经大德，次补西明寺都维那，后授太原寺主，皆降纶旨，令维寺任。天皇之代，以其博考儒释，雅著篇章，妙辩云飞，益思泉涌，加以直词正色，不惮威严，赴火蹈汤，无所屈挠。频召入内，与黄冠对论。皆惬帝旨，事在别传。立以玄奘法师求经印度，若无纪述，季代罕闻，遂撰慈恩三藏行传，未成而卒。后广福寺沙门彦悰续而成之，总十卷。故初题云沙门惠立本，释彦悰笺是也。立削藁云毕，虑遗诸美，遂藏诸地府，世莫得闻。尔后临终，令门侍掘以启之，将出，乃即终焉。初立见尚医奉御吕才妄造释因明图注三卷，非斥诸师正义。立致书责之，其警句有云："奉御于俗事少闲，遂谓真宗可了，何异乎鼷鼠见釜灶之堪陟，乃言昆丘之非难；蛛螯睹棘林之易罗，亦谓扶桑之可网。不量涯分，何殊此焉！"才由兹而寝。太常博士柳宣闻其事息，乃归信，以书檄翻经僧众云"其外御其侮，释门之季路也"。

唐洛京佛授记寺玄嶷传

释玄嶷，俗姓杜氏。幼入玄门，才通经法，黄冠之侣推其明哲，出类逸群，号杜又炼师。方登极箓，为洛都大恒观主。游心七略，得理三玄，道术之流，推为纲领。天后心崇大法，扬阐释宗，又悟其食蓼非甘，却行远舍，愿反初服，向佛而归。遂恳求剃落，诏许度之，住佛授记寺，寻为寺都焉。则知在草为英，在禽为雄，信有之矣。续参翻译，悉彼宗之乖谬，知正教之可凭。或问之曰："子何信佛邪？"嶷曰："生死飙疾，宜早图之，无令临衢整辔，中流伫楫乎？有若环车望斗，劾鬼求仙，以此用心，非究尽也。"乃造甄正论一部，指斥其失，令归正真，施设主客问答，极为省要焉。嶷不知厥终。

系曰：知彼敌情，资乎乡导；或入必争之境，免书弗地之讥。又犹秉爝霄征，便匪如人入暗。历闻玄嶷曾寄黄冠，熟其本教。及归释族，斥彼妄源。不须四月而试之，已纳一城之款矣。由是观之，脱有逜逆之者，则曰吾当说汝真。斯是之谓欤！

唐江陵府法明传

释法明，本荆楚人也。博通经论，外善群书，辩给如流，戒范坚正。中宗朝入长安，游访诸高达，适遇诏僧道定夺化胡成佛经真伪。时盛集内殿，百官侍听。诸高位龙象，抗御黄冠，翻覆未安，鯱虒难定。明初不预其选，出场擅美，问道流曰："老子化胡成佛，老子为作汉语化？为作胡语化？若汉语化胡，胡即不解。若胡语化，此经到此土，便须翻译未审此经是何年月，何朝代？何人诵胡语，何人笔受？”时道流绝救无对。明由此公卿叹赏，则神龙元年也。其年九月十四日，下敕曰：“仰所在官吏废此伪经，刻石于洛京白马寺，以示将来。”敕曰：“朕叨居宝位，惟新阐政，再安宗社，展恭禋之大礼，降雷雨之鸿恩，爰及缁黄，兼申惩劝。如闻天下诸道观皆画化胡成佛变相，僧寺亦画玄元之形，两教尊容，二俱不可。制到后限十日内并须除毁。若故留，仰当处官吏科违敕罪。其化胡经累朝明敕禁断，近知在外仍颇流行，自今后其诸部化胡经及诸记录有化胡事，并宜除削。若有蓄者，准敕科罪。”其月洛京大恒道观主桓道彦等上表固执，敕批曰：“朕以匪躬忝承丕业，虽抚宁多失，而平恕实专。矧夫三圣重光，玄元统序，岂忘老教，偏意释宗。朕志款还淳，情存去伪。理乖事舛者，虽在亲而亦除；义符名当，者虽有怨而必录。顷以万机余暇，略寻三教之文。至于道德二篇，妙绝希夷之境。天竺有空二谛，理秘真如之谈。莫不敷畅玄门，阐扬至赜，何假化胡之伪，方盛老君之宗。义有差违，文无典故，成佛则四人不同，论弟子则多闻舛互。尹喜既称成佛，已甚凭虚。复云化作阿难，更成乌合。鬼谷、北郭之辈，未践中天；舍利、文殊之伦，妄彰东土。胡汉交杂，年代亦乖。履水而说涅槃，曾无典据；蹈火而谈妙法，有类俳优。诬诈自彰，宁烦缕说。经非老君所制，毁之则匪曰孝亏；文是鄙人所谈，除之则更彰先德。来言虽切，理实未安。宜悉朕怀，即断来表。”明之口给，当代无伦。援护法门，由之御侮，恶言不入耳，其是之谓乎！

系曰：化胡经也，二教不平，其争多矣。无若法明一言蔽之。设或凝神抒思，久不可酬。况复万乘之前，孰能卒对？昔杨素见嵩阳观画化胡，素曰：“何不化胡成道，而成佛乎！”道士无言。观夫明之垂问，义含两意，正为化胡成佛，旁衅诸天仙言语与人不同，天言传授诸经，是谁辩译？其犹一箭射双凫，又若一发两豵之谓欤！

唐润州石圯山神悟传

释神悟，字通性，陇西李氏之子。其先属西晋版荡，迁家于吴之长水也。世袭儒素，幼为诸生。及冠，忽婴恶疾，有不可救之状。咎心补行，力将何施？开元中诣溪光律师，请耆域之方，执门人之礼。师示以遣业之教，一曰理忏。二曰事忏，此二者圣之所授，行必有征。遂于菩提像前，秉不屈之心，爇难捐之指。于时有异光如月朣胧绀宫，极苦可以感神明，至精可以动天地。盖人之难事欤！天宝四年，受具足戒，身始披缁。八年，举尤异行，名隶于寺。逮其晚节，益见苦心。每置法华道场九旬，入长行礼念观佛三昧，于斯现前因。语门人曰："夫阴薄日以何伤，风运空而不动，苟达于妄，谁非性也。"方结宇于劳劳山东。中据石圯，达分仙径，诸猛兽驯于禅榻，祥云低于法堂。中夜有山神现形，谓悟曰："弟子即隋故新成侯曹世安，生为列侯，死典南岭。今师至止，愿以此地永奉经行。"言讫，隐而不见。故吏部员外李华、殿中侍御史崔益同谒悟，尝问孔老圣教优劣，请陈题品。对曰："路伽邪典籍皆心外法，味之者劳而无证，其犹泽朽思华，干池映月，比其释教，夫何远乎？"如是往复，应答如流。华、益拱手，无以抗敌。其扞护释门，疆场畴敢侵轶乎？华乃一代之文宗，与萧颖士齐名，笔语过之。若此之儒，孰能抵角也。凡诸不逞之徒疑经难法者，悟必近取诸身，远喻于物，如理答酬，无不垂头搨翼者。十年辛卯春，寝疾，加趺坐而逝。享龄六十三，法腊二十六。阇维之日，获舍利五百余粒，珠颗累累，粲然在瞩。门人湛一、圆一等主之，迁塔焉。

唐金陵钟山元崇传（璇禅师）

释元崇，俗姓王氏，琅琊临沂人也。晋丞相始兴文献公子荟之后，自南朝沦废，世居句容。祖祢已来，非贤即哲。崇幼而孤秀，嶷若断山。心喻芙蕖，形同玉洁，风尘不杂，立志夷简。时年十五，奉道辞家，负笈洞天，餐霞卧云，师范陶许，精研妙句，独证微隐。乃恐至理未融，解脱方阻，因归心释典，大畅佛乘，三教齐驱，遘心世表。于是声振吴越，缁素异焉。采访使润州刺史齐平阳公闻其行业，虚伫久之，适会恩制度人，裒充举首。以开元末年因从瓦官寺璇禅师咨受心要，日夜匪懈，无忘请益。璇公乃揣骨千里骏足可知，因授深法。崇灵台虚彻，可舍百神，心鉴高悬，尘无私隐。既而声价光远，物望所知，金陵诸德请移所配栖霞寺。春秋逾纪服勤道务，彝伦有叙，时众是瞻。至德初，并谢绝人事，杖锡去郡，历于上京，遍奉明师，栖心闲境，罕交俗流。遂入终南，经卫藏，至白鹿，上蓝田，于辋川得右丞王公维之别业。松生石上，水流松下，王公焚香静室，与崇相遇，神交中断。于时天地未泰，豺狼构患，朝贤国宝，或在薖轴。起居萧舍人昕与右丞诸公，并硕学雄才，尊儒重道，偶兹一会，抗论弥日，钩深索隐，襟期许与。王萧叹曰："佛法有人，不宜轻议也矣！"及言旋河洛，登陟嵩少，怀达磨之旨要，得华严之会归，声价渐高，衣冠羡仰。京师名德咸请住持。志在无为，翛然不顾。乃放浪人世，追踪道流，考盘灵踪，遂东适吴越天台、四明，清心养素。数年之后，遐想钟山，飞锡旧居，考以云房，道俗咸喜，玉反山辉。大历五年，刺史南阳樊公雅好禅寂，及属县行春，顺风稽首，咨请道要，益加师礼矣。时道俗以为此寺灵胜，游憩者多，监主护持，须选名德。佥议无以易禅师者。崇频告辞恳苦，众咸再三，事不获已，顺受弥缝其间，总二十年。藉四方之财，因道化之力，栾栌云构，丹雘日新，盖存乎无为无所不为者也。功成身退，安禅高顶，前后学徒，讵可胜计。至大历十二年，示疾言归，不加药饵。八月二日，卒于山院，春秋六十有五。临终，命门人无令封树，弟子如泉、澄添等奉全师教，以其月八日瘗于摄山之阳，依岩为窟，累石不磨不砻，遵遗诰也。崇身长六尺，仪表端肃，望之俨然，即之生畏。意密情恕，心和行高，天姿龙象，生此岐嶷。享龄非永，惜哉！弟子等共建丰碑，以纪化迹，树于寺之门首焉。

唐京兆大安国寺利涉传

释利涉者，本西域人也，即大梵婆罗门之种姓。夙龄疆志，机警溢伦，宗党之中，推其达法。欲游震旦，结侣东征，至金梭岭，遇玄奘三藏，行次相逢，礼求奘度。既而群经众论，凿窍通幽，特尔远尘，归乎正道，非奘难其移转矣。奘门贤哲辐凑，涉季孟于光、宝之间。其为人也，犹帛高座之放旷。中宗最加钦重，朝廷卿相感义与游。开元中于安国寺讲华严经，四众赴堂，迟则无容膝之位矣。檀施繁炽，利动人心。有颍阳人韦玎，垂拱中中第，调选河中府文学，迁大理评事秘校。见涉讲筵币帛堆积，就乞选粮，所获未厌。表请释道二教定其胜负，言释道蠹政可除。玄宗诏三教各选一百人，都集内殿，韦玎先陟高座，挫叶静能及空门思明，例皆辞屈。涉次登座，解疑释结，临敌有余，与韦往返百数千言，条绪交乱，相次抗之，棼丝自理，正直有归。涉重问韦曰："子先登席，可非主耶？未审主人何姓？"玎曰："姓韦。"涉将韦字为韵，揭调长吟。偈词曰："我之佛法是无为，何故今朝得有为？无韦始得三数载，不知此复是何韦？"涉之吟作，百官悚然。帝果忆何韦之事，凛然变色曰："玎是庶人宗族，敢尔轻懱朕玄元祖教及凌𫖯释门。"玎下殿俯伏待罪，叩头言："臣非庶人之属。"涉贵其钳利口以解疏狂，奏曰："玎是关外之人，非玄贞之族类。"敕贬象州。百姓赐涉钱绢，助造明教寺，加号明教焉。二教重熙，涉之力也。因著立法幢论一卷。公卿间有言曰："涉公是韦掾之膏肓也。"涉曰："此举也，矢在弦上，不得不发。"自此京城无不改观，言谈讲者，以涉为最焉。晚节遭其谴谪汉东，寻属宽宥，移徙南阳龙兴寺。时惠忠国师知重涉名，聊款关相谒，曰："纳衣小僧向前，某被门徒朝要连坐于此，适观师当有贵气，可作高道国德，勿同吾也。"乃开箧提衣物，令忠师曳娄，由此襄邓之人皆惊涉如此悬记，忠师道声又光阐焉，盖涉望重之故也。上元二年，诏忠师入供养。肃宗时入宫起居，太上皇乃引忠见上皇曰："此人何如利涉？"则知涉才业优长，帝王器重，复多著述。大历中西明寺翻经沙门圆照撰涉传，成一十卷，足知言行之多也矣。

唐越州焦山大历寺神邕传

释神邕，字道恭，姓蔡氏，东晋太尉谟即度江祖十五代孙也。因官居于暨阳，邕生于是邑。母宣氏始娠之际，率多征异。繦褓中闻唱经声，必有凝神侧听之貌。丱角聪晤过人。年十二辞亲学道，请业于法华寺俊师。每览孔释二典，一读能诵。同辈者罕不欣慕。开元二十六年，敕度隶诸暨香严寺名藉。依法华寺玄俨师，通四分律钞。俨识其志气，谓人曰："此子数年后，卒为学者之司南矣。尔其勉之！"俨新出辅篇律记，邕抉其膏腴，穷彼黴术，一宗学者少能与其联镳方轨焉。性非局促，又从左溪玄朗师习天台止观、禅门、法华玄疏、梵网经等，四教三观等义，秘犍载启，观性知空，爰至五夏，果精敷演，吴会问学者从之。天宝中本邑郭密之请居法乐寺西坊，恢拓佛舍，层阁摩霄，半澄江影，廊宇完备。后乃游问长安，居安国寺，公卿藉其风宇，迫慕者结辙而至。方欲大阐禅律，倏遇禄山兵乱，东归江湖，经历襄阳，御史中丞庾光先出镇荆南，邀留数月。时给事中窦绍、中书舍人苑咸，钻仰弥高，俱受心要。著作郎韦子春，有唐之外臣也，刚气而赡学，与之酬抗。子春折角，满座惊服。苑舍人叹曰："阇梨可谓尘外摩尼，论中师子！"时人以为能言矣。旋居故乡法华寺，殿中侍御史皇甫曾、大理评事张河、金吾卫长史严维、兵曹吕渭、诸暨长丘丹、校书陈允初赋诗往复，卢士式为之序，引以继支许之游，为邑中故事。邕修念之外，时缀文句，有集十卷，皇甫曾为序。自至德迄大历中，频受请登坛度戒，起丹阳洎乎金华，其间释子皆命为亲教师也。又以县南路通衢婺，其中百余里殊无伽蓝，释侣往来宴息无所。邕愿布法桥，接憩行旅，遂于焦山可以为梵场也。得邑人骑都尉陈绍钦等率群信构净刹，一纪方乃集事焉。前吏部侍郎徐浩出佐明州，以邦国聚落，乃白廉使皇甫温奏赐额曰大历焉。先是中岳道士吴筠造邪论数篇，斥毁释教，昏蒙者惑之。本道观察使陈少游请邕决释老二教孰为至道，乃袭世尊之摄邪见，复宝琳之破魔文，爰据城堑，以正制狂。旗鼓才临，吴筠覆辙，遂著破倒翻迷论三卷，东方佛法再兴，实邕之力欤。末游天台，又纂地志两卷，并附于新论矣。邕廞颐丰角，风韵朗拔，前后廉问皆延置别榻，请为僧统，以加崇揖之礼。贞元四年戊辰岁十一月十四日，遇疾，遗教门人，趺坐端相而归寂于大历法堂焉。以十二月十四日奉灵仪于寺北原，遵僧制也。报龄七十九，法岁五十。明年冬十一月方建塔矣。秘书省校书郎陆淮为其铭，上首弟子智昂、灵澈、进明、慧照等咸露锋颖，禅律互传。至十一年，户部员外郎丘上卿为碑纪德焉。

唐朗州药山唯俨传

释唯俨，俗姓寒，绛县人也。童龀慷慨，敏俊逸群。年十七，从南康事湖阳西山慧照禅师。大历八年，纳戒于衡岳寺希操律师所，乃曰："大丈夫当离法自净，焉能屑屑事细行于布巾邪？"遂谒石头禅师，密证心法，住药山焉。一夜明月，陟彼崔嵬，大笑一声，声应澧阳东九十许里。其夜澧阳人皆闻其声，尽云是东家，明辰展转寻问，迭互推寻，直至药山，徒众云：“昨夜和尚山顶大笑是欤！”自兹振誉，遐迩喧然。元和中李翱为考功员外郎，与李景俭相善。俭除谏议，荐翱自代，及俭获谴，翱乃坐此出为朗州刺史。翱闲来谒俨，遂成警悟。又初见俨，执经卷不顾，侍者白曰：“太守在此。”翱性褊急，乃倡言曰：“见面不似闻名。”俨乃呼，翱应唯，曰：“太守何贵耳贱目？”翱拱手谢之，问曰：“何谓道邪？”俨指天指净瓶曰：“云在青天水在瓶。”翱于时暗室已明，疑冰顿泮。寻有偈云：“炼得身形似鹤形，千株松下两函经。我来相问无余说，云在青天水在瓶。”又偈：“选得幽居惬野情，终年无送亦无迎。有时直上孤峰顶，月下披云笑一声。”初翱与韩愈、柳宗元、刘禹锡为文会之交，自相与述古言、法六藉，为文黜浮华，尚理致，言为文者韩、柳、刘焉。吏部常论“仲尼既没，诸子异端，故荀孟复之，杨墨之流洸然遗落。殆周隋之世，王道弗兴，故文中子有作，应在乎诸子左右。唐兴，房魏既亡，失道尚华，至有武后之弊，安史之残。吾约二三子同致君复尧舜之道，不可放清言而废儒，纵梵书而猾夏，敢有邪心归释氏者，有渝此盟，无享人爵，无永天年。先圣明神，是纠是殛！”无何，翱邂逅于俨，顿了本心。末由户部尚书、襄州刺史，充山南东道节度使，复遇紫玉禅翁，且增明道趣，著复性书上下二篇。大抵谓本性明白，为六情玷污，迷而不返，今牵复之，犹地雷之复见天地心矣。即内教之返本还源也。其书露而且隐，盖而又彰，其文则象、系、中庸，隐而不援释教；其理则从真舍妄，彰而乃显自心。弗事言陈，唯萌意许也。韩、柳览之，叹曰：“吾道萎迟，翱且逃矣！”俨陶炼难化，护法功多，回是子之心，拔山扛鼎，犹或云易。又相国崔群、常侍温造相继问道，俨能开发道意。以大和二年将欲终，告众曰：“法堂即颓矣。”皆不喻旨，率人以长木而枝柱之，俨抚掌大笑云：“都未晓吾意。”合掌而寂，春秋七十云。

系曰：尝览李文公复性二篇，明佛理不引佛书，援证而征，取易礼而止。可谓外柔顺而内刚逆也，故曰得象而忘言矣。经云治世语言皆成正法者，李公有焉。俨公一笑，声彻遐乡，虽未劳目连远寻，而易例有诸，隆墀永叹，远壑必盈，道感如然不知其然也。

唐京师章信寺崇惠传

释崇惠，姓章氏，杭州人也。稚秫之年，见乎器局，鸷鸟难笼，出尘心切。往礼径山国一禅师为弟子，虽勤禅观，多以三密教为恒务。初于昌化千顷最峰顶结茅为庵，专诵佛顶咒数稔。又往盐官硖石东山，卓小尖头草屋，多历年月。复誓志于潜落云寺遁迹，俄有神白惠曰：“师持佛顶少，结莎诃，令密语不圆。莎诃者，成就义也。今京室佛法为外教凌轹，其危若缀旒，待师解救耳。”惠趋程西上，心亦劳止，择木之故，于章信寺挂锡，则大历初也。三年戊申岁九月二十三日，太清宫道士史华上奏，请与释宗当代名流角佛力道法胜负。于时代宗钦尚空门，异道愤其偏重，故有是请也。遂于东明观坛前架刀成梯，史华登蹑如常磴道焉。时缁伍互相顾望推排，且无敢蹑者。惠闻之，谒开府鱼朝恩，鱼奏请于章信寺庭树梯，横架锋刃，若霜雪然，增高百尺。东明之梯极为低下。时朝廷公贵、市肆居民，骈足摩肩而观此举。时惠徒跣登级下层，有如坦路，曾无难色。复蹈烈火，手探油汤，仍餐铁叶，号为馎饦，或嚼钉线，声犹脆饴。史华怯惧惭惶，掩袂而退。时众弹指叹嗟，声若雷响。帝遣中官巩庭玉宣慰再三，便赍赐紫方袍一副焉。诏授鸿胪卿，号曰护国三藏，敕移安国寺居之。自尔声彩发越，德望峻高。代宗闻是国一禅师亲门高足，倍加郑重焉。世谓为巾子山降魔禅师是也。

系曰：或谓惠公为幻僧欤？通曰：夫于五尘变现者曰神通，若邪心变五尘事则幻也。惠公持三密瑜伽护魔法，助其正定，履刃蹈炎，斯何足惊乎？夫何幻之有哉？瑜伽论有诸三神变矣。

唐洛阳同德寺无名传

释无名，姓高氏，渤海人也。祖宦今西京，乃为洛阳人矣。冲孺之龄，举措卓异，口不哜辛血，性不狎喧哗，邈矣出尘，故难留滞。年二十八，若瘦雁之出笼，投师习学，依随隶同德寺。及精律藏，解一字以无疑；闻有禅宗，思千里而请决。举领整裘，开扃见路，辞飞笔健，思若涌泉。因随师游方，访祖师之遗迹，得会师付授心印。会先语诸徒曰：“吾之付法，无有名字。”因号无名也。自此志历四方，周游五岳，罗浮、庐阜、双峰、峴公、罏岭、牛头、剡溪、若耶、天台、四明，罔不询问，风格高远，神操朗澈，博识者睹貌便伏，僻见者发言必摧。时德宗方纳鲜于叔明、令狐峘料简僧尼事，时名有表直谏，并停。寻时鲜于叔明、令狐峘等流南海百姓。至贞元六年，往游五台，居无定所。九年十二月十二日于佛光寺先食讫，俨然坐化，春秋七十二，腊四十三。十一年阇维，获舍利一升。泽潞节度使李抱真建塔于佛光寺，贞元六年庚午岁也。或云名著疏解弥陀经焉。

唐庐山归宗寺智常传

释智常者，挺拔出伦，操履清约，遍参知识，影附南泉，同游大寂之门，乃见江西之道。元和中，驻锡庐山归宗净院。其徒响应，其法风行。无何，白乐天贬江州司马，最加钦重。续以李渤员外，元和六年隐嵩少，以著作征起，杜元颖排之，出为虔州刺史南康，曾未卒岁，迁江州刺史。渤洽闻多识，百家之书，无不该综，号李万卷矣。到郡，喜与白乐天相遇，因言浔阳庐阜山水之最，人物贤哲隐沦。论惠远遗迹，遂述归宗禅师善谈禅要，李曰：“朝廷金榜早晚有嗜菜阿师名目。”白曰：“若然，则未识食菜阿师欤？”白强劝游二林，意同见常耳。及到归宗，李问曰：“教中有言，须弥纳芥子，芥子纳须弥。如何芥子纳得须弥？”常曰：“人言博士学览万卷书籍，还是否耶？”李曰：“忝此虚名。”常曰：“摩踵至顶只若干尺身，万卷书向何处着？”李俯首无言，再思称叹。续有东林寺僧神建讲诸经论，问“触目菩提”，常略提举。神建不体，乃发状讼常示恶境界。时李判区分甚闻诣理。常有异相，目耀重瞳，遂将药熏手，恒磨错，不觉目眦红，号赤眼归宗矣。

系曰：佛理幽邃，一言蔽之者，玄解之言。逗猛利者，药妙疾轻之验也。

唐杭州千顷山楚南传

释楚南，闽人也，俗姓张氏。爰在髫龄，冥然跪于父母前，诉志出家。投开元寺昙藹师而受训焉。当授经法，目所经睹，辄诵于口。执巾侍盥，洒扫应对，颇能谨愿。迨乎冠岁，乃落发焉。诣五台登戒，就赵郡学相部律。往上都，学净名经。一律一经，略通宗旨，则知顿机，不甘为渐教缚。遂往芙蓉山，根性未发，谒黄蘗山禅师，问答虽多，机宜顿了。倏值武宗废教，南遂深窜林谷。大中兴教，出遇升平相裴公休出抚宛陵，请黄蘗出山，南随侍。由此便诣姑苏报恩寺，专行禅定，足不逾阈，仅二十余载。乾符四年，苏州太守周慎嗣向风，请住宝林院。又请居支硎山。至五年，昌化县令徐正元与紫溪戍将饶京同召住千顷慈云院。训示禅徒之外，唯俨然在定，逾月或浃旬。光启三年，前两浙武肃王钱氏请下山供施。昭宗闻其道化，赐其鹿胎衣五事，别赍紫衣。文德六年二月，忽双虹贯堂室，二鹿蹶然入寺，法堂梁折。至五月，辞众，后于禅床垂两足、伸二臂于膝，奄然而卒。春秋七十，僧腊五十六。迁塔于院西隅。大顺二年壬子岁二月，宣州孙儒寇钱唐之封略。兵士发塔，见南全身不散，爪发俱长，悔罪而去。南公平昔著般若经品颂偈一卷、破邪论一卷，以枝梧异宗外敌，见贵于时也。

唐南岳七宝台寺玄泰传

释玄泰者，不知何许人也。性掺方正，言不浪施，心静之情，义而后动。所居兰若，在衡山之东，号七宝台。不衣蚕缕，时谓泰布纳欤。从见德山禅师，豁如自适，誓不立门徒，逍遥求志，而于词笔，笔若有神。四方后进巡礼相见，皆用平怀之礼。尝以衡山之阳多被山民莫傜辈斩木烧山，损害滋甚。泰作畲山谣，远迩传播，达于九重，敕责衡州太守禁止。岳中兰若由是得存，不为延燎，泰之力也。终年六十五。临逝说偈曰：“不用剃头，不须澡浴。一堆猛炎，千足万足。”偈终，垂一足而逝。阇维，收舍利，祔坚固大师塔左，营小浮图焉。又为象骨偈、诸禅祖塔铭、歌、颂等，好事者编聚成集而行于代焉。

唐京兆福寿寺玄畅传

释玄畅，字申之，俗姓陈氏，宣城人也。畅爰在弱龄，便持异操，戏则聚沙为塔，摘叶为香。年九岁，于泾邑水西寺依清逸上人，教授经法。年十九，削发。二十岁，往福州兜率戒坛受具足戒，听掇律科，深得宗旨。新缯细缕，一染色佳，而往越中求闻异说。仰京室西明寺有宣律师旧院，多藏毗尼教迹，因栖惠正律师法席。自入京华，渐萌头角，受京城三学大德，益广见闻。方事讲谈，遽钟堙厄，则会昌废教矣。时京城法侣颇甚仿徨，两街僧录灵宴、辩章，同推畅为首，上表论谏。遂著历代帝王录，奏而弗听。由是例从俗服，宁弛道情，龙蛇伏蛰而待时，玉石同焚而莫救。殆夫武皇厌代，宣宗在天，坏户重开，炎岗息炽。畅于大中中，凡遇诞辰，入内谈论，即赐紫袈裟，充内外临坛大德。懿宗钦其宿德，蕃锡屡臻。乃奏修加忏悔一万五千佛名经，又奏请本生心地观经一部八卷，皆入藏。畅时充追福院首领，又充总持寺都维那，寻署上座。畅讲律六十座，度法者数千人，撰显正记一十卷，科六帖名义图三卷，三宝五运三卷，虽祖述旧闻，标题新目，义出意表，文济时须。乾符中，懿宗简自上心，特赐师号曰法宝。二年三月二十一日示灭，俗龄七十九，僧腊五十九。弟子赐紫惠柔大德师遂宗绍，以其年四月二十五日窆于长安邑高阳乡小梁村。四年丁酉岁，尚书礼部侍郎崔沆与畅交分殊深，著碑述遗迹焉。

后唐南岳般舟道场惟劲传

释惟劲，福州长溪人也。节操精苦，奉养栖约，破纳拥身，衣无缯纩，号头陀焉。初参雪峰，便探渊府。乾化中，入岳住报慈东藏，亦号三生藏，中见法藏禅师鉴灯，顿了如是广大法界重重帝网之门，因叹曰：“先达圣人，具此不思议智慧方便，非小智之所能！”又岳道观中亦设此灯，往因废教时窃移入仙坛也。有游岳才人达士，留题颇多。劲乃叹曰："卢橘夏熟，宁期植在于神都；舜韶齐闻，不觉顿忘于肉味。嗟其无识，不究本端。盗王氏之青毡，以为旧物；认岭南之孔雀，以作家禽。后世安知？于今区别。"乃作五字颂，颂五章，览者知其理事相融，灯有所属，属在乎互相涉入，光影含容，显华严性悔主伴交光，非道家之器用也。楚王马氏奏赐紫，署宝闻大师，梁开平中也。劲续宝林传，盖录贞元已后禅门祖祖相继源脉者也。别著南岳高僧传，未知卷数，亦一代禅宗达士，文采可观。后终于岳中也。

系曰：物涉疑似，难辄区分。劲公志鉴灯，若遗物重获归家也。后之人必不敢攘物归家也。故曰前事不忘，后世之元龟也。

周洛京福先寺道丕传

释道丕，长安贵胄里人也。唐之宗室，父从晏，襄宗沿堂五院之首。母许氏为求其息，常持观音普门品，忽梦神光烛身，因尔妊焉。及其诞生，挺然岐嶷，端雅其质，属籍诸亲异而爱之如天童子。年始周晬，父将命汾晋，会军至于霍山，没王事。丕虽童稚聚戏，终鲜笑容。七岁，忽绝荤膻，每游精舍，怡然忘返。遂白母往保寿寺礼继能法师，尊为轨范。九岁，善梵音礼赞。是岁襄宗幸石门，随师往迎驾。十九岁，学通金刚经义，便行讲贯。又驾迁洛京，长安焚荡，遂背负其母，东征华阴。刘开道作乱，复荷母入华山，安止岩穴。时谷麦勇贵，每斗万钱。丕巡村乞食，自专胎息，唯供母食。母问："还食未？"丕对曰："向外斋了。"恐伤母意，至孝如此。年二十岁，母曰："汝父霍山亡没，战场之地，骨曝霜露。汝能收取归葬，不亦孝乎？"遂辞老亲往霍邑，立草庵，鸠工集聚白骨，昼夜诵经，咒之曰："古人精诚所感，滴血认骨。我今志为孝子，岂无灵验者乎？傥群骨中有动转者，即我父之遗骸也。"如是一心注想，目未轻舍，数日间，果有枯髅从骨聚中跃出，竞骛丕前，摇曳良久。丕即躄踊抱持，如复生在，赍归华阴。是夜其母梦夫归舍，明辰骨至，其孝感声誉日高。至二十七岁，遇曜州牧娄继英，招丕住洛阳福先弥勒院，即晋道安翻经创浴之地也。天佑三年丙寅，济阴王赐紫衣。后唐庄宗署大师曰广智。丕于梁朝后主，后唐庄宗、明宗，凡内建香坛，应制谈论，多居元席。及晋迁都今东京，天福三年诏入梁苑，副录左街僧事，与传法阿阇梨昭信大师俱道貌童颜，号二菩萨。是故朝贵士庶，多请养生之术。丕精勤不懈，一佛一礼。佛名经，法华、金刚、仁王、上生四经，逐一字礼。然其守杜多之行，分卫时至，二弟子随行。开运甲辰岁为左街僧录，虽临僧务，日课修持。相国李公涛、西枢密太傅王公朴、翰林承旨陶公谷等，无不倾心归重。至汉乾祐中，谢病乞西归。未允之际，属汉室凌夷，兵火连作，恣行剽掠。丕于廊庑之下，倚壁诵念，二日纷拿，一无见者。时京城见闻，益加钦尚。逃归洛邑，周太祖潜隐所重。广顺元年，敕召为左街僧录，不容陈让，还赴东京，居于僧任。世宗尹厘府政，嫌空门繁杂，欲奏沙汰，召丕同议。时问难交发，开喻其情，且曰："僧之清尚，必不露于人前。僧或凶顽，而偏游于世上。必恐正施薰莸，草和兰茝而芟；方事淘澄，金逐沙泥而荡。大王储明欲照，蓄智当行，为益皇帝邪？为损君亲邪，若益君乎，不令一物失所。若损亲也，是坏六和福田。况以天下初平，疮痍未合，乞待后时，搜扬未晚。故老子云：'治大国如烹小鲜。'虑其动则麋烂矣。"世宗深然其言，且从停寝。及世宗登极，丕谓僧曰："吾皇宿昔有志，汝当相警护持。"坚乞解归洛阳，又立礼首楞严经。二年，果敕并毁僧寺，并立僧帐，盖限之也。毁教不深，乃丕之力也。以显德二年乙卯六月八日微疾。十日，令弟子早营粥食，云有首楞严菩萨众多相迎，令鸣椎，俄然而化，春秋六十七，僧腊四十七。缁素号哭，诸寺具威仪送葬于龙门广化寺之左，立石塔焉。未终之前，寺钟无故嘶嗄，表刹龙首忽焉陨坠。僧澄清梦寺佛殿梁折，极多异兆焉。

系曰：周武灭佛法。隋开皇辛亥岁，太府丞赵文昌入冥见邕受对，寄语文帝拔救。周世宗澄汰，毁私邑，勒立僧帐，故说大渐招其恶报。或有入冥见之，并赞成厥事者，同居负处，略同周武。未知是乎？

论曰：九重所以成深严，七礼其能捍忧患。高墉峻垒，加校尉而守之；

犀革兕皮，介将军而战者；君既安所，臣亦建功。犹释门之外侮忽来，得法将之中权斯敌。使其大道丧而重复，玄刚绝而又张。我有仲由，恶言不入。外御其侮，不可暂亡也。嗟乎，真教东传，累更年纪，受其艰否，屈指可寻！法系有为，四相以之迁贸；明虽无损，一轮以之蚀侵。桓楚无端效奔，得时而变法；德舆伊始欺孤，余力而责僧。赖远公之致书，因朝达之抗疏，只成暴政，空鲠人情。元魏怀邪，周邕尚辩，昙始乃呈其诡迹，道安盛奋其辞锋。是待秦坑，能逃汉律，始、安二德，疑其住寿应真，出没其形，扶危拯溺者矣。秀也钟其厄运，愤此反常，上笺若攻垒之先登，为法偶犯颜而不死。复礼答权文学难词，蔚成解判。惠立斥吕奉御图注，免横窥阃。两面俱通，玄嶷造乎甄正，一场贾勇，法明定其化胡。答孔老于李华，名儒慑伏；挫是非于韦氏，辩势酋强。邕也掩徐，独记于天台；俨也令李，成书于复性。其或角史华之术，因蹑刀梯；谏德宗之非，乃停沙汰。申答而惊李激，作谣而占衡山。破邪之论可宗，鉴灯之颂归我。以前诸德超世卓然，式遏寇雠，阋墙御侮。言其薄者，则发愤忘食，殊弗防其反汗。其如皋原纵火，兰艾之臭同焚，树木摧风，鸾鸱之巢共覆者，其唯会昌灭虐我法之谓乎？从汉至唐，凡经数厄，钟厄爰甚，莫甚武宗焉。初有道士赵归真者，授帝留年之术，宠遇无比。每一对扬，排毁释氏，宜尽除之。盖以归真曾于敬宗朝出入宫掖，势若探汤。及其祸缠，暴弑自然，事体如浆。京邑诸僧竞生诮谤。归真痛切心骨，何日忘之。还遇武皇，因缘狎昵，署为两街教授先生。时谏官抗疏，宰臣李德裕屡言。归真惧其动摇，奏迎罗浮邓元起、南岳刘玄靖入，帝谓神仙坐致。由是共为犄角，同毁释门，意报僧讥诮之仇耳。众轻覆车，群噪惊蛰，须弥虓虒，困其劫尽之风；有顶低摧，倚其宿春之杵。讵云终否，当有复时。大中行废教之诛，会昌非后天之老。吁咄哉！归真奇秘之术，今古所无。何邪？能寄喜怒于天子之心，虽王晋、安期，俱弗如也。尔时玄畅法宝大师也，纳两街之请，操一割之刀，纂辑古今，搜扬经史，成其别录，上其表笺。逆龙鳞之手已伸，探虎穴之心且勇。膏肓之疾，圭刀之散何施？混浊之河，铢两之胶谩解。如皆畏震，所谓坐看畅公手拓不周山，不免共工之触折也。凡今缁伍，无纵毁讥。毁讥小人也，及罹祸毒，君子受之，亦犹城门火而池鱼死也。傥云周武不落于阿鼻，归真自登于仙籍，宣宗诛之，已塞责矣。是故比丘但自观身行，莫伺玄门，非干己事。又以空门染习如然，无斗四支而伤具体，各是圣人设教，无相夺伦。如此行时，名真护法也。老氏云："六亲不和，则有孝子。"如无孝子之名，信六亲大和也。已上诸公，皆家中有竞，号咷谏乎？因得善父母之名欤！今我传家，止劝将来二教和同，弗望后生学其讦直，险在其中矣，为君不取。然则临机可用，相事当行，必任弛张，勿为胶柱。然后知时名为大法师也。传又云乎，"相时而动无累后人"，其斯之谓欤！

宋高僧传卷第十七

宋高僧传卷第十八

宋左街天寿寺通慧大师赐紫沙门赞宁等奉　敕撰

感通篇第六之一（正传十五人附见三人）

后魏西凉府檀特师传

释檀特师者，一名慧丰，不知何许人也。身虽剃染，率略无检制，饮酒啖肉，语默无常。逆论来事，后必如言。居于武威，肆意狂逸。时宇文仲和为刺史，请之入州，历观厩库，乃云："何意畜他官物邪？"仲和不谕其旨，怒之，不令在城。未几，仲和拒不受代，朝廷令独孤信擒之。仲和身死，资财没官。周文闻之，降书召之。檀特至岐州，会齐神武来寇玉壁，檀特曰："狗岂能到龙门邪？"神武果不至龙门而还。侯景未叛东魏之前，忽捉一杖，杖头刻为猕猴形，令其面常向西，日夜弄旃。又索一角弓牵挽之。俄而侯景启降，寻复背叛归梁，皆可征验。至大统十七年春初，忽着一布帽。周文左右惊问之。檀特曰："汝亦着，王亦着也。"至三月而魏文帝崩。复取一白绢帽戴之，左右复问之，檀特曰："汝亦着，王亦着也。"未幾丞相夫人薨。后复戴，问对同前，寻丞相第二子武邑公薨。其事验多如此也。俄而病卒，周文命葬之。

后魏晋阳河秃师传

释河秃师者，不详何许人也。魏孝昌中，于晋阳市肆间行往，乍愚乍智，作沙门形。时人不测，止呼为河秃师。及齐神武诞第二子洋，文宣帝也，武明太后见家贫甚，与亲戚言及家计，正忧饥冻死耳。洋方生数月，尚未能言，欻言曰“得活”，二字分明。太后左右大惊，而不敢言，谓为妖怪。时传秃师神异，射事多中，巧诱而至。太后意占其儿子早言为怪，乃遍见诸子，文襄魏永熙后旁以禄位历问之，至洋再三举手，指天而已，口无所言。若诸子，皆别无举措矣。后不测其终。

陈新罗国玄光传

释玄光者，海东熊州人也。少而颖悟，顿厌俗尘，决求名师，专修梵行。迨夫成长，愿越沧溟，求中土禅法。于是观光陈国，利往衡山，见思大和尚，开物成化，神解相参。思师察其所由，密授法华安乐行门。光利若神锥，无坚不犯，新犹劫贝，有染皆鲜。禀而奉行，勤而罔忒，俄证法华三昧，请求印可。思为证之：“汝之所证，真实不虚，善护念之，令法增长。汝还本土，施设善权，好负螟蛉，皆成蜾蠃。”光礼而垂泣，自尔返锡江南。属本国舟舰附载，离岸时，则彩云乱目，雅乐沸空，绛节霓旌，传呼而至。空中声云：“天帝召海东玄光禅师。”光拱手避让，唯见青衣前导，少选入宫城，且非人间官府。羽卫之设也，无非鳞介，参杂鬼神。或曰：“今日天帝降龙王宫，请师说亲证法门，吾曹水府，蒙师利益。”既登宝殿，次陟高台，如问而谈，略经七日。然后王躬送别，其船泛洋不进。光复登船，船人谓经半日而已。光归熊州翁山，卓锡结茅，乃成梵刹。同声相应，得法者蛰户爰开；乐小回心，慕膻者蚁连倏至。其如升堂受莂者一人，入火光三昧一人，入水光三昧二人，互得其二种法门。从发者彰三昧名耳。其诸门生，譬如众鸟附须弥山，皆同一色也。光末之灭，罔知攸往。南岳祖构影堂，内图二十八人，光居一焉。天台国清寺祖堂亦然。

系曰：夫约佛灭后，验入道之人，以教理行果四法明之，则无逃隐矣。去圣弥近者，修行成果位证也。去圣稍遥者，学教易见理亲也。其更绵邈者，学教不精，见理非谛。夫一念不生，前后际断，斯顿心成佛也。理佛具足，行布施行，曾未尝述行佛，具体而微。东夏自六祖已来，多谈禅理，少谈禅行焉。非南能不说行，且令见道如救头然之故。南岳思师切在兼修，乘戒俱急，是以学者验诸行果。其如入火光三昧者，处胎经中以禅定摄意入火界三昧，刹土洞然。愚夫谓是遭焚。若入水界三昧，愚夫见谓为水，投物于中。菩萨心如虚空不觉触娆者，此非二乘所能究尽也。斯乃急于行果焉。无令口说而身意不修，何由助道耶？

隋江都宫法喜传

释法喜，南海人也，形容寝陋，短弱迂疏，可年四十许。岭表耆老咸言："儿童时见识之，颜貌如今无异。"蛮蜒间相传云已三百岁矣。亦自言旧识庐山慧远法师，说晋宋朝事，历历如信宿前耳。平素时悄然，见人必语，语必含深意，吉凶之征，有如影响。人亦不欲与喜相见，惧直言灾恶忤逆意也。陈朝马静为广州刺史，方上任，喜直入州上厅事，画地作马头形，以示其子而去。静本扶风名族，雄勇多武略，不闲事体。及临州也，每出行部，从甲士数万，旌旗剑戟，若虹霓映乎霜雪，言以此可用威边侥。其奢僭过度，王者之不若，被人诬告谋反。静惧，即遣妻子百余人入朝，示无图变。陈主犹惑，遣临汝侯观其形势曰："必有反状，便可行戮。实无逆谋，直往代之。"临汝利其财产，至州不验是非。静恃心无异，束手诣临汝，便叱左右擒而斩之。此画地之明效矣。喜之先见，皆同此类。炀帝闻之，追来扬州。未久，宫内树一堂新成。喜忽忽升堂观览，俄惊走下阶，唱言"几压杀"！其日夜阑，大雨堂崩，毙者数人，其后又于宫内环走，言"索羊头"。帝闻恶之，责以狂言，敕锁着一室。数日，三卫于市见喜坦率游行。还奏，敕所司覆验禁闭之处，门锁如故。守当者云："喜见在室内。"于是开户，见袈裟覆一聚白骨，其锁贯项骨不脱。帝甚惊怪，敕遣长史王恒疾往验之，袈裟覆白骨，骨皆钩锁相连，铁锁縻其项骨。帝闻愕然称叹，尤增信重，敕令勿轻摇荡，曰："圣者神变无方。"至暮，喜还在室，或言或笑，守门复奏。帝令脱锁，纵其所适。有于一日赴数家斋食，或时饮酒啖肉，都无拘忌。俄而有疾，常所卧床自撤荐席，櫈箦而欹寝。令人于下铺炭甚炽，数日而终，半身焦烂。葬于香山寺侧。后四年，南海郡奏喜见还在郡。敕遣开棺，空无所有矣。

隋洺州钦师传

释钦师者，不知何许人也。大业中，至广平，形神乖谬，造次难知，发语不常，既往爰中。见灵通寺树砖浮图五级，欲务高敞，工作骰杂。钦望而笑，谓寺众曰："造此奚为？"众曰："功德佛事，须用壮观，法师何斯怪问耶？"笑曰："造烽火楼也。"当时缁伍互相非之曰："风狂辈言，何可取！"至九年，塔尚未成，贼寇四起，州官警严，于浮图上置候望烽火，方信钦言不妄矣。在所耆旧亦不知钦从何而来。止宿之处，亦无踪迹。然则时时变身，在豕彘之牢，即随豚豨群队。童子马世达等数人睹钦始变之时，乃停留伺察，意更观其复人形也。后果忽复形，却于看人之后大叫曰："尔辈欲何所观耶？"群人惊愕，合掌拜之。其变无常，皆若此也。及天下丧乱，亦失钦声迹矣。

系曰：魏隋之僧且多应现者何？通曰：菩萨作用，随类化身，以神通为游戏耳。于游戏而利益世主焉。或曰：魏、齐、陈、隋与宣师耳目相接，胡不入续传耶？通曰：有所不知，盖阙如也。亦犹大宋文轨既同，土疆斯广，日有奇异，良难遍知。纵有某僧也，其奈史氏未编，传家无据，故亦阙如，弗及录者，留俟后贤者也。

唐泗州普光王寺僧伽传（木叉　慧俨　慧岸）

释僧伽者，葱岭北何国人也。自言俗姓何氏，亦犹僧会本康居国人，便命为康僧会也。然合有胡梵姓名，名既梵音，姓涉华语。详其何国，在碎叶国东北，是碎叶附庸耳。伽在本土，少而出家。为僧之后，誓志游方。始至西凉府，次历江淮，当龙朔初年也。登即隶名于山阳龙兴寺。自此始露神异，初将弟子慧俨同至临淮，就信义坊居人乞地，下标志之，言决于此处建立伽蓝。遂穴土获古碑，乃齐国香积寺也。得金像衣叶，刻普照王佛字，居人叹异云："天眼先见，吾曹安得不舍乎？"其碑像由贞元、长庆中两遭灾火，因亡踪矣。尝卧贺跋氏家，身忽长其床榻各三尺许，莫不惊怪。次现十一面观音形，其家举族欣庆，倍加信重，遂舍宅焉。其香积寺基，即今寺是也。由此奇异之踪，旋萌不止。中宗孝和帝景龙二年，遣使诏赴内道场，帝御法筵言谈，造膝占对休咎，契若合符。仍褒饰其寺曰普光王。四年庚戌，示疾，敕自内中往荐福寺安置。三月二日，俨然坐亡，神彩犹生，止瞑目耳。俗龄八十三，法腊罔知。在本国三十年，化唐土五十三载。帝惨悼黯然。于时秽气充塞，而形体宛如，多现灵迹。敕有司给绢三百匹，俾归葬淮上，令群官祖送，士庶填阗。五月五日，抵于今所。帝以仰慕不忘，因问万回师曰："彼僧伽者何人也？"对曰："观音菩萨化身也。经可不云乎？应以比丘身得度者，故现之沙门相也。"

初伽化行江表，止嘉禾灵光寺。彼泽国也，民家渔梁矰弋交午。伽苦敦喻，其诸杀业陷堕于人，宜疾别图生计。时有裂网折竿者多矣。伽闲而宴息，见神告曰："天方亢阳，百姓苗死身胡藏？其懒龙耶！"伽曰："为之奈何？"神曰："若今夕但小指出窗隙外，其如人何？"伽依之，其夜霆击异常，质明视指，微有红线脉焉。伽曰："吾与此壤无缘。"乃行抵晋陵，见国祥寺荒废，乃留衣于殿梁而去，后人闻异香芬馥。伽尝记之曰："伊寺有人王重兴。"去三十年后，果有僧俗姓全，为檀那矣。通天万岁中于山阳众中，悬知嫌鄙伽者，乃昌言曰："吾有五十万钱奉助功德，勿生横议。"伽于淮岸招呼一船曰："汝有财施吾，可宽刑狱。汝所载者剽略得耳。"盗依言尽舍，佛殿由是立成。无几，盗败，拘于扬子县狱。伽乘云下，慰喻言无苦。不日，果赦文至，免死矣。昔在长安，驸马都尉武攸暨有疾，伽以澡罐水噀之而愈，声振天邑。后有疾者告之，或以柳枝拂者，或令洗石师子而瘳，或掷水瓶，或令谢过。验非虚设，功不唐捐。却彼身灾，则求马也；警其风厄，则索扇欤。或认盗夫之钱，或咋黑绳之颈，或寻罗汉之井，或悟裴氏之溺，或预知大雪，或救旱飞雨，神变无方，测非恒度。中宗敕恩度弟子三人，慧岸、慧俨、木叉各赐衣盂，令嗣香火。

洎乎已灭，多历年所，尝现形往汉南市漆器。及商人李善信船至寺觅买斋器，僧忽见塔中，形像凝然，而指曰："正唯此僧来求买矣。"远近嗟叹。又尝于洪井化易材木，结筏而至焉。大历中，州将勒寺知十驿，俾出财供乘传者。至十五年七月甲夜，现形于内殿，乞免邮亭之役。代宗敕中官马奉诚宣放，仍赍舍绢三百匹、杂彩千段、金澡罐、皇太子衣一袭，令写貌入内供养。又乾元中，州牧李（亡名），有推步者云："为土宿加临，灾当恶弱。”伽忽现形，抚李背曰：“吾来福至，汗出灾销。”后无他咎。尝于燕师求毡罽，稍是泗州寺僧。燕使赍所求物到，认塔中形信矣。遂图貌而归，自燕蓟展转传写，无不遍焉。长庆元年夜半，于州牧苏公寝室前歌曰：“淮南淮北，自此福焉。自东自西，无不熟矣。”其年独临淮境内有年耳。二年，寺塔皆焚，唯伽遗形俨若无损。咸通中，庞勋者本徐州戍卒，擅离桂管，沿路劫掠，而攻泗州，围逼其城。伽于塔顶现形，外寇皆睡，城中偶出击之，惊窜而陷，宿州以事奏闻，仍锡号证圣大师也。文德元年，外寇侵轶，州将婴城拒敌。伽现形于城西北隅。寇见，知坚垒难下，骇而宵遁。大顺中彭门帅时溥令张谏攻于北城，除剿戮外，有五百余人拘鞠场中，谏凭案恍惚间见僧衣紫，诲之曰：“此辈平人，何可杀耶？不如舍之。”言毕不见。谏遂纵之而逸。乾宁元年，太守台蒙梦伽云：“寒东南少备。”蒙不喻旨，以绵衾法服施之。十二月晦夜半，有兵士逾垒而入，蒙初不知。复梦一僧以锡杖置于心上，冷彻心骨，惊起。蒙令动鼓角，贼惊奔，获首领姓韩，至是方晓矣。由此多于塔顶现小僧状，倾州瞻望，然有吉凶表兆于时，乞风者分风，求子者得子，今闻有躬礼者，往往有全不见伽形相者，或见笑容者吉，不然则凶，其不可爱度者如此。洎乎周世宗有事于江南，先攻取泗上。伽寄梦于州民，言不宜轻敌。如是达于州牧，皆未之信。自尔家家梦同，告之，遂降，全一郡生民，赖伽之庇矣。天下凡造精庐，必立伽真相，榜曰大圣僧伽和尚。有所乞愿，多遂人心。李北海邕、胡著作浩各为碑颂德。今上御宇也，留心于此，其年三月有尼游五台山回，因见伽于塔顶，作孾孩相，遂登刹柱，舍身命供养。太平兴国七年，敕高品白承睿重盖其塔，务从高敞，加其累层。八年，遣使别送舍利宝货，同葬于下基焉。其日有僧怀德预构柴楼，自持蜡炬，焚身供养。灾燎之中，经声不绝。又将欲建浮图，有巨木三根，沿淮而下，至近浮桥且止，收为塔心柱焉。续敕殿头高品李庭训主之。先是此寺因龕中金像刻其佛曰普照王，乃以为寺额。后避天后御名，以光字代之。近宣索僧伽实录，上览已，敕还其题额曰普照王寺矣。

弟子木叉者，以西域言为名，华言解脱也。自幼从伽为剃发弟子，然则多显灵异。中和四年，刺史刘让，厥父中丞忽夜梦一紫衣僧云：“吾有弟子木叉葬寺之西，为日久矣，君能出之。”仍示其葬所。初梦都不介意，再梦如初，中丞得梦中所示之处，欲施断之，见有二姓占居，于是饶钱市焉。开穴可三尺许，乃获坐函，遂启之，于骨上有舍利放光。命焚之，收舍利八百余颗，表进上僖宗皇帝，敕以其焚之灰塑像，仍赐谥曰真相大师。于今侍立于左，若配飨焉。弟子慧俨，未详氏姓，生所恒随师僧伽，执侍瓶锡，从楚州发至淮阴，同劝东海裴司马妻斋白金沙罗而堕水抵盱眙，开罗汉井，宿贺跋玄济家。俨侍十一面观音菩萨旁。自尔诏僧伽上京师。中宗别敕度俨并慧岸、木叉三人，各别赐衣钵焉。

唐嵩岳少林寺慧安传

释慧安，姓卫氏，荆州支江人也。其貌端雅，绀发青目，降神乃隋开皇初年也。安受性宽裕，不染俗尘，修学法门，无不该贯。文帝十七年，敕条括天下私度僧尼，勘安，云本无名姓，亡入山谷。大业中，开通济渠，追集夫丁，饥殍相望。安巡乞多钵食，救其病乏，存济者众。炀帝闻之，诏安，遂潜入太和山。至帝幸江都，海内扰攘，乃杖锡登衡岳寺，行头陀法。贞观中，至蕲州，礼忍大师。麟德元年游终南山，石壁而止。时所居原谷之间，旱霜伤苗稼，安居处独无。四十里外皆苦青女之灾矣。天皇大帝闻而召焉，安不奉诏。永淳二年至滑台，草亭居止，中坐绳床，四方坦露。敕造寺以处之，号招提是也。如是却还家乡玉泉寺，时神秀禅师新归寂，咸请住持。安弗从命。天后圣历二年四月，告门人学众曰："各归闭户。"至三更，有神人至，扈卫森森，和铃鉠鉠，风雨偕至。其神旋绕其院数遭，安与之语，丁宁教诫，再拜而去。或问其故，曰："吾为嵩山神受菩萨戒也。"天后尝问安甲子，对曰："不记也。"曰："何不记耶？"乃曰："生死之身如循环乎？环无起尽，何用记为？而又此心流注，中间无闲，见沤起灭者，亦妄想耳。从初识至动相灭时，亦只如此，何年月可记耶？"天后稽颡焉。闻安阙井，敕为凿焉。安曰："此下有赤祥，慎其伤物。"将及泉，见虾蟆金色，蠢然出沮洳间，合其悬记。帝倍加钦重。殆中宗神龙二年九月，敕令中官赐紫袈裟并绢，度弟子二七人。复诏安并静禅师入中禁受供施。三年，赐摩纳一副，便辞归少林寺。至景龙三年三月三日，嘱门人曰："吾死已，将尸向林间，待野火自焚之。勿违吾愿！"俄尔万回和尚来见，安猖狂执手，言论移刻，旁侍倾耳都不体会。至八日，闭户，偃身而寂。春秋一百三十许岁，起开皇二年，至景龙三年故也。火焚尸毕，收舍利八十粒，内五粒红紫色进内，余散施随力造塔。先天二年门人建浮图焉。

唐虢州阌乡万回传

释万回，俗姓张氏，虢州阌乡人也。年尚弱龄，白痴不语，父母哀其浊气，为邻里儿童所侮，终无相竞之态。然口自呼"万回"，因尔字焉。且不言寒暑，见贫贱不加其慢，富贵不足其恭，东西狂走，终日不息。或笑或哭，略无定容，口角恒滴涎沫，人皆异之。不好华侈，尤少言语，言必谶记，事过乃知。年始十岁，兄戍辽阳，一云安西，久无消息，母忧之甚，乃为设斋祈福。回倏白母曰："兄安，极易知耳，奚用忧为？"因裹斋余，出门径去，际晚而归，执其兄书云："平善。"问其所由，默而无对，去来万里。后时兄归云："此日与回言，适从家来，因授饼饵其啖而返。"举家惊喜。自尔人皆改观，声闻朝延。中宗孝和皇帝诏见崇重。神龙二年，敕别度回一人而已。自高宗末，天后时常诏入内道场，赐绵绣衣裳，宫人供事。先为儿时，于阌乡兴国寺累瓦石为佛塔。入内之后，其塔遂放光明，因建大阁而覆之。然其施作，皆不可辄量，出言则必有其故。敕赐号为法云公，外人莫可得见。先是天后朝任酷吏行罗织事，官稍高隆者日别妻子。博陵崔玄時位望俱极，其母庐氏贤而忧之曰："汝可一日迎万回，此僧宝志之流，以可观其举止，知其祸福也。"乃召到家，母垂泣作礼，兼施中金匕箸一双。回忽下阶掷其匕箸向堂屋上，掉臂而去，一家谓为不祥。经数日，令升屋取之，匕箸下得书一卷，观之，乃谶纬书也，遽令焚之。数日，有司忽来其家，大索图谶，不获，得雪。时酷吏多令盗投蛊道物及伪造秘谶，用以诬人，还令诬告得实，屠戮籍没其家者多。崔氏非圣人掷匕箸，何由知其伪图谶也。中宗末，尝骂韦后为反悖逆，斫尔头去。寻而诛死。太平公主为造宅于怀远坊中，与主宅前后尔。又孝和亲送金城公主出降吐蕃，幸始平，回出迎驾。时崔日用、武平一、宋之问、沈佺期、岑羲、薛稷皆肃揖，郑重问讯。诸公曰："各欲求圣人一言以定吉凶。”摭沈背曰：“汝真才子。”沈不胜其喜曰：“圣人与我受记，诸子不可更争。”又谓武曰：“与汝作名佛童，当无忧也。”目羲、稷有不善之色，岑以马避之，目稷云：“此多是野狐，其言何足惧也？”乃顾云：“汝亦不免。”及羲、稷之诛，人益贵重。同时有僧伽，化迹不恒。中宗问回曰：“此何人也？”回曰：“观音之化身也。”贞观中，三藏奘师西归云：“天竺有石藏寺，奘入时见一空房，有胡床锡杖而已。因问此房大德，咸曰：‘此僧缘阙法事，罚在东方，国名震旦，地号阌乡，于兹万回矣。’”奘归求见，回便设礼问西域，宛如目瞩。奘将访其家，回谓母曰：“有客至，请备蔬食。”俄而奘至。神异之迹，多此类也。正谏大夫明崇俨者，道术之士，谓人曰：“万回神僧也。”玄宗潜龙时，与门人张玮等同谒。回见帝甚至亵黩，将漆杖呼且逐之，同往者皆被驱出，曳帝入，反扃其户，悉如常人，更无他，重摭背曰：“五十年天子自爱，已后即不知也。”张公等门外历历闻其言，故倾心翼戴焉。五十年后，盖指禄山之祸也。睿宗在邸时，或游行人间。回于聚落街衢中高声曰：“天子来。”或曰：“圣人来。”其处信宿闲，帝必经过徘徊也。惠庄太子，乃睿宗第二子也，天后曾抱示回，曰：“此儿是西域大树精，养之宜兄弟也。”安乐公主，玄宗之季妹，附会韦后，热可炙手，道路惧焉。回望车骑，连唾之曰：“腥，腥，不可近也。”不旋踵而祸灭及之。帝愈知回非常人也，出二宫人日夕侍奉之，特敕于集贤院图形焉。暨回垂卒，而大呼遣求本乡河水，门人徒侣求觅无所。回曰：“堂前即是河水，何不取耶？”众于阶下掘井，河水涌出，饮毕而终。回宅坊中井皆醎苦，唯此井甘美。后有假托，或称小万回，以惑市里，多至诛死焉。至于终后，右常侍徐彦伯为碑，立阌乡玉涧西路矣。

系曰：日行万里，非人必矣。为鬼神邪？为仙术邪？通曰：观行知人，回无邪行，非鬼神也。无故作意，非仙术也。此得通耳。故智度论中此通有四：一身能飞行，如鸟无碍；二移远令近，不往而到；三彼没此出；四一念能至。或曰：四中回具何等？通曰：俱有哉，故号如意通矣。瑜伽论神境同也。云或罗汉有大堪，能现三神变焉。

唐齐州灵岩寺道鉴传

释道鉴，姓冯氏，吴郡人。未知从来，而居历下灵岩山寺，踪迹神异，不测僧也。元和中，有冯生者，亦吴郡人也，以明经调选未捷，因侨寄长安。一日见老僧来，诣冯居，谓之曰："汝吾姓也。"因相与往还，仅于岁余遂注拟作尉于东越。方务治装，鉴负锡来告去。冯问："师去，安所诣乎？"鉴曰："吾庐在齐州灵岩之西庑下，薄游神京，至今正十年矣。幸得与子游，今归旧所，故来相别。然吾子尉于越乡，道出灵岩寺下，当宜一访我也。"冯诺之曰："谨受教矣。"数日，冯出关东之赴任，至灵岩寺门，立马望曰："岂非鉴师所居寺乎？"即入访之。时一僧在庭，冯问："道鉴上人庐舍安在？"僧曰："此寺无道鉴。"冯疑异，默而计曰："鉴公纯直，岂欺我乎？"于是独游寺中，行至西庑下，忽见壁画一僧，与鉴师貌同。冯大惊嗟："鉴师果异人欤？且能降神与我交。"久之，视其真相旁题云："冯氏子，吴郡人也。年十岁学浮图法，以道行有闻，卒年七十八。"冯阅其题，方悟云"汝吾姓也"，言非谬矣。

一说苏州西去城二十许里，有灵岩山寺，西北庑下画沙门形，云是梁天监十五年作游方居士状，经过山寺，寓过宵宿，而于僧厨借笔砚，僧众皆不留意。诘旦，僧遍搜索而亡有客，见殿隅画一梵僧，面骨权奇，肤色皴黑，眉长且垂，眸子电转，眦间青白，昂鼻方口，张唇露齿，擎拳倚右肩之上，身屈可长一丈五寸，衣粗衲袈裟，臂擐大珠，徒跣。众见惊慑，莫测其来。远近咸格，有焚香礼叹者，有请福禳灾者。或于晴夜，殿中析窣，闻有行道之声。由是鸟雀不敢污践檐楹之间矣。然则乡人谓之灵岩和尚，或云灵岩圣僧。尝见形谓一老姥曰："贫道好食茭粽。"疑是圣者，翌日持箪入殿供养，乞今年别三月三日民竞送之，以菰蒋叶角黍米瀹之，吴人谓之茭粽也。唐先天二年，陆鲁公子疾，医工未验，公忧虑增剧。门遇一僧分卫，屈入，遂索水器含噀之，即时病间。鲁公喜，赠物颇丰，了不回视。遂问："和尚居处何寺？"答曰："贫道住苏州吴县西灵岩寺。郎君为官江表，望入寺相寻。"斯须已去。未久，调补尚书刑部郎，续迁桂州廉使。常念当年救病之僧，迂路姑苏，入灵岩寺觅焉。乃说其形貌，合寺僧云："非此所有。"陆尽日徘徊不忍去，忽于殿中见圣者形，曰："往年疗某者，此僧也。”寺僧说其由致，通感难知。陆舍钱数万，备香火之资，却留旬日，供养方去。又寺中净人每于像前占烛灯，添油助炽，意盗油涂发耳。居无何，其发焦卷而堕，傍人劝令礼忏，别买麻膏增炷，平复如初。又武宗将废佛教也，近寺有陆宣者，梦圣者云：“受弟子供施年深，今来相别，且归西天去也。”宣急命画工图写真貌。至会昌五年，毁拆寺宇，方知告别之意焉。距咸通七年蝗灾，尔时弥空亘野，食人苗稼，至于人人家食缯帛之物。百姓仿徨，莫能为计。时民人吴延让等率耆艾数十百人诣像前焚香泣告，即日虫飞越境焉。乾符五年，寺众当诣阙乞钟归寺，差僧选日登途。圣者先入右神策军本局，预陈嘱托。及正请钟僧到，见司吏，怪问：“数日前有僧来，云隶苏州灵岩山寺。”其僧曰：“某行无伴侣。”后右军胥因事游吴，见壁画云：“此是七月中曾来司内计会钟僧也。”然吴中极彰灵异，且不测厥由。曾有梵僧来，礼画像云：“智积菩萨何缘在此？”叹嗟弥久，而自此号“智积应身”也。

系曰：同异之说，史氏多之，今详寺曰灵岩，僧画像，此为同也。州曰历下、始苏，遇者曰陆与冯，此为异焉。斯盖见闻不齐，记录因别也。原夫圣人之应身也，或南或北，或汉或胡，或平常之形，或怪差之质，故令闻见必也有殊，复使传扬自然多说。譬犹千里之外，望日月以皆同，其时边旁云物状貌有异耳。既是不思议应现矣，则随缘赴感，肆是难同。可发例云：“所传闻异辞也。”

唐武陵开元寺慧昭传

释慧昭，未详何许人。其为僧也，性僻而高，恒修禅定，貌颇衰羸，好言人之休戚，而皆必中。与人交言，且不驯狎。闭关自处，左右无侍童。每日乞食，里人有八十余者云：“昭居此六十余年，其容貌无异于少时昔日也。”但不知其甲子。元和中有陈广者，由孝廉调为武陵官，而酷好浮图氏。一日因诣寺，尽访诸僧，昭见广，且悲且喜曰：“陈君何来之晚乎？”广愕然，自揣平生不识此僧，何言来晚？乃曰：“未尝与师游，何责迟暮？”昭曰：“此非仓卒可言，当为子一夕静话，方尽此意。”广甚惊异，后时诣昭宿，因请其事。昭曰:“我刘氏子，宋孝文帝之玄孙也。曾祖鄱阳王休业，祖士弘，并详于史氏。先人文学自负，为齐竟陵王子良所知。子良招集贤俊文学之士，而先人预焉。后仕齐梁之间，为会稽令。吾生于梁普通七年夏五月，年三十方仕于陈，至宣帝时为卑官，不为人知，徒与沈彦文为诗酒之交。后长沙王叔坚与始兴王叔陵皆多聚宾客，大为声势，各恃权宠，有不平心。吾与彦文俱在长沙之门下。及叔陵被诛，吾惧不免，因皆销声匿迹于林谷，拾橡栗而食，掬溪涧而饮。衣一短褐，虽寒暑不易，以待所忧之所定。无何，有一老沙门至吾所居曰:‘子骨法甚奇，当无疾耳。’彦文再拜请其药，曰:‘子无刘君之寿，奈何？虽服吾药，亦无所补。’遂告别，将去，复谓我曰:‘尘俗以名利相胜，竟何有哉？唯释氏可以舍此矣？恭纳其言，自是不知人事，凡十五年。

又与彦文俱至建业，时陈氏已亡，宫阙尽毁。台城牢落，荆榛蔽路，景阳并塞，结绮基颓，文物衣冠，荡然而尽。故老相遇，相携而泣，且曰:‘一人无良，已至于是，隋氏所灭，良可悲乎！’又闻后主及诸王皆入长安，乃率沈挈一囊乞食于路，以至关中。吾长沙王之故客也，恩遇甚厚，闻其迁往瓜州，则径往就谒。长沙王长于绮纨而早贵盛，虽流放之际，尚不事生业。时方与沈妃酣饮。吾与沈再拜于前，长沙悲恸，久之沥泣而起，乃谓吾曰:‘一日家国沦亡，骨肉播迁，岂非天乎？’吾自此且留晋昌氐羌之塞。数年而长沙殂，又数年彦文亡，吾因剔发为僧，遁迹会稽山佛寺，凡二十年，时已百岁矣。虽容体枯瘠，而筋力不衰，尚日行百里。因与一僧同至长安，时唐高祖已有天下，建号武德。至六年，吾自此或居京洛，或游江左，至于三蜀五岭，无不住焉，殆今二百九十年矣。虽烈寒酷热，未尝有微恙。贞元末，于此寺梦一丈夫，衣冠甚盛，熟视乃长沙也。吾迎延坐，话旧伤感，如平生时。而谓吾曰:‘后十年，我之六世孙广当官于此郡，师其念之。’乃问之曰:‘王今何为？’曰:‘冥官极尊。’既而又泣曰:‘师存而我之六世矣，悲夫！’吾梦觉，因纪君之名于经笥中，至去岁凡十年，乃以君之名氏访于郡人，尚怪君之未至。昨因乞食里中，遇邑吏访之，果得焉。及君之来，又依然长沙之貌也。然自梦及今十一年矣！故讶君之晚也。”已而悲惋，泣下数行，因出经笥示之。广再拜，愿执屦锡为弟子。昭曰:“君且去，翌日当再来。”广受教而还，明日至其居，昭已遁去，莫知其适。时元和十一年也。至大和初，广为巴州掾，于山南道路逢昭，惊喜再拜曰："愿弃官，请从师为物外之游。"昭亦许之，其夕偕舍于逆旅。至天将曙，广早起而省昭已去矣。广茫然若有所丧，神情沮败，自是尽不知所往也。然则昭自梁普通七年生，于时岁在丙午，下至唐元和十年乙未，凡二百九十年，则与昭言如合符契焉。

系曰：慧昭既三百年住世也，前不可测，后未可涯，与夫宾头罗睺尊者一贯，胡不念恩地之裔孙邪？通曰：神仙隔一尘，犹未可与之游。且广是具缚凡夫，昭为度世上士，飞鸢与渊鱼，踪迹相远，此何怪欤？

唐岸禅师传

释岸禅师，并州人也，约净土为真归之地。行方等忏，服勤无缺。微有疾，作禅观不亏，见观音、势至二菩萨现于空中，持久不灭。岸召境内画人，无能画者，忽有二人云从西京来，欲往五台，自乐输工画菩萨形相。缋事毕，赠鞋二緉，忽隐无踪。岸知西方缘熟，告诸弟子云："吾今往生，谁可偕行？"有小童子稽颡曰："愿随师去。"乃令往辞父母，父母谓为戏言，而令沐浴，着净衣，入道场念佛，须臾而终。岸责曰："何得前行？"时岸索笔赞二菩萨曰："观音助远接，势至辅遥迎，宝瓶冠上显，化佛顶前明。俱游十方刹，持华候九生。愿以慈悲手，提奖共西行。"述赞已，别诸弟子入道场，命门徒"助吾念佛"，端坐而终，春秋八十。时垂拱元年正月七日也。

唐会稽永欣寺后僧会传

释后僧会者，本康居国人也，以吴赤乌年中谒大帝。初吴人未识僧形，止曰胡人入境。乃祈舍利已，令帝开悟。末主天纪四年，会尸解，真身隐焉。至唐高宗永徽中见形于越，称是游方僧，而神气瑰异，眉高隆准，颐峭眸碧，而瘦露奇骨，真梵容也。见者悚然，罔知阶位。时寺纲纠诘其厥由，骂而驱逐。会行及门，乃语之曰："吾康僧会也，苟能留吾真体，福尔伽蓝。”躧步之间，立而息绝。既而青目微瞑，精爽不销，举手如迎揖焉，足跨似欲行焉。众议偃其灵躯，寘于窀穸，人力殚矣，略不倾移。虽色身坚牢，而强事胶漆，迁于胜地，别立崇堂。时越人竞以香华、灯明、缯彩、幡盖、果实、衣器，请祈心愿，多谐人意。初越之军旅，多寓永欣，其妇女生产，兵士荤血，触污僧蓝，人不堪其淹秽。会乃化形往谒闽廉使李若初，且曰：“君侯即领越之藩条，托为迁之军旅。”语罢，拂衣而去，寻失踪迹。李公喜而骇，且记其言，后果赴是郡。及上事讫，便谒灵迹，认于时言者，则斯僧也。命撤军家，勒就营幕。又匹妇夜临蓐席，且无脂爓，邻无隙光。俄有一僧秉爓自牖而入。其夫旦入永欣，认会貌，即是授火救产厄之僧。自尔民间多就求男女焉。属会昌毁永欣也，唯今大善独留，号开元矣，遂移会身入是寺中。大中之后，有昙休律师为会别创堂宇，广其供具。又尝就闾阎家求草屦，至今越人多以芒鞋油幡上献，感应肸蠁，各赴人家，不可周述。今号超化大师。从永徽至今，未尝阙其供施焉。沙门虚受为碑纪述焉。

系曰：蔡邕是张衡后身，智威本徐陵前事，验皆昭晰，理且弗虚。至于圣人功用自在，此亡彼出，利见无方。僧会捐世既遐，唐来化越，立逝屹然，异中之异。苟非应物现形，如水中月，孰能预于是乎？

唐京兆法海寺道英传

释道英，不知何许人也。戒德克全，名振天邑，住寺在布政坊。咸亨中见鬼物，寺主慧简尝曰：“晓见二人行不践地，入英院焉。”简怪而问之，英曰：“向者秦庄襄王使使传语‘饥虚甚久，以师大慈，欲望排食并从者三百人，勿辞劳也’。吾以报云：‘后日晓具馔，可来专相候耳。’”简闻之，言以酒助之。及期果来，侍从甚严，坐食仓黄，谓英曰：“弟子不食八十年矣。”英问其故，答曰：“吾生来不无故误，其如灭东周，绝姬祀。或责以功德，吾平日未有佛法可以忏度，唯以赦宥矜恤茕独塞之，终为未补。以福少罪多，受对未毕。今此一餐，更四十年方复得食。”因历指座上云：“此是白起、王翦，为杀害多，罪报未终。”又云：“此陈轸，以虚诈故。”

英曰：“王何不从人索食而甘虚腹，此奚可忍乎？”王曰：“慈心人少，余人不相见。吾缘贵人，不可妄行祟祸，所以然也。”英指酒曰：“寺主简公将献。”深有所愧。垂去谓英曰：“甚感此行伤费餍饫，可知弟子有少物即送相偿。城东通化门外尖冢，以其锐上而高大，是吾栖神之所。世人不知，妄云吕不韦墓耳。”英曰：“往遭赤眉开发，何有物来？”曰：“贼取不得。”英曰：“贫道非发丘中郎，是出家人，无用物所，必勿将来。”言讫，长揖而去。英感下趣如此，罔知终毕。

唐京兆法秀传

释法秀者，未详何许人也。居于京寺，游游咸镐之间，以劝率众缘，多成善务，至老未尝休懈。开元末，梦人云：“将手巾袈裟各五百条，可于回向寺中布施。”觉后问左右，并云无回向寺。及募人制造巾衣，又遍询老旧僧俗，莫有此伽蓝否。时有一僧，形质魁梧，人都不识，报云：“我知回向寺处。”问要何所须并人伴等，答曰：“但赍所施物，名香一斤，即可矣。”遂依言授物，与秀偕行。其僧径入终南山，约行二日，至极深峻，初无所睹。复进程，见碾石一具，惊曰：“此人迹不到，何有此物？”乃于其上焚所赍香，再三致礼哀诉，从午至夕。谷中雾气弥浸，咫尺不辨，逡巡开霁，当半崖间有朱门纷壁，绿牖琁题，刹飞天矫之幡，楼直觚棱之影。少选，见一寺，分明云际，三门而悬巨榜曰回向寺。秀与僧喜甚，攀陟遂到，时已黄昏，而闻钟磬唱萨之声。门者诘其所从，迟回引入，见一老僧，慰问再三，倡言曰：“唐皇帝万福否？”处分令别僧相随，历房散手巾袈裟，唯余一分。指一房空榻无人，有衣服坐席，似有所适者。既而却见老僧，若纲任之首曰：“其往外者当已来矣。”其僧与秀复欲至彼授手巾等一房，但空榻者，亦无人也。又具言之，者僧笑令坐，顾彼房内，取尺八来至，乃玉尺八也。老僧曰：“汝见彼胡僧否？”曰：“见已。”曰：“此是将来权代汝主者。京师当乱，人死无数。此胡名磨灭王。其一室是汝主房也。汝主在寺，以爱吹尺八，罚在人间，此常所吹者也。今限将满，即却来矣。”明日遣就斋，斋讫曰：“汝当回，可将此尺八并袈裟、手巾，与汝主自收也。”秀礼拜而还，童子送出，才数十步，云雾四合，则不复见寺矣。乃持手巾、袈裟、玉尺八进上，玄宗召见，具述本末。帝大感悦，凝神久之，取笛吹之，宛是先所御者。后数年，果有禄山之祸，秀所见胡僧，即禄山也。秀感其所遇，精进倍切，不知所终。世传终南山圣寺又有回向也。

系曰：昔梁武遣送袈裟入海上山，法秀诣回向寺，燕师命使寻竹林圣寺，此三缘者名殊而事一，莫是互相改作，同截鹤续凫否？通曰：圣人之作，犹门内造车，门外合辙，虽千万里之远，事亦符合者。盖无异路，故如樵子观仙棋，烂柯非止王质。有多人遇棋，且姓名不同，为烂斧柯者不一。今送衣入圣寺多者，亦如此也。

唐滑州龙兴寺普明传

释普明，不知何许人也，或云西域之僧。每谈禅法，举擢玄微，莫可测其沈寥之高远欤！大历初年，受胙县人请居阿兰若，学者蚁聚。尘中往来，白衣礼而施之，日以千计。或一睹相，自然惩忿窒欲，食葚怀音，沿善革恶，以岁计无央数也。右仆射义成军节度使贾耽者，本谪仙也，优游道学，率略空门。才觌明也，若羊祜之识旧环，蔡顺之见慈母焉。降心延请住州寺，迎引倾郭，巷无居人。由是为人说法，虽老不疲。行疾如风，质貌轻壮。以贞元八年壬申闰十二月十日，嘱付门徒，奄然坐灭。生年或云三百岁，以其年百岁者见之，颜容不易之故。依天竺法火化，收舍利二七粒，坚固圆明。群信于明所居禅庭。立塔一所，后迁座于塔下焉。明亡之后十年，王师西征，安静边塞，滑人有材勇者柴清，因觇猃狁，深入虏庭。巡逻者多，乃昼伏夜动，迷方失路，迂直不分。清见明在前导，若老马之先驱焉。及抵汉城，忽然不见。归州就塔作礼，遐迩传之。

宋高僧传卷第十八

四朝高僧传

第五册

宋高僧传 下

大明高僧传

〔宋〕赞宁 撰
〔明〕如惺 撰

中国书店

图书在版编目（CIP）数据

宋高僧传．下／（宋）赞宁撰．大明高僧传／（明）如惺撰．— 北京：中国书店，2018.5（2022.4重印）
（四朝高僧传）
ISBN 978-7-5149-1776-5

Ⅰ．①宋… ②大… Ⅱ．①赞… ②如… Ⅲ．①僧侣－列传－中国－宋代②僧侣－列传－中国－明代 Ⅳ．①B949.92

中国版本图书馆CIP数据核字（2018）第062370号

责任编辑　孔　玉
策　　划　万文社

四朝高僧传　宋高僧传　下〔宋〕赞　宁　撰
　　　　　　大明高僧传〔明〕如　惺　撰

出　　版　中国书店
地　　址　北京市西城区琉璃厂东街115号
邮　　编　100050
发　　行　全国新华书店经销
印　　刷　北京飞帆印刷有限公司
开　　本　680毫米×980毫米　1/16
印　　张　17.5
字　　数　261千字
版　　次　2018年5月第1版
印　　次　2022年4月第3次印刷
书　　号　ISBN 978-7-5149-1776-5
定　　价　368.00元（全5册）

目录

宋高僧传下

大明高僧传

宋高僧传下

宋高僧传卷第十九

宋左街天寿寺通慧大师赐紫沙门赞宁等奉　敕撰

感通篇第六之二（正传二十一人附见八人）

唐嵩岳破灶堕传

释破灶堕者，不知何许人也。天后之世，参事嵩岳安禅师，号老安是欤。通彻禅法，逍遥弗羁，恒理求而不见其前，别涂取而莫趋其后，尝遇巫氏能与人醮灶祓禳，若汉武之世李少君，以祠灶可以致物同也。凡其解奏之时，往往见鬼物形兆，闾里迭畏，传于众多，杀少牢以祭之者交午。重其主灶，乃幡盖拥之，秘而罕睹焉，扬子所谓灵场之威宜夜矣乎？时堕诣之，始劝巫者，终为神说法已，告云："我闻师教，决定生天。"乃现其形，礼辞且曰："蒙师提耳，获益弥深，得生殊胜天。"言讫而隐，其灶即神祠也，随而瓦解，自然破落，非人力也。遐迩惊骇，此师素不称名，由此全取他名，号破灶堕也。

唐嵩岳闲居寺元珪传

释元珪，姓李氏，伊阙人也。禀气英奇，宽裕闲雅。既缘宿习，乃誓出家，于永淳二年遂登满足，乃隶名闲居寺。以习毗尼，虽勤无懈，执律唯坚。后悟少林寺禅宗，大通心要，深入玄微，遂卜庐于岳中庞坞。谓其徒仁素曰："吾始居寺东岭。吾灭，汝必塔吾骸于此。"珪安于岩阿。时有峨冠裤褶，部曲繁多，轻步舒徐，称谒大师。珪睹其貌伟，精爽不伦，谓之曰："善来仁者，胡谓而至？"曰："师宁识我邪？"珪曰："吾观佛与众生等，吾一目之，岂分别识也？"对曰："我此岳神也。吾能利害生死于人，师安得一目我哉？"珪曰："汝能生死于人，吾本不生，汝焉能死？吾视身与空等，视吾与汝等，汝能坏空与汝乎？苟能坏空及坏汝，吾则不生不灭也。汝尚不能如是，又焉能生死吾邪？"岳神稽首再拜曰："我亦聪明正直于余神，岂能知师有广大之智辩乎？愿授之正戒，令我度世，助其威福。"珪曰："神既乞戒，即既戒也。所以者何？戒外无戒，又何戒哉？"神曰："此理也我闻茫昧，止求师戒我身为门弟子。"珪辞不获，即为张座焚香秉炉正机曰："付汝五戒，汝能奉持，即向曰能。不能，即曰否。"神曰："洗耳倾听，虚心纳教。"珪曰："汝能不淫乎？"神曰："亦娶也。"曰："非谓此也，谓无罗欲也。"神曰："能。"曰："汝能不盗乎？"神曰："何乏我也，焉有盗取哉？"曰："非谓此也，谓飨而福淫，不供而祸善也。神曰："能。"曰："汝能不杀乎？"神曰："政柄在躬，焉曰不杀？"曰："非谓此也。谓有滥误混疑也。"神曰："能。"曰："汝能不妄乎？"神曰："我本正直，焉能有妄？"曰："非谓此也，谓先后不合天心也。"神曰："能。"曰："汝能不遭酒败乎？"神曰："力能。"珪曰："如上是为佛戒也。"又言："以有心奉持而无心拘执；以有心为物而无心想身。能如是，则先天地生不为精，后天地死不为老，终日变化而不为动，毕尽寂默而不为休。悟此，则虽娶非妻也，虽飨非取也，虽柄非权也，虽作非故也，虽醉非惛也。若能无心于万物，则罗欲不为淫，福淫祸善不为盗，滥误混疑不为杀，先后违天不为妄，惛荒颠倒不为醉，是谓无心也。无心则无戒，无戒则无心，无佛无众生，无汝及无我，无我无汝，孰能戒哉？"神曰："我神通亚佛。"珪曰："汝神通十句，五能五不能。佛则十句，七能三不能。"神悚然避席，启跪颇恭曰："可得闻乎？"曰："汝能倏上帝，东天行而西七曜乎？"曰："不能。"又曰："汝能夺地只融五岳而结四海乎？"曰："不能。"珪曰："是为五不能也。"又曰："佛能空一切相，成万法智，而不能即灭定业。佛能知群有性，穷亿劫事，而不能化导无缘。佛能度无量有情，而不能尽众生界。是为三不能也。定业亦不牢久，无缘亦谓一期，众生界本无增减。亘无一人，能主有法。有法无主，是谓无法。无法无主，是谓无心。如我解佛亦无神通也，但能以无心通达一切法耳。作用冥现有情前也。若有心有作，作用必不普周焉。”岳神曰：“我诚浅昧，未闻空义，愿师授我戒，我当奉行，更何业因可拘尘界？我愿报慈德，效我所能！”珪曰：“吾观身无物，观无常法窟，块然更有何欲？”神曰：“师必命我为世间事，展我少小神功，使已发心、初发心、未发心、不信心、必信心五等人目我神踪，知有佛有神，有能有不能，有自然有非自然者。”珪曰：“无为是，无为是。”神曰：“佛亦使神护法，师宁隳叛佛邪？随意垂诲。”珪不得已而言曰：“东岩，寺之障也，莽然无树。北岫有之，而背非屏拥。汝能移北树于东岭乎？”神曰：“已闻命矣。”又陈曰：“我必昏夜风雷摆摇震运，愿师无骇。”即郑重作礼辞去。珪门送而且观之，见仪卫逶迤如王者之行仗。又复碧霭红霞，紫岚皓气，间错四散，幢盖环佩，戈戟森森，凌高浸空，杳渺隐没焉。其夕果有暴风吼雷，奔云霆电隆栋壮宇岌礏将圮，定僧瞻动，宿鸟声狂，互相敲磕，物不安所。乃谓众僧曰：“无怖，无怖，神与我契矣。”诘旦和霁，则北岩松栝尽移东岭，森然行植焉。而珪谓其徒曰：“吾殁后无令外知，若为口实人将妖我也。”以开元四年丙辰岁，嘱累门人，若委蜕焉。春秋七十三。遂营塔于岳之东岭，影堂存于本院后。十二年告成，县尉许筹追珪之德为记焉。

唐庐江灊山天柱寺惠符传

释惠符，姓戚氏，越州诸暨人也。登其弱冠，勇气过人，角力驰逐，无能及者。然其任侠，且厌在家，忽投香严寺，矫迹柔心，淳淑顿变。纳法之后，练行孤标。每夜沿山据草座，安禅不动。复研寻经论，见潜县之霍山，昔汉武尝徙南岳之祭于此，极成胜境。其中天柱寺可以栖神，乃结庵居焉。无几，有巨蛇张口，毒火焱焱。符徐语之曰：“汝寻宿债，吾可噬也。不然，洗身定意，如运业通，来为受戒。”斯须，弭按蜿蜒而去，果化成人形，来求出家。符为之落发，披衣受讫，礼辞而退。后被告符私度，具以实对辩。符云：“若私度有愆，甘听其罪。”官吏知非常而纵之。符凡见疮疖脓流，皆咒之则差。至开元十八年，无疾而终。乃从火葬，见骨节相连之状焉。

唐长安西明寺惠安传

释惠安，未详何许人也。神龙中游于京兆，抑多先见。时唐休璟既立边功，贵盛无比。安往造焉，曰：“相公，甚美必有甚恶。将有大祸，且不远数月，然可禳去。”休璟素知安能厌胜，诺而拜之。安曰：“更无他术，但奉一计耳。岂非注拟官品，出乎陶冶中？请选一有才干者用为曹州。”因得张君，本京官，即日升之宫赞，相次作守定陶，委之求二犬，可高数尺而神俊者。张君到任，锐意精求，得二犬如其所求以献之。休璟大悦，召安视之，曰：“极善。”后旬余，安却来曰：“事在今夕，愿相君严为警备。”遂留安宿。是夜休璟坐于堂之前轩，命左右十数辈执弧操矢，立于榻之隅。休璟与安共处一榻，至夜分。安笑之曰：“相君之祸免矣。可以就寝。”休璟喜而谢之，遂撤左右俱寝。迨晓，安呼休璟可起矣。问安曰：“二犬何所用乎？”遂寻其迹，至园中，见一人仆地而卒。视其颈有血焉，盖为物所啮者。又见二犬在大木下，仰视之，一人袒而匿身。休璟惊且诘之，其人泣而指死者曰：“某与彼俱贼也，昨夕偕来，欲害相国，盖遇此二犬环而且吠。彼为所噬，既殒。某藏匿为地，天网所罗，为犬蹲守，今甘万死。”且命缚之，曰：“此罪固当死，然非某心也，乃受制于人耳。”乃释之，贼拜泣而去。休璟拜谢安曰：“非吾师，不然死于二夫之手矣。”安曰：“此相国之福，岂所能为哉？”又休璟表弟卢軫在荆门，有术士告之曰：“君将有灾，当求善禳厌者，或能免矣。”軫知安奇术清行，为时所重，致书于休璟。安即与一书曰：“事在其中耳。”及书达江陵而軫已卒，其家开其书，徒一幅空纸焉，殊无一字。休璟益重之。后数年遁去，罔知所之。

唐西域安静传（徐果师）

释安静，本西域人也。开元十五年振锡东游，至定陶，直问：“丁居士何在？”乡人报之曰：“终已三载，葬在郊外。”且曰：“是人也乃在家菩萨，专勤梵行，尝礼事嵩山普寂禅师，云已得甚深法。将终，合掌加趺而坐，俨然而绝。曹城诸寺院钟磬不击自鸣也。”静至坟所，躬自发之，时五色云气腾喷而上，遂取其骨，皆金色连环若锁，可五丈许，铿然响亮，擐杖头而行。别树塔重葬，众咸惊叹。少顷，静瞥然灭没焉。

系曰：有情遗骼，引因践果也。凡夫身中节不相至，十地菩萨骨节解盘龙相结。佛则全身舍利焉。今丁居士骨有钩锁形，则超凡夫，未阶十在，此乃八臂那罗延身骨节头相钩是欤？证居士力量及此矣。譬若出金之砂之谓浑，不可谓为砂也。含玉之石之谓璞，不可谓为石也矣。

次又成都府大云寺有徐果师者，混物韬光，人罕详测。或入三昧，不失律仪。或示狂痴，语事多中。先为卫元嵩，是难测之士，坤维间往往有人谓之徐果师。徐，姓也；果，名也；师，通称也。此亦强练志公之伦类矣，不知其终云。

唐福州钟山如一传

释如一，不知何许人也。开元末为僧，典床座。俄有僧遍身疮疥，衣服褴褛，巡绕寺中。僧众睹之，无不厌恶。唯一见而悯焉，延入常住别堂，安置度夏。夏末辞去，一问：“去何所？”答曰：“归庵中。”又问：“庵在何也？”“只在大乘寺东。”一曰：“某日前方自彼来，勿见庵处。”曰：“不信，但来相访。”“某两日后专来。”一遂往，果见前僧在岩口相候，因携手入一精舍，楼阁森耸，殿堂交错，且非人间景物。三日遣一公下山，回首见悉是岩石，方知圣寺耳。一由是倍力修进，愿预圣流云。

唐西域亡名传

释天竺亡名，未详何印度人也。其貌恶陋，缠干陀色缦条衣，穿革屣，曳铁锡，化行于京辇。当韦南康皋之生也，才三日，其家召僧斋，此僧不速自来。其日僧必历寺连名请至，韦氏家僮患其长一人，甚怒之，以弊席坐于庭中。既而斋毕，韦氏令乳母负婴儿出，意请众僧祝愿焉。梵僧先从座起，摄衣升阶，视之曰：“别久无恙乎？”婴儿若有喜色相认之意。众皆异之，韦君曰：“此子才生三日，吾师何言别久也？”梵僧曰：“此非檀越所知也。”韦君固问之，梵僧曰：“此子乃诸葛亮之后身耳。武候鼎国时为蜀丞相，君所知也。缘蜀人受其赐且久，今降生于世，将为蜀帅，必福坤维之人。吾往在剑门，与此子为善友，既知其生于君门，吾不远而来。此子作剑南节度二十年，官极贵，中书令、太尉。此外非我所知也。”父然之，因以武子为字，又单字武也。张镒出为凤翔陇州节度，奏皋权知陇州。及镒为李楚琳所杀，牛云光请皋为帅。朱泚不得已用皋为凤翔帅。德宗置奉义军节以旌之，续加礼部尚书。兴元中，驾还京，征为左金吾卫将军。贞元元年，为成都尹，代张延赏。到任和南蛮并战功，封南康郡王。顺宗即位，进太尉。南康在任二十一年，末涂甚崇释氏，恒持数珠诵佛名。所养鹦鹉，教令念经。及死，焚之，有舍利焉。皋又归心南宗禅道，学心法于净众寺神会禅师。在蜀，富贵僭差，重赋敛，时议非之，然合梵僧悬记焉。

唐京兆抱玉传

释抱玉者，行业高奇，人事罕接。每言来事，如目击焉。见释子大光而诲之曰：“汝诵经宜高揭法音，彻诸天倾听，必得神人辅翼。”后皆符其记莂。京邑归信千计。每夕独处一室，阖扉撤烛。尝有僧于门隙间窥其所以，见玉口中出庆云，华彩可爱。后年可九十许而终。终时方大暑，而尸无萎败。宰臣第五琦与玉相善，及终，临丧颇哀。琦以香乳灌其口，随有祥光自口而出，晃然四照。琦愈奇之。琦乾元二年十月贬忠州刺史。宝应初入为太子宾客，至京尹，玉皆预言荣贵轗轗相半，皆如其言，刻意归信焉。

唐虢州阌乡阿足师传

释阿足师者，莫详出处。形质痴浊，精神瞢然，时有所言，靡不先觉。虽居无定所，多寓阌乡。以其踵法云公之尘躅，憧憧往来，争路礼谒，檀施山积，曾无顾瞻。人有隐忧，身婴所苦，获其指南者，其验神速。时陕州有富家翁张臻者，产业且多，财货增溢。少子息，臻恒惧钱帛身后无嗣。后产男，既愚且惷，手足拳挛，语言謇涩，唯嗜饮食，殆与平人有异，口如溪壑，终日无厌。年可十七，父母钟爱，纵其须索，迎医求药，不远千里。数十年后家业罄穷，或有谓其臻曰："阿足师其实宝志之流，何不敷布腹心，求救其疾？"乃夫妻来抵阌乡，叩头抆泪，告其拯拔。阿足瞑目久之，谓臻曰："汝冤未散，尚须数年，悯汝勤拳，为汝除去。"即令选日于河上致斋，广召众多，同观度脱。仍领引其男赴于道场。时众知阿足奇异，观者如堵。少选，指呼壮夫三数辈叱曳其子，令投诸河，随急流而逝。臻且哀且惊，莫测其由。阿足语臻曰："为汝除灾讫。"良久，其子忽于流数十步外耸身水面，戟手骂其父母曰："与尔冤仇宿世缘业，赖逢圣者遽此解纷。傥或不然，未期毕日。"挺身高呼，辞理分明，都无痴浊之状。须臾沈水，不知其他。阿足由兹传播，归信之人如就市焉。所行化导皆此类矣，盖大历、建中中也。殆德宗贞元十二年丙子，敕谥为大圆禅师。至今陕虢之间，犹崇重焉。

唐天台山封干师传（木赣师　寒山子　拾得）

释封干师者，本居天台山国清寺也。剪发齐眉，布裘拥质，身量可七尺余。人或借问，止对曰"随时"二字而已，更无他语。乐独舂谷，役同城旦，应副斋炊。尝乘虎直入松门，众僧惊惧，口唱唱道歌。时众方皆崇重，及终后，于先天年中在京兆行化，非恒人之常调，士庶见之，无不倾礼。以其蹑万回师之后，微亦相类，风狂之相过之，言则多中。先是国清寺僧厨中有二苦行曰寒山子，曰拾得，多于僧厨执爨，爨讫，二人晤语，潜听者多不体解。亦甚颠狂，纠合相亲，盖同类相求耳。时闾丘胤出牧丹丘，将议巾车，苦头疼羌甚，医工寡效。邂逅干造，云："某自天台来谒使君。"且告之患。干曰："君何虑乎？"便索净器，吮水喷之，斯须觉体中颇佳。闾丘异之，乃请干一言定此行之吉凶。曰："到任记谒文殊。"闾丘曰："此菩萨何在？"曰："国清寺厨执爨洗器者是。"及入山寺，问曰："此寺曾有封干禅师？"曰："有。""院在何所？寒山、拾得复是何人？"时僧道翘对曰："封干旧院即经藏后，今阒无人，止有虎豹时来此哮吼耳。寒拾二人见在僧厨执役。"闾丘入干房，唯见虎迹纵横。又问"干在此有何行业？”曰：“唯事舂谷，供僧粥食，夜则唱歌讽诵不辍。”如是再三叹嗟。乃入厨。见二人烧柴木，有围炉之状。闾丘拜之，二人连声咄咤，后执闾丘手褒之若婴孺，呵呵不已。行曰：“封干饶舌。”自此二人相携手出松门，更不复入寺焉。干又尝入五台巡礼，逢一老翁，问曰：“莫是文殊否？”翁曰：“岂可有二文殊。”干礼之未起，恍然失之。

次有木赣师者，多游京邑市鄽间，亦类封干，人莫轻测。“封”“丰”二字，出没不同。韦述吏官作封疆之封，闾丘序三贤作丰稔之丰，未知孰是。

寒山子者，世谓为贫子风狂之士，弗可恒度推之。隐天台始丰县西七十里，号为寒暗二岩，每于寒岩幽窟中居之，以为定止。时来国清寺。有拾得者，寺僧令知食堂，恒时收拾众僧残食菜滓，断巨竹为筒，投藏于内。若寒山子来，即负而去。或廊下徐行，或时叫噪凌人，或望空曼骂。寺僧不耐，以杖逼逐，翻身抚掌，呵呵徐退。然其布襦零落，面貌枯瘁，以桦皮为冠，曳大木屐。或发辞气，宛有所归，归于佛理。初闾丘入寺，访问寒山，沙门道翘对曰：“此人狂病，本居寒岩间，好吟词偈，言语不常，或臧或否，终不可知。与寺行者拾得以为交友，相聚言说，不可详悉。”寺僧见太守拜之，惊曰：“大官何礼风狂夫耶？”二人连臂笑傲出寺，闾丘复往寒岩谒问，并送衣裳药物，而高声倡言曰：“贼我贼。”退便身缩入岩石穴缝中，复曰：“报汝诸人，各各努力。”其石穴缝泯然而合，杳无踪迹。乃令僧道翘寻共遗物，唯于林间缀叶书词颂并村墅人家屋壁所抄录，得二百余首，今编成一集，人多讽诵。后曹山寂禅师注解，谓之对寒山子诗，以其本无氏族，越民唯呼为寒山子。至有“庭际何所有，白云抱幽石”句，历然雅体。今岩下有石，亭亭而立，号幽石焉。

拾得者，封干禅师先是偶山行至赤城道侧，仍闻儿啼，遂寻之。见一子可数岁已来，初谓牧牛之竖。委问端倪，云无舍，孤弃于此。封干携至国清寺，付与典座僧。或人来认，必可还之。后沙门灵熠摄受之，令知食堂香灯。忽于一日，见其登座，与像对盘而餐。复呼憍陈如曰：“小果声闻。”傍若无人，执箸大笑，僧乃驱之。灵熠咨尊宿等，罢其堂任，且令厨内涤器，洗濯才毕，澄滤食滓，以筒盛之。寒山来，必负而去。又护伽蓝神庙，每日僧厨下食，为乌鸟所取狼藉。拾得以杖扑土偶三二下，骂曰："汝食不能护，安护伽蓝乎？"是夕神附梦与阖寺僧曰："拾得打我。"明日诸僧说梦符同，一寺纷然，始知非常人也。时牒申州县，郡符下云："贤士隐遁，菩萨应身，宜用旌之。"号拾得为贤士。又于寺庄牧牛，歌咏呼天。当其寺僧布萨时，拾得驱牛至僧集堂前，倚门抚掌大笑曰："悠悠者聚头。"时持律首座咄曰："风人，何以喧碍说戒？"拾得曰："我不放牛也，此群牛者多是此寺知僧事人也。"拾得各呼亡僧法号，牛各应声而过，举众错愕，咸思改往修来，感菩萨垂迹度脱。时道翘纂录寒山文句于寺土地神庙壁，见拾得偈词，附寒山集中。

系曰：按封干先天中游遨京室，知闾丘、寒山、拾得俱睿宗朝人也。奈何宣师高僧传中，闾丘，武臣也，是唐初人。闾丘序记三人，不言年代，使人闷焉。复赐绯，乃文资也。夫如是，乃有二同姓名闾丘也。又大沩祐公于宪宗朝遇寒山子，指其沩潭，仍逢拾得于国清，知三人是唐季叶时犹存。夫封干也，天台没而京兆出；寒拾也，先天在而元和逢。为年寿弥长耶？为隐显不恒耶？易象有之，"小狐汔济"，其此之谓乎！

唐成都净众寺无相传（智诜禅师）

释无相，本新罗国人也，是彼土王第三子，于本国正朔年月生，于群南寺落发登戒。以开元十六年泛东溟至于中国，到京。玄宗召见，隶于禅定寺。后入蜀资中，谒智诜禅师。有处寂者，异人也，则天曾召入宫赐磨纳九条衣，事必悬知，且无差跌。相未至之前，寂曰："外来之宾，明当见矣。汝曹宜洒扫以待。"间一日果至，寂公与号曰无相。中夜授与摩纳衣，如是入深溪谷岩下坐禅，有黑犊二，交角盘礴于座下，近身甚急，毛手入其袖，其冷如冰，扪摸至腹，相殊不倾动。每入定，多是五日为度。忽雪深，有二猛兽来，相自洗拭，裸卧其前，愿以身施其食，二兽从头至足，嗅匝而去。往往夜间坐床下，搦虎须毛。既而山居稍久，衣破发长，猎者疑是异兽，将射之，复止。后来入城市，昼在冢间，夜坐树下。真行杜多之行也。人渐见重，为构精舍于乱墓前。长史章仇兼琼来礼谒之。属明皇违难入蜀，迎相入内殿。供礼之时，成都县令杨翌疑其妖惑，乃帖追至，命徒二十余人曳之。徒近相身，一皆战栗，心神俱失。顷之大风卒起，沙石飞扬，直入厅事，飘帘卷幕。杨翌叩头拜伏，踹而不敢语。忏毕风止，奉送旧所。由是遂劝檀越造净众、大慈、菩提、宁国等寺，外邑兰若钟塔，不可悉数。先居净众本院，后号松溪是欤。相至成都也，忽有一力士称舍力伐柴，供僧厨用。相之弟本国新为王矣，惧其却回，其位危殆，将遣刺客来屠之，相已冥知矣。忽日供柴贤者暂来，谓之曰："今夜有客。"曰："灼然。"又曰："莫伤佛子。"至夜，薪者持刀挟席坐禅座之侧，逡巡觉壁上似有物下，遂跃起，以刀一挥，巨胡身首分于地矣。后门素有巨坑，乃曳去瘗之，复以土拌灭其迹而去。质明，相令召伐柴者谢之，已不见矣。尝指其浮图前柏曰："此树与塔齐，寺当毁矣。"至会昌废毁，树正与塔等。又言寺前二小池，左羹右饭，斋施时少，则令淘浚之，果来供设。其神异多此类也。以至德元年建午月十九日无疾示灭，春秋七十七。临终，或问之曰："何人可继住持乎？"乃索笔书百数字，皆隐不可知，谐而叶韵。记蓟八九十年事验无差失。先是武宗废教，成都止留大慈一寺，净众例从除毁。其寺巨钟乃移入大慈矣。洎乎宣宗中兴释氏，其钟却还净众，以其钟大隔江，计功两日方到。明日方欲为斋，辰去迎取，巳时已至，推挽之势，直若飞焉。咸怪神速，非人力之所致也。原其相之舍利分塑真形，尔日面皆流汗，上足李僧以巾旋拭，有染指者，其汗颇咸，乃知相之神力自曳钟也。变异如此，一何伟哉！后号东海大师塔焉。乾元三年，资州刺史韩汯撰碑，至开成中李商隐作梓州四证堂碑，推相为一证也。

唐扬州西灵塔寺怀信传

释怀信者，居处广陵，别无奇迹。会昌三年癸亥岁，武宗为赵归真排毁释门，将欲堙灭教法。有淮南词客刘隐之薄游四明，旅泊之宵，梦中如泛海焉。回顾见塔一所，东度见是淮南西灵寺塔。其塔峻峙，制度校胡太后永宁塔少分耳。其塔第三层，见信凭栏与隐之交谈，且曰："暂送塔过东海，旬日而还。"数日，隐之归扬州，即往谒信。信曰："记得海上相见时否？"隐之了然省悟。后数日，天火焚塔俱尽，白雨倾澍，傍有草堂，一无所损。由是观之，东海人见永宁塔不谬矣。

系曰：塔焚皆云往东海，海岂纳煨烬耶？通曰：五行为物亦七大性，可弗周遍法界乎？顺则相生，逆则相害。虽逆顺各时，与法界同其分齐，证知唯有识耳。且天仙鬼物与人相反，殊胜诸天则定果宫殿，神仙则附物变化，鬼神则歆其食气，质碍之流，火化则得受用也。凡塔刹严丽，多被鬼神取旃。海若川侯，亦非人也，如陈重云殿天火焚，东海人时见殿影焉。又近马氏霸湖南，末年天册阁为天火焚，朗州守此夜闻空中呵喝言“回避，天册阁来也”。云中腾沸，若千万人舁荷重物然，累日，方潭州火矣。若怀信见刘隐之梦，信亦不可测之僧也。

唐陕府辛七师传

释辛七师者，不显出家之号，时姓氏行次呼之，既熟人耳，更无别召体焉，实陕人也。始为儿时，甚闻谨肃，不尝狎弄，少即老成。其父为陕郡守，观七师之作为，谓其母曰：“是子非常儿孺，善宜护养之。”年甫十岁，迥知佛法可以宗尚，凡经卷冥然分其此华此梵，都不缘师教。及钟荼蓼，陟屺之痛愈深，虽亲属劝勉，益加柴毁。先是郡城南有瓦窑七所，一日哀号之际，发狂遁去，其家僮辈蹑迹寻之。见其入窑灶中端坐，身有奇光，灿若金色。家僮惊，就问无言，惧而徒步。次窥一窑，复见七师，同前相状。如是历遍七窑，一一见其端坐发光。是以陕服之人重之若神，遇之罗拜焉。

唐京师大安国寺和和传

释和和者，莫详氏族本生。其为僧也狂而不乱，愚而有知，罔测其由。发言多中，时号为圣。安国寺中居住，出入无拘捡。见本寺修营殿阁未就，有越国公主降荣阳郑万钧，虽琴瑟相谐，而数年无子。和因至公主家，钧焚香洒扫以待之。主拜跪归向，钧祈告之曰：“某自叨选尚，愿得一子为嗣，唯师能致之乎？”和曰：“易耳。但遗我三千匹绢，主当诞二男。”

钧勤重如听佛语，出绢如所求施之。和取付修寺殿阁功德主，乃曰：“主有娠矣，吾令二天人下为公主作儿。所忧者公主不能并妊二子乎？为孪乳包羞耳。吾俾其同年而前后诞之。”果如其言，岁初年末，各生之矣。长曰潜耀，次曰晦明，皆美丈夫，后博涉成事焉。京邑之间传扬沸渭，量其位地，不可轻议哉。

唐扬州孝感寺广陵大师传

释广陵大师者，维扬人也，不言法名，淮海之间，竞呼广陵大师也。形质寝陋，性多桀黠，真率之状，与屠沽辈相类，止沙门形异耳。好嗜酒啖肉，常衣穗裘，厚重可知，盛暑亦不暂脱，蚤虱聚其上。侨寓孝感寺，独一室，每夕阖扉而寝，率以为常。或狂悖性发，则屠犬彘，日聚恶少斗驱，或醉卧道傍，扬民以是恶之。贞元中，有一少壮素以力闻，尝一日少壮与人赌博，大师大怒，以手击碎博局。少壮笑曰：“骇儿何敢逆壮士耶？”大师且骂而唾其面，于是索少壮斗击，观者围匝千数。少壮为大师所困，迸道而逃。自此人方知有神力焉。亦于稠人广众中自负其力，往往入阛阓间剽夺人钱帛，市人皆畏其勇而莫敢拒。后有一耆年僧，召大师诫敕之曰：“汝胡不谨守戒法，奈何食酒肉，屠犬豕，强抄市人钱物，又与无赖子弟斗竞，不律仪甚，岂是僧人本事耶！一旦众所不容，执见官吏，案法治之，何处逃隐？且深累佛法。”大师怒色对之曰：“蝇蚋徒喋膻腥，尔安知鸿鹄之志乎？然则我道非尔所知也。且我清中混外者，岂同尔龌龊无大度乎？”耆年且不能屈。后一日自外来归，入室闭户，有于门隙觇之。见大师坐席放神光，自眉间晃朗，照物洞然。观者惊报，少顷寺僧奔至，瞻礼称叹，或有忏悔曾谤之者，或有弹指赞咏之者。明日群僧伺候大师出，焚香致礼。及开户，瞑目如入禅定，已长往矣。自此广陵人写貌供养，号之为大师焉。

唐南岳山明瓒传

释明瓒者，未知氏族生缘。初游方诣嵩山，普寂盛行禅法，瓒往从焉。然则默证寂之心契，人罕推重。寻于衡岩闲居，众僧营作，我则晏如，纵被诋诃，殊无愧耻，时目之懒瓒也。一说伊僧差越等夷，或随众斋飡，或以瓦釜煮土而食，云是弥陀佛应身，未知何证验之？一云好食僧之残食，故残也（残上声呼）。或随逐之，则时出言语，皆契佛理，事迹难知。天宝初，至南岳寺执役，尽专一寺之上，夜止群牛之下，曾无倦也。如是经二十年。相国邺公李泌避崔李之害，隐南岳而潜察瓒所为，曰："非常人也。"听其中宵梵呗，响彻山谷。李公情颇知音，能辩休戚，谓瓒曰："经音凄怆而后喜悦，必谪堕之人时将去矣。"候中夜，李公潜往谒焉，望席门自赞而拜。瓒大诟，仰空而唾曰："是将贼我。"李愈加郑重，唯拜而已。瓒正发牛粪火，出芋啖之，良久乃曰："可以席地。"取所啖芋之半以授焉。李跪捧尽食而谢。谓李公曰："慎勿多言，领取十年宰相。"李拜而退。居一月，刺史祭岳，修道路极严。忽中夜风雷，而一峰颓下，其缘山蹬道为大石所拦，乃以数牛縻绊而挽之，又以数百人鼓噪以推之，物力竭而石愈固，更无他术。瓒曰："奚用如许繁为？我始去之。"众皆大笑，瓒遂履石而动，忽转盘而下，声若震雷。山路既开，众僧礼而踊跃，一郡呼为至圣，太守奉如神明。瓒悄然乃怀去意。寺外虎豹忽尔成群，日有杀伤，无由禁止。瓒曰："授我一小棰，为尔驱除。"众曰："大石犹可推，虎豹当易制。"遂与之荆梃，皆蹑后以观之。出门，见一虎衔之而去。瓒既去矣，虎亦绝踪矣。李邺公于天宝末，肃宗北巡，至灵武即位，遣使访召。会泌自嵩颖奔赴行在所。帝喜用之，俾掌枢务，权逾宰相，判广平王府司马事。肃宗曰："卿为朕师友。今父子三人资卿道义。"寻为崔圆、李辅国害其能，泌惧，乞游衡岳，诏许之。绝粒数年，遂见瓒焉。后终居相位，一如瓒之悬记矣。敕谥大明禅师，塔存岳中云。

唐简州慈云寺待驾传（怀一）

释待驾，俗姓王氏，金水县人也。冲孺出家，作为诡异，其父立名待驾，当天宝末也。练行精进，时号头陀。及玄宗巡幸，果自诣府剃𩬊为僧，至是"待驾得度"，其言信矣。驾去县邑二十里，开径芟茅，独居山顶，后成一寺。此山绝多灵迹，初名石城，追明皇至剑门山，神见形迎驾，称姓李氏，敕赐与玄孙之称。后陟武担东台，远望祥云紫气，盘结空界，问左右曰："此何处？"对曰："名城山。"乃悟山神扈卫之意，遂改云顶为慈云寺也。驾后卒于此寺。又福州楞伽寺释怀一，景龙中锐意于爱同寺东造精舍，相度地形，无水济用，方拱手而去。忽山禽击斗于地，一异之，命工穴深尺余，甘泉沸涌。此后伏腊而无加耗。寺中每有休咎，必暂减耗，候以知之，风俗谓之灵泉焉。以永泰二年归寂，弟子超悟奏乞代宗题寺额。上首曰智恒，次行弼。越州刺史皇甫政为碑纪德，襄州节度使于頔书焉。

唐福州爱同寺怀道传（智恒）

释怀道，迈德高情，慈忍济物，思乎达法，恒尔游方。凡遇通人，卑礼求益。及还乡之日，礼佛勤劬，收举坐具，获珠一颗，后置于文殊塑像额心安之。其珠圆莹，且异蚌胎。又冥然降舍利骨，寻分于南涧塔中。洎至德二年，令弟子僧常持法华经，不舍昼夜。俄有白氎袈裟一领降于塔中，不知其来。此盖道修练之心感于冥理也。后滑台守李邕著碑文并书。相次智恒继居法华院，即怀一弟子也。道行与师相埒。卒后礼部侍郎刘太真作碑颂，褚长文书。次有超悟、行弼，皆名望相齐，化于闽俗，无不重焉。

唐升州庄严寺惠忠传（圆寂）

释惠忠，俗姓王，润州上元人也。初在母孕，忽遇异僧，谓曰："所生贵子，当为天人矣。"诞育已来，不食荤腥，有异常童。禀性敦厚。年二十三，以经业见度，即神龙元年也。遂配庄严寺，志节高简，为时辈所推。闻牛头山威禅师袭达磨踪，得佛法印，遂造山礼谒。威见忠，乃曰："山主来矣。"因为说法，顿悟上乘。威既得人，如老氏之逢尹喜，乃命入室付法传灯，并委山门之事，遂出鄽聚。忠即继踵兹峰，夙夜精励。常头陀山泽，饮泉藉草，一食延时，每用一铛，众味同煮。用毕悬于树杪。方复绳床晏坐，终日如杌，衣不易时，寒暑一纳，积四十年，遂彰灵应非一。州牧明贤，频诣山礼谒，再请至郡，施化道俗。天宝初年始出止庄严。忠以为梁朝旧寺，庄严最盛，今已岁古雕残，兴怀修葺。遂于殿东拟创法堂，先有古木，鹊巢其顶，工人将欲伐之。忠曰："且止，待鹊移去，始当伐之。"因至树祝曰："此地造堂，当速移去。"言毕，其鹊竞衔柴迁寓他树。合郭道俗观者如堵，莫不叹异。又立基未定，忽有二神人为上其处，因乃定焉。虽汲引无废，神旷不挠，四方之侣，相依日至。以大历三年山门石室前有忠挂衣藤，是岁盛夏忽然枯悴。灵芝仙菌，且不复生。至九月，忠演法高座，无故水出绕座而转。至四年六月十五日，集众布萨，至晚乃命侍者剃发浴躯。是夜瑞云覆刹，天乐闻空，十六朝怡然坐化。时风雨震荡，树木摧折，和州延祚寺僧徒其夕咸见白虹直东西，贯于山中，鸟兽哀鸣，林壑岩间哭声数日方止。岳牧韦公损闻而哀怆，遣使赠赙，并令上元令刘君备威仪送归山。于时炎蒸。至七月七天降雨绝凉。八日神柩出，纤尘不飞。又有群鹤徘徊舆上，送至山门。瘗后数日，坟内放光，照于山林。五年春，依外国法荼毗，获舍利不可胜计，圆细如珠，光彩莹彻。远近道俗有恨无所克获，咸于焚身处煨烬中至求，凡百千人，皆得舍利。故知法身圆应，感物无穷，圣力潜通，光腾千古。门人起木塔。春秋八十七矣。身逾七尺，霜眉径寸，仪容殊伟，燕鹤龙腮，神气孤拔，色如金聚，含光玉润，若梵僧。所居帐帏弗张，蚊蚋不犯。曾居兰若幽栖，松竹深邃，尝有虎鹿并各产子，驯绕入室，曾无惧色。开元二十七年，上元令长孙遂初脱略异闻，躬造山询验。及到山半，猛虎当路飑吼，遂乃惊怖，莫知所为。忠闻出林晓喻，虎因寝声，伏于林中。遂恐慑，合掌礼谢而回。忠又向吴郡，具戒院中有凌霄藤，盛夏萎悴，人拟伐之。威大师曰："勿剪。惠忠还日，其藤更生。"人不之信，及秋，忠还，其藤重茂矣。又昔有供僧谷仓在庄，夜有张盗来窃之，虎乃吼唤逐之。盗弃负器而逃。其类伙多，良难骤述。忠著见性序及行路难，精旨妙密，盛行于世。又邺中释圆寂，氏族生地俱不可寻。初从嵩山见老安禅师，道契相符，莫测涯岸。以高宗咸亨二年生，计终岁已一百有奇年矣。襄州节度使严绶，倾心供养，亦号无生和尚焉。

唐洛京天宫寺惠秀传

释惠秀，俗姓李氏，今东京陈留人也。出离尘垢，慕尚逍遥。初以戒律饰躬，后以禅定为务。于荆郢之地，参问祖师，既了安然，回依洛邑天宫寺也。属则天频幸神都，而秀道声闻于后听，屡诏入礼重，其于悬记未然事，合同符契。长安中往资圣寺，唱道化人，翕然归向。忽诫禅院弟子，令灭灯烛。有白秀曰：“长明灯可留。”亦令灭之。因说火灾难测，不可不备，云：“尝有寺家，不备火烛，佛殿被焚。又有一寺，钟楼遭爇。又有一寺，经藏煨烬，殊可痛惜。”时众不喻其旨。至夜遗火佛殿，钟楼经藏三所悉成灰炭。方知秀预知垂警。又玄宗在潞邸时，曾与诸王俱诣问法，从容留施一笛。玄宗出去，秀召弟子曰：“谨掌此笛，后有要时，当献上也。”及受睿宗传禅，弟子达磨等方悟其言，取笛以进。帝悦先知，回赐丰厚。秀偶示微疾，告诫门人，奄然归寂。享年一百岁。燕国公张说素所归心，送瘗龙门山，道俗数千人奔会悲悼焉。

唐成都郫县法定寺惟忠传

释惟忠，少孺为僧，励精自行，在乎群等，莫不宗焉。出家法定寺，本是后汉永平中佛法始流中国便有，置德净伽蓝，神光屡现。至宋释惠持自庐阜辞远公法兄，誓化岷蜀。属谯纵不道，令数辈操刃欲屠持。持乃弹指，其众惊奔僵仆。隋开皇四年改名法定焉。寺有弥勒圣像。唐武德中忽有枯查沿江而至，夜发光明，因雕作像首，贞观中窦轨为长吏剑门，佛首光见引达于府。窦公令人迎取，数百人亦不能胜。乃令祝之，任欲何往，遂言：“可就法定否？”乃一人能举。窦遂造佛身，长史高士廉盖殿以安之。后有僧泛爱树其浮图，而获一巨蟹，身足二尺余。是塔颇多灵异，人或将酒肉乘醉诣圣佛前，立见灾祸矣。忠于天宝中于寺，愈加精苦。无何，塔为霆震，拔其塔心柱出外，忽有小木承代之意，众咸怪之，罔测厥由。忠乃叩搕于圣弥勒像，告诉天龙合加畏重，何辄震击，夺塔心柱邪？是知庶女叫而雷击景公台，诚有所感。一日迅雷烈风，还同前震。覆睹之，乃龙神送旧柱，安置如故。当其易柱，阴云四合，有四神人以身扶翼，立与塔齐。忠之感物也若此。会昌拆寺之前，舍利七粒出相轮上，白光满空，向西飞去蜀，皆所自睹。将倒之时，赤光见于半天焉。又此寺有大枣树，将毁寺之年，其树枯瘁。及大中再置，其枣重乐也。忠后终寺。

系曰：教法兴替，得非数乎？数算已定，晷刻弗移。如其会昌之前，舍利预飞，枣树先瘁，是知。当替数之强，兴数必弱，兴不胜其替矣。大中之兴，替不胜其兴矣。若不为四相之迁，非系兴替之数也。教法是有为之法，讵免迁流者乎，吁！

宋高僧传卷第十九

宋高僧传卷第二十

宋左街天寿寺通慧大师赐紫沙门赞宁等奉　敕撰

感通篇第六之三（正传二十二人附见四人）

唐资州山北兰若处寂传

释处寂，俗姓周氏，蜀人也。师事宝修禅师，服勤寡欲，与物无竞。雅通玄奥，居山北，行杜多行。天后闻焉，诏入内，赐摩纳僧伽梨，辞乞归山。涉四十年，足不到聚落。坐一胡床，宴默不寐。常有虎蹲伏座下，如家畜类。资民所重，学其道者臻萃。由是颇形奇异，如无相大师自新罗国将来谒诜禅师，寂预诫众曰："外来之宾明日当见矣。宜洒扫以待之。"明日，果有海东宾至也。开元初，新除太守王晔，本黄冠也，景云中曾立少功，刺于是郡，终于释子苞藏祸心。上任处分，令境内应是沙门追集。唯寂久不下山，或劝寂往参，免为厉阶。寂谓弟子曰："汝虽出家，犹未识业，吾之未死，王晔其如吾何？"迨乎王公上官三日，缁徒毕至。或曰："唯处寂蔑视藩侯，弗来致贺。"晔微怒也，屈诸僧，升听坐已，将启怒端，问寂违拒之由，愠色悖兴，僧皆股栗。晔俄然仆地，左右扶掖归宅，至厅事后屏树，如被掴颊之声，禺中气绝。自此人谓为妄欲加诸道人，一至于此。寂以开元二十二年正月示灭，享年八十七。资中至今崇仰焉。

唐代州五台山华严寺无著传

释无著，永嘉人也，识度宽明，秉操贞確。留神大道，约志游方，抵于京师云华寺，就澄观法师研习华严之教。凡诸经论，志极旁通，然于华藏海，终誓遨游。以大历二年入五台山，肆欲观圣人之境界。五月，到华严寺挂锡，始于堂中啜茶，见老僧寝陋，据北床。问曰："子从南方来，还赍数珠请看。"著乃躬度之。回视之间，失僧之所。于时神情惝恍，疑喜交生，曰："昔僧明入此，睹石臼木杵，后得入圣寺获见圣贤。我愿止此，其为快乎！"次由般若经楼见吉祥鸟羽毛蒨绚，双飞于顶上，望东北鼓翼而去。明日有白光两穗，入户悠扬，少顷而灭。同房僧法等见而惊怪，言曰："此何祥也？愿期再现，断众生疑。"寻睹光如前。因往金刚窟，望中致礼，方坐假寐，闻叱牛三声云："饮水。"一翁古貌坏形，服粗短褐，曳麻屦，巾裹甚异。著乃迎执其手，问"从何来？"翁曰："山外求粮用来。""居在何地？"云："求粮用在台山。"翻质著云："师何戾止？"答曰："闻此有金刚窟，故来随喜。"翁曰："师困耶？"答曰："否。"曰："既不困惫，何辄睡乎？"著曰："凡夫昏沈，胡可怪哉？"曰："师若昏沈，可去啜煮荈乎？"翁指东北，见精舍相距数步余，翁牵牛前行，著蹑躅而随。至寺门，唤均提三声，童子应唯开阖，年可十四五，垂发齐眉，衣褐襦。牵牛入寺，见其地尽是琉璃，堂舍廊庑皆耀金色。其间华靡，非人间之制度。翁踞白牙床，指锦墩揖著坐。童子捧二瓯茶，对饮毕。擎玳瑁器，满中酥酪，各赋一匙。著咽之，如有所证，神府明豁，悟宿事焉。翁曰："师出家来，何营何虑乎？"答曰："有修无证，大小二乘，染指而已。"曰："未知初出家时求何心？"著云："求大乘菩提心。"曰："师以初心修即得。"又问："齿腊几何？""三十一矣。"翁云"师之纯淑，年三十八则其福根荄植此地而荣茂欤？且徐徐下山，好寻道路，勿伤厥足。吾年老朽，从山外来，困极欲偃息也。"著请："寓一宵可乎？"曰："不可。缘师有两伴相随，今夜不见师归，忧愁曷已？此乃师有执情在。"著曰："瞿昙弟子有何执处？虽然有伴，不顾恋他。"又问："持三衣否？"曰："受戒已来持之。"曰："此是封执处。"著曰："亦有圣教在，若许住宿，心念舍之。脱有强缘，佛故听许。"曰："若依小乘，无难不得舍衣。宜从急护。"翁拂襟投袂而作，著亦趋行。翁曰："听吾宣偈：一念净心是菩提，胜造恒沙七宝塔。宝塔究尽碎为尘，一念净心成正觉。"著俯听凝神，谢曰："蒙宣密偈，若饮醍醐。容入智门，敢忘指决。丈人可谓知言，铭刻心府。"翁唤均提可送师去。临行拊背曰："好去。"著再折腰，与童子骈肩齐步，至金刚窟前，问童子："此何伽蓝，不悬题额？"童子指金刚窟反问著云："伊何窟乎？"曰："先代相传，名金刚窟。"童子曰："金刚下有何字？"著惟忖少选曰："金刚下有般若。"童子啶尔，"适入者般若寺也。"著携童子手，揖顾而别。童子瞪目视著，如欲吐辞。著曰："送我，可以言代缟带与玉玦乎？"童子遂宣偈唆云："面上无嗔供养具，口里无嗔吐妙香，心里无嗔是珍宝，无染无垢是真常。"偈终，恍惚之间，童子及圣寺俱灭，唯见山林土石。悢悢盈怀，歔欷不已，叹曰："绪言余论，若笙镛之末响，犹在乎耳。"谛观山翁立处，有白云冉冉涌起，去地寻常许，变成五色云霓，上有大圣乘师子而诸菩萨围绕。食顷，东方白云一段，渐遮菩萨面，群像与云偕灭。著倏见汾州菩提寺主僧修政等六人，相将还至窟前，作礼。忽闻山石振吼，声如霹雳，诸僧奔走。良久，寂无所睹。著遂陈遭遇，六人悔责不见圣容，咫尺绵邈，知罪障之屏翳欤！著遂隐此山而终。元和中门人文一追述焉。

唐真定府普化传

释普化，不知何许人也。秉性殊常，且多真率，作为简放，言语不拘。躬事盘山积禅师，密密指教，深入堂奥，诫令保任，而发狂悖。尝与临济玄公相见，乃对之以之驴鸣，旁侍无不哂笑。直时歌舞，或即悲号。人或接之，千变万态，略无恒度。一日，擎挟棺木巡街，徇户告辞云："普化明日死去。"时视之知不可訾。赵人相率随送出城东门，而扬言曰："今日葬，不合青乌。"经二日出南门，人亦随送，又曰："明日方吉。"如是西门北门，出而还返，人烦意怠。一旦坐于郊野，如入禅定焉。禅宗有著述者，以其发言先觉，排普化为散圣科目中，言非正员也矣。

唐汉州栖贤寺大川传（法炯）

释大川，不知何许人也，沈默自居，节操弥厉。戒无寠穴，言不浪施。于汉州栖贤寺行四圣种法，克苦既增，川也其乐也泄泄。绵竹之人无夙少，率皆宗奉。及乎终也，卧于寺外，白衣具床榻，相率舁归寺中，务营丧礼。方当尸举，无何双鹿引前若驺导焉。始履门阈，寺额奋然陨地，远近惊叹。又此山灵异，不容粗鄙。有僧深藏者，不谨愿，多所违犯。神人掷于山下可七里许，唯伤足指。从此无不悛革守戒者。大历初北山变成黄金色，上有楼阁，菩萨行道。斯须之间，万形千状。川素居此寺，与地俱灵，留影供养，如事灵祠焉。次闽城法炯者，未详何许人也，行头陀法，克苦克勤，激劝闽人，辞气刚直。闻海坛练门江内有巨钟，相传云昔有人往广州慕铸，信鼓巨舰至此，忽值风涛沉溺。每月望日，其潮大至，水退，其蒲牢乃出，可容一人从中穿过，约其周围径一丈余。大历中炯欲出此钟，先于开元寺设大会斋诵咒，令一小僧诣龙宫乞钟于人世，击扣以警晨昏。小僧见海神，曰："我惜以镇海。"别与小珠三颗为信，当尔时小僧有如梦觉，珠在手焉。

唐西域难陀传

释难陀者，华言喜也，未详种姓、何国人乎。其为人也，诡异不伦，恭慢无定。当建中年中，无何至于岷蜀，时张魏公延赏之任成都，喜自言我得如幻三昧，尝入水不濡，投火无灼，能变金石，化现无穷。初入蜀，与三少尼俱行，或大醉狂歌，或聚众说法，戍将深恶之，亟令擒捉。喜被捉随至，乃曰："贫道寄迹僧门，别有药术。"因指三尼曰："此皆妙于歌舞。"戍将乃重之，遂留连为置酒肉，夜宴，与之饮唱。乃假襦裤巾栉，三尼各施粉黛，并皆列坐，含睇调笑，逸态绝世。饮欲半酣，喜谓尼曰："可为押衙蹋舞乎？"因徐进对舞，曳练回雪，迅起摩趺，伎又绝伦。良久曲终而舞不已，喜乃咄曰："妇女风邪？"喜忽起取戍将刀，众谓酒狂，坐者悉皆惊走。遂斫三尼头，皆踣于地，血及数丈。戍将大惊，呼左右缚喜。喜笑曰："无草草也。"徐举三尼，乃筇竹杖也，血乃向来所饮之酒耳。喜乃却坐饮宴，别使人断其头，钉两耳柱上，皆无血污。身即坐于席上，酒巡到即泻入断处，面色亦赤，而口能歌舞，手复击掌应节。及宴散，其身自起，就柱取头安之，辄无瘢痕。时时言人吉凶事，多是谜语，过后方悟。成都有人供养，数日，喜忽不欲住，乃闭关留之。喜即入壁缝中，及牵之渐入，唯余袈裟角，逡巡不见。来日见壁画僧影，其状如日色，隔日渐落。经七日，空有墨迹。至八日，墨迹已灭。有人早见喜已在彭州界。后终不知所之。

系曰：难陀之状迹为邪正邪？而自言得如幻三昧，与无厌足王同此三昧者，即诸佛之大定也。唯如幻见如幻，不可以言论分境界矣。四神通有如幻通，能转变外事。故难陀警觉膏蜀之人，多尚鬼道神仙。非此三昧，不足以化难化之俗也。

唐寿州紫金山玄宗传

释玄宗，姓吴氏，永嘉人也。少时出尘，气度宽裕，于本部永定山宝寿院依常静为师。照得戒已还，诸方游学，抵江陵词朗禅师门，若真金之就冶焉。决了疑贰，复振锡他行。见紫金山悦可自心，留行禅观。此山先多虎暴，或噬行商，或伤樵子。避苛政者，哭妇堪哀。从宗卜居，哮阚绝迹，自迩入山者无惮矣。一日禅徒拥集，见一老父趋及座前，拜跪勤恪。宗问："子何人耶？"答云："我本虎也，在此山中，食啖众生。因大师化此，冥回我心，得脱业躯，已生天道，故来报谢。"折旋之顷，了无所见。以大历二年嘱别门徒，溘然化矣。春秋八十六,二月入塔，立碑存焉。

唐袁州阳岐山广敷传

释广敷，俗姓郑，南燕人也。少依京望大德思浩下，承乎法训。登戒毕，游嵩少、两京，遇神会禅师，大明玄旨。至宜春阳岐山挂锡，是中峰峦积翠，洞穴涉幽，芝菌之苗，参于草莽。敷终日瞑目，木食度辰。时有峨冠羽帔，驭鹤骖鸾者，始则乍往倏来，后则登庵造膝。其仙客所到，必轻云薄雾，随步而至。拥从者天丁力士令远去，对晤谈论移晷。其后道化既成，于贞元元年三月四日入灭，春秋九十一云。

系曰：神仙道异，谈论岂同乎？通曰：昔小有真人能谈空理，方诸山神仙建浮图者信崇佛道，止不削染，号在家菩萨。又雪山诸仙善五明论求度者同也。然其相似道，必须甄简。若西域二十谛中五唯量五大，与释氏法名同。所计天殊，良难区别哉。

唐邓州乌牙山圆震传

释圆震，姓陈，中山人也。少警悟而尚学，入庠序，研究五经。倏遇云游沙门寓宵，其父为州衙吏，酷有道心，留是僧供施。震礼奉其僧，听其谈道，颇觉入神。舍儒典，披释经，顿辞所爱，往白磁山，礼智幽为师受教。后遇荷泽禅师得法，隐南阳乌牙山。先是山中多巨蛇，泽穴有毒龙，乡人患之。及震居此，二物潜踪。曾有一人形服且异，致拜乃曰："我在此已二百岁，今感无心之化，绝虑之修，吾曹冥感超升，可非师之力欤！"贞元六年终，享龄八十六，弟子奉全身入塔焉。

唐池州九华山化城寺地藏传

释地藏，姓金氏，新罗国王之支属也。慈心而貌恶，颖悟天然。七尺成躯，顶耸奇，骨特高，才力可敌十夫。尝自诲曰："六籍寰中，三清术内，唯第一义与方寸合。"于时落发涉海，舍舟而徒，振锡观方，邂逅至池阳，睹九子山焉。心甚乐之，乃径造其峰，得谷中之地，面阳而宽平。其土黑壤，其泉滑甘，岩栖磵汲，趣尔度日。藏尝为毒螫，端坐无念。俄有美妇人作礼馈药云："小儿无知，愿出泉以补过。"言讫不见，视坐左右间滮潧然，时谓为九子山神为涌泉资用也。其山天宝中李白游此，号为九华焉。俗传山神，妇女也。其峰多冒云雾，罕曾露顶欤。藏素愿持四大部经，遂下山至南陵，有信士为缮写，得以归山。至德年初，有诸葛节率村父自麓登高，深极无人，云日鲜明，居唯藏孤然闭目石室。其房有折足鼎，鼎中白土和少米，烹而食之。郡老惊叹曰："和尚如斯苦行，我曹山下列居之咎耳。"相与同构禅宇，不累载而成大伽蓝。建中初张公严典是邦，仰藏之高风，因移旧额奏置寺焉。本国闻之，率以渡海相寻，其徒且多，无以资岁。藏乃发石得土，其色青白，不碜如面，而供众食。其众请法以资神，不以食而养命。南方号为枯槁众，莫不宗仰。龙潭之侧有白墡硎，取之无尽。以贞元十九年夏，忽召众告别，罔知攸往。但闻山鸣石陨，扣钟嘶嗄，如跌而灭。春秋九十九。其尸坐于函中，洎三稔开将入塔，颜貌如生，举舁之动骨节，若撼金锁焉。乃立小浮图于南台，是藏宴坐之地也。时征士右拾遗费冠卿序事存焉。大中中僧应物亦纪其德哉。

唐婺州金华山神暄传

释神暄，俗姓留，建阳人也。幼而沈静，非问不言。客游婺女，入开元寺，志愿出家焉。无何，本郡太守入寺访其师，见暄神彩朗练。太守善相人也，顾之数四，且曰："是子真出尘之器，异日承受深法，千众围绕，必超上果，非凡气也。"乃诵七佛俱胝神咒，昏晓不绝。纳戒毕，于金华山北洞，百家岩有石穴，暄居中止息，不构庵室，作露地头陀，复无床榻。然有神人吐紫色云气而高覆之。遐望冉冉，犹独柱观焉。其神人时来问道，拱手白暄曰："赤松洞之东峰有林泉卓异，师可居之否？"暄随请往住数年，越多征瑞。贞元二年遇志贤禅师，问暄如此持诵，魔事必生。欲灭魔怨，须识身本。身本既真，无魔无佛，豁然开悟，理事俱成，神咒功倍。元和八年，范扬中丞知仰，遣使赍乳香、毡罽、器皿施暄，并回施现前大众。次中书舍人王仲请于大云寺为众受菩萨戒。十二载，平昌孟简尚书自会稽甄请，不赴。八月，俄回旧山，人莫详测。倏云示灭，春秋七十六。弟子建塔焉。一云暄在金华山北，多寒少阳。神人问曰："师须何物？"曰："吾在山之阴，苦于凛冽。"神曰："小事耳。"至夜闻暄阗之声，明旦见一小峰移矣。

唐澧州开元寺道行传

释道行，姓杨，桂阳人也。自生已来，神府聪利，肌体冰雪如也。年甫十二，心誓慕道，于南岳般若道场受学，于钟陵求诀，自默证法，号自在三昧。由此布纳蒲鞋，用资残息而已。就澧阳西南，伐木为室，方丈而居，虎豹多伏于床榻之间。后有赍材殖，为营堂宇，曾未浃旬，一皆周具。视之，寂无人焉，始知鬼神舍材输力也。太守苦召居州治开元寺，未久。元和十五年终，年六十九，焚舍利建塔焉。

唐徐州安丰山怀空传

释怀空，姓梁氏，阆州人也。幼适本州耆阇山广福院削染。得戒之后，游方慕学，于大寂禅法洗然明畅。后至彭城安丰山挂锡宴默，不数载间，成大伽蓝。尝有一僧乘空而至，绕垣墙不息。或蹑莲华，或时履地，人或瞻睹。数日之后，礼辞空，且曰："我三五稔却来依附。"言讫不见。空以兴元元年灭度，春秋八十八。长庆元年二月，方迁入塔云。

唐洛京慧林寺圆观传

释圆观，不知何许人也。居于洛宅，率性疏简，或勤梵学，而好治生。获田园之利，时谓之空门猗顿也。此外施为绝异，且通音律，大历末，与李源为忘形之友。源父憕居守，天宝末陷于贼中，遂将家业舍入洛城北慧林寺，即憕之别墅也，以为公用无尽财也。但日给一器，随僧众饮食而已。如此三年，源好服食，忽约观游蜀青城、峨眉等山洞求药。观欲游长安，由斜谷路。李欲自荆入峡，争此二途，半年未决。李曰："吾已不事王侯，行不愿历两京道矣。"观曰："行无固必，请从子命。"遂自荆上峡，行次南浦，泊舟，见数妇女绦达锦珰，负罂而汲。观俯首而泣曰："某不欲经此者，恐见此妇人也。"李曰："自上峡来，此徒不少，奚独泣为？"观曰："其孕妇王氏者是某托身之所也。已逾三载，尚未解娩，唯以吾未来故。今既见矣，命有所归，释氏所谓循环者也。请君用符咒遣其速生，且少留行舟，葬吾山谷。其家浴儿时，亦望君访临。若相顾一笑，是识认君也。后十二年当中秋月夜，专于钱塘天竺寺外，乃是与君相见之期也。"李追悔此之一行，致观到此，哀恸殆绝。召孕妇告以其事，妇人喜跃还。顷之，亲族毕集，以枯鱼浊酒馈于水滨。李往授符水。观具其沐浴，新其衣装。观其死矣，孕妇生焉。李三日往看新儿，襁抱就明，果致一笑。李泣，具告王氏。王氏厚葬观。明日李回棹归慧林寺，询问弟子，方知已理命矣。李常念杭州之约。至期，到天竺山寺，其夜桂魄皎然，忽闻葛洪井畔有牧童歌竹枝者。乘牛扣角，双髻短衣，徐至寺前，乃观也。李趋拜曰："观公健否？"曰："李公真信士。我与君殊途，慎勿相近。君俗缘未尽，但且勤修不堕，即遂相见。"李无由序语，望之潸然。观又歌竹枝，杳裹前去，词切调高，莫知所谓。叹曰："真得道之僧也！咫尺悬隔，圣凡路殊，谅有之乎？"初源忿父遇害贼庭，时方八岁，为群贼所虏，流浪南北，展转人家，凡六七年，归于近亲。代宗闻之，授河府掾。源遂绝酒肉，不婚娶，不役童仆，常依慧林寺，寓一室，随僧斋食。先命穴其野以备终制，时时往眠其间。至于荣辱是非，一皆均等也。时相国李公德裕表荐之，遂授谏议大夫。于时源已年八十余矣，抗表不起。二年而卒，长庆二年也。

系曰：圆观未死先寄胎者，闻必不信。何耶？违诸圣教也。尝闻阇尼多许族姓家妇女为儿，云便来也。及终，有以朱题髀，当日有家生子，身有赤文"便来"二字焉。此类亦多。庄子所谓"曲士不可与语道者，束于教也"。其或竺乾异计有教未来，佛或别会曾谈，见有我宗自许。若然者未可定执已行之教矣。其如观也果证高深，同智论中多种不思议也，心思言议，千里难追矣。

唐江州庐山五老峰法藏传

释法藏，俗姓周氏，南康人也。稚龄爽俊，始研寻史籍，而于医方明得其工巧，同支法存之妙用焉。有门僧卧疾，儿云不救，藏切脉处方，信宿平复。其僧多接谈玄，自尔萌出尘之意。年已长矣，恳辞亲，投本郡平田山宝积院从愿师下受教，纳戒。后游谒大寂禅师，言喻若石之投水。翛然北下庐山登五老峰，爱其灵异，独止寒林，采橡栗，掬溪涧，聊延形气，而止数年。有二仙乘云而来，终日谈论，或留宵宿，或经月不来，或继日而至。他人有见者，旁说不同。及乎学僧臻萃，全无踪迹。又一日告辞藏云："且归山去，师当好住。"由是道且馨香，檀越共营一院。宝历中示灭，年八十二。其年三月四日入塔云。

系曰：藏隐五老峰时，二仙来终日谈论者，何？通曰：昔刘向辑列仙云若干人见于内典欤。又裴、周、桐柏三真人弟子，各半学佛法，可非来问道乎？诗中草虫之应阜螽同也。

唐洛阳香山寺鉴空传

释鉴空，俗姓齐，吴郡人也。少小苦贫，虽勤于学而寡记持。壮岁为诗，不多靡丽。常困游吴楚间，已四五年矣。干谒侯伯，所润无几。钱或盈贯，则必病生，用罄方差。元和初游钱塘，属其荒俭，乃议求餐于天竺寺。至孤山寺西，馁甚不前，因临流雪涕，悲吟数声。俄有梵僧临流而坐，顾空笑曰：“法师秀才，旅游滋味足未？”空曰：“旅游滋味则已足矣。法师之呼，一何乖谬？”盖以空未为僧时名君房也。梵僧曰：“子不忆讲法华经于同德寺乎？”空曰：“生身已四十五岁矣，盘桓吴楚间，未尝涉京口，又何洛中之说？”僧曰：“子应为饥火所烧，不暇忆故事。”遂探囊出一枣，大如拳许，曰：“此吾国所产，食之者，上智知过去未来事，下智止于知前生事耳。”空饥极食枣，掬泉饮之。忽欠呻，枕石而寝，顷刻乃悟，忆讲经于同德寺如昨日焉。因增涕泣，问僧曰：“震和尚安在？”曰：“专精未至，再为蜀僧矣。今则断攀缘也。”“神上人安在？”曰：“前愿未满。”“悟法师焉在？”曰：“岂不记香山石像前戏发大愿乎？若不证无上菩提，必愿为赳赳贵臣。昨闻已得大将军矣。当时云水五人，唯吾得解脱，独汝为冻馁之士也。”空泣曰：“某四十许年日唯一餐，三十余年拥一褐，浮俗之事决断根源。何期福不完乎，坐于饥冻！”僧曰：“由师子座上广说异端，使学空之人心生疑惑。戒珠曾缺，膻气微存，声浑响清，终不可致。质伛影曲，报应宜然。”空曰：“为之奈何？”僧曰：“今日之事，吾无计矣。他生之事，警于吾子焉。”乃探钵囊取一鉴，背面皆莹彻，谓空曰：“要知贵贱之分，修短之期，佛法兴替，吾道盛衰，宜一鉴焉。”空览照久之，谢曰：“报应之事，荣枯之理，谨知之矣。”僧收鉴入囊，遂挈而去，行十余步，旋失所在。空是夕投灵隐寺出家，受具足戒。后周游名山，愈高苦节。大和元年诣洛阳，于龙门天竺寺遇河东柳理，亲说厥由向理。理闻空之说，事皆不常，且甚奇之。空曰：“我生世七十有七，僧腊三十二，持钵乞食，尚九年在世。吾舍世之日，佛法其衰乎？”理诘之，默然无答。乃索理笔砚，题数行于经藏北垣而去。曰：“兴一沙衰恒河沙，兔而罝，犬而拿，牛虎相交与角牙，宝檀终不灭其华。”

系曰：食梵僧之枣而知宿命者，与茹雪山之药解诸国言音同也。览鉴而知吉凶者，与窥图澄涂麻掌同也。食枣临鉴，岂偶然耶？非常人之遇也。其空公题谶而答，塞柳理之问，验在会昌之毁教矣。时武宗勒僧尼反俗，计二十万七千余人，坼寺并兰若共四万七千有奇，故云“兴一沙衰恒河沙，兔在罝，犬仍拿”，言残害之甚。乙丑毁法，丙寅厌代，佛法喻宝檀之树，终不绝其华花芬馥，故云也。苟非异人，何以藏往考来之若是乎？

唐广州罗浮山道行传

释道行，姓梅氏，会稽人也。父为越州衙吏。行弱龄知书，比成造秀。有僧分卫，行接之谈道，颇精禅观，遂求出家。至四明山保寿院智幽所，禀训进修，拾薪汲水。后游南岳，闻江西大寂道化，往亲附焉。思养圣胎，见罗浮奇异，高三千丈，有七十石室，七十二长溪。仙人仙禽，玉树朱草，生于上，半入海中。行居于石室，默尔安禅。然或山精水怪，往往惊鸣，行视之蔑如也。有老人容貌端正，衣冠华楚，再拜稽颡云：“我居此中仅二百载，今因师住，冥感匪躬，逍遥脱苦，归人趣受乐矣。”其感物多此类也。宝历九载疾终，春秋九十五。其年九月十八日入塔焉。

唐潞州普满传

释普满者，未知何许人也。于汾晋间，所为率意，不拘僧体，或歌或哭，莫喻其旨。以言斥事，往必有征，故时人以强练万回待之。或入稽胡，激劝修善，至有罢弋猎者。建中初，于潞州佛舍中题诗数篇而亡去。

所记者云:“此水连泾水，双朱血满川。青牛将赤虎，还号太平年。”题后，人莫能知。至朱泚为泾源叛徒推拥，驾幸奉天。干时天下征兵，关辅贼据，围逼连战，人方解悟。此水者，泚也。泾水者，泾州来兵始乱也。双朱，泚与滔也。青牛者，兴元元年乙丑。乙木青也。丑，牛也。其年改元贞元，至二年丙寅，丙火赤也，寅虎也，至是贼始平，故曰还号太平年也。

唐江陵府些些传（食油师）

释些些师，又名青者，盖是不与人交狎，口自言些些，故号之矣。德宗朝，于渚宫游，衣服零落，状极憨痴，而善歌河满子。纵肆所为，故无定检。尝遇醉伍伯，伯于涂中辱之，抑令唱歌。些便扬音揭调，词中皆讦伍伯从前阴私恶迹，人所未闻事。伍伯惭惶，旁听之者知是圣僧，拜跪悔过焉。贞元初，多入市肆，聚群小随逐，楚人以兴笑本矣。后不测其终。次有僧憨狂，游行无度。每断中，唯食麻油几升。如见巨器盛施之，则喜。荆渚一家特召啜麻膏，是日又在湖南斋，分身应供，号食油师焉。

系曰：些之声为商为羽耶？通曰：传家采录，其例有二：一则按文不音，二则口授知韵。今得些者，按文也，若楚词声余则苏个切也，若山东言少，则写邪切焉。此师荆楚间事也，其二音以听来教，些名同鸟兽之自呼也。

唐吴郡义师传（证智　荐福寺老僧）

释义师者，不知何许人也。状类风狂，语言倒乱。贞元初，巡吴苑乞丐，事多先觉，人以此疑之。市肆中百姓屋数间，义师辄操斧斫剂其檐，禁之不止。其人素知其神异，礼白之曰:“弟子藉此生活，无坏我屋。”回顾曰:“汝惜乎？”投斧而去。其夜市火连延而燎，唯所截檐屋数间存焉。好止废寺中，无冬夏常积聚坏幡盖、木佛像，悉代薪炭。又于煨火烧炙鲤鱼，而多跳跃，灰坌弥漫，抚掌大笑，不具匕箸而食。面垢不靧，靧之辄阴雨，吴人以为占候。及将死也，饮灰汁数十斛，乃念佛而坐，士庶观之，满七日而死。时盛暑，色不变，支不摧。百姓舁出郊外焚之。又京兆安国寺僧，事迹不常，熟地而烧木佛。所言人事，必无虚发。此亦不测之僧也。复次京师永寿寺释证智，不详生族。贞元中于京寺多发神异，而众罔知。或昼在张渎兰若治田，夜归寺中。其兰若在汉阴金州，相距京甸七百里焉。时号智禅师，此之长足安、法云公也，皆能致远于瞬息间，道家谓之缩地脉而能陟遐矣。若于色尘作神变，虽远而近也。次荐福寺老僧，专务诵持，罕有间缺，言未兆事，来如目击。大和初，相国韦公处厚好重空门，逐月别召名德僧食。老僧见韦新登庸，曰："大奇，相公得如此好灭度处。"人皆不喻，后因奏对于文宗御前，疾作，僵仆殿阶，及扶舁出殿前，气已绝矣。方验老僧言，死在内殿中，故云好灭度处。即开成中也。后不知其终。

唐唐州云秀山神鉴传

释神鉴，姓韩氏，浔阳人也。稚岁淳静，而不杂群童。父为齐安掾，且归心释氏，尝于廨署陈像设，命僧徒赞呗扬音，法乐俱作，鉴则喜色盈颜，随僧不舍，求愿出家。父母无计阻之，潜投东林寺贞素律师下修学。后讲通大涅槃经义，乃南格豫章，参大寂禅师。续于怀安西北山居焉。是山先是猛兽旁午，率多作害。从鉴居之，虎灾弭息，远近称之。忽有戴平帻男子，望法座致礼勤重，倏尔无踪。七日后有冠裳宛异者，于方丈前升空宣言曰："此大师者，真法宝也。开人天眼目，故来报之。"其徒闻见，知鉴道高。会昌四年入灭，八月十五日藏之于塔。凡得道之人，地神报空神，展转至于有顶，于斯见矣。

唐天台山国清寺清观传（物外）

释清观，字明中，临海人也，姓屈氏。初诞弥，手足指间有幕蹼属相着焉，佛经所谓网漫相也。迨为童孺，神俊挺然，乃有出尘之志。遂诣国清寺，投元璋律师执侍瓶钵，非父母不沮之，若迦楼罗鸟啄几万重围矣。

年十八，纳形俱法，良由善根深植，悟解天然，台岭教文，洞明三观，兼得深定，神异通感，皆莫我知。少览百家，弥通三教。仍善属文，长于诗笔。凡其邦伯輶轩，皆响风造谒，观则持重若严君焉。见则畏伏，只就几杖以待贵士。或施财宝，皆回入常住，罄无私畜。或曰："贵人所施皆充别施，何不己用耶？"对曰："恨未能舍头目，况世财乎？"大中初，天下寺刹中兴，观入京请大钟归寺鸣击，并重悬敕额，则集贤院学士柳公权书题也。柳复有诗序，送其东归。复请藏经归寺。大中癸酉，江表荐饥，殍踣相望，观遂并粮食施之。又山僧物外度荒，自入室禅定，谓弟子曰："汝如不死，至禾黍熟时，当以磬引我出。"果如其言，明岁方从定起矣。一旦溪南人命观斋食，可去寺二十里余。其夜溪涧泛溢，无人可渡，谓观不来。顷刻而至，且无淹湿，作用可知也，人皆异之。远近瞻礼，日别盈满，喧扰可厌，乃逃往翠屏山兰若独栖。续天台山众列请为僧正，乃佯狂隐晦。州牧杜雄遂奏昭宗宣赐紫衣，观闻之，若愁思不乐。后无疾而终焉。

唐洪州黄蘖山希运传

释希运，闽人也。年及就傅，乡校推其慧利。乃割爱投高安黄蘖山寺出家。迨成长也，身量減王商裁一尺所，额间隆起，号为肉珠。然倜傥不羁，人莫轻测。而乃观方入天台，偶逢一僧偕行，言笑自若。运偷窥之，其目时闪烁，烂然射人。相比而行，截路巨磎，泛泛涌溢，如是捐笠倚杖而止。其僧督运渡去，乃强激发之曰："师要渡自渡。"言讫，其僧褰衣蹑波，若履平陆，曾无沾湿，已到他岸矣。回顾招手曰："渡来。"运戟手呵曰："咄，自了汉，早知必斯汝胫。"其僧叹曰："真大乘法器，我所不及。纵能伤我，只取辱焉。"少顷不见。运惝恍自失。及薄游京阙，分卫及一家门，屏树之后闻一姥曰："太无厌乎？"运曰："主不惠宾，何无厌之有？"姥召入，施食讫。姥曰："五障之身忝尝礼惠忠国师来。劝师可往寻百丈山禅师所，惜巍巍乎堂堂乎真大乘器也。"运念受二过，记莂攸同，乃还洪井见海禅师，开了心趣，声价弥高。徇命居黄蘖精舍，升平相裴公休钦重躬谒，有诗赠焉。"曾传达士心中印，额有圆珠七尺身。挂锡十年栖蜀水，浮杯今日渡漳滨。一千龙象随高步，万里香华结胜因。愿欲事师为弟子，不知将法付何人！”则裴相得法，出运之门。以大中中终于所住寺，敕谥断际禅师，塔名广业，语录而行于世。

宋高僧传卷第二十

宋高僧传卷第二十一

宋左街天寿寺通慧大师赐紫沙门赞宁等奉　敕撰

感通篇第六之四（正传十八人附见三人）

唐五台山法华院神英传

释神英，罔知姓氏，沧州人也。宿缘悟道，丱岁从师，讽诵精勤，日夜匪懈。年当应法受具，后乃枝锡萍游，寻访知识。早通玄话，兼擅论经，相次参神会禅师，谓英曰："汝于五台山有缘速，宜往彼瞻礼文殊，兼访遗迹。"既承指授，以开元四年六月中旬到山瞻礼，于僧厨止泊。一日食毕，游于西林，忽见一院题曰法华。英遂入中，见多宝塔一座，玮晔繁华，如法华经说同也。其四门玉石功德，细妙光彩，神工罕测。后面有护国仁王楼，上有玉石文殊、普贤之像。前有三门一十三间，内门两畔，有行宫道场，是文殊普贤仪仗。三门外状台山十寺，杳然物外，观瞻浩荡，神情恍惝。英试出院，又见众僧且非恒所见者，而多诡异。疑豫未决，遂出门东行，可三十步，忽闻闭户铿然，回目视之，了无一物。英乃悲泣曰："此大圣警悟我邪！于此地必有缘矣。"遂于仿佛多宝塔处结庵而止。乃发愿曰："我依化院建置一所住持。"日居月诸，信施如林，归依者众。遂召工匠，有高价者，誓不酬之，乃于易州千里取乎玉石，用造功德，细妙光莹，功侔所见。其壁乃王府友吴道子之迹，六法绝妙，为世所尚。此院前后工毕，因号法华耳。英说法住持，其齐整若剪裁焉。后无疾，召门人嘱付而终，春秋七十五。今坟塔存矣。

唐五台山华严寺牛云传

释牛云，俗姓赵，雁门人也。童蒙之岁有似神不足，遣入乡校，终日不知一字。惟见僧尼，合掌有畏惮之貌。年甫十二，二亲送往五台华严寺善住阁院出家，礼净觉为师，每令负薪汲水。时众轻其朴钝，多以谑浪归之。年满受具，益难诵习。及年三十有六，乃言曰："我闻台上恒有文殊现形。我今跣足而去，傥见文殊，惟求聪明，学诵经法耳。"时冒寒雪，情无退屈，至东台顶，见一老人然火而坐。云问曰："如此雪寒，从何而来？"老人曰："吾从川下来。"云曰："从何道上，何无履迹？"曰："吾雪前来。"老人却问云曰："有何心愿，犯雪徒跣而至，岂不苦也？"云曰："吾虽为僧，自恨昏钝，不能诵念经法。此来欲求见文殊，只乞聪明果报。"老人曰："奇哉！"又曰："此处不见文殊，更欲何之？"云曰："欲上北台去。"老人曰："吾意亦然。"曰："请师先行。"云乃游遍台顶，告别老人，自西而去。薄暮，方到北台，又见老人然火而坐，颇为惊怪。问曰："适于东台相别，为何先至？"老人曰："师不知要路，所以来迟。"云虽承此语，心乃犹豫，只此老人莫应文殊也？云乃呜足礼拜。老人曰："吾俗人也，不应作礼。"唯贪设礼，情属不移，良久，老人云："休礼，候吾入定，观汝前身作何行业而昏钝也。"老人闭目，倏尔开颜语云曰："汝前生为牛来，因载藏经，今得为僧而暗钝耳。汝于龙堂边取一镢来，与汝劚却心头淤肉，即明快也。"云遂得镢度与。老人曰："汝但闭目，候吾教开即开。"因闭目，次有似当心施镢，身无痛苦，心乃豁然，似暗室立于明灯，巨夜悬于圆月也。云开目乃见老人现文殊像，语云曰："汝自后诵念经法，历耳无忘。又于华严寺涧东院大有因缘，无得退转。"云乃行悲行泣，接足而礼，未举头顷，不见菩萨矣。云后下山，四支无损。凡曰经典，目所一览，辄诵于口。明年夏五月，绕育王塔行道念经。至更初，乃见一道直光从北台顶连瑞塔基，久而不散，于光明中现宝阁一所，前有金牌，题云善住。云忆菩萨授记之言，依光中所现之阁而建置焉。道化施行，人咸贵重。于开元二十三年无疾而终，俗龄六十三，法腊四十四矣。云名亡上字，承文殊记识本迹为牛，故时号之焉。

唐五台山清凉寺道义传

释道义，江东衢州人也。开元中至台山，于清凉寺粥院居止，典座普请运柴，负重登高，颇有难色。义将竹鞋一緉转贸人荷担，因披三事纳衣，东北而行，可五里来，于楞伽山下，逢一老僧，其貌古陋，引一童子名字觉一。老僧前行，童子呼请义东边寺内啜茶去，乃相随入寺，遍礼诸院。见大阁三层，上下九间，总如金色，闪烁其目。老僧令遣义早还所止，山寒难住。唯诺辞出寺，行及百步，回顾唯是山林，乃知化寺也。却回长安。大历元载，具此事由奏宝应元圣文武皇帝，蒙敕置金阁寺，宣十节度助缘。遂召盖造都料，一僧名纯陀，为度土木，造金阁一寺。陀元是西域那烂陀寺喜鹊院僧。寺成后，敕赐不空三藏焉。义不测其终。

唐五台山竹林寺法照传

释法照，不知何许人也。大历二年，栖止衡州云峰寺，勤修不懈。于僧堂内粥钵中，忽睹五彩祥云，云内现山寺。寺之东北五十里已来有山，山下有涧，涧北有石门，入可五里有寺，金榜题云“大圣竹林寺”。虽目击分明，而心怀陨获。他日斋时，还于钵中五色云内现其五台诸寺，尽是金地，无有山林秽恶，纯是池台楼观众宝庄严，文殊一万圣众而处其中，又现诸佛净国。食毕方灭，心疑未决。归院问僧，还有曾游五台山已否？时有嘉延、昙晖二师言曾到，言与钵内所见一皆符合，然尚未得台山消息。暨四年夏，于衡州湖东寺内有高楼台，九旬起五会念佛道场。六月二日未时，遥见祥云弥覆台寺，云中有诸楼阁，阁中有数梵僧，各长丈许，执锡行道。衡州举郭咸见弥陀佛与文殊、普贤一万菩萨俱在此会，其身高大。见之者皆深泣血设礼，至酉方灭。照其日晚于道场外遇一老人，告照云：“师先发愿往金色世界，奉觐大圣，今何不去？”照怪而答曰：“时难路艰，何可往也？”老人言：“但亟去，道路固无留难。”言讫不见。照惊入道场，重发诚愿：“夏满约往前，任是火聚冰河，终无退衄。”至八月十三日，于南岳与同志数人惠然肯来，果无沮碍，则五年四月五日到五台县，遥见佛光寺南数道白光。六日到佛光寺，果如钵中所见，略无差脱。其夜四更，见一道光从北山下来射照，照忙入堂内，乃问众云："此何祥也？吉凶焉在？"有僧答言，此大圣不思议光，常答有缘，照闻已，即具威仪，寻光至寺东北五十里间果有山。山下有涧，涧北有一石门，见二青衣，可年八九岁，颜貌端正，立于门首，一称善财，二曰难陀。相见欢喜，问讯设礼，引照入门，向北行五里已来，见一金门楼。渐至门所，乃是一寺。寺前有大金牓，题曰大圣竹林寺，一如钵中所见者。方圆可二十里，一百二十院，皆有宝塔庄严，其地纯是黄金，流渠华树，充满其中。照入寺至讲堂中，见文殊在西，普贤在东，各据师子之座，说法之音，历历可听。文殊左右菩萨万余，普贤亦无数菩萨围绕。照至二贤前，作礼问言："末代凡夫，去圣时遥，知识转劣，垢障尤深。佛性无由显现，佛法浩澣，未审修行于何法门，最为其要？唯愿大圣断我疑网！"文殊报言："汝今念佛，今正是时。诸修行门，无过念佛，供养三宝，福慧双修，此之二门，最为径要。所以者何？我于过去劫中因观佛故，因念佛故，因供养故，今得一切种智。是故一切诸法般若波罗蜜甚深禅定，乃至诸佛，皆从念佛而生。故知念佛，诸法之王，汝当常念无上法王，令无休息。"照又问："当云何念？"文殊言："此世界西有阿弥陀佛，彼佛愿力不可思议，汝当继念，令无间断，命终之后，决定往生，永不退转。"说是语已，时二大圣各舒金手，摩照顶为授记别："汝已念佛，故不久证无上正等菩提。若善男女等愿疾成佛者，无过念佛，则能速证无上菩提。"语已，时二大圣互说伽陀。照闻已欢喜踊跃，疑网悉除。又更作礼，礼已合掌。文殊言："汝可往诣诸菩萨院，次第巡礼。"授教已，次第瞻礼，遂至七宝果园，其果才熟，其大如碗，便取食之。食已，身意泰然，造大圣前，作礼辞退。还见二青衣，送至门外。礼已举头，遂失所在，倍增悲感。乃立石记，至今存焉。复至四月八日，于华严寺西楼下安止。洎十三日，照与五十余僧同往金刚窟，到无著见大圣处，处心礼三十五佛名。照礼才十遍，忽见其处广博严净，琉璃宫殿，文殊、普贤一万菩萨及佛陀波利居在一处。照见已，惟自庆喜，随众归寺。其夜三更，于华严院西楼上忽见寺东山半有五圣灯，其大方尺余。照咒言"请分百灯归一畔"，便分如愿。重谓"分为千炬"，言讫便分千数，行行相对，遍于山半。又更独诣金刚窟所，愿见大圣，三更尽到，见梵僧称是佛陀波利，引之入圣寺，语在觉救传。至十二月初，遂于华严寺华严院入念佛道场，绝粒要期，誓生净土。至于七日初夜，正念佛时，又见一梵僧入乎道场，告云："汝所见台山境界，何故不说？"言讫不见。照疑此僧，亦拟不说。翌日申时，正念诵次，又见一梵僧年可八十，乃言照曰："师所见台山灵异，胡不流布？普示众生，令使见闻，发菩提心，获大利乐乎？"照曰："实无心秘蔽圣道，恐生疑谤，故所以不说。"僧云："大圣文殊见在此山，尚招人谤，况汝所见境界，但使众生见闻之者，发菩提心，作毒鼓缘耳。"照闻斯语，便随忆念录之。时江东释慧从以大历六年正月内与华严寺崇晖、明谦等三十余人随照至金刚窟所，亲示般若院，立石标记。于时徒众诚心瞻仰，悲喜未已，遂闻钟声，其音雅亮，节解分明。众皆闻之，惊异尤甚，验乎所见不虚，故书于屋壁，普使见闻，同发胜心，共期佛慧。自后照又依所见化竹林寺题额处，建寺一区，庄严精丽，便号竹林焉。又大历十二年九月十三日，照与弟子八人于东台睹白光数四，次有异云叆叇。云开，见五色通身光，光内有圆光红色，文殊乘青毛师子，众皆明见，乃霏微下雪及五色圆光遍于山谷。其同见弟子，纯一、惟秀、归政智远、沙弥惟英、优婆塞张希俊等。照后笃巩其心，修炼无旷，不知其终。绛州兵掾王士詹述圣寺记云。

系曰：佛成就三身，必居三土，显正依报庄严故。菩萨未沾国土名，但云住处。修净佛国因，随生佛家，故华严经有菩萨住处品焉。经云"唯佛一人居净土"，此下不僭上也。若八字陀罗尼经云："文殊大愿力，与佛同境界。"境界净则说法净，则三土义齐也。问：诸经中佛住王舍城等可非住处邪？通曰：此义同名别，或可上得兼下也。又如兜率宫院是补处净域，宝陀落、清凉支提等山，皆是菩萨净识所变刹土也。若然者，净土与住处义同名异耳。如法照入竹林圣寺，见文殊净境也，诸于山岭见老人童子等，则秽土见圣人。

唐清凉山秘魔岩常遇传

释常遇，俗姓阴，苑阳人也，出家于燕北安集寺。襟怀洒落，道貌清奇，晦迹林泉，避脱声利。大中四年，杖锡离燕，孤征朔雪，祁冱千里，径涉五峰，诣华严寺菩萨堂，瞩文殊睟容，施右手中指，沃以香膏，爇以星焰，光腾半日，怡颜宛然。次遍游圣境，终始两期，其所睹祥瑞，不可胜纪。后至西台，遇古圣迹曰秘魔岩，乃文殊降龙之处也。遇稽首之际，忽见轻云金光，烂烂骇目，渐分雉堞，方势如城，咸曰金色世界也。化事毕，复问其处，僧曰：“是地古德尝止，国赠金光照大师，名节孤峻，神异不测，载录图记，人具尔瞻。”遇悲喜交感，久而不已，始结茅兹地，涤虑澄神，入三摩呬多四十九日，鸟排华雨，人萃香云，扬袂抠衣，归依若市。乃创兴佛庙僧宇，十有七年不下山顶。日以九会杂华五部等法，玩味精课，不遗寸阴。觉圣力潜通，道出凡境，事或礼问，他见莫寻。士向庶归，克念如圣。洎懿皇运末，遇易旧规，或拊掌大哈，或击石异语，类不轻之海记，同楚客之佯狂。及祸发中原，寇盗交骋，夷撤宫壶，銮辂蒙尘，因省师言，其若合契矣。时属河东武皇遥向真德，就山致信。迨文德元年夏四月，命宪州刺史马师素传意邀请，遇曰：“浮世之宠辱，我何累哉？”坚拒远征，确乎不拔。以其年七月十八日，召门弟子曰：“尔可检护戒足，好住余生，吾与汝决矣。”言讫，俨然蝉蜕，俗岁七十二，僧夏五十一。门人太文等哀恸哽绝。龙纪初祀四月十八日阇维，获设利罗凡数十粒。文公坚贮孝思，旌建灵塔，衔哀出入，投诣天府。武皇赗赠加等，文武崇烈，及岚宪等州牧守，例刻清俸，俾助良因，建乎坟塔。即以九月二十五日封窆基墜也。

唐成都府永安传

释永安，眉州洪雅人也。身裁么么，面色黧黖，言音鄙恶，而识量宽舒，大抵不可赀也。大中八年三月中，诣成都，云造谒府帅白公敏中，请奏寺额。以其足跛，肩舆而至，人皆未尝见其登圊而旋溺也。故时呼为无漏师，安置圣寿寺中且十日。白中令俾差僧五六，昼夜互守之而伺察焉。内外饮食，亦略同常人，而无解衣去二行之意，详其十辰之积，便旋何所？毕不可知。司徒白公奏额到日，便辞归眉郡。判官卢求见之，谓为小沙弥耳。人云此师年已八十余矣。

系曰：蜀人谓安公为无漏师者，非也。夫断烦恼不复随增，故永无种习，乃称之无漏。今以饮食之余，归于九孔，安公止二窍不流耳。瑜伽云“无内逼恼分也”。然其位次忍住难知，啜茹如常，何缘不流二窍？观夫对法论中有清净依止，住食示现依止。住食二种，则罗汉菩萨佛也。若然者，安公是示现依止住食，虽食不食，滓秽奚生？必也正名，以召其体哉。

唐衢州灵石寺慧闻传

释慧闻，信安人也。多劝勉檀那以福业为最，常言未预圣位，于五道中流转，非福何凭？尝于瀫江铸丈八金身像，州未听许，铜何从致？且曰：“待大施主。”居无何，有清溪县夫妻二人将嫁资鉴来舍，闻为誓咒之曰：“此鉴鼓铸若当佛心前，乃是夫妻发心之至也。”迨脱摹露像，果然鉴当佛心胸间矣。又尝往豫章劝化，获黄金数镒，俄遇贼劫掠。事急，遂投金水中曰：“虑损君子福田，请自捞摝。”舍闻，闻去，贼徒泳水求之，不得。及闻到州，金冥然已在其院中。若役人用匠，不避讥嫌。得物，见多自提，鱼贯羸肩，饲工人焉。又山路虎豹，闻或逢之，将杖叩其脑曰：“汝勿害人，吾造功德何不入缘？”明日，虎衔野猪投闻前，弭尾而去。凡举事皆成，归信如流，率多奇异焉。

唐朔方灵武下院无漏传

释无漏，姓金氏，新罗国王第三子也。本土以其地居嫡长，将立储副，而漏幼募延陵之让，故愿为释迦法王子耳。遂逃附海舰，达于华土。欲游五竺，礼佛八塔，既度沙漠，涉于阗已西，至葱岭之墟，入大伽蓝，其中比丘皆不测之僧也。问漏攸往之意，未有奇节而诣天竺。僧曰：“旧记无名，未可辄去，此有毒龙池，可往教化。如其有验，方利涉也。”漏依请登池岸，唯见一胡床，乃据而坐，至夜将艾，霆雷交作，其怪物吐气蓬勃，种种变现，眩曜无恒。漏瞑目不摇，譬如建木挺拔，岂微风可能倾动邪？持久乃有巨蛇蘘首于膝上，漏悲悯之极，为受三归而去。复作老人形来致谢曰：“蒙师度脱，义无久居。吾三日后舍鳞介苦，依得生胜处。此去南有盘石，是弟子舍形之所，亦望闲预相寻遗骸可矣。”后见长伟而夭矫，僵于石上欤。寺僧咸默许之，又曰：“必须愿往天竺者，此有观音圣像，祷无虚应，可祈告之。得吉祥兆，可去勿疑。”漏乃立于像前，入于禅定，如是度四十九日，身婴虚肿，略无倾倚。旋有鼠儿犹弹丸许，咋左胫，溃黄色薄脓，可累斗而愈。漏限满获应，群僧语之曰：“观师化缘，合在唐土，心存化物，所利滋多。足倦游方，空加闻见，不可强化。师所知乎？”漏意其贤圣之言，必无唐发。如是却回，临行谓漏曰：“逢兰即住。”所还之路，山名贺兰，乃冯前记，遂入其中，得白草谷，结茅栖止。无何，安史兵乱，两京版荡，玄宗幸蜀，肃宗训兵灵武。帝屡梦有金色人，念宝胜佛于御前。翌日，以梦中事问左右，或对曰：“有沙门行迹不群，居于北山，兼恒诵此佛号。”肃宗乃宣征，不起，命朔方副元帅中书令郭子仪亲往谕之，漏乃爰来。帝视之曰：“真梦中人也。”迨乎羯虏荡平，翠华旋复，置之内寺供养，谅乎猴轻金锁，鸟厌雕笼，累上表章，愿还旧隐。帝心眷重，答诏迟留，未遂归山，俄云示灭焉。一日，忽于内门右阖之上化成双足，形不及地者数尺。阍吏上奏，帝乘步辇亲临其所，得遗表，乞归葬旧隐山之下。即时依可，葬务官供。乃宣卸门扇，置之设奠，遣中使监护，卤簿送导。先是漏行化多由怀远县，因置廨署，谓之下院。丧至此，神座不可辄举，众议移入，构别堂宇安之，则上元三年也。至今真体端然，曾无变坏，所卧中禁户扇，乃当时之现瑞者，存焉。

唐杭州灵隐寺宝达传

释宝达者，不知何许人也，遁是名山，高乎道望，号刹利法师。以持密咒为恒务。其院中有印沙床、照佛鉴。往者浙江也，惊涛巨浪，为害实深。其潮大至，则激射今湖上诸山焉。达哀其桑麻之地，悉变为江，遂诵咒止涛神之患。一夜，江涛中有伟人，玄冠朱衣，导从甚繁而至，谓达曰：“弟子是吴伍员复仇雪耻者，非他人也。师慈心为物，员已闻命矣。”言讫而灭。明日，寺僧怪问：“昨夜车马之喧为谁？”具言其事。其冥感神理，多此类也。自尔西岸沙涨弥年，还为百姓殖利，时所推称，翕然敷化。后罔知所终。

系曰：印沙床者何？通曰：有道之士居山，必非宝器，疑其范筑江沙，巧成坐榻欤？

照佛鉴者何？通曰：即鉴灯耳。以其陆鸿渐贞元中多游是山，述记记达师节俭而明心之调度也。

唐代州北台山隐峰传（亡名　雉鸠和尚）

释隐峰，俗姓邓氏，建州邵武人也。稚岁憨狂，不徇父母之命，出家纳法。后往观方，见池阳南泉禅师，令取澡罐，提举相应，为愿公所许焉，终认嗣马禅师耳。峰元和中言游五台山，路出淮西，属吴元济阻兵，违拒王命。官军与贼遇，交锋未决胜负。峰曰："我去解其杀戮。"乃掷锡空中，飞身冉冉随去，介两军阵过，战士各观僧飞腾，不觉抽戈匣刃焉。既而游遍灵迹，忽于金刚窟前倒立而死，亭亭然其直如植。时议灵穴之前，当舁就爇。屹定如山，并力不动，远近瞻睹，惊叹希奇。峰有妹为尼，入五台，瞋目咄之曰："老兄畴昔为不循法律，死且荧惑于人。"时众已知妹虽骨肉，岂敢携贰，请从恒度，以手轻攘，偾然而仆。遂荼毗之，收舍利入塔，号邓隐峰。遗一颂云："独弦琴子为君弹，松柏长青不怯寒。金矿相和性自别，任向君前试取看。"

系曰：僵尸累足，于事一同。立逝坐亡，为修三昧。此者头揞厚载，履蹈青冥，逆恒理以难知，谅是人而不测。若斯倒置，振古一人。其妹尼之攘也，若屈平为女媭之骂焉。如幻之功，善权大矣。或曰：淮西之役，唐书胡弗载隐峰飞锡解阵邪？通曰：小说所传，或得其实。是故春秋一经，五家作传，可得同乎？

又汉州开化寺释亡名，先因入寺，见瑞应交现，遂誓舍身，克苦为期。忽于殿中焚香次，俄睹地屋皆为琉璃色，有菩萨乘五色云下庭中曰："汝极坚至，必当得道，吾求证汝。"亡名叩头礼拜，斯须不见。寺僧至云"学院内皆变琉璃色。"叹嗟不已。其僧复勤节行焉。

又邓州有僧亡名，年且衰朽，游行穰、邓州间，日食二雉鸠，僧俗共非之。老僧终无避回。尝馔羞之次，有贫士求餐，分其二足与之食。食讫，老僧盥漱，双鸠从口而出，一则能行，一则匍匐在地。贫士惊怪，亦吐其饭，其鸠二足复全。其僧实不食此禽。自尔众人崇重，号曰南阳鵓鸠和尚也。有叹之曰："昔青城山香阇黎饮酒啖肴，然后吐出，鸡羊肉皆化作本形，飞鸣而入坑穴中，同也。"

唐兴元府梁山寺上座亡名传

释亡名者，不知何许人也，居褒城西数十里，号中梁山，数峰回负，翠碧凝空，处于厥中，行终诡异，言语不常，恒见者弗惊，乍亲者可怪。平常酷嗜酒而食肉，粗重公行，又纲任众事，且多折中，僧亦畏焉，号为上座。时群缁伍一皆仿习，唯此无惧。上座察知而兴叹曰："未住净心地，何敢逆行？逆行非诸人境界。且世云金以火试，待吾一日一时试过。"开成中忽作大饼，招集徒众曰："与汝曹游尸陀林去。"盖城外山野多坟冢，人所弃尸于此，故云也。上座踞地舒饼裹腐烂死尸，向口便啖，俊快之状颇嘉，同游诸僧皆掩鼻唾地而走。上座大叫曰："汝等能喂此肉，方可喂他肉也已。"自此缁徒警悟，化成精苦焉。远近归信。时右仆射柳仲郢任梁府，亲往礼重。终时云年可八九十。真影存于山寺。至今梁、益、三辅间止呼为兴元上座云。奇踪异迹不少，未极详焉。

系曰：上座始则尔之教矣，后则民胥效矣。曾不知果证之人，逆化于物，终作佛事，用警未萌。故若归其实，乃对法论中诸大威德菩萨示现食力住故也。如有妄云得果，此例而行，则如何野干鸣拟学师子吼者乎？

唐太原崇福寺文爽传

释文爽，不详姓氏，何许人也。早解尘缨，抉开爱网，从师问道，天然不睡。纵困惫之极，亦唯趺坐，此行长坐头陀也。后独栖丘陇间，霖雨浃旬，旁无童侍，有蛇入爽手中蟠屈。时有人召斋，彼怪至时不赴，主重来请，见蛇，惊惧失声，蛇乃徐徐而下。固命往食，爽辞过中不食。终夕，翌日有狼呀张其口，奋跃欲噬咋之状者三，爽悯其饥火所熬，复自念曰："秽囊无吝施汝一餐，愿疾成坚固之身。汝受吾施，同归善会。"斯须，狼乃弭耳而退。及乎卒日，空中钟磬交响，迟久方息。门徒乡人聚送殡之。尔日有幡数十口蔽空前导，异香普熏，举众悲叹，如失恃怙焉。

唐福州保福寺本净传

释本净者，未详何许人也。道气高抗，人睹肃然。响闽岭多禅宗知识，故历参之。闻长溪县霍童山多神仙洞府，乃经中所谓天冠菩萨领徒侣居此说华严性海法。采樵者多闻天乐异香，鸟兽之瑞。然山中不容凡恶，故多被斥逐。净入山结茅为室，有石穴谓之毒窟。净居于穴侧，其龙夭矫而出，变现无恒，遂呼召之而驯扰焉。又诸猛虎横路为害，采樵者不敢深入，净抚其头，诫约丁宁，弭耳而去。尝清宵，有九人冠帻裤褶称寄宿，尽纳诸庵内。明旦告辞，偕化为鹤，鸣唳空中而去。净罔知其终也。

唐成都府法聚寺法江传（兴善寺异僧）

释法江者，江东人也，来游岷蜀，居于法聚寺。寺即隋蜀王秀之造也。寺内有仁寿中文帝树舍利塔。江以慈悯为怀，多逆知其来，言无少误。尝在房中谓门人曰："外有万余人，尽戴帽形且挛蜷，从吾乞救。汝速出寺外求之。"不见人物，弟子怪师之言何其倒乱。徙倚之间，有数十人荷檐竹器中螺子至，江曰："此之是欤？"命取钱赎之，投于水中矣。

又长安大兴善寺，本隋舍卫寺也，至唐先天中火灾，殿宇荡然，唯遗基耳。明庆中东明观道士李荣者，本巴西人也，好事薄徒，多与释子争竞优劣。荣来玄都观，因率黄冠指其灰烬而嘲之曰："道善何曾善？言兴且不兴。如来烧赤尽，唯有一群僧。"僧中有愤其异宗讥诮者，急慕劝重新缔构，复广于前。十二亩之地，化缘虽日盈千万，计未能成。僧众搔首踌躕，未知何理克成。忽有一僧，衣服粗弊，形容憔悴，负一破囊入缘，言速了佛殿，步骤而去。启视之，则黄金也，校末之一千两矣。时人奇之，由此檀施日繁，殿速成矣。

唐彭州九陇茶笼山罗僧传

释罗僧者，蜀圣寺中得果位人也。尝寝疾于五台山，同会僧人俱不测也，而瞻视之，曾无怠慢。将及九旬而病愈，临诀之际曰："深感所苦，而烦看视。今遂平复，由师之力。我住在剑外九陇郡之茶笼山尔。异日游方，无忘相访也。"暮岁而至蜀，历访群峰，遍讯老樵辈，且曰未尝闻兹山名。乃叹曰："噫，病禅之妄也？"将回，遇山童曰："某是彼岩之聚沙者。"即前导而去，俄睹殿塔俨空，房廊环肃，果值昔之卧病者，迎门叙故。日将暮矣，而谓之曰："兹寺非得漏尽通不能至此。尔以我宿缘一谐遘止。言寄宵乎，斯为未可尔。其克勤修证，至此胡难？"乃命旧童送师归去。其僧回望，但见岩壁峭峻，杉桧莽苍而已。则开成中也。时悟达国师知玄著传之。次得僧可思，尤闲地理，命为玄作他日安茔兆之地，得景丹前峰，其山若雉堞状，虽高低起伏，而中砥平。俄有里人耆老曰："古相传云茶笼山矣。"

唐明州奉化县契此传

释契此者，不详氏族，或云四明人也。形裁腲脮，蹙頞皤腹，言语无恒，寝卧随处。常以杖荷布囊入鄽肆，见物则乞，至于醯酱鱼菹，才接入口，分少许入囊，号为长汀子布袋师也。曾于雪中卧，而身上无雪，人以此奇之。有偈云"弥勒真弥勒，时人皆不识"等句。人言慈氏垂迹也。又于大桥上立，或问："和尚在此何为？"曰："我在此觅人。"常就人乞啜，其店则物售。袋囊中皆百一供身具也。示人吉凶，必现相表兆。亢阳，即曳高齿木屐，市桥上竖膝而眠。水潦，则系湿草屦。人以此验知。以天复中终于奉川，乡邑共埋之。后有他州见此公，亦荷布袋行。江浙之间多图画其像焉。

唐邺都开元寺智辩传

释智辩，不知何许人也。少而英伟，长勤梵学，凡诸经论，一听入神。其所讲宣也，音辩浏亮。每临台座，自谓超绝。所患者听众无几。虞其以水传器，器器不空，繄我独无，乃辜佛意。遂负箱帙遍历名山，以询智者。末至衡岳寺，憩息月余。尝于寺闲斋，独自寻绎疏义，复自咎责曰："所解义理，莫违圣意乎？"况思兀然，偶举首见老僧振锡而入，曰："师读何经论？穷何义理？"辩疑其名岳之内，车辙原中，罗汉混凡，曾何可测？乃自述本缘，因加悔责。又曰："傥蒙贤达指南，请受甘心，钤口结舌，不复开演矣。"老僧笑曰："师识至广，岂不知此义？大圣犹不能度无缘之人，况其初心乎？师只是与众生无缘耳。"辩曰："岂终世若此乎？"老僧曰："吾试为尔结缘。"遂问辩："今有几赀粮耶？"辩曰："自北徂南，裂裳裹足，已经万里，所赍皆罄竭矣。见受持九条衣而已。"老僧曰："只此可矣。必宜鬻之，以所易之直，皆作糜饼、油食之调。"辩如言作之，约数十人食，遂相与至坰野之中，散掇饼饵，焚香长跪咒曰："今日食我施者，愿当来之世与我为法属，我当教之，得至菩提。"言讫，乌鸟乱下啄拾。地上蝼蚁蝇蠜莫征其数。老僧曰："尔后二十年，方可归开法席。今且周游，未宜讲说也。"言讫而去。辩由是精进道力，不倦研摩，义味滋多，志在传授。至二十年，却归河比，盛化邺中，听众盈千数人，皆年二十已来，其老者无二三人焉。

系曰：中有末位，变定难移。今世所修，必招当果。今智辩依异僧之教，令二十年后待听徒，一如其言，如此则当生修当生果，故弗诬矣。诗曰："俟河之清，人寿几何？"将知永寿之人，河清屡见矣。

唐凤翔府宁师传

释宁师者，岐阳人也，亡其名，时以姓呼之耳。往来无恒止，出处如常僧。昭宗即位初年，居山寺中，忽暴终，安卧体暖，忽忽如烂寝焉。僧徒环守，不敢殡敛。三日而苏，众惊奔问之。曰："我为冥司追摄，初见一判官云：‘和尚寿在而无禄。’乃召吏，语之与检覆。吏曰：‘只有干荷叶三石。’因令注于簿。又命一人引之巡历观游去。乃入一门，见数殿各有榜。于是徙步至一殿，署云李克用。于牖间窥有一黑龙，眇一目，中立铁柱，连锁絷维之。次一殿署曰朱全忠，乃青鞹白额虎，锁系如初，而前有食啖人血狼藉之状。次署曰王建，黄金床上卧一白兔焉。次署曰李茂贞，具冠冕如王者，左右数侍女焉。次署曰杨行密，窗牖痹黑，不能细瞻。问使者曰：‘此诸怪状者何邪？’曰：‘将来王者也。’旁厢数殿，望之黯黯，使者不容。引去，还至本所判官厅事，谓使者曰：‘好送师回，但多转念功德经。’宁问曰：‘孰是功德经？’曰：‘金刚般若是欤！此经冥间济拔，功力无比。’”及乎稣醒，四顾久之，乃述前事。闻者骇然，遂闻于官。后岐帅怪宏迂而妄，都不之信。厥后茂贞果封秦王。李克用枉滥杀戮，号独眼龙也。朱氏革于唐命，残害安忍，傅翼择肉，非虎而何？蜀王建属兔，阻兵自固。天祐丁卯，僭伪号以金饰床也。诸皆符合。宁自此每断中，唯荷叶汤而已。其诸食馔，逆口不餐。秦陇之人往往请宁入冥，预言吉凶，更无蹉跌。或请斋，争办净池嫩荷，号为入冥和尚，终于岐下。

系曰：入冥之说与梦略同。穆王将化人欢宴，秦穆得上帝剪鹑，形在人间，神游上界，前言既发，后事必然。是知六候八征，谅非虚也。宁师入冥，与后唐马珣见天符下以潞王为天子无异。宁所见殿中物象题榜，终符其述。谓之为梦想，梦想有征；谓之为神游，神游不谬。将知觉梦惟一，明昧有殊，如摄论云如梦等觉时，一切处唯有识也。有若古莽国多眠，五旬一觉，以梦为实，以觉为妄。若然者，觉之所为，为梦之先兆也，而取实于梦中真实也。梦觉反用，其犹一欤。宁师非妄者，果梁革唐命，二李、王、杨皆与天子抗衡。诸殿远望者，得非余割据群雄偏霸者乎？所食荷叶，与隋僧法庆同。故幽冥等录中康何德次李山龙入冥而返，说事皆验焉，经云“犹如睡梦人，知一切诸物，有身不移本处”是也。

宋高僧传卷第二十一

宋高僧传卷第二十二

宋左街天寿寺通慧大师赐紫沙门赞宁奉　敕撰

感通篇第六之五（正传十三人附见五人）

后唐韶州灵树院如敏传

释如敏，闽人也。始见安禅师，遂盛化岭外，诚多异迹。其为人也，宽绰纯笃，无故寡言，深悯迷愚，率行激劝。刘氏偏霸番禺，每迎召敏入请问，多逆知其来，验同合契。广主奕世奉以周旋，时时礼见，有疑不决，直往询访。敏亦无嫌忌，启发口占，然皆准的，时谓之为乞愿，乃私署为知圣大师。初敏以一苦行为侍者，颇副心意，呼之曰所由也。一日，随登山脊间，却之，潜令下山，回顾见敏入地焉。苦行隐草中覆其形，久伺之乃出，往迎之，问曰："师焉往乎？"曰："吾与山王有旧，邀命言话来。"如是时或亡者，乃穴地而出，严诫之曰："所由无宜外说，泄吾闲务。"后终于住院，全身不散。丧塔官供，今号灵树禅师真身塔，是欤！

系曰：灵树如遇大安，必寿腊绵长，出人常限。疑此亦所闻异辞矣。

后唐天台山全宰传

释全宰，姓沈氏，钱塘人也。孩抱之间，不喜荤血，其母累睹善征，劝投径山法济大师削染。及修禅观，亭亭高竦，不杂风尘，慕十二头陀以饰其行，谚曰宰道者焉。迨乎诸方参请，得石霜禅师印证，密加保任，入天台山暗岩，以永其志也。伊岩与寒山子所隐对峙，皆魑魅木怪所丛萃其间。宰之居也二十余年，恶鸟革音，山精让窟。其出入经行，鬼神执役，或扫其路，或侍其旁，或代汲泉，或供采果，时时人见，宰未尝言。后天成五年，径山禅侣往迎归镇国院居，终于出家本院焉。

晋巴东怀浚传

释怀浚者，不知何许人。其为僧也，憨而且狂，乃逆知未兆之事，其应如神。乾宁中，无何至巴东。浚且能草圣，笔法天然，或于寺观店肆壁书佛经道法，以至歌诗鄙俚之词，靡不集其笔端矣。与之语，阿唯而已。里人以神圣待之。刺史于公患其惑众，系狱诘之，乃以诗通状辞，意在闽川之西东，然章句靡丽，州将异而释之。又详其旨，疑在海中，得非杯渡之流乎？行旅经过，必维舟而谒焉，辩其上下峡之吉凶，贸易经求物之利钝。客子恳祈，唯书三五行，终不明言，其事微密验。时荆南大校周崇宾谒之，书遗曰：“付皇都勘。”尔后入贡，因王师南讨，遂絷南府，终就戮也。押牙孙道能谒之，书字曰“付竹林寺”。其年物故，营葬于古竹林寺基也。皇甫铉知州，乃画一人荷杖，一女子在旁。寻为取民家女，遭讼，锢身入府矣。有穆昭嗣者，波斯种也，幼好药术，随父谒之，乃画道士乘云提一匏壶，书云“指挥使高某牒衙推”，穆生后以医术有效，南平王高从诲令其去道从儒，简授摄府衙推。属王师伐荆州，浚乃为诗上南平王曰：“马头渐入扬州路，亲眷应须洗眼看。”是年高氏输诚于淮海，遂解重围。其他异迹多此类也。尝一日题庭前芭蕉叶云：“今日还债业，州县无更勘穷。”往来多见，殊不介意。忽为人所害，身首异处，刺史为其茶毗焉。

晋阆州光国院行遵传

释行遵，福州闽王王氏之仲子。后唐庄宗即位，入洛进方物，因留京邸。同光末，会明宗将入，兵乱相仍，乃自剪饰，变服为僧，窜身巴蜀。逮晋开运中状貌若七十余，然壮力不衰。或询其年腊，则必杜默。于阆中寓光国禅院，院徒以律法住持，人不之知遵之能否。有李氏子家命斋，饮啖之次，欻起出门叫噪，若有所责。谓李曰：“今夜有火，自东南至于西北街，邻居咸令备之。”是夕果然煨烬无遗。众聚问其故，曰：“昨一妇女衣红秉炬而过，老僧恨追不及耳。”又于赵法曹家，指桃树下云：“有如许钱。”不言其数，赵乃召人发之，畚锸方兴，适遇客至，为家僮所取。喧喧之际，尽化为青泥。人各争得百余，后圬墁之，门壁坏，往往而有焉。遵或经人冢墓，知其家吉凶。至于风角鸟兽，闻见之间，预言灾福，后必契合，故州间远近，咸以预言用为口实。终于晋安玉山，缁徒为其荼毗焉。

晋襄州亡名传

释亡名，不知何许人也。观方问道，不惮艰辛。胜境名山，必约巡访矣。天福中，至襄州禅院挂锡，与一僧循良守法，同九旬禁足。其人庠序，言多诡激，称名曰法本，朝昏共处，心雅相于，若久要之法属焉。法本云：“出家习学，即在邺都西山竹林寺。寺前有石柱，他日有暇，必请相访。”其僧追念前约，因往寻问。洎至山下村中，投一兰若止宿，问彼僧曰：“此去竹林寺近远？”僧乃遥指孤峰之侧曰：“彼处是也。古老相传，昔圣贤所居之地，今但有名存耳，故无精庐净舍、立佛安僧之所也。”僧疑之，诘旦而往，既睹竹丛，丛中果有石柱，茫然不知其涯涘。僧忆法本临别之言，但扣其柱，即见其人。遂以小杖击柱数声，乃觉风云四起，咫尺莫窥，俄尔豁开，楼台对耸，身在三门之下。逡巡，法本自内而出。见之甚喜。问南中之旧事，说襄邓之土风，乃引度重门，升秘殿，领参尊宿，若纲任焉。顾问再三，法本曰：“早年襄阳同时禁足，曾期相访，故及山门也。”尊宿曰：“善。可饭后请出，在此无座。”言无凡僧之位次也。食毕，法本送至三门相别。既而天地昏暗，不知所向。顷之，宛在竹丛石柱之侧，余并莫睹。其僧出述其事，罔知伊僧其终焉。

系曰：入竹林僧，何人也？通曰：遇仙之士，亦仙之士，圣寺之游，岂容凡秽？一则显圣寺之在人间，一则知圣僧之参缁伍。无轻僧宝，凡圣混然。此传新述于数人，振古已闻于几处。且如此齐武平中，释圆通曾瞻讲下僧病，其僧夏满病差，约来邺中鼓山竹林寺，事迹略同。此盖前后到圣寺也。

汉洛阳告成县狂僧传（曹和尚）

释狂僧者，晋开运中遍于邑下乞石矿灰，日夜驱荷入大小留二山中，谓行人乡叟曰："要造宫阙。"然莫之测也，皆谓："为风狂，有何准据？"如是运至数千石，封闭甚固。其后乡人不意此僧绝乎踪迹。属干佑初，汉祖既入今东京即位，不逾年而崩，当是时也，诏卜睿陵于大留山下，计虑者云："砖瓦数百万，此山之内可陶而烧。其如矿灰乌可得乎？"俄有里胥曰："此地元有僧积藏灰可数千石，准用应足。"按行使山陵毕，用无孑遗，其僧也非狂，由此方证之矣。又镇州释曹和尚者，恒阳人也，不常居处，言语纠纷。败襦穿屦，垢面黯肤，号风狂散逸之伦也。齐赵人皆不测，而多重旃。或召食，食毕默然而去，其状犹不醉而怒欤？府帅安重荣作镇数年，讽军吏州民例请朝廷立德政碑。碑石将树之日，其状屹然。曹和尚指之大笑曰："立不得，立不得。"人皆相目失色，主者驱逐，曹犹口不绝声焉。至重荣潜萌不轨，秣马利兵，垂将作逆，朝廷讨灭，碑寻毁之。凡所指斥，犹响答声也。后不测所终。

周伪蜀净众寺僧缄传（大慈寺亡名）

释僧缄者，俗名缄也，姓王氏，京兆人。少而察慧，辞气绝群。大中十一年，杜审权下对策成事秘书监冯涓即同年也。乾符中，巢寇充斥，随流避乱。至渚宫投中令成汭，汭攻淮海，不利，遂削发出家。属雷满据荆州，襄州赵凝攻破之。梁祖遣高季昌诛灭焉，江陵遂属高氏。缄避地夔峡间。后唐同光三年入蜀，寻访冯涓，已死矣。遂居净众寺，而鬓发皓然，且面色红润，逍遥然，人不测其情伪。有华阳进士王处厚者，乙卯岁于伪蜀落第，则周显德二年也，入寺写忧于松竹间，见缄。缄曰："得非王处厚乎？"处厚惊曰："未尝相狎，何遽呼耶？"缄曰："偶知耳。"遂说本唐文宗大和初生，止今一百三十余载矣。处厚曰："某身迹奚若？""子将来之事极于明年。而今而后，事可知矣。”意言蜀将亡也。嘱令勿泄。明日再寻，杳沈声迹。一日，复扣关自来云:“暂去礼峨眉，结夏于黑水方还。”缄于案头拈文卷览之，则处厚府试赋稿，曰:“考乎真伪，非君烛下之文。何多诳乎？”遂探怀抽赋稿示之，“此岂非程试真本乎”？处厚惊竦不已，乃曰:“仆试后偶加润色，用补烛下仓卒之过也。师何从得是本也？”缄曰:“非但一赋，君平生所作之者，皆贮之矣。”明日访之，携处厚入寺之北隅，同谒故太尉豳公杜琮之祠坐于西庑下，俄有数吏服色庞杂，自堂宇间缀行而出，降阶再拜。缄曰:“新官在此，便可庭参。”处厚惶慒而作。缄曰:“此辈将为君之驱策，又何惧乎？宁知泰山举君为司命否？仍以夙负壮图，未酬前志，请候登第后施行。复检官禄簿，见来春一榜人数已定，君亦预其间，斯乃阴注阳受也。策人世之名，食幽府之禄，此阳注阴受也。”处厚震骇，不知所裁，但问:“明年及第人姓名为谁耶？”缄索纸笔，立书一短封与之，诫之严密藏之，脱泄，祸不旋踵。须臾吏散。缄携手出庙，及暝而去。至春试罢，缄来处厚家，留一简云:“暂还弊庐，无复再面也。”后往寺僧堂中问之，已他适矣。乃拆短封视之，但书四句云:“周成同成，二王殊名。王居一焉，百日为程。”及乎榜出，验之有八士也。二王，处厚与王慎言也，王居一焉。恶其百日为程，处厚唯狎同年，置酒高会，极遂性之欢。由是荒乱不起，是夜暴亡。同年皆梦处厚蓝袍槐笏，驱殿而行。验其策名之荣，止一百二十日也。详其缄之生于文宗太和初也，成身在宣宗大中，王处厚遇之已一百三十余岁也。次伪王蜀城都大慈寺僧亡名，恒讽诵法华经，令人乐闻。时至分卫，取足而已。身微所苦，有示方药。伊僧策杖入青城大面山采药，沿溪越险，忽然云雾四起，不知所适。有顷，见一翁，僧揖之，序寒暄，问“何以至此！”僧曰:“为采少药也。”翁曰:“庄舍不远，略迂神足，得否？”僧曰:“迷方失路，愿随居士。”少顷云散，见一宅宇阴森。既近，翁曰:“且先报庄主人矣。”僧入门睹事，皆非凡调。问曰:“还斋否？”曰:“未食。”焚香且觉非常只悖，请念所业经。其僧朗声诵经，勉令诵彻部。所馈斋馔，皆大慈寺前食物。斋毕，青衣负竹器以香草荐之，乃施钱五贯，令师市胡饼之费，翁合掌送出。或问云:“此孙思邈先生也。”到寺已经月余矣。其钱将入寺，则黄金货泉也。王氏闻之，收金钱，别给钱五百贯。其僧散施之，将知仙民恒在名山。次嘉州罗目县有诉孙山人赁驴不偿直，乞追摄。问小童云：“是孙思邈也。”县令惊怪，出钱代偿。其人居山下，及出县路，见孙公取钱二百以授之，曰：“吾元伺汝于此，何遽怪乎？”得金钱僧不知其终所。

周杭州湖光院师简传

释师简，姓赵氏，丹丘人也。弗循戒范，放肆恬然，拥破纳衣，多诵词偈。好悬记杭越间灾福，初无信者，验犹合符。于一行景淳，山经地理，别得径门，常言昔泰山道辩相冢得术，余无取焉。喜为人迁山相冢，吉凶如其言。居无定所，多游族姓家，言腹饥，便求鸡肉餐。此外得美酒，啜数杯而去，初无言谢。然长于勒书，大字题牌，寺观门额，书成相之，吉凶随言，久近验之。始居杭西湖旁院，无疾而终。后有行客自长沙市中见，携手话旧，寄言与崇寿院主：“汝先负钱若干，今放汝我眠床刍荐下层，有纸裹肉脯屑，必应腐败，为弃之。”院僧依言，果然见之，因写貌供养。简曾言“尖头屋已后火化去”，及州南塔戊午岁被天火爇之，应言无爽矣。

宋明州乾符寺王罗汉传

释王罗汉者，不测之僧也。酷嗜彘肉，出言若风狂，后亦多验云。尝曝衣，有盗者将欲褰之，低头佯睡。有物，人就之乞，终无吝色。及开宝初年六月内忽坐终，三日后漆布之，忽闻两颊间鸣咤声，皆云溃烂。夜寄梦与数人曰：“布漆我昏闷，如何开焉？”明日，召漆工剥起，肉色红白，有圆粒舍利堕落，收而供养。至今肉身存于本寺。时僧正赞宁作碑纪异。汉南国王钱氏私易名为密修神化尊者。

宋潭州延寿院宗合传（道因）

释宗合，闽越人也，游岳泛湘，以求知识焉。其为僧也，介立而寡欲，群居终日，唯笑而已。南楚之人且多信重。后居延寿院，故谏议大夫贾公玭判军府闻之，往谒见，言话不接。舆人议曰:“得道之人，岂入恒量度中耶？”贾乃坚请往文殊院住持。尔日登座，聊举禅要而散。明日，告众曰:“有故暂出，诸贤不宜留难。”其装束若行脚状，渡彭蠡，至黄州驿前，屹然立终。遐迩奔竞观礼。时马铺使臣为营丧务，造塔于立终处，则开宝二年也，今号真身院是欤。又渑池大安寺释道因，不知何许人也。游处渑池、瀍、涧之间，自言:“出家人守俭，则少于人。与畜类为同行，则无是非盈耳。”尝养一乌犬，出入起卧，不相忘舍。每食以铁钵就火而炊，糜熟，与犬同食。或前或后，行止奇异，人莫能测。一旦僧亡，犬亦坐毙。今大安寺塑其像，而肉身两存，开宝中也。洛下崇信，香华满龛焉。

宋印州大邑灵鹫山寺点点师传

释点点师者，不知何许人也。孟氏广政中，隐印南大邑山寺，多游廛肆中。虽事削染，恒若风狂。或与人接，必指点而言，故目是称焉。有命斋食者，酒肉不间，率以为常，俚人亦不之厌也。日之夕矣乃市黄白麻纸笔墨，置怀袖以归。行数里，沈酣而至瞑矣。所居之室，虽有外户，且无四壁。入后阖扉，人不得造。初邻僧小童，蹑足伺之，见秉烛箕踞，陈纸笔于前，诃责大书，莫晓其文字。往往咄嗟如决断处置。久之，明暗间熟视闪烁，若有人森列状如曹吏，则襦裳非世之服饰。观者怖惧而退。诘旦，微询其事，怒而弗答。居数载，印笮之人咸神异之，后不知其终。

系曰：点点师而能劾鬼，别无高洁轨生物善，亦与古人判冥司事者同邪？通曰：所作在心，如不从正道力中生，则与五斗米道同。如不从有心符禁中起，则感鬼神归信驱策之耳。故善戒经云:“若须神通应感化度，为示神足。”庄严论中菩萨以神通变化而为戏喜。又或此是辟支行位人也，故论云:“独觉依彼。”彼村落乞食，以身济度，不以语言，示现种种神通境界，为令诽谤者归向故。

宋天台山智者禅院行满传

释行满者，万州南浦人也。羁贯成童，厥性明点，笃辞所亲，求为佛子。受戒方毕，闻重湖间。禅道隆盛，石霜之门，济济多士，遂往求解。属诸禅师弃代，满往豫章，观诸法席，既得安然。次闻天台灵圣之迹，由是结束游之，栖华顶峰下智者院，知众僧茶灶。见人怡怿，居几十载，未睹其愠色。卧一土床，空其下，烧粪扫而暖之。每日脱衣就床，则蚤虱蛰蜇焉啖之，及喂饲得所，还着衣如故。或人潜扪其衣，蚤虱寂无踪矣。先是居房槛外有巨松，横枝之上寄生小树。每遇满出坐也，其寄生木必袅袅而侧，时谓此树作礼茶头也。或不信者，专伺满出，则纷纷然。满去，则屹立亭亭，更无动摇。虽随众食，量少分而止。四十年内，人未见其便溺。以开宝中预向人说“我当行矣”。令众僧念文殊名号相助，默焉坐化，春秋年可八十余。满多作偈颂以唱道焉。

宋魏府卯斋院法圆传（矿师　李通玄）

释法圆，俗姓郝，真定元氏人也。宿殖之缘，出尘无滞。后唐长兴二年，投本府观音院勤勤诵习，师与落发，间岁受满足戒。后策枝负囊，巡礼诸方。至韶山挂锡，看大藏经焉。晋开运三载，却来本生地寓天王院。越来年，契丹犯阙，戎王耶律德光回至常山栾城而死。永康王兀谷代为蕃国之主。时旋军自镇州董戎北返，留酋长麻答耶律解里守于下京，即常山也。晋之臣寮兵士尽在斯矣。汉儿将帅谋逐丑虏，其计未决。两分街巷，汉人在蕃之中者，蕃人先发，无少长皆被屠戮之。天王院八僧殊死，圆预其数也。其时见杀者尤众。初圆引颈两受刃，如击木石然。圆呼曰：“猛乞一剑。”遂身首异处。至暮，圆如梦中忽睹晚照，亦微悟被戮，意之自谓死已。冥寞亦见日月，逡巡举一臂试扪其头，乃觉如故。再三疑之，不敢摇动，虑其分落也。又谓血凝所缀，重扪之，绕颈有痕，缝如线许大，终身如此。时城中既逐出蕃部，稍定，傍人扶起，诘朝归院。院僧方将食粥，见圆，谓为鬼物，一皆奔散。迟久，审得其实，喜言再生，远迩观礼，且叹希奇。常山之人竞陈供施。圆自后复往诸方，居无定所。暨周显德中，寓大名府成安县卯斋院温寻藏教。以开宝六年，忽谓众曰：“人生虚幻，何能久长？物极则迁，生死涅槃，必无少别。”遂不数日而长逝。黑白之众，若丧所亲。及送就荼毗日，感舍利若黍粟之皁粒焉。春秋七十四，法腊五十一。时范鲁公质亲问圆厥由，深加郑重。再询履行，则大藏经已两过披读矣。

又福州楞伽寺矿师者，海坛戍卒之子。厥初母氏怀娠，冥然不喜荤蔵。洎乎诞育，岐嶷异常，不呀鱼肉。年及八岁，甘嗜野菜，若锄劚种者，即言杀伤物命。每见家厨亨烊毛鳞，则手掬沙灰，投于爨镬，贵其不食。自言：“开元寺塔，隋朝中我造也。”多说未萌事，后皆契合。便请出家，因披法服，顶有香气，如爇沈檀，号为圣僧。时侍御史皇甫政为留后，请入府署，因作肉追子百数，唯一是素者，盘器交错，悉陈于前，意验其凡圣耳。矿临筵，径拈素者啖之，余者手拂而作。时皇甫部曲一皆惊叹。每出街巷，众人围绕。自言：“寿止十三，当定归灭。”至是果终。遂于寺前火化，倾城士女哭泣，依轮王法，树浮图焉。

复次唐开元中太原东北有李通玄者，言是唐之帝胄，不知何王院之子孙。轻乎轻冕，尚彼林泉，举动之间，不可量度。身长七尺余，形貌紫色，眉长过目，髭鬓如画，发绀而螺旋，唇红润，齿密致。戴桦皮冠，衣大布缝掖之制。腰不束带，足不蹑履，虽冬无皴皲之患，夏无垢汗之侵。放旷自得，靡所拘绊。而该博古今，洞精儒释，发于辞气，若铿巨钟。而倾心华藏，未始辍怀。每览诸家疏义繁衍，学者穷年无功进取。开元七年春，赍新华严经，曳筇自定襄而至并部盂县之西南同颖乡大贤村高山奴家，止于偏房中造论，演畅华严，不出户庭，几于三载。高与邻里怪而不测。每日食枣十颗，柏叶饼一枚，余无所须。其后移于南谷马家古佛堂侧，立小土屋，闲处宴息焉。高氏供枣饼亦至。尝赍其论并经往韩氏庄，即冠盖村也。中路遇一虎，玄见之，抚其背，所负经论搭载去土龛中，其虎弭耳而去。其处无泉可汲用，会暴风雨，拔老松去，可百尺余成池，约深丈许，其味香甘，至今呼为长者泉。里人多因愆阳临之，祈雨或多应焉。又造论之时，室无脂烛。每夜秉翰于口，两角出白色光长尺余，炳然通照，以为恒矣。自到土龛，俄有二女子衣赀布，以白布为惨头，韶颜都雅，馈食一奁于龛前，玄食之而已。凡经五载，至于纸墨供送无亏，及论成亡矣。所造论四十卷，总括八十卷经之文义。次决疑论四卷，绾十会果因之玄要，列五十三位之法门。一日，乡人聚饮酒之次，玄来谓之曰：“汝等好住，吾今去矣。”乡人惊怪，谓为他适。乃曰：“吾终矣。”皆悲泣恋慕，送至土龛，曰：“去住常也。”乡人下坡，回顾其处，云雾昏暗，至子时俨然坐亡龛中，白色光从顶出，上彻太虚。即开元十八年暮春二十八日也，报龄九十六。达旦，数人登山，见其龛室内蛇虺填满，莫得而前。相与启告，蛇虺交散。耆少追感，结舆迎于大山之北，甃石为城而葬之。神福山逝多林兰若方山是也。葬日，有二斑鹿、双白鹤、杂类鸟兽，若悲恋之状焉。大历九年六月内，有僧广超到兰若收论二本，召书生就山缮写，将入汾川流行。其论由兹而盛。至大中中，闽越僧志宁将论注于经下，成一百二十卷。论有会释七卷，不入注文，亦写附于初也。宋乾德丁卯岁，闽僧惠研重更条理，立名曰华严经合论，行于世，人所贵重焉。

系曰：北齐内侍刘谦之随王子入台山焚身，谦之七日行道，感复丈夫相，冥悟华严义，乃造论六百卷，久亡。至李长者之化行晋土，神变无方，率由应以此身而为说法也，或曰：李论中加乎十会，经且阙焉，依梵字生解可非迷名耶？何长者说法之有？通曰：十会理有，宜俟后到之经。所解南无，言离中虚也。此配法观心也，若知触物皆心，方了心性。故经云：“知一切即心自性，则成就慧身不由他悟。”此乃心境如如，则平等无碍也。观李之判教该博，可不知华言义耶？尝闻幽州僧惠明鸠诸伪经并华严论同焚者，盖法门不相入耳。伪经可爇，李论难焚，伊非小圣境界也。亦犹杨墨之说，与儒相违。行方外者，复憎孔孟。水火相恶，未始有极。苟问通人，分曹并进无相夺伦哉。

论曰：丹成转数，服则登仙。慧炼功夫，验之果证。若或名未标于箓籍，力未合于经王，乌以经举此身，出过凡世，徒只眩曜肉眼，惊忙猿心。所谓释氏之俦，高下异尔。亦乃譬同群象也，牙能抵触，鼻善卷舒，力却九牛，奔过驷马矣。别有阿耨池岸、香醉山阴象，则鼓双翼以飞腾，用七支而巧便，与夫海山之象，百倍绝伦，厥号蔼罗伐拿，象中龙也。谅知沙门有所感通，斯之谓欤！若夫能感所通，则修行力至，必有天神给侍是也。能通所感，则我施神变，现示于他是也。能所俱感通，则三乘极果无不感通也。昔梁慧皎为传，创立神异一科，此唯该摄究极位之圣贤也。或资次征祥，阶降奇特，当收不尽，固有缺然。及乎宣师不相沿袭，乃厘革为感通，盖取诸感而遂通，通则智性，修则感欤，果乃通也。核斯理长，无不包括，亦犹班固增加九流，变书为志同也。复譬圣人重卦，不亦愈于始画者乎？然则前不仰观俯察，后可变通？此非宣师之能，据嘉祥变例而能矣。原夫室静生虚白，心静则神通。儒玄所能，我道奚若？引发静虑，自在现前，法不喧嚣，万缘都泯。智门开处，六通由是生焉。动相灭时，五眼附兹照矣。目连运用，彰何第一之名？那律观瞻，有是半头之见。迷卢入其芥子，海水噏于毫端。不思议时，凡夫之心口两丧；神通生处，诸佛之境界一如。复次，我教法中以信解修证为准的。至若译经传法，生信也。义解习禅，悟解也。明律护法，修行也。神异感通，果证也。孰言像末无行果乎？亦从多分说也。只如檀特刻杖，表侯景之西归；河秃指天，知文襄之南面。光师入安乐之行，弟子证三昧之门。泗上僧伽，十九类身之应现；万回尊者，五千余里之往来。诸方更有其异名，此刹弥观其奇迹。难拘定态，莫检恒形。从愿海而起身，元惟智积；自意生而分质，素是康僧。岸睹菩萨之迎生，英致秦襄之就食。留年不测，示迹无方。或扬化于数朝，或受龄于三百。或令灶祠而堕，或得御笛而回，珪戒岳神，安救唐相。或瀌龙儿而至，或擎销骨而征。入圣寺门，认诸葛亮。或神光出口，或怪物沈河。丰干识其文殊，无相免其任侠。梦送浮图而渡海，身分窑窟以安禅。或放毫相之光，或令公主之诞，或获珠之烁烁，或扰虎之耽耽。或记宰臣，或移巢鹊。寿过百岁，身隐五台。或谶草书，或求听众。或隐形而留影，或见母而便生。或题异辞，或语虓兽。记韦公之灭度，惊张渎之夜归。不濡其服而渡溪，不泄其秽而恒食。或倒立而死，或直吐其鸠。或身首异处而还连，或半年坐亡而复起。若以法轮启迪，多作沙门之形;设如异迹化成，或作老叟之貌（寒山拾得）。疮痍可恶，疥疠堪嫌。或逆迸于恒流，或诪张于下类。伊皆难测，孰曰易知？将逆取顺之由，反权合道之意耳。或曰:“感通之说近怪乎？”对曰:“怪则怪矣，在人伦之外也。苟近人情之怪，乃反常背道之徒欤！此之怪也，非心所测，非口所宣，能至其涯畔矣。令神仙鬼物皆怪者也。仙则修炼成怪，鬼则自然为怪，佛法中之怪则异于是。何耶？动经生劫，依正法而修致，自然显无漏果位中之运用也。知此怪正怪也。在人情则谓之怪，在诸圣则谓之通。感而遂通，故目篇也。故智论云：‘以禅定力，服智慧药。’得其力已，遂化众生，复置世界于一毛，疑海水为五味，故曰缘法察境，唯寂乃照。始验佛门龙象，间代一生，出而摄诸，不惭愧也矣。”

宋高僧传卷第二十二

宋高僧传卷第二十三

宋左街天寿寺通慧大师赐紫沙门赞宁等奉　敕撰

遗身篇第七（正传二十二人附见二人）

唐汾州僧藏传

释僧藏者，西河人也。弱龄拔俗，气茂神清，允迪循良，恪居下位。迨沾戒善，密护根尘。见仁祠必礼之，逢硕德则尽礼。苟遇僧俗施拜，乃俯偻而走，如回避令长焉。若当众务也，则同净人，屈己犹臧获焉。见他人故衣，则潜加澣濯，别事纽缝。至于炎暑，乃脱衣入草莽间，从蛟蚋虻蛭唼啮，虿芥血流，忍而汗洽。而恒念弥陀佛号，虽巧历者不能定算数矣。确志冥心，未尝少缺。及预知报尽，谓瞻病者曰："山僧多幸，得诸天人次第来迎。"藏又言："吾瞑目闻往净土，聚诸上善人散花，方回此耳。正当舍寿。"合掌念佛，安然而终矣。

唐汉东山光寺正寿传（慥禅师）

释正寿者，不知何许人也。风仪峻整，节概高强，肩锡曳囊，宗师皆谒。然以因缘相扣，附丽有归，于南塔慥禅师门，决开疑网，密修资益。后寿杜默于随部山寺，人皆不识。时谯王重福者，中宗次子也，神龙初韦庶人谮云"与张易之兄弟构成重润之罪"，迁均州，刺史密加防守，不听视事。韦后临朝，添兵士捍卫。及韦氏被诛，睿宗即位，转集州刺史。未行，然忽忽不乐，而归心于慥禅师，为其造生藏塔，举高七十尺，极为宏壮。于时慥师疾已危笃，谯王使问师“后孰继高躅？”慥曰：“贫道有正寿在。”王问诸僧：“谁为正寿？”或曰：“和尚有弟子在山，光迹韬晦。”王遣使召到，寿白慥师曰：“喜王为檀越，其塔已成，某欲为先试，得否？”慥曰：“善，为否试。”是时寿摄衣合掌入塔，敛容瞑目，结加趺坐，便即灭度，全身不散，时号为试塔和尚。谯王闻已，叹嗟终日曰：“弟子犹尔！”乃别议改图，为慥禅师营构焉。

系曰：先人有夺人之心，寿公先其慥矣。夫直往者必能径来也。业累弗羁，樊笼弗罩，脱羁开罩，生死自由。既然自由，已跻果位矣。俗谛观之，寿公出蓝之青也矣。而能乘心矫迹，出其师之前，一日千里，其是之谓乎！

唐五台山善住阁院无染传

释无染者，不委氏族何许人也。从中条山受业，讲四分律、涅槃经、因明、百法论，善者从之。恒念：“华严经至说诸菩萨住处东北方金色世界，文殊菩萨与一万圣众从昔已来止住其中而演说法，或现老人，或为童子。近闻佛陀波利自西国来，不倦流沙，无辞雪岭，而寻圣迹。高宗朝至台山思量岭，启告扣礼，乃见老人，即文殊也。利虽云面接，未决心疑，令却往西国取经，诣金刚窟，入文殊境界，于今不回。古德既尔，吾岂无缘乎？”染乃从彼发迹，遍访名公。成遇禅宗，穷乎理性。或经法席，探彼玄微。以贞元七年到台山善住阁院。时有僧智頵为台山十寺都检校，守僧长之初也。遂挂锡栖心，誓不出山。每念文殊化境，非凡者之可胜，岂宜懈怠？冬即采薪供众，夏即跣足登游，春秋不移，二十余祀。前后七十余遍，游历诸台，睹化现金桥、宝塔、钟磬、圆光，莫穷其际。且曰：“松柏之鼠，不知堂密中有美枞乎？”言更有愈于诸瑞，吾得少，未为足也。最后于中台东忽见一寺，额号福生，内有梵僧，数可万计。染从头礼，拜递互慰劳，见文殊亦僧也，语染曰：“汝于此有缘，当须荷众，勿得唐捐，有愿无行而已。”言讫化寺众僧，寂无所睹。染叹而言曰：“睹兹灵异，岂可徒然！此危脆身，有何久固？”乃遵言广兴供施，每设一百万僧，乃然一指，以为记验焉。渐及五百万数，遐迩委输，若海水之入归塘焉。及千万供毕，十指然尽。迨开成中，白大众曰："吾于此山薄有因缘，七十二遍游诸圣迹，人所不到，吾皆至止。又不出兹山，已报深愿，幸莫大焉！奈何衰老，今春秋七十四，夏腊五十五，及存余喘，欲于中台顶上焚一炷香告辞十方如来，一万菩萨。或息我以死，谁甘相代？况诸人等，并是菩萨门人，龙王眷属，莳栽善种，得住此山，夙夜精勤，羁勒三业，龙华三会，共结要期。此时下山，勿有留难。"合掌曰"珍重"而去。众初不喻其意，皆言早回。染乃但携瓶锡，惟爇名香，遂命季氏赵华将蜡布两端、粗麻一束、香汁一斗，于中台顶从旦至暮，礼拜焚香，略无暂憩，都不饮食，念佛虔诚，声无间断。已至深更，赵氏怪其所以，陟彼崔嵬，见染不移旧止，转更精专。染谓赵曰："吾有密愿，汝与吾助缘，不得相阻。为取蜡布、麻、油，将来缠裹吾身，于夜半子时，要然身供养诸佛。吾若得道，相度汝也。"赵氏谏之，苦劝不止。将布缠身，披麻灌油，从顶而炼，言曰："将吾灰骨当须飘散，无使显异。"赵氏一从其命，略无移改，从顶而炼，至足方仆矣。赵氏叹曰："昔闻药王然身，今见上人，奇哉！痛哉！"后门人收真骨，于梵仙山南起塔，至今在矣。

唐成都府福感寺定兰传

释定兰，姓杨氏，成都人也。本阛阓间凶恶屠沽类，天与厥性，悔往前非，誓预六和，化行三蜀。当尔时也，咸归信焉。造伽蓝一，号圣寿欤。其缘未发，乃藏于佣保中耳。而父母早亡，无资可以追往。每遇讳辰，兰悲哭咽绝。辄裸露入青城山，纵蚊蚋虻蝇唼咋肤体，且云："舍内财也，用答劬劳。"蜀中有黑白蟆，形如粟，咂人口及肉，而少见者。次则刺血写经，后则炼臂，至于拔耳剜目，喂饲鸷鸟猛兽。既而行步非扶导而触物颠蹶。后有异人，掌擎物若珠颗然，内空眦中，斯须瞻瞩如故。冥告曰："南天王还师眼珠矣。"远近惊骇。常谓人曰："吾闻善戒经中名为无上施，吾愿勤行，速要上果矣。"大中三年，宣宗诏入内供养，仰其感应之故，以优礼奉之。弟子有缘，恒执事左右。六年二月中，又愿焚然肩髆。帝累劝勉，年耆且务久长修炼。兰不奉诏，遂焚焉而绝。有缘表请易名建塔，敕谥觉性也，塔号悟真也。蜀都止呼定兰塔院，于今香火不绝云。

唐福州黄檗山建福寺鸿休传（景先）

释鸿休，不知何许人也。神宇标挺，玄机斡运，居闽黄檗山寺，丛萃毳客。示教之外，侃然怡乐。恒言："宿债须偿，偿尽则何忧何惧？物我俱逍遥矣。"人皆不喻其旨。及广明之际，巢寇充斥。休出寺外，脱纳衣于松下磐石之上，言曰："誓不污清净之地。"而安详引颈待刃，刃下无血，贼翻惊异，罗拜忏悔焉。门弟子景先阇维其尸。收舍利七颗，囊而宝之。有笃信者以菽粒如数易之，追之靡及，遂往筮焉，占之曰："死生贵贱，罔分吾卦。在靡在之，失宁失矣。孰知其然也？"洎获，置之于塔，分之七粒，缄于琉璃器中，莹然光色。时僧清豁著文作颂纪德焉。

唐鄂州岩头院全豁传

释全豁，俗姓柯氏，泉州人也。少而挺秀，器度宏远而疏略。礼清源谊公为师。往长安，造西明寺，照公与受满足法。即于左街保寿寺听寻经律，决择纲宗，垂成讲导，振锡南指。诣武陵德山。药病相应，更无疑滞。后居所邻洞庭，地曰卧龙，乃筑室而投憩焉。徒侣影随。又居唐年山，山有石岩巉崒，立院号岩头欤。凡所施用，皆削繁总，兀然而坐，任众围绕，曰："汝何不思惟？家中有多少事，实于逆顺之境证得超越之相者。"豁值光启已来，中原多事，诸侯角立，狂贼来剽掠，众皆回避，豁惟晏如。贼责弗供馈，忿怒俾挥刃之，曾无惧色。当光启丁未岁夏四月八日。门人权葬，葬后收焚之，获舍利七七粒。僖宗赐谥曰清严，塔号出尘。葬事，檀越田咏兄弟率财营构，南岳释玄泰撰碑颂德，提唱斗峻，时号岩头法道，难其领会焉。

系曰：休、豁二师，何临难无苟免乎？通曰：凡夫之难，是菩萨之易。经生累舍，此乌悕哉？昔安世高累累偿债，去若拂尘。业累才轻，苦依身尽，换坚固之体耳。神仙或从刃殒者，谓之剑解，况其正修证果之人？观待道理，不以不令终为耻也。

唐吴郡嘉兴法空王寺元慧传

释元慧，俗姓陆氏，晋平原内史机之裔孙也。父丹，文林郎云骑尉温州纠曹，慧即仲子也。髫龄颖悟，长而温润，畏作枯龟，思为瘦雁。以开成二年辞亲，于法空王寺依清进为弟子。会昌元年，往恒阳纳戒法，方习毗尼。入礼五台，仍观众瑞。二年，归宁嘉禾居建兴寺，立志持三白法，讽诵五部曼拿罗，于臂上爇香炷。五年，例遭澄汰，权隐白衣。大中初，还入法门。至七年，重建法空王寺。又然香于臂，供养报恩山佛牙。次往天台山，度石桥，利有攸往，略无忧虞焉。咸通中，随送佛中指骨舍利，往凤翔重真寺。炼左拇指，口诵法华经，其指不逾月复生如故。乾宁三年，偶云乖悆。九月二十八日，归寂于尊胜院，报龄七十八，僧腊五十八。弟子端肃等奉神座葬之吴会之间，谓为三白和尚焉。其礼拜诵持，不胜其计，如别录也。

系曰：炼大拇指，火尽灰飞，如何于焦炭之末，骨肉随生不久如故？此与火中莲华，同种而异态耳。何谓三白？通曰：事理二种。一白饭、白水、白盐，事也。二身不遍触，口诵真经，意不妄缘。此三明白，非黑业也。故享此名欤。

唐京兆菩提寺束草师传

释束草师者，无何而至京兆平康坊内菩提寺。其为人也，形不足而神俊，吟啸自得，罕接时人，且不言名姓。常负束藁，坐卧于两廊下，不乐住房舍，或云此头陀行也。经数年，寺内纲任劝其住房。或有诮其狼藉，曰：“尔厌我邪？世不堪恋，何可长也？”其夕遂以束藁焚身，至明唯灰烬耳，且无遗骸，略尽污涂之臭，又无延燎惊咤之声。计其少藁，不能焚此全躯。既无孑遗，然其起三昧火而自焚也。众皆称叹，民多观礼焉。京邑信士遂塑其灰为僧形，置于佛殿偏傍，世号束草师，祷祈多应焉。

系曰：处胎经中菩萨禅定摄意，入火界三昧，愚惑众生谓为菩萨遭劫火烧，是也。比丘实未及此，无象此以惑人。如能用少刍藁能焚巨骸，则可信矣。故书曰：“民无胥诪张为幻。”吁哉！

唐南岳兰若行明传

释行明，俗姓鲁，吴郡长洲人也。幼从师于本部，后游方问道，然其耿介轩昂，啸傲自放。初历五台、峨嵋，礼金色银二世界菩萨，皆随心应现。由此登天台，陟罗浮，入衡岳，游梓潼。属唐季湘之左右割裂争寻，常而未息，靡有宁岁。于是栖祝融峰下，有终焉之志。止七宝台，与玄泰布纳为交契。其性之好恶，泰亦罔抗其轻重焉。尝谓道友曰：“吾不愿随僧崖焚之于木楼，不欲作屈原葬之于鱼腹。终誓投躯，学萨埵太子超多劫而成圣果，可不务乎？”屡屡言之，都不之信。忽于林薄间，委身虓虎前，争竞食之，须臾肉尽。时泰公收其残胳焚之，而获舍利。乃撷华酌水，为文祭之。辞中明其勇猛，能捐内财，破悭法，成檀度，未舍、已舍、当舍三轮顿空，取大果若俯拾芥焉。

系曰：佛敕比丘施众生食，二世顺益，感果非轻。若其明公，成大檀度，远悭贪也。成大勇猛，得无畏也。成三轮空，无为功德也，成难舍心，净佛土也。一掷其躯，其利博哉！譬犹善赏者费少而劝多，其是之谓乎？

晋太原永和三学院息尘传

释息尘，姓杨氏，并州人也。父迁贸有无，营利而已。其母氏尝梦人服装伟丽，称寄宵宿，便觉娠妊。生而有异，童稚不群。每闻钟呗之音，凝神侧耳。年方十二，因梦金人瑰奇之状，引之入精庐。明旦告白二亲，恳求出家。未允之前，泣而不食。父母悯其天然，情何厌塞，遂曲顺之。即投草堂院，从师诵净名经菩萨戒，达宵不寐。将周一祀，舍本讽通。年当十七，便听习维摩讲席，粗知大义。及乎弱冠，乃圆上品，执持律范，曾无缺然。年二十三，文义斡通，于崇福寺宗感法师胜集传授。复学因明、唯识，不亏敷演，学徒颖脱者数人。崇福寺辩才大师从式最为高足。于天祐二年，李氏奄有河东，武皇帝请居大安寺净土院，四事供养。专览藏教，修炼上生业，设无遮大斋，前后五会。尘尝以身饲狼虎，入山谷中，其兽近嗅而奔走。又于林薄裸体，以啖蚊虻。乃游仙岩岳寺，养道栖神。复看大藏经匝，设斋，然一指，伸其报庆。彼寺有圣观音菩萨像，长燭七灯，香华供献。后被诸生就请下山，城内传扬大论，四序无辍。逐月设沐浴，临河就沼，投饲水族。以己哒倸，旋赎羽毛，沈潜高明，以遂生性。或施牢狱人食，或赈惠贫乏，或捐幡盖于净明，金藏二塔。后唐长兴二年，众请于大安国寺后建三学院一所，供待四方听众。时又讲华严新经，传授于崇福寺继晖法师。由是三年不出院门，一字一礼华严经一遍，字字礼大佛名经，共一百二十卷。复炼一指，前后计然五指。时晋高祖潜跃晋阳，最多钦重。洎乎龙飞，尘每入洛京朝觐，必延内殿从容，锡赉颇丰。帝赐紫服并懿号，固让方俞。尘闻凤翔府法门寺有佛中指骨节真身，乃辞帝往岐阳瞻礼，睹其希奇，又然一指。尘之双手唯存二指耳。续于天柱寺，就楚伦法师学俱舍论。方经数日，微有疾生，至七月二十七日辰时枕肱而逝，俗年六十三，腊四十四。平常唯衣大布，不蓄盈长。六时礼佛，未曾少缺。陇坻之间闻其示灭，黑白二众具威仪送焚之，得舍利数百粒。弟子以灵骨归于太原，晋祖敕葬于晋水之西山，小塔至今存焉。

系曰：尘师捐舍，讵能愈其精进乎？脱落浮荣，岂能胜其义解乎？若然者，不可以一名名矣。厥犹瞻卜华焉，色黄而矣，则真金谢其色；香芬而远，则牛头愧其香。多名生乎一体者，其尘公欤！

晋天台山平田寺道育传

释道育，新罗国人也，本国姓氏未所详练。自唐景福壬子岁来游于天台，迟回而挂锡于平田寺众堂中。慈爱接物，然终不舍岛夷言音。恒持一钵受食，食讫，略经行而常坐，胁不着席。日中洒扫殿廊，料理常住，得残羡之食，虽色恶气变，收贮于器，斋时自食。与僧供湢浴煎茶，遇薪木中蠢蠢，乃置之远地，护生偏切。所服皆大布纳，其重难荷。每至夏首秋末，日昳，乃裸露胸背髀腨，云饲蚊蚋虻蛭杂色虫螫啮，至于血流于地。如是行之四十余载，未尝少废。凡对晤宾客，止云伊伊二字，殊不通华语。然其会认人意，且无差脱。顶发垂白，眉亦尨焉。身出绀赤色舍利，有如珠颗，人或求之，随意皆获。至晋天福三年戊戌岁十月十日，终于僧堂中，揣其年八十余耳。寺僧舁上山后焚之，灰中得舍利不可胜数。或有得巨骨者。后唐清泰二年，曾游石梁，回与育同宿堂内。时春煦，亦烧榾柮柴以自熏灼，口中唠唠，通夜不辍。或云凡供养罗汉大斋日，育则不食。人或见迎罗汉时问："何不去殿内受供？" 口云 "伊伊去"。或云 "饲虫"。时见群虎嗅之，盘桓而去矣。

晋江州庐山香积庵景超传

释景超，不知何许人也。素持戒范，若护浮囊。性惟矢直，言不面从。及乎游方役足，选胜栖身，至于庐峰，便有息行之意。惟诵法华，鞠为恒务。九江之人且多景仰。尝礼华严经一字拜之，计已二遍，乃烧一指，为灯供养，庆礼经周矣。次礼法华经，同前。身肤内隐隐出舍利，磊落圆莹。或有求者，坐席行地，拾之无算，天福中卒于庵中。今坟塔在乎庐阜，游者致礼，嗟叹而已。

系曰：言遗身者必委弃全躯，如萨埵王子是欤。今以指为灯，以肱擎炷，何预斯例，莫过幸否？通曰："炼指断肱，是遗身之加行也。况复像末，尤成难事。其犹守少分之廉隅入循吏传同也。"

晋凤翔府法门寺志通传

释志通，俗姓张氏，右扶风著姓家之子也。早知遣世，克务净门，选礼名师，登于上品，诸方讲肆，遍略留心。后唐之季，兵革相寻，自此驾已东巡，薄游洛下，遇嚩日啰三藏，行瑜伽教法，通礼事之。乃欲陟天台、罗浮，遂辞。三藏曰："吾此求翻译，属中原多事，子议南征，奈何路梗何。”通曰：“泛天堑其如我何！”三藏曰：“苟去吴会间，可付之梵夹，或缘会传译。”通曰：“已闻命矣。”以天福四年己亥岁，天王锡命于吴越，遂附海舰达浙中。时文穆王钱氏奉朝廷之故，具威仪乐部，迎通入府庭供养，于真身塔寺安置，施赉丰腆。通请往天台山，由是登赤城，陟华顶，既而于智者道场挂锡。因览西方净土灵瑞传，变行回心，愿生彼土，生常不背西坐。山中有招手石者，昔智𫖮梦其石上有僧临海上举手相招召之状。𫖮入天台见其僧名定光，耳轮耸上过顶，亦不测之神僧也。乃相见，乃问𫖮曰：“还记得相招致否？”𫖮曰：“唯。”此石峻峙，顾下无地。通登此投身，愿速生净土。奋躯而堕一大树中。枝软干柔若，有人扶接焉，殊无少损。乃再叩榼投之，落于岩下蒙茸草上，微有少伤，迟久苏矣。众僧谓为豺虎所啖，及见其犹殗殜然，舁就本道场。初通去不白众，遂分人各路寻觅，至螺溪，民村有巫者言事多验，或就问焉。神曰：“伊僧在西南方，现有金铠神扶卫不死，我到彼神气尽矣，固难近也。”皆符协神言。后往越州法华山，默修净业，将欲化去，所止房地生白色物，如傅粉焉。未几，坐禅床而终，迁座阇维，有五色烟覆于顶上，法华川中咸闻异香焉。

系曰：昔薄拘罗有五不死，今通公二不死。昔法充投千仞香炉峰而不亡，通且同矣。得非天龙负翼不损一毛乎？而能延彼连持色心未断者何？俾其增修净土业耳。

晋朔方灵武永福寺道舟传

释道舟，姓管氏，朔方回乐人也。髫年聪雅，庠序有仪，虽诵诗书，乐闻释典，决志出家于龙兴寺孔雀王院。爰得戒珠，渐圆心月，吟哦呗赞，嘹亮可听。乃率信士造永兴寺，功成不宰，辞灵帅韩公洙，入贺兰山白草谷，立要持念，感枯泉重涌，有灵蛇游泳于中。遂陟法台谈讲也，道俗蜂屯，檀施山积。赞唱音响，可遏行云，犷悍之人，若鸱鸮之革韵。乃刺血昼大悲千手眼立像。属其亢阳，则绝食瞑目，要期雨之通济，方议充肠。中和二年，闻关辅扰攘，乃于城南念定院塔下，断左肱焚之，供养大悲像。愿倒冒干戈，中原塞上，早见弭兵。言毕，迅雷风烈洪澍焉。又尝截左耳为民祈雨，复断食七日请雪，皆如其愿。至于番洛，无不只畏。以天福六年辛丑岁二月六日，其夜未央，结加趺坐，留累门人方毕而绝。享龄七十有八，遗骸不散，如入禅定，遂加漆纻焉。建隆中，郭忠恕者博览群籍小学，尤长篆隶，为能多事，凌轹因过，投于北裔，询舟前烈，著碑颂焉。

汉洛京广爱寺洪真传

释洪真，姓淳于氏，滑州酸枣人也。幼悟尘劳，决求出离，介然之性，云鹤相高。师授法华经，随文生解，铠甲精进，伏其恚忿。或沾檀施，回面舍旃，诵法华经约一万部，诣朝门表乞焚全躯，供养佛塔。帝命弗俞时。政出多门，或谮云惑众，或言不利国家，下敕严阻。真叹曰：“善根殖浅，魔障尤强，莫余敢止。”遂退广爱寺，罄舍衣盂，作非时施愿毕。当年无疾坐灭，经数日，颜貌如生。迁就荼毗，唯舌根不坏，益更鲜红。时众观之，叹希有事！春秋五十二。伊洛之间重之如在。

周钱塘报恩寺慧明传

释慧明，俗姓蒋，钱塘人也。研核三学，渐入精微。后登闽越，殆至临川，礼文益禅师，深符正理，悟先所宗不免生灭情见。后回浙，隐天台白沙，立草寮，有雪峰长庆之风，到者皆崩角摧锋，谓明为魔说。汉乾祐中自山出，时翠岩参公率诸禅伯于僧主思宪院，定其臧否。明之口给，无能挫衄。寻汉南国王钱氏造大报恩寺，请以住持，假号圆通普照禅师。然行玄沙正眼，非明曷能致此？显德中卒，时酷暑，俾欲葬之。有弟子永安曰：“知师唯我也。”请焚之，得舍利五色，一皆圆净。初明炼指为灯，于天台供养。后相继烧三指，而勤持课，胁疏衽席，时说法焉。性且刚直，言多忤物，是其所短也。

周晋州慈云寺普静传

释普静，姓茹氏，晋州洪洞人也。少出家于本郡惠澄法师，暗诵诸经，明持秘咒，思升白品，愿剪青螺。既下方坛，而循律检，往礼凤翔法门寺真身。乃于睢阳听涉赴龙兴寺讲训，徒侣若鳣鲔之宗蛟龙焉。又允琴台请转梵轮，安而能迁。复于陈、蔡、曹、亳、宿、泗，各随缘奖导。回于今东京扬化，善者从之。晋天福癸卯岁，心之怀土，还复故乡。遂断食发愿，愿舍千身，速登正觉。至周显德二年，遇请真身入寺，遂陈状于州牧杨君，愿焚躯供养。杨君允其意，乃往广胜寺，倾州民人或献之香果，或引以幡华，或泣泪相随，或呗声前导。至四月八日，真身塔前广发大愿曰："愿焚千身，今千中之一也。"徐入柴庵，自分火炬。时则烟飞惨色，香霭愁云，举众叹嗟，群黎悲泣。享寿六十有九，弟子等收合余烬供养焉。

宋衡阳大圣寺守贤传

释守贤，姓丘氏，泉州永春人也。少而聪达，渊懿沈厚，誓投吉祥院从师披剪焉。后游学栖云门禅师道场，明了心决，趋彼衡阳，众推说法，纳衣练若之人，若百州之会于朝夕池矣。贤不衣缯纩，布衣皮裤而已。度伏腊必无更易，胁不着席，唯坐藤床，瞑目通宵。除有问者，随其启发，雍容自持。乾德中，告众曰："吾有债愿未酬，心终不了。"明日，入南窑山，投身饲虎。弟子辈去寻，见双胫皮裤缠且存耳。收阇维之，得舍利无数。报龄七十四。今小浮图藏遗体焉。

宋天台山般若寺师蕴传

释师蕴，金华人也。厥性真率，不好封植，遇事属情，有多讦直。梁龙德中，与德韶禅师结侣遐征，游访名师胜境，至于北代清凉山，冥心巡礼。后登苍梧野，陟祝融峰。然韶师或随或否。回于浙，来还栖息韶师法会。其为人也，稠人广众，往往滑稽，有好戏噱者则狎之，胶漆如也。故高达之者，置之于度外矣。唯韶师默而识之，谓人曰："蕴公痴狂，吾不测其边际焉。"因有疾，求僧作忏悔文，诵经及密咒各论几百藏为度，方知其密持之不懈。尝谓道友曰："吾生无益于人，欲投宴坐峰，不然石梁下，所愿早预贤圣之俦也。”其道友多沮其计。以开宝六年七月内，无疾坐终，如入禅定。时炎蒸，停尸二七日，身无欹侧，窍无气秽。及迁神座，就寺之东隅阇维，煨烬中收舍利外，舌根不坏。灰寒拾之，如红芙蕖色，柔软可怜。或曰:“伊僧别无奇异，此物偶存。”乃重燔爇其舌，随同火色，迟久还如莲叶。遂议结小塔于寺中缄藏。后有不信者重烧锻，凡数十过矣。蕴生不言姓氏年齿，人以貌取之，则年八十余矣。

宋杭州真身宝塔寺绍岩传

释绍岩，俗姓刘，雍州人也。母张氏始娠梦寤甚奇。及生也，神姿瑰伟。至长也，器度宏深。七岁苦求出家于高安禅师，十八进具于怀晖律师，凡百经书，览同温习。自是游诸方圣迹，洎入吴会，栖息天台、四明山，与德韶禅师共决疑滞于临川益公，遂于钱塘湖水心寺挂锡。恒讽持法华经无昼夜，俄感陆地庭间生莲华。举城人瞻瞩。岩亟命搴而蹂之。以建隆二年辛酉，经愿云满，誓同药王焚身以供养。时汉南国王钱氏笃重归心，苦留乃止。寻潜遁，投身曹娥江，用饲鱼腹。会有渔者拯之，云有神人扶足，求溺弗可，衣敷水面，而惊涛迅激，岩如坐宝台。然水火二缘俱为未济，恒怏惋其怀。乃于越法华山安置。续召于杭塔寺，造上方净院以居之。开宝四年七月有疾，不求药石，作偈累篇示门徒，曰:“吾诵经二万部，决以安养为期。”跏趺坐亡，享龄七十三，法腊五十五。丧事官供，茶毗于龙井山，获舍利无算。遗骨若玉莹然。遂收合作石函，置于影堂。大宁军节度使赠太师孙承祐为碑纪述焉。

宋天台山文辇传

释文辇，永嘉郡平阳人也。邂逅求师，受业于金华，纳具足律仪毕，翘勤笃励，三乘之学，一皆染渐。因往缙云明昭禅师法会，不事繁云，扬眴之间，决了无滞。末遇天台山德韶禅翁，唱宗一大师之道。辇复谛受无疑，不为异缘牵转。故三十载随韶师，听其进否。尝谓人曰:“悟入之缘，犹蠖屈之于叶也，食黄则身黄，食苍则身苍，其屈伸之状无变。吾初见明昭乃若是，今学玄沙又如是，此所谓殊涂而同归。今更取佛言为定量之。”乃览大藏经三周遍，自是已来，逍遥无滞。以太平兴国三年，忽自操其斧，言伐其檀，巧结玲珑，重攒若题凑焉。号曰浮图，中开户，入内趺坐。自持火炬，誓之曰：“以此残喘焚之，供养十方佛诸圣贤。”言讫，发焰亘空，其烟五色，旋转氤氲，犹闻诵经之声，须臾始绝。观者号哭，灰寒，收舍利不知颗数。春秋八十四。初辇尝谓善建寺僧说：“吾死已，无占伽蓝可食之地，弗如自焚供养。望诸贤此时聚柴积下念佛，助我往生，只此相烦耳。”今善建寺中累石为小塔焉。

系曰：小乘教以自杀犯重戒，前诸方便罪，是以无敢操炬就燎者。然自杀二例，一畏杀，须结兰吉。二愿往生，强猛之心，命终身往，兰吉可能作碍邪？复次，大心一发，百年暗室，一灯能破，何罪之有？是故行人无以小道而拘大根者乎？

宋临淮普照王寺怀德传

释怀德，本江南人也。髫年离俗，谨愿饰身，诵通法华经，得度。自尔虽登讲肆，终以诵持为专务。晚游泗上，礼僧伽塔像。属今上遣高品李神福赍幡华上供，并感应舍利至，葬于新塔下基深窟中。德遂誓焚躯供养。先罄舍衣囊，供身之物斋僧一中。然后自衣纸服，身缠油蜡，礼辞僧众，手持双烛，登柴积中，发火诵经。观者莫不挥涕。德至火炽熛高，其身聊侧，犹微闻诵经之声。一城之人无不悲悼者。淘汰舍利甚多，乃太平兴国八年四月八日也。使臣回奏，上为之动容焉。

论曰：界系之牢，不无我所。浮生之命，连在色身。皆自贵而轻他，悉己多而彼少，而增靳固，但长悭贪。若骊龙之吝珠，犹牦牛之爱尾。孔惜翠羽，麝护香脐也。其如儒氏彝伦，孔门徽典，以己私之饥体，曰父母之发肤，不敢毁伤，恒知保慎。复有好自标遇，三年不见于门生；且事尊严，一坐不垂于堂庑。及乎心游方外，教脱域中，或大善之克成，非小愆之能绊。许友以死，杀身成仁，渐契不拘，将邻直道。至有黜礼乐，薄忠信，去健羡，饮淳和，乃有洗耳辞荣，抱石沈水。与儒则一倍相反，于释则分寸相邻。佛乃为物捐躯，利生损命。与其不拔胫毛为利也，伏腊殊时；与其惜父母之亲体也，参辰各见。如此乃验教之深浅，行之是非。譬犹出泉货而既多，入息利而不少。我世尊因地也初唯减口，次则脱身，车服越共弊之心，象马过借人之乘。辍食菜之地，判受封之成，用若拂尘，舍犹脱屣，复次，啖肤待饫，剜自副求，或指然一灯，或身均百脔，救羸虚之虎，化长伟之鱼。因超劫归弥勒之前，先成佛享释迦之位。皆从旋习，始外财而终内财；及熟善根，变难舍而成易舍。夫辍外财，外财难舍，难舍，凡夫也。捐内财，内财易弃；易弃，菩萨也。须知三世诸佛，同赞此门，是真实修，是第一施。岂不见僧崖菩萨安详陟于柴楼，大志道人慷恺焚其腕骨？人皆难色，彼有易容。盖累世之曾为，致今生之又舍，舍而复舍，估七宝以非珍；空而又空，以三轮之绝轨。乘兹度岸，是曰真归。得金刚坚固之身，留玉粒驮都之应。今之录也，藏则当乎炎暑，裸喂蚊虻；寿则试其浮图，坐中圆寂。定兰感天王而还眼，鸿休拒大盗以偿冤。明饲兽而破悭，超然灯而烬指。加其舌根不坏，身溺不沈，入薪塔而自焚，露赤躯而受咋，以前诸德也。念业异熟，为所依趣。知身是幻，幻体何凭？悟质如沤，沤形暂起。幻从心造，假伪相寻。沤散水澄，浮沈互有。是故大圣几生所计，小乘润生尽期。贵息苦依，思除我倒。非谓视同糠秕，观若尘炱。譬之寄习学于茅庐，附弯弧于土垛，为选登云之路，为求出塞之功。然后赐宅一区，门罗八戟，方云贵土，始利封侯。以其乳哺之囊，转得那罗之器，亦复如是。或曰："用斯声教，化我中华，得非韩吏部所患非杨即墨，而况加其佛乎？攻乎异端，斯害孔炽。"对曰："正谈仁义，则道德相悬。正说苦空，则忠信可薄。还借韩之譬。况坐井窥天，非天之咎。孔门大旨，'未能知生，焉能知死'？庄子曰：'劳我以生，息我以死。'若观鼓盆而歌，似知不死焉。二教曾不言人死神明不灭，随其善恶业缘受报，故有好丑。若由业因也，是用将粗易细，以弱商强，售苋陆之脆形，博华鬘之珍服，既熏当种而起现行，生胜已生，报强前报。刳肉眼而招佛眼，割凡躯而贸金躯，尼拘之子至微，荫车之形不少。是为真语，非谓食言。菩萨利他，适足以学。"或曰："夫行然炼，善人则不疑。

其有不善之人，惯尝刲割，谓疼痛为诙谐；堪受凌迟，谓炙炮为戏剧。或教人而偶作，或诳世而强为。此则栽何善根，自求辛螫耳。”对曰：“虽则顽民喜忍，恶少耐伤。且经念以然烧，或浅诚而喂饲，冥招善报，已种良因。以浮泛心，得浮泛报。昔有女子戏披袈裟，婆罗门醉着法服，其缘会遇，道果终成也。”或曰：“义净传译，重累再三，今勿然炼。伊人亲游西域，备熟方宜，至乎教乘，罔不详究。不许毁伤，何邪？”对曰：“此专缚阿笈摩之教，安能沮坏摩诃衍法耶？设或略舍内财，决定当圆檀度，故庄严论云：‘若能施自身命，则为希有，成菩萨檀度也。’将知四轮出世，十善行时，有道则尧下足淳民，奉孝则曾家生令子。我圣上践祚之四载，两浙进阿育王盛释迦佛舍利塔，初于滋福殿供养，后迎入内道场，屡现奇瑞。八年二月望，诏于开宝寺树木浮图，仅登于尺，先藏是塔于深甃中，此日放神光，亘燭天壤。时黑白众中有炼顶指者，有然香炷者，宣赐物有差。苟非大权菩萨大福天王，安能激劝下民而捐身宝者乎？直令此地螺髻见而珍宝成，还觉其时鹫峰净而土田变。范云缀史，纪数色之征祥；王劭编文书几州之葬塔。隋分舍利，唐瘗真身。比乎我朝，田陇与铁围争其疆畔耳。此篇所载，成传开宗。令能忍难忍之人，既亡若在；使舍身受身之者，虽死犹生。图五芝于草木之前，列四瑞于鳞毛之表。诗曰‘仪刑文王，万邦作式’者也。”

宋高僧传卷第二十三

宋高僧传卷第二十四

宋左街天寿寺通慧大师赐紫沙门赞宁等奉　敕撰

读诵篇第八之一（正传二十一人附见三人）

隋行坚传

释行坚者，未知何许人也，常修禅观，节操惟严，偶事东游，路出泰山，日之夕矣，入岳庙，谋之度宵。令曰："此无别舍，唯神廊庑下可以。然而来寄宿者，必罹暴死之殃。吾师筹之。"坚曰："无苦。"不得已从之，为藉藁于庑下。坚端坐诵经，可一更，闻屋中环佩之声。须臾，神出，衣冠甚伟，部从焜煌。向坚合掌，坚曰："闻宿此者多死，岂檀越害之耶？"神曰："遇死者特至，闻弟子声而自死焉，非杀之也。愿师无虑。"坚固延坐谈说，如食顷间，因问之曰："世传泰山治鬼，宁有之邪？"神曰："弟子薄福有之，岂欲见先亡乎？"坚曰："有两同学僧已死，愿得见之。"神问其名，曰："一人已生人间，一人在狱受对，不可唤来，师就可见也。"坚闻甚悦，因起，出不远，而至一处，见狱火光焰甚炽。使者引坚入墙院中，遥见一人在火中号呼，不能言语，形变不可复识，而血肉焦臭，令人伤心。坚不忍历观，愍然求出。俄而在庙庑下，复与神坐如故。问曰："欲救同学，有得理邪？"神曰："可，能为写法华经，必应得免。"既而将曙，神辞僧入堂。旦而庙令视坚不死，怪异之。坚去，急报前愿，经写装毕，赍而就庙宿。神出如初，欢喜礼拜，慰问来意，以事告之。神曰："弟子知已。师为写经，始书题目，彼已脱免，今生人间也。然此处不洁，不宜安经，愿师还送入寺中。"言讫，天晓，辞决而去，则大业年中也。坚居处不恒，莫知终毕。

隋天台山法智传

释法智者，不详何许人也。髫年离俗，应法升坛，松直凌空，玉坚绝污，凡百讲肆，靡不留神。晚岁以径直之门，莫如念佛，每谓人曰："我闻经言犯一吉罗，历一中劫，入于地狱，可信。又闻经说一称阿弥陀佛，灭八十亿劫生死重罪，则未之信。"人难云："何故生大邪见？俱是佛言，急须念佛，久则三昧现前。"乃于国清寺兜率台上昼夜精勤念佛。忽预辞道俗云："生西方去，令亲识为吾设斋终日。"于中夜无疾而化，时有金色光明来迎，照数百里江上船中，谓言天晓，迟久方明。始知智之往生矣。

唐京兆禅定寺慧悟传

释慧悟，未详氏族。隐太白山中，持诵华严经，服饵松木。忽于一时见一居士来云："相请。"居士腾身入空，令悟于衣襟中坐，摄以飞行。至一道场，见五百异僧翔空而至，悟奄就末行。居士语曰："师受持华严是佛境界，何得于小圣下坐？"遂却引于半千人之上。斋讫，居士曰："本所斋意在师一人，虽有五百罗汉来食，皆临时相请耳。"斋讫，遂送还本处，有如梦觉。即高宗永徽年中也。

唐京兆大慈恩寺明慧传

释明慧，不知何许人也。简默恭己，约志蠲明，耐乎寒馁，誓求大乘。精进之铠介躬，睡眠之魔退迹，是以初中后夜念诵经行。时玄奘三藏在京兆北坊部玉华宫翻大般若经毕，麟德元年示灭。其夜子时，慧旋绕佛堂，忽见北方有白虹四道从北亘南，横跨东井，直势贯慈恩塔院，历历分明。慧心怪焉，即自念曰："昔如来灭度，白虹十二道从西贯于太微，于是有双林之灭。今有此相，将非玉华法师有无常事邪？"申旦向众述其所见，众咸怪之。至九日，凶问至京，正符所见。慧弥增笃励，老而无懈，未知终所。

唐太原府崇福寺慧警传

释慧警，姓张氏，祁人也。少而聪悟，襁褓能言，二亲鞠爱，邻党号为奇童。属新译大云经，经中有悬记女主之文，天后感斯圣莂，酷重此经。警方三岁，有教其诵通，其含嚼纡只，调致天然也。遂彻九重，乃诏讽之。帝大悦，抚其顶，敕授紫袈裟一副，后因出家。气貌刚介，学处坚固，充本寺上座。拯顿颓纲，人皆畏惮。或于街陌见二众失仪，片招讥丑，必议惩诫，断无宽理。后修禅法，虚室生白。终时已八十余龄矣。九子母院有遗影，并赐紫衣存焉。

唐太原府崇福寺崇政传

释崇政，侯姓，本府人也。幼龄敏达，固愿出家，诵经通一千余纸。耆宿叹赏，谓之为经藏焉。神气沈约，仪容整丽，秀眉广目，挺志高奇。虽通群籍，所精者俱舍论，相国王公缙躬请政宣讲。于时谈丛发秀，美曲流音，属听无厌，虽移辰历晷，谓如食顷焉。其剖判尤长，无得形似矣。代宗皇帝下诏征为章信寺大德，称疾不赴。终于本院，春秋五十八云。

唐太原府崇福寺思睿传

释思睿，姓王氏，太原人也。夙通禅理，复贯律宗，慈悲仁让，忤无愠容。睿素婴羸瘵，乃立志法筵，专祈药上，恪勤不懈。寻见感征，忽心力勇锐，辩犹瓶注。因诵十轮经，日彻数纸，翌日倍之，后又倍之，自尔智刃不可当矣。开元中杖锡嵩少问道。时义福禅师禅林密致，造难其人，一言相入，若石投水，既饮甘露，五载而还。趺坐居定，日不解膝，远迩击问，求其玄理，如堵墙焉。春秋六十六，卒于所住院。

系曰：诵经不贵多，要在神解。慧警三岁通大云经，差为奇俊。崇政终通千纸，得力在乎不奉诏赴章信新寺。睿公讽彻十轮，后咨禅道，故经偈云“虽诵千章，不如一句”者，如渡溪杖策，到岸必舍焉。

唐上都青龙寺法朗传

释法朗，姑苏人也。禀质温润，约心坚确，诵观音明咒，神效屡彰。京阙观光，人皆知重。龙朔二年，城阳公主有疾沈笃，尚药供治，无所不至。公主乃高宗大帝同母妹也，友爱殊厚，降杜如晦子荷。荷死，再行薛瓘。既疾绵困，有告言朗能持秘咒，理病多瘳。及召朗至，设坛持诵，信宿而安，赏赉丰渥。其钱帛珍宝，朗回为对面施。公主奏请改寺额曰观音寺，以居之。此寺本隋灵感寺，开皇三年置。文帝移都，多掘城中陵园冢墓，徙葬郊野，而置此寺。至唐武德四年废，至此更题额。朗寻终于此寺焉。

唐河东僧衒传（启芳　圆果）

释僧衒，并州人也。本学该通，解行相副。年九十六，遇道绰禅师著安乐集讲观经，始回心念佛。恐寿将终，日夜礼佛一千拜，念弥陀佛八百万遍。于五年间，一心无怠。大渐，告弟子曰:“阿弥陀佛来授我香衣，观音、势至行列在前，化佛遍满虚空。从此西去，纯是净土。”言讫而终。时有启芳法师、圆果法师于蓝田县悟真寺一夏结契，念阿弥陀佛，共折一杨枝于观音手中，誓曰:“若得生佛土者，愿七日不萎。”至期鲜翠也。又梦在大池内东面有大宝帐，乃飞入其中，见僧云:“但专念佛，并生此也。”又见观音垂脚而坐。启芳奉足顶戴，见一池莲华，弥陀佛从西而来。芳问佛曰:“阎浮众生依经念佛，得生此否？”佛言:“勿疑，定生我国也。”且见极乐世界平坦如鉴，娑婆世界纯是山川。音乐宝帐，直西而去。有一僧名法藏，御一大车来迎。芳见自身坐百宝莲华，成等正觉，释迦牟尼佛与文殊赞法华经。复见三道宝阶向西直往，第一道阶上并是白衣，第二阶有道俗相参，第三阶唯有僧也，云皆是念佛人往生矣。芳、果二师躬云已见云。

唐荆州白马寺玄奘传

释玄奘，江陵人也。通大小乘学，尤明法华正典，别是命家。自五十载中，日诵七遍，尝因净室焚香，感天人来倾听。斋讲之时，征祥合沓。与道俊同被召，在京二载。景龙三年二月八日，孝和帝于林光殿解斋，时诸学士同观盛集。奘等告乞还乡，诏赐御诗，诸学士大僚奉和。中书令李峤诗云："三乘归净域，万骑饯通庄。就日离亭近，弥天别路长。荆南旋杖钵，渭北限津梁。何日纡真果，重来入帝乡？"中书舍人李乂云："初日承归旨，秋风起赠言。汉珠留道味，江璧返真源。地出南关远，天回北斗尊。宁知一柱观，却启四禅门。"更有诸公诗送，此不殚录。奘归，终本寺焉。

唐成都府灵池县兰若洪正传（守贤）

释洪正，俗姓常氏，未详何许人也。居于岷蜀间兰若，往因有疾，所苦沈绵，从复平宁。发誓恒诵金刚般若经，日以二十过为准。精持靡旷，时邻僧守贤夜坐，见二鬼使手操文牒，私相谓曰："取摄僧洪正。"一使曰："为其默念般若，傍有大奇荷护，无计近得。又患责限迟延，今别得计。见有直府东门者姓常，又与僧同名，复曾为僧来，供尔摄去，以塞违殿也。"守贤闻之惊异，且志其事。明日，密问门子，常洪正已死。守贤先持弥陀经，后改业焉。洪正后不测其终。

系曰：宁有同名异实者，可互死耶？业不可移，此可移也。与其俗巫画肖己形，言可以代衰厄，同也。通曰：琰摩王或是菩萨，以同名，善者则舍，不善者摄之。此或是罪霜倏晞，正增年寿，故得舍旃。又其恶器方满，复当终期，故斯取也。苟以互实而取者，行教化焉，舍斯之外，非常理所能知也已！

唐沙门志玄传

释志玄者，河朔人也。攻五天禁咒，身衣枲麻布耳。行历州邑，不居城市寺宇，唯宿郊野林薄。玄有意寻访名迹，至绛州，夜泊墓林中。其夜月色如昼，见一狐从林下将髑髅置之于首，摇之落者不顾，不落者戴之。更取芳草随叶，遮蔽其身，逡巡成一娇娆女子，浑身服素练，立于道左。微闻东北上有鞍马行声，女子哀泣，悲不自胜。少选，乘马郎遇之，下马问之曰："娘子野外深更号咷，何至于此耶？"女子掩泪，给之曰："贱妾家在易水，前年为父母娉与此土张氏为妇，不幸夫婿去载夭亡，家事沦薄，无所依给。二亲堂上，岂知妾如此孤苦乎！有一于此，痛割心腑，不觉哀而恸矣。妾思归宁，其可得乎？郎君何怪问之？"乘马郎曰："将谓娘子哀怨别事，若愿还乡，某是易定军行，为差使回还易水，娘子可乘其粗乘。"女子乃收泪感谢，方欲攀踏次。玄从墓林出曰："君子，此女子非人也，狐化也。"彼曰："僧家岂以此相诬，莫别欲图之乎？"玄曰："君不信，可小住。吾当与君变女子本形。"玄乃振锡，诵胡语数声，其女子还为狐走，而髑髅草蔽其身。乘马郎叩头悔过："非师之救，几随妖死。"玄凡救物行慈，皆此类也。

唐凤翔府开元寺元皎传

释元皎，灵武人也。有志操，与众不群，以持明为己务。天宝末，玄宗幸蜀，肃皇于灵武训兵，计克复京师，为物议攸同，请帝即位，改元至德。及二年，返辕指扶风，帝素凭释氏，择清尚僧首途，若祓除然。北土西河所推，皎应其选，召入受敕旨，随驾仗内赴京。寻敕令皎向前发，至于凤翔，于开元寺置御药师道场。更择三七僧，六时行道，然灯歌呗，赞念持经，无敢言疲，精洁可量也。忽于法会内生一丛李树，有四十九茎，具事奏闻，宣内使验实。帝大惊喜曰："此大瑞应。"四月十八日，检校御药师道场念诵僧元皎等表贺，答敕曰："瑞李繁滋，国之兴兆。生在伽蓝之内，足知觉树之荣。感此殊祥，与师同庆。"皎之持诵，功能通感，率多此类。加署内供奉焉。

唐京师千福寺楚金传

释楚金，程氏之子，本广平郡，今为京兆之盩厔人也。母高氏夜梦诸佛，因而妊焉。生实法王之子也。行素颜玉，神和气清。七岁讽法华，十八通其义。三十，构塔曰多宝。四十，入帝梦于九重，玄宗睹法名下见金字，诘朝使问，罔不有孚。于时声腾京辇，遂慕人构塔，累级而成，有同反掌。尝于翠微悟真，扪萝灵趾，乃曰：“此吾栖遁之所。”遂奏两寺各建一塔，咸以多宝为名。此外吟咏妙经六千余遍。宝树之下，仿佛见于分身；灵山之中，依俙觌于三变。心无所得，舌流甘露。瑞鸟金碧，栖于手中；天乐清泠，奏于空际。凡诸休应，皆不有之。乃曰法象王之法驾，回人主之宸眷，承明三入，扬法六宫，后妃长跪于御筵，天华分散而不着。明皇题额，肃宗赐幡，岂荣冠于一时，亦庶几于佛在也！以乾元二年七月七日子时，右胁示灭焉。薪尽火灭，雪颜如在，昭乎上生于安养之国矣。春秋六十二，法腊三十七。天子悯焉，中使吊焉。敕骠骑大将军朱光晖监护，即以其法葬于城西龙首原法华兰若，塔之。初金髫年写法华经，不衣缣缯，寒加艾纳而已。弟子慧空、法岸、浩然皆随象王之子也。紫阁峰草堂寺飞锡碑文，吴通微书。至贞元十三年四月十三日左街功德使开府邠国公窦文场奏：“千福寺先师楚金是臣和尚，于天宝初为国建多宝塔，置法华道场，经今六十余祀。僧等六时礼念，经声不断，以历四朝，未蒙旌德。”敕谥大圆禅师矣。

唐台州涌泉寺怀玉传

释怀玉，姓高，丹丘人也。执持律法，名节峭然。一食长坐，蚤虱恣生，唯一布衣，行忏悔之法课。其一日念弥陀佛五万，口通诵弥陀经三十万卷。至天宝元年六月九日，俄见西方圣像数若恒沙，有一人擎白银台，从窗而入。玉云：“我合得金台。”银台却出，玉倍虔志。后空声报云：“头上已有光晕矣。请跏趺结弥陀佛印。”时佛光充室，玉手约人退曰：“莫触此光明。”至十三日丑时，再有白毫光现，圣众满空。玉云：“若闻异香，我报将尽。”弟子慧命问：“师今往何刹？”玉以偈云：“清净皎洁无尘垢，莲华化生为父母。我修道来经十劫，出示阎浮厌众苦。一生苦行超十劫，永离娑婆归净土。”玉说偈已，香气盈空，海众遍满，见阿弥陀佛、观音、势至身紫金色，共御金刚台来迎。玉含笑而终，肉身现在。后有赞云：“我师一念登初地，佛国笙歌两度来。唯有门前古槐树，枝低只为挂银台。”一云是台州刺史段怀然诗也。

唐兖州泰岳大行传

释大行，齐州人也。后入泰山，结草为衣，采木而食。行法华三昧，感普贤现身。行自叹曰：“命且无常，必归磨灭，未知来世何处受生！”遂入藏内信手探经，乃获西方圣教，遂专心思念阿弥陀佛。三七日间，于半夜时，忽睹琉璃地，心眼洞明，见十方佛犹如明鉴中像。后时诏行入内宫，寝于御殿，敕赐号常精进菩萨，受开国公。乃示微疾，右胁而终。葬后开棺，见仪貌如生，异香芬郁焉。

唐洛阳广爱寺亡名传

释亡名，荥阳人也。居止洛中广爱寺，以精习毗尼，慎防戒法，避其讥丑，罕有缺然。上元中东归宁省，路及荥阳，道宿于逆旅。方解囊脱屦，欲漉水盥尘。次有僧至，颇见貌刚而率略，与律师并房安置。其后到僧谓主人曰：“贫道远来，疲顿馁乏。主人有美酒酤满罂，粱肉买半肩，物至酬直，无至迟也。”主人遽依请办，僧饮啖之，都无孑遗。其律师呵之曰：“身披法服，对俗士恣行饮啖，不知惭赧。”其僧不答，初夜索水盥漱，端身趺坐，缓发梵音，诵华严经，初举题目，次言“如是我闻”已下。其僧口角两发金色光，闻者垂泣，见者叹嗟。律师亦生羡慕，窃自念言：“彼酒肉僧，乃能诵斯大经！”比至三更，犹闻诵经，声声不绝，四帙欲满，口中光明转更增炽，遍于庭宇，透于窗隙，照明两房。律师初不知是光，而云：“彼客何不息灯，损主人油炷？”律师因起如厕，方窥见金色光明自僧之口两角而出。诵至五帙已上，其光渐收，却入僧口。夜将五更，诵终六帙，僧乃却卧。须臾天明，律师涕泣而来，五体投地，求哀忏过，轻谤贤圣之罪。律师喜遇异人，后加勤苦，卒成高名，莫知终地。

唐成都府雄俊传

释雄俊，俗姓周，成都人也。善讲说，无戒行，所受檀信，非法而用，且多狡诈，唯事疏狂。又经反初服，入军垒，而因逃难，还入缁行。大历中，暴亡入冥。见王者诃责毕，引入狱去，俊抗声大呼曰："雄俊傥入地狱，三世诸佛即成妄语矣。曾读观经，下品下生者造五逆罪，临终十念，尚得往生。俊虽造罪，不犯五逆；若论念佛，莫知其数。佛语若有可信，暴死却合得回。"与雄俊传语云："若见城中道俗告之，我已得往生西方。"言毕承宝台直西而去。

系曰：一念忆识自身称佛名不少，垂入狱而还返者，以强善心而转弱恶故。是故行人须知口诵，莫如心持往生，浅力当如是学也。俊语流出民间，必死者重苏传此语也。

唐吉州龙兴寺三刀法师传

释三刀法师者，本姓曹，庐陵人也。天然之性，嗜于蔬食。羁贯成童，志愿出家。于时自江以西，从安史之乱。南方不宁，多事土扶，故强兼弱，兵革未休。大历七年十一月，广州吕大夫被翻城，奉洪州路嗣恭牒吉州刺史刘宁征兵三千人，同收番禺。法师旧名伯连，其为人也强渥而貌恶，且心循良，恒持诵金刚经，以筒盛经，佩之于身，誓不婚娶。然不扬此善于他，惟密行愈至。无何，被括为军。呈阅之时，又选充行营小将，非其所好，遂亡命焉。时征兵颇急，牒诸处要害捕逐，于本州洋口擒送。刘宁令于朱木桥处死，三下刃俱折。刘怪问之，遂言素志舍家，恒持经法，如斯怯懦，恐衄军威，是以亡耳。问："经何在？"曰："被获时遗坠。"遂令搜取，果数百步外得之，竹筒有刃痕而几绝。刘拱手称叹久之，乃纵其为僧。奏闻，敕下本道号三刀法师，配本郡龙兴寺。后加精进，卒于住所。

唐湖州法华寺大光传

释大光，俗姓唐氏，生于邑之安吉也。母梅氏寄孕而梦协灵祥，在娠乃恶荤臭焉。既诞能言，不为戏弄。未龀之岁，思求佛乘矣。愿念法华，三月通贯，经声一发，顽鄙革心。及遂出家，而寻登戒，西游京邑，朝见肃宗。帝召对禁中，拱而叹曰："昔梦吴僧，口持大乘，五光随发，音容宛若，适朕愿兮。"因赐名大光。属帝降诞节，斋于定国寺，因赐墨诏，许天下名寺意往者住持。令中官赵温送于千福寺住持经道场。其诵经作吴音，辽辽通于圣听，帝甚异其事，令中官而宣谕焉。后居蓝田精舍，先期而寺僧梦天童来降，曰："大光经声通于有顶。"光一日宴坐，自见神手从天而下抚其心，乃忆先达抱玉大师尝志斯言，令高其法音，当有神之辅翼。又别夕梦神僧乳见于心，命光口吮，自尔功力显畅，形神不劳。又寻山探幽，偶坠穷谷，龙泉莫测，沦溺其间，心灵了然，都无惑乱。因思本经多宝塔，为诚愿持此支品十万遍，恍然奋身脱泉，若有神捧焉。后诏住资圣等，此寺赵国公长孙无忌宅，龙朔二年为文德皇后追福造。长安七年，遭火荡尽，唯于灰中，得数部经，不损一字。以事奏闻，百姓舍施，数日之间已盈巨万，遂再造其寺。光览此经，倍加精进。后以偏感有亲在吴，未答慈力，表乞归省养，诏旨未允。遂生有妄之疾，策蹇强力将投于渊。驴伏不前，群乌拂顶，心既晓觉，疾亦随瘳。乃以经顶荷行道，忽有诏许还。既止乌程，构营宝塔，日持华偈成报往愿焉。永泰元年，浙西廉使韦元甫表请。光为六郡别敕道场持念之首。大历癸丑岁，颜鲁公真卿领郡。相国李绅父为乌程宰，绅未期岁，乳病暴作而不啼，不鉴者七辰。召光至，命乳母洗涤焚香，乃朗讽经分别功德品。遂超席而坐，拱手开眸，光授饮杯水，令强乳哺之，疾乃徐愈。光笑而谓曰："汝何愿返之遄速乎？"因以光名易绅小字。贞元中，绅重游霅上，泊舟之次，光早迟伫于溪侧，而笑言戏抚之，若稚孺焉。后绅刺于吴兴，饮醉于馆，光引宿于道场。夜分将醒，白光满室，朗然若昼，往觇光公宴坐，梵音方作。光起面门如开，毫相经音向息，光色随敛。绅归京相辞，光曰："汝得径山之言，吾则无以为谕。行矣自爱，去留有时。他日位处庙堂，以教法为外护乎？"永贞元年十二月黑月既夕，示灭于持经道场，兽嗥鸟坠，山木惊振。异香芬馥，信宿不消。刺史颜防深怆悼之。光一纳四十岁无浣濯，而戒香只然。一饭七十载，征验绝多。故相李公绅素于空门寡信，颇规僧过，而敦重光公，自著碑题云“墨诏持经大德神异碑铭，布衣杨夔书”云。

唐荆州天崇寺智灯传

释智灯，不知何许人也。矜庄己行，严厉时中，守护戒科，恒持金刚般若，勤不知倦。贞元中，遇疾而死。弟子启手犹热，不即入木。经七日还苏云:“初见冥中若王者，以念经故，合掌降阶，因问讯曰:‘更容上人十年在世，勉出生死。’因问:‘人间众僧中后食薏苡仁为药食，还是已否?’曰:‘此大违本教。’灯报云:‘律中有正非正开遮之条如何?’王曰:‘此乃后人加之，非佛意也。’”远近闻之，渚宫僧至，有中后无有饮水者。

系曰：小乘尚开食五净物，薏苡非五谷正食也。疑其冥官因机垂诫嫌，于时比丘太慢戒法，故此严警开制。实诸佛常法也，非后人之加酿焉。

宋高僧传卷第二十四

宋高僧传卷第二十五

宋左街天寿寺通慧大师赐紫沙门赞宁等奉　敕撰

读诵篇第八之二（正传二十一人附见五人）

唐并州石壁寺明度传

释明度，未知何许人也。经论步学，三业恪勤。诵金刚般若资为净分，慈济为心。迨贞观末，有鸽巢于屋楹，乳养二雏。度每以余粥就窠哺之，复咒之曰："乘我经力，羽翼速成。"忽早学飞，堕地偕殒，度乃瘗之。旬余，梦二小儿曰："儿等本受卵生小类，蒙上人为养育，诵持回向，今转生人道，距此寺东十里间某家是也。"度默志之，至十月满，往访此家，男妇果孪生二子。入视之，数日，遂呼曰"鸽儿"，一时回头应诺。岁余能言，皆得成长。度未知终所。

唐梓州慧义寺清虚传

释清虚，姓唐氏，梓州人也。立性刚决，桀黠难防，忽回心长诵金刚般若。三业偕，齐无有懈怠。尝于山林持讽，有七鹿驯扰，若倾听焉。声息而去，又邻居失火，连甍灰烬，唯虚之屋，飙焰飞过，略无焦灼。长安二年，独游蓝田悟真寺上方北院，旧无井泉，人力不及，远取于涧，挈瓶荷瓮，运致极劳。时华严大师法藏。闻虚持经灵验，乃请祈泉。即入弥勒阁内焚香，经声达旦者三，忽心中似见三玉女在阁西北山腹，以刀子剜地，随便有水。虚熟记其处，遂趋起掘之，果获甘泉，用之不竭。四年，从少林寺坐夏。山顶有一佛室，甚宽敞，人无敢到者，云鬼神居宅焉。尝有律师恃其戒行，夜往念律，见一巨人以矛刺之，狼狈下山，逡巡气绝。又持火头金刚咒僧，时所宗重，众谓之曰：“君咒力无双，能宿彼否！”曰：“斯焉足惧？”于是赍香火入坐持咒。俄而神出，以手擎足，投之涧下，七日不语，精神昏倒。虚闻之曰：“下趣鬼物敢尔？”即往彼如常诵经，夜闻堂东有声甚厉。即念十一面观音咒，又闻堂中似有两牛斗，佛像皆振。咒既亡效，还持本经一契，帖然相次，影响皆绝。自此居者无患，神遂移去。神龙二年，准诏入内祈雨。绝二七日雪降，中宗以为未济时望，令就寺更祈请。即于佛殿内精祷，并炼一指。才及一宵，雨周千里，指复如旧。才遇大水，寺屋皆垫溺，其院无苦，若无涝没。凡诸异验，皆如此也。

唐睦州乌龙山净土道场少康传

释少康，俗姓周，缙云仙都山人也。母罗氏因梦游鼎湖峰，得玉女手捧青莲授曰：“此华吉祥，寄于汝所，后生贵子，切当保惜！”及生康之日，青光满室，香似芙蕖。迨绷褓之年，眼碧唇朱，齿得佛之一相，恒端坐含笑。时乡中善相人也，目之，“此子将相之才，不语，吾弗知也”。年甫七岁，抱入灵山寺中，佛生日礼圣容，母问康曰：“识否？”忽发言云：“释迦牟尼佛。”闻皆怪之，盖生来不言语也。由是父母舍其出家。年十有五，所诵之经已终五部。于越州嘉祥寺受戒，便就伊寺学毗尼。五夏之后，往上元龙兴寺，听华严经、瑜伽论。贞元初，至于洛京白马寺殿，见物放光，遂探取为何经法，乃善导行西方化导文也。康见欢喜，咒之曰：“我若与净土有缘，惟此轴文斯光再现！”所誓才终，果重闪烁中有化佛菩萨无算。遂之长安善导影堂内乞愿见善导。真像化为佛身，谓康曰：“汝依吾施设，利乐众生，同生安养。”康如有所证，南至江陵果愿寺，遇一法师，谓康曰：“汝欲化人，径往新定，缘在于彼。”言讫不见，止有香光望西而去。洎到睦郡，入城乞食，得钱诱掖小儿，能念阿弥陀佛一声，即付一钱。后经月余，孩孺蚁慕，念佛多者即给钱。如是一年，凡男女见康，则云“阿弥陀佛”。遂于乌龙山，建净土道场，筑坛三级，聚人午夜行道，唱赞二十四契，称扬净邦。每遇斋日云集，所化三千许人。登座，令男女弟子望康面门，即高声唱阿弥陀佛。佛从口出，连诵十声，十佛若连珠状，告曰："汝见佛身，即得往生。"以贞元二十一年十月示众嘱累，止劝急修净土。言毕跏趺，身放光明而逝。天色斗变，狂风四起，百鸟悲鸣。乌龙山也一时变白。今坟塔存于州东台子岩，岁久唯余方石。石傍之土，相传疗疾，州民凡婴众病，悉焚香取土，随服多差。石之四隅若车辙焉。汉乾祐三年，天台山德韶禅师重建其塔，至今高敞，时号后善导焉。

系曰：康所述偈赞，皆附会郑卫之声，变体而作，非哀非乐，不怨不怒，得处中曲韵。譬犹善医以饧蜜涂逆口之药，诱婴儿之入口耳。苟非大权入假，何能运此方便，度无极者乎？唱佛佛形从口而出，善导同此作佛事，故非小缘哉。

唐江州开元寺法正传（会宗）

释法正，不知何许人也。宽旷其怀，慎修厥行。司辰于三业，御史于六根，以其日讽金刚般若三七过，执持恭恪，罔或云懈。长庆初，得疾暴终。云倏至幽冥，引见王者，问曰："师生平艺何福田？获何善果？"正以诵经为对。王乃揖上殿令登绣座，请诵七通。王以下侍卫靡不合掌，阶下拷掠搒击论愬，寂若无声。念毕后，遣一人引正令还人间，王降阶揖送云："上人更得三十年在世，勿废诵持。"随吏行数里，至一巨坑，俾正俯窥，为吏推堕，若陨空焉，飒然苏起。初正死唯面不寒，起述其事，变心迁善者不一。正后年暨八十余，卒于住寺。次荆州功安县释会宗，俗姓蔡。初泛尔为僧，别无他技。忽经中蛊病，乃骨立，因苦发心，志诵金刚般若经以待尽。尔至五十过，梦有人令开口，喉中引出发十余茎，其夜又有梦吐蝂长一寸。月余，因此遂愈，当长庆初也。荆山僧行睹见其事。宗不测终所。

唐京兆大兴善寺守素传

释守素者，立性高迈，与群不同。居京兴善寺恒以诵持为急务。其院幽僻，庭有青桐四株，皆素之手植。元和中，卿相多游此院。青桐至夏中无何发汗，颇污人衣，如輠脂焉，而不可浣。时相国郑公絪尝与丞郎数人避暑，且恶其滴沥，谓素曰："弟子为师伐此树，各植一松，可乎？"及暮，素戏咒之曰：我种汝二十余年，汝以汗之淋沥，为人所恶，同恶木之不可休其下也。来岁若然，我必薪之。"自尔绝踪矣。素誓不出院，诵法华经三万七千部。夜恒有狢子驯扰，来听经。斋时则乌鹊就掌取食也。僧以食诱，群羽皆惊噪而逝。长庆初，有僧玄幽题此院云："三万莲经三十春，半生不踏院门尘。"当时以为住句也。素之终代，罔得详焉。

系曰：刺漆树者恒患其少滴，爱故难求。斩魏树者患其多辛，恶之易得。嗟尔青桐发汗，世所罕闻。及乎素公诋呵，明年绝迹。岂有出家弟子不如其无情树木乎？既不能为漆与物隔其污，为魏与食加其味乎？苟认师友之弹呵，取今完净，传曰："过则勿惮改。"本教则悔罪清净，如本无异，思之。

唐幽州华严和尚传

释华严和尚，不知名氏。居在幽州城北，恒持华严经以为净业，时号之，全取经题呼召耳。其所诵时，一城皆闻之，如在庭庑之下。万岁通天年中，韩国公张仁愿之为幽州都督也，夜闻经声，品次历历然。及尔晨兴，谓夫人曰："昨宵城北道人讽诵，若在衙署前也，还闻已否？"夫人曰："是何地远可得闻乎？"张君曰："如其不信，可各遣小竖走马往覆之。"果无差谬。张君请召入城，及相见，谓张君曰："有愿胡不报乎？"答曰："现造袈裟五百，缘布施罗汉去。"华严曰："勿去余处，但送往州西马鞍山竹林寺内施僧。"及遣使赍香衣物登佛龛山，已去，觅竹林寺且无踪迹。如是深入，陟高山，见一翁问之，曰："且随吾来。"倏睹云开寺现，景物非凡世所有。入寺散袈裟毕，而少二人。彼老宿曰："可赍还二分，一与张仁愿，一与华严和尚。"自此方知华严和尚是竹林圣寺中来，使留一宿，出已经年。行化既久，及终坐亡，肉身不萎败。范阳之人多往乞愿。时有征应塔，近因兵革而废矣。

系曰：一口宣诵，何能入远近人人耳耶？通曰：近则若愿持经，善法力故。远则一音演说，随类闻解。其人是圣寺员位，断可知矣。

唐河中府柏梯山文照传

释文照，不知何许人也。本敦朴迟讷之人耳，然见佛像则悦怿。一旦诣柏梯寺，礼昙延法师画影出家，专念诸经，罔知诠显。常愤受性昏浊，忽若假寐，见昙延法师身长一丈，目光四射，谓照曰："尔所欲者，吾安能致之？吾有聪明经一卷，求之于彼，必谨而持，取感应若俯拾地芥耳。"即袖中出以授之，则金刚般若也。登即执读，七过而便惊寤，经犹在目。然后念通无滞，如久习焉。其喉舌间曲折浮沈，寻变入节，非常调也。自此聪敏日新，辩给在口，时谓为观音附丽于厥躬也。且曰："我师是周隋国师。"凡所纂集义疏，必乘梦寐而神授我，无愧为资矣。

唐陕府法照传

释法照，不知何许人也。立行多轻率，游方不恒。长庆元年，入逆旅避雨，逡巡转甚泥淖，过中时乞食不得。乃咄遣童子买彘肉煮，夹胡饼数枚，粗食略尽，且无耻愧，旁若无人。客皆诟骂，少年有欲驱者。照殊不答。至夜念金刚经，本无脂烛，一室尽明，异香充满。凡二十一客皆来礼拜谢过，各施衣物。照踞坐若无所睹。后不知终所。

唐蕲州广济县清着禅院慧普传

释慧普，姓宋，本郡蕲水人也。性地疏朗，敏利桀然，既奉尸罗，冰雪任操，元和十二年，乐广济山秀地灵，愿栖于此。始谋诵大涅槃经，历稔弥年，卒通四十二卷。闻者怃然曰："四帙大经，若为温习，非揣量而可庶几乎！"或疑其妄言御部，有乱次举品题以试验之，且无涩滞，少辽缓之，无不弭伏。普亦不戒意，躬刀耕火种，趣足而已。卉服布裘，度其伏腊，日夜经声不绝。如是涉三十载，邑人学者，莫不推重，增修院宇。以大中三年冬，无疾，集众告违，跏趺坐终，俨若凝思。弟子以香泥缠饰，迁于山椒塔中，号涅槃焉。于今香火不绝。

唐今东京客僧传

亡名，长庆中自远而至，状辄粗暴。见寺中净人，咄曰："与吾将钱沽酒。"寺僧见之，怒其勿遮戒检，辱我僧坊，其何以堪。遂夺其瓶，击寺外柏树，瓶则铿然已碎。其酒凝滞不流，着树如绿玉焉。摇之不散，嗅之无臭，寺僧惊怪，顾客："何为？"客曰："某常持金刚般若，须预饮此物一杯，则讽吟浏亮，率以为常，非此不可。上人勿怪。"寺僧迟回之际，愀然其容，将器就树盛之，其酒尽落器中，略无孑遗。观者如堵，奄然流啜，斯须器窳而酣畅。不知其僧往复何所。

唐上都大温国寺灵幽传

释灵幽，不知何许人也。僻静淳直，诵习惟勤。偶疾暴终，杳归冥府。引之见王，问："修何业？"答曰："贫道素持金刚般若，已有年矣。"王合掌屡称善哉，俾令讽诵。幽吮唇播舌，章段分明。念毕，王曰："未尽善矣。何耶？勘少一节文。何贯华之线断乎？师寿命虽尽，且放还人间十年，要劝一切人受持斯典。如其真本，即在濠州钟离寺石碑上。"如是已经七日而苏。幽遂奏奉敕令写此经真本，添其句读，在"无法可说是名说法"之后是也。

系曰：春秋夏五，不敢轻加。佛教宜然，无妄酿矣。通曰：灵幽获钟离寺石经，符合无苦。如道明所添糅，使人疑豫，必招诈伪，率易改张，称有冥告，诫之哉。

唐荆州法性寺惟恭传（灵岿）

释惟恭，不详何许人也。少孺出俗于法性寺，好尚逼下，多狎非法之友。虽乖僧行，犹勤持诵金刚般若，罕离唇齿。酒徒博侣，交集门庭，虚诳云为，曾无廉耻。后遇病且死。同寺有灵岿，其迹相类，号为一寺二害也。岿偶出，去寺一里所，逢六七人少年，甚都衣服鲜洁，各执乐器如龟兹部，问灵岿曰："惟恭上人何在？"岿即语其处，疑其寺行香乐佛也。及晓，回入寺，闻钟声，云恭卒。所见者乃天乐耳。盖承经力，必生净刹，亦以其迹勉灵岿也。岿感悟折节，缁门崇重，终成高迈焉。

唐明州德润寺遂端传

释遂端，姓张，不知何从而来德润寺求师。其为人也，质直清粹，不妄交游。师授法华经，诵犹宿构，人皆骇叹。至乎老齿，勤而无懈。十二时间恒讽不辍。咸通二年，忽结跏趺坐而化，须臾口中出青色莲华七茎。远近奔走，皆至观礼。邑人同心造龛，窆于东山之下。二十余年，坟茔屡屡光发，后开视之，形质如生。众迎还寺，漆纻饰之，今号真身院存焉。伊寺者，吴太子太傅都乡侯阚泽书堂，后舍为伽蓝，其题额取泽字也（今普济寺是也）。

系曰：端终口出优昙钵华，是乎？闻诸轮王出世海中道上方生是华，今像末岂有是邪？通曰：为感其人而应，则不可以时拘也。譬犹麟非中国之物，感明王而至同也。

唐越州诸暨保寿院神智传

释神智，婺州义乌人也，俗姓力。力氏之先，黄帝臣牧之后。汉有鲁郡相力归，因官居兖，遂为鲁人也。祖考皆田畯，而以朴素相沿。智少有贞操，恳乐舍家，就云门寺惟孝为师。年十二，一食断中，持大悲心咒，应法登戒，峻励恪勤。俄属会昌灭法，智形服虽殊，誓重为僧，磨不磷而涅不淄，于时见矣。大中初年，复道。巡游暨阳，考于禅室，且曰："营廷之鱼，潜于薮泽，宜哉。此处吾之薮泽也。"恒咒水杯以救百疾，饮之多差。百姓相率，日给无算，号大悲和尚焉。大中中，入京兆，时升平相国裴公休预梦智来，迨乎相见欣然。相国女即鬼神所被，智持咒，七日平复。遂奏请院额曰大中圣寿，仍赐左神策军钟一口、天后绣帧、藏经五千卷。裴君为书殿额。智以光启丙午岁十二月，终于东白山，春秋六十八，法腊四十八。迁座归暨阳南山入塔焉。

梁扬州禅智寺从审传

释从审，不详氏族，幼入江都禅智寺，舍家诵经数万余言。其寺即隋炀帝之故宫也。咸通五年，受具戒于燕台奉福寺律席经筵，遍知尝染，后并三衣成五纳。诸名山胜概，无不游览。末归淮甸，推为僧首。五六年间，一皆严肃。然恒诵净名经，未愆日计。以贞明二年三月十八日构疾，迨十九日禺中微息而终，颜貌如常。荼毗，获舍利三十粒，坚明通锻无耗。迭石为坟，筠源沙门灵护述坟铭云。

梁温州大云寺鸿楚传

释鸿楚，字方外，姓唐氏，永嘉人也。生而符彩，且异群儿。及甫髫龄，器度宏旷。楚之外昆弟皆出俗越之龙宫伽蓝，遂祈二亲，亦愿随往。网疏鱼脱，笼揭鹤飞，杜若殖于兰洲，新缯染于绛色，互相切直，诵习弥通，年二十三，方升上品无作。及回本郡，时州将朱褒知其名节，钦揖愈勤。唐大顺中以城南有废大云寺荒墟，表闻昭宗，欲重缔构。帝俞其请。于是百工俱作，楚躬主之。施利程功，不愆于素，而讲经礼像，无相夺伦。武肃王钱氏，乾化初年于杭州龙兴寺开度戒坛，召楚足临坛员数，因奏荐梁太祖，赐紫衣并号，固让弗听，终不披着。自言凉德，何称法门命数之服？时诗人郑说南游，访鸿静法师，邂逅与楚会。体知高行，杼诗赠楚云：“架上紫衣闲不着，案头金字坐长看。”楚宽慈，人未尝见其愠色。神气清爽，厥颐丰下，且皤其腹。目不邪视，顾必回身。世俗之言，不轻掉舌。所讲法华经，计五十许座。一日，楚之讲堂中忽生莲华，重树复叶，香气芬苓。以长兴三年壬辰六月五日，无疾而化。俗龄七十五，法腊五十二。道俗孺慕。其年迁塔于慈云右冈焉。楚讲贯外，深夜行道诵经。

将逝夕，灯光忽暗，经声绝微，告门人曰:“劳尔给使，吾将往矣。”其所卧之榻中先有白蛇，其大若肱，恒同卧处。长诫童侍，无妄惊扰。生常撰上生经钞，刺血写法华经一部，至今永嘉人谓为僧宝中异宝焉。

后唐温州小松山鸿莒传

释鸿莒，姓唐氏，永嘉人也。早出家于越州龙宫寺。始则诵法华经全部。得度，裹足往趋长安学律，因读化度寺碑。时有举人旁听，见莒目瞻多行，异之，知能背碑，请莒诵之。儒生覆其文，了无一误。又相将去崇圣寺，亦然，而多强记，辈流所推。言归故乡，请受二众依止。其细行也，生来未尝叱其狸犬，岂况诸余乎？然昼夜行道诵经，有鬼神扶卫，或为然烛，或代添香，皆鬼物也。天成三年戊子水涝之后，报之以大旱，民荐饥馑。有强盗入其室，莒待之若宾客，躬作粥饭，饲之曰:“徐徐去，山深无人。汝曹为天灾所困耳。”盗者拜受而去。弟子中欲袭其不备，莒曰:“非我弟子，我舍此永入深山矣。”诸子罢轻袭之意。长兴癸巳岁中，恬然无疾，跏趺俨然长逝。至三更，手敲龛门者三，弟子哭泣启开，云:“吾告汝等，与吾换新衣裳，缘佛土诸上善人嫌吾服章不净。”易毕便终，七日顶暖。时院中有巨犬三，能猛噬，迁塔日随人驯狎。时山中麏鹿、飞鸟相参，犬无挚猛，兽不惊奔。葬后，有虎绕坟嗥叫。其感物之情如是。有弟鸿楚，并高行，为时所重。

后唐凤翔府道贤传

释道贤，不知何许人也。持讽孔雀王经以为日计，末则受瑜伽灌顶法，持明之功愈多征应。尝夜梦佛携贤行，步步蹈履浓云，若乘刚焉。每行不知几百里，而指之曰:“此摩竭陀国，此占波国，南印度、西印度、迦湿弥罗等国。”且行且记，喜跃不胜。及寤觉，冥解五天梵音，悉昙语言。时西域僧到岐下，葱岭北诸胡僧往往伪称五印人，贤以一接语言，先斥之曰:“汝是某国人。”北戎南梵，无敢绐之。陇坻道俗，皆禀承密藏，号阿阇黎也。迨长兴末，明宗晏驾，立从厚为帝。凤翔清泰不恭其命。遣王思同帅师伐之，清泰乃婴城自守。清泰问贤曰："危甚矣，如何？"对曰："召窦八郎，可逆知胜负也。"清泰出乘城抚众，其窦八介甲持戈来马前，作迎斗之状。跳跃已，解甲投戈而走。贤曰："此外敌必降之象也。"果如斯说。清泰乃拥兵而东，召贤俱行，入洛，即帝位欤。改元曰清泰。贤奏曰："年号不佳，何邪？水清石见。"至二年，敕移并州。晋高祖为天平军，乃阻兵自固，潜连契丹，长驱入洛，清泰自焚，果"石见"之应矣。晋兵未至，贤先终于洛，今两京传大教者，皆法孙之曾玄矣。窦八郎者，岐人也，家且富焉。自荷器鬻水，言语不常，唯散发披衣狂走，与李顺兴相类。或遇牛驴车，必抚掌而笑。迨死，焚之，火聚中尽化金色胡蝶而飞去。或手掬衣扇行之，归家供养焉。

汉江州庐山若虚传（亡名僧）

释若虚，隐于庐山，数年持经，不出石室。江南国主李氏钦尚其道，累征，终不降就。唯言："老僧无能，宁销王者归心？若更相呼，窜入深山矣。"或衣物则避让，香则受之。以乾祐中盛夏坐终，身不沮坏，今湓城人供养影相焉。又潭州释亡名，恒诵法华经，口无他语。长沙文昭王马氏特加礼重，召入天策府湘西院供养。然其语事，诡异堪惊。一旦召知佛殿僧，令急襞掠佛像，各就两厢。僧皆谓为狂发，相目而笑。举止极甚忽切。须臾，自入正殿内据佛座而坐，奄然而化。举州道俗，争礼焚香，汉乾祐中也。

周会稽郡大善寺行瑫传

释行瑫，姓陈氏，湖州长城人也。考曰良，母陶氏，钟爱之心与诸子异。然其敏利，又于郡童杰然而出。父母多途，碍其出家之志，终弗能禁。唐天祐二年依光远师求于剃染。年十有二，诵法华经，月奇五辰而毕轴，次维摩经尽，如道安朝请经而暮纳本焉。寻于余杭龙兴寺受满足戒，遂往金华双林寺智新传南山律钞，弭节服膺，流辈推揖。常食时至，以不凿之米与菜茹投小鼎中，参煮而食。此外断无重味。义解之心，理棼破木，都无难色。尝谓人曰："所好甚者，不见他物之可好。吾之好也，乐且无荒也。"后唐天成中，寓于越，乐若耶山水，披览大藏教，服枲麻之衣。慕道俗置看经道场于寺之西北隅。构楼阁堂宇，蔚成别院，供四方僧，曾无匮乏。以显德三年壬子秋七月示疾，终于此院，报龄六十二，法腊四十四。瑫性刚正，无面谀，无背憎，足不趋豪贵之门，囊不畜盈余之物，房无闭户，口无杂言。亦览群书，旁探经论，慨其郭移音义疏略，慧琳音义不传，遂述大藏经音疏五百许卷，今行于江浙左右僧坊。然其短者，不宜称疏。若言疏，可以疏通一藏经，瑫便过慈恩百本几倍矣。其耿介持律，古之高迈也矣。

宋东京开宝寺守真传（沙弥弥伽　道荫）

释守真，永兴万年人也。俗姓纪，汉诈帝信之鸿绪。乃祖乃父，素履贞吉，奕叶孝行，充塞闾里，故乡人美其孝焉。遂目之曰："纪丁兰也，真即其后矣。"洎黄寇于纪，僖宗蒙尘，车驾避锋而西幸，咸镐失守而没贼，因而徙家居于蜀矣。及冠也，偶游圣寿寺见修进律师行出物表，语越常度，乃解带卸冠，北面而事之。七支既备，先谒从朗师，学起信论；次依性光师，传法界观；后礼演秘阇梨，授瑜伽教，并得心要，咸尽指归。自明达诸法，宣畅妙典，四十年间略无怠矣。而赐号曰昭信焉。讲起信及法界观共七十余遍，皆以灯传灯，用器投器。嗣乎法者二十许人，开灌顶道场五遍，约度僧尼士庶三千余人，开水陆道场二十遍。常五更轮，结文殊五髻教法，至夜二更轮，西方无量寿教法，称阿弥陀尊号，修念佛三昧，期生净域。一日，谓弟子缘遇曰："如来不云出息不保入息。吾之寿也幸矣，汝之年也耄矣，今欲顺俗从世，预设二塔，其可得乎？"缘遇稽首而对曰："广度长老舍院之右地请建塔者有年矣，今大师属其意，长老致其美，因缘冥契，安可而止。"于是鸠工而营之，自十月琢磨，至来一月彻缋。以开宝四年秋八月九日命众念佛，佛声既久，令止，奄然而归寂，俗寿七十八，僧腊五十三。其月二十一日焚葬于北永泰门外智度院侧。其获舍利光润，各将供养之。

次沙弥弥伽者，于阗国人也，专诵华严经，曾无间息。圣历年中，天帝释请迎伽上天诵持，乃曰："每被阿修罗见扰，故屈师来，请为诵宣华严经，以禳彼敌。"遂升座，朗讽是经。时修罗军众闻经乃现威神，一时而化去。又沙弥道荫常念金刚经，宝历初，因他出夜归，虎暴中路，忽遇哮吼跳踯于前。荫知不免，乃闭目而坐，唯默念是经，心期救护，虎遂伏草守之。达曙，村人来往，乃视虎，其蹲处涎流于地焉。荫后持诵益加，高行矣。

论曰：入道之要，三慧为门。若取闻持，勿过读诵者矣。何耶？始惟据本，本立则道生。次则舍诠，诠留则月失，比为指天边之桂影，而还认马上之鞭鞘。如此滞拘，去道弥远。然则机有新发，迹或乍移，须令广览多闻。复次，背文高唱，在乎品位，先号法师。故经云"受持读诵，解说书写，如法修行"是也。原夫经传震旦，夹译汉庭，北则竺兰始直声而宣剖，南惟僧会扬曲韵以讽通。兰乃月氏之生，会则康居之族。两家左右，二见否藏，无为冰上之狐，兔问堠傍之路。通曰：西竺僧持部类行事不同，或执亲从佛闻，更难厘革。或称我宗自许，多决派流。或直调而质乎？或歌声而巧矣。致令传授各竞师资，此是彼非，我真他谬，终年矛盾，未有罢期。故有若美一期之呗匿，诵三契之伽陀，感车马而不行，动人天之共听，此曲折声之效也。若乃盘特少句，薄拘短章，止忧忘以鼓唇，胡暇巧而扬舌？犹登中圣，或致感征，此直置声之验也。今以一言蔽之，但有感动龙神能生物善者，为读诵之正音也。或曰：常闻光音天之语言，则是梵音未委，那为梵音邪？请状貌以示之。通曰：诸陀罗尼，则梵语也。呗匿之声，则梵音也。或曰：如天下言音令人乐闻者，与襄阳人为较，准彼汉音也。音附语言，谓之汉音汉语。则知语与音别，所言呗匿者是梵音，如此方歌讴之调欤？且梵音急疾，而言则表诠也。分晓舒徐引曳，则呗匿也。或曰：此只合是西域僧传授，何以陈思王与齐太宰捡经示沙门耶？通曰：此二王先已熟天竺曲韵，故闻山响及经偈，乃有传授之说也。今之歌赞，附丽淫哇之曲，滤瀏之音，加酿瑰辞，包藏密咒，敷为梵奏，此实新声也。如今启夹，或曰开题，只知逐句随行，那辨真经伪造？岂分支品，未鉴别生，能显既知，所诠须体。当闻舍筏，适足归宗。达其阿字之门，图其法身之体，此读诵之至也。其有难通帚字，多游族家，急令口诵于一经，且为身参于五众。赖能暗诵，免呼粥饭之僧；如偶澄清，缓裹归家之幞。或曰：国朝度戒，何责经乎？岂不闻羯磨之辞，止云年满，衣钵具足，不言念经。为增上缘耶？通曰：此灭法无知之徒言耳。上根感戒，果证相随，何以经纸数考试耶？脱舍下根之诵持，入法止阘茸白丁矣。南山大师云："才登解发，便须通览。"又后周初，多度僧尼，敕灵藏铨品行业，若讲若诵，卷部众多，随有文义，莫不周鉴，时共测量。通经了意，最为第一。此乃精选诵经通义，为入道之阶渐也。不见此文，深为痛惜。梁传目此为经师，宣师不沿而革，号为读诵。今采诸师从唐至宋，取其多善，宗归乎高。则有感神宿庙，度苦因经。法智往生，感金光之照野；明慧行道，占虹气之贯天。或受请居罗汉之前，或持明救城阳之疾。得御诗之饯送，见势至之来迎。使者摄而不能，妖狐媚而自变。猗欤元皎，致李树之丛生；焯尔楚金，感帝王之入梦。圆光在顶，三昧现前。遇诵华严，放金光于口角，后游地狱，乘宝座于西方。三刀断势，伤于竹筒；千福经声，入于帝耳。证返不餐于薏苡，康声无断于连珠。或添龄于三十许年，或差蛊于数十茎发。或经音遍于燕垒，或本足在于钟离，或乐象龟兹，或口开菡萏，或鬼神避咒，或陆地生莲。或梦华胥而悉解梵音，或坐佛座而便归圆寂。如斯上德，若此法师，殖璧随方，贯华有次。身为金鼓，击之成忏悔之音；口若玉箫，吹之出神仙之曲。因依相授，徒倚独宣，可谓皮裹法华，足行经藏。俾法音之不断，善付三乘；皆成佛之无余，还宣八辩者也。诗曰："伐柯伐柯，其则不远。"望吾曹无忘取则于此焉。

宋高僧传卷第二十五

宋高僧传卷第二十六

宋左街天寿寺通慧大师赐紫沙门赞宁等奉　敕撰

兴福篇第九之一（正传十四人附见二人）

周京师法成传

释法成，本姓王，名守慎，官至监察御史。属天后猜贰，信酷吏罗织，乃避法官，乞出家为僧。苦节勤于化导，声发响随，行高质直。长安中，于京兆西市疏凿大坎，号曰海池焉，支分永安渠以注之，以为放生之所。池上佛屋经楼，皆成所造。穿池之际，获古石，铭云“百年为市，而后为池”。自隋朝置都立市，至于时正一百年矣。仪凤二年，望气者云：“此坊有异气。”敕掘之，得石函，函内贮佛舍利万余粒，光色粲烂而坚刚。敕于此处造光宅寺，仍散舍利于京寺及诸州府各四十九粒。武后于此始置七宝台，遂改寺额，成公居之，行其激劝，多以崇福为己任焉。

唐五台山昭果寺业方传

释业方者，即解脱禅师之法孙也。身长七尺五寸，古貌轩昂，垂手过膝，眉长数寸，目有重瞳。人望凛然，礼诵无倦，绍脱高躅，动合无形，不舍利物，而再修梵宫。时太原府有士女造立文殊像一躯，将送入山，到滹池河侧，洪波泛涨。方乃隔岸焚香启告，河为流减，过文殊毕，水还弥溢。后终，建塔在寺西北一里，肉身见存，而多神异焉。

唐上都青龙寺光仪传

释光仪，姓李氏，本唐宗室也。父琅耶王与越王起兵欲复本朝，中兴帝道，不克，天后族诛之，而无噍类。仪方在襁褓中，乳母负之而逃。后数年，则天窃闻琅琊有子在民间，购之逾急。乳母将至扶风界中，鬻女工以自给。仪年八岁，状貌不群，神悟超拔。乳母疑遭貌取而败，且极忧疑。乃造布襦，置钱于腰腹间，于桑林之下，告之令去。“敕搜不慢，吾虑俱死，无益于事。汝聪颖，必可自立。或一旦富贵，无忘老姥。”言讫对泣。仪恸不自胜，乳母从此而逝矣。仪茫然行至逆旅，与群儿戏。有郡守夫人往夫所住处，方息，俱此见仪群聚，且貌俊爽，因而怜之。召谓之曰：“郎君家何在，而独行至此？”仪给之曰：“庄邻于此，有时闲戏耳。”夫人食之，又给之钱，乃解衣而内其钱。日暮寻径而去，拟投村墅。遇一老僧，呼曰：“尔小子，汝今一身，家已破灭，将奚所适？”仪惊愕伫立，老僧又曰：“出家闲旷，且无忧畏，小子欲之乎？”仪曰：“素所愿也。”老僧因携其手至大树阴，令礼十方佛，归依常住佛法僧已，因削其发。又出袈裟以披服之，小大称其体。其执持收掩，犹如几夏比丘。老僧喜曰：“此习性使然，善持僧行。”遂指东北曰：“去此数里有伽蓝，汝直诣彼，谒寺主云，我使汝为其弟子也。”言毕，老僧欻然亡矣，方知圣僧也。仪如言趋彼，寺主骇其言，因留之。经十年许，仪已洞明经律，善其禅观。而属中宗即位，唐室复兴，敕求琅琊王后，仪方向寺僧言之。时众大骇，因出诣扶风李使君，即仪之诸父也。见之悲喜，乃舍之于家，方以状闻，固请不可。使君有女，年齿相侔，一见仪而心悦，愿致情曲。仪恐慑而避焉。他日会使君夫人出其女，靓妆丽服，从者越多，来而逼之。仪固拒百端，终不屑就，给之曰：“身不洁，请沐浴待命。”女许诺，方令具汤沐，女出，因闭关。女还排户，既不得入，自牖窥之，方持削发刀，顾而言曰：“有于此根，故为欲逼，今若除此，何逼之为？女惧止之，不可，遂断其势，投之于地。仪亦闷绝，户既不开。俄而使君、夫人俱到，女实情具告，遂破户视之，渐苏。命医工舁归蚕室，以火烧地，苦酒沃之，坐之于上，以膏傅之。月余疮愈。使君奏仪是琅琊王子。有敕命驿置至京，引见慰问，优赉丰洽，诏袭父爵。仪恳让，誓愿为僧，确乎不拔。中宗敕令领徒，任置兰若，自恣化方。仪性好终南山，因居法兴寺。于诸谷口造庵寮兰若，凡数十处，率由道声驰远，谈说动人。或山行十里间，缁素侍者常数千百人，迎候瞻待，甚于权要卿相焉。仪恒居寂定，或言将来事，以决吉凶，必无差忒。人益归之。开元二十三年六月二十三日，先嘱累弟子："当谨护身口，勿事喧哗。祖师意无别事，静则真法现前。此外提唱，皆不获已。"言极激切。因北首而卧枕肱，右胁着席而亡，此大涅槃之表兆也。遗言令葬于少陵原南，乃凿原成室而封之。柩之发也，异香芬馥，状貌如生。祖车出城，白鹤数百鸣唳空中，彩云依约，覆车数十里。道俗号咷，多持孝服。所葬之地，遂建天宝寺，弟子皆留而守之。

唐镇州大悲寺自觉传

释自觉，博陵望都人也。稚齿厌于俗态，俄白亲老言："儿乐从佛求度世去。"二亲惊愕，咄咤俾去，然无惭怍。再拜请命，乃强礼本部开元寺知钦。钦观其志气弗群，立字曰自觉。训之曰："汝闻名思义。"答曰："佛种从缘起，唯听明诲矣。"既而诵经及格蒙度。至德二年年满，镇州受具足法。即往灵寿县禅法寺习律经论，勤瘁九年，皆造微也。便言："当入太行山，于一盘石上结茅庵三亩，小溪为兰若，不亦快乎。"大历元年九月晦，往平山县界，得重林山院，果应所求，遁迹自娱。至二年五月，天其旱暵，觉则跣足经行，冬则右肩偏袒。其林薄山谷，虎狼犴迹重复。唯拾果采蔬，卯时一食。时恒阳节度使张君患炎旱，闻觉精苦，躬入山请其祈雨。张语之曰："某无政术，致累百姓三年亢阳，借苦引咎自责，良无补矣。或云龙王多依师听法，忘其施雨。愿师垂救旱之誓，有如白水。如念苍生，请辍禅定，略入军府。"觉乃虔恪启告龙神，未移晷刻，天辄大雨，二辰告足。张帅归向勤重，若孝子之事父母焉。觉始入法已来，学诸佛因中誓愿，其数亦四十九也。其一愿身长随大悲菩萨，次愿造铸大悲像寺。及乎发言响应，檀施臻萃，用赤金鼓铸成，举高四十九尺，梵相端严，眼臂全具。迨更年稔，寺亦随成，今城西山大寺是欤。遂于坛前诵念至三更，见神光二道作中金色，于晃朗中见弥陀佛、观音、势至左右翼从，佛垂金臂呼"自觉"声，渐下云来，摩其顶曰："守愿勿悛，无宜懈废，利物为先。汝去吾随，任从汝意。”言毕云收，杳无朕迹。觉以愿心酬毕，返山林之间，择送终之处。贞元十一年二月望夜，有神人现半身，若毗沙门状，谓曰：“师今岁灭度矣。”举手谢神人曰：“往来定分，吾闻命矣。”其年六月十四日，奄归寂灭。门人欲奉神龛归山寺，州府人苦留，终于大悲寺南迁塔焉。则十三年四月八日也。其大悲为恒阳奇事，感应潜通，至周显德初，敕铸九府圆法，天下铜像，一例除毁。时州人相率出钱赎此像，不允，登即炉橐镕冶。真定之人莫不悲悼。时炭炽飞烟，无之，从顶至胸，旋收铜汁，斯须计料，匠氏暴卒，自此罢工。迨宋太祖神德皇帝追铸令全，代忏前事焉。

唐东京相国寺慧云传

释慧云，姓姚氏，湖湘人也。性识精明，气貌疏朗。高宗麟德元年，正十岁矣，邈然有出尘之志。二亲多厌沮之，其心匪席，不可卷也。父哀其所愿，从往南岳初祖禅师禀承慈训，而能黠慧，好味经教，沈默如也。至于弱冠，于岳寺受具足法。自专护戒，且善毗尼，寻罢讲科，专营福事。发言响答，化俗风从。立事绝私，士庶钦揖。乃出重湖而游荆郢，江南振锡，浙汭携囊，务在劝人令舍悭病。随处盖造，葺修寺宇二十余所，皆功成不宰。天后久视元年，江北行化，因缘未会。长安元年，来观梁苑，夜宿繁台，企望随河北岸，有异气属天。质明，入城寻睹，乃歙州司马宅。西北园中池沼，云徙步临岸，见澜漪中有天宫影，参差楼阁，合沓珠璎，门牖彩绘，而九重仪像逶迤而千状，直谓兜率之宫院矣。云睹兹异事，喜贯心膺：“吾闻智严经说，琉璃地上现宫殿之影，此不思议之境界也。今决拟建梵宫，答其征瑞。”乃挂锡于安业寺。神龙二年丙午，往濮州属县报成寺，发愿为国摹写弥勒像，举高一丈八尺，募人出赤金。于时施者委输，逡巡若丘阜矣。遂振橐钥，程巧工，一铸克成，相好奇特。殆景龙四年庚戌六月，属温王让位，奉睿宗叔父也。景云元年，云于寺东廊南隅造别殿安圣容。始云治材，方议版筑，檀越众议纷纭，未成建树。至二年辛亥，于福慧寺经坊北贸新安典午郑景宅。方事兴工，掘得古碑，则北齐天保六年乙亥岁置建国寺，乃高欢嗣子文宣帝也。睹之者皆惊叹，同舍利弗悲蚁垤焉。采访使君称异再三，遂沿此记，改福慧为建国寺，迎取安业圣容及殿材至寺。太极元年五月十三日改元延和，是岁刑部尚书王志愔为采访使，至浚郊宣敕，应凡寺院无名额者，并令毁撤，所有铜铁佛像收入近寺。云移所铸像，及造殿宇门廊，犹亏彩缋。遇新敕，乃辍工。云于弥勒像前，泣泪焚香，重礼重告曰："若与此有缘，当现奇瑞，策悟群心。"少顷，像首上放金色光，照曜天地，满城士庶皆叹希有。是时生谤毁者随丧两目，又有舌肿一尺许者。远近传闻，争来瞻礼，舍施如山。乃全胜概，像坐垂趺，人观稽颡。涉恶报者，云望像为其悔过，斯须失明者重视，舌卷者能言，皆愿为寺之奴，持钟扫地也。采访使王志愔、贺兰务同录祥瑞奏闻。睿宗潜符梦想，有敕改建国之榜为相国，盖取诸帝由相王龙飞故也。仍敕佛授记寺大德明干同共检校功德，勿令州府烦扰。中书舍人贾曾、侍郎崔沼、给事中卢逸、中书侍郎平章事岑羲皆捐俸禄，共构因缘。或启发心之元，或施外护之力。先天中行传神于潞邸。玄宗即位，至八月十五日，上皇御书寺额，奉诏令大德真谛并弟子二人、品官一人，赍敕赐幡华及寺额至，迎受悬挂。云道化梁园，身荣福树，百龄有限，四相交迁，终于寺之别院。葬今京之东郊，寺庄塔亭存焉。时号造寺祖师。云去世后，天宝四载造大阁，号排云。肃宗至德年中造东塔，号普满者，至代宗大历十年毕工。或云造塔僧能分身行化，难测品阶。文殊、维摩，是王府友吴道子装塑。又开元十四年，玄宗东封回，敕车政道往于阗国摹写天王样，就寺壁画焉。僧智俨募众画西库北壁，三乘入道位次，皆称奇绝。今之殿宇，皆大顺年火灾之后盖造，宋太祖重修。翰林待诏高益笔迹壁画，时推笔墨之妙矣。

唐杭州华严寺玄览传（慧昶　守如）

释玄览，姓褚氏，其先河南人也。食菜于钱塘，因是家焉。览诞膺明德，生而悬解，深达实相，以崇善本。自初念至于舍家，师承慧昶。昶师德无不满，众用皆足，年高行尊，久为师范，及见览无一息之间违仁，告门人曰："无上之道，清净为本。有能一念用其心，吾未见学不足者。江表无真僧久矣，或以此子为法鼓耶？俾遐迩闻之。"其预为达匠之所甄异也如此。其本邑有故华严寺，览以包桑之地近于玄礼师之先茔，属隋室不竞，法宇弛颓，名将壑迁，迹亦时废。属于唐初，募信人重建。文明岁，有敕许还旧额，广轮制度，兼移基址。背山临水，往返形胜。览初以具戒依天竺，次以僧录住一闲居，后以耆德统华严三寺。次第同致于道，道无不在，因教有迁也。览尝以悯物慈济为己任，遂议寺前平湖之通川为放生池，时太守袁从礼因兹劝勉，深入慈门，以禁六里。司马杨敏言感梦，又广至十里。是以揵鬐掉尾，喚喁浮沈，不虞其害，得遂生性焉。览又以经像为最则，殿前画四像，慈氏为首。铸金铜像三百五十座，弥陀为首。写经二千余轴，金字涅槃经为首。如是功德，以顺现报。故王考宗追赠和州刺史右散骑常侍封舒国公无量，则览之元昆也。量修学之日，临平湖龙见，无不往观，舒公晏然不离书案，气度如此。明皇初年，舒公侍讲，帝嘉尚之。归觐太夫人，年已期赜。昆季皆以华皓，晨昏之地说法而已。览以开元二十二年示疾，终于临平所造寺。春秋八十四。僧明了、大觉、普贤、神满、怀逊，皆参预法流，奉法器藏于细砺洞之下基。工部侍郎徐安贞撰碑颂德焉。

又闽中爱同寺释守如，多事劝诱，越上之民归若麕聚焉。崇树精庐，以为济众，急在利他。开元十年于寺营浴室，患地势陡高，清泉在下，桔槔无用，汲引步遥，终以为劳。思虑不追，无由改作。忽一宵下流顿涸，距造浴室所二十余步，清泉迸出，时谓神功冥作，移此泉耳。七闽之民罔不归信，终于温室之偏房矣。

唐东阳清泰寺玄朗传

释玄朗，字慧明，姓傅氏。其先浦阳郡江夏太守拯公之后。曹魏世，避地于江左，则梁大士翕之六代孙，遂为乌伤人也。母葛氏初妊，梦乘羊车飞空蹑虚而觉身重。自兹已后，荤血恶闻。殆乎产蓐，亦如初寐，觉后心轻体安。婴儿不啼，哓尔而笑。九岁出家，师授其经，日过七纸。如意元年，闰五月十九日，敕度配清泰寺。弱冠，远寻光州岸律师，受满足戒。旋学律范。又博览经论，搜求异同，尤切涅槃。常恨古人虽有章疏，判断未为平允。往在会稽妙喜寺与印宗禅师商确秘要，虽互相述许，大旨未周。

闻天台一宗可以清众滞，可以趣一理，因诣东阳天宫寺慧威法师。威禀承括州智威，时传威是徐陵后身，灌顶师之高足也，朗亲附之，不患贫苦。达法华、净名、大论、止观、禅门等，凡一宗之教迹，研核至精。后依恭禅师重修观法，博达儒书，兼闲道宗，无不该览。虽通诸见，独以止观以为入道之程，作安心之域。虽众圣继想，而以观音悲智为事行良津，游心十乘，谛冥三观，四悉利物，六即体遍。虽致心物表，身厌人寰，情捐旧庐，志栖林壑。唯十八种十二头陀，隐左溪岩，因以为号。独坐一室，三十余秋，麻纻为衣，粝蔬充食，有愿生兜率宫，必资福事。乃构殿壁，缋观音、宾头卢像。乃焚香敛念，便感五色神光，道俗俱瞻，叹未曾有。此后或猿玃来而捧钵，或飞鸟息以听经。时有盲狗来至山门，长嗥宛转于地，朗悯之，焚香精诚，为狗忏悔，不逾旬日，双目豁明。至开元十六年，刺史王上客屈朗出山，暂居城下。朗辞疾，仍归本居。厥后诲人匪倦，讲不待众。一只多罗四十余年，一尼师坛终身不易。食无重味，居必偏厦。非因寻经典，不然一烛。非因觐圣容，不行一步。其细行修心，盖徇律法之制，遂得远域沙门、邻境耆耋拥室填门，若冬阳夏阴，弗召而自至也。其寺宇凋弊，乃指授僧灵禀建。其殿宇形像，累二砖塔。缋事不用牛胶，悉调香汁。天台之教鼎盛，何莫由斯也？一日，顾谓门人曰："吾众事云毕，年旦暮焉。"以天宝十三年九月十九日薄疾而终，春秋八十有二，僧夏六十一。置塔于岩所，生常撰法华经科文二卷。付法弟子衢州龙丘寺道宾，净安寺慧从，越州法华寺法源、神邕，常州福业寺守真，苏州报恩寺道遵，明州大宝寺道原，婺州开元寺清辩。龆年慕道，志意求师，不逾三年，思过半矣。行其道者，号左溪焉。第其传法，号五祖矣。禹山沙门神迥著乎真赞矣。

系曰：观其唐世已上，求戒者得自选名德为师。近代官度，以引次排之，立司存主之，不由己也。朗之求戒，不其是乎？如是师资相练，恩义所生。脱临事请为，则喻同野马也。

唐湖州佛川寺慧明传

释慧明，俗姓陈氏，汉太丘长实之后。世居颖川，永嘉南渡，祖为司徒掾。曾祖仲文有佐命于陈，封丹阳公。祖为双溪、谷熟二县令。考为兰陵长，乃为兰陵人也。明母氏初感之日，如持佛戒，足恶履于荤园，口不尝于鲜器。神梦仿佛，如闻法音，既而诞焉。年渐及丱，方祈舍俗，父母偕听。至受具时，即开元七年也。习学律藏，尝谓人曰："昔者繁刑首作，伯成子遁焉。吾虽不舍律仪，而恶乎诤论纷纷。若心印心之法至矣哉！"乃西诣方岩，顿开心地。天宝中有愿于清凉山。淮汴阻兵，明即旋策。与禅客遇，同游宛陵，于上石门置兰若三所，有大䖸来扰，如抚龙焉。时荐饥，群盗欲至，必号呼先告，往往有征焉。先是此乡好弋猎，明化之，皆焚罝网器仗矣。至天宝五年，爰止乎鱼陂道场。有瑀公者，白土史宗之流，迹迩行辙，世莫之识，始相见曰："南祖传教菩萨，来何晚耶？"他日同登鱼陂峰顶，见东南有山苍琅独秀，谓瑀公曰："吾与此山宿有缘矣。"天宝八年，有制度人。州将韦南金举高行，黑白状请，隶名州中宁化道场，明固辞。改隶佛川，即畴昔鱼陂所望之峰，梁吴均故宅之所，地志云："青山南掘得古佛二躯，莫知年代。获像之地，灵泉涌起，因名佛川焉。"泉侧有吴王古祠，风俗淫祀，滥以牺牲。于是明夜泊庙间，雷雨荐至，林摧瓦飞。顷之，雨收月在，见一丈夫容卫甚盛。明曰："居士，生为贤人，死为明神，奈何使苍生每被血食，岂知此事殃尔业耶？"神曰："非弟子本意，人自为之。"礼忏再三，因与受菩萨戒。神欣然曰："师欲移寺，弟子愿舍此处，永奉禅宫。"后果移寺于祠侧，获铜盘之底，篆文有"慧明"二字焉。建中元年正月示疾，其日庭水春染，山雨昼冥，猛虎绕垣，悲啸而去。十二日，奄然长往。春秋八十四，僧腊五十一。二月十二日建塔于寺西山焉。传法弟子慧解、慧敏、如知三人也，若鹙子采菽之伦也。菩萨戒弟子，刺史卢幼平、颜真卿、独孤问俗、杜位、裴清，深于禅味。俾昼公为塔铭焉。

唐湖州大云寺子瑀传

释子瑀，字真瑛，姓沈氏，吴兴德清人也。其先亡国于沈，因以为氏，春秋沈子之后也。瑀生而聪慧，不以师授。年未总角，辞亲出家，以如意年中大赦度人，坏衣削发，煤炱世事，于洛京大福先寺受戒。勤勤祈请，假寐三日之夕，见有神人俨然在目，倏往忽来，或同或异，得非至诚乎？于是烛如来灯，佩菩萨印，证圣中归于大云道场，坚执律柄，僧纲厘举，不亦宜哉！瑀素履纯庞，无咎无誉。使天下之士有外道焉，有阐提焉，心如飘风，言若泉涌，挠我圣教，挤我妙门，瑀示以从容，诱以方便，莫不稽首挫色而闻命焉。常礼一万五千佛名兼慈悲忏，日夜一匝，或二日三日一匝。夜有圣僧九人降于礼忏之所，相与行道，弹指而去。或夜无灯烛，心口是念，圆光照室，如坐月中。如此则往往有之。瑀慨德清遍邑，未有塔寺，遂锐怀营构。一唱齐和，乃成精宇。前后写经三藏，凡一万六千卷。天宝初，临安足法师死，经三宿，将入地狱，冥中见瑀引至王所，谓王曰："此人能讲涅槃经，王宜宥之。"王曰："唯闻岩仑师能讲，不闻此师名，何也？"如是再三，王不能屈，因赦之。曾是乡人施牸牛者，天然不孕，因而出乳，其通感如是。以十一年秋禅坐而终。十二年春，将启灵龛，欲焚之，容色不变，如生，虽少林孕髭，蕲春育发，何独嘉也？大理评事摄监察御史姚淡、主客郎中姚沛、刺史杨慧才偕归信焉。

唐明州慈溪香山寺惟实传

释惟实，姓汤氏，富阳人。其为人也，杜多其行，禅观其心，淡然静居，长坐不寐。初母氏抑其愿心，不容披削。既而笼开鸟逝，岸穴泉飞，学善财之遍参，同迦叶之练行。天宝中往明州若嶼山，夜闻冥告曰："达蓬圣迹名山，宜矣。"翌日且登其山，岩洞窈窕，石壁削成，秀异之多，实维灵境。有大佛足迹，询其山叟，则曰："彼开元年中始现斯瑞。"遂愿捿此，有终焉之志。时属海寇袁晁蜂蚁屯聚，分以剽劫，杀戮无辜。至于香山，众皆奔窜。实据榻瞑目，先以大石掩洞门。贼可三二百数，复舁巨石阔二丈余，镇其穴口。实起喑呜，以掌举之，群盗罗拜以谢之而去。邑民重之，遂立精舍，弗再岁而成。大历八年也。太守裴儆奏请署香山题额焉，诏度僧七人隶名矣。以贞元二年冬示疾，终于寺，则跏趺而化也。春秋六十二，法腊三十一矣。

唐朔方灵武龙兴寺增忍传

释增忍，俗姓史氏，沛国陈留人也。典谒之年，登其乡校。百氏简策寓目入神。艺文且工，乃随计吏，数举不捷。会昌初，薄游塞垣，访古贺兰山中，得净地者白草谷内，发菩提心，顿挂儒冠，直归释氏。乃剃草结茅为舍，倍切精进。羌胡之族，竞臻供献酥酪。至五载，节使李彦佐嘉其名节，于龙兴寺建别院，号白草焉，盖取其始修道之本地也。忍刺血写诸经。大中七年，李公虑其枯悴，躬往敦论曰:“师何独善一身，行小乘行?胡不延惜生性，任持教法，所利博哉！”忍执情胶固，遂著三教毁伤论以见志，帅览而益加崇重。九年，因读大悲经，究寻四十二臂至无畏手，疑而结坛，浃旬祷请，自空中现其正印，双拳历历可观。遂命画工绘写此臂焉。或有讥谤者，忍再精悫虔告，画工濯笔铜碗中，忽感宝性华一朵，枝趺晢叶，一皆鲜明，睹者惊叹。至咸通十二年七月十日示灭于白草院，春秋五十九。以十月十七日藏神于水馆之南，建塔焉。初忍刺血写经，总二百八十三卷。画卢舍那阁三十五尺，门一丈六尺。起样画大悲功德三轴，自著大悲论六卷，并藏诸箧笥焉。后节使唐恒夫仰其遗迹，奏乞旌劝，敕谥大师曰广慧，塔曰念定。弟子无辙，亦致远之高足，赍血书经二卷、瑞华碗一枚，诣阙奏呈，宣赐紫衣。天复中终。及梁乾化初，中书令西平王韩公逊录遗迹奏闻，太祖敕致谥曰法空，别赐紫方袍，塞垣荣之。后唐同光中，从事薛昭纪为碑焉。

唐京兆荷恩寺文瓒传

释文瓒，姓张氏，晋阳人也。天姿整恪，幼事师于并州崇福寺。学该群籍，控带三乘。至若金版银绳之篆，龙韬象秘之文，罔不耰耘情田，波涛口海，宣畅皇化，对扬天休，一皆悦服。诏为翻译，并河南佛授记寺兼京兆安国、荷恩，崇福等寺大德。好修福事，设无遮一百会，凡圣混淆，一皆等施。纵风云连起，及至斋日，必晴明晏然，感动人只，福无唐设。春秋六十余，卒于本院。境内苦雾如泣，数日不解焉。

唐太原府崇福寺怀玉传

释怀玉，姓许，并州人也。少而警利，日览千言。早露锋芒，迥拔侪类。及其长也，戒节逾峻。梵场龟鉴，志在修葺，无间彼此，夏墟寺宇，经有阙而必补，像有雕而遍修，三任纪纲，特有崇建。仍校雠大藏经二十余本，祁寒盛暑，不废晨暮。增饰净土院，兴事任力，转加殊丽。代宗嘉之，委为灌顶道场主，真言秘诀有所在矣。春秋六十三，卒于本院云。

唐晋州大梵寺代病师传

释代病者，台州天台人也，姓陈氏。以其尝发大愿，尽一报代众生之病，致本名不显矣。诞育之辰，祥光充室，邻里异焉。七岁丧父，哀毁几于灭性，白母求出家，母才艰阻，遂断一指，亲党敦劝，偏亲乃送于国清寺。因戒法登满，誓志观方。初止今东京，次于河阳，为民救旱，按经缋八龙王，立道场。启祝毕，投诸河。举众咸睹画像沈跃不定，斯须云起肤寸，雷雨大作，千里告足。自此归心者众。先是三城间多暴风雹，动伤苗稼雉堞，号为毒龙为之也。代病为诵密语，后经岁序，都亡是患。盟津民立堂宇若生祠焉。大历元年，登太行，游霍山，乃深入幽邃，结茅而居。有盗其盂食，俄见二虎据路，会逢代病，盗叩头陈悔。慰谕毕，因摩挲虎头，如是累伏猛兽。其盗本樵子，愿依附为苦行焉。其中山神庙，晋绛之间传其肸蠁。代病入庙，劝其受归戒，绝烹燁牲牢。其神石像屡屡随劝领首，顾其神妇，略无俞答之状。遂剃神之发，毁撤神妇。乡人怪之，闻白州邑。太守怒之曰：“此唐高祖初起至此，久困阴雨，其神见形示路，以迎义师。厥后砻石为像，荐飨无亏。此之髡师无状敢尔。”俾系闭于嘉泉寺，扃键且严。至二十日启关，寂然禅定，倾城咸往观礼。或声磬，舒徐而起。太守急召之不来，以至约令断头。代病斩一指以付使者。太守感之，躬就迎请，移置大梵寺，别营砖浮图以藏其指节矣。由是檀信骈肩蹑踵。有寘毒于酒者，赂贫女往施之。代病已知。贫女绐之曰：“妾家酝觉美，酌施和尚求福。况以佛不逆众生愿。”代病曰：“汝亦是佛。”然贫女惧反饮，具以情告。代病执杯啜之，俄尔酒气及两胫足，地为之坟裂，闻者惊怪，以酒供养，自兹始也。汾隰西河人有疾，止给与净水，饮之必瘳。凡属荐饥，必募粮设食。后于赵州救斯荒歉，作施食道场，前后八会，遐迩赖之，道感多类。以贞元十九年秋七月八日，奄然跏趺示灭。四众初谓如嘉泉寺之禅定欤，香华供养，至于隔岁。肤肉渐坚，方知永逝，遂漆布缋画之。武宗废塔像，无巨细皆毁除，或议之移入陶灶中。既而生瑞草一本，其状亭亭若盖，盘错萦纡，庇其风雨而有余也。宣宗即位，佛事中兴，纲纠比丘造小亭，移真形寘于此。先于嘉泉寺断指节，已过百龄，筋肉甲爪光润，且如金色。或属兵革，城陷指亡。后有赍出逃难，事息归还。亦阴福其逋亡者，至今平阳人崇信焉。

宋高僧传卷第二十六

宋高僧传卷第二十七

宋左街天寿寺通慧大师赐紫沙门赞宁等奉　敕译

兴福篇第九之二（正传二十一人附见三人）

唐京师光宅寺僧竭传

释僧竭者，不知何许人也，生在佛家，化行神甸。护珠言戒，止水澄心。每嗟靳固之夫，不自檀那之度，乃于建中中造曼殊堂，拟摹五台之圣相。议筑台至于水际，竭惧伤生命，俾立三日道场，咒其多足至无足，当移窜相避，勿成某梵行之难。将知至诚所感，征验弗虚，掘土及泉，了无蠢动焉。常以复素为漉袋，遇汲有虫，投诸井坎，时号护生井，恒盈不涸。又观其飞蛾蠛蠓，错认火明为可飞之路，故犯之，乃铸铜蟾为息烟调。天下传其制度。其曼殊院尝转经，每敕赐香。此寺本七宝台寺，内有天后所造之台，竭居于中焉。

唐成都福感寺定光传

释定光者，不知何许人也。爰从入法，厥性弗拘，粝食断中，粗褥卒岁。方于庸蜀化导有缘，事或多魔，教钟中否。俄遭武宗毁废，例反儒宗。及乎佛日重晖，僧伦咸序，光同缔构寺宇，因铸大钟，计赤金万余斤。尔日鼓钥灰飞，投炉火炽，有祥烟两道自浮图相轮最高处出，冉冉射上，若虹蜺焉。万人引望，五色腾凌，相感如然，信鼓斯应。其塔是阿育王藏舍利之所。大和初南蛮蒙佬颠剽掠入益城，分蛮卒舍于寺内廊庑，皆烹炙熏灼，僧皆奔迸。时塔顶出四道浓烟，分穗直上空虚，至夜。蛮蜑睹此奇异，乃禁止污秽。此塔先在西北四十余步，天宝末长史章仇兼琼赴在，至剑门，见一人长一丈余，持戟当路。兼琼惊问，对曰："某是大石寺护塔神，故来奉迎，且有少事咨祈大夫也。缘大石寺塔在西南，未为极善，今请移东北四十二步。伏望便掘石此下，以镇舍利。"兼琼曰："此易耳。"遂隐厥形，到府数日，乃令量其地处，先掘，果得巨石，其深无际。促石匠数十人錾凿之，至夜，辄填满。遣人潜伺之，见有白彘数十以喙推石末塞之，随以舌舐，其坚如铁铜矣。章仇止令勿凿，遂移塔于今所，即金华旧寺基也。光钟亦移入新寺焉。

唐吴郡嘉禾贞干传

释贞干，俗姓武氏，云中人也。神宇高邈，以禅默为务。曳锡踽步，南访灵迹，及至故障，有昆山寺者，林泉秀茂，则宋支昙谛尝考室于此，味道崇化二十余载，基趾存焉。至元嘉中创成大伽蓝。属武宗废教，其寺屏除。干至止于兹，与范阳卢君袭同兴弘觉法师第二生名迹，寺成，进士姚扶有诗。干后游今秀州长水，见灵光寺，邑民欲树巨殿。时卢令移邑字民，欣然相遇，干悉先知。或云"得他心宿命之明焉"。遂请干首唱，而恶偃室之器，寓殿基后，编苫为浅室而居。四方檀信，弗召自臻。又与僧令恭君道等累岁方成今殿。其最高广，海内罕比。事毕，挈弊囊，振旧锡归北，莫知其终。

唐苏州支硎山道遵传

释道遵，字宗达，姓张氏，吴兴人也。夙负殊操，洁士称之，荣曜不足关于心，声尘未尝触其性。至年二十，诣天竺义威律师受具戒，事报恩寺兴大师。首宗毗尼传教也。后学天台一心三观法门，欲广写法华经，置道场，辟经院。一之日发其心，二之日规其趾，作不逾序，厥功成焉，居支硎之福地。大历元年，州将韦元甫、兵部尚书刘晏、侍御史王圆、开州刺史陆向、殿中侍御史陆迅、大理评事张象，竞诱真心，共获殊胜，乃相与飞表奏闻。诏书特署为法华道场，自江以东总一十七所，皆因遵之首置也。举精行大德二七人，常持此经，以报主恩。铸卢舍那及毗卢遮那像，及多宝塔，修净土当生业，造弥陀佛，复写天台教。益乎道场，置常住庄二区。平时讲法华玄义、天台止观、四分钞文，临坛度人，授心扬律，徒盈石室之筹。天宝中，于灵岩道场，行法华三昧，忽睹大明上烛于天，我身正念俨在光中。异日问荆溪然师曰："智慧光明从心流出，非精志之所致耶？"又于本寺入法华道场，睹此身在空中坐，先证者知是涤垢之相。其年春秋七十一，僧夏四十六，以兴元元年七月二十九日告终于支硎山寺。僧益公、翰公一夜同梦大殿崩，果遵入灭。门人灵翰、法盛、道欣，犹子灵源追慕不已，树塔旌德焉。

唐京兆大兴善寺含光传

释含光，不知何许人也。幼觉嚣尘，驰求简静。开元中见不空三藏颇高时望，乃依附焉。及不空劫回西域，光亦影随，匪惮艰危，思寻圣迹。去时泛舶海中，遇巨鱼望舟，有吞噬之意。两遭黑风，天昊异物之怪，既从恬静，俄抵师子国。属尊贤阿阇梨建大悲胎藏坛，许光并慧辩同受五部灌顶法。天宝六载回京，不空译经，乃当参议华梵，属师卒。后代宗重光，如见不空，敕委往五台山修功德。时天台宗学湛然解了禅观，深得智者膏腴，尝与江淮僧四十余人入清凉境界。湛然与光相见，问西域传法之事。光云："有一国僧体解空宗，问及智者教法。梵僧云：'曾闻此教定邪正，晓偏圆，明止观，功推第一。'再三嘱光或因缘重至，为翻唐为梵附来，某愿受持。屡屡掘手叮嘱。详其南印土多行龙树宗见，故有此愿流布也。"光不知其终。

系曰：未闻中华演述佛教，倒传西域，有诸乎？通曰：昔梁武世，吐谷浑夸吕可汗使来求佛像及经论十四条，帝与所撰涅槃、般若、金光明等经疏一百三卷付之。原其使者必通华言，既达音字，到后以彼土言译华成胡，方令通会。彼亦有僧，必展转传译，从青海西达葱岭北诸国，不久均行五竺，更无疑矣。故车师有毛诗、论语、孝经，置学官弟子，以相教授。虽习读之，皆为胡语是也。又唐西域求易、道经，诏僧道译唐为梵。二教争菩提为道，纷拿不已，中辍。设能翻传到彼，见此方玄赜之典籍，岂不美欤！又夫西域者，佛法之根干也。东夏者，传来之枝叶也。世所知者知，枝叶不知根干。而不知枝叶殖土，亦根生干长矣，尼拘律陀树是也。盖东人之敏利，何以知耶？秦人好略，验其言少而解多也。西域之人淳朴，何以知乎？天竺好繁，证其言重而后悟也。由是观之，西域之人利在乎念性，东人利在乎解性也。如无相空教，出乎龙树，智者演之，令西域之仰慕。如中道教生乎弥勒，慈恩解之，疑西域之罕及。将知以前二宗，殖于智者、慈恩之土中，枝叶也。入土别生根干，明矣。善栽接者，见而不识，闻而可爱也。又如合浦之珠，北土之人得之，结步摇而饰冠佩。南海之人见而不识，闻而可爱也。蚕妇之丝，巧匠之家得之，绣衣裳而成黼黻。缲抽之妪，见而不识，闻而可爱也。懿乎智者、慈恩，西域之师焉得不宗仰乎！

唐剡沃洲山禅院寂然传

释寂然，姓白氏，不知何许人也。名节素奇，踵四圣种，故号头陀焉。大和二年，振锡观方，访天台胜境。到剡沃洲山者，在天姥岑之阴，对天台华顶、赤城，北望四明，金庭石鼓山介焉西北。北有支遁岭、养马坡、放鹤岑次焉。晋宋已来，兹山洞开。初有罗汉白道猷言西域来，戾止是山。次竺法潜、支道林居焉。高人胜士，接踵而栖此中。至于戴逵、王羲之、郗超、孙绰、许询游憩其间矣。见是中景异，闻名士多居，如归故乡，恋而不能舍去。既行道化，盛集禅徒。浙东廉使元相国稹闻之，始为卜筑。次陆中丞临越知之，助其完葺。三年只成大院，五年而佛事兴。然每为往来禅侣谈说心要，后终于山院。大和七年，时白乐天在河南保厘为记，刘宾客禹锡书之。

唐天台山福田寺普岸传（全亮　唯约）

释普岸，姓蔡氏，汉东人也。冲弱之龄，迥然聪敏，骨目奇秀，天生不嗜荤膻，长有出尘之意。其父严毅，训授经籍，渐通其义，秉翰伸辞，宛然华藻。因入僧舍，暂执经卷，乃叹曰：“佛法玄微，非造次可及！”决志辞亲。时怀海禅师居百丈山，毳纳之人骈肩累足，时号大丛林焉。岸叩其关，海摄受之。日随普请施役，夜独执烛诵经，曾不惮劳，遂谐剃染。及升戒品，便习禅那，壁坐忘疲，观心恒务。瞻卜附风而香远，虦猫逢兽而吼高，学者成围，请于安陆寿山院坐道场矣。如是环拱可四百余众，执器听瞿沙之说，投筹待毱多之度。大利群机，得道者众。大和年中，谓众曰：“吾山水之游未厌，诸人勿相留滞。天台赤城，道猷曾止息焉。华顶石梁，智者昔降魔矣。将游之也。”自襄阳逦迤而来，从沃洲、天姥入天台之西门，得平川谷中，峰名大舍，号平田是也。观其山四舍只翠，东西山石门，而有三井龙潭。东入石桥圣寺，乃是绿身道猷尊者结茅居此。未几，见虓虎乳子，瞪目而视岸。岸以杖按其头曰：“贫道闻此山是神仙窟宅，罗汉隐居，今欲寄此安禅，檀越勿相惊挠。”经宿，领子而去。以大和七年癸丑十月二十七日营构丈室，携一童，侍给薪水耳。八年春，禅侣辐凑，众力义成此院，号平田焉。开成中，宛是大道场。会昌三年七月，告众入灭，春秋七十四度。弟子全亮，俗姓陈氏。悟师之道，得凤之毛，一人唯约，在上元入灭，肉身不朽。岸迁塔于是山前，此寺置五百罗汉殿，永嘉全亿长史画半千形像，每一迎请，必于石桥宿夜，焚香具幢盖，螺钹引导入于殿，香风送至。幡幢之势前靡，而入门即止。其石梁圣寺在石桥之里，梵呗方作，香霭始飘。先有金色鸟飞翔，后林树石畔见梵僧，或行或坐，或招手之状，或卧空之形，眴息之间，千变万化。汉南国王钱氏频年施供养，祥瑞极繁。今上太平兴国三年，于滋福殿宣问两浙都僧正赞宁石桥长广量度，一皆实奏，帝叹嗟久之。至八年因福田寺道者自询誓断腕然炼，乞重造此寺，乃宣内殿头高品卫绍钦、张承贵革故规制，若化出天宫焉。今岸师影堂在寺之右。

唐京师奉慈寺惟则传

释惟则者，拔俗志高，栖神物表，凡施善务，举则波随。常言：“像是生善之强缘，不得不多立。初之观也，如对严君。次则其心不乱，中则观门自成。末则如如焉，荡荡焉，三昧安得不现前乎？是以我曹劝化迷俗，得不以此是为先容欤？”由是若雕若塑，形像森然。恒事进修，天邑之间，偏加激励。属宪宗太皇太后郭氏元和中为母齐国大长公主追福，造奉慈精舍，搜择名德，则乃预选入居。未久之间，闻四明鄮山有阿育王塔，东晋刘萨诃求现，往专礼焉。乃匠意将七宝为末，用胶范成摹写脱，酷似。自甬东躬自负归奉慈寺供养，京邑人皆倾瞻归信焉。

唐长安禅定寺明准传

释明准者，不详氏族，生缘。本天台灵墟道场，出俗游方。至京邑，观古之神僧智苑于苑阳北山刊石写经灌铁，以俟慈氏下生，免水火之虞。又东洛长寿寺写华严，圣善寺写法华，嵩山岳寺写楞伽，悉刊贞珉，皆图不朽。准遂于贞元戊寅岁春正月，见寺僧錾山攻石，石悉顽恶，知匠氏不虔，山灵秘吝。时准疏告阴灵，请裨善务。俄于定中见若干幅贮无量石，冥冥之间，如有宰割，皆中刻字。时连率博陵崔公激劝幕府参佐各书一品，从序至劝发，凡二十八。圜廊挺立，不期毕工。准之化人，皆此类也。元和元年八月中也。后不详终所。

唐洪州宝历寺幽玄传

释幽玄，俗姓刘，幽州人也。夙怀出俗之愿，年及弱冠，方遂前心，投并州贤禅师而了玄契。元和二年，振锡江左，至会稽大云寺，见三学僧梶定食轮，资缘都阙。玄言发响应，檀越供赡。未几，移居湖心龟山妙喜古寺。九年，属平昌孟简镇于越，枉驾问道，遂构成大院。十二载，复登南岳，栖止绝顶。十三年，豫章太守商佑笃重其道，命住东明寺，即东晋安帝世之所造，僧数繁凑。宝历中，为奏改为世福，兼置戒坛，续敕改为度僧寺。其间形像，皆玄之化导。大和元年，沈傅中丞又加信向。玄于院南别造佛阁五层，功就，谓弟子曰：“福事无尽，生涯有期。物有阙然，后人庀具。吾终后，可将尸漆布安阁下。”言讫而化，门人特旁立塔焉。

唐五台山智頵传

释智頵者，中山人也。自幼辞亲，来五台山善住阁院，礼贤林为师，诵经合格，得度。神情爽拔，气调高峙，于世资财，少欲知足。粝食充腹，粗衣御寒，余有寸帛，未尝不济诸贫病也。游方参玩，预诸讲席。传法华、维摩二部，穷源尽理。后挂锡高峰，息心却扫。距元和中，众辟为五台山都检校守僧长。頵与时迁徙，固辞不允，遂登此职。后遇岁当饥馑，寺宇萧条，有华严寺是大圣栖真之所，巡游者颇众，供施稀疏。院宇伦巡，例称不迨，众请为华严寺都供养主。时德不孤，有法照、无著、澄观之出世也。当观师制华严经疏，海众云集，请頵为讲主，日供千僧。十有余祀，食无告乏。皆云"有无尽藏之米面也"。岁久颇见丰盈。有邻院僧义圆，亦当代之硕德也，谓頵久知常住，私有谤言，非平等心，是贪饕者也。夜有神人报圆曰："僧长是千佛之一数也，汝发轻言。若不悔过，当堕恶道。"圆乃诘朝呜足忏谢，有兹验也。及钟武宗澄汰，頵遁乎山谷，不舍文殊之化境。未逾岁载，宣宗即位，敕五台诸寺度僧五十人，宣供衣帔，山门再辟。頵为十寺僧长兼山门都修造供养主。大中七年，与寰海游台，四众建无遮精妙供养。一月日，乃谓大众曰："吾欲暂憩微骸，息心敛迹。佐助众务，吾无能为也，付诸俊哲，继吾遗躅。"乃净室安坐而灭，春秋七十七，夏腊五十八云。

系曰：僧中职任也，如网之纲，如屋之梁焉。肇自姚秦立正，魏世推都，北齐则十统分员，唐世则僧录命职。异乎常所闻者，五台山自贞元中智頵始封僧长矣。亦犹鱼盐蜃蛤，祈望守之也。

唐会稽吕后山文质传

释文质，俗姓祝氏，尚丘之远孙，衢州须江人也。叔氏为僧号唯宽，学通多本经论。宽被诏入长安，止大兴善寺，重诏入内道场，兼请受菩萨戒。质随宽入内。年十五，诵法华、华严、维摩等经。二十三，受具。七日诵周戒本，二夏便讲四分律。二十七，讲通俱舍。四十年中，精晓诸大经论，后约束大悲、禹迹二禅师，参问心要。既博达矣，归诸暨法乐寺领徒。时有虎来听法，质摩其顶而去。后往永嘉，钟会昌之搜简，乃隐乐成县大芙蓉山，胎息而已。大中重兴，太守韦君累请不来，强置于榻，舁出州开元寺居。檀施骈驰，回造大佛殿，并讲堂房廊形像，并写藏教，无不备焉。越州廉使沈贰卿命住吕后山院，本宁贲禅师旧化之地也。质唯居草庵而止。咸通二年十月十四日，告众言别。十五日，端坐而化，春秋八十四，僧腊六十二。窆于云谷，建塔，越州刺史段式为行录焉。

唐明州国宁寺宗亮传

释宗亮，姓冯氏，奉化人也。家傍月山而居，后称月僧焉。亮开成中剃落纳法，方事毗尼，循于四仪，且无遗行。而云“我生不辰，属会昌之难”，便隐家山深岩洞穴。大中再造，国宁寺征选清高者隶名，亮预住持。建州太守李频为寺碑云，于清心行不污者，得二十八人，以补其员，广住持也。律僧宗亮、禅僧全佑而已。国宁经藏，载加缮写，躬求正本，选纸墨，鸠聚傒施，建造三门藏院诸功德廊宇，皆亮之力焉。晚年专事禅寂，不出寺门。处士方干赠诗云:“秋水一泓常见底，涧松千尺不生枝。空门学佛知多少，剃尽心华只有师。”终于本寺，春秋八十。亮恒与沙门贯霜、栖悟、不吟数十人，皆秉执清奇，好迭为文会，结林下之交。撰岳林寺碑、诗集三百许首，赞颂并行于代。而于福敬二田，锐心弥厚焉。亮为江东生罗隐追慕，乐安孙合最加肯重，著四明郡才名志序，诸儒骏士外，独云:“释宗亮。多为文士先达仿仰焉。”

唐越州开元寺昙休传

释昙休，字德敷，姓李氏。器度宏廓，志行修敕。纳法已来，未容少缺。习通渐教，颇至精微。四分律、相部、疏宗，蔚成渊府。初机请学，皆到甚深。休于讲训之余，纠绳寺任。伊寺者，梁所创，年涉四百，虽观阁岿然，且榱棁倾弛。休革故有方，缔构无隙，特加壮丽，轮焉奂焉。又护国经楼迨诸栋宇，悉见鼎新，次以寺之门楼也，则长安四年故昙一律师之经始也，既而颓废，仍重整覆，一同创制。复慊永徽中康僧会法师应身堂座卑庳，乃募人厘变旧规。咸通年中也。休之一言，檀信响应。后终于住寺，今之大善伽蓝是也。

唐雅州开元寺智广传

释智广，姓崔氏，不知何许人也。德瓶素完，道根惟固，化行洪雅，特显奇踪。凡百病者造之，则以片竹为杖，指其痛端，或一扑之，无不立愈。至有癵者则起，跛者则奔，其他小疾，何足言哉。乾宁初，王氏始定成都，雅郡守罗（亡名）罢任，携广来谒。蜀主王氏素知奇术，唯呼为圣师焉。先是咸通中南蛮王及坦绰来围成都，府几陷。时天王现沙门形，高五丈许，眼射流光，蛮兵即退。故蜀人于城北宝历寺立五丈僧相。后为牛尚书预毁。次兵火相仍，唯惧毗沙门之颓圮耳。王氏乃语广曰："郎之异术，道德动人，乘此可料理天王否？往吴尚书行鲁曾梦令修吾像，方事经营，除书忽到。请法力成之。"广唯其命，徙就天王阁下，居一隅，小榻而已。翌日，病者填噎其门，日收所施二十万至三十万钱。又发言劝人出材木，浃旬皆运至，堆积，令三纲掌管焉。初广在雅郡本寺羯帝神堂内，居其半室，低门苫蓐，不许女人到门。唯有一竹篓子。每斋，受傣二十文，必投篓内，满则置之佛殿。声钟集众，自他平等分之。常日俗家请斋，亦体广意，止施二十文，净饭菜豉汁，此外不许一物，傣多不取，食毕而去，亦无辞告。其后益加神验，或遇病者，一掴一叱皆起。或令烧纸缗，掇散饮食。或遇甚痛恼者，捩纸蘸水，贴之亦差。光化元年修天王阁，向毕，乃循江渎池，咒食饲鱼。经夜，其鱼二尺已上万亿许，皆浮水面而殒。聊躡流水，救十千鱼生忉利同也。

唐鄜州宝台寺法藏传

释法藏，不详氏族，厥性方正，好行惠物。尝于苇川化众造寺，佛殿僧坊一皆严丽，雕刻华花，鄜畤命为壮观。藏偶病笃暴终。至一精庐，七宝庄严，非世所有。门外有僧，梵貌且奇特，倡言曰："法藏汝造伽蓝，不无善报，奈何于三宝物有互用之愆，何从洗雪？”藏首露之，僧曰：“汝但缮写金刚般若经，恒业受持，岂不罪销！亦可延乎寿命。”言讫而苏。自躬抄度其经，午夜口诵。藏终时年一百一十岁云。雕阴人至今信重焉。

唐五台山海云传（守节）

释海云，未详氏族乡里。来游圣迹，始于南台侧，选峭绝峰峦幽僻林谷而特居之。其刻苦玩道，俭而难遵。从其游者，寡而无众。迨其入灭，门人守节，淘洒舍利起塔焉。昔传云是普贤菩萨应身也。门人守节即高力士之子也，从师墨俭，有进无退。云示之曰：“上都有卧伦禅师者，虽云隐晦，而实阐扬六祖印持，一时难测。化导之方，若尸鸠之七子均养也。汝急去从之。”及见伦，扣击未几，告云：“汝师海云入灭已。”节禀听斯言，荼蓼情苦，遂奔赴，如其言矣。乃继武接迹，盛化相耒。迨将示灭，愁云只结，鬼神悲号，有塔存焉。

系曰：海云是普贤应身，非耶？通曰：菩萨下化，弗拘定相，应以比丘，即现说法。

若然何乱文殊境，使主伴不分乎？通曰：若如所问，凡夫分矣，圣人岂以我所求乎？

唐五台山佛光寺法兴传

释法兴，洛京人也。七岁出家，不参流俗。执巾提盥，罔惮勤苦。讽念法华，年周部帙。又诵净名经，匪逾九旬。戒律轨仪，有持无犯。来寻圣迹，乐止林泉，隶名佛光寺。节操孤颖，所沾利物，身不主持付属门人。即修功德，建三层七间弥勒大阁，高九十五尺。尊像七十二位。圣贤，八大龙王，罄从严饰。台山海众异舌同辞，请充山门都焉。盖从其统摄，规范准绳，和畅无争故也。大和二年春正月，闻空有声云：“入灭时至，兜率天众今来迎导。”于是洗浴梵香，端坐入灭。建塔于寺西北一里所。

唐五台山行严传

释行严，荥阳人也。家袭簪组，业嗣典坟。严禀庭诰以周旋，约成器能而济用，内要随计，俄发宿缘。因闻妙庄严王经品，白父母求出尘劳。堂亲抑禁，略无却退。既而削饰去华年充纳戒，诸方问道绰有余能。闻五台山文殊应现，凡圣交踪，乃登游而隶名斯地。自尔一成慕学，三教偕明，谈论天人之际，听者茫昧，不知区域之内外耶！王公大人靡不回向。大和中，多行激劝，俾营福焉。自设大供，日计千人。闻见之流，皆鸣指赞叹曰："行合解通，世之希宝也。助道之法，当如是修。"以大中三年右胁而灭，建塔寺西一里云。

唐五台山佛光寺愿诚传

释愿诚，姓宋氏。望本西河，家袭素风，浚流远派，不扬胄绪，祖考不书。母阴氏夜梦庭树对发千华，余华寻谢，独结一果。乃觉有孕。母启愿心，得娠男子足矣。十月临蓐，果如其望，立字曰愿诚。后志存小字，不训法名者，遵慈母之意也。诚少慕空门，虽为官学生，已有息尘之志。迨栖金地，礼行严为师。严即儒宗珪璋，释氏师子也。一旦谓诚曰："汝神情朗秀，宜于山中，精勤效节，可不务乎！"大和三年落发，五年具戒。先诵诸经，悉皆精练，行人属耳，道望日隆。无何，会昌中随例停留，唯诚志不动摇。及大中再崇释氏，选定僧员，诚独为首矣。遂乃重寻佛光寺，已从荒顿，发心次第新成。美声洋洋，闻于帝听，飙驰圣旨，云降紫衣。后李氏奄有并门，遐奉文殊，躬游圣地。睹其令范，抚手惬怀，表闻唐天子，相继乃赐大师号圆相也，就加山门都检校。光启三载，羞馔命僧舍衣投施。钟声引众，悉至斋堂，右胁曲肱，寂然长往。建塔树碑寺之西北一里也。

后唐五台山王子寺诚慧传

释诚慧，元礼之宗盟祖派，蔚州灵丘之故邑，父母深信，注意清凉。

因瞻大圣之容，乃乞兴邦之子。既而有孕，遂诞贤童。才当丱年，器干天假，自诣台山，永为佛子。时真容殿释法顺睹其俊哲，化以苦空，劝舍俗衣，令披法服。暨登具足，尤习毗尼。自后孤游溪谷，多处林泉。有王子寺僧湛崇等请居兹寺。慧主任之余暇，内外典教靡舍斯须。供赡精严，非不勤恪，恒转华严经，数盈百部。每至卷终，恳发愿曰:“以我捧经之手，救彼苦恼之人。”而属武皇与梁太祖日寻干戈，中原未定。武皇中流矢，创痛楚难任，思忆慧师，翘想焚香，痛苦乃息。遥飞雁帛，远达鸡园，命下重峦，迎归丹阙。武皇躬拜，感谢慈悲，便号国师矣。后乞归本寺，金峰显耀，玉树相依，九州之珍宝皆来，百寺之楼台普建。庄宗即，位，诏赐紫衣，次宣师号。慧坚不受。帝复宣厥后，再朝天阙，更极显荣。受恩一月，却返五台。同光三年乙酉岁十二月，嘱累门人廷珪曰:“吾今化缘将毕，为吾进遗表，达于宸听。宜各努力，理无相代。”言讫入丈室，右胁而终也。俗龄五十，僧腊三十。帝闻恻怆，遣高品监护丧筵，仍敕赐祭。三朝火烬，五色骨存，收取舍利而起塔焉。谥曰法雨，塔曰慈云也。

宋高僧传卷第二十七

宋高僧传卷第二十八

宋左街天寿寺通慧大师赐紫沙门赞宁等奉　敕撰

兴福篇第九之三（正传十五人附见一人）

后唐洛阳中滩浴院智晖传

释智晖，姓高氏，咸秦人也。权舆总角，萌离俗之心，不狎童游，动循天分。欻遇圭峰温禅师，气貌瑰伟，虚心体道，趋其门者，淑慝旌别矣。谓晖曰：“子实材器多能之士也。”请祈摄受，二十登戒。风骨耸拔，好尚且奇。山中阒然，曾无他事，唯钩索藏教，禅律亘通，日诵百千言，义味随嚼。闻佛许一时外学，颇精吟咏，得骚推之体。翰墨工外，小笔尤嘉，粉壁兴酣，云山在掌。恒言“吾慕僧珍道，芬之六法，恨不与同时。对壁连图，各成物象之生动也。”然真放达之士哉。或振锡而游，纵观山水；或蹑屩而至，历览市朝。意住则留，兴尽而去。或东林入社，或南岳经行，悟宗旨于曹溪，宁劳一宿；访神仙于阮洞，拟到三清。事以志求，时无虚度。此外采药于山谷，救病于旅僧，惟切利他，心无别务。洎梁乾化四年，自江表来于帝京，顾诸梵宫，无所不备，唯温室洗雪尘垢事有阙焉。居于洛洲，凿户为室，界南北岸，葺数亩之宫，示以标榜，召其乐福业者占之。未期渐构，欲闰皆周，浴具僧坊，奂焉有序。由是洛城缁伍，道观上流，至者如归，来者无阻。每以合朔后五日，一开洗涤，曾无间然。一岁则七十有余会矣。一浴则远近都集三二千僧矣。晖躬执役，未尝言倦。又以木舄承足，枲麻缝衣，彼迦叶波相去几何哉！其或供僧向暇，吟咏余闲，则命笔墨也，缅想嘉陵碧浪，太华莲峰，凝神邈然，得趣乃作，五溪烟景，四壁寒林，移在目前，暑天凛冽矣。加复运思奇巧，造轮汲水，神速无比。复构应真浴室，西庑中十六形像并观自在堂弥年完备。时杨侍郎凝式致政佯狂，号杨风子者，而笃重晖，为作碑颂德。莫测所终。

晋五台山真容院光嗣传

释光嗣，姓李氏，太原文水人也。冲幼孤静，罕杂童稚。信尚台山，乃为真容院浩威之高足也。纳戒后，器宇穹隆，愤系包桑，出求禅法，历于年稔。内外之学优长，口海崩腾，良难抗敌。由是决意越重湖，登闽岭，盛谈文殊世界，闻者竦动。忠懿王王氏大施香茗，遣使送山寺焉。癸酉岁，至两浙，谒武肃王钱氏厚礼迟之，施文殊圣众供物香茶并钵盂一万。副应吴越诸州牧宰，皆刻俸入缘。仍泛海至沧州，运物入山。时降龙大师者率领弹压，缁伍畏焉，为其分散诸寺兰若，众寡均等。时徒侣坚请嗣主院，宣补僧官辖诸台寺院，命曰都纲，师号超化，居于僧上，若鲲凤之领鳞羽焉。十五年间，兴建梵宇，斋饲僧尼，不胜纪极。以天福元年遘疾，至九月五日迁灭。门人起塔，藏其灵骨舍利，至今存焉。

晋东京相国寺遵诲传（彦求）

释遵诲，姓李氏，谯郡人也。祖世不仕，母张氏梦神人授已宝珠，乃有娠焉。生且奇异，乳哺之时，善认人之喜愠。弥长，见寺观，必任步迟回，顾眄不舍。年甫十一，礼亳城开元寺崇谭律主为师范矣。诵法华经，二周毕部，由是勤于学问。殆登弱冠，受于戒律，持彼律仪，确乎转石。寻师西洛，问道梁园，初于智潜法师传法华经，讲精义入神，雌黄满口。梁开平二年戊辰岁，止相国寺药师院，首讲所业。至后唐长兴二年辛卯岁，门徒相续请其训导，已周一十九遍，升其堂者二十余人。洎天福二年，有五台山继颙大师精达华严大经，躬入东京，进晋祖降圣节功德。诲仰颙师辩浪经江，下风趋附，乃允讲宣。海善下百川，蔚成藏海矣。梁宋之间以颙罢唱，请诲敷扬，庤匝虚堂，缁素云萃，募四众镌石壁华严经一部于讲殿三面焉。嗟其油素，易罹炎上之灾；刻此贞珉，宁患白蟫之食。工未告终，所施已足。又召僧俗人各念一卷，得二百四十人，成三部，四季建经会，近二十年，更无间旷。复别施鬼神水陆法食，皆劝励庄严菩提心行矣。朝廷崇重，旌表其功，赐号真行大师。开运二年乙巳岁正月十六日示疾，策杖教诫门弟子讫，右胁而卧，口诵佛名，斯须长逝矣。享寿七十一，法腊五十一。门生奉遗旨葬于随河之北，寺庄东原也。次有杭州龙华寺释彦求，姓叶氏，缙云人也。梁贞明中纳戒，造景霄律席，迥见毗尼秘邃，方将传讲，俄悟杳婆罗汉，反求坚固法。乃游闽岭，得长庆禅师心决。回浙，受丹丘人请，居六通院，其道望惟馨，与夫申椒菌桂，争其芬烈矣。汉南国王钱氏钦其高行，命住功臣院。末归州治龙华寺，聚徒开演。求好营众事，务必身先，唯以利人为急，受施必归。常住房无关键，笥无扃镉，不容尼众礼谒，不苟声势。常属度戒，四远人聚，日供累千僧食，未尝告匮。言前后计饭巨万人焉。宋建隆中终于住寺云。

晋曹州扈通院智朗传

释智朗，姓黄氏，单州城武人也。母刘氏梦数桑门圆坐为刘说法，历然在耳，遂妊朗焉。及生暨长，婉有僧之习气，淳靖简洁。苦辞亲出家，往曹州扈通院，事行满师，供给惟谨。洎乎剃染，成大比丘，学四分律、净名经，俱登阃阈。且曰："出俗之者何滞方守株，不能脱羁解绊乎？于广博知见无所堪能。"乃携瓶钵，南极衡阳，登岳栖般若寺，行胎息术，而览藏经。事讫，入闽岭，曾无伴侣，形影相吊。逢猛兽者数四，皆欲呀口垂噬，又蹑步徐去矣。见洞山、雪峰二祖师决了禅训，有请问者，随答如飞，盖了达无结矣。后旋本院，信向如归。而四事供僧，罔闻闲隙，四十余龄，役已无倦。以晋末丁未岁十一月二十三日迁灭。于时白衣饮痛，缁流茹伤，兽失猛以哀嗥，鸟停飞而宛转。或曰："爱河苦海谁拯溺邪？"春秋七十七，法腊五十三。火葬，收舍利，起塔于院。朗为释子，衣物誓不经女人之手浣濯，不役徒弟。檀施之物像宝未省互用，盖以初律后禅，陶冶神用之故也。大名府少尹李铉为碑焉。

汉东京天寿禅院师会传

释师会，俗姓巨，汉荆州刺史武之后，祖徙家北燕，遂为蓟门人也。考讳知古，母赵氏。会童孩出俗，礼蓟州温泉院道丕为师匠焉。业成，年满，受具于金台宝刹寺坛。梁开平中萍梗任飘于河朔，杯盂随步于江淮，乃抵汉南遇观音院岩俊，班荆话道，抵掌论心。且曰："子还闻投子山有大同禅师已否？"曰："闻而未见。"曰："宜亟往焉。"及参大同，跬步之间，举扬之外，洗焉明白，其安坦然。乾化二年，来梁苑，谢俊公曰："始者攸攸岐路，茫茫生死，紫实昧朱，狂斯滥哲。苟不奉师友指归，几一生空度。今以稊莠，请与熏同器而藏，可乎？"俊公与会胥德，留入法席。四年秋，有宝积坊罗汉院志修坚请会代居所住焉，苫盖五间而已。乃感檀越尚书左丞吴蔼、兵部侍郎张衮，若袁粲之谒宝亮，徐湛之礼惠通，共发奉章，赐额曰天寿焉。四海之僧，翕然而至。历三十五载，供僧二百余万，用其财宝，无少混淆，耿介可知也。天福七年，晋高祖以会行成于内，声闻于外，敕赐紫衣。开运元年，赐号曰法相。紫衣则藏以受持，师号则蔑其称谓。且曰："我本不求名，名来自求我。知其白而守其黑，和其光而同其尘，世幻逡巡，时不我与。"三年七月二十六日累诸门人，帖然而灭，春秋六十七，夏腊四十八。阇维，收舍利数百粒，起塔于东郊汴阳乡也。刑部侍郎边归谠为碑颂德云。

周宋州广寿院智江传

释智江，俗姓单，幽州三河南管人也。本富族游侠之子，虽乘竹马，厌回火宅之门；乍玩沙堆，好作浮图之制。略闻竺乾之教，必淡虑凝情，若潇湘之逢故人也。唐乾宁四载，始年十五，诣盘山感化寺遂成息慈，息慈业备。天复三祀，往五台山梨园寺纳木叉法。自此担簦请业，择木依师，净名、上生二典精练，涣然冰释，心未属厌。梁龙德元年于商丘开元寺请名数一支，所谓精义入神，散则繁衍，因著瑞应钞八卷，达者传之。生徒影附，缮写伙多。后唐同光元年，在微子之墟住院，缔构堂宇，轮奂可观。复塑慈氏、释迦二尊，十六罗汉像，咸加缋彩，克肖圣仪。善务方办，俄遘沈疴，以周显德五年孟秋顺终，享龄七十四。当属纩时，满院天人杂沓，若迎导之状，畴昔誓生睹史之昭应也。吏部员外郎李铉著塔铭云。

系曰：前人立义，皆按教文，岂得好恶随情，是非任见？已行前辙，不覆后车，胡不谨而循之？通曰：夫创著述者有四焉：一前说极非，于文茫昧；一僻见谬解，领悟自乖；一乐繁嫌略：一好直怪迂。有一于此，无不著述也。江公瑞应钞未经披览，闻诸道路言亦济时须。苟不济用而变革古德义章，则何异以旧防无所用而坏之者，必有水败也。

周五台山真容院光屿传

释光屿，俗姓韩氏，应州金城邑人也。幼读儒书，有佐国牧民之志。频有神人梦中警策曰："汝于佛法有大因缘。"遂投真容院附法威，侍其瓶锡，谨弟子之职。受具后，诵净名经，彻简，每至依于义不依语。告喻本师而求听习，威寻许诺，遂诣太原三学院，涉乎寒燠，研核孜孜，屡改槐檀，乃讲维摩、上生二座，忽谓同志曰："余忆昔年每念依于义。迩栖学院，今讲二经，穷理见性，知果验因，得不依教起行，免背四依之行乎？"俄辞晋水，却返故山，戴华严经，绕菩萨殿，六时右旋礼佛。时晋高祖握图之三载也。名闻丹禁，遂赐紫衣。明年，授号通悟焉。山门僧官与大众坚命临坛，告辞不允。僧官谓曰："师行解兼人，独善其己，良璞不剖，必见泣血。"辞不获已，度人三二载，坚求脱免。属少王嗣位，院乏主守，大众佥举："非屿而谁？"辞曰："此山四海客游之所，奈何不出院门有年岁矣，令知供养，有何所须？"虽免不从。自后供施委输。十八年中，供百万余僧。一夕云雾俱发，霰雪交零，屿之盖经白练一条可三四尺，忽尔不见。翌日深更，遗练俄还旧所也，盖阴神之送至欤？显德七年庚申岁十月示疾，谓诸子曰："犹龙者厌乎大患，叹凤者悲于逝川，诸行无常，是生灭法。"言讫如蝉蜕焉。俗寿六十六，僧腊四十六。荼毗于东峰下，取诸灵骨，瘗于塔幢，舍利随缘供养焉。

宋东京观音禅院岩俊传

释岩俊，姓廉氏，邢台人也。诞育之来，蔚繁神异，挺身去缚，誓入空门。从捧戒珠，终身圆莹。乃持杯锡，言遍参寻，陟彼衡庐，登乎岷蜀。尝至凤林，欻逢深谷，见一区之晃耀，原七宝之纵横。时同侣相顾曰："奇哉！可俯拾乎？"俊曰："古人锄园触黄金，若瓦砾耳。苟欲怀之，自速祸也。徯吾野菅覆顶，须此供四方僧。"言讫舍去，造谒舒州投子山主，问之曰："客来昨宿何处？"俊曰："在不动道场。"曰："既言不动，曷由至此？"对曰："至此岂是动耶？"曰："元来宿不着处。"然山主默认许之。迨思还赵，路出陈留，抵今东京。属乎梁少保陇西公资，即河阳节度使赠中书令芝之昆也，虽居贵仕，酷信空门，接俊谈玄，若刘遗民之奉贾远也。相与议舍第宅俾建仁祠，俊弗让违，以安形性。既考禅室而行祖风，慕道穷玄，堂宇盈塞。周高祖、世宗二帝潜隐地，与俊布衣之交，每登方丈，必施跪礼。及其即位，延迟优渥，至乎朝达，见必稽颡，高谈虚论，若至宝山焉。以乾德丙寅三月示身有疾，弥留，弟子求医奉药，瞋目噤唇不食，垂诫门人后已，当怡颜俨肃，合掌诀众而灭。享龄八十五，坐夏六十五。初俊被朝恩，赐紫袈裟也，受而不服；锡净戒师号也，有而不称。属其策杖清羸，周祖敕侍者辈勿令大师一中食，俾其日昃更进佉阇尼矣。俊诺而难遵。慈柔被物，暨乎自狭而广，实三院一门也。二堂东西，恒不减数百众。五十年间，计供僧万百千数。京城禅林，居其甲矣。以其年四月八日归葬于东郊丰台村，白塔存焉。于日神都寺院各率幡幢，吹贝鸣铙，相继二三里。道俗送殡者万数。知制诰王着为碑昭懋厥德云。

宋西京宝坛院从彦传

释从彦，姓米氏，燕人也。始自识环，寻知跪橘，颙昂挺质，豁达为襟。年距十五，父母听许出家于并部慧觉禅院也。受戒后，经江鼓榧，论海化鲲，流辈畏之，咸知宗奉。乃怀心于祖教，望攻玉于他山。由是北别冰天，南观桂海，不虞恶瘴，唯慕丛林，欣遇龙牙山禅师为决所疑，蔚成达者。后唐清泰丙申岁还游嵩少。洛中始安，人情辑睦，彦营构禅坊，延聚缁侣而供养之。历晋、汉、周三朝，皆加恩命，乃曰："宠辱若惊，吾无惊久矣。然俗谛门中，感世主以绨绣缘饰朽木者哉。"以开宝二年八月三日示疾而终。四年辛未，改权从久，瘗于层塔焉。

宋东京普净院常觉传

释常觉，姓李氏，陈留人也。肇为鞠子，气调绝奇，入乡校中讽读经籍，群童咸出其下。洎登弱冠，往庐山游二林，陟五老，乃礼归宗寺禅师，充苦行焉。梁乾化二年，蒙去饰披缁矣。明年，于东林甘露戒坛纳解脱木叉。厥后修身践言，虽三藏俱留于意表，而以心学为究尽之务。复入五台山，礼妙吉灵迹。迨后唐天成三载，始于东京丽景门之右树小禅坊，敕额为普净焉。而逐月三八日设阖京僧浴。其或香汤汲注，樵蒸失供，觉必令撤小屋，抽榱桷而助爨焉。有公王仰重，表荐紫衣，坚拒弗受，汲汲以利行济物为己任耳。开宝四年十二月三日遘疾，轻安无挠。十一日告众，右胁而化。享年七十六，僧腊五十六。荼毗收舍利，五色磊落无算。尝居京邑，屡登斯院，览北海陶尚书谷为湘东张仲荀序诗赠觉而云："起后唐天成至汉乾祐，每黑白月三取八日，浴京大众，累岁费钱可一百三十六万，数计缗千万矣，虽檀施共成，实觉公化导之力也。噫！大火之下，陈留古封，周秦已来，战伐之国，人物众而土风尚利，舟车会而货殖惟错。昔梁惠王贤诸侯也，尝谓孟轲曰：'何以利吾国？'是知礼让之化，不胜于好利之心，明矣。且梁去鲁千里而近，道犹不同，矧十万八千里乎？梁王，孟子同世之人也。心或有异，况瞿昙上人乎？彼孟氏属斯文未丧，不能扬素王之道，今上人当去圣逾远，卒能行法王之教，苟非三业内净，六尘外清，以至公之行化于人，孰以至公之心受于化也！"陶重叙曰，"自灵山覆篑，法海堙流，玉毫晦而微言绝，金杖折而异端作。惟上人也色空等观，物我都亡。麻麦一斋，自同禅悦；炎凉一纳，仅蔽枯形。前后王臣欲上章乞以大师为号，请以紫染方袍者，皆确而拒之"云云。张仲荀赠觉钵盂拄杖草屦，各用五言为章，刊于小碣。其为名流硕学旌别有如此者。

宋杭州报恩寺永安传

释水安，姓翁氏，温州永嘉人也。少岁淳厚，黄中通理。遇同郡汇征大师凤鸣越峤，玉莹蓝田，获落文心，沈潜学奥，以其出乐安孙合拾遗之门也，而有慕上之心，往拜而乞度。然征性高岸而寡合，而安事之也曲从若环，盖哀其幼知择师耳。天成中，随侍出杭，俄有从十二头陀之意，潜逃欲登闽岭，参问禅宗。属封强艰棘，却回结庵于天台。后遇韶禅师法集，顿遣群疑，重来礼征。咄之曰："弃背孝养尔自速辜，遗行于斯，还有裨补前咎计否？"安跪对曰："从来无事，请用塞责。"征肯颔之。汉南国王钱氏召居报恩寺，署号禅师焉。乃以华严李论为会要，因将合经，募人雕板，印而施行。每有檀施，罕闻储畜，回舍二田矣。以开宝甲戌岁终而焚之，其舌存焉。累投火锻，色虽同乎炽炭，寒则柔弱，今藏普贤道场中。春秋六十四，法腊四十四云。

宋钱塘永明寺延寿传

释延寿，姓王，本钱塘人也。两浙有国时为吏，督纳军须，其性纯直，口无二言，诵彻法华经，声不辍响。属翠岩参公盛化，寿舍妻孥，削染登戒。尝于台岭天柱峰九旬习定，有鸟类尺鷃，巢栖于衣褶中。乃得韶禅师决择所见，迁遁于雪窦山，除诲人外，瀑布前坐讽禅默。衣无缯纩，布襦卒岁。食无重味，野蔬断中。汉南国王钱氏最所钦尚，请寿行方等忏，赎物类放生。泛爱慈柔，或非理相干，颜貌不动。诵法华计一万三千许部。多励信人营造塔像。自无贮畜，雅好诗道，著万善同归、宗镜等录数千万言。高丽国王览其录，遣使遗金线织成袈裟、紫水精数珠、金澡罐等。以开宝八年乙亥终于住寺，春秋七十二，法腊三十七。葬于大慈山，树亭志焉。

宋西京天宫寺义庄传

释义庄，姓张氏，滑台人也。当免怀之日，及就傅之秋，神彩克明，尘机顿去，乃于本府开元寺归善财之列，从升戒德。因乐游方，始于洛邑采听法华，见识过人，阐扬训物，众请居九曜院焉。匪亏法食，用济往来。慈以利生，始末无间。建隆初左散骑常侍申公奏赐紫衣，禀学僧尼三十余员。庄性敦勤，进讲外兢兢五十年间，二时礼忏，至老不替。于太平兴国戊寅年八月奄终，俗寿七十八，僧腊五十九。明年二月，迁塔于龙门菩提寺西焉。

宋西京广爱寺普胜传

释普胜，姓张氏，深州陆泽人也。幼岁情爱偷薄，俄决志趋五台山华严寺，师事超化大师。或问之曰：“子胡以越山逾域而求出家？彼饶阳者，岂无仁祠哲匠乎？”胜对曰：“附神骥可以日千里矣。某知妙吉净刹感征胶戾，令我小凡速成果证，可不是乎？”众聆斯说，曰：“任气小儿，有此高识，我曹俱弗如也。”胜曰：“某非衽金革死而不厌之徒也，愿入慈门而思利物耳。”迨乎受具，南临潞府讲通上生经矣。闻崇法大师传唯识论，盛化洛都，往从学焉。凡百章疏，经目便识之。不几稔闲，刁通精赡。胜所传者中山贞辩钞，讲多误失所然，昌言曰：“繁略不均，解判非当。”乃删多补少为四卷，行于世。太祖神德皇帝赐紫衣师，号曰宣教也。以太平兴国四年秋七月四日示疾，终于净土院，亨寿六十三，坐四十三夏。门人等收舍利葬于龙门山宝应寺西阜，建塔旌表之。

宋东京开宝寺师律传

释师律，茌阳人也。姓贾氏，大丞相魏国公耽之后，唐书有传。律弱龀端谨，不与群童斗伎。裁十五岁，于悯中寺落发，礼贞涉为师。严肃垂勖，所履不出边幅之外。涉默异之曰：“不可屈身下位而抑其名节乎？成比丘已，可去游方。”律奉训南逝，得其禅要。回锡故乡。时梁世迨大周朝，其间帝王重臣，率皆宗仰。居于夷门山，旧封禅也，营构乎殿宇圣仪，丰厨秘藏，供僧饶羡。约勒后生，别院翕如，罔违彝宪。朝廷以紫衣徽号，用旌厥德，律视之蔑如也。一日谓弟子庶几曰：“吾无愿不报，厥龄欲颓，汝宜知之。勿俗情而悲悼也。”乾德二祀正月二十三日而终，春秋八十一，法腊六十二。太平兴国五年三月，改葬于北部浚仪之原，进士贾守廉为塔铭焉。

论曰：佛出于世，经译于时，大要在乎果因，所推归乎罪福。罪也者，下三涂之阶陛也。福也者，上诸圣之阶陛也。阶陛是同，上下有异耳。此命章曰兴福者，乃欲利他焉。如秤低昂，如室明暗，则知二事必不同时。又类熏莸不同器而藏，尧桀不同国而治也。凡夫气分，唯说罪多。圣者品流，但闻福厚。顺性故易造，逆意故难修。修有多门，行有众路。大约望檀波罗蜜多令度无极也。始则人天福行，施食与浆，桥梁义井。次则轮王行中下品善。上品十善者，则梵天福行也。一造偷婆，二补修故寺，三请佛转法轮。次则二乘净福行，同三品善，止自利功强耳。次究尽位福行，乃成二严庄严相好。从三轮无碍，见万法体空，获利殊多，尽未来际。夫如是福之广矣大矣，乃知圣者为福则易尔。何耶？纯净之故也。凡夫则反是，易熏染之故也。是以佛亦为穿针之福，知福不宜厌焉。目连然燎，迦叶蹋泥，无尽意贡璎珞宝珠，沓婆罗分僧卧具。伊皆大人有作，圣者权方，欲其因罪不厌除福不厌取，矧以教传岭外，法布中原，年所弥深，行持渐薄，内众修福，就彼持门，先哲息愆，行其忏法矣。夫修理忏也，淡虑观心，心无所生，生无所住。当尔之时，顺违无相，则罪灭福生之地也。若行事忏也，心凭胜境，境引心增，念念相资，绵绵不断，礼则五轮投地，悔则七聚首心，或期瑞而证知，乃见罪灭之相也。昔者齐太宰作净住法，梁武帝忏六根门，澄照略成住法图，真观广作慈悲忏。至乎会昌年内，玄畅大师请修加一万五千佛名经，是以两京礼经，则口唱低头，枤磬一声，谓之小礼。自淮以南，民间唯礼梁武忏，以为佛事。或数僧呗嘔，歌赞相高，谓之禳忏法也。其有江表行水忏法者，悔其滥费过度之愆，此人伪造，非真法也。又有斅古人逐字礼华严、法华经，以为礼无漏法藏也。由此有四众之徒，于字上安南无，字下安佛，诚叨滥也。

有倡言曰：但务生善，唯期灭罪，何判为非邪？通曰：翻译之后，传行已来，若天上之恒星，如人形之定相。或别占一座，便曰客星。或新起肉隆，乃为胼赘者耳。君不见春秋夏五邪，郑杜诸家岂不能添月字乎？盖畏圣人之言，成不刊之典，不敢加字矣。夫子曰：“吾犹及史之阙文。”将知佛教还可加减否？如慧严重译泥洹经，加之品目，忽梦神人怒责，声色颇厉曰：“涅槃尊经，何敢辄尔轻加斟酌！”是知兴福不如避罪，斯言允矣。今则不勤课励，靡事增修，因搜颖脱之数员，责显孟安之三宝，就今有作，何代无人？或京兆开乎海池，或终南建乎兰若，铸大悲之铜像，造相国之伽蓝。或代病利人，或护生掘土，铸钟感瑞，立刹参云，刻像繁多，修台浩博，披榛平田之梵宇，脱梓阿育之浮图，刊石为经，鸠财立藏。或治病于井络，或化人于鄜畤。如斯人也，入殊邦之乡导，合二姓之良媒。日月伏根，照洞庭之幽暗；乾坤玄凿，开混沌之窍端。所行博哉，续运长矣！公羊子有之曰：“是上之行乎下也。”诗云：“尔之教矣，民胥效矣。”愿吾徒望上而学之。令仁祠圣像无坠于地者也。

宋高僧传卷第二十八

宋高僧传卷第二十九

宋左街天寿寺通慧大师赐紫沙门赞宁等奉 敕撰

杂科声德篇第十之一（正传二十六人附见六人）

南宋钱塘灵隐寺智一传

释智一者，不详何许人也。居灵隐寺之半峰，精守戒范，而善长啸。啸终，乃牵曳其声，杳入云际，如吹箛叶，若揭游丝，徐举徐扬，载哀载咽，飕飗凄切，听者悲凉，谓之哀松之梵。颇生物善，或在像前赞咏流靡。于灵山涧边，养一白猿，有时蓦山逾涧，久而不还。一乃吮吻张喉作梵呼之，则猿至矣。时人谓之白猿梵召。一公为猿父，犹狙公也。其后涧边群狙聚焉。每至众僧斋讫，敛生饭送猿台所，后令山童呼三二声，则群猿竞至。洎乎唐武宗废教，伊寺毁除焉，鞠为茂草之墟，饭猿于台事皆堙灭。一师不详所终。

元魏洛阳慧凝传

释慧凝，未知何许人也，栖止洛邑而无异艺，正修练心戒耳。尝得疾暴终，七日而苏，起说冥间报应及见区分，更无毫发之差。所睹者五沙门，一是宝明寺智圣，以坐禅苦行得升天堂。次一是般若寺道品，以诵涅槃经四十卷，同前智圣。次是融觉寺昙谟最称讲涅槃、华严经，领徒千数。琰摩王曰：“讲经者心怀彼我，以骄傲物，比丘中第一粗行。今唯试坐禅诵经。”最曰：“贫道立身已来，唯好讲导，不能禅诵。”王曰：“付司。”即有青衣数辈，拥送最向西北门，屋舍皆黑，似非好处。次是禅林寺道恒，唱云：“教导劝诱四辈檀越，造一切经、人中像十躯。”王曰：“沙门之体必须摄心守道，志在禅诵，不干世事，不务喧繁。虽造经像，止欲得他财物。既得财物，贪心即起。既长贪行，三毒炽然，具足烦恼。”与最同入黑门。第五是灵觉寺宝明，自称未出家时，尝作陇西太守，造灵觉寺。即弃官入道，虽不禅诵，礼拜不阙。王曰：“卿作刺史之日，曲理枉法，劫夺民财，假作此寺。非卿之力，何劳说此？”亦付青衣送入黑门矣。凝由此省悟，最先见王，属吏检寻名籍误追摄耳。时胡太后闻之，遣黄门侍郎徐纥依凝之说，散访验寺额并僧名有无，奏报云：“城东有宝明寺，城内有般若寺，城西有融觉、禅林、灵觉三寺，并智圣、道品、昙谟最、道弘、宝明等，皆实有之。”太后称叹久之，诏请坐禅诵经者一百僧，常在内殿供养焉。续有诏不听比丘持经像左街路乞索。如私有财物造经像者任意。凝入白鹿山隐居修道，自此京邑城下比丘多修禅观，诵持大部经法焉。

系曰：昙谟最坐讲法而人我，因入黑门中。若禅诵者，人我随增，知亦不免。最与道士姜斌争论，护法之功可补前过。无谓传法之人皆堕负处。胡后偏见不亡，吁哉！

唐成都府法聚寺员相传

释员相，蜀人也。七岁出家，博综内外，善属文，时号奇童。内修律范，人无间然。龙朔元年，有疾而终于此寺。将启手足，房内长虹若练而飞上天，寺塔铃索无风自鸣。其大门屋壁画剥落，每夜有鼓角声，经百余日方息。从此鸟雀不栖其屋。咸亨四年，甘露降于讲堂前棕榈树焉。相终，弟子收文集三十余卷。寺中石像碑，相作辞，龚灵旷同撰，是欤。

唐越州妙喜寺僧达传

释僧达，姓王氏，会稽人也。稚齿英奇，不参戏弄，于龟山妙喜道场出俗。其寺南梁初建。后乐游方，见黄梅忍禅师，若枯苗得雨，随顺修禅，罔有休懈。遇印宗禅师，重磨心鉴。光州见道岸律师，更励律仪。四众依归，如水宗海。开元七年示疾而终，春秋八十二云。

唐京兆神鼎传

释神鼎者，不详何许人也。狂狷而纯直，发垂眉际。每持一斗巡长安市中乞丐。得食，就而食之。人或施粗帛币布，锦绮罗縠，并缀联衣上而着，且无选择。尝入寺中，见利贞法师讲于座前，倾听少时，而问贞曰："万物定已否？"贞曰："定。"鼎曰："阇梨若言定，何因高岸为谷，深谷为陵，有死即生，有生即死？万物相纠，六道轮回，何得定耶？"贞曰："万物不定。"鼎曰："若不定，何不指天为地，呼地为天，召星为月，命月为星？何得不定耶？"贞无以应之。时众惊其辩发如流。贞公奥学，被挫其锋，颇形惭色。张文成见之，叹嗟谓之曰："观法师迅辩，即是菩萨行位人也。"鼎曰："菩萨得之不喜，失之不怨，挞之不怒，辱之不瞋。鼎今乞得即喜，不得即怨，挞之即怒，辱之即瞋，由此观之，去菩萨远矣。"时药错愕，合掌而散焉。

系曰：答人之问，迟巧不如拙速。今传家隔几百年，辄伸酬对。通曰：谷变陵迁，生来死往，万类相纠，五道轮回，正是不迁之法，可非定耶？经云。世间相常住是也。又言天地星月，各据其伦，终归磨灭。可非不定耶？经云劫火洞然，大千俱坏是也。今不坏世间相而谈实相，可非定不定耶？虽定不定，俱解脱相欤？又言有喜怒非菩萨者，菩萨虽喜怒非喜怒，非菩萨而谁也？今聊雪利贞之郁悒欤。

唐京兆泓师传

释泓师者，齐安人也。神龙中来游京辇，简傲自持，而罕言语，语则瑰怪，颇善地理之学，占择茔兆，郭景淳、一行之亚焉。而出入于郧公韦安石之门。与韦既密，一日谓之曰："贫道于凤楼原见一段地，约二十亩，有龙起伏之形势，有藏此者必累世居台鼎。”韦曰：“老夫有别墅在城南，候闲隙陪国师访地，问其价几何。同游林泉，又资高兴。”异日，韦寻前约，方命驾次，韦公夫人曰：“令公为天子大臣，国师通阴阳术数，奈何潜游郭外而营生藏？非所宜也。”遂止。韦曰：“舍弟滔有中殇男未葬，便示此地。”泓曰：“如贤弟得此地，不得他将相，止列卿而已。”滔买葬中殇，后为太常卿礼仪使而卒。泓每行视山原，即为图状，尝自洛东言于张说曰：“缺门道左有好山冈，丞相可用之。”说曰：“已位极人臣，吉孰过此？”泓曰：“无人胜此。”遂咨源监察干曜，曰：“先人有遗旨矣。”后曜请假东洛迁奉而回，已经年矣。泓再经缺门，其地已成茔兆，问居人，曰：“源氏之松柏也。”泓曰：“冥数合归源氏，坐可待其变化。”不数年，曜果登庸焉。泓曾诫燕公曰：“宅勿于西北隅取土。”后成坑，三二处为穴，泓惊谓燕公曰：“祸事！令公富贵一身耳。更二十年，祸及贤郎耳。”及均、垍受禄山伪官，肃宗复京，以减死论，太上皇苦执令处斩。皆符泓言。然中、睿朝皆崇重泓，号国师。占相之言，未尝差谬。

唐洛阳罔极寺慧日传（真法师）

释慧日，俗姓辛氏，东莱人也。中宗朝得度，及登具足，后遇义净三藏，造一乘之极，躬诣竺乾，心恒羡慕。日遂誓游西域。始者泛舶渡海，自经三载，东南海中诸国，昆仑、佛誓、师子洲等，经过略遍，乃达天竺，礼谒圣迹。寻求梵本，访善知识，一十三年。咨禀法训，思欲利人，振锡还乡，独影孤征。雪岭胡乡，又涉四载。既经多苦，深厌阎浮，何国何方，有乐无苦？何法何行，能速见佛？遍问天竺三藏学者，所说皆赞净土，复合金口；其于速疾，是一生路；尽此报身，必得往生极乐世界，亲得奉事阿弥陀佛。闻已顶受，渐至北印度健驮罗国。王城东北有一大山，山有观音像，有志诚祈请，多得现身。日遂七日叩头，又断食，毕命为期，至七日夜且未央，观音空中现紫金色相，长一丈余，坐宝莲华，垂右手，摩日顶曰：“汝欲传法，自利利他，西方净土极乐世界弥陀佛国，劝令念佛诵经，回愿往生，到彼国已，见佛及我，得大利益。汝自当知净土法门，胜过诸行。”说已忽灭。日断食既困，闻此强壮。及登岭东归，计行七十余国，总一十八年，开元七年方达长安。进帝佛真容、梵夹等，开悟帝心，赐号曰慈愍三藏。生常勤修净土之业，著往生净土集，行于世。其道与善导、少康异时同化也。又以僧徒多迷五辛中“兴渠”。“兴渠”，人多说不同，或云芸薹胡荽，或云阿魏，唯净土集中别行书出云：“五辛，此土唯有四,一蒜，二韭，三葱，四薤，阙于兴渠。梵语稍讹，正云形具，余国不见。回至于阗，方得见也。根粗如细蔓，菁根而白，其臭如蒜，彼国人种取根食也，于时冬天到彼，不见枝叶。薹荽非五辛，所食无罪。”日亲见为验欤？以天宝七年卒于住寺，报龄六十九。葬于白鹿原，成小塔焉。余姚休光寺释真法师，金华人也，俗姓王氏。真总丱辞家，童蒙悟道，发大精进，坚持戒地。一门之中，数人缁服，真学习师古，义成先圣，八部经理，宛在掌中，三乘法源，尽于度内。天宝六年，太守秦公、长史狄公知其行高，遂以名荐，主休光寺焉。二公常相谓曰：“真公通深妙法，玄无上义，问一得三。言发响应。昔利涉辩博，僧会智周，与之齐驱，未可同日。”以其八年终于寺，本县令王璲述德刊铭，洪元沓书焉。

唐越州大禹寺神迥传

释神迥，未详何许人也。幼入法流，齐庄自任，节高行峭，不恶而严。晚年慕称心寺大义律师，同习三观于天台宗，得旨于左溪禅师，即宝应年中也。加以辞笔宏赡，华藻纷纭，为朗师真影赞、法华经文句序，冠绝于时，为世所贵。不详厥终焉。

唐京兆镇国寺纯陀传

释纯陀者，本西域人也，梵名无由翻就华言也。从游京邑，人所钦重。上元中便云东渡，人见之，颜容若童稚之色，言已年六百岁矣。或谓为八十岁人也。言谈气壮，举动不衰。代宗皇帝闻之，诏入，礼遇极丰，俾求留年之道。陀曰：“心神好静，今为尘境汨之，何从冥寂乎？若离简静外，欲望留年，如登木采芙蕖，其可得乎？陛下欲长年，由简洁安神。神安则寿永，寡欲则身安。术斯已往，贫道所不知也。”帝由是笃重之。以永泰三年预知必逝，遣弟子赍衣钵进上，帝赐弟子紫衣。陀终于镇国寺焉。

唐天台山国清寺道邃传

释道邃，不知何许人也。幽识远晤，执志有恒，悬解真宗，不由邪术。末传隋智者教道，素得玄微，荆溪之门，沓难窥望。大历中湛然师委付止观辅行记，得以敷扬，若神骥之可以致远也。于时同门元浩迥知畏服，不能争长矣。贞元二十一年，日本国沙门最澄者，亦东夷卉服中刚决明敏僧也。泛溟涬，达江东，慕天台之法门，求觊师之禅决。属邃讲训，委曲指教，澄得旨矣。乃尽缮写一行教法东归。虑其或问从何而闻，得谁所印？俾防疑误，乃造邦伯作援证焉。时台州刺史陆淳判云："最澄阇梨，形虽异域，性实同源，特禀生知，触类玄解。远传天台教旨，又遇龙象邃公，总万行于一心，了殊涂于三观，亲承秘密，理绝名言。犹虑他方学徒未能信受，所请印记，安可不任为凭云。"澄泛海到国，赍教法指一山为天台，号一寺为国清，风行电照，斯教大行。倭僧遥尊邃为祖师。后终于住寺焉。

唐怀安郡西隐山进平传

释进平，姓吴氏，京兆人也。早出家于永安山明福院，风表端雅。诸经大论，皆所研寻。销文炼注，令人乐闻。末思禅观，于洛下遇荷泽会师了悟，且曰："甚矣，不自外知者，所知难乎哉！"后至唐州，遂居西隐山。刺史郑文简请入城，阐扬宗旨。示灭年八十一，大历十四年三月入塔。

唐宁州南山二圣院道隐传

释道隐，姓王氏，彭原人也。风宇高峙，情性宏淡。少脱尘劳，誓从冲漠。既循师范，因愿游方，得荷泽师顿明心要。迨旋乡土，道声洋洋，慕其法者，若登华阴之市也。匪召员臻，檀施丰洽，只成精舍焉。以大历十三年三月晦嘱累四部，从于中夜趺坐而终，春秋七十二，法腊三十五。

弟子辩真建塔缄藏焉。今师资二座全身不朽矣。议者以为得道真正，其器亦然，譬犹炼丹之鼎，药成鼎亦化金矣。在华严有诸菩萨成就如虚空忍，得无来身，以无去故。得不生身，以不灭故，得不聚身，以无散坏故。其隐师之谓欤！

唐温州陶山道晤传

释道晤者，不知何许人也。高趣放荡，识量难赀。末住永嘉陶山侧精舍，则隐居修真诰之所也。大历中，代宗为陶真君树此精舍，晤于此进修靡怠，人亦倾仰。一夕跏趺而卒，身肉无沮，如入三昧，议不焚葬。后五年，忽举右手，状若传香。州官民庶异之，以事奏，敕赐紫袈裟，谥曰实相大师。至今塔中，州民祈祷，幡华填委焉。

系曰：凡诸入灭举其指者，盖示其得四沙门果之数也。昔求那跋摩举二指而灭，言已证二果欤？其次法京垂灭，屈三指。慧景反握二指，捋之还屈。今晤之伸指，岂不同诸？

唐京兆欢喜传（无侧）

释欢喜，不知何许人也。性无羁束，慈忍宽和，人未尝见其愠色，故号之焉。观国之光，至于京辇，贵达下民延之，少见违拒。言语不常，事迹难测。德宗皇帝闻而重之。兴元十二年敕永泰寺置戒坛度僧，时喜与保唐禅宗，别敕令受戒，缁伍荣之。至其年六月十九日，卒于本寺焉。有会稽云门寺释无侧者，外国人，未知葱岭南北生也。若胡若梵，乌可分诸？建中中越碛东游，得意则止，度其冬夏。后栖越溪云门寺修道。然善体人意，号利智梵僧焉。相传则是康宝月道人后身也，必尝以事征验而知。与名德相遇，谈话终夕。吴兴皎然题侧房壁云："越山千万云门绝，西僧貌古还名月。清朝扫石行道归，林下眠禅看松雪。"其高邈之状在昼辞焉。

唐湖州杼山皎然传（福琳）

释皎然，名昼，姓谢氏，长城人，康乐侯十世孙也。幼负异才，性与道合，初脱羁绊，渐加削染。登戒于灵隐戒坛守直律师边，听毗尼道，特所留心。于篇什中，吟咏情性，所谓造其微矣。文章俊丽，当时号为释门伟器哉。后博访名山，法席罕不登听者。然其兼攻并进，子史经书，各臻其极。凡所游历，京师则公相敦重，诸郡则邦伯所钦，莫非始以诗句牵劝，令入佛智，行化之意，本在乎兹。及中年，谒诸禅祖，了心地法门，与武丘山元浩、会稽灵澈为道交，故时谚曰："之昼，能清秀。"贞元初，居于东溪草堂，欲屏息诗道，非禅者之意，而自诲之曰："借使有宣尼之博识，胥臣之多闻，终朝目前矜道侈义，适足以扰我真性。岂若孤松片云，禅座相对，无言而道合，至静而性同哉？吾将入杼峰，与松云为偶。"所著诗式及诸文笔，并寝而不纪。因顾笔砚曰："我疲尔役，尔困我愚，数十年间了无所得。况汝是外物，何累于人哉？住既无心，去亦无我，将放汝各归本性，使物自物，不关于予，岂不乐乎？"遂命弟子黜焉。至五年五月，会前御史中丞李洪自河北负谴，再移为湖守，初相见未交一言，恍若神合。素知公精于佛理，因请益焉。先问宗源，次及心印，公笑而后答。他日言及诗式，具陈以宿昔之志。公曰："不然。"固命门人检出草本，一览而叹曰："早年曾见沈约品藻、慧休翰林、庾信诗箴，三子所论殊不及此，奈何学小乘褊见，以宿志为辞邪？"遂举邑中辞人吴季德，梁常侍均之后，其文有家风，予器而重之。昼以陆鸿渐为莫逆之交，相国于公頔、颜鲁公真卿命裨赞韵海二十余卷。好为五杂徂篇，用意奇险，实不忝江南谢之远裔矣。昼清净其志，高迈其心，浮名薄利，所不能啖。唯事林峦，与道者游，故终身无惰色。又兴冥斋，盖循燋面然，故事施鬼神食也。昼旧居州兴国寺，起意自捐衣囊施之。尝有军吏沈钊，本德清人也，夕从州出，乘马到骆驼桥，月色皎如。见数人盛饰衣冠，钊怪问之，"如何到此？"曰："项王祠东兴国寺然公修冥斋，在兹伺耳。"钊翌日往覆，果是鬼物矣。又长城赵胥钱沛行役，泊舟吕山南，见数十百人，得非提食器负束帛，怡然语笑而过。问其故，云："赴然师斋来。"时颜鲁公为刺郡，早事交游而加崇重焉。以贞元年终山寺。有集十卷，于頔序集。贞元八年正月敕写其文集入于秘阁，天下荣之。观其文也，亹亹而不厌，合律乎清壮，亦一代伟才焉。昼生常与韦应物、卢幼平、吴季德、李萼、皇甫曾、梁肃、崔子向、薛逢、吕渭、杨逵，或簪组，或布衣，与之交结，必高吟乐道。道其同者，则然始定交哉。故著儒释交游传及内典类聚共四十卷、号呶子十卷，时贵流布。元和四年，太守范传正、会稽释灵澈同过旧院，就影堂伤悼弥久。遗题曰："道安已返无何乡，慧远来过旧草堂。余亦当时及门者，共吟佳句一焚香。"其遗德，后贤所慕者相继有焉。又唐黄州大石山释福琳，姓元氏，荆州人也。父为襄阳判司，素崇释氏。琳幼好佛门，恒循检操，早知割爱，就玄静寺谦着师下剃染。登满足法已，躬礼荷泽祖师，乃契真心。后至黄陂，剪茅营舍，终成大院，安集四方禅侣。琳终时年八十二，兴元二年四月入塔。

唐安陆定安山怀空传

释怀空，俗姓商氏，河阳人也。膏粱之子，幼且矜庄。乃辞所亲，就本州大都山广福院出家。大明禅师默识空之器局不常，教诵群经。纳法之后，观方京都。属北秀禅师阐化，造而决疑。后往安陆定安山，倏遇一叟，劝空镇压此川，我沾大利。乃结茅而止，前叟即土地神耳。寻因村民逐虎入山，见空欢喜。而白之曰："此中多虎暴，村落不安，愿和尚示以息灾之法。"空曰："虎亦众生也，若屠害于彼，彼必来报。迭相偿报，何时断期乎？老僧为诸君计者，善可禳去。"乡人曰："愚下无知，唯教所在。"空曰："汝归舍，同心陈置道场，施设大会。"空预法筵。至日之夕矣，有一虎于庵前瞑目伏地。空曰："咄哉恶类，一报未灭，更增宿殃，噬人伦也。天不见诛，死当堕狱。吾悯汝哉！"虎被责已，忽迟回而逝。明日斋散上山，其虎在庵前，领其七子，将斋余掷之，各食讫。为其忏悔，七虎相次俱亡。百姓胥悦，且曰："从师居此，俗无疵疠，仍年谷熟。"致拜而退。时张辽大夫为州牧，遣府吏慕容兴往请入州，空谢病不起。部领工匠，为建禅宫。毕，示疾而终，享年八十三。贞元三年三月十六日火葬，收舍利入塔焉。

唐澧州慧演传

释慧演，姓苗氏，襄阳人也。父为东平纠曹。演幼入开元寺，闻经欢喜，求于辩章法师所度脱。章日讲涅槃经，演常随听入神。既通深义，复能讲谈。一日结侣同游华下，思登毛女峰，观仙掌，路出洛中，乃参荷泽祖师，通达大观。因入南岳，遂住澧阳，江南得道者多矣。贞元十二年终，享龄七十九云。

唐荆州国昌寺行觉传（皓玉）

释行觉，姓刘氏，巨鹿人也。稚岁英敏，立不易方，负志出家，亲难沮劝。早投本部永泰伽蓝，受业纳戒。后于洛都遇会禅师开悟玄理，秉心矫迹。游方见江陵古寺，殿宇摧堕，阒而无人。觉卸囊挂锡。明日，见樵夫惊怪，言"此是国昌寺，废已三周。"将知人事相因，道从缘会，学者至矣，乡人来矣，只成一寺。时节使崔尚书请召入城，谢而不赴。檀施继臻，乃兴盛化。贞元十五年告终，年九十二。荆楚之人营塔焉。又南岳山释皓玉者，赵氏之子，上党人也。出尘于法清寺，后于荷泽会下，大明心印，入岳中兰若养道。衡阳太守王展员外倾重。终时年八十余，兴元中入塔云。

唐鄂州开元寺玄晏传

释玄晏，江夏人也，姓李氏。祖善而博识多学，注文选，行讲集于梁宋之间。考李邕，北海太守，唐书有传。晏稚昧之龄，决志离俗，至德初年，诵经高第，依僧崇真剃落，配住开元寺。大历三年，从大阇梨真悟受具足法，便寻律范，目不视靡曼，足不履邪径，于四仪中，无终食之间违教。仪形峭拔，眉目秀朗，如孤鸿野鹤，独立迥泽，望风瞻想，自有远致。性多分剂，苟与恶比丘共住，遑遑然如以佉陀罗炭浴身也。不出户牖焚香扫地，端坐尽日。人不堪其忧，而晏居之，以为三禅之乐不敌也。晏少习毗尼，长学金刚，解空破相，臻极玄奥。而闻律藏有一时外学之说，或赋诗一章，运思标拔，孤游境外。彭城刘长卿名重五言，大嗟赏之。由是风云草木，每有赋咏，辄为工文者之所吟讽也。晏房舍在寺之北隅，颇为湫陋，凡当时名士共营草堂，有若陈郡袁滋、赵郡李则、卢来卿、于文炫、蔡直偕檀舍同缔构也。鄂岳连师何公旌其行业，请居晋安，不移其志。建中伊始，符载与杨衡、李演约晏为尘外之侣焉。以贞元十六年九月十四日示灭，春秋五十八，僧腊三十四。迁塔于黄鹤山南原也。

唐南岳澄心传

释澄心，姓朱氏，东海人也。厥父任济源令。天宝中，安史之乱遇害。心稚齿随母氏至河内，贫极，母即从人。心不乐随嫁。心之志气不群，乃投应福寺智明法师求教勖，披削登戒。后云游鸟宿，务急参玄于秀师高足门下，了其法要。乃观诸方名迹，遂止衡岳。请益之僧，摩肩骈足。时太守吴宪忠请心入州治，谢而不行。再命栖于龙兴寺，来问道者，丈室恒满。贞元十八年壬午十一月示灭，春秋七十六，以其月二十七日入塔云。

唐杭州天竺寺道齐传（法如）

释道齐，俗姓赵氏，钱塘人也。幼而察慧，器度浩然，入于庠序，经籍淹通。偶立当衢，见僧分卫，行讽净名经，冥然喜之。且召入家设食，问僧："为居何寺？"答曰："定水伽蓝。"因请父母出家，母曰："吾生汝时，梦手擎日月，尝占是梦，云贵子，有五等之分。脱或舍家，吾无望矣。"由是往定水从师。年十七，进具，习毗尼法。复投灵隐寺，学华严经义。自尔于天竺寺修习禅定，行杜多行。其山有石窟，齐于中坐，忽巨蟒矫首呛呀为吞噬之状，愀然不动。时有虎豹近于石室，群鹿时时驯扰。又山椒乏水，以锡杖剟地，其泉迸流，实供其用。贞元二十一年，四方学者劝请讲华严经，时雪飘飞，忽生华二本，状若芙蕖，熠爚光发，观者嗟叹，见所未见。齐道誉惟馨，其节俭恶衣恶食，人所不胜。后终于山寺焉。

又唐太行山释法如，俗姓韩，慈州人也。少为商贾，心从平准，至今东京相国寺，发心依洪思法师出家。隶业偕通，遂往嵩少间，游于洛邑，遇神会祖师授其心诀。后登太行山，见马头峰下可以栖神，结茅而止。有褚塾戍将王文信率众建精庐焉。刺史李亚卿中丞命入城，不赴。示寂，报龄八十九。元和六年三月迁塔云。

唐金陵庄严寺慧涉传

释慧涉，俗姓谢氏，会稽人也。即东晋太傅安之后。是知杰气英灵，间代而出；律梁拔俗，异世岂无？涉为人清素，戒节孤峻，好寂为乐，不栖名闻。以大历之初，于金陵庄严寺遇牛头山忠禅师，一言知归，遂命入室，授其法要。服膺道化，待之弥载，不惮其劳。洎忠捐世，踵武兹岭，无游人境。一衣方丈，操节弥高。自是以来，问道者众，四维方域，无不沾洽，五十年中，翕然归德。以长庆二年终于山院，春秋八十有二。门弟子惟晏等奉全师礼，建塔于寺之西北，勒铭纪德。若考师之艺文，则草堂庐岳，各美于当代矣。

唐京兆千福寺云邃传（清源）

释云邃，不知何许人也。通综经论，解将行兼。仍贯群书，号为该博。好远泛爱，人无间然。累朝诏入内道场，顺宗已来，掌领译务。宪宗初，句当右街诸寺观释道二教事，别敕充西明、千福两寺上座。风猷淹雅，纲任肃然。昔贤以道生比郭林宗，遂公有焉。次润州栖霞寺释清源，姓凭，南徐延陵人也。稚年贞素，长亦弗群，俗态不拘，法流爱人。造涉公为弟子焉。学赡经律，人罕畴匹。栖于摄山，积其龄稔。长庆初，工部尚书李相国德裕镇于浙西，洗心道域，延居京口，咨禀禅要，雅契夙心。及赞皇去郡，返锡栖霞，终于住寺。

唐京师保寿寺法真传

释法真，不知何许人也。器识悠深，学问宏博，研穷梵典，旁赜儒书。讲导之余，吟咏情性。公卿贵士，无不宗奉。洎长庆中，帝颇锐怀佛事，真屡膺召命，内殿祗奉。四年，赴禁中道场。睿武昭愍皇帝御于法席，顾问三宝功能，真得应对，而辩给圜转，援据粲然。帝悦，因请云："久废坛度僧，未全法者皆老朽。"盖两江间兵革未偃之故。寻诏两街佛寺各置僧尼受戒坛场，自三月十日始至四月十日停，仍令两街功德使各选择有戒行僧谓之大德者，考试僧尼等经，僧能暗诵一百五十纸，尼一百纸，即令与度。真频奉敕修功德，故遂奏请。真之德望，实唱导之元。罔知终所。

唐吕后山道场宁贲传

释宁贲，姓李氏，陇西人也。家于亳州蒙城，幼奉释尊，而不言乎簪组之绪，无得称其代讳焉。贲所吐论，皆以觉了，不取诸相。心通定慧，而尽虚空，无以边中可测，无以文字求我。因往洪州，寻道一祖师，见而奇之，语而异之，大乘法器得其人矣。遂乃具戒，作入室弟子。师资数岁，道议殊伦。欲往天台，至越吕后山岑廖曰："即是诸佛住处，何必天台也？"贲菩提直干，挺秀七尺。村豪里宿睹其异状，归依瞻仰，老幼争先。同味醍醐，疾病皆愈。是时多有行路缁戾，欲暴僧徒，贲乃引之而前，威之而退，惊骇仪貌，礼足归依。调御山林，魔邪慑伏。不下岩岭近万余辰，德远道高，僧徒弥众。先时居处隘陋，兼无殿堂。众议经营，任人资福。远村穷墅亦竞助缘。土石木工，程材售巧，约山横栋，临涧飞檐，斤师斧子，鸟立猿袅，揆景促力，星再回天，殿堂成矣，佛像列矣。精耀俯仰，照山姹云，人天不殊，别开佛土。大和二年六月七日，远闻道场之内有鼓鞞丝竹之声，是夜二更，恬然化灭。生形七十五，炎腊四十一。是月权殡于杉园，礼也。斋祭殊品，哀号震山，惨树色于禅枝，咽水声于石穴。物尚知感，人情可量。大和五年九月荼毗，建塔于道场巽山，禀先意也。

唐阆州长乐寺法融传

释法融，姓严氏，阆中人也。稚齿好朴素，恶华楚之服。父训令秉笔，便画佛形像。至于聚戏，抟沙为塔，所作无非佛事。年甫十三，见释子，抠其衣坐执经卷，苦求出家。依长乐寺慧休法师为弟子，经诵偕通，乃沾戒善。遂讲南山律钞。后游云水，见嵩岳普寂禅道风行，密付心印。往弋阳福宁寺，放荡闲居，学道者麏至。以大和九年示疾而终，春秋八十九。其年正月十日，门人奉神座入塔焉。

宋高僧传卷第二十九

宋高僧传卷第三十

宋左街天寿寺通慧大师赐紫沙门赞宁等奉　敕撰

杂科声德篇第十之二（正传十九人附见六人）

唐上都大安国寺好直传

释好直，俗姓丁氏，会稽诸暨人也。幼不喜俗事，酒肉荤茹，天然不食。因投杭坞山藏师落发。元和初受具于杭之天竺寺。凡百经律论疏钞，嗜其腴润。一旦芒屩策杖，诣洪州禅门，洞达心要，虚往实归。却于本郡大庆寺，求益者提训，凡二十余载，为江左名僧。见儒士能青眼，故名辈多与之游，往往戏为诗句，辞皆错愕。凡从事廉问护戎于越，入境籍声实而造其户，不独能诱，亦善与人交者。大和中游五台，路出京邑，一夕而去。前护戎郄志荣、宋常春二内侍尤味其道，孜孜远招。开成初再至京国，二贵人同力唱和，牵裓虔留，致安国寺大方丈以居之。王畿龙象，莫不钦重。无何召入为供奉大德，非所好也，徇俗受之。然归欤之叹，未尝少弃。四年十月二十五日嘱累弟子讫，奄然而寂，春秋五十六，夏三十二。郄宋二家率财权瘗于浐水，东人皆悲之，门人鉴诸后归葬于崇山之南，华严寺起塔。会昌四年，起居舍人韦绚为碑纪代焉。

唐天台山禅林寺广修传（高闲）

释广修，俗姓留氏，东阳下昆人也。淑质贞亮，早预邃师之门，研穷教迹，学者云拥。日诵法华、维摩、金光明、梵网、四分戒本。六时行道弗休，弥年更笃。每一岁行忏法七七日，则第四随自意三昧也。开成三年，日本国僧圆载来躬请法，台州刺史韦珩谓讲止观于郡斋。以会昌三年癸亥岁二月十六日终于禅林本寺，俗寿七十三，法腊五十二。迁神于金地道场，法付门人物外焉。咸通七年，门人良汶发坟火葬，淘收舍利一千余粒，重塔缄藏焉。又湖州开元寺释高闲，本乌程人也。髫年卓跞，范露异才。受法已还，有邻坚志，苦学劳形，未尝少惰。后入长安，于荐福、西明等寺隶习经律，克精讲贯。宣宗重兴佛法，召入对御前草圣，遂赐紫衣，仍预临洗忏戒坛，号十望大德。性情节操，矗然难屈。老思归乡，终于本寺。弟子鉴宗，敕署无上大师，亦得闲之笔法。闲常好将霅川白纻书真草之踪，与人为学法焉。

唐高丽国元表传（全清）

释元表，本三韩人也。天宝中来游华土，仍往西域，瞻礼圣迹，遇心王菩萨指示支提山灵府，遂负华严经八十卷，寻访霍童，礼天冠菩萨，至支提石室而宅焉。先是此山不容人居，居之必多霆震猛兽毒虫，不然鬼魅惑乱于人。曾有未得道僧辄居一宿，为山神驱斥，明旦止见身投山下数里间。表赍经栖泊，涧饮木食，后不知出处之踪矣。于时属会昌搜毁，表将经以华榈木函盛，深藏石室中。殆宣宗大中元年丙寅，保福慧评禅师素闻往事，躬率信士迎出甘露都尉院，其纸墨如新缮写，今贮在福州僧寺焉。

又会稽释全清，越人也。穮耘戒地，芬然杜若。于密藏禁咒法也，能劾鬼神。时有市侩王家之妇患邪气，言语狂倒，或啼或笑，如是数岁。召清治之，乃缚草人长尺余，衣以五彩，置之于坛，咒禁之。良久，妇言乞命，遂志之曰:“顷岁春日于禹祠前相附耳。如师不见杀，即放之远去。”清乃取一瓻以鞭驱刍灵入其中，而呦呦有声，缄器口以六乙泥朱书符印之，瘗于桑林之下，戒家人无动之，妇人病差。经五载后，值刘汉宏与董昌隔江相持，越城陷，人谓此为窖藏，掘打瓻破，见一鸦闯然飞出，立于桑杪而作人语曰:“今得日光矣。”时清公已卒也。

唐镇州龙兴寺头陀传

释头陀，本下野磨家之子，然其器度温润，若长者之规。厥父课令其守磨，夜深悯驴牛之困惫，自己代之。放其畜啮草饮水歇卧者。父母知之，为其罢业。儿亦乞出家，遂落发受具。持无嗔怒，唯收拾粪扫物为衣，可重数斤。卧具三十年未尝更易。苦节之行，无有伦比，真定之民重之。而不受人供施，号抖擞上人焉。

系曰：粪扫衣者，四圣种之一也。凡修炼者必愿成此行，奈何少堪任之！其胜之者，勇猛堪能之人也。

唐南岳山全玼传

释全玼，本余杭人也，入径山礼法济大师求剃染。禀质强渥，且耐饥寒。诸所参寻，略得周遍，乃隐衡岳中立草庵。木食涧饮，结软草为衣，伏腊不易。有赠玼诗云：“窠居过后更何人？传得如来法印真。昨日祝融峰下见，草衣便是雪山身。”此太常孙渥旧相南迁有作，事详南岳高僧传云。

系曰：草衣在南岳炎方，壮年即可，未知衰老徙居幽朔耐否？如能，则上上根胜士也。

唐越州明心院慧沐传

释慧沐，俗姓祝氏，即世暨阳人也，代为著姓。沐幼冲之岁，家法严明，训授儒经，只成造秀。将随计吏，谒觉智寺契真禅师，即谥大观者是也，因以微讽。沐由兹开悟。明年剃度，乃诣洪井，礼观音禅师，顿了心契。咸通七载，还归故乡，邑宰韦公乃率信心者，造栖真院，四方禅客无远不届。廉使裴延鲁召沐，因营鉴水坊精舍成，还以坊为题榜，既而居之，安而能迁。允明州掾齐肇请，住玉笥峰，未久而卒。寿八十八，腊四十五，则乾宁五年七月三日也。

唐幽州南瓦窑亡名传（祝融峰禅者）

释亡名，履行尤峻，独居燕城南窑灶间。天祐中，幽蓟不稔，道殍相望。因分卫回，闻车辙中呱呱之声，悯而收归，乃饥民所弃女子也。以求牛乳哺之。当七八岁，引于城中求色帛以衣之。及笄年也，容色艳丽，殆非凡俗，或讥呵者，僧终无渝志。适遇燕帅刘仁恭从禽逐兔，直入僧居窑内。一卒见女子侍僧之侧，遂白帅，刘往亲见，问其故，皆以实对。刘曰："弟子欲收之，可乎？"僧曰："诺。"早验无吝意，自扶上马。归府，元真处子也，刘益哀之，不令伍于下位。仍重其僧，谓为果位中人也。别造精舍以处之，刘一旬两往谒焉。其僧疾没，门人入讣，女方独坐，闻之哀恸而死焉。刘为僧营塔标志矣。又祝融峰禅者亡名，为人抗直，不事威仪，每一举扬，善标宗要，道俗归之若市。尝饮酒遇毒，当时吐下，透落腐衣裂石，体中无恼。每有一蛇一虎为卫护状。迨终阇维，留骨一片，大如琵琶槽。僧众构火重焚，焚时色同火质，火尽灰寒，色白如雪，岂非得全身分坚固设利罗乎！至今岳中传其言句，立其浮图，号祝融峰道者焉。

唐洪州开元寺栖隐传（宝安）

释栖隐，字巨征，姓徐氏。少而端厉，神解天然。佩觿之岁，酷好出尘，父母不可坏其意。削发之后，纳法已还，其间服勤于学，深入毗尼壶奥焉。又于风雅之情，非雕刻而得，成自天姿。广明中，避巢寇，入庐山折桂峰，实嘉遁也。然多于华朝月夕，晚照高秋，练句成联，合篇为集，往往酋健浏亮，散在人口。身拥零破麻纳，不识者谓之山叟野人，殊无能者。得归宗禅旨，与同举扬，且无吝法。平常与贯休、处默、修睦为诗道之游，沈颜、曹松、张凝、陈昌符皆处士也，为唱酬之友。隐为群士响臻，淡然若水。后寇盗稍平，入荆楚，登祝融，踪迹啸傲。光化三年，游番禺，受知于太尉徐彦若。同光二年，于洪井巨鹿魏仲甫邂逅，以文道相善。后唐天成中卒。诗弟子应之携隐之诗计百许首，投仲甫为集序，今所行者号桂峰集是也。

次嘉禾灵光寺释宝安，俗姓夏，姑苏常熟人也。风神爽拔，性行淑均。壮年家务所婴，誓思脱屣。及进具之后，专习定门，洞达真诀，而不衣丝缕，惟专分卫，寝则刍鞂。安昔游五台，嗟南人之不识，遂率道俗同模筑五台之制于灵光寺，今且存焉。事毕，无疾而终。受生一百有十八岁，法腊七十八。由身不坏，门徒布漆之，别院供养。至会昌毁寺，遂焚之。

唐河东悬瓮寺金和尚传

释金和尚者，姓王氏，西河平遥人也，所生之地猪坑村。幼而魁岸，为人鲁质。所作诡异，与平人不类。于嵩岩山出家。其后身裁一丈，腰阔一围，言事多奇差，终后如在。乡人供祭之，乞愿，皆遂人意。西河至稽胡皆郑重焉。

梁四明山无作传

释无作，字不用，姓司马氏，姑苏人也。父陈宛丘县尉。母戴氏始妊时，梦异沙门称姓徐，住持流水寺，欲寄此安居，言讫跏趺而坐。其父同夜梦于盘中书一字，甚称心，自言可以进上天子。至明，各说所梦，母曰:“意其腹中必沙门也。”矢之曰:“如生儿，放于流水寺出家。”及生，果岐嶷可爱，且恶荤膻之气。年迨四岁，母自教诵习，利金易砺，记忆无遗。厥父欲其应童子举业，渐见风范和润，且恒有出尘之意。俄尔父偷窥姚氏之女且美容仪，酷欲取之。母切忌之，因曰:“或舍是子出家，宽汝所取。”父乃许之，送入流水寺中。才及月余，姚民仳离，时谓此女是善知识，为作之出家增上缘矣。年二十，受具足法。相次讲通删补律钞、法华、上生等经、百法论。一性五性宗教，励精寻究。孔老书篇，无不猎涉。后参其玄学于雪峰存禅师，深入堂奥。至庐陵三顾山，檀越造云亭院，豫章创南平院，请作住持，皆拂衣而去。前进士唐禀作藏经碑，述作公避请之由。居洪井十载，且未识洪师钟氏之面。乃游会稽四明，因有终焉之志。吴越武肃王钱氏仰重，召略出四明，因便归山，盖谢病也。有诗杼意呈王，王亦不留。诗云:“云鹤性孤单，争堪名利关？衔恩虽入国，辞病却归山。”时奉化乐安孙合退居啸傲，不交缁伍，唯接作，交谈终日。进士杨弇亦慕为林下之游。以梁开平中卒于四明，春秋五十六。初作善草隶，笔迹酋健，人多摹写成法。述诸色礼忏文数十本，注道安六时礼佛文一卷，并诗歌，并行于代。作不入尼寺，不谒公门，不修名刺，不趋时利，自号逍遥子焉。

梁成都府东禅院贯休传（处默　昙域）

释贯休，字德隐，俗姓姜氏，金华兰溪登高人也。七岁，父母雅爱之，投本县和安寺圆贞禅师出家为童侍。日诵法华经一千字。耳所暂闻不忘于心。与处默同削染，邻院而居，每隔篱论诗，互吟寻偶对，僧有见之，皆惊异焉。受具之后，诗名耸动于时，乃往豫章，传法华经、起信论，皆精奥义，讲训且勤。本郡太守王慥弥相笃重。次太守蒋瑰开洗忏戒坛，命休为监坛焉。乾宁初，赍志谒吴越武肃王钱氏，因献诗五章，章八句，甚惬旨，遗赠亦丰。王立去伪功，朝廷旌为功臣。乃别树堂立碑，记同力平越将校姓名，遂刊休诗于碑阴，见重如此。休善小笔，得六法。长于水墨，形似之状可观。受众安桥强氏药肆请，出罗汉一堂，云:“每画一尊，必祈梦得应真貌，方成之。”与常体不同。自此游黟歙，与唐安寺兰阇梨道合。后思登南岳，北谒荆帅成汭，初甚礼焉，于龙兴寺安置。时内翰吴融谪官相遇，往来论道论诗。融为休作集序，则乾宁三年也。寻被诬谮于荆帅，黜休于功安。郁悒中题砚子曰:“入匣始身安。”弟子劝师入蜀，时王氏将图僭伪，邀四方贤士，得休甚喜，盛被礼遇，赐赉隆洽，署号禅月大师。蜀主常呼为“得得来和尚”。时韦蔼举其美号。所长者歌吟，讽刺微隐，存于教化。体调不下二李、白、贺也。至梁乾化二年终于所居，春秋八十一。蜀主惨怛，一皆官葬，塔号白莲。于城都北门外升迁为浮图，乃伪蜀乾德中，即梁乾化三年癸酉岁也。休能草圣。出弟子昙域，癸酉年集师文集，首安吴内翰序，域为后序。韦庄尝赠诗曰:“岂是为穷常见隔，只应嫌酒不相过。”又广成先生杜光庭相善，比乡人也。休书迹，好事者传号曰姜体是也。尝睹休真相，肥而矬。蜀宰相王锴作赞。昙域戒学精微，篆文雄健，重集许慎说文，见行于蜀。有诗集，亚师之体也。

梁庐山双溪院国道者传

释国道者，未知何许人也。器凝淳粹，行敦高迈，块然独处，翩翩在形器之上矣。参学收广，欲歇孤征，爱庐山秀异，誓隐沦以求其志。考筑草舍，灌园植蔬，任山中居人揃取。或问其故，答曰:“贫道无心而种，无心而舍也。”验此见知，实达道之上流矣。修睦僧正恒倾意奉重，诗赠国公云:“入门空寂寂，真个出家儿。有行鬼不见，无心人谓痴。”后终于院，葬于双溪山原，有小浮图焉。今以“国”字呼之，为名邪姓邪？未得详焉。

梁泉州智宣传

释智宣，泉州人也。壮岁慕法，学义净之为人也。轻生誓死，欲游西域，礼佛八塔，并求此方未流经法。以唐季结侣渡流沙，所至国土，怀古寻师，好奇徇异，聚梵夹，求舍利。开平元年五月中达今东京，进辟支佛骨并梵书多罗叶夹经律。宣壮岁而往，还已衰耄矣。梁太祖新革唐命，闻宣回，大悦，宣赐分物，请译将归夹叶。于时干戈，不遑此务也。

梁江陵府龙兴寺齐己传

释齐己，姓胡，益阳人也。秉节高亮，气貌劣陋。幼而捐俗于大沩山寺，聪敏逸伦，纳圆品法，习学律仪。而性耽吟咏，气调清淡。有禅客自德山来，述其理趣，己不觉神游寥廓之场。乃躬往礼讯，既发解悟，都亡眹迹矣。如是药山、鹿门、护国，凡百禅林，孰不参请。视其名利，悉若浮云矣。于石霜法会，请知僧务。梁革唐命，天下纷纭。于时高季昌禀梁帝之命，攻逐雷满出渚宫，已便为荆州留后，寻正受节度。迨乎均帝失御，河东庄宗自魏府入洛，高氏遂割据一方，搜聚四远名节之士，得齐之义丰、南岳之己，以为筑金之始验也。龙德元年辛巳中礼己于龙兴寺净院安置，给其月俸，命作僧正，非所好也。其如闲辰静夜，多事篇章，乃作渚宫莫问篇十五章，以见意，且佝高之命耳。己颈有瘤赘，时号诗囊。栖约自安，破纳拥身，枲麻缠膝。爱乐山水，懒谒王侯，至有“未曾将一字，容易谒诸侯”句为狎。华山隐士郑谷诗相酬唱。卒，有白莲集行于世，自号衡岳沙门焉。

后唐灵州广福寺无迹传

释无迹，姓史氏，朔方人也。当宣宗御宇，佛法中兴。大中九年，年正十三，决志舍家，投白草院法空大师为弟子，操执密缜，拂攘嚣尘。咸通三年，用宾于京室，得戒度于西明寺矣。凡于百艺，悉愿游焉。慕定林威能画，戴安道能琴，我则讲贯之余，兼而综习。先是唐恒夫尝作镇朔方，后于辇下相遇，以家僧之礼待焉。盖知言行相高，复能唱导。闻恒夫白两街功德使，请隶西明寺。旋属懿宗皇帝于凤翔法门寺迎真身，右宣副使张思广奏迹充乎赞导，悦怿上心，宣赉稠厚。光启中传授佛顶炽盛光降诸星宿吉祥道场法，归本府。府帅韩公闻其堪消分野之灾，乃于鞠场结坛修饰，而多感应。景福中，太尉韩公创修广福寺，奏迹住持。皆以律范绳之，塞垣闲求戒者必请为力生焉。梁乾化丙子岁，中书令韩公洙奏署师号曰鸿远欤，后唐同光三年乙酉岁四月一日，坐终于丈室。筋骨如生，风神若在，蕃汉之人观礼称叹曰:“昔至德中当府龙兴寺有高士辩才坐亡，遂漆布之。乾宁元年府帅举奏，敕谥曰能觉。今迹师可不异时而同事哉！”中书令韩公命工布漆焉。庄宗朝军府从事薛昭纪为碑颂德云。

后唐明州国宁寺辩光传

释辩光，字登封，姓吴氏，永嘉人也，唐史官左庶子兢之裔孙也。幼舍家于陶山寺剃度。居必介然，不与常人交杂。好自标遇，慢易缁流。多作古调诗，苦僻寡味，得句时有得色。长于草隶，闻陆希声谪宦于豫章，光往谒之。陆恬静而傲气，居于舟中，凡多回投刺，且不之许接。一日设方计干谒，与语数四，苦祈其草法，而授其五指拨镫诀。光书体当见酋健，转腕回笔，非常所知。乃西上，昭宗诏对御榻前书，赐紫方袍。后谒华帅韩建，荐号曰广利。自华下归故乡，谒武肃王钱氏，以客礼延之。而性畔岸，弗惬王情，乃归甬东终焉。有文集，知音者所贵。出笔法，弟子从瑰、温州僧正智琮，皆得墨诀。有朝贤赠歌诗，吴内翰融、罗江东隐等五十家，仅成一集。时四明太守仰诠素重光高蹈，躬为丧主理命令葬。后三年，淮西域焚之，发棺俨若生相，髭发爪皆长。荼毗收舍利，起小塔焉，则后唐长兴中也。

晋宣州自新传

释自新，姓孙氏，临淄人也。濯戒寻师，曾无懈废，闻膺禅师化被钟陵，往参问焉。从云居长往，回锡尝隐广德山中。属两浙文穆王钱氏率吏士躬征苑陵，入山寺，群僧皆窜，唯新晏如。问曰："何不避乎。"对曰："东西俱是贼，令老僧去何处逃避？"王惊其讦直，回戈遣归，见武肃王问之，言无所屈。加之高行，造应瑞院居之，假号曰广现大师。初新尝入宣城山采药，穿洞深去，始则暗昧，寻见日分明，行仅数里，洞侧有别窍，溪水泛泛然。隈一大松，枝下有草庵，一僧雪眉拥纳坐禅。旁有一磬火器，新击磬，遂开目惊曰："嘻！师何缘至此？"乃陈行止，揖坐，取石敲火煎茗，香味可爱。日将夕矣，僧让庵令新宿，顾其僧上松巅大巢内，闻念法华经，声甚清亮。逡巡，又咄骂云："此群畜生毛类，何苦生人恐怖？速归林薄，不宜辄出。"叱去，新窥之，乃虎豹弭耳而去。明日谓其僧曰："愿在此侍巾屦。"僧曰："自居此地，百见草枯，四绝人烟，非师栖息处。"又问："莫饥否？"相引溪畔，有稻百余穗，收谷，手挪三匊黄粱。挑野蔬和煮，与食。后遣回去。送至洞口曰："相遇非偶然也。所食茶与菜糜，师平生不乏食矣。"遂遵路回本院已，月余日命同好再往寻之，失洞踪迹。后在浙中，充宝塔寺主，以天福中卒于住寺，年八十余。今影在冷水湾前，小院存焉。

汉杭州耳相院行修传

释行修，俗姓陈，泉州人也。少投北岩院出家，小心受课，诵念克勤。十三削发，往长乐府戒坛受上品律仪。年始十八，参雪峰山存禅师，随众请问，未知诠旨。辞存师，言入浙去。存曰："与汝理定容仪，令彼二人睹相发心。"遂指其耳曰："轮郭幸长，垂珰犹短，吾为汝伸之。"双手平曳，登即及肩，如是者三，自此长垂，见者举目。后唐天成二年丁亥岁入浙中，倾城瞻望，檀施纷纷。遂构室于西关高峰，为其宴息，后郁成大院。修别无举唱，默默而坐。人问，唯笑而止。士女牵其耳交结于颐下，杭人号长耳和尚。以乾祐三年庚戌岁十一月示疾，动用如平时，以三月中夜坐终。檀越弟子以漆布，今亦存焉。后寄梦睦州刺史陈荣曰："吾坐下未完。"检之，元不漆布，重加工焉。

宋宜阳柏阁山宗渊传

释宗渊，姓宫氏，高密人也。幼通经籍，察慧若神，忽愿出家于东莱北禅院。后参学江表岳中祖师胜友，资神润己，往造实归。僻好吟诗，于荆楚间尝师学于齐己之体，自言缘情在品物流形之外。览天下山川，且曰："步仞之丘，巨兽无以隐其躯"。爱宜阳柏阁山居之，以求其志。其孤洁耿介，凡俗不可造次而见。日别持观音支品，盖曾有善相人言渊促龄，勉令受持普门品也。至太平兴国五年十月，预言终期，令水土作坐，如鹿顶形。连促木工，明日斋时要用，至是果坐终焉，乡人无远近皆来焚香设拜，当年迁小塔于宝云寺之山原，年八十三。有洛西集。著挽辞五十首，一云："举世应无百岁人，百年终作冢中尘。余今八十有三也，自作哀歌送此身。"纸衣一袭葬焉。后开发，神色宛然，弟子淡然、奉明葬之于岩穴之中矣。

论曰："太极是生两仪，两仪生万物，絪缊而出，鼓动而萌。由庶类以蚩蚩，禀自然而历历。自然者道，道惟本心，心无不通，通物之理之谓道也。道其不一，蕃息流形，若究天倪。物亦惟一。乾一也，坤一也，殆乎因动成变，以变求占，则生象不一欤？至如鸟兽交气，草木构精，或用其牡而疏其雄，或同乎根而异乎实。鳄飞似鸟，橘移成枳，交獲为伧，羽嘉生凤，若此之伦，物类糅错之所致也。杂之时大矣哉！事有重贻，物有纷纶，乃彰杂名，非一名而统尽。故曰义虽博，则知可以一名举也。昔梁传中立篇第十曰唱导也，盖取诸经中“此诸菩萨皆唱导之首”之义也。唱者，固必有和乎？导者，固必有达者。终南释氏观览此题，得在乎歌赞表宣，失在乎兼才别德也。譬若别均天分，重赋全才，虎双翼而飞，鹰四足而击也。于是建立杂篇，包藏众德，何止声表？无所不容。或曰：续传改作名题，自何稽古？通曰：象班孟坚加九流中杂流也。如其立教，如其为人，匪独阴阳，不专刑律，或兼名墨，或涉纵横，则可目之为杂家流也。汉书有变，拾太史公之遗；澄照建题，正梁慧皎之僻。或曰：胡不闻杨子云疾其杂乎？通曰：彼恶夫淮南、太史公不宗孔而无纯德耳。此则应杂而杂，断无杂咎欤！今作传者，若游夏焉，观其起隐终哀，何敢措一辞也。或曰：何忽变唱导成声德耶？通曰：声之用大矣哉！良以诸佛刹土，偏用一尘以为警悟。唯忍土最尚音声，行为佛事及观音说圆通，世尊称赞者，为被闻熏。故若毗目仙人，香积世界，乐不乐爰居之耳，圜不入方凿之穿。是以影胜大王止前驱之象马，钵囊释子动合会之人天。返魂者随呗声而到家，光洁者闻呗声而欢喜。乃可谓宫商佛法，金石天音，哀而不伤，乐而不佚，引之入慈悲之域，劝之离系缚之场。脱或执受不精，器能无取，乃不可谓为声德也。于今搜有邻之德，聚兼讲之才，三人之师，于斯见矣。四战之国，孰敢攻乎？得非备五彩而服章，舍八风而成乐，则有登天竺而作猿梵，动塔铃而贯虹霓，副天请而都讲随，占地理而宰臣应，观音摩其发顶，弥勒诉其雷神。始化倭民，坐亡举指，见慈颜而不怒，作诗式以安禅。巨蟒不惊，山魔慑伏，临神鉴而悬知澄汰，礼天冠而誓隐灵踪。破瓮飞乌，劳身代畜。衡山衣草，禹寺明心，养童女以身全，遇毒流而命在。德符禅月，躯涉碛沙。或辩之利通，或声之流靡，猗嗟硕德，于烁群公！若诸根之互能，同五事之俱举，故强名为杂也。薝卜接栴檀之树，数倍馨香；鹰鹯育金翅之巢，千重猛鸷。咨尔同道，听乎直言。为僧不应于十科，事佛徒消于百载。如能以高为本，以德为枝，以修为华萼，以证为子实，然后婆娑挺盖，郁密成阴，周覆三千大千，号之曰大菩提树也欤！

宋高僧传卷第三十终

后序

前代诸家，或云僧传、僧史、记录，乃题号不一，亦声迹有殊。至梁沙门慧皎云高僧传，盖取高而不名者也。则开其德业，文为十科，见于传内。厥后有唐续高僧传，仿仰梁之大体而以成之。洎乎皇朝有宋高僧传之作也，清风载扬，盛业不坠。赞宁自至道二年奉睿恩掌洛京教门事，事简心旷之日，遂得法照等行状，撰已易前来之阙如。寻因治定其本，虽大义无相乖，有不可者以修之，先者所谓加我数年，于僧传则可矣已。斯幸复治之，岂敢以桑榆之年为辞耶？时方彻简，咸平初承诏入职东京右街僧录，寻迁左街。乃一日顾其本，未及缮写，命弟子辈缄诸箧笥，俾将来君子。知我者以僧传，罪我者亦以僧传，故于卷后而书之云耳。

大明高僧传

大明高僧传叙

皇明天台山慈云禅寺沙门释如惺识

释迦世尊，自周昭王甲寅降生西竺，成道涅槃，垂千余载而至汉明帝。摩腾、竺法兰始入中国，帝为首创白马寺以居之。自是，佛法兴而僧徒渐盛，于是则有吴之康僧会，晋之释道安、宝志、僧倜、支遁、无谶。神僧名释灵轨芳踪遍于天下，微言道韵高论良谟盈于简牍。作史者岂容已哉！故六朝庐山远公、唐宣律师、宋赞宁辈乃修僧史及高僧传各若干卷。又达磨大师遥知震旦机熟，不远数万里而来，特授教外别传之旨，六传而至曹溪，其道大振。载传而至青原、南岳、马祖、石头，其枝分干布派溢源深，可谓鲁一变而至于道矣。然后百丈出丛林备则，有开堂、入室、竖拂、拈椎一千七百则，葛藤蔓延寰宇。首以道原禅师、学士杨大年、附马李遵勗辈作传灯诸录各若干卷。入我国朝，成祖文皇帝于万机之暇，乃于僧史、传灯录间采诸灵异者，别曰神僧传，又若干卷。于戏！可谓盛典矣。夫孔子作春秋，而乱臣贼子惧。太史公作史传，天下不肖者耻。今吾释氏而有是书，则使天下沙门非惟不作师子身中虫，而甚有见贤思齐，默契乎言表得免亡罥者，讵可量哉！然僧史始于汉明，传灯远溯七佛，皆终于宋。惟神僧传迄于元顺而止明兴。太祖高皇帝开国以来，国家之治超于三代，佛法之兴盛于唐宋，独僧史、传灯诸书尚寥寥无闻，良可叹也。然吾侪有力者不以为念，有志者无以为缘，而我国朝人物其果不若唐宋乎？予于庚子校刻前代金汤编，今岁又缉国朝护法者以补其缺，间于史志文集往往有诸名僧载焉，因随喜录之，自南宋迄今略得若干人，命曰大明高僧传，以备后之修史者采摭云尔。

大明万历丁巳仲夏吉旦书于嘉兴楞严之般若堂

大明高僧传卷第一

皇明天台山慈云禅寺沙门释如惺撰

译经篇第一（正传一人附见二人）

元燕都庆寿寺沙门释沙啰巴传一（剌温卜　迦啰思巴）

释沙啰巴，西国积宁人。总丱即依癸思巴帝师剃染，习诸部灌顶法，又从著栗赤上师学大小乘。时有剌温卜，善通焰曼德迦密教，为世所称，投之，尽得其道。所以善吐番音说诸妙法，兼解诸国文字。后因迦啰思巴帝师荐于世祖，命译中国未备显密诸经，各若干部。其辞旨明辩，特赐大辩广智之号。其时僧司虽盛而风纪寝弊，官吏不能干城遗法，抗御外侮，返为僧害。世祖每论至此，切忧之，乃选能者整维其失。故特授师为江浙等处释教都总统，帝亲劳送之。既至江南，尽削去烦苛，务从宽大，故遐迩僧寺赖以安之。随改统福广，因师之气正德庄，严峻不倚，是以多忤同列。尝自叹曰:“天下何事耶？吾人自扰之耳。朝廷设官愈多，则天下之事愈烦，况释教乎？今僧之苦无他，盖官多事烦耳，所谓十羊九牧，可胜言哉。”遂建言以闻，得旨尽罢诸路总统，天下快焉。师即遁迹垄坻，筑室种树，将欲终老。至大中，复召至燕京，拜光禄大夫大司徒。皇太子诸王尝问法要，诏给廪馆于庆寿寺，所译之经朝廷皆为刊行。延祐元年十月五日示疾，赐钞万缗，敕太尉沈王视医药，谢却之，竟面佛端坐而化。帝悼之，哀赐给葬，遣使驰驿送归故里，建塔。

系曰:译经之盛，莫过于六朝、盛唐鸠摩什、实叉难陀辈，及入五代北宋则渐渐寝矣。况自康王渡江，胡马南饮，銮辇驰遁，淳熙之后，虽有一隙之暇，乌能于是哉。至元世祖而华夷一统，始复有译经之命。入我国朝，洪武建元以来，以三藏颇足，摩滕不至，故止是例。今于元史仅得此人，庶不虚此首科亦几希矣。

解义篇第二之一（正传三十九人附见九人）

松江兴圣寺沙门释净真传一

释净真，未详姓氏。从松江兴圣寺若平法师剃染，习贤首宗。嘉熙三年，游浙江诸刹，因钱塘江坝毁，江涛泛溢灾民，师以偈呈安抚使赵端明曰：“海沸江河水接连，民居冲荡益忧煎。投身直入龙宫去，要止惊涛浪拍天。”遂投身于海，三日而返，谓居民曰：“我在龙宫说法，龙神听受，此塘不复毁矣。”语讫复投于海。赵端明感其德，具闻于朝，敕赐护国净真法师，立祠于杭之会祠。

眉州中岩寺沙门释祖觉传二

释祖觉，别号痴庵，嘉州杨氏子也。聪颖夙发，独嗜佛乘，精究贤首宗旨，尽得其奥。后奉旨出住眉州之中岩，四方学者云委川骛而至。日于开堂，弗倦诲示，汲引后学，曲尽慈悲。清凉一宗，至师可为鼎盛矣。而于拈椎之外，古今书史、诸子典谟无不该研，一览成诵。尝修北宋僧史并华严集解、金刚经注、水陆斋仪等行世。

临安上天竺沙门释若讷传三

释若讷，奉旨住上天竺。常领徒千人，大弘三观十乘五重六即之道。其词辩若泻悬河，实为当世四依也。南宋淳熙三年，孝宗幸上竺寺，欲礼大士，讷迎。孝宗问曰：“朕于大士合拜不合拜？”讷对曰：“不拜则各自称尊，拜则递相恭敬。”孝宗欣然致拜。又问：“岁修金光明忏，其意为何？”讷曰：“昔佛为梵释四王说金光明三昧，嘱其护国护人。后世祖师立为忏法，令僧每于岁旦奉行其法，为国祈福，此盛世之典也。”上说，授讷右街僧录，赐钱，即修其道。次年四月八日召讷，领僧五十入内观堂修护国金光明三昧。赐斋罢，讷登座说法。上问曰：“佛法固妙，安得如许经卷？”讷曰：“有本者如是。”孝宗大悦，进讷左街僧录，号曰慧光法师。自是岁岁此日入内修举佛事，赐绢帛五十匹。七年八月召讷入内，赐斋，说法称旨，恩宠隆渥加异。

台州白莲寺沙门释了然传四

释了然，号志涌。出家郡之白莲寺，讲演天台教观二十余年。精励后学，白业潜修，日惟一餐，常坐达旦。一夕梦二龙云中交戏空际，忽然化为神人，从空而降谒师，且于衣袖出一书示曰：师七日后当行西归。了然既寤，知是往生之应，乃挝鼓集众，登座说法，遗嘱后事，已而书偈曰：“因念佛力得生乐国，凡汝诸人可不自逸。”即索浴更衣，命众同声诵弥陀经，至西方世界，倏然而化。一众皆闻天乐之音盈空，祥光烛于天表。

明州宝林寺沙门释了宣传五（善荣）

释了宣，四明人。肄业于宝林，因慕南湖之盛投之。精究三观十乘之旨，阅大藏教，无不知其大义。修法华忏法二十七年，与释善荣为同志，相善，凡所修进必偕。荣尝金书法华、楞严、净名、圆觉等经，宣亦为助，或遇西资会则施人手画水墨观音像。二人结誓往生，每说法则谆谆劝人皆求生安养，从之念佛者众。一日，宣诣荣之室默坐，荣故问之，对曰：“我西归有期矣！难忘若道义，与若净土重会也。”荣曰：“正所幸愿。”宣即集众告别，命诵经念佛号。端坐书偈曰：“性相忘情，一三无寄。息风不行，摩诃室利。”合掌而逝。时正炎暑，停龛七日，颜色红润，口角有微涎。观者以帕裛之，则异香喷人。倾城士庶来裛，香涎愈滋，阇维舍利无算。宣入寂三年，荣忽取经像分施亲故，讽普贤行法经、小弥陀经，令众同助念佛。跏趺乃曰：“我为赴宣公之约。”言毕蜕然而化。

元杭州上天竺沙门释性澄传六（云梦泽）

释性澄，字湛堂，号越溪。绍兴会稽孙氏子也。父满，母姜氏梦日轮从空而堕，既觉日光犹照其榻，遂生师。四岁，常戏拈笔为佛像，授以佛经，即能成诵，若宿习焉。元至元丙子，投石门殊律师祝发受具。石门谓：“三世诸佛，戒为根本。”乃教探律藏，而通其遮性双单、止持作犯之义。乙酉，依佛鉴铦公习天台教观，谒云梦泽法师于南竺普福。泽一见，深加器重，历居清班要职。因天台国清实台宗讲寺，后易为禅，乃不远数千里，走京师，具奏寺之建置颠末旧制之由。元世祖赐玺书复之。已而欲东渡鸭绿游高丽，求天台遗书，闻其国有事，遂寝。大德乙巳，出住杭之东竺。丁未，吴越大旱，师率众说法，祷雨格应，岁饥民死无以敛，乃为掩其遗骸，作水陆大会普度之。至大戊申，迁南竺之演福。至治辛酉，驿召入京，问道于明仁殿，被旨居清塔寺校正大藏。驾幸文殊阁，引见问劳，赐无量寿佛等经各若干卷。事竣辞归，特赐金襕衣。将行，俄有旨，即白莲寺建水陆大无遮会。时丞相东平忠献王请升座说法，事闻宠赉尤渥，赐号佛海大师。

泰定甲子，住上天竺。九年，至顺辛未六月朔，忽挝鼓告众曰：“我三住名山逾三十年，自行无益，世缘有限，虽愧不敏，古德风烈犹或可攀。”竟拂衣归天竺之云外斋。岁余还越之佛果，笃志净土，修一心三观者七昼夜，屡感瑞应。一日月旦，众以常仪问讯，师遽揖曰：“老僧向非急于退步，一十二年几在半途矣。今日则有，明日恐无，光阴其可把玩乎？”烦点视衣钵，用表无常。众为念佛，止曰：“佛须自念，明晨却送别。”黎明众集，遂端坐而逝。阅世七十有八，坐六十有四夏，龛留七日，颜貌如生，全身窆于清泰塔院。所著有金刚集注，心经、消灾经注，弥陀经句解及仁王经、如意轮咒经科并行世。

杭州下竺寺沙门释蒙润传七（古源　竹堂传）

释蒙润，字玉冈，嘉禾之海盐人。姓顾，父敏，隐君子也，母孙氏实古源清法师之甥女。母娠及诞俱感异梦。润年十四，依古源于郡之白莲，方礼伽蓝神，土偶皆仆，一众惊异。古源授经辄成诵，遂命从祥公祝发进具。古源见其锐敏，授以天台止观、金刚錍、十不二门诸书，即能了大意。会古源归寂，乃事竹堂传法师以卒其业。因苦学婴奇疾，修请观音忏七七日。既获灵应疾愈，而心倍明利。遂得分座于南竺演福。湛堂澄公来莅其席，润居第一座。无何，出世主海盐之当湖德藏。夏讲法华，众尝千指，屠酤为之易业。瑞应之迹不可胜纪。迁演福，宗风益振。六年，退院事，高卧于龙井风篁岭之白莲庵，专修念佛三昧，依者日众。宣政院以下竺法席强起之。寺方灾，惟普贤殿岿然荆棘瓦砾中。因慨然谓众曰："兹寺成于慈云，今殿尚存，则祖师之愿力有在矣。"乃为次第葺治而新之。昕夕演说无倦，率众修法华三昧。感普贤放光现诸瑞相，居三稔。一日呼门弟子实法、明策等示止观安心之旨，已而告曰："吾生缘殆尽，兹惟其时。"骤称佛号数百声，泊然而化。润生平力修，昼夜无怠，尝修常行三昧，以九十日为期者七，修法华、金光明、大悲、净土，以七七日者不可以期数，故其潜德密行密证者有未易浅窥之也。

杭州上天竺寺沙门释真净传八（无极度）

释真净，字如庵，云间华亭姚氏子也。母朱氏梦月自海升堕于怀，觉而有娠，及诞时瑞光满室。有异僧过，指谓其母曰："此儿海月法师之再来也。"九岁依化城寺明静志法师授法华经，历耳成诵。十六得度，博究诸乘，夙慧顿发，乃以性学自许。首谒杭之广福云梦泽公，闻无极度法师化声大振，遂造其室，尽得其学。元大德间，出住海盐德藏，法嗣无极。其寺方圮，净竭力扶树，众散复聚，田为豪门所夺复归，不数年翕然成旧式也。至治迁松江超果。泰定乙丑，元相脱驩举住下竺。居七稔，讲席不倦。辟寺前之径，高大其门，书佛国山以揭之。至顺辛未，上竺湛堂澄公以老告休，举净自代。先是，净因疾昼寝，梦白衣大士持金瓶水灌其口曰："汝勿忧，非久自愈矣。"叩以未来休咎，示云："汝却后二年当避喧大树之下。"觉疾果差。窃疑避喧树下非人灭之谶耶。及乎澄举住上竺，至见寝堂，西有大树，堂匾曰静处，始悟梦之所示。由是殚心弘法，学者常数千指。元主慕其道，赐佛心弘辩之号及金纹紫伽黎衣。净素简重有古人风，举止不妄言笑，夙兴默课法华经，寒暑不辍。癸酉冬预告终期，乃命舟亟归于受业，未几示疾，书偈而逝，阅世七十有二，坐五十有六夏。阇维得舌根、顶骨不坏，舍利五色。

杭州慧因寺释盘谷传九

释盘谷，号丽水，海盐人。师貌不扬而志气超迈，博览经史，性耽山水之乐。至元中，游五台、峨眉、伏牛、少室名山胜地。尝云："足迹半天下，诗名满世间。"时附马高丽沈王闻师德望，具书聘讲华严大意于杭之慧因寺。师展四无碍辩，七众倾伏。王大悦，师声价益重。后至松郡构精舍，勤修净业，日课弥陀佛号。年七十余，无疾，预告以时，端坐而寂。有游山诗集三卷行世。

绍兴云门寺沙门释允若传十（大山恢　天岸济　我庵无）

释允若，字季蘅，号浮休，因云门之傍有若耶溪，后又号若耶，郡之相里人。年九岁能通春秋大义，父母钟爱之。稍长，翛然有绝尘之趣，遂依云门元和尚。十五祝发为大僧，随渡涛江。首谒大山恢法师于杭之兴福，山授以天台四教仪、金錍、十不二门指要钞诸书，一览而知大旨。闻湛堂主南竺，往依焉。凡法智所结立阴观、别理随缘、六即蛣蜣、理毒性具等文，靡不精究。至于恩、清之兼业，昭、圆之异说，齐、润之党邪，仁岳之背正，亦皆察其非是。于是湛堂甚器重之，俾司宾客。元至治初，湛堂奉诏入燕都校大藏，因奏若之行业，锡以慈光圆照之号。即命出住昌源净圣院。其院颇颓弊，乃力为经度，田芜者辟之，室圮者葺之，三年遂成巨刹。湛堂复招之来归，命居第一座，摄众规范。泰定中，复出主杭之兴化。时与天岸济、我庵无、玉庭罕三公，道望并峙湖上，世称为钱塘四依。未几退居越之云门，又与断江恩、休耕逸，临风吟咏不知夕阳在树，世又称为云门三高。至正住越之圆通，迁上竺。其山旧有缨络泉，涸久，若至持锡叩岩祷曰："苟吾缘在是，泉当为我一来，不然则涸如故。"言讫，泉涌出，渊冷渐盈。时户部尚书贡师泰称比慈云之重荣桧，命之曰"再来泉"。复退隐云门，筑精舍，专修法华三昧，为暮年净业。会天下大乱，干戈纷扰，众欲拥若避去。若斥曰："难可苟免乎？吾对将至，待以酬之。"众遁，若独危坐。贼众入其舍，若毅然不为屈，辞色俱厉。贼首知为有道者，约退，一贼独怒直前，挥刃中之，白乳溢出于地，实元至正十九年二月二十九日也，世寿八十，僧腊六十有五。贼退，众归荼毗，舍利如菽无算。若平生风度简远，不妄言笑，赵孟頫称为僧中御史，得法弟子集庆友奎、演福良谨、延庆如莹、隆德法让、净圣圆证等若干人，所著内外集黄溍为叙。

杭州演福寺沙门释必才传十一

释必才，字大用，姓屈氏，台州临海人。父哲，明大经，为科目之儒。母赵氏嗜善崇佛惟谨。才娠十月，母一夕梦梵僧振锡入堂内，觉而生。甫能言，辄记孝经一卷。七岁善属句，脱口而就，声文谐协，宛有思致。时有江西瞿法师，居越之报恩，实剡源暹公诸孙，通天台教观。才年十二，乃挟册从之，未几为祝发进具戒。十六，出游虎林，谒湛堂澄于南竺。湛堂与语，皆中肯綮，即以法器期之，命典客司。时玉冈润法师居第一座，学者归之如云，才亦执经入室。虽至流金之暑，折胶之寒，足不逾户限者十年。凡山家之玄、教观之要，一经指授，意释心融，靡不臻其阃奥。玉冈叹曰："此子非灵山会上业已习之，乌能至此哉。"一时侪辈如我庵无、绝宗继，皆英声伟望，超出时流。至于剖决宗旨议析教章，必推才为上首。玉冈出主海盐德藏，命才分座讲演，其辩若雨注河翻，纵横无碍，听者称之。泰定元年玉冈迁演福，宣政院请才继德藏。当是时湛堂声誉喧播中外，众意其必愿为其弟子，及升座，瓣香嗣玉冈，君子谓其知义。至正二年，迁杭之兴福，三年，补演福，元臣康里常咨决心要。先因寺烬于兵，才为次第新之，建万佛阁，其高一百三十尺有奇。才之为人凝重沉默，观行精励，孜孜修进，无斯须懈怠，接人以慈，诲人无倦，门弟子据猊座者百人。顺帝特赐佛鉴圆照之号。一日忽觉头目岑然，即谓众曰："吾缘尽矣。"乃焚香面西端坐，高称弥陀佛号。尽一昼夜又告众曰："汝等勿谓修持无验，吾净土缘熟，三昧现前矣。"即索浴更衣，为书以别相识，遂合掌而逝。舆龛荼毗，有五色光自龛中发，火余不坏者二。舌根如红莲华，齿牙若珂贝，舍利满地，众竞取之，一时俱尽，最后至者乃穴地尺许，求之亦有得者。塔于寺南。阅世六十有八，座五十六夏。著述有妙玄、文句、止观增治助文，法华、涅槃讲义，章安、荆溪、法智礼文诗偈等，并行于世。

天台荐福寺沙门释善继传十二

释善继，号绝宗，越之诸暨娄氏子也。母王氏梦神僧授白芙蕖遂妊。生即能言，或见母举佛号便能合掌和之。稍长，从季父于山阴灵秘寺治春秋传，因窃窥佛经，乃喟然叹曰："春秋固佳，特世法耳，莫若求出世法。况吾身如泡聚，官爵奚为哉。"于元大德，即请于父母，师恭和尚祝发，明年进满分戒。寻从天竺大山恢法师习天台教。恢公见其慧解卓伦，尝嘱曰："吾轮下数百人，而堪继大法者惟子耳！当自爱勉之。"会大山迁云间之延庆。即往南竺谒湛堂澄。澄一见便问曰："入不二门属何观法？"继对曰："三种观法对属三部，此文既与止观同成观体，的是从行。"澄又问："诸经之体为迷为悟？"继曰："体非迷悟，迷悟由人，亦顾所诠经旨何如耳？"澄公喜溢颜色，谓众曰："法轮转于他日，将有望于斯子矣。"俾居第一座。澄移上竺，玉冈润补其席，亦居第一座。天历乙巳出住良渚，香嗣湛堂。日讲金光明经，夜梦四明法智，谓曰："尔所讲之经与吾若合符节。"自是益加精进。至正壬午，元臣高纳璘请主天台荐福。无何迁能仁，阐法华妙玄文句，又释五章奥义。尝示众曰："吾祖有云，止观一部即法华三昧之筌蹄，一乘十观即法华三昧之正体。汝等须解行并驰，正助兼运，则圆位可登，而不负祖师命宗之意也。"元季，会天下大乱，遂东还华径，专修净业，系念弥陀、昼夜不辍。一日忽告众曰："佛祖弘化，贵乎时节因缘。缘与时违，化将焉托？吾将归矣。"乃端坐而逝，至正丁酉七月二十二日也，世寿七十有二，僧腊六十有三。荼毗舌根不坏，塔于灵秘之西，得法弟子有灵寿怀古、延庆自朋、崇寿是乘、广福大彰、雷峰净昱、演福如玘、报忠嗣琎、车溪仁让、香积昙冑若干人。

明州宝云寺沙门释子文传十三

释子文，字宗周，四明象山人也，即北溪闻法师之上足。出主宝云寺。淹博教观，律规甚严，常与人言则蹇讷若不出口。至于升座，滔滔如建瓴之水莫之御也。临终时讲十六观经，终即欲就座，别众入灭。或有启曰:“和尚后事未曾分付，奈何遽尔告寂耶？”文曰:“僧家要行便行，莫做俗汉伎俩为儿女计而有后事。”众恳益切，于是下座，复归方丈，一一条画之，即合掌称西方四圣号，回向发愿，毕遂入灭。阇维舍利，灿然无数，异香袭人，弥日而止。

大明高僧传卷第一

大明高僧传卷第二

皇明天台山慈云禅寺沙门释如惺撰

解义篇第二之二（正传十三人附见九人）

松江延庆寺沙门释融照传一

释融照，字慧光，世家越之南明。早岁受业于华藏，刻意修习天台教观于台之安国山及杭之天竺。后从渊叟湛法师，居华亭延庆寺，力精教乘，勤修禅定，燃膏继晷，旦夕无间。故学由志臻，表于丛席，职跻众右。四十祀矣名闻京师，诏嘉奖、赐师号。每岁元日，率众修金光明忏祝厘君上，说法之外力事忏摩，与诸众生扫除尘翳，摄入善根，既老而弥勤。得其法者三人，曰居简，曰宗榘，曰宗权，皆法门之龙象也。

杭州普福寺沙门释弘济传二（舜田满）

释弘济，字同舟，别号天岸，越之余姚人，姓姚氏。幼孤，从里之宝积寺舜田满和尚出家，丱时骏发绝伦，满授以法华经，辄成诵。年十六为大僧，日持四分律，蹞步之间不敢违越绳尺。已而叹曰:“戒固不可缓，而精研教乘以资行解，又可后乎？”于是往鄞，依半山全法师习台教。久之悉通其旨。尝修法华、金光明、净土等忏。一日于定中，仿佛睹四明尊者付以犀角如意。自是谈辩日溢，若河悬泉涌而了无留滞。元泰定元年，出世住万寿圆觉。明年，盐官海岸毁，居民朝夕惴惴，恐为鱼鳖之宅，元丞相脱骧甚忧之，乃祷观音大士于上竺，命济即海岸建水陆大齐，入慈心三昧，取海沙诵大悲陀罗尼，帅众遍撒其处。凡足迹所及，岸皆复固，人称神焉。天历，迁集庆、显慈二寺，适当岁俭，退处别室。苏人聘兴大德万寿寺，阅六寒暑，寺告成。至正五年，宣政请主会稽之圆通，居四载，还宝积专修念佛三昧。七年济以年高八十，元主降旨命主杭之普福，济坚卧不起。门人法航等进曰："和尚自为固善，其如斯道何？"济不得已，遂强起受诏赴之。无何竟拂衣复归旧隐，开清镜阁以蛰焉。因楞严经诸注繁简失当，将欲折衷其说为之疏解，俄疾作，即召弟子，以唯心净土之旨惓惓为勉。间有未解其意，济乃厉声曰："生死难处，生死难处。"遂书偈而逝。时至正十六年三月十日也，阅世八十有六，坐七十有一夏。越七日颜如生。众以陶器葬里之蛾眉山松花坞，亦济自卜之所。嗣法弟子有上竺道臻、雍熙净琛、普光允中、圆通有传、天宫明静五人，所著有四教仪纪正、天岸外集各若干卷，行于世。

系曰：济有大过人者三焉。内外书史过目则终身不忘，一也。有高昌僧般若室利，学兼华梵，世无敌者，请济用高昌语译小止观，而顿见文彩焕发。室利赧然自失，二也。生平以流通教法为己任，凡讲法华一百十会，而感天雨宝花缤纷者再，三也。呜呼！人或有一，不愧于生。济备此三，可谓世之优昙也欤！

四明延庆寺沙门释本无传三

释本无，号我庵，台州黄岩人。幼从方山宝禅师于瑞岩剃发进具戒，次依寂照禅师于中天竺，命司笺翰。寂照每深加锥札，亦有省处。后有舅氏，本习天台教，挽之更衣，见湛堂澄于演福，精研教部。寂照惜其去，遂作偈寄之云："从教入禅今古有，从禅入教古今无。一心三观门虽别，水满千江月自孤。"师后出世，既为澄公法嗣，仍爇一香以报寂照，盖不以迹异二其心也。寂照将入灭时，师方主延庆，照乃遗书，嘱其力弘大苏、少林二宗，余无他说。师因奠寂照，乃拈香云："妙喜五传最光焰，寂照一代甘露门。等闲触着肝胆裂，冰雪忽作阳春温。我思打失鼻孔日，是何气息今犹存。天风北来岁云暮，掣电讨甚空中痕。"师后晚年迁杭之上天竺最久，一日无疾端坐而蜕于白云堂，谥曰佛护宣觉宪慈匡道大师。

天台佛陇修禅寺沙门释行可传四

释行可，号宜行。博综台宗，精修止观，履践确实，悟理圆融。一夕因听雨述偈曰:“檐前滴滴甚分明，迷处众生唤作声。我亦年来多逐物，春宵一枕梦难成。”未详其所终。

五台山祐国寺沙门释文才传五（迦罗斯巴）

释文才，号仲华，清水杨氏子。其先弘农人，世官垄坻。父静义，为清水主簿，遂家焉。师少孤，事母尽孝。性敏捷，慧悟生知，而于古今坟典史籍无不精究，尤邃于理学。好古作善吟咏，然所禀敦朴若无所知，或对客讨论，如河汉莫窥其涯涘。自受具后，遍游讲肆，尽得贤首之学。尝曰:“学贵宗通，言必会意。以意逆志则得之矣，其语言文字糟粕耳，岂能开人之慧目乎？”初隐成纪，筑室树松，将欲终焉，故人称曰松堂和尚。元世祖特降旨命主洛阳白马寺。学者川奔海会，声誉日驰。成宗建万圣寺于五台，诏求开山第一代住持，时帝师迦罗斯巴荐之。成宗即铸金印署为真觉国师，总释源宗兼祐国住持事。帝师赍旨起师，师辞曰:“山僧荷蒙国恩，居白马寺亦过矣，何德敢主祐国，越分以居不祥，不省而行不明。吾坐此二烦，为我辞。”帝师曰:“此上命也。上于是寺，心亦勤且至矣，非师孰与。此系教门事，师善为之。”于是不得已而行。既被命以来而大弘清凉之道，虽至老无怠。大德六年壬寅九月朔日示微疾，乃说法辞众，端坐而寂，年六十有二，阇维舍利数百粒，塔于东台之麓。嗣法有普宁之弘教，普庵之幻堂。

秦州景福寺沙门释英辩传六（柏林潭）

释英辩，号普觉，俗姓赵。垂髫为驱乌沙弥，弱冠受具戒，年二十有五，得传于柏林潭法师之学。未三稔，出世于秦州景福寺，其道大震，声驰四表，摧伏异见，树正法幢。辩之资性，真纯如玉含璞，不加雕绘，人爱重之。至于悍卒武夫，亦能敬其为无佛世之佛也。每得衬币，悉以创梵刹，食僧伽，施贫乏。元世祖闻其高风，降旨旌异。至延祐元年六月庚戌，无疾辞众坐寂。焕异景于易箦之夕，标于迹于火葬之余，塔于普觉寺之后。阅世六十有八，腊六十有一。

京都崇恩寺沙门释德谦传七

释德谦，号福元，姓杨氏，宁州定平人也。幼为勤策，嗜诵佛书，稍长即游秦洛汴汝，逾河北齐魏燕赵之邦，咨访先德。初受般若于邠州宁公，习瑞应于原州忠公，受幽赞于好畤仙公，学圆觉于乾陵一公，究唯识俱舍等论于陕州頙公，听楞严四分律疏于阳夏闻公。凡六经四论一律，皆辞宏旨奥，穷三藏之蕴，而数公并以识法解义声名远闻，谦皆亲熏炙之，而必臻其道。后至京都，受华严于大司徒万安坛主。初诏居万宁寺，迁崇恩，前后十纪，道德简于宸衷，流声扬于海外，未尝以荣显宠遇改其志。尝曰："畦衣之士抗于世表，苟不愧于朝闻夕死，尚何慕焉。"自以重居巨刹，久佩恩荣，唯恬退为高尚。乃让师席与弟子，自居幽僻，谢绝人事，括囊一室，以明其明乐其乐，处世而遗世者也。元延祐四年正月二十有六日示寂。帝赐镪五十缗赙葬，敕有司备仪卫幡幢音乐津送。荼毗，获舍利数十颗，建塔于城之南隅。世寿五十有一，腊四十有三。

京都庆寿寺沙门释达益巴传八（绰思吉）

释达益巴，未知何国人。少为苾刍，事帝师十有三年，侍听言论，陶熏滋久，郁成美器，凡大小乘律论及秘密部，皆得乎理之所归。帝师西还，送至临洮，命依绰思吉大士，十有九年，闻所未闻，道益精萃。秦人请居古佛寺。其六波罗蜜靡所不修，兼通贤首之教。于是名誉四表，道重三朝。元武宗践祚，召问法要称旨，所赐虽厚，辞不受。未久乞归，许之，将谋以终自许。俄而复召还京，大宣法化。帝亲临听，特赐弘法普济三藏之号，命铸金印及紫方袍以旌异之，敕王公大臣皆咨决心要。延祐五年八月十有六日，无疾端坐而化，寿七十有三。帝命两宫赐币助葬，皇太子宰辅致奠，敕有司卫送，全身建塔，谥曰祐圣国师。

京都宝集寺沙门释妙文传九（大德明）

释妙文，蔚州孙氏子也。九岁出家，十八受具，已而游学于云朔燕赵之境。二十一抵京师，依大德明和尚学圆顿教，遂陆沉于众十有一年。众请出世，始赤服升猊座，纵无碍辩若峡倒川奔，及乎闲居，简默言不妄发。其涵养冲挹，无欲速，不躁进，大类如此。年四十八，住蓟之云泉，勤俭节用。老者怀其德，少者严其教，故众睦而寺治。廪有余粟以赈饥民，蓟人称之。世祖召见，顾谓侍臣曰："此福德僧也！"诏居宝集。自尔教乘法席益盛，性相并驱，僧俗溥济。斯时海内讲席纷纷，方胶锢于名相，凝滞于殊途，文独大弘方等，振以圆宗，使守株者融通于寂默之表，龙象蹴踏，竞驾一乘。年逾八十，专修念佛三昧。延祐六年，预知时至，诫诸弟子，高声称弥陀佛名，面西趺坐，手结三昧印，泊然而蜕。塔于平则门外。

五台山普宁寺沙门释了性传十

释讳了性，号大林，武氏子也。宋武公之后，以谥为姓。少即好学，聪睿天启。初依安和尚剃发登具戒，历诸讲席，精究三藏。后遇真觉国师启迪厥心，既而周游关陕、河洛、襄汉，访诸耆德，从而学焉。如柏林潭、关辅怀、南阳慈诸公，皆以贤首之学著称一时。性悉造其门领其玄旨。及归复参真觉于坔坻，乃曰："佛法司南，其在兹矣。"乃从真觉至五台。未几，真觉化去，遂北游燕蓟，晦迹魏阙之下，优游江海之上，与世若将相忘。成宗征居万宁，声价振荡内外。至大间太后创寺台山曰普宁，延居为第一代。师之为人刚毅颇负气节，不能俯仰媚悦于人，故足迹不入城隍，不谒权贵，人或忌之。性闻尝曰："予本以一介苾刍，蒙天子处之以巨刹，惟乃夙夜弘法匪懈，图报国恩不暇，余复何求。虽有臧仓毁鬲之言，其如青蝇止棘樊耳。顾予命之不遭，道之不行则纳履而去，何往而不可也。”时元世因尊宠西僧，其徒众甚盛。出入骑从拟若王公，或顶赤毳峨冠，岸然自倨。天下名德诸师，莫不为之致礼，抠衣接足，丐其按颅摩顶，谓之摄受。师惟长揖而已，顾谓众曰：“吾敢慢于人耶？吾闻君子爱人以礼，何可屈节自取卑辱？苟为之屈，非谄则佞，吾自为道，于彼何求。”识者高尚其义。至治改元九月三日示寂，塔于竹林之墟，谥曰弘教。

玉山普安寺沙门释宝严传十一（大林性）

释宝严，字士威，幻堂其号也。成纪康氏季子。因罹丧乱，与弟同剃发为僧，后参真觉，得传贤首宗旨而嗣。其道为人淳朴无伪，方寸之地湛如止水。值真觉三坐道场，严与弟皆从而佐之。真觉入灭乃继其席。无何奉诏，住普安祐国二寺最久，而与大林性公表里，大弘清凉之教。至治二年七月入寂，世寿五十一，建塔于封谷之口。

金陵天禧寺沙门释志德传十二（海闻　法照禧）

释志德，号云岩，山东东昌镏氏子也。十二受经于顺德开元寺海闻和尚，闻真定法照禧法师大弘慈恩宗旨于龙兴寺，径从之学，而尽得其蕴。至元二十五年，诏江淮诸路立御讲三十六所，务求其宗正行修者分主之。德被选，世祖召见，赐宴并紫方袍，命主天禧、旌忠二刹，日讲法华、华严、金刚、唯识等疏三十一年，特赐佛光大师之号。每与七众授戒，必令其父母兄弟相教无犯。至于然香然顶指为终身誓。居久尽出衣钵，新其殿庑楼阁。或岁俭，乃煮糜食饿殍数万人。建康流俗尚醪醴，好结官吏，德独以律绳自，徒众谨饬出止。若互用常住物者，误一罚百，故犯者擯之。居天禧三十余年，一衲一履终身不易，午过不食，夜则危坐达旦，以苦诵丧明。忽梦梵僧，迎居内院高座，空中散花如雨，因示微疾。至治二年二月七日犹诵经不辍，顷之辞众，安坐而化，世寿八十八，龛留二十一日，颜貌红润如生，阇维舍利无算。会者数万人，塔江宁张家山，学士赵孟𫖯为铭。

镇江普照寺沙门释普喜传十三（无念端）

释普喜，号吉祥，山东人也。身伟面黑而瘠脱，类梵僧。早岁恳父母出家，父母责以无后为大，因娶育二子，已而始得为沙门。精究慈恩相宗，研习唯识、师地、因明等论。元至元二十五年，薛禅皇帝创立江淮御讲之所，普照居其一也，诏师主之。升座外日诵华严大经，以十卷为常课。而素与云南端无念相善。端为唯识之巨魁，天下无出其右，每与师论辩理趣，或有少失，师以正言救之，端亦为诚服而称之。入灭，荼毗舍利甚伙，其门人留其灵骨，贮以髹函，奉藏二十余年，始建塔于丹徒雩山。逮入塔之际启视之，但见舍利沾缀函袱，若蜂屯蚁聚，触之熠熠然也。镇江之民多有图像，随处祠之，称为吉祥佛云。

大明高僧传卷第二

大明高僧传卷第三

皇明天台山慈云禅寺沙门释如惺撰

解义篇第二之三（正传十四人附见十四人）

苏州嘉定净信寺沙门释祖僴传一（石室瑛　竹屋净）

释祖僴，字日章，别号用拙，苏州常熟张氏子。祝发后东游四明，时我庵无公住延庆，石室瑛公居育王，皆待以忘年。后嗣法于竹屋净法师，出世永定教寺。继迁昆山广孝、嘉定净信，而主教吴下垂五十年。洪武初，预选高行，有旨就天界寺说法，上数召入禁中，奏对称允，加赐慈忍法师之号。后赐归故里终焉。

宁波普陀寺沙门释行丕传二

释行丕，字大基，宁波鄞县人也。宗说兼通，行解相应，蔚为时之名僧。初由天台佛陇升主宝陀，匡众说法，恢复产业而振兴丛席。洪武庚戌，春正月，部使者赣州刘君承直与师抱杖西东游。使者曰："此清净境也，盖为亭。"师乃建清净境亭于寺之南岭上，从三十尺，衡如之，左倚山，右入潮，音洞学士宋景濂为记。

松江兴圣寺沙门释原真传三

释原真，号用藏，松江上海朱氏子也。出家受具兴圣寺，传天台教观。戒行高洁，博极群书，精修法华、弥陀忏法。暇则书法华诸经，随缘演说，禅坐达旦。洪武乙丑微疾，索浴，书偈告众曰："四十二年，无作无修。有生有灭，大海一沤。真归无归，心空净游。"趺坐泊然而终。

杭州上天竺寺沙门释慧日传四（柏子庭）

释慧日，号东溟，天台贾氏子，即宋相贾似道之诸孙。及似道责戍，师尚幼，志求出家，依县之广严寺平山和尚数年，落发受具戒。年二十二，闻柏子庭讲台教于赤城，师趋座下，未几，能领大义。子庭叹曰："投丸于峻坂不足以喻其机之疾也，吾道藉子其大昌乎。"自是，师之学沉浸酞郁而名重一时矣。一旦假寐，恍见竹横地下，竹上凝者白粥粲然，师卧地食之。既觉，言于子庭。庭为解曰："竹与粥同音。子得就地而食，殆非缘在上下天竺乎？"于是渡钱塘谒竹屋净法师于上竺。所处房颇卑湿，乃作诗风之。竹屋见诗谓众曰："此子不凡，异日当主兹山，不可以小年易之也。"故乃遇如宾友。无何，命典客寮，寻掌僧籍。竹屋化去，时湛堂澄公继其席，器师延居后堂。年余出主吴山圣水。元至正四年，住荐福，历三稔，下天竺灾，元臣高纳麟请师新之。寺宇告成，王溍为之记。四年，迁上竺，师知缘在，夙夜罔怠，凡寺中所制一重缉之。元顺帝闻，特赐慈光妙应普济之号并金襕衣以征之。

十六年，退隐于会稽岩壑间，人无识者。元相达识帖穆尔遣使，物色得之，力请还山。凡两住上竺二十五年。至我皇明太祖洪武二年，诏赴蒋山佛会，命礼部给馔。明日召见奉天殿，百僚咸集，僧若鱼贯。惟师腊最高，朱颜白眉班居前列。上亲问升济沉冥之道，师备奏称旨。太祖顾谓僧众曰："迩来学佛者，惟饱餐优游沉蕹岁月，如金刚、楞伽、心经皆摄心之要与，何不研穷其义？今有不通者当质诸白眉法师。"自后召见，太祖但以白眉呼之，而不名也。尝与别峰同法师、金碧峰禅师辈赐食禁中，因奏瓦棺寺乃隋智者大师释法华之所，不可从废，太祖命就天界，别建室庐，以存其迹，诏即开山说法。五年孟春复于钟山建水陆大齐，命师说毗尼戒，太祖亲率百僚临听。事竣辞归上竺，谢院事，日修弥陀忏以臻净业。十二年秋七月，一夕梦青莲花生方池中，芬芳袭人，寤告众曰："吾生净土之祥见矣，于人间世殆不远乎。"后四日，趺坐合爪而寂。世寿八十九，僧腊七十三。越十日，奉全身藏于寺之西峰妙应塔院。师生躯干修伟，眉长寸余，目睛闪闪射人，而人无老少见师入城，咸呼曰："我白眉和尚来也。"争持香花以散其上。师面严冷，言不妄发，尝对王公大臣未出一软媚语。至于诱引后学，其辞色温如春曦，故人多悦从其学。嗣法有思济、行枢、允鉴、允忠、良谨、普智、文会、元秀、景梵等若干人。

杭州集庆寺沙门释士璋传五（天心莹　绝宗继）

释士璋，字原璞，郡之海宁王氏子也。生即伏犀贯顶，目炯炯黑如点漆。幼即羶荤弗御，父母或阴试之，辄呕不止。喜读佛书。邻有寺僧，请其父曰："此释氏种也，盍乞师我。"父怒曰："吾儿如芬陀花，非若伦也。"遂舍入传法寺受五戒。时翰林侍制柳贯尝憩寺舍，爱师，乃授以经史，亲为敷绎奥义，师闻迎刃即解。年十九，剃发为大僧。我庵无法师主上天竺，师将担簦趋侍。忽梦游宝所，有大菩萨教其胡跪作礼，口宣忏文，觉而思之，乃普贤净行品偈文。果见我庵刮目视之，凡天台教观一家章义以次授师，而志虑专一，力学无怠，至忘寝食。我庵阴鉴其勤，常以远大期之。

时有天心莹，素亢不服人，故世称义虎，亦艳师行，约共灯火，日与磨切诘难，极于毫芒，众曰双璧。久之我庵化去，东溟日公补其席，陶冶学者，选师为开科，命知宾客。继领忏摩事。

元至正十三年，受命住持栖真，而寺与南竺演福二刹相邻，时有大用才、绝宗继二老居之，师尤以学未足，日往扣焉，凡教观之奥，偏圆、本迹之微，一一无不条析。所以尝对众叹曰："佛法教藏渺如烟海，固非独善所能究尽。使吾自画而不进，其能免于孤陋之诮乎？"二十年移主旌德。元季天下兵戈大乱，人咸计自藏，师独专心寺事，不以世难自易厥志，其彰善瘅恶，风彩为之改观，日纳净众讲演经疏，时无虚晷。至我皇明洪武，集庆虚席，郡守李公请就提唱教乘。未几，中书被旨，俾浙之东西五府名刹住持咸集京师，共鼍天界，立善世院，以统僧众，同监董其役，诸方耆德皆莫知所为，师独出方略，具有条叙，时十万之众咸仿法之。是年六月既望，预知时至，召弟子嘱以后事，至十七日安然坐蜕。寿四十六，腊二十八。阇维，其弟子圆觉一印、升元克勤等函其骨，建塔于龙井辩才法师塔南。师之器局潇洒，论议慷慨，据直道而不狥流俗，每征诸刹，而树徒植党者皆为怨府。师乃誓不剃畜弟子，学者谒欲依附，必励言拒之，不妄录一人。

杭州演福寺沙门释如玘传六

释如玘，字具庵，别号太璞。得法于文明海慧继绝宗公。师学冠群英，才逸三教，非但十乘三观九经七史，凡世间所有名言秘典，无不博综。我太祖高皇帝赐旨命住天界，日与诸耆德阐扬教乘，以备召问。命同宗泐订释心经、楞伽、金刚，奉旨颁行天下。

绍兴宝林寺沙门释大同传七（春谷　古怀肇　断江恩　晦机　天岸济　古林茂）

释大同，字一云，别峰其别号也。越之上虞王氏子，父友樵，母陈氏。妊师十月，父昼坐堂上，忽见庞眉异僧振锡而入，父起揖曰："和尚何来？"曰："昆仑山。"竟排闼趋内。急追，闻房中儿啼声，父笑曰："吾儿得非再来者乎？"师幼俊爽，读书辄会玄奥。初习辞章，翩翩大有可观。于是父以缵承家学属之。母独叹曰："是子般若种也，讵俾缠溺尘劳乎？"遂命入会稽崇胜寺剃发。闻春谷法师讲清凉宗旨郡之景德，往依之，尽得其传，又谒古怀肇公，精四法界观。因春谷移主宝林，乃谓师曰："子之学精且博矣，恐滞心于粗执，但益多闻缚于知见，诚非见性之本，宜潜修而涤之，庶为吾宗之幸。"于是命出钱塘，见晦机熙禅师，见其挥麈之间，师之夙习见闻一时荡绝，惟存孤明耿耿自照。如是者阅六寒暑，晦机深嘉其志。又闻天目中峰法道之盛，往参便有终焉之意。中峰一日召而勉曰："贤首一宗日远而日微矣，子之器量足以张之，毋久滞此。"特书偈赞清凉像付以遣之。师大喜曰："吾今始知万法本乎一心，不识孰为禅，又孰为教也。"还宝林复侍春谷，且告中峰之意。谷随命分座讲杂华经。时宋故官徐天祐、王易简相与崇奖，声光焕着。郡守范公某，怜春谷腊高，欲风之让席，乃设伊蒲亲与师言。师毅然动容曰："其所贵乎道者，在师弟之分耳，分明可以垂训后学。苟乘其耄而攘其位，岂人之所为哉。明公固爱我，使我陷于名义，实伤之也。"范不觉避席谢曰："吾师诚非常人，岂吾所能知也。"

元延祐初，出主萧山净土寺，次迁景德。至元被命住嘉禾之东塔，随改宝林。然宝林本清凉国师肄业之地，人咸荣师，师亦高卧不赴。于是郡邑交疏延请再至，始投袂而起。乃仿终南草堂故事，辟幽舍招来俊乂，故天下学者莫不担簦蹑屩，集其轮下。至正初，赐佛心慈济妙辩之号，并金襕僧伽衣。元臣忠介泰不华守越苦旱，力请师祷。师爇臂香于玄度塔下，雨即大澍。元季天下大乱，寺灾，师奋然谋复新之。至我太祖高皇帝御极，设无遮大会于钟山，召师入见武楼。师时年八十，免拜跪。次日赐宴禁中，事竣，赐内库白金数镒并珍物荣其归。

师生神宇超迈，伏犀贯顶，身修伟玉立而美谈吐。如坐王公贵人有排难教门者，则法轮滚滚，理或不直，虽斧锧在前，亦不少挫其气，有以危法加之，弗少顾，惟诵华严经为常课而已，不移日，其人自毙。师每扶植他宗，毫无猜忌，如断江恩，少林之学者，乃荐之主天衣，天岸济，台教之徒也，挽之住圆通。师游闽，时古林茂主福建之保宁，而驭下过严，楚僧无赖者将愬之于公府。师偶遇旅邸，乃设丰食，从容饷之，谓曰："吾固不识古林，闻其为禅林名德，若辈将不利之，君子以若辈为何如人？不若且止，否则恐自罹大咎。"事遂寝。师性至孝，恨蚤丧父，每至忌日，必流涕不已。养母纯至，非惟顺色凉温而已，必使心餐道味，及亡，蒸尝无阙。且求名儒撰行实，树石于墓侧。师持律甚严，一钵外无长物，惟有书史五千余卷。洪武二年十二月，内示微疾。次年季春十日，登座说法，辞众归方丈，端坐而化。世寿八十二，僧腊六十有五。阇维征异甚多，建塔于竹山。所著有天柱稿、宝林类编各若干卷。嗣法弟子妙心之大衍、皋亭之善现、高丽之若兰、景德之仁静、姜山之明善、延寿之师頵、南塔之国琛、福城之大慧、景福之性澄、妙相之道儞、法云之道悦、净土之梵翱、宝林之日益等。

松江上海安国寺沙门释绍宗传八（静庵镇）

释绍宗，别号遂初，上海陈氏子。年十三，父母舍入里之安国寺，得法于静庵镇法师。天资颖悟，戒行精严。初出说法于杭之长庆寺，大展玄风，缁素向化，次迁吴兴慈感寺。时金陵长干守仁法师延居第一座，一众倾伏。洪武癸酉，应召有事庐山，奏对称，旨赐金缕僧伽黎，擢右讲经。无何，升右善世。丁丑正月五日示微疾，端坐而化。上闻敕遣中使致祭，荼毗日送者数千人。徒众奉收舍利遗骨，塔于安国寺。

松江普照寺沙门释居敬传九（东源）

释居敬，字心渊，别号兰雪。学通内外，善属文，精严律部，礼金陵大报恩寺一雨和尚，职知客。后参杭州集庆寺东源法师，于忏摩堂居第一座，从而讲周易。永乐初，奉诏校大藏经，预修会典，已而住持上海广福讲寺，迁松江普照，大开法席一十三载，建大雄殿、海月堂、三解脱门，廊庑重轩，精舍香积，焕然新之。七众瞻仰，道风大扇。

杭州龙井寺沙门释普智传十

释普智，字无碍，别号一枝叟，浙江临平褚氏子。出家于钱塘龙井寺，依东溟日法师授天台性具之学，优于讲说，历四大道场，门风大振。晚年开演于松江延庆寺，遂为终老。专修净业，寒暑不辍。永乐戊子正月二日微疾，会众端坐，面西念佛而逝。尝集注阿弥陀经一卷。

苏州延庆寺沙门释善启传十一

释善启，字东白，别号晓庵，姑苏长洲杨氏子。世为宦族，甫能言即通释典如旧熟。父母异之，知是法器，舍入永茂院出家。无几，剃染受具，屏迹龙山，研穷大藏，百氏诸史无不精究。永乐戊子出世郡之延庆寺，明年应召纂修永乐大典，并校大藏经，赐金缕僧伽黎。一时名人，若沈民望、王汝玉、钱原溥辈，皆为方外交。或辩儒释之异，师曰："无论圣人，理同且各为其教。"又曰："东鲁垂道，西竺见性，皆莫先于厚本。故吾侪虽离父母，而养生送死，率皆从厚。"与兄弟极友爱。正统癸亥示寂，塔于龙山。

广西横州寿佛寺沙门释应能传十二

释应能，伪姓杨氏，实建文君也。太祖之嫡孙，懿文太子之长子，封皇太孙，讳允炆。生时顶颅颇偏，太祖抚之曰半边月儿。及读书，甚聪颖。一夕，懿文太子与侍，太祖命咏新月诗，太子吟云："昨日严陵失钓钩，谁人移上碧云头。虽然未得团圆相，也有清光遍九洲。"太孙吟云："谁将玉指甲，掐作天上痕。影落江湖里，蛟龙不敢吞。"太祖览之不悦。盖未得团圆、影落江湖皆非吉兆。洪武三十一年，太祖大渐，乃授以一小箧，封钥甚密，戒于急难方开。

是年五月十六日即位，年二十有三。明年改元建文，召方孝孺为翰林侍讲，直文渊阁日讲周官礼，变更太祖旧制。于是诸王多不逊服，乃曲加恩礼。侍读太常卿黄子澄、兵部尚书齐泰议削诸王之权，谋者先燕，命侍郎张昺、都指挥使谢贵察燕动静，遂逼燕起靖难师，南讨黄、齐。建文四年六月十三日，破金川门，帝纵火焚宫，启太祖遗箧视之，得杨应能度牒、剃刀、袈裟、缁服。遂削发，自御沟出遁，云游四方，自湖湘入蜀、云南，复闽，入广西横州南门寿佛寺，居十五年，升座演法，归者甚众，所至成大法席，人不知是帝也。复往南宁居一萧寺，衲子云集，师为随缘开示，一众欢然。久之至思恩州，立于当道，值知州出，从者呵之，师言："我是建文皇帝也，自滇历闽至此。今老矣，欲送骸骨归帝乡。"巡按御史闻于朝，赐号老佛，命驿送至京师。乃赋诗云："流落江湖四十秋，归来不觉雪盈头。乾坤有恨家何在，江汉无情水自流。长乐宫中云影暗，昭阳殿里雨声愁。新蒲细柳年年绿，野老吞声哭未休。"及至京，朝廷未审虚实，以太监吴亮曾经侍膳，使审之。师见亮即呼曰："汝非吴亮耶？"曰："不是。"师曰："我昔御便殿，曾弃片肉于地，汝伏地餂食之，何得忘也？"亮稽首大恸。已而取入西内供养，竟卒于宫中。

系曰：建文君既继大统之二，应与贤佐之臣兢兢格守太祖之成法而补其未逮，则文皇帝亦安于藩邸矣，乌有靖难兵破金川门哉？为其一旦误用方、黄辈，讲周官行井田，变更旧制，威逼亲王，文皇乌能坐视大宝縻于侏儒而束手待缚耶？今数百年国家之鼎盛天下之治平者，诚赖靖难之一旅耳。建文事，弇山集深言其既罹难，必无出家之理，既出家必无还宫之事，杨应能牒是冒之也。斯据国朝典故、皇明通载及宪章录、思恩志等说录之，固于僧传是不可缺，君子详焉。

隰州石室寺沙门释圆镜传十三

释圆镜，汾州临县人。早岁出家，游心贤首讲肆，得悟诸经密旨。常游平阳府隰州妙楼山石室寺，随缘为众说法。一日，至北门瓦窑坡，土凿构一庵，如龛燕默其中。忽嘱其徒曰：“吾将归矣。”众请其期，曰：“来日耳。”晨兴沐浴更三衣，焚香趺坐说偈而逝。

苏州华山沙门释祖住传十四（大章）

释祖住，字幻依，麓亭其号也。丹徒人，姓杨氏。母朱氏梦梵比丘入其室，觉而诞师。少沉密，不贪世缘，喜作佛事。年十三父母舍入龙蟠山依朝阳和尚，受法华、华严诸大部经。十七剃染，十九受具，通晓诸经大义。自谓觉识所依非关真际，遂担簦游少室，依大章和尚五载，复至伏牛依高安十二夏，先后所得二师印可。次游都下，谒松秀二法师，尽得清凉宗旨。淮安胡给事延住钵池山，造大藏经作水陆无遮会。至南京访无极法师，居第二座，犍槌之暇即入众作务。事竣，往京口万寿寺演华严大钞，至入法界品，地震天雨甘露宝华。时无极率徒与焉，妙峰、承印二禅衲亦居座下。自是道价郁跂、丛林倾挹，师智崇礼卑如常不轻，提奖唱诱孜孜不倦，所至皆成宝坊。师演四十八愿时，有异人顶白冠，冠有蛇四足，来听说法。人怪问之。对曰：“吾乃法冠而乃境观。”忽不见。万历甲申憩锡苏之莲华峰下，建精舍居之。丁亥九月忽示疾，语众曰：二十二日不作离散，便可再展华严，但老僧不得曲狥人情。至日晨起沐浴，跏趺说偈曰:“虚空无面目，无位强安排。话头不话头，处处是如来。”又曰:“今年六十六，不知做甚么。咦，诸人着眼，看这个消息。佛祖到来也，用他不着。”言讫而逝，异香积时不散。奉全身三日，颜色自若生。荼毗敛遗骨塔于莲华峰之阴。寿六十有六，腊五十有四。王世贞作铭。

大明高僧传卷第三

大明高僧传卷第四

皇明天台山慈云禅寺沙门释如惺撰

解义篇第二之四（正传四人附见六人）

北直羊山秀峰庵沙门释明龙传一（大光）

释明龙，淮南宿迁姚氏子也，俗讳东阳。尝补邑庠诸生。居常好修嗜内典，二十年不问家人产，雅从善知识游。隆庆改元，澹然为居士，而北探诸名胜巨刹，访有道耆德，寓清苑越三寒暑。登银山法华寺，从大光和尚祝发进具。寻居羊山秀峰庵，名德日起。鹑衣一衲，不袜不襦不履。诸陵中贵人多檀施，弗之顾。安七十二众，期千日，亲为说法，阐三教宗旨。时休宁汪司马道昆奉诏行边，道出诸陵，期督府法华寺，闻师高德，乃趣。一沙弥逆至，见师敝衲，曾不掩骭，祁寒无所侵。汪与督府避席礼之，携入洞中，坐石床与语。师略举西来意，督府洒然信服。汪问："千日毕能作常住乎？"曰："无常无住。"明日辞归。越旬有五日立春，羊山放光五色。又越七日除夕，集众告曰："元年元日吾当行矣，汝等识字者用耳闻经，不识字者用心念佛。务禅定智慧，务济物普心，即此是佛，慎弗他求。汝等勉之。"除夜既半，命弟子视中星曰："夜午乎？"曰："午矣。"师曰："未也。"日午乃行。元日，羊山复放五色光如向。至日中，师辞众坐化。越七日阇维，复放光如向。大众与诸中贵人望光，对师罗拜曰："佛耶佛耶，愿以此光普照下土。"已而舍利累然，督府治塔藏之，汪公为之铭赏。万历元年正月也。

应天栖霞寺沙门释真节传二

释真节，号素庵，襄阳人也。少为郡弟子，忽宿根内萌，即辞割亲爱，礼明休和尚祝发。既而北游京师，遍参讲席，居秀法师座下，餍餐法喜，深得贤首之印。师之学富内外，诸方每以龙象推之。久之，负锡南还金陵，出主摄山栖霞，众逾三百，教备五乘，据师子座，挝大法鼓三十余年，檀施之余，拓地为庐。时殷宗伯得琅琊大士像，五台陆公亦铸金像，悉归师供奉，罗参知署曰圆通精舍。句曲李石麓学士盟为方外交。师阐大法不以期限。尝讲法华经，至多宝塔品，空忽现宝塔于座前，一如经言，四众跂观，洒然希觏。中使张某奉慈圣皇太后命至，同睹圣瑞，乃出尚方金缕僧伽黎衣一袭，宣慈旨赐之。即于讲堂之西建一浮屠，以征神化。汪道昆记其事。

嘉兴东禅寺沙门释明得传三（百川海　妙峰觉）

释明得，号月亭，以绍万松林禅师法嗣，故又号千松。湖州乌程周氏子也。师生即颖异，岐然不凡。髫时随父入西资道场，遂指壁间画罗汉像问父曰："僧耶俗耶？"父曰："僧也。"师慨然曰："吾愿为是矣。"于是力求出家，父母不听。至年十三，始投郡之双林庆善庵，从僧真祥习瑜珈教。越四载，祝发。闻有向上事，乃首参百川海公，不契，因而单衣芒屩遍游丛席，匍匐叩请备历艰辛，自念般若缘薄，拟投天竺，哀恳观音大士祈值明师。道经中竺，闻万松说法，先入礼谒。万松问曰："大德何来？欲求何事？"对曰："欲叩普门求良导耳。"松竖一指曰："且去礼大士，却来相见。"师泫然再拜，求决生死大事。松曰："子欲脱生死，须知生死无着始得。"师闻罔然。依受具足戒，自尔朝参夕叩，久无所入。松不得已，授以楞严大旨，于是苦心研究，至"清净本然，云何忽生山河大地"处，恍然若云散长空，寒蟾独朗，遂作偈呈曰："楞严经内本无经，觌面何须问姓名。六月炎天炎似火，寒冬腊月冷如冰。"松颔之嘱曰："汝既悟教乘，异日江南讲肆无出尔右，向上大事藉此可明。"松住径山，师为众负米采薪不惮劳苦。偶行林麓间有虎踞道，师卓锡而前，虎遁去。尝阅枣伯合论至十地品。中宵隐几而坐，梦游兜罗绵世界，登座阐华严奥旨。至于结座乃说偈曰：“从本已来无，今日何曾有。一毛头上现，虚空笑开口。”咄一咄，下座，寤白松。松抚之曰：“此圣力之冥被耳，非惟吾道之将行，清凉一宗亦大振矣。”无何松化去。师悬锴守塔三载，闻佛慧祇园法师讲席之盛，戴笠投之。祇园亦默识而爱重。其弟子沙泉颇自负，不籍师名，师遂挂锡报先寺。报先与佛慧咫尺之间，故晨则持钵，午则听讲，夕则与同参十余人敷其义趣，于是众日渐益，香积不继。师阴祷于伽蓝神曰：“倘吾与圣教有缘，神其无吝诃护。”移时有外道自云间来，施米百石。自是报先之盛过于佛慧。开堂之日，祇园命侍僧奉以衣拂，而谢还之，瓣香为万松拈出。已而孑身复径山凌霄峰，为碍膺未破，又力参三年。一夕初夜趺坐，豁尔心境冥会，疑滞冰释。乃跃然说偈曰：“千年翠竹万年松，叶叶枝枝是祖风。云岳高岑栖隐处，无言杲日普皆同。”趋礼万松塔曰：“老汉不我欺也。”自此道誉益隆，学者辐辏，四方交聘，岁无虚日。开堂灵隐，门庭严峻。

无赖僧彻空、天然辈睨视不敢近，竟以不测事诬师。不终日事白，天然坐诬遁，余党笞死者二十人。师南游赤城，外道归化者不可胜纪。台郡教乘之被实师始也。阐玄谈于大中庵三日。庵灾，独师之丈室岿然无恙。讲圆觉疏钞于法海，地产白莲华，紫芝生于厕，五台居士因匾其堂曰“涌莲”。师居东禅，夜梦文殊跨狮出，乃遗狮乘空而去，狮忽化为童子。师故问曰：“尔方狮，今童耶？”试开口。童子启颊口如丹朱。师抚其背曰：“尔犹狮也。”童曰：“师口何如？”师张口示之，童踊入咽。师惊觉而汗，且喜曰：“文殊大智在我腹中矣。”不数月，五台陆公率众命讲华严大钞，众常千指。妙峰觉，法师入室弟子也，遥宗四明，弘天台教观之道，以师阐贤首未谙台衡故，质六即蛣蜣之义。师曰：“天台六即在行人迷悟之分耳。如我在名字，则十界皆名字。我证究竟，则十界皆究竟。若我蛣蜣，十界皆蛣蜣也，非蛣蜣上别有六即。”觉曰：“不然，天台六即不论世出世间、有情无情，物物皆具，随举一法六即在焉，何必以我迷悟观彼优劣哉。”师曰：“圣人设教，诚为汲引迷涂。若云随举一法，六即在焉，是为惟谈世谛，成于戏论，学人何有哉。前五即置所弗论，如云究竟，一究竟，则一切皆究竟。如金出矿，似璧离璞。是故如来初成正觉观于九界，一切众生同时成佛，非惟九界正报，全体遮那，则九界依报，无非寂光。所以叹云：奇哉！众生具有如来智慧德相，乃因妄想不自证得，岂非以我成佛观彼皆成佛也。果如子言，其究竟蛣蜣永无成佛日矣。一切众生而无一人发菩提心，所谓十法界都为一队无孔铁锤。若言究竟蛣蜣容有成佛，如来何日复迷而作众生，金重为矿，其失孰大。”觉曰：“究竟蛣蜣，非是说也，以其心体本具，故曰理即，色相已成，方称究竟。一界既尔，界界总然。当界而论，六即自备。何必以其成佛不成佛难耶？”师笑曰：“子去做一个究竟蛣蜣也。”闻者无不高其论。吴俗尚崇事玄武，比丘亦有披僧伽衣而礼者。师见故逆而问曰：“汝奚为而来。”曰：“礼祖师也。”师叱曰：“汝身为比丘，心实外道，其玄武北方一水神耳，教中所谓毗娑门天王是也。彼以神力为佛外护，称其为祖师，乃披七佛衣拜之，不亦谬且倒乎？”遂毁其像，易事达磨之像。谓其僧曰：“此尔祖师也。”凡所过名兰精舍有事玄武，三官尽去之，俾学人专心正道，其护教概如此也。

师为人修干孤高，性度刚毅，以传法为已任，故祸患不避其身，而欣慼不形乎色。至于登座则慈云靄然，七众无不渥其沛泽。白椎则三千炳着八万森严。室中虽不横施棒喝，闻毒鼓而心死者众矣。万历丁亥秋告众曰：“吾为汝等转首楞严法轮，作再后开示，无复为汝更转也。”冬示疾，尤谆谆嘱以教乘事，明年正月望后二日吉祥而逝。世寿五十有八，腊四十有六，荼毗，塔于径山。

天台慈云寺沙门释真清传四（宝珠　荆山　月溪）

释真清，号象先，长沙湘潭罗氏子也。生而颖异，修干玉立，威仪严肃，不妄言笑。日诵经史数千言，终身不忘一字。父为河南县尹，常对宾朋以大器期之。年十五，补邑弟子员，偶有异僧过而目之曰：“此法门之良骥也。”十九因家难起，遂投南岳伏虎岩依宝珠和尚，剃染受具足戒，令看无字话，自是一心参究，寒暑不辍。至二十五，从珠游金陵，探禹穴，因舟触岸有声忽有省。珠大喜曰：“幸子大事已明，善宜保护。”珠以年高，自普陀栖隐于下天竺。时内臣张公永慕珠道行，密奏张太后赐紫色僧伽黎衣，以征其德。珠忽一日命师曰：“吾欲观化，无令人入。闻吾击磬声，当启户。”数日不闻动定，师密窥牖隙，见珠鼻柱垂地。越一日闻磬，师方排闼而入，珠已泯然逝矣。珠既化去，师乃访盐官古迹，驻锡觉皇。俄患背疾，感云长入梦授药，病愈。时佛慧寺月溪法师讲起信论于吉祥艳，师乃率众延唱临济宗旨，众扣师室，师从容语之曰："圆宗无象，满教难思，我若有宗可讲，非但法堂前草深一丈，即真空亦为缘虑之场。汝若有法可听，岂特头上安头，实际却为声名之境。三世诸佛、历代祖师，不过以楔出楔，随迷遣迷。是故会旨者山岳易移，乖宗者锱铢难入，况起信之旨大彻宗乘，何须更烦忉怛勉之。"众皆稽首而退。师乃南游天台，穷搜胜绝，怀无见睹之高风，诛茆其塔前三年。有荆山法师赴石梁之社，偕师至毗陵永庆，互以楞严参究。荆山叹曰："某所讲经，虽精微于佛语，闻师所论，诚出卷于尘中。"师欲返初服，而礼部唐公荆川留结千日之期。已而复归天台古平田寺，临海王司寇敬所入山访道，订为方外交。随迁华顶天柱峰，修大小弥陀忏六年，暇则敷演十乘，阐明三观。故四方学者攀萝而至者，户外之履常满。一夕梦琳宫绮丽、宝树参差。见弥陀三圣，师方展拜，傍有沙弥，授与一牌书曰："戒香薰修。"寤知中品往生之象也。盖师日勤五悔，密持梵网心地品及十六观经为常课，是亦精诚之所感耳。尝示众曰："大乘八万，小乘三千，实整六和之模范，出三界之梯航也。今世之高流，轻蔑律仪，惟恃见解，遂令后学不遵佛制，辄犯规绳，本自无愆，误造深罪。饶他才过七步，辩若悬河，不免识堕铁城，终未解脱。汝等勉之。"

万历丁亥八月，蒙慈圣宣文明肃皇太后遣使降旨褒崇，赐金纹紫方袍以宠之。十月，王太初居士因丁内艰，请师就永明禅室阐妙宗钞，百日为期。时台郡王理邢某亲登云峤而设供焉。

戊子岁俭，群盗蜂起，相戒无敢入师之室。槜李五台居士陆光祖虚芙蓉之席见招，辞不赴。忽谓众曰："桃源之慈云，实懒融四世孙为开山，唐天宝赐额曰云居山，曰安国，五代德韶国师中兴为第二道场，永明寿禅师剃发之所，今坐禅石永明庵故址在焉。韶公常领徒五百说法此地，昔螺溪寂法师请复台教，谛观亦亲礼足，皆此寺也。今为豪民夺之，将为掩骨所。窃思朝廷千数百年之香火，一旦为俗子葬地，谁之罪也？"遂罄衣钵赎归之，将谋兴建，俄云间陆宗伯平泉聘说法于本一院，李方伯冲涵聘讲于桐川，再毕，返棹嘉禾龙渊。欻抱疾，告门人曰："夜来神人启我为魏府子，其富贵非吾所志也。"遂付衣钵遗嘱弟子。如法阇维，尽发长物。于五台云栖西兴五处饭僧，有勉服药石者，师谢曰:“生死药能拒乎，吾净土缘熟，圣境冥现，此人间世固不久矣。”是岁正月七日乃绝粒，惟饮檀香水而已，期于二十九日告终。每日虽米浆不入于口，与众说无生法，诲谕进修而拳拳弗倦，至夕乃起别众曰:“吾即逝矣，无以世俗事累我。”众请曰:“和尚往生净土，九品奚居。”曰:“中品中生也。”众曰:“胡不上品生耶?”曰:“吾戒香所薰，位止中品。”言毕泊然而逝。延五日，颜色红润如生，手足温软，怡容可掬，吊者无敢下拜。荼毗日天色霁明，净无纤翳，举火之际忽有片云，如盖凝覆其上，洒微雨数点。烟焰起时，异香充塞。内自殿阁僧房，外自路人船子，所闻种种，随力不同。火余，骨有三色，而锵锵有声，红者如桃，白者如玉，绿者润似琅竿，犹香气郁郁。师生于嘉靖丁酉十二月二十六日，示寂于万历癸巳正月二十九日，世寿五十七，腊三十八。如惺抱骨，初建塔慈云之南冈，壬寅迁于寺西螺师山右绣文溪之上，武塘了凡居士袁黄撰铭。

明高僧传卷第四

大明高僧传卷第五

皇明天台山慈云禅寺沙门释如惺撰

习禅篇第三之一（正传十六人附见七人）

明州天童寺沙门释正觉传一（枯木成　丹霞淳）

释正觉，隰州李氏子也。父讳宗道，母赵氏。诞师之夕，光出于屋，人皆异之。年七岁，日诵书数千言，十三，通五经七史。一日乞从释氏学无生法，依郡之净明寺本宗和尚剃发，受具戒于晋州慈云寺智琼和尚。年十八游方，因自诀曰："若不发明大事，誓不归矣。"于是渡河首谒枯木成公于汝州，久之无所入。时丹霞淳禅师道价方盛，乃顶笠造焉。入门，霞便问："如何是空劫已前自己？"师对曰："井底虾蟆吞却月，三更不借夜明帘。"霞曰："未在更道。"师拟议。霞打一拂子曰："又道不借。"师忽大悟作礼。霞曰："何不道取一句。"师曰："某甲今日失钱遭罪。"霞曰："未暇打尔，在且去。"值霞退居唐州大乘寺，师亦从焉。宣和二年，霞迁大洪，俾掌记室，三年迁首座。时金粟智、雪窦宗辈皆参随之，真歇了公住长芦，招师首众。未几，出主泗洲普照。高宗建炎间，住舒州之太平，迁江之圆通能仁，次补长芦。时寇酋李在抄掠境上，乃入寺，众惧奔散，师独危坐堂中，但以善语谕之，李在稽首馈金赡众僧，于是一方赖安。寇静，又越二年，乃渡浙之钱塘，至明州礼补陀大士。天童虚席，郡守驰檄请师住持，无何，胡虏犯境，虏至登岭，遥望岭上若有神卫，遂敛兵而退。次年被旨主灵隐，将行，四众号阻，百鸟哀鸣。师居天童三十年，凡寺舍殿廊无不新者。绍兴二十七年九月朔，别郡帅檀越，七日还山，饭客如常，次辰索浴更衣，端坐为书嘱后事，讫，书偈曰："梦幻空花，六十七年。白鸟烟没，秋水连天。"掷笔而逝。诏谥曰宏智禅师，塔曰妙光。

燕都庆寿寺沙门释教亨传二（普照宝）

释教亨，字虚明，济州任城王氏子也。先有汴京慈济寺僧福安，居任城有年，精修白业，缁素仰重。一日赴斋于芒山村，乃倚树化去。是夕，示梦于女弟冯，自彭村见其乘白马而下曰："我生于西陈村王光道家。"冯觉，语母及其子，三人梦皆同。诘旦至光道家询之。其母刘氏先夕亦梦安公求寄宿焉。是日果诞亨。乃拳右拇指似不能伸，但瞬而未笑。次日有同业僧福广福坚，闻而来谒，见即呼云："安兄无恙耶？"亨熟视，举手伸指而笑。其母尝卧师于室中，若有人诵摩诃般若之声，及晬，或以佛经、酒杯试之，竟取经卷。素不茹荤血，见僧喜从之游，人皆呼为安山主。故芒山村乃以师事碑于石纪其异。年七岁，出家依州之崇觉寺圆和尚剃染。十三受大戒。遇苦瓜先生相之曰："此儿他日坐道场，必领僧万指。"年十五游方，闻郑州普照宝和尚法席之盛，于是荷锡自汴发足。宝公夜梦庆云如金芙蕖缤纷乱坠，因语众曰："吾十年无梦矣，今有此，是何祥也。"翌日亨至，宝独异之。师朝夕参叩，宝亦痛札之。一日往睢阳，忽马上忆"击竹"因缘，凝情不散，如入禅定，将抵河津，浑无知觉。同行德满呼曰："此河津也。"亨惊，遂下马，悲喜交集，及归涕以语宝公。宝曰："此僵人耳，切须更苏转动始得。"曾看日面佛公案，否曰："儿时已念得。"宝公笑曰："我只教尔参诸方掉下底禅，但再参去，自有得力处。"一日，亨于云堂静坐，忽闻打板声霍然证入，遂呈偈曰："日面月面，流星闪电。若更迟疑，面门着箭。咄。"宝公曰："我谩汝不得也。"

师后出世乃五坐道场，若嵩山之戒坛、韶山之云门、郑州之普照、林溪之大觉、嵩山之法王。次因金国丞相夹谷清臣请主中都潭柘，迁济州普照。未几，忽方丈后丛树中有一株，亭亭高丈余，而群鸦以次来巢，状若浮图，上下十二级。众贺曰："和尚佛法愈大振乎。"不十日，诏住庆寿寺，众常万人。三年继主少林，法席大盛。无何，师引去，乃徜徉于嵩少之间，或放歌或长啸，如是数年。一日，忽觉四大弦缓，杜门坚坐，谢绝宾客。至金兴定已卯七月十日，诫其众曰："汝辈各自勤修。"索浴说偈，端坐而逝，享年七十，坐夏五十有八。阇维焰如莲华开合，牙齿目睛不坏，舍利无算。师自儿时额有圆珠涌现于皮间，至是爆然飞去，弟子分设利罗以建塔焉。

临安府径山沙门释宗杲传三

释宗杲，号大慧，因居妙喜庵，又称妙喜。产宣州奚氏，即云峰悦之后身也。灵根夙具，慧性生知。年方十二，即投无云齐公。十七剃染，初游洞宗之门。洞宗耆宿因师词锋之锐，乃燃臂香，授其心印。师不自肯，弃去，依湛堂准，久之不契，湛堂因卧疾，俾见圆悟。悟居蜀昭觉，师踟蹰未进。一日闻诏迁悟住汴天宁，喜曰："天赐此老与我也。"遂先日至天宁，迎悟且自计曰："当终九夏，若同诸方妄以我为是者，我着无禅论去也。"值悟开堂，举："僧问云门：'如何是诸佛出身处？'门曰：'东山水上行。'"悟曰："天宁即不然。只向他道'薰风自南来，殿阁生微凉'。"师闻，忽前后际断。悟曰："也不易，尔到这田地，但可惜死了不能活。不疑言句，是为大病，岂不见道，悬崖撒手，自肯承当，绝后再苏，欺君不得，须要信有这些道理。"于是令居择木堂，为不厘务侍者，日同仕夫不时入室。一日，悟与客饭次，师不觉举箸，饭皆不入口。悟笑曰："这汉参黄杨木禅到缩了也。"师曰："如狗舐热油铛。"后闻悟室中问："僧有句无句，如藤倚树话。"师遂问曰："闻和尚当时在五祖，曾问此话，不知五祖道甚么？"悟笑而不答。师曰："和尚当时既对众问，今说何妨。"悟不得已曰："我问五祖：'有句无句，如藤倚树，意旨如何？'祖曰：'描也，描不成画也画不就。'又问：'树倒藤枯时如何？'祖曰：'相随来也。'"师当下释然大悟曰："我会也。"悟历举数段因缘诘之，皆酬对无滞。悟喜谓之曰：始知吾不汝欺也。乃著临济正宗记，付之俾掌记室。

未几圆悟返蜀，师因韬晦结庵以居，后度夏虎丘，阅华严至第七地菩萨得无生法忍处，忽洞明湛堂所示"殃崛摩罗持钵救产妇"因缘。宋绍兴七年，诏住双径。一日圆悟讣音至，师自撰文致祭，即晚小参，举："僧问长沙：'南泉迁化向甚处去？'沙曰：'东村作驴，西村作马。'僧曰：'意旨如何？’沙曰：‘要骑便骑，要下便下。’若是径山即不然，若有僧问圆悟先师迁化向甚处去，向他道‘堕大阿鼻地狱’。意旨如何？”曰：“饥餐洋铜渴饮铁汁。还有人救得也无？”曰：“无人救得。”曰：“如何救不得？”曰：“是此老寻常茶饭。”十一年五月，秦桧以师为张九成党，毁其衣牒，窜衡州。三十六年十月，诏移梅阳，不久复其形服放还。十一月，诏住阿育王。二十八年，降旨令师再住径山，大弘圆悟宗旨。辛巳春，退居明月堂。一夕众见一星殒于寺西，流光赫然，寻示微疾。八月九日谓众曰：“吾翌日始行。”是夕五鼓手书遗表并嘱后事。有僧了贤请偈，师乃大书曰：“生也只么死也只么，有偈无偈是甚么热。”委然而逝，世寿七十有五，坐五十八夏。谥曰普觉，塔名宝光。

平江府虎丘沙门释绍隆传四

释绍隆，和州含山人也。年九岁辞亲投佛慧院，六年得度，受具足戒，精研律部五夏而后游方。首访长芦信和尚，得其大略而已。一日，见有僧传圆悟勤禅师语至，隆读之，叹曰：“想口生液，虽未得浇肠沃胃，要且使人庆快，第恨未聆謦咳耳。”遂至宝峰依湛堂。次见黄龙死心，然后参圆悟。一日入室，圆悟问曰：“见见之时，见犹离见，见不能及。”悟忽举拳曰：“还见么？”隆曰：“见。”悟曰：“头上安头。”隆闻脱然契证。悟曰：“见个甚么？”隆对曰：“竹密不妨流水过。”悟首肯之，俾掌藏钥。有僧问于圆悟曰：“隆藏主其柔易若此，乌能为哉？”悟笑曰：“瞌睡虎耳。”后因圆悟退老回蜀，隆乃住邑之城西开圣。宋建炎，结庐于桐峰之下，郡守李光延居彰教。次迁虎丘，道大显著。因追绎白云端立祖堂故事，乃曰：“为人之后不能躬行遗训，于义安乎？”遂图像奉安题赞其上。达磨赞曰：“阖国人难挽，西携只履归。只应熊耳月，千古冷光辉。”百丈赞曰：“迅雷吼破澄潭月，当下曾经三日聋。去却膏肓必死疾，丛林从此有家风。”开山明教大师赞曰：“春至百花触处开，幽香旖旎袭人来。临风无限深深意，声色堆中绝点埃。”盖白云以百丈海禅师创建禅规之功，宜配享达磨，可谓知本矣。隆能遵行而为赞，又且发明其道，亦为知礼者欤。绍兴丙辰示微恙，加趺而逝，塔全身于寺之西南隅。

系曰：北宋三佛并唱演公之道，惟佛果得其髓也，而入佛果之室、坐无畏床师子吼者，又不下十余人。独后法嗣之绳绳，直至我明嘉隆犹有臭气触人巴鼻者，妙喜与瞌睡虎之裔耳，他则三四传便乃寂然无声。然此二老可谓源远流长者也，当时称二甘露门，不亦宜乎。

庆元育王山沙门释端裕传五

释端裕，号佛智，吴越钱王之裔也。六世祖守会稽，因家焉，师生而岐嶷，眉目渊秀。十四驱乌于大善寺。十八得度受具，往依净慈一禅师。未几，偶闻僧系露柱曰："尔何不说禅。"裕忽有微省，去谒龙门远，甘露卓，泐潭祥，皆以颖迈见推。晚见圆悟于钟阜。一日悟问："正法眼藏向这瞎驴边灭却，即今是灭不灭？"曰："请和尚合取口好。"悟曰："此犹未出常情。"裕拟对，悟击之，裕顿去所滞。侍悟居天宁，命掌记室，寻分座，道声蔼著。京西宪请开法丹霞。次迁虎丘径山，谢事。徇平江道俗之请，庵于西华。阅数稔，敕居建康保宁，后移苏城万寿及闽中玄妙寿山西禅，复被旨补灵隐。慈宁皇太后幸韦王第，召裕演法，赐金襕袈裟，乞归西华旧隐。绍兴戊辰秋，赴育王之命。上堂曰："德山入门便棒，多向布袋里埋踪。临济入门便喝，总在声尘中出没。若是英灵衲子，直须足下风生，超越古今途辙。"拈拄杖卓一下，喝一喝曰："只这个何似生。若唤作棒喝，瞌睡未惺。不唤作棒喝，未识德山临济。毕竟如何？"卓一下曰："总不得动着。"僧问："如何是宾中宾。"裕曰："尔是田库奴。"僧曰："如何是宾中主。"曰："相逢犹莽卤。"僧曰："如何主中宾。"曰："剑气烁愁云。"曰："如何是主中主。"师曰："敲骨打髓。"裕莅众，色必凛然，寝食不背众，唱道无倦。绍兴庚午十月初，示微疾，至十八日，首座法全请遗训，师曰："尽此心意以道相资。"语绝而逝。火后目睛齿舌不坏，其地发光终夕，得设利无算，逾月不绝。黄冠罗肇常平日问道于裕，适外归独无所获，罗念勤切，方与客食，咀嚼间若有物，吐哺则设利也，大如菽，色若琥珀。好事者持去，遂再拜于阇维所，闻香匳有声，亟开所获如前，而差红润。门人奉遗骨分塔于鄮峰西华，谥大悟禅师。

潭州大沩山沙门释法泰传六

释法泰，号佛性，汉州李氏子。僧问:“理随事变，该万有而一片虚凝，事逐理融，等千差而咸归实际，如何是理法界？”师曰:“山河大地。”曰:“如何是事法界？”师曰:“万象森罗。”曰:“如何是理事无碍法界？”师曰:“东西南北。”曰:“如何是事事无碍法界？”师曰:“上下四维。”上堂:“渺渺邈邈十方该括，坦坦荡荡绝形绝相。目欲视而睛枯，口欲谈而词丧。文殊普贤全无伎俩，临济德山不妨提唱。龟吞陕府铁牛，蛇咬嘉州大象，吓得东海鲤鱼，直至如今肚胀。”上堂:“忆昔游方日，获得二种物。一是金刚锤，一是千圣骨。持行宇宙中，气岸高突兀。如是三十年，用之为准则。而今年老矣，一物知何物。掷下金刚锤，击碎千圣骨。抛向四衢道，不能更惜得。任意过浮生，指南将作北。呼龟以为鳖，唤豆以为粟。从他明眼人，笑我无绳墨。”

天台护国寺沙门释景元传七

释景元，号此庵，温州永嘉张氏子也。年十八，依灵山希拱和尚圆具戒，习台教三穙，弃去，谒圆悟勤禅师于钟阜。闻僧读死心和尚小参语云:“既迷须得个悟，既悟须识悟中迷、迷中悟，迷悟双忘，却从无迷悟处建立一切法，元闻而疑。”即趋佛殿，以手托开门扉，豁然大彻，机辩逸发。圆悟目为聱头元侍者。悟自赞像付之曰:“生平只说聱头禅，撞着聱头如铁壁。脱却罗笼截脚跟，大地撮来墨漆黑。晚年转复没刀刀，奋金刚椎碎窠窟。他时要识圆悟面，一为渠侬并拈出。”自尔铲彩埋光，不求闻达。后为括苍太守耿延禧慕元，欲致开法南明，物色得元于台之报恩，迫其受命。僧问:“三圣道，我逢人即出，出则不为人，意旨如何？”曰:“八十翁翁嚼生铁。”僧又问:“兴化道，我逢人即不出，出则便为人，又作么生？”曰:“须弥顶上浪翻空。”元后示疾，请西堂应庵华付嘱院事，训徒如常时，俄握拳而逝。荼毗得五色舍利，齿舌右拳不坏。塔于寺东北刘阮洞前，世寿五十三。

系曰：大慧既云峰悦之再来，可谓具大根器者，尚受湛堂痛拶不入。至三十余，方触圆悟钳锤，始得大悟。今元公年方二十一，听傍僧读死心语便乃彻证，其根器之利过于大慧，概可知也。出世初住南明，终居护国，丛林称为元布袋，以其有圣者之风耳。简堂机出于其门，说法拈椎，词雄气伟，机锋圆捷，益见元公之垣墙者矣。

临安灵隐寺沙门释慧远传八（灵岩徽）

释慧远，眉山彭氏子。年十三，从药师院宗辩和尚剃染，首诣大慈讲肆，次参灵岩徽禅师，微有所入。会圆悟复领旨住昭觉，远投之。值悟普说，举庞居士问马祖"不与万法为侣"因缘，远忽顿悟，仆于众。众掖之起，远乃曰："吾梦觉矣。"至夜小参，远出问曰："净裸裸空无一物，赤骨力贫无一钱。户破家亡，乞师赈济。"悟曰："七珍八宝一时拏。"远曰："祸不入谨家之门。"悟曰："机不离位，堕在毒海。"远便喝。悟以拄杖击禅床云："吃得棒也未。"远又喝。悟连喝两喝，远便礼拜。自此机锋峻发，无所抵捂。出世初，住皋亭山显孝。宋乾道六年十月十五日，诏迁灵隐。上堂僧问："即心即佛时如何？"曰："顶分了角。"僧曰："非心非佛时如何？"曰："耳坠金环。"僧曰："不是心不是佛不是物又作么生？"曰："颓顶修罗舞柘枝。"七年二月十五日，召入选德殿赐坐。孝宗问："如何免得生死远？"对曰："不悟大道终不能免。"帝曰："如何得悟？"远曰："本有之性，究之无不悟者。"帝曰："悟后如何？"远曰："悟后始知脱体现前，了无毫发可见之相。"帝首肯之。帝又曰："即心即佛如何？"远曰："目前无法。陛下唤甚么作心？"帝曰："如何是心？"远正身叉手立曰："只这是。"帝大悦。八年秋八月七日，召远入东阁赐坐。帝曰："前日梦中忽闻钟声，遂觉。不知梦与觉，是如何？"远曰："陛下问梦耶问觉耶？若问觉，而今正是寐语。若问梦，而梦觉无殊，教谁分别。梦即是幻，知幻即离，觉心不动，故曰若能转物即同如来。"帝曰："梦幻既非，钟声从甚处起？"远曰："从问处起。"帝又问曰："前日在此阁坐，忽思得'不与万法为侣'，有个见处。"远曰："愿闻。"帝曰："四海不为多。"远曰："一口吸尽西江水又如何？"帝曰："亦未曾欠阙。"远曰："才涉思惟便成剩法，正使如断轮如闪电，了无干涉，何以故？法无二故，见无二见，心无别心，如天无二日。”帝悦，赐佛海大师之号。淳熙二年乙未秋，示众说偈曰：“淳熙二年闰季秋九月旦，闹处莫出头，冷地着眼看。明暗不相干，彼此分一半。一种作贵人，教谁卖柴炭。向尔道，不可毁，不可赞。体若虚空没涯岸，相唤相呼归去来，上元定是正月半。”明年正月忽感微疾。果于上元说偈曰：“拗折秤锤，掀翻露布，突出机先，鸦飞不度。”安坐而逝。留七日颜色不异，全身塔焉。

常德府文殊寺沙门释心道传九

释心道，眉州徐氏子也。年三十得度，诣成都，习唯识，自以为至，同舍僧诘之曰：“三界惟心，万法唯识，今目前万象纵然，心识安在？”道茫然，遂出关周流江淮。既抵舒州太平，闻佛鉴夜参，举“赵州柏树子”话，至觉铁嘴云“先师无此语，莫谤先师好”，因大疑，提撕既久。一夕豁然，即趋丈室，拟叙所悟。鉴见便闭却门，道曰：“和尚莫瞒某甲。”鉴曰：“十方无壁落，何不入门来。”道即拳破窗纸。佛鉴即开门，搊住云：“道！道！”道即以两手捧鉴头，作口啐而出，呈偈曰：“赵州有个柏树话，禅客相传遍天下。多是摘叶与寻枝，不能直下根源会。觉公说道无此语，正是恶言当面骂。禅人若具通方眼，好向此中辨真假。”鉴然之。襄守请开法天宁，擢大别文殊。

宋宣和改元，诏改僧为德士，因上堂曰：“祖意西来事，今朝特地新。昔为比丘相，今作老君形。鹤氅披银褐，头包蕉叶巾。林泉无事客，两度受君恩。所以道，欲识佛性义，当观时节因缘。且道即今是甚么时节，毗卢遮那顶戴宝冠。为显真中有俗。文殊老叟身披鹤氅，且要俯顺时宜。一人既尔，众人亦然。大家成立丛林，喜得群仙聚会。共酌迷仙酬，同唱步虚词。或看灵宝度人经，或说长生不死药。琴弹月下，指端发太古之音。棋布轩前，妙着出神机之外。进一步便到大罗天上，退一步却入九幽城中。只如不进不退一句，又作么生道？直饶羽化三清路，终是轮回一幻身。”

二年九月，诏下复僧。上堂曰：“不挂田衣着羽衣，老君形相颇相宜。一年半内闲思想，大抵兴衰各有时。我佛如来预谶法之有难，教中明载，无不委知，较量年代正在于兹。魔得其便惑乱正宗。僧改俗形，佛更名字，妄生邪解，删削经文。铙钹停音，钵盂添足，多般矫诈，欺罔圣君。赖我圣明不忘，付嘱不废其教，特赐宸章，仍许僧尼重新披剃。实谓寒灰再焰，枯木重荣。迷仙酎变为甘露琼浆，步虚词翻作还乡曲子。放下银木简，拈起尼师坛。昨朝稽首擎拳，今日和南不审。只改旧时相，不改旧时人。敢问大众，旧时人是一个是两个？”良久曰：“秋风也解嫌狼藉，吹尽当年道教灰。”建炎三年春，示众举“临济入灭嘱三圣”因缘。道曰：“正法眼藏瞎驴灭，临济何曾有此说。今古时人皆妄传，不信但看后三月。”至闰三月有贼叛，众请师南奔。道曰：“学道所以了生死，何避之有？”贼至，道曰：“速杀我以快汝心。”贼即举槊残之，白乳上出，贼骇，引席覆之而去。

潭州龙牙寺沙门释智才传十

释智才，舒州施氏子。早岁服勤于佛鉴，及游方，谒黄龙死心。翌日入室，死心问曰：“会得最初句便会末后句，会得末后句便会最初句，最初末后拈放一边，‘百丈野狐’话作么生会？”才曰：“入户已知来见解，何须更举轹中泥。”心曰：“新长老死在上座手里也。”才曰：“语言虽有异，至理且无差。”心曰：“如何是无差底事。”才曰：“不扣黄龙角，焉知颔下珠。”心便打。才初住岳麓，次迁龙牙。三十载，以清苦莅众，故衲子畏敬之。又迁云溪。绍兴戊午八月望，俄集众付寺事，书偈曰：“戊午中秋之日，出家住持事毕。临行自己尚无，有甚虚空可觅。”每日垂训如常。至二十三日再示众曰：“涅槃生死尽是空花，佛及众生并为增语。汝等诸人合作么生？”众皆下语不契。才喝曰：“苦！苦！”复曰：“白云涌地，明月当天。”言讫輾然而逝。火浴获设利五色，塔寺西北隅。

温州龙翔寺沙门释士珪传十一（宗范）

释士珪，号竹庵，成都史氏子也。初依大慈宗雅和尚出家，心醉楞严。后南游谒诸尊宿，始参龙门远禅师。以平时所得白远，远曰：“汝解心已极，但欠着力开眼耳。”一日侍立，次问曰：“绝对待时如何？”远曰：“如汝僧堂中白椎相似。”珪罔措。至晚远抵堂司，珪复理前问。远曰：“闲言语。”珪于言下大悟。正和末住和州天宁，绍兴奉诏开山雁宕能仁，时真歇了公居江心，恐珪缘未熟，迎至方丈，大展九拜以诱温人，由是人皆翕然归敬。上堂：“明明无悟，有法即迷。诸人向这里，立不得，住不得，若立则危，若住则瞎，直须意不停，玄句不停，意用不停机。此三者既明，一切处不须管带自然现前，不须照顾自然明白。虽然如是，更须知有向上事。”竖拂子曰：“久雨不晴。咄！”丙寅七月十八日，召宗范长老付后事，次日沐浴声钟，集众就座，泊然而逝。荼毗，凡送者均得舍利，塔于鼓山。

建康华藏寺沙门释安民传十二

释安民，字密印，嘉定府朱氏子也。初讲楞严于成都，有声。时圆悟居昭觉，因造焉。值悟小参，举“国师三唤侍者”因缘，赵州拈云：“如人暗中书字，字虽不成文彩已彰，那里是文彩已彰处。”民闻心疑之，告香入室。悟问：“座主讲何经？”对曰：“楞严。”悟曰：“楞严有七处征心，八还辩见，毕竟心在何处？”民多呈义解，悟皆不肯。民复请益，悟令一切处作文彩已彰会。偶僧请益十玄谈，方举问：“君心印作何颜？”悟厉声曰：“文彩已彰。”民闻悦然自谓至矣，悟示钳锤罔指。一日白悟：“请弗举话，待某说看。”悟曰：“诺。”民曰：“寻常拈锤竖拂，岂不是经中道一切世界诸所有相，皆即菩提妙明真心？”悟笑曰：“尔元来在这里作活计。”民又曰：“下喝敲床时，岂不是返闻闻自性，性成无上道？”悟曰：“尔岂不见经中道，妙性圆明，离诸名相。”民于言下释然，于是罢讲侍圆悟。因悟出蜀居夹山，民从行。悟为众小参，举“古帆未挂”因缘，民闻未领，遂求决。悟曰：“尔问我。”民举前话，悟曰：“庭前柏子。”民即洞明，谓悟曰：“古人道如一滴投于巨壑，殊不知大海投于一滴。”悟笑曰：“奈这汉何。”悟说偈曰：“休夸四分罢楞严，按下云头彻底参。莫学亮公亲马祖，还如德峤访龙潭。七年往返游昭觉，三载翱翔上碧岩。今日烦充第一座，百花丛里现优昙。”未几开法保宁，迁华藏，大弘圆悟之道。后示寂于本山，阇维舍利颇剩，人或穴地尺许，皆得之，尤光明莹洁，心舌不坏，并建塔焉。

成都昭觉寺沙门释道元传十三（大别道）

释道元，号彻庵，绵州邓氏子也。幼于降寂寺出家受具。谒大别道公，令看“廓然无圣”之语，忽尔失笑曰：“达磨元来在这里。”道公命参佛鉴、佛眼，皆蒙赏识。又投金山见圆悟，呈所见处，悟弗许。值悟被诏居云居，元从之，虽有所入，终以鲠胸之物未散。因悟问僧：“生死到来时如何？”僧曰：“香台子笑和尚。”次问及元：“汝作么生？”元曰：“草贼大败。”悟曰：“有人问汝时如何？”元拟答，悟凭陵曰：“草贼大败。”元大彻。悟以拳击之，元拊掌大笑。悟曰：“汝见甚么便如此？”曰：“毒拳未报，永劫不忘。”

平江府南峰沙门释云辩传十四（穹窿圆）

释云辩，姑苏人。初依瑞峰章公得度，旋谒穹窿圆和尚，忽有所得，遂通所见。圆曰：“子虽得入，未至当也，切宜着鞭。”乃辞，扣圆悟。值入室，才到门，悟遽曰：“看脚下。”辩打露柱一下。悟曰：“何不着实道取一句？”辩曰：“师若摇头某便摆尾。”悟曰：“尔试摆尾看。”辩翻筋斗而出。悟大笑，由是知名。住后僧问：“如何是夺人不夺境？”曰：“霸王到乌江。”僧曰：“如何是夺境不夺人？”曰：“筑坛拜将。”僧曰：“如何是人境两俱夺？”曰：“万里山河获太平。”僧曰：“如何是人境俱不夺？”曰：“龙吟雾起虎啸风生。”僧曰：“向上还有事也无。”曰：“当面蹉过。”僧曰：“真个作家。”曰：“白日鬼迷人。”

南康云居寺沙门释善悟传十五

释善悟，号高庵，洋州李氏子。年十一得度，生有夙慧，灵根自发。闻冲禅师举“梁武帝问达磨”因缘，如获旧物，遽曰：“我既廓然，何圣之有。”冲异其语，勉之南询。遂谒龙门佛眼。一日有僧被蛇咬，佛眼问众曰：“既是龙门，为甚却被蛇咬。”悟应声曰：“果然现大人相。”眼器之。后传此语至佛果，果曰：“龙门有此僧，东山法道未寂寥尔。”上堂：“心生，种种法生，森罗万象纵横，信手拈来便用，日轮午后三更。心灭，种种法灭，四句百非路绝，直饶达磨出头，也是眼中金屑。心生心灭是谁？木人携手同归，归到故乡田地，犹遭顶上一锤。”

隆兴黄龙寺沙门释法忠传十六

释法忠，号牧庵，四明姚氏子也。十九试经得度，习天台教，悟一心三观之旨，未能泯迹，故遍参名德。后至龙门，观水磨旋转发明，述偈呈佛眼曰：“转大法轮，目前包裹。更问如何，水推石磨。”佛眼曰：“其中事作么生？”忠曰：“涧下水长流。”眼曰：“我有末后一句，待分付汝。”忠即掩耳而去。后至庐山，于同安枯树中绝食清坐。宣和间湘潭大旱，祷弗应，忠跃入龙渊呼曰：“业畜当雨一尺。”雨随至。尝居南岳，每跨虎出游，儒释皆望尘而拜。上堂：“我有一句子，不借诸圣口，不动自己舌，非声气呼吸，非情识分别。假使净名杜口毗耶，释迦掩室摩竭，大似掩耳偷铃，未免天机漏泄，直饶德山棒、临济喝，若向牧庵门下只得一橛。千种言万般说，只要教君自家歇。一任大地虚空，七凹八凸。”

系曰：牧庵既悟一心三观，即当挥麈为台教吐气。尤以未能泯迹，乃遍扣达磨之徒。正如香象渡河，直欲一踏到底，所以宜乎！才跨龙门便能倾湫倒岳也，伟哉！世有习三观者，且指悟之一字不知其为何物，误认糟粕作醍醐，诋壁观为护教，岂非师子之虫耶？故滂山集深斥台教传佛心印书，后卷当删去，盖令学者障悟门，造地狱业不浅矣。

大明高僧传卷第五

大明高僧传卷第六

皇明天台山慈云禅寺沙门释如惺撰

习禅篇第三之二（正传十七人附见十人）

华亭昭庆寺沙门释法宁传一

释法宁，因住沂州马鬐山，故号马鬐山，东密州莒县李氏子也。初依沂州天宁妙空明和尚得度，参侍既久，尽得云门宗旨，出世住沂之净居寺，大弘雪窦之道。绍兴间抵华亭青龙镇，察判章滚母高氏梦天人告曰："古佛来也。"翌日师至。迎之止钱氏园，乃建精舍，掘地得铁磬、断碑、佛像之应。于是华亭令柳约奏所建刹，赐额曰净居，因省明公于明州雪窦。时郡守莫将请主吉祥。哲宗元符，余山有精舍曰灵峰，部符改曰昭庆禅院，右丞朱谔请师为开山第一代。无何，迁明州广慧，复返昭庆。绍兴二十六年丙子正月八日，沐浴端坐说法辞众而寂，世寿七十六，僧腊五十九，塔全身于寺之东隅。

衢州乌巨山沙门释道行传二

释道行，号雪堂，处州叶氏子也。初依普照英得度，出游参佛眼。一日，闻眼举"玄沙筑著脚指"话，遂大悟，住郡南明。上堂："会得便会，玉本无瑕，若言不会，碓嘴生花。试问九年面壁，何如大会拈花，南明恁么商确，也是顺风撒沙。"次迁乌巨，示众，举："玑和尚问僧：'禅以何为义？'众虽下语，未契厥心。众僧请益，玑代云：'以谤为义。'"师曰："三世诸佛是谤，西天二十八祖是谤，唐土六祖是谤，天下老和尚是谤，诸人是谤，山僧是谤，于中还有不谤者无？谈玄说妙河沙数，争似双峰谤得亲。”忽示微疾，门弟子教授汪乔年至省，遂以后事委之，说偈曰：“识则识自本心，见则见自本性。识得本心本性，正是宗门大病。”又注曰：“烂泥中有刺，莫道不疑好。”黎明沐浴更衣，加趺而逝。阇维获五色舍利，烟所至处舍利累然，齿舌不坏，塔于寺西。

安吉州何山沙门释守珣传三（广鉴瑛）

释守珣，号佛灯，即郡之施氏子也。初参广鉴瑛和尚，不契，遂谒佛鉴，随众咨请，邈无所入。乃封其衾曰：“今生若不彻去，誓不展此。”于是昼夜宵立，如丧考妣。逾七七日，忽佛鉴上堂曰：“森罗及万象，一法之所印。”珣闻顿悟。鉴曰：“可惜一颗明珠，被这风颠汉拾得也。”乃诘曰：“灵云道：自从一见桃花后，直至如今更不疑。如何是他不疑处？”珣曰：“莫道灵云不疑，只今觅个疑处，了不可得。”鉴曰：“玄沙道：谛当甚谛当，敢保老兄未彻在。那里是他未彻处。”珣曰：“深知和尚老婆心切。”鉴然之。珣拜起，呈偈曰：“终日看天不举头，桃花烂熳始抬眸。饶君更有遮天网，透得牢关即便休。”鉴嘱令护持。是夕展衾厉声曰：“这回珣上座稳睡去也。”圆悟闻，窃疑其未然，乃曰：“我须勘过始得。”令人召至，因与游山。偶到一水潭，圆悟推珣入水，遽问曰：“牛头未见四祖时如何？”珣曰：“潭深鱼聚。”曰：“见后如何？”珣曰：“树高招风。”曰：“见与未见时如何？”珣曰：“伸脚在缩脚里。”圆悟大称之。后出世初主禾山，次天圣，徙何山及天宁。绍兴甲寅谓居士郑续曰：“十月八日是佛鉴先师忌日，吾时至矣，乞还鄣南。”至十月四日，续遣弟僧道如讯之。珣曰：“汝来正其时也。吾虽与佛鉴同条生，终不同条死，明早可与我寻一只小船来。”道如曰：“要长者？高者？”珣曰：“高五尺许。”越三日鸡鸣，端坐如平时，侍者请偈，珣曰：“不曾作得。”言讫而逝。阇维舌根不坏。

眉州象耳山沙门释袁觉传四（佛性）

释袁觉，郡之袁氏子。出家传灯寺，本名圆觉，郡守填祠牒误写袁字，守疑其嫌，因戏谓之曰："一字名之可乎？"对曰："一字已多也。"郡守异之。已而往大沩依佛性和尚，入室陈其所见。性曰："汝忒杀远在。"俾充侍司，迁掌宾客。佛性每举法华"开示悟入"四字令下语。又曰："待我黠头，汝理方是。"偶不职被斥，制中无依，乃寓俗士家。一日诵法华，至"亦复不知何者是火，何者为舍"，乃豁然有省，制罢归寺白性。首为肯之。后至云居见圆悟述所得，悟呵之曰："本是净地，屙屎作么。"于是所疑顿释。绍兴丁巳，郡守请居象耳，法道大振。四方英俊、宿德、鸿儒闻风礼谒，室无所容，开堂词辨河倾峡泻，丛林称之。未详其终。

明州天童沙门释昙华传五

释昙华，字应庵，蕲州汪氏子也，生而奇杰，不类凡儿。年十七，依于东禅剃发，首谒遂和尚，略得染指法味，于是遍参知识，靡所契证。闻圆悟住云居，煅炼学者，华往礼依侍，悟乃痛与锥劄。值悟返蜀，指见虎丘隆禅师，侍一载，顿明大事。已而访此庵，元命分座，于是开堂妙严，迁归宗。时大慧在梅阳，有僧传华示众语，大慧见之，极口称叹。复寄偈曰："坐断金轮第一峰，千妖百怪尽潜踪。年来又得真消息，报道杨岐正脉通。"虎丘忌日，拈香曰："生平没兴，撞着这无意智老汉，做尽伎俩凑泊不得。从此卸却干戈，随分着衣吃饭。二十年来坐曲录床，悬羊头卖狗肉，知他有甚凭据。虽然，一年一度烧香日，千古令人恨转深。"世称华与杲二甘露门。尝戒徒众曰："衲僧着草鞋住院，何事口如鼋蛇恶窟乎。"宋隆兴元年六月十三日奄然而化，塔全身于东山。

临安府灵隐寺沙门释德光传六（光化吉　月庵杲　百丈震）

释德光，赐号佛照，临江军彭氏子也。志学之年，即依本郡光化寺吉和尚剃发受具。一日入室，吉问曰："不是心不是佛不是物，是个甚么？"光罔措，通夕不寐。次日复登方丈请曰："昨蒙和尚垂问，既不是心不是佛又不是物，毕竟是甚么？望乞慈悲指示。"吉乃震威喝曰："这沙弥更要我与儞下注脚在。"拈棒劈脊打出，于是有省。次谒月庵杲、应庵华，百丈震，皆无所入。适大慧奉旨住明州阿育王，四海英才鳞集，光亦造焉。入室，大慧举竹篦问曰："唤作竹篦则触，不唤作竹篦则背，不得下语不得无语。"光拟对，大慧便棒，光豁然大悟，从前所得到，此瓦解冰消，侍久之。宋孝宗慕光道价，降诏命住灵隐，一日召问，对答称旨，留宿内观堂。后示寂，塔全身于东庵。

眉州中岩寺沙门释祖觉传七（慧日能　南堂静）

释祖觉，嘉州杨氏子也。自幼聪慧，书史过目成诵，乃著书排斥释氏。忽恶境现前，大怖悔过，出家依慧日能和尚。未几，疽生膝上，五年医治莫愈。因书华严合论毕，夕遂感异梦，旦即舍杖趋履。仍前一日，诵至现相品曰："佛身无有生，而能示出生。法性如虚空，诸佛于中住。无住亦无去，处处皆见佛。"遂悟华严宗旨，至是始登僧籍。府帅请讲于千部堂，而词辩宏放，众所钦服。适南堂静禅师过其门，谓曰："观公讲说独步西南，惜未解离文字相耳。傥能问道方外，即今之周金刚也。"觉欣然罢讲，南游禅社，遂依圆悟于钟阜。一日入室，悟举："罗山道：有言时，踞虎头，收虎尾，第一句下明宗旨。无言时，觌露机锋，如同电拂。作么生会？"觉罔对。于是夙夜参究，忽有所省，作偈呈曰："家住孤峰顶，长年半掩门。自嗟身已老，活计付儿孙。"悟未许可。次日入室，悟问："昨日公案作么生？"觉拟对。悟喝曰："佛法不是这个道理。"觉复留五年，愈更迷闷。后于庐山栖贤阅浮山远削执论云："若道悟有亲疏，岂有旃檀林中却生臭草。"始豁然大悟。遂作偈寄圆悟曰："出林依旧入蓬蒿，天网恢恢不可逃。谁信业缘无避处，归来不怕语声高。"悟大喜，持示众曰："觉华严彻矣。"自是，诸方皆称曰"觉华严"云。上堂，僧问："最初威音王、末后楼至佛，未审参见甚么人？"觉曰："家住大梁城，更问长安路。"僧问："如何是一喝，如金刚王宝剑？"觉曰："血溅梵天。"曰："如何是一喝，如踞地师子？"觉曰："惊杀野狐狸。"曰："如何是一喝，如探竿影草？"觉曰："验得僩骨出。"曰："如何是一喝，不作一喝用？"觉曰："直须识取把针人，莫道鸳鸯好毛羽。"

系曰：觉华严既于讲席有声，南堂过而稍施提勉，便能罢讲南游。正所谓见鞭影而行者也，岂不骏哉？至为圆悟项门一锥，虽然魂飞，要且命根未断，尚依识见呈偈，遭圆悟一喝，直得气索，五年而始大彻。噫！古为人师者，必俟学者寒灰焰发，绝后复苏，方肯点头，未尝轻许而贼夫人子。今人才见灵利后生，便使拈弄公案，作得一偈顿焉称赏，不亦彼此皆瞎也。杀人之恶小，害人之恶大，其谁乎？善于讲者又当以觉公为良范。

台州钓鱼台沙门释自回传八

释自回，号石头，临海人。世业石工，人呼石头和尚。眼如盲龟，不识一字，善根内启，志慕空宗，求人口授法华，能诵，遂弃家投大随和尚，供扫洒。寺中令取崖石公用，回手不释锤凿，诵经不辍口。随见而语曰："今日硿磕，明日硿磕，生死到来，作甚折合。"回愕然，设礼愿闻究竟法。随令罢诵经，看"赵州勘婆子"因缘，于是念念参究久之。一日凿石，石坚，乃尽力一锤，火光迸出，忽然彻悟。即走方丈，礼拜呈偈曰："用尽工夫，浑无巴鼻，火光迸散，元在这里。"随大喜曰："子彻也。"复述勘婆偈曰："三军不动旗闪烁，老婆正是魔王脚。赵州无柄铁扫帚，扫荡烟尘空索索。"随可之。遂为剃染，授以僧服。出世住钓鱼台，上堂曰："参禅学道，大以井底叫渴，殊不知塞耳塞眼，回避不及，且如十二时中，行住坐卧、动转施为，是甚么人使作？儞眼见耳闻何处不是路头，若识得路头，便是大解脱处，方知老汉与儞证明，山河大地与儞证明，所以道十方薄伽梵，一路涅槃门。诸仁者，大凡有一物当途，要见一物当途之根源。一物无处，要见一物无处之根源。见得根源，源无所源。所源既非，何处不圆。诸禅德，儞看老僧有甚胜儞处，儞有甚不如老汉处，会么？太湖三万六千顷，月在波心说向谁。"

系曰：观回师资生之业，既佣且拙，学佛之志，既锐且勤。始而迷则眸子如盲，后而悟则通身是眼。至于说偈谈禅，大有超今逸古之风，得非能者复起耶。苟使其居读五车，出穷三藏，又乌有一锤而火光迸出之象哉。大凡天下治愈隆，乱愈起，学固博，执益封，古人斥为杂毒入心，良有以也。于戏！世之锦心绣口之士，文龙义虎之僧，能为昌黎子之虚心，周金刚之自返，胡虑油不出面，道不我亲哉！所以追风逐日者，非驽骀之足，诃佛骂祖者，岂鄙陋之夫。或胶锢于见知，枳梏其比量，又莫若顽璞之易琢也。

潼川护圣寺沙门释居静传九

释居静，号愚丘，成都杨氏子也。年十四，依白马寺安慧出家。闻南堂禅师道望，往谒，堂举香严“枯木里龙吟”话诘之，静于言下大悟。一日堂问曰：“莫守寒岩异草青，坐却白云宗不妙。汝作么生？”静曰：“直须挥剑，若不挥剑，渔父栖巢。”堂矍然曰：“这小厮儿静珍重便行。”后出世住东岩。尝谓众曰：“参学至要，不出先南堂道，最初句及末后句，透得过者，一生事毕，傥或未然，更与尔分作十门，各各印证自心，还得稳当也未。第一须信有教外别传；第二知有教外别传；第三须会无情说法与有情说法无二；第四须见性如观掌中之物，了了分明，一一田地稳密；第五须具择法眼；第六须要行鸟道玄路；第七须文武兼济；第八须摧邪显正；第九须大机大用；第十须向异类中行。凡欲绍隆法种，须尽此纲要，方坐得这曲录床子，受天下人礼拜，敢与佛祖为师。若不到恁么田地，只一向虚头，他时异日阎老子未放尔在。”又偈曰：“十门纲要掌中施，会得来时自有为。作者不须排位次，大都首尾是根基。”

泉州教忠寺沙门释弥光传十（黄蘖祥）

释弥光，号晦庵，闽中季氏子也。生寡言笑，闻僧贝梵则喜。年十五，依文慧禅师圆顶，未穷海藏，喜究群书。一日计曰：“剃发染衣当期悟彻，而醉心俗典耶？！”遂首谒圆悟，次参黄蘖祥、高庵悟，机语皆契。以淮楚盗起，归谒佛心。值大慧寓广，因从之。慧曰：“汝在佛心处所得者，试举一二看。”光曰：“佛心上堂拈普化公案曰：佛心即不然，总不恁么来时，如何劈脊便打，从教遍界分身。”慧曰：“汝意如何？”曰：“某不肯他后头下个注脚。”慧曰：“此正是以病去法。”光毅然无信可意。慧曰：“汝但揣摩看。”光竞以为不然。经旬，因记海印信公拈曰：“雷声浩大，雨点全无。”光始无滞，趋告慧，举“道者见琅邪”并“玄沙未彻”语诘之。光对已，大慧笑曰：“虽进一步，只不着所在。如人斫树根，下一刀则命根断矣。汝向枝上斫，其能断命根乎？今诸方浩浩说禅，见处总如是也，何益于事。其杨岐正传止三四人而已。”光愠而去。翌日慧问：“汝还疑否？”曰：“无可疑者。”慧曰：“只如古人相见，未待开口，已知虚实，或闻其语，便识浅深。此理如何？”光悚然汗下，莫知所诣。慧令究有句无句话。慧过云门庵，光亦侍行。一日问曰：“某到这里不能得彻，病在甚处？”慧曰：“汝病最癖，世医拱手，何也？别人死了不得活，汝今活了未曾死。要到大安乐田地，须是死一回始得。”光疑情愈深。后入室，慧问：“吃粥了也，洗钵盂了也，去却药忌，道将一句来。”光曰：“裂破。”慧乃振威喝曰：“儞又说禅也。”光即大悟。慧即挝鼓告众曰：“龟毛拈得笑咍咍，一击万重关锁开。庆快平生在今日，孰云千里赚吾来。”光亦呈偈曰：“一拶当机怒雷吼，惊起须弥藏北斗。洪波浩渺浪滔天，拈得鼻孔失却口。”自尔名喧宇宙，道洽缁素，出住教忠，瓣香为妙喜拈出，其为知本也欤。

系曰：凡为人师者，须具二种法，方堪坐曲录床。一先明己眼，二鉴机病源。若己则未明，自尚挖枷带锁，胡能为人解粘去缚？不识病源未免佣丑杀人之陋，所以久依炉鞴不能脱胎成器者，非学人之罪也。为学者，亦须具二种法，方可验天下善知识舌头。一不自知足，二死后复苏。若易知足，必以鱼目为珠，若不死后再苏，则生死命根不断。所以久入选佛场不能心空及第者，非宗匠之罪也。是故妙喜一生不自肯，晚登川勤之室，直阶华严七地，不其然乎？今晦庵以滑稽参禅，未曾大死一番，苟非妙喜屠龙之手，而不珍鱼目者几希。故遭振威一喝，直下丧身失命，便能对众作蟭螟虫大吼，岂不快哉。呜呼！世之灵利汉，靡不坐晦庵，膏肓之疾，如狂子失心而不可疗者多矣，曾未服医父起死之剂，且急欲为人指迷，不亦谬乎？

江州东林寺沙门释道颜传十一

释道颜，号卍庵，潼川鲜于氏子也。初参圆悟，但登堂未能造其玄奥。圆悟将还蜀，以书遗大慧曰:“颜彩绘已，特未点眼耳，他日嗣后未可量也。”于是朝夕质疑于慧，方大悟彻。于是声光遐溢，黑白咸被其化。僧问:“如何是佛颜？”曰:“志公和尚。”曰:“学人问佛，何答志公？”颜曰:“志公不是闲和尚。”曰:“如何是法颜？”曰:“黄绢幼妇外孙齑臼。”曰:“是甚章句？”颜曰:“绝妙好辞。”曰:“如何是僧？”颜曰:“钓鱼船上谢三郎。”曰:“何不直说？”颜曰:“玄沙和尚。”颜凡所说法大概简易如此。

福州西禅寺沙门释鼎需传十二

释鼎需，号懒庵，郡之林氏子也。幼业儒，举进士，莅政有声。年二十五，因阅遗教经，忽省曰:“几为儒冠误也！”即欲舍俗。母氏难以亲迎在期，需笑绝之曰:“夭桃红杏一时分付春风，翠竹黄花此去永为道侣。”遂依保寿乐公为大僧，遍参名宿，归里结庵羌峰三年。尝以‘即心即佛’话问学者。时妙喜庵于洋屿，晦庵光在侍，特以书招之曰:“此间庵主手段与诸方别，可来少欵如何？”需不答。光以计邀至。值妙喜为众入室，需欲随喜而已，妙喜因举:“僧问马祖:‘如何是佛？’祖云:‘即心是佛。’尔作么生？”需下语。喜诟曰:“汝见解如此，敢妄为人师耶。”乃鸣鼓讦其为邪解。需泪交颐，不敢仰视，自默计曰:“我既为所排，而西来不传之旨岂止此耶？”遂求入弟子之列。一日妙喜问曰:“内不放出，外不放入，正恁么时如何？”需拟开口，喜拈竹篦劈脊连打三下。需大悟，厉声曰:“和尚已多了也。”喜又打一下，需礼拜，喜笑曰:“今日方知吾不汝欺也。”印以偈曰:“顶门竖亚摩酰眼，肘后斜悬夺命符。瞎却眼卸却符，赵州东壁挂葫芦。”自此名喧丛席，道被遐方，此后开堂，始称具眼宗匠云也。

建宁府沙门释道谦传十三

释道谦，本郡人，未详氏族。初依佛果无所入，妙喜奉旨住径山，谦亦在侍。令往长沙通书于张紫岩，乃自谓:“参禅二十年，尚无个入处，又有此行，岂不荒废了矣。”将辞，友人宗元叱曰:“不可，岂以在路参禅不得耶？汝去，吾与俱往。”一日在途泣曰:“一生参禅无得力处，今奔波若此，何得相应？”元曰：“尔但将诸方参得、悟得并圆悟、妙喜与尔说得底，都不要理会，途中我可替者尽替，汝只有五事替不得，须自承当。”曰：“何为五事？”元曰：“着衣、吃饭、屙屎、放尿、驮个死尸路上行。”谦于言下大彻，不觉手舞足蹈。元曰：“汝此回方可通书，吾先归矣。”后半载返双径，妙喜于山门外亭一见便曰：“建州子这回自别也。”

潭州沙门释清旦传十四

释清旦，号慧通，蓬州严氏子也。初辞亲爱即嗜空宗。闻有教外别传之道，注念日切，乃腰包出关，拟投丛席。时大沩泰和尚住德山，谒之。值泰上堂，举：“赵州曰：‘台山婆子已为汝勘破了也。’且道意在甚么处？”良久曰：“就地撮将黄叶去，入山推出白云来。”旦闻，平生疑碍释然。翌日入室，泰问曰：“前百丈不落因果，因甚堕野狐？后百丈不昧因果，因甚脱野狐？”旦曰：“好与一坑埋却。”住后，上堂曰：“三脚驴子弄蹄行，步步相随不相倒。树头惊起双鲤鱼，拈来一老一不老。为怜松竹引清风，其奈出门便是草。因唤檀郎识得渠，大机大用都推倒。烧香勘证见根源，粪扫堆头拾得宝。丛林浩浩谩商量，劝君莫谤先师好。”旦之门庭严肃，机语峻利，是故学者多难泊焉。

天台国清寺沙门释行机传十五

释行机，自号简堂，郡之杨氏子也。生知夙发，趣向高迈，丰姿挺异，才压儒林。少弃妻孥，勤学出世，精穷竺典，逸贯三乘，窃欲离言，单求直指。于是慕护国元公之道价，担簦相依，稍触钳锤，密有契证。因住莞山，而刀耕火神单丁者一十七年。尝有偈曰：“地炉无火客囊空，雪似杨花落岁穷。拾得断麻穿坏衲，不知身在寂寥中。”每曰：“某犹未稳在，岂以住山乐吾事耶。”一日偶看斫树倒地有声，忽大悟，平昔碍膺之物泮然冰释。未几，适有江州圆通之命，乃曰：“吾道行矣。”即欣然曳杖应之。登座说云：“圆通不开生药铺，单单只卖死猫头。不知那个无思算，吃着通身冷汗流。”闻者无不绝倒。丛林至今称焉。

澧州灵岩寺沙门释仰安传十六（表自）

释仰安，未详何许人氏。颖异超群，幼年舍俗。既圆颅顶，慕最上乘。精谨律仪，耽游讲肆，久而弃之，遂入佛果勤公之室。时大沩泰为座元，昕夕扣之，顿领玄旨。后泰住持德山，命安诣佛果通嗣法书，果见问:“千里驰骋，不辱宗风，公案现成，如何通信？”安曰:“觌面相呈，更无回互。”果曰:“此是德山底，那个是上座底。”曰:“岂有第二人？”果曰:“背后底聻。”安即进书。果笑称作家。次至僧堂前，捧书问讯首座。座曰:“玄沙白纸，此自何来？”安曰:“久默斯要，不务速说，今日拜呈，幸希一览。”座便喝。安曰:“作家首座。”座又喝。安以书便打，座拟议。安曰:“未明三八九，不免自沉吟。”又打一下曰:“接时佛果、佛眼同见。”果曰:“打我首座死了也。”眼曰:“官马厮踢有甚凭据。”安曰:“说甚官马厮踢，正是龙象蹴踏也。”果唤安至前曰:“我五百人首座，汝为何打他。”安曰:“和尚也须吃一顿。”果顾佛眼吐舌，眼曰:“未在。”却问曰:“‘空手把锄头’话，意作么生？”安鞠躬曰:“所供并是诣实。”眼笑曰:“元来是屋里人。”又往五祖山通书于表自和尚，自曰:“书里说个甚么？”安曰:“文彩已彰。”曰:“毕竟说甚么？”安曰:“当阳挥宝剑。”自唤曰:“近前来，我这里不识几个子。”安曰:“莫诈败好。”自顾侍者曰:“是那里僧？”曰:“曾在和尚会下去。”自曰:“怪得恁么活头。”安曰:“被和尚钝置来。”自将书于香炉熏曰:“南无三曼多。”安近前弹指，自便开书。自是声播四方，而不屈为泰使命。未几出主灵岩，衲子辐辏，拈椎竖拂，大有古人之风焉。

临安府径山沙门释宝印传十七（智策）

释宝印，号别峰，嘉州李氏子也。幼通六经，长穷七史，忽厌尘俗，志慕竺坟。乃从德山清素和尚得度，往听华严、起信，尽得旨，觉劳算沙，终非解脱，遂依中峰密印民禅师。密印举:“僧问岩头:‘起灭不停时如何？’岩叱曰:‘是谁起灭？’”师闻大悟。会圆悟归昭觉，遣师往省，随众入室。悟问:“从上诸圣以何接人？”师竖起拳。悟曰:“此是老僧用底，何者是从上诸圣用底。”师以拳挥之，悟亦举拳，相交大笑而止。又谒大慧于径山。慧问:“甚处来。”曰:“西川。”慧曰:“未出剑门关，与汝三十棒了也。”曰:“不合起动和尚。”慧忻然。后出奉诏住雪窦。淳熙七年秋，召师问道，赐肩舆入选德殿。帝曰:“三教圣人本同这个理否?”对曰:“譬如虚空，东西南北初无二也。”帝曰:“但圣人所立门户则不同耳，如孔子性以中庸设教。”印曰:“非中庸何以安立世间?故法华云‘治世语言、资生业等，皆与实相不相违背’，华严云‘不坏世间相，而成出世法’。”帝曰:“今时士大夫学孔子者多只工文字语言，不见夫子之道，不识夫子之心。惟释氏禅宗不以文字教人，直指心源，顿令悟入，不乱于生死之际，此为殊胜。”印曰:“非独后世不见夫子之心。尝见孔门颜子号为具体，尽平生力量，只道得个‘瞻之在前，忽焉在后’，竟捉摸不着。而夫子分明八字打开向诸弟子道:‘二三子以我为隐乎，吾无隐乎尔，吾无行而不与二三子者，是丘也。’以此观之，夫子未尝回避诸弟子，而诸弟子自蹉过了也。昔张商英曰:‘吾学佛然后能知儒。’此言实为至当。”帝曰:“朕意亦谓如此。”帝又问:“庄子若何如人?”印曰:“只是佛法中小乘声闻以下人也，盖小乘厌身如桎梏，弃智如杂毒，化火焚身入无为界，即如庄子所谓‘形固可使如槁木，心固可使如死灰’。若大乘人则不然，度众生尽方证菩提。正如伊尹所谓‘予天民之先觉者也，将以斯道觉斯民也’。有一夫不彼其泽者，若已推而内沟中也。”帝大悦，诏住径山。开堂曰:“三世诸佛，以一句演百千万亿句，收百千万亿句只在一句。祖师门下半句也无，只恁么合吃多少痛棒。诸仁者，且道诸佛是，祖师是?若道佛是祖不是，祖是佛不是，取舍未忘。若道佛祖一时俱是，一时俱不是，颟顸不少。且截断葛藤一句，作么生道?”良久曰:“大虫里纸帽，好笑又惊人。”十年二月，帝注圆觉经赐师，命作叙流行。绍熙元年十一月，往见智策禅师决别。策问行日，师曰:“水到渠成。”索纸书云“十二月初七夜鸡鸣时”九字，果至期而化。留七日，颜色明闰，发长顶温，葬全身于西冈，谥曰慈辩，塔曰智光。

大明高僧传卷第六

大明高僧传卷第七

皇明天台山慈云禅寺沙门释如惺撰

习禅篇第三之三（正传十七人附见七人）

潭州上封寺沙门释讳才传一（海印隆）

释讳才，号佛心，福州姚氏子也。幼为驱乌，弱冠得度，精求律部，持犯霜威，慕最上乘，不惮遐扣，劳逸弗介，一念力参。首谒海印隆公于大中。偶见老宿达道看经，至“一毛头师子百亿毛头一时现”处，才问曰:“一毛头师子作么生，得百亿毛头一时现？”达曰:“汝乍入丛林，未可理会许事。”才疑之。适海印夜参，至结座掷拄杖曰:“了即毛端吞巨海，始知大地一微尘。”才豁然有省。次谒黄龙死心不契，乃参灵源。凡入室，出必挥泪曰:“此事我见甚是分明，只临机吐之不出，奈何？”源曰:“须是大彻，方得自在。”一日窃观邻僧读曹洞广录，至“药山采薪归，有僧问‘甚处来’，山曰‘计柴来’。僧指腰下刀曰:‘鸣剥剥是甚么？’山拔刀作斫势”，才忽大悟，掴邻僧即揭帘趋出，说偈曰:“彻！彻！大海干枯，虚空迸裂。四方八面绝遮栏，万象森罗齐漏泄。”初住上封，屡迁名刹，词河辩海，潮涌波腾，学者无能凑泊其涯涘也。

华亭青龙庵沙门释妙普传二（雪窦持）

释妙普，号性空，汉川人，未知姓氏。久依黄龙死心，密受心印，品格高古，气宇宏迈。因慕船子遗风，抵秀水，结庵于青龙之野，别无长物，唯吹铁笛以自娱，好吟咏。尝赋山居诗云："心法双忘犹隔妄，色尘不二尚余尘。百鸟不来春又过，不知谁是住庵人。"示众偈曰："学道犹如守禁城，昼防六贼夜惺惺。中军主将能行令，不动干戈治太平。"宋建炎初，贼徐明叛，道经乌镇，肆意杀戮，民惧逃亡。普闻叹曰："众生涂炭，吾盍救之？"乃荷策而行，直诣贼所。贼见伟异，疑必奸诡，询其来处。答曰："禅者。"问："何所之？"云："往密印寺也。"贼怒欲斩。普曰："大丈夫要头便取，奚以怒为？吾死必矣，愿得一饭以为送终。"贼奉肉，普供佛出生如常仪曰："孰当为我文以祭。"贼笑不答。普索纸笔大书曰："呜呼惟灵！劳我以生，则大块之过。役我以寿，则阴阳之失。乏我以贫，则五行不正。困我以命，则时日不吉。吁哉至哉，赖有出尘之道，悟我之性与其妙心，则其妙心孰与为邻。上同诸佛之真化，下合凡夫之无明。纤尘不动本自圆成，妙矣哉，妙矣哉。日月未足以为明，乾坤未足以为大，磊磊落落无挂无碍。六十余年和光混俗，四十二腊逍遥自在。逢人则喜，见佛不拜。笑矣乎，笑矣乎。可惜，少年郎风流太光彩，坦然归去付春风，体似虚空终不坏，尚飨！"遂举箸饫肉。贼徒大笑。食罢曰："劫数既遭离乱，我是快活烈汉。如今正好乘时，便请一刀两段。"乃大呼："斩！斩！"贼骇异，稽首谢过，令卫而出，于是民之庐舍少长无恙者，普之惠也。

僧问："既见佛，为甚不拜？"普掌之曰："会么？"曰："不会。"又掌曰："家无二主。"绍兴冬自造大盆，凿穴塞之，修书寄雪窦持禅师曰："吾将水葬矣。"壬戌持至，普尚存，乃作偈嘲曰："咄哉老性空，刚要喂鱼鳖。胡不索性去，只管向人说。"普笑曰："迟兄证明耳。"遍告遐迩，众集，普示法要，说偈曰："坐脱立亡，不若水葬。一省柴烧，二免开圹。撒手便行，不妨快畅。是谁知音，船子和尚。高风难继百千年，一曲渔歌少人唱。"遂趺坐盆中，口吹铁笛，顺潮而下，众皆随至海滨。普去塞，戽其水洄漩，众拥观水，涓滴不入。乃乘流而住，歌曰："六十余年返故乡，没踪迹处妙难量。真风遍寄知音者，铁笛横吹作散场。"人望目断，尚闻笛声呜咽于苍茫之间，遥见以笛掷空而没。众号泣，竞图像事之。后三日见于沙上，趺坐如生，道俗迎归，留五日，阇维舍利大如菽，有二鹤徘徊空际，火尽始去。塔于青龙庵。

潭州法轮寺沙门释应端传三

释应端，南昌徐氏子也。生而眉宇豁如，形仪庄肃。幼厌尘秽，少入空门，依郡之化度寺善月度为大僧。谒真净，文机不谐。时灵源分座云居，扣之，源稍加痛札，端负己解，妙入经论，乃援引马祖、百丈机语，及华严经旨相表酬答。灵源笑曰:“汝举马祖、百丈固错矣，而华严宗旨与个事喜没交涉。”端愤然欲去，因辞，揭帘忽大悟，汗流浃背。灵源见，喜曰:“子方识好恶矣，马祖、百丈、文殊、普贤几为汝累。”由是声誉四驰，道钦七众。政和末，太师张司成虚百丈，坚命开堂，举“僧问大隋，劫火洞然时，这个坏也不坏”话，遂曰:“六合倾翻劈面来，暂披麻缕混尘埃。因风吹火浑闲事，引得游人不肯回。坏不坏随不随，徒将闻见强针锥，太湖三万六千顷，月在波心说向谁。”

隆兴府黄龙寺沙门释道震传四

释道震，号山堂，金陵赵氏子也。垂髫，依觉印英禅师为童子。英迁泗之普照，得度。久之，辞谒丹霞淳，与论曹洞宗旨。震呈以偈曰:“白云深覆古寒岩，异草灵花彩凤衔。夜半天明日当午，骑牛背面着靴衫。”次依草堂，日取藏经读之。一夕，闻晚参鼓，步出经堂，举头见月，忽大悟，亟趋方丈。堂望见即曰:“子彻矣。”遂为印可。寻出，三迁而至百丈，道显著。绍兴己巳，有律师妄踞黄龙，衲子散子散去，主事者走钱塘，求王承宣继先书达洪师张如莹。莹公命震以从众望，而主事者请致书谢王。震让曰:“王公为护佛法，何谢之有，况我与之素昧平生。”于是主事恧退。故仲温曰:“彼交结权贵倚为藩垣者，闻其言亦足颜汗。”噫！绍兴以来宗师言行相应，而与秋霜争严，舍震其谁哉。

天台山万年寺沙门释法一传五

释法一，号雪巢，即襄阳郡王驸马李遵勗玄孙也，世居开封祥符县。母梦一老僧至其家而产，声洪气伟、具大人相。十七试上庠，从祖仕淮南，欲官之，不就，请去家，事长芦慈觉颐禅师，祖弗许。母曰："此儿必宿世沙门也，愿弗夺其志。"未几慈觉殁，礼灵岩通照愿禅师祝发，依十年。觉心迷闷，道无所入，遂往蒋山谒圆悟，一见器重之。适悟奉旨住天宁，亦在侍，不契。次见草堂于疏山，一言之下，忽尔彻其源底。绍兴七年，泉守刘彦修请居延福，四迁巨刹，最后住长芦，因慕天台形胜，昕夕怀之。于是乞退，居山之古平田观音院，高卧烟霞，长啸深翠，处世而忘世也。一日忽示微疾，书偈曰："今年七十五，归作庵中主。珍重观世音，泥蛇吞石虎。"乃入龛趺坐别众而逝，塔于本山。

庆元府天童寺沙门释普交传六

释普交，郡之万龄毕氏子也。幼颖异卓伦，不泥尘滓，恶喧嗜洁，俨似衲僧。未冠得度，五夏无亏。首谒南明听习台教，偶为檀信，修事忏摩。有人问曰："师所忏罪为自忏耶？为他忏耶？若言自忏，罪性何来？若为他忏，他既非汝，乌能为忏？"交罔不能对，大惭。易服径投泐潭。足才踵门，潭即呵斥，交拟申问，潭即拽杖逐之。一日忽呼交至丈室曰："我有古人公案，要与尔商量。"交拟进语，潭便喝。交豁然顿悟，顾乃大笑。潭下绳床执其手曰："汝会佛法耶？"交便喝，拓开，潭亦大笑。于是名闻四达，学者宗之。后归桑梓，居天童，掩关却扫者八年，寺偶虚席。郡僚命开法，恐其遁去，遣吏候于道，故不得辞。上堂曰："咄哉黄面老，佛法付王臣。林下无情客，官差逼杀人。莫有知心底为我免得者么？若无，不免将错就错去也。"凡见僧来必叱曰："汝楖栗子未担时，我已为汝说了也，且道说个甚么？招手洗钵，拈扇张弓，赵州柏树子，灵源见桃花，且掷放一边，山僧无恁么闲唇吻，与尔打葛藤，何不休去歇去。"忽拈拄杖逐散。宣和六年三月二十日，沐浴升座说偈曰："宝杖敲空触处春，个中消息特弥纶。昨宵风动寒岩冷，惊起泥牛耕白云。"说毕脱然而寂。寿七十七，腊五十八，塔于本山。

江州圆通寺沙门释道旻传七

释道旻，赐号圆机，世人称云古佛，兴化蔡氏子也。母梦吞摩尼珠，遂妊。生五岁，不履不言。一日，母抱游西明寺，见佛像，遽趣合掌作礼，称南无佛，见者大异之。稍壮，宦学大梁，弃依景德寺德祥出家。得度，遍扣禅林，皆得染指。后亲沩山喆禅师，无所入，谒泐潭乾公，具陈所得，潭不为印可。一日，潭举“世尊拈花，迦叶微笑”话问之，不契。侍潭行次，潭以杖架肩长嘘曰：“会么？”旻拟对，潭便打。有顷，复拈草示之曰：“是甚么？”亦拟对，潭便喝。机旋于是顿悟玄旨，便作拈花势曰：“这回瞒旻上座不得也。”潭曰：“便道。”旻曰：“南山起云，北山下雨。”即礼三拜，潭首肯印之。后开法于灌溪，迁圆通以符道济之记也，学者如川赴海。朝廷闻其道，宰臣会请，锡以命服，赐圆机之号而尊宠之。于是遐迩钦化，少长咸被其法泽。未详厥终。

绍兴慈氏院沙门释瑞仙传八

释瑞仙，会稽人。幼缠尘网，几溺爱河，年二十奋然去家，会试经披剃，精习大小律藏，至“戒性如虚空，持者为迷倒”句，忽自省曰：“戒者束身法耳，胡自缚耶？”遂探究台教。一日，阅“诸法不自生，亦不从他生，不共不无因，是故说无生”处，疑曰：“既不自又不他，不共不无因，毕竟从何而生也？”叹曰：“因缘生法，虽照以空假三观，不过抑扬性海，心佛众生，名异体同，十境十乘，妙心成智，不思议境，智照方明，固非言诠所能及也。”遂更衣谒诸耆宿。后登投子山，见广鉴禅师。问曰：“甚处来？”曰：“两浙东越。”鉴曰：“东越事作么生？”曰：“秦望山高，鉴湖水阔。”鉴曰：“秦望山与自己是同是别？”曰：“梵语唐言。”鉴曰：“犹是业林祇对，毕竟是同是别？”师便喝，鉴便打。忽有省，礼拜曰：“恩大难酬。”后开法于慈氏，尝问僧：“三个橐驰两只脚，日行万里趁不着。而今收在玉泉山，不许时人乱斟酌。尔等向甚处与仙上座相见？”一众无能下语投其机者。终于本山。

隆兴府云岩寺沙门释天游传九

释天游，自号典牛，成都郑氏子也。幼业儒，颖俊逸伦，侪辈推重。

初试郡庠，复试梓州，二处皆与贡籍，惧不敢承。遂窜名出关，适会王山谷西还，见其风骨不凡，谈论超卓，邀其同舟，策往庐山削发，不易旧名。首参死心，不契，依湛堂准于泐潭。一日湛堂普说曰："诸人苦苦就准上座觅佛法。"遂拊膝曰："会么雪上加霜。"又拊膝曰："若也不会，岂不见乾峰示众曰：'举一不得举二，放过一着落在第二。'"师闻脱然悟入。出世于云盖，迁灵岩说法，大有湛堂之风。尝和忠道者牧牛颂曰："两角指天，四脚着地。拽断鼻绳，牧甚屎屁。"张无尽见之甚为击节。因退云岩过庐山，而栖贤主者意不欲纳，乃故曰："老老大大正是质库中典牛耶？"师闻述偈曰："质库何曾解典牛，只缘价重实难酬。想君本领无多子，毕竟难禁这一头。"竟去庵于武宁，匾曰典牛，则终其身不出。年近百岁而告寂焉，径山涂毒见时，九十三矣。

平江府觉海寺沙门释法因传十

释法因，姑苏嵎山朱氏子也。少汩尘俗，无意出缠，年二十四，始披缁服。不终五夏，遽尔游方，谒慧日雅禅师于东林，慧日举"灵云见桃花悟道"因缘问之，拟对，日曰："不是不是。"忽有所契，呈偈曰："岩上桃花开，花从何处来。灵云才一见，回首舞三台。"慧日戒曰："子虽见已入微，更假着鞭，当明大法。"于是居庐阜三十年，不与世接。四方仰之，学者川骛蚁屯，就其垆鞴，因亦不辞煅炼，随机说法。宋建炎末，盗起江左，乃顺流东归，觉海缁白踵门问道。尝谓众曰："汝等当饱持定力，弗忧晨炊，干求外务也。"晚年放浪自若，称曰五松散人。

眉州中岩寺沙门释蕴能传十一（澄甫　崇真）

释蕴能，号慧目，郡之吕氏子也。少习儒，博究经史。年二十二，于村落校书，偶于山寺见禅册在几，阅之似有所得，遂裂衣冠，投僧圆具，一钵遐游。首参宝胜澄甫禅师，征诘酬酢所趣颇异，径往荆湖，方谒永安喜、真如喆、德山绘诸公，造诣益迈。次抵大沩参瑃禅师。瑃问曰："桑梓何处？"曰："西川。"瑃曰："闻西川有普贤菩萨示现，是否？"曰："今日亲瞻慈相。”琫曰：“白象何在。”曰：“爪牙已具。”琫曰：“会转身么？”能提具绕禅床一匝。琫曰：“不是。”能趋出。一日琫问僧：“黄巢过后，有人收得宝剑么？”僧竖起拳。琫曰：“菜刀子。”僧曰：“争奈受用不尽。”琫喝出。次问能，亦竖拳。琫曰：“也是菜刀子。”能便近前拦胸筑曰：“杀得人即休。”琫笑曰：“三十年弄骑马，今日被驴扑。”由是声播诸方。返蜀，初主报恩，次居中岩。室中尝问崇真毡头曰：“如何是尔空劫已前面目。”真忽领悟，对曰：“和尚。”且低声遂呈偈曰：“万年仓里曾饥馑，大海中住尽长渴。当时寻时寻不见，今日避时避不得。”能印可之。能住持三十余年，说法不许人录。临终书偈辞众，端坐而化。阇维时暴风忽起，烟之所至皆雨舍利，道俗斸地亦有得者，心舌不坏而建塔焉。

系曰：能公不过一校书郎耳，才睹禅册便知落处，岂非再来人乎。况乃遨游诸师之门，不无肯綮。方接大沩眉睫，即解转身，其利器固可知矣。沩尤未可，至问收剑因缘，前僧宁无入处，而终为挥下。及能公则别有通霄一路，乃拈茎草而作吹毛，大沩不免亲遭鳖鼻一口，公可谓得大机用者欤？大沩固善为人师，能公亦不愧为人弟也。呜呼！世之师徒宾主相见，能具此风彩作略，庶不辜游法海，两无遗憾。不然总为无孔铁锤负黄面汉不少矣。勉哉！

成都府信相寺沙门释宗显传十二

释宗显，号正觉，潼川王氏子也。少选为进士，有声。尝昼掬溪水为戏，至夜思之，遂见水泠然盈室，欲汲之不可得，忽尔尘境自空，叹曰：“吾世网裂矣。”往依昭觉白公得度，萧然一衲，随众咨参。一日白公问：“高高峰顶立，深深海底行。作么生会？”忽于言下顿悟曰：“钉杀脚跟也。”白拈起拂子曰：“这个又作么生？”显一笑而出。服勤七祀，出游至京都、淮浙，遍历丛林。晚登五祖见演和尚问：“未知关棙子，难过赵州桥。如何是关棙子？”祖曰：“汝且在门外立。”显进步，一踏而退。祖曰：“许多时茶饭元来也有人知滋味。”明日入室，祖见显便问：“是昨日问话僧否？我固知尔见处，只未过得白云关在。”显珍重便出。时圆悟为侍者，乃以白云关意扣悟。悟曰："直下会取。"显笑曰："我不是不会，只是未谙。待见这老汉共伊理会一上耳。"次日祖往舒城，显与悟继往，适会于兴化。祖问："记得曾在那里相见来。"显曰："全火只候。"祖顾悟曰："这汉饶舌。"后游庐山，回举"高高峰顶立"话所得之意白五祖。祖曰："吾尝以此事诘先师。先师曰：'我曾问远和尚。'远曰：'猫有软血之功，虎有起尸之德，非索达本源不能到也。'"显侍之久，祖钟爱之。辞返蜀，祖为小参，复送之以颂曰："离乡四十余年，一时忘却蜀语。禅人回到成都，切须记取鲁语。"显归昭觉，白公尚无恙，再侍之，声誉蔼然。初出住长松，次主保福，大张炉鞴，煅炼四方学者。故龙象多出其轮下焉。

嘉兴报恩寺沙门释法常传十三

释法常，开封人，即丞相薛居正之后也。宣和七年，始解尘缚，遐思高举，遂依长沙益阳华严轼公，剃须发，受田衣。见者狮王，居必宝社，非法不言，异轨弗顾，深慕大乘，不斥小教。一日阅首楞严经，乃廓尔义天，渊通法海，自是肆游淮泗，放浪湖湘。后至台山万年，参谒雪巢，一见机语契会，命掌翰笺。未几，请令首众。为僧入室，大有风彩，澹然处世，不饰众缘。室中唯一矮榻，余无长物。绍兴庚子九月望日，语众曰："吾一月后不复留矣。"至十月二十一日，书渔父词于室门曰："此事楞严尝露布，梅花雪月交光处。一笑寥寥空万古，风瓯语，迥然银汉横天宇。蝶梦南华方栩栩，斑斑谁跨丰干虎。而今忘却来时路，江山暮，天涯目送鸿飞去。"书毕就榻收足而逝，塔于寺西南。

临安府径山沙门释智策传十四（寂室光　大圆）

释智策，号涂毒，天台陈氏子也。生而聪敏，卓迈群儿，不乐世华，潜思寥廓。幼依护国楚光落发，授以僧仪。一钵萧然，研穷三藏。首造国清寂室光公，洒然有省，次往明州谒万寿大圆禅师。问："甚处来？"曰："天台。"圆曰："曾见智者么？"曰："即今亦不少。"圆曰："因甚在汝脚跟下。"曰："当面蹉过。"圆曰："尚人不耘而秀，不扶而直也。"一日辞圆，门送之，拊其背曰：“宝所在近，此城非实。”策敬诺。欲往豫章参典牛游和尚，道由云居，风因雪塞路，无客进履。越四十二日，午闻板声，豁然大悟。及造典牛之门，牛独指策曰：“何处见神见鬼来？”曰：“云居闻板声来。”牛曰：“是甚么？”曰：“打破虚空，全无柄靶。”牛曰：“向上事未在。”曰：“东家暗坐，西家斯骂。”牛曰：“崭然超出佛祖，他日起家，一麟足矣。”后奉旨住双径，大弘典牛之道，四方学者鳞布猬集。将示寂时，为文以祭，自危坐倾听，至云“尚飨”，为之一笑。后两日，沐浴更衣，集众说偈曰：“四大既分飞，烟云任意归。秋天霜夜月，万里转光辉。”泊然而逝。塔全身于寺东冈之麓。

临安府灵隐寺沙门释道枢传十五

释道枢，号懒庵，吴兴四安徐氏子也。尝参道场慧禅师，得授心印，道业日隆。初主何山，移华藏。隆兴初，诏迁灵隐，宋孝宗召入内殿赐坐，问曰：“禅道之要可得闻乎。”对曰：“此事在陛下。堂堂日用应机处，本无知见起灭之分，圣凡迷悟之别，第护正念则与道相应，亡情却物则业不能系，尽去沉掉二病，自忘问答之意。矧今见在般若光明中，何事不成见也？”上为之首肯。后以老乞退，居明教之永安，逍遥自适。尝题偈于壁曰：“雪里梅花春信息，池中月色夜精神。年来可是无佳趣，莫把家风举似人。”淳熙丙申八月示微疾，书偈而逝，塔于永安。

上京大储庆寺沙门释海慧传十六（清慧）

释海慧，金国人也。幼而英敏，学不由师，鲁诰竺坟，过目成诵，初游讲肆，如入龙宫，性相玄途，无不挟其英而挹其粹也，所以法喜禅悦。饫而饱餐，潜踪五台，刀耕火种，就岩缚屋，一榻萧然，如是者十有五稔。一日叹曰：“大丈夫当以众生为急，溺是胡为？”遂携锡燕都，遍历禅寺，随缘演化，七众云屯。于是声播寰宇，道布宸宫。金皇统三年六月，英悼太子创造大储庆寺于上京宫侧。告成，极世精巧，幻若天宫。慕师道价，降旨请为开山第一代，说法赐牒，普度境内童行有籍于官者百万为僧尼。

次年，诏迎旃檀瑞像供养于寺之积庆阁。皇统五年，海慧入寂，火浴获舍利五色无算，光明彻于空表，异香弥旬。金主偕后、太子、亲王、百官设供五日，奉分五处建塔，谥曰佛觉祐国大师。次年正月，诏清慧禅师住持储庆，赐号佛智护国大师，命登国师座。特赐金缕僧伽梨衣并珍异瓶垆宝器，金主、后妃、太子顶礼双足，奉服法衣。其震丹国王致敬沙门，古所未若于是时也。

常州华藏寺沙门释有权传十七

释有权，号伊庵，临安昌化祁氏子也。髫龄出家，十四得度，笃志勤励，博究群章。十八知有向上一着，殚力参求，首礼佛智裕公于灵隐。时无庵和尚充第一座，权入室请益，庵以‘从无住本，建一切法’问之，权久而有省，答曰：“暗里穿针，耳中出气。”庵可之，遂密付心印。既有所得，精进益坚。一夕，危坐深入禅那，至于达旦，虽行粥至，忘乎展钵，邻僧以手触之，顿然大悟，偈曰：“黑漆昆仑把钓竿，古帆高挂下惊湍。芦花影里弄明月，引得盲龟上钓船。”佛智深加称赏。一日问权：“心包太虚，量廓沙界时如何？”对曰：“大海不宿死尸。”佛智抚其座曰：“此子他日据此，诃佛骂祖去在。”权于是深自韬晦，寄迹湖湘、江浙之间十年。然后或依应庵，或见大慧，凡明眼宿德，躬往礼谒。无庵出主道场，召权分座说法，自是声播诸方。未久有华藏之命，开堂云：“禅禅！无党无偏，迷时千里隔，悟在口皮边。所以僧问石霜：‘如何是禅？’霜曰：‘甎砖。’僧问睦州：‘如何是禅？’州曰：‘猛火着猛油煎。’僧问首山：‘如何是禅？’山曰：‘猢狲上树尾连颠。’”师曰：“道无横径，立处孤危。然此三大老而行声前活路，用劫外灵机。若以衲僧正眼检点，将来不无优劣。一人如张良入阵，一人如项羽用兵，一人如孔明料敌。若人辨白得出，可与佛祖齐眉。虽然如是，忽有个出来道：‘长老话作两橛了也。适来说道，道无横径，无党无偏，而今又分许多优劣。’且作么生祇对？还委悉么？把手上山齐着力，咽喉出气自家知。”淳熙庚子秋示微疾，书偈而逝，荼毗齿舌不坏，舍利五色者无数而建塔焉。

大明高僧传卷第七

大明高僧传卷第八

皇明天台山慈云禅寺沙门释如惺撰

习禅篇第三之四（正传十七人附见六人）

南康军云居寺沙门释德升传一（慧温）

释德升，号顽庵，汉州何氏子也。幼溺尘滓，稍长梦醒。二十得度，游心讲席，三学四众以义虎推焉，忽以支解，自嫌，翻然易辄，更衣顶笠谒文殊道和尚，恳示佛法省要之旨。道说偈曰：“契丹打破波斯寨，夺得宝珠村里卖。十字街头穷乞儿，腰间挂个风流袋。”升将拟对，道叱曰：“莫错。”于是退参三年，方领前旨，入闽鼓山，礼觐竹庵，问：“国师不跨石门句，意旨如何？”竹庵应声曰：“闲言语。”言下顿悟。后有僧问：“如何是无位真人？”升曰：“闻时富贵，见后贫穷。”

释慧温，号萝庵，产于福州郑氏，与升同依竹庵于东，未几因竹庵谢事，自以胸次而未洒然，又谒高庵悟、南华昺、草堂清诸耆宿，皆蒙赏音。会竹庵迁闽乾元，温复归省，庵曰：“情生智隔，想变体殊。不用停囚长智，道将一句来？”温释然悟入，呈偈曰：“拶出通身是口，何妨骂雨诃风。昨夜前村猛虎，咬杀南山大虫。”竹庵肯之。后住通州狼山，与升共树竹庵赤帜，为一方良导也。

南康军云居寺沙门释自圆传二（善能）

释自圆，号普云，绵州雍氏子也。夙有灵根，少能割爱，卸欲梏如鱼脱网，入法苑似凤栖梧。十九试经，得颂祠牒，染衣之后，先探律宗，作犯止持，白圭良璧，淹流教海五祀，而后出关南下，参游四众，咸推英俊，遍扣尊宿，始入龙门。偶步廊庑，睹绘壁间胡人之像，忽尔有省。至夕白于高庵，庵举法眼偈曰："头戴貂鼠帽，腰悬羊角锥。语不令人会，须得人译之。"庵即筴火示之曰："我为汝译了也。"圆于言下大悟，呈偈曰："外国言音不可穷，起云亭下一时通。口门广大无边际，吞尽杨岐栗棘蓬。"高庵遣侍佛眼。眼曰："吾道东矣。"

释善能亦高庵嗣法门人，其族严陵，未详姓氏。一日高庵普请择菜次，庵知其缘熟，忽以猫儿掷能怀中，能拟议，被庵拦胸踏倒，豁然大悟，起惟吟笑而已。历侍既久，德馨远闻，缁素倾心，天人拥出。住持福州中际，大阐宗风，世称双树法幢云。

临安府净慈寺沙门释彦充传三

释彦充，号肯堂，杭之於潜盛氏子也。幼即慧性朗然，善根内着，生而知有，愿脱尘羁，遂依明空院释义堪剃发。五夏学律，一钵孤征，径造大愚宏智、正堂大圆。后闻僧举："东林颜示众曰：'我此间别无玄妙，只有木札羹、铁钉饭，一任汝等咬嚼。'"彦窃喜之，直谒陈所见解。东林谓曰："据汝所见处，正坐在鉴觉中也。"彦尽将从前所得底一时飏下，专注一心，精勤参究。一日，闻傍僧举："南泉道：'时人见此一株花，如梦相似。'"乃默自觉曰："打草只要蛇惊耳。"次日入室，东林问："那里是岩头密启其意处？"彦曰："今日捉败这老贼。"林曰："达磨大师性命在汝手里也。"彦拟开口，蓦然被林拦胸一拳，顿即大悟，汗流浃背，点首言曰："临济道黄蘖佛法无多子，岂虚语哉。"呈偈曰："为人须为彻，杀人须见血。德山与岩头，万里一条铁。"林深然之。

婺州智者寺沙门释真慈传四

释真慈，号元庵，潼川李氏子也。总角即慕空寂，好游伽蓝，恳父母依成都之正法院圆顶，受具足大小乘戒，洁肃冰雪，解慧日隆，耽嗜贝文，遍游讲肆。听圆觉修多罗，至“四大各离，今者妄身当在何处？毕竟无体，实同幻化”，因而有省。颂曰：“一颗明珠，在我这里。拨着动着，放光动地。”呈似诸座讲师，无能识者。归举受业师，师以“狗子无佛性”话诘之。慈曰：“百千公案无出此颂也。”师乃叱出。因而南游庐阜，挂锡圆通。时卍庵为西堂，为众入室，举：“僧问云门：‘拨尘见佛时如何？’门曰：‘佛亦是尘。’”慈闻豁然，随声便喝，以手指胸曰：“佛亦是尘。”复呈颂曰：“拨尘见佛，佛亦是尘。问了答了，直下翻身。劝君更尽一杯酒，西出阳关无故人。”又颂尘尘三昧曰：“钵里饭，桶里水，别宝昆仑坐潭底，一尘尘上走须弥。明眼波斯笑弹指。笑弹指，珊瑚枝上清风起。”卍庵颔之。于是声扬四表，道洽殊途。出主智者，诲诱学者，大屠龙之手焉。

福州鼓山沙门释安永传五（安分）

释安永，号木庵，闽县吴氏子也。永生具道质，行止肃然，身汩爱缠，心怀遐举。弱冠剃发，高标物外，闻有别传之道，乃谒懒庵禅师于云门。入室之际，庵顾而问曰：“不问有言，不问无言。世尊良久，不得向世尊良久处会。”随后便喝。永倏然契悟：“诸人未得个入处，须得个入处，既得个入处，不得忘却老僧。”永曰：“恁么说话面皮厚多少。木庵则不然。诸人未得个入处，须得个入处，既得个入处，直须扬下入处始得。”凡所说法简明如此。

时有安分庵主，少与永共隶业于安国。后永偕依懒庵不契，辞谒大慧于径山。行次钱塘江干，仰瞻宫阙，忽闻街司喝“侍郎来”，分忽大悟，偈曰：“几年个事挂胸怀，问尽诸方眼不开。肝胆此时俱裂破，一声江上侍郎来。”竟回西禅。懒庵迎之，付以伽梨衣，自尔不规所寓。后庵居剑门，化被岭表，学者从之。

临安府净慈寺沙门释昙密传六

释昙密，号混源，天台卢氏子也。生即英敏，颖异匪凡，幼失荫天，志怀高迈。初依邑之资福道荣，研穷竺教，十六圆具足戒登大僧籍，大小律部莹无瑕疵，精习天台教观，而于顿渐偏圆、性具理毒之旨，如指诸掌。一日叹曰："教乘之妙无得而称，但未离于名言，终非见性。不若更衣从别传之学，倘有隙见，足快生平。"闻大慧唱道径山，腰包礼谒。又访雪巢一、此庵元诸公，皆无省发。于是从闽而之泉南，投教忠光和尚，俾职维那。闻忠举"香严击竹"因缘，豁然契悟呈偈。忠诘"玄沙未彻"之语，对酬无滞。始嘱曰："子此后方可见大慧也。"于是受教。辞往梅阳，服勤四载。慧尝登座焉，出世奉诏住持净慈，大弘教忠之道，户外之履常满。示寂，塔于本山之西北隅。

明州天童寺沙门释咸杰传七

释咸杰，字密庵，福州郑氏子也。其母梦庐山老僧入舍，遂举师。自幼颖异过人，及壮剃发进具，遍参知识，最后谒应庵华和尚于衢州明果庵。一日问曰："如何是正法眼？"答曰："破沙盆。"应庵颔之，说偈曰："大彻投机句，当阳廓顶门。相从今四载，征诘洞无痕。虽未付衣钵，气宇吞乾坤。却把正法眼，唤作破沙盆。"后出住衢州乌巨庵，次迁祥符蒋山华藏，未几，奉诏主径山及灵隐。上堂："牛头横说竖说，不知有向上关棙子，有般漆桶汉，东西不辩，南北不分，如何是向上关棙子，何异开眼尿床。我有一转语，不在向上向下，千手大悲摸索不着。老僧今日布施大众去也。"良久曰："达磨大师无当门齿。"

上堂卓拄杖曰："迷时只迷这个。"复卓一下曰："悟时只悟这个，迷悟两忘。粪扫堆头重添搕𢶍，莫有东涌西没全机独脱处，道得一句底么，若道不得，老僧自道去也。"掷拄杖曰："三十年后。"又举："金峰和尚示众云：'老僧二十年前有老婆心，二十年后无老婆心。'僧问：'如何是和尚有老婆心？'峰曰：'问凡答凡，问圣答圣。'僧又问：'如何是和尚无老婆心？'峰曰：'问凡不答凡，问圣不答圣。'"师曰："我当时若见他恁么说，好向他道：'尔若自瞥地去，自然不落这圣凡窠臼也。'"又举"婆子烧庵"话毕，师曰："这个公案，丛林中多有拈提者。老僧今日裂破面皮，不免对众纳败阙一上，定要诸方检点明白。"乃召众曰："这婆子住处深稳，水泄不通，偏向枯木上糁花，寒岩中发焰。这僧孤身迥迥，惯入洪波，等闲坐断泼天潮头，到底自无涓滴。仔细检点，将来敲枷打锁则不无。若谓佛法二人俱未梦见在，今老僧与么提持，毕竟意归何处。”良久曰：“一把柳丝收不得，和烟搭在玉栏干。”上堂卓拄杖曰：“尽大地，唤作一句子，担枷带锁，不唤作一句子，业识茫茫，两头俱透脱，得了净倮倮、赤洒洒，不可把达磨一宗扫地而尽。所以云门大师道‘尽乾坤大地，无纤毫过患’，犹是转句，不见一法，始是半提，更须知有全提在。”师曰：“剑去久矣。方乃刻舟。”拈拄杖卓一卓下座。

夔州卧龙山沙门释祖先传八（法薰）

释祖先，字破庵，广安王氏子也。幼岁出家，力参祖道，夜不安寝，一衲随身。闻密庵大弘临济之宗，遂腰包参谒。密庵知是大器，深加锥拶。一日密庵上堂示众，忽有省。后密庵住灵隐，命师分座。偶有道者问曰：“猢狲捉不住时奈何？”师曰：“用捉作什么？如风吹水自然成文。”有讲楞严座主求示，师说偈曰：“见犹离见非真见，还尽八还无可还。木落秋空山骨露，不知谁识老瞿昙。”时有石田法薰参，师举“世尊拈花，迦叶微笑”话诘之，薰对曰：“焦砖打破连底冻，赤眼撞着火柴头。”师颔之。后出世为嗣法焉。

临安府灵隐寺沙门释崇岳传九

释崇岳，字松源，处州龙泉吴氏子也。隆兴二年，得度于杭之西湖白莲精舍，参方最久。后谒密庵杰和尚，闻室中问僧“不是心不是佛不是物”话，忽大悟，遂得心印。因密庵还灵隐，命居第一座，久之出世，首住平江澄照，次居江阴光孝、饶之荐福、明之香山。宁宗庆元三年，诏住灵隐，三易寒暑，乞老退居寺之东庵。嘉泰二年八月四日手书别公卿，垂语示学者曰：“有大力量人，因甚抬脚不起？”又曰：“开口不在舌头上。”贻嘱弟子以阐法是务。乃书偈曰：“来无所来，去无所去。瞥转玄关，佛祖罔措。”加趺而逝，寿七十一，腊四十。塔全身于北高峰之原，得法者香山光睦、云居善开。

临安府径山沙门释师范传十

释师范，字无准，蜀之梓潼雍氏子也。年九岁，依阴平山道钦和尚出家，读书过目成诵。南宋绍熙六年，始腰包游于成都正法寺，请益尧和尚坐禅工夫。尧曰：“禅是何物，坐的是谁？”师于是昼夜体究。一日如厕，因提前话有省。明年出游广浙，谒佛照于育王。照问：“何处人？”曰：“剑州。”又问：“带得剑来么？”师便喝。佛照笑曰：“这乌头子也乱做。”师贫，无资剃发，故人目之曰乌头子。破庵居灵隐，师侍次时有一道者问破庵：“猢狲子捉不住奈何？”破庵曰：“用捉作么？如风吹水自然成文。”师于言下大悟。未几同月石溪公游天台雁宕，时雪峰云和尚住瑞岩，留师分座。夜梦一伟人，手持把茅授与师。次日明州清凉寺专使迎师，方入院，见伽蓝神牌书茅姓，然其衣冠与梦所见无异。住三年，迁焦山，次雪窦，又奉旨领主阿育王，久之补双径，无何召入大内修政殿，说法称旨，赐金襕衣，加佛鉴禅师之号。

师住径山，其殿宇两遭回录，皆两复新之，又去寺四十里筑室百楹，接待云水，额曰万年正续，次于其西数百步结庵，为归藏之所，又建重阁其上，藏朝廷所赐御翰。师之先世居蜀，遇乱绝嗣，乃于山中设祠祀俗之祖父。事闻于朝，赐额曰圆照，以征其孝思。宋淳祐戊申，乃筑室明月池上，榜曰退耕。是年三月旦日疾作，遂升座谓众曰：“山僧既老且病，无力与诸人东语西话。今勉强出来，将从前说不到的，尽情向诸人抖擞去也。”遂起身抖衣曰：“是多少？”便归方丈。十五日集众，亲书遗表遗书数十言，而与客言笑谐谑如平时，至夜书偈曰：“来时空索索，去也赤条条。更要问端的，天台有石桥。”移顷而逝。停龛二七日，遗表上闻。帝遣中使降香赐弊帛，奉全身塔于圆照。

郑州普照寺沙门释道悟传十一（附白云海）

释道悟，号佛光，陕西兰州冠氏子也。师生即齿发俱长，具大人相。年十六，力求出家，父母不听，乃绝食几死，遂舍入里中寺祝发。阅二年，偶宿临洮湾子店，梦梵僧，振声唤觉，忽闻马嘶，豁然大悟，喜不自胜。说偈曰："见也罗，见也罗，遍虚空，只这个。"遂归告母曰："某于途中拾一物。"母问："何物？"师曰："无始来不见了的。"母掌曰："何喜之有。"遂辞欲参方去。母问："汝将何之。"答曰："水流须到海，鹤出白云头。"先是熊耳山有白云海禅师，虽住古刹，不畜一徒。人或问："和尚何不择一法嗣去。"海曰："芝兰秀发，独出西秦。"曰："几时至？"海曰："行脚了也。"师腰包将至，海命侍者鸣钟集众曰："我关西弟子来也。然此寺原是郭子仪所建，今渠自来住持，汝当迎之。"师方入门。海遥见便云："相公来何暮也？"师进前曰："诺。"海大笑。竟授与衣法，令继其席，自即退隐寺侧。先有群盗盘踞劫民，受其害，或请海捕之。海曰："非老僧所能也，不久郭公至，必自捕也。"民弗解其说。后师居寺，方三日，乃率众往擒，尽缚之，破其穴，将欲尽诛。贼哀乞命。师从容谓曰："汝劫财物，伤人命，分当死矣，今汝乞命，独不念彼命乎？"贼叩首流血，愿从三宝戒，誓不为非。师为说偈，剃发释之。自是，路不拾遗者数十年，人始信师实郭令公之再来也。宋大定二十四年，海公殁，师方出主郑州普照。又迁三乡竹阁庵，身着白衣，跨黄犊，吹短笛，游于洛中。尝曰："道我凡耶，曾向圣位中来。道我圣耶，又向凡位中去。道我非凡非圣耶，却向毗卢顶上别有行处。"泰和五年，于临洮大势寺结夏，阐圆觉经，谓众曰："此席将半，吾当行矣。"五月十二日晚小参，为众谈第一义。晨兴呼侍僧曰："我病，觅药去。"侍僧将出门，师已蜕矣。上有五色祥云，盘结似盖，红光如日，弥塞四维，三日不散。世寿五十五，僧腊三十有九，弟子举全身建塔焉。

系曰：迦叶闻那罗王三奏乐则三起舞，非习气其谁耶。昔郭邠阳能为国讨贼，拯民于涂炭，今为佛光居寺方三日便擒群盗，得非习气使然者乎。观其着白衣骑黄犊而吹笛游洛，自称于毗卢顶上别有行处，此又不可思议也矣。

江西罗湖沙门释晓莹传十二

释晓莹，字仲温，未详氏族。历参丛席，顿明大事，四众推重。晚归罗湖之上，杜门却扫，不与世接。惟以生平之所见，闻诸方尊宿提唱之语，及友朋谈说议论宗教之言，或得于残碑蠹简有关典谟之说，皆会萃成编，曰罗湖野录。其所载者，皆命世宗匠，贤士大夫，言行之粹美，机锋之劲捷，酬酢之雄伟，气格之弘旷，可以辅宗乘，训后学，抑起人于至善，是故阅者不忍释手云。

名山天宁寺沙门释禅惠传十三

释禅惠，即名山人也。家世业儒，屡举不第。元符间，郡守吕由诚见，以僧敕戏之，遂弃儒从释。力参祖道，得大开悟。初出住邑天宁寺，出入必策马乘舆，诸耆宿言以佛法贵乎苦行，固不宜乘舆马服绮绣。师答以偈曰："文殊驾师子，普贤跨象王。新来一个佛，骑马也无妨。"凡所说法机锋敏捷，有语录行世。

巴川宣密院沙门释显嵩传十四（净业）

释显嵩，西蜀重庆铜梁李氏子。饱参倦游，出世住巴川之宣密院，三十年迹不出阃。绍兴中，集众说偈曰："八十年中尝浩浩，宏开肆货摩尼宝。也无一个共商量，不是山僧收铺早。"言讫端坐而逝，荼毗舍利无算。

时有净业和尚，石照文氏子，少业屠，有羊方乳二羔，将杀之，二羔衔其刀跪伏于门，若乞母命。师感叹，弃家为僧。力参宗匠，忽大悟，作偈曰："昨日罗刹心，今朝菩萨面。罗刹与菩萨，不隔一条线。"

平江静济沙门释法全传十五

释法全，字无庵，昆山陈氏子。生有伟质，温粹不凡。幼请父母从道川禅师为僧，参请精勤，志明大事。一日行静济寺殿前，偶触首于柱，忽大悟，旁观者见其光彩飞动，而不自知。自此遍游名山业席，道价日益。乾道中，将示寂，众求遗偈。师瞪目下视。众又请，遂援笔书"无无"二字，端坐而逝。阇维得舍利五色，塔于金斗峰。

临安径山沙门释道冲传十六

释道冲，字痴绝，武信长江荀氏子也。首参杭之妙果曹源生和尚，大悟玄旨，出世嘉禾之天宁。次迁蒋山雪峰，无何，奉旨住四明天童三年。诏补灵隐，时京兆尹建法华寺，特奏请师为开山第一代，允之未赴。宋理宗降敕，命主杭洲双径。师谓众曰："不赴法华则不信，违径山之命则不恭。既失恭与信，何以为后学法。"遂慵然就法华开堂。月余，即衔旨登径山，于是一众响合，欢声若雷。临入灭，乃手书记叙得法之由，上堂说法辞众，入方丈嘱后事。至夜分正，坐与众论道移时，蜕然而逝，当理宗三年三月十五日也。世寿八十二，僧腊六十一。荼毗舍利莹然，弟子分塔二处，一于本山菖蒲田玉芝庵，一于金陵玉山庵。

保定兴圣寺沙门释德富传十七

释德富，保定易县谢氏子也。年七岁，力求出家，父母感异梦，遂舍入兴圣寺，依真空和尚剃发受具戒。力究大法，一日经行，次忽大悟，自是名播丛林。宋皇庆初，万山寿和尚奉旨大兴水陆斋会，请师开堂说法，七众咸集。师方升座说偈，忽于座上放大光明，遍照空际，现诸瑞相，良久方隐。闻于朝廷，赐通辩大师之号，并金僧伽黎衣。及后示灭，有白光顶出，照耀四达，荼毗得舍利数十颗，建塔。

大明高僧传卷第八终

《四朝高僧传》僧名索引

凡　　例

一、本索引收录《四朝高僧传》(《高僧传》《续高僧传》《宋高僧传》《大明高僧传》) 正文中有本传及在他传中附见的所有僧名，方便读者查询。未立传或未附见的僧人及其他人物，不予收录。

二、僧名以其传记标题所提及的法名为主目，一般不注明别名、字号、谥号、绰号。僧名一律省略首字“释”。

三、在他传中附见的僧名添加（　）号，以与有本传的僧名相区别。有若干僧人同名，各在名后以【　】号注出其朝代、寺庙或地域，如“宝安【隋·京师净影寺】”。有时同一位僧人既有本传，又附见于他传中，亦在名后以【　】号注明“同上”或“同下”。

四、标注页数的各组数字，横杠前为册数，横杠后为页数。如“3-25”，即表示见第三册第 25 页。

五、本索引按音序排列。有若干僧人失名，均置于卷末“其他”一栏。

C

K

T

W

X

Z

其他